Georg Waitz

Forschungen zur deutschen Geschichte

Erster Band

Georg Waitz

Forschungen zur deutschen Geschichte
Erster Band

ISBN/EAN: 9783742892850

Hergestellt in Europa, USA, Kanada, Australien, Japan

Cover: Foto ©ninafisch / pixelio.de

Manufactured and distributed by brebook publishing software
(www.brebook.com)

Georg Waitz

Forschungen zur deutschen Geschichte

Forschungen

zur

Deutschen Geschichte.

Erster Band.

AUF VERANLASSUNG UND MIT UNTERSTÜTZUNG SEINER MAJESTAET DES KÖNIGS VON BAYERN MAXIMILIAN II.

GOTT UND MEIN VOLK.

HERAUSGEGEBEN DURCH DIE HISTORISCHE COMMISSION BEI DER KÖNIGL. ACADEMIE DER WISSENSCHAFTEN.

Göttingen,
Verlag der Dieterichschen Buchhandlung.
1862.

Die historische Commission bei der königlichen Akademie der Wissenschaften zu München hat beschlossen, ein periodisches Werk herauszugeben unter dem Titel:

Forschungen zur Deutschen Geschichte.

Die Absicht ist, gelehrte Arbeiten, welche einzelne Abschnitte oder Gegenstände aus der deutschen Geschichte, sei es durch die Benutzung neuen Materials oder durch gründliche kritische Untersuchung, aufhellen, hier zu sammeln und zu veröffentlichen, und so der wissenschaftlichen Erforschung unserer vaterländischen Geschichte ein Organ zu geben, wie es ihr bisher fehlte.

Es ist dabei nicht bloß an kleinere Aufsätze, sondern auch an größere Abhandlungen und vollständige Monographien gedacht; jedoch wird für solche vorläufig ein Umfang von höchstens 20 Bogen angenommen.

Zur Aufnahme ist in der Regel bloßes Quellenmaterial nicht geeignet, dagegen kann es als Beilage zu selbständigen Arbeiten oder mit eingehenden Erläuterungen verbunden zum Abdruck gelangen, und für besonders wichtige Actenstücke der neueren Geschichte, die an sich verständlich sind, wird es auch deren nicht bedürfen. Ausgeschlossen sind Abhandlungen von rein localer oder provinzieller Bedeutung, welche den Schriften der historischen Vereine der einzelnen Länder überlassen bleiben mögen, während solche, die sich zunächst freilich auch nur mit einem Theil des deutschen Landes oder Volkes beschäftigen, zugleich aber in die allgemeine Geschichte eingreifen, Beachtung finden werden. Ebenso wird neben der eigentlichen politischen und Verfassungs-Geschichte auch die Behandlung anderer Seiten des nationalen Lebens auf Berücksichtigung Anspruch haben.

Ueber die Aufnahme der einzelnen Arbeiten entscheidet ein Ausschuß der Commission, bestehend aus Professor Häusser in Heidelberg, Oberstudienrath von Stälin in Stuttgart und Professor
Waitz in Göttingen. An den letzteren, der die eigentlichen Redac-
tionsgeschäfte besorgt, sind die Einsendungen zu richten, direct oder
durch Vermittlung der Dieterich'schen Buchhandlung, welche den Verlag übernommen hat.

Inhalt.

Der Kampf der Burgunder und Hunen.

Von

G. Waitz.

Die Niederlage der Burgunder durch die Hunen ist ein Ereignis, das von jeher die Aufmerksamkeit in hohem Grade auf sich gezogen hat, theils um seiner historischen Folgen willen, der Verpflanzung der Burgunder aus den Rheingegenden nach Sabaudia (Savoyen), theils wegen der epischen Verherrlichung, welche die Geschichte des Volkes und seiner Könige in der Poesie gefunden hat. Aber die Nachrichten darüber sind in hohem Grade dürftig, und die Ansichten der Forscher weichen deshalb in Beziehung auf die Zeit und die näheren Umstände sehr von einander ab. Vorsichtig lassen einige es dahingestellt, ob die Katastrophe im Jahr 450 bei dem bekannten Einfall Attilas in Gallien oder vorher in einem besonderen Kriege erfolgt ist [1]; bei der ersten Annahme denkt man wieder bald [2] an den großen Kampf auf den Catalaunischen oder Mauriacensischen Gefilden, der in dem Rechtsbuch der Burgunder als ein für sie epochemachendes Ereignis erscheint [3], bald an eine davon verschiedene Schlacht. Für die letzte Ansicht hat sich Mascovs Autorität entschieden [4], und namentlich bei den Franzosen hat sie vielfach Billigung gefunden, die dann aber von den Kämpfen zwischen Hunen und Burgundern am Rhein und in den Vogesen viel zu erzählen wissen [5], von dem leider die Quellen

---

[1] W. Grimm, Heldensage p. 70. Gaupp, Ansiedlungen p. 278.

[2] Außer Gaupp s. Gingins-la-Sarraz in den Memorie della reale academia delle scienze di Torino. T. XL, p. 209.

[3] Lex Burg. 17, 1: Omnes omnino causae, quae inter Burgundiones habitae sunt et non sunt finitae, usque ad pugnam Mauriacensem habeantur abolitae. Zu den Zeugnissen die diesen Namen nennen kommt hinzu die ungedruckte Chronik von 641: pugnatumque est in quinto miliario de Trecas loco nuncupato Mauriaco in Campania.

[4] IX, 27. Bd. I, p. 433.

[5] Vergl. zuletzt Thierry in seinem fast mehr Roman als wirkliche Geschichte enthaltenden Werk über Attila, oder das ganz abenteuerliche Buch, Attila dans les Gaules en 451. Paris 1833 (nach Gingins-la-Sarraz p. 209 n. von Tournaur), wo man Ungeheuerlichkeiten liest wie die folgenden, p. 14: il (Attila) détache de son armée un corps d'observation de 56 mille hommes, qui a ordre de remonter le Danube et de marcher sur Bâle afin de contenir ou de battre les Bourguignons . . . il confie le commandement de ce corps à Théodemir, l'un de ses plus braves généraux . . . . lu corps

1*

gar nichts enthalten; aber auch unter uns ist sie neuerdings wieder aufgenommen und nicht eben in viel besserer Weise ausgeführt worden [1]. Dem gegenüber haben sich andere nach Pagis Vorgang für eine Niederlage der Burgunder durch die Hunen in viel früherer Zeit entschieden [2], und namentlich die beiden neuesten Forscher über die ältere Burgundische Geschichte, Müllenhoff [3] und Bluhme [4], sind zu diesem Resultat gekommen. Jener aber, der die Sache am ausführlichsten behandelt, hat das Einzelne in einer Weise festzustellen gesucht, die vielfaches Bedenken erregen muß und es nicht überflüssig erscheinen läßt, noch einmal etwas näher auf den Gegenstand einzugehen.

Unsere Hauptquelle ist Prospers Chronik zum Jahr 435:

Eodem tempore Gundicarium Burgundionum regem intra Gallias habitantem Aetius bello obtrivit [5] pacemque ei supplicanti dedit. Qua non diu potitus est; siquidem illum Chunni cum populo suo ac stirpe deleverunt.

Diese Stelle hat Cassiodor, wie überall den Prosper in dieser Zeit, excerpiert, wenn er schreibt: Gundicarium Burgundionum regem Aetius bello subegit pacemque ei reddidit supplicanti, quem non multo post Hunni peremerunt, wörtlich aber bis zu dem Worte 'dedit' Paulus Diaconus in der Historia Romana wiederholt [6].

Derselbe schreibt später [7]: Attila itaque primo impetu, mox ut Gallias introgressus est, Gundicarium Burgundionum regem sibi occurrentem protrivit, und damit theilweise übereinstimmend in den Gestis episcoporum Mettensium [8]: Attila rex Hunorum, omnibus belluis crudelior, habens multas barbaras nationes

d'observation du Haut-Rhin s'empare de Bâle et de Colmar, que les Bourguignons avaient vainement essayé de défendre. Il les bat, les poursuit jusqu'au delà de Béfort, et les force de rentrer dans leurs limites.

[1] Leo, Vorlesungen I, S. 300: 'Attilas Verhältnisse zu den Burgunden sind unklar; doch ist deutlich: deren Fürsten ordneten sich ihm zuerst unter, wie früher die Düringer — dann aber ließ Attila das burgundische Königsgeschlecht und dessen ganzen Hofstaat niederhauen'.

[2] So namentlich schon Bünau, Teutsche Kayser- und Reichshistorie II, p. 857, und J. Müller in der Geschichte der Schweizerischen Eidgenossenschaft I (1786), p. 89 n., während dieser sonst nicht eben sehr kritisch in diesem Theil verfährt.

[3] Zur Geschichte der Nibelungensage, in Haupts Zeitschrift für Deutsches Alterthum X, p. 146 ff.

[4] Das Westburgundische Reich und Recht, in Bekker und Muther, Jahrbuch des gemeinen deutschen Rechts I, p. 48 ff. (Man möchte wohl fragen, warum dieser Aufsatz an einer für den Historiker so unbequemen Stelle und nicht in Pertz Archiv, wohin er als Vorbereitung auf die Ausgabe der Lex Burgundionum in den Monumenten offenbar gehört, gedruckt worden ist?).

[5] So ist jedenfalls zu lesen, nicht: obtivuit.

[6] Hist. misc. XIV, bei Muratori SS. I, p. 94.

[7] XV, p. 97.

[8] Pertz SS. II, p. 246.

suo subjectas dominio, postquam Gundigarium Burgundionum regem sibi occurrentem protriverat, ad universas deprimendas Gallias suae sevitiae relaxavit habenas.

Diese Berichte des Paulus sind häufig dem nachher anzuführenden des Jdatius gegenübergestellt, sie sind jedenfalls die einzigen, welche den Untergang der Burgunder dem Attila beilegen. Müllenhoff meint zwischen beiden noch unterscheiden zu dürfen; der letzte stelle die Vernichtung des Gundicarius nur als ein Vorspiel des späteren Zuges nach Gallien dar, während in dem andern beides als gleichzeitig bezeichnet werde; es scheine, daß der Autor dort seine Quelle besser benutzt habe als hier. Diese Annahme ist schon deshalb einigermaßen bedenklich, weil, wie Müllenhoff selbst bemerkt, die Gesta später geschrieben sind als die Historia Romana, weil ferner hier die Geschichte dieser Begebenheiten im Zusammenhang nach den Quellen erzählt, dagegen in den Gesta nur mehr gelegentlich dieses Einfalles gedacht wird, und es also an sich gewiß viel wahrscheinlicher wäre, daß in der Historia ein ungenauer Anschluß an die Quelle sich zeige, weil endlich doch nur eine ziemlich künstliche Auslegung einen verschiedenen Sinn in die beiden Stellen bringen kann und man an sich schon und namentlich bei Vergleichung der Worte in der Historia Romana gewiß nicht zweifeln wird, auch die Gesta so zu verstehen, daß die Niederlage der Burgunder bei dem Haupteinfall des Attila stattgefunden haben soll. Aber man muß, glaube ich, überhaupt sehr entschieden bezweifeln, daß Paulus für dieses Ereignis eine besondere Quelle gehabt hat. Leider besitzen wir noch keine genaue und vollständige Untersuchung über die Zusammensetzung seiner Historia; doch läßt sich im ganzen wohl übersehen, welches Material dem Autor zu Gebote stand, und darnach ist es in hohem Grade unwahrscheinlich, daß er für diese Verhältnisse andere als die uns bekannten Quellen benutzte. Ich bin durchaus der Meinung, daß er seine Erzählung aus der oben mitgetheilten Stelle des Prosper genommen oder vielmehr gemacht hat. Es ist zu bemerken, daß er an der einen Stelle nur die erste Hälfte der Nachricht des Prosper mittheilt, also die Vernichtung durch die Hunen hiervon trennt. Indem er sie nun später setzte, kam er leicht dahin sie auf den Attila zu beziehen, und konnte dann nur an die Zeit des ihm bekannten Einfalls in Gallien denken. Was die Worte an sachlichem Inhalt darzubieten scheinen, liegt allein in dem 'sibi occurrentem', allein auch das ergab sich einfach genug aus Combination, da für einen Kampf und die daraus sich ergebende Vernichtung natürlich ein Begegnen nothwendig war. Was Paulus aber so in der Historia Romana geschrieben hatte, ging dann mit wenigen Modificationen in die Gesta über. Und statt also diese beiden Stellen dem Prosper gegenüber zu stellen, muß man sie vielmehr auf ihn zurückführen und ihnen allen selbständigen Werth absprechen.

Nur das ließe sich vielleicht als möglich denken, daß Paulus bereits Kunde von der Sage hatte, die den Burgunder Gundicarius durch den Hunenkönig Attila erschlagen werden ließ, daß er diese dann mit der Nachricht des Prosper in Verbindung setzte und so das Ereignis, welches dieser unbestimmt den Hunen beilegt, geradezu auf den Attila bezog. Es ist wohl gewiß genug, daß die Stellen dadurch an Interesse gar sehr gewinnen würden. Doch dürfte man sich nicht erlauben es mit einiger Entschiedenheit zu behaupten.

Was aber die historischen Vorgänge betrifft, so dienen zur Ergänzung und Erläuterung des Prosperschen Berichtes nur die kurzen Bemerkungen der anderen kleinen Chroniken.

Wenig für unsern Zweck scheint der sogenannte Prosper Tiro auszutragen, wenn er sagt 436: Bellum contra Burgundionum gentem memorabile exarsit, quo universa pene gens cum rege per Aetium [1] deleta. Doch ist die Stelle insofern wichtig, als sie zeigt, daß der Untergang des Königs und eines großen Theils des Volks, den die andere Prospersche Chronik den Hunen beilegt, in unmittelbarem Zusammenhang mit den Kämpfen mit Aetius steht, so daß eine kürzere zusammenfassende Darstellung diesem das Ganze beilegen konnte.

Wichtiger ist Idatius. Zu 436 heißt es: Burgundiones, qui rebellaverant [2], a Romanis duce Aetio debellantur. 437. Burgundionum caesa viginti millia.

Vergleicht man diese Sätze mit den beiden Prosperschen Erzählungen, so kann man doch gewiß nicht zweifeln, in dem ersten dasselbe zu finden was Prosper von einer Besiegung der Burgunder, der ein Frieden folgte, berichtet. Die Erschlagung von 20000, wie wir wohl ergänzen dürfen, streitbaren Männern, ist aber offenbar das was Prosper Tiro eine Vernichtung fast des ganzen Volkes nennt [3]. Dieser legt dieselbe dem Aetius, der andere Prospersche Text den Hunen bei, Idatius schweigt über den Urheber. Von dem ersten wird es etwas später als die erste Besiegung durch Aetius, die hier dem Jahr 435 zugeschrieben ist, gesetzt, von dem zweiten das ganze Ereignis zu 436 erzählt, Idatius vertheilt die beiden Acte genau auf 436 und 437. Daß alle drei von demselben Kriege sprechen, ist nicht zu verkennen. Müllenhoff hat aber sicherlich Unrecht, wenn er einen doppelten Kampf des Aetius annimmt, den Untergang der 20000 diesem beilegt [4], darnach die Niederlage durch die Hunen folgen läßt. Dann würden 3 Acte zu unterscheiden sein: 1) Besiegung durch Aetius (und Frieden?); 2) Neuer Kampf, in dem

---

[1] So ist jedenfalls mit Rößler, Chr. med. aevi I, p. 280, und andern zu lesen, oder wenigstens das Peretio anderer Ausgaben in 'per Etio' aufzulösen.

[2] Daß sich dies auf einen Einfall in Belgien bezieht, ist nach einer Stelle des Sidonius wahrscheinlich. Vergl. Mascov IX, 11. Bd. I, p. 408.

[3] So unter den älteren Bünau a. a. O., neuerdings namentlich auch Bluhme p. 50 n. 12. Vergl. Hansen de vita Aetii part. 2, p. 19, der diese Dinge aber nicht genau behandelt.

[4] p. 149.

20000 fallen (und Frieden?) [1]; 3) Vernichtung des Volkes durch die Hunen. Von diesen würde der erste Prosper 1 und 3, Prosper Tiro 2 und 3, Idatius 1 und 2 berichten. Eine solche Auffassung der Quellen widerstreitet aber den einfachsten Grundsätzen der Kritik. Am wenigsten dem Idatius ist es zuzutrauen, daß er hier der letzten und entscheidenden Katastrophe gar nicht gedacht haben sollte. Auch müßte ein gar gewaltiger Maßstab an die Verhältnisse des Burgundischen Volkes angelegt werden, wenn man annehmen wollte, daß nach dem Untergang von 20000 Mann in einer Schlacht noch viel für die Hunen zu vernichten übrig geblieben sei. Wenn man auch an den 80000 festhalten will, die nach Hieronymus (den Orosius VII, 32 nur ausgeschrieben und entstellt hat [2]) im Jahr 373 am Rhein erschienen, so war mit jener Zahl offenbar das ganze Volk, nicht allein die kriegerische Mannschaft gemeint.

Daß übrigens das Auftreten der Hunen im Zusammenhang steht mit ihren Beziehungen zu Aetius und dem Römischen Hof, ist wahrscheinlich genug und scheint auch Müllenhoff anzunehmen. In demselben Jahr, in welches Idatius die Niederlage der Burgunder setzt, nennt sie Prosper als Hülfstruppen der Römer gegen die Gothen [3]. Sie blieben bis 439 in Gallien, und können in der Zwischenzeit leicht in einen Kampf mit den Burgundern gerathen sein, der für diese so unheilvoll endete. Daß Attila, der damals die Herrschaft der Hunen mit seinem Bruder Bleda theilte, dabei betheiligt war, sagt keine Quelle [4].

So ist natürlich gar kein Grund, mit Müllenhoff den Kampf auf das rechte Rheinufer zu verlegen, wohin Gundicar dem Hunenkönig entgegengezogen sei. Ueberhaupt dürfte was jener über eine Ausdehnung des Burgundischen Reichs auf beiden Seiten des Rheins sagt, wenn es im ersten Augenblick auch etwas ansprechendes zu haben scheint, doch vor einer näheren Erwägung der Verhältnisse nicht bestehen. Die Burgunder erhielten ihre Herrschaft in Gallien jedenfalls in Einverständnis mit den Römern und standen in einer gewissen Unterordnung unter den Römischen Gewalten [5]; es ist aber

---

[1] Hierhin setzt diesen Müllenhoff p. 150.

[2] Hieronymus : Burgundionum 80 ferme millia, quod numquam ante, ad Rhenum descenderunt; Orosius VII, 32: Burgundionum quoque, novorum hostium novum nomen, qui plus quam 80 millia, ut ferunt, armatorum ripae Rheni fluminis insederunt. Er legt das 'quod (quot?) numquam ante' auf seine Weise aus, fügt 'plus quam' und 'armatorum' hinzu. Vergl. im allgemeinen Mörner, De fontibus Orosii p. 56 ff. und über diese Stelle p. 66 n. 31.

[3] 437: Bellum adversus Gothos Hunnis auxiliaribus geritur.

[4] Denn Paulus D. ist so natürlich nicht auszulegen. Bluhme p. 30 hätte es also nicht behaupten sollen. Müllenhoff hält sich davon fern, wenn er es wohl auch vermuthet.

[5] Prosper 413: Burgundiones partem Galliae propinquam Rheno obtinuerunt. Vgl. hierüber die Abhandlung von Gingins-la-Sarraz p. 191 ff. Nur darf man freilich nicht die Worte des Jordanis c. 36: His etiam adfuere auxiliares Franci ... Burgundiones ...., quondam milites Romani, tunc

nicht denkbar, daß der König, welcher hier mit seinem Volke in eine solche Stellung trat, zugleich einen andern Theil ganz unabhängig in den früher eingenommenen Gebieten am Main unter sich gehabt habe. Eher wäre es möglich, daß ein Theil der Burgunder an dem Zug nach Gallien überhaupt keinen Antheil nahm, und auf dem rechten Rheinufer blieb [1], dann aber auch unter eignen Fürsten, vielleicht gar unter der Oberhoheit der Hunen stand, und daß es dieser war, den wir später in Attilas Heer finden, während die Burgunder in Gallien sich dem Aetius zum Kampf in der Catalaunischen Schlacht anschlossen [2].

Aber geraume Zeit vorher (443) waren ihre Ueberbleibsel nach Sabaudia verpflanzt [3]: eine Nachricht, die allein schon es nothwendig macht, die große Niederlage des Volks von dem Hunenzug des Jahres 450 ganz und gar zu trennen.

Beide Prosper heben hervor, daß der König in dem Kampf seinen Tod fand, der eine sagt: zugleich mit seinem ganzen Geschlecht. Gleichwohl ist man häufig geneigt gewesen, die späteren Burgundischen Könige an dieses anzuknüpfen [4], und die Worte der Quelle in Beziehung auf das Königshaus nicht strenger zu nehmen als bei dem Volk. Ich glaube mit Unrecht.

In der Lex Burgundionum III. werden von Gundobad [5] seine Vorgänger genannt: Si quos apud regiae memoriae auctores nostros, id est Gibicam, Godomarem, Gislaharium, Gundaharium, patrem quoque nostrum et patruum, liberos liberasve fuisse constiterit, in eadem libertate permaneant [6]. Bluhme meint, man würde den Worten 'regiae memoriae auctores nostros' Zwang anthun, wenn man sie nur von Vorfahren im Regiment verstehen wollte. Ich finde umgekehrt, daß dieser jedenfalls sehr ungewöhnliche Ausdruck, mag man nun das 'regiae memoriae'

---

vero jam in numero auxiliariorum exquisiti, so auslegen, daß man schreibt: Dès l'an 413, les Burgunden cis-rhenans sont toujours appelés milites Romani, auxiliarii (alliés, confédérés).

[1] Vgl. Gaupp p. 276. Zeuß, auf den er sich bezieht, spricht freilich p. 468 von der Zeit vor 413.

[2] Vgl. Müllenhoff p. 152.

[3] Prosper Tiro: Sabaudia Burgundionum reliquiis datur cum indigenis dividenda. Sehr mit Unrecht sieht Gingins-la-Sarraz p. 211 diese Stelle an als unvereinbar mit der des Marius zum J. 456: Eo anno Burgundiones partem Galliae occupaverunt terrasque cum Galliis (Galliciis?) senatoribus diviserunt. Diese und die ganze spätere Geschichte ist vielmehr nur verständlich, wenn man aus jener weiß, daß die Burgunder vorher vom Mittelrhein weg nach den Abhängen der Alpen verpflanzt waren.

[4] Mascov X, 22, p. 480. Müllenhoff p. 153. Bluhme p. 53.

[5] Daß so zu schreiben, bemerkt J. Grimm, in Aufrecht und Kuhn Zeitschrift für vergleichende Sprachkunde I, p. 437.

[6] So ist nach Bluhme p. 50 n. 15 zu lesen, und damit fällt allerdings jede Möglichkeit weg, das patrem u. s. w. auf die vorhergehenden Namen zu vertheilen, wie Grimm wollte, der dadurch, Gesch. d. D. Spr. p. 704, die Reihenfolge der Könige in Verwirrung brachte.

unmittelbar mit 'auctores' verbinden oder als ehrenden Zusatz: 'königlichen Gedächtnisses' fassen, nur erklärlich ist, wenn er etwas anderes als die leiblichen Vorfahren bezeichnen sollte; es scheint mir auch nicht zufällig, daß der König Vater und Oheim nur als solche anführt, ohne überall die Namen zu nennen; wäre unter den aufgeführten Personen der Großvater gewesen, hätte es nach dem Gebrauch in ähnlichen Fällen schwerlich unterbleiben dürfen, auch ihn in dieser seiner Eigenschaft hervorzuheben, während für Vorgänger, die keine Vorfahren waren, die allgemeine Bezeichnung genügte. Dazu kommt die Nachricht des Gregor von Tours II, 28 von dem Vater des Gundobad, Gundioch: Fuit autem et Gundeuchus rex Burgundionum ex genere Athanarici regis persecutoris. Man kann gegen die Abstammung eines Burgundischen Königs von dem Westgothen Athanarich einige Zweifel erheben, die aber doch schwerlich stark genug sind, um das ausdrückliche Zeugnis des Historikers zu entkräften. Jedenfalls weist aber diese Angabe darauf hin, daß Gundioch nicht für den Abkömmling eines alten Königsgeschlechtes galt. Die Worte welche Bluhme aus der freilich nicht sehr alten Vita Sigismundi anführt [1]: Gundioch sei 'ex suo genere levatus rex' gewesen, scheinen mir, wenn man überhaupt Werth auf sie legen will, auch eher zu bedeuten: er sei aus einem neuen Geschlecht zum König erhoben, als das Gegentheil.

Dagegen hat, was Müllenhoff geltend macht, die Uebereinstimmung eines Namens (Godomar [2]) in beiden Häusern und das durchgehende Gund= in der Bildung mehrerer derselben (Gundicar, Gundioch, Gundobad), allerdings eine gewisse Bedeutung. Doch ist dies vielleicht auch durch weibliche Verwandtschaft zu erklären: es ist ja bekannt, welche Bedeutung der Mutterbruder für die Neffen hatte, und gerade für die Namengebung mag diese wohl in Betracht gekommen sein. Selbst an politische Rücksichten dürfte man denken. Es waren doch offenbar nur solche, welche die Karolinger veranlaßten die Namen Ludwig (Chlodovech) und Lothar (Chlothachar) von ihren Vorgängern auf dem fränkischen Thron anzunehmen. Jedenfalls giebt es hier der Möglichkeiten viele, und nimmermehr darf man dieser Uebereinstimmung in den Namensformen eine solche Wichtigkeit beilegen, daß man, wo alles übrige zusammentrifft, das Zeugnis des Prosper von dem Untergang des alten Geschlechts, die Nachricht des Gregor von dem fremden Ursprung des neuen Königshauses, die Art und Weise wie in dem Rechtsbuch die älteren und späteren Könige verschieden aufgeführt werden, daraus einen Gegenbeweis entnehmen kann.

Halten wir uns also an die Quellen, wie sie vorliegen, so ist das Ergebnis:

---

[1] p. 53.

[2] Er kommt als Vorgänger des Gundobad und dann als Bruder und Sohn desselben vor.

Im Jahr 437 erlag der König Gundicar der Burgunder, der am linken Rheinufer herrschte, mit einem großen Theil seines Volks einem Angriff der Hunen, wahrscheinlich solcher die damals in Gallien umherzogen. Sechs Jahre später wurde der Rest des Volks nach der Landschaft Sabaudia verpflanzt[1]. Hier herrschte Gundioch über sie, der Ahnherr der späteren Könige, und von hier aus gelang ihnen bei der Auflösung des Römischen Reichs die Ausdehnung ihrer Herrschaft über den Südosten Galliens[2].

---

[1] Hier war wohl Genf der Sitz der Könige, wie früher nach der Sage, bei der man hier gerne eine historische Grundlage annimmt, Worms. Später residirte Gundobad zu Lyon, ein Bruder zu Genf; s. die Nachricht über die Gesandtschaft des Epiphanius in der Vita desselben von Ennobius, deren falsche Ansetzung bei Müllenhoff p. 153 schon Bluhme p. 61 n. gerügt hat. Das Richtige hat Gaupp p. 290.

[2] Bei der Dürftigkeit unserer Nachrichten über die Burgundische Geschichte auch dieser Jahre sind von besonderer Bedeutung folgende Stellen aus der oben angeführten ungedruckten Chronik.

455. At(so) Gippidos Burgundiones intra Galliam diffusi refelluntur (l. repelluntur?).

457. Post cujus (Reciaili) sedem Gundiocus rex Burgundionum cum gente et omni praesidio, annuenti sibi Theudorico ac Gothis, intra Galliam ad habitandum ingressus, societate et amicitia Gothorum functus.

Die letzte eröffnet noch wesentlich neue Geschichtspunkte für die Niederlassung der Burgunder in Gallien; sie schließt sich an die des Jordanis an c. 44, nach welcher Theodorich gegen die Sueven kämpfte, Burgundionum quoque Gundiuchum et Hilpericum reges auxiliares habens sibique devotos.

Die Wahl König Heinrichs (VII.), seine Regierungsrechte und sein Sturz.

Von

Ed. Winkelmann.

Es ist nicht die Absicht, hier die Geschichte des für Deutschland so hochwichtigen Königs Heinrichs (VII.), welcher der älteste Sohn Friedrichs II war, in ihrem vollen Umfange zu behandeln. Denn im Ganzen dürfte man dabei nicht leicht über die Ergebnisse der jüngsten und besten Bearbeitung[1] einer Periode hinauskommen, deren Kenntniß bis zur Auffindung neuer Hülfsmittel, wie wir uns offen gestehen müssen, nur fragmentarisch bleiben wird. Die Zahl der Quellen ist groß, ihr Inhalt aber dürftig. Weit werthvoller sind die Urkunden; aber sie sind wenig benutzt worden und dürften, wenn wir uns gehörig in dieselben vertiefen, noch manches schätzenswerthe Resultat ergeben. Ich glaube, man hat bisher auf die Urkunden für die Geschichte des Mittelalters überhaupt zu wenig Werth gelegt.

Die Hauptfragen, auf welche es uns ankommt, sind vornehmlich zwei: Wie kam die Königswahl Heinrichs zu Stande? Welches war der Grund seiner Empörung? Die letztere wird sich vielleicht am besten beantworten, wenn wir eine Untersuchung vorausschicken über die Rechte, welche König Heinrich gesetzlich auszuüben hatte. Mit der ersten Frage ist aber eine andere unzertrennlich verbunden: welche Schritte unternommen worden sind, um die Wahl Heinrichs, ursprünglich Königs von Sicilien, zum deutschen Könige mit den Verträgen in Einklang zu bringen, welche zwischen Friedrich II. und der römischen Kurie über das Verhältniß Siciliens zum Papste und zum Kaiserreiche rechtlich bestanden.

———

Mit dem Tode Heinrichs VI. war die Idee einer Einverleibung des sicilischen Königreichs in das Kaiserreich nicht geschwunden; nachdem in Deutschland durch die Ermordung Philipps die welfische Opposition zur Regierung gekommen, nahm gerade sie jenen Gedanken der Staufer wieder auf. Schon im März 1210 verhehlte Innocenz III. sich nicht mehr, daß Otto IV., im vorigen Jahre zum

---

[1] Dr. F. W. Schirrmacher, König Heinrich VII der Hohenstaufe. Liegnitz. Progr. 1856. — Kaiser Friedrich der Zweite. Erster Band. Göttingen 1859.

Kaiser gekrönt, auch nach Sicilien trachte [1], und begann bei dem ersten Angriffe Ottos auf das Königreich den Kampf auf Leben und Tod um die politische Selbständigkeit des Papstthums. Gewiß war es kühn, unter diesen Umständen, den angegriffenen machtlosen König Friedrich von Sicilien zum Prätendenten der Kaiserkrone, das Object des Kampfes zur Waffe zu erheben, aber selbst in diesem nur von der Noth gebotenen Schritte zeigt sich die Staatsklugheit des Papstes.

Die Bürgschaften gegen eine künftige Einverleibung des König= reichs, welche Innocenz sich von Friedrich geben ließ, waren keines= wegs so unbestimmt, wie man anzunehmen pflegt [2]. Es ist richtig, daß Friedrich vor seiner Abreise nach Deutschland 1212 seinen jüngst geborenen Sohn Heinrich zum Könige von Sicilien krönen ließ, aber diese Krönung ist nicht die Bürgschaft selbst, sondern nur die Folge derjenigen Verpflichtungen, welche Friedrich vorher eingegangen. Schirrmacher hat übersehen, daß diese uns erhalten sind, und zwar in drei Urkunden, welche das ganze Verhältniß Siciliens zur Kurie in der Zeit Friedrichs II. bestimmen [3]. In der ersten Urkunde (H. B. I, 200) verspricht dieser und schwört, als Getreuer der Kirche an keinem Anschlage gegen Innocenz oder seine Nachfolger theilzunehmen, Mitgetheiltes geheim zu halten, den Papst und das Gebiet des h. Petrus zu schützen, den jedesmaligen rechtmäßig gewählten Papst anzuerkennen und ihm treu zu sein, der ihm und seinen Erben be= stätige, was Innocenz ihm durch ein Privileg verliehen: ero fidelis b. Petro et s. R. eccl. ac tibi domino meo pape Innocentio tuisque catholicis successoribus. Non ero in consilio .... ut vitam perdatis u. f. w. Fidelitatem etiam observabo succes- soribus tuis .... qui mihi et heredibus meis .... firmaverint, quod in privilegio tuo est mihi concessum. Es ist auf den ersten Blick klar, daß dies nicht mehr noch weniger ist, als das homagium, als der Eid, von dem Friedrich in der zweiten Urkunde (H. B. I, 201) sagt, daß er einen solchen vor dem päpstlichen Le= gaten abgelegt habe: fidelitatem vobis vestrisque successoribus

---

[1] Vgl. die Briefe des Papstes 1210, 4. März. Baluze epp. Inn. II, 405. Huillard-Bréholles, Hist. dipl. Frid. II. imp. I, 165: Illud debet ab omnibus iniquum et impium reputari, quod ad occupandum regnum Sic. manus extendit; 17. Juni, Bal. II, 454. H. B. I, 169: Eccl. devotos .... filios .... diligere consuevit et ne pravorum hominum molestia agitentur .... sue pro- tectionis munimine confovere; 25. Juni, Bal. II, 453. H. B. I, 170 an Frie= drich: tibi et regno tuo majora pericula imminent.

[2] Schirrmacher S. 79.

[3] Böhmer, Reg. Frid. nr. 30. 31, d. Messina Febr. 1211. Mit Recht hat H. B. I, 201. 203 diese nach 1212 gesetzt. Doch trägt das Jahr 1211 oder 1212 für uns nichts aus, da Innocenz im März 1211 offenbar schon an Friedrichs Wahl dachte (Böhmer Reg. Inn. nr. 307). Jedenfalls muß man jene Urkunden und die beabsichtigte oder vollbrachte Wahl Friedrichs im Zusammenhang betrachten. Die dritte Urkunde, H. B. I, 200, ist gar nicht datirt, da aber der Inhalt jener Urkunden nur die Folge dieser ist, muß sie auch in den Febr. 1212 gesetzt werden.

et s. R. eccl. juravimus, sicut in duobus similibus capitulariis est expressum — und in Gegenwart des Pabstes wiederholen will: Accedemus ligium homagium prestituri .... veniemus sine fraude ad ligium homagium faciendum. An derselben Stelle bezeichnet er die Gebiete, für welche er den Lehnseid leistet: vos enim nobis et heredibus nostris .... concessistis regnum Sicilie u. f. w., gelobt für diese einen jährlichen Zins und macht über Wahl und Bestätigung der Prälaten in denselben einige Zu=geständnisse, die in der dritten Urkunde (H. B. I, 203) näher ausgeführt werden. Also blieb Sicilien Lehen der Kurie, und die Möglichkeit einer Realunion zwischen Kaiserreich und Königreich auch ferner ausgeschlossen. Nun erst nennt Friedrich sich König von Sicilien und römischer König (Böhmer, Reg. Frid. nr. 35), und läßt auf Verlangen des Papstes seinen Sohn Heinrich zum Könige von Sicilien krönen (Reg. nr. 323). Vielleicht daß Innocenz auf irgend eine Weise auch die Personalunion hindern wollte.

Zu der Annahme Schirrmachers, daß bei Friedrichs Anwesen=heit in Rom, April 1212, weitere Verabredungen über das Verhält=niß der beiden Reiche getroffen worden seien, liegt nach dem Inhalte der angeführten Schriftstücke kein Grund vor. Wir wissen nur, daß Friedrich bei dieser Zusammenkunft, wie er versprochen, den Lehnseid vor dem Papst erneuerte[1] und sich in einer aus Rom datirten Ur=kunde „von Gottes und des Papstes Gnaden König" nennt[2]; das heißt doch wohl nur: von Gottes Gnaden römischer König, von Pap=stes Gnaden Lehnskönig von Sicilien.

Ein Jahr nach Friedrichs Ankunft in Deutschland war sein schließlicher Sieg nicht mehr zweifelhaft. Als factischer König nun legte er auf dem Hoftage zu Eger 1213, 12. Juli, dem Papste das=selbe Gelübde ab, wie Otto IV. vor ihm[3]: die kirchliche Wahl=freiheit zu achten, die Ketzerei auszurotten und außer anderen Be=sitzungen der Kirche auch das Königreich Sicilien erhalten zu wollen; ein Versprechen, das nur die Summe der früheren Lehnsanerkennung ist, und gerade durch seine Kürze beweist, daß diese nicht in Frage gestellt wurde. Außerdem gaben die Reichsfürsten zu jenen Zusiche=rungen schriftlich ihre Zustimmung[4]. — Wie die Regierung Sici=liens inzwischen geordnet war — denn für diese sind Friedrich, seine Gemahlin Konstanze für Heinrich und kaiserliche Legaten zugleich thätig — läßt sich nicht erkennen. Jedenfalls war Friedrich bei der Unmündigkeit Heinrichs der rechtmäßige Lehnsträger.

Seit dem Jahre 1215 aber trübt sich die Situation. Damals

---

[1] Höfler S. 15. Von Schirrmacher ist die betreffende Stelle des Al-bertus Boh. übersehen.

[2] Dei gratia et sua. Mon. Germ. Legg. II, 223.

[3] Mon. Germ. Legg. II, 216. 224.

[4] z. B. Ludwig von Baiern 6. Okt. 1214. H. B. I, 319. Vergl. un=ten zu 1220.

fanden in Rom in Geheimniß gehüllte Unterhandlungen statt, welche von Seiten Friedrichs der Abt Ulrich von St. Gallen führte[1]. Innocenz III. ehrte die Persönlichkeit des Botschafters[2]; mit seinen Aufträgen aber scheint dieser nicht leicht zum Ziel gekommen zu sein. Es war in derselben Zeit, daß Friedrich die Grafschaft Sora, welche der Bruder des Papstes Richard von der Krone zu Lehen trug, an Innocenz überwies, 11. Oct. 1215 (M. G. L. II, 226). Außerdem waren noch viele Geschenke nöthig, ehe der Abt in Angelegenheiten des Reiches seinen uns unbekannten, jedenfalls wichtigen Zweck erreichte und dem Könige und den Fürsten gute Botschaft zurückbringen konnte[3]. Am 14. Juli 1216 erscheint er zuerst wieder am königlichen Hoflager (H. B. I, 472). Nur als unsichere Vermuthung wage ich es auszusprechen, daß seine Sendung sich auf die Herüberkunft Heinrichs nach Deutschland bezog. Manches spricht allerdings dafür. Der familiaris des Königs, Erzbischof Berard von Palermo, ging als Legat Friedrichs im Herbst 1215 nach Rom zum Lateranconcil[4]. Etwas später verließ Albrecht Graf von Eberstein, der durch die Königin mit Friedrich verwandt war, den Hof des Königs, an welchem er sich sonst gewöhnlich aufhielt[5]. Von beiden aber, Berard und Albrecht, wissen wir, daß sie geschickt worden waren, um Konstanze und Heinrich nach Deutschland zu geleiten[6], also in derselben Zeit, als Abt Ulrich noch unterhandelte. Endlich traten Konstanze und Heinrich im Juni 1216 von Messina aus ihre Reise an: etwa in derselben Zeit kann der Abt den Erfolg seiner Sendung melden. Besteht aber dieser vermuthete Zusammenhang, dann fällt auch das Auffällige in der Reiseroute der Königin fort, auf das Schirrmacher (S. 107) mit Recht aufmerksam macht. Denn jene reist zu Lande, während Heinrich von St. Eufemia in Calabrien auf dem Seewege direct nach Genua geschickt wird.

Indessen ist auch zu bemerken, daß in derselben Zeit, da Konstanze ihre Reise begann, Friedrich am 1. Juli 1216 weitere Verbindlichkeiten in Bezug auf Sicilien einging[7]. Sobald er selbst die Kaiserkrone erlangt haben würde, verspricht er, seinen Sohn aus der väterlichen Gewalt zu entlassen und bis zur Mündigkeit Heinrichs

---

[1] Zuletzt ist er am 5. Sept. 1214 Zeuge einer königlichen Urkunde.

[2] Ipse Romam veniens in cunctis, propter que venerat, negotiis regni talem se exhibuit, ut nimio omnium veneraretur affectu et infulam pro vita sua gerendam gratis de Innocentio reciperet. Casus S. Galli, M. G. SS. II, 171. Offenbar kennt der Autor selbst nicht die regni negotia.

[3] Finito negotio, pro quo venerat, multis apostolico xeniis transmissis, auctus benedictione ipsius, ad propria remeavit, regi ac principibus bonum, pro quo iverat, nuncium reportans. Ibid.

[4] Als Legat Friedrichs auf dem Concil erwähnt bei Rich. Sangerm., Muratori SS. VII, 989. Zeuge einer Urkunde Friedrichs in Deutschland war er zuletzt 11. Oct. 1215. H. B. I, 428.

[5] Zuletzt 22. Dec. 1215. H. B. I, 433.

[6] Chron. Siculum breve, H. B. I, 894.

[7] Mon. Germ. L. II, 228. H. B. I, 469. Reg. nr 176.

den vom Papst (d. h. als Landesherrn) zu bestellenden Verwaltern die Regierung Siciliens zu überlassen, dessen Dominium einzig und allein der römischen Kirche zukomme; er selbst werde sich dann nicht mehr König nennen, und nur wenn der Papst damit einverstanden sei, für seinen unmündigen Sohn eine stellvertretende Regierung entweder selbst führen oder bestellen, „damit man nicht daraus, daß er zugleich das Kaiserreich und das Königreich inne habe, schließe, daß das letztere irgend eine unio mit dem ersteren habe, weil aus solcher sowohl dem apostolischen Stuhle als auch seinen eigenen Erben Nachtheil entstehen könne". Diese Verpflichtung läuft im Grunde auf zwei Punkte hinaus: Friedrich erkennt wiederum die päpstliche Lehnshoheit an und verzichtet für seine Person auf jegliche Union, aus eigener Ueberzeugung von der Schädlichkeit einer solchen für beide Reiche; doch soll das Arrangement darüber erst nach seiner Kaiserkrönung getroffen werden.

In der That liegt hierin eine Weiterentwicklung der früheren Verträge, und zwar zu Gunsten der Kurie. Wenn Schirrmacher aber (S. 80) meint, Innocenz habe den Sohn als Geisel gegen seinen Vater brauchen wollen, so übersieht er, was er (S. 106) selbst anführt, daß Heinrich schon im Juni 1216 von Sicilien nach Deutschland abreist und hier etwa im Dec. eintrifft. Wie sich beide Theile das später zu treffende Arrangement dachten, können wir natürlich nicht ausmachen, haben aber in Obigem einen festen Rechtsboden vor uns, um von hier aus die nächsten Ereignisse zu betrachten, bis es dann endlich für Friedrich Zeit war, nach Schirrmachers etwas unklaren Worten, „die letzte Forderung für die ihm von Gottes Gnaden zuerkannte weltliche Macht zu thun" (S. 109).

Mochte man sich nun jenes Arrangement denken wie man wollte, es war keineswegs mit den Verträgen in Widerspruch, wie man gewöhnlich annimmt, daß an Heinrich das Herzogthum Schwaben übertragen ward. Dieses war ebenso gut Erbland der Familie wie Sicilien und mußte dem damals einzigen Sohne Friedrichs bei dessen etwaigem Tode von selbst zufallen. Auch haben nur Neuere darin einen Widerspruch gesehen, die Kurie hat, soviel wir wissen, Nichts dagegen gethan. Daher sagt Schirrmacher wohl zu viel: „Somit war durch diesen Schritt Heinrich aus einem päpstlichen Lehnsmann ein deutscher Reichsfürst geworden". Heinrich ward allerdings Reichsfürst, blieb aber für Sicilien päpstlicher Lehnsmann, ebenso wie sein Vater, der dazu noch römischer König war. Dasselbe gilt natürlich auch in Bezug auf den burgundischen Rectorat, welcher an Heinrich etwas später verliehen wurde (S. 110). Seit der Mitte des Jahres 1218 aber erhält Heinrich nicht mehr den Titel eines Königs von Sicilien, den Friedrich allein fortführt, und hierin hat man stets ein heimliches Hinarbeiten auf die „letzte Forderung," d. h. die römische Königswahl, gesehen. Es wird diese Ansicht, für welche mancherlei spricht, indessen stark durch die Bestimmung der Urkunde vom 1. Juli 1216 geschwächt, wonach die Emancipation

2

erst nach der Kaiserkrönung erfolgen sollte. Halten wir daran fest:
es ist nicht nöthig und nicht gestattet, in diesen einzelnen Vorgängen
Verletzungen der früheren Verpflichtungen zu sehen.

In der Conceffion vom 1. Juli 1216, so ausführlich sie schei=
nen mag, ist jedoch eine bemerkbare Lücke, ich meine in Beziehung
darauf, daß die Möglichkeit einer Wahl Heinrichs zum römischen
Könige, die doch sehr nahe lag, gar nicht berührt worden ist. Dies
hat seinen guten Grund darin, daß dem jetzt durch Honorius III.
vertretenen Papstthume auch nicht die geringste Berechtigung zustand,
im Voraus die Wahlfreiheit der deutschen Fürsten zu beschränken.
Wir wissen, daß Friedrich sehr frühe für die Wahl seines Sohnes
wirkte: mochte man in Rom dieselbe wünschen oder nicht, hindern
konnte man sie nicht, wenn es jenem gelang die Fürsten für sie zu
gewinnen. Es ist urkundlich überliefert[1], daß der Hofkanzler Konrad
in Rom lange vorher über die Wahl eines römischen Königs aus der
stirps regia — und nur Heinrich konnte in Betracht kommen —
angefragt „wegen des ungewissen Ausgangs der Dinge und der er=
fahrungsmäßigen Uebel, welche aus dem häufigen Wechsel der Kaiser
folgen". Wie Konrad am 31. Juli 1220 sagt, ist er lange ohne
Antwort geblieben, bis endlich ein vertrauter Kardinal ihm mittheilte,
daß Honorius geäußert, ihn gehe die Wahl eines römischen Königs
nichts an: nil ad se de electione Rom. regis pertinere. Schirr=
macher führt beiläufig (S. 293) diesen Brief an, ohne ihn weiter zu
benutzen. Wie mir däncht, trägt er am Meisten zum richtigen Ver=
ständniß der Sache bei: es handelte sich für die römische Kurie nicht
um die Wahl, sondern um ihre Folgen in Bezug auf das Feudal=
verhältniß Siciliens. Ist dies aber der Fall, so erhalten die folgen=
den Verhandlungen ein neues Licht, und zwar wird dann auch nicht
mehr Friedrich der Betrüger, der Papst die angeführte Einfalt sein,
unter welchen Charakteren beide auch bei Schirrmacher erscheinen.

Auf eine Anfrage von Rom aus erklärte Friedrich am 10. Mai
1219: Wenn die Fürsten gesonnen seien, Heinrich zu wählen, so ge=
schehe dies nur, damit das Reich während seiner eigenen Abwesenheit
auf dem gelobten Kreuzzuge besser regiert und für den Fall seines
Todes seinem Sohne das deutsche Erbgut gesichert werde; im Uebrigen
bleibe dieser den Anordnungen der Kirche unterworfen[2]. Also ist
Friedrich und wir mit ihm der Meinung, daß durch die Wahl in
keiner Beziehung den früheren Verpflichtungen zu nahe getreten wird;
es stimmt vollständig damit, daß er im Sept. die für Innocenz
1213 ausgestellten Urkunden wiederholt, in welchen namentlich die
Lehnshoheit über Sicilien garantirt wird, ein wichtiger Passus, den
Schirrmacher (S. 116) übersehen hat. Indessen verlangte nun Ho=
norius durch seinen Botschafter auch die Erneuerung der Urkunde vom

---

[1] Raynaldi Ann. eccl. 1220. §. 15. H. B. I, 803, not. 1.
[2] relinquentes filium in dispositione ecclesiae. Ungedruckter Auszug
bei Raumer III, 176 und Böhmer, Reg. Frid. nr. 275.

1. Juli 1216, welche für Friedrich jede Union ausschloß, und auch diese erfolgte am 10. Febr. 1220[1], freilich mit dem bedeutsamen Zusatze, daß, wenn Heinrich ohne Sohn und Bruder zu hinterlassen sterbe, Sicilien wieder an Friedrich zurückfalle. Für diese Möglichkeit also wollte Friedrich die 1216 ausgeschlossene Personalunion wieder anerkannt wissen und war damit allenfalls zufrieden. Seine Wünsche aber gingen weiter. In dem Begleitschreiben vom 19. Febr., mit welchem er jene Bestätigung übersandte, sprach er seine Hoffnung aus, durch spätere persönliche Verhandlung mit dem Papste das Königreich selbst für seine eigene Lebensdauer behalten zu dürfen: petitionem de ipsius regni in vita nostra dominio reservando, cum in vestra fuerimus praesentia constituti, a vestra beatitudine obtinere speramus. Jenen Zusatz der Urkunde, der so ziemlich selbstverständlich ist, hat Honorius wohl stillschweigend anerkannt[2]; die in dem Begleitschreiben aber ausgesprochenen Wünsche waren auf die Kaiserkrönung verwiesen, auf dieselbe Zeit, in der ja schon nach der Urk. vom 1. Juli 1216 die definitive Erledigung der sicilischen Frage stattfinden sollte. Also auch hier ist keine Spur von heimlichen Umtrieben: Friedrich bleibt auf dem Boden von 1216, spricht aber offen genug seine Wünsche aus.

Die in diplomatisches Dunkel gehüllte Wahl ist merkwürdig durch die Umstände, die sie begleiten. Wir wissen, daß man in Deutschland die Unsicherheit in der Nachfolge als einen Uebelstand würdigte, daß man die stirps regia besonders berufen glaubte denselben zu heben, und dennoch hat ein Theil der Fürsten eifrig der Wahl Heinrichs widerstrebt. Weshalb — ist nicht ganz klar. Trotzdem wurde Heinrich, April 1220, zu Frankfurt gewählt.

Wir sind über diesen Vorgang wesentlich auf das gewiesen, was Friedrich selbst am 13. Juli dem Papste mittheilte. Er gesteht aufs Neue, daß er sich um die Wahl bemüht[3], indessen ohne Erfolg. Aber ein den Reichsfrieden bedrohender Streit einiger Fürsten habe bewirkt, daß ohne sein Wissen und in seiner Abwesenheit die gegenwärtigen Fürsten und besonders die, welche der Wahl widerstrebt, Heinrich zum Könige erwählt hätten. Als ihm die Wahl bekannt geworden, habe er natürlich widersprochen und die Fürsten veranlaßt, jeder für sich, einen besiegelten Brief auszustellen, daß der Papst die Wahl billigen möge. „Aber ferne sei es, daß das Kaiserreich etwas gemein haben

---

[1] Mir nur zugänglich aus Böhmer, Reg. nr. 323.

[2] Nach Raumer III, 178, dem Schirrmacher S. 117 gefolgt ist, hat Honorius dies am 19. Febr. 1220 zugegeben. Das ist aber ber Lag, an welchem das erwähnte Begleitschreiben (H. B. I, 741. Reg. nr. 324) abgefaßt ist; da nun Honorius eine am 10. gestellte Forderung unmöglich am 19. beantworten konnte, muß irgend ein Irrthum vorliegen.

[3] Vergl. auch Schirrmacher S. 118, Anm. 15. Zu bemerken ist, daß Repg. Chronik die Quelle der Magd. Schöppenchr. ist. Betont müßte werden: God. Colon.: Commendato filio suo H. principibus; Alb. Stad.: Patre volente; Repg. Chr.: Dar bat he u. s. w.

2*

solle mit dem Königreich, oder daß wir sie bei Gelegenheit der Wahl unseres Sohnes wechselseitig (b. h. realiter) vereinigen. Vielmehr wollen wir mit allen Kräften dagegen wirken, daß ihre Vereinigung in anderen Zeiten zu Stande kommen könne".

Ich denke, dieser letztere Passus zeigt deutlich genug, daß Friedrich an seiner Ueberzeugung von der Schädlichkeit einer Realunion unverändert festhielt. Schirrmacher sagt: „Die römische Kurie war mit ihren eigenen Waffen geschlagen". Aber Friedrich stand noch immer auf dem Vertrage vom 1. Juli 1216, der eine Personalunion in der Person Heinrichs keineswegs ausschloß; auch jetzt weist er auf das Arrangement hin, welches bei der Kaiserkrönung getroffen werden sollte. Daher konnte er mit gutem Gewissen und aus seiner Ueberzeugung, nicht nur zum Schein, der Wahl, die er selbst gefördert, widersprechen, wenn man durch dieselbe eine Incorporation Siciliens bezweckte, und konnte sie billigen, wenn sie auf dem Boden der Verträge blieb. In dieser Hinsicht hätte von Schirrmacher wohl auf die Tragweite der (S. 292) berührten Urkunde der deutschen Fürsten vom 23. April aufmerksam gemacht werden müssen. Wie schon einmal zur Zeit des Innocenz (s. o.) heißen sie Alles gut, was Friedrich der Kirche verliehen oder versprochen, tam super facto imperii, quam super facto regni Sicilie, und sie erklären das Auseinanderhalten beider Reiche noch schärfer dahin, „daß das Kaiserreich keine Gemeinschaft mit dem Königreiche oder irgend eine Jurisdiction in demselben haben solle". Zu Innocenz III. Zeit hatten die Fürsten die Lehnshoheit Roms über Sicilien anerkannt, jetzt bestätigen sie summarisch den Inhalt aller von Friedrich in dieser Beziehung eingegangenen Verpflichtungen. Wie war dies aber möglich, wenn man annimmt, daß Friedrich diesen entgegengehandelt? Wenn die Wahl die Verträge werthlos machen sollte, wie konnte man diese in derselben Zeit bestätigen? Man hat sich über diesen Widerspruch hinweggesetzt, da es für ausgemacht galt, daß Friedrich seine Versprechungen gebrochen. Daß dies nicht der Fall war, ist hoffentlich jetzt klar. Daher konnten denn auch die Prälaten, ohne zweien Herren zu dienen und einen zu verrathen, die Wahl fördern, und dankbar erkannte Friedrich ihren Beistand an, „den sie dem Könige selbst zur Erwerbung und Sicherung des Thrones und seinem Sohne Heinrich bei der Königswahl geleistet haben" (Mon. Germ. L. II, 236).

Auch der Papst hat nicht gegen die Wahl remonstrirt, sie wurde selbst in den späteren Zeiten der erbittertsten Kämpfe nie als ein Werk durchtriebener Falschheit von den Gegnern Friedrichs angegriffen, und erst in neuerer Zeit haben Einzelne überall Tücke gesehen und mehr wissen wollen als diejenigen, welche die Geschichte selbst handelnd schufen. Wie gesagt, nicht die Wahl konnte Anlaß zu Differenzen geben, sondern die rechtlichen Folgen, welche etwa daran sich knüpfen mochten, und diese in der Richtung der bestehenden Verträge zu erhalten, war allein Gegenstand der folgenden Unterhandlungen.

Bei Gelegenheit der Kaiferkrönung follten mündliche Unterhand=
lungen die Frage beendigen. Kurz vor derfelben, am 10. Nov., find der
Bifchof Nikolaus von Tusculum und der Subbiacon Alatrin mit
verfchiedenen Aufträgen, u. A. auch in Betreff des ficilifchen König=
reichs, an Friedrich gefandt (M. G. L. II, 242), als diefer fchon
auf dem Wege nach Rom war. Wir kennen nicht die Verhandlun=
gen, haben aber die Refultate. Die Kurie gewährte Friedrichs am
19. Febr. 1220 ausgefprochenen Wunfch, die Perfonalunion für ihn
felbft fortbeftehen zu laffen, wenigftens nahm fie felbft keinen Anftand
ihn nach der Kaiferkrönung auch König von Sicilien zu nennen, alfo
mit einem Titel, den feitdem Heinrich allein hätte führen follen (Rau=
mer III, 206). Daß jedenfalls eine beide Theile befriedigende Eini=
gung getroffen worden, beweift der Lehnseid, den die ficilifchen Gro=
ßen bei der Krönung dem Kaifer erneuerten, beweift aber vor Allem
eine Urkunde Friedrichs felbft [1]. Um keinen Gedanken an eine Ge=
meinfchaft des Kaiferreiches mit dem Königreiche zu ermöglichen, er=
klärt er, daß er diefes nicht von feinen kaiferlichen Vorfahren, fondern
durch feine Mutter als Lehen von der römifchen Kirche überkommen
habe; er verpflichtete fich ferner, in dem Königreiche nur Eingeborne
anzuftellen und für daffelbe ein eigenes Siegel zu führen. — Das
Ergebniß ift demnach: Die Lehnshoheit der Kirche befteht fort, diefe er=
kennt die Perfonalunion beider Reiche an, Friedrich fchließt für im=
mer die Realunion aus. Im Ganzen blieb alfo das Verhältniß Si=
ciliens zum Kaiferreiche und zur Kirche daffelbe, wie es 1212 be=
ftanden hatte.

Für Deutfchland wurde, als Friedrich nach Italien zog, eine
befondere Regierung eingefetzt, die allerdings im Namen des unmün=
digen Königs Heinrichs (VII.) manche Rechte ausübte, aber felbftver=
ftändlich ebenfo wie Heinrich, als er 1228 allein die Herrfchaft
übernahm, dem Kaifer gegenüber höchft befchränkt war. In Bezug
auf den Umfang jener Rechte hat Schirrmacher (S. 132) folgendes
Refultat gewonnen: „Der Reichsverwefer hatte weiter nichts als
Privilegien zu vergeben". Weiter wird aber hinzugefügt: „die ober=
gerichtliche Gewalt, die Aufrechthaltung des Landfriedens, zu dem
des Kaifers perfönliche Gegenwart nöthig gewefen wäre (?), darin
beftand Heinrichs und Engelberts von Köln ftellvertretende Thätigkeit.
Durchaus verkehrt ift es, fich Heinrich als Statthalter in unferem
Sinne zu denken". Alfo Gefetzgebung, Gericht, Execution werden
Heinrich zugefprochen, aber felbftändig war er deshalb noch lange
nicht und ebenfowenig Mitregent, wie etwa Heinrich VI. zur Zeit
Friedrichs I. [2]. Wie begränzt nun Heinrichs Gewalt der kaiferlichen

---

[1] H. B. introd. p. CX: d. mense Nov. in castris in monte Malo, alfo
kurz vor oder nach der Krönung ausgeftellt. Erfteres ift wahrfcheinlicher.

[2] Hierüber verweife ich auf eine demnächft erfcheinende Arbeit des Herrn
Th. Töche in Berlin.

Obergewalt gegenüber war, dürfte zu untersuchen einer kleinen Mühe wohl werth sein. Schirrmacher hat es abgelehnt „den Gegenstand aus dem Umfange der Urkunden erschöpfen zu wollen" (S. 297, Anm. 13).

Es lag in der Natur der kaiserlichen Würde, daß sie eine höhere Autorität in Anspruch nahm als jede andere weltliche Macht der Welt, selbstverständlich auch eine höhere als das von ihr abgezweigte römische Königthum. Daher hatten die unter Friedrichs Namen von Italien aus erlassenen Reichsgesetze, wie z. B. die bei seiner Krönung 1220 publicirten Ketzeredicte, ferner die allgemeinen Privilegien, welche er z. B. dem deutschen Orden verlieh, an sich auch in Deutschland Gültigkeit, ohne daß die Bestätigung durch den deutschen König oder in seinem Namen durch die Regentschaft erforderlich war. In solchen Fällen kommt eine Bestätigung niemals vor! Eine Ausnahme scheint die Urkunde bei Böhmer, Reg. Heinr. nr. 131. Huillard-Bréholles III, 309, zu machen. Indessen erfolgt hier die Bestätigung durch Heinrich wohl nur deshalb, weil das Privileg Friedrichs II., Reg. nr. 158, nach welchem ein Präceptor oder Komthur des deutschen Ordens bei seiner Anwesenheit am Hofe nebst Gefolge auf Kosten desselben unterhalten werden sollte, des Königs eigene Hofhaltung wesentlich berührte.

Anders ist das Verhältniß bei Angelegenheiten, welche speciell Deutschland betreffen. Zunächst hat Heinrich das Recht den Prälaten die Regalien zu verleihen, ist aber an den Willen des Kaisers und die Zustimmung der Fürsten gebunden[1]. Dagegen scheint der Kaiser sich die Belehnung der großen weltlichen Fürsten vorbehalten zu haben[2]. Aber auch abgesehen von solchen Acten, die im Grunde doch nur Förmlichkeiten waren, hat Friedrich seine Wirksamkeit für

---

[1] cum per voluntatem ser. imperatoris patris vestri et principum consensum eadem conferendi, plenariam habeatis voluntatem (Schannat Vind. I, 191) ersuchen Reichsfürsten den König, Konrad erwählten Bischof von Hildesheim zu belehnen, 1221. Er thut es mit Berufung auf den Rath der Fürsten, bittet aber als dei gratia et sua rex Roman. den Kaiser es zu bestätigen; ibid. 192. H. B. II, 725. — Am 1. Dez. 1226 belehnt er die Bischöfe von Riga und Dorpat mit den Regalien und der Markgrafschaft als Fürstenthum; Böhmer, Reg. Heinr. 98. 99. H. B. II, 865. 866. — Dez. 1226 giebt er dem Erzbischofe Heinrich von Köln die Regalien; Böhmer, Reg. S, 223.
[2] Der Kaiser belehnt März 1226 den deutschen Orden mit Preußen, Böhmer, Reg. Frid. 569. H. B. II, 549; — Sept. 1227 den Landgrafen Hermann von Thüringen eventualiter mit Meißen, Reg. 632. H. B. III, 22; — Juli 1231 den König Wenzel von Böhmen, Reg. 687. H. B. III, 294; — Nov. 1231 den Grafen Otto von Geldern, Reg. 690. H B. IV, 269; — Dec. 1231 den Markgrafen Johann von Brandenburg, Reg. 691. H. B. IV, 270. Von einer Bestätigung dieser Belehnungen durch Heinrich weiß ich nichts. Dieser hat allerdings Mai 1222 den Herzog von Brabant belehnt, Böhmer, Reg. Heinr. nr. 18. H. B. II, 743, aber nur als Erneuerung der Belehnungen vom 12. Nov. 1204 und 29. April 1220. Ferner belehnt der König 20. Sept. 1224 die Gräfin Sophie von Ravensburg mit der Grafschaft im Emsgau, Reg. 64. H. B. II, 805.

Deutschland nicht aufgegeben. Von Italien aus schenkte er Güter und Rechte, verlieh Zollfreiheiten, gab Schutz= und Freiheitsbriefe u. f. w. ganz wie früher, als er noch in Deutschland anwesend war, nur nicht in so großer Anzahl. Hier war es allerdings leicht möglich, daß ein Conflict der kaiserlichen und der königlichen Regierung entstand, wenn man sich nicht beschränkte. Eine solche Beschränkung müssen wir aber darin sehen, daß Friedrich seine Regierungsgewalt für Deutschland meistens nur dann übte, wenn sich deutsche Fürsten und Herren zu allgemeinen Reichsangelegenheiten bei ihm einfanden[1]. So mußte der Erfolg im Ganzen derselbe sein, als wenn sich die Fürsten am Hofe Heinrichs zur Berathung versammelten. Wenn sich aber dennoch Meinungsverschiedenheiten, genügend erklärt durch die verschiedenen leitenden Persönlichkeiten, namentlich während der Regentschaft zeigten, so gab der Wille des Kaisers von Italien aus den Ausschlag. Nicht genug daß Friedrich seinem Sohne geradezu Befehle ertheilt[2], sondern er ändert auch die Erkenntnisse des königlichen Hofes ab. Am 27. und 28. Dec. 1224 hatte der König zu Gunsten des Erzbischofs gegen die Stadt Besançon einen Proceß entschieden, und Friedrich bestätigte 5. Juni 1225 im Ganzen den Spruch, suspendirte aber die Auslieferung der Stadtschlüssel, bis der Beweis geliefert sei, daß der Stadt keine Feindesgefahr drohe[3]. Ferner cassirte er Juli 1227 die Genehmigung zur Veräußerung von Kirchengütern, welche sein Sohn bei einer zwiespältigen Wahl in Regensburg dem vom Papste verworfenen Candidaten gegeben[4]. Ich bin weit davon entfernt zu meinen, daß vielleicht sogar schriftlich in den litterae imperiales[5], durch welche der Kaiser an Engelbert von Köln gewisse Vollmachten ertheilte, das Verhältniß der deutschen Regierung

---

[1] Die Anwesenheit von Deutschen knüpfte sich bei den Urkunden Friedrichs für Deutschland 1220 an die Kaiserkrönung, März und April 1221 an die Hülfssendung nach Damiette. Oct. 1221 — März 1222 ist der Markgraf von Baden anwesend. März — Juli 1222 waren Deutsche bei Friedrich wegen des Congresses zu Veroli, Dez. 1222 — März 1223 wegen des verfehlten Congresses zu Verona (11. Nov.) und des wirklich folgenden zu Ferentino, Juni — Aug. 1225 wegen der Zusammenkunft zu St. Germano, März bis Juli 1226 wegen des Reichstages zu Cremona, Juli bis Sept. 1227 wegen des Kreuzzuges, Sept. 1228 auf dem Kreuzzuge, Juli 1229 bei der Rückkehr von Palästina, April bis Sept. 1230 wegen der Unterhandlungen mit Gregor IX. und des Friedens von St. Germano, Nov. 1231 — April 1232 auf dem Reichstage zu Cremona. — Gar keine oder nur wenige und unbedeutende Deutsche lassen sich nachweisen bei den Urkunden Friedrichs vom Oct. 1223 — Sept. 1224, Oct. — Dez. 1226, April — Juni 1228, Jan. — Juli 1231. Dadurch dürfte aber die im Texte ausgesprochene Ansicht nicht leiden.

[2] 23. Febr. 1223 befiehlt dem Könige die Aechtung der Grafen von Kiburg zu verkünbigen, 20. März 1223 bem Erzbischofe von Köln (wohl als Regenten) Mastricht zu schützen, Juni 1226 dem Könige den Bischof von Hildesheim zu schützen u. f. w. Vergl. Böhmer, Reg. Heinr. nr. 56. 92. 174 u. a.

[3] H. B. II, 817. 818. 487.

[4] Böhmer, Reg. Frid. 626. H. B. III, 11.

[5] S. Schirrmacher S. 131.

zum Kaiser bestimmt fixirt gewesen ist; ich glaube vielmehr, daß Heinrich so zu sagen nur im Allgemeinen an die Intentionen seines Vaters gebunden und, wo ein Widerspruch eintrat, diesem zum natürlichen Gehorsam verpflichtet war. Freilich bestätigt auch er oft Akte seines Vaters[1], aber diese Bestätigungen geschahen theils ausdrücklich auf Befehl desselben[2], theils sind sie so zu betrachten, daß Heinrich dasjenige, was Friedrich für seine Regierung als in Gültigkeit hinstellte, als Nachfolger auch für seine Person anerkannte.

Merkwürdig ist die oft ganz verschiedene Stellung des Königs und des Kaisers zum Auslande, namentlich zu Dänemark, England und Frankreich. Es kam dabei weniger auf die Persönlichkeit Heinrichs an, als auf die besondere Politik der Regenten oder Vormünder, zuerst Engelberts von Cöln, dann Ludwigs von Baiern, die allerdings von der Politik, welche der Kaiser im Namen des Reiches vertrat, wesentlich abwichen. In Betreff der Freilassung Waldemars von Dänemark hat Engelbert offenbar nur im Sinne des Papstes gewirkt (Schirrmacher S. 137. 301), bis der Kaiser durch die Sendung Hermanns von Salza die ganze Sache in seine eigene Hand nahm, ohne freilich zum gewünschten Ziele zu gelangen. Bekannt ist die Sonderpolitik Engelberts, welcher zu England neigte, während Friedrich im Allgemeinen ein freundliches Verhältniß mit Frankreich unterhielt. Daher kann es nicht auffallen, daß nach dem Tode Philipps II. sein Nachfolger Ludwig VIII. eine Erneuerung des Tractats von Vaucouleurs (Nov. 1212) nicht allein bei dem Kaiser nachsuchte, von dem er sie erlangte, sondern gleichzeitig auch bei der Regentschaft in Deutschland, wo Engelbert sie zu hintertreiben wußte. Erst nach dessen Ermordung hat König Heinrich am 11. Juni 1226 die betreffende Urkunde zu Trident ausgestellt[3]. Der Tod Ludwigs VIII. veranlaßte neue Verhandlungen; wieder suchten der neue Erzbischof von Cöln Heinrich und Herzog Ludwig von Baiern ein Einverständniß mit England anzubahnen (Schirrmacher S. 160). Aber der Anspruch des römischen Königs auf das welfische Allod und noch mehr die Bestätigung des französischen Vertrags durch den Kaiser im August 1227 machten eine Verständigung unmöglich. So war auch in der auswärtigen Politik der Entschluß des Kaisers maßgebend und etwaige Sondergelüste der deutschen Regierung erfolglos.

Was endlich die räumliche Ausdehnung der also nach allen Seiten beschränkten Autorität des römischen Königs betrifft, so erstreckte sich diese nur auf Deutschland und Hochburgund. Wir besitzen

---

[1] z. B. Reg. Heinr. nr. 18. 20. 22. 25. 31. 36. 40. 41. 42. 43. 53 (mit Modificationen). 56. 92. 108. 111. 112. 118. 120. 121. 122. 131. 134. 172. 254. Böhmer, Reg. S. LXXXVII. H. B. III, 391.
[2] z. B. Reg. Heinr. nr. 56. 92.
[3] Reg. Heinr. nr. 106, vielleicht erst auf ausdrücklichen Befehl des Kaisers, den der französische Gesandte, in derselben Zeit auch zu Cremona zeitweilig anwesend (Reg. Frid. nr. 594), ausgewirkt haben mag.

auch nicht eine einzige Urkunde Heinrichs von 1220 an, welche italienische oder arelatische Angelegenheiten behandelte[1].

So sehen wir das Verhältniß der deutschen Regierung zum Kaiser nicht ganz unbestimmt. Traten nun Zwistigkeiten ein, welche schließlich Heinrich vernichteten, so können sie nur da gesucht werden, wo derselbe wirklich selbständig handelt. Erst seit dem Ende des Jahres 1228 kann er für dasjenige verantwortlich gemacht werden, was ihm das Mißfallen und die Unzufriedenheit nicht nur des Vaters und Kaisers, sondern auch der meisten Fürsten zuzog. Daß Heinrich ein lockeres Leben liebte und an seine Ehe mit Margaretha von Oestreich wenig dachte[2], wird ihm dieser Vater kaum, der Kaiser gewiß nicht zum Vorwurf gemacht haben: seine Vergehen müssen politischer Art gewesen sein.

Wenn es wahr ist, daß der Kaiser nach der Rückkehr aus Palästina dem Könige befohlen, ihm in Italien zu Hülfe zu kommen[3], so mag in der Nichtbefolgung dieses Gebotes der erste Anlaß zu Zwistigkeiten gelegen haben. Indessen war Heinrich damals selbst vollauf durch den Kampf gegen Baiern und Straßburg, welche die Partei des Papstes ergriffen, beschäftigt, und jene Nachricht hat an sich nicht eben viel Werth. Wichtig aber ist, daß die Stellung Baierns zum Könige eine sehr gespannte blieb. Nun überwarf sich Heinrich aber auch mit seinem Schwager Friedrich dem Streitbaren, dem jungen Herzoge von Oestreich. Wahrscheinlich von Böhmen aus beeinflußt, erklärte er seine Ehe mit Margarethe von Oestreich wegen der früheren vom Kaiser selbst aufgehobenen Verlobung mit Agnes, der Schwester des damaligen Königs von Böhmen, für ungültig, und wollte sich unter dem Vorwande, daß die Mitgift noch nicht ausgezahlt sei, von seiner Gemahlin, nachdem sie ihm einen Sohn geboren, trennen. Mochte dies das Werk fremden Einflusses oder ein Nachklang seiner jugendlichen Liebelei sein, — verkehrt genug war die Absicht, wenn wir bedenken, daß, im Falle die Ehe Friedrichs von Oestreich mit Agnes von Meran kinderlos blieb, wie es geschah, Heinrich die nächsten Ansprüche auf Oestreich hatte. Glücklicher Weise brachte der Abt von St. Gallen den König von dem unseligen Vorhaben ab

---

[1] Seine späteren hochverrätherischen Verbindungen mit den lombardischen Städten der Opposition kommen natürlich hier nicht in Betracht. — Rex Siciliæ nannte er selbst sich zuletzt am 5. Febr. 1217, seitdem nie. Aber in unteritalischen Urkunden, namentlich Notariatsinstrumenten wird ihm öfter dieser Titel gegeben und seine Regierungszeit von 1212 an gerechnet: 15. Dez. 1221 anno IX. regni Henr.; H. B. Hist. dipl. introd. LV. — Aug. 1223: anno XI. regni; H. B. II, 361. — Febr. 1235: anno imp. dom. nostri Frid. etc. et XXII. anno regni domini nostri Henrici regis Siciliæ et Ytaliæ eius benemeriti filii; H. B. IV, 520. Dann schon nach dem Mißlingen der Empörung: 5. Oct. 1235: Frid. anno etc. atque eum eo regnante dom. nostro Henrico glorios. rege — anno XXIII.; H. B. IV, 780.

[2] Schirrmacher S. 181 ff.

[3] Manda a son fil en Allemaigne, qu'il le secourust a son pooir. Bernard. thes. bei Guizot, Coll. des mémoires XIX, 424.

zur Zufriedenheit Aller, „welche an dem guten Zustande des Rechtes und des Reiches festhielten"[1]. Doch dauerte der Streit über die Mitgift fort, und auch Oestreich war dem Könige entfremdet. In des Kaisers Absichten lag es gewiß nicht; schon die Zeitgenossen sahen in jenen Umtrieben eine Auflehnung[2].

Fügen wir hinzu, daß Heinrich um das braunschweigische Allod auch mit Otto von Lüneburg verfeindet war, daß die Reichsgesetzgebung unter ihm eine so eigenthümliche Richtung genommen, daß sie nothwendig böses Blut erregen mußte, und dazu nicht einmal consequent war, so wird klar, wie es allmählich dazu kommen mußte, daß die bedeutendsten Fürsten zu den Gegnern des Königs zählten.

Alles aber, was Deutschland und überhaupt das Reich in Verwirrung setzte, sollte, nachdem Friedrich II. mit Gregor IX. im Aug. 1230 Frieden geschlossen, auf einem allgemeinen Reichstage geordnet werden. Dieser Reichstag von Ravenna, auf den 1. Nov. 1231 berufen, dann vertagt und nach Friaul verlegt, hat seine eigene Geschichte; uns geht nur dasjenige an, was auf das Verhältniß Heinrichs zum Kaiser Bezug hat.

Friedrich hatte seinem Sohne befohlen zum Reichstage zu kommen — er kam nicht; er versuchte nicht einmal durch die Lombardei zu dringen oder wie andere Fürsten auf dem Seewege nach Ravenna zu gelangen. Friedrich ging gerade der deutschen Angelegenheiten wegen nach Friaul und wiederholte seinen Befehl[3]. Auch jetzt noch zieht Heinrich ruhig in Franken und Schwaben herum[4]. Immer verdächtiger wird sein Benehmen. Den Städtebund am Rhein und Main, den er 1226 aufgehoben, scheint er jetzt anzuerkennen, indem er den Städten Frankfurt, Friedberg, Gelnhausen und Wetzlar gemeinsame Begünstigungen ertheilt[5]. Nun behauptet er sogar, sein Vater habe ihm größere Machtvollkommenheiten gegeben, und deshalb

---

[1] Schirrmacher S. 181 nach Conrad von Pfeffers Casus monast. s. Galli, Mon. Germ. SS. II, 180. Der Bericht ist zuverlässig und ziemlich ausführlich, aber es fehlen die Zeitangaben. Doch müssen die Intriguen jedenfalls nach dem Tode Leopolds von Oestreich, d. i. 28. Juli 1230, und vor der Zusammenkunft zu Pordenone im Mai 1232 (f. u.) stattgefunden haben.

[2] Offenderat enim in multis patrem suum et in hoc maxime, quod nobilem matronam dom. Margaretham — deserere voluit et sibi assumere sororem regis Boemie. Ann. Worm., Böhmer, Font. II, 178.

[3] Friedrich sagt 1235 in seinem Manifest gegen Heinrich mit Bezug auf dessen ungehörige Regierung: Quod ubi nobis innotuit.... non potuimus cum patientia tolerare, quin personalem subiremus laborem circa fines Alemanie veniendi. H. B. IV, 525. — Postmodum accedens ad partes Aquilegie mandavit filio suo .... ut sibi in occursum veniret. Ann. Argent. (Chron. Marb.), Böhmer, Font. III, 107.

[4] 1231, 5. Nov. Augsburg, 22. Nov. Ulm, 21. Dec. — 1. Jan. 1232 Hagenau, 15. Jan. Nürnberg, 20. Febr. Gelnhausen, 25. Febr. Würzburg, 17. März Augsburg.

[5] Reg. Heinr. 255. H. B. IV, 562. Auch später am 29. Mai 1234 schreibt er dem Burggrafen von Friedberg und den Schultheißen von Frankfurt, Wetzlar und Gelnhausen zusammen. Reg. 332.

erlaubt er den Wormsern sich einen Stadtrath zu setzen [1], gerade also das Gegentheil von dem, was Friedrich eben in Ravenna, er selbst früher befohlen. Selbst jene Behauptung: „der Vater hat unserem Gebot Deutschland vollständiger überlassen" [2], verräth weniger Wahrheit als die Absichten Heinrichs. Die Fürsten waren zum Kaiser gezogen, deshalb wandte er sich in dem kritischen Augenblicke, da der Befehl nach Friaul zu kommen erneuert wurde, an die Städte, die er bisher vernachläßigt. Aber schwankend in seiner Politik, jedem Einflusse offen, unentschlossen und ohne Gefühl für entscheidende Momente, wagte er nicht den letzten Schritt zu thun: obwohl ungern ging er schließlich doch nach Friaul [3].

Um Ostern (11. April) 1232 trafen Kaiser und König zusammen [4]. Wie Friedrich sagt, wies er den Sohn väterlich zurecht, aber auf Rath der Fürsten verlangte er auch einen Eid, daß er „die kaiserlichen Befehle und Gutachten beobachten und besonders die Fürsten mit vornehmlicher Gunst auszeichnen werde" [5]. Von einer Erweiterung der Rechte Heinrichs konnte nicht die Rede sein, und wenn dieselben auch nicht beschränkt wurden, so wurde er doch in der Ausübung ganz an den Willen des Kaisers gebunden [6]. Demgemäß ver-

---

[1] Reg. 258. H. B. IV, 564.

[2] Seren. pater nostre ditioni deputavit terram Alamanic plenius et commisit. Schwaben kann Alamania nicht heißen, weil es gegen den Sprachgebrauch in Heinrichs Urkunden verstößt. Ferner 3. Aug. 1232 (also nach der Zusammenkunft in Friaul): auctoritate regia et ex gratia ac potestate, quam a seren. ... patre nostro nuper sumus adepti. Reg. Heinr. 271. H. B. IV, 579. Auffällig ist: 1) daß Friedrich seinem Sohne vor der Unterwerfung größere Rechte gegeben haben sollte; 2) daß beide Urkunden für Worms sind, dessen Verhältnisse damals höchst verwickelt waren; 3) daß jene Formeln nur vorkommen, wo Heinrich gegen die städtefeindlichen Satzungen Friedrichs handelt; 4) daß die Urkunde vom 3. Aug. 1232 mit einer vom 4. Aug. (H. B. IV, 581) und einer vom 8. Aug. (ibid. 954) im schneidendsten Widerspruch steht, den Schirrmacher S. 210 vergebens auf höchst eigenthümliche Weise zu lösen versucht hat; 5) daß Friedrich selbst nie von einer größeren Vollmacht spricht. Ich halte jene Motivirung geradezu für eine Vorspiegelung, da Heinrich auch später auf erlaubte und unerlaubte Weise die Städte zu gewinnen suchte, und es in der Natur der Sache liegt, daß er nach seiner Unterwerfung in seinen Rechten eher beschränkt wurde.

[3] quamvis invitus apud Aquilegiam patri imperatori occurrit. Ann. Scheffl., Quellen und Erörterungen I, 385. Nach Schirrmacher S. 203 hat der Kanzler Bischof Siegfried von Regensburg persönlich den König hierzu vermocht. Dieser ist aber 1231 Dec. Zeuge kaiserlicher Urkunden, ebenso im Januar und April 1232 und recognoscirt solche im März.

[4] Schirrmacher S. 205.

[5] Friedrichs Manifest 1235: quod mandata ac beneplacita nostra penitus observaret et precipue principes speciali diligeret et prosequeretur favore. H. B. IV, 524. 944.

[6] Nur in einer Beziehung können möglicher Weise Heinrichs Rechte erweitert sein. Er sagt später in seinem Manifest: cum ... dom. imperator potestatem nobis plenariam contulisset conferendi et concedendi beneficia et feoda vacantia. Als er aber eine Rente auf Reichszölle anweist, muß er sich die Genehmigung des Kaisers vorbehalten. Reg. 311. H. B. IV, 623. Hätte

pflichtet sich Heinrich, unbedingt den mündlichen oder schriftlichen Befehlen des Kaisers zu gehorchen, nichts zu thun, was demselben an
Land, Ehre, Würde und Person Nachtheil bringen könne und alle
feindlichen Rathschläge und Rathgeber von sich fern zu halten; wenn
er dieses Versprechen nicht erfülle, so wolle er der Treupflicht der
Fürsten verlustig sein und ohne Weiteres in die Excommunication
verfallen, der er sich für diesen Fall freiwillig und im Voraus unterwarf [1]. Indessen muß der Kaiser diesem Versprechen wenig getraut
haben; denn auf Heinrichs dringendes Ersuchen übernahmen noch
zwölf Fürsten, der Patriarch von Aquileja, die Erzbischöfe von Salzburg und Magdeburg, die Bischöfe von Regensburg, Bamberg, Würzburg, Worms und Freising, der Abt von St. Gallen und die Herzöge von Sachsen, Meran und Kärnthen, der Art eine Garantie,
daß sie durch den Bruch jenes Gelübdes von selbst ihres Treuschwurs
ledig und dem Kaiser zum Beistande gegen den König verpflichtet
seien [2]. So war wenigstens äußerlich das gute Einvernehmen hergestellt, und Heinrich erscheint in den Urkunden wieder als der ge-
liebte Sohn.

Vor allen Dingen kam es darauf an, das wieder auszugleichen,
was Heinrich in den letzten Jahren schlecht gemacht [3] und wodurch
der Unwille sowohl des Kaisers als auch der Fürsten erregt worden
war. Jenes Verfahren, durch welches Heinrich kurz vor seiner Reise
Worms zu gewinnen versuchte, wird nicht vereinzelt geblieben sein,
und ebensowenig die Reaction dagegen, obwohl auch in dieser Beziehung nur Worms ein genügendes Beispiel bietet. Nun wurde
der Bischof ermächtigt das Gemeindehaus niederreißen zu lassen und
die Acht über die Mitglieder des von Heinrich gestatteten Stadtrathes
ausgesprochen [4].

Auch den verkehrten Streit, welchen Heinrich mit Friedrich von
Oestreich angefangen, gedachte der Kaiser in Friaul beizulegen. Aber
der Herzog blieb wiederholten Aufforderungen zum Trotz fort, und

---

er noch andere Rechte erhalten, hier wäre der Ort gewesen sie zu erwähnen.
Daß er fortan öfter als früher Akte seines Vaters bestätigt, hat seinen Grund
in der ängstlichen Fürsorge der Privilegieninhaber, die sich bei dem drohenden
Conflicte nach beiden Seiten zu sichern suchten.

[1] Die ursprüngliche Urkunde ist jetzt nicht bekannt, aber sie ward
von Heinrich wiederholt in einer Beurkundung an den Papst d. Augsburg 4.
Idus Apr. (10. April) 1233. ind. 2. H. B. IV, 953. Hier wird willkürlich
geändert 1232. ind. 5., was Schirrmacher S. 326 angenommen. Die Indiction ist unzweifelhaft falsch; nach 1232 kann die Urk. nicht gehören, weil
Heinrich damals in Cibidale war, nach 1234 nicht, weil die Empörung schon
erklärt war. So bleibt nur 1233, und hierzu stimmt auch das Itinerar
Heinrichs.

[2] Reg. Heinr. 259. Mon. Germ. L. II, 290. H. B. IV, 325. Schirrmacher S. 206.

[3] Ubi convenissent tractare ceperunt de statu regni et de pace refor-
manda. Chron. Marbac., Böhmer, Fontes III, 107. Annal. Salisb., M. G. SS.
IX, 785.

[4] Reg. Frid. 725. 726. H. B. IV, 335. 336. Schirrmacher S. 208 ff.

erſt, als ſich der Kaiſer nach Porvenone (Portenau), einer öſtreichi=
ſchen Enclave, begab, kam jener ebendahin [1]. Wahrſcheinlich wurde
hier der Streit über die Mitgift geordnet, merkwürdig genug ver=
ſprach Friedrich II. dem Herzoge noch 8000 Mark, um nur die
Sache zu Ende zu führen [2]. Agnes von Böhmen aber, zu deren
Beſten Heinrich ſich hatte von der Oeſtreicherin trennen wollen, ging
im folgenden Jahre in ein Kloſter [3]. —

Mit der Rückkehr Heinrichs aus Friaul (Mai 1232) beginnt
der dunkelſte Abſchnitt in dem Leben des verirrten Königs. Weil
ihm bei ſeiner letzten Anweſenheit zu Regensburg nicht das geleiſtet
ſei, was ihm als König und Herr gebühre, legte er am 1. Juli
1232 den Kaufleuten daſelbſt eine Geldſtrafe auf, für welche er allen
Groll aufzugeben verſprach [4]. Welche Veranlaſſung vorgelegen, iſt
unbekannt.

Der nächſte Hoftag, welchen König Heinrich im Auguſt 1232
zu Frankfurt abhielt, beſchäftigte ſich vornehmlich mit der Wormſer
Verfaſſungsfrage, für welche jetzt nur die letzten gegen die Bürger
gerichteten Erkenntniſſe des kaiſerlichen Hofes (ſ. o.) zu Recht be=
ſtanden. Sehr bedenklich, wenn Heinrich ſchon jetzt ſchwankte oder
gar weitergehende Abſichten hatte. Er beſtätigte am 3. Auguſt den
Wormſern ihre hergebrachten Freiheiten [5] und beſtärkte ſie in dem
Widerſtande gegen den Biſchof [6]. Aber in deſſen Sache ſahen die
Fürſten mit Recht ihre eigene, und auf Anweiſung des geſammten
Fürſtenrathes mußte der König ſchon am folgenden Tage im An=
ſchluß an die Geſetze von Ravenna und Cividale den Stadtrath und
die Brüderſchaften aufheben. Eine Commiſſion, zum Theil aus ſpä=
teren Gegnern Heinrichs beſtehend, ſollte die Stadtverfaſſung neu

---

[1] Wir haben nur einen Bericht von kaiſerlicher Seite von 1236. Petr.
de Vin. III, 5. H. B. IV, 882. Der Kaiſer ging demnach nach Porvenone,
ut, si molestum sibi fuerat in civitatibus nostri imperii nos vidisse, ad terram suam pro nobis secundum jus vitaret, wohl auf Grund des Privil. minus: Dux vero Austrie de ducatu suo aliud servicium non debet imperio,
nisi quod ad curias, quas imp. prefixerit in Bawaria, evocatus veniat. Der
Kaiſer war c. 10—20. Mai in Porvenone, der Herzog ſtellt hier eine Urkunde
aus 19. Mai 1232, H. B. IV, 363, not. 1. Daß beide zuſammentrafen, ſa=
gen Ann. Salisb. l. c.
[2] Pro sopienda lite, quam in exactione dotis sororis suo filius noster
jure et viribus attentabat. Friedrich 1236 l. c. Wohl erſt nach dieſer Zu=
ſammenkunft (jedenfalls nach 16. Sept. 1231) reiſte der Abt von St. Gallen
im Auftrage Heinrichs nach Oeſtreich und prospere in omnibus se agebat.
Cas. s. Galli, M. G. SS. II, 181. — 1233 wenigſtens waren die Feinde des
Königs und des Herzogs dieſelben, nämlich der Herzog Otto von Baiern.
[3] assumpsit habitum pauperam dominarum. M. G. SS. IX, 171.
[4] Reg. Heinr. 264. 265. Der Aufenthalt des Königs fällt wohl zwi=
ſchen 24. Mai und 29. Juni 1232. Die Sache iſt auffällig, weil Regens=
burg, als Heinrich 1229 den Herzog von Baiern bekriegte, ihm beiſtand und
1230 von Friedrich gewiſſe Freiheiten erhielt. Reg. Frid. 678.
[5] Reg. Heinr. 271. H. B. IV, 579. Schirrmacher S. 210.
[6] Ipse enim multum confortavit cives, quia favebat eis in omnibus.
Ann. Worm., Böhmer, Fontes II, 161.

ordnen und im Namen des Reiches an Stelle des aufgehobenen Ra=
thes die Stadt in vorläufige Verwaltung nehmen [1]. Aber auch jetzt
verzögerte sich die Entscheidung, und erst im Beginn des folgenden
Jahres brachte der Druck des Interdicts die Bürger zur Anerken=
nung eines Schiedsgerichts, welches den langen Streit ziemlich zu
Gunsten des Bischofs beendigte (Schirrmacher S. 214).

Soviel ist klar, daß Heinrich bald nach der Rückkehr von Friaul
seine frühere Politik zu Gunsten der Städte wieder fortsetzte und
schon dadurch sich mit dem Kaiser in Widerspruch befand. Jene
Parteinahme für die Städte steht nicht vereinzelt [2]: bei einer Fehde
zwischen den Bürgern und dem Bischofe von Metz trat der König
entschieden auf die Seite der Bürger. Dieselben gewannen ferner
den Grafen Heinrich von Bar, den der König noch besonders mit
ihrem Schutze beauftragte, und den Herzog von Lothringen für sich,
während der Bischof bei den angränzenden französischen Großen Hülfe
suchte. Nun forderte aber Heinrich auf Grund der alten Verträge,

---

[1] Darüber zwei Urkunden 1232, 4. Aug., Böhmer, Font. II, 219. H. B.
IV, 581, und 8. Aug., H. B. IV, 954. Beide haben nur gemeinsam, daß der
Stadtrath aufgehoben wird, im Uebrigen ist ihr Inhalt sehr verschieden. Zu=
erst erhält die Commission den Auftrag das Verhältniß der Stadt zum Bi=
schofe zu ordnen, ut cum episcopo consedeant et ad honorem nostrum et
ipsius episcopi de statu civitatis ordinent et disponant, — nach der zweiten
Urkunde aber soll sie am 29. Aug. an die Stelle des bisherigen Stadtrathes
als interimistische Verwaltungsbehörde treten und demgemäß die Bürgerschaft
ihr schwören: consilium vestrum .... dimittatis super consilium nostrum et
juretis banni justiciam super nos et consilium nostrum, was Schirrmacher
S. 213 irrig übersetzt: „daß ihr auf unsern Rat euern Rat .... fallen laßt
und den Eid schwört .... uns und unserem Rath Folge zu leisten". Die
Hauptfrage aber ist, wie sind diese Verfügungen mit dem entgegenstehenden
Privileg vom 3. August zu denken? Die Ansicht, daß die Aufhebung des
Stadtrathes eine Ausnahme von dem Privileg sei oder durch Furcht vor dem
Kaiser veranlaßt (H. B. IV, 581, not. 1), ist nicht haltbar. Im ersten Falle
hatte das Privileg wenig Werth, im letzteren ist nicht abzusehn, weshalb
Heinrich sich nicht am Tage vor der Aufhebung des Stadtrathes gefürchtet.
Am Wenigsten verstehe ich die Lösung, welche Schirrmacher gegeben. Er er=
klärt das Privileg vom 3. August aus der Absicht: „den Streit zwischen dem
Bischofe und den Bürgern zu einem gleichen (?) zu machen", und meint, die
Sache habe sich so heillos gestaltet, „daß der König, um die Wirren zu lösen
und allen Theilen gerecht zu werden, einen Ausweg sophistischer Art einschla=
gen mußte, der dem gesunden Menschenverstande der Wormser nicht einleuch=
tete und dem Könige bei der Nachwelt den Verdacht der Doppelzüngigkeit ein=
brachte". Die Sache ist auch ohne Sophismen zu lösen. In der Privilegien=
bestätigung vom 3. Aug. beruft sich Heinrich auf größere Vollmachten, die ihm
sein Vater ertheilt — eine Behauptung, die schon oben gewürdigt ist. Aber
die Fürsten wiesen ihn zurecht: instructi de plenitudine consilii nostri muß
der König den Stadtrath aufheben. Es ist einfach ein Gegensatz der vom
Kaiser begünstigten Politik der Fürsten, die eben durch Reichsgesetze anerkannt
war, und der persönlichen Absichten Heinrichs, „der den Bürgern in Allem
günstig war". Erstere hatten das Uebergewicht.

[2] Schirrmacher S. 215 rechnet dazu auch das Bündniß, welches Hein=
rich 8. März 1233 mit dem Bischofe, den Dienstmannen und Bürgern von
Straßburg abschloß. Aber hier ist ja gerade der Bischof eingeschlossen!

die sowohl Friedrich als Heinrich kürzlich erneuert hatten [1], Ludwig IX.
von Frankreich auf, seinen Unterthanen die Hülfeleistung zu verbie=
ten, und dieser kam der Aufforderung nach [2]. Die Fehde ergriff übri=
gens ganz Lothringen und wurde erst 1234 beigelegt.

Mit schnellen Schritten eilte Heinrich dem offenen Aufstande
und der Katastrophe zu. Zwar erneuerte er noch im April 1233
(s. o.) seine in Friaul gemachten Versprechungen, schwerlich mit der
Absicht sie zu halten.

Im August steht er gegen den Herzog Otto von Baiern in
Waffen, der sich sehr bald unterwerfen und seinen jungen Sohn dem
Könige übergeben mußte (Schirrmacher S. 218). Heinrich versichert
später, er habe den Feldzug begonnen, „weil sich der Herzog dem
Kaiser widersetzte" — gewiß eine Lüge, denn gerade der Kaiser setzte
die Freilassung des jungen Ludwig durch. Die eigentliche Veranlas=
sung des Feldzuges ist dunkel, aber wir haben eine sehr wahrschein=
liche Nachricht, nach welcher der Herzog sich hochverrätherischen Um=
trieben des Königs widersetzte [3].

Es waren böse Zeiten für Deutschland: der König verließ nach
allen Richtungen den Boden des Rechts, das ganze Land gährte
durch die Unruhen, welche die blutige Ketzerwuth der neuen Orden
und die gleich blutige Reaction dagegen veranlaßt hatte. Der König
selbst stand im Verdacht, aus Habsucht den fanatischen Ketzerrichtern
Vorschub geleistet zu haben [4]. Die Wirren sollten nun in die Bahn
des Rechts zurückgelenkt werden auf einem zweiten Hoftage zu Frank=
furt. Durch das große Gesetz vom 11. Febr. 1234 [5] wurden die

---

[1] Friedrich zu Porbenone Mai 1232, M. G. L. II, 293. H. B. IV,
353; Heinrich zu Eger 29. Juni, H. B. IV, 570.

[2] H. B. IV, 595. Albericus, bei Leibnitz Acc. hist. II, 542.

[3] Heinrichs Manifest (s. u.) 2. Sept. 1234: Sane cum propter quasdam causas junior dux Bavarie manifeste se opponeret patri nostro. Soll
das geheimnißvolle propter quasdam causas auf die öffentliche Meinung an-
spielen, welche den Kaiser als den Anstifter der Ermordung Ludwigs von
Baiern bezeichnete? Als Heinrich in demselben Schriftstücke von der Ermordung sprach, sagte er ähnlich: causis aliis emergentibus. Aber Chron. Marbac.
spricht schon von einer Spannung Ottos mit dem Könige: propter mortem
patris sui non bene sentiebat cum rege. Streitigkeiten über das Dorf Nek-
karau mögen dazu gekommen sein (Schirrm. S. 218), waren aber gewiß nicht
der eigentliche Beweggrund. — Ann. Scheffll. (Quellen und Erört. I, 385),
die freilich einen Hoftag zu Frankfurt mit einem zu Mainz verwechseln: patri
pro divisione regni rebellare deliberavit. Huic consilio dux Bawarie cum
consentire noluisset, odium regis occurrit. Uebrigens wird durch die Theilnahme des Abtes von St. Gallen, der vom Kaiser geehrt und als verständiger
Rath des Königs gerühmt wird, an dem Feldzuge das Ganze noch räthselhaf-
ter. Soviel steht fest, der Kaiser war mit dem Zuge nicht einverstanden. —
Eine Nachricht der Ann. S. Trudperti, M. G. SS. XVII, 293: Heinricus rex
cum victorioso exercitu devicit ducem Bawarie et regem Boemie, weiß ich
nicht zu begründen.

[4] Ann. Worm., Böhmer, Font. II, 175.

[5] Mon. Germ. L. II, 301. H. B. IV, 636. Schirrmacher verheißt eine
nähere Untersuchung über die Landfrieden Heinrichs.

Ketzer den weltlichen Gerichten überwiesen; der König versprach zur besseren Handhabung des Rechts wöchentlich zu Gericht zu sitzen, und befahl allen Fürsten, Grafen und sonstigen Richtern das Gleiche zu thun. Namentlich aber wurden hohe Strafen zur Aufrechthaltung des Landfriedens festgesetzt. Die geistlichen und weltlichen Fürsten versprachen in die Hand des Königs Unterstützung zur Unterdrückung des Friedensbruchs, er selbst aber die den Fürsten und Edeln verliehenen Privilegien zu achten. — Welcher Antheil an dem in diesem Gesetze ausgesprochenen Rechtsgefühl Heinrich gebührt, mag dahingestellt bleiben; er selbst hat zuerst dagegen gehandelt.

Daß der Kaiser von den Vorgängen in Deutschland nichts gewußt, läßt sich nicht denken. Im Gegentheil wußte er wohl mehr als wir, und bedachte alle Eventualitäten. Aber er war damals in weit aussehende Streitigkeiten mit den lombardischen Städten verwickelt, ja eine Zeitlang sogar in Gefahr, darüber mit dem Papste aufs Neue zu zerfallen. Indessen als sich die deutschen Angelegenheiten immer bedenklicher gestalteten, kam es besonders darauf an, nicht Papst und Lombarden zur Gegenpartei hinüberzudrängen. Jetzt war Friedrich gefügig wie nie: den Streit mit den Lombarden legte er ganz in die Hände des Papstes, er leistete diesem nachdrückliche Unterstützung mit sicilischen und deutschen Truppen gegen die aufrührerische Residenz, er bot auf einer Zusammenkunft zu Rieti (Sommer 1234) dem Papste seinen zweiten Sohn Konrad als Geißel für die Aufrichtigkeit seiner Freundschaft und hatte dafür die Genugthuung Gregor IX. gänzlich zu gewinnen[1]. Wahrscheinlich wurden schon hier gemeinsame Maßregeln gegen Heinrich verabredet, vielleicht auch schon seine Absetzung in Aussicht genommen. Denn am 5. Juli beauftragt Gregor den Erzbischof von Trier, die Klagen, welche gegen den „Edeln“ Heinrich geführt wurden, zu untersuchen, und wenn sie wahr wären, ohne Weiteres die Excommunication über ihn auszusprechen, die derselbe in Friaul für diesen Fall auf sich gerufen[2].

Diese Klagen mehrten sich fortwährend. Den zu Frankfurt verkündeten Landfrieden benutzte Heinrich dazu die Anhänger des Kaisers mürbe zu machen. Unter dem Vorwande, daß von den Schlössern der Hohenlohe der Friede gebrochen werde, ließ er diese durch seine Anhänger zerstören. Dennoch gehorchte er noch, als der Kaiser für die Verletzten Schadenersatz forderte[3]. Schon früher hatte der Markgraf Hermann von Baden seinen Sohn als Geisel stellen müs-

---

[1] Schirrmacher 234. 331, Anm. 7. — Ich füge eine wichtige Notiz aus Vita Greg. hinzu, nach welcher Friedrich gerade ein Einverständniß gegen Heinrich suchte: pro imminente sibi necessitatis eventu contra filium Heinricum in ipsius iuris injuriam sibi jura imperii vendicantem.

[2] H. B. IV, 473.

[3] Heinrichs Manifest: nostra nos compulit pecunia reparare et nominatim castrum Langenberc .... a patre nostro iussi fuimus revocare. Quod cum de jure et salvo honore facere non possemus, ... duo milia marcarum de camera nostra in restaurum castri dedimus.

seu, erhielt ihn aber ebenso wie Herzog Otto von Baiern auf Befehl Friedrichs zurück [1]. Jetzt bedrängte Heinrich den Markgrafen auf andere Weise. Die Bergwerke und den Wildbann im Breisgau, über welche Hermann mit dem Grafen Egeno von Urach-Freiburg stritt, sprach er dem Bischofe von Basel zu, und dieser belehnte seinerseits den Grafen, einen Anhänger des Königs, mit den streitigen Objecten [2]. Ferner wurde der Markgraf gezwungen, von der Pfandsumme, für welche er seine Ansprüche auf das welfische Allod an das Königshaus verkauft hatte, einen Theil abzulassen. Der Markgraf willigte ein, begab sich aber sogleich nach Italien zum Kaiser, der jene Erpressung widerrief und die Pfandrechte Hermanns anerkannte [3]. Bei Friedrich sammelten sich alle, welche vom Könige geschädigt waren, und erhielten hier Anerkennung und Herstellung ihrer Rechte. Es konnte nicht fehlen, daß durch die wiederholten Widerrufe seiner Handlungen sich die Erbitterung des Königs schärfte [4]; nun kam auch noch jenes Decret Gregors vom 5. Juli nach Deutschland, und vom Kaiser liefen drohende Mahnungsschreiben ein, daß er, wenn der König so fortfahre, jeden Verkehr mit ihm abbrechen werde [5]. Schon im September 1234 war Heinrich zum Aeußersten entschlossen.

Am 2. September erließ der König ein Manifest [6], welches, von geschickter Hand verfaßt, zuerst alle Verdienste Heinrichs um Kaiser und Reich aufzählte: die Unterdrückung der Umtriebe des Kardinals

---

[1] Filium ducis Bavarie, quem obsidem habuimus pro utriusque cautela, et filium marchionis de Baden, quem sponte et ultro nobis obtulit, immo devotius supplicavit, ut ne aliquam de ipso diffidentiam haberemus cum in obsidem recipere dignaremur, per dura precepta patris nostri, quibus contraire nec volumus nec debemus, non sine maxima verecundia restituere cogebamur. Ibid. Daß der Markgraf freiwillig seinen Sohn angeboten, mag fraglich sein. Was war aber der Grund der diffidentia? Die Geißelstellung hat mit der von Baiern gleichzeitig stattgefunden, Sept. 1233. Ohne jedoch weitere Schlüsse daraus ziehen zu wollen, bemerke ich, daß der Herzog von Baiern und der Markgraf von Baden außer dem Könige Ansprüche auf Braunschweig hatten.

[2] H. B. IV, 629. 639.

[3] H. B. IV, 500. Am 10. Juli 1234 ist er zuletzt bei Heinrich, im November am kaiserlichen Hofe. Propter multa mala, que pullulabant in terra, marchio de Baden profectus est in Syciliam ad imp., suggerens ei, quod intraret Alemanniam pro statu regni ordinando. Quod tamen indigne tulit Heinricus. Ann. Argent. (Chron. Marb.), Böhmer, Fontes III, 108.

[4] Siquidem nobiles et magnates, vassallos et ministeriales seu alios quoscunque venientes ad ipsum et detrahentes hinc inde nobis, eis credulas aures adhibendo audit et exaudit, dans litteras et mandata revocatoria de factis nostris in non modicam nostram ac suam et imperii lesionem. Heinrichs Manifest.

[5] litteras durissimas et mandata nobis dirigit inconsueta. — Quasdam comminationes addidit inconsuetas, videlicet si in aliquo eorum, que nobis mandavit, inveniremur etiam in minimo negligentes, quod nuntios et litteras nostras de cetero non reciperet nec audiret. Ibid.

[6] In einer Ausfertigung für Bischof Konrad von Hildesheim, Schannat Vind. litt. I, 198, und darnach H. B. IV, 682 ff.

Otto zur Zeit des Streites mit dem Papste, die beiden Feldzüge gegen Baiern, das Landfriedensgesetz und die Zerstörung der Raub= burgen, zu welchen auch die Schlösser der Hohenlohe gezählt werden. Dann folgen die Beschwerden über den Kaiser: dieser habe in das Recht Heinrichs vakante Lehen zu vergeben eingegriffen, ihn gezwun= gen, die Hohenlohe zu entschädigen, die Verpfändung der für das Reich nützlichen Stadt Nordhausen gutzuheißen, die Söhne des Her= zogs von Baiern und des Markgrafen von Baden freizulassen. Von Verläumbern irre geleitet, widerrufe Friedrich die Akte des Königs und habe erst kürzlich beim Papste durchgesetzt, daß Heinrich excom= municirt werden solle[1]. Deshalb schicke derselbe den Erzbischof von Mainz und den Bischof von Bamberg zum Kaiser und bitte alle Fürsten, „da das Reich besonders auf ihnen beruht", mit ihm für die Erhaltung des Friedens zu wachen und den Kaiser zu ersuchen, daß er die Ehre des Königs nicht mindere, der niemals etwas gethan, was der väterlichen Liebe mißfallen oder die kaiserliche Majestät be= leidigen könnte.

So geschickt nun auch der gewandte Verfasser des überaus werth= vollen Schriftstückes die Schuld des Zerwürfnisses gänzlich auf den Kaiser zu schieben sucht, sein Standpunkt ist durch und durch eine Verkehrung des Rechtes und wird gekennzeichnet dadurch[2], daß er auch nicht mit einer Silbe der Vorgänge in Friaul erwähnt, nicht der feierlichen Verpflichtung Heinrichs in Allem dem Vater unbedingt zu gehorchen, nicht der im anderen Falle schon damals festgesetzten Strafen, des Kirchenbanns und der Entsetzung. Eine ernstliche Aus= söhnung hat Heinrich aber mit dem Auftrage, welchen er seinen Ge= sandten gab, vollständige Unterwerfung anzubieten[3], schwerlich be= zweckt; denn unmittelbar nach ihrer Abreise wurde auf einer Ver= sammlung zu Poppard offen die Empörung erklärt[4].

Friedrich seinerseits, nachdem er mit dem Papste sich vollständig geeinigt, eilte nun auch mit der lombardischen Opposition ins Reine zu kommen. Etwa im September erneuerte er den Compromiß auf

---

[1] quod per quosdam Alemannie principes denuntiati debueramus ex= communicationis vinculo innodari .... nec commoniti nec citati. Also war Heinrich noch nicht gebannt, am 11. Sept. ist auch noch der Erzbischof von Trier am Hofe; Reg. 354. Aber in diesen Tagen wird der Bann ausge= sprochen worden sein, in welchem Heinrich bis zu seiner Unterwerfung blieb.

[2] Schirrmacher S. 236.

[3] quos ad nostram praesentiam destinavit, per quos se nobis paratum exposuit ad omne nostre beneplacitum majestatis. Kaiserliches Manifest. — Schirrmachers Angabe, S. 237, nach welcher die Gesandten mit dem Kaiser pro divisione regni (f. u.) unterhandeln sollten, schlägt sich durch die eigene Anmerkung. — Am 30. Aug. sind die Gesandten zuletzt am Hofe Heinrichs, H. B. IV, 681, der Erzbischof im Nov. 1234 zu Aprocina bei Friedrich, der ihn hoch begnadigt. Von einem Wirken zu Gunsten Heinrichs konnte nach den Vorgängen, welche ihrer Abreise folgten, kaum die Rede sein; nach ihrer Rückkehr waren sie für den Kaiser thätig.

[4] Schirrmacher S. 238 ff.

die Entscheidung des Papstes [1], und dieser mußte durch eine Zuschrift
an die Lombarden von 27. October [2] auch diese zur Einwilligung zu
bewegen. Indessen war es naturgemäß, daß von der anderen Seite
Heinrich die Lombarden, welche einer Einigung mit dem Kaiser nahe
waren, aber noch nicht abgeschlossen hatten, für sich zu gewinnen
suchte. Am 13. November beglaubigte er den Hofmarschall Anselm von
Justingen und einen Wirzburger Archidiacon Walther von Tannen=
berg [3] zu Verhandlungen mit dem Bunde [4]; am 14. Nov. versprach
er alles zu bestätigen, was jene ausmachen würden, und erlaubte ih=
nen ein Bündniß in seinem Namen abzuschließen und zu beschwören [5].
Vielleicht haben andere uns unbekannte Verhandlungen vorgearbeitet,
jedenfalls erreichten die Gesandten sehr bald ihren Zweck und mehr.
Denn am 17. December [6] huldigten die Vertreter von Mailand, Brescia,
Novara und Lodi im Namen des gegenwärtigen und zukünftigen Be=
standes des lombardischen Bundes dem Könige Heinrich in der Art, daß
sie keinen Antheil nehmen dürfen an den Anschlägen gegen Heinrichs Leben,
Ehre und Krone, sondern ihn als ihren König innerhalb ihrer Grän=
zen vertheidigen sollen [7]. Dagegen verspricht der König von ihnen
weder Subsidien noch Truppen zu außerheimischem Dienst oder Bürg=
schaften zu fordern, seinerseits ihnen gegen alle Feinde beizustehen
und mit solchen keinen Separatfrieden zu schließen. Schließlich ga=
rantirt er noch im Namen der deutschen Fürsten die Besitzungen der
Bundesmitglieder. Nach zehn Jahren sollte dieser Pact erneuert
werden und auch dann in Gültigkeit bleiben, wenn der König Kaiser
werden sollte. Obwohl in dieser Festsetzung Friedrichs nicht aus=
drücklich gedacht wird, kann doch kein Zweifel sein, daß Heinrich durch
dieselbe sich der Wege nach Deutschland hat versichern wollen. Denn
welchen Sinn hätte es sonst, daß die Lombarden nur innerhalb ihrer
Grenzen Dienste leisten sollten? Auch diese schickten nun Botschafter
an Heinrich, um ihre Verbindung noch enger zu knüpfen, und zwar,
wie ein Zeitgenosse aus Padua ausdrücklich versichert, gegen den
Kaiser [8].

---

[1] Reg. Frid. nr. 778. H. B. IV, 490.

[2] Höfler, Friedr. II. S. 347. H. B. IV, 491. Der undatirte Revers
des Bundes Rayn. §. 34. M. G. L. II, 303. H. B. IV, 493. Letzterer wird
nach der Weisung Gregors wohl innerhalb eines Monats, jedenfalls vor An=
kunft der deutschen Gesandten, ausgestellt sein.

[3] Vgl. über ihn Stälin, Württ. Gesch. II, 180.

[4] In zwei Ausfertigungen: dilectis suis fidelibus imperii. M. G. L. II,
306, und an die Bundesrectoren, H. B. IV, 695. Vielleicht hat der Propst
Thegenhard von Haug, der auch wegen Unterhandlungen mit den Lombarden
verklagt wurde (Rayn. 1295. §. 9), früher solche geführt.

[5] H. B. IV, 696.

[6] Ibid. 704. M. G. L. II, 306. Es ist dies nicht blos eine „Einigung"
(Schirrmacher S. 240), sondern wie in der Urkunde ausdrücklich gesagt wird:
juramentum fidelitatis.

[7] secundum suum posse prohibebunt et valebunt ei sicut regi. l. c.

[8] Ad petitionem regis H. Mediolanenses et alii adientes imperium le-

3*

Man hat neuerdings auch dem Papste Gregor IX. ein heimli=
ches Einverständniß oder wenigstens eine „Connivenz" mit dem ver=
rätherischen Könige vorgeworfen [1]. Ich glaube, es wird klar gewor=
den sein, daß es mit unserer Kunde von den Ereignissen dieser
Jahre, welche offen vor den Augen der Zeitgenossen vorgingen, nicht
zum Besten bestellt ist: wie können wir unter diesen Umständen das
Heimliche in unsere Betrachtung ziehen? Aber jener Vorwurf wird
an sich durch die einfachen Thatsachen beseitigt: am 5. Juli 1234
giebt Gregor den Auftrag Heinrich zu bannen (s. o.); er bewegt
selbst den König von Frankreich die Anträge Heinrichs zurückzuweisen;
am 13. März 1235 (Rayn. 59) fordert er die deutschen Fürsten
auf, „den Sohn des Kaisers" — seit dem 5. Juli 1234 nennt er
ihn nicht mehr König — auf den richtigen Weg zurückzuführen und
erklärt alle gegen den Kaiser geleisteten Eide für ungültig; später
bestraft er die Prälaten, welche Heinrich unbedingt zugeschworen.
Es bedarf keiner anderen Widerlegung der übereilten Anklage.

Die Lombarden blieben die einzigen ausländischen Bundesgenos=
sen Heinrichs. Denn England war damals durch die in Aussicht
genommene Vermählung des Kaisers mit der Schwester König Hein=
richs III. gefesselt und Frankreich durch den Papst über die Trag=
weite einer solchen Verbindung beruhigt und veranlaßt worden, die
Anträge des Königs, welche ebenfalls auf eine Verschwägerung hin=
ausliefen, zurückzuweisen (Schirrmacher S. 242 ff.).

In Deutschland selbst hatte Heinrich sogleich nach Erlassung
seines Manifestes und der Erklärung von Boppard begonnen gegen
überaus hohen Sold Mannschaft zu werben. Die Hauptsache aber
blieb, die Stände des Reiches für den bevorstehenden Kampf zu in=
teressiren. Gewiß war die Schwenkung, welche Heinrich schon 1232
zu Gunsten der Städte gemacht, auf den jetzigen Fall berechnet; nun
forderte er um sich ihrer zu versichern Geißeln aus den ersten Fami=
lien namentlich der rheinischen Städte und einen Schwur gegen Je=
dermann ohne Ausnahme ihm beizustehen. Die meisten Städte füg=
ten sich, zuletzt auch Speier; nur Worms, welches gerade von Heinrich
begünstigt war, blieb dem Kaiser treu und verweigerte jeden Schwur,
in den derselbe nicht eingeschlossen war; weder Versprechungen noch
Drohungen richteten hier etwas aus (Schirrmacher S. 239).

gatos in Alemanniam direxerunt (nämlich Mailand, Brescia und Bologna)
et cum eo contra imperatorem societatem firmissimam statuerunt. Monach.
Patav., Murat. SS. VIII, 674. Vgl. Ann. Argent. (Chron. Marbac.), Böhmer,
Font. III, 108.

[1] Schirrmacher S. 237 ff. 242. Er stützt sich auf Chron. de rebus in
Ital. gestis, ed. Huillard-Bréholles chron. Placent. p. 152: Mediolanenses,
Brixienses, Bononienses miserunt in Alamaniam ambaxatores coram rege
Henrico, et hec de mandato pape Gregorii tractabantur, — besonders da der
Verfasser selbst guelfisch gesinnt sei. Das Gegentheil aber findet statt, der
Verfasser ist durch und durch Ghibelline, und da er erst 1271—1284 vollkom=
men gleichzeitig ist, hat seine Angabe den Urkunden gegenüber nicht das ge=
ringste Gewicht.

Von den großen weltlichen Fürsten konnte Heinrich kaum einen
Einzigen zu seiner Partei zählen, höchstens seinen Schwager, Herzog
Friedrich von Oestreich[1], um dessen willen er sich 1231 den Zorn
des Kaisers zugezogen. Bald nach der Friauler Zusammenkunft fand
aber eine Aussöhnung zwischen dem Könige und dem Herzoge statt,
vermittelt durch den Abt von St. Gallen, und schon 1233 haben
beide einen gemeinschaftlichen Gegner, nämlich den Herzog von Baiern.
Ob es aber zu einem bestimmten Abschluße zwischen ihnen gekommen,
wissen wir nicht; jedenfalls war eine solche Verbindung sehr natürlich,
und das zweideutige Benehmen des Herzogs Friedrich, als der Kaiser
sein Land durchzog, sein späterer Versuch Heinrich zu befreien, die
Aufnahme des geächteten Marschalls Anselm von Justingen zeigen
wenigstens, daß er den Plänen Heinrichs nicht ganz fremd war.

In Bezug auf die Prälaten war es entscheidend, daß Gregor IX.
gegen den König für den Kaiser Partei genommen. Die hohen Kir=
chenfürsten, wie die Erzbischöfe von Köln und Trier, zogen sich nach
den Bopparder Vorgängen von Heinrich zurück, letzterer wurde da=
mals wohl gebannt (s. o.). Der Erzbischof von Mainz und der
Bischof von Bamberg, deren Versöhnungsmission durch die offene
Empörung des Königs desavouirt worden war, kehrten nach Deutsch=
land zurück, und mit ihnen kam ein Manifest des Kaisers (28. Jan.
1235), der nochmals den Sohn von seinem frevelhaften Unternehmen
abmahnte, mit Bezug auf die Friauler Garantie die Fürsten auffor=
derte, demselben Widerstand zu leisten, und seine baldige Ankunft ver=
sprach[2]. Indessen war doch der Bischof Konrad von Speier für
den König, und die Bischöfe Hermann von Wirzburg, Siboto von
Augsburg und Landolf von Worms wie auch der Abt von Fulda
leisteten den verlangten unbedingten Treuschwur[3]. Auch der Abt
von St. Gallen Konrad von Bussnang ist nicht von Verdacht frei[4].

Die bedeutendste Unterstützung fand Heinrich bei dem schwäbi=
schen und fränkischen Adel[5]. Die Grafen von Kiburg, Urach, Wir=
temberg, Dillingen, Hirschberg, Wertheim, Löwenstein, Botenlauben,
Kastell, Leiningen u. A. hielten zu ihm. Unter den Ministerialen
zeichnete sich durch Anhänglichkeit aus die Familie der Neifen, an
ihrer Spitze Heinrich von Neifen, wahrscheinlich noch derselbe, der

[1] Principes vero imperii tam clerici quam laici imperatori adhærebant
preter ducem Austrie et Stirie, qui cognatus ipsius Heinrici erat. Chron. Siculum breve, H. B. I, 905. Die Quelle ist zu spät, als daß sie entscheidend
sein könnte.

[2] H. B. IV, 524. 944. Ann. Scheftl., Quellen I, 388.

[3] dicuntur contra omnem hominem juramentis prestitis adhesisse.
Gregor 13. März 1235, Höfler S. 349.

[4] S. o. über seine Theilnahme an dem Feldzuge gegen Baiern, für welche
er belohnt wurde. Casus s. Galli, M. G. SS. II, 180. Reg. Heinr. nr. 275
(mit falscher Indiction).

[5] Wir können wohl alle diejenigen, welche nach dem 11. Sept. 1234
sich am königlichen Hofe finden, zu Heinrichs erklärten Anhängern zählen.

1212 das Wahldecret der deutschen Fürsten an Friedrich II. über=
bracht[1], und mit ihm sein damaliger Gefährte Anselm von Justin=
gen[2]. Bei Heinrich ist auch Berthold von Urslingen, der Bruder
Raynalds Titularherzogs von Spoleto, welchen der Kaiser nach offe=
nem Aufstande aus dem Königreiche Sicilien vertrieben[3].

Nur im südwestlichen Deutschland waren vielleicht die Anhänger
des Königs im Uebergewicht, während das übrige Reich ruhig zusah
oder geradezu sich für den Kaiser erklärte. Da Heinrich unter diesen
Umständen unmöglich den Krieg nach Italien spielen konnte, verlor
auch das Bündniß mit den Lombarden seinen Werth. Schon im
Anfange des Jahres 1235 müssen wir die Lage des Empörers als
hoffnungslos bezeichnen.

Absichtlich haben wir die Entwicklung so weit gedeihen lassen,
um erst jetzt zu fragen, worauf Heinrichs Rebellion eigentlich abzielte,
und wenn wir auch keine bestimmte Antwort geben können, wird es
doch von Werthe sein, die Indicien zusammenzustellen, da das bisher
nicht geschehen ist. Schon bei Gelegenheit des Feldzugs gegen Baiern
wird uns berichtet, daß Heinrich beschlossen habe, sich zu empören zum
Zwecke einer Theilung des Reiches (pro divisione regni, s. o.).
Wahrscheinlich ging Heinrich erst allmählich weiter, als in seiner ur=
sprünglichen Absicht lag. Um eine Erweiterung seiner Befugnisse in
Deutschland oder gar um Aufhebung des väterlichen Einspruchs und
Anweisungsrechts, mit anderen Worten um eine volle Souverainität
in Deutschland war es ihm 1234 offenbar nicht mehr allein zu thun,
schon griff er durch die Huldigung der Lombarden über die Gränzen des
Landes hinaus. Es ist nun auffallend, daß er in seinem Manifest
vom 2. Sept. 1234 fortwährend das imperium im Munde führt,
daß die Bevollmächtigung zu Verhandlungen mit den Lombarden an
dilectis suis fidelibus imperii gerichtet ist, und daß beim Abschluße
mit diesen auf den Fall, daß Heinrich Kaiser werde, besonders Rück=

---

[1] Stälin II, 574.
[2] Dieser muß seine Würde als kaiserlicher Hofmarschall in den Jahren
1225 bis 1227 verloren haben. Bis April 1221 war er als solcher beim
Kaiser, ging dann im Auftrage desselben wieder nach Damiette, ist im Juli
1222 am Hofe Friedrichs, am 5. Mai 1223, 23. Juli und 6. Dec. 1224 bei
König Heinrich, immer noch als Marschall. Aber in einer Urkunde Friedrichs
(Reg. Frid. nr. 633. H. B. III, 37) vom 6. Dec. 1227 heißt es von ihm
mit Bezug auf 1221: tunc temporis marescalcus, ebenso Reg. Frid. nr. 638.
H.B. III, 69 vom Juni 1228: quondam marescalcus. Dagegen wird er im
März 1229 in einer Urkunde Raynalds von Spoleto, H. B. III, 115, wieder
Marschall genannt. Wiederum ein Anselmus de Justingen ohne weiteren
Titel in Urkunden Heinrichs vom Juni und Nov. 1230, 25. Sept. und 2.
Oct. 1232 (Reg. Heinr. nr. 216. 277. 279. H. B. III, 419. 493. IV, 585.
587). Doch könnte dieser Anselm möglicher Weise der gleichnamige Sohn des
Marschalls sein. Den Titel führt dieser erst wieder, nachdem der Aufstand
des Königs erklärt war, z. B. bei den Unterhandlungen mit den Lombarden
(s. o.): imperialis aule marescalcus.
[3] Rich. Sang. a. 1231—1233, Murat. SS. VII. Berthold ist am 10.
Mai 1234 Zeuge einer Urk. Heinrichs; Reg. 328.

ſicht genommen wird[1]. Ferner Kaiſer Friedrich und Papſt Gregor vereinigen ſich auf der anderen Seite gegen ihn, als den in ipsius juris injuriam sibi jura imperii vendicantem[2]. So hat die Annahme Manches für ſich, daß Heinrich ſchließlich vielleicht eine vollſtändige Mitkaiſerſchaft, wahrſcheinlich ſogar die Verdrängung Friedrichs vom Kaiſerthrone bezweckte.

Wie wenig waren ſeine Kräfte ſolchem titaniſchen Unternehmen gewachſen! Der Markgraf Hermann von Baden konnte es wagen, nach Deutſchland zurückzukehren, und vermochte ſich zu behaupten[3]. Nicht die eine Stadt Worms, die jetzt in die Acht gethan war, vermochte Heinrich zu bezwingen. Als er nach langer Blokade am frühen Morgen des 25. April 1235 mit 5000 Mann einen Sturm wagte, wurde er mit großem Verluſte abgeſchlagen und mußte nach Oppenheim zurückgehen[4]. Die Bürger wurden vom Kaiſer höchlichſt über ihre Ausdauer belobt; er verſprach reichen Erſatz für alle Verluſte, die ſie ſeinetwegen erlitten[5].

Die Sicherheit, mit der Friedrich II. bei der Bewältigung der Empörung vorging, hat etwas Großartiges, welches ſich durch das Gefühl verſtärkt, daß das Recht mit ihm war. Er rüſtete kein Heer — denn es war ſehr fraglich, ob es gelingen würde, durch die Lombardei zu bringen —, aber er erhob im Königreich Sicilien eine allgemeine Beiſteuer und füllte ſeine Kaſſen mit den Strafgeldern, welche die apuliſchen Städte für ihren jüngſten Aufſtand zahlen mußten. Er war erſt zu Fano, als ſein Sohn Worms beſtürmte, dann ſchiffte er ſich Anfangs Mai in Rimini ohne Heer, aber „mit großem Schatz", nur begleitet von ſeinem zweiten Sohn Konrad und dem Meiſter des deutſchen Ordens Hermann von Salza, nach Friaul ein.

Friedrich ſelbſt ſcheint noch einen Kampf erwartet zu haben, da er ſeinen Anhängern Friaul zum Sammelplatze angewieſen hatte. Aber durch Heinrichs Unthätigkeit wurde deſſen eigene Partei muthlos: „verlaſſen und allein fand der Knabe, nicht mehr König, keinen Ort, wo er ſich hätte verbergen können"[6]. Ungehindert gelangt Friedrich in der Mitte des Juni in das Herz Deutſchlands nach Nürnberg. Hier ſandte Heinrich, der anfangs daran gedacht auf Schloß Trifels einen Verzweiflungskampf zu beginnen, auf Gnade und Un-

---

[1] cum fuerit imperator ipse dominus rex factus. H. B. IV, 707. M. G. L. II, 307.

[2] Vita Greg., Raym. Ann. eccl. 1234. §. 3.

[3] Chron. Marbac., Böhmer, Font. III, 108.

[4] Schirrmacher S. 249.

[5] H. B. IV, 528. 529. Die Wormſer hatten gebeten, daß er ſeine Reiſe beſchleunigen möge, ebenſo der Biſchof von Bamberg, der im Auftrage verſchiedener Fürſten wieder zu Friedrich ging. Ann. Scheftl. p. 386.

[6] Hist. Novient. monast., Böhmer, Font. III, p. 31.

gnade seine Unterwerfung ein [1]. Friedrich wollte über ihn aber erst in Worms entscheiden.

Am 4. Juli 1235 zog der Kaiser in die treue Stadt ein, empfangen von zwölf Bischöfen, unter denen sich auch Landolf von Worms befand, welcher bis zum letzten Augenblick zu Heinrich gehalten. Sowie Friedrich diesen erblickte, war sein Zorn erregt, und Landolf mußte fort aus der Stadt [2]. Ein böses Zeichen für Heinrich, der auf Zureden Hermanns von Salza und eines anderen Ordensbruders [3] nach Worms gekommen war. Nach einigen Tagen wurde er — sei es daß er nicht Befehl zur Uebergabe des Schlosses Trifels geben wollte, sei es daß er versuchte zu fliehen, da einige seiner Genossen sich noch in Schwaben hielten, oder aus beiden Gründen [4] — gefangen gesetzt, zuerst in Worms selbst, dann in der Obhut seines alten Feindes, des bairischen Herzogs, zu Heidelberg, später zu Allerheim bei Nördlingen.

Als dann Friedrich II. im August 1235 seinen berühmten Reichstag zu Mainz hielt zur Herstellung des Friedens im ganzen Reiche, ist hier auch von dem Sohne die Rede gewesen [5], sein Schicksal war aber schon entschieden. Mit Recht ist darauf aufmerksam gemacht worden [6], daß jetzt das in Friaul 1232 geleistete Gelübde und die damals von Heinrich freiwillig im voraus über sich ausgesprochene Strafe in ihrer ganzen Härte in Kraft treten mußten: er war nun abgesetzt, nicht durch die Fürsten, nicht durch den Kaiser,

---

[1] S. den interessanten Brief Friedrichs etwa vom Ende des Juni in Chron. de rebus in Ital. gestis, H. B. chron. Plac. 153 ff.

[2] Ann. Wormat., Böhmer, Font. II, 164. Ann. Spir. ibid. 155. Schirrmacher S. 251.

[3] Chron. Marbac., Font. III, 109: fratris B. ejusdem domus. Wahrscheinlich Berthold von Tannenrode, der um diese Zeit öfters für Friedrich thätig ist. Schirrmacher S. 250 hat daraus geschlossen, daß dieser den König auch zur Unterwerfung bewogen; davon steht aber in der Quelle nichts. Ferner auf Grund einer sonst unverbürgten Nachricht bei God. Colon., Font. II, 367: apud Wormatiam in gratiam ipsius recipitur, heißt es daselbst: „Der König erhielt die erflehte Vergebung". Dies muß bis zu weiterer Begründung dahingestellt bleiben.

[4] Daß Heinrich habe fliehen wollen, sagen Ann. Erphord., M. G. XVI, 30: Ubi rex Heinricus audita compositionis forma a patre promulgata, fugam inire paravit. Von dieser Flucht handelt Petr. de Vin. III, 26, Brief an den König von Castilien (besser Aragonien), vgl. Schirrmacher S. 337 Anm. 11. Aber der Brief ist unächt, denn es heißt darin von Heinrich: familiaritatis, que ipsum nostri lateris sepe participem faciebat, dignitate non contentus! Daß Heinrich Trifels nicht habe übergeben wollen, berichten übereinstimmend God. Colon. l. c. und Chron. de rebus in Ital. gest. p. 152. Abgeschmackt ist die Behauptung des Matth. Paris., daß Heinrich den Kaiser habe vergiften wollen.

[5] excessus regis contra imperatorem cunctis aperiuntur, God. Col. H. B. IV, 739 not. 2. citirt eine Notariatsinstr. mit folgendem Schluß: Actum .... Friderico imperatore filium suum a sui regni solio destituente. Die Urk. selbst war mir nicht zur Hand, aber sie ist schon hiernach verdächtig.

[6] Schirrmacher S. 253.

sondern durch sein eigenes Urtheil[1]. Daher kann dann auch der Paragraph des in Frankfurt publicirten Reichsfriedens, welcher von aufrührerischen Söhnen und ihrer Strafe handelt, nicht gegen Heinrich gerichtet sein, wohl aber gegen seine Anhänger. Dennoch verfuhr Friedrich gegen diese sehr milde.

Diejenigen, welche sich am Meisten compromittirt hatten, Graf Egeno von Urach und die Unterhändler Heinrichs mit Frankreich und den Lombarden, Heinrich von Neifen und Anselm von Justingen, unterwarfen sich nicht mit dem Könige. Anselm vertheidigte sich auf Justingen, wo wahrscheinlich auch die lombardischen Gesandten waren, gegen den Grafen Friedrich von Zollern, Heinrich von Neifen und Egeno ebenfalls auf ihren Burgen[2]; schließlich aber mußte ein so hoffnungsloser Widerstand doch mit Unterwerfung endigen. Die Lombarden entließ Friedrich nach einjähriger Gefangenschaft unverletzt[3], die Neifen wurden wieder zu Gnaden angenommen[4], Egeno starb bald nachher[5]. Andere mußten für den den Getreuen Friedrichs zugefügten Schaden reichen Ersatz leisten[6]. Nur Anselm von Justingen floh nach Einnahme seiner Burg zu Herzog Friedrich von Oestreich, der sich bald in offenem Kriege gegen den Kaiser befand[7].

Von den Prälaten, welche sich in Heinrichs Unternehmen eingelassen, hatte Gregor IX. schon am 13. März zwei Wirzburger Domherren Walther von Tannenberg und Thegenhard Propst von Haug suspendirt und die Bischöfe Hermann von Wirzburg und Siboto von Augsburg wie auch den Abt von Fulda nach Rom vorgeladen[8]. Damals folgten sie noch nicht dem Befehle. Als aber

---

[1] Es ist nicht nöthig, aus den Worten, welche die Fürsten bei der Wahl Konrads IV. in Bezug auf Heinrich gebrauchen: justo patris judicio et ejus ultronea voluntate, quam sibi conscientia proprie trangressionis ingessit, ab eodem Henrico soluti prefato juramento, auf eine feierliche Abdankung zu schließen. Die conscientia hatte Heinrich schon in Friaul, und hierauf beziehen sich wohl jene Ausdrücke.
[2] Heinrich von Neifen trug über die Kaiserlichen bei Achalm sogar noch einen kleinen Vortheil davon, vgl. die Briefe Friedrichs von Zollern, Konrads von Hohenlohe, Heinrichs von Pappenheim und Konrads von Blahingen an den Kaiser, in welchen sie um schleunige Hülfe bitten, bei H. B. IV, 732 ff.
[3] Chron. de rebus in Ital. gestis p. 152: tenuit in carceribus circa annum, quos postea illesos abire permisit.
[4] Sie sind im März 1236 am Hofe. H. B. IV, 817.
[5] 25. Juli 1236, Stälin II, 459.
[6] H. B. IV, 760 ff. V, 73.
[7] Justingen obsidens evertit. Ann. Zwifalt. a. 1236., Mon. Germ. SS. X, 59. Vgl. H. B. IV, 733 not. 1. — Ich setze das Ende des Aufstandes in den Anfang des Jahres 1236, da 1) unhaltbar ist, was H. B. IV, 734 not. 4 für Juli 1235 anführt, weil nach Reg. Frid. nr. 103 die Unterwerfung im August offenbar noch nicht beendet war; 2) Anselm erst 1236 bei dem Herzog von Oestreich, zu dem er floh, und die Neifen erst März 1236 wieder am Hofe des Kaisers erscheinen; 3) Ann. Zwifalt. l. c. ausdrücklich die Zerstörung von Justingen ins Jahr 1236 setzen.
[8] Höfler S. 249. H. B. IV, 531.

Friedrich ohne Weiteres die Oberhand behielt, gingen diese geistlichen Herren zu ihm über, ohne dadurch die päpstliche Verzeihung zu erkaufen. Am 24. Sept. wurde die Vorladung erneuert und diesmal auch Landolf von Worms eingeschlossen[1]. Friedrich hatte anfangs die Absicht diesen gänzlich zu entsetzen, aber durch den Widerspruch Gregors und die Vermittlung Hermanns von Salza bewogen, nahm er ihn wieder zu Gnaden an, und Landolf blieb dann bis an sein Ende 1247 dem Kaiser treu.

Heinrich aber, der Anstifter der Wirren, verlor mit der Krone Deutschlands auch die Anwartschaft auf das Kaiserthum, das er freventlich angetastet, ferner das Herzogthum Schwaben[2] und die präsumtive Nachfolge in Oestreich; doch hören wir nicht, daß ihm sein Anrecht auf Sicilien genommen worden ist[3], wozu freilich die Zustimmung des Papstes erforderlich war. Bis an sein frühes Ende wurde er auf Befehl des Kaisers in strenger Haft gehalten. Von Allerheim ward er unter starker Bedeckung nach Aquileja gebracht; ein Befreiungsversuch des Herzogs von Oestreich mißlang[4]; von Aquileja führte der Markgraf Lancia den Gefangenen zu Schiffe nach Siponto. Bis 1240 war die Burg San Felice bei Venosa sein Gefängniß unter der persönlichen streng geordneten Hut des Justitiars der Basilicata[5]. Wir hören, daß es hier dem enterbten Erben der mächtigsten Kronen an den nöthigsten Kleidern fehlte, und daß der Kaiser erst Befehl geben mußte ihm solche zu schaffen[6]. San Felice wurde später mit Nicastro vertauscht, dieses 1242 mit Martorano. Hier ist Heinrich am 12. Febr. 1242 gestorben und wurde in Cosenza beerdigt[7]. Die unglückliche Gattin Heinrichs Margaretha von Oestreich kehrte bald nach Deutschland zurück, um später im östreichischen Erbfolgestreit ein gleich trauriges Schicksal zu erfahren[8]. Von Heinrichs legitimen Söhnen Friedrich und Heinrich ist der Erste später wieder am Hofe Friedrich II., für den er in Piemont glücklich kämpft[9]. In dem Testamente des Kaisers

---

[1] Höfler S. 351. H. B. IV, 777.

[2] Schon im Juni 1235 spricht Friedrich von seinem (nostro) Herzogthum Schwaben. Friedrichs Bericht im Chron. de rebus in Ital. gestis l. c.

[3] Noch im Febr. und Oct. 1235 werden die Jahre seiner dortigen Regierung gezählt. S. o. die betreffende Zusammenstellung.

[4] Friedrichs Manifest gegen Oestreich bei Petr. de Vin. III, 5. H. B. IV, 852 ff.

[5] Carcani, Const. regn. Sicil. Neap. 1786, Registrum Frid. pag. 273. 389.

[6] Kabinetsordre Friedrichs 10. April 1240: Intelleximus, quod Hen. filius noster, qui aput S. Felicem commoratur, prout ei expedit, vestitus non est. Propter quod fidelitati tue precipiendo mandamus, quatenus .... ei filio nostro decentia facias vestimenta. Carcani p. 392.

[7] Schirrmacher S. 254 ff. An einen unnatürlichen Tod Heinrichs ist gar nicht zu denken.

[8] Schirrmacher S. 338 Anm. 17.

[9] Reg. Frid. nr. 1111. Vgl. Petr. de Vin. II, 40. Doch muß dieser

wurde er mit Oeſtreich und Steiermark bedacht, ſtarb aber ſchon 1251[1]. Der Andere, Heinrich, iſt ſo gut wie verſchollen[2].

Politiſch und ſittlich haltlos war König Heinrich (VII.) weit von der Wahrnehmung der deutſchen Intereſſen entfernt, die man ihm wohl beigelegt hat. Selbſt wenn Friedrich ihm verziehen, wäre es ſtets eine zweifelhafte Stütze für dieſen, nur ein längeres Un= glück für das Reich geweſen, in welchem man ſchon lange ein ent= ſcheidendes Eingreifen des Kaiſers herbeigewünſcht hatte. Noch we= niger aber als die Zeitgenoſſen haben wir einen Grund dem Vater zu zürnen, der ſelbſt durch die Aufopferung einer ganzen Generation bewies, wie ernſt es ihm um Recht und Frieden zu thun war.[*]

Friedrich noch genauer von Friedrich von Caſtilien, durch Beatrix ein Enkel Philipps von Schwaben, unterſchieden werden.

[1] Ann. Mellic. M. G. SS. XI, 508.

[2] Vielleicht bezieht ſich auf ihn die Notiz im Archiv der Geſellſch. X, 642: 1235. natus est Heinricus dux 13. Kal. Sept.

[*] Mit dieſer Darſtellung zu vergleichen iſt die dem Verfaſſer noch unbe= kannte Erörterung einiger der hier in Betracht kommenden Verhältniſſe in dem Aufſatz von W. Nitzſch, Stauſiſche Studien, in v. Sybels hiſtoriſcher Zeit= ſchrift, Bd. III (1860), beſonders S. 376 ff. 394 ff. Er führt aus, daß ſo= wohl bei der Wahl Heinrichs wie ſpäter bei der Erhebung gegen den Vater namentlich die ſchwäbiſchen Dienſtmannen thätig geweſen.   G. W.

Zur Geschichte Kaiser Ludwigs des Baiern.

Von

Ludwig Oelsner.

Nach der Schlacht bei Mühldorf entbrannte zwischen Kaiserthum und Papstthum ein Kampf, der an die aufgeregtesten Zeiten der Hohenstaufen erinnerte. Der 80jährige Papst Johann XXII. entfaltete eine staunenswürdige Thätigkeit; nach allen Seiten hin ermunterte er die Freunde, bedrohte die Feinde. Hatte sich doch im eignen Schooße der Kirche gar mannigfacher Widerspruch erhoben. Während der Erzbischof von Mainz wegen seines Eifers in Veröffentlichung der päpstlichen Prozesse gegen Ludwig gelobt werden konnte, mußte der Erzbischof von Trier getadelt, der Deutschordensmeister in den Bann gethan werden. Als endlich Kaiser Ludwig im Jahre 1328 nach Italien ging und Bischöfe und Städte daselbst seine Partei ergriffen, als der Franciscanergeneral Michael de Cesena aus Avignon entwich und von dem kaiserlich gesinnten Pisa aus den Papst für einen Ketzer erklärte, als Ludwig in Rom gekrönt und der Minorit Peter von Corbara (Nicolaus V.) zum Gegenpabst erhoben wurde: da schien der Streit entschieden, die Sache Johanns verloren. Allein bald folgte die Reaktion; Italien fiel wieder vom Kaiser ab, Rom zeigte Reue, und Nicolaus V. unterwarf sich bußfertig dem Papste. Dieser Umschwung vollzog sich im Jahre 1329, im Jahre 1330 war der Sieg des Papstes vollendet.

An diesem großen Conflikte nun nahmen, wie bereits angedeutet, die beiden Bettelorden der Franciskaner und Dominikaner lebhaften Antheil. Bei ihren Streitigkeiten handelte es sich ursprünglich um die theologische Controverse von der Armuth Christi; doch als der Papst sich für die Ansicht der Dominikaner erklärte, so entschied dies auch in der politischen Frage die Parteinahme. Die Franciskaner schlossen sich Ludwig an, die Dominikaner dem Papste. Nun wird wohl von einem Zeitgenossen erzählt[1], daß, trotz dem Abfalle des Minoritengenerals, doch nicht der ganze Orden sich gegen den Papst erhoben. Daß aber auch innerhalb des Predigerordens ein Gegensatz der Meinungen bestanden, daß deutsche Dominikaner sehr warmen Antheil an der Sache Ludwigs genommen, die mehr oder weniger die deutsche Sache war, und daß diese Opposition nur sehr gewaltsam unterdrückt worden ist: dies zu erweisen, ist der Zweck der nachfolgenden Mittheilungen.

[1] Albertini Mussati Ludovicus Bavarus, Böhmer, Fontes I, 180.

Der Predigerorden war bekanntlich in viele Provinzen, jede Provinz in Convente getheilt, an deren Spitze je ein Prior conventualis, resp. provinzialis stand. Wie für die Provinzialangelegenheiten Provinzialcapitel, so fanden alljährlich zur Erörterung der allgemeinen Ordensangelegenheiten Generalcapitel statt, und die Akten dieser letzteren haben sich bis in die Mitte des 14. Jahrh. erhalten. Bis 1316 sind sie nach einer Toulouser Handschrift bei Martene und Durand [1] gedruckt; eine schöne Handschrift der Frankfurter Stadtbibliothek enthält dieselben mit der Fortsetzung bis 1340 [2]; aus dieser entnehmen wir über die Vorgänge innerhalb des Ordens während der Jahre 1325—1331 nachstehende protokollmäßige Notizen.

Venedig 1325. „Den Bruder Heinrich, Prior von Regensburg in der deutschen Provinz, welcher in Veröffentlichung der Prozesse unseres Herrn, des Papstes, die der Ordensmeister [3] ihm zugeschickt hat, nachlässig gewesen, entfernen wir vom Priorat und weisen ihn zur Strafe der Provinz Sachsen zu, wo noch andere Strafen nach Gebühr ihm werden auferlegt werden. — Da ferner schwere Klage zu uns gelangt ist, daß einige Brüder der deutschen Provinz in Veröffentlichung der Prozesse unseres heiligen Vaters und Herrn, des Papstes, auffallend nachlässig gewesen, obwohl ihnen darüber ein ausdrücklicher Befehl sowohl des Papstes als auch des Ordensmeisters zugekommen ist; da uns außerdem durch glaubwürdige Anzeige Vieler bekannt geworden, daß in dieser Provinz von einigen Brüdern in öffentlicher Predigt dem gemeinen Volke Dinge gesagt werden, die es leicht irre führen können: deshalb ernennen wir zum Vikar daselbst, mit dem Auftrage, solches genauer zu untersuchen und mit gebührender Strenge zu strafen und zu zügeln, den Bruder Vernasius, Prior von Anjou in der Provinz Frankreich.“

Paris 1326. „Wir entlassen den Provinzial von Deutschland“ — ein Grund der Absetzung, wie sonst oft, wird nicht angegeben; man darf ihn aber wohl mit Recht in den Zeitereignissen vermuthen.

Perpignan 1327 [4]. „Wer in öffentlicher Predigt oder sonst vor einer weltlichen Versammlung zu irgend einer Zeit den Papst oder seine Prozesse und Handlungen verdächtigt oder Mangel an Ehrerbietung zeigt, ist ins Gefängniß zu bringen und nur durch Beschluß des Generalcapitels wieder freizugeben; und er soll, wenn es irgend angeht, gezwungen werden, öffentlich zu widerrufen. Wer solches aber im Privatgespräch gethan, soll, wenn er durch gesetzmäßige Zeugen überführt oder vor Gericht geständig ist, mit der auf schwerere

---

[1] **Thesaurus novus anecdotorum**, T. IV, p. 1670—1963.

[2] Böhmer macht, **Fontes I, 216**, darauf aufmerksam; vergleiche dazu Quétif, SS. ordinis Praedicatorum I, 579b, wo unter anderen Abschriften dieser Sammlung eines Codex Lingonensis Erwähnung geschieht, der die Verhandlungen bis zum Jahre 1350 fortführt.

[3] Barnabas von Vercelli, 1324—1332; Quétif a. a. O. I, XVII. und 554.

[4] Unter den **Constitutiones fratrum ordinis Praedicatorum** abgedruckt in Holstenii **Codex regularum monasticarum et canonicarum**, T. IV p. 122.

Schuld gesetzten Strafe [1] belegt und davon nur durch das Provinzialcapitel oder den Provinzial nach reiflicher Berathung mit Verständigen befreit werden. Dasselbe geschehe mit einem falschen Ankläger oder Zeugen in solcher Sache, wenn er gesetzlich überführt oder geständig ist. Die Vorgesetzten aber, welche in Ahndung solcher Uebertretungen nachläßig erfunden werden, sollen zur Strafe durch das General- oder Provinzialcapitel von ihren Aemtern entfernt und außerdem noch mit andern schweren Strafen belegt werden."

Toulouse 1328. „Wenn diejenigen, welche in tugendhaften Handlungen das Muster der Anderen sein sollten, von dem Wege dessen abweichen, den Gott als Führer und Oberhaupt der gesammten Kirche eingesetzt, dann folgt in der Menge verderblicher Irrthum, schändliche Nachahmung und die Verdammniß der Meisten. Daher befehlen wir mit aller Strenge in Kraft des heiligen Gehorsams allen Brüdern, daß sie Ludwig, den ehemaligen Herzog von Baiern, den Feind und Verfolger der heiligen römischen Kirche und von ihr als Ketzer verdammt, sowie alle Förderer desselben als Ketzer meiden und das um dieses gottlosen Baiern willen von der heiligen römischen Kirche verhängte Interdikt unverletzt beobachten, und diesem Baiern oder seinem Anhang in keiner Weise Hülfe oder Gunst gewähren sollen. Wenn Einige dagegen handeln sollten, so verurtheilen wir sie hiermit ein für allemal (ex nunc pro tunc) zur Gefängnißstrafe. In gleicher Weise wollen wir, daß die Brüder in ihren Predigten laut apostolischen Mandats die neuerdings gegen genannten Baiern erfolgten Prozesse mit allem Eifer zu veröffentlichen streben."

Im Jahre 1329 trat, wie erwähnt, die dem Pabste günstige Wendung ein, und Johann kann nun bereits dem in Cistaricum (Sisteron) in der Provence versammelten Generalcapitel des Predigerordens schreiben: Gott scheine in seiner Gnade den Stürmen geboten zu haben, daß sie ruhen; „manche Brüder Eures Ordens haben Verfolgungen erleiden müssen, um deren willen ich ihre Treue und Standhaftigkeit lobe." Die päbstliche Partei hatte auch innerhalb des Ordens über die kaiserliche den Sieg davongetragen, der Orden hatte sich ganz dem Pabste zu eigen gegeben; im Jahre 1329 wird vom Generalcapitel ein Bruder Armand aus Toulouse zum Lector der Pariser Universität ernannt „auf den Wunsch des Pabstes", de voluntate summi pontificis: ein Zusatz, der sich früher nicht findet. Für das nächste Generalcapitel war Cöln als Versammlungsort bestimmt worden; die Zusammenkunft fand jedoch nicht in Cöln, sondern in Maastricht (apud Trajectum) statt.

Maastricht 1330. „Wir thun sämmtlichen Brüdern kund, daß alle und jegliche Brüder, welche in irgend einer Weise dem ehemali-

---

[1] Man unterschied levis, gravis, gravior und gravissima culpa; s. Holstenii Codex IV, 51—63. Bei den Ordensschwestern war zwischen der levis und gravis culpa noch die media culpa; ebend. 134.

4

gen Minoritengeneral Michael von Cesena und dem Petrus von Cor=
vara oder ihren durch die heilige Kirche verdammten Genossen ange=
hangen, oder ihnen Beistand, Rath oder Gunst gewährt, von dem
ehrwürdigen Vater, dem Meister des Ordens, bereits durch Richter=
spruch und schriftliches Erkenntniß [1] zu Gefängniß und den Strafen
des Gefängnisses [2] verurtheilt worden sind. Diese Verurtheilung hat
der Ordensmeister in gegenwärtigem Capitel erneuert und öffentlich
verkündet; deshalb befiehlt er zugleich mit Genehmigung der Diffi=
nitoren in Kraft des heiligen Gehorsams den Provinzial= und Con=
ventsprioren und ihren Vikaren, sorgfältig zu untersuchen, ob es noch
Einige gebe, die an dem schweren Frevel betheiligt gewesen, und
solche alsbann nach gesetzlicher Feststellung des Thatbestandes ohne
Aufschub ihrer Strafe zu überliefern. Eine Befreiung von der
Strafe kann in vorliegendem Falle nur durch den Meister des Or=
dens oder das Generalcapitel geschehen." Also selbst der Gegen=
papst und der Franciskanergeneral hatten unter den Dominikanern
Anhang gefunden; aber der wohlgegliederten Verfassung des Ordens
gelang es, solchen Abfall unschädlich zu machen. Einen Bruder
Bernardus aus der Provinz Toulouse, welcher vom Papste mit einer
Commission in Deutschland betraut worden war, ernennt das Gene=
ralcapitel vom Jahre 1331 zum Vikar der deutschen Provinz, damit
ihm in Ausführung·des päpstlichen Auftrages nichts fehle, was durch
die Constitutionen des Ordens einem Provinzialvikar nach dem Tode
oder der Absetzung des Provinzialpriors übertragen werde. —
Die Sache des Papstes hing innig mit der Sache Frankreichs
zusammen. Johann XXII. diente dem französischen Interesse und
bediente sich desselben; er selbst war ein Franzose, und die Deutschen
argwöhnten, wie ein Autor erzählt, er wolle seinem Vaterlande das
Imperium verschaffen. So waren denn auch meist in französischen
Städten, unter französischem Einflusse die Generalcapitel jener Jahre
gehalten worden, und französische Commissäre waren es, welche die
oppositionellen Regungen deutscher Ordensbrüder zu unterdrücken be=
auftragt wurden. Wohl mancher dieser Unglücklichen mochte zwi=
schen Patriotismus und Ordensgelübde schmerzvoll schwanken. Aber
die Liebe zum väterlichen Boden widerstritt dem Wesen der römischen
Kirche; schon 1255 tadelte, bei einer andern Veranlassung, der Do=
minikanergeneral diesen amor soli natalis [3]. Wer ihn nicht über=
winden konnte und sich bei eintretendem Conflikte nicht rückhaltlos
der Kirche ergab, mußte im Kerker untergehen, damit die Kirche
triumphire.

---

[1] sententialiter et in scriptis; f. Holsten a. a. O. S. 203.
[2] carceri penisque carceralibus; vergl. Holsten a. a. O. S. 62 de gravissima culpa.
[3] cujus dulcedo sic multos illaqueavit, natura nondum in eis iu gratiam reformata, quod de terra et de cognatione sua nolunt egredi nec obli-
visci populum suum. Martene et Durand a. a. O. IV, 1707.

Sind dem Pabste Johann XXII. die Wahl-Dekrete der Gegenkönige Ludwig des Baiern und Friedrich des Schönen vorgelegt worden?

Von

H. Pfannenschmid.

Diese Frage hat seit Raynaldus Zeit verschiedene Beantwortungen, aber keine gründliche Untersuchung erfahren, obwohl sie dies vor vielen unzweifelhaft verdient hätte. Die Anmaßungen der Päbste in Bezug auf die wichtigsten Fragen über die Grenzen der geistlichen und weltlichen Macht, die seit Jahrhunderten schon den Zankapfel zwischen diesen beiden höchsten Gewalten der Christenheit abgegeben hatten, werden durch Ludwig des Baiern unversöhnlichen Gegner Pabst Johann XXII. unter günstigen Verhältnissen aufrecht erhalten. Die Theorieen, welche Gregor VII., Innocenz III., Bonifaz VIII. ausgesprochen und befolgt hatten, namentlich die Idee von einer die ganze Erde umfassenden Theokratie, in welcher der Pabst als Gottes Stellvertreter zu walten und die Streitigkeiten der Fürsten als höchster Richter zu entscheiden habe, finden in Johann XXII. ihren getreuesten Vertreter und consequentesten Vertheidiger. Wie nun seine Streitigkeiten mit Ludwig dem Baier im Allgemeinen zu interessanten und in ihren Folgen höchst wichtigen Untersuchungen über die Grenzen der päbstlichen Gewalt geführt haben, so spielt insbesondere die Frage über die von Ludwig dem Baier und Friedrich dem Schönen dem Pabste abverlangte Anerkennung ihrer königlichen Würde eine hervorragende durch viele Jahre hindurchgehende Rolle. Dieser Umstand hängt aufs engste mit der von uns aufgeworfenen Frage zusammen, und es ist kaum einzusehen, wie deren Beantwortung von Olenschlager, Kurz, Buchner, Lichnowsky und anderen, die diese Zeit ausführlicher zur Darstellung gebracht haben, so leichthin und fast beiläufig hat abgethan werden können. Und da auch in dem jüngst erschienenen die Zeit Ludwig des Baiern und Friedrich des Schönen behandelnden Werke des Herrn Prof. Kopp zu Lucern, dieses sonst bekanntermaßen so vorsichtigen und gründlichen Forschers, ein näheres Eingehen auf diese Frage vermißt wird, so mag nachfolgende Untersuchung ihrer Lösung gewidmet sein.

Die Wahldekrete der beiden Gegenkönige, die von den drei Erzbischöfen von Mainz, Trier und Cöln, als Erzkanzler beziehungsweise durch Deutschland, Gallien und Italien, an den zukünftig zu wählenden Pabst abgefaßt waren, besitzen wir ganz vollständig bei Olenschlager, Staatsgesch. Urk. p. 63—69.[1] Die Originale derselben befinden sich heute in den Archiven zu Wien und München (cf. Kopp, Geschichte der eidgenössischen Bünde, V, 1, 220. Anm. 3), woher sie auch die ersten Mittheiler derselben Du Mont und Herwart genommen haben. Raynald theilt das Decret über Ludwig des Baiern Wahl nicht aus dem Vaticanischen Archiv mit, sondern druckt es dem Herwart nach (Ludw. IV. Imp. defensus p. 10). König Friedrichs Wahldekret findet sich zuerst in Du Mont, Corps Diplomatique T. I, P. II, n. XXVIII. (cf. Böhmer, Reg. Wahlacten Nr. 38 und 41). Beide Actenstücke stimmen der Hauptsache nach, oft in einzelnen Ausdrücken und Wendungen, ganz überein. Nach Schilderung des Wahlherganges heißt es am Schluß von Friedrichs Wahldekret bei Olenschlager (Staatsgeschichte Urk. p. 65): Quapropter Sanctitati vestre cum devotione, qua decet, voce unanimi supplicamus, ut ipsum dominum Fridericum, sic devote et canonice electum, paternis pietatis vestro brachiis amplectentes, electionem hujusmodi canonicam de ipso a nobis factam, solita clementia approbare, ipsum inungere, et consecrare, sibique de sacrosanctis manibus vestris Sacri Imperii dyadema dignemini favorabiliter impertiri loco et tempore oportunis.

Diese Wahldekrete hätten nun, wenn man auf den ähnlichen Hergang nach Kaiser Heinrich VII. Wahl sieht (Urk. bei Olenschlager l. c. p. 17—28), sofort dem Pabste zur Approbation übersandt werden müssen, worauf dieser nach ihrer im versammelten Consistorio vorgenommenen Prüfung im Fall der Nichtablehnung eventuell den üblichen Obedienzeid (durch Procuration) des einen oder des andern der zum Röm. König Erwählten entgegengenommen und ihn nunmehr als Röm. König declarirt hätte mit dem Versprechen, demnächst und bei passender Gelegenheit in Person die Kaiserkrönung zu vollziehen. Allein zur Zeit der Wahl der beiden Gegenkönige (Oct. 1314) war noch Sedisvacanz, die erst mit dem 7. Aug. 1316, wo Johann XXII. zum Pabste gewählt wurde, ablief. Franz Kurz (Friedrich der Schöne p. 325. Anm. 1) meint nun, daß die Wahldekrete dem Cardinalcollegium schon im Jahre 1314 eingeschickt seien. Allein davon findet sich nirgend eine Andeutung, wenn auch durchaus zugegeben werden muß, daß jener Körperschaft Anzeige von den stattgefundenen Königswahlen gemacht worden ist. Vielmehr dürfen wir schließen, daß die Wahldekrete ihrer ursprünglichen Bestimmung gemäß dem Pabste Johann XXII. nach seiner Wahl mitgetheilt sind. — Ob dies geschehen oder nicht, ob der Pabst diese Schreiben bekommen und behalten, oder nach genommener Einsicht wieder zurückgegeben habe — alles dies läßt sich am besten übersehen, wenn man zuerst die Bemühungen der beiden Gegenkönige, ihre Anerkennung vom Pabste zu erlangen, bis zu ihrer erfolgten gänzlichen Verwerfung, ins Auge faßt, ferner Raynalds, Olenschlagers und Kopps[1] Mei-

---

[1] Die Meinungen Buchners, Lichnowskys und anderer stützen sich auf Raynald, Olenschlager oder Kurz, und sind also weiter nicht zu berücksichtigen.

nung einer Prüfung unterwirft und endlich den Standpunkt des Pab=
stes in dieser Frage feststellt. Das Resultat wird dann nicht mehr
zweifelhaft sein können. Gleich am Tage seiner Krönung, 5. Septbr. 1316, hatte Jo=
hann XXII. durch ein Rundschreiben allen geistlichen und weltlichen
Fürsten der Christenheit, auch den beiden römischen Gegenkönigen, seine
Thronbesteigung angezeigt (Raynald, Ann. ecclesiast. ad a. 1316.
nr. 6). Unter demselben Datum ermahnt er aus Lyon (Lugduni)
den König Ludwig (Rayn. ad a. 1316. nr. 10 aus Tom. 1. ep.
secr. 4. Die Ueberschrift des Schreibens lautet: Joannes ectr.
Ludovico Duci Bavariae in Regem Romanorum electo), wie
Friedrich den Schönen (Rayn. ib. aber nach Tom. 1. ep. secr. 1),
ihren Streit gütlich beizulegen. In Bezug auf ersteren heißt es
unter anderem: ipseque misericordiarum dominus, vota tua suis
beneplacitis conformari prospiciens, praeter retributionis-
aeternae mercedem, quam inde merebis, adaugeat in bene-
dictionibus dulcedinis dies tuos, etc., und hinsichtlich des letzte=
ren: Ursit etiam aliis literis ipsum (Ludwig) ac Fridericum
Austriae ducem, aemulos, ut pacem inter se conciliarent:
caeleste enim eo facto imperium promerituros. Nil pontificiae exhortationes valuere, belloque civili Germania misere
attrita est. Hätte Raynald diese Schreiben ausführlich mitgetheilt,
so würden wir vielleicht im Stande sein, des Pabstes Ansichten über
die wichtige Streitfrage, sowie die Form zu erkennen, unter der die
Aussöhnung stattfinden sollte; so müssen wir uns mit dem allgemei=
nen praeter retributionis aeternae mercedem, quam inde merebis und dem caeleste enim eo facto imperium promerituros
begnügen, Ausdrücke, die indeß immerhin bezeichnend genug sind.
Jedenfalls muß der Pabst in Wahl seiner Worte sehr vorsichtig ge=
wesen sein; denn wie hätte sonst Ludwig ihn bald darauf um An=
erkennung seiner Würde als Rex Romanorum angehen können?
Daß er dies that, erhellt aus einem Briefe Ludwigs an die Stadt
Straßburg, datirt Speier den 28. März 1338 (Ort und Datum
nach Böhmer, Reg.), den Jacob Wencker in seinem Apparatus
Archivorum p. 199 mittheilt, wo es heißt: Wir Keiser Ludwig
von Rome haben mit uch geredt als hernach geschriben stat, do wir
von Gotes Gnaden von den Fürsten erwelt wurden zu dem h. Rö=
mischen Ryche, do santen wir nach der Fürsten Rat zu dem Babist
und aischten an jn die Keyserlich Kron und alles daß er uns durch
recht tun solt, deß wart uns von dem Babist nicht geartwurt, und
ließ unser Botten an alles Ende von jme riten ec. Ein anderer
Versuch Ludwigs, die päpstliche Anerkennung zu erhalten, dürfte aus
dem Ermahnungsschreiben des Pabstes Johann XXII. an Ludwig
den Baier wegen der Gefangenschaft seines königlichen Gegners her=
vorgehen (Urk. Avignon 18. Decbr. 1322, bei Raynald ad a. 1322.
nr. 15), in dem am Schluß die Worte stehen: Super aliis autem
nuper providentiae Tuae per Tuum nuncium scripsisse me-

minimus: quare ad praesens ea non repetimus, sed in illis inviolabiliter permanemus. Worin aber Johann unverbrüchlich beharrte, war, wie wir unten sehen werden, die Ansicht, daß ein in discordia in Romanorum Regem electus sich vor sein Forum zu stellen, Prüfung, Verwerfung oder Bestätigung seiner Wahl und Ernennung zum Rex Romanorum zu gewärtigen habe, wie sich von selbst verstehe. — Weiter findet sich bis zum Jahre 1330 in dieser Hinsicht keine Andeutung einer Annäherung zwischen Ludwig und dem Pabste. Ersterer wurde am 8. Octbr. 1323 mit der Excommunication bedroht und am 27. Jan. 1330 wirklich excommunicirt.

Ebenso mochte sich Friedrich der Schöne alsbald nach der Krönung des Pabstes um dessen Gunst beworben haben. Die nächste Spur hiervon zeigt sich indeß erst im Jahre 1320, in einer Urkunde des Königs Robert von Sicilien, datirt Avignon, den 15 Juni, der zufolge dieser Fürst, welcher sich damals am päbstlichen Hofe zu Avignon aufhielt und Friedrich des Schönen Verwandter war, eine engere Verbindung zwischen dem letzteren und dem Pabste einzuleiten suchte. „Der König von Sicilien ließ hoffen, daß durch die Sendung ausreichender Hülfe wider die im Bann und Irrglauben verharrenden Lombarden Friedrich als Röm. König die Bestätigung der Kirche ..... erhalten werde". (Kopp IV, 2, 427 ff. und p. 430 Anm. 3). Die Hülfe ward geleistet (Kopp, IV, 2, 430 ff.), und den Eröffnungen des Königs Robert gemäß eine eigne Gesandtschaft von Friedrich nach Avignon abgesandt (Urk. d. Offenburg 25. Mai 1322, bei Raynald ad a. 1322. n. 8. cf. Kopp, IV, 2, 433. 434), die den Pabst demüthig und vertrauensvoll um Anerkennung seiner königlichen Würde bitten sollte. Hierüber sagt Johannes Victoriensis, ap. Boehmer, Fontes I, 389 [1]: Fridericus Chunradum abbatem de Salem (Salmanswile), postea episcopum Gurcensem, mittit ad curiam, ad approbationem et confirmationem postulandam. Qui dum Rudolfum avum et Albertum patrem ejus Romanorum reges de fide servata ecclesie commendaret, adjecit: 'Si radix sancta, et rami sancti; si massa sancta, et delibatio sancta'. Papa vero Roboam a Salomone degenerasse respondens, que petierat non admisit.

Inzwischen war Friedrich in die Gefangenschaft Ludwig des Baiern gerathen, aus der ihn sein Bruder Herzog Leopold durch Vermittlung des Pabstes (Urk. Avignon, 24. Septbr. 1323, Oberbairisches Archiv 1, 67. Nr. 30) zu befreien strebte, welchen Versuch er zugleich mit der Bitte um Anerkennung seines Bruders bald (Urk.

---

[1] Joh. Vict. erzählt diesen Vorfall zwischen den Jahren 1317—1319, und es ist möglich, daß er vor dem Brief des Königs von Sicilien fällt. Kopp l. c. zieht ihn zu dem Jahre 1322, wohin er auch scheinbar paßt. — Hier kommt es zunächst darauf an, nachzuweisen, daß, wenn der Pabst um Anerkennung der Röm. Königswürde gebeten wurde, er auch wissen mußte, daß Friedrich der Träger dieser Würde war.

Avignon, 19. Jan. 1324; cf. Kopp, V, 1, 142. 143. Anm. 1)
wiederholte. Wie aber diese Bemühungen ohne Erfolg blieben, so
war es auch mit der Gesandtschaft, welche die österreichischen Herzöge
Leopold und Albrecht zu demselben Zwecke, wie es scheint, nach der
damaligen päbstlichen Residenz entsandten. Die Antwortschreiben des
Pabstes an die beiden Herzoge (Urk. Avignon, 8. Juni 1324; cf.
Kopp, V, 1, 143) belehren uns, daß die Gesandtschaft zwar gütig
aufgenommen, aber ihre Vollmacht zur Durchführung ihrer Anträge
für ungenügend erachtet wurde. Am 27. Juli 1324 fand das Bünd=
niß zu Bar statt, demzufolge Leopold den König Karl von Frankreich
zur Röm. Königswürde zu verhelfen versprach. Obwohl der Pabst
dies Project begünstigte, so blieb es doch nur bei der Verabredung,
indem die Aussöhnung Ludwigs und Friedrichs (Urk. Trausnicht,
13. März, und München, 5. Sptbr. 1325) die Stellung der Par=
teien zu einander gänzlich änderte. Herzog Leopold ward, allem An=
schein nach, für König Ludwig gewonnen; der Pabst ließ sein Ver=
fahren gegen Ludwig, bis eine neue für ihn günstigere Wendung ein=
getreten war, auf einige Jahre (bis 3. April 1327) ruhen; Ludwig
verzichtete [1] zu Gunsten Friedrichs, falls er die päbstliche Anerkennung
erhalten könne, auf's Reich (Urk. Ulm, 7. Jan. 1326). Eine feierliche
und ansehnliche Gesandtschaft (die aber später unterblieb) sollte den Pabst
hierum angehen (Kopp, V, 1, 219). Den zwei Vorläufern derselben gab
der Pabst mündlich und dem Herzoge Albrecht von Oesterreich schriftlich
den Bescheid, daß er sich in der Sache günstig und gewogen beweisen
wolle, wenn man ihn in gehöriger Form deshalb bitten werde. In
dieser Antwort ist noch keine Rede von einem Wahldekret; aber in
der über diese Gesandtschaft dem Kanzler (Kopp, V, 1, 220. Anm. 2)
Friedrich des Schönen, Bischof Johann von Straßburg, unter dem
4. Sptbr. 1326 gemachten Mittheilung sagt der Pabst, er hätte
Friedrichs Wahl schleunigst bestätigen sollen, decreto electionis non
oblato, nec data informatione alia super ea (Rayn. ad a. 1325.
nr. 5; cf. Kopp, V, 1, 220. Anm. 3). Trotz aller dieser Be=
mühungen und aller früheren den österreichischen Prinzen päbstlicherseits
erwiesenen Gunstbezeigungen, konnte Friedrich in Erlangung der Be=
stätigung und Anerkennung des heil. Stuhles um keinen Schritt vor=
wärts kommen; infolge dessen auch das Freundschaftsverhältniß zwi=
schen den beiden Gegenkönigen mehr und mehr erkaltete (Insprucker
Zusammenkunft, Ende Decbr. 1326). Kaum hatte Ludwig seinen
Römerzug begonnen, als auch der Pabst seine früheren Procesfe gegen
ihn wieder aufnahm, ihn am 3. und 9. April 1327 aller kirchlichen
und Reichslehen, wie des Herzogthums Baiern verlustig erklärte, ihn
excommunicirte und ihn aufforderte, die Lombardei zu verlassen. Da

---

[1] Diese allein richtige, neuerdings von Herrn Prof. Kopp gegebene, Aus=
legung des Ulmer Vertrages findet sich schon bei Gerard de Roo in seinen
Annales Rerum belli domique ab Austriacis Habasburgicae gentis Principibus,
a Rudolpho usque ad Carolum V. gestarum . . . Oeniponti 1592, lib. III,
p. 95 und 96.

glaubte König Friedrich es noch einmal mit dem Pabste versuchen zu sollen. Herzog Albrecht sandte eine Botschaft nach Avignon und bat schriftlich um seines Bruders Bestätigung zum Röm. König, während die Boten mündlich versichern mußten, daß König Friedrich in Allem dem Pabste gehorchen sollte. Der Pabst gab eine ausführliche und motivirte Antwort (Urk. Avignon, 4. März, bei Raynald ad a. 1328. nr. 38. 39) und hob unter anderem hervor, wie Ludwig und Friedrich nicht das Recht hätten, sich den königlichen Titel beizulegen, da sie in Zwiespalt erwählt seien; außerdem habe Friedrich nicht ein= mal sein Wahldefret dem päbstlichen Stuhle vorgelegt, 'quod dictus germanus nec dictae suae electionis decretum nobis obtulit, nec de ea nos aliter informavit'. Hierbei bemerke man, daß in diesen Worten nicht steht, niemals sei das Wahldefret dem Pabste vorgelegt worden, sondern daß der Ausdruck, dem diplomati= schen Style der römischen Curie gemäß, sich in einer gewissen Allgemein= heit hält. — Noch in demselben Jahre (5. April 1328) erfolgte mit Ludwigs auch Friedrichs Verwerfung, indem der Pabst die deutschen Wahlfürsten zu einer neuen Königswahl auffordern ließ (Böhmer Reg., Päbste; Kopp, V, 1, 411. Anm. 1).

Sehen wir nun, wie Raynald über die Frage betreffs der Wahl= defrete denkt. Derselbe sagt ad a. 1314. nr. 24: Superius qui- dem decretum electionis Ludovici Joanni delatum non fuisse, Joannes ipse questus est, vertitque crimini Bavarum, eo sedi Apostolicae veterum Caesarum more non oblato, regni admi- nistrationem corripuisse (Jo. To. 5. p. 1. ep. secr. pag. 177): 'Nondum, inquit, electione discordi, quae de ipso in Regem Romanorum promovendum in Imperatorem facta fuisse dice- batur, Romanae ecclesiae, ad quam examinatio ac appro- batio, seu reprobatio electionis et personae cujusquumque in Regem Romanorum electi pertinere dignoscitur, praesentata; nec ea per eandem ecclesiam approbata vel reprobata'. Pariter decretum de Friderico electo ad sedem Aposto- licam non transmissum (Jo. T. 5. ectr. secr. a. 10. p. 258), quamvis illud Joannes expeteret, suo loco dicetur. Allein in den Worten des Pabstes, wie sie hier stehen, findet sich keine Sylbe von einem decretum electionis; der Pabst vermeidet diesen Aus= druck mit ängstlicher Gewissenhaftigkeit; nur Raynald übersetzt sich die päbstliche Paraphrase in das allerdings richtige Wort.

Außerdem weiset uns, was wohl zu beachten ist, das Citat Jo. To. 5, p. 1. ep. secr. pag. 177, wie Vergleichungen ergeben, mindestens an das Jahr 1324, wo schon der Streit zwischen dem Pabste und König Ludwig auf das heftigste entbrannt war; das auf Friedrichs Wahldefret sich beziehende Citat Jo. To. 5. ectr. secr. a. 10. p. 258 heißt bei Raynald ad a. 1325. nr. 5 vollständig To. 5. p. 2. ep. secr. p. 258 und geht auf das gleich anzuführende Schreiben des Pabstes (Urk. Avignon 4. Sptbr. 1326) an den Bi= schof von Straßburg. — Noch an zwei anderen Stellen beruft sich

Raynald auf das nicht vorgelegte decretum electionis, ad a. 1325.
nr. 5, und in Bezug hierauf ad a. 1328. nr. 38. An erſterem
Orte, der hier alſo nur allein in Betracht kommt, aber nicht mit
Raynald in'8 Jahr 1325, ſondern in das folgende Jahr zu ſetzen
iſt [1], heißt es in dem Schreiben des Pabſtes an den Biſchof von
Straßburg, Urk. Avignon, 4. Sptbr. 1326 (bei Raynald l. c.):

Joannes ectr. Joanni, Episcopo Argentinensi.

Sane, frater, mirati fuimus admodum, quod nuntii praedicti electionem de magnifico viro Friderico, Duce Austriae,
in Regem Romanorum dudum discorditer celebratam, decreto
electionis non oblato, nec data informatione alia supra,
coram nobis petierunt infra brevis temporis spatium confir-
mari. Et ut responsionem, quam super propositis hujusmodi
fecimus, non ignores: ecce quod tam ipsis nuntiis verbo, quam
dilecto filio nobili viro Alberto, Duci Austriae, literis taliter
duximus respondendum; videlicet quod super ipso negotio
parati sumus prompte et expedite cum fratrum nostrorum
consilio, sicut et requirit negotii qualitas, justitiam exhibere;
et adhuc gratiose et favorabiliter, quantum sine Dei offensa,
suaeque Sanctae Ecclesiae praejudicio, ac injuria principum,
ad quos electio Regis Romanorum, promovendi in Imperatorem, pertinere noscitur, poterit fieri, cum hoc opportune po-
stulatum fuerit, nos habere. Dat. Avin. II. non. Septcmb.
ann. X.

Nach dem Vorgange des Pabſtes ſelbſt, der dem Biſchof von
Straßburg ſeine dem Herzoge Albrecht von Oeſterreich geſtellte Fors
derung mit dem richtigen Namen zu nennen kein Bedenken trägt, ers
laubt ſich dieſes Raynald, wenn er in demſelben Paragraphen, uns
mittelbar vor dem mitgetheilten päbſtlichen Briefe, ſagt: Quibus
respondit Joannes, non oblatum sibi de Friderici electione
decretum, neque illius jura discussa ..... Sehen wir uns
indeß den Brief noch einmal an, namentlich, worauf es hier ankommt,
das Referat über die Antwort, welche der Pabſt den Vorläufern jes
ner Geſandtſchaft, von der oben ſchon geredet wurde, mündlich und
dem Herzoge Albrecht von Oeſterreich ſchriftlich gab, ſo ſuchen wir
ebenfalls nach dem Worte decretum electionis vergeblich. Es
kann dieſer Umſtand gewiß um ſo weniger rein zufällig ſein, als aus
dem Verhalten des Pabſtes der öſterreichiſchen Partei gegenüber deuts
lich eine von Anfang an ſichere und durch determinirte Auffaſſung
der Verhältniſſe geleitete Politik in die Augen ſpringt, die durch keine
Ergebenheit, durch keine Verſprechungen, durch keine That, durch kein
Opfer an Geld und Gut von ihrem beſtimmten Ziele abwendig ges
macht, kaum zu einem Wort zweideutigen Beifalls bewogen werden

---

[1] Die Urkunde trägt das Datum pontif. a. 10; die Pabſtjahre Jos
hann XXII. beginnen aber am 5. Sptbr. 1316 (Böhmer, Reg. Päbſte p. 214);
mithin war das 10. Pabſtjahr Johanns das laufende Jahr vom 5. Sptbr.
1325 bis zum 4. Sptbr. 1326. Cf. Kopp, V, 1, 220. Anm. 3).

konnte. Was hinderte aber den Pabst, mit der Sprache klar und bündig herauszurücken, was bestimmte ihn, sich in solch dehnbaren und allgemeinen diplomatischen Forderungen zu ergehen, wenn nicht ein gewisses unbehagliches Gefühl, das, eine Folge von gewissen Verpflichtungen, ihn veranlaßte, nur Zeit zu gewinnen und damit Rettung und neue Auswege? Weshalb verlangte er endlich, als Herzog Leopold, der tüchtige Feldherr und feine Diplomat, nicht mehr unter den Lebenden weilte († 28. Febr. 1326), derselbe Mann, der es verstanden hatte, sich die päbstliche Curie in so hohem Grade zu verpflichten, die Seele aller König Ludwig feindlichen Unternehmungen, als König Friedrichs Gesundheit gebrochen, und des Baiern Anhang nicht zu verachten war, mit dürren, klaren Worten Friedrichs Wahldekret? Kann man sich zu dem Glauben bequemen, daß der Pabst wirklich nichts von einem Wahldekrete wußte, es niemals sah, so mag man auch die Folgerung ziehen, daß Johann XXII., dieser consequente Pabst, dem die Form über alles ging, Ludwig wie Friedrich nur nach Hörensagen als in reges Romanorum electi anerkannte! Als solche hat sie aber Johann ausdrücklich anerkannt, wie das, abgesehen davon, daß er ihnen diesen Titel bislang nicht vorenthalten hatte, aus der Urkunde, datirt Avignon 8. Octbr. 1323 (wovon unten die Rede sein wird) klärlich erhellt. Nehmen wir dies hier schon als ausgemacht an, so liegt doch wohl die Annahme zwingend nahe, daß der Pabst irgendwie um die Wahl der beiden Gegenkönige urkundlich gewußt haben muß; und da wird es auch minder unbegreiflich erscheinen, daß Herzog Albrecht, selbst nach der kategorischen Erklärung des Pabstes von 4. März 1328, Friedrichs Wahldekret sei ihm nicht vorgewiesen, noch Versuche um seines Bruders Anerkennung beim Pabste gemacht haben muß, wie das aus dem päbstlichen Schreiben an Herzog Albrecht, dat. Avignon d. 18. März und 18. Mai 1328 (Archiv f. Kunde österr. Geschichtsquellen XV, 192, 43. 44. cf. Kopp V, 1, 410. Anm. 3) hervorgehen dürfte.

Somit ergiebt sich, daß Raynald nach dem Vorgange des Pabstes den Ausdruck decretum electionis im richtigen Sinne gebrauchte, daß aber diese Bezeichnung erst etwa zehn Jahre nach der Wahl der Gegenkönige auftritt, und zwar anfangs seitens des Pabstes einem Dritten, sodann im Jahre 1328 dem Herzog Albrecht von Oesterreich gegenüber, ein Umstand, der bedenklich genug ist, um wenigstens vor voreiligen Schlüssen zu warnen.

Was nun die Ansicht Johann Daniel von Olenschlagers über die Wahldekrete der beiden Gegenkönige anbetrifft, so könnte sie hier füglich übergangen werden, wenn nicht die Vollständigkeit und der Umstand, daß er auf einen gleich zu besprechenden Punkt ein gewisses Gewicht legt, dies nöthig machte. Olenschlager umgeht den eigentlichen Kern der Frage fast gänzlich; er merkt nur an, daß die Wahldekrete der beiden Gegenkönige an den künftigen Pabst abgefaßt seien (Staatsgeschichte p. 90), und daß sich beide um des Pabstes Freundschaft beworben, auch einen Versuch, die päbstliche Anerkennung zu

erhalten gemacht haben (ib. p. 100. Anm. 1). Nach weiteren Auf=
schlüssen über den Verlauf der Anerkennungsfrage sucht man bei
Olenschlager vergeblich. Nur in Bezug auf Friedrichs Wahldekret
hat er eine eigne Meinung aufgestellt, die hier deshalb besprochen zu
werden verdient, weil durch sie Olenschlager die spätere Forderung
des Pabstes, Friedrichs Wahldekret sei ihm noch nicht vorgelegt wor=
den, motivirt. Seine Ansicht stützt er auf folgende Stelle in der
Trausnitzer Sühne (Urk. dat. Trausnicht, 13. März 1325, bei Olen=
schlager l. c. Urk. p. 130): „beß ersten, daß der vorgenannte Herzog
Friderich sich verzeihen sul lauterlich vnd gäntzlich des Chünigreiches
vnnd aller der ansprache, die er daran gehabt möcht, unnd soll
die Briefe, damit er erwählt ward, ob es ein Wahl geheißen
möcht, vnd alle andern Briefe, die ihm darzu geholffen und fürderlich
möchten seyn, . . . wider geben dem Chünige". . . . . .
Aus diesen Worten könnte man nun ganz richtig schließen, daß
Friedrich sein Wahldekret an Ludwig ausgeliefert, und der Pabst,
durch Herzog Leopold hiervon unterrichtet, deshalb so energisch auf
dessen Vorlegung bestanden habe, weil er wohl gewußt, daß Friedrich
diese Forderung nicht erfüllen konnte, indem sein Wahldekret nicht
mehr in seinen, sondern in Ludwigs Händen gewesen sei. Diese Mei=
nung hat Olenschlager, Staatsgeschichte p. 193. Anm. 4, ausgespro=
chen. Allein sie beruht auf der Voraussetzung, daß die Trausnitzer
Sühne zum Vollzuge gelangt sei, was aber nicht geschehen ist. Der
ausführliche Nachweis unserer Behauptung muß indeß einer besonde=
ren Auseinandersetzung vorbehalten bleiben; hier mag nur die Be=
merkung genügen, daß die angeführte Verpflichtung des Königs Fried=
rich, sein Wahldekret an Ludwig auszuliefern und damit seine ihm
kraft seiner Wahl zustehenden Rechte an das Reich aufzugeben, durch
den Münchener Vertrag (5. Septbr. 1325) gänzlich wieder aufgeho=
ben wurde, wonach Friedrich als Mitregent Ludwigs in dem vollen
Besitz seiner königlichen Rechte verblieb. Die Berechtigung zur Aus=
übung des königlichen Amtes haftete aber an dem Besitz der darüber
ausgestellten Urkunden; mit dem Wiedergewinn jener muß Friedrich
auch in den Besitz dieser, hätte er sie je ausgeliefert, wieder einge=
treten sein.
Ohne sich auf die so eben besprochenen Stellen bei Raynald
oder bei Olenschlager zu beziehen, ist Kopp (IV, 2, 420. Anm. 8)
der Meinung, daß der Papst Johann noch am 8. Octbr. 1323 die
Wahlschreiben der beiden Erkorenen nicht eingereicht erhalten habe.
Dieselbe Versicherung wiederholt er V, 1, 112. Anm. 1. An bei=
den Stellen beruft er sich auf ein in der päbstlichen Urkunde vor=
kommendes ut dicitur, was also weiter nichts heißen kann, als von
Hörensagen wisse der Pabst nur von einer zwieträchtigen Wahl.
Dies ut dicitur steht in einer päbstlichen Urkunde Avignon 8. Octbr.
1323, bei Olenschlager, Staatsgeschichte Urk. p. 81, wo es heißt:
Dudum siquidem per obitum clarae memoriae Heinrici, Romanorum Imperatoris, Imperio Romano vacante, Principes

Ecclesiastici et seculares, ad quos . . . . futuri Romanorum Regis in Imperatorem postmodum promovendi electio pertinebat, votis eorum in diversa divisis, duos, sicut dicitur, in discordia elegerunt (Ludwig und Friedrich) . . . . . Auf diese Stelle beruft sich Kopp. Ganz ähnlich drückt sich Pabst Johann XXII. in einer Urkunde Avignon 3. April 1327 (bei Olenschlager Urk. p. 142) aus: qui (Ludovicus) in Regem Romanorum ab una parte Principum, ad quos dicti Regis electio pertinet, in discordia dicebatur electus etc., ferner in einer Urkunde Avignon 31. März 1328 (bei Olenschlager Urk. p. 158): . . . . Ludovicus, olim Dux Bavariae, ac in Regem Romanorum, in discordia tamen, ut dicebatur, electus . . . . und in einer anderen Urkunde Avignon 20. April 1329 (Olenschlager Urk. p. 173): . . . . Ludovici de Bavaria, olim Ducis Bavariae, et discorditer in Regem Romanorum, ut dicebatur electi . . . . Was nun zunächst das dicitur und das nachher stets gebrauchte dicebatur betrifft, so erklärt sich das ganz einfach daher, weil das dicitur in einer Zeit gesagt wird, wo Ludwig freilich schon gebannt (23. März 1324), aber noch nicht des Reichs entsetzt, das dicebatur dagegen, als Ludwig des Reichs wirklich entsetzt (11. Juli 1324), auch aller kirchlichen und Reichslehen, wie seines Herzogthums Baiern (deshalb olim Dux Bav.) verlustig erklärt (3. April 1327) und excommunicirt worden war (9. April 1327). Da wir uns nun an die päbstliche Unterscheidung nicht binden wollen, so dürfen wir mit Fug und Recht überall statt dicebatur das Präsens dicitur denken, und da möchte dann schon die Stellung des ut dicitur in dem eben angeführten Orte 'in discordia tamen, ut dicebatur, electus' den eigentlichen Sinn wohl leichter enthüllen. Es kann also weiter nichts heißen sollen, als der sogenannte zwieträchtig Erwählte, der sogenannte Gegenkönig. — Diese Auffassung ist sogar geboten, wenn man bedenkt, daß in allen Actenstücken damaliger wie auch noch heutiger Zeit, in denen von einer Streitsache zwischen zwei Parteien die Rede ist, die eine das Vorgeben der anderen als streitigen Punkt stets in Frage stellt durch ein 'ut dicitur' 'ut dicuntur', was wir durch „vorgeblich", „sogenannt" und andere Ausdrücke zu geben pflegen, woraus aber für die Richtigkeit oder Unrichtigkeit der Behauptung nichts gefolgert werden kann.

Anstatt vieler Belege für diese Meinung mag nur eine gleich im Zusammenhang mitzutheilende Stelle aus einer päbstlichen Urkunde (bei Olenschlager Urk. p. 81) angeführt werden, in der es von den deutschen Wahlfürsten heißt: qui vocem in electione hujusmodi habere dicuntur. Gar seltsam würde sich die Behauptung ausnehmen, der Pabst wisse bis zu dem Datum, wo diese Urkunde ausgefertigt sei, nichts von den Rechten der Wahlfürsten, die er sogar durch Urkunde vom 26. Mai 1324 (bei Olenschlager Urk. p. 104) dem Könige von Böhmen und den übrigen geistlichen Churfürsten gegenüber ausdrücklich anerkennt!

Den bei weitem wichtigsten Aufschluß über die in Rede stehende
Frage wird die Kenntniß der päbstlichen Auffassung derselben ge=
währen. Am klarsten dürfte sie aus der Urkunde erhellen, in der das
so eben besprochene ut dicitur sich vorfindet. Zu Anfang derselben,
datirt Avignon 8. Oct. 1323 (bei Olenschlager Urk. p. 81, im
Auszuge apud Raynald. ad a. 1323. nr. 30 aus To. 4. ep.
secr. pag. 105 et l. variar. bull. Jo. 22. pag. 35) heißt es:
Nuper contra dilectum filium, magnificum Virum, Ludovicum,
... super eo, quod electione sua in Regem Romanorum
promovendum Imperatorem, per quosdam, qui vocem in electione hujusmodi habere dicuntur, in discordia celebratae
(muß heißen celebratâ), per Sedem Apostolicam, ad quam electionis hujusmodi, et personae electae examinatio, approbatio,
admissio, ac etiam reprobatio et repulsio noscitur pertinere,
non admissa, nec etiam approbata, administrationi re-
giminis Romanorum Regni seu Imperii se irreverenter ac in-
debite per se et alios ingerebat, de Fratrum nostrorum consilio, et Apostolicae Sedis plenitudine potestatis, praesente
multitudine copiosa fidelium, videlicet 8. Idus Octobris, pro-
cessum fecimus continentiae infra scriptae.

Hier fallen vor Allem die Worte in's Gewicht ... electione
sua in Regem Rom., per quosdam in discordia celebrata, per
Sedem Apost. .... non admissa (wofür später in derselben
Urkunde nequaquam admissa), nec etiam approbata .....
Hat aber der Pabst die electio nicht zugelassen, also abgewiesen, so
hat er auch das decretum electionis, welches den amtlichen Bericht
der electio an den apostolischen Stuhl in herkömmlicher Form enthielt, abgewiesen. Dies Verfahren setzt aber nothwendigerweise Kenntniß des Inhalts des Wahldekretes voraus; man ist also berechtigt
zu sagen, daß Johann XXII. nach genommener Einsicht desselben
seine Rückgabe veranlaßt habe. Und weshalb? Weil er keine Anerkennung der Wahl, wie er es sollte, auszusprechen gesonnen war;
denn nach seiner Meinung mußten die Gegenkönige wissen, daß bei
einer zwiespältigen Wahl die personae examinatio, approbatio
ectr. vor seinen Richterstuhl gehöre. Das verlangte, nach dem Vorgang ähnlicher Fälle, der Pabst.

König Ludwig der Baier und Friedrich der Schöne haben diese päbstliche Theorie niemals öffentlich anerkannt. Gleichwohl nannte der Pabst
beide in Reges Romanorum electi, und bemerkt dazu in derselben
Urkunde: cum nec interim Romanorum Reges existant, sed
in Reges electi, nec sint habendi pro Regibus, nec Reges
etiam nominandi. Aus diesen wichtigen Worten des Pabstes ergiebt sich direkt, daß ein jeder der beiden Gegenkönige zufolge der
Kur der Wahlfürsten dem Pabste nur ein in Regem Romanorum
electus ist, der eben durch diesen Charakter nichts mehr und weniger
als die Anwartschaft auf den Titel und die Rechte eines Rex Romanorum besitzt, und daß er letzteres erst durch die päbstliche An-

erkennung wird. Die Beachtung dieses Unterschiedes in der Benen=
nung der beiden Gegenkönige, den man bisher fast gänzlich übersehen
hat, ist nun zur richtigen Beurtheilung und Auffassung der in Rede
stehenden Frage von höchstem Werth, indem darnach alle einzelnen
Ausdrücke in den päbstlichen Schreiben und Erlassen zu bemessen und
zu beurtheilen sind. Wenn es demnach oben heißt: nondum . . . . .
electione discordi ... Romanae Ecclesiae .... praesentatâ...,
so kann das nur bedeuten, daß man dem päbstlichen Stuhle, wie er
gewünscht, die Wahldekrete noch nicht zur Entscheidung vorgelegt
habe, nicht aber, daß sie ihm überhaupt niemals vorgelegt seien.
Davon steht nirgend ein Wort.

Es verschlägt auch nichts, daß der Pabst Johann XXII. un=
mittelbar nach seiner Krönung, also zu einer Zeit, wo ihm die Wahl=
dekrete der beiden Gegenkönige noch nicht mitgetheilt sein konnten,
dieselben in den an sie gerichteten Schreiben, deren bereits Erwäh=
nung gethan ist, als in Reges Romanorum electi betitelt. Zwi=
schen einer bloßen Titulatur als solcher, die man Jemandem vielleicht
par courtoisie giebt, und einer ausgesprochenen Berechtigung dersel=
ben, wie sie die eben angeführten Worte des Pabstes enthalten, ist
denn doch immer noch ein Unterschied. Außerdem ist anzunehmen,
daß Johann XXII., der vor der römischen Königswahl seit dem
Jahre 1312 (Raynald ad a. 1316. nr. 3) schon Mitglied des Car=
dinalcollegiums gewesen war, von der an diese Körperschaft gerichte=
ten Anzeige über die in Deutschland stattgefundene Wahl der beiden
Gegenkönige officiell benachrichtigt war. Hauptsache bei diesen und
ähnlichen Bedenken, die sich noch auffinden ließen, ist, daß man ein
für alle mal festhält, wie der Pabst die beiden Gegenkönige, freilich
nicht als römische Könige, aber als in Reges Romanorum electi
anerkannt hat, und wie die Diplomatie der päbstlichen Curie und
deren Sprache gerade in den schwierigsten Fällen den Charakter einer
feinen diplomatischen Taktik auf das bestimmteste zu bewahren weiß.

Sollten indeß alle angeführten Gründe noch nicht überzeugend
genug wirken, dann mag man noch bedenken, ob es möglich gewesen
wäre, daß der Pabst Johannes XXII. Friedrich den Schönen, wel=
cher der Trausnitzer Sühne zufolge sein Wahldekret an Ludwig
auszuliefern übernommen hatte, wie ihm durch Herzog Leopold be=
richtet worden war, denselben König Friedrich in seine freiwillig auf=
gegebenen Rechte als in Regem Romanorum electus wieder ein=
setzen konnte, ohne von dieser Wahl anders, als durch Hörensagen
Kunde zu haben. Raynald ad a. 1325. nr. 5 (nach To. 5. p. 1.
Ep. Secret. pag. 49) sagt hierüber: Cum vero Pontifex Fridericum, qui, ut vincula evaderet, sua ad imperium in Ludovicum jura transfuderat, pristinis juribus ex electione
quaesitis restituisset . . . . . Diese Stelle sollte alle Zweifel
verscheuchen! Hat die päbstliche Curie plenitudine Apostolicae
potestatis auch zu verschiedenen Zeiten Unglaubliches geleistet, sie
hat sich dabei stets an eine bestimmte Form gebunden, ja nicht selten

die Form zur Hauptsache gemacht. Und in einer solch wichtigen Sache, wie die Römische Königswahl für den heiligen Stuhl war, sollte der Pabst ohne jede Kenntniß, auf ein bloßes on dit hin, Friedrich den Schönen wieder in Rechte eingesetzt haben, von denen er nichts wußte? Das konnte ein Johann XXII. nimmermehr!

Ueberblicken wir nun noch einmal kurz die besprochene Frage, so ergiebt sich als Resultat, daß die beiden Gegenkönige ihre Wahl-dekrete Johann dem XXII. nach dessen Pabstwahl zur Anerkennung vorgelegt haben. Dieser verlangte aber über die Rechtmäßigkeit, Gültigkeit oder Ungültigkeit der Königswahl zu Gericht zu sitzen, und wies die Bitte um Anerkennung der beiden Gegenkönige als Reges Romanorum ab, erkannte sie aber als in Reges Romanorum electi an. Die Frage nach den Wahldekreten der beiden Könige taucht nun erst zehn bis zwölf Jahre nach ihrer Wahl auf, und der Pabst scheute sich sehr lange, da Ludwig inzwischen gebannt war, von Friedrich mit klaren Worten dessen Wahldekret zu verlangen, offenbar um Zeit zu gewinnen und um der österreichischen Partei immer noch einen Funken von Hoffnung zu lassen, bis er endlich beide Könige gänzlich verwarf, indem er zu einer neuen Königswahl in Deutschland aufforderte[1]. Da aber die Wahldekrete Ludwigs wie Friedrichs nicht in dem Vaticanischen, sondern beziehungsweise in den Münchener und Wiener Archiven sich befinden, so ist nothwendig zu schließen, daß sie der Pabst nach genommener Einsicht zurückgab. Bis auf die urkundliche Gewißheit, worüber vielleicht nur das Vaticanische Archiv allein genügende Auskunft zu geben vermag, dürfte hiermit unsere Frage gelöset sein.

---

[1] Seit dieser Zeit sind weitere Versuche Friedrichs, die päbstliche Aner-kennung zu erlangen, bis zu seinem am 13. Jan. 1330 erfolgten Tode nicht bekannt geworden. Ludwigs spätere Bestrebungen, sich mit Johann XXII. († 4. Decbr. 1334) auszusöhnen, treten in ein neues Stadium, dessen nähere Verfolgung für unseren Zweck keine Belehrung gewährt.

Bericht über die Annahme der Kaiserwürde durch Maximilian im Jahre 1508.

Mitgetheilt von

Christoph Fried. von Stälin.

Die Thatsache, daß es der 4. Febr. 1508 war, an welchem König Maximilian zu Trient sich selbst zum römischen Kaiser erklärte, ist — trotz den Aufklärungen Rankes — so wenig anerkannt, daß es am Platz sein dürfte, einen genauen Beleg für dieselbe, nach dem Original des Stuttgarter Staatsarchivs, zum erstenmal hier vollständig abdrucken zu lassen. Solchen bietet das folgende Schreiben, welches zwei Augenzeugen, Anführer des Eßlinger Zuzugs beim Reichsheere, wie dieses gegen Venedig ausrücken sollte, an die Stadt Eßlingen richteten.

Maximilian, den König von Frankreich der Gelüste nach der römischen Kaiserkrone bezichtigend, jedenfalls in Unsicherheit über den Erfolg der begonnenen Romfahrt, nahm, wie er selbst am 8. Febr. 1508 von Botzen aus in einem gedruckten Rundschreiben auseinander setzt: aus Fürsorge, wie es ihm gehen möge, da er wegen des großen Widerstandes, auf den er stoße, die Krönung vom Pabste selbst [Julius II., mit welchem er gut stund] nicht erhalten möchte, den Titel eines „erwählten römischen Kaisers" an. Nach seiner Erklärung in demselben Brief wollte er sich blos „erwählt" und nicht frei „römischer Kaiser" schreiben, damit er nicht dem Pabste die römische kaiserliche Krönung, welche er bei geeigneter Zeit ansuchen werde, entziehen zu wollen schiene. In Reden und mit Mund wollte er aber sich „gestracks" „römischer Kaiser" nennen [1].

Der König hatte Botzen am 1. Febr. verlassen, war am 3. d. M. in Trient angekommen, nahm allda am 4. die Kaiserwürde an und machte am 5. einen kriegerischen Ausritt ins Brentathal hinüber nach Levico. Darauf gieng er plötzlich, den beginnenden Kampf seinem Heere überlassend, nach Ulm zurück, um größere Verstärkungen zu suchen; er kam schon am 7. — an Trient vorbei — noch nach San Michele (Wälschmichael), wo er übernachtete, am 8. nach Botzen, von wo er am 14. Brixen zu weiter nordwärts reiste [2].

---

[1] Der Druck wurde unter verschiedenen beigeschriebenen Adressen z. B. an die Städte Augsburg, Eßlingen versandt. Datt, De pace publ. 568—570 (Abdruck des Gedruckten und einer geschriebenen späteren Nachschrift, welche namentlich an die genannten zwei Städte beigesetzt wurde), Mittheilung Herberger's aus Augsburg.

[2] Beleg zum 1. Febr. Vettori bei Machiavelli Opere VII, p. 36 (ed. Milano 1805), 3. Febr. eb. 37, 7. Febr. eb. 39, 14. Febr. eb. 46.

Ueber den Vorgang am 4. Febr. in Trient berichtet in Kürze Francesco Vettori in einem Brief an die Stadt Florenz unter dem 8. Febr. von Trient selbst aus, thut aber gerade von der Annahme der Kaiserwürde keine Erwähnung[1]. Indeß läßt sich nach seinen Worten vermuthen, was Guicciardini (Istoria d'Italia libr. 7. ed. Friburgo II, 163) bestimmt sagt: daß Matthäus Lang (aus Augsburg), Maximilians vertrauter Rath, damaliger Bischof von Gurk, es war, welcher diesen Entschluß des Königs verkündigte.

Der im folgenden Schreiben genannte Sigmund, welcher dem Könige vorgetragen wird, ist ein canonisirtes Trientiner Kind, welches die Juden, um dessen Blut zu gewinnen, im J. 1475 mordeten und dessen Leib in der St. Peterskirche zu Trient in der Capelle di San Simonin gezeigt wird ([Weber] das Land Tirol II, 492). Die Procession mit dieser Reliquie von der St. Peterskirche aus unter Absingung des bei ähnlichen Festlichkeiten beliebten Te Deum laudamus ist in Act. SS. Boll., Mart. III, 501 beschrieben.

Der St. Georgenorden, welchen Maximilian sich anlegte, war von ihm als erwähltem Oberhaupt desselben am 12. Nov. 1503 zu Augsburg bestätigt worden (Datt a. a. O. 217—221). Es war dies ein Zeichen des stets in Aussicht genommenen Kampfes wider die Ungläubigen, die Türken, und Maximilian erschien öfters mit demselben, z. B. den 7. Dez. 1503 bei seinem feierlichen Einritt zu Ulm.

Rinkenberg und Holdermann kommen später vor als Bürgermeister von Eßlingen, ersterer 1519 (Klüpfel, Urk. zur Gesch. des schwäbischen Bundes 2, 174, Datt a. a. O. 483), 1526 (Pfaff, Gesch. v. Eßlingen, Ergänz.-Hft. S. 8), letzterer 1521. 1530 (Pfaff a. a. O.).

Der Eßlinger Zuzug wurde „nach Ausgang der bewilligten Zeit", wie solche im Constanzer Abschied von 1507 begriffen war, noch zwei Monate länger dem kaiserlichen Kriegsdienste zugesagt, weshalb der Eßlinger Rath vom König Maximilian unter dem 4. Merz 1508 belobt wurde (Datt a. a. O. 570).

Der erwähnte Reichspostreiter Be'g war noch längere Zeit in Thätigkeit (lo Begghe 1519 unserer Zeitrechnung bei Le Glay, Négociations dipl. entre la France et l'Autriche 2, 251. 263. 283. 284 in der Collection de documents).

---

[1] Er sagt: giovedì passato [3. Febr.] circa ventitrè ore entrò (il Re) in Trento. L'altro dì poi [4. Febr.] si fece qui una processione solenne, dove andò la persona sua con gli araldi imperiali innanzi, e colla spada nuda, e giunto in chiesa, il Lango parlò al popolo, dove significò questa impresa d'Italia ec. Vettori bei Machiavelli VII, 37.

Unſſer frunthlich willigen dinſt fürſichttigen erſſamen wiſſen gun=
ſtigen lieben herren. Nach lutt ucher beſthallung die zitt nwo011 me
ſchier uß iſt zu roß und zu fuß, wyſſen mir unß füro hin witter un
ains ratzs befelch nit zu hallten. Darumb iſt unſſer bitt ann ucher
wißhait, wuol unß zu wiſſen thonn, weß mir unß furo hyn hallten
ſollen und uff das fuhrberlich; dan das folck ains thails welt fillicht,
ſo die zit nachett, gern ain wiſſen haben, ſo kunt mir nymenß kain be=
ſchaidt geben witter, ob ucher wißhait lenger dan die ſechs monnatt
der kaiſſerliche maieſtett mit unß zu roß oder zu fuß din wuollt.
Bitten mir, ucher wißhait wuol unß Hanß vonn Kemptten abhelſſen,
dan er iſt dag und nacht wynyg, das nymant nichtzs mit im ge=
ſchaffen kann. Des gelichen gantzs ungehorſſam iſt Hannß von Lantz=
hutt, das mir auch nitzs mit im ferſachen kyndent. Wa aber ucher
wißhait zwen ander zuo roß wil habeu, ſo man lenger ſolt verharen,
das latt vnnß wiſſen, ſo wuollent mir zwen ander anneinen, oder,
wils ain ratt annemen, das ſtat zu eynem ratt. Die zwen wuol
mir die zit, ſo ſie von ainem rat die ſechs monnat beſtalt ſindt, be=
halten und bar nach nit me, ain ratt wuol ſie dan haben; aber ich
drwo zuo mynem thail nichtzs mit in baiden zuo ſchaffen. Wir bitten
auoch, ucher wißhait wuoll vnſſer jeglich zwen drabantten erlawoben;
dan unſſere knecht muoyßent byn pfferden ſynn; ſo gatt aynem ratt
nitzs dar an ab noch zuo; ſo bedunckt unß, mir ſyndt ir noththuerfftig;
dann alle die, die zu Uolmb beſtelt ſyndt vom adell und vonn buorgern,
hatt man aym jedem zwen fußknecht erlobt zu im zu nemendt, uff ſie
zuo warten, des gelichen andere ſtett auoch ains thails. Ab[er] wa
es wider ucher wißhait iſt, ſechßent mirs hynn zuo ucherm alls ains
raths gefallen. Es iſt auoch die kinglich maieſtat uff frittag nach
unſer frawoentag liechtmeß [Febr. 4] mit der brotzeß auoß dem ſchloß
zuo Drynt [Trient] gegangen in ſant Petters kirchlin; da hatt man
ſant Siegmondt genomen und den der kinglich maieſtat vorgethragen,
biß in fygilly. In dem da hatt königlich maieſtat laſſen verkünden
all fürſten und herren mit vil hiebſſen wuortten, wie man nwon fuoro
tönigliche maieſtat fuor unſſern herren kaiſſer halten und haben und
ſich fürtterhyn ſchrieb, allſo der maſſen wie obſtat; und darby erwelt
die kayſſerliche maieſtat ain hauoptman mit namen marckgrauoff Frie=
derich vonn Brandenbuorg. Da iſt fil fred geweſſen, da hatt man
geſungen „tedeum laudamus“ und die drümetter habent uffgeblaſſen.
Darnach habent im die fuerſten herren graffen ritter und knecht
gluokh gewünſt mit ſampt fiel erbiettens liebs und guots und waß im
gott verliechen hatt zuo kaiſſerlicher maieſtat zu ſetzen und mit fil me
erbiettens. Uff ſamſtag an ſanct Agata tag [Febr. 5] zuogent mir
gegen Leſſe [Levico] zuo roß und zuo fuoß dar hyn uß inns feldt,

da rait die kahfferliche maieſtat von morgen an bitʒ nach mittag nach zawahne [2 Uhr] und leʒ by zwahdauſſent fußknechten ins Biſſinthyn [Vicentiniſche] ziechen und ließ by zwelff gerichtten innemen. Aber der Berg kann ucher wißhait auch wuⁿl ſagen, wie es ergangen iſt. Und hatt die lantʒſchafft unſſerm heren kaiſſer uß dem Biſſynthyn ſechs und driſſig ghⁱſſen geſetʒet und überantwuⁿrt in ſynen gewuⁿlt. Darnach hheß unß von ſtetten die kaiſſerlich maieſtat ziechen gen Delffan [Telvana bei Borgo]. Da mir da hyn kamen, da kament die Sthradiotten von der Laⁱitter [Schloß Della Scala bei Primolano] her uff bitʒ gen Grhm [Grigno], und kam das geſchrah gen Delffan: herr Jerg von Fronntſperg wer nidergelegen, und war ungefarlich nit ain ſtuⁿndt, das mir kuⁿmen waren, da waren mir all uff waß von ſtetten war. Aber es war unnott; es hatt kahn thail dem andern nitʒ gethan. Es iſt auⁿch die ſag, das ſich der king von Spannhen und der king von Franckenrich mit ainander verthragen habent, alſſo und der geſtalt, das der küng von Franckenrich ſol inhaben Maillandt mit ſampt ſyner zuⁿgehorde, desglich der king von Spannhen Noppels mit ſampt ſyner zuⁿgehorde, und jedern den andern ſol ſchütʒſſen und ſchhrmen nach ſynem vermogen. Wir liegen hie zuⁿ Thrhntd [Trient] und warttent uⁿff wittern beſchaidt. Wir ſalltent auⁿch ins Fiſſynthin ſyn; da mochttent mir nit zu roß hhnuber ubern berg kuⁿmen; dan die kaiſſerliche mahſtatt ließ den berg beſichttigen, es mocht aber nit geſyn. Es iſt auⁿch uff den dag, alß unſſer fußknecht ins Fiſſynthin gezogen ſyndt [Febr. 5], marckgrauⁿff Friderich von Brandenburg mit ſampt der fürſten ritten für Roſſhrett [Roveredo] gerent und die ſtat erfordert im uⁿffzuⁿgeben an ſtatt unſſers her kaiſſers, und hatt ethlich ſchlangen abgeſchoſſen uber die ſtatt hhn uⁿß. Dar uber habent ſie im zu antwuⁿrt geben, es ſy in nit befollen, aber ſie wuⁿllentʒ an ire heren brhngen. So ſies haiſſent, ſo wuⁿllent ſieß don. Aber jetʒ uⁿff diſſen dag ſagt man, ſie habent ſich faſt geſterckt und habent ain bruⁿck uber die Etʒ [Etſch] gemacht. Es iſt auⁿch ain huⁿptmann von fürſten zu der kaiſſerlich maieſtat gangen und die kaiſſerliche maieſtat gebetten, im zu erlawⁿben hahn zuⁿ rietten; dan die ziett ſeh ſchier us, da mit ſhe in der beſtallung widerum haim mögent komen. Hatt mir her Wilhelm marſalck ſelbs geſackt, unſſer herr kaiſſer hab in dar zuⁿ gezogen und hab im diß antwuⁿrt geben: 'lieber, dyn her iſt unß ſchuldig, ſechs monnat zu dhn, und ſo duⁿ unß die dienſt, ſo magſtuⁿ zuⁿ unß kuⁿmen, wuⁿllen mir dier witteren beſchaidt geben'. Sollichs hab ich ucher wißhait nit wuⁿllen verhallten, inn aller beſten uch dar nach wißen zuⁿ richtten. Es ſyndt auⁿch fil von ſtetten, die ſich beklagent, ſie wuⁿllent fuⁿro hyn unb den ſoldt nit mer dhnen; dan ſie muⁿgent nit by dem ſoldt belieben, das fuⁿtter ſie dier. Und ob die, die uns befollen wuⁿrdent anzuⁿnemen, den ſolt nit nemen wuⁿllten, den man unß gibt, und andere ſtett mer gebent, bittent wir, ucher wißhait wuⁿl unß laſſen wiſſen, wie mir unß halttent ſollen. Hans Holdermann und mhnen halb haben mir

tain nott gegen ainem ratt, dan mir fyndt genaigt, aim erſſamen rabt
jetz und allweg zu⁰ dynen. Als der king kaiſſer wu⁰rden iſt, ba
hat die kaiſſerlich maieſtat im fu⁰ßſtaffen ſant Jergen orden ange=
nomen und mit ethlich fürſten und herrn, grawffen, ritter und knecht.
Nit me! dan aller ewer wyßhait gefallige binſt zu⁰ bewiſſent wern
mir allzit willig und berait.

Geben im XVᶜ und im achttenttent jare u⁰ff binſtag nach ſant
Vallentinustag [Febr. 15].

Ciriax von Rinckenberg
Hannß Holdermann.

Eingeheftete Nachſchrift:

Wieſſen gunſtigen lieben herren! Ich hab Hannß Holdermann
bar zu⁰ erfordert, mit den geraiſſigen und den fußknechten zu handb=
len, ſo ſagt er, es ſie mir befollen. Wie ich mich hyn fu⁰ro halten
ſol, mag mirs ucher wißhait zu verſten geben.

Ueberſchrift:

Den furſſichttigen erſſamen unnd wiſſen bürgenmaiſter und rabt
der ſtatt Eſſelingen unſſern lieben herren.

Das Restitutions-Edikt im nordwestlichen Deutschland.

Von

Onno Klopp.[1]

---

[1] Die Redaction findet sich zu der Bemerkung veranlaßt, daß sie kein Bedenken trägt, ja es zum Theil als ihre Pflicht ansieht, auch solche Arbeiten aufzunehmen, deren Auffassung sie nicht theilt, wenn dieselben im allgemeinen von einem wissenschaftlichen Standpunkt aus verfaßt sind.

Verschiedene Staatsmänner aus der Zeit des dreißigjährigen Krieges selbst haben den Ursprung des Restitutions-Ediktes nicht in Wien, nicht in München, noch an einem der fürstbischöflichen Höfe des Reiches, sondern jenseit des Rheines bei dem Cardinal Richelieu gesucht. Die Erfahrung lehrt, also lassen sie diesen Cardinal seine Schlüsse aufbauen, daß das Haus Oestreich eine Bestie mit vielen Köpfen ist. Je mehr man es drängt, desto mehr wächst es, und an der Stelle eines abgehauenen Kopfes sproßt sogleich ein neuer hervor. Deshalb muß man des Kaisers Frömmigkeit zu seinem Falle gebrauchen. Man muß die Geistlichen dahin treiben, daß sie die kirchlichen Güter zurückfordern. Ferner muß man das Mitleid des Kaisers erwecken, daß das Kriegsvolk überall so übel hause, daß Wallenstein so absolut dominire, so viel Geld erpresse. Man muß ihn bewegen das Heer ganz oder zum Theile zu entlassen. Alsdann muß bei solcher Schwächung der kaiserlichen Macht der König von Frankreich auftreten, mit Gewalt und Geld je nach den Umständen wirken, bis zu seiner Zeit Religionsfreiheit versprochen. Auf solche Weise werden die Protestanten den französischen König lieben und ihm trauen, auch die katholischen Kurfürsten durch den von Trier geneigt gemacht werden. Denn wenn sie nur bei ihren Würden und Einkünften bleiben: so ist es ihnen einerlei, ob sie unter dem Kaiser oder unter dem Könige von Frankreich die Messe lesen. Bayern kann die Kur behalten und das Land ob der Ens. Wenn man es also angreift, die Unzufriedenen an sich zieht: so kann Frankreich zur römischen Königswahl gelangen. Der Kaiser mag den Titel behalten. Die gehorsamen Niederlande müssen sich mit den Holländern vereinigen und dem Könige von Spanien beide Indien wegnehmen. Damit wäre das Haus Oestreich hin [1].

Es ist immerhin möglich und selbst wahrscheinlich, daß Richelieu diese Gedanken so entworfen, wie später östreichische Staatsmänner und Historiker sie ihm beigemessen haben. In der Sache selbst liegt kein Widerspruch. Lange Jahre bevor der Kurfürst von Trier den Franzosen die Thore von Ehrenbreitenstein 1632 eröffnete, hatte der

---

[1] Khevenhiller, Annales Ferd. XI, 412.

schlaue Marcheville ihn zum Verrathe des Vaterlandes an Richelieu geködert [1]. Die Annahme jedoch, welche neuerdings Karl Adolf Menzel erhoben, daß nämlich der Gedanke des Restitutions=Ediktes bei dem Cardinal Richelieu seinen Ursprung genommen, ist nicht begründet. An der langen Kette der Ereignisse vorher hing das Edikt wie eine reife Frucht.

Denn die Wurzel desselben und des unseligen Zustandes überhaupt ist der Religionsfriede von Augsburg. Das Wort Friede entschädigt nicht für die Thatsache des Haders und des Zwistes, der aus den Bestimmungen dieses Friedens sproßte. Fassen wir die drei hauptsächlichen Schäden dieses vermeinten Friedenstandes näher ins Auge.

Zuerst nämlich ist es ein ungenauer Ausdruck, den man häufig vernimmt, als sei der Religionsfriede von Augsburg geschlossen zwischen den kirchlichen Parteien als solchen, zwischen Katholiken und Protestanten insgemein, als sei von jener Seite durch den Frieden den letzteren die Religionsfreiheit gewährt. Vielmehr ward der Friede abgeschlossen zwischen den katholischen und den protestantischen Reichsständen, den Fürsten und Obrigkeiten, und betraf nur diese, nicht die einzelnen Menschen, die katholisch oder lutherisch waren. Der Unterschied ist wesentlich. Die Fürsten und Obrigkeiten, und nur diese sicherten gegenseitig einander die Religionsfreiheit zu. Ein Reichsstand soll fortan den anderen der Religion wegen nicht bedrängen. Weiter ging der Friede nicht. Innerhalb des eigenen Landes hatten die Reichsfürsten das Recht nach eigener Ansicht zu verfahren. Es ist der Grundsatz, den man kurz und bündig in die Worte kleidete: cujus regio ejus religio. Demgemäß waren die Unterthanen eines Fürsten, der zur Confession von Augsburg übertrat, reichsgesetzlich verpflichtet, dem Befehle des Landesherrn zu gleichem Uebertritte zu gehorchen. Wenn sie sich dessen weigerten, so war es ihnen gestattet, Hab und Gut zu verkaufen, und nach Erlegung der Abzugsteuer in ein anderes Land zu ziehen.

Mehre Jahrzehnte hindurch, auch nach dem Frieden von Augsburg, diente dieser Satz nachdrücklich zur Ausbreitung und Festigung des Protestantismus. Die Territorien, deren Oberhaupt protestantisch war, mußten dasselbe unbedingt als ihren geborenen Oberbischof anerkennen. Sie waren protestantisch durch und durch. Dazu hatte der Protestantismus, bei der Zerrüttung der katholischen Kirche, sich Boden errungen innerhalb der Territorien, deren Oberhäupter katholisch blieben. Mehre Jahrzehnte hindurch wagte kein katholischer Fürst den Satz des cujus regio ejus religio auch für sich in Anwendung zu bringen. Es schien, als sei dies Reformationsrecht nur dasjenige der protestantischen Landesherren. Erst als allmählich die

[1] Aus der Correspondenz des Bischofs Franz Wilhelm im ehemaligen Domcapitel=Archiv in Osnabrück ergiebt sich, daß der Kurfürst schon 1627 höchst verdächtig war.

katholiſche Kirche wieder erſtarkte, ward auch die Frage erhoben, ob
nicht dem katholiſchen Landesherrn innerhalb ſeines Territoriums daſ=
ſelbe Recht zuſtehe. Doch verfloß nach dem Abſchluſſe des Religions=
friedens von Augsburg ein volles Menſchenalter, bis aus der katho=
liſchen Partei die wichtige Schrift de autonomia ausging. Sie
verfocht lebhaft und nachdrücklich die Anſicht, daß die Sätze des Frie=
dens von Augsburg, vor allen derjenige, den man das landesherrliche
Reformationsrecht nannte, der Satz des cujus regio ejus religio,
für katholiſche Reichsfürſten nicht geringere Berechtigung habe, als
für proteſtantiſche. Die Behauptung hatte eine ungeheure Tragweite.
Langſam und allmählich eignete die katholiſche Partei dieſelbe ſich an
und verarbeitete ſie zu Fleiſch und Blut.

Der Satz des cujus regio ejus religio barg mithin in ſich
den Keim unabſehbarer Verwirrungen. Die Gefahr des Satzes für
die Ruhe und den Frieden der Deutſchen ward geſteigert durch die
zweite kranke Seite des Religionsfriedens von Augsburg.

Die Bedingungen deſſelben waren feſtgeſtellt zwiſchen den katho=
liſchen und den lutheriſchen Reichsfürſten, den Anhängern der Con=
feſſion vom Jahre 1530. Der abweichenden Anſichten, welche dem
Glaubensſyſteme des Calvin ſich annäherten, und deshalb der Kürze
wegen mit dem allerdings nicht ganz präciſen Namen des Calvinis=
mus bezeichnet werden können, ward nicht gedacht. Mithin waren
ſie, wenn ihnen nicht die Berufung auf die Confeſſion von Augsburg
gelang, nach dem Wortlaute der Beſtimmungen des Friedens reichs=
rechtlich ausgeſchloſſen. Die Mehrheit der lutheriſchen Reichsfürſten
war mit den katholiſchen in dieſer Hinſicht eines Sinnes.

Anders war der thatſächliche Beſtand. Erſt nach dem Ab=
ſchluſſe des Religionsfriedens von Augsburg begann die reformirte
oder, wenn man den Ausdruck geſtattet, calviniſche Partei kräftiger
empor zu wachſen. In Sachſen ward ſie erdrückt. In der Kur=
pfalz dagegen errang ſie durch Friedrich III. die Herrſchaft, und
Friedrich zauderte nicht das landesherrliche Reformationsrecht für ſei=
nen Calvinismus anzuwenden. Die Regierung ſeines Sohnes Lud=
wig, der kraft deſſelben Rechtes die Pfälzer ins Lutherthum zurück re=
formirte, dauerte kurze Zeit. Schon ſieben Jahre nachher reformirte
Johann Caſimir die unglücklichen Pfälzer wieder um, in den Calvi=
nismus hinein. Von da an blieb Kurpfalz dauernd das Haupt des
Calvinismus in Deutſchland.

Einige Jahre ſpäter reformirte Moritz von Heſſen=Caſſel ſeine
lutheriſchen Unterthanen in einen etwas abgeſchwächten Calvinismus
um. Auch andere Fürſten neigten dahin. Die calviniſche Partei
ſtand mächtig da, viel und weit verzweigt. Was dieſe Partei daheim
im Reiche nicht fand, das ſuchte ſie auswärts. Sie ſtand in vielfa=
chem Wechſelverkehr mit Heinrich IV. von Frankreich und mit den
Generalſtaaten von Holland. Die letzteren waren damals auf der
Höhe ihrer Macht. In dem Erbfolgeſtreite um Jülich ſuchte Johann
Siegmund von Brandenburg die Gunſt und den Schutz dieſer Mäch=

tigen, zumal da er kurz vorher zum Calvinismus übergetreten war, nur mit dem Unterschiede, daß er in Folge dessen nicht ein landesherrliches Reformationsrecht über die Massen in Anspruch nahm. Indessen nur auf die Fürsten ja kam es an. Der Calvinismus im Reiche schien empor zu wachsen zur vollen Ebenbürtigkeit mit dem Katholizismus und dem Lutherthume. Und doch wußte das positive Recht des Reiches nichts von dieser Partei. Der Buchstabe des Friedens von Augsburg schloß nach wie vor den Calvinismus aus. Was konnte davon kommen?

Die dritte und wichtigste Saat des Zwiespaltes durch den Frieden von Augsburg war der geistliche Vorbehalt. Auch hier kann nicht die Rede sein von dem Verhältnisse der Katholiken überhaupt als Katholiken gegen Protestanten als Protestanten, sondern es handelt sich um das Besitzthum der katholischen Kirche gegenüber den protestantischen Fürsten und Reichsständen. Es war die Consequenz der Reformationsbewegung der alten Kirche ihre reichen Güter zu nehmen und dieselben in weltliche Besitzthümer zu verwandeln. Der Kaiser dagegen — und man sollte das doch nicht verkennen — war, indem er der alten Kirche getreu blieb, der natürliche Schützer des hergebrachten Rechtszustandes. Es war sein Amt und seine Pflicht denselben zu vertheidigen, jeden in seinem Rechte zu schützen. Dazu war dies das kaiserliche Interesse. Die Reichsverfassung war gebaut auf die geistlichen Wahl= und die weltlichen Erbfürsten, nicht auf diese allein. Vielmehr lehrte die Erfahrung, daß die geistlichen Fürsten eine zuverlässigere Stütze der kaiserlichen Macht waren, als die weltlichen. Es war mithin zugleich Pflicht des Kaiserthums und eigenes Interesse, die Bisthümer und Stifter nicht zur Beute weltlicher Erbfürsten werden zu lassen. Aber die kaiserliche Macht war den andringenden Forderungen nicht gewachsen. Sie versuchte 1555 zu Augsburg ein Abkommen zu treffen. Ferdinand I. und die katholischen Reichsfürsten verzichteten auf die Rückforderung der kirchlichen Güter, welche bis zum Passauer Vertrage von 1552 eingezogen waren, unter der Bedingung, daß die noch vorhandenen Güter der katholischen Kirche verblieben. Der Geistliche, der Inhaber einer kirchlichen Pfründe, der nach diesem Frieden sich von der katholischen Kirche lossagte, sollte eben dadurch auf seine kirchlichen Pfründen und Lehen verzichten.

Die protestantischen Reichsfürsten fügten sich zu Augsburg mit Widerstreben in die Aufnahme dieser Bedingung, welche mit dem Geiste der Partei, mit der unverkennbaren Strömung der Zeit unvereinbar war. Auch bewies der Erfolg, daß es der Partei mit dem Halten dieser Bedingung nicht Ernst war. Sie war noch im Fortschreiten, die Zahl ihrer Anhänger im Steigen. Diese reformirten fort und fort. Es wurden aus fürstlichen Familien Bischöfe und Aebte erwählt, welche die kirchlich erforderlichen Eigenschaften unzweifelhaft nicht besaßen. Ferdinand I., Max II., Rudolf II. mißbilligten es. Dennoch geschah es. Allmählich schien die Gewöhnung das

Verfahren der protestantisch fürstlichen Häuser zu einem Rechte zu stempeln.

Allein das positive Recht blieb dasselbe, und der Zwiespalt desselben mit dem Thatbestande stellte früher oder später Verwickelungen sehr drohender Art in Aussicht. Wie war es, wenn einmal ein Kaiser mit Macht auftrat, um als oberster Richter des Reiches die positiven Ordnungen desselben zu schützen, sie festzuhalten nach dem Buchstaben? —

Diese Gefahr ward um so drohender, je fester sich der Katholizismus wieder begründete und je weiter der Spalt zwischen den Parteien klaffte. Gegen das Ende des Jahrhunderts ist die schroffe Dreitheilung der Reichsfürsten und Stände bereits vollendet. Nachdem der Kurfürst von Sachsen und die Mehrzahl der lutherischen Reichsfürsten durch die Concordienformel von 1578 eine feste Burg weniger gegen die katholische Kirche als gegen den Calvinismus errichtet haben, treten sie dem katholischen Reichstheile näher. Der Versuch Gebhards von Köln auf die Säcularisation des Erzbisthums vermittelst des reformirten Bekenntnisses und der Hülfe des Auslandes mislingt, weil Kursachsen sich im katholischen Sinne entscheidet.

Der Geist der Neuerung, der Trieb nach Umgestaltung des Bestehenden ist damals von der lutherischen Partei gewichen. Er ist übergegangen auf die calvinische. Diese macht aus ihrem Wunsche nach dem Umsturze der Reichsverfassung, in welcher sie nicht eine feste gesicherte Stätte hat, nicht mehr ein Hehl. Wir vernehmen 1608 von Pfalz und Hessen-Cassel die Worte: Hopfen und Malz sei an den mühsamen Reichstagshändeln verloren; es werde nicht gehen, man gieße denn das Reich in ein anderes Modell[1]. Es ist jedoch unter den calvinischen Fürsten ebenso wenig wie unter den lutherischen oder unter den katholischen vor Ferdinand und Maximilian eine energisch durchgreifende Persönlichkeit. Die Schwäche der Träger der Reichsgewalt wandelt sich in den Augen dieser calvinischen Fürsten zu einem Scheine von eigener Kraft. Je weniger sie aus sich selber vermögen, desto eifriger wenden sie sich dem Auslande zu. Im Beginne des siebzehnten Jahrhunderts wird das Verhältniß zu Heinrich IV. von Frankreich enger. Moritz von Hessen-Cassel reist zu diesem Könige, und vernimmt mit Freuden, daß Heinrich ungeachtet seines Uebertrittes zur katholischen Kirche im Herzen noch ein Calvinist sei[2]. Ein solches Bekenntnis festigte die Freundschaft. Sie schrieben einander Briefe über das bien public, die gemeinsame Sache, und der König betheuerte, wie sehr er den calvinischen Fürsten geneigt sei. Moritz trat unter denselben voran. Er lauschte mit Begier den Planen Heinrichs auf die Begründung dessen, was der König seine christliche Republik nannte. Man kennt diesen Plan.

---

[1] Hurter, Ferdinand II. Band VIII, 186.
[2] Rommel, Geschichte von Hessen VII, 413.

Streifen wir demselben die schönen Worte der Christlichkeit, der allgemeinen Duldung und alle die anderen Redensarten ab, mit denen die Eroberer ihre Habgier zu umwickeln pflegen: so bleibt als Kern übrig die Absicht auf die Zerstückelung des deutschen Reiches und der deutschen Nation, deren Bruchstücke und Splitter der König hierhin oder dorthin zu werfen beschloß nach seinem Gefallen. Die Existenz der deutschen Nation war in ihrem Grunde und Wesen bedroht. Es versteht sich, daß, wie in solchen Fällen üblich, die Christlichkeit und die allgemeine Duldung begründet werden sollten durch das Schwert. Heinrich IV. hatte seine Rüstungen vollendet. Er meldete am 8. Mai 1609 dem Landgrafen Moritz, daß er selbst mit seinem Heere am 20. Mai an der deutschen Grenze stehen werde. Sechs Tage vorher zerschnitt das Mordmesser von Ravaillac den Plan des französischen Eroberers.

Dennoch hinterließ er auch so dem deutschen Lande ein unseliges Vermächtniß. Auf das Anstiften des französischen Königs [1], auf seine Versprechungen thätiger Hülfe dachten Kurpfalz und einige andere, hauptsächlich calvinische Fürsten seit 1606 an die Stiftung eines besondern Bundes. Derselbe kam am 4. Mai 1608 zu Ahausen zu Stande. Die öffentlichen Artikel des Bundes waren nicht gerade sehr verfänglich; aber es liegt nahe, daß im Falle des wirklichen Einbruches des Franzosenkönigs in Deutschland diese Union, die er gestiftet, sich zu ihm geschlagen hätte. Wenn auch die Pläne nicht so weit dem katholischen Reichstheile offen lagen: so verkündete doch das Bestehen der Union an sich schon Gefahren für die kirchlichen Fürstenthümer. Deshalb schien bei der Schwäche des Trägers der Kaisergewalt ein gleicher Bund rathsam. Am 10. Juli 1609 wurde zu München die Liga geschlossen, als deren eigentlicher Stifter nicht Maximilian von Bayern, sondern der Bischof Julius von Würzburg erscheint [2]. Maximilian indessen war die Seele dieses Bundes.

Wie im Stillen der Zweck der Union auf die Aneignung der Bisthümer und Stifter hinausging: so war der offen ausgesprochene der Liga die Erhaltung derselben. Sie verkündete laut, daß sie nichts wolle als einzig und allein die Erhaltung des Friedens kirchlich und weltlich. Die Absicht der Union barg sich hinter die Worte einer Erneuerung des Religionsfriedens [3]. Die Liga erklärte, daß sie denselben buchstäblich wolle im Sinne von 1555. Sie verwahrte sich feierlich gegen die Weiterdrängenden von der katholischen Seite, welche den Frieden von Augsburg nur für ein einstweiliges Abkommen ausgäben. Ob es den Mitgliedern der Liga damals schon klar war, daß auch das Festhalten des Buchstabens von Augsburg schon unabsehbare Verwickelungen nach sich ziehen würde? Es sind zwei Parteien, bereit in jedem Augenblicke sich gegen

---

[1] Beckmann, Geschichte von Anhalt V, 317.
[2] (Stumpf), Geschichte der Liga S. 6.
[3] a. a. O. S. 42.

einander zu erheben, und zwar nicht zunächst um Interessen der Re=
ligion, sondern um diejenigen des Besitzes. Keins von beiden Bünd=
nissen entspricht dem Interesse der deutschen Nation, keins von beiden
demjenigen des Kaisers. Weder Rudolf, noch Matthias haben die
Liga gut geheißen. Sie waren stets befliffen sie aufzulösen. Es ist
ihnen nicht gelungen.

Die Union ist wesentlich calvinisch, die Liga katholisch. Die
lutherische Partei, die ihre Hauptstütze und ihren Vertreter in dem
Kurfürsten von Sachsen sah, betheiligt sich nicht. Doch zeigt sie sich
der Union entschieden abgeneigt. Auf die Anzeige der Unirten, daß
sie zum Schutze der Religion zusammen getreten seien, erwiedert Kur=
sachsen [1]: Die Einziehung von Klöstern sei nicht Sache der Religion.
Der Reichsabschied von 1555 sage klar, daß man keine kirchlichen
Güter ferner einziehen dürfe. Man könne dem katholischen Theile
den Rechtsweg nicht versperren. Kursachsen betonte scharf: der Kai=
ser sei nicht bloß Ehren halber da, sondern das Haupt im Reiche.
Dennoch schwankte der Kurfürst, ob er nun der Liga beitreten solle.
Noch 1611 machte sich die Liga starke Hoffnung darauf [2]. Wie es
scheint, hat Heinrich Julius von Braunschweig es verhindert [3]. Er
hebt nachdrücklich hervor, daß solche Bündnisse nicht geschlossen wer=
den dürfen ohne Genehmigung des Kaisers. Er bittet den Kurfürsten,
treu zum Kaiser zu stehen, diesem allein die Entscheidung zu überlas=
sen. Johann Georg macht sich diese Ansicht zu eigen. Er erklärt
jeden Bund im Reiche für eine Trennung. Er betheuert, daß er
vor wie nach nur den Kaiser für seine ordentliche von Gott gesetzte
Obrigkeit erkenne, sich jederzeit gehorsam der Reichsverfassung unter=
werfen und den Religionsfrieden aufrecht halten wolle [4].

Dieselbe Stellung der Parteien dauert fort. Wir finden sie
wieder beim Ausbruch des großen Krieges. Die calvinische Partei
nimmt sich der böhmischen Stände an, nicht die lutherische. Die
Theologen der letzteren in Böhmen selbst erfüllen das Reich mit ih=
ren Klagen über den Calvinismus [5], und die Sachsen, die Würtem=
berger antworten ihnen in gleichem Tone. Die theologische Facultät
zu Tübingen sucht in einer Disputation von zwei Tagen zu beweisen,
daß der pfälzisch=böhmische Hofprediger Scultet ein Atheist sei. Die
Kunde des Sieges der kaiserlichen Waffen am weißen Berge wird in
Berlin mit lautem Jubel vernommen [6]. Die jungen Weimarer Her=
zöge, die für Friedrich und die böhmischen Feudalherren fechten, ha=
ben ihren besondern Groll gegen das Kaiserhaus und den Oheim

---

[1] Londorp, Acta publica I, p. 2 ff.
[2] (Stumpf), Geschichte der Liga S. 33.
[3] Ehemaliges Domcapitel=Archiv in Osnabrück.
[4] Man sehe die Schrift: Discursus Politicus durch einen erfahrenen JC.
und Historicum, dem Zusammenhange nach offiziell kursächsisch.
[5] Hormayr, Taschenbuch 1844. p. 71.
[6] Cosmar, über Schwarzenberg S. 399.

von Sachsen wegen des Kurhutes. Im Uebrigen hat kein deutscher lutherischer Fürst in Wort oder That zu Gunsten des Aufstandes in Böhmen sich erhoben.

Dagegen hat die Noth den Kaiser Ferdinand gezwungen, sich der Liga in die Arme zu werfen, sie um Hülfe zu bitten, und dadurch diesen Bund anzuerkennen. Diese Vereinigung ist sehr wichtig. Fast dürfte man sagen, der Kaiser sei in diesem Drange der Noth Partei mit geworden. In Böhmen kämpft noch ein besonderes eigenes Heer des Kaisers zusammen mit den Truppen der Liga. Aber schon 1621 ist dies nicht mehr. Indem Tilly gegen Mansfeld auszieht, wird dieser Feldherr des katholischen Bundes von dem Kaiser ausgerüstet mit voller discretionärer Gewalt im Namen des Kaisers. So kämpft Tilly in der Ober=, in der Unterpfalz. So wendet er sich nordwärts nach Hessen, schlägt den wilden Christian an der holländischen Grenze, und zieht dem Mansfeld nach bis an die Ufer der Nordsee.

Die böhmischen Feudalherren, ihr König Friedrich und seine Parteigänger erheben von Anfang an den Ruf des Religionskrieges. Der Ruf wird von Katholiken und Lutheranern gleichmäßig zurück= gewiesen. Namentlich Tilly sucht mit äußerster Geflissenheit jeglichen Schein eines Religionskrieges zu vermeiden. In der Unterpfalz stellt er sonntäglich an die Kirchen des calvinischen Bekenntnisses seine Schildwachen zur Sicherung des Gottesdienstes [1]. Er spricht in Nie= dersachsen Geistliche, Schullehrer und Küster, mit dem ausdrücklichen Zusatze, daß er überhaupt keine geistliche Person ausgenommen wissen wolle, von Einquartierung frei [2]. Er fordert zu wiederholten Malen durch gedruckte Proclamationen auf, solchem Vorgeben der Böswilligen von einem Religionskriege keinen Glauben beizumessen. Er fordert die protestantischen Geistlichen des Reiches auf, zu sagen, wo jemals durch ihn einer von ihnen bedrückt und bedrängt worden sei. Min= destens eben so überzeugend, wie er selbst dadurch, hat einer der ei= frigsten Gegner des Feldherrn durch eine Anklage gegen ihn darge= than, daß Tilly nicht einen Religionskrieg führte. Nachdem Tillys Truppen drei Jahre lang im Lande Hessen=Cassel gestanden, bemüht sich Landgraf Moritz seine kaiserlich gesinnte Ritterschaft die volle Furchtbarkeit des ligistischen Feldherrn erkennen zu lassen. Er ver= traut ihr an, er wisse wohl, was Tilly vorhabe. Derselbe wolle die Hessen wieder lutherisch machen, und das Lutherthum sei halb papistisch [3]. Die unfreiwillige Komik dieser Besorgnis des Landgra= fen Moritz scheint uns die wahre Sachlage klarer darzulegen, als

---

[1] Mansfelders Ritterthaten p. 119.

[2] Ich habe eine dieser Proclamationen aus dem Kön. Archiv in Han= nover veröffentlicht in der Zeitschrift des histor. Vereines für Niedersachsen. Hannover 1858. Man vergl. ferner meinen Aufsatz: zur Charakteristik Tillys, in Westermanns deutschen Monatsheften 1859, Monat September; auch den Anhang hinten.

[3] Rommel, Geschichte von Hessen VII, 633 ff.

eine lang ausgesponnene Erörterung einzelner Momente und Thatsachen es vermöchte.

Man wird hier vielleicht erwiedern, daß der Krieg sich zu einem Religionskriege gestaltete durch die schonungslose Gegenreformation, welche Ferdinand II. in dem wieder eroberten Böhmen, welche Maximilian von Bayern in der Pfalz vornahm. Ferdinand machte nur anfangs einen Unterschied zwischen Calvinisten und Lutheranern, im Fortgange der Sache dehnte er seine Maßregeln gegen jene auch auf diese aus. Er ließ sich darin durch die Bitten und Vorstellungen seines treuen Verbündeten, des sächsischen Kurfürsten, nicht beirren.

Es ist leider die Anwendung jenes Satzes: cujus regio ejus religio, den wir in Kraft treten sehen auf eine bis dahin nie erhörte Weise. Allein unser Vorwurf, unsere Klage deshalb kann weniger die Personen treffen, als die Zustände, den Buchstaben des Reichsgesetzes, welches dem einzelnen sterblichen Menschen eine solche Vollmacht über die Gewissen seiner Mitmenschen verlieh. Es ist traurig es anerkennen zu müssen; aber es ist unzweifelhaft. Ferdinand und Max handelten nach demselben Buchstaben des Gesetzes, welchen sie ihrerseits bei den protestantischen Fürsten durchaus anerkannten. Ferdinand tastete in diesem Rechte keinen der lutherischen Reichsfürsten an. Er hatte dem sächsischen Kurfürsten für die erwiesene Hülfe eins der Nebenländer von Böhmen, die Oberlausitz zum Pfande gesetzt. Er fand es in der Ordnung, daß Johann Georg in diesem ehemals kaiserlichen Erblande das lutherische Bekenntnis befestigte, hegte und pflegte. Denn Johann Georg war dort als Landesherr im Besitze des Reformationsrechtes. In Wahrheit erkannte auch Johann Georg seinerseits einige Jahre später das positive Recht des Kaisers öffentlich an.

Im Jahre 1625 nämlich rüstete der Dänenkönig Christian IV. mit holländischem und englischem Gelde zu seinem Kriege auf deutschem Boden. Auch er erhob die Fahne der Religion. Sein eigentlicher Zweck war die Erlangung der norddeutschen Bisthümer. Im Winter 1625/6 versuchte Johann Georg zu Braunschweig die Vermittelung. Als dieselbe scheiterte, ließ er 1626 eine Schrift ausgehen, die höchst beachtenswerth ist für die damalige Anschauung dieses Hauptes der lutherischen Partei[1].

Es ist ein erhebender Gedanke, sagt der Kurfürst von Sachsen, daß ein Volk alles daran setzt seine Religion und seine Freiheit zu vertheidigen. Also, meint er, ist es geschehen im Jahre 1552 von den deutschen Fürsten gegen den Kaiser Karl V. In gleicher Weise behauptet nun der Dänenkönig, daß auch sein Kampf gegen den Kaiser die Rettung und Erhaltung dieser edlen Güter bezwecke. Es ist

---

[1] Loudorp, Acta publica III, 890 ff. Daß die Schrift offiziell ist, ist aus dem Einzelnen und Ganzen offenbar. Ich habe die Worte verändert, jedoch nicht die Gedanken.

die Frage, ob dem also sei. Der Kaiser Karl bedrohte damals den Protestantismus. Er wollte das Papstthum allgemach wieder einführen. Nicht also liegt jetzt die Sache. Der Kaiser Ferdinand hat auch nicht einem einzigen Stande des Reiches zugemuthet sich von der evangelischen Religion loszusagen und dafür die katholische wieder anzunehmen. Auch nicht die geringste Reichsstadt kann diesen Vorwurf auf den Kaiser bringen: eine jede bleibt frei bei der Uebung des Glaubens, welchen sie von vielen Jahren her bekannt hat. Der Vorwurf einer Religionsbedrückung ist mithin hohl und nichtig. Und eben so verhält es sich mit der Freiheit. Unter dem Kaiser Karl V. allerdings litt die deutsche Freiheit Noth. Der Kaiser führte den Kurfürsten Johann Friedrich, den Landgrafen Philipp gefangen umher, und alle Bitten um die Loslassung derselben waren vergeblich. Die Haft ward nicht erleichtert, sondern erschwert. Nicht also ist es jetzt. Wohl hätte der Kaiser Ursache gehabt die gefangenen Reichsfürsten ferner und besser zu verwahren. Er hat es nicht gethan. Er hat sie nach einander erledigt und begnadigt. Er hat sich gnädig und willfährig gegen Alle erzeigt, welche sich erst höchlich gegen ihn vergriffen hatten, und dann seine Gnade suchten. Auch in Betreff der Freiheit liegt der Unterschied der Zeiten Ferdinands von denjenigen Karls V. sonnenklar vor Augen.

Und ferner, sagt der Kurfürst von Sachsen, spricht man viel von der Furcht vor einem spanischen Dominate, von einer Knechtung Deutschlands unter denselben. Zur Zeit des Kaisers Karl V. hatte das einigen Grund. Damals suchte Karl V. seinen Bruder Ferdinand bei Seite zu schieben, um seinem Sohne Philipp die Kaiserkrone zu verschaffen. Nicht also liegt es jetzt. Der Kaiser Ferdinand II. hat im Anfange seiner Regierung das spanische Haus bewogen, allen Ansprüchen auf die Erbländer des jüngeren Hauses Oestreich ausdrücklich zu entsagen. Und wenn man des ungeachtet immer dieselbe Rede und diese Besorgnis wiederholt: so müssen wir wieder entgegnen, daß es nur Reden sind, die man nicht beweist, grundlose Vermuthungen solcher Leute, die da meinen, ohne ihre Sorgfalt stürze der Himmel ein und die Sonne höre auf zu leuchten. Anders liegt die Thatsache. Spanien hat schon jetzt alle Kraft aufzuwenden, um nur sich selber zu schützen und zu erhalten, und der Zustand dort deutet nicht auf Fortschritt, sondern auf Rückgang.

Und doch hält man uns entgegen, sagt weiter der Kurfürst von Sachsen, daß es im Hintergrunde die Absicht des Kaisers sei, die evangelische Lehre auszurotten und alle Reichsstände mit Gewalt zur Annahme der päpstlichen Religion zu zwingen. Man weist hin auf Böhmen, Oestreich, Mähren, auf Schriften der Jesuiten, die das fordern, und dergleichen mehr. Man schürt täglich das Mistrauen und meint, man dürfe nicht still dazu sitzen, nicht dazu schweigen. Auf solche Reden erwiedern wir: was der Kaiser im Sinne hat, ob er mit solchen Planen umgeht, das weiß allein Gott und nicht wir. Wir können uns nicht vermessen, die Gedanken der Menschen zu er-

gründen. Wir haben uns zu halten an die oft und vielfach ausge=
sprochenen Verheißungen des Kaisers, daß seine Heere nur dienen
sollen zur Vertheidigung des Reiches gegen die Feinde. Wir haben
das kaiserliche Wort, und unser Luther sagt, daß man das Wort
des Kaisers für rechtlich und wahrhaft zu halten fest und getreulich
schuldig ist, so lange bis der Kaiser selbst es widerruft. Allerdings
hat der Kaiser in Böhmen, Mähren, Oestreich die katholische Religion
hergestellt. Aber das sind seine Erblande, über welche diese
Befugnis ihm zusteht, und mit dem Reiche hat das nichts
zu schaffen.

Also der Kurfürst von Sachsen. Wir sehen, er bestreitet nicht
dem Kaiser das Reformationsrecht für die Erblande. Johann Georg
findet damals, im Jahre 1626, keinen Grund und kein Recht für
den Namen des Religionskrieges. Dennoch taucht ihm die Möglich=
keit eines solchen auf durch die etwaige Rückforderung der geistlichen
Güter. Wir haben, um uns diesen Standpunkt des Hauptes der
lutherischen Partei völlig klar zu machen, noch ferner seine damalige
Ansicht über den Gang des Krieges zu vernehmen.

Man sagt uns ferner, fährt die officielle Schrift fort: der Kai=
ser hat den Pfalzgrafen Friedrich seiner Länder entsetzt, und darüber
sind diese auch den Kindern entzogen und in fremde Hände gekommen.
Dafür müsse man die Katholischen wieder heimsuchen. Daß der
Pfalzgraf seiner Länder beraubt, in der Verbannung umherirrt, ent=
gegnet Johann Georg, ist zu beklagen; allein wer trägt die Schuld?
Er hat den Kaiser, den er zuvor als rechten König von Böhmen
anerkannt, mit zum Kaiser erwählen helfen, und dann hat er nach
geleistetem Eide und Schwure den Kaiser böslicher Weise um seine
Länder zu bringen getrachtet. Dafür ist ihm mit demselben Maaße
wieder gemessen, wie er gemessen hat, um so mehr, da er niemals
zur Erkenntnis seines Unrechtes hat kommen wollen. Er hat Zeit
und Raum genug dazu gehabt; denn nach der Schlacht bei Prag ist
fast ein Jahr verflossen, bis die Oberpfalz ihm genommen wurde.
Damals hätte er sich entschließen können und sollen. Statt dessen
haben sein General Mansfeld und andere Parteigänger Tod und Ver=
derben über die Länder gebracht, und jener selbst hat den Gegnern
den Weg gewiesen, zuerst in die Ober= und dann in die Unterpfalz.
Friedrich hat auch damals und später sein Unrecht nicht einsehen wol=
len: vielmehr hat er statt dessen abermals die deutschen Länder ver=
heeren lassen. Wer will da dem Kaiser verdenken, daß er schärfere
Mittel gebraucht? Wer will es dem Kaiser verargen sich desselben
Rechtes zu bedienen, welches jeder Andere in gleichem Falle auch an=
gewendet haben würde?

Danach hat sich nun abermals der dänische König in Waffen
gegen den Kaiser erhoben. Er will den Krieg. Nehmen wir an,
seine Sache sei gerecht: so beweist es doch die Erfahrung aller Zeiten,
daß gar oftmals Fürsten und Könige auch da, wo sie zur gerechten

Vertheidigung des Vaterlandes die Waffen erhoben, dennoch unterle=
gen sind. Wie viel mehr hat der sich eines Schadens zu befahren,
der nicht eine gerechte Sache treibt, und der doch, wo er etwas zu
klagen hätte, für die Erhaltung der allgemeinen Wohlfahrt wohl an=
dere Mittel näher finden könnte, als Krieg und Blutvergießen?
Eine gerechte Sache aber hat der König von Dänemark in keiner
Weise. Weder um ihn, noch um den niedersächsischen Kreis hat der
Kaiser etwas verschuldet, vielmehr hat er sich ihnen immerdar zu
kaiserlicher Gnade und Freundschaft erboten. Das Einzige, was man
vorwenden könnte, ist der neuliche Einfall und das Streifen im Her=
zogthume Braunschweig. Auch dazu hatte man auf jener Seite An=
laß gegeben. Dagegen hat der Kaiser mit Geduld und Langmuth
zugesehen, wie alljährlich im niedersächsischen Kreise Söldner zu Roß
und zu Fuß für seine Gegner angeworben wurden. Nun will man
den vertriebenen Pfalzgrafen wieder in sein Land einsetzen. Aber es
findet sich bei diesem noch keine rechte Erkenntnis des hohen Verbre=
chens, welches er wider seinen Kaiser begangen. Darum ist, wie
Zeit und Erfahrung lehren wird, ein glücklicher Fortgang dieser
Dinge nicht zu erwarten.

Denn es ist offenkundig, wie augenscheinlich Gott bisher dem
Kaiser beigestanden wider alle seine Feinde. Anfangs und bald nach
der Krönung gab fast Jedermann ihn für verloren. Ja es kam
dahin, daß auch deutsche Fürsten sich erdreisteten, schimpflich zu reden
über ihren eigenen Herrn. Dann wendete es sich, und das Symbol
der fünf Vokale des Kaisers Friedrich III.: Aquila Electa Juste
Omnia Vincit ward zur Wahrheit. Denn Gott der Herr hält
über seiner Ordnung, und stürzt diejenigen, welche sich auflehnen
wider die Obrigkeit. Es hat sich mancher Geier, Falk und Habicht
gegen den kaiserlichen Adler versucht und bisweilen ihm auch eine
Feder ausgezogen. Dennoch hat sich der Adler jederzeit des Scha=
dens erholt, hat seine Gegner überdauert und ist oben geblieben.

Das ist das Glück und das Geschick des östreichischen Hauses,
gegen welches nun der Däne in die Waffen tritt. Und dabei hat
er zu thun mit einem so vorsichtigen, so wohl versuchten, so kundigen,
so klugen Feldherrn, daß dessen Gleichen in unseren Tagen in Eu=
ropa nicht viele zu finden sind. Also haben die letzten fünf Jahre
der Laufbahn Tillys ihn erprobt. Bei seinem Kriegsvolke findet sich
ein solcher Gehorsam, bei dem General selbst eine solche Freundlich=
keit gegen Jedermann, sonst aber ein so scharfes Regiment und eine
solche Kriegeszucht, daß man ihn loben muß. Darum ist es auch
kein Wunder, daß ihm bisher alles glücklich von statten geht. Es
ist die Frage, es ist fast unmöglich, daß auf der anderen Seite eine
solche Kriegeszucht erhalten werden könne. Darum ist um so weni=
ger Glück für den Dänen zu hoffen, zumal da Tilly nun auch Ver=
stärkungen an sich zieht. Der König von Dänemark ist in keiner
geringen Gefahr, und es kann ihm leicht ergehen, wie es vor zwei

Jahren in Westfalen bei Stadtlohn geschah, wo nicht alle davon kamen, die zu entrinnen vermeinten [1].

Und nicht allein den göttlichen Schutz über das Haus Oestreich, das Feldherrngeschick des alten Tilly hat der Däne zu befahren, sondern auch die Schwäche seiner Bündnisse. Es ist kein Glück dabei, sich mit fremden Mächten in Bündnissen gegen das Reich einzulassen. Also lehrt es die Erfahrung. Was haben die Anderen ausgerichtet, die bislang im fremden Solde das deutsche Land überzogen? Sie haben die Länder der Freunde geplündert, und dann ist Tilly über sie gekommen, und sie haben den Raub den kaiserlichen Truppen lassen müssen.

Darum ist von diesen neuen Kriegsrüstungen, die als zum Besten des Religionsfriedens geschehen ausgerufen werden, für diesen Frieden nichts Gutes zu erwarten. Alle wöchentlichen Zeitungen haben mit Rühmen verkündet, wie stark diese Rüstungen seien. Aber in den letzten Jahren war ein solches Rühmen und Verkünden immer eine gewisse Anzeige, eine Art Prophezeiung, daß die Rüstenden geschlagen werden sollten. Das Rühmen und Verkünden hat die Gegner niemals verzagt gemacht: sie sind dadurch nur um so sorgfältiger und eifriger geworden.

Es ist nun freilich dennoch möglich, daß Gott durch eine besondere Schickung eine Züchtigung über die Papisten verhängt, die auch wohl eine solche verdient haben. Es ist möglich, daß wider die Erwartung der Sieg für den Dänen sich entscheidet. Aber was dann? Dann wird erst recht kein Ende des Krieges sein; denn der Kaiser und die katholische Macht werden durch einen Sieg nicht gebrochen. Und dann droht auch für Kursachsen eine große Gefahr, und die Gegner werden uns büßen lassen wollen für die Treue, die wir dem Kaiser und dem Reiche bewiesen haben. Der Sieg der Dänen würde verderblich sein für uns.

Allein es drängt sich die Frage auf, sagt weiter diese Schrift, ob nicht der Sieg der kaiserlichen und katholischen Macht noch mehr zu fürchten sei. Es geht die Rede, daß der Kaiser nach erlangtem völligem Siege die geistlichen Stifter und Bisthümer nicht bloß wieder fordern, sondern sofort ergreifen werde. Er werde, sagt man, anfangen bei den zunächst Ueberwundenen und bei den Geringeren, und dann werde er zuletzt Sachsen und Brandenburg auch zu finden wissen. Auch diesen werde er die Stifter und geistlichen Güter wieder nehmen, und es werde dann dem Kurfürsten von Sachsen nicht helfen, daß er dem Kaiser getreu gewesen, sondern er werde den Dank der Welt dafür empfangen. Man gründet diese Besorgnis auf die gewaltsame Herstellung der katholischen Kirche in den Erblanden des Kaisers. Das hat allerdings einigen Schein für sich, und es ist aus den Schriften und Reden auf katholischer Seite nicht

---

[1] Anspielung auf die dort gefangenen Vettern des Kurfürsten, die Herzöge von Weimar und Altenburg.

zu verkennen, wie viele da wünschen das gefallene Papstthum in Deutschland wieder aufzurichten und der eingezogenen Stifter, wo nicht aller, doch zum Theile sich wieder zu bemächtigen.

Aber man hat durch allerlei Zunuthungen ihnen dazu nicht geringe Ursache gegeben. Es bildete sich im Reiche die bekannte Union einiger Fürsten. Sie bewiesen den katholischen Fürsten vielfältige Unbill. Sie entzogen denselben die Einkünfte, quartierten ihre Söldner in katholisches Gebiet, hegten, schützten, und beförderten die böhmische Rebellion, deren Ziel der gewaltsame Untergang der katholischen Kirche war. Sie warfen auf Reichs- und Deputationstagen um sich mit bedrohlichen Reden, welche deutlich die Absicht auf den Sturz der katholischen Kirche verriethen, und handelten mithin gegen den Religionsfrieden, der dies ausdrücklich untersagt. Darf man da sich wundern, daß die katholischen Fürsten dessen eingedenk blieben, daß sie später, als die Macht in ihren Händen war, anfingen dasselbe zu thun, was vorher von unseren Evangelischen gegen sie verübt war?

Es ist allerdings zu erwarten, sagt weiter der Kurfürst von Sachsen, daß nach erlangtem völligen Siege die geistlichen Stifter wieder gefordert, oder den Inhabern sonst irgend welche Zunuthungen gemacht werden. Nur daß sofort und mit Gewalt verfahren werde, ist nicht anzunehmen. Man wird es nicht thun, weil dies die Gemüther der protestantischen Reichsstände sowohl wie auswärtiger Könige zu sehr aufregen und der Anlaß zu einem Religionskriege sein könnte. In solchem Falle würde unsere Partei angegriffen sein, und darum, weil sie sich zu vertheidigen hätte, desto eher Aussicht auf Erfolg haben. Es ist ferner nicht wahrscheinlich, weil auch die katholischen Reichsstände an Gelde erschöpft sind, und nicht Krieg wünschen, sondern Frieden. Sie sind aber zu verständige und erfahrene Politiker, um nicht einzusehen, daß ein solcher Krieg sie am schwersten heimsuchen würde. Dazu sind viele ihrer eigenen Unterthanen der evangelischen Religion zugethan, und namentlich halten die Ritterschaften es im Geheimen mit uns. Und endlich sollten wir doch dem Worte des Kaisers mehr vertrauen, als den unzeitigen Reden, die auf Mistrauen ausgehen. So Gott will, wird es mit den eingezogenen geistlichen Gütern nicht so arg werden, wie mancher sich dünken läßt. Doch darf und muß der Kaiser dafür erwarten, daß man in Devotion und Gehorsam gegen ihn verbleibe, was bislang vielfach nicht geschehen ist. In Niedersachsen freilich muß man sich etwas gefallen lassen, und die dortigen Fürsten tragen selber die Schuld. Man wird dort katholische Prälaten wieder einsetzen und Klöster aufrichten. Soll man sich dessen mit Gewalt erwehren? Ich rathe, daß man Gottes Allmacht in Beschützung der wahren Kirche nicht vorgreife, noch unter der Hülle der Religion den Eigennutz suche.

Wir Alle wünschen und sehnen den Frieden zurück auf des Reiches Boden. Dazu ist vor allen Dingen nöthig, daß der Pfalzgraf Kurfürst sein Vergehen bei den böhmischen Händeln aufrichtig be-

kenne und den Kaiser um Verzeihung bitte. Dann ferner ist es nö=
thig, daß alle evangelische Fürsten des Reiches in gebührlichem Ge=
horsam sich um ihren Kaiser schaaren und ablassen von allen Bünd=
nissen unter einander und mit fremden undeutschen Mächten.

Also Johann Georg von Kursachsen in dieser offiziellen Schrift.
Er ist der Vertreter des Lutherthumes damaliger Zeit. Einstimmig
mit ihm dachten die hervorragenden lutherischen Fürsten: der Land=
graf Ludwig von Darmstadt, der Herzog Christian der Aeltere von
Braunschweig=Lüneburg, ferner die conservativen Corporationen, die
Ritterschaften und die Magistrate der Städte [1] in den Ländern
der Fürsten von Niedersachsen, die der Dänenkönig bethört hatte, sich
mit ihm zusammen in einen Krieg einzulassen, der auf ihre Kosten
zu seinem Vortheile geführt wurde. Der Standpunkt Johann Georgs
und der Gleichgesinnten ist nach dem Verhältnisse der Dinge im
Jahre 1626 derjenige des Maßes nach beiden Seiten hin. Diese
Stimme der Mäßigung verhallte nach beiden Seiten. Der Däne
begann den Krieg und ward geschlagen. In anderer Weise ging der
Bund der katholischen Liga vor.

Verkennen wir nicht, wie die Lage der Dinge, das Wort der
Liga selbst sie dazu aufzufordern schien. Der Bund war zusammen
getreten zum Zwecke der Erhaltung des Bestehenden. Er kleidete
diesen seinen Zweck in die Aufrechthaltung des Religionsfriedens
von Augsburg. Er erklärte nachdrücklich bei seinem Entstehen, daß er
nichts Anderes wolle als den Buchstaben dieses Friedens. Der Lage
der Dinge nach konnte dies Bestreben im Jahre 1609 nicht weiter
gehen als auf Erhaltung dessen, was noch zu erhalten war. Wenn
die Tendenz auch zur Wiedererlangung des für die katholische Kirche
bereits Verlorenen damals schon bei diesem oder jenem sich vielleicht
regen mochte: so regte sie sich sehr im Stillen wie eine unter Um=
ständen mögliche Hoffnung. Denn nicht die Liga trat provocirend
auf, sondern die Union. Nicht bei jener, sondern bei dieser wohnte
damals das Gefühl der Ueberlegenheit. Ob dasselbe fest begründet
war oder nicht, gilt hier gleichviel. Der äußere Schein war damals
für die Union.

Seitdem hatte sich viel verändert. Die einst hochfahrende Union
war schmählich zergangen. Die Streiter, die sich in gleichem Sinne
erhoben, waren besiegt, gefallen, zerstreut. Das Gefühl der Ueber=
legenheit wohnte bei der Liga. Nun hatte der Dänenkönig sich er=
hoben mit der unzweifelhaften Absicht die norddeutschen Bisthümer
bis Osnabrück hin in seine Gewalt zu bringen. In dieser Stadt
selbst hatte er das Domcapitel gezwungen seinen Sohn Friedrich zum
Coadjutor zu erwählen. Wie drängte sich da um so mehr den geist=

---

[1] Das Verhalten des Magistrates von Hannover in dieser Beziehung
habe ich aus dem städtischen Archive daselbst nachgewiesen in der Zeitschrift des
historischen Vereines für Niedersachsen. Hannover 1857. Gleiche Belege, die
hier mitzutheilen zu weitläufig wäre, liefert das Archiv der calenb. Landschaft
in Hannover.

lichen Fürsten der Liga der Wunsch auf, nicht bloß die bestehenden Bisthümer für die katholische Kirche zu erhalten und zu schützen, sondern auch die anderen bereits verloren gegangenen wieder zu gewinnen! Denn also ja auch entsprach es dem Buchstaben des Religionsfriedens von Augsburg. Die Liga wollte denselben schützen nach dem Buchstaben. Das hatte sie laut und öffentlich verkündet. In der That hatte sie es gehalten. Wir glauben mit voller Bestimmtheit es aussprechen zu dürfen, daß weder die Truppen des Kaisers noch die der Liga, daß weder Wallenstein noch Tilly sich einen leisen Eingriff in das landesherrliche Reformationsrecht jemals erlaubt haben. In solcher Fassung sprechen wir es aus, damit nicht Anschauungen unserer Zeit auf die damalige übertragen werden, auf eine Zeit, die ein menschliches Recht des Individuums, in den heiligsten Beziehungen seines inneren Lebens nicht durch Gewalt von außen her bestimmt zu werden, nur in sehr mangelhafter Form anerkannte. Die Liga hatte die Rechte der weltlichen Fürsten geachtet, und kraft dieser Achtung die kirchlichen Formen in den Ländern derselben nirgends angetastet. Sie hatte nicht einen Religionskrieg geführt. Aber weil sie diese Rechte geachtet, wie der Religionsfriede von Augsburg dieselben bestimmte, erhob sich in ihr der Wunsch, das Verlangen, die Forderung, daß auch ihre Rechte vollständig anerkannt würden, wie der Friede von Augsburg sie bestimmte.

Auch gab es sicherlich viele Mitglieder der Liga, die in dem Aussprechen dieser Forderung eine Pflicht für sich erkannten. Daß unlautere Motive bei diesem und jenem obwalteten, ist nicht fraglich. Allein es gibt Motive, die auf dem subjectiven Standpunkte des Einzelnen durchaus lauter erscheinen. Wer immer lebendig von einer Ueberzeugung durchdrungen ist, strebt und kämpft für dieselbe. Wenn er dazu nur solche Hülfsmittel benutzt, welche ihm das positiv gegebene Recht des geordneten Zusammenlebens der Menschen gestattet, so handelt er von seinem Standpunkte aus aufrichtig und unsträflich. Die Mitglieder der Liga waren überzeugt, daß das positive Recht des Religionsfriedens, welches sie verfochten, sie ermächtige auch die Vortheile desselben für ihre Kirche zu nutzen, daß dasselbe sie berechtige die Stifter und Bisthümer, welche nach dem Passauer Vertrage eingezogen waren, für die katholische Kirche zurück zu fordern, und in denselben eben so viele Bollwerke zur Wiederbegründung der katholischen Kirche zu gewinnen. Es lag ferner ganz unzweifelhaft im Plane der Liga, in diesen geistlichen Fürstenthümern das landesherrliche Reformationsrecht in Anwendung treten zu lassen, das Recht des cujus regio ejus religio auszuführen. Kam es dabei nach Maßgabe jener Zeit auf die Ueberzeugung an? Das Beispiel der Pfälzer Kurfürsten, des Landgrafen Moritz von Hessen war eine lehrreiche Schule gewesen, daß der Fürst kraft seines Rechtes, welches aus den Reichsgesetzen floß, nach der Ueberzeugung seiner Unterthanen nicht zu fragen habe.

Wir haben diese Zustände zu beklagen und zu bedauern, und

nicht auf eine Partei allein einen Vorwurf zu bringen, welcher allen Zeitgenossen gemeinsam ist.

Die Liga war siegreich. Auf dem Tage der Kurfürsten zu Mühlhausen im Jahre 1627 kamen die drei geistlichen Kurfürsten und Max von Bayern überein, vor dem Kaiser diese Forderung zu erheben. Irgendwelcher französischer Einfluß ist dabei nicht bemerkbar, doch war der französische Gesandte Marchevilla in Mühlhausen anwesend.

Es sind nach dem Religionsfrieden von Augsburg und wider denselben, also beginnen die vier Kurfürsten, eine lange Reihe von Stiftern und geistlichen Gütern eingezogen[1]. Gegen die Klagen darüber ist von protestantischer Seite der Einwand geltend gemacht, daß der geistliche Vorbehalt nicht ein wesentliches Stück des Religionsfriedens von Augsburg sei. Allein die Sache verhält sich anders. Nur unter dieser ausdrücklichen Bedingung ist der Religionsfriede abgeschlossen. Die Güter, die vor dem Passauer Vertrage eingezogen waren, sind von katholischer Seite nur darum aufgegeben, weil man durch dieses Zugeständniß Sicherheit erlangen wollte für die noch übrigen. Also war es begründet in der Natur der Sache und in den Verhältnissen. Und selbst wenn der Friede zweifelhaft wäre, was er nicht ist: so darf schon nach gemeinen Rechten und nach dem Landfrieden Niemandem das Seinige genommen werden. Und ferner auch selbst, wenn es den protestantischen Fürsten völlig frei stände zu reformiren: so kann dieses Reformiren in Bezug auf die katholische Geistlichkeit doch nicht weiter gehen, als in Betreff eines jeden Anderen. Jeder Andere nämlich, der um der Religion willen ausziehen muß, weil der Landesherr ein anderes Bekenntnis von ihm fordert, hat das Recht vorher seine Güter zu verkaufen. Dieser Satz ist in jedem einzelnen Falle der Einziehung von Kirchengütern entgegen gehalten, jedoch erfolglos. Wie von dieser Seite das Recht der Einzelnen eine Abhülfe fordert: so erwächst die gleiche Forderung aus der Reichsverfassung. Diese beruht auf allen Reichsständen, auf geistlichen und auf weltlichen, und es steht nicht diesen zu, die Zahl jener nach eigenem Gutdünken zu verringern. Darum hat der Kaiser das Recht als Schirmherr der katholischen Kirche und als oberster Richter des Reiches die Herausgabe der entrissenen Kirchengüter zu befehlen. Dieses Recht ist bislang nicht ausgeübt, weil man sich vor den Türken, vor einem Angriffe derselben von außen zu fürchten hatte. Nun da diese Gefahr nicht droht, hat der Kaiser das Recht einzuschreiten, und Niemand wird seinen Anordnungen sich widersetzen.

Johann Georg von Sachsen unterzeichnete nicht dieses Gutachten der katholischen Kurfürsten; aber es ist sehr wichtig, daß er in einem untergeordneten Falle dieser Art zur selben Zeit den formellen Rechtspunkt vollkommen anerkannte. Als der Herzog von Würtemberg sich beklagte, daß ihm ein Kloster genommen werden sollte, entgegnete

---

[1] Man vergl. Häberlins Reichshistorie fortg. v. Senkenberg XXV, 548.

ihm Johann Georg: er könne dem Kaiser die Gerichtsbarkeit in geistlichen Sachen dieser Art nicht nehmen, und der Religionsfriede von Augsburg sei klar. Er wünsche nur, sagte der Kurfürst, daß seine Warnungen besser in Acht genommen seien. Es sei nicht seine Schuld, daß man den katholischen Theil so mächtig in Waffen gebracht habe [1].

Ob Johann Georg bedachte, daß, wenn der Kaiser in dem einzelnen Falle dieses Recht habe, er es folgerichtig auch in allen anderen haben müsse? Johann Georg hat wohl im Jahre 1627 diese Consequenz nicht gezogen. Er für den Besitz seiner bisherigen Kirchengüter war sicher. Im Januar 1628 wählte das Domcapitel von Magdeburg den Sohn Johann Georgs. Von da an änderte sich die Anschauung des Kurfürsten über den Rechtspunkt. Doch dürfen wir nicht vergessen, daß er auch 1626 eine Rückforderung der gesammten Kirchengüter mit einem Schlage als unpolitisch bezeichnet hatte.

Der Kaiser erwog die Forderung der katholischen Kurfürsten. Der Religionspunkt entsprach offenbar seiner Neigung. Aber hatte er als Oberhaupt des Reiches nicht auch andere Rücksichten zu nehmen, als auf die eigene Neigung, selbst da, wo dieselbe zusammentraf mit dem Buchstaben des formellen Rechtes?

Ferdinand II. befragte nicht bloß die Reichsfürsten, sondern auch die Kriegeshäupter. Als das ausführlichste Gutachten ist dasjenige von Collalto bekannt [2]. Er entgegnet, daß seines Erachtens das beabsichtigte Edikt zwar gut sei; aber es stehe der Ausführung desselben das Bedenken entgegen, ob dadurch nicht große Widerwärtigkeiten, ja gar ein Religionskrieg entstehen könne. Denn man wird viele Einreden machen, meint Collalto, und Niemand wird anerkennen, daß die Einziehung von ihm so geschehen sei, wie das Edikt sagt. Wenn man nun aber sofort die Execution vornimmt, wird Jedermann klagen: er sei ohne Urtheil dessen entsetzt, was er vor dem Passauischen Vertrage schon gehabt, und es sei ihm mit Gewalt genommen. In solchem Falle wird er sich darauf berufen, daß er allezeit erbötig gewesen sei, das wieder zu erstatten, was er gegen den Religionsfrieden von Augsburg inne habe. Die Gefahr eines Religionskrieges schwebt vor Augen.

Daß auch Tilly und Wallenstein die Bedenklichkeiten Collaltos erwogen, ersehen wir aus dem Bericht, welchen beide in ihrem Gutachten wegen des Friedens mit Dänemark dem Kaiser über die Stimmung der protestantischen Reichsfürsten einreichten [3]. Wir dürfen nach Wallensteins politischer Stellung der Liga gegenüber annehmen, daß er entschieden gegen die Restitution gewesen sei [4]. Auf der anderen

---

[1] Sattler, Gesch. von Würtemberg. VI, 222.

[2] Khevenhüller, XI, 184.

[3] Adlzreitter, Ann. Boic. G. III, lib. XIV, p. 193.

[4] Daß Wallenstein dagegen, ergibt deutlich sein Brief an den Erzherzog

Zeite glauben wir annehmen zu dürfen, daß Tilly ungeachtet der politischen Bedenken persönlich für die Restitution gesinnt gewesen sei. Auch er freilich sprach schon im Juli 1629 die Besorgnis aus, daß die Gegner damit umgehen einen Religionskrieg zu erregen[1].

Immerhin mochte die Liga in dem subjectiven Rechte ihrer Forderung sich um derartige Bedenken wenig kümmern. Aber indem die Sache dem obersten Richter des Reiches zur Entscheidung vorlag, gewann sie doch ein anderes Ansehen. Es mußten dort noch andere Momente mit in die Wagschale gebracht werden, als bloß der nackte Buchstabe des positiven Rechtes.

Die Aneignung der Kirchengüter, der Stifter, der Abteien, der Klöster durch die weltlichen Fürsten nach dem Passauer Vertrage war offenbar wider den Wortlaut des Religionsfriedens von Augsburg. Aber diese Aneignung war geschehen in einem langen Zeitraume von mehr als siebenzig Jahren, nicht auf einmal, sondern allmählich und durch die Allmählichkeit fast unvermerkt. Die Liga hob hervor, daß sie geschehen sei, weil die Furcht vor den Türken die Kaisergewalt gelähmt. Sie verschwieg, daß in der Zeit, wo die bedeutendsten Aneignungen geschahen, die katholische Kirche auf deutschem Boden zerrüttet war, daß sie noch danieder lag an den furchtbaren Schlägen, die der Protestantismus zu Anfang auf sie geführt. Allerdings hatten die Kaiser gegen die Einziehungen protestirt; aber sie hatten doch auch nicht mehr gethan, um das positive Recht zu schützen. Weil die Aneignung straflos geschehen war, so hatte sich durch die Gewöhnung in den Gemüthern Vieler die Meinung festgesetzt, es dürfe doch also geschehen, es sei doch also recht. Wenigstens viele Unterthanen glaubten so. Im Laufe dieser langen Zeit hatte sich mit dem Besitze dieser ehemaligen Kirchengüter nicht bloß ein fürstliches Interesse verknüpft, sondern eine Reihe anderer Existenzen war damit zusammengewachsen. Der Gedanke, daß dieser Zustand ein unrechtmäßiger sei, wollte den betreffenden Personen nicht mehr zu Sinne. Die Kirchengüter waren, wenn auch, wie unleugbar[2], zu einem äußerst geringen Theile, für gemeinnützige Anstalten der Wissenschaft und der Barmherzigkeit verwendet. Diese liefen Gefahr, wenigstens die Gefahr einer Aenderung.

Damit hing dann innig der Religionspunkt zusammen. Wo ein Fürst, eine Obrigkeit ein Kloster, eine Abtei sich angeeignet, da war fast immer Sorge dafür getragen, die etwa abhängigen Menschen

---

Leopold vom 28. Juni 1630, bei Hurter, zur Geschichte Wallensteins S. 366. (Zu vergleichen sind die Aeußerungen in den Briefen an Collalto, bei Chlumiecky, Regesten I, die in den Gött. Gel. Anz. 1857. S. 837 hervorgehoben sind. G. W.)

[1] Westenrieder, Beiträge VIII, 170.

[2] Gegen diesen Satz, wie gegen manchen andern namentlich der Einleitung, sind vom Standpunkt verschiedener deutscher Territorien aus, z. B. Würtembergs, die erheblichsten Einwendungen zu machen. D. Red.

dem neuen Glaubensbekenntnisse zuzuführen. Es ist die übliche An= nahme, daß die Aufforderung dazu von Anfang an bereitwillige Folge gefunden. Wir lassen diese Annahme auf sich beruhen; aber gewis und unzweifelhaft war es, daß die Gewöhnung eines oder mehrer Menschenalter in den neu herangewachsenen Geschlechtern die Ange= hörigen der Stifter und Abteien fest mit den protestantischen Kirchen= einrichtungen verbunden hatte, daß um dieser Gewöhnung willen nach der üblichen Weise der Menschen diese Anhänglichkeit als eine Ueber= zeugung erschien.

Diese lange Gewöhnung, dieser lange Besitz sollte nun mit ei= nem Streiche durchhauen werden. Das Edict, welches die Liga nach dem Buchstaben des positiven Rechtes von dem Kaiser forderte, sollte so viele Dinge und Verhältnisse, welche in siebenzig Jahren langsam und allmählich geworden waren, mit einem Streiche aufheben. Nicht bloß sollte das Edict dies in einer langen Frist Gewordene unbe= rechtigt und ungesetzlich nennen: es sollte beginnen mit der Execution.

Durfte eine solche Anschauung, die dem Parteistandpunkte der Liga angemessen war, auch diejenige des obersten Richters sein?

Und fragen wir weiter: wen denn traf die angedrohte Maßregel, welche die Liga von dem Kaiser forderte? Sie traf die gesammte lutherische Partei. Und doch, wenn wir absehen von den fehdelustigen Abenteurern aus fürstlichem Stamme, ferner von den schwachköpfigen Herzögen in Niedersachsen, welche der Dänenkönig für sein Interesse und zu ihrem Schaden bethört: so hatte die lutherische Partei im Ganzen und Großen nicht feindselig gegen Kaiser und Reich, sondern für dasselbe gestanden. Von einem National=, einem Volkskriege ge= gen den Kaiser kann nicht die Rede sein. Die Heere bestanden aus Söldnern, und nur aus Söldnern. Selbst im dänisch=niedersächsischen Kriege von 1625—1629 hatte sich der Dänenkönig von den geistes= schwachen Fürsten, die sich ihm anschlossen, die alleinige Werbung und Leitung übertragen lassen. Es geschah mit gutem Grunde; denn die ständischen Corporationen in den Ländern jener Fürsten weigerten denselben jede freiwillige Beihülfe, und forderten vielmehr die Unter= werfung unter den Kaiser. Das gesammte Lutherthum stand im Wesentlichen auf dem Standpunkte Johann Georgs. Und selbst in den Söldnerheeren, welche für den Kaiser und die Liga fochten, waren nicht weniger Protestanten als Katholiken. Wallenstein scheint sogar die Protestanten für die oberen Offizierstellen vorgezogen zu haben.

Auf diese ganze lutherische Partei im Reiche sollte nun der Kaiser durch ein solches Edikt einen Streich führen, der nicht bloß die Häupter, sondern auch viele Unterthanen tief und schmerzlich ver= letzte? Durfte man ihm einen solchen politischen Fehler zumuthen?

Und höher noch schwoll dieser politische Fehler, den man dem Kaiser zumuthete, an durch die Verkennung der Richtung der Zeit. Es war einer der wesentlichen Grundzüge der Zeit der Reformations= bewegung, die kirchlichen Gewalten aller weltlichen Macht und aller weltlichen Hoheitsrechte zu entkleiden. In der Zeit des Mittelalters hatte für die Entwickelung der Culturformen der deutschen Nation diese Vereinigung kirchlicher und weltlicher Macht sichtbarlich segens= reich gewirkt. Nirgends in Europa war eine solche Fülle weltlicher Macht geistlichen Händen anvertraut, wie im deutschen Reiche. Nir= gends in Europa, mit Ausnahme von Italien, hatte sich die allge= meine Cultur zu einer solchen Höhe entwickelt wie in Deutschland. Unter dem Schatten des Krummstabes waren die Städte empor gewach= sen, bis sie reif waren zu selbständigem Leben. Deutschland vor al= len anderen Ländern war reich, blühend, gewerbfleißig durch seine Städte; aber die meisten dieser Städte waren in ihrem Ursprunge bischöfliche. Diese Zeit war mit der Reformation dahin. Neue Gestaltungen in Staat und Kirche hoben sich empor, zersprengten die alten Formen, und bestrebten sich zunächst die Kirche zurückzudrängen auf das ihr eigene Gebiet, auf die Sorge für den inneren Menschen. Der Erfolg der Jahrhunderte seitdem hat gelehrt, daß dieses Stre= ben nicht ein unberechtigtes war, ja man dürfte sogar nach der Voll= endung dieses Prozesses sagen, daß die katholische Kirche da wo sie sich behauptet hat, durch den Verzicht ihrer Bischöfe auf weltliche Macht an innerer Intensität in unserer Zeit gegen jene frühere nicht verloren habe. Auch damals lehrte der Entwickelungsgang vieler Län= der Europas, daß dieses Drängen, diese andere Stufe der Entwicke= lung, mochten auch die Urheber und Förderer derselben moralisch noch so verwerflich sein, durch den Erfolg ein gewisses Recht für sich hat= te. Der Entwickelungsgang der nördlichen Länder Europas deutete schon damals zur Genüge an, daß mit der Zeit alle weltliche Herr= schaft geistlicher Fürsten fallen müsse, und zwar fallen müsse zu Gunsten des Königthumes. Das positive Recht der Jahrhunderte sprach für die Erhaltung derselben. Aber war es klug, war es dem Gange der Geschichte angemessen, das positive Recht, welches frühere Culturzustände mit sich gebracht, welches unter denselben eine Wohl= that für die Menschheit gewesen war, nicht bloß erhalten, sondern auch dasjenige davon, was schon der neuen Anschauung zum Opfer gefallen war, noch wieder herstellen zu wollen? Die Herstellung ver= gangener Culturzustände ist noch nie gelungen.

Der deutsche Kaiser hätte unzweifelhaft im Interesse der Nation ein anderes Recht gehabt. Die Kaiser, seine Vorgänger, hatten die Reichslehen an geistliche Fürsten vergabt, um an diesen ein Gegenge= wicht zu haben wider die weltlichen Fürsten. Also lag es im In= teresse der kaiserlichen Macht, im Interesse der Einheit der Nation. Nun waren in den säcularisirten Stiftern die Grundbedingungen ge= fallen, unter welchen sie ehemals geistliche Wahlfürsten gehabt hatten. Sie waren nicht mehr katholisch. Wenn mithin die weltliche Macht geistlicher Fürsten zur Stütze des Kaiserthumes sich dort nicht mehr erhalten, oder vielmehr nicht wieder aufbauen ließ: so gebührten im Interesse der kaiserlichen Macht und der Nation die bereits erledigten geistlichen Reichslehen nicht den Territorialherren, den weltlichen Für= sten, sondern sie mußten dem Kaiser und dem Reiche zufallen. Eine

solche Forderung von Seiten des Kaisers mit Zusicherung des Zustandes der Religion hätte das nationale Interesse verbunden mit
demjenigen des Kaisers. Wallenstein hat, wenigstens für Magdeburg
und Halberstadt, diesen Gedanken dem Kaiser nahe gelegt[1].

Im Februar 1628 wurde dem Fürstbischof Franz Wilhelm von
Osnabrück aus Prag gemeldet: es gingen dort bei etlichen die Dis-
curse, daß Magdeburg, Halberstadt, Bremen und Verden dem Sohne
des Kaisers gar gelegen wären. Mit Kurköln würde sich handeln
lassen, daß auch Hildesheim dazu käme. „Also“, fügt der Berichterstatter hinzu, „was der Dänenkönig gewollt, soll nun der Kaiser
thun? Aber es sind Gespräche“.

Dachte man aus diesen Stiftern ein weltliches Fürstenthum zu
machen? Die Liga hätte das nie geduldet.

Wenn auch Ferdinand II. solche Pläne gehegt hätte, er konnte
sie nicht ausführen gegenüber der Liga, die 11 lange Jahre für ihn
gekämpft. Er hatte wie sie versprochen, den Religionsfrieden von
Augsburg zu halten nach dem Buchstaben. Eben an diesen Buchstaben mahnte sie ihn. Es war die Zeit gekommen seine Verpflichtungen zu erfüllen. Er erfüllte sie, indem er, der Oberstrichter des
Reiches, die Anschauungen der Partei zu den seinigen machte. Um
so eher mochte er dazu sich neigen, sein wahres politisches Interesse
als Oberhaupt dem Parteistandpunkte zu opfern, da doch auch die
kirchlichen Wünsche und Bestrebungen, die von diesem Standpunkte
aus emporsproßten, der eigenen Sinnesrichtung des Kaisers entsprachen. Oder vielmehr, er glaubte in Wahrheit beide Zwecke zugleich
zu erreichen, indem er eine möglichst große Zahl der geistlichen Herr-
schaften, die er zurückforderte, auf seinen eigenen Sohn zu übertragen
hoffte. Die ehemaligen Bisthümer sollten wieder katholisch und zugleich an das kaiserliche Haus gekettet werden.

Durfte Ferdinand II. hoffen, daß die Liga, daß die protestantischen Reichsfürsten ihn damit durchdringen lassen würden?

Am 6. März 1629 erließ der Kaiser das bekannte Restitutions-Edikt.

Es klingt wie Ironie, daß der Kaiser in demselben sagt: er
wolle dadurch das Reich zur Ruhe bringen und aller ungleichen Auslegung des Religionsfriedens in Zukunft vorkommen. Konnte Ruhe
der Erfolg einer solchen Maßregel sein?

Dennoch muß anerkannt werden, daß der Kaiser mit Wissen
und Willen nicht über die Marken des Religionsfriedens von Augsburg hinausschritt. In denselben Tagen, als schon das Restitutions-
Edikt zur Verkündigung fertig vorlag, reichte die fränkische Ritterschaft eine Klage ein, daß der Bischof von Würzburg sie wider den
Religionsfrieden bedränge. Der Kaiser fand die Klage gegründet.

---

[1] Mailáth, Gesch. von Oestreich III, 170. Bestimmter noch in Chlu-
meisky, Regesten der Mähr. Archive. Briefe Wallensteins, p. 94. Nr. CLXIII.

[2] Domcapitel-Archiv in Osnabrück.

Er gebot dem Bischofe die fränkische Ritterschaft bei der Confession von Augsburg ungehindert zu belassen [1].

Auch lag die Gefahr, die aus dem Restitutions-Edikte erwachsen konnte, doch nicht so unmittelbar vor. Von den Fürsten des Reiches hatte sich zu widersetzen keiner die Kraft. Sie waren damals sämmtlich wehrlos. Zwar hatte eine lange Erfahrung gelehrt, daß es in solchen Fällen der Brauch deutscher Fürsten sei sich einen Rückhalt an auswärtigen Mächten zu schaffen; aber auch diese Gefahr schien damals fern zu liegen. Der Däne war besiegt und freute sich Frieden zu erhalten. Der Schwede, den wahrlich weder der Kaiser noch Tilly jemals unterschätzt haben, wenn auch Wallenstein seine Besorgnis vor ihm hinter hochfahrenden Soldatenreden verbarg, war in Polen beschäftigt. Das Werk schien gelingen zu müssen. Aber eben die Ausführung selbst ließ um so mehr die Sache als ein Unrecht erscheinen. Indem die Commissarien zugleich Executoren waren, stellten sie sich dem Auge der Betheiligten dar als Kläger und Richter in einer Person. Die Heerführer hatten den Auftrag im Falle der Noth durch die Waffen Nachdruck zu geben.

Am eifrigsten verfuhr man in Niedersachsen. Von dort her heben wir, nicht zu einer vollständigen Geschichte, sondern zur Veranschaulichung des Vorganges, einzelne Momente hervor. Franz Wilhelm, Bischof von Osnabrück, war dort Executor.

Franz Wilhelm aus dem Geschlechte der Grafen von Wartenberg ist eine der wirksamsten, wenn auch wenig bekannten Persönlichkeiten jener Zeit, sowohl während des Krieges, als auch nachher bei dem Friedensschlusse. Sein Bild in der rothen Cardinalskleidung auf dem Rathhause zu Osnabrück zeigt die scharfen strengen Züge, wie sie sich in einem Leben voll rastloser Thätigkeit, endloser Streites, wechselnder Glücksfälle, und unter allen Umständen zäher und energischer Festhaltung der Lebensprinzipien ausbildeten. Wir möchten sagen, daß in Franz Wilhelm die Partei gipfelt, welche den Buchstaben des Religionsfriedens von Augsburg für die katholische Kirche folgerecht bis in die Spitzen anwendet. Das hatten namentlich die Osnabrücker zu erfahren. Es ist von Interesse zu sehen, wie Franz Wilhelm dort geraume Zeit vor dem Restitutions-Edikte seine Thätigkeit entwickelt und sich vorbereitet auf die Laufbahn, welche dieses ihm anzuweisen schien.

Der Dom und das Collegiatstift St. Johann in Osnabrück waren katholisch geblieben, im Uebrigen war die Stadt schon 1542 durch Begünstigung des damaligen Bischofes Franz aus dem Geschlechte von Waldeck protestantisch geworden. Die Scheidung indessen war nicht scharf. Es gab in beiden Capiteln protestantische Dom- und Stiftsherren; denn die Ritterschaft des Fürstenthumes war bis auf wenige Familien protestantisch [2]. Das Verhältnis war nicht

---

[1] Khevenhiller XI, 476.
[2] Domcapitel-Archiv in Osnabrück.

7*

unfriedlich, wie ja überhaupt von einer Erbitterung des einzelnen Katholiken gegen den einzelnen Protestanten sowohl vor dem Kriege, als auch während desselben kaum geredet werden darf. Erst das Vordringen der dänischen Truppen unter der Leitung des Weimarer Herzogs Johann Ernst im März 1626 warf einen bleibenden Zunder der Zwietracht in die Stadt. Es war ja eben das der Kunstgriff des Dänenkönigs, für die Zwecke seiner Eroberung den Religionskrieg zu proklamiren. Bis dahin hatte sich ihm keine Möglichkeit geboten dies Wort auch nur von fern zu bewahrheiten. Die Länder Niedersachsens, in denen er stand, waren protestantisch. Von einem Religionsdrucke wußten sie nichts. Höchstens durfte man sagen, daß Christian IV. dort gegen die Möglichkeit eines künftigen Religionskrieges die Waffen trage. Etwas anders lag die Sache auf westfälischem Boden. Das Fürstenthum Osnabrück war unter den deutschen Gegenden, welche dem Dänenkönige offen lagen, vielleicht die einzige, wo das Wort vom Religionskriege einmal einen Schein der Wahrheit haben konnte, die einzige Gegend nämlich, wo sich katholische Pfarrgeistliche in Wirksamkeit befanden. So war es in der bischöflichen Stadt Fürstenau. Der dänische Anführer jagte sie fort, und setzte einen protestantischen Prediger ein. Man wollte nun einmal die schlummernde Leidenschaft dieser Art wecken. Auch mislang dies Streben nicht völlig, selbst nicht in Osnabrück. Nicht als ob der Rath in Abwesenheit des Bischofes die fremden Truppen willkommen geheißen hätte. Die Thore waren geschlossen: man wechselte einige Kugeln. Aber dann ereignete sich ein seltsamer Vorgang. Es ward ein Stillstand gemacht. Johann Ernst schickte einen Rittmeister in die Stadt mit der Aufforderung an den Propst und den Dechanten des Capitels zu ihm hinauszukommen. Die Prälaten, Liaukema und Morrien, folgten in kopfloser Verwirrung dieser Ladung. Johann Ernst empfing sie mit Lachen über ihre Thorheit. Er stellte ihnen die Forderung der Wahl des dänischen Prinzen Friedrich zum Coadjutor. Das Heer des Herzogs lagerte auf dem Gertrudenberge, der von Nordosten aus die Stadt beherrscht. Dort stellte man die Prälaten auf die Batterie und feuerte vor ihren Augen und Ohren über die Stadt hin. Den alten Männern ward bang. Es galt die Coadjutorwahl. Wo nicht, so drohte Johann Ernst mit nachdrücklicher Beschießung der Stadt. In diesem Falle hatte das Domcapitel den Zorn des Volkes zu fürchten. Die Ritterschaft war für die Wahl; denn Johann Ernst drohte im anderen Falle die Brandfackel durch das Stift leuchten zu lassen. Der Rath sprach für die Wahl aus denselben guten Gründen. Das Domcapitel protestirte im Stillen, daß es nur der Gewalt sich füge, und schritt zur Wahl. Sie geschah mit Verletzung aller Formen. Die Stadt zahlte dann eine bedeutende Geldsumme, und Johann Ernst war befriedigt. Als die kaiserlichen Truppen näher zur Hülfe herandrängten, zog er ab.

[1] a. a. O.

Wie zu erwarten, cassirte der Kaiser die formlose Wahl. Der Spruch war allen drei Ständen recht: dem Domcapitel, der Ritterschaft, dem Rathe der Stadt. Dennoch keimte der Zwist. Die beiden Prälaten behaupteten, daß das Benehmen des Rathes gegen sie bei der Anwesenheit der Dänen nicht sehr verschieden gewesen sei von einer Auslieferung. Dies fand Glauben sowohl bei dem Bischofe, als wie es scheint, auch bei dem Kaiser. Der Rath hielt es für nöthig mehr als einmal seine Ergebenheit zu betheuern. „Wir haben“, sagt er [1], „sowohl während der langen Unruhen in den Niederlanden, als seit der Empörung im heiligen Reiche in Folge der böhmischen Rebellion nach äußersten Kräften uns bemüht im allergetreuesten Gehorsam gegen E. K. M. und das Reich zu verharren“. Sie erneuern oftmals diese Betheuerungen der Treue und Ergebenheit. Sie wenden sich an Johann Georg von Sachsen um seine Fürbitte. Der Kurfürst stellte auf dem Tage zu Mühlhausen 1627 der Stadt das Zeugnis aus, daß sie in ihrer Treue gegen Kaiser und Reich niemals gewankt. Er bat darum sie nicht mit Kriegsvolk zu belegen [2].

Hier tritt der Kern der Sache hervor. Franz Wilhelm hatte der Stadt eine Garnison ligistischer Truppen zugedacht, und zugleich den Bau einer Citadelle, welche die Stadt beherrschte. Der Kaiser war damit einverstanden. Am 27. Decbr. 1627 erging Tillys Aufforderung an die Stadt zur Aufnahme eines Regimentes zu Fuß. Von einer Drohung, einer Strafe ist in diesem Briefe keine Spur. Aber die Bürger wußten zu wohl, was im Sinne des Bischofs die Einlagerung bedeute. Sie wandten sich bittend hierhin, dorthin. Tilly mahnt sie an ihren schuldigen Gehorsam gegen Kaiser und Reich. Die Befehle des Kaisers lagen vor. Es war nichts zu erlangen als die Verminderung von den zehn Fähnlein eines Regimentes auf sechs, also von 3000 auf 1800 Mann. Am 19. Januar 1628 zogen die Truppen ein. Still und geräuschlos nahm die Bürgerschaft sie auf.

Sofort nach dem Einzuge der Truppen kündigte Franz Wilhelm von seinem Schlosse Iburg aus der Bürgerschaft an, daß er in die Stadt kommen werde, um dort die Huldigung zu empfangen. Damit verband er die Meldung, daß er als Landesfürst und Bischof nach Recht und Pflicht die Pfarrkirchen der Stadt reformiren werde [3]. Der Kaiser bestätigte dies. Er erwiederte dem Rathe von Osnabrück: die Stadt habe Franz Wilhelm anzusehen als ihren rechten

---

[1] Schreiben vom 7. April 1627 im Rathsarchive zu Osnabrück.
[2] Domcapitel= und Raths=Archiv in Osnabrück.
[3] a. a. O. F. W. bringt seine Anschauung in folgende Worte zusammen: J. Fürstl. G. sind tragenden bischöfflichen, auch landesfürstlichen Ambtes undt Gewissens halben nicht allein schuldig, sondern auch nach Anleitung des Rechts befugt solche Kirchen zu restituiren, auch sonst dasjenige aller maßen in diesem Falle zu statuiren, zu verhängen und anzuordenen, was einem Fürsten des Reiches bey seinen Unterthanen zu thun verstattet und zugelassen ist.

Herrn in allen geiftlichen und weltlichen Dingen. Sie habe ihm in allen billigen Sachen fortan Gehorfam zu leiften, fie habe in Kraft der gebührlichen Pflichten ihm bei feinem nothwendigen Reformations= wefen fich zu accommodiren und Folge zu leiften. „Als lieb es euch ift unfer und des heil. Reiches fchwere Ungnade zu vermeiden". Ac= commodiren war fortan das Schlagwort.

Man fieht, wie fcharf und fchneidig da die Gegenfätze auf ein= ander trafen. Auf der einen Seite ein Fürft, bei welchem zu der Ueberzeugung von der Wahrheit der eigenen Sache fich die fubjective Anfchauung feiner Pflicht und zugleich die äußere Macht zur Durch= führung derfelben gefellt, auf der anderen Seite die Bürger, deren menfchliches, natürliches Rechtsgefühl fich erheben muß gegen folchen Zwang.

Um die Mitte März 1628 ritt der Bifchof mit glänzendem Gefolge von Prälaten, Domherren, Rittern in feine Stadt ein. Der Zug ging nach dem Dome, wo das Hochamt gehalten ward. Am folgenden Tage ward die Ritterfchaft zur Huldigung berufen. Auf die Reden derfelben, daß zuerft ihnen die Freiheit der Religion zuge= fichert werden müffe, ward ihnen die Antwort: es handele fich hier nicht um die Religion, fondern um den Eid der Treue und den fchul= digen Gehorfam gegen den Fürften. Man möge fernerhin der Reli= gion nicht mehr Erwähnung thun. Eine Weile noch berieth die Rit= terfchaft. Dann leiftete fie den Eid, wie er gefordert ward. Der Rath folgte dem Beifpiele. Allein man bedurfte weiterer Verfiche= rung. Am dritten Tage ward die ganze Bürgerfchaft auf den Dom= hof befchieden. Dort las man ihr den kaiferlichen Befehl vor zum Gehorfam gegen den Fürftbifchof in geiftlichen und weltlichen Din= gen, und gebot einem Jeden einzeln den Eid zu leiften. Abermals erwiederten Einige, daß fie es thun wollten mit Ausnahme der Re= ligion. Auch dies Mal ward die Einrede abgewiefen. Die Bürger folgten einzeln dem Beifpiele der Ritterfchaft und des Rathes. Der Weg war gebahnt.

Das Feft der Verkündigung Mariä ftand bevor. Franz Wil= helm kam abermals in die Stadt, und es galt nun die Rückgabe der Pfarrkirchen für den katholifchen Cultus. Unfern vom Dome hebt fich aus der Blüthenzeit der reinen gothifchen Kunft die herrliche Marienkirche empor. Sie war proteftantifch. Franz Wilhelm be= trat diefelbe mit feinem Gefolge. Der Weihbifchof von Paderborn verrichtete den Gottesdienft nach katholifcher Weife zum erften Male wieder feit 80 Jahren. Ein Jefuit beftieg die Kanzel und predigte. Die Feier dauerte bis 1 Uhr Nachmittags, und fchon um 3 Uhr folgte eine andere. Vom Dome aus zog unter dem Geläute aller Glocken, den Klängen der Mufik eine ftattliche Prozeffion nach der neu erlangten Kirche. Geiftliche und Mönche waren hinzugeftrömt in reicher Zahl. Das Volk umdrängte ftaunend diefes völlig fremde

---

[1] Ausführliche Relation im Domcapitel=Archiv zu Osnabrück.

Schauspiel. Am folgenden Sonntage wiederholte sich dasselbe für die protestantische Kirche St. Catharinen.

Auf dem Lande hatte Franz Wilhelm schon nachdrücklicher reformirt. Er berief damals die Geistlichen zu einer Synode, und sprach der zahlreichen Versammlung seinen festen Entschluß aus auf diesem Wege des Reformirens zu beharren. Die Schule des Rathes ward geschlossen.

Es ist von Interesse den Bischof Franz Wilhelm über diese Dinge selber zu hören, wie er den Fortgang derselben dem päbstlichen Nuntius berichtet [1].

„Nach der Synode", sagt Franz Wilhelm, „habe ich eine Rundreise durch das Stift angetreten. In Fürstenau fand ich einen lutherischen Pastor, den der Däne nach Verjagung des katholischen Geistlichen dort eingesetzt. Ich habe ihn ausgewiesen und einen Priester wieder eingeführt. Alsdann ging ich nach Quakenbrück, wo ich nur einen katholischen Bürger fand. Dort ist ein Collegiatstift mit 12 Pfründnern und 8 Vicarien. Nur 6 dieser Pfründner waren protestantisch. Geweiht waren sie alle, aber sie lebten auch sämmtlich im Concubinat mit vielen Kindern, und von der katholischen Religion war überhaupt kaum eine Spur. Bis auf drei, welche sich mit dem Leben der Anderen nicht befaßt, habe ich sie sämmtlich für Privatleute erklärt und aus meinem Territorium verwiesen. Dagegen habe ich zwei Väter der Gesellschaft Jesu dahin geschickt, welche nach ihrer Weise sich rastlos bemühen. Dann bin ich nach Osnabrück zurückgekehrt, und habe den fünf Predigern geboten vor Ostern die Stadt und mein Gebiet zu räumen. Also ist es geschehen".

„Die Väter der Gesellschaft Jesu, die Franziskaner, die Dominikaner arbeiteten eifrig an der Bekehrung der Bürger. Bislang sind acht übergetreten, unter ihnen ein Schullehrer, dessen Beispiel Folgen haben wird. Mehre Uebertritte werden erwartet".

„Am Freitage habe ich eine feierliche Prozession zu den sieben [2] hauptsächlichen Kirchen der Stadt angestellt. Es gingen mit der gesammte Clerus, sehr viele Laien, und einige Soldaten. Abermals habe ich dann eine Prozession gehalten von der St. Johanniskirche auf der Neustadt nach St. Catharinen. Sicherlich waren wohl tausend Katholiken dabei. Es ist ihnen Alles neu; denn seit 80 Jahren hat eine Prozession nicht mehr statt gefunden, ja vor 6 Jahren hätte kein Geistlicher gewagt in Chorkleidung über die Straßen zu gehen".

„Eins jedoch ist, was mich quält und den Fortschritt verzögert:

---

[1] Briefe F. W's. an Pier Luigi im Domcapitel-Archiv zu Osnabrück. Man wolle in Betreff des Ganzen die protestantische Auffassung vergleichen in C. B. Stüves Geschichte der Stadt Osnabrück, 3ter Band.

[2] Osnabrück hat jetzt nach dem Normalstande von 1624 zwei katholische, zwei protestantische Pfarrkirchen, und dazu eine katholische Capelle zunächst für das Gymnasium.

der Mangel an Geistlichen, namentlich zum Pfarrdienste. Ich kann immerhin Ketzer, Schismatiker, Concubinarier, überhaupt solche Menschen von ärgerlichem Lebenswandel entfernen: ich habe keine an ihre Stelle zu setzen. Da die Mittel für ein Seminar nicht da sind, wenigstens nicht zur Zeit, so habe ich beschlossen, binnen den nächsten 14 Tagen ein Alumnat für 24 Personen auf meine eigene Kosten zu errichten, bis Gott andere Mittel gewährt. Und da der ganze zahlreiche Adel bis auf vier oder fünf Personen akatholisch ist: so werde ich auch ein Seminar für 12 Edelleute anlegen, so wie ein Convict von Studiosen, beide unter Obhut der Väter der Gesellschaft Jesu. Dies ist das beste Mittel zur baldigen Bekehrung. Die Reformation der Schulen in der Stadt und auf dem Lande erfordert viele Mühe, Fleiß und Sorge, da ich katholische Lehrer genügend nicht erhalten kann. Wenigstens jedoch will ich versuchen die raubenden Wölfe hinauszutreiben, im Uebrigen wirke ich nach meinem Vermögen".

Also der Bischof Franz Wilhelm einige Wochen nach seinem Anfange.

Der Rath der Stadt wußte nicht, wie er dabei sich verhalten sollte. Er schrieb klagend und bittend an Johann Georg von Sachsen, an Christian von Lüneburg. Er sagt diesen Fürsten geradezu: er wisse sich in dem Punkte der Religion nicht zu rathen, viel weniger zu retten und zu trösten. Wußten es diese Fürsten? Christian bat am 21. April bei dem Kaiser, daß die Bürger gegen Bezeigung ihres schuldigen Gehorsams in der Stadt verbleiben, ihr Glaubensbekenntnis frei behalten, in ihren Häusern für sich die evangelischen Bücher lesen, und wider ihr Gewissen von der Religion der im heil. Reiche zugelassenen Confession von Augsburg nicht abgenöthigt werden möchten[1]. Eine solche Fürbitte in solcher Form enthielt mittelbar die Anerkennung des Buchstabens, nach welchem Franz Wilhelm verfuhr. Johann Georg ging weiter. Er bat den Kaiser der Stadt die beiden Pfarrkirchen zurückzugeben. Es fruchtete nicht viel. Wo eine solche Verwendung und Fürbitte zu hoffen stand, da bemühte sich der Rath, bei katholischen Fürsten, wie bei protestantischen. An allen deutschen Fürstenhöfen erörterte man im Sommer des Jahres 1628 die Sache der Stadt Osnabrück. Unterdessen schritt die Reformation weiter vor. Es liegt nahe, daß ein wirksames Mittel zur Förderung derselben die Anwesenheit der Truppen war. Freilich deuten die Worte Franz Wilhelms nicht immer einen großen katholischen Eifer dieser Söldner an. Allein Franz Wilhelm beschwerte das gefügige Landvolk nicht mit solcher Einquartierung. Es mußte der Gedanke aufsteigen und zur Erörterung kommen, daß man bei Willfährigkeit in der Religionsfache der Soldaten ledig werden könne.

Denn diese Last war schwer. Man kennt die ungeheuren Ansprüche der Söldner jener Zeit selbst da, wo sie gute Disziplin hiel-

---

[1] Domcapitel-Archiv.

ten, ihren Troß von Weibern und Kindern. Nicht bloß die 1800
Soldaten fielen der Stadt zur Last, sondern alle jene mit. Zwar
war die Sache geregelt. Die Soldaten erhielten von ihren Wirthen
nur Obdach: ihre Lebensbedürfnisse mußten sie sich selber kaufen.
Aber der Sold ward aufgebracht durch die Contribution der Bürger,
16000 Thlr. monatlich. Die Stadt war verarmt. Ein gewaltiger
Brand hatte vierzehn Jahre zuvor einen bedeutenden Theil der Stadt
in Asche gelegt. Der Rath schätzte diesen Verlust und die Contri=
butionen für den Krieg bis zur Mitte des Sommers 1628 auf mehr
als die Hälfte des gesammten Vermögens der Bürger. Auffallend
allerdings klingt es, daß dieses nach eidlicher Schätzung des Jahres
1623 nur etwa eine Million Thaler betragen haben solle. Also be=
richtet der Rath an Tilly[1].

Denn nur bei diesem Feldherrn durften die Bürger hoffen eine
Milderung zu finden. Der Landesfürst selber drückte sie. Der
Kaiser schien den Druck zu genehmigen. Das Fürwort anderer Für=
sten war machtlos. Also wenden sich die Bürger an Tillys, wie
sie sagen, in aller Welt berühmte Clemenz und Güte, daß er auch
ihnen dieselbe erweise und sie befreie von dieser unerträglichen Last.
Tilly vernahm diese Klagen mit geneigtem Ohre. Er gab dem
Obersten Albers, der in der Stadt den Befehl führte, die Weisung,
wegen der Zahlungen nicht zu drängen, keine Thätlichkeiten auszu=
üben, noch ungeziemende Prozeduren anzustellen, sondern im Falle der
Verzögerung Geduld zu haben[2].

Sobald der Rath erkannte, daß bei Tilly etwas auszurichten
sei, entfaltet er dahin eine große Thätigkeit. Es geht eine Deputa=
tion zu ihm nach Stade. Tilly hört sie an und macht ihr Hoff=
nung, daß er seinerseits etwas thun wolle. Er durfte immerhin so
reden; denn der Kaiser hatte auf die flehenden Klagen des Rathes
von Osnabrück im Mai zu Tilly anheim gestellt in der Sache nach
seinem Ermessen zu verfahren. Auf der anderen Seite hatte die
Sache ihre große Schwierigkeit. Franz Wilhelm war als Fürst der
Liga einer der Kriegsherren Tillys, und es ist oft merkwürdig zu
sehen, wie der General auch da, wo alles allein von ihm ab=
hängt, sich so auszudrücken pflegt, als sei er immer nur der Diener.
Hier jedoch handelte es sich nicht um eine strategische Maßregel, die
nur Tilly zu beurtheilen gehabt hätte, sondern um eine Sache, bei
welcher Franz Wilhelm auf keinen Fall sein Urtheil demjenigen Til=
lys unterordnete. Man muß die unendlichen Schwierigkeiten dieser
Stellung Tillys erwägen, um zu begreifen, warum er bei seiner
Willfährigkeit auf die Klagen der Stadt einzugehen, dennoch nicht
gleich durchgriff. Im Juni schrieb er nachdrücklich an den Bischof:
die Last der Garnison falle der Stadt allein zu tragen zu schwer.
Es sei unmöglich dies fortdauern zu lassen. Er bat den Bischof

[1] Domcapitel=Archiv, desgl. Raths=Archiv.
[2] Raths=Archiv in Osnabrück.

die Garnison zu verringern, damit die Stadt unter der Last nicht
gar vergehe. Er wirft die Andeutung hin, daß es doch zunächst die
Pflicht des Landesherrn sei für die eigene Stadt zu sorgen[1].

Die Absicht Tillys ist klar. Er will, daß nicht bloß die Stadt,
sondern das gesammte Fürstenthum die Last mittrage. Aber das
Land war gefügig, nur die Stadt sperrte sich und sollte gefügig werden. Franz Wilhelm war in München. Er mag dort das Schreiben Tillys vom 26. Juni sehr spät erhalten haben. Eben so lang
verschob er die Antwort. Er gab dieselbe am 20. August ablehnend.
Am selben Tage, wo er dies niederschrieb, traf Tilly andere Schritte
an Ort und Stelle.

Denn die Bürger erneuerten unablässig ihre Bitte an ihn. Sie
berufen sich darauf, daß er ja selbst gegen ihre Abgeordneten aus
christlicher hochrühmlicher Condolenz in gnädiger Betrachtung ihres
kündlichen Unvermögens sich ausgesprochen. Tilly war im Juli
1628 auf dem Versammelungstage der Liga. Am 20. Juli 1628
erwiedert er von Mainz aus: er finde das Ansuchen der Stadt ein
billig mäßiges. Der Agent der Stadt meldet einige Tage darauf:
daß die Garnison noch bislang nicht verringert sei, müsse an einer
lauteren Unmöglichkeit sich stoßen. So viel könne er sagen, daß der
General wegen der Quartiere von allen Seiten so behelligt werde,
wie nie zuvor. Man weiß, wie damals gerade Wallenstein mit seinem Heere dasjenige der Liga planmäßig überall zurückdrängte.

Die Lage der Dinge in Osnabrück ward unterdessen schlimmer
von Tag zu Tag. Die Contribution war nicht mehr aufzubringen.
Die Soldaten wurden unruhig. Sie tumultuirten. Da erfuhr man,
daß Tilly im August unfern von Osnabrück durch Minden kommen
werde, um sich nach seinen Standquartieren zwischen Unterweser und
Elbe zu begeben. Der günstige Zeitpunkt mußte wahrgenommen
werden. In Minden traten Abgeordnete des Rathes von Osnabrück
vor Tilly, beriefen sich auf die bewiesene Treue der Stadt gegen Kaiser und Reich und sprachen abermals ihr Vertrauen aus auf die in
aller Welt bekannte hochrühmliche Milde und Güte des Feldherrn.
Tilly entschloß sich schnell. Er wendete mit seinem Gefolge links ab
und erschien am Abend des 19. August vor Osnabrück. Domcapitel, Kanzler und Räthe staunten sehr. Einen solchen Gast hatten sie
nicht erwartet, noch weniger gehofft. Er ist uns ganz unvermuthlich
gekommen, melden sie an den Bischof. Aber freilich, er war nun
einmal da, und seine Stimmung war nicht zu verkennen. Er sei
gekommen, erwiederte er den begrüßenden Domherren, um die neuen
Anlagen zur Befestigung zu besichtigen[2].

---

[1] Damit die Stadt, daran E. F. G. als Landesfürsten zuvörderst viel
gelegen, noch ferner in esse und conservation erhalten werde. Also der
Schluß von Tillys Briefe im ehem. Domcapitel-Archiv.

[2] Bericht von Kanzler und Räthen an F. W. im Domcapitel Archive,
eben so das Folgende. Fortan ist, wo nicht eine andere Quelle erwähnt wird,
alles nur aus diesem Archive geschöpft.

Daß er noch andere Dinge vorhabe, konnte nicht ein Geheimniß sein. Die Herren vom Capitel hatten den Vortheil des ersten Wortes und benützten denselben. Sie erschienen früh am andern Morgen und legten die Sache dar. Sie zweifelten nicht, seine Excellenz werde von der Stadt mit Klagen und Beschwerden vielfältig bereits angelaufen sein, werde auch nun bei dieser Anwesenheit damit behelligt werden. Aber sie hofften, das Stift werde nicht beschwert werden. Tilly entgegnete: die Geistlichen möchten ihrer Pflicht gemäß handeln, die Stadt solle gebührenden Gehorsam leisten; aber Land und Stadt müssen gemeinsame Last tragen, damit nicht diese vergehe. Jene wichen aus. Sie hätten keinen Auftrag. Tilly überreichte ihnen die Beschwerden der Bürger mit der Weisung nachzudenken, wie man die Stadt erleichtere. Abermals entgegneten Kanzler und Räthe: sie hätten dazu keinen Auftrag. Doch ließen auch sie sich den Ausdruck entschlüpfen, daß allerdings die Last unerträglich sei.

Seinem Vorhaben gemäß ging dann Tilly hinaus auf den Gertrudenberg im Nordosten der Stadt, um alle Punkte derselben in Augenschein zu nehmen. Eben dort trat eine Deputation der Bürger vor ihn, und überreichte ihm ihre Supplik. Tilly las sie sofort, und seine Stimmung dabei prägte sich deutlich in seinen Zügen und seiner Haltung aus. Als die begleitenden Räthe des Fürsten einige Einwendungen machten, brach Tillys voller Unmuth los. Er könne sich nicht genug verwundern, sagte er, daß man sich in einer solchen Sache nicht zu rathen, noch zu helfen wisse. Die Nothwendigkeit der Erleichterung der Stadt liege vor Augen. Er müsse also handeln, daß er es auch verantworten könne. Daß die Stadt mit solcher Gewalt zu Boden gedrückt werde, diene weder dem Fürstbischofe, noch der Geistlichkeit, noch sei es förderlich zur Conversion. Deshalb müsse das Land in die Stadt mit contribuiren. Wo nicht, so wolle er einige Compagnien aufs Land legen. Er sagte dies mit Nachdruck. Jeglicher Einwand der Fürstlichen steigerte seinen Unmuth. Er wiederholte seine Gründe, eindringlicher. Die Räthe zogen es vor zu schweigen [1].

Der folgende Tag war ein Sonntag. Als Tilly aus dem Dome trat, lag da ein Haufe Volks auf den Knien, bittend, flehend, daß er die unerträgliche Last der Contribution erleichtern wolle. Sie ver-

---

[1] Ihr Bericht an F. W. lautet: „Wir befanden S. Excellenz gantz commovirt und derselben gemuetßmeinung zu der Bürgerschafft zimblich geneigt, und haben sich hinwider in effectu dahin erkleret, sye khonden sich uber unnütz und das mann sich selbst nicht rathen noch helfen khonde, nit genueg-samb verwundern, einmahl seie die notturfft die Stadt zu subleviren, sye müssen thun was verantwortlich, were weder E. F. G. noch der Clerisey oder zur conversion dienlich die Stadt dergestalt mit gewalt zu opprimiren, mögten dahero in die Statt contribuiren, oder, S. Ex. etliche Compagnien darauß auf das Land leggen, mit vielen starchen motiven vnd anzeigen, war-auß wie man nichts zu erhalten vermögt, sondern J. E. je lenger, je mehr offendiret zu sein vermerckhet u. s. w."

sprachen in allen Dingen Gehorsam. Tilly suchte sie zu beruhigen. Am selben Tage reiste er ab. Vor dem Aufbruche gab er dem Rathe sein Wort, daß binnen vierzehn Tagen ein Drittel der Mannschaft aufs Land verlegt werden solle. Das Weitere müsse sich finden.

Es könnte scheinen, als sei dies Verlegen aufs Land doch in Wahrheit nicht so sehr schwer gewesen. Man muß dabei festhalten, daß Tilly gerade in damaliger Zeit allwöchentlich dem Kurfürsten Max von Bayern einen langen Klagebericht einsendet über den Zustand des Heeres und der Länder. Es liegen mir drei Berichte vor von 27. Septbr., 4. Octbr., 11. Octbr. 1628. Das Thema ist Noth, Hunger und Kummer. „Ich bin", sagt Tilly, „über den Zustand meines Heeres bedrängt, gleichsam gepreßt und sehr bekümmert". Er bezieht sich dann auf die vielfachen Berichte, in welchen er den vor Augen schwebenden, kundbaren Ruin und Untergang beider, des armen nothleidenden Soldaten und des Hausmannes, nachdrücklich geschildert. Zuerst erwäge man, daß in den zwanziger Jahren eine Misernte der anderen folgte. „Dazu", sagt Tilly, „sind diese Länder (zwischen Elbe und Ems) nun seit vier oder fünf Jahren vom Feinde und Freunde, sonderlich aber vom Feinde und der dänischen Armee dermaßen eröset und verderbet, daß die noch wenigen verbliebenen armen Hausleutlein anjetzt nichts mehr übrig haben, als das bloße kümmerliche Leben, und daher die Sachen der kundbaren Unmöglichkeit nach also beschaffen, daß beide, der nothleidende Soldat und der blutarme Hausmann dabei verderben muß". Das Ziel dieser Darlegungen ist: die Fürsten der Liga müssen mehr Geld hergeben. Sie zahlen nur die Hälfte für die Bedürfnisse des Heeres. Das reicht nicht. Sie müssen mehr geben [1].

Da rund umher im nordwestlichen Deutschland solche Verhältnisse obwalteten: wo sollte da Tilly einen Ort finden zum Ersatze, wenn er irgendwo die Einlagerung erleichtern wollte?

In der Regel nämlich durfte er die Länder der Bundesfürsten, die regelmäßig contribuirten, nicht belegen, als mit Einwilligung derselben. Franz Wilhelm war Bundesfürst, er zahlte regelmäßig. Außer der Stadt Osnabrück hatte das Bisthum in vier Jahren 300,000 Thlr. gegeben. Die Besetzung der Stadt Osnabrück war erfolgt auf den Wunsch des Bischofs. Mithin war es in seinen Augen offenbar ein Act der Eigenmacht, daß Tilly, der General des Bundes, zu dessen Häuptern Franz Wilhelm gehörte, sich herausnahm, die Truppen aus der Stadt auf das Land zu legen. Er durchkreuzte dadurch die Plane des Landesfürsten, beeinträchtigte das Ansehen desselben, und gab dem Widerstande der Bürger von Osnabrück einen Rückhalt. Franz Wilhelm hielt den Druck der Einlagerung für nöthig zur schnelleren Durchführung des Werkes der Conversion, und Tilly hatte offen erklärt, daß ein solcher Druck diesem Werke nicht

---

[1] Abschriften dieser Berichte an den Kurf. v. B. sind im Domcapitel-Archive.

förderlich, sondern hinderlich sei. Er hatte das nicht bloß erklärt, er hatte danach auch gehandelt. Er hatte dadurch thatsächlich erklärt, daß seine Truppen zu solchen Zwecken, die er nicht billigte, nicht gebraucht werden sollten. Darum seine Forderung, daß das bereits völlig wieder katholisch gewordene Land die Last mittragen solle.

Daraus erwuchs eine schwierige Stellung des Generals zu dem Fürsten. Mittelbar enthielt der Brief, in welchem Tilly das Geschehene meldet, eine Reihe schwerer Vorwürfe für den Fürsten. Hören wir ihn selbst[1]:

Hochwürdiger, Hochgeborener Fürst, Gnädiger Herr,

„Ew. Fürstl. Gnaden mag ich hiemit gehorsamblich nit verhalten, waßgestalt, alß Bürgermeister und Raht dero Statt Oßnabrügk durch unterschiedliche beschwerungschreiben und Schickungen bey mir nit nachgelassen, und zum flehentlichsten gepetten, daß ich doch meine augen in Ihre anliegende große noht schlagen, und Sy des unüberträglichen Krigslastes in etwa benemmen und erleichtern wolle, daß ich dahero von Minden auß einer absprung dahin genommen, und in augenscheinlicher besichtigung nit allein daß große unvermögen der Statt befunden, sondern auch selbst angehört, wie thätig, willig und ergibig die ganze Osnabrückhische Bürgerschafft mit Weib und Kinderen zu aller trew, devotion und gehorsamb gegen E. Fürstl. Gn. als Ihren von Gott vorgesetzten Hirtten und Landesfürsten, mit gemeinem ainhelligem fußfälligem suppliciren, mit fließenden heißen zehren und Thränen sich in tiefer underthänigkeit erkleret und erpotten, wie E. Fürstl. Gnaden von Thumbcapitel, Kanzler und Räthen mit mehren vernemmen werden, daß ich bey so beschaffenen sachen fast beängstigett und genöthigt worden, Inen meine parole zu geben und zu versprechen, daß ich innerhalb 14 Tage dieser Ew. Fürstl. Statt Oßnabrückh zwo Compagnien abnemmen und anderswohin verlegen wolte".

Er berichtet, daß er sie nach Hersfeld haben legen wollen; allein Collalto, der die Räumung versprochen, hat nicht Wort gehalten. Tilly fährt fort:

„Dieweil sich jedoch die delogirung des Kayf. Kriegsvolckes dort und anderer orthen verweilt, und E. Flürstl. Gn. bey so erzaigender trew und devotion an dieser Statt Oßnabrückh und Unterthanen so viel alß Landtes=Unterthanen gelegen:

So merke ich äußersten nothfalls verursacht, berührte 2 Compagnien dem Landt E. Fürstl. Gnaden Stiffts so lange einquartieren zu laßen, biß mir im Reiche andere Plätze und Oerter versprochener maßen eingereumt werden mögen, dabei unterthänig bittend, E. Fürstl. Gnaden solches von mir im besten vermercken und uffnemmen wollen. Nachdem ich auch daß neue fortificationwesen (dabey gedacht E.

---

[1] Domcapitel=Archiv.

Fürstl. Gnaden Bürgerschafft in Fleiß, trew vnd eiffer sich hinkünfftig beßer als jemals zu erzeigen erpietig) also beschaffen angesehen, daß dessen vnd anderer hahlsamen sachen befürderung Ew. Fürstl. Gnaden praesenz vnd zwar residenz in der Statt Oßnabrück eine Zeitlang zu continuiren erfordert vnd solches, wo balder je besser, Alß habe E. Fürstl. Gn. deßfalls mein einfeltiges bedencken, jedoch ohne vnterthänige maßgebung eröffnen wollen.

E. Fürstl. Gnaden damit in schutz vnd schirm des Allmächtigen empfehlend u. s. w.

Verden, 23. August 1628.

E. Fürst. Gnaden
unterthäniger
Johann grave von Tilly.

Es lag in der Natur der Sache, daß ein solcher Brief nicht besänftigend auf Franz Wilhelm wirkte. Er fühlte das ganze Gewicht der Vorwürfe, die mittelbar daraus für ihn erwuchsen. Zuerst erhielten Kanzler und Räthe von ihm einen scharfen Verweis. „Ihr hättet billig besser widersprechen sollen", meldet er ihnen. Aber sie hatten mehr gethan. Sie selbst hatten die Last der Bürger unerträglich genannt. „Das dem von Tilly zu sagen, hättet Ihr wahrlich unterlassen können".

Auch gegen diesen bricht sein Unmuth hervor. „Ich kenne die guten Worte der Bürger, ich habe sie oft von ihnen gehört", sagt er. In Wahrheit liegt es nahe, daß der Eifer der Bürger für die Arbeiten an der Citadelle der Petersburg, die der Zaum für jeglichen Widerspann der Stadt sein sollte, nicht so ganz und gar aufrichtig sein mochte. „Sie haben sich mir erklärt", sagt Franz Wilhelm, „daß sie zu der Befestigung nichts contribuiren könnten noch wollten, auch haben sie ihren Theil an der Arbeit sehr schläfrig betrieben". Tilly selbst werde wohl noch einmal erfahren, welch geringen Respekt sie auch ihm beweisen würden. „Es ist mir zwar, wie der Herr Graf bemerkt", also fährt Franz Wilhelm spitzig fort, „nicht geholfen, wenn die gute Stadt ganz herunter gebracht wird, was ich doch jederzeit verhütet habe. Ich erwäge indessen auch, daß weder mir, noch dem Herrn Grafen oder dem gemeinen Wesen geholfen wäre, wenn die Unterthanen auf dem Lande von Haus und Hof verjagt würden". Er begehrt inständig, daß Tilly das recht überlege, recht beherzige. Er habe es nicht um die Liga verdient, daß man seine gehorsamen Unterthanen also beschwere. Auch er wolle Tillys guten Rath beherzigen, und in einigen Monaten zu Hause sein, es wäre denn, daß er um solcher Einquartierung willen daraus sich fern hielte, und lieber alles preis gäbe.

Tilly dagegen beharrt dabei, er habe so handeln müssen, um nicht die Bürger zur Verzweiflung zu bringen. Sie haben ihm betheuert, daß sie insgesammt mit ihren armen Weibern und kleinen

unmündigen Kindern sich aufmachen wollten, um sich dem Kaiser zu
Füßen zu werfen und dort um Hülfe zu bitten. So viel indessen
hatte auch Franz Wilhelm erwirkt, daß Tilly nun eine ernste Mahnung an die Bürgerschaft schrieb, zu halten, was sie versprochen.
Ob er damit nur den Festungsbau an der Petersburg meinte? Franz
Wilhelm erließ einen Befehl an den Rath, daß derselbe die katholisch
gewordenen Bürger von der Einquartierung zu befreien habe. Der
Rath wandte sich abermals klagend an Tilly. Er entgegnete, weil
die Nachrichten des Bischofs an ihn kein Zeugnis abgäben für den
versprochenen Gehorsam: so wolle er sich ferner nicht hineinmischen.
Doch wußte der Rath ihn so zu beschwichtigen, daß er am 9. Novbr.
erwiederte: er hege nicht ferner ein Mistrauen gegen sie. Im Januar
1629 ließ er abermals zwei Compagnien abführen. Katholisch indessen war die Stadt auch damals noch nicht. Hören wir Franz
Wilhelm selbst [1].

„Ich bin am 9. Januar sicher und wohlbehalten nach dem gewohnten Residenzorte meines Bisthumes, dem Schlosse Iburg gekommen. Dort habe ich mit Bedauern vernehmen müssen, daß meine
Stadt Osnabrück mit Hintansetzung meines Gebotes am 2. Januar
wieder einen unkatholischen Rath erwählt. Deshalb habe ich geglaubt
in einer so ernsten und gefahrvollen Sache nicht zaudern zu müssen.
Ich habe mich nach Osnabrück begeben, dort den neuen Rath als
unrechtmäßig kassirt, und geboten, daß die Bürger einen katholischen
erwählen sollten. Wo nicht, so würde ich selbst zur Wahl schreiten.
Als sie erkannten, daß mein Wort unwiderruflich war, baten sie
mich die Neuwahl zu gestatten, und versprachen mir Genüge zu thun.
Also fand am 14. die Neuwahl statt. Sie ergab 11 Katholiken und
5 Nichtkatholiken. Diese wurden hinzugefügt wegen ihrer größeren
Erfahrung. Die 11 ersten sollen morgen in der Kirche öffentlich
und feierlich ihr Glaubensbekenntnis ablegen: in Betreff der anderen
5 ist gute Hoffnung der Conversion vorhanden. Wenn sie nicht geschieht, so werde ich Sorge tragen, daß sie noch im Laufe dieses
Jahres entfernt werden und Katholiken an die Stelle treten. Da
das zum Wachsthume der katholischen Religion und zur Erhöhung
der Autorität des heil. Stuhles gereicht: so habe ich für meine Pflicht
gehalten es Ew. Hochwürden so bald wie möglich anzuzeigen".

Ist hier wenigstens Franz Wilhelm über die Befugnisse des
positiven Rechtes nach dem Religionsfrieden hinausgeschritten? Wir
glauben es nicht. Wenn ihm vermöge des Religionsfriedens von
Augsburg das Reformationsrecht zukam: so schloß dies Recht jedenfalls das geringere ein, daß die Unterobrigkeiten sich zu der Religion
des Landesherrn bekennen mußten. Demgemäß waren die Fortschritte
ersichtlich.

Er selbst berichtet abermals ein halbes Jahr später an den päbstlichen Nuntius.

[1] Briefe an den päbstlichen Nuntius Pier Luigi im Domcapitel-Archiv,
zunächst vom 17. Januar 1629.

„Da ich weiß, daß Ew. Herrlichkeit den glücklichen Fortgang meines Reformationswerkes bislang gern vernommen haben: so ist es mir ein Vergnügen darüber zu berichten. Ich darf annehmen, daß von Ostern bis heute am 4. Juli, die meisten Bürger und Einwohner meiner Stadt Osnabrück übergetreten sind. Um dies zu befördern, habe ich gemäß den Reichsgesetzen sechs Verführer des Volkes am St. Peterstage ausgewiesen, die übrigen Bürger durch besondere Erlasse zum zweiten Male aufgefordert. Ich darf hoffen, daß es nicht umsonst sei. Als Termin habe ich den Tag Mariä Himmelfahrt angesetzt. Zu Pfingsten und am Frohnleichnamstage sind Prozessionen durch einen großen Theil der Stadt angestellt unter starkem Zudrange der katholischen Bürger. Die Nichtkatholischen verhielten sich bescheiden. Die trotzigen Gemüther scheinen gebrochen und wiederum sich der Religion der Väter zuzuwenden. Am Tage des heil. Petrus, des Schutzpatrones des Domes, sind von allen Pfarrkirchen der Stadt aus Prozessionen zum Dome angestellt. Die Bürger, katholisch und nicht katholisch, strömten so zahlreich herbei, daß der geräumige Dom sie nicht zu fassen vermochte. Dazu kamen die Züge von den benachbarten Dorfkirchen mit Kreuzen und Fahnen. Ew. Herrlichkeit verzeihe mir, daß ich das alles berichte. Die Freude meines Gemüthes bewegt mich dieselbe mitzutheilen".

War Franz Wilhelm auf die Dauer dieses Erfolges sicher?

Er bewegte damals in sich große Hoffnung zur Herstellung der katholischen Kirche. Bereits vier Monate zuvor, noch im März 1629, hatte der Kaiser ihn zum Executor des Restitutions-Ediktes gemacht.

Noch eine andere Hoffnung war ihm aufgetaucht, diejenige auf das Erzbisthum Bremen[1]. Sie scheint ausgegangen zu sein von dem Kurfürsten Ferdinand von Köln, mit Zustimmung seines Bruders Max von Bayern. Zur selben Zeit als Franz Wilhelm das Reformationswerk in Osnabrück begann, ließ er durch einen Beamten Ferdinands im Vertrauen bei Tilly anfragen, ob auf Bremen einige Aussicht sei. Er legt dem Feldherrn seine Plane dar, die abermals wie in Osnabrück sich gründeten auf das Reformationsrecht des Religionsfriedens von Augsburgs. Franz Wilhelm betheuert, daß seine Absicht dahin gerichtet sei: die uralte katholische Religion, die seit vielen Jahren her im Erzstifte unterdrückt und vernichtet worden sei, in den vorigen Stand zu bringen und die verführten armen Seelen wieder auf den rechten Weg zu leiten. Er versichert, daß auch am kaiserlichen Hofe man besonders auf seine Person das Auge gerichtet habe. Der Kurfürst von Bayern sei entschieden dafür. Seine Bitte an Tilly ist, daß dieser bei guter Gelegenheit bei dem Administrator Johann Friedrich einen Versuch mache, wie derselbe gesinnt sei.

Der Plan liegt vor Augen. Nach kanonischem Rechte kann ein Coadjutor mit dem Rechte der Nachfolge nur gewählt werden auf Wunsch des betreffenden kirchlichen Würdenträgers selbst. Tilly sollte

---

[1] Die betreffenden Briefe im Domcapitel-Archive, die Tillys in Ziffern.

darüber nachforschen und demgemäß sich um die Stimmen des Capitels für Franz Wilhelm bemühen.

Tilly, der in Buxtehude weilte, war mit diesem Plane einverstanden. Er schickte an Johann Friedrich einen vertrauten katholischen Geistlichen, welcher bei diesem Fürsten, einem gebornen Herzoge von Holstein, wohl gelitten war. Johann Friedrich entgegnete, er sei nicht abgeneigt diejenige Person, welche Tilly ihm vorschlage, anderen vorzuziehen. Allein der Kaiser habe eben damals durch Walmerode ihm einen Erzherzog vorschlagen lassen. Es sei mithin zunächst nöthig den Kaiser zu bewegen, daß er diese Forderung zurückziehe. Wenn das geschehe, fügt Tilly hinzu, so habe er Hoffnung die Sache zum gewünschten Ende zu bringen. Denn er glaubt mit Gewißheit sagen zu können, daß die Mitglieder des Capitels zu Bremen den Bischof Franz Wilhelm dem Erzherzoge vorziehen würden.

Allein in denselben Tagen erfolgte an ihn von München und Köln aus die Weisung der Brüder, in dieser Sache nicht weiter vorzugehen. Es gab der Ursachen zur Reibung mit dem Kaiser für die Liga schon so viele, daß man jegliche neue fern zu halten strebte. Es geschah nicht ohne stille, bittere Klage, daß die Erfolge der Waffen der Liga Anderen zufallen sollten.

Eine sicherer begründete Hoffnung eröffnete sich für Franz Wilhelm durch sein Amt der Ausführung des Restitutions-Ediktes. Der Kaiser ernannte für das nordwestliche Deutschland, eigentlich für den nieder- und obersächsischen Kreis links der Elbe außer dem Bischofe Franz Wilhelm noch den Hoch- und Deutschmeister Hans Caspar und den Reichshofrath Johann von Hyen. Der Hoch- und Deutschmeister betheiligte sich nicht, nur die andern beiden. Der Kaiser berief sich in seiner Instruction für die Commissare vom 27. März 1629 auf die vielfachen an Reichstagen geäußerten Wünsche, daß endlich einmal die Reichsbeschwerden erledigt werden möchten, namentlich aber auf dem Collegialtag von Mühlhausen, wo vier Kurfürsten dringend diese Bitte gestellt. Er bemerkt ausdrücklich, daß er nichts weiter wolle als das, was aus dem klaren Buchstaben des Religionsfriedens entschieden werden könne.

Aber konnte denn die Einräumung auch nur eines Klosters an den Jesuitenorden aus dem Buchstaben jenes Friedens entschieden werden? Und dies doch wollte Ferdinand II. Dies schrieb er den Commissaren vor. Es sollte nur einstweilen sein, sagte er, bis sich die Orden, für welche solche Klöster gestiftet, selbst darum anmelden würden. Einstweilen ermächtigte der Kaiser die Commissare, daß „zu mehrer Fortpflanzung der uralten katholischen Religion, und zur Beförderung des wahren katholischen Gottesdienstes gewisse Orte für die Väter der Gesellschaft Jesu ausersehen würden, weil dieselben durch ihre Schulen, ihren emsigen Unterricht der Jugend, durch fleißige Uebung anderer christlicher Offizien nicht geringe Frucht schaffen können".

Franz Wilhelm nahm am 2. Mai 1629 den Auftrag an: dem

8

gemeinen Wesen zum Besten, auch zu fernerer Stabilirung unseres wahren allein selig machenden katholischen Glaubens. Der Kurfürst von Bayern sprach die Hoffnung aus, Franz Wilhelm werde keine Gelegenheit versäumen für die katholische Kirche zu wirken.

Tilly erklärte sich: er sei schuldig und willig äußerstem Vermögen nach zu helfen, um diesen hochwichtigen Auftrag zur Ausführung zu bringen.

Man wird bemerken, daß diese Bereitwilligkeit Tillys nicht im Widerspruche steht mit seinem sonstigen schonenden Verhalten gegen Andersdenkende. Er selbst hatte aus sich niemals den leisesten Eingriff in kirchliche Dinge sich erlaubt. Wenn er Offiziere zur Beförderung vorschlug, so machte der Kurfürst Max ihm wohl einmal die Bemerkung: es müsse dabei angegeben werden, ob der vorgeschlagene katholisch sei oder nicht [1]. Dies, mit der weiteren Angabe des Grundes, setzt bei dem Kurfürsten die Ansicht voraus, daß Tilly selbst darauf keine Rücksicht nehme. Allerdings findet es sich, daß Tilly in kirchliche Verhältnisse eingriff. Er hatte schon mehre Jahre zuvor den Prämonstratensern das Kloster zum heil. Georg in Stade zurückgegeben. Allein er hatte dies gethan auf ausdrücklichen Befehl des Kaisers, der die Grundsätze des Restitutions-Ediktes nicht erst 1629 befolgte [2]. Aus sich hatte Tilly dergleichen nie gethan. Erst mit dem Restitutions-Edikte lag die Sache anders. Dasselbe war auf die Bitte der nächsten Kriegsherren Tillys erlassen von der höchsten Autorität im Reiche. Mochte Tilly es billigen oder nicht, die Mithülfe zur Ausführung war seine Pflicht. In Wahrheit jedoch scheint er es jetzt gebilligt zu haben. Darauf deutet seine Unterhandlung mit Franz Wilhelm über das Erzstift Bremen, darauf auch diejenige über Verden.

Der Zwist wegen der Bürgerschaft von Osnabrück hatte die beiden Männer nicht dauernd getrennt. Im Sommer des Jahres 1629 trug der Papst zur Bezeigung seiner besonderen Achtung für Tilly diesem auf, eine geeignete Persönlichkeit für das Bisthum Verden zu benennen. Tillys Wahl fiel auf Franz Wilhelm. Dieser zauderte. Tilly entwickelte die Gründe, welche ihn zu dieser Aufforderung bestimmt hatten, und Franz Wilhelm nahm an. „Es ist dem guten Alten nur um die Sache zu thun", schreibt er darüber an Ferdinand von Köln. Papst und Kaiser genehmigten die getroffene Wahl.

Es dürfte die Frage nahe liegen, ob nicht der Eifer der Commission des Ediktes angefeuert wurde durch die Aussicht auf eigenen Gewinn. Für Tilly, wenn wir denselben als wirklichen Mitcommissar betrachten wollen, würde eine solche Frage überflüssig sein. Er hat nach fremdem Gute nie getrachtet. Auch für Franz Wilhelm muß die Frage verneint werden. Eigennutz ist nicht sein Streben

---

[1] Westenrieder, Beiträge VIII, 161.
[2] Ehemaliges Domcapitel-Archiv.

gewesen. Nachdem er einmal, wenigstens auf dem Lande, im Stifte Osnabrück es durchgesetzt, daß seine Unterthanen katholisch geworden waren, breitet er in allen Dingen über sie seine schützende Hand und sucht jeden Druck zu entfernen. Auch in dem Geschäfte der Restitution selbst ist von eigenem persönlichen Interesse bei ihm keine Spur. Dasselbe gilt von Hyen. Als er im folgenden Jahre starb, hatte er noch nichts erhalten als ein Geschenk von Tilly. Dagegen hatten ihm seine Reisen und Mühen 2000 Thlr. gekostet, und Tilly reicht beim Kaiser eine Fürbitte ein, daß wenigstens dies ausgelegte Geld der Schwester des Gestorbenen erstattet werde.

Bevor sie zum Werke schritten, vernehmen wir noch einmal eine abmahnende Stimme mitten aus der Partei, welche das Restitutions= Edikt hervorgerufen. Ferdinand von Köln, einer der Haupturheber des Ediktes, erwog noch einmal die möglichen Folgen des Schrittes, und es drängte sich ihm der Gedanke auf, daß man im Begriffe stehe einen großen politischen Fehler zu begehen. Tilly hatte im Sommer 1629 Meldung gethan von einem Versammlungstage zu Lübeck. Es scheine ihm, sagt er, daß man dort darauf ausgehe einen Religions= krieg erzwingen zu wollen. Das Wort fand Boden bei Ferdinand. Er meldet im October 1629 dem Osnabrücker Bischof seine Ansicht. Der Tag zu Lübeck ist ihm nicht erfreulich. Der Schwede hat dort mitgewirkt, hat zu Bündnissen und zum Widerstande gerathen. Zwi= schen ihm und Polen ist ein Anstand der Waffen getroffen: er hat jetzt freie Hand. Der Herzog von Würtemberg hat bereits einen Anfang zum Widerstande gemacht, der Kurfürst von Sachsen beharrt bei seiner Ansicht über das Edikt. Die Macht der Holländer steigt. Bei den Spaniern ist alles übel bestellt, sowohl daheim, wie in den Niederlanden. Der Kaiser hat sich zur Unzeit in den italienischen Krieg verwickelt. Die Hülfsmittel, die Spanien etwa noch aufbrin= gen kann, gehen dahin. Der dänische König hat auf deutsche Bis= thümer für seine Söhne nicht verzichtet. Dagegen wissen wir, wie die Sache der Katholischen liegt. Wenn die Reichsstände die Contri= butionen versagen, die bislang den kaiserlichen Heeren gereicht sind: so steht die Sache bedenklich. Darum wäre wegen des gemeinen We= sens wohl zu erwägen, ob man bei Vollziehung der kaiserlichen Com= mission mit beständigem Nachdrucke werde fortkommen können[1].

Hätte Franz Wilhelm mit Ferdinand von Köln einstimmig ge= dacht, hätte die Liga in diesem Sinne eines ihrer Führer sich vor dem Kaiser ausgesprochen: so war es damals noch leicht ein Abkom= men zu treffen. Wenn der Kaiser und die Liga hätten ablassen wol= len von dem Buchstaben des Religionsfriedens von Augsburg: so hätten sicherlich die protestantischen Reichsfürsten und Städte dafür bedeutende Zugeständnisse gemacht. Also auch lag es ja in der Schrift des Kurfürsten von Sachsen vom Jahre 1626 angedeutet. Franz Wilhelm machte nicht diese Anschauung sich zu eigen. Der Auftrag

---

[1] Den Brief vom 9. Octbr. 1629 im Domcapitel=Archiv ganz in Ziffern.

war ihm geworden. Er wollte ihn ausführen, die katholische Kirche neu begründen.

Ausdrücklich jedoch wies Ferdinand von Köln Andere darauf hin, daß man innerhalb der Schranken zu bleiben habe. Der Dombechant von der Reck in Paderborn erhielt den Auftrag, das Kloster Blomberg im Lippischen zurückzufordern. Er machte den Kurfürsten aufmerksam, daß das lippische Land calvinisch sei, daß man noch auf andere Weise hier vorgehen könne. Das entsprach nicht dem Sinne Ferdinands. Er erwiederte: „Wir wissen es sehr wohl, daß die Anhänger des Calvinismus in den Religionsfrieden von Augsburg nicht mit begriffen sind, auch, daß das kaiserliche Edikt ausdrücklich dies hervorhebt. Aber wir weisen zugleich darauf hin, wie das Edikt nicht bezweckt die calvinische Religion im Reiche auszurotten, sondern daß die geistlichen Güter, die wider den Religionsfrieden nach dem Passauer Vertrage der katholischen Kirche entzogen sind, derselben zurückgegeben werden". .

Es handelte sich um die Frage, wo im Nordwesten des Reiches man anzufangen habe. Die beiden Commissare wandten sich an Tilly, dessen Wort bei der ganzen Sache sehr häufig den Ausschlag gibt. Er räth, nicht mit Ostfriesland und Oldenburg anzufangen. In diesen beiden Ländern lagen zwei seiner Regimenter, in merkwürdig gutem Einvernehmen mit den Einwohnern[1]: mithin kann nicht Besorgnis vor etwaigem Widerstande der Grund des Abrathens gewesen sein. Es scheint vielmehr, daß es Tillys Ansicht war, lieber als vereinzelte ferne Klöster zuerst irgend einen bedeutenden Ort für das neu zu begründende katholische Leben zu gewinnen, zumal diejenigen Länder, welche von Dänemark aus zuerst bedroht wurden, in welchen in mancher anderen Beziehung die Wiederanknüpfung deshalb leichter war, weil die Reformationszeit nicht so durchgreifend aufgeräumt hatte. Deshalb schlug Tilly zum Anfange die Stifter Bremen und Verden vor. Rotenburg könne der Sitz der Commission werden. Diese jedoch zog Verden an der Aller vor.

Von dort aus erging im Anfange Novembers 1629 ihr Befehl, daß fortan ohne ihre ausdrückliche Bewilligung Niemand an die Domkirche zu Bremen, an die Collegiatstifte, die Abteien und Klöster des Erzbisthumes das Geringste entrichten dürfe. Die Mitglieder des Capitels wurden vorgeladen, sich vor der Commission über den Besitz ihrer Pfründen auszuweisen. Aber nicht bloß diese Domherren, sondern auch der Rath von Bremen ward vorgeladen.

Man sieht, wie weit Franz Wilhelm vorzugehen beabsichtigte. Der Passauische Vertrag und der Religionsfriede von Augsburg, sagt er, sichern nur den reichsunmittelbaren Ständen zu, daß die vor dem Vertrage von Passau eingezogenen Güter ihnen verbleiben sollen. Darauf können Bürgermeister und Rath von Bremen sich deshalb

---

[1] Meine Geschichte Ostfrieslands von 1570—1751, S. 625 Note 4. Winckelmann, Oldenburg. Chronik. S. 230 ff.

nicht berufen, weil die Stadt Bremen kundlicher Weise nicht reichs=
unmittelbar ist.   Bürgermeister und Rath sind schuldig unserer La=
dung Folge zu leisten.

Die Abgeordneten der Stadt gingen nach Stade zu Tilly.   Er
sah die Sache doch etwas anders an als Franz Wilhelm.   Die Ab=
geordneten hielten ihm vor, daß die Stadt die Kirchengüter schon im
Jahre 1521 eingezogen.   Tilly erwiederte ihnen: es sei bekannt, daß
sie im Jahre 1558 noch einen katholischen Erzbischof gehabt.   Doch
fügte er in seinem Berichte an Franz Wilhelm hinzu: er bezweifele
sehr, daß in Güte etwas zu erreichen sei.   Und Gewalt gegen die
Städte anzuwenden, trug Tilly jederzeit Bedenken.   Er hatte noch
im Juni 1629 dem Kurfürsten Ferdinand von Köln ein solches Ver=
fahren gegen Hildesheim dringend abgerathen.   Der Rath von Bre=
men blieb fest.   Er bat die Commission ihn mit ferneren Vorladun=
gen zu verschonen.   Wenn dagegen Jemand an uns oder an unsere
Stadt Ansprüche zu haben meint, sagte er, so möge er sich vermöge
Rechtes und der Ordnung des heiligen Reiches an gebührendem or=
dentlichem Orte melden, wo wir ihm Rede stehen werden.   Novem=
ber 1629.

Es scheint, als habe hier die Commission den Stier bei den
Hörnern gefaßt.   Bei anderen Personen zur selben Zeit ging es
leichter.

Johann Friedrich, der Administrator von Bremen, berief sich
darauf, daß er nicht gewaltsam eingegriffen, daß er auch Katholiken
und katholische Einrichtungen in den Klöstern geduldet.   Er berief
sich auf die Belobungen des Kaisers wegen seiner Treue im dänischen
Kriege.   Er bat für seine Lebenszeit im Besitze des Erzstiftes zu
bleiben.   Die Frage wurde einstweilen offen gehalten.

Von dem Verdener Domcapitel erschienen auf die Ladung im
Namen der anderen vier Mitglieder, und erklärten, daß sie dem kai=
serlichen Befehle des Restitutions=Edictes gehorchen würden, nur möge
man sie schützen gegen den Zorn der Bürger.

Auch von dem Bremer weitaus reicheren und mächtigeren Ca=
pitel erschienen auf wiederholte Ladung einige Mitglieder am 9.
Novbr.   Sie wandten dies ein und jenes.   Das Princip anzufechten
durfte nur eine feste Stadt wie Bremen wagen.   Nicht dahin ver=
stiegen sich die erschienenen Capitularen.   Franz Wilhelm verlangt
Accomodation.   In diesem Falle stellt er das Behalten der Pfründe
in Aussicht oder eine andere Versorgung.   Jene wissen nicht sich zu
entscheiden.   Wir vernehmen Antworten wie: Ich bin in der Augs=
burgischen Confession erzogen, nicht informirt in religione.   Auch
sie berufen sich auf die Lebensgefahr vor dem Volke.   Sie meinen,
es stehe doch nicht dem Bischofe von Osnabrück zu sie ohne Weiteres
zu entfernen.   Sie verlangen eine kaiserliche Entscheidung.   Das
Capitel mochte allerdings eins der vornehmsten im Reiche sein.   Mit=
glieder desselben waren der Herzog Friedrich von Lüneburg als Propst,
ferner Herzog Adolf von Holstein, Herzog Friedrich von Holstein,

der Rheingraf, ein Graf von Ostfriesland, einer von Hanau, zwei dänische Prinzen u. s. w.

Besonders merkwürdig ist das Collegiatstift St. Ansgarii in Bremen. Es zeigt, wie die alte Zeit herüberragte in die neue. Es fanden sich dort 12 Stiftsherren, 17 Vicarien, überhaupt fast alles mit den Einkünften, den Namen im alten Stande, nur daß das Wesentliche, der katholische Gottesdienst, längst aufgehört hatte. Die Mitglieder unterzeichnen sich Senior, Subsenior, und sämmtliche Anwesende am Schlafhause bei St. Ansgarii. Die hebdomadarii reichen die Verzeichnisse der Güter ein, die noch gesondert bestehen als bona communia toti Capitulo, als bona obedientiae, als bona portionum. Dazu leuchtet aus ihrer besonders demüthigen Eingabe die Möglichkeit einer völligen Restitution sehr klar hervor. Die Herren vom Capitel erzählen, daß in der Reformationszeit einer, Namens Heinrich von Zütphen aus Brabant, in Bremen aufgetreten sei zu predigen. Er habe bei den Stiftsherren wenig Beifall gefunden; aber Rath und Bürgerschaft haben sie gedrängt ihm ihre Kirche einzuräumen. Das sei geschehen, und dann haben Rath und Bürgerschaft die katholischen Ceremonien und Kirchengebräuche zu St. Ansgarii abgeschafft. So sei die reformirt lutherische Religion eingeführt, und in kurzer Zeit so gewachsen, „daß unsere antecessores zu der Zeit sich zu derselben gleichfalls öffentlich bekannt und bekennen müssen". Die bisherigen Kaiser haben sie dabei geduldet. Sie hoffen, daß auch der Bischof Franz Wilhelm sie belassen werde.

Die Absicht des Bischofs Franz Wilhelm war dies offenbar nicht. Aber man sieht, wie das Capitel St. Ansgarii selbst ihm die Sache nicht sehr schwer machte.

In ähnlichem Zustande finden wir im Erzstifte Bremen die Klöster. Es liegt eine ausführliche Beschreibung des Klosters Osterholz vor, das, wie es scheint, noch im Besitze aller seiner Güter war. Dieselben waren bedeutend, die Holzungen reichten aus zur Mast für 300 Schweine. Das Kirchengebäude hat innerlich, sagen die Abgeordneten den Commissarien, sehr gelitten, die Kleinodien sind hinweg, auf dem Chore ist ein Altar nur von Brettern und Holzstäben wie ein Tisch, mit einem schlechten Vorhang. Von der alten lateinischen Bibliothek ist nichts mehr vorhanden, dagegen liegen auf den Sitzen der Klosterjungfrauen zwei lutherische Psalterien. Die einzigen Bilder in der Kirche sind die von Luther und Melanchthon in voller Statur. In der Kirche und dem Kreuzgange stehen viele ledige Kasten, welche die Hausleute dort aufbewahren. Die Verwaltung des Klosters jedoch ist im Gange. Gewöhnlich kommen die Kinder im Alter von 4, 5 bis zu 10 Jahren, und werden etwa zwischen 20 und 30 Jahren ihres Alters eingekleidet. Bei der Einkleidung wird kein Gelübde abgelegt, nur daß die Jungfrauen der domina und dem Convente Gehorsam leisten wollen. Alsdann werden sie zum Altare geleitet, und etliche Gebete über sie gesprochen.

Also der Bericht der dazu Abgeordneten. Man sieht, sehr er-

baulich mochte ein solcher Zwitterzustand der Dinge in diesem Klo=
ster für adliche Jungfrauen nicht sein.

Die Commissarien setzten Termine bis zur endlichen Erklärung.
Dieselben wurden auf die Bitten der betroffenen Personen verlängert,
einmal, auch mehrmal; allein es lag nicht im Auftrage noch im
Plane Franz Wilhelms, durch solche Verlängerungen die Sache selbst
verschleppen zu lassen.

In zwei Klöstern im Erzbisthum Bremen fanden die Commis=
sarien kaum eine andere Aenderung, als daß die Vorsteher derselben
zwei verheirathete Edelleute waren. Die Nonnen, etwa sechszig an
der Zahl, lebten in Kleidung, Regel und Ordnung des Chores nach
katholischer Weise. Die Umwandlung dort war leicht. Sie bestand
wesentlich darin, daß den beiden Vorstehern jeglicher Miteinspruch
untersagt wurde. Die Nonnen blieben.

Merkwürdig war besonders die Restitution in Stade, der zwei=
ten Stadt des Erzstiftes. Die Benediktiner erhielten dort ihre Abtei
mit der Liebfrauenkirche zurück. Die Prämonstratenser waren wieder
im Besitze des Georgsklosters, nur die prächtige große Kirche war
verfallen. Ferner waren noch vorhanden die Pfarrkirche des heil.
Willehad, ferner Cosmae und Damiani, ferner St. Pancratii.
Alle diese Kirchen waren früher von den Prämonstratensern verwaltet,
und darum beanspruchte der Orden sie zurück. Die Kirche Wille=
habi dagegen verlangten die Jesuiten. Beide Orden überließen die
Entscheidung an Tilly. Da er für die Jesuiten sprach, erhielten sie
die Kirche Willehabi. Am 25. November 1629, dem letzten Sonn=
tage nach Trinitatis, sah man eine lange Prozession von der Lieb=
frauenkirche mitten über den Markt nach St. Willehabi ziehen. Un=
ter dem Geläute aller Glocken, unter dem Ambrosianischen Lobgesange
übergab der Beauftragte Franz Wilhelms den Jesuiten die Schlüssel
zu St. Willehabi. Für die Fundation des Ordens ward das ehe=
malige Nonnenkloster Neuenwalde im Erzbisthume Bremen ange=
wiesen [1].

Der Rath und die Bürger behielten die Nicolaikirche, die kleinste
von allen.

Nun war aber noch die St. Johanniskirche da, außerhalb der
Stadt. Die Verhandlungen über dieselbe gewähren ein merkwürdiges
Beispiel, wie sehr die Zustände in der Erinnerung der Menschen sich
verdunkelt hatten, wie die alte Zeit zuweilen wie spurlos untergegan=
gen war. Die Johanniskirche ward von den Observanten beansprucht.
Der Rath verneinte alles. Er wußte von nichts. Er hatte nicht
einmal gehört, daß jemals ein Kloster dort gewesen sei. Es könnte
scheinen, als habe der Rath es vorgezogen davon nichts wissen zu
wollen; allein das vorliegende Protokoll der betreffenden Verhandlung
rechtfertigt nicht eine solche Muthmaßung. Der Rath selbst trägt

---

[1] Das betr. notarielle Dokument der Besitzergreifung habe ich abdrucken
lassen in der Zeitschrift des histor. Vereins für Niedersachsen. Hannover 1859.
S. 181 ff.

auf Augenschein an. Es standen um die Kirche kleine verfallene Häuser. Der Rath hatte dieselben in der Belagerung von 1628 für die englischen Soldaten hergegeben, früher hätten geringe Leute da gewohnt, sagt er, weiter sei nichts bekannt. Die Franziskaner Mönche dagegen wiesen aus der Umgebung, aus den Mauern der nächsten Häuser, aus einem großen vermauerten Bogen nach, wo das Refectorium, wie die Anlage des Klosters gewesen sei. Der Rath beharrte ungläubig. Er trug darauf an, daß man nachgrabe, daß Fundamente es ausweisen würden. Es geschah, und man überzeugte sich. Weiter erhob sich die Frage nach dem Garten. Der Pater Guardian stützte sich darauf, daß überall und jederzeit ein Franziskanerkloster einen Garten habe, und wie derselbe der Regel nach belegen sei. Auch davon fanden sich Spuren. Die Mitglieder des Rathes erklärten verwundert: sie hätten ihre Lebetage davon nichts gewußt. Sie mußten, wie zu erwarten stand, die ganze Bodenfläche herausgeben.

Mithin hatten zu Stade fortan vier Orden ihren Sitz: Jesuiten, Benediktiner, Prämonstratenser, Franziskaner, und das Kirchenwesen derselben war sofort in vollem Gange. Es mochte Manchem vorkommen wie ein Traum.

Der Rath gab die Kirchen her, den Grund und Boden, behielt jedoch die Fundationen für die Pfarrgeistlichen zurück. Die Prämonstratenser und Jesuiten beklagten sich bei Tilly, der damals seit längerer Zeit in Stade weilte. Es ist merkwürdig, wie dieser Mann verfährt. Man sollte denken, daß eine energische Drohung von ihm an den Magistrat genügt hätte seinen Wunsch zu erreichen. Aber Tilly ist nicht der Mann zu drohen, wo er kein Recht hat zu drohen. Er billigt die Forderung der Jesuiten und Prämonstratenser. Aber er billigt dieselbe als Privatmann, dem ein entscheidendes Wort in solcher Sache nicht zusteht. Er wendet sich in ausführlich langen Schreiben an den Bischof Franz Wilhelm, an den Mitcommissar Johann von Hoen besonders, und legt ihnen dar, daß die beiden Orden nach seiner Ansicht im Rechte seien. Er bittet die Commissare ihnen darin zu helfen und dem Rathe die Auslieferung der Documente anzubefehlen, im Februar 1630. Franz Wilhelm erläßt die drohende Weisung, daß dies sofort geschehen müsse. Der Rath übereilt sich nicht damit. Ein Jahr später ist es noch nicht geschehen, und weiter nicht, bis der Umschlag erfolgt.

Am günstigsten verhältnismäßig fuhr die Stadt Buxtehude. Sie berief sich auf ihre Verdienste gegen Kaiser und Reich. Als der Dänenkönig im Sommer 1626 das schauerliche Brennen im Herzogthume Lüneburg begann[1], hatten die Bürger von Buxtehude zu den Waffen gegriffen und ohne Unterstützung einer militärischen Macht die dänische Besatzung zum Abzuge gezwungen. Tilly hatte dies dem Kaiser,

---

[1] Vergl. meinen Aufsatz: Das Herzogthum Lüneburg im Jahre 1626, in der Zeitschrift des historischen Vereins für Niedersachsen. Hannover 1858. S. 176 ff.

dem Kurfürsten von Bayern berichtet, und beide Fürsten hatten mit Tilly der Stadt Buxtehude hohes Lob zuerkannt. Tilly hatte Monate lang dort sein Quartier gehabt. Wenn man ihnen nur Zeit lasse, meinten die Abgeordneten des Rathes, so dürften sie sicher sein bei Tilly eine Fürbitte zu erlangen. Die Commissarien erwogen. Das vorgelegte Schreiben[1] des Kurfürsten Maximilian von 1628 war allerdings in einer solchen Weise anerkennend, daß die Bürger von Buxtehude auf die bleibende Gunst dieses Fürsten sich sichere Rechnung machen durften. Es waren drei Kirchen in der Stadt, zu St. Peter, eine Liebfrauen, eine heil. Geistkirche; doch scheint damals nur eine brauchbar gewesen zu sein. Die Commissarien entschieden, daß dieselbe zur Simultankirche für Lutheraner und Katholiken dienen solle. Die Buxtehuber schieden von den Commissarien in gutem Frieden.

Im Ganzen sind die Protokolle der Commissarien sehr einförmig und farblos. Es ist bemerkenswerth, daß nirgends Widerstand geschieht. Die Einräumung erfolgt, wie das Protokoll bemerkt, sine confusione.

Ein besonderes Interesse dagegen gewährt die Verhandlung im Schoße der Commission über Magdeburg. Der Bischof Franz Wilhelm und Hyen haben sich nämlich drei andere, unter ihnen zwei Rechtsgelehrte, beigeordnet. Am 23. Dezbr. 1629 sind sie in Halberstadt. Sie berathen über Magdeburg. Wenige Monate zuvor war dort Wallenstein mit seinen Forderungen einer Einlagerung, mit seinem Angriffe auf die Stadt eben so ruhmlos abgewiesen, wie im Jahre zuvor von Stralsund. Ihm mochte etwas bangen vor der Erneuerung eines Angriffes auf diese Stadt. Sein Gutachten rieth ab und legte die Schwierigkeiten dar. Hyen bemerkt, man habe es nicht mit der Stadt sondern mit der Domkirche zu thun. Die übrigen Kirchen mögen bleiben, wie sie sind. Die zugezogenen Mitglieder der Commission können nicht befinden, daß in dieser Zeit etwas Nützliches auszurichten. Die Stadt habe sich bereits einen Namen gemacht, lasse sich nicht schrecken. Franz Wilhelm erklärt: nachdem er die Meinung seiner Räthe vernommen, stimme er überein mit Tilly, der auf das Beispiel Bremens hinweise. Der Instruction gemäß seien sie verpflichtet mit den Kriegsobersten Rücksprache zu nehmen. Hyen ließ des ungeachtet nicht von seiner Meinung. Er wolle noch mit Wallenstein reden.

Damit schließt das Protokoll. Es scheint von dieser Commission aus weiter gegen Magdeburg kein Schritt gethan zu sein. Der Anschlag der Rückforderung des Domes an die Domthüren im Sommer 1630, der eine so nachtheilige Einwirkung auf die Stimmung der Bürgerschaft hervorbrachte, ist, so viel wir ersehen, ohne Betheiligung dieser Commission erfolgt. Es liegt ferner nahe, daß weder Wallenstein noch Tilly denselben genehmigt haben.

---

[1] Man sehe unten Beilage A.

Es kam die Reihe an die Länder der welfischen Herzöge. Es ist zu bemerken, daß weder Christian von Lüneburg-Celle, noch Friedrich Ulrich von Braunschweig-Wolfenbüttel einen prinzipiellen Einwand erheben. Christian von Lüneburg behauptet, daß die Reformation in seinem Lande notorisch vor dem Passauer Vertrage vorgenommen sei. Dies war nicht zu bestreiten. Dazu hatte er sich durch seine treue Ergebenheit gegen den Kaiser im dänischen Kriege hohe Verdienste erworben. Deshalb war er, abgesehen von dem Bisthume Minden, welches man ihm nicht lassen konnte, geringeren Anfechtungen ausgesetzt, als sein Vetter von Braunschweig. Friedrich Ulrich hielt entgegen, daß die Herzogin Elisabeth, die Wittwe Erichs des Aelteren, schon 1542 die Reformation angeordnet. Er ließ für jede einzelne Abtei, jedes Stift und jedes Kloster einen langen Bericht dessen hinzufügen, was damals damit geschehen sei. Die Commissare beseitigten alle diese Einreden durch die Bemerkung: Erich der Jüngere, lange nach dem Passauer Vertrage, sei katholisch gewesen. Demgemäß würden sie die Restitution vornehmen. Die Liste war lang. Es fanden sich darauf zwei und dreißig Collegiatstifte und Klöster. Indessen ist diese Liste selbst ein Beispiel, wie wenig die Commissare zu Anfang über ihre Aufgabe orientirt waren. Auf derselben bemerken wir außer zahlreichen anderen Irrthümern Kauffungen und Weißenstein. Das letztere ist die jetzige Wilhelmshöhe bei Cassel, das erstere eben so unzweifelhaft immer hessisch gewesen. Mithin lagen diese Klöster nicht bloß nicht im Lande Friedrich Ulrichs: sie gehörten sogar einem anderen Kreise an, dem rheinischen. Die Räthe Friedrich Ulrichs griffen zu dem eigenthümlichen Mittel für die Forderung von 400,000 Thlr. an den Herzog, welche der Kaiser an Tilly abgetreten, diesem General einen Theil der Klostereinkünfte zu überweisen. Tilly lehnte eine solche Art zu zahlen ab. Es bedarf indessen nicht der Erörterung, daß man mit 32 kirchlichen Stiftungen nicht sobald zum Ziele kam.

Viele dieser geistlichen Stiftungen sollten mittelbar dienen zur Ausführung des großen Planes der Rekatholisirung dieser Gegenden. Ein landesherrliches Reformationsrecht, wie Franz Wilhelm in Osnabrück es durchgeführt, ließ anderswo sich nicht in Anwendung bringen. Dasselbe Recht, welches in Osnabrück auf solche Weise gewirkt, schützte die Unterthanen der anderen norddeutschen Fürsten gegen jeglichen Versuch dieser Art. Weil die Fürsten protestantisch waren, so durfte den Unterthanen derselben die Forderung der sogenannten Accommodation nicht gestellt werden. Auch hat man dafür weder vor noch nach dem Restitutions-Edicte ein Beispiel aufgebracht, wenigstens nicht so lange Tilly in diesen Gegenden stand. Auf die Unterthanen der protestantischen Fürsten konnte nur gewirkt werden durch Lehre und Beispiel. Und hier traten die Väter der Gesellschaft Jesu voran. Es war der Plan des Bischofs Franz Wilhelm, den der Kaiser und der Kurfürst Maximilian von Bayern vollaus genehmigten, den niedersächsischen Kreis mit einem Netze von Jesuiten-Collegien zu überdecken, und für die Fundation derselben die geistlichen Güter, hauptsächlich der ehemaligen Nonnenklöster, zu verwenden.

Der erste Entwurf, den der Kaiser genehmigt, ist folgender.

Für das zu gründende Jesuiten-Colleg zu Minden wird angewiesen das Collegium der weltlichen Canonissen zu Minden, welches zur Zeit noch von einigen jener Jungfrauen bewohnt wird. Die Einkünfte belaufen sich auf 2000 Thlr.

Für das Collegium zu Verden ist anzuweisen das Nonnenkloster Mariensee Cisterzienser Ordens im Herzogthume Braunschweig, des Bisthums Hildesheim. Zur Zeit ist es noch von wenigen akatholischen Frauen bewohnt; doch ergeht die Meldung, daß es bereits in Anspruch genommen sei. Die Einkünfte sind ungefähr 2000 Thlr.

Für das Collegium zu Hameln. Die Stadt Hameln gehört theils dem Herzoge von Braunschweig, theils dem Bischofe von Hildesheim, während die geistliche Gerichtsbarkeit dem Mindener Bischofe zusteht. Für dieses Colleg hat der Kaiser ersehen das Kloster der Regular-Canonissen des Augustiner Ordens, Namens Wisbeck, in der Graffschaft Schaumburg. Auch dieses soll bereits den Akatholiken genommen sein. Die Einkünfte belaufen sich auf etwa 2000 Thlr.

Für das Probationshaus in der Reichsstadt Goslar ist bestimmt das Nonnenkloster Wöltingerode einst Cisterzienser Ordens im Bisthum Hildesheim. Dasselbe ist bereits den Akatholiken genommen. Die Einkünfte belaufen sich auf etwa 2400 Thlr. Ferner für eben dasselbe Noviziat das Kloster Catlenburg auch vormals Cisterzienser Ordens im Fürstenthume Grubenhagen, Bisthums Hildesheim, noch in den Händen der Akatholiken. Die Einkünfte werden auf 2000 Thlr. geschätzt.

Für das Collegium in der Reichsstadt Nordhausen ist bestimmt das Nonnenkloster Frauenberg. Man meint, es sei Cisterzienser Ordens gewesen. Jedoch ist das ungewis, und eben so ungewis, ob es zur Mainzer oder Hildesheimer Diözese gehört [1]. Die Einkünfte werden auf 5500 Thlr. geschätzt.

Für das Collegium in der Reichsstadt Mühlhausen, das in Thüringen gelegen zum oberrheinischen Kreise gehört, ist bestimmt das ehemalige Nonnenkloster Benediktiner Ordens Bracken. Es ist nicht sofort gewis, zu welcher Diözese es gehört, doch meint man, es sei die Mainzische. Zur Zeit noch haben die Akatholiken es inne. Die Einkünfte werden auf 3000 Thlr. geschätzt.

Die Ausstattung des Collegiums zu Stade ist bereits dem Bischofe Franz Wilhelm von Osnabrück aufgetragen. Es sind dafür zwei Klöster angewiesen. Das eine ist das ehemalige Nonnenkloster Cisterzienser Ordens Himmelpforten im Erzbisthum Bremen, den Händen der Akatholiken bereits entrissen. Die Einkünfte werden auf 1800 Thlr. geschätzt. Das andere Kloster ist Neuenwalde [2], einst

---

[1] Es gehörte unter den Abt von Fulda, der seine Einwilligung gab.
[2] Vgl. oben S. 119 No. 1.

Benediktiner Ordens im Erzbisthume Bremen, den Händen der Akatholiken bereits entrissen. Die Kirche und sämmtliche Gebäude des Klosters liegen in Asche; doch sind die Güter da, deren jährlichen Ertrag man auf 1500 Thlr. schätzt.

Man sieht, wie weit diese Plane gingen. Der Kaiser genehmigte am 11. Mai 1630 alle Schritte, welche für das Restitutions-Edikt Franz Wilhelm im Stifte Verden, im Erzstifte Bremen, Stifte Hildesheim, Stifte Halberstadt und in der Stadt Goslar vorgenommen.

Bestimmter noch traten die Plane des Bischofs hervor bei dem Collegiattage zu Regensburg im Sommer 1630. Franz Wilhelm legt dem Kaiser Bericht ab über die Erfolge in den einzelnen Städten. Von jeder einzelnen Stadt, Minden, Verden, Hameln, Stade, vor allen Dingen Goslar, wird angegeben, daß die Jesuiten bereits durch ihre Missionarien nicht geringe Frucht geschafft. Das Alumnat in Verden, wo 24 Zöglinge sind, hat Franz Wilhelm bis dahin meist auf seine eigene Kosten erhalten. Er verlangt dafür die Klöster Schinna und Wendorf. Die Gebäude derselben liegen darnieder. Ferner verlangt er, daß die Einkünfte des bereits restituirten Stiftes Bassum in der Grafschaft Hoya auf acht bis zehn Jahre in Anspruch genommen werden für Stadt und Stift Verden zur Herstellung der Kirchenornamente, die gänzlich verrückt und verbracht worden.

Der bedeutendste Plan jedoch ist derjenige der Errichtung einer katholischen Universität zu Goslar, als Mittelpunkt des katholisch wissenschaftlichen Lebens für jene Gegend[1]. Der Bischof verlangt dafür das Kloster Gernrode im Fürstenthume Anhalt, zur Diözese Halberstadt gehörig. Die Einkünfte derselben schätzt er auf 4000 Thlr. Der Plan war, wie es scheint, aufgetaucht im Januar 1630, wo Rath und Bürgerschaft von Goslar den Offizial von Hildesheim bei der Anwesenheit desselben mit Erbietungen ihres Gehorsams entgegen kamen. Hyen berichtet das dem Bischofe Franz Wilhelm und macht aufmerksam, daß Goslar ein sehr geeigneter Ort des Wirkens für die Jesuiten sein würde. Franz Wilhelm arbeitet diesen Gedanken weiter aus, und daher entsproß dieser Plan bei ihm zur selben Zeit, als er sich schon beim Kaiser angelegentlich und mit Erfolg um die Gründung einer katholischen Universität in seiner eigenen Stadt Osnabrück bewarb. Gerade damals wurde das Diplom derselben ausgefertigt. Der Rath zu Goslar kam auch fernerhin den Wünschen des Bischofs entgegen. Er räumte im April 1630 zur Fundation des Noviziat-hauses für den Jesuitenorden den Kaiserhof ein[2]. Franz Wilhelm verkündet dafür in beredten Worten bei dem Kaiser die rühmliche Accommodation dieser Stadt.

---

[1] Unten Beilage B.

[2] Man vergl. das nicht vollendete notarielle Document in der Zeitschrift des histor. Vereines für Niedersachsen. Hannover 1859. S. 187 ff.

Die Hoffnungen dieses Bischofs stiegen empor. Es ist nicht zu bezweifeln, daß nach Maßgabe der Anfänge bei der rastlosen Energie dieses Mannes in wenigen Jahren viel gelungen wäre, wenn er ruhig hätte fortwirken können. Allein der Kriegessturm brauste abermals daher, und verwehte seine Saaten so völlig, daß außer dem Stifte Osnabrück kaum noch eine Spur davon übrig geblieben ist. Und auch selbst in Osnabrück schied das Normaljahr 1624 die Zeit und die Erfolge des ersten Wirkens von Franz Wilhelm aus. Dennoch haftet dort die Erinnerung der Tradition bei Protestanten und bei Katholiken. An den anderen Orten kann nur die urkundliche Forschung eine Anschauung derjenigen Zustände wieder heraufbringen, zu denen in unserer Zeit eine Analogie kaum noch geboten werden dürfte.

Wir unterlassen es die Vorgänge in diesen einzelnen Orten zu schildern, welche diese neuen Sprossen rasch wieder unterdrückten. Sie gehören der Specialgeschichte an. Es ist uns darum zu thun gewesen, die bislang nur in allgemeinen Ausdrücken bekannten Bestrebungen ans Licht zu ziehen. Nur den häufigen Irrthum noch wollen wir berichtigen, als sei in Folge der Verhandlungen am Collegiattage zu Regensburg im Sommer 1630 der Vollzug des Ediktes suspendirt. Dem ist nicht so. Es liegen kaiserliche Schreiben vor vom Novbr. 1630, vom Januar 1631, welche die Wahrheit dieses Gerüchtes verneinen [1], welche den Bischof Franz Wilhelm zu reger Fortsetzung antreiben, welche ihn zur Gründung von Jesuiten-Collegien in Bremen, Braunschweig, Hamburg auffordern [2]. Franz Wilhelm hat demgemäß gehandelt. Noch im Sommer 1631 restituirte er das Kloster Blomberg im Lippischen. Nirgends bis dahin hatte er so vielen Widerstand gefunden, als dort. Denn die Dinge begannen sich zu wenden.

---

[1] Der Kaiser Ferd. II. an Franz Wilhelm, 4. Novbr. 1630. „Es ist von Einigen das Gerücht verbreitet, als seye das Edict u. s. w. suspendirt. Nun Wir aber obbesagten Unserm K. Edicte allerdings zu inhaeriren und dasselbe ferner exequiren zu laßen endlich entschloßen: Alß ist Unser nochmaliges genedigtes begehren und befelch, die Anderen vnd Du wollen sampt und sonters die Ihnen anbefohlene Commission stündtlich fortsetzen u. s. w."

[2] Beilage C.

Beilage A.

(Aus dem Archive des ehem. Domcapitels in Osnabrück. Original).

Von G. G. Maximilian Pfaltzgraf bey Rhein, Herzog in Ober-
und Nider Bayern etc. des H. R. Reiches Erztruchseß vnd Churfürst.

Unsern gruß zuvor. Fürsichtige, Ersamb Weise, besondere Liebe.
Unß ist Ewer den 24. Novbr. a. p. an unß abgegangenes Schreiben zur hand wol gelifert worden, darauß wir ablesendt gern vernommen, waß maßen Jr zu wahrer bezeigung Ewrer bestendigen vndt
gehorsambsten devotion gegen die Röm. K. M., unsern allerg.
lieben Herrn vndt Vettern, nit allein die dänemarckhische Soldatesca
auß Ewrer Statt würcklich geschafft vnnd entgegen Kayserliche guar-
nison guttwillig auff vnd eingenommen, sondern auch erbietet bey
höchstgedachter Jhrer Kayß. M. vnd der gerechten sache alzeit besten-
dig zu halten, unß beinebens auch ersuechet, Euch vnd Eure Statt
Jrer Maj. auff das beste zu bevelchen, vnd Euch zugleich auch an
unserem ort allzeit in guetter vnd gnädigster Recommandation zu
behalten.

Mögen Euch hirauf in antwort nit verhalten, daß unß vorhero
auch allbereith von dem General L. Graven von Tilly gebührlich
berichtet vnd sonders gerühmet worden, waß Jr obangeregter maßen
zur Contestirung Ewrer zu der Kayß. M. tragender gehorsambster
devotion für eine löbliche real demonstration erscheinen laßen, vnd
wäre unß wol bewust, das solches Jrer Kayß. May. von Euch zu
sonders genedigsten Wolgefallen gereicht, vnd Sie Euch vnd Ewrer
Stadt umb so viel mehr mit Kayß. Huld vndt gnade wol beygethan,
ohne zweifel auch geneigt, willig vnd gedacht sein, Euch solches zu
aller begebender occasion in dem werth wolersprießlich genießen zu
laßen, Als möget Unß Jhr gleichergestalt wol zugetrawen, daß Unß
solch Ewer dapfere demonstration und bezaigung, als die Wir Euch
vnd Ewrer Statt mit genedigster Affection alles guettes vnd deren
bestendigen Wolstand sonderbar gönnen, gar lieb vnd angenemb zu
vernehmen gewesen, Und wie wir umb so viel weniger Ursache zu
zweifeln haben, das Jhr mit gleichmeßiger unterthenigster vnd besten-
diger devotion bey Jr K. M., dem Röm. Reiche vnd dessen an-
verwandten gehorsamben Churfürsten vnd Ständen in lieb vnd laydt,
nach beschaffenheit jetziger gefherlicher vnd geschwinder leufft, alzeit
threwlich halten, Euch durch widerwartige zumuttungen bey Eurer
vnd Ewern anvertraweten bürgerschafft höchsten gefhar niemals einnehmen noch überwinden laßen, sondern vermittels Ewers bestendigen
gehorsambs Euch vnd die Eurigen bey Jrer May. vnd dem Reiche
desto mehr angesehen vnd meritiert machen, vnd dieselben unzweif-
fentlich ohne daß alzeit wohl geneigt sein werden Euch uff jede occasion mit Kayserlicher genad würcklich vnd allergenedigst anzusehen:
So seind wir jedoch auch an unseren ort willig und erbietig, da wir
Euch nit allein bey mehr höchstgedachter Jrer Kayß. Mayestät beför-

derlich sein, sondern auch vor uns selbst Euch und Eurer Statt son=
sten was Guettes, und dadurch wir Unser zu Euch tragende genedigste
affection beweisen thündten, Unß allzeit so geneigt alß willig erfin=
den zu laßen.

Haben wir Euch antwortlich in gnaden, mit denen wir Euch wol
beygethan seyn, hiemit anfügen wollen. Datum München, 8. Ja=
nuar 1628.

An den Rath der Stadt Buxtehude.

Maximilian.

Beilage B.

(Aus dem ehemaligen Domcapitel=Archive zu Osnabrück).

An den Kaiser Ferdinand II. der Bischof Franz Wilhelm und Hoen.

E. K. M. wollen sich Allerg. erinnern laßen, welcher gestalt in
den Saxischen Kreysen annoch keine catholische Universität vorhan=
den, und dann nicht allein zu instruirung der Jugend in allerhand
facultäten, sondern auch zu mercklichem fortgange der allein selig
machenden catholischen Religion gereiche, wan solche Universität
des Endes an einem bequemen und gelegenen orthe, welchen wir bey
E. K. M. und des heyl. Reiches statt Goßlar vor anderen erpfunden
und ausgesehen, fundirt würde, stellen derowegen E. K. M. aller=
unterth. anhaim, ob sie das Stifft Gerenrode, jedoch dieser gestalt,
weilen selbige unmittelbar und ein stand des Reiches, daß der Uni=
versitatis Cancellarius (welcher Episcopus Hildesiensis alß Or=
dinarius loci gleich wie zu Jngolstatt Eichstetensis seyn könte),
damit dem Reiche nichts abginge, selbigen Statum repraesentiren
solte, zu verwenden und selbiger Universität fundator zu sein, sich
Allerg. belieben laßen wollen. E. K. M. geraicht solches zu einem
unsterblichen rhumb.

Regenspurg 13. Septbr. 1630.

Franz Wilhelm.
J. v. Hoen.

Beilage C.

(Ehem. Domcapitel=Archiv in Osnabrück).

Der Kaiser Ferdinand II. an Franz Wilhelm 21. Jan. 1631.

D. A. hat sich zu erinnern und auß vorigem unserm schreiben
verstanden, waß gestalt von Unß bey der vermöge Unsers publicirten
Kayß. Edictes und derentwegen angeordnete Executions-Commission
erfolgender restitution der Geistlichen stiffter, Clöster und guetter
zu mehrer fortpflanzung unserer uhralten allein selig machenden cath.

religion und Beförderung beß wahren cath. Gottesdienstes genedigst für guett angesehen, daß in beß hehl. Reichs Craißen für die **Patres Societatis Jesu**, alß welche mit haltung der Schuelen, embsiger Unterweisung der Jugend, auch fleißiger Exercirung anderer christlichen cath. Offizien nicht wenig frucht schaffen können, gewisse ortt und pläß zu erbawung Collegien und Seminarien außgesehen werden müssen, darüber Wir Unß uf einkommenden bericht, waß hierin weiter vorzunehmen, ferner in gnaden resolviren wollen.

Demnach Wir Unß dan dieses Werckh auß dem zur propagirung beß catholischen Wesens tragendem ehffer sonders angelegen sehn laßen, auch genedigst gern sehen möchten, wie unter andern auch in Unser und des hehl. Reiches Ober= und Nidersächsischen Creyß, bevorab aber in den Städten Bremen, Braunschweig, Hamburg und anderen dergleichen ortten, die Patres societatis Jesu introducirt, collegia oder auch seminaria auffgerichtet, und dazu gewisse Einkommen auß den vermöge Unsers publicirten Rayf. Edicts zu restituirenden gehstl. Güttern applicirt werden möchte u. s. w.

Der Kaiser erwartet darüber Bericht.

Anhang.

Das Theatrum Europaeum über Tilly in Betreff der Eroberung von Münden 1626.

Es ist eine erfreuliche Kundgebung des Gerechtigkeitssinnes in der Geschichtschreibung unserer Zeit, daß von den verschiedenen Standpunkten und Parteien aus die Frage erörtert wird, ob Tilly im dreißigjährigen Kriege mit Recht oder Unrecht den bösen Namen trage, der traditionell ihm anzukleben scheint. Aus der Erörterung dieser Frage entspringt nothwendig die zweite: woher denn, wenn der böse Name ihm mit Unrecht aufgelanden ist, hat derselbe seinen Ursprung nehmen können? Es kann dabei, wie sich von selbst versteht, nicht genügen im Allgemeinen die Parteileidenschaft haftbar zu machen. Vielmehr muß eine Kundgebung derselben in den Berichten über die einzelnen concreten Fälle nachgewiesen werden. Es muß augenscheinlich dargethan werden, daß dieser oder jener Verfasser, dessen Bericht für das Urtheil der Nachwelt Geltung erlangte, der bestimmend auf dasselbe einwirkte, diesen seinen Bericht einrichtete gemäß seiner Abneigung, seinem Hasse, seiner Leidenschaft. Es liegt uns ein solches Beispiel vor in dem Berichte des Theatrum Europaeum über die Eroberung von Münden im Jahre 1626.

Die Entstehungsweise dieses Werkes ist bekannt. Abelin und nach ihm die anderen Gelehrten haben sehr häufig nur Aktenstücke und Flugblätter, oft ohne genauere Prüfung, zusammengebracht und wörtlich abgedruckt. Sehr häufig, jedoch nicht immer. Denn zuweilen hat auch eine Verarbeitung statt gefunden. Eine solche liegt uns hier vor an einem Flugblatte jener Zeit. Es ist dem Verfasser gelungen das Flugblatt aufzufinden, und dasselbe zur Vergleichung darbieten zu können.

(Abelins wichtigere Veränderungen durch Zusetzen und Weglassen sind durch gesperrten Druck auf beiden Seiten angedeutet).

Flugblatt von 1626.	Theatrum Europaeum (1635) I, 1031.
Zwischen diesem Verlaufe sind J. Exc. Herr Graf Tilly vor die Stadt Münden gerückt, in Willens dieselbe zur Devotion gegen kaiserl. Mjt. zu bringen, auch unterschiedliche Tractationsmittel, Accord und Pardon ihnen offerirt. Weil aber dessen Abgeordnete übel tractiret und ermordet worden,	Hierauf rückte Tilly mit seiner Armee auf Münden an dem Werraströme, in Willens die dänische Besatzung daselbst, so bishero den Seinigen mit Ausfallen und Streifen viel Schaden zugefügt, auszutreiben, und die Bürger, so es mit ihnen hielten, in k. Mjst. devotion zu bringen. Zu solchem Ende offerirte er ihnen unterschiedliche Tractationsmittel und Accord; aber sie waren ihnen nicht annehmlich, sondern fasseten sämmtlich eine Resolution sich tapfer zu wehren und zu halten, bis sie von dem Könige oder Herzog Christian entsetzt würden[1]. Dabei fingen etliche ein böses Spiel an, vergriffen sich an den Tillyschen und tractirten sie übel, welches ihren Handel arg genug machte, auch große Verbitterung bei dem Grafen von Tilly und seinem Volke verursachte. Derhalben gemeldeter Graf
als haben S. Excell. endlich den 6ten Monats Junii mit acht Regimentern drei Läger vor der Stadt geschlagen, als erstlich in der von den Mündischen selbst abgebrannten Vorstadt, die Blum genannt, allda der von Fürstenberg, Herr Cortenbach und Schönberger ihr Quartier gehabt, das zweite unter der Stadt, da die Werra und Fulda zusammenfließen, das dritte hat Herr General auf dem Galgenberge selbst	27. Mai / 6. Juni drei Läger vor der Stadt geschlagen, als das erste in der Vorstadt, die Blum genannt, so zu verhero von den Mündischen, damit sie sich desto besser defendiren könnten, selbst abgebrannt worden, allda der von Fürstenberg, Cortenbach und Schönberger ihr Quartier gehabt, das zweite unter der Stadt, da die Werra und

[1] Dieser ganze von Abelin erfundene Zusatz steht in Widerspruch mit den Berichten aus der Stadt. Man vergl. namentlich außer dem schwachen Buche von Billigerod die Zeitschrift des historischen Vereines für Niedersachsen, Hannover 1832 und 1837. Ich will nicht die Frage aufwerfen, ob Münden die Dänen gern aufgenommen, ob nicht dort eine ähnliche Gesinnung für Tilly und gegen die Dänen geherrscht, wie in der Stadt Hannover und den sämmtlichen Ständen der Landschaft Calenberg, sondern nur die Thatsache hervorheben, daß der Rath und die Bürgerschaft die Capitulation mit Tilly vorhatten und sich dann durch den Obersten Lawis (auch Clout genannt), der als Deserteur von kaiserlicher Seite nur den Strick zu erwarten hatte, in ihr Verderben hineinschrecken ließen.

inne gehabt. Sonntags ist beiderseits stark geschossen worden, und sonderlich hat der Herr von Fürstenberg über die Weser in die Stadt dapfer Feuer gegeben fast den ganzen Tag.

Montags ist nicht viel vorgenommen; allein hat sich der Herr General bemüht die Stadt per Accordo einzubekommen, inmaßen er zum dritten Male Trommeter in die Stadt geschickt. Es ist aber vom Obst-Lmt Clout keine andere Resolution erfolgt, als daß er gemeint zu fechten bis in den Tod, und hat die Besatzung viel höhnische und ehrenverletzliche Schmähworte durch die Trommeter hinaus entboten.

Dienstags hat Herr General anbefohlen alles Geschütz gegen die Stadt zu richten, und so lange Feuer zu geben, bis eine Pressa geschossen würde, daß man mit einem ganzen Regimente zur Sparung der Soldaten stürmen könnte. Welches dann der Herr von Fürstenberg effectuiret und vom Morgen zu 5 Uhren bis in die Nacht um 9 Uhr fast in die tausend Schüß in die Stadt und wider die Mauern gethan. Wie dann durch solch starkes und unabläßiges Schießen die Mauern an der Werra alle zerschmettert, die Belagerten aber keines Akkordes jemals begehrt, als hat der Herr von Fürstenberg um 9 Uhr mit zwei Regimentern, welche erst über die Werra setzen müssen, den Sturm anlaufen lassen, und dann in einer Viertelstund die Oberhand erhalten, in die Stadt gedrungen und alle Mannspersonen erlegt.

Fulda zusammenfließen, das dritte auf dem Galgenberge, welches der General selbst inne gehabt. Beide Theile theten gleich anfangs gegen einander ihr bestes und gaben häufig Feuer auf einander, also daß unter den Tillyschen viele erleget wurden. Demnach nun das Geschütz an bequeme Orte plantiret, versuchte der Graf von Tilly wiederum, ob er die Stadt mit Accord einbekommen möchte, gestalt er dann zum dritten Male Trompeter herein geschickt. Es ist aber von dem Obristen Clout keine andere Resolution erfolgt, denn daß er gemeint sei zu fechten, und die Stadt bis auf den letzten Blutstropfen zu defendiren, dabei die Besatzung noch viel höhnische Worte durch die Trompeter hinaus entboten. Worüber Tilly erzürnet, des anderen Tages befohlen alles Geschütz gegen die Stadt zu richten und so lange Feuer zu geben, bis eine Pressa geschossen würde, daß man mit einem ganzen Regimente zur Sparung des Volkes stürmen könnte. Welches dann der von Fürstenberg effectuiret und von Morgen zu 5 Uhren an bis in die Nacht um 9 Uhren fast an die tausend Schüße in die Stadt und wider die Mauern gethan, auch durch solch unnachläßiges Schießen die Mauern an der Werra alle zerschmettert worden. Dessen aber unangesehen haben die Belagerten keines Akkordes begehrt, sondern immer auf Entsatz gehofft[1]; aber es bekam ihnen hernach übel, daß sie ihre Sachen nicht besser in Acht genommen. Denn der von Fürstenberg um 9 Uhr mit zwei Regimentern, welche erst über die Werra setzen müssen, den Sturm anlaufen lassen, und in einer Viertelstunde die Oberhand erhalten und die Stadt erstiegen. Worauf dann der Jammer angangen und alles was den Soldaten vorkommen ohne alle Gnade niedergemetzelt, und weder Weib-

---

[1] Dieser Zusatz ist abermals eine Fiction Abelins; denn nach der Stellung der Heere war ein Entsatz nicht möglich. Tilly lag vor der schwach bewehrten Stadt mit 8 Regimentern, d. i. mit 21,000 M. Die Besatzung war 800 M. Der Widerstand gründete sich nur in der Persönlichkeit des Obersten, der seine Ursachen hatte, und in der Schwäche des Rathes, der dem Obersten gegenüber alle eigene Kraft des Willens verlor, und selbst in der letzten 16 stündigen Beschießung sich nicht ein Herz faßte zur Bitte um die Capitulation, die Tilly dreimal angeboten hatte. Der Menschenkenner Gustav Adolf bezeichnete ja als den Fehler seiner Mitwelt die ignavia saeculi.

Der größte Theil Bürger und Soldaten haben sich noch eine gute Zeit von dem Kirchhofe, allda sie sich zuvor verschanzt, mit Musketen wacker gewehrt. Als aber der Oberst Clout gesehen, daß es unmöglich denselben zu erhalten, haben sie sich mit wehrender Hand auf das Schloß retirirt, und sich dapfer gewehrt, daß es ums Schloß rings herum voller Todte gelegen. Darauf dann die übrigen sammt ihm vollends erlegt worden[1]. Sonsten ist die Muthmaßung, daß von all den Bürgern, Soldaten, Bauern, Schiffleuten in die 2500 Personen, welche nicht vor der Belagerung aus der Stadt kommen, über zwanzig Personen nicht lebendig blieben. Diejenigen Weiber, deren gar viel, so den Soldaten entgegen gelaufen und vermeinten ihre Männer zu erretten, sind auch todt geblieben.

Folgends sind 300 Mannspersonen von Allendorf und Witzenhausen Morgens mit Wagen dahin geschickt, die Todten zu begraben, und theils in die Weser zu führen.

Sonabends den 13. Juni hat man 18 Centner Pulver in einem Thurme gefunden. Dasselbe ist angangen, durch was Mittel aber, ist unbewußt, so in die 20 Häuser zerschmettert und viel Schaden gethan. Unter den Tillyschen sind von Befehlshabern Hauptmann R. todt geblieben, Freiherr und Captän D. durch eine Achsel geschossen, sein Lieutenant und des Würzburg. Regimentes Lieutenant todt blieben, sammt etlich 100 Soldaten todt oder beschädigt worden.

noch Mannespersonen verschonet worden. Der größte Theil Bürger und Soldaten, als sie der Tillyschen Tyrannei gesehen, haben sich noch eine gute Weile vom Kirchhofe, welchen sie zuvor verschanzt, mit Musketen tapfer gewehrt. Als aber der Oberst Clout gesehen, daß es unmöglich sich allda aufzuhalten, hat er sich mit denen, so bei ihm, wehrender Hand auf das Schloß retiriret, und den Tillyschen von da aus mit so scharfer Lauge gezwaget, daß es rings herum voller Todte gelegen, bis er endlich von ihnen auch übermannet und mit all den seinigen niedergemacht worden[1]. An 2500 Bürgern, Soldaten, Bauern und Schiffleuten, so in der Stadt gewesen, sind über 20 davon kommen, ohne was an Weib und Kindern, deren diese Bluthunde auch nicht verschont, ermordet worden. Gleichwohl sind bei solcher Eroberung der Tillyschen auch etliche hundert Mann auf dem Platze geblieben und viele hart beschädigt worden. Den folgenden Morgen, als den **31. Mai / 10. Juni** hat Tilly von Allendorf und Witzenhausen in 300 Mann mit Wagen dahin entboten, und die Todten, sonderlich seine Soldaten alle begraben, die von der Stadt aber mehrentheils, weil er ihnen die Erde nicht gegönnt, auf Wagen laden und ganz unchristlicher Weise in die Werra werfen lassen.

Welches seiner tyrannischen Stücklein, so er gegen die Evangelischen hier und da verübet, nit der geringstens eins gewesen.

Den 13ten Juni sind bei 18 Centner Pulver in einem Thurme, auf was Weise ist unbewußt, angangen, so viel Häuser zerschmettert, und den Tillyschen nicht wenig Schaden gethan. Der General war kurz vorher neben den vornehmsten Offizieren etwas zu recognosciren ausgezogen, sonst hätte ihn etwan das Unglück mit betroffen.

[1] Dies ist irrig. Der Oberst gebot seinem Diener ihn zu erstechen, also er fiel durch Selbstmord. Man vergl. die Berichte in der Zeitschrift a. a. O.

Die Vergleichung beider Berichte ergiebt, daß die Verschiedenheit desjenigen im Theatrum Europaeum lediglich aus der Subjektivität des Abelin stammt. In Meteren dagegen findet man S. 453 den ursprünglichen Bericht fast ganz unentstellt. Es ist dabei merkwürdig, daß der ursprüngliche Bericht eben so wie das Theatrum Europaeum zu Frankfurt a/M. gedruckt ist. Jener im Jahre 1626, dieses erschien zuerst 1635.

Wir haben das eine Beispiel hervorgehoben, weil es klar und augenscheinlich die Sachlage zeigt. Aber wir dürfen hinzusetzen: ex uno disce omnes. Die Anschauung von Tilly, welche Abelin hier an den Tag legt, geht durch das ganze Werk. Sie geht ferner nicht bloß durch das Theatrum Europaeum. Es ist eine bekannte Sache, daß die Thätigkeit Khevenhillers in den Ferdinandeischen Annalen häufig nur darin besteht, das Theatrum Europaeum wörtlich abzuschreiben. Man vergleiche zum Beispiele die Darstellung der Eroberung von Magdeburg. Dabei muß indessen anerkannt werden, daß auch das Theatrum Europaeum dort von der Tradition einer Grausamkeit, die dem Feldherrn Tilly persönlich zur Last falle, noch nichts weiß.

Es kann nicht die Absicht sein mit einem solchen Beispiele die Sache erledigen zu wollen. Wir verkennen es nicht, daß aus der Beantwortung der einen Frage immer neue Fragen emporschießen, daß wir gedrängt werden von der einen zur anderen. Wir haben zunächst nur einen Beitrag geben wollen zur Anbahnung eines richtigeren Urtheils. Es entspringt daraus die Warnung vor allzu vertrauender Benutzung des Theatri Europaei als Geschichtsquelle.

Untersuchungen über die ersten Anfänge des Gildewesens.

Von

O. Hartwig.

Bei der Darstellung des Gildewesens in seinen ersten Anfängen und seiner ursprünglichen Bedeutung bedarf es vor Allem der Festsetzung des Zeitpunkts, von welchem wir die ersten authentischen Nachrichten über diese Vereinigungen zu datiren haben, da die bisherigen Unter-suchungen nach dieser Seite hin keineswegs erschöpfend sind.

Wichtig ist besonders die Zeitbestimmung eines Concils von Nan-tes[1], welches Verfügungen gegen Verbrüderungen enthält und von den Einen zwischen 658 — 660, von den Anderen zu Ende des 9. saec. gesetzt wird, während Wilda[2] eine Zeitbestimmung zu geben gar nicht versucht hat. Die Veranlassung, dieses Concilium in das Jahr 658 zu versetzen, lag für die Vertheidiger dieser Ansicht nur in einer Notiz Flodoards[3], nach welcher auf Befehl des Papstes zwi-schen den Jahren 658 und 660 ein großes Concil zu Nantes ge-halten wurde, von dessen Festsetzungen uns aber nur eine Bestimmung über den Wiederaufbau der Abtei Hautvilliers bekannt ist. Allein es fehlt, da sich gerade diese nicht in dem uns erhaltenen Concilium Namnetense findet, nicht nur an jedem positiven Beweise, sondern es sprechen auch innere Gründe dagegen. Da nämlich in can. X die Zehntung als allgemein durchgeführt vorausgesetzt wird, so kann das Concil nicht vor der Mitte des 8. saec. gehalten sein[4]. Einen weiteren Anhaltspunkt bildet die Bestimmung über die Theilung des Zehntens in vier Theile. Da sich eine ganz gleiche gesetzliche Be-stimmung in den von Baluze[5] fälschlich dem Capitulare Karls des Großen aus dem Jahre 805 angehängten Beschlüssen des Concils

---

[1] Sirmond, Concilia antiqua Galliae III, 605. Hinkmar, Capitula ad presbyteros parochiae suae data anno 852. Opp. ed. Sirmond I, 713.

[2] Wilda, das Gildewesen im Mittelalter S. 39.

[3] Flodoardus, Historia ecclesiae Remensis. Lib. II, cap. VII. Hefele, Conciliengeschichte. Bd. III, S. 97.

[4] Cap. 776, 7, p. 36. ist nicht die erste allgemeine Zehntordnung, sondern die erste Erwähnung in den Capitularien. Daß die Zehntung erst im 8. saec. med. eingeführt wurde, ist notorisch, nur läßt sich eine nähere Zeitbestimmung nicht geben.

[5] Capitularia regum Francorum I, 428. Pertz, Mon. Germ. hist. Le-ges I, 77.

von Reispach) aus dem Jahre 799 wiederfindet, läßt sich die Entste=
hung mit vieler Wahrscheinlichkeit in den Anfang des saec. 9 setzen.
Ganz auf dieselbe Zeit verweisen auch die Bestimmungen über die
Funktionen des Archipresbyters (can. XI), da dieser erst in der
karolingischen Periode das Recht erhielt, die zu ordinirenden Geistli=
chen dem Bischofe vorzustellen und die Landgeistlichkeit zu beaufsichti=
gen [1]. Andererseits kann das Concil nicht nach 840 gehalten sein,
da Benediktus Levita Stücke daraus seinem Sammelwerke einver=
leibt hat [2].

Dieselbe Bedeutung, die das Concilium Namnetense für das
fränkische Gildenwesen hat, behaupten die Statuten der Gilden in
Cambridge und Exeter (nicht Oxford, wie Wilda irrig angibt) für
das Bestehen der Gilden bei den Angelsachsen. Die ersten von die=
sen hat Wilda (S. 43) vor die Invasion in das 9. oder 10. saec.
gesetzt, aber ohne genügende Gründe. Sie können vielmehr nicht vor
dem 11. saec. verfaßt sein [3]. Die verschiedene Stücke enthaltende
Handschrift Cod. Cott. Tib. B. 5 (nicht E. 5, wie bei Hickesius
steht) ist nämlich offenbar nicht vor dem Ende des 10. saec. begon=
nen, da die darin vorkommenden Verzeichnisse römischer und angel=
sächsischer Bischöfe gerade mit diesem Zeitpunkte abbrechen, auf wel=
chen auch die Mittheilung der in das Jahr 989 zu setzenden Reise
des Erzbischofs Sigeric nach Rom hindeutet. Das letzte Stück der
Handschrift ist eine Schenkungsurkunde Heinrichs II. von 1154.
Daß die Cambridger Statuten aber nicht in das 12., sondern in das
11. saec. zu setzen sind, ergiebt sich aus der Sprache (noch f statt
v oder u, noch cyninge, ealdormann, dagegen stlean für slean)
und der Geldwährung, welche für größere Summen noch nach Pfun=
den, für kleinere aber nach Marken und Oren bestimmt ist, was
erst seit der Herrschaft Kanuts und seiner Söhne (1016—42) ge=
wöhnlich wurde. Aus ähnlichen Gründen kann das Statut von
Exeter nicht älter sein, und eine dritte Urkunde, die von dem Bischof
Osbern gestiftete Brüderschaft betreffend, ist erst in der zweiten
Hälfte des 11. saec. abgefaßt, da der in ihr erwähnte Bischof Os=
bern nach Hickes (Diss. epistol. fol. 16), der sich auf ein Zeugniß
Wilhelms von Malmesbury beruft, ein Bruder des bekannten Wil=
helm Fitz Osbern, des ersten Rathgebers und Vertrauten von Wil=
helm dem Eroberer, war.

Daß die in den Gesetzen Ines von Wessex und Aelfreds er=
wähnten gegildan nicht als Gildegenossen aufzufassen seien, ist jetzt
allgemein anerkannt [4].

---

[1] Thomassini, Vetus et nova disciplina ecclesiae. Pars I, Lib. II.
Cap. V, 2.
[2] Lib. III, 375. 376.
[3] Die Anhaltspunkte zu dieser Ausführung verdanke ich der Güte des
Herrn Professors Dietrich in Marburg.
[4] Kemble, The Saxons in England I, 239. Marquardsen, über Hait
und Bürgschaft bei den Angelsachsen S. 27. K. Maurer, in der: Kritischen

II.

Die erste Erwähnung der Gilden in den uns erhaltenen Quellen ist demnach in dem Capitulare vom J. 779 [1]. Hier heißt es in dem cap. XVI: De sacramentis per gildonia invicem conjurantibus, ut nemo facere praesumat. Alio vero modo de illorum elemosinis, aut de incendio, aut de naufragio, quamvis convenientias faciant, nemo in hoc jurare praesumat. Durch dieses Verbot sollen Vereinigungen von Unterthanen, Gildonien genannt, deren Mitglieder sich durch gegenseitig gegebene eidliche Versicherungen unter einander verbunden hatten, aufgehoben werden. Dagegen will man sie als Vereine, die zu gegenseitiger Unterstützung in Fällen der Noth, bei Verarmung, Verlusten, die durch Brand und Schiffbruch herbeigeführt sind, fortbestehen lassen, vorausgesetzt, daß ihre Theilnehmer sich nicht eidlich unter einander verbanden. Man ersieht also aus diesem Verbote, daß die Vereinigungen, welche in ihm erwähnt sind, verschiedene Zwecke verfolgt haben müssen. Hätten sie sich auf die hier angeführten wohlthätigen Zwecke beschränkt, so ließe sich ein Verbot selbst der zu festerer Verbindung eingeführten Eidesleistung nur schwer erklären; zweifellos hatten sie nach dem Urtheil des Gesetzgebers eine gefährliche Richtung eingeschlagen, gegen die man einschreiten zu müssen glaubte [2].

Was waren aber nun die Tendenzen der Gildonien, um derentwillen Karl der Große sie verbieten zu müssen glaubte? Waren dieselben Vereine, um den staatlichen Anordnungen Karls Widerstand zu leisten, oder dienten sie als Mittelpunkte zur Bewahrung altheidnischen Aberglaubens, oder waren sie vielleicht die Heerde sowohl der politischen als kirchlichen Opposition gegen die karolingische Gesetzgebung?

Das Wort gildonia als Bezeichnung für eine bestimmte Art von Vereinen scheint im 8. und 9. saec. selbst nicht sehr gewöhnlich gewesen zu sein. Wir finden es nur an wenigen Stellen gebraucht; seine Form stand durchaus nicht fest; den Abschreibern der Capitularien scheint es zum Theil gar nicht geläufig gewesen zu sein. In einer Handschrift aus dem Anfang des 9. saec. steht für gildonia: ildohea; in einer spätern sogar nihil doma; andere Abschreiber fügten erklärende Zusätze bei. Man findet die Formen: geldiona, gildunia, ghildunia, gelda. Erst gegen Ende des neunten Jahr-

---

Ueberschau der deutschen Gesetzgebung I, S. 91. Wilda, das Strafrecht der Germanen S. 383. Schmid, die Gesetze der Angelsachsen. Ausg. 2. Antiquarisches Glossar s. v. gegilda.

[1] Capitulare francicum, Pertz I, 37. Das von Pertz neu aufgefundene Cap. Langob. hat diese Bestimmung nicht.

[2] Die Erklärung von Muratori (Ant. Italiae VI, 452), das Verbot habe den Zweck gehabt, die Mitglieder gegen den bei Leistung der Beiträge ausgeübten Zwang zu schützen, ist unhaltbar, wenn man die übrigen Erlasse gegen Conjurationen berücksichtigt.

hunderts scheint im fränkischen Reiche das Wort allgemeiner bekannt und gebraucht worden zu sein. In dem Canon des besprochenen Concils zu Nantes werden collectae vel confratriae, quas consortia vocant, verboten. Ungefähr fünfzig Jahre später (852) verbietet dagegen Hinkmar von Rheims, welcher diesen Canon in die für die Presbyter seiner Diöcese bestimmte Capitelsammlung fast wörtlich aufnahm: collectas, quas gildonias vel confratrias vulgo vocant, und in dem Jahre 884 heißt es im Capitulare Karlmanns: Volumus, ut presbyteri et ministri comitis villanis praecipiant, ne collectam faciant, quam vulgo geldam vocant, contra illos, qui aliquid rapuerint[1]. Im langobardischen Reiche scheint das Wort gar nicht im Gebrauche gewesen zu sein, während das Institut sich dort ebenso findet wie in Gallien und Deutschland[2]. In den letzteren Ländern waren gegen die Mitte des 9. saec. die Ausdrücke gildonia und gelda allgemein verbreitet als Bezeichnungen für eine bestimmte Art von Vereinigungen, während dagegen collecta für jede Art von Verbindung gebraucht wird, so für Banden von Dieben und Wegelagerern — gerade wie contubernium und im Angelsächsischen hlôd — und für Vereine zu religiösen Zwecken. Bemerkenswerth ist, daß, wenn collecta in dem ersten Sinne vorkommt, es nicht mit gildonia umschrieben, vielmehr von den mit diesem Worte bezeichneten Vereinigungen unterschieden wird. In dem Capitulare Karls vom Jahre 779 werden cap. XVI die gildoniae untersagt, und unmittelbar darauf folgt ein Verbot der collectae[3]. Ebenso werden in einem Inhaltsverzeichnisse dieses Capitulars die gelloniae und collectae auseinander gehalten, auch die Verbote gegen diese noch wiederholt erneuert, z. B. in dem Capitulare Ludwigs und Lothars aus dem Jahre 829[4]. Von diesen collectae sind zu unterscheiden die Vereinigungen, die in dem Capitulare Karlmanns von 884 verboten werden. Denn diese waren nicht abgeschlossen, um Andere zu berauben, sondern nur um Diebe zu verfolgen, also zum Schutz des Eigenthums errichtete Genossenschaften. Wenn man nun die in den Capiteln Hinkmars von Rheims erwähnten collectae, quas gildonias vel confratrias vocant, nach der

---

[1] Pertz I, 553.

[2] Pertz I, 232. Hlotharii I constitutiones Olonnenses cap. IV: Volumus de obligationibus, ut nullus homo per sacramentum nec per aliam obligationem adunationem faciat. Et si hoc facere praesumpserit, tunc ille qui prius ipsum consilium inchoavit et hoc factum habet, in exilio ab ipso comite in Corsicam mittatur, et illi alii bannum component. Et si talis fuerit qui non habet unde ipsum bannum componat, 60 ictus accipiat. Daß diese adunationes nichts Anderes waren als Gilden, beweist der Umstand, daß in einigen langobardischen Handschriften das Wort gildonia mit: i. e. adunatio erklärt wird.

[3] Cap. XVII: Qui ad palatium aut aliubi pergant, ut eos cum collecta nemo sit ausus adsalire.

[4] Pertz I, 352: Collectae ad male faciendum fieri omnimodis prohibentur.

von ihnen gegebenen Beschreibung mit den geldae des Capitulars von 884 vergleicht, so wird kaum auf den ersten Augenblick eine Verwandtschaft zwischen beiden ersichtlich sein. Hier bestehen die Gildonien aus Priestern und Laien, und die Frauen sind nicht ausgeschlossen. Ihren Mitgliedern wird verboten, über das hinauszugehen, quantum ad auctoritatem et utilitatem atque ad salutem animae pertinet. Diese höchst vagen Grenzen werden dann näher dahin bestimmt, daß die Mitglieder in allem Gehorsam gegen die Religion sich vereinigen sollen, um Oblationen an Lichtern, Wein und Brod darzubringen, für einander zu beten, die Exequien der Verstorbenen zu feiern und Almosen zu geben. Dagegen werden Schmausereien und Trinkgelage bei den härtesten Strafen verboten, weil diese zur Völlerei führten und die Veranlassung zu unrechtmäßigen Erpressungen, zu schändlichen Lustbarkeiten und Streitigkeiten gäben, die gar häufig mit Mord und langdauernden Feindschaften endigten. Wenn es dagegen nöthig sei eine Zusammenkunft der Bundesbrüder zu veranstalten, um Streitigkeiten die unter ihnen ausgebrochen wären, auszugleichen, so könne ein Jeder, der es wolle, nachdem die gottesdienstlichen Handlungen beendigt und die nöthigen Ermahnungen ertheilt seien, geweihtes Brod und Einen Becher Wein vom Presbyter erhalten, dann aber müsse er nach Hause zurückkehren.

Die Vereine, für welche diese Bestimmungen gegeben sind, verfolgten also religiöse Zwecke. Den Oblationen an die Kirche, welche man mit dem Opfer Abels verglich, schrieb man sündentilgende Kraft zu[1]; die Gebete wurden für die Seelen der verstorbenen Bundesbrüder verrichtet, für welche auch die Cleriker Messe lasen. Ob aber diese Vereine ursprünglich und allein zu diesen Zwecken gestiftet waren und sich nur auf diese beschränkten, ist mehr als fraglich. Hatten sie doch eine Art Jurisdiktion über ihre Mitglieder, indem sie Streitigkeiten derselben schlichteten, und geht doch das ganze Capitel darauf aus, ihrer Wirksamkeit engere Grenzen zu ziehen. Das Verbot der bei den Versammlungen der Bundesglieder stattfindenden Gelage und die Anspielung auf die bei denselben vorkommenden Ausschweifungen zeigen uns deutlich, daß die hier erwähnten gildoniae ebenso wie die in dem Capitulare Karls verbotenen ganz disparate Zwecke verfolgten. Daß hierunter auch der begriffen war, welchen sich die in dem Capitulare Karlmanns vom Jahre 884 erwähnten geldae gesetzt hatten, die Bundesglieder zu schützen, würden wir aber allein nach diesen beiden Urkunden anzunehmen keine Veranlassung haben, wenn nicht bei anderen germanischen Völkern Vereinigungen bestanden hätten, welche beide Zwecke, Schutz der Mitglieder gegen Diebstahl und Beförderung des Seelenheils derselben, vereinigten. Dieses zeigen uns die f. g. Judicia civitatis Lundoniae[2].

Die darin enthaltenen Statuten der Friedensgilden zu London

---

[1] Conc. Matiscon. 585. can. IV, Sirmond, Conc. Gall. I, 383.
[2] R. Schmid l. l. S. 156.

(cap. II — VIII) stammen zwar in der Form, in der sie uns jetzt vorliegen, aus der ersten Hälfte des 10. saec. Denn sie finden sich unter den Gesetzen König Aethelstans, der von 924—940 regierte[1]. Allein die Vereine, für welche sie gegeben sind, sind offenbar viel älter. So bis in das Einzelne hinein organisirt tritt keine Vereinigung ins Dasein, und keine erlangt es sofort, daß ihre Satzungen mit allgemeinen Landessatzungen der Art in Verbindung gebracht werden, daß sie mit ihnen vereint die Norm geworden zu sein scheinen, „auf welche die geistlichen und weltlichen Oberen die Friedgilden verpflichteten"[2]. Diese Londoner Gilden waren Assekuranzcompaguien gegen Diebstahl, indem ihre Mitglieder sich unter einander verpflichteten, den Schadenersatz für gestohlenes Vieh und entwendete Sklaven aus einer gemeinsamen Kasse zu leisten. Um aber den Viehdiebstahl überhaupt möglichst einzuschränken, machten sich die Mitglieder verbindlich, die Diebe gemeinsam zu verfolgen und ihren Spuren auch in anderen Marken nachzugehen. Alle Monate versammelten sich die Mitglieder dieser Vereine zu Gelagen, bei denen dann auch die gemeinschaftlichen Interessen, die Beobachtung der getroffenen Satzungen u. d. g. untersucht und berathen wurde. Starb ein Mitglied der Gilde, so mußte ein jeder Gildegenosse ein „feines Brod"[3] für das Seelenheil des Verstorbenen darbringen und fünfzig Psalmen singen oder binnen Monatsfrist singen lassen (cap. VIII, §. 1).

Unverkennbar herrscht eine weitgehende Uebereinstimmung in den Einrichtungen dieser Institute. Die religiösen Vorschriften für die Londoner Gilde treffen in allen Hauptpunkten mit denen in den Capiteln Hinkmars überein, und das Capitular Karlmanns zeigt, daß man auch in Gallien die Schutzgenossenschaften gegen Diebstahl kannte.

Noch größere Aehnlichkeit zeigt das Statut der Cambridger Gilde. Bei dem Eintritt in diese mußte Jeder einen Eid auf Reliquien leisten, daß er treue Brüderschaft halten wolle, wofür ihm die Gilde-

---

[1] Der Anfang des 10. saec. ist für die Geschichte des Städtewesens in England und Deutschland gleich wichtig. Wie Eadward England gegen die Einfälle der Dänen durch Anlage von Städten und Burgen zu sichern suchte, so Heinrich I. Deutschland gegen die Ungarn. Wie jener verordnete, daß alle Kaufhandlungen innerhalb der Burgthore abgeschlossen werden sollten, so befahl Heinrich alle Versammlungen und Gelage in den Städten zu feiern. Aethelstan war der Sohn Eadwards und Otto I. der Gemahl der Eaditha, der Schwester Aethelstans.

[2] R. Schmid l. l. Einleitung S. XLII.

[3] Gesufelne hlaf. In den Statuten der Orcy's Gilde zu Abbotsburr, die Kemble in eine spätere Zeit zu setzen geneigt ist, wird verlangt, daß je zwei Gildebrüder am Meßabend St. Petri einen Laib Brod 'well besewen and wel gesyfled', wohl gesiebt und ausgebacken, zum Zweck der allgemeinen Almosen darbringen sollen. Es ist wahrscheinlich hiermit feines, weißes Brod im Gegensatz zu dem schwarzen Roggenbrod, Pumpernickel, gemeint. Die Oblationen, deren Ueberreste als eulogiae, geweihte Brode, vertheilt wurden, bestanden auch im fränkischen Reiche aus weißem, feinem Brode.

brüder ihren Schutz versprachen. Bestiehlt denselben Jemand, so soll der Dieb dafür eine Buße von acht Pfunden entrichten, und weigert sich dieser, so soll die Gilde dem Benachtheiligten beistehen. Hat dagegen ein Gildegenosse als Bluträcher Jemanden erschlagen und muß hierfür das Wergeld bezahlen, so sollen ihn hierbei die Gilde-brüder unterstützen und die Summe zusammenschießen. Wenn jedoch der Todschlag leichtsinniger oder hinterlistiger Weise stattgefunden hatte, so tritt die Gilde nicht für den Mörder ein. Erschlägt ein Gildenosse einen seiner Brüder, so soll er den Friedensbruch sühnen, wie dessen Verwandte es wollen und seinen Eintritt in die Gilde mit acht Pfunden wieder erkaufen oder auf immer ausgestoßen bleiben. Beleidigungen von einem Gildebruder gegen einen Anderen verübt sollen mit Einem Sester Honig gebüßt werden. Stirbt Einer von ihnen, so soll die gesammte Brüderschaft seine Leiche dahin begleiten, wo der Verstorbene zu ruhen gewünscht hat. Wer sich aber von der Leichenbegleitung ausschließt, soll Einen Sester Honig entrichten. Sollte ein Gildebruder außer Land sterben oder krank darnieder lie=gen, so müssen ihn die Gildegenossen gleichfalls bei Strafe Eines Se=sters Honig lebend oder tod in die Heimath schaffen. Von den Ko=sten der Leichenmahlzeit bestreitet die gemeinschaftliche Kasse die Hälfte, und außerdem steuert jeder Bruder zwei Pfennige zu Almosen und einem Geschenke an die Kirche der h. Etheldryth bei [1].

Die Satzungen der Cambridger Gilde, die eine reine Privatge=sellschaft war, bieten so viel Aehnlichkeiten mit den Statuten der Londoner Friedgilden dar, daß wir kaum umhin können, den Ur=sprung dieser gleichfalls in etwas Anderem zu suchen als in einem Uebereinkommen einer Anzahl freiwillig zu einer Gilde sich vereini=gender Personen. Mit Recht hat auch Marquardsen gegen Kemble hervorgehoben, daß die Londoner Verbrüderungen dem Kerne nach mit den übrigen angelsächsischen Gilden, wie sie zu Exeter, Cam=bridge und an anderen Orten bestanden, identisch seien [2].

Nicht unerheblich sind aber weiter die Aufschlüsse, welche wir aus der Vergleichung dieser Urkunden für die Erklärung mancher Ausdrücke in den fränkischen Capitularien erhalten. Karl der Große verbietet vor Allem den Vereinen, ihre Verabredungen — conve-nientiae — eidlich bekräftigen zu lassen. Nach dem Cambridger Gildestatut leisteten die in die Brüderschaft neu eintretenden Mitglie=der einen Eidschwur, durch den sie sich zu Treue und Gehorsam ver=pflichteten. Hinkmar verbietet die Erpressungen, welche sich die Ver=eine bei ihren Gelagen zu Schulden kommen ließen. Was kann er Anderes unter den indebitae exactiones verstanden haben, als die Beitreibung der Beitrag= und Strafgelder, welche, wie das Cambrid=

---

[1] Kemble hat in dem Anhang D zum ersten Bande seines Werkes über die Angelsachsen in England die Uebersetzung von drei Gildestatuten gegeben. Den letzten Satz des Cambridger Gildestatuts hat er aber falsch verstanden.

[2] Marquardsen l. l. S. 42. Ebenso Maurer l. l. S. 95.

ger und Londoner Statut ergeben, auf die Uebertretung der Satzun=
gen gesetzt waren, die aber Hinkmar von seinem Standpunkt aus
als widerrechtlich erscheinen mußten? Ebenso werden nach Hinkmar
Streitigkeiten der Genossen unter einander durch die Brüderschaft selbst
geschlichtet. Hier finden wir sogar einen feststehenden Straftarif zur
Sühnung der Beleidigten.

Aus dem Allen ergibt sich eine nahe Verwandtschaft der Gil=
donien des fränkischen Reichs mit den Gilden der Angelsachsen. Die
letztern zeigen uns nur, wie es scheint, eine entwickeltere Verfassungs=
form. Dieses kann uns auch nicht befremden, da die über sie uns
erhaltenen Urkunden einer späteren Zeit angehören als die über die
fränkischen Gilden erhaltenen Nachrichten, und unter den Angelsachsen
denselben nicht die Beschränkungen auferlegt zu sein scheinen, welche
ihr Gedeihen auf dem Festlande verkümmern mußten.

Was war es denn aber, so müssen wir uns nochmals fragen,
was die weltlichen und geistlichen Gesetzgeber des fränkischen Reiches
gegen so nützliche Vereine, als welche sie uns nach den angelsächsi=
schen Urkunden entgegentreten, einnehmen konnte? Hinkmar findet
besonders an ihnen zu tadeln, daß sie die Veranlassung zu wüsten
Gelagen gäben, und es läßt sich nicht leugnen, daß ein für das
Seelenheil seiner ihm anvertrauten Gläubigen besorgter Kirchenfürst
in der damaligen Zeit Grund genug hatte, gegen alle Institute,
welche die Veranlassung zu solchen Gelagen bieten konnten, feindlich
gesinnt zu sein. Denn wenn die Priester einer Decanie, welche je=
den ersten Monatstag sich versammelten, um Besprechungen, Vigilien
und Messen für einen Verstorbenen zu halten, sich solchen Ausschwei=
fungen hingaben, wie sie uns Hinkmar schildert, so war es allerdings
gerathen, den Laien alle Gelegenheit zu ähnlichen Zusammenkünften
abzuschneiden. Nach dem Berichte Hinkmars leerten die Priester ihre
Becher auf das Wohl der Heiligen und der Seele des Verstorbenen,
lärmten, sangen obscöne Lieder, erzählten sich lustige Schwänke und
Mährchen, ergötzten sich an den unbeholfenen Sprüngen der vorge=
führten Bären, ließen Tänzerinnen vor sich auftreten und trieben
allerlei heidnische Mummereien[1]. Kein Wunder, daß solche Gelage
sehr häufig mit Mord und Todschlag endigten. Aber nicht allein
um diese zu verhüten, schritt Hinkmar gegen die Gelage ein, sondern
vielmehr deßhalb, weil die Gebräuche bei diesen heidnischen Ursprungs
waren. Ist doch ein Grund seines Verbots, daß sie teuflisch —
diabolicum — seien, was entsprechend der bekannten Umsetzung der
Götter in übelthätige, teuflische Wesen, nichts Anderes als heidnisch

---

[1] Hinkmar l. l. cap. XIV: Quomodo in conviviis defunctorum aliarumve
collectarum gerere se debeant. Ueber die Mummereien ist zu vergleichen Grimm,
Mythologie II, S. 867 s. v. talamasca. In den Capiteln Walthers von Or=
leans aus dem Jahre 858, cap. XVII, heißt es ganz ähnlich: Si quando in
cujuslibet anniversario ad prandium presbyteri invitantur, cum omni pudicitia
et sobrietate a procaci loquacitate et rusticis cantilenis caveant, nec saltatrices
in modum filiae Herodiadis coram se turpes facere ludos permittant etc.

bebeuten kann. Unbedenklich aber können wir annehmen, daß bei den Gelagen der Gilden dieselben heidnischen Gebräuche vorkamen wie bei den Priesterconventen. Hinkmar untersagt die pastos et comessationes als die Veranlassung der turpes et inanes laetitiae et rixae. Er hatte dieselben im 16. Capitel nicht näher zu schildern, nachdem er sie schon im 14. und 15. im Einzelnen aufgeführt hatte.

Diese noch nach altheidnischer Weise gefeierten Gelage scheinen aber auch für Kaiser Karl ein Grund des Verbotes der Gildonien gewesen zu sein. Denn daß die conjurationes, gegen welche die Bestimmung des Capitulars vom Jahre 789: Prohibendum est omnibus ebrietatis malum et istas conjurationes, quas faciunt per St. Stephanum aut per nos aut per filios nostros prohibemus [1], gerichtet ist, dieselben oder doch ganz ähnliche Vereinigungen waren wie die Gildonien des schon besprochenen Capitulars (779), dürfte keinem Zweifel unterliegen. Es wechseln hier nur, wie so oft in den Capitularien, die Ausdrücke für eine und dieselbe Sache. In Urkunden späterer Zeit wird das Wort conjuratio geradezu mit dem Worte „Ghilde" erklärt [2], und wir finden in der Bestimmung vom J. 789 wesentlich dasselbe wieder, was wir in den schon besprochenen Capitularien als den Grund des Verbotes der Gildonien erkannt haben. Denn es wird ja auch hier wieder in Verbindung mit einem Verbote gegen Vereine, die durch Eidschwüre bekräftigt waren [3], vor dem Laster der Trunksucht gewarnt. Diese Zusammenstellung erklärt sich aber doch nur so allein, daß die Vereine deßhalb verboten werden, weil sie ihre Mitglieder schwören ließen und die Veranlassung zu Gelagen gaben. Aus demselben Grunde werden wohl auch in dem Dekrete der Frankfurter Synode vom J. 794 alle diese Eidesgenossenschaften verboten [4].

Der Ausdruck, welcher hier als ein Synonym von conjuratio auftritt, conspiratio, deutet uns aber nun auch auf das Unzweideutigste an, daß die verbotenen Vereine eine politische Thätigkeit entfalteten, daß sie in irgend einer Weise sich den staatlichen Einrichtungen Karls entgegenstellten. Dafür spricht auch noch folgender Umstand. In dem Capitulare vom J. 805 werden cap. IX alle Fidelitäts=

---

[1] Pertz I, 68. Von Lothar II. wird dasselbe Verbot wiederholt, Pertz I, 442.

[2] Statuta Goslariensia (Huillard-Bréholles, Hist. dipl. Friderici II. Tom. I, 647): Preterea datum est regali precepto, quod nulla sit conjuratio nec promissio vel societas que theutonice dicitur Eyningo vel Ghilde nisi solum monetariorum.

[3] Du Cange erklärt conjuratio hier durch quodvis juramentum. Karl verbot also einfach alles Schwören beim h. Stephanus u. s. w. Da aber conjuratio sonst nirgends in dem Sinne von juramentum gebraucht wird, so ist diese Erklärung, die auch keinen rechten Sinn gibt, zu verwerfen. Näheres über die conjurationes per St. Stephanum weiter unten.

[4] Pertz I, 74: De conjurationibus et conspirationibus, ne fiant, et ubi sunt inventae, destruantur.

eide an Andere als den Kaiser und den Senior verboten, und in cap. X die Straffätze angegeben, mit denen gegen die eingeschritten werden soll, welche eine durch Eide bekräftigte conspiratio gebildet hätten. Es werden dabei drei Klassen unterschieden: diejenigen, welche sich verschworen und schon irgend einem Anderen Schaden zugefügt haben, sollen mit dem Tode bestraft werden; die, welche sich noch Nichts haben zu Schulden kommen lassen, sollen sich unter einander geißeln und die Haupthaare abschneiden; die Freien aber, welche durch Handschlag sich mit einander verbunden haben, sollen mit Eideshelfern beweisen, daß ihre Vereine keine gesetzwidrigen Zwecke verfolgt haben, oder, wenn sie dieses nicht können, ihr Wergeld zahlen; haben dagegen Unfreie solche Vereinigungen gebildet, so sollen sie gegeißelt werden [1].

Hier ergiebt sich mit Bestimmtheit, daß die Vereine verschiedene Zwecke verfolgten. Offenbar sind die im Capitulare von 779 erwähnten Vereine zu gegenseitiger Unterstützung identisch mit den hier angeführten, die nicht 'pro malum' bestehen. Auch hier werden entsprechend den im Capitulare von 779 verbotenen gildoniae Vereine mit eidlicher Verpflichtung der Mitglieder streng verpönt, und zwar, wie man aus dem Zusammenhange erkennt, schon deßhalb, weil es überhaupt gesetzwidrig war, irgend Jemanden einen Fidelitätseid zu leisten als mittelbar oder unmittelbar dem Könige. Die Strafe für die Uebertretung dieses Gesetzes steigerte sich nur noch, wenn die Verschworenen strafbare Handlungen wirklich ausgeführt hatten.

Die eidliche Verpflichtung der Theilnehmer an diesen Verschwörungen war aber auch schon für Karl Grund genug gegen sie einzuschreiten. Denn es wurde durch sie eine Lücke in seine ganze Gesetzgebung gebrochen. Um jeden Einzelnen an das Haupt des großen, von ihm gegründeten Lehnsstaates zu fesseln, hatte er es nicht bei der schon in der merowingischen Zeit geltenden Bestimmung bewenden lassen, daß jeder freie Unterthan ohne Unterschied der Nationalität dem Könige bei dessen Regierungsantritte den allgemeinen Fidelitätseid leisten solle, sondern hatte geboten, daß die ganze männliche, freie, über zwölf Jahre alte Bevölkerung den Treueneid schwören solle [2]. Bildeten sich nun Vereine, die ihre Mitglieder eidlich verpflichteten, so konnten dadurch sehr leicht Conflikte, namentlich wenn diese Vereine politischen Bestrebungen nicht fern blieben, herbeigeführt werden. In welcher Ausdehnung dieses aber geschah, läßt sich bei dem Mangel ausführlicher Nachrichten freilich nicht genau mehr ermitteln. Denn eben so wenig können die öfters wiederkehrenden Aufstände von Verschworenen, deren Niederwerfung Karl, wenn auch mit

[1] Pertz I, 133.

[2] Roth, Geschichte des Beneficialwesens S. 386. Das zwölfte Lebensjahr war auch in England das Huldigungsjahr; Kemble II, 35. (Ich erlaube mir hierzu auf die Ausführung in Bd. III. der D. V. G. zu verweisen, die diese Verhältnisse in etwas anderem Licht erscheinen läßt. G. W.).

großen Anstrengungen doch immer glücklich gelang, von dauernden Vereinigungen ausgegangen sein, als die Unruhen, die das fränkische Reich unter den Merowingern an den Rand des Unterganges brachten.

Es ist eine, durch kein einziges geschichtliches Document gestützte Hypothese Thierrys, daß die Gilden die Ursache der im fränkischen Reiche vor Karl dem Großen herrschenden Anarchie gewesen seien [1]. Für Thierry soll dieses nur als Folie für die Behauptung dienen, daß die in der merowingischen Periode herrschende Anarchie eine Folge der germanischen Institutionen gewesen sei, während die von den barbarischen Eindringlingen besiegte Raçe, nachdem sie unter Karl d. Gr. wieder zur Herrschaft gekommen sei, die Ordnung wieder hergestellt habe. Die Gilden hatten auf diese angebliche Anarchie aber eben so wenig Einfluß als auf den Aufstand der normannischen Bauern, den Thierry gleichfalls herbeizieht [2]. Bauernaufstände kamen in Frankreich zu allen Zeiten und unter den verschiedensten Regierungen vor. So im dritten Jahrhundert unter römischer Herrschaft und im vierzehnten Jahrhundert. So wenig als diese Bauernaufstände, hiengen die verschiedenen Verschwörungen, welche unter Karl d. Gr. und dessen Nachfolgern zu offenen Empörungen führten, mit dem Gildenwesen zusammen. Bei den Aufständen in Auster und Thüringen, die im Jahre 786 eine große Verwirrung im Reiche hervorriefen, deutet Nichts auf sie hin, wenn auch für sie der Ausdruck conjuratio gebraucht wird [3]. Für Karl war die Entschuldigung der Rebellen, daß sie ihm noch keinen Treueneid geleistet hätten, die Veranlassung, jetzt alle Unterthanen denselben schwören zu lassen [4]. Zweifelhafter kann man dagegen über den Charakter der Conjurationen der Unfreien in Flandern und Menpiscus sein, welche Ludwig der Fromme 821 verbot. Dieselben waren nicht etwa Vereine zu Räubereien, da sich auf diese eine besondere Bestimmung desselben Capitulars bezieht; auch waren sie nicht gegen die Herrn der Unfreien gerichtet, gegen welche sich diese wegen der von ihnen ausgehenden Erpressungen oder wegen der Beitreibung ihrer erst unter Karl d. G. fixirten Abgaben sonst oft genug erhoben [5]. Denn der Gesetzgeber findet es nöthig, die Herrn mit einer harten Strafe zu bedrohen, wenn sie die Vereinigungen bestehen ließen. Vergleicht man hiermit die Nachricht, daß die fränkischen Großen das arme Volk, welches schutzlos gegen die Einfälle der Normannen sich zu Conjurationen zusammen geschlossen hatte und den

---

[1] Aug. Thierry, Récits des temps Mérovingiens. ed. II. Tom. I, 314 ff.

[2] Dieses behauptet Thierry l. l. p. 326. Man vgl. dagegen Lappenberg, Geschichte Englands II, S. 34.

[3] Annal. Lauresham. ad a. 786. Annal. Naz. Cont. Pertz SS. I, 32 u. 42.

[4] Pertz Leg. I, 51: De singulis capitulis quibus domnus rex missis suis praecepit, qui nulla sacramenta debeant audire et facere, quam ob rem istam sacramenta sunt necessaria, per ordine ex antiqua consuetudino explicare faciunt, et quia modo isti infideles homines magnum conturbium in regnum domni Karoli regi voluerint terminare, et in ejus vita consiliati sunt, et inquisiti dixerunt quod fidelitatem ei non jurasse[n]t.

[5] Pertz I, 230. cap. VII. u. cap. I. Roth l. l. S. 377.

Räubern kräftig Widerstand leistete, gleichsam als Lohn für seine Kühnheit niederhieben [1], so könnte man wirklich glauben, daß die hier erwähnten Vereine der Unfreien Gildeverbrüderungen gewesen seien, die der Kaiser vielleicht nur als Zufluchtsstätten altheidnischen Aberglaubens nicht dulden wollte. Keinenfalls darf man dagegen, wie Eichhorn, die sächsische Stellinga für eine gildeartige Verbindung erklären. Die zwei unteren Classen des sächsischen Volkes waren seit der fränkischen Eroberung so in ihren alten Rechten geschmälert worden und ihrem alten Glauben noch so treu, daß es kaum des Versprechens von Lothar I., sie für ihren Anschluß mit Herstellung ihrer alten Rechte zu belohnen, bedurft hätte, um sie zum Aufstande gegen ihre Unterdrücker zu veranlassen [2].

Fassen wir die Ergebnisse der bisherigen Untersuchung zusammen, so stellt sich folgendes Resultat heraus.

Es bestanden im fränkischen Reiche während des 8. und 9. Jahrhunderts dauernde Vereinigungen zum Zwecke gegenseitiger Unterstützung für Fälle der Noth. Diesen Vereinen lagen auch religiöse Bestrebungen nicht fern. Wie sie für das Wohlergehen ihrer Angehörigen nach der irdischen Seite des menschlichen Daseins hin Sorge trugen, so auch für das Heil der Seelen. Da aber diese Vereine, Gildonien oder Gilden genannt, für die Interessen ihrer Mitglieder in einer Weise sorgen zu müssen meinten, die mit den neuen staatlichen Einrichtungen seit Karl d. G. häufig in Widerstreit gerieth, da sie ferner, um des Gehorsams ihrer Angehörigen sicher zu sein, eine Form der Vereinigung wählten, die dem Staate nicht allein wegen des Mißbrauchs, der mit ihr getrieben werden konnte, gefährlich erscheinen mußte, sondern bei den noch nicht gesicherten Rechtszuständen und bei der Vielgestaltigkeit des mühsam zusammengezwungenen Reichs wirklich gefährlich war, und da sie überdies durch die einen integrirenden Theil ihrer Institutionen bildenden Festlichkeiten die Erhalter und Träger heidnischen Wesens waren, so sah sich die weltliche und geistliche Gesetzgebung in die Nothwendigkeit versetzt, sie entweder gänzlich zu verbieten oder sie doch zu beschränken. Der in der Natur des germanischen Volkes tief begründete Zug nach Absonderung in kleine Kreise und freie Corporationen, welcher jeder einheitlichen Gestaltung des deutschen Staatswesens hemmend entgegentritt, konnte dem umfassenden und wahrhaft großartigen Scharfblicke Karls nicht entgehen und mußte ihn bestimmen, demselben bei der Durchführung seines auf Ein Princip gegründeten Einheitsstaates von Anfang an entgegen zu wirken.

---

[1] Annal. Bertin. ad a. 859, Pertz SS. I, 453: Dani loca ultra Scaldem populantur. Vulgus promiscuum inter Sequanam et Ligerim inter se conjurans adversus Danos in Sequana consistentes, fortiter resistit; sed quia incaute suscepta est eorum conjuratio, a potentioribus facile interficiuntur.

[2] Eichhorn, deutsche Staats- und Rechtsgeschichte, Ausg. IV. Bd. I, 827. Nithard Lib. IV, cap. II, Pertz SS. II, 668. Prudentius Trecensis ad a. 841, Pertz SS. I, 437.

III.

Da in den besprochenen fränkischen und angelsächsischen Ur=
kunden zwar die ältesten Nachrichten über den Bestand des Gilden=
wesens enthalten, dieselben aber keineswegs so alt als die Gilden
selbst sind, da sie ja dieselben als schon bestehend voraussetzen, so
müssen wir zur Erforschung der ersten Anfänge des Gildenwesens
noch einen Schritt über sie hinausgehen und nach weiteren Anhalts=
punkten für ihr Dasein und ihre ursprüngliche Tendenz suchen.

Wie es in der Natur derartiger Untersuchungen begründet ist,
hat man in den verschiedensten Institutionen die ersten Anfänge des
Gildenwesens zu erblicken geglaubt. Während Sybel die Vermuthung
ausgesprochen hat, daß die Gilden vielleicht als Trümmer der alten
Geschlechtsverfassung unter selbstveränderten Formen in die neuen Zu=
stände hinübergerettet seien, oder die scandinavischen Archäologen Finn
Magnussen und Münter die Grundlagen der ältesten Gilden in heid=
nischen Opfergenossenschaften gefunden zu haben meinen, hat Stenzel
erklärt, daß, wenn man die Gilden bereits im nordischen Heidenthume
finden wolle, dieses nicht weniger über das Maaß des historisch Be=
weisbaren hinaus geschossen sei, als wenn Türk die Franken aus
Troja kommen lasse. Wilda hat zwischen den Ansichten vermittelnd
bei der Bildung des Gildenwesens zwei Faktoren als mitwirkend an=
nehmen zu müssen geglaubt, einen aus dem Heidenthum herstammen=
den, die alten Opfermahlzeiten, und einen christlichen, die brüderliche
Liebe und Bereitwilligkeit zu gegenseitiger Unterstützung, dafür aber
lebhaften Widerspruch von Seiten Schaumanns und bitteren Tadel
von Gervinus erfahren müssen [1].

Es würde zu weit abführen, wollte man die Gründe, die für
jede dieser Meinungen geltend gemacht sind, aufzählen. Sybels An=
sicht ist als reine Vermuthung hingestellt, und dieselbe steht und
fällt mit den bekannten Grundanschauungen dieses Historikers über
die ältesten Verfassungsformen des germanischen Staates. Stenzel
ist offenbar in seinem Vergleiche zu weit gegangen, und Schaumann
hat wie Sachsse seine Gegenrede durch eine Menge von Vermuthun=
gen, unbewiesenen Voraussetzungen und offenbaren Unrichtigkeiten
nicht zum Besten empfohlen. Er schreibt Wilda Meinungen zu, die
dieser nie aufgestellt hat, und seine Etymologie des Wortes byer=
gilden aus den Worten: bei der gilden, d. h. Gildebrüdern, dürfte

---

[1] Sybel, Entstehung des deutschen Königthums S. 19; Finn Magnussen,
in den Baltischen Studien V, 2, S. 179. Stenzel, in Tschoppe u. Stenzel,
Urkundensammlung zur Geschichte des Ursprungs der Städte in Schlesien
S. 248 Anm. Schaumann, Geschichte des niedersächsischen Volkes S. 561
u. Vaterländisches Archiv des historischen Vereins für Niedersachsen 1841. S. 11.
Sachsse, Grundlagen des deutschen Staats= u. Rechtslebens S. 574. Außerdem
in zu vergleichen: Thierry l. l. I, 318. Fortuyn, de gildarum historia. Amste-
lodami 1834. Winzer, die deutschen Brüderschaften des Mittelalters. 1859.
Marquardsen l. l. S. 43. Rettberg, Kirchengeschichte Deutschlands II, 567.
Gervinus, historische Schriften VII, 459.

wohl noch weniger auf Richtigkeit Anspruch machen können als die Identification der Biergilden, der zweiten Klasse der Freien des Sachsenspiegels, welche von den Pfleghaften nicht näher zu unterscheiden sind, mit den fränkischen und bairischen bharigildi und den Burgilten, die Bürgergilden gewesen sein sollen [1]. Denn die Biergilden waren Vogteipflichtige, die wahrscheinlich eine Abgabe an Bier entrichten mußten, und über die bharigildi wissen wir durchaus nichts Zuverlässiges. Es ist kaum verzeihlicher, wenn Schaumann die Biergilden zu Mitgliedern von Gildegenossenschaften macht, als wenn Sachsse, von einer falschen Lesart des Capitulare saxonicum a. 797 verleitet, eine besondere Gattung von Gilden, die Wargilden, entdeckt zu haben meint [2].

Hiernach werden wir uns wohl der Berücksichtigung dieser Untersuchungen entschlagen dürfen, und, nur mit fortwährender Bezugnahme auf Wildas Abhandlung, die Entstehungsgeschichte der ältesten Gildegenossenschaften von Neuem aufnehmen müssen.

Schon aus Tacitus wissen wir, daß unsere Vorfahren die wichtigsten Staatsfragen bei Gelagen zu erörtern gewohnt waren, bei denselben Feindschaften beilegten und Familienverbindungen abschlossen [3]. Daß noch in weit späterer Zeit bei den deutschen Völkern Gelage zu gleichen Zwecken in großer Ausdehnung stattfanden, beweist die Nachricht Widukinds, daß Heinrich I. das Emporblühen der von ihm befestigten Städte dadurch zu heben gesucht habe, daß er die Berathungen, alle Zusammenkünfte und festliche Schmausereien in ihnen abzuhalten befahl. Verabredete doch Herzog Heinrich den Aufstand gegen seinen Bruder Otto I. bei einem celebre convivium in a Salfeld [4]. Die ursprüngliche Bedeutung der Gelage, von denen Tacitus berichtet, ist aus der deutschen Mythologie bekannt; es waren vorzugsweise Opfermahlzeiten. Dieselben fanden bei den großen Jahresfesten, die mit den Volksversammlungen und ungebotenen Gerichten

---

[1] Stobbe, die Stände des Sachsenspiegels, in der Zeitschrift für deutsches Recht, Bd. XV, S. 345. Gegen die im Text gegebene Ableitung des Wortes Biergilden wird nach dem, was Grimm wiederholt darüber bemerkt hat, sprachlich sich Nichts einwenden lassen und außer den Stellen die schon Stobbe für die Abgaben von Bier angeführt hat vgl. man Salomon Formelbuch c. ed. Dümmler Nr. 22. Neugart, Cod. dipl. Alem. No. 23. 24. 36. 40. 55. Meichelbeck, Tradit. Frising. No. 386. 477. 589 etc. Guérard, Polypt. d'Irminon p. 713. Not. 18. (Vgl. jedoch Walter D. R. G. §. 447. G. W.)

[2] Holste, der das Capitulare a. 797 zuerst bekannt gemacht hat, hatte wargilda für wargida gelesen, Pertz aber 1835 schon diesen Fehler berichtigt, während Sachsse 1844 noch die falsche Lesart aufnahm und darauf seine Theorie von den Wargilden, einem sonst nicht vorkommenden Worte, gründete. Sachsse S. 554.

[3] Tacitus, Germania cap. 22. Annal. I, cap. 50: Attulerant exploratores festam eam Germanis noctem ac solemnibus epulis ludicram.

[4] Widukind. I, 35, Pertz SS. III, 432: Concilia et omnes conventus atque convivia in urbibus voluit celebrari. Waitz, Jahrbücher des deutschen Reichs I, 1, S. 148. Widukind II, 15, p. 442.

zusammenfielen und bei besonderen feierlichen Gelegenheiten, Leichen=
bestattungen, Geburten, Hochzeiten, wichtigen politischen Ereignissen
u. s. w. statt. Die Todtenmahlzeit vertrat die Stelle der Erbantre=
tung und bei Königen die der Krönung [1]. Diese Mahlzeiten werden
nun Gilden genannt. Denn Gilde ist ursprünglich das aus gemein=
schaftlichen Beiträgen gehaltene Opfermahl, dann Opfermahlzeit über=
haupt, und endlich die Genossenschaft, wie Geld selbst Tribut, Zins
und dann Opfer bedeutet [2]. Zu diesen gemeinsamen Opfermahlzeiten
mußte jeder Freie seinen Antheil an Speise und Trank mitbringen.
Hatte man die Opferthiere geschlachtet, die Götterbilder und Altäre
und Tempelwände mit Opferblut bestrichen und das Volk damit be=
sprengt, dann wurde das Fleisch in Kesseln gekocht und verzehrt. An
die Speise schloß sich sofort auch der Trunk an. Beiderseits der Feuer,
so beschreibt Maurer eine solche Festlichkeit, über denen die Kessel
hingen, saß das Volk, und man trank sich gegenseitig über die Feuer
weg zu; dem Vorsitzenden, welcher den vornehmeren der beiden Hoch=
sitze einnahm, lag es ob, die Opferspeise und den Opfertrunk zu
weihen und die feierlichen Trinksprüche auszubringen. Man trank
aber Odins Becher um Sieg und Macht, Njörds und Freys Horn
um ein gutes Jahr und Frieden, auch wohl ein Horn für Thor, für
Bragi, für Freyja, oder zur Erinnerung an die eigenen verstorbenen
Blutsfreunde. Minne — minni — nannte man solches Trinken, und
der einzelne Becher wurde als full bezeichnet; das ganze Opfer
nimmt durch diesen gemeinsamen Genuß von Speise und Trank den
Charakter eines heiteren Gastmahls an: blotveizla, Opfermahl, mag
Feierlichkeit darum heißen, und gildi, ursprünglich das Opfer be=
deutend, kann später auch den Begriff eines einfachen Gastgelages
annehmen [3]. Als das Christenthum sich im Norden ausbreitete, muß=
ten sich die Uebergetretenen von diesen Opferschmausereien loskaufen,
wie Adam von Bremen berichtet [4], bis daß die Könige selbst Christen
worden und die Sitte große Gastmähler und Gelage zu halten fort=
setzen ließen. König Hakon verpflichtete sogar die Unterthanen, das
Bier zu dem Julfeste nach wie vor zu bereiten, und Olaf Tryggvason
hieß in Folge einer Weisung des h. Martin von Tours, der ihm im
Traume erschienen war, die Becher, die früher zu Ehren Odins und
der übrigen Götter geleert worden waren, jetzt zu Ehren Gottes, des
h. Martin und der anderen Heiligen zu Weihnachten, Ostern, am
Johannis= und Michaelisfeste trinken.

---

[1] K. Maurer, die Bekehrung des norwegischen Stammes zum Christen=
thum I, 249 Anm. 23.

[2] Müllenhoff, in der Allgemeinen Menatsschrift für Wissenschaft und
Literatur 1851. S. 341.

[3] Maurer l. l. II, 220.

[4] Adam. Brem. IV, c. 27: Ad quam solemnitatem in Ubsola nulli
praestatur immunitas. Reges et populi, omnes et singuli sua dona transmit-
tunt ad Ubsolam, et quod omni poena crudelius est, illi qui jam induerant
christianitatem ab illis se redimunt ceremoniis.

Vergleichen wir die Schilderungen, die von diesen Gelagen gemacht werden, mit den Andeutungen die wir über die pastos et comessationes in den fränkischen Nachrichten gefunden haben, so springt die Aehnlichkeit beider sofort in die Augen. Wenn es in der Sturlunga-Saga [1] von einem solchen Gelage heißt: Da war viel Lärm und Fröhlichkeit, gute Unterhaltung und allerhand Spiele, sowohl Tanzspiel als Ringen und Sagenunterhaltung, so sollte man glauben, Hinkmar von Rheims habe gegen dieses sein Verbot gerichtet. Auch wird uns jetzt die Bedeutung des Ausdruckes conjuratio per S. Stephanum deutlicher. War doch der Stephanstag der große Gerichtstag und mit dem Julfeste zusammenfallend. Ja es scheint, daß der h. Stephan ganz an die Stelle Njörds und Freys getreten war [2]. Man mochte jetzt zu Ehren des h. Stephan, Karls und seiner Söhne Minne trinken, wie früher zu Ehren der Götter. Daß man den Kaiser und seine Söhne mit herbeizog und auf ihr Wohl die Becher leerte, geschah wohl nur deßhalb, um den Gilden einen minder gefährlichen Anstrich zu geben oder aus wirklicher Verehrung gegen das Herrscherhaus, wie man später auch zu Ehren Olafs, Knuts und Erichs Gelage anstellte und nach ihnen Gildeverbrüderungen benannte. Wenn man zu diesen Aehnlichkeiten zwischen den altnordischen und fränkischen Gilden noch hinzunimmt, daß die Gerichtsgenossenschaft, die gesammte Volksgemeinde im deutschen Norden als eine religiöse Genossenschaft erscheint, daß dieselbe durch den Besitz eines gemeinsamen Tempels eben so gut zusammengehalten wurde wie durch den Besitz einer gemeinsamen Dingstätte oder durch das gemeinsame Kämpfen im Volksheere, dann möchte es scheinen, als ob man den inneren Zusammenhang zwischen den altheidnischen Gilden und den im christianisirten fränkischen Reiche auftretenden gar nicht in Abrede stellen könne. Die Gilden des fränkischen Reiches wären also gar nichts Anderes als die Ueberreste heidnischer Gelagsgenossenschaften. Da die Mitglieder derselben auch ursprünglich gewissen Rechtsverbänden angehört hätten, so erkläre sich daraus die Jurisdiktion, die die Genossenschaft über ihre Mitglieder ausgeübt habe, und es sei wohl begreiflich, wie diese Ueberreste altgermanischen Staatslebens mit den Institutionen der karolingischen Epoche nicht hätten in Frieden auskommen können. Auch die Sitte große Todtenmahlzeiten zu halten und den Todestag Jemandes durch Schmausereien zu feiern, wozu sich in Testamenten Summen ausgesetzt fänden [3], habe ihren Ursprung in heidnischen Gebräuchen, und sei deßhalb anfänglich streng verboten worden, habe sich dann aber leicht mit der christlichen Feier der Exequien verschmolzen. Da in den Gildestatuten niemals unterlassen werde, den Mitgliedern aufzugeben, den Todes-

---

[1] I, cap. 13, bei Maurer II, 426 Anm. 30.

[2] Simrock, Mythologie S. 521.

[3] Tabular. Privat. Ch. 160: Ut per singulos annos ad annuale meam commemorationem pastum optimum persolvant canonicis S. Juliani.

tag eines Bruders zu feiern, so sei die erste Veranlassung zu dieser Bestimmung auch nicht zu verkennen.

Gegen diese Ansicht wird eine Einwendung von Kemble, der sonst wie Wenige berufen erscheint hier mit zu reden, nicht viel Erfolg haben. Er meint, gegylda, Gildegenosse, könne nicht wohl einen bedeuten, der sich mit Anderen an einem gemeinschaftlichen Gottesdienst betheilige, sondern allgemein Jeden, der mit Anderen sich zu Beiträgen in eine gemeinsame Kasse vereinigt habe, weil man sonst nach Analogie der attischen Phylen und römischen Gentes auch annehmen müsse, daß diese Gilden Privatheroenculte gehabt hätten, wovon sich aber in unserer Mythologie keine Spuren fänden. Diese Ausführung kann schon deßhalb keine Berücksichtigung finden, weil unsere Quellen uns über diese Frage gänzlich im Dunkelen lassen, ja wir nicht einmal wissen, wie sich der germanische Heroencult von dem eigentlichen Gottesdienst unterschieden hat [1].

Viel begründeter ist das, was Wilda gegen die direkte Herleitung der Gildonien von den heidnischen Opfergenossenschaften einwendet. Er hebt hervor, daß von dem brüderlichen Aneinanderschließen in engere Kreise, das sich auf mannichfache Weise in gegenseitiger Hülfleistung ausspreche und worauf das eigentliche Wesen der Gilden beruhe, in den Nachrichten über die altgermanischen Opfergenossenschaften sich keine Spur finde. Die Gelage seien entweder zufällige Zusammenkünfte gewesen oder Versammlungen, an denen jeder Volksangehörige Theil nehmen konnte und sollte. Dabei trete aber keine engere, freiwillige Verbindung der Mitglieder nach eigenen Beliebungen, wie sie doch die uns erhaltenen Gildestatuten zeigten, hervor.

Aus diesem Grunde verzichtet dann auch Wilda darauf, das Gildewesen aus Einer Quelle abzuleiten, und glaubt in Einrichtungen der christlichen Kirche nähere Anknüpfungspunkte gefunden zu haben. Beachtenswerth als solche hält er die Verbrüderungen, die einzelne Klöster mit einander eingingen, und meint, da in den Gildestatuten dieselben Versicherungen brüderlicher Liebe und gegenseitiger Hülfsbereitschaft wiederkehrten, wie sie sich in diesen fänden, da ferner bei der Abschließung solcher Verbrüderungen zwischen den Klöstern auch für ihr Seelenheil besorgte Laien an denselben Theil genommen hätten, um dadurch nach ihrem Tode der Früchte der Gebete der Ueberlebenden theilhaftig zu werden, und auch in den Gildestatuten Seelenmessen für die entschlafenen Brüder angeordnet seien, daß diese Verbrüderungen der Klöster und der Anschluß der Laien an sie den ersten Anstoß zur Bildung selbstständiger Verbrüderungen gegeben hätten.

Mit der Institution, auf welche Wilda die ersten Anfänge des Gildewesens zurückführen will, verhält es sich nun genauer, als er ausführt, so.

Nach dem Vorgange der Gesammtkirche, welche Gebete für die Entschlafenen anordnete, deren Namen aus den Diptychen vorgelesen

---

[1] Kemble I, 240. Grimm, Deutsche Mythologie I, 359.

wurden [1], war es in den Klöstern Gebrauch geworden, Nekrologien
für die verstorbenen Klosterbrüder anzulegen. An dem Sterbetage
eines Bruders wurde in jedem Monat sein Name, nach der Verle=
sung des Martyrologiums und der Regel, einmal genannt. Als die
namentliche Aufführung der Verstorbenen nicht mehr stattfand, man
aber doch den Gebeten und Messen für die Todten große Kraft bei=
maß, benutzten dieses die Klöster und schlossen in die Gebete für die
entschlafenen Mönche auch die Wohlthäter des Klosters ein, um da=
durch die Freigebigkeit der Laien anzuspornen. Wenn nun diese, um
der Fürbitten der Klosterbrüder theilhaftig zu werden, sich an ein
Kloster anschlossen, so nannte man sie fratres conscripti, weil de=
ren Namen in das Martyrologium oder den liber vitae eingetra=
gen wurden [2]. Die älteste Urkunde, welche wir hierüber besitzen, ist
die Schenkungsurkunde einer Theodilana an das Kloster von St.
Denys vom Jahre 627, in welcher diese wegen ihrer Stiftungen
für das Kloster die Aufnahme ihres Namens in das Buch des Le=
bens verlangt [3]. Dieselben Motive führten auch die Verbrüderungen
der Klöster herbei. Die einzelnen wollten dadurch ihren Angehörigen
möglichst viele Messen sichern. Die ersten dieser Verbrüderungen
scheinen in England geschlossen zu sein. Denn wir finden sie zuerst
in den Briefen des Bonifacius erwähnt [4]. Später standen in Deutsch=
land und Gallien die meisten Klöster in solchen Fraternitätsverhält=
nissen, die höchst wahrscheinlich auf die spätere Bildung der Kloster=
congregationen nicht ohne Einfluß geblieben sind [5].

Hieraus ist aber doch nicht ersichtlich, welchen Einfluß die Ver=
brüderungen von Klöstern auf die Bildung von Gilden gehabt haben
sollen. Fühlten vornehme und niedere Laien das Bedürfniß sich Klö=
stern anzuschließen, so sehen wir keinen Grund ein, warum sich die=
selben durch die Gilden andere Formen zur Erreichung desselben
Zweckes hätten schaffen sollen. Auch sollte man erwarten, daß, nach=
dem einmal diese neue Form gefunden war, man zur alten nicht
wieder zurückgegriffen haben würde. Daß dieses letztere aber doch
der Fall war, beweist uns Wilda selbst. Auffallender Weise näm=
lich ist die Urkunde, welche Wilda gewählt hat, um uns die Zwecke
zu kennzeichnen, um deretwillen Klöster eine Fraternität eingingen
und sich Laien an diese anschlossen, aus d. J. 838, also aus einer
Zeit, in der die Gilden schon längst bestanden. Er hat sich also zur
Erklärung des Gildenwesens auf eine Urkunde berufen, die viel jünger
ist als Urkunden, nach denen die Gilden schon vorhanden waren, und

---

[1] Augusti, Denkwürdigkeiten der christlichen Archäologie XII, 305.
[2] Ekkehardi IV. Casus S. Galli, Pertz SS. II, 81.
[3] Mabillon, Vet. analecta III, 485.
[4] Rettberg II, 788.
[5] Antiquiores consuetudines Cluniac. monast. Lib. III, 33, in d'Achery
Spicileg. I, 702. Pez, Thes. anecdot. nov. VI, 2, fol. 122 u. 242. St.
Gallen stand z. B. in Verbindung mit Reichenau, Murbach, Rheinau, Bobic,
Dissentis, Kempten, Pfeffers, Werd u. A.

die sich mit einem Institut beschäftigt, das nur entfernte Aehnlichkeiten mit dem Gildenwesen hat.

Und doch liegt dem Einwurfe Wildas gegen eine direkte Ableitung der fränkischen Gildonien von den heidnischen Gelagsgenossenschaften eine ganz richtige Beobachtung zu Grunde. Denn gesetzt auch man gäbe vollständig zu [1], daß die Gildeverbrüderungen ihren Namen von den heidnischen Gilden erhalten hätten — eine Annahme, die noch weiter dadurch gestützt wird, daß später manche Gilden auch Minnen und die Gildebrüder sowohl im Holsteinischen als in Schwaben auch Minnebrüder genannt wurden — und räumte ferner ein, daß sich bei den fränkischen Gildeversammlungen ganz heidnische Gebräuche zeigten, die auf die Opfergelage zurückwiesen, so wäre doch damit noch keineswegs der Beweis erbracht, daß die Gildonien der Sache nach mit jenen Gelagsgenossenschaften in Zusammenhang zu bringen seien. Denn abgesehen von der Möglichkeit, daß ein Wort eine ganz andere Geschichte haben könnte als die Sache, für die es gebraucht wird, daß ferner dieselben heidnischen Gebräuche auf den Decanatsversammlungen der Presbyter Hinkmars wiederkehren, welche wir bei den Gilden finden, und für diese Convente doch wohl Niemand den Ursprung im Heidenthum suchen wird, so ist die Bemerkung Wildas ganz richtig, daß man von der Sitte, Schmausereien zu halten, gar nichts ableiten könne, das für die Gilden constitutiv sei. Wollte man hiergegen einwenden, daß es ja schon nachweisbar in heidnischer Zeit wirkliche Gilden gegeben habe und sich hierfür auf die bekannte vatikanische Abrenuntiationsformel: Forsachistu allum diobolgelde etc. berufen [2], so wird man hiergegen erwiedern müssen, daß diese Worte gar nicht bedeuten: Entsagst du aller Teufelsgilde, wie sie auch Pertz wiedergegeben hat, sondern nur: Entsagst du allem Götzendienst; denn diobolgeld ist nichts Anderes als cultus daemonum [3].

Eben so wenig wird man sich auch damit befreunden können, den

---

[1] Das Beispiel Kembles beweist, daß man dieses nicht immer thut. Das Wurzelwort ist so vieldeutig, daß man wirklich annehmen kann, gegylda bedeute einen, der sich mit Anderen an Zahlungen zu einem gemeinsamen Zwecke betheilige. — Eine ähnliche Geschichte wie das Wort Gilde hat sein Synonymon: Zeche. Denn dieses heißt zuerst allgemein: Veranstaltung, Einrichtung, Anstalt, das von Mehreren zu einem gemeinsamen Zwecke Veranstaltete, das was Mehrere an Geld, namentlich zum Besten einer Kirche, sammeln, dann erst die Summe, welche Personen, die gemeinschaftlich zusammen essen und trinken, zu bezahlen haben, so daß Zech oder Zechheit, wie z. B. in dem Compositum Richerzechheide nicht eine Trinkgesellschaft, sondern ganz allgemein eine Verbindung von Personen, die gemeinsame Rechte und gemeinsames Vermögen besitzen, bedeutet. Der Ausdruck Zeche für eine geistliche Gildeverbrüderung kommt auch vor Freher, Scriptor. rer. Bohem. p. 225: Confraternitatem clericorum et laicorum, quae dicitur Zech, dissuadent et haec omnia dicunt agi propter quaestum.

[2] So Sachsse S. 567 und Schaumann l. l. Die Formel bei Pertz Leg. I, 19.

[3] Grimm, Mythologie S. 34 und 957.

Ursprung der Gilden in dem Abschließen von Blutsfreundschaften zu finden, wie dieses unter den skandinavischen Helden Sitte war [1]. Und nicht minder unrichtig ist es, wenn man sagt, die Kirche selbst habe mit weiser Hand den Uebergang der heidnischen Gottesdienstverbrüderungen in christliche Brüderschaften geleitet. Denn die heidnischen Gilden waren keine Gottesdienstverbrüderungen, und es kann deßhalb von einer Umbildung derselben gar nicht die Rede sein.

IV.

Ueberblicken wir das Resultat unserer Untersuchungen über die Entstehung des Gildenwesens, so werden wir nicht umhin können, einzugestehen, daß dasselbe ein rein negatives ist. Denn die Anhaltspunkte, die man für das Vorhandensein der Gildegenossenschaften in dem altnordischen Heidenthume aufgefunden zu haben glaubte, haben sich als eben so hinfällig erwiesen, als die Analogien, die Wilda in christlichen Institutionen entdeckt zu haben meinte. Nur Ein Ergebniß ist es, welches aus der bisherigen Untersuchung, in deren Gang wir uns an unsere Vorgänger angeschlossen haben, klar hervorgeht, daß auf dem bisher betretenen Wege zu keinem Ziel zu gelangen ist, weil eben der eingeschlagene Weg ein falscher war. Man hat sich nämlich offenbar in der Fragstellung geirrt und zwei ganz verschiedene Fragen mit einander confundirt; die eine nämlich: Waren schon in heidnischer Zeit Gilden vorhanden, oder lassen sich ihre ersten Spuren erst unter den schon christianisirten germanischen Völkern nachweisen? und die andere: Sind die Anfänge des Gildenwesens in heidnischen Einrichtungen, oder in Institutionen der christlichen Kirche zu suchen? Es ist klar, daß man die erste aufwerfen und nach einer der beiden Seiten, in die sie auseinander fällt, beantworten kann, ohne daß damit nur irgend Etwas über die zweite ausgesagt wird.

Daß man aber diese beiden Fragen überhaupt verwechseln konnte, hat seinen Grund darin, daß man nicht sorgfältig das, was für die Gilden constitutiv war, von dem unterschied, was nur die äußere Form ihrer Vereinigung betraf. Da man einmal den Namen Gilden im nordischen Alterthume wieder fand, und Gastgelage bei den Gildevereinigungen stattfanden, die an heidnische Opfergelage erinnerten, so trug man kein Bedenken, diese mit jenen in einen Zusammenhang zu bringen, obwohl dabei außer Acht gelassen wurde, daß die Gildeverbrüderungen ganz andere Zwecke verfolgten und ganz anderen Bedürfnissen ihre Entstehung verdankten, als jene Zusammenkünfte zu Schmausereien und Gelagen. Hätte man nur die lateinischen Ausdrücke fraternitas, confratria, conjuratio, für die Vereine, die mit dem deutschen Worte Gilde zusammengefaßt werden, beachtet, es würde schwerlich diese Verwechselung vorgekommen sein.

---

[1] So Münter, Kirchengeschichte I, 181, und neuerdings Winzer. Ueber die Sache ist zu vergleichen Grimm, Rechtsalterthümer S. 118.

Allein noch ein anderes Mißverständniß trägt die Schuld an der Verwirrung, welche in den Untersuchungen über das Gildeinstitut herrscht. Man meint, das Gildewesen, da es nur Einen Namen trägt, und zwar einen solchen, der uns jetzt für einen Zweig desselben geläufig ist, könne aus Einer Wurzel abgeleitet werden. Man überschätzte die Zusammengehörigkeit der verschiedenen Arten von Gildeverbindungen, die doch schon in den karolingischen Capitularien einer verschiedenen Beurtheilung unterworfen werden. Freilich ist die objektive Ursache einer jeden Vereinsbildung nur eine, die Hülflosigkeit des Einzelnen. Aber so groß diese ist, so verschieden sind auch die Wege ihr zu begegnen. Es lassen sich jedoch drei Richtungen unterscheiden, in welchen sich dieselbe fühlbar machen kann, und danach werden alle Arten von Associationen innerhalb des Staates sich in drei Gruppen eintheilen lassen: entweder vermag der Staat die Aufgaben nicht zu lösen, um deretwillen er ins Dasein gerufen wurde, und es bilden sich Vereine, die das durch sich leisten wollen, was eigentlich Sache des Staates wäre; oder es fürchten die Staatsangehörigen, die Staatsgewalt dehne ihre Macht zu weit aus, und suchen deßhalb der Staatsomnipotenz durch Vereinigungen zur Wahrung der Rechte der Unterthanen Schranken zu ziehen; oder es entstehen Associationen, die nur Zwecke verfolgen, welche auch durch die beste Staatsverfassung nicht erreicht werden können, weil dieselben ihrer Natur nach nicht in das Gebiet der Staatsthätigkeit, sondern in das der Privatthätigkeit oder ganz anderer Institute z. B. der Kirche fallen. Es ist klar, daß, wenn es auch Associationen, wie gerade die Gilden, giebt, welche die Erreichung von mehr als Einem dieser Zwecke sich zur Aufgabe gestellt haben, die Vereinigung solcher heterogener Zwecke eine nur zufällige sein kann, und viel häufiger der Fall vorkommen wird, daß sich eine Verbindung zur Lösung Einer Aufgabe constituirt und dann allmählich noch eine andere hinzunimmt, als daß umgekehrt ein Verein von seiner Entstehung an sich zur Verfolgung verschiedenartiger Zwecke bildet. Jedenfalls werden wir annehmen dürfen, daß die Associationen, die wir mit dem Namen Gilden zusammenfassen, keineswegs so mit einander verwachsen sind, daß ihre Entstehung eine gleichartige und gleichalterliche ist. Vielmehr werden wir es geradezu als ein Axiom aufstellen können, daß ihre Entstehung, so wie sie verschiedenen Bedürfnissen abhelfen sollten, auch verschiedenen Zeiten angehört. Es löst sich also die Frage nach der Entstehung des Gildenwesens in mehrere auf, und wir werden deshalb zu untersuchen haben, in welcher Zeit uns die ersten Vereine zu gegenseitiger Unterstützung in Fällen der Noth oder zur Linderung der Armuth entgegen treten, dann die Ursachen zu entwickeln haben, welche zur Bildung der politischen Gildevereinigungen führten, und zuletzt die Anfänge der Schutzgilden, d. h. der Vereinigungen zum Schutze des Eigenthums, aufzeigen.

Die ältesten Spuren von Vereinigungen zu gegenseitiger Unterstützung treten uns in christlichen Umgebungen entgegen. Wir können uns zwar zur Begründung dieser Behauptung nicht bei der in den Kalandsgilden vorhandenen Tradition beruhigen, nach welcher schon der Bischof von Rom, Pelagius I. oder II., diese Vereinigungen von Geistlichen und Laien gekannt und ihnen eine Regel gegeben habe, weil die Urkunde, die für sie angeführt wird, zweifellos gefälscht ist[1]. Allein andere Documente werden sie hinlänglich rechtfertigen.

Als das Christenthum mit den Culturvölkern des klassischen Alterthums in Verbindung trat, hatten sich schon bei diesen Vereine gebildet, die den Associationen des Mittelalters nicht zu unähnlich sind. Ich will hierzu nicht an die ἔρανοι der Griechen erinnern, Vereine die durch gemeinsame Beiträge ihrer Mitglieder Gastmähler veranstalteten, aber auch ihre Theilnehmer, wenn dieselben durch Unglücksfälle verarmt waren, unterstützten und vielleicht auch eine Art von Handelscompagnieen bildeten[2]. Viel näher liegen uns zur Vergleichung die Sterbekassenvereine — collegia funeraria — der Römer, die in den ersten Jahrhunderten der christlichen Zeitrechnung so verbreitet waren, daß sich die Statuten eines solchen Vereines in Siebenbürgen aus dem J. 167 erhalten haben[3]. Von den Mitgliedern eines solchen Vereins erhielten die Erben des verstorbenen Mitglieds eine besondere Quote — funeraticium — ausgezahlt, wofür diese das Leichenbegängniß besorgten, dem die Vereinsmitglieder beiwohnten und dafür die üblichen sportulae erhielten. Blieb dagegen das funeraticium dem Vereine, so besorgte dieser die Bestattung. War das Mitglied zwanzig römische Meilen von dem Sitze des Vereins gestorben, so ließ dieser, wenn ihm die Nachricht von dem Sterbefalle zugegangen war, durch erwählte Vereinsgenossen, die dafür entschädigt wurden, den Todten bestatten, oder es erhielt der, welcher an der Stelle des Collegiums dieser Pflicht Genüge geleistet hatte, eine Entschädigungssumme. Diese wurde aus einer Vereinskasse ausgezahlt, welche durch eine Einlage und monatliche Beiträge gebildet war. Die Vereinsmitglieder versammelten sich zu Schmausereien, welche häufig, zuweilen mehre Male in einem Monate, wiederkehrten, namentlich aber an dem Tage ihrer Schutzgottheiten, die, nach einer Bemerkung Mommsens, ebenso nur den Namen dazu hergeben mußten, wie die christlichen Heiligen zu den mittelalterlichen

---

[1] Die betreffende Urkunde findet sich in dem Archiv der Kalandsgilde zu Celle und ist im Vaterländischen Archiv für das Königreich Hannover, Bd. 2, S. 46 u. f. als Sermo Pelagii pape unter anderen Actenstücken zur Geschichte der Kalandsgilde zu Celle abgedruckt. Trotzdem, daß in ihr Pelagius seinen Nachfolger Gregor I. citirt, hat Vogell l. l. die Aechtheit der Urkunde behaupten zu können gemeint. Bei Jaffé, Regesta P. R., ist die Urkunde nicht erwähnt.

[2] Platner, der Proceß und die Klagen bei den Attikern I, S. 229 u. f. Diese Vereine kamen aber wahrscheinlich nicht allein in Athen vor. Becker, Charikles herausgegeben von Hermann I, S. 70.

[3] Mommsen, De collegiis et sodaliciis Romanorum p. 92 ss.

Gilden. Besondere Strafen waren für die festgesetzt, welche die Ordnung bei den Gelagen störten.

Auf diese Vereine der Römer spielt Tertullian in der bekannten Stelle des Apologeticus an, wo er von der Bildung und Verwendung des Kirchenvermögens spricht [1]. Als die christlichen Gemeinden unter den Heiden zusammentraten, legten ihre Mitglieder je nach ihrem Vermögen Gaben in die gemeinsame Kasse — arca —, nicht wie jene Vereine an bestimmten Monatstagen, sondern wenn sie konnten und wollten. Aus diesem hierdurch gebildeten Gemeinvermögen, das nicht durch den Aufwand für Schmausereien und Gelage geschmälert war, wurden Arme verpflegt und beerdigt, die Waisen ernährt, Schiffbrüchige, Verbannte und Gefangene unterstützt. Schon im Anfange des 3. saec. aber wurden diese freiwilligen Geschenke der Gemeindemitglieder in monatliche Abgaben verwandelt [2], und als durch die Unterstützung der christlich gewordenen Obrigkeit, durch Schenkungen von Wohlhabenden u. s. w., das Kirchenvermögen so bedeutend geworden war, daß aus ihm Waisen-, Kranken- und Fremdenhäuser erbaut werden konnten, trat die freiwillige Liebesthätigkeit der Laien, denen alle Mitwirkung an der Verwaltung des Kirchenvermögens entzogen war, ganz zurück. In manchen Ländern gestalteten sich die Verhältnisse nach der Völkerwanderung jedoch wieder anders. So war es im fränkischen Reiche der Kirche nicht so leicht, Geschenke von Laien zu erhalten, wie im römisch-byzantinischen Kaiserthume. Es konnten hier nur die Geistlichen frei über ihren Nachlaß verfügen, die Laien hatten erst die Einwilligung der Erben zu Schenkungen beizubringen. Dann waren die Kirchengüter, namentlich während der Vakanz des Bischofssitzes, den Räubereien der Laien und niederen Geistlichen ausgesetzt, und die Zehnten gingen vor der karolingischen Epoche weder allgemein noch regelmäßig ein. Wenn nun doch das Kirchenvermögen im fränkischen Reiche ein colossales war und auch seiner Bestimmung gemäß so verwaltet wurde, „daß Alle Etwas hatten, die sonst Nichts hatten", so genügte dasselbe dennoch nicht, um alle an es gestellte Ansprüche zu befriedigen. Denn in Frankreich gab es zur Zeit des Ausganges der römischen Herrschaft ein so zahlreiches und hülfsbedürftiges Proletariat, daß auch die geordnetste Armenpflege, wie sie die Kirche durch die Einregi-

---

[1] Tertulliani Apologeticus cap. 39, ed. Oehler. p. 200: Etiam si quod arcae genus est, non de oneraria summa quasi redemptae religionis congregatur, modicam unusquisque stipem menstrua die, vel cum velit, et si modo velit et si modo possit, apponit; nam nemo compellitur, sed sponte confert. Haec quasi deposita caritatis sunt. Nam inde non epulis nec potaculis nec ingratis voratrinis dispensatur, sed egenis alendis humandisque et pueris et puellis re ac parentibus destitutis, jamque domesticis senibus, item naufragis, et si qui in metallis, et si qui in insulis vel in custodiis, dumtaxat ex causa dei sectae, alumni confessionis suae fiunt. — Justini apologia I, cap. 67, ed. Otte [1], 160.

[2] Am ersten Monatstage erwartete man die Beiträge zur Zeit Cyprians. Epp. Cypriani 28. 34. 66.

ftrirung der Armen in die matricula pauperum ecclesiae, durch
Aufnahme derselben in große Gebäude u. d. g. übte, nicht im Stande
war, in Kriegszeiten und Hungersjahren der Noth der unteren Klaf=
sen zu steuern [1]. Die Kirche mußte deßhalb davon absehen, alle den
Verpflichtungen, welche sie früher unter günstigeren Verhältnissen
auch als ihr Erbtheil übernommen hatte, nachzukommen. Hatten
früher die Bischöfe für die Armen und Waisen allein gesorgt, so
mußten sie zuletzt auf der zweiten Synode zu Tours die Städte zur
Verpflegung ihrer Armen mit herbei zu ziehen und sie für dieselben
verantwortlich zu machen beschließen. Hatte früher die Kirche Ge=
fangene und Sklaven freigekauft, so forderte sie jetzt die Gläubigen
auf, Sammlungen zu diesem Zwecke zu veranstalten, und ermahnte
die Reichen, wenigstens dem zehnten von ihren Knechten die Freiheit
zu schenken. Bei einer solchen Lage der Dinge war es natürlich, daß
sich Vereine von Geistlichen und Laien zu gegenseitiger Unterstützung
bildeten.

Es kann nicht befremden, daß uns über diese Vereine keine
genaueren Nachrichten erhalten sind. Bestanden doch dieselben in den
meisten Fällen wohl nur aus wenigen Mitgliedern und waren für
die Geschichtschreiber dieser Epoche von geringerem Interesse als die
wunderbaren Heiligengeschichten und großen politischen Ereignisse.
Doch haben wir eine sichere Spur von ihrem Vorhandensein. In
einem bisher wenig beachteten Canon der noch in manch anderer Be=
ziehung so wichtigen dritten Synode von Orleans (538) heißt es:
Si quis clericorum, ut in multis locis diabolo instigante actum fuisse perpatuit, rebellis auctoritati se in unum conjuratione intercedente collegerit, et aut sacramenta inter se data
aut cartulam conscriptam fuisse patuerit, nullis excusationibus
haec praesumptio praevellatur; sed res detecta, cum in synodum ventum fuerit, in praesumptoribus juxta personarum
et ordinum qualitatem a pontificibus, qui tunc in unum collecti fuerint, vindicetur; quia, sicut caritas ex praeceptis corde,
non cartulae conscriptione vel conjuratione, est exhibenda,
ita, quod supra sacras admittitur scripturas, auctoritate et
districtione est reprimendum [2]. Es ist dieses Verbot also gegen
Vereine von Geistlichen gerichtet, die auf Statuten oder auf eine
durch einen Eidschwur bekräftigte Verabredung basirt ihren Vorgesetz=
ten den schuldigen Gehorsam verweigerten. Aehnliche Verbote befin=
den sich noch in den Dekreten mehrerer Synoden. So werden im
18. Kanon der Synode von Chalcedon (451), Verschwörungen der
Cleriker mit harten Strafen bedroht, und die Bestimmungen dieses

---

[1] Rückert, Culturgeschichte des deutschen Volkes II, 343. Die in die
Matrikel der Kirche eingetragenen Armen — matricularii —, welche in der
Regel auch in einem Kirchengebäude wohnten, hatten eine vollständige corpo=
rative Verfassung; S. 346 Anm. 5. Roth, Von dem Einflusse der Geist=
lichkeit unter den Merovingern S. 11.
[2] Sirmond l. l. I, 254.

Concils, so wie die ähnlichen des trullanischen, werden von der mittel=
alterlichen Kirchengesetzgebung wiederholt eingeschärft. An sie erinnert
das Concil von Narbonne (589), wo nur aus Unwissenheit der Ver=
fasser des Decrets das Concil von Nicaea statt des von Chalcedon
genannt wird. Bemerkenswerth ist jedoch in diesem Verbot die Notiz,
daß die Verschwörungen der Geistlichen sich unter dem Schutz von
Laien zu bilden pflegten[1]. Auch aus dem Jahre 610 hat sich das
Verbot eines Nationalconcils zu Rheims gegen derartige Conjura=
tionen erhalten[2]. Eben so werden von der Synode zu Aachen 789
diese Verschwörungen mit ausdrücklicher Berufung auf die chalcedo=
nensischen Bestimmungen untersagt.

Können wir nun freilich aus dem bloßen Vorkommen solcher
Conjurationen unter den Clerikern, welche vorzugsweise gegen die hö=
here Geistlichkeit gerichtet waren, keinen Schluß auf das Vorhanden=
sein von Einigungen unter den Angehörigen dieses Standes machen,
die den Verbrüderungen von Laien zu gegenseitiger Unterstützung ähn=
lich gewesen seien, so zeigt uns doch die Motivirung des Verbots
der Synode von Orleans, daß die Geistlichen bei Bildung ihrer
Vereine, wenigstens nach Außen hin, ganz andere Zwecke hervorheben,
als sie in der Wirklichkeit haben mochten, was aber doch hinwiederum
beweist, daß auch Vereinigungen, gegen welche solche Anklagen nicht
erhoben werden konnten, wirklich existirten. Denn die Schlußworte
haben nur dann einen Sinn, wenn man sie dahin deutet, daß in
ihnen eine Zurückweisung eines Motivs zur Gründung derartiger
Vereinigungen gegeben werden soll. Die christliche Liebe, will die
Synode sagen, hat ihren Ursprung in den Vorschriften des Herrn
und äußert sich in herzlicher Bethätigung derselben gegen Alle; sie
bedarf keiner Statuten und beschworenen Vereinigungen, ein Gedanke,
der im Mittelalter noch wiederholt gegen Verbrüderungen zu wohl=
thätigen Zwecken von den besseren kirchlichen Stimmführern geltend
gemacht wird[3]. Wenn uns zwar nun in den Geschichtschreibern der

---

[1] Sirmond. I, 400. Gregorii Tur. Hist. Franc. VI, cap. XI.
[2] Flodoardi Historia ecclesiae Remensis Lib. II, cap. V.
[3] Wir verweisen hierfür auf die Vita des Stephan von Tigerno, der
zwischen 1073 und 1083 den Orden von Grammont stiftete. Hier heißt es
cap. IX: Qua ratione confraternitates secularium hominum vitabat. Interea
gratia familiaritatis rogabatur a quibusdam, ut pro redemptione animarum
et utilitate pauperum permitteret ibi fieri conjunctionem hominum, quae vulgo
solet appellari convivium fratrum; quod cum attentius investigaverat, tamquam ipse penitus ignoraret, solerter requirens: quotiens in anno; referenti-
bus et quasi docentibus, cavens a cupiditate, nolens perdere quietem, viriliter
respondebat: Vos annuum consortium instituere monetis, nos autem continuum
illud observare nitimur. Quid enim aliud agimus quotidie nisi opera publica? Bona nostra, si qua sunt, communia sunt omnibus. Scitote, quoniam
fratrum orationibus alias prolixiores superaddere nequimus. Quid igitur
amplius vobis promittamus, ut vestra magis accipiamus, quandoquidem alia
non daremus? Postmodum discipulis suis populi petitionem secreto decla-
rabat dicens: Sic et sic admonent nos, sub specie bonitatis fieri simonia-
cos; sed absit a nobis divinum vendere officium. Opus est enim merce-

merowingischen Periode nur Nachrichten von Verbrüderungen der Geistlichen erhalten sind, die nichts weniger als frommen Zwecken dienten, so genügen doch schon die wenigen Andeutungen über die Vereinigungen von Geistlichen zu wohlthätigen Zwecken, um uns ihr Vorhandensein gegen alle Zweifel zu sichern.

Ganz ähnliche Vereine, wie die in dem Decret des Concils von Orleans vorausgesetzten, scheinen auch die Genossenschaften gewesen zu sein, die Karl d. G. im J. 779 erlaubte. Diese hielten wohl auch Zusammenkünfte, um ihre Interessen zu berathen, und daß bei diesen die gemeinschaftlichen Schmausereien nicht gefehlt haben werden, zeigt uns die allgemeine Sitte der Zeit. Heidnische Festgebräuche schlossen sich nun an diese eben so leicht an, wie an die Gelage der Priester einer Decanie.

Aber noch ein anderes Motiv scheint bei Gründung derartiger Unterstützungsvereine häufig mitgewirkt zu haben.

Als die Ansicht Gregors I. sich immer mehr verbreitete, daß durch das Opfer des Abendmahls nicht allein Kranke geheilt würden, sondern auch den Seelen der Verstorbenen ein besseres Schicksal bereitet werden könne, als diese wohl sonst verdient hätten, da begann man sich mit Anderen zu Vereinigungen zu verbinden, deren Mitglieder für einander die Messe lasen und beteten. Der Todtenbund, den ein großer Theil des fränkischen Clerus zu Attigny 765 mit einander einging, verfolgte diesen Zweck[1]. Die Geistlichkeit anderer Länder folgte diesem Beispiele nach. Daß nun Vereinigungen von niederen Geistlichen und Laien sich dieselben Garantieen für das Seelenheil ihrer Mitglieder verschaffen wollten, ist sehr begreiflich. Laienvereine konnten dieses aber am Besten dadurch, daß sie Geschenke an Klöster oder Kirchen gaben, denen man ja auch schon an und für sich Sünden tilgende Kraft zuschrieb. Frühe schon scheint es namentlich im fränkischen Reiche Sitte geworden zu sein, Kerzen zu schenken. Ein Beispiel hiervon finden wir aus dem Jahre 616 erwähnt. Die Kirche, die gern derartige Gaben von Vereinen annahm, förderte ihre Zwecke doppelt, wenn sie dieselben darauf hinwies, ausschließlich für das Seelenheil ihrer Mitglieder Sorge zu tragen. Denn es flossen ihr dann reichlicher die Gaben zu, sie unterwarf die Vereine immer mehr ihrer Gewalt, und konnte sie von den heidnischen Festgebräuchen um so leichter abhalten.

Als die Ausläufer dieser Vereinigungen haben wir die in Nord- und Mittel = Deutschland so häufig vorkommenden Kalandsgilden anzusehen. Dieser, wie es scheint, in Süddeutschland, Frankreich, Belgien u. s. w. nicht vorkommende Name wird besonders für Vereine von Geistlichen und Laien gebraucht, die sich zu frommen Zwecken, Almosengeben, Unterstützung ihrer Mitglieder, Stiftung von Seelmessen u. d. g. gebildet hatten und an dem ersten Tage jedes

___

narii tunc orare, cum aliquid datur, et a precibus cessare, cum nihil datur. Martène et Durand, Coll. ampl. VI, 1123.

[1] Pertz Legg. I, 29.

Monats zu Schmauſereien und Gelagen zuſammenkamen. Dieſem Gebrauche verdankten die Vereine die Namen: Fraternitas Kalendarum, Kalandsgilde, und dann kurzweg Kaland. Wenn auch dieſer Name erſt in Urkunden aus dem 13. Jahrhundert auftritt, wo die Kalandsgilden den ſich neugeſtaltenden Bettelmönchsorden gegenüber eine beſondere Thätigkeit entfaltet zu haben ſcheinen, ſo waren doch dieſe Vereine ſchon ſeit dem 9. saec. nachweisbar vorhanden, und die Sitte an den Kalenden Schmauſereien zu halten im Mittelalter nicht allein bei den Decanatsverſammlungen der Geiſtlichen, ſondern auch ſchon während des 9. saec. in den Klöſtern üblich [1].

Trotzdem daß alſo dieſe Vereine anfänglich höchſt ungefährliche Tendenzen verfolgten, denen auch in ſpäterer Zeit eine große Anzahl von ihnen treu blieb, ſo ſcheint es ihnen doch ſchwer geworden zu ſein, ſich immer innerhalb der Grenzen des geſetzlich Erlaubten zu bewegen. Denn überall iſt das Geſetz wirkſam geweſen, daß das Bewußtſein einer engeren Gemeinſchaft anzugehören das Gefühl der Kraft und Sicherheit ſteigert, dieſes dann aber wiederum den Einzelnen und durch ihn die Geſammtheit verführt, gezogene Schranken nicht zu reſpectiren, ſondern nach allen Seiten hin zu durchbrechen. Treten nun noch dazu im Staatsleben Veränderungen ein, durch welche die Einzelnen ihre theuerſten Intereſſen verletzt ſehen, ſo werden oft die unſchuldigſten Vereine die natürlichen Sitze einer Regierungsfeindlichen Oppoſition, oder es bilden ſich gar neue Vereinigungen mit den alten unſchuldigen Formen und Zwecken, nur um ihre Tendenzen deſto ungeſtörter verfolgen zu können.

Derartige Vorgänge ſcheinen ſich auch in der karolingiſchen Periode wiederholt zu haben. Durch die umfaſſende und faſt alle Staatsverhältniſſe umgeſtaltende Reichsgeſetzgebung Karls d. G. wurden alte Freiheiten gekürzt und vernichtet und an die Stelle eines mehr oder weniger loſen Staatsverbandes und eines unſicheren Rechtszuſtandes geordnete Zuſtände eingeführt. Es iſt nichts natürlicher, als daß ſich gegen dieſe Neuerungen eine ſtarke Oppoſition bildete, die in wiederholten Aufſtandsverſuchen ſich Luft zu machen ſuchte. Wir werden nicht irren, wenn wir annehmen, daß auch die Gilden, welche ſchon Karl dem G. durch die Form ihrer Vereinigung Anlaß gaben gegen ſie einzuſchreiten, von oppoſitionellen Elementen nicht ganz frei waren.

---

[1] Die älteſte unter dieſem Namen vorkommende Gilde iſt nicht die zu Hörter an der Weſer, wie Gieſeler, Kirchengeſchichte II, 2, S. 489 Anm. 4, engiebt, ſondern, ſo weit mir bekannt iſt, die zu Aſchersleben; Pröhle, Chronik von Hornhauſen S. 28. — Die Handſchrift der Leipziger Univerſitätsbibliothek — Ms theol. in fol. 108. —: Tractatus devoti patris Johannis Indaginis Carthusiensis de Calendarum societate, iſt zwar ſchon um 1450 geſchrieben, enthält aber doch für die Geſchichte der Kalandsgilden nichts von Bedeutung. — Ekkehardi IV. Casus S. Galli, bei Pertz SS. II, 81, heißt es vom Abt Salomon (899—919): Convivia fratribus duodecim diebus in anno, id est in Kalendis, praetextatus noster, quamdiu seculariter vixit, hilariter facere suevit, in quibus et ipse, si aderat, minister procedebat.

Eine der für das Gemeinwohl nachtheiligsten Folgen der karo=
lingischen Gesetzgebung war die Verminderung des Standes der
Altfreien. Karl hatte selbst noch Gelegenheit dieselbe in ihrer Ge=
fährlichkeit kennen zu lernen, und war bemüht derselben, so viel als es
ohne die Verletzung seines Systems möglich war, entgegen zu wir=
ken. Allein er war nicht im Stande dieselbe aufzuhalten, und was
der mächtige Regent nicht vermochte, konnten seine schwachen und
charakterlosen Nachfolger gar nicht mehr leisten. Bei dem Drucke,
den die gewaltthätigen Herzöge und Grafen auf die Untergebenen
ausübten, schrumpfte die Zahl der Altfreien immer mehr zusammen.
Nur wo dieselben in größerer Anzahl zusammengedrängt wohnten
oder durch die eigenthümliche natürliche Beschaffenheit ihrer Wohn=
sitze gegen die Verfolgung ihrer Bedrücker gesicherter waren, ver=
mochten sich dieselben in ihren Freiheiten zu behaupten.

Schon zur Regierungszeit Karls des Großen scheinen vorzüglich
die Städte die Sitze von Gildevereinigungen gewesen zu sein. Wir
haben schon Gilden zur Unterstützung von Schiffbrüchigen in dem Ca=
pitulare von 779 erwähnt gefunden. Wo aber Schifffahrt ist, da ist
auch Handel, und wo Handel, da sind auch Stapelplätze und stadt=
artige Niederlassungen. Wirklich finden wir auch in den Städten
die ältesten politischen Gildecorporationen vorhanden. Denn sicherlich
ist das summum convivium oder juratum convivium, das 1130
in Schleswig bestand, eben so gewiß eine Gildegenossenschaft als die
Richerzechheide in Cöln, welche ihre uralten Privilegien bei Gelegen=
heit eines Streites des Burggrafen und Vogtes 1169 aus ihrem
Schreine hervorholte [1]. Wir können freilich die Entstehungsart dieser
städtischen Corporationen nicht an der Hand von Urkunden weiter
verfolgen. Allein da ihre Mitglieder altfreien Geschlechtern ange=
hörten und sie selbst im Besitze großer Rechte und Befugnisse wa=
ren, so werden wir hieraus einen Schluß auf ihr längeres Bestehen
machen dürfen und um so weniger Bedenken tragen diese einflußrei=
chen politischen Corporationen mit den karolingischen Gilden in Ver=
bindung zu bringen, als wir ja wissen, daß in England die Statu=
ten eines solchen Privatvereins die Grundlage einer Stadtverfassung
geworden sind, und ihre Aufnahme in die Reichsgesetze gefunden
haben.

Was aber die Besorgniß, die angeerbte Freiheit zu verlieren,
nicht allein vermocht hätte, das hat die Noth der nachkarolingischen
Periode zur völligen Ausbildung gebracht. Bei der greulichen Ver=
wirrung, die bald nach dem Tode Karls eintrat, und den wiederhol=

---

[1] Hegel, Städteverfassung von Italien II, S. 397. Arnold, Verfas=
sungsgeschichte der deutschen Freistädte I, 400. Auf die Frage über Aechtheit
oder Unächtheit der betreffenden Urkunde über die kölnische Richerzechheide,
welche erst in der neuesten Zeit angeregt worden ist, vermag ich hier nicht
näher einzugehen. (Ich muß mich für die von Stumpf behauptete Unächtheit
erklären, auch aus äußeren Gründen, nachdem ich durch die Gefälligkeit des
Herrn Archivars Dr. Ennen das angebliche Original in Köln eingesehen. G. W.).

ten verheerenden Einfällen der Normannen, mußte die besitzende Klasse wohl suchen das Erworbene zu behaupten. Daß sich damals Gilde= vereinigungen gegen Räuberbanden bildeten, wissen wir ja auch aus dem Capitulare vom J. 884. Wenn man aber erwägt, daß gerade bei Verfolgung von Dieben der Selbsthülfe nach germanischem Rechte verhältnißmäßig noch der weiteste Spielraum gelassen war [1], so wird dieses Verbot gegen die Schutzgilden nur dann erklärlich, wenn man entweder annimmt, daß dieselben immer wieder aus der Vertheidigung in den Angriff übergingen, oder daß die Gesetzgebung noch keinen rechten Mittelweg zwischen den Bedürfnissen und Wünschen der Be= völkerung einerseits und den Erfordernissen einer einheitlichen Regie= rungsgewalt andererseits zu finden wußte. Das letztere scheint jedoch das Wahrscheinlichste zu sein. Denn in England finden wir ja diese Gilden nicht allein erlaubt, sondern sogar deren Satzungen in die Reichsgesetze aufgenommen, ein Umstand der hinlänglich beweist, daß eine Regierung, welche die Rechte und das Eigenthum ihrer Un= terthanen zu sichern bedacht war, sich recht gut der freien zu gleichem Zwecke gestifteten Vereine bedienen konnte, ohne dadurch in ihrem Ansehn und in ihrer Macht wirkliche Einbuße zu leiden. Unter König Aethelstans ruhmvoller Regierung ist wenigstens von einem schädlichen Einflusse der Gilden nichts zu verspüren. Aehnlich wie mit diesem Fürsten in England scheint mit Heinrich I. in Deutsch= land eine umsichtigere Behandlung und Verwendung des Gildenwesens begonnen zu haben. —

Fassen wir hiernach das Resultat unserer Untersuchungen zu= sammen, so ergiebt sich, daß von den freien mittelalterlichen Associa= tionen, welche man erst seit dem 8. saec. wegen der bei ihren Zu= sammenkünften gefeierten Gastmahle und Trinkgelage, die den heidni= schen Opferschmausereien ähnlich waren, Gilden nannte, die Vereine zu wohlthätigen Zwecken und gegenseitiger Unterstützung die ältesten sind, und daß sich schon im Laufe des 8. und 9. saec. in Folge der eingetretenen staatlichen Veränderungen zur Wahrung der persönlichen Freiheit und des Eigenthums die Anfänge der politischen Gildecor= porationen aufweisen lassen, welche für die Entwicklung des mittelal= terlichen Städtewesens von der größten Bedeutung geworden sind.

---

[1] Wilda, Das Strafrecht der Germanen S. 902.

Kritische Untersuchungen über das Verhältniß zwischen Olympiodor, Zosimus und Sozomenus.

Ein Beitrag zur Geschichte der germanischen Völkerwanderung

von

J. Rosenstein.

Daß Zosimus bei Abfassung des letzten Theiles seines Geschichts=
werkes (von lib. V, cap. 26 bis zu Ende) den Olympiodor zu
Grunde gelegt habe, ist eine bereits von den älteren Interpreten auf=
gestellte Ansicht [1]. Dieselbe hat indeß bisher meines Wissens noch
keine ausführlichere Darlegung gefunden, obwohl durch eine solche ein
wesentlicher Beitrag zur Kritik des Zosimus und Olympiodor ge=
wonnen wird.

Bei einer hierauf zielenden Untersuchung wird es aber mit einer
Vergleichung jener beiden Autoren allein nicht gethan sein. Wir
werden noch einen dritten, den Sozomenus, hinzunehmen müssen, wel=
cher, wie erwiesen werden soll, gleichfalls bei seiner Darstellung den
Olympiodor sehr stark benutzt hat. — Dies ist bisher fast ganz
übersehen worden. Nur Valesius und Reitemeyer [2] haben gele=
gentlich bei zwei Stellen im Sozomenus den Einfluß des Olympio=
dor mit Recht anerkannt, ohne indeß den ganzen einschlagenden Be=
richt jenes Autors darauf zurückzuführen. Im Uebrigen hat man
immer den Sozomenus neben Olympiodor und Zosimus citirt, zur
weiteren Bekräftigung der von diesen gegebenen Nachrichten.

Sehen wir zunächst, in welchem Zusammenhang unsere drei Au=
toren den Theil der Geschichte aufnehmen, der hier für uns in Be=
tracht kommt.

Am wenigsten wird sich da über Olympiodor sagen lassen, denn
sein Werk kennen wir nur aus einem von Photius, also in der zwei=
ten Hälfte des 9. Jahrhunderts, angefertigten sehr dürftigen Ex=
cerpt. — Olympiodor im aegyptischen Theben wahrscheinlich zu Be=
ginn des 5. Jahrhunderts geboren, seines Bekenntnisses ein Heide,
schrieb unter der Regierung des dritten Valentinian ein Werk, ὕλη
genannt, welches unter Anderen auch über die historisch merkwürdigen
Ereignisse der Zeit von 407—425 handelte. Das Werk ist übri=
gens durch den Verfasser ausdrücklich gegen die Zumuthung verwahrt,
als sei es ein geschichtliches: nur einen historischen Commentar hat

---

[1] cf. **Reitemeyer**, de Zosimi fide, bei **Vollbarth**, biblioth. philolog.
Bd. II, auch in der Vorrede zu seiner Ausgabe des Zosimus und in den
Noten derselben zu V, 26.

[2] **Valesius** ad Sozomen. IX, 11. **Reitemeyer** ad Zosimum V, 29.
(Kurz bemerkt hat es im Allgemeinen K. **Müller** in s. Ausg. der **Fragmenta**
hist. Graec. IV, p. 57.   G. W.)

12*

es vorstellen sollen. Soweit man es aus dem Excerpt des Photius beurtheilen kann, muß es eine wunderliche Aneinanderreihung von Notizen der verschiedensten Art gewesen sein. Da sind Berichte aus der Zeitgeschichte, Beobachtungen, welche auf Reisen in allen Gegenden der damaligen Welt aufgelesen waren, nebst den dazu gehörigen Betrachtungen und Reminiscenzen, gelegentlich wol auch ein Scandalosum u. dgl. m. Alles dieses, das in der eigentlichen Fassung auf 22 Bücher vertheilt war, hat Photius in abgerissenen Fragmenten ohne jeden Zusammenhang, ohne Berücksichtigung der Chronologie, wiedergegeben. Aber so wenig dies auch ist, dennoch hat es stets für eine der vorzüglicheren Quellen dieser Periode gegolten. Und das mit Recht, denn es ist das Werk eines durch Zeit und Ort den Ereignissen nahe stehenden Mannes, der, soviel man sehen kann, eine ganz nüchterne, von keinen Tendenzen gefärbte Auffassung der Dinge hatte. Was an dem Excerpt auszusetzen ist, kann fast nur, wie sich zeigen wird, dem Photius Schuld gegeben werden, der durch sein ungeschicktes Kürzen vieles verdunkelte. — Das Excerpt zerfällt, soweit es für uns in Betracht kommt, in größere und kleinere Fragmente. In einigen derselben muß der Wortlaut des eigentlichen Olympiodor festgehalten sein, denn nur so läßt sich die oft wörtliche Uebereinstimmung derselben mit manchen Stellen im Zosimus und Sozomenus erklären. Außerdem kann man die Fragmente darnach scheiden, ob sie in Kurzem Vieles zusammendrängen, oder ob sie Beziehungen auf ganz bestimmte einzelne Ereignisse in detaillirten Zügen enthalten. Photius hat für dies Letztere eine ganz besondere Vorliebe gehabt. Aber eben das Nebeneinanderstellen von solchen Partien, die allgemein resumiren, und anderen, die ganz detaillirte Nachrichten enthalten, ohne daß irgendwie der Zusammenhang gewahrt wäre, giebt dem Excerpt einen unbefriedigenden Charakter. Denn aus den allgemein gehaltenen Fragmenten entnehmen wir eine lückenhafte und mitunter auch unrichtige Kenntniß. Die zweite Kategorie der Fragmente aber wäre ohne Zosimus und Sozomenus vieler Orten unverständlich. Ich hoffe nun nachzuweisen, daß Zosimus und Sozomenus viel geeigneter sind, uns einen Begriff von der ursprünglichen Fassung und dem wirklichen Inhalt des Olympiodor zu geben, als jenes Excerpt des Photius. Die Erzählungen der beiden Autoren erhalten aber durch die Zurückführung auf den Bericht eines Zeitgenossen eine Gewähr, die ihnen bislang gefehlt hat.

Sozomenus, ein Zeitgenosse des jüngeren Theodosius, giebt in dem bei weitem größten Theile des 9. Buches seiner Kirchengeschichte einen gedrängten Bericht der Ereignisse in Italien und Gallien von 407—410. Dergleichen Einsätze, die der eigentlichen Kirchengeschichte ferner stehen, finden sich auch sonst bei ihm, so für die Geschichte Constantin des Großen und die des Julian. Für die erste Zeit der Völkerwanderung ist er eine unserer wichtigeren Quellen. Keineswegs ganz frei von dem etwas einseitigen und superstitiösen Standpunkt der Kirchenhistoriker, zeigt er doch in seiner Einleitung eine

außerordentlich verständige Auffassung von den Pflichten des Ge=
ichichtschreibers [1]. Die Fassung des von uns zu betrachtenden Ab=
ichnitts wird dafür ebenfalls Zeugniß ablegen. — Dieses Stück ist
ohne jeden Uebergang an das Vorhergehende angeknüpft. Nur ganz
am Schluß (X, 16) wird hier, gleichsam zur Rechtfertigung der lan=
zen Einschaltung, gesagt, daß alle jene Ereignisse in Gallien und
Italien, aus denen bekanntlich Honorius und das Westreich, wenn
auch nicht siegreich, so doch mit augenblicklicher Beseitigung der stö=
renden Elemente hervorgingen, nur erzählt seien, um zu zeigen, wie
es für einen Kaiser zum Schutze seines Reiches genüge, wenn er ein
io eifriger Diener Gottes wie Honorius sei. Außerdem finden sich
in dem Bericht selbst nur äußerst wenig Betrachtungen, die vom
Standpunkt des Kirchenschriftstellers aus gemacht sind. Kurz das
ganze Stück hebt sich dem Inhalte nach scharf aus dem Uebrigen
hervor. Das kann nur die Vermuthung bestärken, daß sich dasselbe
auf eine besondere Quelle gründet. Diese ist nun, wie wir sehen
werden, eben Olympiodor. Der Bericht beginnt mit der Katastrophe
des Stilicho und den dieser unmittelbar vorangehenden Ereignissen im
Jahre 407, also eben da, wo Olympiodor anhebt. Nachdem derselbe
einige Male von Nachrichten unterbrochen, die für uns unwichtig sind,
endet er mit der Niederlage der Usurpatoren in Gallien.

Ganz ähnlich steht es mit der Erzählung des Zosimus, dessen
Zeit uns bekanntlich weder durch Quellenangaben noch durch Vermu=
thung hinreichend gesichert ist. — Dieser Theil ist gleichfalls nur
ücht lose angeknüpft; und charakteristisch ist dabei namentlich, daß
er nach einer mehr als zehn Jahre umfassenden Lücke in der Ge=
ichichte Alarichs und des Westens folgt. So sind wichtige Er=
eignisse mit ihren Erfolgen ganz übergangen; besonders die erste Ex=
pedition Alarichs nach Italien und was damit zusammenhängt. Eben
dadurch sind auch verschiedene Unrichtigkeiten im Anfang der Erzäh=
lung bedingt, auf die ich noch näher zurückkommen werde. Dann
aber folgt eine detaillirte, ziemlich glatt fortlaufende Darstellung der
Begebenheiten in Gallien und Italien vom Jahre 407 bis zu An=
fang des Jahres 410, wo das ganze Werk ohne Abschluß und wahr=
scheinlich auch gegen den ursprünglichen Plan des Verfassers endet. —

I. Gehen wir jetzt auf die eigentliche Untersuchung ein, so
wird es sich zunächst darum handeln, nachzuweisen, daß Zosimus und
Sozomenus den Olympiodor überhaupt gekannt und benutzt haben.

1. Hierfür kommt bei Zosimus vor Allem die bekannte Stelle
V, 27 in Betracht. Er berührt dort die Gründung Ravennas und

---

[1] Sozomen. I, 1 gegen Ende: ἐπεὶ δὲ μάλιστα τῆς ἀληθείας ἐπι-
μελεῖσθαι χρεὼν διὰ τὸ τῆς ἱστορίας ἀκίβδηλον, ἀναγκαῖον ἐφάνη μοι, ὡς
οἷόν τε ἦν, πολυπραγμονῆσαι καὶ τὰς τοιαύτας γραφάς (Werke arianischer
Priester). εἰ τοίνυν καὶ στάσεις Ἐκκλησιαστικῶν πρὸς ἑαυτοὺς περὶ προε-
δρίας ἢ προτιμήσεως τῆς οἰκείας τιμῆς τε διεξέλθω, μή τῳ φορτικὸν ἢ
φιλοχάκον προαιρήσεως εἶναι δόξῃ, τοιαῦτά με ἱστορεῖν· πρῶτον μὲν γὰρ,
ὡς εἴρηται, πάντα δεύτερα ποιεῖσθαι τῆς ἀληθείας τὸν συγγραφέα προσήκει.

beſtreitet dabei eine Meldung, die er bei dem „Thebaner Olympiodor“ über denſelben Gegenſtand gefunden hat [1]. Die Beziehung auf denſelben Autor, deſſen Werk Photius excerpirt, iſt hier klar. Die Stelle weiſt, wenn nicht auf Benutzung, jedenfalls auf Kenntniß deſſelben von Seiten des Zoſimus hin. Zugleich legt ſie Zeugniß dafür ab, daß dieſer bei Aufnahme von dergleichen antiquariſchen Notizen auch eine gewiſſe Kritik beobachtet hat, dem Olympiodor keineswegs überall blind gefolgt iſt. Eine ſolche Notiz fand aber ſehr wol ihren Platz in der ὕλη deſſelben. Wie wir ſehen werden, iſt es nicht die einzige Stelle der Art die das Werk enthielt. Die Gründung der Stadt Emona wird ebenfalls (gleich nachher) im Zoſimus berichtet, und zwar ſo übereinſtimmend mit Sozomenus, daß auch ohne eine Verweiſung auf Olympiodor dieſer als Grundlage der Meldung anzunehmen iſt (ſ. unten 10).

Ich darf bei Beſprechung jenes Citats nicht übergehen, daß es von Lambecius für ein Gloſſem erklärt worden iſt, das von fremder Hand dem Zoſimus hinzugefügt ſei. Lambecius [2] behauptet nämlich auf Grund eines Manuſcripts mit dem Titel: „Ὀλυμπιοδώρου φιλοσόφου Ἀλεξανδρέως εἰς τὰ κατ᾽ ἐνέργειαν Ζωσίμου, ὅσα ἀπὸ Ἑρμοῦ καὶ τῶν φιλοσόφων ἦσαν εἰρημένα“ daß die beiden hier genannten Schriftſteller identiſch mit den von uns genannten ſeien und ſomit Zoſimus älter als Olympiodor, daß ferner Olympiodor den Zoſimus fortgeſetzt habe, und eben deshalb jene Beziehung des Zoſimus auf Olympiodor zu tilgen ſei. — Es iſt hier nicht der Ort die Identität der Autoren zu prüfen. Eine Unterſuchung hierüber wird bei der noch ungelöſten Frage nach dem Zeitalter des Zoſimus die allergrößte Bedeutung haben. Ich muß aber beſtreiten — wie auch ſchon von Reitemeyer geſchehen —, daß Olympiodor den Zoſimus fortſetze; denn Alles, was wir von dem Werk des erſten in unſere Unterſuchung hineinziehen, bezieht ſich auf Ereigniſſe der Jahre 407 – 410, während Zoſimus erſt 410 abbricht. Die Berichte beider Schriftſteller decken ſich alſo hier vollkommen, und es kann von einer Fortſetzung gar keine Rede ſein. — Wenn wir aber auch annehmen wollen — was Reitemeyer noch keineswegs genügend widerlegt hat —, daß die Schriftſteller Zoſimus und Olympiodor, welche das Wiener Manuſcript als Verfaſſer chemiſcher Werke nennt, auch unſere Hiſtoriker ſind und ſomit Zoſimus mindeſtens ein älterer Zeitgenoſſe des Olympiodor iſt, ſo wird dennoch die Uebereinſtimmung zwiſchen Beiden nur auf die Benutzung des Olympio-

---

[1] Zosim. V, 27: μητρόπολις δὲ Φλαμινίας, πόλις ἀρχαία, Θεσσαλῶν ἄποικια, Ῥήνη κληθεῖσα διὰ τὸ πανταχόθεν ὕδασι περιῤῥεῖσθαι, καὶ οὐχ ὡς Ὀλυμπιόδωρος ὁ Θηβαῖος φησι, διὰ τὸ Ῥῶμον, ὃς ἀδελφὸς γέγονε Ῥωμύλῳ, τῆς πόλεως ταύτης οἰκιστὴν γεγονέναι. Κουαδράτῳ γὰρ οἶμαι θετέον ἐν τῇ κατὰ τὸν βασιλέα Μάρκον ἱστορίᾳ ταῦτα περὶ τῆ πόλεως ταύτης διεξελθόντι κτλ.

[2] Lambecius, commentar. de bibliotheca Caesarea Vindobon. tom. VI p. 380 ſſ.

dor von Seiten des Zosimus zurückzuführen sein. Denn Olympio=
dors Werk ist jedenfalls das ausführlichere gewesen, und schwerlich
wird der Verfasser, um Dinge zu schildern, die er selbst erlebt, sich
an die Arbeit eines Mannes gehalten haben, der den Ereignissen
schon örtlich um Vieles ferner stand als er. Sonach fällt jeder
Grund weg, um die Beziehung auf Olympiodor, die sich in dem
Citat zeigte, für ein Glossem zu halten.

2. Ein besonders wichtiges Argument dafür, daß Olympiodor
von den anderen beiden Autoren benutzt ward, findet sich in der
wörtlichen Uebereinstimmung zwischen einzelnen Wendungen des Zo=
simus und Sozomenus einerseits und dem Excerpt des Photius an=
dererseits. Es wird sich dies durch die Vorführung besonders schla=
gender Stellen am Klarsten ergeben. Das beste Beispiel ist die Er=
zählung von dem Aufstande der britannischen Legionen unter Con=
stantin im Jahre 407, welche sich bei allen drei Autoren in merk=
würdig übereinstimmender Weise findet.

Olympiodor (Corp. scriptt. Byzant. l.) p. 451.	Sozomenus ed. Valesius IX, 9.	Zosimus (Corp. scriptt. Byz. X.) lib. VI, cap. 2.
καὶ γὰρ ἐν τούτοις τοῖς Βρεττανίοις πρὶν ἢ Ὁνώριον τὸ ἕβδομον ὑπατεῦσαι εἰς στάσιν ὁρμῆσαι τὸ ἐν αὐτοῖς στρατιωτικὸν Μάρκον τινὰ ἀντίπον αὐτοκράτορα· τὸν δὲ ὑπ' αὐτῶν ἀναιρεθέντος Γρατιανὸς αὐτὸς ἀντικαθίσταται· ἐπεὶ δὲ καὶ οὗτος εἰς τετράμηνον αὐτοῖς προσκορὴς γεγονὼς ἀπεσφάγη, Κωνσταντῖνος τότε εἰς τὸ τοῦ αὐτοκράτορος ἀναβιβάζεται ὄνομα· οὗτος Ἰουστῖνον καὶ Νεοβιγάστην στρατηγοὺς προβαλόμενος καὶ τὰς Βρετταρίας ἑάσας περαιοῦται ἅμα τῶν αὐτῶν ἐπὶ Βονωνίαν πόλιν οὕτω καλουμένην παραθαλασσίαν καὶ πρώτην ἐν τοῖς τῶν Γαλλιῶν ὁρίοις κειμένην· ἔνθα διατρίψας καὶ ὅλον τὸν Γάλλον καὶ Ἀκυτανὸν στρατιώτην ἰδιο	πρῶτον μὲν γὰρ οἱ ἐν Βρεττανίᾳ στασιάσαντες στρατιῶται ἀναγορεύουσι Μάρκον τύραννον· μετὰ δὲ τοῦτον Γρατιανόν, ἀνελόντες Μάρκον· ἐπεὶ δὲ καὶ οὗτος οὐ πλέον τεσσάρων μηνῶν διελθόντων ἐφονεύθη παρ' αὐτῶν πάλιν Κωνσταντῖνον χειροτονοῦσιν· οἰηθέντες καθότι ταύτην εἶχε τὴν προσηγορίαν καὶ βεβαίως αὐτὸν κρατήσειν τῆς βασιλείας[1]· ἐκ τοιαύτης γὰρ αἰτίας φαίνονται καὶ τοὺς ἄλλους εἰς τυραννίδα ἐπιλεξάμενοι· περαιωθεὶς δὲ Κωνσταντῖνος ἀπὸ Βρεττανίας ἐπὶ Βουβωνίαν πόλιν τῆς Γαλατίας παρὰ θάλασσαν κειμένην, προσηγάγετο τοὺς παρὰ Γαλάταις καὶ Ἀχουιτάνοις στρατιώτας, καὶ τοὺς τῇδε ὑπηκόους περιεποίησεν ἑαυτῷ μέχρι	ὑπάτων ὄντων Ὀνωρίου τὸ ἕβδομον καὶ Θεοδοσίου τὸ δεύτερον οἱ ἐν τῇ Βρεττανίᾳ στρατευόμενοι στασιάσαντες ἀνάγουσι Μάρκον ἐπὶ τὸν βασιλέιον θρόνον καὶ ὡς κρατοῦντι τῶν αὐτόθι πραγμάτων ἐπείθοντο· ἀνελόντες δὲ τοῦτον ὡς οὐχ ὁμολογοῦντα τοῖς αὐτῶν ἤθεσιν ἄγουσι Γρατιανὸν εἰς μέσον καὶ ἁλουργίδα καὶ στέφανον ἐπιθέντες ἐδορυφόρουν ὡς βασιλέα· δυσαρεστήσαντες δὲ καὶ τοῦτον τέσσαρσιν ὕστερον μησὶ παραλύσαντες ἀναιροῦσι, Κωνσταντίνῳ παραδόντες τὴν βασιλείαν· ὁ δὲ Ἰουστινιανὸν καὶ Νεοβιγάστην ἄρχειν τῶν ἐν Κελτοῖς τάξας στρατιωτῶν ἐπεραιώθη τὴν Βρεττανίαν καταλιπών· ἐλθὼν εἰς Βονωνίαν (πρώτη δὲ αὕτη πρὸς τῇ θαλάσσῃ κεῖται, Γερ

---

[1] cf. Orosius VII, 40: Constantinus propter solam nominis spem, sine merito virtutis eligitur.

ποιησάμενος κρατεῖ | τῶν μεταξὺ Ἰταλίας | μανίας οὖσα πόλις
πάντων τῶν μερῶν | καὶ Γαλατίας ὁρῶν | τῆς κάτω) καὶ ἐν ταί-
τῆς Γαλατίας μέχρι | ἃς Κοττίας Ἄλπεις | τῃ διατρίψας ἡμέρας
τῶν Ἀλπεων τῶν με- | οἱ Ῥωμαῖοι καλοῦ- | τινάς, πάντα τε οἰ-
ταξὺ Ἰταλίας τε καὶ | σιν. | κειοσάμενος τὰ
Γαλατίας. | | στρατεύματα μέχρι
| | τῶν Ἀλπεων ὄντα
| | τῶν ὁριζουσῶν Γα-
| | λατίαν καὶ Ἰταλίαν
| | ἀσφαλῶς ἔχεσθαι
| | τῆς βασιλείας ἰδό-
| | κει.

Eine solche Uebereinstimmung der Ausdrücke bei Erzählung derselben Thatsachen, wie sie sich hier findet, kann nicht wol anders entstanden sein als durch directe Benutzung derselben Quelle, hier eben
des Olympiodor. Daß der Eine bald mehr bald weniger giebt als
der Andere, bezeugt eben nur, daß jeder von ihnen seine selbständige
Auswahl aus dem ihm vorliegenden Original getroffen hat. — Auffallend bei dieser großen Uebereinstimmung sind bei Zosimus zwei Abweichungen von dem Excerpt. Die eine liegt darin, daß hier der
Beginn des britannischen Aufstandes kurz vor dem siebenten Consulat
des Honorius gesetzt wird, während Zosimus diese Händel erst während jenes Consulats anheben läßt. Die andere besteht in der Ver-
legung Bononias nach dem unteren Germanien, das Olympiodor mit
Recht an die Grenzen Galliens setzt. Wenn man hier nicht ein Versehen annehmen oder im Text Veränderungen machen will — wozu
übrigens die Codices keine Veranlassung geben —, so ist die Erklärung die wahrscheinlichste, daß Zosimus hier nach eigener ihm besser
dünkender Ansicht verfahren ist. Beide Abweichungen aber scheinen
mir zu unbedeutend, um daraus auf die Benutzung einer anderen
Quelle zu schließen.

3. Schwieriger ist die Entscheidung in dem Folgenden. Es
handelt sich hier um den Zug des Attalus nach Ravenna zur Bekämpfung des Kaisers, unmittelbar nach seiner Einsetzung durch Alarich im Jahre 409. Vor Ravenna wird unterhandelt, wie uns das
Excerpt und Sozomenus übereinstimmend melden.

Olympiodor p. 451. | Sozomenus IX, 8.

πέμπεται πρὸς αὐτὸν (Ἄτταλον) ὡς | γράφει αὐτῷ (Ἀττάλῳ) Ὁνώριος ὡς
ἐκ βασιλέως Ὁνωρίου πρὸς βα- | βασιλεῖ καὶ πρεσβεύεται δι' ἀμφ' αὐ-
σιλέα Ἰοβιντιανὸς ἔπαρχος καὶ | τὸν τὰς μεγίστας ἀρχὰς λαχόν-
πατρίκιος καὶ Οὐάλης στρατη- | των κοινωνὸν ἀγαπῶν τῆς βασι-
γὸς ἑκατέρας δυνάμεως καὶ | λείας. Ἄτταλος δὲ τὴν μὲν κοι-
Ποτάμιος ὁ κοαίστωρ καὶ Ἰου- | νωνίαν ἀπαρνεῖται· δηλοῖ δὲ Ὁνωρίῳ
λιανὸς ὁ πριμικήριος τῶν | νῆσον ἢ τόπον ἑλέσθαι, ὃν βού-
νοταρίων· οἳ ἐδήλουν Ἀττάλῳ | λεται, καὶ καθ' ἑαυτὸν διάγειν
ἐπὶ κοινωνίᾳ τῆς βασιλείας | πάσης βασιλικῆς ἀξιούμενον.
ἀπεστάλθαι παρὰ Ὁνωρίου· ὁ δὲ |
ἀπένευσεν, ἀλλὰ νῆσον οἰκεῖν ἢ |
ἕτερόν τινα τόπον, ὃν ἂν βού- |
λοιτο, συγχωρεῖν Ὁνώριον |
κακῶν ἀπαθῇ. |

Die Stelle spricht für das Verhältniß der beiden hier ange=
führten Autoren deutlich genug. Sozomenus giebt in zweckmäßiger
Kürze und übereinstimmender Fassung wieder, was er über diesen
Gegenstand bei Olympiodor gefunden hat.

Ganz abweichend und verworren ist dagegen hier der Bericht
des Zosimus (VI, 8). Er erzählt die Erhebung des Attalus und
diesen Zug nach Ravenna noch ganz übereinstimmend mit Sozomenus,
und zwar so, daß man den gemeinsamen Einfluß des Olympiodor auf
die Darstellung der Ereignisse, die unmittelbar vor den Unterhand=
lungen bei Ravenna fallen, genugsam dargethan sieht (f. unten 9).
Die Unterhandlungen selbst aber stellt Zosimus durchaus anders dar.
Bei ihm wird Jovius, derselbe den Olympiodor Jovian nennt,
auf Seiten des Attalus erwähnt. Er soll im Auftrage dieses Usur=
pators dem Honorius auf das Anerbieten eines gemeinsamen Impe=
riums geantwortet haben, nicht einmal den Namen des Kaisers, nicht
einen unversehrten Körper wolle Attalus dem Honorius lassen, son=
dern verstümmelt solle er auf eine Insel verbannt werden. Ferner
führt Zosimus den magister militiae Valens, welchen wir bei Olym=
piodor in der Gesandtschaft des Honorius fanden, auf Seiten des
Attalus an. Dieser Valens soll bei der Erhebung des Attalus nebst
Alarich zum magister militiae ernannt worden sein. Etwas später
wird er des Verraths verdächtig getödtet. Die auf die Verhand=
lungen vor Ravenna folgenden Ereignisse werden dann wieder völlig
übereinstimmend mit Sozomenus erzählt, gerade so, wie es bei den
vorangehenden der Fall war. Ich halte es nun für ausgemacht,
daß Zosimus hier die Sache gründlich verwirrt hat. Die Uebercin=
stimmung des Sozomenus mit dem Excerpt zeigt uns im Ganzen
und Großen deutlich genug, was Olympiodor über jene Dinge gab,
und was somit das Richtige ist. Es bleibt nur die Frage, wie
eine solche Verwirrung entstehen konnte.

Stellen wir Alles zusammen, was das Excerpt über die Person
des Jovius oder Jovinian weiß, so ergiebt sich Folgendes: Schon
bei jener eben angeführten Gesandtschaft, die Jovius im Namen des
Kaisers leitet, hat er auf den Bescheid des Attalus, der die Verban=
nung des Kaisers ausspricht, mit verrätherischer Zuvorkommenheit
geantwortet, der Kaiser Honorius sei auch bereits von Attalus eines
Theiles der Herrschaft beraubt. Darauf Attalus heftig: „Man solle
nicht sagen, daß ein Kaiser beraubt werde, der selbst freiwillig der
Herrschaft entsage". Es scheint mir, daß Photius an dieser Stelle
seinen Olympiodor auch nicht gerade sehr verständlich wiedergegeben
hat [1].

---

[1] Honorius sei bereits von Attalus eines Theiles der Herrschaft beraubt,
wie Jovius ἡσθείς (lactabundus) sagt: das heißt denn doch wol, Attalus ist
bereits Herr eines Theiles des Reiches. Ferner die Erwiederung: Honorius
sei nicht beraubt, sondern entsage freiwillig — ich kann darin nichts Anderes
sehen als die Bezeichnung des schlaffen, ohnmächtigen, leicht zurückweichenden
Regiments des Kaisers. So kommen wir auf eine theils ziemlich nichtssa=

Es heißt über Jovius dann weiter im Excerpt: Er sei noch öfter in Angelegenheiten des Kaisers an Attalus gesandt worden. Da er aber nichts ausgerichtet, wäre er schließlich bei Attalus geblieben und von diesem zum Patricius ernannt worden. Dort habe er aber alsbald alles Mögliche aufgeboten, um Alarich zur Absetzung des Attalus zu veranlassen, was denn auch schließlich geschehen.

Halten wir dagegen, was Zosimus über Jovius außer dem bereits Angeführten weiß. Er hat ihn zuletzt am Hofe des Honorius genannt, wie er den Kaiser und seine ganze Umgebung eidlich zum Kriege gegen Alarich verpflichtet habe (Zosimus V, 48). Bei der nächsten Erwähnung finden wir ihn dann eben in jener Gesandtschaft des Attalus an Honorius. Wie Jovius zur Partei des Attalus hinübergezogen ist, darüber findet sich im Zosimus keine Andeutung. Ueber die weiteren Schicksale dieses Mannes erzählt unser Autor ausführlich, daß er alsbald, von Honorius bestochen, wieder an den Abfall von Attalus gedacht habe. Deshalb auch habe er sich geweigert, ferner Gesandtschaften an Honorius zu übernehmen. Uebereinstimmend mit dem Excerpt erwähnt endlich Zosimus, daß Jovius besonders den Alarich zur Absetzung des Attalus veranlaßt habe. In eben diesem Zusammenhang kommt er dann auch auf den schon oben erwähnten Tod des Valens. — Die Erzählung hat im Ganzen Zusammenhang. Nur das Eine befremdet, daß Jovius, den wir bei Honorius verlassen hatten, jetzt mit einem Male ohne weitere Begründung auf Seiten des Attalus erwähnt wird. Ich schließe mich hier im Ganzen dem an, was bereits Heyne über diese Stelle vermuthete. Dieser meint, es müsse hier etwas ausgefallen sein. Das kann nun nach meiner Ansicht nichts Anderes gewesen sein, als was Olympiodor über Jovius bis zum Augenblick seines Uebertritts zu Attalus berichtet. Der Zusammenhang ist also der. Jovius nebst Valens und den Anderen werden zu Attalus gesandt. Die Verhandlungen zwischen diesem und Honorius erfordern mehrere Gesandtschaften. Bei einer derselben geht Jovius und wahrscheinlich auch Valens zu Attalus über und leitet nun in dessen Auftrage die Verhandlungen mit dem Kaiser. Das Folgende nehme ich dann ohne Weiteres aus Zosimus auf. Dies halte ich für den Zusammenhang der Thatsachen, mag nun jene Lücke der handschriftlichen Ueberlieferung zur Last fallen oder durch die Ungenauigkeit des Zosimus veranlaßt sein. Sonach aber handelt es sich hier nicht um eine abweichende Erzählung unseres Autors — denn er redet von ganz anderen Dingen als Photius und Sozomenus —, sondern es ist nur die Störung des Zusammenhangs zu rügen, die diese Partie verworren und unverständlich erscheinen läßt. Dennoch liegt auch hier

gende, theils gezwungene Interpretation jener Stelle; aber ich weiß keine andere anzuwenden. Daß man bei Sozomenus keine Unklarheit findet, liegt einfach darin, daß dieser seine Meldungen in kürzester Fassung gemacht und alle Persönlichkeiten oder was sonst die Sache verwirren konnte, einfach weggelassen hat.

der Olympiodor zu Grunde. Das ergiebt die sonst hervortretende Uebereinstimmung mit dem Sozomenus. Daß wir aber die in Frage stehenden Meldungen des Zosimus weder bei Photius noch bei Sozomenus finden, kann nichts hiergegen austragen: der Eine ließ sie weg, wie vieles Andere, Sozomenus aber überging sie, weil sie ihm bei seiner gedrängten Fassung nicht wichtig genug erschienen.

II. Ich meine, daß durch das Bisherige genügend erwiesen ist, daß Sozomenus und Zosimus jedenfalls das Werk des Olympiodor gekannt und bei den angeführten Stellen auch benutzt haben. Nun können wir einen Schritt weiter gehen, und die Uebereinstimmung zwischen Zosimus und Sozomenus, die wir vieler Orten finden werden, auf den Olympiodor zurückführen. Und zwar kommt es hier nicht allein auf die wörtliche Uebereinstimmung an, sondern mit aller Wahrscheinlichkeit werden wir auch da, wo beide Autoren dieselben Facta mit bald größerem oder kleinerem Detail, nie aber wesentlich abweichend berichten, den Einfluß des Olympiodor annehmen können. Zu demselben Schluß sind wir besonders auch für die Stellen berechtigt, an denen wir die Andeutungen des Excerpts in beiden Autoren, wenn auch in genauerer Ausführung, wiederfinden.

Die unter diese Kategorie gehörigen Fragmente des Excerpts sollen einzeln aufgezählt werden. Dabei werden wir zugleich auf die Besprechung der zwischen Zosimus und Sozomenus übereinstimmenden oder auch nur bei Einem von diesen gegebenen Nachrichten geführt werden. — Wir wollen zunächst erledigen, was sich an die Geschichte der britannischen Händel schließt.

4. **Olympiodor p. 450.**

Es ist die Rede von einer Gesandtschaft des Usurpators Constantin in Gallien, welcher dem Kaiser Honorius melden läßt, daß er gegen seinen Willen und von den Soldaten gezwungen, das Imperium übernommen habe. Er bittet deshalb den Kaiser um Verzeihung und verlangt Antheil am Imperium. Der Kaiser in seiner damals von allen Seiten bedrohten Lage, geht hierauf ein und vergönnt dem Constantin auf einige Zeit Theil am Regiment. Hierauf läßt Photius, um uns über die Person des Constantin zu orientiren, die Erzählung von der Erhebung der Usurpatoren in Gallien folgen. Am Schlusse dieses uns schon bekannten Berichts werden noch die beiden Söhne des Constantin, Constans und Julian mit ihren Würden genannt.

Was den Anfang dieses Fragments betrifft, so findet sich derselbe ganz entsprechend, nur etwas ausführlicher, im Zosimus wieder[1].

---

[1] Zosim. V, 43: Κωνσταντῖνος ὁ τύραννος εὐνούχους πρὸς Ὁνώριον ἔστελλε συγγνώμην αἰτῶν ἕνεκα τοῦ τὴν βασιλείαν ἀνασχέσθαι λαβεῖν· μηδὲ γὰρ ἐκ προαιρέσεως ἑλέσθαι ταύτην, ἀλλὰ ἀνάγκης αὐτῷ παρὰ τῶν στρατιωτῶν ἐπαχθείσης. —

Hierzu vergleiche man der wörtlichen Uebereinstimmung wegen den Olympiodor l. c.: Ὅτι Κωνσταντῖνος εἰς τυραννίδα ἀρθεὶς πρεσβεύεται εἰς

Dieſer motivirt nämlich die Nachgiebigkeit des Kaiſers genauer als das Excerpt, indem er auf die drohende Nähe Alarichs ſo wie auf die Beſorgniß des Kaiſers um zwei ſeiner Verwandten hinweiſt, welche Conſtantin damals gefangen hielt. Deshalb alſo giebt Honorius nach und ſendet dem Conſtantin ein kaiſerlich Gewand. In dieſer Ueberſendung des kaiſerlichen Gewandes liegt meiner Ueberzeugung nach daſſelbe, was Photius als das Zugeſtändniß des Kaiſers in Betreff der Mitregentſchaft des Conſtantin bezeichnet. Photius hat das Symboliſche in jener Handlung ſchlichtweg gedeutet, wie das einem Epitomator nicht zu verargen iſt; Zoſimus aber genauer feſtgehalten, was er im Olympiodor über die Geſandtſchaft und deren Erwiederung fand. Die Uebereinſtimmung des hierauf Folgenden mit Zoſimus und Sozomenus haben wir des Näheren durch die zuſammengeſtellten Texte geſehen.

Die beiden Söhne Conſtantins endlich werden beide genannt; Julian nur bei Sozomenus (IX, 15. 12); Conſtans als Caeſar bei Sozomenus und Zoſimus (VI, 4). Was über dieſen letzteren, den Conſtans, berichtet wird, ſeine Abſendung nach Spanien, die Kämpfe daſelbſt, iſt von Photius nicht wiedergegeben worden. Wie weit alſo Olympiodor hierauf eingegangen iſt, läßt ſich aus dem Excerpt nicht mehr beſtimmen. Wohl aber ſtimmt hier die Erzählung jener Thatſachen, wie ſie ſich bei Zoſimus und Sozomenus findet, vollſtändig, und zwar mehrfach auch in der Anwendung derſelben Worte.

Ich halte es für nöthig, hier die zuſammengeſtellten Texte vorzuführen [1].

Sozomenus IX, 11.	Zosimus VI, 4.
Κώνσταντι δὲ πρεσβυτέρῳ τῶν ἑαυτοῦ υἱῶν, ὃν ὕστερον βασιλέως σχῆμα ἐνέδυσεν, Καίσαρα τότε ἀναγορεύσας εἰς Σπανίας πέπομφεν· ὁ δὲ τὸ ἔθνος καταλαβὼν ἄρχοντας ἰδίους κατέστησεν· καὶ δεσμίους αὐτῷ ἀχθῆναι προσέταξε Δίδυμον καὶ Βερινιανὸν τοὺς Ὁνωρίου συγγενεῖς· οἳ τὰ πρῶτα διαφερόμενοι πρὸς ἑαυτοὺς εἰς κίνδυνον κατασταντες, ὡμονήσαν καὶ πλῆθος ἀγροίκων καὶ οἰκετῶν συλλέξαντες κοινῇ κατὰ τὴν Λουσιτανίαν παρετάξαντο καὶ πολλοὺς ἀνεῖλον τῶν εἰς σύλληψιν αὐτῶν ἀπο-	Κώνσταντι τῷ πρεσβυτέρῳ τῶν παίδων τὸ τοῦ Καίσαρος σχῆμα περιθεὶς ἐπὶ τὴν Ἰβηρίαν ἐκπέμπει . . . . Ἐπὶ τούτοις ὁ Κώνστας . . . . . ἄρχοντάς τε πολιτικοὺς ἅμα καὶ στρατιωτικοὺς καταστήσας ἄγει διὰ τούτων ἐπ' ἐκείνους, οἳ γένει τῷ βασιλεῖ Θεοδοσίῳ προσήκοντες τὰ τῆς Ἰβηρίας συνεταράττοντο πράγματα, πρότερον μὲν πρὸς αὐτὸν Κώνσταντα διὰ τῶν ἐν τῇ Λυσιτανίᾳ στρατοπέδων ἀράμενοι πόλεμον, ἐπεὶ δὲ πλεονεκτεῖσθαι συνῃσθοντο, πλῆθος οἰκετῶν καὶ γεωργῶν ἐπιστρατεύσαντες καὶ

Ὁνώριον, ἄκων μὲν καὶ ὑπὸ τῶν στρατιωτῶν βιασθεὶς ἀπολογούμενος ἄρξαι, συγγνώμην δὲ αἰτῶν καὶ τὴν τῆς βασιλείας ἀξιῶν κοινωνίαν.

[1] Man vergleiche hier auch den **Orosius VII, 40**, der ſtellenweiſe in auffallender Art unſerem Berichte entſpricht, namentlich in der Erzählung von **Didymus** und **Verinianus**. Im Ganzen iſt jedoch die Auffaſſung ſelbſtändig, und bei aller ſonſtigen Kürze kommen auch abweichende Details vor.

σαλέντων **παρὰ τοῦ τυράννου** στρατιωτῶν.

Sozomenus IX, 12.

Μετὰ δὲ ταῦτα συμμαχίας προσθείσης
τοῖς ἐναντίοις ἐζωγρήθησαν καὶ ἅμα
ταῖς αὐτῶν γαμεταῖς ἀπήχ-
θησαν καὶ ὕστερον ἀνηρέ-
θησαν· ἐν ἑτέραις δὲ ἐπαρχίαις δια-
τρίβοντες Θεοδόσιολος καὶ Λαγώδιος οἱ αὐτῶν ἀδελφοὶ
φεύγουσι τὴν πατρίδα καὶ
διασώζονται, Θεοδόσιολος
μὲν εἰς Ἰταλίαν πρὸς Ὁνώ-
ριον τὸν βασιλέα, Λαγώδιος
δὲ πρὸς τὸν Θεοδόσιον εἰς
ἀνατολήν. Καὶ ὁ μὲν Κών-
στας ταῦτα διαπραξάμενος
ἐπανῆλθε πρὸς τὸν πατέρα
φρουρὰν καταστήσας ἀπὸ τῶν στρατιωτῶν τῆς ἐπὶ τῆς Σπανίας
παρόδου· ἢ δεομένοις Σπά-
νοις κατὰ τὸ ἀρχαῖον ἔθος
φυλάττειν οὐκ ἐπέτρεψεν.

παρὰ βραχὺ καταστήσαντες εἰς μέ-
γιστον κίνδυνον· ἀλλὰ κἀνταῦθα
τῆς ἐλπίδος διαμαρτόντες Κώνσταντι
σὺν ταῖς σφῶν γυναιξὶν ἦσαν
ἐν φυλακῇ, ὅπερ ἀκηκοότες οἱ τού-
των ἀδελφοὶ Θεοδόσιος καὶ
Λαγώδιος ὁ μὲν εἰς τὴν Ἰταλίαν διέφυγεν, ὁ δὲ εἰς τὴν
ἑῴαν διασωθεὶς ἀνεχώρησεν.

Zosimus VI, 5.

Ταῦτα κατὰ τὴν Ἰβηρίαν κατα-
πραξάμενος ὁ Κώνστας ἐπανῆλθε πρὸς τὸν πατέρα ἑαυ-
τοῦ Κωνσταντῖνον ἐπαγόμενος Βε-
ρινιανὸν καὶ Διδύμιον καταλιπών τε
αὐτόθι τὸν στρατηγὸν Γερόντιον ἅμα
τοῖς ἀπὸ Γαλατίας στρατιώταις φύλακα
τῆς ἀπὸ Κιλτῶν ἐπὶ τὴν Ἰβηρίαν παρ-
όδου, καίτοι γε τῶν ἐν Ἰβη-
ρίᾳ στρατοπέδων ἐμπιστευ-
θῆναι κατὰ τὸ σύνηθες τὴν
φυλακὴν αἰτησάντων καὶ μὴ
ξένοις ἐπιτραπῆναι τὴν τῆς
χώρας ἀσφάλειαν. Βερηνια-
νὸς καὶ Διδύμιος ὡς Κων-
σταντῖνον ἀχθέντες ἀνηρέ-
θησαν.

Wenn man bei Vergleichung vorstehender Texte mit allergrößter Wahrscheinlichkeit die deutliche Uebereinstimmung der Berichte auf die gemeinsame Benutzung Olympiodors gründet, so ist nur die Frage, welcher von Beiden sich näher an seine Quelle angeschlossen hat, oder vielmehr, ob das, was Zosimus hier mehr giebt, aus einer an- deren Quelle oder gleichfalls aus Olympiodor entlehnt ist. Ich möchte mich für das Letztere entscheiden, und zwar aus folgenden Gründen. Einmal sehen wir aus vielen noch vorhandenen Fragmen- ten Olympiodors, daß seine Darstellung sehr ins Detail ging; es ist also an sich wahrscheinlich, daß der ausführlichste der abgeleiteten Berichte sich näher an die ursprüngliche Fassung angeschlossen habe. Dies ergab sich auch schon an der Stelle, wo wir alle drei Texte vergleichen konnten. Außerdem aber ist der Passus des Zosimus, um den es sich hier namentlich handelt, im allerbesten Zusammenhang mit der ganzen Darstellung. In demselben ist nämlich die Begrün- dung der von Constans unternommenen spanischen Expedition enthal- ten. Dieser Zug soll erfolgt sein, weil Constantin sich vor einem Angriff der Verwandten des Honorius Didymus und Verinian habe schützen wollen. Denn ein solcher Angriff, unterstützt von einem aus Italien kommenden Heere, würde ihn in unvermeidliches Verder- ben gestürzt haben. Der Zusammenhang ist hier so klar und der Passus auch grammatisch so ganz glatt und kunstlos eingefügt, daß man ihn nicht entbehren könnte, ohne dem ganzen Bericht Eintrag

zu thun. Da nun im Uebrigen der Einfluß des Olympiodor so offenkundig darliegt, weshalb sollte man ihn hier bezweifeln? So aber
haben wir also in der vorliegenden Stelle des Zosimus offenbar
dasselbe, was Olympiodor über diese Angelegenheiten gab. — Bei
Sozomenus stellt sich das Verhältniß so, wie wir es immer finden: er giebt ein gedrängtes, zweckmäßiges, nur die Hauptsachen
hervorhebendes Excerpt aus seiner Quelle.

5. Olympiodor p. 452.

„Nach dem verrätherischen Uebergang des Jovius zum Usurpator
Attalus nahm ein Mann mit Namen Eusebius die Stelle des obersten kaiserlichen Rathgebers ein. Ihn wußte nicht gar lange darauf
Allovichus zu verdrängen und gewaltsam zu beseitigen. Auch dieser
waltete nur kurze Zeit. Er wurde vor den Augen des Kaisers getödtet, zur Strafe für sein Verfahren gegen Eusebius. Auf die
Nachricht von dem Tode Alarichs kehrt der Tyrann Constantin, der
sich bereits Ravenna genähert hatte, um mit Honorius zu verhandeln,
von Furcht ergriffen zurück nach Gallien".

Der erste Theil dieses Fragments ist uns weder bei Zosimus
noch bei Sozomenus erhalten. Es läßt sich das einfach erklären.
Denn für den ersten fällt dies Ereigniß gerade in die Zeit, mit der
sein Werk, das, wie wir sehen werden, allmählich an Detail verliert,
zum plötzlichen Schluß kommt. Der Andere wollte diesen im Ganzen unwesentlichen Ereignissen keinen Platz in seiner gedrängten Darstellung einräumen. Nur müssen wir constatiren, daß Zosimus so-
wol den Eusebius wie den Allovichus kennt. Jener wurde damals,
als Jovius den höchsten Einfluß auf den Kaiser hatte, zum praefectus cubiculi ernannt, dieser zum magister equitum (Zosim.
V, 48). Ueber das endliche Schicksal des Allovichus aber, welches
Olympiodor in der zweiten Hälfte des Fragments schildert, ist auch
Sozomenus genau unterrichtet (IX, 12), da es eng mit den Angelegenheiten Constantins zusammenhängt. Wir finden in seinem ausführlichen Bericht die Andeutungen des Fragments sämmtlich wieder.
Und auch eine wörtliche Uebereinstimmung fällt uns da in die Augen [1]. Das Verhältniß zwischen beiden Quellen ist im Allgemeinen
folgendes. Beide führen die Reise Constantius an; beide berichten,
daß sie durch Allovichs Ermordung, die nach beiden vor den Augen
des Kaisers Statt fand, unterbrochen sei. Sozomenus fügt dann die
genaue und bei einer zusammenhängenden Erzählung auch unentbehr-
liche Begründung davon hinzu. Es handelte sich nämlich für den
Constantin darum, mit Allovich in Italien gemeinsame Sache zur
Bekämpfung des Honorius zu machen [2]. Allovich ward dann auf

---

[1] Sozom. l. c.: Κωνσταντῖνος μέλλων δὲ περαιοῦσθαι τὸν Ἐρίδανον,
τὴν αὐτὴν ὁδὸν ἀνέστρεψε, μαθὼν τὸν Ἀλλοβίχου θάνατον.
Olympiodor l. c.: Κωνσταντῖνος ὁ τύραννος τὸν Ἀλλοβίχου
θάνατον μαθὼν, ἐπιγόμενος πρὸς Ῥάβινναν, ὥστε σπείσασθαι Ὀνω-
ρίῳ, φοβηθεὶς ὑποστρέφει.

[2] Dies finde ich in den Worten des Sozomenus: ἐβουλεύετο τὴν Ἰταλίαν

die beschriebene Weise das Opfer der entdeckten Verschwörung. Hier=
auf blieb dem Constantin, der bereits bis nach Verona [1] gekommen
war, nichts übrig als eiliger Rückzug nach Gallien. — Im Excerpt
wird außerdem die Beseitigung des Eusebius durch Allovich als Ver=
anlassung von des Letzteren Fall angegeben. Sozomenus hat das
nicht und konnte es kaum in seine Erzählung einflechten, da ihm je=
der Anknüpfungspunkt für die Berücksichtigung von dergleichen Palast=
geschichten fehlt. Mit der Geschichte des Constantin aber steht es
in keiner Verbindung. — Ich finde sonach nichts, was gegen eine
Benutzung des Olympiodor spräche; vielmehr sehr viele Indicien,
die, zusammengehalten mit dem, was wir bereits über dies Verhält=
niß gesagt haben, den Olympiodor als Grundlage auch dieses Be=
richtes erscheinen lassen. Nur das ist festzuhalten, daß bei der im
Ganzen kürzeren Erzählung, wie sie Sozomenus durchweg verfolgt,
der eigentliche Olympiodor nicht in dem Maße wiedergegeben sein
kann, wie wir das bei Zosimus voraussetzten.

6. **Olympiodor p. 453.**

„Nachdem Constantin mit seinem Sohne Constans, den er zum
Imperator erhoben hatte, besiegt und geflohen war, hatte Gerontius,
einer seiner Feldherrn, mit den Barbaren Frieden gemacht und den
Maximus, seinen Sohn, der zu den Haustruppen des früheren Kai=
sers gehörte, zum Caesar erhoben. Gerontius war darauf zunächst
gegen Constans gezogen und hatte diesen beseitigt. Dann wandte er
sich gegen Constantin. Zu derselben Zeit war auch von Honorius
ein Heer unter der Führung des Constantius und Ulfilas gegen Con=
stantin entsendet, der sich damals mit seinem zweiten Sohne Julian
in Arles aufhält. Die Stadt wird belagert. Constantin sucht dem
Verderben zu entgehen, indem er nach einem Gotteshause fliehend,
sich zum Priester machen läßt, nachdem seine Sicherheit ihm eidlich
verheißen war. Darauf werden den Belagerern die Thore der Stadt
geöffnet. Constantin wird mit seinem Sohne nach Italien geschickt,
aber schon unterwegs, noch 30 Meilen von Ravenna, auf Befehl
des Kaisers getödtet, der damit den Tod seiner beiden Verwandten
in Spanien rächen will. — Gerontius hat ebenfalls bei dem Her=
annahen des kaiserlichen Heeres unter Constantius und Ulfilas die
Flucht ergriffen. Dabei war er ein Opfer der eigenen Soldaten
geworden, die über sein hartes Regiment ihm grollten. In ein
Haus eingeschlossen, an das man alsbald Feuer legte, vertheidigte er
sich männlich gegen die anstürmenden Soldaten, unterstützt von nur
einem Diener alanischer Abkunft. Zum Aeußersten gebracht, tödtete

καταλαβεῖν. Dabei ist nicht an ein direct aggressives Vorgehen gegen Hono=
rius zu denken, was auch sonst keine Quelle kennt. Ich sehe deshalb auch
keinen Widerspruch gegen das σπείσασθαι, das Photius als Zweck der Reise
Constantins angiebt. Photius braucht diesen Ausdruck auch da, wo er von
dem Zuge des Attalus gegen Ravenna spricht, in seinem Excerpt aus dem
letzten Buche des Zosimus (Phot. biblioth. cod. 98).

[1] cf. Valesius ad. l. c. Sozom.

er dann erst den Diener und seine Gattin auf deren ausdrückliche Bitte, darauf sich selbst".

Alles, was wir hier erfahren, giebt Sozomenus ebenfalls, nur in weitläuftigerer Ausführung (IX, 12. 13. 14. 15). Er erzählt hier wieder die Begebenheiten in ihrem ganzen Zusammenhange, in ihrer vollen ursachlichen Verbindung. Dabei kommt natürlich vielerlei hinzu, was das Excerpt mit keinem Worte erwähnt. Hierher gehört namentlich die Schilderung der Kämpfe zwischen dem kaiserlichen Heere und Edobich, dem Feldherrn des Constantin, der von den überrheinischen Barbaren Beistand für seinen Gebieter geholt hatte. Erst durch die Niederlage dieser Truppen und die Beseitigung des Edobich, die im Sozomenus ganz detaillirt berichtet wird[1], ist die rasche Uebergabe von Arles an das kaiserliche Heer ermöglicht. Das Excerpt übergeht das einfach mit Stillschweigen. Dafür meldet es aber die Einnahme der Stadt ganz ebenso wie Sozomenus, hin und wieder sogar mit anklingenden Worten[2]. Hierzu kommt nun noch die Uebereinstimmung vieler, fast minutiöser Einzelheiten, so bei der Schilderung vom Tode des Constantin, Constans, Julian, Gerontius. Nie aber findet sich in dem, was Sozomenus mehr giebt, auch nur der leiseste Widerspruch gegen die Angaben des Excerpts, und ebensowenig weist dasselbe irgendwo auf die Benutzung einer andern Quelle hin. Diese Wahrnehmung ist mir hier wie auch an andern Stellen ein vollwichtiges Criterium, die Benutzung des Olympiodor durchweg bei den in Rede stehenden Abschnitten des Sozomenus anzunehmen. Was er dabei mehr giebt als das Excerpt, bezeugt eben nur, daß er seine Quelle sorgfältiger ausgeschrieben hat als Photius. — Zwei Abweichungen, die aber beide so unbedeutend sind, daß sie für Ungenauigkeiten zu halten, will ich bemerken: das Excerpt nennt Maximus den Sohn des Gerontius, Sozomenus bezeichnet ihn nur als Verwandten; ferner der Alane wird bei Olympiodor als Diener des Gerontius aufgeführt, bei Sozomenus als Vertrauter. Beides ist offenbar zu geringfügig, um daraus etwas gegen die Benutzung des Olympiodor zu entnehmen. — Ganz selbständig dagegen ist die Betrachtung des Sozomenus über den Tod der Nunnichia, der Gattin des Gerontius. Olympiodor, der Heide, wird schwerlich das heldenmüthige Ende dieser Frau auf rühmende Weise mit dem Christenthum in Verbindung gebracht haben, wie das Sozomenus thut.

Zosimus kennt von allen diesen Ereignissen nur den Anfang der Gerontischen Empörung und ihre Motivirung, die wir bei Sozomenus vermissen. Zosimus weiß (IV, 5), daß Gerontius, erbit-

---

[1] cf. Renatus Frigeridus bei Gregor. Turon. II, 18.

[2] Olympiodor l. c.: Καὶ .... καταφυγὼν εἰς εὐκτήριον πρεσβύτερος τότε χειροτονεῖται ὅρκων αὐτῷ ὑπὲρ σωτηρίας δοθέντων, καὶ τοῖς πολιορκοῦσιν αἱ πύλαι τῆς πόλεως ἀναπετάννυνται.

Sozomen. IX, 12: Καὶ καταλαβὼν τὴν ἐκκλησίαν χειροτονεῖται πρεσβύτερος· ὅρκους τε πρότερον λαβόντες οἱ ἔσω τειχῶν, ἀνοίγουσι τὰς πύλας καὶ φείδους ἀξιοῦνται πάντες.

tert über die Ernennung eines neuen Feldherrn in Spanien, Justus mit Namen, gegen Constans sich auflehnte, daß er sich dann an die Spitze der Truppen stellte und die Barbaren im Lande der Kelten, das sind die Vandalen, Alanen und Sueven, gegen Constantin auf- brachte. Unser Autor berichtet dies in unmittelbarem Anschluß an das Stück, welches über die Erfolge des Constans in Spanien han- delte, und welches, wie aus den Texten sich zeigte, so vielfach mit den Worten des Sozomenus übereinstimmte. Wie wir nun in die- sem Stücke den Olympiodor nachwiesen, so wird sich das wol auch von dem in strengstem Zusammenhang unmittelbar darauf Folgenden behaupten lassen. — Endlich ist noch zu bemerken, daß Zosimus auch die Person des Edobich als Feldherrn Constantins bereits für das Jahr 408 nennt (VI, 2), und daß er ganz am Schluß seines Buches (VI, 13) die Ernennung des Constans zum Imperator, die wir im Excerpt wie im Sozomenus fanden, berichtet. Beides sind kleine, aber nicht zu verachtende Indicien.

Ich wende mich jetzt zu der Darstellung dessen, was sich im Excerpt des Photius übereinstimmend mit Zosimus und Sozomenus über die italischen Angelegenheiten, namentlich über die Züge Alarichs, erhalten hat.

7. Es findet sich im Excerpt des Photius noch eine Notiz über den Ausgang der von Rhadagais unternommenen Expedition. Da wird gemeldet, daß Stilicho 12000 der Vornehmsten aus dem Heere des Rhadagais für den römischen Dienst angenommen habe. — Dem entsprechend erzählt Zosimus am Ende seines übrigens gründ- lich verworrenen Berichtes über Rhadagais (V, 26. 27), daß Sti- licho nach der Entscheidungsschlacht bei Faesulae eine kleine Anzahl des feindlichen Heeres unter die römischen Auxiliartruppen eingereiht habe. Bisher nun haben wir aus der Uebereinstimmung eines zu- sammenhangslosen Fragments im Excerpt mit irgend einem Theile im Zusammenhange einer größeren Erzählung beim Zosimus oder So- zomenus geschlossen, daß der ganze Bericht aus Olympiodor entnom- men und somit ein gewichtiges Zeugniß für die Sache sei. Hier trifft das nicht zu. Denn abgesehen davon, daß des Zosimus Bericht über Rhadagais in einem gar nicht zu lösenden Widerspruch gegen die übrigen zeitgenössischen Quellen steht — was also auch für Olym- piodor angenommen werden müßte —: an dieser Stelle scheint mir die Benutzung des Olympiodor überhaupt ausgeschlossen sein zu müssen. Und zwar nehme ich dies an, weil Olympiodor die Ange- legenheit des Rhadagais ausführlich nicht behandelt haben kann, da sein Werk erst 407 beginnt. Nur in kurzer Andeutung mag er auf je- nes allbekannte Ereigniß hingeblickt haben, und unser kleines Frag- ment ist ohne Zweifel ein Theil davon. Zosimus hat dann aus seiner eigenen beschränkten Kenntniß, die namentlich die größte Un- klarheit in der geographischen Anschauung verräth, die Expedition des Rhadagais nachgeholt. Dabei ist er in jene Verwirrung hineinge-

rathen. — Auf genau dieselbe Weise ist es ihm noch an zwei anderen Stellen ergangen. Es erscheint nicht unangemessen, diese gleich hier mit zu erledigen.

Die erste derselben finden wir unmittelbar vor der Erwähnung des Rhadagais. Sie steht an der Spitze des ganzen Stückes, für welches wir die Benutzung des Olympiodor bei Zosimus annehmen (V, 26). Unser Autor erzählt da folgendermaßen: „Während Alarich in Epirus steht, im Jahre 406, hat Stilicho dort mit ihm unterhandelt und den Gothenfürsten zu energischem Beistand für den weströmischen Kaiser bei Erlangung der Praefectur Illyrien verpflichtet". — Ich halte es nun für falsch, daß jene Unterhandlungen bereits in Epirus Statt gefunden haben. Vielmehr glaube ich, hier ganz und gar dem Sozomenus (IX, 4) folgen zu müssen, nach dem Alarich und sein Volk in den „Gegenden neben Dalmatien und Pannonien", also im westlichen Illyrien, gestanden haben, als mit ihnen unterhandelt ward. Gegen diese Nachricht spricht gar nichts. Sie ist, beiläufig bemerkt, ein wichtiger Fingerzeig für die Geschichte Alarichs nach der ersten italischen Expedition. Denn bekanntlich verläßt uns Claudian in seiner Schilderung jenes Gothenzuges (de VI. consulatu Honorii) unmittelbar nach der Schlacht von Verona im Sommer 402, ohne zu melden, wohin Alarich sich darauf gewendet. Die folgenden drei bis vier Jahre sind wir ganz ohne Nachrichten über ihn. Jene Meldung des Sozomenus, die ich etwa auf 406 beziehe, giebt nun, wie gesagt, den nächsten Nachweis für seinen Aufenthalt bis zu der Zeit, wo er wiederum so erschütternd in die Geschicke des Westreichs eingreift. — Aus jenen Provinzen des westlichen Illyrien ist also Alarich nach Epirus aufgebrochen, um seinen Verpflichtungen zur Eroberung des östlichen Illyrien nachzukommen. — Wodurch Zosimus · auf seinen, übrigens geringfügigen, Irrthum geführt wurde, ist ziemlich leicht ersichtlich. Er fand bei Olympiodor, der die Geschichte im Jahre 407 aufnimmt, den Alarich in Epirus, auf dem Gebiete des östlichen Illyrien, woselbst er ihn 396, nach Beendigung des griechischen Zuges, verlassen hat. Die Geschichte desselben während der Jahre 396—406 ist ihm gänzlich unbekannt, und was im Olympiodor allenfalls in Andeutungen darüber vorhanden war, übergeht er, weil es ihm nicht klar sein kann. So nimmt er stillschweigend an, daß Alarich das Gebiet von Epirus seit 396 gar nicht verlassen hat: eine selbstständige, aber falsche Combination.

Ganz dieselbe Bewandniß hat es mit der dritten Stelle. Auch diese betrifft ein unmittelbar vor 407 liegendes Ereigniß, nämlich den Einfall der Alanen, Vandalen und Sueven in Gallien. Der Zusammenhang ist folgender: Zosimus redet (VI, 2. 3) von den Erfolgen, die der Tyrann Constantin in Gallien über Sarus, den Feldherrn des Kaisers, davongetragen, wie darauf der Usurpator, nachdem Sarus zum Rückzuge nach Italien gezwungen sei, die dorthin führenden Alpenpässe besetzt habe. Das kann etwa 408 gewesen sein und schließt sich in der Darstellung unmittelbar an die so genau mit den beiden anderen Quellen übereinstimmende Erzählung von der Erhebung des Constantin in Britannien und seinem Zuge nach Gallien an. Darauf will der Autor jene Maßregel des Constantin, nämlich die Befestigung der Alpenpässe, begründen und leitet das weitläufig ein mit den Worten: ταῦτα δὲ δι᾽ αἰτίαν τοιάνδε τῆς εἰρημένης μοι προνοίας ἠξίωσεν. Und nun wird weiter erzählt, wie im Jahre 406 Vandalen mit Alanen und Sueven über die Alpen nach Gallien gekommen seien und daselbst große Verwüstungen angerichtet hätten. Dadurch seien sie sogar den Heeren in Britannien gefährlich geworden und hätten diese dahin gebracht eigene Führer zu wählen. Das sind die uns schon bekannten: Marcus, Gratian, zuletzt Constantin. „In einer gegen diesen gelieferten Schlacht siegten nun zwar die Römer, und viele Barbaren fielen [1]. Da man sie aber nicht verfolgte, weil die Römer selbst die schwersten Verluste erlitten hatten, so konnten sich die Barbaren bald wieder erholen und neue Schaaren an sich ziehen, so daß sie den Römern bald wieder gewachsen waren". Um nur den Barbaren den freien Eintritt in Gallien zu versperren, seien die Alpenpässe besetzt und ebenso auch die Rheinübergänge befestigt, was seit den Tagen Julians nicht geschehen.

Hier ist das Verhältniß zu Olympiodor wiederum dasselbe wie früher. Olympiodor hat die drei Barbarenvölker für das Jahr 406 entschieden gekannt, denn sie greifen durch die Besetzung Spaniens noch zu Constantins Zeiten in die Geschichte seiner Periode ein, in diesem Zusammenhang erwähnt sie auch Sozomenus (IX, 12). Aber es ist mir nicht zweifelhaft, daß er über ihr erstes Erscheinen in Gallien, das vor dem Beginn seiner Geschichte lag, nur eine kurze Bemerkung gemacht hat, die den Zosimus zu weiterer Ausführung veranlaßte. Und wieder hat dieser unglücklich combinirt, indem er die Befestigung der Alpenpässe, die er im Olympiodor fand, in Verbindung mit dem Zuge der drei Völker brachte. Ueber diesen kann er sich nur mangelhaft unterrichtet haben, denn es steht hinreichend fest, daß die Vandalen, Alanen und Sueven über den Rhein nach Gallien gekommen sind [2]. Wie wir sahen, hat Zosimus hier auch seine Ausführung mit einem weitläufigen Uebergang angeknüpft. Daraus geht schon hervor, daß er schwerlich dem Olympiodor so glattweg folgt, wie er das sonst thut. — Zeuß hat nun gemeint, man könne bei den verworrenen geographischen Vorstellungen des Zosimus annehmen, es seien hier die Pyrenäen statt der Alpen gemeint. Ich kann dies aber nicht glauben, weil Zosimus die Besetzung der Pyrenäenpässe an einer anderen Stelle (VI, 5) ausdrücklich anführt.

---

[1] Zosim. VI, 3: πρὸς ὃν (Κωνσταντῖνον) μάχης καρτερᾶς γενομένης, ἐνίκων μὲν οἱ Ῥωμαῖοι, τὸ πολὺ τῶν βαρβάρων κατασφάξαντες μέρος κτλ. Ich mache auf die ungeschickte Fügung des Satzes aufmerksam. In einer gegen den Anführer der Römer gelieferten Schlacht siegten die Römer.

[2] Zeuß, Die Deutschen und ihre Nachbarstämme p. 418.

Vielmehr scheint es mir, daß Zosimus ganz richtig der Befestigung der Alpenpässe wie der Rheinübergänge hier erwähnt. Man kann dies hinreichend motiviren, ohne daß man die drei Völker über die Alpen kommen läßt. Wie der Rhein gegen die Germanen gesperrt wurde, so die Alpen gegen Angriffe aus Italien von Seiten des kaiserlichen Heeres. Constantin hatte sehr wol eingesehen — wie auch Zosimus ausdrücklich bemerkt —, daß ein Angriff von dieser Seite ihm, bei den in Gallien herrschenden Unruhen, höchst gefährlich werden würde. — Was den übrigen Inhalt des hier aus Zosimus angeführten Capitels angeht, so wird das, was wir finden, eben nur hier und sonst nirgend gemeldet. Es wird sich indeß nichts dagegen einwenden lassen. Daß die Fassung, wie wir sahen, zuweilen unklar und die Verbindung gezwungen ist, darf nicht weiter Wunder nehmen. Die ganze Erzählung gehört nämlich in das kurze und schlecht gearbeitete 6. Buch. — Für die Benutzung des Olympiodor spricht der enge Zusammenhang mit der Erzählung der britannischen Händel, die wir ganz klar aus jenem hervorgehen sahen.

8. Olympiodor p. 448 und 450.

Das Fragment enthält einige Bemerkungen über Stilicho, der als Gemahl einer Nichte des großen Theodosius, als Vormund der beiden kaiserlichen Söhne, als Schwiegervater des jungen Honorius, die höchste Machtstellung im Staate bekleidet habe, aber dennoch trotz der vielen für Rom glücklich geführten Kriege dem Haß und den heimlichen Nachstellungen eines Olympius, der erst durch ihn in die Umgebung des Kaisers gekommen ist, erlegen sei. — „Nach ihm stand Olympius an der Spitze des ganzen Staatswesens, wurde aber bald wieder abgesetzt. Dann nochmals in seine Stellung berufen, und wieder abgesetzt, starb er zuletzt auf des mächtigen Constantius Veranlassung in schmählicher Weise. Man verstümmelte seinen Körper und schlug ihn mit Knitteln todt“. — Wir haben über das Schicksal des Stilicho außer der kurzen, aber nicht unwichtigen Meldung des Sozomenus, einen sehr weitläufigen Bericht bei Zosimus (V, 28—35). In demselben finden wir Alles wieder, was wir in jenem Fragment sahen, die letzten Schicksale des Olympius, die nach 410 fallen, natürlich ausgenommen. — In Beziehung auf das Verhältniß des abgerissenen Fragments zu dem detaillirten Bericht des Zosimus sowie zum Sozomenus ist als besonders entscheidend für unsere Frage hervorzuheben, daß die drei Quellen eine übereinstimmende, sonst aber ganz alleinstehende Auffassung von der Veranlassung zum Tode Stilichos haben. Das Excerpt nennt das verwerfliche Thun des Olympius als Ursache des Sturzes, ebenso Zosimus, der näher ausführt, wie Olympius namentlich das unwahre Gerücht einer von Stilicho beabsichtigten Usurpation im Orient benutzt habe, um den Kaiser gegen Stilicho einzunehmen. Ganz derselben Sache, mit Uebergehung des Olympius, gedenkt auch Sozomenus (IX, 4), ohne darin mehr als ein bloßes Gerücht zu sehen. Das ruhige, leidenschaftslose, fast anerkennende Zeugniß, das Sozomenus, der christliche

Kirchenschriftsteller über Stilicho abgiebt, scheint mir zugleich schon ein Beweis zu sein, daß er einer profanen Quelle gefolgt ist. Man sehe nur, wie die übrigen christlichen Schriftsteller der Zeit über jenen urtheilen. Sie Alle, Orosius an der Spitze, sehen in Stilicho, ohne den geringsten Zweifel zu zeigen, einen schnöden Verbrecher, der wegen seiner Begünstigung der Barbaren, wegen seines Verraths an dem Kaiser und der Religion den verdienten Lohn empfangen habe. — Das ist die hauptsächlichste Uebereinstimmung, die wir zwischen diesem Theil des Excerptes und den anderen beiden Autoren nachweisen können. Außerdem läßt sich allenfalls darauf hinweisen, daß Zosimus in Uebereinstimmung mit dem Excerpt Olympius als den Nachfolger Stilichos nennt, und auch die erste Amtsentsetzung desselben erwähnt.

Im Anschluß hieran betrachte ich den Bericht des Zosimus über die letzte Zeit des Stilicho. Da kommt nun zunächst wieder die mehrfache genaue Uebereinstimmung der Quellen in Einzelheiten in Betracht. Ich lege der anzustellenden Vergleichung den Bericht des Sozomenus über die Katastrophe Stilichos und die dieser unmittelbar vorhergehenden Ereignisse zu Grunde.

Bei Sozomenus (IX, 4) wird folgendermaßen erzählt. „Stilicho in dem Verdacht stehend, für seinen Sohn Eucherius das orientalische Imperium erringen zu wollen, wird von den Soldaten in Ravenna getödtet. Er hatte schon bei des Arkadius Lebzeiten, aus Haß gegen die maßgebenden Persönlichkeiten am östlichen Hofe, beide Reiche zusammenzubringen versucht. Alarich, der Anführer der Gothen, dem er die Würde eines römischen Feldherrn von Honorius ausgewirkt hatte, war von ihm aufgefordert worden, das östliche Illyricum zu besetzen. Jovius, der zum praefectus praetorio daselbst ernannt war, geht dorthin voraus. Diesem verspricht Stilicho mit römischen Legionen zu folgen, um die Eroberung des östlichen Illyricum zu vollenden. Alarich zieht alsdann von den Gegenden neben Dalmatien und Pannonien (τῇ βαρβάρου) mit seinen Gothen nach Illyricum. Dort bleibt er längere Zeit und kehrt darauf unverrichteter Dinge nach Italien zurück. Denn Stilicho ist durch Briefe des Honorius an dem Marsch nach Illyricum verhindert worden. Nach dem Tode des Arkadius nämlich hatte Honorius, um den Sohn des Bruders zu schirmen, da dieser noch ein Knabe zarten Alters war, nach Constantinobel sich begeben wollen. Stilicho aber hielt ihn in Italien zurück, mit Hinweis auf den Tyrann Constantin in Gallien, der damals eben Arles genommen hatte. Er selbst will sich mit dem einen Labarum, mit Briefen des Kaisers und vier Legionen nach dem Orient begeben. Inzwischen hat sich aber das Gerücht verbreitet, Stilicho stelle mit mehreren der angesehensten Männer dem Kaiser nach und strebe für seinen Sohn nach dem Imperium. Da erheben sich die Soldaten. Die Praefecten von Italien und Gallien, viele magistri militum und Großwürdenträger im Palast werden getödtet. Stilicho fällt durch die Truppen in Ravenna; auch

sein Sohn Eucherius wird getödtet". — Diesen kurz zusammen-
gedrängten Bericht des Sozomenus finden wir mit fast allen seinen
Einzelheiten in der weitläuftigen Erzählung des Zosimus über jene
Angelegenheiten wieder, und zwar nur bei diesem. Ich zähle die
übereinstimmenden Facta auf. Beide erwähnen die Feindschaft zwischen Stilicho und den Ministern des Ostreichs als Motiv der gegen
Illyrien gerichteten Expedition. Beide, und außer ihnen nur noch
Olympiodor, gedenken überhaupt jenes Zuges gegen Illyrien. Ueber
die etwas abweichende Erzählung des Zosimus hier ist schon gehandelt. Die Betheiligung des Jovius an der illyrischen Angelegenheit ist von beiden bezeugt; bei Zosimus allerdings nicht in diesem
Zusammenhang; wol aber wird späterhin, als Zosimus den Jovius
zum ersten Male erwähnt, gemeldet, daß sich dieser längere Zeit bei
Alarich in Epirus aufgehalten habe (Zosim. V, 48). Ganz ebenso
steht es mit der Nachricht von Alarichs langem Aufenthalte in Illyrien, der durch Stilichos Ausbleiben ohne Folgen war (Zosim.
V, 29). Auf gleiche Weise führen weiter beide Quellen die Briefe des
Kaisers, deren Inhalt Zosimus genauer giebt, als Hinderniß für die
Expedition Stilichos an. Der Einfluß, den der Usurpator Constantin auf diese Dinge hat, ist übereinstimmend erwähnt, ebenso
Alarichs endliche Rückkehr nach Italien, die beabsichtigte Reise des
Honorius nach dem Osten, welche Stilicho, da er denselben Plan
hegt, hintertreibt; ferner Stilichos eigener Aufbruch dahin, der dann
durch die gegen ihn sich erhebende Agitation verhindert wird (Zosim.
V, 31. 32). Endlich bezeugen beide Quellen den Tod Stilichos
und den vorangehenden Soldatenaufstand in Ticinum, bei dem auch
die gemordeten Officiere zum Theil von beiden genannt werden; von
Sozomenus nur den Chargen nach, während Zosimus auch die Namen giebt. — Ich meine, die Uebereinstimmung ist hier wieder der
Art, daß die Benutzung einer gemeinsamen Quelle offen genug da-
liegt.

Nur zwei Mal finden wir bei Sozomenus Dinge, die dem Zosimus fremd bleiben. Er nennt den Alarich bei Gelegenheit des il-
lyrischen Zuges $\sigma\tau\rho\alpha\tau\eta\gamma\grave{o}\varsigma$ '$P\omega\mu\alpha\acute{\iota}\omega\nu$. Man könnte darin einen
Widerspruch gegen seine spätere Erzählung finden, der zufolge dem
Alarich die Würde eines römischen Feldherrn vom Honorius abgeschlagen ist. Ich glaube aber, daß der an unserer Stelle erwähnte
$\sigma\tau\rho\alpha\tau\eta\gamma\grave{o}\varsigma$ '$P\omega\mu\alpha\acute{\iota}\omega\nu$ und die späterhin verweigerte Würde eines
$\sigma\tau\rho\alpha\tau\eta\gamma\grave{o}\varsigma$ $\grave{\epsilon}\kappa\alpha\tau\acute{\epsilon}\rho\alpha\varsigma$ $\delta\nu\nu\acute{\alpha}\mu\epsilon\omega\varsigma$ zwei ganz verschiedene Begriffe sind.
Dort ist im Allgemeinen das Verhältniß des Alarich als Anführer
der Gothen im Dienste des Kaisers bezeichnet; hier handelt es sich
um eine ganz bestimmte Stellung im römischen Beamtenthum. —
Sozomenus erwähnt ferner bei der beabsichtigten Reise des Stilicho
nach dem Orient bei Gelegenheit des Thronwechsels, daß dieser ein
Labarum mit sich genommen habe. Darin glaube ich eine Hinweisung auf den Olympiodor zu finden. Das Labarum läßt sich in
der ganzen antiken Literatur nur einige wenige Male nachweisen.

Ueberall sonst wird es als Kreuzesfahne, als Symbol des auf das Chri=
stenthum sich stützenden Kaiserthums genannt. Als solches führt es
Sozomenus selbst früher an (I, 6). An unserer Stelle aber ist es
ihm statt der Kreuzesfahne ein einfaches Sceptrum, und als solches
hatte er es wahrscheinlich bei seiner heidnischen Quelle gefunden.
Außerdem paßt auch ein so aparter Gegenstand wie das Labarum
recht für die an den allerkleinsten und beiläufigsten Specialitäten
reiche ὕλη des Olympiodor. Wir aber entnehmen aus solchen Stel=
len, an denen Sozomenus mehr giebt als Zosimus, — vorausgesetzt,
daß sie nicht selbständige Betrachtungen des Autors sind, oder voll=
kommen klare Beziehungen zu anderen Quellen verrathen —, daß des
Zosimus Bearbeitung nicht ganz genau, mit Beibehaltung von allem
und jedem Detail, aus Zosimus ausgeschrieben ist. Doch werden wir
das freilich nur äußerst selten finden.

Es ist nun die Frage, ob wir in dem hier einschlagenden Bericht
des Zosimus (V, 26—35), der in bedeutend ausführlicherer Fassung
dasselbe wie Sozomenus, aber noch viel mehr über die Katastrophe
Stilichos gab, etwas finden, was gegen die Benutzung des Olym=
piodor und für die einer anderen Quelle spricht. In diesem ganzen
Stück ist der Zusammenhang so vollkommen glatt, es ist so unge=
zwungen Eines an das Andere gereihet, die Einzelheiten, welche Zo=
simus übereinstimmend mit Sozomenus hat, sind so eng in das
Uebrige hineingewebt, daß man nothwendig annehmen muß, des Zosimus
ganze Erzählung rühre aus derselben Quelle her, aus welcher die
Uebereinstimmung mit Sozomenus hervorgegangen war. Dazu kommt,
daß wir in der Erzählung auch eine Beziehung zu einem noch er=
haltenen Fragment, das ich gleich einschiebend hier erwähnen will,
erkennen. — Es heißt nämlich bei Olympiodor (p. 449), daß Ala=
rich noch bei Stilichos Lebzeiten einen Sold von 40 Centenarien
erhalten habe. Es ist wol außer allem Zweifel, daß dies die 4000
Pfund Gold sind, welche dem Alarich, wie Zosimus erzählt, auf
Stilichos Veranlassung für seinen Zug nach Illyrien und den lan=
gen Aufenthalt daselbst decretirt wurden. Daß er sie empfangen,
wie das Excerpt berichtet, hat Zosimus nicht eigentlich überliefert.
Man kann das aber daraus schließen, daß Zosimus unmittelbar nach
der Erzählung von der Bewilligung des Geldes auch berichtet, es sei
damals ein Friede zwischen Alarich und Rom zu Stande gekommen.
Es kommt ferner in Betracht, daß wir gerade in diesem Stücke die
schon besprochene directe Hinweisung auf Olympiodor finden.

Nach allem diesem werden wir für das ganze Stück in demselben
Sinne wie früher die Benutzung des Olympiodor annehmen dürfen.
Hiervon muß ich nur wieder einen groben geographischen Verstoß
des Zosimus ausnehmen. Er läßt nämlich den Alarich von Emon
in Pannonien nach Noricum über den Apennin gehen, und hat also
offenbar diesen mit den Alpen verwechselt (Zosim. V, 29). — Auch
sonst ist der ganze Bericht an und für sich nicht tadellos. Es sind
manche Unklarheiten darin, und zwar namentlich in der Erzählung

der Ereignisse, die unmittelbar der Katastrophe Stilichos vorausge=
hen. Ich will einige Belege hierzu beibringen. „Der Kaiser unter=
nimmt gegen den ausdrücklichen Rath des Stilicho, in einer bisher
unerhörten Opposition gegen den allmächtigen Minister, eine Reise
nach Ravenna, um dort die Truppen zu inspiciren. Stilichos An=
hänger fürchten das Schlimmste von dieser Reise, namentlich da in
Ticinum Soldaten standen, die dem Minister feindlich gesinnt waren
(Zosim. V, 30). Woher diese plötzliche Entfremdung zwischen Ho=
norius und Stilicho? Hier, wo sie zum ersten Male auftritt, hätte
uns der Autor am Wenigsten darüber in Dunkeln lassen dürfen. —
Ferner, wie kommt man dazu, aus der Reise des Kaisers nach Ra=
venna zu schließen, daß er auch nach Ticinum gehen werde, das denn
doch durchaus nicht am Wege lag. Ebenso vermissen wir die Mo=
tivirung der Erbitterung, die bei den Truppen in Ticinum gegen
Stilicho herrschte. — Eine andere Stelle (Zosim. V, 31). „Die
Reise Stilichos zur Einsetzung und zum Schutze des jungen Theo=
dosius im Orient ist beschlossen. Stilicho aber reist nicht hin und
thut überhaupt nichts von dem, was beschlossen ist". Was ist aber
beschlossen, und weshalb geht er nicht, zumal in einer Zeit, wo ihn
diese Reise aus der bedenklichsten, ihm selbst sicherlich nicht unbewuß=
ten Lage hätte retten können? (Zosim. V, 55). Die Gründe hiervon,
die wir vielleicht aus der Persönlichkeit des Stilicho entnehmen kön=
nen, fehlen ganz. Woher überhaupt diese tiefe Kluft zwischen den
römischen und barbarischen Bestandtheilen des Heeres, die sich sogleich
nach dem Tode des Stilicho in dem Gemetzel gegen die Angehörigen
der Barbaren äußert? Wir können das allenfalls durch Combination
finden, aber so nahe liegt es nicht, daß ein Geschichtschreiber der
Zeit sich darüber hinwegsetzen konnte. Diese Unklarheiten inmitten
eines so reichen Details weisen auf eine große Menge von Material
hin, das der Autor nicht vollständig zu beherrschen und unterzubrin=
gen wußte. — Ob hiervon blos Zosimus oder auch schon Olympio=
dor betroffen wird, wage ich nicht endgültig zu entscheiden. Ich
möchte jedoch den Olympiodor nicht ganz frei sprechen. Denn wer
mitten in den Ereignissen lebt die er schildert, hält mancherlei für so
bekannt, daß er die Erwähnung unnöthig glaubt, zumal ein solcher
Dilettant im Gebiet der Geschichtsschreibung wie Olympiodor.

9. Olympiodor p. 449.

Dies Fragment berührt den Zug Alarichs gegen Rom, die Ein=
nahme der Stadt, und die damit zusammenhängenden Ereignisse. —
„Alarich, der Anführer der Gothen, den einst Stilicho zur Behaup=
tung von Illyricum berufen hatte — diese Provinz gebührte nämlich
in Folge der theodosischen Theilung dem Honorius — geht zum An=
griff gegen Rom vor, theils wegen der Ermordung Stilichos, theils
weil man Versprechungen, die ihm gegeben waren, nicht gehalten
hatte. Er erobert die Stadt und gewinnt dabei unendliche Beute an
Gold und Silber. Auch Placidia, des Kaisers Schwester, nimmt
er damals gefangen. Noch vor der Eroberung der Stadt hatte er

den Praefecten Attalus zum Kaiser ausrufen lassen. Es geschah dies aus den bereits erwähnten Ursachen, und außerdem noch deshalb, weil Sarus, ein Gothe von Abkunft, ein edler und trefflicher Mann, aber dem Alarich bitter verhaßt, von den Römern zum Bundesgenossen gemacht war".

„Bei der Belagerung der Stadt war man daselbst durch den Hunger gezwungen, Menschenfleisch zu genießen".

„Damals hat man auch Serena, des Stilicho Gemahlin, die man für die Ursache von Alarichs Angriff hielt, gewaltsam durch Erdrosseln getödtet. Auch ihr und Stilichos Sohn Eucherius ist um diese Zeit getödtet worden". —

Ich halte das erste dieser Fragmente für das verworrenste von allen, denen wir bisher begegnet sind. — Fast alle Einzelheiten dieser drei Bruchstücke finden wir bei unseren Autoren wieder, aber da werden sie auf drei verschiedene Eroberungen Roms durch Alarich bezogen. Hier aber ist, wie wir sehen, nur von einer einzigen die Rede. Sollte nun Photius bei Olympiodor in der That blos eine einzige Eroberung Roms erwähnt gefunden haben? Wir können den ungenauen Epitomator durch sein eigenes Zeugniß überführen. Denn er erwähnt ebenfalls in diesem Excerpt gelegentlich „den ersten Zug der Gothen gegen Rom"[1]. Er muß also auch bei Olympiodor mindestens die Erwähnung eines zweiten gefunden haben, wenn wir die Einnahme der Stadt, bei der Attalus Kaiser wird, nicht als solche sehen wollen. Photius' Zeugniß in dem vorliegenden Fragment ist für uns nicht bindend, insofern er nur von einer Eroberung Roms — Den übrigen Inhalt des Fragments aber können wir beibehalten. Wir werden alsdann aus dem Zusammenhang, in welchem wir die einzelnen Details bei den andern beiden aus Olympiodor abgeleiteten Quellen finden, auf die Fassung des ursprünglichen Olympiodor schließen können.

Die Uebereinstimmung der beiden andern Autoren steht wieder in demselben Verhältniß wie früher. Sozomenus erzählt die Ereignisse kurz und gedrängt, aber, mit wenigen Ausnahmen, immer dieselben, die Zosimus weitläuftiger entwickelt. Im Ganzen und Großen läßt sich dies Verhältniß hier folgendermaßen charakterisiren. Die drei Hauptereignisse der Zeit, die erste Belagerung Roms, die zwischen dem Kaiser und Alarich in Ariminum angeknüpften und bald abgebrochenen Verhandlungen, wodurch der Friede wieder weit hinausgeschoben wird, endlich die Ein= und Absetzung des Attalus werden in genau übereinstimmendem Detail, öfter auch mit denselben Worten erzählt. Hier haben wir also den Olympiodor bei Beiden, und zwar vornehmlich bei Zosimus, der sich, wie bereits gesagt, näher an seine Quelle anschloß als Sozomenus. Was werden wir

---

[1] Olympiod. p. 469: τὸ δὲ τεῖχος τῆς Ῥώμης μετρηθὲν παρὰ Ἄμμωνος, τοῦ γεωμέτρου, καθ' ὃν καιρὸν Γότθοι τὴν προτέραν κατ' αὐτῆς ἐπιδρομὴν ἐποιήσαντο.

nun von den Partien in der Darstellung des Zosimus zu halten
haben, die er allein giebt? Es sind die zwischen jenen Hauptereig-
nissen liegenden Facta, welche meist untergeordnete Bedeutung haben,
so die Art und Weise wie Alarich von Ort zu Ort vorgeschritten ist,
die Maßregeln, die der Kaiser gegen Alarich ergriffen hat, namentlich die Personalveränderungen bei Hofe und in der Armee. Alles
dieses hat Sozomenus meist mit Stillschweigen übergangen oder doch
nur ganz kurz angedeutet; und bei seiner gedrängten Darstellung ist
es auch allenfalls zu entbehren. Wenn nun Zosimus getreu der
sonstigen ausführlichen Fassung seines Berichts sich auch darüber
genauer ausspricht, wenn sich bei diesen, allerdings sonst nicht weiter
bekannten, Nachrichten nirgends Indicien finden, die auf ein Hinein-
arbeiten aus irgend einer andern Erzählung führen, werden wir dann,
auch mit der geringsten Wahrscheinlichkeit annehmen dürfen, daß diese
Nachrichten einer andern Quelle entstammen als der, welche die
Uebereinstimmung zwischen Sozomenus und Zosimus bedingt. —
Das Nähere wird sich jetzt bei der Zusammenstellung der Nachrichten
ergeben. Ich lege den Sozomenus zu Grunde. Dabei werden sich
die einschlagenden Stellen des oben angeführten Fragments von selbst
erledigen.

Sozomenus wendet sich (IX, 6) zur Erzählung der Züge Alarichs gegen Rom. Er hatte vorher (IX, 4) kurz gesagt, daß Alarich
von Illyricum unverrichteter Dinge nach Italien zurückgekehrt sei.
Wir haben dann aus Zosimus den näheren Verlauf dieses Zuges
sowie die Verhandlungen Alarichs mit Rom erfahren. Jetzt, wo
Sozomenus die Geschichte Alarichs wieder aufnimmt, berichtet er
ebenso kurz, daß Alarich von Honorius in seinen Forderungen ab-
schlägig beschieden, sich gegen Rom gewandt habe. Dies Alles wird
uns von Zosimus bestätigt (V, 36). Außerdem aber erfahren wir von
diesem das genaue Detail der Verhandlungen zwischen Alarich und dem
Kaiser, sowie das Nähere über den Beginn der Feindseligkeiten.
Er verfolgt alsdann den Zug Alarichs bis nach Rom mit allen seinen Zwischenfällen. Den Schluß dieses Theiles des Berichts
bildet die Notiz von der Gefangennahme und dem Schicksale des
Eucherius, auf welches wir auch das Excerpt hinweisen sahen. —
Bei der Betrachtung dieser Nachrichten sind wir an keinem Orte
zweifelhaft über die Quelle, aus der sie geschöpft sind.

Die erste Belagerung Roms durch Alarich wird bei Beiden
genau übereinstimmend gemeldet. Sozomenus erzählt (l. c.) folgendermaßen[1]. „Alarich besetzt zunächst die Ufer der Tiber und sperrt

---

[1] Sozom. IX, 6: καὶ καταλαβὼν τὴν Ῥώμην ἐπολιόρκει βαρβάρους
ἐπιστήσας Θύμβρι δὲ τῷ ποταμῷ, ὥστε μὴ εἰσκομίζεσθαι τὰ ἐπιτήδια
τοῖς ἐν τῇ πόλει ἀπὸ τοῦ Πόρτου.

Zosim. V, 39: αὐτὸς μὲν κύκλῳ περιεῖχε τὰς πύλας ἁπάσας· καταλαβὼν δὲ τὸν Θύμβριν ποταμὸν διὰ τοῦ λιμένος τῶν ἐπιτηδείων
ἐκώλυε χορηγίαν.

den Hafen, so daß Rom von der Getreidezufuhr abgeschnitten wird. Hunger und Pest bedrängen alsbald die Stadt, viele Sklaven barbarischer Abkunft gehen zu Alarich über. Die heidnischen Mitglieder des Senats, die in der Belagerung eine Strafe für den Abfall vom alten Glauben sehen, halten es deshalb für nöthig, wieder auf dem Capitol und in den alten Tempeln zu opfern. Hierin ward man noch durch zwei Männer tuskischer Abkunft bestärkt, welche vor dem Praefecten der Stadt ausgesagt hatten, daß die Götter, da man sie angerufen, die Stadt Narnia [1] durch Donner und Blitz von den Barbaren befreit hätten. Das hat indessen bei Rom nichts geholfen. Die Verständigeren in der Stadt hatten bereits eingesehen, daß das Unglück Roms nur eine Folge der damaligen Sündhaftigkeit sei. Alarich war gewissermaßen das Werkzeug der göttlichen Strafe. Hatte er doch auf seinem Marsch gegen Rom einem Mönche, der ihn vor zu vielem Blutvergießen warnte, geantwortet: nicht aus freien Stücken, sondern getrieben von einer unabweislichen Stimme in seinem Innern, gehe er auf die Eroberung der Stadt aus. Die Römer bewogen endlich Alarich zur Aufhebung der Belagerung, indem sie ihm die reichsten Geschenke gaben und sich verpflichteten, den Kaiser zu einem Bündniß mit den Gothen geneigt zu machen". —

Wir müssen, ehe wir zur Vergleichung mit Zosimus schreiten, erst aus dem vorstehenden Bericht des Sozomenus das entfernen, was ihm selbständig oder wenigstens aus einer besonderen Quelle zukommen ist. Dazu gehört einmal die Betrachtung, die Sozomenus an die Rückkehr der Männer zu den heidnischen Altären knüpft, außerdem die Erzählung von dem Mönch und der Antwort, die ihm Alarich gegeben. Diese findet sich fast wörtlich bei Socrates (XI, 10) wieder.— Alles Andere aber ist in dem Berichte des Zosimus vorhanden, und zwar in diesem Zusammenhang. „Während Alarich die Belagerung von Rom beginnt, wird, auf den Beschluß des Senats und der Placidia, Serena die Gemahlin des Stilicho gewaltsam getödtet. Diese nämlich sah man für die Ursache von Alarichs Nahen an; durch ihre Beseitigung soll jede Hoffnung auf Verrath vernichtet werden". Die Meldung von diesem Vorfall, die nicht im Sozomenus enthalten ist, findet sich im Excerpt. Also haben wir hier für den Anfang gleich eine Art von Garantie und ein Zeugniß, daß das Schweigen des Sozomenus nichts gegen den olympiodorischen Charakter dessen beweist, was von Zosimus hier mehr gemeldet wird. — In die Erzählung von dem Tod der Serena hat derselbe noch eine Episode aus dem früheren Leben dieser Frau sowie aus dem des Stilicho eingeschoben, wodurch er zeigen will, daß beide wegen des Hohnes und der Verachtung, die sie gegen den heidnischen Cultus an den Tag gelegt, das gebührende Ende gefunden

---

[1] Zosimus nennt diese Stadt Νεβζηα. Der Name ist nicht sicher; schon der Epitomator des Sozomenus, Nicephorus Callistas, XXIII, 25, nennt sie anders als dieser, nämlich ἀάρνια.

hätten. — Diese Erzählnng leitet Zosimus durch die Worte ein (V, 38): δίκην δὲ τῶν εἰς τὰ θεῖα δέδωκε δυσσεβημάτων ἀξίαν, ὡς αὐτίκα μάλα ἔρχομαι λέξων. Dieser Uebergang in der ersten Person spricht dafür, daß Zosimus jene Nachricht schwerlich unmittelbar in diesem Zusammenhang bei Olympiodor gefunden hat, wenn er sie überhaupt aus ihm entnahm, was indessen wol wahrscheinlicher als das Gegentheil ist. — Es folgt dann (cap. 39) die Erzählung von dem eigentlichen Beginn der Belagerung, genau der des Sozomenus entsprechend, nur daß das Elend, welches die Hungersnoth hervorbrachte, etwas weitläufiger ausgemalt wird. — Hieran schließt sich (cap. 40) die von Sozomenus gänzlich übergangene Meldung von einer Gesandtschaft an Alarich, um Frieden zu machen, und wie dieser Versuch fehlschlug, weil man einen zu hohen Ton annahm, den Alarich in den beiden berühmten Antworten gebührend erwiedert. Zu Folge davon schreitet man zu den heidnischen Opfern, die auch Sozomenus erwähnt. Ebenso stimmt hierauf (cap. 41) die Erwähnung der beiden Tuscier und der Stadt Neveia, die die Götter gerettet hatten, sowie die Erfolglosigkeit jener Opfer zusammen. Abweichend und selbständig ist bei beiden Autoren natürlich die Art und Weise, in der sie die Opfer betrachten, Zosimus als Heide, Sozomenus als Christ. So viel aber sehen wir, daß jene Nachricht von der Gesandtschaft nicht wol zu entbehren ist, wenn wir das Folgende bei Zosimus richtig verstehen wollen. — Was Sozomenus über die Befreiung Roms von Alarich durch reiche Geschenke meldet, ist ebenfalls bei Zosimus entsprechend. Nur bezeichnet dieser die Gaben der Römer auf das Genaueste, und fügt hinzu, wie sie gesammelt sind. Die dabei einfließende Entrüstung über die Beraubung der alten Tempel trägt wieder das Gepräge selbständiger Reflexion. Endlich findet sich bei Zosimus (cap. 42) noch die Bestätigung dessen, was Sozomenus über die Gesandtschaft bemerkt, welche die Römer in Alarichs Interesse an den Kaiser zu schicken beim Friedensschluß verheißen haben. Auch die Meldung von dem zahlreichen Uebergehen der zu Rom befindlichen Barbarensclaven bringt Zosimus übereinstimmend mit dem andern Autor. Dieser erwähnt es noch vor der Capitulation, indessen kann ein derartiges unwesentliches Verfahren bei der Auswahl, die Sozomenus aus dem großen Detail des Olympiodor treffen mußte, leicht mit untergelaufen sein. — Zosimus erzählt hierauf den Abzug Alarichs von Rom nach Tuscien und die diesen begleitenden Umstände. Den Schluß bildet eine chronologische Angabe. Das sind alles Dinge, bei denen sich Sozomenus nicht aufhielt. Er läßt uns über den Aufenthalt Alarichs unmittelbar nach der ersten Einnahme Roms gänzlich im Dunkeln. Bei Zosimus schließt sich noch (cap. 43) die bereits von uns besprochene Gesandtschaft des Tyrannen Constantin aus Gallien an, die wir auch im Excerpt gefunden hatten (oben 4, p. 175).

Ich wende mich jetzt zurück zu Sozomenus (IX, 7). Er bemerkt in unmittelbarem Anschluß an seine letzte Meldung, daß die

Gesandtschaft aus Rom den Kaiser nicht zum Frieden mit Alarich habe bewegen können, weil seine Umgebung sich dagegen gesträubt. Alsdann habe Innocentius, Bischof von Rom, eine Gesandtschaft betrieben, und in Folge davon sei Alarich nach Ariminum zu Verhandlungen berufen worden. Diese werde ich gleich nachher im Texte vorführen.

Auch Zosimus geht (cap. 44) wie Sozomenus von der Gesandtschaft aus, die an dem Widerstand des Hofes scheitert. Dabei nennt er genau die Persönlichkeiten und legt die Erfolglosigkeit der Verhandlungen namentlich dem Olympius zur Last, der damals bei Hofe den größten Einfluß hatte. Mit dieser Erzählung hängt nun einmal ein Blick auf das damalige Treiben des Olympius eng zusammen; ferner aber auch die Erwähnung der Maßregeln, die der Kaiser ergreift, um den gegen Alarich beschlossenen Kampf durchzuführen (cap. 45). Diese Maßregeln bestanden in der Herbeiziehung dalmatischer Truppen unter Führung des Valens, eben jenes Mannes, den wir oben im Excerpt gefunden hatten. Daß dann diese Truppen dem Alarich unüberlegt Trotz boten und zu Grunde gingen, ward die Veranlassung zu weiteren Verhandlungen mit Alarich. Dergleichen konnte aber erst zum Durchbruch kommen, als die Persönlichkeit zu Falle gebracht war, welche fast fanatisch jedes Einvernehmen mit Alarich hintertrieb, nämlich Olympius. Dieser hatte bis jetzt seine einzige Thätigkeit in dem unermüdlichen Verfolgen der Anhänger Stilichos gefunden. Die Noth der Römer ward dadurch nicht gelindert. Deshalb entschloß man sich dort zu der, auch bei Sozomenus erwähnten Gesandtschaft, an der sich der römische Bischof betheiligte. Alles arbeitete an dem Sturz des Olympius, welcher selbst dadurch nicht gehemmt ward, das jener den Athaulf besiegte, der frische Truppen, die er aus Pannonien geholt, dem Alarich zuführen wollte. Olympius ward beim Kaiser verläumdet, seiner Stellung entsetzt und floh. Das ist sein erster Fall, von dem er sich, wie das Excerpt meldet, wieder erholt, um noch zwei Mal dasselbe Schicksal zu erleben. — Mit dieser Katastrophe sind zahlreiche Personalveränderungen bei Hofe und in der Armee verbunden. Es tritt auch wieder die durch Olympius zurückgedrängte mildere Beurtheilung der Nicht = Christen und Barbaren hervor, wie das Beispiel des Generid zeigt (cap. 46). — Die Partei, die jetzt ans Ruder kam, war dem Frieden mit Alarich geneigter, aber ehe sie sich völlig zur Geltung bringen konnte, mußten noch verschiedene Anhänger des letzten Regime entfernt werden (cap. 47). Man bewirkte das durch eine künstliche Agitation der Soldaten in Ravenna. Nun treten die Personen in den Vordergrund, welche Alles versuchen, um ein Uebereinkommen mit Alarich herbeizuführen. Es sind das dieselben, die wir bei allen drei Quellen in dieser Weise erwähnt finden, die selbst den Verrath zu Gunsten Alarichs nicht scheuten: Jovius und Allovichus. — Es kommt zu ernstlichen Verhandlungen zwischen Alarich und dem römischen Kaiser, die völlig übereinstimmend von Sozomenus und Zosimus berichtet werden.

Es empfiehlt sich hier wieder zur genaueren Charakterisirung dieses Verhältnisses die Texte in einiger Vollständigkeit vorzuführen.

Zosimus V, 48:

πεισθέντος δὲ τοῖς τοῦ βασιλέως καὶ τοῖς Ἰοβίου γράμμασιν Ἀλαρίχου, παραγενομένου τε εἰς τὴν Ἀρίμινον Ῥαβέννης ἀφεστῶσαν μιλίοις τριάκοντα, συνδραμὼν κατὰ ταύτην Ἰόβιος . . . . ἐκπέμπει τῷ βασιλεῖ, δοὺς καὶ ἴδια πρὸς αὐτὸν γράμματα, παραινοῦντα καταστῆσαι δυνάμεως ἑκατέρας στρατηγὸν Ἀλάριχον, ὥστε ταύτης αὐτὸν τυχόντα τῆς θεραπείας χαλάσαι τι τῆς βαρύτητος τῶν συνθηκῶν καὶ ἐπὶ φορητοῖς καὶ μετρίοις ποιήσασθαι τὰς σπονδάς. ταύτην δεξάμενος ὁ βασιλεὺς τὴν ἐπιστολὴν . . . . γράμμασι δὲ ἐχρῆτο πρὸς αὐτὸν δι' ὧν ἐθήλου χρυσίου μὲν καὶ σίτου μέτρον αὐτὸν ὁρίσαι προσήκειν οἷα τῆς αὐλῆς ὕπαρχον ὄντα καὶ τὴν τῶν δημοσίων φόρων ἐπιστάμενον δύναμιν, ἀξίαν δὲ ἢ στρατηγίαν μή ποτε Ἀλαρίχῳ δώσειν ἤ τισι τῶν τῷ γένει προσηκόντων.

cap. 49: ταύτην δεξάμενος ὁ Ἰόβιος τὴν ἐπιστολὴν οὐ καθ' ἑαυτὸν ἀνελίξας ἀνέγνω ταύτην, ἀλλὰ εἰς ἐπήκοον Ἀλαρίχου. καὶ τὰ μὲν ἄλλα μετρίως ἤνεγκεν· ὡς δὲ ἀρνηθεῖσαν εἶδεν ἑαυτῷ τε καὶ τῷ γένει τὴν τῆς στρατηγίας ἀρχήν, ἀναστὰς εἰς ὀργὴν αὐτόθεν ἐπὶ τὴν Ῥώμην ἐλαύνειν τοὺς σὺν αὐτῷ βαρβάρους ἐκέλευσεν, ὡς αὐτίκα τὴν εἰς αὐτὸν καὶ τὸ γένος ἅπαν ἀμυνούμενος ὕβριν. Ἰόβιος δὲ ἀπορηθεὶς ἐπὶ τῷ παραλόγῳ τῶν τοῦ βασιλέως γραμμάτων εἰς τὴν Ῥάβενναν ἐπανῄει· βουλόμενος δὲ τῆς μέμψεως αὐτὸν ἀπολῦσαι κατέλαβεν ὅρκοις Ὀνώριον, ἦ μὴν εἰρήνην μήποτ' ἔσεσθαι πρὸς Ἀλάριχον, ἀλλ' ἄχρι παντὸς πολεμήσειν. ὤμνυ δὲ καὶ αὐτὸς ὅρκον τῆς βασιλείας ἁψάμενος κεφαλῆς, καὶ τοὺς ἄλλους οἳ τὰς ἀρχὰς εἶχον ταὐτὸν ποιῆσαι παρασκευάσας.

cap. 50: . . . . . Ἀλάριχός δὲ εἰς μετάμελον ἐλθὼν ἐπὶ τῇ κατὰ τῆς Ῥώμης ὁρμῇ, τοὺς κατὰ πόλιν ἐξέπεμπεν ἐπισκόπους· πρεσβευ-

Sozomenus IX, 7:

μετακληθεὶς Ἀλάριχος γράμμασι τοῦ βασιλέως ἧκεν εἰς Ἀρίμινον πόλιν δέκα καὶ διακοσίοις σταδίοις τῆς Ῥαβέννης ἀφεστῶσαν· ἐνταῦθα δὴ τὰς σκηνὰς ἔχοντι πρὸ τῶν τειχῶν εἰς λόγους ἐλθὼν Ἰόβιος ὁ τῆς Ἰταλίας ὕπαρχος ὢν ὑπηλοῖ τῷ βασιλεῖ τὴν τοῦ Ἀλαρίχου αἴτησιν καὶ αἰτεῖ δέλτοις αὐτὸν τιμῆσαι στρατηγοῦ δυνάμεως ἑκατέρας· ὁ δὲ βασιλεὺς χρημάτων μὲν καὶ σιτηρεσίων, ὧν ᾔτει, ὡς ὑπάρχῳ Ἰοβίῳ τὴν ἐξουσίαν δέδωκεν, ἀξίας δὲ οὔποτε μεταδώσειν αὐτῷ ἀντεδήλωσεν. ἀβούλως δὲ Ἰόβιος ἐν τῇ Ἀλαρίχου σκηνῇ περιμείνας τὸν ἐκ τῶν βασιλείων ἀπεσταλμένον ἀναγινώσκειν ἐκέλευσεν, παρόντων τε τῶν βαρβάρων, τὰ δόξαντα τῷ βασιλεῖ· ἐπὶ δὲ τῇ ἀρνήσει τοῦ ἀξιώματος ὀργισθεὶς Ἀλάριχος ὡς ὑβρισμένος, αὐθωρὸν δὲ τῇ σάλπιγγι σημήνας ἐπὶ τὴν Ῥώμην ἤλαυνεν· δείσας δὲ ὁ Ἰόβιος μὴ ὑπονοηθῇ τῷ βασιλεῖ Ἀλαρίχῳ σπουδάζειν, ἀβουλοτέρῳ ἢ πρότερον περιπεσὼν πρὸς τῆς σωτηρίας τοῦ βασιλέως ὤμοσε, καὶ τοὺς ἄλλους ἄρχοντας παρεσκεύασε, μὴ ποτ' εἰρήνην θέσθαι πρὸς Ἀλάριχον. Οὐκ εἰς μακρὰν μεταμεληθεὶς ὁ βάρβαρος ἐδήλωσε μηδὲν δεῖσθαι ἀξιωμάτων, σύμμαχον δὲ παρέξειν ἑαυτὸν ἐπὶ μετρίᾳ σίτου δόσει καὶ οἰκήσει τόπων οὐ πάνυ Ῥωμαίοις ἐσπουδασμένων.

cap. 8: ἐπεὶ δὲ δὶς ἀπέτυχε περὶ τοῦτο πρεσβευσάμενος διά τινων ἐπισκόπων ἐλθὼν εἰς Ῥώμην ἐπολιόρκει τὴν πόλιν.

ἱμίνους . . . . οὔτε γὰρ
ἠχ̀ ἢ ἀξίας δεῖσθαι τὸν βάρβαρον
ἐπὶ τὰς πρότερον ἐπαρχίας ἔτι πρὸς
ἠχ̀ιαν βούλεσθαι καὶ ἐπὶ τοῦ παρόν-
τος λαβεῖν, ἀλλὰ μόνους ἄμφω Νωρι-
κοῖς, ἐν ταῖς ἐσχατιαῖς που τοῦ Ἴστρου
κειμένους, συνεχεῖς τε ὑφισταμέ-
νους ἐφόδους καὶ εὐτελῆ φόρον
τῷ δημοσίῳ εἰσφέροντας.
ap. 51. . . . . Lib. VI, cap. 1:
Ἀάριχος μὲν οὖν ἐπὶ ταῖς οὕτω
μιαίαις αἰτήσεσι περιυβρισθεὶς ἐπὶ
τὴν Ῥώμην ἤλαυνε κτλ.

Diese Zusammenstellung giebt ein höchst charakteristisches Bild der
Art und Weise in der die Autoren gearbeitet haben. Durch die viel=
fache wörtliche Uebereinstimmung wird der Gebrauch des Olympiodor
bei Beiden sicher. Und angesichts dieses kann es nun wol auch kaum
zweifelhaft sein, daß die ganze ausführliche Erzählung des Zosimus,
innerhalb deren wir die vielen wörtlich aus Olympiodor entlehnten
Stellen fanden, eben daher stammt. Das größere Detail des Zo=
simus aber besteht wieder in nichts weiter als in der genauen Auf=
zählung und Besprechung der von Sozomenus nur ganz kurz ange=
deuteten Friedensvorschläge des Gothenkönigs sowie in der Erwäh=
nung der vom Kaiser getroffenen Vertheidigungsmaßregeln. Hier
haben wir eine Bewahrheitung dessen, was wir über das Verhältniß
zwischen beiden Autoren und Olympiodor gesagt haben und zugleich
eine Stelle die als Norm ihres Verfahrens dienen kann.

Zosimus wendet sich jetzt (VI, 1) zur Darstellung der galli=
schen Verhältnisse unter Constantin, welche wir bereits früher in un=
sere Untersuchung gezogen haben. Der Autor wird durch die Er=
wähnung einer Gesandtschaft aus Gallien, die den Frieden zwischen
Constantin und Honorius vermitteln soll, darauf geführt, alle jene
Ereignisse, die der Zeit nach neben die Kämpfe Alarichs fallen, hier
nachzuholen. — Jene Gesandtschaft aber, die außer der Befestigung
des Friedens auch noch den Zweck hat, den Tod der beiden kaiserli=
chen Verwandten, des Didymus und Verinian zu entschuldigen, steht
im engsten Zusammenhang mit den vorher gemeldeten Ereignissen in
Gallien und Spanien.

Erst mit dem 6. Capitel des 6. Buches kehrt Zosimus zu den
italischen Verhältnissen zurück. In diesem letzten Theile seines Wer=
kes behandelt er die Geschichte des Attalus. Hier ist die Ueberein=
stimmung mit Sozomenus noch größer als zuvor, weniger deshalb,
weil Sozomenus weitläufiger wird, als vielmehr wegen der bei Zo=
simus eintretenden gedrängteren Erzählung der Thatsachen.

Sozomenus berichtet (cap. 8), wie die Gesandtschaft der Bischöfe
vergeblich gewesen und Alarich sich darauf zum zweiten Male gegen
Rom wendet. Durch die Besetzung des Hafens sind die Römer
wiederum rasch zur Ergebung gezwungen. Auf Geheiß des Alarich

müſſen ſie Attalus, den bisherigen praefectus urbi, zum Kaiſer wählen. Dieſer ernennt eine Menge neuer Beamten, unter Anderen den Alarich zum magister utriusque militiae, den Athaulf zum comes domesticorum equitum. — Das Alles ſtimmt genau mit Zoſimus (capp. 6. 7), der noch mehrere der neuen Beamten namentlich anführt, unter Anderen auch den Valens, den bereits früher genannten Anführer der dalmatiſchen Truppen. Wir ſahen ſchon im Anfang der Unterſuchung, daß dieſe Meldung hier nicht ganz richtig iſt, weil Valens zuerſt noch auf Seiten des Honorius mit Attalus unterhandelt. Uebrigens kann hier vielleicht auch eine Namensver- wechslung mit untergelaufen ſein. Ferner ſchildert Zoſimus die Stimmung in Rom über den Umſchwung der Dinge, der ſich durch die Einſetzung des Attalus ſo eben vollzogen hatte.

Der Bericht über die erſten Regierungshandlungen des Attalus, ſeine vielverheißende Anrede an den Senat, ſeine Pläne auf die Er- oberung Africas, das ſich damals noch in den Händen des Heraclion, eines eifrigen Anhängers des Honorius, befand, bietet in den Dar- ſtellungen beider Autoren mannichfache wörtliche Uebereinſtimmung.

Zosimus VI, 7:	Sozomenus IX, 8:
τῇ δ'ἑξῆς παρελθὼν εἰς τὴν γερου- σίαν λόγον ἀλαζονείας γέμοντα διεξῄει, τήν τε γῆν ἅπασαν Ῥωμαίοις περιποιήσειν με- γαλαυχούμενος καὶ ἄλλα τούτων ὑπέρτερα, ἐφ' οἷς ἴσως νεμεσήσειν αὐτῷ τὸ θεῖον ἔμελλε καὶ μετ' οὐ πολὺ καθαιρήσειν.	συγκαλέσας δὲ τὴν γερουσίαν λόγον διῆλθε μακρὸν καὶ λαμπρὸς μάλα πεπονημένον, ὑπισχνούμενος τὰ πάτρια τῇ συγκλήτῳ φυλάξειν καὶ τὴν Αἴγυπτον καὶ πᾶσαν τὴν πρὸς ἕω ἀρχομένην ὑπήκοον Ἰταλοῖς ποιήσαι· καὶ ὁ μὲν οὕτω ἀλαζονευόμενος οὐδὲ εἰς ἐναν- τὸν ὁλόκληρον ἤμελλε βασιλεὺς καλεῖ-
cap. 8: Ἀλαρίχου δὲ συμβουλεύσαντος ὀρθῶς Ἀττάλῳ πέμψαι μετρίαν δύναμιν ἐπὶ Λιβύην καὶ Καρ- χηδόνα, διὰ ταύτης τε παραλῦσαι τῆς ἀρχῆς Ἡρακλειανόν, ὡς ἂν μὴ καὶ ἐξ αὐτοῦ τὰ Ὀνωρίου φρονοῦντος κώ- λυμά τι τοῖς ἐγχειρουμένοις συμβαίη, ταῖς τοιαύταις παραινέσεσιν Ἄτταλος οὐκ ἐπίθετο, ταῖς ἐπὶ τοῖς μάν- τεσιν ἐλπίσιν ἑαυτὸν ἐκδιδοὺς καὶ ἀμαχητὶ περιποιήσεσθαι Καρχηδόνα καὶ τὰ περὶ Λιβύην ἅπαντα πεπεισ- μένος. . . . . Κώνσταντι παραδίδωσι τῶν ἐν τῇ Λιβύῃ στρατιω- τῶν τὴν ἡγεμονίαν, οὐδεμίαν αὐτῷ δύναμιν ἀξιόμαχον συνεκπέμψας, ἀλλὰ τῶν ἐν τῇ Λιβύῃ ἐν ἀδήλῳ κειμένων ἐπιστρατεύει τῷ βασιλεῖ κατὰ τὴν Ῥάβενναν ὄντι. —	σθαι· — μάντεσι δέ τισιν ὑπαχθεὶς, ὑπισχνουμένοις ἀμαχητὶ τὴν Ἀφρι- κὴν καθέξειν, οὔτε Ἀλαρίχῳ ἐπείσθη μετρίαν δύναμιν εἰσ- ηγησαμένῳ πέμψαι εἰς Καρχη- δόνα ἐπὶ ἀναιρέσει τῶν Ὀνωρίου ἀρχόντων, εἰ ἀντιπαρατάξοιεν αὐτῷ, οὔτε Ἰωάννην . . . . ἐπεὶ δὲ Κώνστας τοῦτο τοῖς μάντεσι δόξαν, ἔπλευσεν εἰς Καρχηδόνα, Ἄτταλος δὲ ἐπὶ τοσοῦτον ἐβλάβη τὸν νοῦν, ὡς μηδὲ ἀμφιβάλλειν ἀξιοῦν, ἀλλὰ πεπεῖσθαι τοὺς Ἀφρους ὑπηκόους ἔχειν καὶ τὴν πρόῤῥησιν τῶν μάντεων ἐπιστρα- τεύει τῇ Ῥαβέννῃ.

Was das ſonſtige Verhältniß der Autoren zu einander betrifft, ſo ſehen wir hier den Sozomenus weitläuftiger als den Zoſimus. Den Rath, welchen ein Mann mit Namen Johannes dem Attalus zur Beſitzergreifung Africas gab, erwähnt dieſer mit keinem Worte,

nes, wie eine andere Stelle bezeugt, als Begün=
wol kennt (Zosim. V, 40). Dieser sehr ver=
b darin, daß Attalus im Namen des Honorius,
man in Afrika noch nichts wissen konnte, den
tens entheben sollte. Ebenso wenig führt Zosi=
Attalus dem Senat über dessen Neugestaltung
en Grund hiervon in der Kürze der jetzt zum
zählung des Autors. Verschieden, aber geboten
ind die Bemerkungen, welche beide an die stolze
im Antritt des Imperiums knüpfen. Es folgt
ap. 8) die abweichende Erzählung von den Ver=
Attalus und Honorius vor Ravenna, die wir
en haben. Darauf aber stimmen die Berichte
ständigste. Es ist bei Beiden die Rede von des
: Flucht nach dem Orient in Folge der von At=
n Friedensbedingungen. Beide erwähnen die un=
der 4000 Mann starken 6 Cohorten aus dem
rt bei der schwierigen Stimmung der anderen
enfalls Beide bezeugen, die Wache der Mauern
– Zosimus knüpft hieran noch die Erwähnung
onorius jetzt faßte. Der Ausgang der africani=
ollte für ihn entscheidend sein. Hielt sich Hera=
Kaiser gerettet; im anderen Falle stand ihm die
ten noch immer offen. — Ueber den Verlauf
erzählt uns Sozomenus noch in demselben Ca=
, der Abgesandte des Attalus in Africa, durch
vurde. Dieser hat alsdann die Häfen für die
den Schiffe gesperrt. Alsbald nimmt dort die
nd; zur ἀλληλοφαγία soll man gezwungen ge=
hat dies von Rom aus dem Attalus gemeldet.
gekehrt, um mit dem Senat über weitere Schritte
h empfahl damals wieder, eine Schaar von 500
ca zu senden. Allein Attalus und der Senat
n. Da ist es dem Alarich offenbar, daß Gott
s Herrschaft erklärt habe. Er läßt sich mit Hono=
ngen über die Beseitigung desselben ein, nach=
mpfangen hat. — Außerhalb der Stadt muß
n der Herrschaft ablegen; die von ihm ernannten
Honorius erläßt eine Amnestie, der zufolge jeder
ten Rang zurückerhalten soll. Attalus mit seinem
arich, da er sich unter den Römern nicht sicher
rmissen fast nichts von diesen Ereignissen in der
mus (cap. 9. 10. 11). Dagegen geht er wie=
nen Punkten etwas näher ins Detail, so z. B.
der Hungersnoth, aus der er eine charakteristische
t, die durch den schauerlichen Ausruf im Circus:
rni humanae' genugsam bezeichnet ist. Sonst

stimmt Alles: der Tod des Conſtans, Heraclians Maßregeln gegen Rom, die Hungersnoth daſelbſt, der Plan Barbaren nach Africa zu ſenden, des Attalus Sträuben hiergegen, Alarichs Gereiztheit in Folge davon, endlich die Abſendung des Attalus. In dieſem letzten Punkte iſt Sozomenus der ausführlichere, namentlich in Betreff der Verhandlungen zwiſchen Honorius und Alarich. Nur in Bezug auf den Ort, an dem des Attalus Abſetzung Statt fand, iſt er ungenau. Zoſimus ſagt, es ſei vor der Stadt in Ariminum geſchehen, Sozomenus bemerkt ſchlechtweg: vor der Stadt, und da er zuletzt von Rom geredet, ſo wäre es genau genommen hierauf zu beziehen.

Zoſimus hat als thätig bei der Beſeitigung des Attalus noch eine Perſon genannt, die Sozomenus nicht anführt, nämlich den Jovius, der erſt von Honorius zu Attalus und von dieſem darauf zum Kaiſer zurückkehrte. Er hat ſeinen Aufenthalt bei Attalus größtentheils dazu angewendet, um dieſen bei Alarich zu verläumden. Dies war bekanntlich auch vom Excerpt bezeugt. — Alarich giebt nun, ſo erzählt Zoſimus weiter (cap. 12), dem Drängen des Jovius nicht gleich nach, bleibt dem Attalus treu, und kämpft in deſſen Intereſſe in Mittel=Italien weiter, während Honorius, geſtützt auf Heraclian, Unter=Italien zu gewinnen ſucht. Die Thätigkeit des Jovius alſo und die Folgen derſelben ſtehen in ihrer Erwähnung bei Zoſimus unter der Garantie des Excerpts (Olympiod. p. 459), das hier wieder den Sozomenus auf willkommene Weiſe ergänzt.

Mit der Kataſtrophe des Attalus zerfielen, wie Sozomenus (cap. 9) erzählt, die Hoffnungen, welche Heiden und Barbaren an die Erhebung dieſes Mannes geknüpft hatten; jene, weil Attalus bis vor Kurzem ein Heide geweſen war, dieſe, weil ihn der gothiſche Biſchof Sigeſar eben jetzt zum Arrianismus bekehrt hatte. Von dieſer Betrachtung des Sozomenus iſt uns nichts weiter bezeugt als die Perſönlichkeit jenes gothiſchen Biſchofs Sigeſar. Olympiodor nennt ihn bei der Geſchichte Athaulfs als einen Anhänger dieſes Gothenkönigs, als Beſchützer der Placidia und der Kinder Athaulfs, vor den Verfolgungen Singerichs in Spanien. — Nicht gar lange nach Attalus Abſetzung, fährt Sozomenus fort, hat Alarich zu Alpes, einem Ort, der von Ravenna 60 Stadien entfernt iſt, mit dem Kaiſer Unterredungen wegen des Friedens. Dieſen ſtellt ſich Sarus entgegen, ein Mann gothiſcher Abkunft und Alarichs Todfeind. Er ſah deshalb den Abſchluß eines Bündniſſes zwiſchen dem Kaiſer und Alarich höchſt ungern. An der Spitze einer Schaar von 300 Mann greift er die Gothen an und fügt ihnen einige Nachtheile zu. In Zorn und Schrecken hierüber kehrt Alarich zurück und wendet ſich zum dritten Male gegen Rom. Was Sozomenus jetzt über die dritte Eroberung der Stadt ſagt, entbehrt, bei dem Abſchluß des Zoſimus, der genaueren Controle für unſeren Zweck. Auch iſt es zu allgemein gehalten und zu vielſeitig bezeugt, um für den olympiodoriſchen Charakter ſonderlich bezeichnend zu ſein.

Es ist der Schluß des Zosimus, der zur Vergleichung jetzt herangezogen wird. Er erwähnt der Gefangenschaft der Placidia bei Alarich, die wir auch im Excerpt fanden. Wann diese Statt gefunden hat, ist streitig. Da Zosimus ihre Anwesenheit in Rom ausdrücklich bei der ersten Belagerung erwähnt, so nehme ich auch an, daß sie damals gefangen worden sei. Die anderen Quellen können nichts dagegen aussagen, da sie Alle, Chroniken und Kirchenschriftsteller, nur genauere Kunde von der dritten Belagerung und Einnahme Roms haben und über die vorhergehenden Ereignisse nur höchst ungenau unterrichtet sind. Die Gefangennahme Placidias ist für die Geschichte Athaulfs ein folgenschweres Ereigniß, und da man dies nicht übergehen konnte, so glaubte man mit Wahrscheinlichkeit das Factum auf die am Bekanntesten gewordene und auch erschütterndste Einnahme Roms beziehen zu müssen. — Die betreffende Meldung im Excerpt ist von keinem Gewicht, denn was dort gesagt wird, muß, wie wir uns jetzt überzeugt haben werden, auf alle drei Einnahmen Roms bezogen werden.

Im Uebrigen hat Zosimus hier wieder flüchtiger gearbeitet als Sozomenus. Er weiß nur, daß Alarich gegen Ravenna marschierte, um mit Honorius Frieden zu machen; daß Sarus, der damals nur mit 300 Mann in Picenum weilte und weder dem Honorius noch dem Alarich sich anschließen wollte, jenen Frieden aus alter Feindschaft gegen Athaulf vereitelte, indem er vor einem Angriff desselben fliehend, sich dem Honorius in die Arme warf. — Die im Anfang dieses Schlußcapitels stehende Meldung von der Erhebung des Constans zum Imperator, und was dort noch weiter von den Verhältnissen in Gallien erzählt wird, werden wir ohne Weiteres in den schon näher beleuchteten Zusammenhang der gallischen Angelegenheiten verweisen können. — In dem übrigen Inhalt des 13. Capitels finden wir genug des Uebereinstimmenden. Die detaillirte Angabe von der Zahl der Krieger, welche Sarus umgaben, diesen gleichmäßig bei beiden Autoren als Hinderniß des Friedens zwischen Alarich und dem Kaiser dargestellt — alles dieses haben wir auch im Excerpt gefunden, welches ebenso die Feindschaft zwischen Alarich und Sarus bezeugt, wie auch die zwischen Sarus und Athaulf (Olympiodor p. 457), auf die sich Zosimus abweichend von Sozomenus bezieht. — Es fällt uns endlich noch ein Auseinandergehen der Quellen ganz gegen Schluß des Capitels auf. Bei Zosimus nämlich flieht Sarus vor einem Angriff Athaulfs zu Honorius, bei Sozomenus greift Sarus den Alarich an, der entrüstet darüber die Verhandlungen abbricht und gegen Rom zieht. Diese Abweichung halte ich für scheinbar, denn die Berichte decken sich nicht mehr, sondern Sozomenus geht in seiner zusammenfassenden Weise schon über das Maß dessen hinaus, was Zosimus überhaupt bis zum Ende seines Buches meldet. Sozomenus verschweigt somit den Uebergang des Sarus zum Kaiser, den wir in der That vermissen, weil dadurch der Zusammenhang wesentlich gestört wird. Ein Angriff des Sarus

mit feinen 300 Mann vor dem Uebertritt zum Kaifer würde Ala=
rich schwerlich sehr berührt haben.

Wir sind zu Ende mit der Vergleichung der Texte, die wir
anstellten, um das letztgenannte Fragment des Excerpts zu prüfen.
Alle thatsächlichen Einzelheiten haben wir wieder gefunden; nur waren
sie dort willkürlich verbunden gewesen. Ihre eigentliche Folge und
ihr ganzer Zusammenhang hat sich durch jene Vergleichung nunmehr
festgestellt.

10. Ich habe endlich noch eine merkwürdige Uebereinstimmung
beider Autoren in einer Meldung zu constatiren, welche eine anti=
quarische Notiz enthält. Es handelt sich nämlich um die Gründung
der Stadt Emon (Emona) in Pannonien, die, wie beide melden, von den
Argonauten ausging, als diese vor dem König Aetes fliehend, aus
dem Pontus in die Istermündung einlaufend stromaufwärts bis nach
Pannonien kommen und dort überwintern. Damals begründen sie
Emon, und als wieder Sommer wurde, zog man das Schiff 400
Stadien weit über das Land ins Meer und fuhr dann weiter. Es
folgen die Texte:

Sozomenus I, 6:

Unfer Autor hat eben von den Erfol=
gen geredet, die Constantin der Große
über Marentius davon getragen, und
wie durch ihn aller Orten das Christen=
thum zur Geltung gelangt, bei denen
ὅσοι τὸ περὶ Θύμβριν ποταμὸν ᾤκουν
καὶ τὸν Ἠριδανόν, ὃν Παδὸν οἱ ἐπι
χώριοι καλοῦσι, καὶ τὸν Ἄκυλιν, εἰς
ὃν λόγος καθελκυσθῆναι τὴν Ἀργὼ καὶ
πρὸς τὸ Τυῤῥηνῶν διασωθῆναι πέλαγος·
οἱ γὰρ Ἀργοναῦται τὸν Αἰήτην φεύ
γοντες οὐ τὸν αὐτὸν πλοῦν ἐν τῇ ἐπαν
όδῳ ἐποιήσαντο· περαιωθέντες δὲ τὴν
ὑπὲρ Σκύθας θάλασσαν διὰ τῶν τῇδε
ποταμῶν ἀφίκοντο εἰς Ἰταλῶν ὅρια
καὶ χειμάσαντες ἐνταῦθα πόλιν ἔκτισαν
Ἤμονα προσαγορευομένην· τοῦ δὲ θέ
ρους ἐπικαταλαβόντος συμπραξάντων
αὐτοῖς τῶν ἐπιχωρίων, ἀμφὶ τοὺς τε
τρακοσίους σταδίους ὑπὸ μηχανῆς ἕλ
κοντες τὴν Ἀργὼ διὰ γῆς ἐπὶ τὸν Ἄκυ
λιν ποταμὸν ἤγαγον, ὃς τῷ Ἠριδανῷ
συμβάλλει. Ἠριδανὸς δὲ εἰς τὴν κατὰ
Ἰταλοὺς θάλασσαν τὰς ἐκβολὰς ἔχει.

Zosimus V, 29:

redet von dem Aufenthalt Alarichs in
Emona und fügt dabei den Mythus
von der Gründung der Stadt sehr
passend ein.

τοὺς Ἀργοναύτας φασὶν ὑπὸ τοῦ Αἰή
του διωκομένους ταῖς εἰς τὸν Πόντον
ἐκβολαῖς τοῦ Ἴστρου προσορμισθῆναι,
κρῖναί τε καλῶς ἔχειν διὰ τούτου πρὸς
ἀντίον, τὸν ῥοῦν ἀναχθῆναι καὶ μέχρι
τοσούτου διαπλεῦσαι τὸν ποταμὸν εὐρ
σία καὶ πνεύματος ἐπιτηδείου φορᾷ,
μέχρις ἂν τῇ θαλάσσῃ πλησιαίτεροι γί
νοιντο. πράξαντες δὲ ὅπερ ἔγνωσαν,
ἐπειδὴ κατὰ τοῦτον ἐγένοντο τὸν τόπον,
μνήμην καταλιπόντες τῆς σφετέρας ἀφί
ξεως τὸν τῆς πόλεως οἰκισμόν, μηχα
ναῖς ἐπιθέντες τὴν Ἀργὼ καὶ τετρακο
σίων σταδίων ὁδὸν ἄχρι θαλάσσης ἑλ
κύσαντες, οὕτω ταῖς Θεσσαλῶν ἀκταῖς
προσωρμίσθησαν, ὡς ὁ ποιητὴς ἱστορεῖ
Πείσανδρος ὁ τῇ τῶν ἡρωικῶν θεογα
μιῶν ἐπιγραφῇ πᾶσαν ὡς εἰπεῖν ἱστο
ρίαν περιλαβών.

Diese Meldungen werden, wie wir sehen, in sehr verschiedenem
Zusammenhang gegeben. Bei Zosimus fand die Notiz einen sehr
geeigneten Platz, ganz entsprechend der schon oben betrachteten über
Ravenna. Zosimus beruft sich nun ausdrücklich auf den Pisander,
der in einem Epos jenen Mythus weitläufiger gegeben haben soll.
Dabei fragt es sich, hat Zosimus diese Notiz direct aus dem Pisan=

der entnommen oder fand er sie im Olympiodor mit diesem Hinweis und las alsdann vielleicht erst den Pisander nach. Ich bin von dem Letzteren überzeugt, denn gerade so steht es mit der Meldung über Ravenna (f. o. S. 170): Zosimus fand hierüber etwas im Olympiodor, das er näher untersuchte; dabei kam er auf eine abweichende Ansicht, für die er sich auf den Quadratus berief; soweit er also den Olympiodor controliren konnte, that er es. Hier ist er ebenso darauf geführt, das Citat des Olympiodor aus der Quelle nachzulesen. Dabei fand er keinen Grund, den Autor, von dem er hier nicht abweicht, besonders zu nennen, sondern er durfte sich direct auf den Pisander berufen. Daß aber im Olympiodor die Meldung über Emon enthalten war, ist uns insofern verbürgt, als das Excerpt zeigt, daß Olympiodor mit Vorliebe auf dergleichen Erzählungen kam, und daß er auch in der altgriechischen Literatur ganz gut bewandert war. Bezeichnend hierfür ist, was im Excerpt noch über die Oasen enthalten ist, wo Olympiodor den Herodot sowie den Herodorus über Orpheus und Musäos erwähnt und sogar eine Bemerkung über Homers eigentliche Heimath einflicht (p. 463; Phot. biblioth. I. p. 61. 1). Endlich liegt es denn doch auch nahe genug, bei Sozomenus denselben Grund der Uebereinstimmung mit Zosimus anzunehmen wie bisher immer, d. h. eben die Benutzung des Olympiodor. Sozomenus wäre schwerlich auf jene Meldung gekommen, die obendrein auffallend lose in den Zusammenhang eingefügt ist, wenn er sie nicht in einer auch sonst von ihm benutzten Quelle gefunden hätte. Dies unpassende Einschieben aber scheint mir gewissermaßen ein Beweis dafür, daß sich Sozomenus hier näher an den eigentlichen Olympiodor gehalten hat als Zosimus.

Wir haben so den ganzen Text des Zosimus und Sozomenus, soweit er in Betracht kam, in unsere Untersuchung gezogen. Dabei fanden wir, daß es eine nicht unbeträchtliche Anzahl von Stellen war, in denen wir direct den Einfluß des Olympiodor nachweisen konnten, und zwar gestützt auf die wörtliche Uebereinstimmung einzelner Passus in den drei Texten oder auf die völlige Gleichheit ganz detaillirter Angaben. Mit diesen Kriterien war indeß einem sehr großen Theile des Materials nicht beizukommen, weil jeder von den beiden Autoren und namentlich Zosimus mancherlei gab, was der Andere nicht hatte. Dies mußten wir nach folgenden Gesichtspunkten gruppiren. Bei Sozomenus waren es entweder selbständige Betrachtungen von seinem Standpunkt als christlicher Kirchenschriftsteller, oder es ließ sich geradezu der Einfluß einer anderen Quelle (des Socrates) nachweisen. Alles Andere erwies sich als ein gedrängter Auszug aus Olympiodor. Bei Zosimus schieden wir den ganzen Bericht gewissermaßen in eine Darstellung der äußeren Ereignisse, deren Haupthelд Alarich ist, und in eine Erzählung der Begebenheiten in der unmittelbaren Umgebung des Kaisers. Diese letztere bezog sich auf die Verhältnisse bei Hofe, auf die Veränderungen daselbst und im Heere, auf die Stimmung der Truppen. In dem einen Theil berichteten Zosimus und Sozomenus dasselbe, nur ersterer in größerem Detail; in den Nachrichten des anderen Theiles stand Zosimus fast ganz allein. Ob nun jenes Mehr des Zosimus, das sich nicht genauer weder aus Sozomenus noch aus dem Excerpt controliren ließ, ebenfalls aus Olympiodor stammt, darüber mußte allemal der ganze Zusammenhang entscheiden, innerhalb dessen wir die mit Sozomenus übereinstimmenden Notizen vertheilt fanden. Ich hoffe es wird sich ergeben haben, daß wir auch so fast durchweg den Olympiodor im Zosimus wiederfinden, und daß die Angaben, die er mehr als Sozomenus enthält, nur Zeugniß für die Kürze des Letzteren ablegen. — Was den anderen Theil der Erzählung des Zosimus anbetrifft, die innere Geschichte, so fanden wir, daß die Beziehungen zu den äußeren Verhältnissen meist ganz eng und untrennbar waren. Demnach konnten wir auch hier die Art des Zusammenhanges als das wichtigste Kriterium festhalten. Andererseits gab hierfür das Excerpt des Photius mancherlei Anhaltepunkte, die zeigten, daß Olympiodor auf solche Verhältnisse wie die oben angedeuteten ein besonderes Augenmerk hatte und sie mit Vorliebe gab. Und sahen wir die äußere Geschichte bei Zosimus aus Olympiodor hervorgehen, so durften wir auf Grund des eben Angeführten mit großer Wahrscheinlichkeit dasselbe für die innere annehmen. Wenigstens lag es sehr fern, hierfür den Einfluß einer anderen Quelle zu statuiren.

Es ließ sich indeß nicht verhehlen, daß in manchen Punkten auch dem Zosimus eine gewisse Selbständigkeit zuzusprechen war. Eine solche wurde hie und da durch die scharf ausgeprägte, heidnisch-apologetische Anschauung des Autors veranlaßt. Namentlich fanden wir solche Stellen davon gefärbt, an denen derselbe pragmatisirte. Olympiodor ist allerdings auch Heide gewesen, allein wir bemerken nicht, daß seine Erzählung davon berührt wird. Auch Photius erwähnt nichts davon, obwol er es bei Zosimus geradezu hervorhebt (Biblioth. cod. 98). Olympiodor scheint sich überhaupt nicht auf Pragmatik oder irgend welche Nutzanwendung und Betrachtung eingelassen zu haben. Ihm war es genug in seiner ὕλη auch commentirende Beiträge zur Zeitgeschichte zu geben. Außerdem mochte die Dedication seines Werkes an den Kaiser Valentinian (Vorrede des Photius zum Excerpt) ihm bei Auslassungen über das Heidenthum und gegen das Christenthum einigermaßen Beschränkung auferlegt haben. Indessen wenn auch Zosimus stets davon ausgeht, daß der Fall des Römerthums durch das Verlassen des alten Cultus bedingt gewesen sei, wenn er auch demgemäß die Ereignisse in seiner Darstellung gefärbt hat und alles durch die Barbaren hereinbrechende Unheil darnach deutet: hier, meine ich, wird das der Wahrheit wenig Abbruch gethan haben. Denn die römische Welt war damals in einem so verkommenen Zustande, daß auch der eifrigste Heide ohne weiteres Hinzuthun genug Argumente daraus entnehmen konnte. Sonach ergab sich von diesem Gesichtspunkt aus nichts weniger als eine die

Wahrheit entstellende Selbständigkeit des Zosimus. Nur die eine oder die andere gleichgültige Betrachtung gab Zeugniß von jener, namentlich in den ersten Büchern unsers Autors, hervortretenden Anschauung. — Aber auch abgesehen hiervon war der Bericht des Zosimus nicht ganz frei von Unrichtigkeiten, die wir dem Olympiodor nicht zur Last legen durften. Dahin gehörten namentlich seine Versehen in ethnographischer und geographischer Beziehung, die uns mehrfach aufstießen. Diesen Irrthümern konnte nur unklare Vorstellung oder Unwissenheit zu Grunde liegen, schwerlich der Gebrauch einer Quelle wie Olympiodor, der durch seine vielen Reisen gut orientirt sein mußte. — Ferner hatte Zosimus regelmäßig da auf eigene Hand geirrt, wo er auf Ereignisse kam, die er im Olympiodor nur angedeutet, aber nicht ausgeführt fand, da sie unmittelbar vor die Zeit fallen, in welcher Olympiodors Werk beginnt, also vor 407. Von diesem Gesichtspunkt aus betrachtete ich Zosimus Erzählung über Rhadagais, über den zweiten Aufenthalt Alarichs in Illyrien, über die Züge der Alanen, Vandalen und Sueven. Zosimus hatte bei seiner sonstigen mangelhaften Kenntniß der Ereignisse vor 407 — die sich am Offenbarsten durch die Lücke in der Geschichte Alarichs von 396—406 manifestirte — die Andeutungen des Olympiodor falsch verstanden und sie nach eigenem Wissen zurecht gelegt. Daher jene Irrthümer, die wir im Zusammenhang näher betrachtet haben.

Endlich haben wir noch wahrgenommen, daß Zosimus auch einige Male seine Quelle insofern mangelhaft benutzt hat, als er nicht alles Detail, welches Olympiodor bot, in seine Erzählung hineinzog, obwol es nach Maßgabe der sonstigen Fassung sehr wol Platz gefunden hätte, und durch dieses unzweckmäßige Kürzen in einem Falle der Darstellung wesentlich Eintrag geschah.

Alles dieses, was wir im Bericht des Zosimus als von Olympiodor abweichend und hinter dessen Erzählung zurückbleibend gerügt haben, ist indeß von verhältnißmäßig geringer Bedeutung. Auch concentrirt sich das Allermeiste davon auf das mangelhaft gearbeitete 6. Buch, wenn man nämlich die 13 Capitel, welche dem 5. Buche folgen und gar keinen Abschluß zeigen, so bezeichnen kann, während die übrigen Bücher fast alle die drei- und mehrfache Ausdehnung haben. Hier fanden wir die verworrene und lückenhafte Darstellung der Verhandlungen zwischen Attalus und Honorius, Versehen in geographischer und chronologischer Beziehung, die falsche Auffassung von dem Marsch der Barbarenvölker 406, das abnehmende Detail — kurz, das Ganze machte den Eindruck, als sei es aus minder ruhiger und ungestörter Arbeit hervorgegangen.

Ich möchte dies zur Motivirung der übrigens nicht mehr neuen Ansicht benutzen, daß Zosimus an der gleichmäßigen Vollendung des ganzen Werkes durch äußere Veranlassung gehindert sei, wonach eine mangelhafte Ueberlieferung des Textes ausgeschlossen ist. Eine solche müßte nun auch schon ziemlich alt sein, da bereits Photius den Text des Zosimus in derselben Gestalt in der „neuen Ausgabe" kennt wie wir.

Abgesehen aber von diesen Ausstellungen ist die Erzählung des Zosimus im ganzen 5. Buche und einem großen Theile des 6. eine tadellose, in sich zusammenhängend, ohne irgend welche gezwungene Verbindung, durchaus gleichmäßig im Ton und in der Auswahl des Details; hervorgegangen, wie wir meinen, aus einer größtentheils verständigen und auch sorgfältigen Benutzung seiner Quelle, des Olympiodor.

Es ist auffallend, daß diese Wahrnehmung dem Photius entgangen ist. Er hat beide Autoren genau gekannt. Bei dem letzteren führt er sogar ausdrücklich an, daß seine Geschichte dem Eunapius entnommen sei; er erwähnt aber nicht, daß Zosimus sich irgendwie auf Olympiodor gestützt. Wir haben in seinem dürftigen Excerpt noch wörtliche Uebereinstimmungen mit Zosimus gefunden. Um wie viel mehr muß ihm dies bei seiner Kenntniß des wirklichen Olympiodor in die Augen gefallen sein. Nach allem was wir ausgeführt haben, kann das aber für die Beurtheilung der Sache selbst nicht weiter in Betracht kommen, uns in der hier dargelegten Ansicht über das Verhältniß der Autoren nicht irre machen.

Beiträge zur Geschichte des Geld- und Münzwesens in Deutschland.

Erster und zweiter Abschnitt.

Von

Ad. Soetbeer.

Erster Abschnitt.

Das Geldwesen der Germanen bis zum Untergange des weströmischen Reichs.

Jedes Volk, welches nicht im Zustande der roheften Barbarei lebt, wird dasjenige, was man unter dem Namen „Geld" begreift, d. h. ein allgemeines Tausch= und Zahlungsmittel, und damit zugleich einen Werthmaaßstab kennen und in irgend einer, wenn auch anfangs noch mangelhaften Weise, in Anwendung bringen. Es ist nicht noth= wendig, daß Metalle zu diesem Zwecke benutzt werden. Muscheln, Cacaobohnen, Stücke Salz, Pelzwerk, Taback, Vieh und manche an= dere Gegenstände haben zu Zeiten bei verschiedenen Völkern den Dienst des Geldes erfüllen müssen, und zum Theil ist dies bekanntlich selbst heutigen Tages noch der Fall.

Insbesondere hat das Vieh, namentlich Rinder und Schaafe, bei mehreren Völkern, welche später einen hohen Grad der Civilisa= tion erreicht haben, in frühester Zeit die Stelle des Geldes versehen. Es sind damit Bußen entrichtet, sonstige Zahlungen geleistet und Gegenstände eingetauscht, sowie im natürlichen Zusammenhange hier= mit überhaupt der Betrag und Werth jener Dinge durch eine be= stimmte Anzahl von Stücken Vieh ausgedrückt worden. Dieser Ge= brauch konnte auch dann noch eine Zeitlang fortdauern, als nachher Gold und Silber bekannt und begehrt wurden und man Stücke die= ser Edelmetalle oder auch Kupfer und Erz als Zahlungsmittel zu benutzen anfing. Man findet das Viehgeld als Anfang des Geld= wesens bei Griechen, Römern und Germanen in ganz ähnlicher Weise.

Wer erinnert sich nicht der manchen Stellen in den Gesängen Homers, wo Sklaven oder Anderes für eine bestimmte Zahl Rin= der gekauft werden, oder doch der den damaligen Werthmaaßstab deutlich vor Augen stellenden bekannten Verse:

„Jetzt ward Glaukos erregt von Zeus, daß er ohne Besinnung
„Gegen den Held Diomedes die Rüstungen, goldne mit ehrnen,
„Wechselte, hundert Farren sie werth, neun Farren die andern" [1].

---

[1] Ilias VI, 234 ff. — Eine andere, die Anwendung des Vieh=Geldes

Daß bei den Römern in ältester Zeit Vieh die Stelle der späteren Münze vertrat, ergiebt sich unverkennbar aus dem beibehaltenen Namen 'pecunia' und aus noch anderen Anzeichen. Die dem Staate zu zahlenden Bußen waren ursprünglich in einer gewissen Anzahl von Stücken Vieh angesetzt und in diesen zu entrichten, woraus für das Gemeinwesen ein Besitz an Vieh hervorgehen mußte. Wer dies dem Staate gehörende Vieh als sein Privat-Eigenthum behandelte, machte sich des hiernach benannten Verbrechens, des 'peculatus' schuldig, mit welchem Namen dann später allgemein die Unterschlagung öffentlicher Gelder bezeichnet ward. Als bei weiterer Entwickelung des Verkehrs das Erzgeld an die Stelle des Viehgeldes trat, ward dieser Uebergang dadurch bezeugt, daß den abgewogenen Metallstücken anfangs der Stempel eines Ochsen oder Schaafs aufgedrückt wurde, vermuthlich um den gewohnten Werthmaaßstab auf das neue Zahl- und Tauschmittel zu übertragen und den Uebergang vom Viehgelde zum Metallgelde zu vermitteln [1].

Bei den Germanen hat ebenfalls das Vieh im Anfange und noch längere Zeit hindurch den Dienst des Geldes hauptsächlich versehen müssen, wie dies mehrfach in unzweideutiger Weise bezeugt wird. Vor Allem giebt auch hier die Sprache die gewichtigsten Belege. Wo wir in unserer Bibelübersetzung das Wort 'Geld' oder einen entsprechenden Ausdruck lesen, da hat die gothische Uebertragung des Ulphilas meistens das Wort 'faihu', d. i. Vieh [2]. Ein althochdeutsches Glossar übersetzt 'pecunia' einfach durch 'fihu'. Im Altsächsischen (im Heliand) ist 'fehu', im Angelsächsischen 'feoh', im Alt-Friesischen 'fia', im Altnordischen 'fê' der gemeinsame gewöhnliche Ausdruck für Geld, und wird in letzteren Geldstrafe durch 'fegiald' bezeichnet. Vieh umfaßt hierbei damals, wie 'pecunia' und das heutige Geld, die beiden an sich wesentlich verschiedenen, allein vielfach in einander übergehenden Begriffe: Tauschmittel und Vermögen. Die Uebereinstimmung dieser Bezeichnung in den verschiedenen alten germanischen Dialekten bezeugt deutlich, daß die Sache selbst, das Viehgeld, bei allen germanischen Stämmen uraltes Herkommen gewesen sein muß.

besonders klar darlegende Stelle findet sich Ilias XXIII, 700 ff.:
Peleus Sohn nun stellte noch andere Preise des Kampfes,
Erst dem Sieger den großen und feuerbetretenden Dreifuß,
Welchen an Werth zwölf Rinder bei sich die Danaer schätzten.
Doch dem Besiegten stellt er ein blühendes Weib in den Kampfkreis,
Klug in mancherlei Kunst und geschätzt vier Rinder an Werthe.

[1] Plinius hist. nat. XVIII, 3: Servius rex ovium bovumque effigie primus aes signavit; XXXIII, 13: Servius rex primus signavit aes; antea rudi usos Romanos, Timaeus tradit. Signatum est nota pecudum, unde et pecunia appellata. — Varro R. R. II, 1: Et quod aes antiquissimum, quod est flatum, pecore est notatum. Plut. Poplic. 11. — Das älteste Italisch-Römische Metallgeld waren Erztafeln mit dem Stempel eines Rindes, wie mehrere noch vorhanden sind.
[2] Evang. Marc. 14, 11: sie verhießen ihm „Geld zu geben" (ἀργύριον

Es fehlt aber auch nicht an sonstigen geschichtlichen Belegen, daß bei den alten Germanen Vieh das ursprüngliche Geld gewesen, noch auch an einzelnen Andeutungen über gewisse Modalitäten dieses Gebrauchs. Vergegenwärtigt man sich das wirthschaftliche und gesellschaftliche Leben der Germanen vor ihrem Bekanntwerden mit römischen Einrichtungen und Sitten, und damit zugleich mit römischem Gelde, so erscheint der Natur der Sache nach Vieh als der bei Weitem wichtigste und bedeutendste Bestandtheil ihres Vermögens und als ein für ihre damaligen Zustände im Ganzen genügendes Zahlungsmittel. Die Freien, welche das eigentliche Volk bildeten und neben denen der übrige größere Theil der Bevölkerung in Rücksicht des Rechts und des Besitzes sehr wenig in Betracht kam, lebten in Dörfern oder auf ihren Höfen, umgeben von ihren Hörigen, welche ihnen das zum Unterhalt Erforderliche unmittelbar als Naturproduct zu liefern oder anzufertigen hatten oder sonst Frohndienste leisten mußten. Weder die Freien noch die Hörigen brauchten also für die gewöhnlichen Bedürfnisse Geld, und noch weniger bedurfte man des Geldes zu regelmäßigen Abgaben an das Gemeinwesen. Bei etwaigem Erwerb von Grundeigenthum, von Sklaven, Pferden, werthvolleren Waffenstücken und ähnlichen Dingen konnte für gewöhnlich der reine Tauschverkehr nothdürftig ausreichen, ohne Dazwischenkunft von eigentlichem Gelde. Wo das Geld aber auch bei den damaligen wenig entwickelten volkswirthschaftlichen Verhältnissen der Germanen nicht füglich entbehrt werden konnte, das waren vor Allem die zur Aufrechthaltung des Rechtszustandes und öffentlichen Friedens für den Fall einer Verletzung vorgeschriebenen herkömmlichen Bußzahlungen. Hierbei mußte das Bedürfniß eines bestimmten Werthmaaßstabes sich von Anfang an als unentbehrlich herausstellen. Der Ursprung jener Bußen wird aber schon deshalb in die ältesten Zeiten der Germanen zu verlegen sein, weil dieselben mit dem ganzen Wesen ihrer Rechtsentwicklung genau zusammenhängen, und weil in der Auffassung dieser Bußansätze, im Allgemeinen wie in vielen Einzelheiten, bei den verschiedenen germanischen Völkern, von denen man hierüber für die älteren Zustände nähere Angaben hat, eine merkwürdige Uebereinstimmug oder doch Analogie angetroffen wird[1]. Die sehr ins Einzelne gehenden Bestimmungen des Wergeldes und der Bußen, bei

διδόναι) lautet bei Ulphilas 'faihu giban'. Habgierig wird von ihm durch 'faihu gairns' ausgedrückt. Man vergl. auch von Richthofens Altfriesisches Wörterbuch unter 'fia'. Wo der lateinische Text eines Gesetzes sagt: cum pecunia emendare, hat der altfriesiche Text: 'mith fia beto'.

Im Altfriesischen hat außerdem das Wort 'sket' sowohl die Bedeutung Vieh als Geld. „Ist dieses sket, schat (pecunia) von schet (pecus) zu scheiden, oder bedeutet sket wie fia ursprünglich pecus, dann pecunia, und ist die erste ursprüngliche Bedeutung nur den andern deutschen Sprachen verloren gegangen"? Richthofen a. a. O.

[1] Auch bei den alten Persern erscheint Vieh als Geld, und zwar namentlich bei Bußen. „Im Gesetze Zoroasters werden Geldbußen mit Vieh erlegt". Vergl. Spiegel, Avesta I, S. 90 ff. 94 ff. 206. 291.

denen der Natur der Sache nach jede Willkür möglichst ausgeschlossen sein mußte, setzen nothwendig das Vorhandensein eines anerkannten üblichen Werthmaaßstabes voraus, und als solcher war, wie bei den alten Römern, so auch bei den Germanen das Vieh das nächstliegende Auskunftsmittel.

Es wird aber auch durch ausdrückliche Zeugnisse des Tacitus bestätigt, daß dieses Wergeld und diese Bußen in einer genau bestimmten Zahl Stücke Vieh bestanden, denn es heißt in seiner Germania (Kap. 21): „Ein Todschlag wird mit einer bestimmten Anzahl von Zugthieren oder kleinerem Vieh gebüßt, und es nimmt das ganze Haus die Sühne an"; — und an einer anderen Stelle (Kap. 12): „Auch bei leichteren Vergehen finden Abstufungen in den Strafsätzen statt. Wer überführt ist, wird um eine Anzahl Pferde oder Vieh gestraft. Ein Theil der Buße gehört dem Könige oder der Gemeinde, ein Theil wird dem, zu dessen Gunsten das Gericht einschreitet, selbst oder seinen Verwandten gezahlt" [1].

Ein Zeugniß für die Bedeutung des Viehs hinsichtlich der Vermögensverhältnisse der Germanen in den Zeiten vor ihrer näheren Berührung mit den Römern darf man wohl auch in einer Stelle finden, wo Caesar (de bello Gallico VI, 35) von den in das Land der Eburonen eingefallenen Sicambern meldet: „Sie bemächtigten sich einer großen Menge Vieh, auf dessen Besitz die Barbaren besonders erpicht sind". In späterer Zeit waren Edelmetall und sonstige Kostbarkeiten das hauptsächliche Augenmerk der Beutelust der Germanen.

Ganz bestimmt spricht sich Tacitus über die allgemeine Bedeutung des Viehes für die wirthschaftlichen Zustände der alten Germanen, wie folgt aus (Germania Kap. 5): „Das Land ist reich an Vieh, allein dies ist meist unansehnlich; nicht einmal das Rindvieh behauptet seine stattliche Gestalt und den Schmuck der Stirn; nur die Zahl freuet sie, und das ist ihr einziges und liebstes Vermögen".

Das Vieh ist indeß verschiedener Art, und soll durch dasselbe, was ja mit der wesentlichste Zweck des Geldes ist, zugleich ein allgemeiner Werthmaaßstab gegeben werden, so ist es ein nothwendiges Erforderniß, ein für alle Mal eine bestimmte Art Vieh als Norm anzuerkennen, wonach dann der Werth des übrigen Viehs in herkömmlicher Weise zu berechnen ist. Was nun bei den alten Deutschen als diese Norm galt, darüber ist uns eine directe positive Angabe nicht bekannt. Mehrfache Anzeichen scheinen indeß deutlich genug darauf hinzuweisen, daß beim alten deutschen Viehgelde eine gewöhnliche gesunde, milchgebende Kuh als Wertheinheit galt, und daß demgemäß sonstiges Vieh (Pferde, Ochsen, Kälber, Schaafe, Ziegen

---

[1] Tacitus Germania, Cap. 21: Luitur enim etiam homicidium certo armentorum ac pecorum numero, recipitque satisfactionem universa domus. — Cap. 12: Sed et levioribus delictis pro modo poena: equorum pecorumque numero convicti mulctantur. Pars mulctae regi vel civitati, pars ipsi, qui vindicatur, vel propinquis ejus exsolvitur.

und Schweine) nach Kuhwerthen berechnet wurden. Es dürfte dies auch der Natur der Sache am besten entsprechen, da die Kuh für die damaligen wirthschaftlichen Verhältnisse wohl als das wichtigste Thier, und ihr Werth im Vergleich mit dem anderer Arten Vieh, im Ganzen genommen, als ziemlich gleichmäßig anzusehen sein wird.

Zu den Anzeichen für die Richtigkeit dieser Annahme möchten wir vor Allem den Umstand rechnen, daß in den alten nordischen Rechtsquellen die Kuh es ist, die als älteste Wertheinheit, als ein fester Werthmaaßstab für die Schätzung des sonstigen Viehs erscheint. Als die schriftliche Aufzeichnung der ältesten nordischen Rechtsbücher stattfand, hatte sich schon seit längerer Zeit die Rechnung nach Marken Silber oder damit zusammenhängenden Wertheinheiten dort verbreitet, allein die ursprünglich üblich gewesenen Rechnungs= und Zahlungsweisen, welche mit dem Leben und den Anschauungen des Volks so eng verwachsen sind, treten dessenungeachtet noch deutlich hervor, und zwar mitunter als deren unverkennbare alte Grundlage.

Es ist durch zahlreiche Beispiele und einleuchtende Analogien bekannt, wie vielfach die alten nordischen Zustände und Einrichtungen, wenngleich die Aufzeichnungen über dieselben viel später fallen, mit dem ursprünglichen deutschen Herkommen übereingestimmt haben. Man muß sich freilich sehr in Acht nehmen, in solchen Schlußfolgerungen da, wo die Ueberlieferungen der deutschen Vorzeit hierzu keine genügenden Anhaltspunkte geben, zu weit zu gehen und dasjenige, was möglicher Weise bei den alten Deutschen ursprünglich eine gleiche Entwickelung gehabt haben kann, wie wir solche in den viel späteren skandinavischen Aufzeichnungen angedeutet finden, nun gleich als wahrscheinlich, oder selbst als geschichtliche Thatsache hinzustellen. Andererseits darf man aber doch, wo gewisse Anhaltspunkte gegeben sind und bei umsichtiger Prüfung die Natur der Sache selbst ungesucht dafür zu sprechen scheint, der Ansicht beipflichten, welche die Gebrüder Grimm, P. A. Munch und Andere so nachdrücklich geltend gemacht haben. Diese geht dahin, daß, je weiter man in die älteste Zeit zurückgeht, desto mehr Uebereinstimmung in den innern socialen wie politischen Verhältnissen der einzelnen germanischen Stämme, im Süden wie im Norden, sich finde, ja daß in der allerältesten Zeit eine völlige Uebereinstimmung anzunehmen sei, daß daher die ein ursprüngliches Gepräge tragenden nordischen Zustände zur Aufklärung der entsprechenden alten deutschen Einrichtungen zu benutzen sind. Welch innerer Grund oder welches äußere Anzeichen ließe sich aber anführen, daß gerade beim Viehgeld, welches, wie erwähnt, bei den alten Deutschen durch die Sprache selbst und durch das Zeugniß des Tacitus nachgewiesen ist, eine solche Uebereinstimmung nicht stattgefunden habe; das Gegentheil würde viel unwahrscheinlicher sein.

Das unter dem Namen der Graugans bekannte alte isländische Rechtsbuch enthält (im 85. Kapitel des Kaupa = Balkr) eine ausführliche Werthtaxe für Vieh aller Art auf Grundlage des gesetzlichen

Kuh-Werthes (kugildi) [1]. Diese Wertheinheit wird genau bestimmt als eine „Kuh, drei bis zehn Jahre alt, tragfähig, milchend, gehörnt und fehlerfrei, und nicht kleiner als ein Ochs mittlerer Größe". Einem Kuhwerth gleich zu rechnen sind: ein ausgewachsener Ochs mittlerer Größe; — drei einjährige oder zweijährige Rinder; — sechs Schaafe, von denen zwei zweijährig und vier älter, welche Lämmer nähren können; — acht dreijährige oder ältere unfruchtbare Schaafe; — acht zweijährige oder sechs dreijährige Hammel; — acht einjährige Ziegen, die ihre Jungen nähren können; — eine zweijährige oder ältere Sau mit neun Ferkeln. Ein dreijähriger Stier sowie eine unfruchtbare Kuh gelten zwei Drittheile des Kuhwerthes; ein sechsjähriger Stier aber 1½ Kuhwerth, ein fünfjähriger 1⅓ Kuhwerth u. s. w. Ein fehlerfreies Pferd, zwischen 4 und 10 Jahren alt, gilt einer Kuh gleich, eine fehlerfreie unfruchtbare Stute aber nur drei Viertel des Kuhwerthes. — In dieser Weise werden noch fernere Taxen aufgeführt und dann auch andere Gegenstände als Thiere nach dem Kuhwerth abgeschätzt. In einigen Fällen, z. B. bei gut dressirten Pferden, wird kein bestimmtes Werthverhältniß vorgeschrieben, sondern bemerkt, daß der Werth jedes Mal besonders zu ermitteln sei. Und wie solche Ermittelung stattzufinden habe, wird

---

[1] In J. F. G. Schlegels Index verborum etc. zur Grágás heißt es unter 'Kugildi': valor vaccae, tantum pecoris quantum ex taxa generali cum vacca aequivalet; bona alia ut et damna resarcienda ad vaccae valorem referebantur [Kugildisskadi]; und unter 'Hundrad': Centenarius numeratus fuit quantitas quaedam pretii imaginaria et nominalis, eo fundamento innitens, quod constitutum fuerit vaccam statu optimo centenarium esse numeratum, cui igitur in pretio aequiparatae sunt res omnes usui quotidiano inservientes, sive animatae sive inanimatae. Auf das Hundert Silber (Hundrad silfr oder Hundrad vegit), über dessen Bedeutung die Ansichten sehr verschieden sind und worüber Dietrich im 10. Bande der Zeitschrift für deutsches Alterthum S.223 ff. eine gründliche Untersuchung angestellt hat, brauchen wir hier, wo nur vom ursprünglichen Viehgeld und was damit in ältester Zeit in engem Zusammenhange gestanden zu haben scheint, die Rede ist, nicht näher einzugehen. — Altnordisches Leben von K. Weinhold, Berlin 1856. S. 51 ff.: „Für die Schätzung des Viehs bestand ein festes Uebereinkommen (farlag), das auf Island am ausgebildesten war und in der Graugans (Kaupab. 85) niedergelegt ist. Wir sind dabei ganz in die Zeit des Tauschverkehrs versetzt; die Grundlage bildet der Werth einer Kuh, die drei bis zehn Jahre alt, tragfähig, milchend, gehörnt und fehlerfrei ist".

Von den vorgenannten Verfassern weicht unsere Ansicht nur darin ab, daß wir nicht mit Schlegel annehmen können, der Kuhwerth als Hundert sei abgeleitet aus der ursprünglicheren Wertheinheit des „Badmals", und daß wir ebensowenig mit Weinhold zuversichtlich behaupten möchten, diese Werthbestimmungen seien in Island am ausgebildetsten gewesen. Unzweifelhaft ist, daß dieselben im alten Isländischen Gesetzbuch am ausführlichsten schriftlich verzeichnet worden sind; allein daraus folgt noch keineswegs, daß nicht ebenso in den übrigen germanischen Ländern, so lange dort das Viehgeld vorherrschte, auf Grund alten Herkommens und des praktischen Verkehrsbedürfnisses auch ohne schriftliche Aufzeichnung ebenso detaillirte feste Taxen gleicher oder ähnlicher Art in Anwendung waren.

im alten isländischen Gesetzbuch bestimmt vorgeschrieben. Es soll nämlich von jeder Seite ein gerechter Taxator ernannt werden und den Gegenstand in Augenschein nehmen. Können diese beiden sich über die Taxe nicht einigen, so wird einer von ihnen durch das Loos bestimmt, um nach geleistetem Eide die gültige Schätzung auszusprechen.

Das dritte Kapitel des Kaupabalkr beginnt gleich damit, daß es als allgemeines Zahlungsmittel, wofern nicht Anderes ausgemacht worden, Kühe und Schaafe bestimmt.

Für kleinere Zahlungen, welche nicht durch Kühe und selbst nicht mit kleinerem Vieh zu bewerkstelligen waren, oder auch zu vorkommenden Ausgleichungen bei größeren Zahlungen, diente bei den nordischen Völkern ein gewöhnliches dickes Wollenzeug, Vadmal genannt, wovon ein hundert Ellen dem normalen Kuhwerth gleichgerechnet werden. Unter dem „Hundert" ist indeß das altgermanische Großhundert, d. h. 120, Ellen zu verstehen. Es wurden 6 Ellen „Vadmal" als Oere oder Unze gerechnet, so daß also der Kuhwerth (kugildi) oder ein Hundert (hundrad) 20 Oeren oder Unzen gleich kommen.

Wie in dem Gesetzbuch auf Grund alten Herkommens die Beschaffenheit der Kuh, welche als normale Wertheinheit gelten soll, genau festgestellt war, so war dies auch rücksichtlich des zu Zahlungen bestimmten Vadmals der Fall, und war daher in jener alten Zeit eine Oere oder Unze (6 Ellen) Vadmal ein ebenso bestimmter Werthbegriff für die Bevölkerung als jetzt Thaler oder Gulden. Als aber freilich die Geldrechnung nach Silber und Münzen aufkam und hierbei durch Unzen gewogenen Silbers oder gezählter Pfennige ein anderer Werthmaaßstab gegeben ward, verlor sich mehr und mehr die altherkömmliche Schätzung und Rechnung nach Kuhwerthen und Unzen Vadmal, und konnten bei diesem Uebergange manche Mißverständnisse nicht ausbleiben. Der Kuhwerth (kugildi) erscheint übrigens nicht allein im alten isländischen Rechtsbuche, sondern auch noch in den ältesten Rechtsaufzeichnungen für Norwegen, wo wir namentlich in denen für den südlichen Theil desselben die Bußen noch nach Kuhwerthen angegeben finden.

Wenn man über das älteste Geldwesen der deutschen Stämme auch keine andere Notiz besäße als die schon erwähnten Angaben des Tacitus, daß die Bußen bei ihnen mit einer festbestimmten Anzahl (certo numero) Vieh bezahlt wurden und daß für leichtere Vergehen Abstufungen in den gleichfalls mit Vieh zu entrichtenden Strafsätzen stattfanden, so würde man im Hinblick auf die eben dargelegten Bestimmungen der nordischen Rechtsbücher, welche einen von den altdeutschen Zuständen zu Tacitus Zeit nicht wesentlich verschienenen Kulturstand voraussetzen lassen, wohl zu der Annahme berechtigt sein, daß ähnliche Gebräuche ursprünglich auch in Deutschland bestanden haben werden.

Ohne die Grundlage einer maaßgebenden Wertheinheit läßt sich

ein System bestimmter Bußen, die in Vieh angesetzt und zu entrich=
ten sind, nicht gut denken. Muß also eine solche Wertheinheit auch
bei den alten Deutschen nothwendig vorausgesetzt werden, warum
sollte sie wesentlich anders gewesen sein, als wir sie später in Nor=
wegen und Island finden, zumal Nichts darauf hinweist, daß die
Taxe hier vom Gesetzgeber später neu festgestellt sei, dieselbe viel=
mehr nur auf uralte Ueberlieferung und Gewohnheit begründet ge=
wesen sein dürfte.

Es fehlt aber nicht ganz an einzelnen speciellen Andeutungen,
daß auch bei deutschen Stämmen in den Zeiten, wo das Viehgeld
bei ihnen gebräuchlich war, der Kuhwerth als Wertheinheit gegol=
ten hat.

Die noch vorhandenen ältesten Rechtsaufzeichnungen der deut=
schen Völkerschaften sind zu einer Zeit verfaßt, als das Geld, in
dem Sinne des Werthmaaßstabes, bei ihnen bereits allgemein auf
Edelmetall und Münzen begründet war, wenn auch als wirkliches
Zahl= und Tauschmittel Vieh und sonstige Artikel noch viel, ja wohl
noch vorwiegend in Anwendung waren. In diesen Aufzeichnungen
(den sogenannten Leges Barbarorum) treffen wir, was hier nur vor=
läufig erwähnt, später aber näher erörtert werden soll, als allge=
meine Wertheinheit die seit Constantin im Römischen Reich einge=
führte neu regulirte Goldmünze, den Solidus, dem die Deutschen in
ihrer Landessprache von Anfang an, und soweit darüber Angaben
vorliegen, in völliger Uebereinstimmung unter sich, den Namen „Schil=
ling" beigelegt haben. Dieses Wort, welches man gleichmäßig wie
bei den Franken und Sachsen so auch bei den Gothen und Angel=
sachsen von Anfang an vorfindet, ist unzweifelhaft uralten deutschen
Ursprungs und hängt mit skilan (tödten) und „Schuld" zusammen.
Wer getödtet hatte, ward schuldig Buße zu zahlen, und der Werth=
betrag, worin diese Schuld je nach ihrer Art bemessen und zu ent=
richten war, erhielt selbst darnach den Namen 'skilling'. Die
Uebersetzung dieses Wortes in das lateinische 'solidus', als man
anfing die alten Gewohnheitsrechte schriftlich zu verzeichnen und die
Wergeldansätze und Bußen in dieser damals im ganzen römischen
Reich geltenden Goldmünze zu bestimmen, ward dadurch angebahnt
und befördert, daß dieser Münzwerth der herkömmlichen Buß=Einheit
in Vieh, dem Schilling ungefähr gleich kam [1]. Die Feststellung der

---

[1] Jac. Grimm, Geschichte der deutschen Sprache, Bd. II, S. 902 f.:
„Skal *debeo* setzt skila voraus, aber der Begriff, welchen ich diesen Wörtern
beilege, wird überraschen. skila muß heißen: ich tödte oder verwunde, skal
ich habe getödtet, verwundet und bin zu Wergeld verpflichtet. Von skila
ist übrig das gothische skilja *lanio*, (Schlächter, Tödter, I. Corinth. 10, 25).
— — Aber nun wird alles Bedenken schwinden, warum bei Ulfilas dulgs
debitum, angelsächsisch dolg, althochdeutsch tolc hingegen *vulnus*, altnordisch
dôlgr *hostis* aussagen; Wunden waren dem Alterthum, gleich dem Todtschlag
Hauptgegenstand der Composition". Hieran anknüpfend wird in H. Grote's
Münzstudien I, S. 143 bemerkt: „Der einfache Strafsatz, das Simplum, wo=
nach die verschiedenen Grade der Buße in den Volksrechten berechnet waren,

Bußen in Gold-Solidi schloß, wie eben schon erwähnt, keineswegs in sich, daß dieselben vorkommenden Falls wirklich nur in diesen Münzstücken entrichtet werden mußten, denn dies wäre bei der Höhe mancher Bußansätze und der verhältnißmäßigen Seltenheit der Goldmünzen im alten Deutschland oftmals gewiß eine reine Unmöglichkeit gewesen, sondern es sollte dadurch vornämlich nur der Werth-Betrag genau angegeben werden. In einigen der alten Rechtsaufzeichnungen wird daher auch ein Werthtarif mitgetheilt, wonach von den Zahlungspflichtigen, in Ermangelung von Goldmünzen oder von Silber, das Wergeld und die Bußen mittelst sonstiger Vermögensgegenstände zu zahlen sind. Den ausführlichsten Werthtarif dieser Art findet man im alten Rechtsbuch der Ripuarischen Franken. Es heißt im 36. Titel desselben: Wenn Jemand Wergeld bezahlen muß, so soll er entrichten einen gehörnten, sehenden und gesunden Ochsen für 2 Solidi, eine gehörnte, sehende und gesunde Kuh für einen Solidus (vaccam cornutam, videntem et sanam pro uno solido tribuat), ein sehendes und gesundes Pferd für 6 Solidi, eine sehende und gesunde Stute für 3 Solidi, ein Schwert mit Scheide für 7 Solidi u. s. w. Falls mit Silber bezahlt wird, soll er für den Solidus 12 Denare entrichten, wie solches von Alters her angeordnet. Aus diesem Schlußsatze ersieht man sogleich, daß diese Aufzeichnung in eine Zeit fällt, wo die Rechnung nach Metallgeld statt nach Viehgeld bereits längst üblich geworden war. Trotzdem läßt sich die ursprüngliche Wertheinheit bei den alten Bußsätzen noch deutlich erkennen, denn eine gehörnte fehlerfreie Kuh wird ausdrücklich als gerade Einen Solidus oder Schilling repräsentirend aufgeführt, ebenso wie wir eine solche Kuh im alten isländischen Rechtsbuche als alte hergebrachte Wertheinheit bezeichnet sehen. Sollte es für bloßen Zufall anzusehen sein, daß wir sowohl in der Lex Ripuariorum als auch in der Graugans den Umstand, daß eine

war aber der Solidus; deßhalb liegt es nahe, in dem Worte „Schilling“ die Bedeutung von Strafsimplum zu sehen“. — Wenn Müller in der deutschen Münzgeschichte I, S. 257 diesen Zusammenhang zwischen 'skilling' und 'skilan' (tödten) völlig zurückweiset, als etymologisch nicht möglich, weil das Substantiv seiner Bedeutung nach nicht von skila, sondern von skal abgeleitet werden müßte, so erscheint dies nicht zutreffend, da, wie Hr. Jac. Grimm selbst später bemerkt hat, sprachlich genommen, der Ausdruck skilling in seiner Bedeutung als Schuld für das Tödten mit 'skilan' recht gut zusammenhängen kann, ebenso wie dulgs (debitum) und dolg (vulnus). Die Ableitung von scellan (tönen) oder gar aus dem Keltischen 'skiltr' Klang, wird, ebensowenig genügen, wie die Ableitung Pfennig vom keltischen 'penn' (Kopf). Man kann unmöglich annehmen, daß die alten Germanen erst damals, als sie ihre Volksrechte schriftlich in lateinischer Sprache verzeichnen ließen, die verschiedenen Bußansätze in Solidi oder Schillingen normirt hätten und damals erst den Namen Schilling nach der klingenden Münze des Solidus gebildet hätten. Es wäre doch ein höchst sonderbarer Zufall, daß die so weit von einander getrennten Stämme unabhängig von einander auf einen gleichen Namen gekommen wären und in so vielen Fällen gleiche oder doch analoge Bußen in dieser Münzsorte neu festgesetzt hätten!

15 *

solche die Wertheinheit abgebende Kuh ihre Hörner noch haben müsse, ausdrücklich erwähnt finden? Liegt es nicht nahe, eine solche Uebereinstimmung auf die nämliche Quelle, auf ein uraltes germanisches Herkommen für die Bußansätze zurückzuführen? Auch in dem Rechtsbuch der Burgunder trifft man bei der für verschiedene Gegenstände aufgestellten Taxe den Werth einer Kuh gerade Einem Solidus gleichgestellt (Tit. IV, 1: Is qui perdidit ... in simplum recipiat, id est ..... pro bove solidos 2, pro vacca sol. 1). Bei den Alamannen ward eine Kuh besserer Art auf 4 Tremissen geschätzt, eine gewöhnliche Kuh aber auf gerade Einen Solidus (Hloth. LXXVII, 3: Illa alia [vacca] sequenteriana solidum unum)[1].

Wir werden später beim Merovingischen Zeitalter auf den im Vorstehenden berührten Zusammenhang des Solidus mit dem älteren Viehgeld wieder zurückkommen müssen; an dieser Stelle kam es hauptsächlich nur darauf an, die Modalität des ältesten Geldes der Deutschen, das wie bei anderen Völkern in Vieh bestand, aus der Analogie des skandinavischen Alterthums zu erläutern.

Man wird zu den Spuren des Viehgeldes in Deutschland auch noch rechnen dürfen[2], daß König Chlotar den von ihm besiegten Sachsen einen Tribut von 500 Kühen auferlegte (Fredeg. c. 74). Es scheint hierbei nicht so sehr auf den Werth der Leistung angekommen zu sein, als vielmehr auf das in dem Tribut an sich, ob groß oder klein, liegende Anerkenntniß der Unterwürfigkeit. Hier konnte aber wohl nichts Passenderes gewählt werden als eben die gewöhnliche Geldabgabe, wie sie sonst bei Bußen gezahlt wurde, also

---

[1] Es kann übrigens dahingestellt werden, ob nicht vielleicht bei einigen germanischen Stämmen statt der Kuh ein gewöhnlicher kräftiger Ochse, der an Werth der Kuh ungefähr gleich stand, die principale Wertheinheit und den Werthmaaßstab abgegeben habe. Hierfür spricht vornämlich der Titel XII der Lex Saxonum (de solidis) wo es geradezu heißt: „der Schilling ist zweierlei Art; der eine hat zwei Tremissen, welcher Schilling ein einjähriger Ochse ist; der andere Schilling ist drei Tremissen, das ist ein Ochs von 16 Monaten". Im alten ostgothländischen Rechtsbuche war bestimmt: drei Mark Babemal sollten gleich gerechnet werden vier Stück gutes Rindvieh, worunter zu verstehen ein solcher Ochse, der schon drei Jahre gezogen und eine solche Kuh, die schon drei Mal gekalbt hat.

Daß bei der natürlichen Schwankung des Werths der Edelmetalle, namentlich da, wo dasselbe reichlicher in Umlauf war, die alte Wertheinheit einer gewöhnlichen Kuh in Vergessenheit kam, oder auch nach dem veränderten Werthverhältnisse in einigen Aufzeichnungen anders tarifirt wurde, kann die von uns nach der Lex Ripuariorum, der Lex Burgundionum und der Lex Alamannorum gemachte Aufstellung nicht entkräften.

[2] J. Grimm, Deutsche Rechtsalterthümer S. 587, erwähnt aus den Bestimmungen alter Weisthümer über Jagdfrevel, in welcher Art Weisthümer sich altherkömmliche Gebräuche oft am treuesten erhalten haben, Beispiele über die Beibehaltung von Bußen in Vieh. Wer heimlich einen Hirsch fängt, büßt es im Büdinger Weisthum v. J. 1338 „soll büßen 60 Schilling guter Pfennige und einen Halbeling und einen falen Ochsen mit ufgerachten Hörnern" u.s.w.; „war es aber ein Hinde, so soll er geben ein fale Que mit ufgerachten Hörnern" [vacca cornuta].

nach dem in Sachsen noch üblichen alten Herkommen eine bestimmte Zahl Kühe. Sollte nicht der bei dieser Gelegenheit gebrauchte Ausdruck 'vaccae inferendales' auf eine eigenthümliche alte deutsche Bezeichnung schließen lassen, ähnlich wie das nordische 'kugildi'?

Es finden sich auch andere Erwähnungen aus dem Merovingischen und selbst noch aus dem Anfange des Karolingischen Zeitalters, wo eine Abgabe in solchen Kühen und Kuhwerthen (vaccae inferendales) namhaft gemacht wird[1]. Wenn dabei in der spätesten Erwähnung dieser Art (Wormser Concil v. J. 829) das Aequivalent einer Kuh auf zwei Solidi bestimmt wird, so liegt hierin durchaus kein Widerspruch gegen unsere vorherige Aufstellung einer ursprünglichen Uebereinstimmung des Kuhwerths mit dem Solidus. Der Solidus, von dem im Wormser Concil geredet wird, ist nämlich nicht mehr der alte Gold-Solidus, sondern die unter Pipin eingeführte minderwerthseiende Rechnungsmünze dieses Namens in Silber, und wird ja ausdrücklich an der Stelle bemerkt, daß Karl der Große es gewesen, der die Berechnung der Kuhwerthe (vaccae inferendales) auf je 2 Solidi angeordnet habe.

Ob bei den alten Deutschen zur Berechnung kleinerer Werthe in ähnlicher Weise, wie man es im Skandinavischen Alterthum findet, ein gewöhnlicher Zeugstoff, sei es aus Wolle oder Leinen, gedient hat, wonach eine bestimmte Zahl Ellen einem Kuhwerthe gleich gerechnet worden, dafür haben wir keinen Anhaltspunkt gefunden, und müssen es also, obschon es an und für sich nicht unwahrscheinlich sein möchte, dahingestellt sein lassen. Es möge indeß in dieser Hinsicht noch erwähnt werden, daß der Gebrauch der Werthbestimmung nach Ellen Zeug auch außerhalb Skandinaviens, und zwar in später Deutsch gewordenen Gegenden, sich nachweisen läßt. Helmold (Chronica Slavorum, I, Kap. 38) berichtet nämlich von den Ranen, einer wendi-

---

[1] Vergleiche Waitz, Deutsche Verfassungsgeschichte. Bd. 2, S. 503: „In dem Gau von Lemans findet sich die eigenthümliche Abgabe von 100 Kühen, die vorzugsweise den Namen der inferenda führte, welche aber später, sei es zu Gunsten der Kirche oder aus anderen Gründen, auf Geld reducirt zu sein scheint und zwar so, daß für jede Kuh 2 Solidi bezahlt wurden, was etwas mehr ist, als man sonst für den Werth derselben rechnete". Was letzteren Punkt betrifft, so nehmen wir Bezug auf dasjenige, was im Texte über die im Wormser Concil von 829 erwähnte Ablösung einer Kuhsteuer bemerkt ist, und führen hier noch die Originalstellen an: Bouquet IV, p. 692: vaccas centu soluduris quod in inferenda de pago Cinomannico in fisce dicionebus sperabatur, und Gesta Dag. c. 37: Centum vaccas inferendales, quae ei de ducatu Cinomannico annis singulis solvebantur. — Die betreffenden Worte des Capit. Wormac. de anno 829 (Mon. hist. Germ. Legg. I, p. 352) lauten folgendermaßen: Quicumque vicarii vel alii ministri comitum tributum quod inferenda vocatur majoris pretii a populo exigere praesumpsit quam a missis d. m. genitoris nostri constitutum fuit, hoc est duos solidos pro una vacca.

In der angezogenen Stelle des Fredegar heißt es: quingentas vaccas inferendales annis singulis a Chlotario seniore censiti reddebant. Später wird in verschiedenen Annalen beim Jahre 758 ein Tribut der Sachsen von 300 Pferden erwähnt.

schen Völkerschaft auf Rügen: „Die Ranen besitzen keine Münze und bedienen sich im Verkehr keines gemünzten Geldes, sondern was man auf dem Markte kaufen will, dafür giebt man Leinwand in Zahlung“. Von einem ähnlichen Gebrauch bei deutschen Stämmen ist uns, wie gesagt, ein ausdrückliches Zeugniß nicht bekannt, woraus aber noch keineswegs folgt, daß derselbe nicht auch bei diesen in ganz alter Zeit stattgefunden habe. Die Zahlung einer Abgabe in Leinwand oder Wollenzeug (paldones) kommt noch im zehnten Jahrhundert und auch später in manchen Gegenden Deutschlands öfter vor.

Wenn nun auch bei den Germanen in ältester Zeit nicht die Edelmetalle, sondern Vieh das gewöhnliche Zahl- und Tauschmittel sowie insbesondere den allgemeinen Werthmaaßstab bildete, so erscheint daneben doch auch die Kenntniß und der Besitz von Gold, Silber, Erz (Kupfer oder Bronce) bei ihnen sehr alt. Es ist bis jetzt nicht genau festgestellt, welcher Zeitperiode und welchem Volke die ältesten Gräber, in denen nur steinerne oder knöcherne Waffen und Geräthe angetroffen werden, zuzuschreiben sind; sie reichen jedenfalls tief ins Alterthum zurück. Auch diejenigen Gräber, welche neben solchen Stein- und Knochen-Sachen schon einzelne Bronce-Waffen und Geräthe enthalten und in denen mitunter auch goldene Schmuckchen sich finden, gehören höchst wahrscheinlich noch einer Zeit an, die weit älter ist als die Berührungen der Germanen mit den Römern. Mag nun die Bevölkerung, welche zur Zeit der Bestattungen in diesen Gräbern das nördliche Deutschland und einen Theil Skandinaviens bewohnte, keltischen Stammes gewesen sein, oder schon zu den Germanen zu rechnen sein, so viel ist gewiß, daß die Kenntniß und der Gebrauch des mit Zinn gemischten Kupfers (der Bronce) und des Goldes in Deutschland und Skandinavien sich weit ins graue Alterthum verlieren.

In den Berichten über den Zug der Cimbern und Teutonen finden wir keine besondere Erwähnung ihres Begehrens nach Gold und Silber, von welcher Beutelust bei den älteren Zügen keltischer Stämme nach Italien, Griechenland und Kleinasien so oft die Rede ist. Was die genannten germanischen Stämme von den Römern verlangten, war „Land“, wogegen sie Kriegsdienste leisten wollten, – eine echt deutsche Auffassung! Nach der den römischen Heeren des Consuls Cn. Manlius und des Proconsuls Q. Servilius Caepio beigebrachten großen Niederlage, als sie in den feindlichen Lagern große Beute gewonnen hatten, versenkten sie das vorgefundene Gold und Silber in die Rhone. Mag dies auch in Folge eines Gelübdes den Göttern zu Ehren geschehen sein, so scheint es doch dafür zu zeugen, daß das Edelmetall auf sie noch nicht diejenige mächtige Anziehungskraft übte, die bei den spätern germanischen Heereszügen offen hervortritt.

In den Berichten Caesars findet man ebenfalls noch keine besonderen Angaben über das Verhalten der Germanen zu den Edelmetallen, außer daß von ihm erwähnt wird (de bello Gall. VI, 28) wie die Germanen die Hörner der Auerochsen am Rande mit Silber einfaßten und solche bei ihren Gelagen als Becher gebrauchten.

Aus einigen Stellen läßt sich jedoch indirekt abnehmen, daß die Germanen in damaliger Zeit bereits das römische Geld zu schätzen wußten und zu erwerben suchten. Wenn Caesar (b. G. IV, 2) nämlich von den Sueven erzählt, daß sie fremden Kaufleuten mehr deshalb den Zutritt bei sich gestatteten, um Gelegenheit zu haben, was sie im Kriege erbeuten, zu verkaufen, als daß sie nach der Einfuhr von irgend etwas Verlangen trügen, so deutet dies unverkennbar darauf, daß sie auf den Besitz von römischem Gelde besonderen Werth gelegt haben werden. Und wenn es (Caesar b. G. V, 55) von den Trevirern heißt, daß sie den ganzen Winter über mit den Germanen jenseits des Rheins verhandelt hätten, um diese durch Geldversprechungen zur Theilnahme am Kriege zu bestimmen, so läßt sich auch hierin das Vorkommen von Soldzahlungen mittelst baaren Geldes schwerlich verkennen.

Bald darauf begann Caesar selbst zahlreiche deutsche Schaaren in sein Heer anzunehmen, welche dann auch in seinen Schlachten in Thessalien, Aegypten und Afrika kämpften. Man wird dies Verhältniß nicht anders auffassen können als wie die Anwerbung besoldeter Truppen, welche, soweit sie am Leben blieben, nach Ablauf der Dienstzeit mit dem erspartem Solde und ihrem in Gold oder Schmuck convertirten Antheil an der Kriegsbeute meistens in die Heimath wieder zurückgekehrt sein und dort die Bekanntschaft mit römischer Münze mehr und mehr verbreitet haben werden.

Daß besonders die suevischen Völker auf den Besitz von Edelmetall viel hielten, erhellt aus einem Bericht des Florus (IV, 12). Zu Augusts Zeit, bald nach der Niederlage des Lollius, schlossen die Cherusker, Sigambrer und Sueven ein Kriegsbündniß gegen die Römer, worin vereinbart war, die zu machende Beute so unter sich zu theilen, daß die Cherusker die Pferde, die Sigambrer die Gefangenen, die Sueven aber das Gold und Silber erhalten sollten.

Seitdem der Dienst gegen Sold in den römischen Heeren bei den Germanen aufgekommen war, scheint die Begierde nach baarem Gelde und der Einfluß desselben wenigstens bei denen, welche den römischen Provinzen benachbart waren, bald sehr allgemein und stark geworden zu sein.

Als Kaiser Claudius den Cheruskern auf ihr Ansuchen den Neffen des Arminius im Jahre 47 n. Chr. als König zusandte, unterstützte er diesen mit Geld (Tac. Ann. XI, 16), und auf Geldunterstützung beschränkte sich auch der Beistand, welchen Kaiser Domitian später einem anderen cheruskischen König, dem Chariomerus, leistete (Dio Cassius LXVII, 5). Bei dem Aufstande der Bataver, bei dem die Entscheidung des Krieges wesentlich von der Verwendung

germanischer Hülfstruppen abhing, werden von Tac
dem Gallier Tutor die Worte in den Mund gel
seien allein durch Geld und Geschenke zu gewinnen
ben Römern in reichem Maaße zu Gebot.

Wenn von Bannius, König der Sueven, un
richtet wird, daß derselbe durch die Ligier, Herm
germanische Stämme vertrieben sei, welche durch
den während 30 Jahre durch Raub und Steuer
angesammelten Schätzen angelockt worden wären,
hauptsächlich an Gold- und Silber-Vorräthe zu
Sueven waren es ja gerade, welche, wie wir el
machender Beute vorzugsweise auf das Edelme
richteten, und wir werden später noch andere Sp
Böhmen, wo das Reich des Bannius gewesen
Zeit, als das Land noch von den keltischen B
größere Summen baaren Geldes angesammelt wo

Nun aber wenden wir uns wieder zu dem
umsichtigsten Bericht über die alten deutschen Zu
mania des Tacitus, um zu sehen was diese ü
Benutzung des Metall-Geldes bei den German
fünfte Capitel bemerkt hierüber: „Ob Huld od
ihnen Gold und Silber versagt hat, weiß ich ni
ich nicht behaupten, daß keine Gebirgsader Germ
Gold hervorbrächte; denn wer hat darnach gesuch
brauch wirkt auf sie nicht wie sonst. Man kan
Gefäße, die ihre Gesandten und Fürsten als Ge
ben irdenem Geschirr zu gleich niedrigem Gebra
obwohl die Grenzstämme wegen des Handelsverke
ber zu schätzen und unter den römischen Münz
unterscheiden wissen und einigen den Vorzug gel
völker freilich treiben nach einfacher alter Art
Geld gefällt ihnen, wenn es alt und lange bek
Denare mit zackigem Rande und mit dem Biga-
bigati). Auch trachten sie mehr nach Silber a
aus besonderer Vorliebe, sondern weil die größe
münzen ihnen zum Gebrauch bequemer ist, da
billige Waare einhandeln"[1].

---

[1] Ueber die 'serrati' f. H. Cohen, Description g
do la République Romaine communément appelées
Paris 1857. 4. Introd. p. XXXVII. Eckhel war der
zehnten Denare in die Zeit vom Jahre Roms 564 bis
daß dieselben in den ersten Jahren des 7. Jahrhunderts
und vor Sulla wieder aufhören; Cavedoni setzt den An
Dauer dieser Art Prägung aber bis zum Ende des 7.
Grund dieser Prägungsweise ist nicht klar. Eine Gar
terte Münzen kann es nicht gewesen sein, denn man fin
unter den Münzen der Familien Papia, Roscia, Crepe

Als Tacitus dieses Kapitel aufzeichnete, war ihm vermuthlich eine Entdeckung von Silberminen in Deutschland, welche er selbst in den Annalen (IX, 20) später beiläufig erwähnt, noch nicht bekannt. „Curtius Rufus hatte [kurz vor dem Jahre 47 n. Chr.] im Mattischen Lande [1] Schachte eröffnet, um Silberadern zu suchen. Diese brachten einen geringen Ertrag, und nicht lange, den Legionen aber Mühe und Gefahr: Bäche abzugraben, und, was schon auf freiem Felde schwere Arbeit ist, unter der Erde zu bewerkstelligen". Außer dieser Stelle des Tacitus und der alten Goldgewinnung in Noricum, wovon später die Rede sein wird, ist uns bis zum neunten Jahrhundert keine Erwähnung einer Production von Edelmetall in Deutschland bekannt. Wahrscheinlich ist jedoch schon in den ältesten Zeiten an einigen Flüssen und Bächen, die in ihrem Sande Gold mit sich führen, dies Metall durch sogenanntes Waschen gewonnen, worauf, wie Wackernagel bemerkt [2], die alten Sagen von den im Wasser hausenden Zwergen mit ihren Schätzen zu deuten wären. Im Liede von Wolundur heißt es:

„Hier war kein Gold wie auf Granis Wegen .....
„Fern ist dies Land den Felsen des Rheins".

In der Aeußerung des Tacitus über die Geringschätzung silberner Geräthe bei den Germanen möchte eine etwas tendentiöse Bemerkung im Hinblick auf das leidenschaftliche Trachten nach kostbarem Geräthe bei seinen römischen Landsleuten zu finden sein. Die hier angeführte Geringschätzung des silbernen Geräths bei den Germanen stimmt nicht mit demjenigen, was, wie wir gesehen, Tacitus selbst in seinen Geschichtsbüchern und was Andere über die Habsucht der Germanen schreiben. So sagt unter Anderen der etwas später lebende Herodian (VI, 7 und I, 6): „Die Germanen sind ganz besonders nach Geld begierig, und niemals schließen sie Frieden mit den Römern ohne sich Gold zahlen zu lassen". Und Tacitus selbst bemerkt

---

sind. Merkwürdig ist es, bemerkt Cohen, daß man die Typen der gezahnten Denare nie auf Denaren mit glattem Rande findet. — Friedländer (in Köhne's Zeitschrift, 2. Jhrg., S. 136 f.) ist der Ansicht, daß gezahnte Münzen nicht vor dem Jahre R. 600, mehr aber noch um d. J. 700 geprägt seien. — Mommsen nimmt an, daß noch unter den Kaisern gezahnte Denare gemünzt worden seien. Eine von mir angestellte Wägung gezahnter und mit dem Typus der Biga versehener Denare hat für diese kein durchschnittlich höheres Gewicht als für andere republikanische Denare ergeben. — Es wäre von Interesse, wenn bei künftigen Funden römischer Denare in Deutschland untersucht und angezeigt würde, ob und wie viele 'serrati' und 'bigati' sich darunter befunden haben. Bisjetzt scheint man hierauf nicht besonders geachtet zu haben.

[1] Es ist ungewiß, ob der ager Mattiacus von dem hier die Rede ist, in der Nähe von Wiesbaden am Taunus, wo man Spuren alten römischen Bergbaues aufgefunden haben will, zu suchen sei, oder im Lande der Chatten in der Nähe der Eder, wo von Tacitus (Ann. I, 56) ein Ort Mattium erwähnt wird.

[2] Vergl. Wackernagel, Gewerbe, Handel und Schifffahrt der Germanen, in Haupts Zeitschrift für deutsches Alterthum. Bd. IX, S. 530 ff.

im 42. Kapitel der **Germania**, daß die Römer den Königen der Markomannen und Quaden öfter mit Geld als mit den Waffen hülfen; „Geld aber sei eine nicht minder wirksame Unterstützung“. Dies setzt nothwendig eine schon weit verbreitete Anwendung des Metall-Geldes, insbesondere für Kriegsdienste, im damaligen Deutschland voraus. Dasselbe läßt sich auch daraus abnehmen, wenn Tacitus (Annal. II, 13) erzählt, wie im zweiten Feldzuge des Germanicus ins Innere Deutschlands ein feindlicher Reiter ans Römische Lager herangesprengt sei und mit lauter Stimme im Namen des Arminius den Ueberläufern für die Kriegsdienstzeit einen täglichen Sold von 100 Sesterzen (also gerade einen aureus) versprochen habe. War das Anerbieten auch nicht ernstlich gemeint, so zeigt sich darin doch die Bedeutung, welche die Deutschen der baaren Soldzahlung beilegten.

In den Soldzahlungen sowie den häufigen Geschenken und Subsidien der römischen Kaiser an germanische Truppen und Fürsten wird für die ersten Jahrhunderte unserer Zeitrechnung die hauptsächliche Quelle des Zuflusses edler Metalle nach Deutschland zu suchen sein. Wie geringfügig auch an sich der monatliche Sold des einzelnen Kriegers sein mochte, und wie bedeutend auch die den römischen Kaufleuten im gewöhnlichen Verkehr bei der für Deutschland offenbar ungünstigen Handelsbilanz wieder zukommenden Summen gewesen sein mögen, im Ganzen wird doch in den ersten zwei Jahrhunderten n. Chr. sich allmählich ein ansehnlicher Vorrath römischer Silbermünze in Deutschland, namentlich in den Gegenden nahe dem Rhein und der Donau, angesammelt und dort einen gewissen Uebergang von der Naturalwirthschaft zur Geldwirthschaft vermittelt haben. Nach dem Bestande der Münzfunde zu urtheilen muß vornämlich in der Zeit der Antonine viel römisches Silbergeld nach dem nördlichen Deutschland und den Ostseeländern gekommen sein. Wir werden später wahrscheinlich zu machen versuchen, daß der römische Denar, wie er zur Zeit der Republik (84 Stück auf das Pfund) und auch noch nach seiner ersten Reduction unter Nero (96 Stück auf das Pfund) bis zur Zeit der im römischen Reich zu Anfang des dritten Jahrhunderts hereinbrechenden entsetzlichen Münzcalamität gemünzt wurde, den erwähnten Gegenden Deutschlands ein übliches Zahlmittel geworden ist und sich hier als Rechnungseinheit für kleine Beträge noch längere Zeit erhalten hat.

Im dritten Jahrhundert begannen bekanntlich die Germanen das römische Reich immer stärker und nachhaltiger zu bedrängen. Die Raubzüge in die Provinzen nahmen zu, die Menge der in den römischen Kriegsdienst tretenden germanischen Soldtruppen wuchs zusehends, die regelmäßigen oder einmaligen Tributzahlungen an die Fürsten der angrenzenden oder schon innerhalb der Provinzen selbst angesiedelten germanischen Völkerschaften erforderten von Jahrzehnt zu Jahrzehnt immer größere Summen, welche zum großen Theil ihren Weg nach Deutschland fanden. Seit der Verdrängung der guten Silbermünze im römischen Reiche durch eine Unmasse von Billon- und Kupfer- oder Bronce-Geld, dessen Unwerth trotz der beibehaltenen nominellen Bezeichnung die Germanen, wie roh sie auch sonst sein mochten, keinen Augenblick verkannt zu haben scheinen, kam es mehr und mehr in Gebrauch, die Zahlungen an die Germanen in Gold zu bewerkstelligen. Namentlich geschah dies seit Einführung und reichlicher Ausmünzung des von Constantin dem Großen angeordneten Gold-Solidus, welcher sehr bald in vielen Theilen Deutschlands Verbreitung fand und hier beliebtes Geld wurde.

Im Vorhergehenden sind vornämlich nur die den römischen Provinzen mehr oder minder benachbarten germanischen Völkerschaften ins Auge gefaßt worden. Wie verhielt es sich aber mit den nördlicher und östlicher wohnenden Germanen, welche nicht so direct durch Sold, Geschenke oder Beute in den Besitz von Münze und sonstigem Edelmetall kommen konnten?

Die Frage, auf welchem Wege diese Germanen sich das Broncemetall verschafften, aus welchem die Waffen und Geräthe angefertigt sind, die man in so ansehnlicher Menge in den alten Gräbern der hiernach bezeichneten Periode findet, kann unserer Aufgabe fremd bleiben, da wir hier eigentlich nur das Edelmetall zu berücksichtigen haben. Nur so viel wollen wir hierüber bemerken, daß die mitunter geäußerte Ansicht, als sei römische Kupfermünze hierzu verwendet worden, nicht viel Wahrscheinlichkeit für sich hat. Selbst in den Zeiten, als diese Münzsorte im eigenen Lande sehr devalvirt war, als man zeitweilig 7200 bis 8400 Kupfer-Denare für einen Solidus rechnete und hauptsächlich nur Zwanziger und Vierziger in Kupfer prägte, blieb der Nominalwerth dennoch so hoch über den wirklichen Metallwerth, daß die Ausfuhr zum Einschmelzen sehr verlustbringend gewesen wäre. Die Ursache, weshalb man diesseits des Rheins und der ehemaligen Agri decumates so wenig römische Kupfermünzen auffindet, kann nur darin gesucht werden, daß die Deutschen, wenn sie römisches Geld annahmen, vorsichtiger Weise nur Silber- und Gold-Münzen von höherem Feingehalt zuzulassen pflegten. Zeugniß hiervon geben die meisten Funde römischer Münzen in Deutschland und weiterhin an den Ostseeküsten, bei denen hauptsächlich römische Silber-Denare aus der Kaiserzeit bis auf Marcus Aurelius und Gold-Solidi von Constantin an bis auf Valentinian III. und Anastasius die wichtigste Stelle einnehmen [1].

Ein Theil dieser Münzen wird ins innere und nördliche Deutschland vermuthlich durch Eintausch von den benachbarten, dem römischen Reich näher wohnenden germanischen Stämmen, oder direct durch dahin gekommene Kaufleute aus den römischen Provinzen zum Ankauf von Pelzwerk, Bernstein u. s. w. gelangt sein; es mögen aber auch aus diesen entlegeneren Gegenden manche Krieger im römischen Heere gedient oder an Beutezügen in die Ferne theilgenommen, und

---

[1] S. Anmerkung I. am Schlusse des Abschnittes.

so Gold und Silber in gemünztem Zustande zurückgebracht haben. Was indeß die älteren Zeiten betrifft, muß jedenfalls eine andere Erklärung dafür gesucht werden, wie die nördlichen Germanen und die sonstigen Anwohner der Ostsee in Besitz von Gold gekommen sind.

Es ist anerkannte Thatsache, daß in den dortigen Gräbern des sogenannten reinen Bronce-Zeitalters kein Silber-Schmuck oder Geräth gefunden werden, sondern daß daselbst außer den Bronce-Sachen an sonstigem Metall nur Gold, vornämlich in Form von größeren oder kleineren, dickeren oder dünneren Ringen, angetroffen wird. Im eigenen Lande ist dies Gold offenbar nicht gewonnen worden, da die geologische Bildung des Bodens im nördlichen Deutschland und in den Ostseeprovinzen einer solchen Annahme entgegensteht. Es wird auch nicht von den Römern her dahin gelangt sein, denn sonst würde, da, wie oben nach Tacitus berichtet ist, die Germanen in ihrem Verkehr mit den Römern dem Silber den Vorzug gaben, doch wohl einiges Silber, und wenigstens einzelne römische Münzen in solchen Gräbern angetroffen sein, was nicht der Fall ist. Wäre das Gold von der oberen Donau oder dem Rheine her nach Deutschland gekommen, so würde es ferner in hohem Grade auffallend sein, daß die Goldringe in den Ostseeländern ungleich häufiger gefunden worden sind, als im westlichen oder im südlichen und mittleren Deutschland.

Das Gold muß also vom Osten her dahin gebracht sein, und es läßt sich auch leicht erklären, in welcher Veranlassung dies hauptsächlich geschehen sein wird. Das im Alterthume so hochgeschätzte und vielbesprochene eigenthümliche Produkt der Ostseeländer, der Bernstein, wird das Hauptmittel gewesen sein, um im Wege des Handelsverkehrs Gold dahin zu führen, welches von dort dann sich weiter unter den benachbarten germanischen Völkern vertheilte.

Die bekannteste Route des alten Bernsteinhandels ging von der Ostseeküste über Carnuntum an der Donau nach Pannonien und von da nach dem adriatischen Meere. Diesen Weg hatte der römische Ritter, welcher unter Kaiser Nero nach den Bernsteinländern reisete, und von dem Plinius (Historia nat. XXXVII, 2) meldet, zurückgelegt. Ein anderer Bezugsweg des Bernsteins ging von den Ostseeländern, oder auch von der cimbrischen Halbinsel (denn auch hier wurde vor Alters viel Bernstein gesammelt, wie unter Andern durch wieder aufgefundene Niederlagen dieses Products in jütländischen Mooren dargethan wird) westwärts zu Lande und zu See bis nach Massilien. Es ist uns jedoch noch über einen andern Handelsweg, wie der Bernstein nach den südlichen Völkern gelangte, Kunde erhalten, und gerade dieser scheint der älteste und bedeutendste gewesen zu sein.

Wenn auch der Hypothese von Bayer, daß unter dem Eridanus, von dem Herodot berichtete, er fließe im Lande nordischer Barbaren am äußersten Ende der Erde und in seiner Nähe werde der Bernstein erzeugt, die Düna zu verstehen sei, wenig Gewicht beizumessen sein möchte, so ist doch ausgemacht, daß schon zu Herodots Zeit in den weit ausgedehnten Ländern nördlich vom Pontus und insbesondere auch auf dem Dnieper (Borysthenes) ein lebhafter Verkehr stattfand, und daß von diesem Flusse ab mit nur kurzer Unterbrechung eine weitere Wasserverbindung durch Weichsel oder Pregel gerade nach dem hauptsächlichsten Bernstein-Lande hinführt. — Daß die Griechen und Asiaten in ältester Zeit auf diesem Wege den Bernstein erhielten, dafür zeugt die Angabe des Philemon und des Xenocrates (bei Plinius H. n. XXXVII, 2, 11), daß Scythien das Vaterland des Bernsteins sei, und ganz besonders die Stelle in der Erdbeschreibung des Dionysius, daß der Bernstein an den Flüssen Aldeskos und Pantikapes erzeugt werde, die von den Rhipäischen Bergen herabströmten, welche Flüsse aber bekanntlich in der Nähe des Borysthenes und der alten großen griechischen Handelsstadt Olbia sich ins Schwarze Meer ergießen.

Die Historia naturalis des Plinius erwähnt in demselben Kapitel über den Bernstein (XXXVII, 2), wo die Reise jenes römischen Ritters zu Neros Zeit berichtet wird, daß König Mithridates eine Insel Serita an der Küste Germaniens als Fundort des Bernsteins angegeben habe. Dies führt einfach darauf, daß König Mithridates VII, ein höchst wißbegieriger Mann, dessen Herrschaft sich weit nach Norden hin über Scythien erstreckte, über die Bezugsquellen des Bernsteins nähere Erkundigungen hatte einziehen lassen. Wie hätte dies wohl anders geschehen sollen als auf der Handelsroute vom Schwarzen Meere nach der Ostsee, welche schon lange vor seiner Zeit für die griechischen Kolonien an der Nordwestküste des Schwarzen Meeres von großer Wichtigkeit gewesen sein muß und die später wieder zu Anfang des Mittelalters eine so außerordentliche Rolle im Völkerverkehr gespielt hat. Noch ein anderes obschon auch nur indirectes Zeugniß über diese alte Handelsverbindung des Orients mit den Ostseeländern trifft mit der Zeit des Mithridates (gest. 63 v. Chr.) in merkwürdiger Weise zusammen. Dem Quintus Metellus nämlich, welcher im Jahre 62 v. Chr. Gallien verwaltete, wurden, wie Cornelius Nepos berichtet hatte, vom Könige der Sueven einige Inder zum Geschenk gemacht, welche auf einer Handelsreise begriffen nach Germanien verschlagen worden waren[1]. Was anders als der Bernsteinhandel kann es gewesen sein, wodurch diese Kaufleute aus dem fernen Asien nach den Küsten der Ostsee geführt wurden, und auf welchem anderen Wege sollten sie dahin gelangt sein, als durch die Ebenen des jetzigen Rußlands? Die von Wackernagel geäußerte Vermuthung, diese Inder seien aus ihrem Vaterlande durch die Beringstraße um das Nordkap herum nach der Nordsee oder selbst nach der Ostsee gekommen, wird schwerlich auf weitere Zustimmung rechnen dürfen, wenn man die unermeßliche Schwierigkeit, ja fast die Unmöglichkeit einer solchen Fahrt für die damalige Nautik nur etwas

---

[1] Plinius Hist. nat. II, 67.

in Betracht zieht; hiermit verglichen würde selbst die Fahrt um Afrika herum als wahrscheinlicher gelten müssen.

So lange nicht eine zutreffendere Erklärung gegeben sein wird, scheint man an der durch die eben erwähnten Notizen nahe gelegten und an sich nicht unwahrscheinlichen Annahme festhalten zu dürfen, daß das Gold, welches im germanischen Norden während des sogenannten Bronce = Zeitalters in verhältnißmäßig nicht geringer Menge vorhanden gewesen sein muß, hauptsächlich von Osten und Südosten im Wege des Handels dahin gelangt sein wird. Aus Herodot ist bekannt, und die Wiederauffindung uralter Bergwerkseinrichtungen hat es bestätigt, daß im Ural und im südlichen Sibirien schon lange vor unserer Zeitrechnung reichlich Gold gewonnen wurde. Wenn ein Theil desselben zunächst nach den Handelsplätzen an der Nordküste des Pontus im Austausch gegen hellenische und asiatische Erzeugnisse in den Verkehr kam, so konnte dies Gold wieder ein Mittel werden, um von dort aus den Ankauf des von den südlichen Völkern im Alterthum so hoch geschätzten Bernsteins zu betreiben. Die Auffindungen alter Münzen an der Nordküste des Schwarzen Meeres bezeugen, daß während der Blüthezeit der griechischen Colonien dort verhältnißmäßig weit mehr Gold als Silber geprägt sein muß. Es ist auch leicht erklärlich, daß der Ankauf des Bernsteins vornämlich mit Gold bewerkstelligt wurde, denn die weite und manchen Gefahren ausgesetzte Reiseroute mußte es rathsam machen, für die Handelsexpeditionen von den Handelsplätzen am Mittelmeer oder am Pontus bis zu den Gestaden der Ostsee, zum Eintausch des keinen schwierigen Transport erfordernden werthvollen Bernsteins ein ebenfalls leicht zu transportirendes Tauschmittel zu verwenden. Hierzu war Gold natürlich am passendsten. In frühester Zeit, als Gold in Griechenland noch äußerst selten war, mögen freilich auch Silbermünzen zum Austausch benutzt sein. Hierauf führt wenigstens ein Fund von 39 sehr alten griechischen Silbermünzen, welche im Jahre 1824 in der Nähe des Städtchens Szubin im Großherzogthum Posen zwischen Bromberg und Exin gelegen, auf der muthmaßlichen alten Handelsroute vom Süden nach den Ostseeländern, entdeckt wurden. Der größte Theil derselben ist noch mit dem sogenannten Quadratum incusum versehen und also früher als ca. 460 v. Chr. geprägt. Daß aber einzelne Münzen von Athen und Cycicus ohne jenes Quadratum incusum sich dem Schatz beigemischt finden, zeigt andererseits, wie die Vergrabung desselben nicht vor dem vierten Jahrhundert vor Christus stattgefunden haben kann, denn von diesem Jahrhundert an endete erst jener rohere Gebrauch bei der griechischen Münzprägung. Außer diesem Münzfunde sind nur äußerst wenige griechische Silbermünzen in den Ostseeländern und den dahin führenden Routen gefunden, und im Vergleich mit den zahlreich entdeckten alten Goldringen, bezeugt dieser Umstand, daß in ältester Zeit Gold das Haupttauschmittel der den Bernstein ankaufenden fremden Kaufleute gewesen sein muß. Es soll hiermit keines-

wegs behauptet werden, daß nicht auch in anderer Weise, etwa durch
Verkauf von Sklaven und Pelzwerk, die Germanen sich Gold ver=
schafft hätten, oder daß nicht auch directe Verkehrsbeziehungen zwischen
ihnen und den goldproducirenden Tschuden am Ural stattgefunden
haben können, denn es haben sowohl im Alterthum wie auch im frü=
heren Mittelalter gewiß manche Verbindungen zwischen weit von ein=
ander entlegenen Völkern bestanden, worüber die Geschichtsschreiber
keine ausdrücklichen Zeugnisse uns überliefert haben.

Es ist vorhin schon erwähnt, daß man hauptsächlich in den al=
ten Gräbern die thatsächlichen Beweise für den früheren reichlicheren
Goldbesitz finde und das dort gefundene Gold vornämlich die Form
von Ringen verschiedener Art habe. Beides giebt Veranlassung zu
weiteren Bemerkungen.

Es scheint allgemeines Herkommen bei den alten Bewohnern
Deutschlands und Skandinaviens gewesen zu sein, wenigstens in den
Zeiten, welche man nach dem Inhalt der Gräber als die Bronze=
Periode zu bezeichnen pflegt, den angesehenen Todten ihr persönliches
bewegliches Eigenthum, namentlich also Waffen und Schmucksachen,
mit ins Grab zu legen. Hierdurch mußte der Goldvorrath im Volke
wieder einen anhaltenden merklichen Abgang erfahren, den man dann
durch neue Erwerbungen, durch Handel oder Raub, zu ersetzen hatte.
Indem dieser Vorgang sich beständig wiederholte, mußte natürlich im
Laufe der Zeit ein verhältnißmäßig nicht unbedeutender Werthbetrag
dem Schooße der Erde anvertraut werden. Wer die großen Samm=
lungen altgermanischer Alterthümer in Kopenhagen und Schwerin ge=
sehen hat, wird die Menge der dort aufbewahrten Goldsachen, die aus
den Aufgrabungen der Kegelgräber und aus zufälligen sonstigen Fun=
den hervorgegangen sind, freudig bewundern. Man kann indeß dar=
über gar nicht in Zweifel sein, daß diese Sammlungen doch nur einen
äußerst kleinen Theil des Goldes enthalten, welches in alten Zeiten
unter die Grabhügel vergraben und seitdem wieder hervorgesucht wor=
den ist. Das vergrabene Gold erhält sich in seiner Verborgenheit
wegen seiner natürlichen Unzerstörbarkeit vollständig, und hat bei sei=
nem noch so späten Wiederauffinden nicht nur einen hohen antiqua=
rischen, sondern einen sehr beträchtlichen reellen Werth, den auch der
ungebildetste Tagelöhner zu würdigen weiß. Gold hat zu allen Zei=
ten einen solchen Werth behauptet, und der Erwerb desselben an sich
schon in der Idee einen noch viel größeren Reiz ausgeübt, daß es
sich immer verlohnen oder doch dazu verlocken mußte, selbst mit Auf=
wendung vieler Arbeit und auf die Gefahr gänzlicher Erfolglosigkeit
hin, Versuche zu machen, das davon Versteckte, wenn dies auch nur
in kleineren Stücken bestand, wieder ans Licht zu bringen. Selbst
das Mißlingen mancher Nachgrabungen konnte von ferneren Versu=
chen nicht abschrecken. Es mag deshalb schon vor Jahrhunderten
Nachgrabung in manchen alten Hünengräbern geschehen und das dort
vorhanden gewesene Gold schon längst hervorgeholt sein. Das Nicht=
vorkommen goldener Ringe und sonstiger werthvoller Alterthümer bei

jeßigen ſyſtematiſchen Aufgrabungen großer Gräber, die dem Anſchein nach reichliche Ausbeute verſprechen, wird in vielen Fällen ſich hieraus erklären laſſen. Wenn aber ſonſt durch Zufall oder allmählich durch fortſchreitende landwirthſchaftliche Arbeiten ſolche Gräber aufgedeckt oder ſonſt Alterthümer aufgefunden ſind, ohne daß gerade Jemand, der ein wiſſenſchaftliches oder patriotiſches Intereſſe an dieſen Dingen hatte, zugegen war (und wie ſelten wird ein ſolches günſtiges Zuſammentreffen ſein), ſo wird das vorgefundene Gold mit ſehr ſeltenen Ausnahmen unfehlbar baldigſt an einen Händler verkauft und eingeſchmolzen ſein. Es iſt bekannt, daß, wenn Arbeiter beim Graben alte metallene Geräthe finden, ſie dieſelben ſogleich zu zerbrechen oder anzufeilen pflegen, um zu ſehen, ob es nicht Gold ſei, welcher Brauch ſich aus der alten Ueberlieferung von aufgefundenen Goldſachen herſchreibt. Wenn das Verheimlichen und alsbaldige Einſchmelzen von gefundenen alten Goldſachen noch jeßt meiſtens geſchieht, obſchon die Würdigung der geſchichtlichen Bedeutung ſolcher Funde ſo viel allgemeiner iſt als früher und faſt überall jeßt dem Finder der volle innere Werth des Abgelieferten oder noch darüber vergütet wird, ſo kann man ſich leicht vorſtellen, wie höchſt ſelten früher ein wieder aufgefundener alter Goldring oder ſonſtige alte Schmuckſachen oder Geräthe aus Gold dem Schmelztiegel entgangen ſein werden, als noch faſt überall die größte Gleichgültigkeit gegen ſolche geſchichtliche Ueberreſte vorherrſchte und überdies meiſtens das Geſeß galt, ſolche Schäße unentgeldlich der Obrigkeit abzuliefern. Selbſt die Ablieferung ſeßte den Finder früher oft noch der Gefahr aus, wegen Verdachts der Verheimlichung gefundener ſonſtiger und werthvollerer Sachen in weitläufige Unterſuchung zu gerathen. Es war mithin ganz natürlich, daß ein ſeltenes Zuſammentreffen günſtiger Umſtände früher dazu gehörte, um aufgefundene Goldſachen der alten germaniſchen Zeit der Nachwelt aufzubewahren, und zwar wird, je ſchwerer und werthvoller ein aufgefundener alter Goldring u. ſ. w. war, er deſto ängſtlicher verheimlicht und um ſo eher eingeſchmolzen worden ſein.

Wir haben in dieſen Aufſäßen uns nicht mit der Verwendung des Edelmetalls zu Schmuckſachen, ſondern mit dem Geldweſen zu beſchäftigen. Deſſenungeachtet müſſen wir die ſchon mehrfach erwähnten Goldringe, welche in den alten Gräbern gefunden ſind und in den Alterthums-Sammlungen einen bemerkenswerthen Beſtandtheil ausmachen, hier näher ins Auge faſſen. Dieſe Ringe haben nämlich in alter Zeit nicht blos zum Schmuck gedient, ſondern ſie ſind auch im eigentlichen Sinne des Worts als Geld angeſehen und verwendet worden.

Es iſt das ſogenannte Ring-Geld, welches hier zu erörtern, der Gang unſerer Unterſuchung mit ſich bringt.

Um Metall auf möglichſt bequeme Weiſe zu transportiren und um es aufzubewahren, ohne es irgendwo zu verſtecken, dazu ſcheint die Form von Ringen und „Baugen", (worunter wol nicht geſchloſſene Ringe zu verſtehen) vor Allem geeignet. Man kann dieſe Form in einfachster Weise für alle Größen anwenden, man kann die verschiedenen Ringe leicht mit einander verbinden, und sie außerdem, wenn man will, zugleich als Schmuck an den Armen, am Hals, oder sonst mit sich führen. Bei den Edelmetallen kommt wohl noch die Rücksicht hinzu, daß bei dieser Form, insbesondere bei dünnen Spiralringen, in alter Zeit eine Fälschung viel schwieriger sein mußte als bei Stücken in Barren; indeß gerade bei Goldringen war gewiß schon die gleichzeitige Benutzung derselben zum Aufsehen erregenden Schmuck ein ganz genügender Grund, um für die Aufbewahrung des Goldes diese Form zu wählen.

Der Gebrauch der Ringform für den gedachten Zweck ist uralt und weit verbreitet. Schon auf mehreren Darstellungen in den alten Pharaonen-Gräbern findet man Schatzhäuser abgebildet, wo Gold in Ringen abgewogen wird, wo solche Ringe angefertigt oder wo sie aus Gefäßen an umstehende Krieger als Sold vertheilt werden. Und die Geschenke, welche Abrahams Knecht der Rebekka macht (1 Mos. 24, 23) bestehen in einem goldenen Nasenring und zwei goldenen Armringen, wobei ausdrücklich angegeben wird, daß ersterer einen halben Seckel, letztere zwei Seckel schwer gewesen.

Julius Caesar (de bello Gall. V, 12) erzählt (wenn nämlich die von Hawkins aus einer Handschrift des Britischen Museums aus dem zehnten Jahrhundert hervorgezogene und durch die alte griechische Uebersetzung unterstützte Lesart 'annulis' statt 'talis' die richtige ist) von den Einwohnern Britanniens, daß sie sich statt der Münze auch eiserner Ringe bedient hätten, die nach einem bestimmten Gewicht abgewogen seien. Von den stammverwandten Galliern wird freilich eine solche Benutzung der Ringe nicht ausdrücklich berichtet, aber um so häufiger wird ihr Schmuck an goldenen Armringen erwähnt.

Vor etwa 20 Jahren hat ein irländischer Gelehrter, Herr E. Betham, auf Grund der vorerwähnten Thatsachen und der außerordentlich zahlreichen Funde von großen und kleinen Ringen von Erz, aber oft auch von Silber und Gold, welche man in Irland gemacht hatte, die Bedeutung solcher Ringe für die Entwickelung des Geldwesens näher erörtert. Er ist zu der Ansicht gelangt, daß die Ringe längere Zeiträume hindurch als Geld gedient hätten und daß die meisten derselben zu diesem Zwecke von einem bestimmten Gewichte angefertigt seien, wonach denn auch die verschiedenen Ringe in einem einfachen Gewichtsverhältniß zu einander ständen. Als die Gewichtseinheit hierbei wird das Gewicht eines halben Penny oder 12 Gran Troy-Gewicht aufgestellt. Für Goldringe glaubt Herr Betham Exemplare von 12 bis 4320 Grän (0.78 bis 279.94 Gramm), oder von 1 bis 360 Gewichts-Einheiten; für Silberringe Exemplare von 456 bis 1212 Grän (29.55 bis 78.54 Gramm) oder von 38 bis 101 Gewichtseinheiten; für Bronceringe Exemplare von 48 bis 3576 Grän (3.11 bis 231.72 Gramm) oder von 4 bis 298 Gewichtseinheiten nachweisen zu können.

Es ist selbstverständlich, daß wegen der im Laufe der Jahrhun-

derte stattgefundenen stärkeren oder schwächeren Oxydation oder even=
tuell wegen früherer Abnutzung oder auch gewaltsamer Beschädigung,
sowie in Rücksicht der ursprünglichen ungenauen Justirung, ein ge=
wisser Spielraum für diese vergleichenden Ermittelungen zugegeben
werden muß. Eben deshalb aber scheint es uns geeignet, das Haupt=
resultat eher in Zweifel zu stellen als zu stützen, wenn z. B. von
Herrn Betham Ringe von einer absichtlichen Schwere von 101 und
von 298 Gewichtseinheiten angenommen werden. Sollte es nicht,
wofern das ganze System überhaupt annehmbar erscheint, rathsamer
sein, statt dessen 100 und 300 Gewichtseinheiten für die betreffenden
Ringe zu statuiren, und das verhältnißmäßige geringe Unter = oder
Ueber = Gewicht, welches in beiden gedachten Fällen nur 1 Procent
oder noch weniger ist, der mangelhaften ursprünglichen Abwägung
oder den unter sich differirenden Normal=Gewichten jener alten Zeiten
beizumessen?

Einige spätere Forscher in der Numismatik, wie Lindsay und
G. F. Grotefend, haben sich im Wesentlichen der Ansicht Herrn
Betham's angeschlossen.

Vor Kurzem hat ferner ein ungarischer Numismatiker auf Grund
vieler in Ungarn aufgefundener und von ihm gesammelter verschieden=
artiger alter Ringe aufs Neue die Bestimmung solcher Ringe als
Tauschmittel besprochen und gleichfalls die Anwendung eines bestimm=
ten Gewichtssystems bei denselben wahrscheinlich zu machen versucht.
Er findet bei einer Reihefolge von 13 silbernen und von mehr als
50 Stück bronzenen Ringen, deren Gewicht auf beziehungsweise 20
bis 4649 Grän Apotheker=Gewicht (0.88 bis 338.99 Gramm) aus=
kommt, proportionirte Abstufungen des Ringgeldes.

Der erste Ueberblick der von dem ungarischen Numismatiker
mitgetheilten einzelnen Gewichtsermittelungen erweckt eben keine son=
derliche Zuversicht auf ein bei Anfertigung der Ringe, als Zahlmit=
tel, beobachtetes consequentes System, denn der Abstufungen sind gar
zu viele, und wenn man dieselben ohne vorgefaßte Meinung vergleicht,
möchte man darin eher den augenscheinlichen Mangel eines Systems
entdecken. Andererseits können aber doch die weiteren Zwischenräume
in der Reihefolge der schwereren Stücke sowie namentlich das bei
mehreren unverkennbare Verhältniß von 1 : 2 zu der Annahme lei=
ten, daß ein gewisses gleichmäßiges System der Gewichtsbestimmung
der Ringe zum Grunde liege und die geringeren Abweichungen zwi=
schen einzelnen ähnlichen Stücken zufälligen Ursachen beizumessen seien,
wie wir dies schon bei Betham's Aufstellung bemerkt haben. So
wiegt z. B. von den Silberringen einer 360 Grän, ein anderer 180
Grän; und wieder der eine 60 Grän, andere 30 und 20 Grän
(also resp. 23.37, 11.18, 3.73, 1.87 u. 1.24 Gramm). Von den
Bronce=Ringen hat der eine das Gewicht von 4649 Grän, ein an=
derer 2280 Grän, also fast genau die Hälfte; und ferner wiegen
andere resp. 3600 und 1755 Grän, 2760 und 1380 Grän, 960
und 480 Grän.

Es ist uns kein ausdrückliches Zeugniß eines Geschichtschreibers aufbewahrt worden, daß bei den alten Deutschen neben dem Viehgeld auch noch Ringgeld in Gebrauch gewesen, allein es liegen anderweitige Ueberlieferungen und Anzeichen vor, welche diesen Gebrauch auch bei ihnen als einen weitverbreiteten voraussetzen lassen. Dahin gehören vor Allem auch in dieser Hinsicht die in den alten nordischen Aufzeichnungen vielfach vorkommenden Erwähnungen und Beispiele solchen Gebrauchs und sodann die in den alten Gräbern und sonst in Deutschland, insbesondere in den nördlichen Theilen desselben, aufgefundenen zahlreichen Gold- und Bronce-Ringe jeder Art, Finger-Ringe, Ringe für den Hals, Ober- und Unterarm, sowie Ringe, die offenbar nicht zum Tragen als Schmuck bestimmt sein konnten, und außerdem häufig abgeschnittene Stücke von Ringen. Das Gold ward nämlich meistens zu sehr dünnen Stangen oder Dräthen geschmiedet, welche spiralförmig zu Finger- oder Armringen gewunden wurden; wenn etwas zu bezahlen war, schnitt man Stücke dieser Spiralringe ab und bezahlte damit nach Gewicht [1].

Daß bei den nordischen Völkern Ringe oder sogenannte Baugen aus Gold recht eigentlich als Geld benutzt wurden, zeigt sich schon darin, daß freigiebige Fürsten in den Sagas häufig als Baugen-Brecher, Baugen-Zerstückler, Ring- oder Gold-Brecher gefeiert werden. Im Rigsmal wird der Jarl geschildert, als:

> „Alle begabend mit Schmuck und Geschmeide und schlanken Pferden,
> Ringe hingebend und Baugen zerstückelnd".

Noch bezeichnender erscheint die Geldbedeutung der Ringe in dem Liede von Wölundar (St. 8 u. 9) ebenfalls in der älteren Edda. Nidudr kommt mit seinem Gefolge in den Saal Wölundars. Daselbst

> „Sahen sie am Baste die Ringe schweben,
> Siebenhundert zusammen, die der Mann besaß.
> Sie banden sie ab und wieder an den Bast,
> Außer einem, den ließen sie".

In „Oegirs Trinkgelag" (Str. 12) bietet Bragi „einen Ring zur Buße", womit dasjenige übereinstimmt, was wir gleich über die Festsetzung gewisser Bußen in Ringen aus den ältesten Rechtsaufzeichnungen erwähnen werden.

Vornämlich in zweierlei Beziehungen mußte neben dem älteren und für die gewöhnlichen Zahlungen noch fortdauernd beibehaltenen

---

[1] Vgl. C. A. Holmboe, Das älteste Münzwesen Norwegens (1846): „Solche Ringe, von unsern Vorfahren Baugar genannt, hatten oft ein dem Gewichtssystem entsprechendes Gewicht, so daß sie ohne nachgewogen zu werden als Zahlungsmittel von Hand zu Hand gehen konnten; es wird nämlich in den Sagen oft eines Zwölf-Oyrir-Ringes, eines Dreimark-Ringes u. s. w. erwähnt. Dieß scheint jedoch nicht immer der Fall gewesen zu sein, da der größte Theil der goldenen Ringe, die in dem Museum der Norwegischen Universität aufbewahrt werden, nicht zu diesem Gewichtssystem paßt".

Viehgelde das Bedürfniß und die Zweckmäßigkeit eines metallischen Zahlmittels sich geltend machen: beim Handel mit Auswärtigen und dann für die Belohnung geleisteter freiwilliger Kriegsdienste im Gefolge von mächtigeren Häuptlingen oder Fürsten. In Ermangelung gemünzten Geldes war hierzu Ringgeld offenbar das bequemste, bei dem das Metall nach dem Gewichte in größere wie geringere Summen eingetheilt und damit gezahlt werden konnte, während auf der anderen Seite der Empfänger, auch wenn er kein eigenes Landeigenthum besaß, einen so erhaltenen Werth leicht zu verwahren und zu benutzen im Stande war. Bei denjenigen germanischen Völkerschaften, die durch ihre Berührungen mit den Römern hinreichenden Vorrath römischer Silber- oder Gold-Münzen zum Behufe ihrer in Edelmetall zu leistenden Zahlungen sich verschaffen konnten, war die Aushülfe des Ringgeldes nicht erforderlich, und dies erscheint als ein fernerer Grund, weshalb man im nördlichen und östlichen Deutschland sowie in Skandinavien alte Goldringe ungleich häufiger aufgefunden hat als in den Rhein- und Donau-Gegenden. Die Bronce-Ringe, die man in letzteren Gegenden findet, gehören dem keltischen Alterthum an. Die keltischen Bewohner Pannoniens, Noricums, Vindeliciens werden, bevor das fremde Geld oder rohe einheimische Münzen (von denen später die Rede sein wird) bei ihnen aufkamen, sich vermuthlich in gleicher Weise des broncenen oder eisernen Ringgeldes bedient haben, wie Caesar dies von ihren Stammgenossen in Britannien berichtet. Hierauf führt auch was wir oben aus einer ungarischen Schrift über die in Pannonien aufgefundenen zahlreichen Bronze-Ringe erwähnt haben, sowie die Entdeckung, welche man im Jahre 1842 bei Reit in Oberbayern machte (Oberbayrisches Archiv Bd. XI, S. 18). Hier fand man anderthalb Fuß unter der Erde 200 dicht an einander gereihte Ringe oder Baugen zusammen, alle von gleicher Form und Schwere (von ca. 15 Loth).

Hinsichtlich des Ringgeldes bei den Germanen gewähren uns die im alten isländischen Rechtsbuche (Grágás) aufbewahrten Spuren eines gewiß uralten Herkommens willkommene Aufklärung.

Das 114. Kapitel des Strafrechts führt hier die Ueberschrift 'Baugatal', d. h. Verzeichniß der Ringe, und enthält die genauen Bestimmungen über die für einen Todschlag nach den verschiedenen Graden der Blutsverwandschaft zu zahlenden und beziehungsweise zu empfangenden Bußgelder. Es werden dieselben in vier Klassen eingetheilt, welche Gesetz-Ringe (lögbaugar) genannt werden. Diese Benennung kann wohl nur darin ihren Ursprung haben, daß die Entrichtung solcher Bußen, nachdem das Edelmetall im Lande reichlicher geworden und neben dem Viehgelde zu größeren Zahlungen benutzt zu werden pflegte, vorzugsweise in solchen Ringen üblich geworden war. Auf den gemeinsamen Kriegszügen mochte am häufigsten blutiger Zwist und Todschlag zwischen den bewaffneten Heeresgenossen vorkommen, und für diese war die Zahlung der Bußen an die Verwandten durch solche Ringe viel leichter zu bewerkstelligen als durch Vieh. Unter den Ringen, welche die Grágás erwähnt, sind jedoch Ringe aus Silber verstanden, wie solches im Schluße des erwähnten 114. Kapitels ausdrücklich bemerkt wird. Das für Geschlechtsbußen zu zahlende Silber, heißt es da, soll gut sein und dem alten gesetzlichen Silber nicht nachstehen, 10 Pfennige auf die Unze; es soll äußerlich mehr die Farbe des Silbers als des Messings zeigen, den Einschnitt vertragen und inwendig eben so gut sein als an der Oberfläche.

In den alten norwegischen Rechtsbüchern ist das Wergeld in Gold angesetzt und wird auch in Form von Goldringen bezahlt worden sein, was schon deshalb als das Ursprüngliche anzusehen ist, weil man aus den älteren Gräbern viele Goldringe von verschiedenem Gewicht, aber keine Silberringe aufweisen kann.

Der Ring erster Klasse wird in der Grágás angegeben auf 3 Mark, welche Vater, Söhne und Brüder des Thäters zu bezahlen, und andererseits Vater, Söhne und Brüder des Erschlagenen zu empfangen haben. Der Ring zweiter Klasse beträgt 20 Öre (2½ Mark); ihn geben und empfangen die Großväter und die Enkel. Die Ringe dritter und vierter Klasse sind angesetzt zu 16 Öre (2 Mark) und 12 Öre (1½ Mark), welche beziehentlich von den Blutsverwandten entfernterer Grade zu bezahlen und zu empfangen sind. Jedem Ringe dieser vier Klassen wird noch eine Zugabe (baugþac) hinzugerechnet, z. B. der ersten Klasse 6 Öre und 48 Deut (þveiti) u. s. w. — Es werden dann noch im Rechtsbuche sechs fernere Klassen von Bußen (von 1 Mark hinab bis 1 Öre) und die dazu verpflichteten und berechtigten Verwandschaftsgrade aufgezählt, allein diese Bußen werden nicht mehr als „Ringe" bezeichnet. Der Grund hiervon dürfte vielleicht darin zu suchen sein, daß zur Zeit, als die Bezeichnung jener „Ringe" aufkam und hierunter Goldringe gemeint waren, die letzteren Klassen der Bußen zu gering waren, um hiermit bezahlt zu werden.

Wenn nämlich bei den Geschlechtsbußen des alten isländischen Gesetzbuches nur Ringe aus Silber zu verstehen sind, so ist dieser Gebrauch offenbar erst zu der Zeit entstanden, als nach dem achten Jahrhundert die Beutezüge der Nordmänner größere Silbermünzen heimgeführt hatten, denn, wie schon bemerkt, in früherer Zeit waren in Skandinavien, so weit die uns noch erhaltenen Ueberreste der sogenannten Bronce-Periode und des älteren Eisen-Zeitalters es vor Augen legen und die ältesten norwegischen Aufzeichnungen es bestätigen, nur Goldringe, keine Silberringe üblich gewesen.

Die Buße, welche von den Gütern eines Verbannten dem Richter zu zahlen und auf eine Mark bestimmt ist, wird in der Graugans (3. Section, Kap. 32 u. 46) 'fiörbaugr' (d. h. annulus vitalis, Lebens-Ring) genannt, wol aus keinem andern Grunde, als weil in älterer Zeit diese Zahlung durch Ringgeld beschafft zu werden pflegte.

Sollten aber nicht, wie wir es beim Viehgeld gefunden haben,

so auch in Rücksicht des Ringgeldes in den ältesten deutschen Rechtsaufzeichnungen sich wenigstens einige Spuren erhalten haben? Es
scheint dies allerdings der Fall zu sein, und zwar gerade in einer
der frühesten, nämlich in den uns überlieferten ältesten Fassungen der
Lex Salica.

Das 44. Kapitel der ältesten Aufzeichnung der Lex Salica
handelt von der Zahlung, die Jemand, der eine Wittwe heirathet,
den Verwandten derselben zu zahlen hat; er soll vor Gericht drei
gute vollwichtige Solidi und einen Denar entrichten, welche drei
Zeugen wägen und untersuchen sollen. Unterläßt der die Wittwe
Heirathende solches, so verfällt er in eine Buße von 62½ Solidi,
welche er den Berechtigten zu entrichten hat. Die Ueberschrift des
Kapitels lautet 'De reipus' und im Text wird der Empfänger der
Buße zweimal bezeichnet 'cui reipi debentur'. Die Malbergische
Glosse hat daneben einen in den Handschriften sehr verschieden auf-
bewahrten Zusatz 'reipus nihil sinus' oder 'reiphus heealsinus'
oder 'reippus nicolesinus' u. a.

Während über den Zusatz keine auch nur als muthmaßlich zu
bezeichnende Deutung gelungen ist, hat man darüber keinen Zweifel
gehegt, daß unter 'reipus' ein Reif oder Ring zu verstehen sei.
Dieser Ausdruck bezieht sich in dem Gesetze nicht auf die bei der
Ehe mit einer Wittwe vor Gerichte den Verwandten zu leistende herkömmliche geringe Zahlung von 3 Solidi und 1 Denar, sondern
auf die mehr als das Zwanzigfache gesteigerte Buße, auf welche die
Verwandten der Wittwe im Falle der Unterlassung jenes Herkommens nachträglich Anspruch hatten. Es erscheint uns daher viel
wahrscheinlicher, daß die Bezeichnung des Reifs oder Ringes nicht
auf eine symbolische Handlung wegen der Ehe zu beziehen ist[1],
sondern daß hier ein schon ganz in die Abstraction übergegangener
Brauch vorliegt und an die alte Zahlungsweise von Bußen dieser
Art in Form goldener Reife zu denken ist.

Eine unverkennbare Spur des alten deutschen Ringgeldes trifft
man mitunter in den volksthümlichen epischen Dichtungen des Mittelalters, wo die späteren Ueberarbeitungen unbewußter Weise hier
die in den viel älteren mündlichen Ueberlieferungen vorgefundenen
Angaben beibehalten haben werden. So heißt es im Nibelungen-Lied,
daß Chriemhilde an Sifrid, der sie, als Ueberbringer einer glücklichen
Botschaft, um ein Geschenk bittet, durch ihren Kämmerer 24 Ringe
(bouge) als Botenlohn geben läßt, und noch klarer erscheint der
Geldbegriff der Ringe im „König Rother", wo einmal 5000 Ringe
versprochen werden (fünf dûsint bouge, die sie al geben wolden
sô sie widir kêren solden). — Und wenn es in einem Liede der
Minnesänger heißt: die ich lieber hân danne al der Kriechen

---

[1] Auch J. Grimm denkt nur daran, wenn er sagt, Einleitung zu Mer-
kels Ausgabe der Lex Salica p. LIV: „Der geringe Betrag von drei Soliden
scheint an die Stelle des alten Symbols von drei Ringen getreten". Vgl. im
allgemeinen Schröder, De dote (Berol. 1861) p. 57. 58 n. G. W.

bouge, so dürfte hier noch ein Nachklang vorliegen aus jener längst vergangenen Zeit als bouge der Sache wie dem Ausdrucke nach den allgemeinen Begriff „Geld" oder Schätze in sich faßte. Gewöhnlich findet sich bei der Erwähnung von Baugen oder auch Armbaugen u. s. w. in den deutschen Gedichten des Mittelalters der Zusatz „von rothem Golde", und werden auch, wo diese Beifügung fehlt, goldene Reife gemeint sein [1].

Eine merkwürdige Erinnerung an die alte Benutzung goldener Ringe zu Zahlungen scheint sich ferner in der bekannten sagenhaften Erzählung des Widukind über den anfänglichen Landerwerb der Sachsen in ihrer späteren Heimath erhalten zu haben, wonach einer der Ihrigen mit goldenen Ringen belastet aus den Schiffen ans Land gekommen sei und einem Thüringer diese Ringe als Kaufpreis für einen Haufen Erde heimgegeben habe (Widukind I, 5). —

Es ward im Vorhergehenden erwähnt, wie von verschiedenen Seiten versucht worden ist, für die Bronceringe, welche von alten keltischen Bevölkerungen herstammen, gewisse Gewichtssysteme nachzuweisen. Wir enthalten uns einer eingehenden Erörterung über diese das keltische Alterthum betreffende Frage, da die alten germanischen Verhältnisse für sich schon überreichlichen Stoff zur Untersuchung darbieten und die Kritik jener Aufstellungen über das keltische Ringgeld für unsere zunächstliegende Aufgabe leicht eine vorgefaßte Meinung begründen könnte.

Unsere Untersuchung hat folgenden selbständigen Weg eingeschlagen. Wir haben damit begonnen, über eine bedeutende Anzahl Goldringe aller Arten, welche theils in alten Gräbern der heidnischen Zeit, theils in Mooren oder unter großen Steinen versteckt, oder auch sonst, im nördlichen Deutschland, in Preußen, in Schleswig, in Dänemark und in Norwegen aufgefunden sind und noch in den Alterthumssammlungen aufbewahrt werden, möglichst genaue Gewichtsangaben zu erhalten. Bei einigen ist dies durch neuere direkte Wägung mit metrischem Gewicht geschehen, bei den meisten aber haben wir die in den gedruckten Beschreibungen mitgetheilten Notizen über die Schwere, nach beschaffter Reduction aus kölnischem auf metrisches Gewicht, angenommen. Es läßt sich nicht verkennen, daß in den bisherigen Beschreibungen das Gewicht oftmals wohl nicht mit der wünschenswerthen Genauigkeit ermittelt sein wird, und daß eine auf das Gewichtsverhältniß speciell gerichtete Untersuchung, namentlich bei directer Wägung mit metrischem Gewicht, vielleicht etwas abweichende Angaben ergeben dürfte; allein ein solcher Unterschied wird in der Hauptsache für die vorliegende Untersuchung schwerlich relevant sein können. Die von uns gesammelten und auf einen gleichen Maaßstab reducirten sämmtlichen Gewichtsangaben sind der ponderalen Reihen-

---

[1] Auch die Vandalen wie die Gothen zeichneten sich durch den Schmuck goldener Armringe aus, wie Procopius bei verschiedenen Gelegenheiten bezüchtet (bell. Vand. II, 3. bell. Goth. II, 23. III, 24 u. a.).

folge nach geordnet, und ist darnach untersucht, ob im Ganzen und Großen bei den im nördlichen Deutschland und in den Ostseeländern aufgefundenen Goldringen eine gewisse gemeinsame Grundlage, verhältnißmäßige Uebereinstimmung, oder systematische Progression des Gewichts, gleichviel in welcher Art es sei, sich bemerkbar mache, oder ob wenigstens entferntere Anzeichen eines solchen Zusammenhangs vorzuliegen schienen. Wir haben uns bei dieser Untersuchung im voraus gesagt, daß man sich dadurch nicht dürfe stören lassen, wenn einzelne oder selbst mehrere Gewichtsangaben vorkämen, welche mit dem im Uebrigen sich kund gebenden System im offenbaren Widerspruch ständen. Würde sich nämlich bei der Mehrzahl der erhaltenen Goldringe das Ergebniß zeigen, daß bei Anfertigung derselben allem Anschein nach eine vorher absichtlich dazu abgewogene bestimmte Menge Goldes in die Form des Ringes gebracht sei, um hernach gerade für eine nach Gewicht bestimmte Summe, ohne Theilung oder Zugabe, zur Zahlung zu dienen, so könnten daneben doch Ringe vorkommen, welche ohne alle Rücksicht auf solches Gewichtssystem angefertigt waren, wie ein zufällig gegebener Goldvorrath oder eine willkürliche Eintheilung dies veranlaßt haben können. Solche Fälle müßten aber doch unter der ganzen Zahl der untersuchten Gewichte sich ersichtlich als Ausnahmen erkennen lassen, wenn die absichtliche Anfertigung der Ringe nach einem gleichmäßigen Gewichtssystem und deren Verwendung zur Zahlung bestimmter Werthbeträge die Regel gebildet hätte. Wir haben uns ferner gesagt, daß Gewichtsdifferenzen um einige Procente bei den alten Goldringen keinen triftigen Einwand gegen ein sonst bei ihnen sich mit Wahrscheinlichkeit kund gebendes Gewichtssystem abgeben könnten, da, wenn auch nicht, wie bei den Bronce= und Eisen=Ringen, der größere oder geringere Grad der natürlichen Gewichtsveränderung im Verlauf der Zeit, doch die technische Unvollkommenheit der Waagen und die mindere Genauigkeit der Gewichtsstücke in jenen alten Zeiten eine solche verhältnißmäßig geringe Abweichung genügend erklären würden. Endlich haben wir geglaubt, bei unserer Untersuchung von der Voraussetzung ausgehen zu müssen, daß es nicht darauf ankommen könne, irgend welche kleine Gewichtseinheit von etwa einigen Gran aufzustellen und hiernach die vorgefundenen Gewichte der Ringe, so gut es gehen will, als absichtliche Multipla jener Einheit darzustellen, die Zahlen mögen noch so unegal und einzeln ohne näheren Zusammenhang mit den sonst gefundenen Größen stehen, sondern daß ein bei Anfertigung der Ringe beobachtetes Gewichtssystem sich vor Allem darin deutlich müsse erkennen lassen, daß die schwereren Stücke zu den leichteren in einem einfachen Verhältniß fortschreitender Halbirung oder eventuell sonstiger einfacher Eintheilung stehen.

Die Voraussetzung eines solchen Verhältnisses wird durch die oben angegebene Bestimmung der Graugans über die Schwere der verschiedenen Ringe bei den Geschlechtsbußen noch besonders nahe gelegt.

Zu welchen Ergebniſſen hat nun dieſe unternommene Unterſuchung geführt [1]?

Wir haben zunächſt die Gewichtsangaben von mehr als 200
Goldringen, deren ſchwerſter ein Gewicht von 1367 Gramm auf-
weiſt, bis hinunter zu Ringen von nur 78 Centigramm, die größtentheils im Muſeum für nordiſche Alterthümer in Kopenhagen, in der
Sammlung der Univerſität zu Chriſtiania oder im Antiquarium in
Schwerin aufbewahrt werden, theils anderswohin gekommen ſind,
nach den darüber veröffentlichten Beſchreibungen oder nach uns direct
mitgetheilten Ermittelungen zuſammengeſtellt und unter ſich verglichen.
Es iſt uns jedoch nicht gelungen, weder in den Abſtufungen des Gewichts der ſchwereren Ringe unter ſich, noch auch in den gegenſeiti-
gen Gewichtsverhältniſſen der Ringe mittlerer oder geringerer Schwere
unter einander oder im Vergleich mit den ſchwereren Stücken ein
zum Grunde liegendes gemeinſames Gewichtsſyſtem irgend welcher
Art oder ſonſt die Abſicht einer beſtimmten Gewichtseintheilung zu
entdecken. Wir finden da bei den ſchwereren Goldringen Gewichte
von

Gramm.	Gramm.	Gramm.
1367	232	138
1186	211	135
807	206	130
533	197	128
506	181	128
485	177	120
402	176	96
360	175	91.4
334	175	88.2
307	170	85
297	168	
263	163	

Dieſe Zahlen ergeben in ihrem Verhältniß zu einander, wenn man
auch der Ungenauigkeit der urſprünglichen Juſtirung alle mögliche
Rechnung trägt, nicht allein keinerlei Anhalt zur Aufſtellung eines
vorwiegenden gemeinſchaftlichen Gewichtsſyſtems, ſondern ſie enthalten,
wie uns ſcheint, im Gegentheil einen überzeugenden Beweis, daß bei
Anfertigung der größeren Ringe offenbar keine Rückſicht auf ein be-
ſtimmtes Gewichtsſyſtem maaßgebend geweſen ſei.

Fragen wir nun weiter, ob denn vielleicht bei den Ringen mittleren Gewichts, etwa zwiſchen 80 und 20 Gramm Schwere, gewiſſe
gleichmäßige Gewichtsnormen vorherrſchend geweſen zu ſein ſcheinen,
ſo zeigt ſich auch bei dieſen Ringen die allergrößte Disparität. Wir
finden hier Gewichte von

---

[1] S. die Zuſammenſtellung in Anmerkung II.

Gramm.	Gramm.	Gramm.
80.4	55.7	33.6 (2)
77.0	52.2	32.9 (4)
75.2	51.2	31.6 (3)
73.6	49.0	30.7
73.3	47.5	29.2 (4)
70.6	45.7 (3)	27.4
70.0	44.1	26.6
63.3 (2mal)	43.9	26.3
62.3 (2mal)	43.5	25.5 (2)
62.1	41.5	24.7
61.7	39	23.7
60.3	37.8	23.0 (2)
58.5	36.5 (2)	21.1 (4)
58.0	34.7 (2)	20.1 (5).
57.0	34.1	19.8

Auch hier bemerkt man keine Anzeichen, daß bei Bestimmung des Gewichts der Ringe irgend welches System vorgewaltet hat, denn wenn auch die Ringe von ca. 33 und 32 Gramm, sowie von ca. 29, und von 20 à 21 Gramm Gewicht in größerer Zahl vorkommen, so vermißt man doch eine entsprechende Erscheinung hinsichtlich der Ringe des doppelten oder halben Gewichts einer solchen Norm, und erst hierdurch würde die Annahme, daß dem genannten Gewichtsverhältnisse eine bestimmte Absicht zum Grunde gelegen habe, auf Wahrscheinlichkeit Anspruch machen könnne.

Endlich vermögen wir auch nicht in dem Umstande, daß von den gewöhnlichen goldenen Spiral=Fingerringen ein großer Theil ein übereinstimmendes Gewicht von ungefähr ½ kölnischem Loth (7.31 Gramm) aufweist, ein hinreichendes Anzeichen zu einem Gewichtssystem hinsichtlich der Ringe anzuerkennen, da sich auch viele ähnliche Spiralringe finden, welche in vielfachen kleinen Abstufungen schwerer oder leichter sind, und da für Fingerringe der damals üblichen Art jenes Goldquantum sich unabsichtlich als vorzugsweise passend erweisen mochte.

Es mögen hier übrigens zur Vergleichung noch diejenigen Gewichte beiläufig angeführt werden, von denen das eine oder das andere als mit dem alten deutschen Gewichtswesen vielleicht im Zusammenhang stehend angezogen werden könnte, um zu sehen, ob eine vorzugsweise gefundene Schwere der Goldringe etwa hierzu zu passen scheine.

Nach neueren sorgfältigen Ermittelungen ist das Gewicht der späteren attischen Mine auf 425, der Tetradrachme mithin auf 17 Gramm (oder auch mit Boeckh respective 436.48 und 17.47 Gramm), das Gewicht des römischen Pfundes aber auf 327.45 und also der römischen Unze auf 27.29 Grammen anzunehmen. Das angelſächſiſche Pfund wird geſchätzt auf 349.94, deſſen Unze alſo auf 29.16 Gramm; die kölniſche Mark wiegt 233.85 Gramm, wonach die Unze auf 29.23 Gramm auskommt.

Die Vergleichung und weitere Berechnung dieſer Gewichtseinheiten giebt nach unſerm Dafürhalten ebenfalls in Betreff der vorerwähnten Gewichtsverhältniſſe der alten Goldringe keinerlei Aufſchluß, denn daß das ungefähre Gewicht einer angelſächſiſchen oder kölniſchen Unze (29.2 Gramm) ſich mehrfach bei den Goldringen gefunden hat, könnte wol nur dann als abſichtliche Normirung anzuſehen ſein, wenn nun auch weiter ſich gerade das Doppelte, Dreifache, Vierfache u. ſ. w., oder auch die Hälfte dieſer Schwere vorwiegend bei den übrigen Goldringen nachweiſen ließe, was aber nicht der Fall iſt. Und außerdem iſt zu beachten, daß die Schwere von ca. 33 Gramm ungefähr eben ſo häufig bei den Ringen angetroffen iſt wie die von ca. 29 Gramm, und die Differenz von ca. 4 Gramm oder 12 Procent bei dem werthvollen Golde offenbar zu beträchtlich iſt, um ſelbſt für jene alten Zeiten und Zuſtände als Folge bloß ungenauer Wägung und Juſtirung angeſehen zu werden.

Wir nehmen hiernach keinen Anſtand es unummwunden anzuerkennen, daß unſere Unterſuchung wegen eines Gewichtsſyſtems bei den alten germaniſchen Goldringen, ungeachtet allen Eifers die Spuren eines ſolchen zu entdecken, zu dem negativen Ergebniß geführt hat, daß eine abſichtliche regelmäßige Gewichtsbemeſſung dieſer Ringe nicht ſtattgehabt hat, und daß dieſelben nur in der Weiſe als Geld verwendet worden zu ſein ſcheinen, daß man ſie, ganz oder zerſtückelt, nach vorangegangener jedesmaligen Wägung für den darnach zu berechnenden Werthbetrag in Zahlung gab, gleichwie Gold in Stangen, Barren oder in anderer Form. Die Ringform wurde nur aus den oben angeführten Gründen des bequemen Transports ſowie zur gleichzeitigen Benutzung als Schmuck gewählt, und dieſe Rückſicht ſowie die zufällig oder willkürlich dem Goldſchmied gegebene Menge Goldes war beſtimmend für das Gewicht der Ringe. Hätte ein beabſichtigtes Gewicht in den verſchiedenen Ringen dargeſtellt werden ſollen, ſo wären vermuthlich auch äußere Erkennungszeichen dieſerhalb an denſelben angebracht worden, was aber, ſo weit uns bekannt, nicht der Fall iſt.

Noch wollen wir zur Vermeidung von Mißverſtändniſſen bemerken, daß die vorſtehend geäußerten Anſichten auch dann aufrecht erhalten bleiben, wenn die germaniſchen Goldringe entweder nach den Ländern, wo ſie gefunden worden, oder nach dem verſchiedenen Zeitalter, dem die nordiſchen Alterthumskenner ſie zutheilen möchten, in verſchiedene Gruppen geſondert und darnach die Gewichtsverhältniſſe geprüft werden. Auch dann zeigt ſich der nämliche Mangel eines erkennbaren zuſammenhängenden Gewichtsſyſtems.

Trotz des ſomit ausgebliebenen poſitiven Ergebniſſes dieſer unſerer Gewichtunterſuchungen ſchien es nicht unpaſſend, ſelbige mit einiger Ausführlichkeit vorzulegen, ſei es nun, daß Andere, welche

sonst durch die Ansichten über das keltische (broncene oder eiserne) Ring=
geld sich zu gleicher Untersuchung in Betreff der germanischen Gold=
ringe veranlaßt sehen möchten, nach Prüfung der hier mitgetheilten
Notizen, sich diese Mühe sparen, oder sei es auch, daß Andere·den=
noch versuchen wollten, unter Herbeischaffung noch fernerer Materia=
lien die Basis eines bestimmten Gewichtssystems jener Goldringe
nachzuweisen.

Waren aber auch die eben so sehr als Zahlmittel wie zum
Schmuck dienenden goldenen Ringe nicht selbst schon nach einem be=
stimmten Gewichtssystem angefertigt, so ist doch einleuchtend, daß je=
denfalls die Kenntniß und Anwendung von Waagen und gesetzlichen
Gewichten bei den Germanen eben so alt sein muß als solcher Ge=
brauch. Ein Handelsverkehr, bei dem die Edelmetalle eine Rolle
spielen, hat ein bestimmtes Gewichtssystem als ganz nothwendige
Vorbedingung. Wenn die Germanen für Bernstein und Pelzwerk
bei den fremden Kaufleuten Gold in ungemünzter Form eintauschten,
so ist es nicht denkbar, wie sie ohne Anwendung von Waage und
Gewicht hätten fertig werden können. Welche Gewichtseinheit, welche
Gewichtseintheilung fand aber bei ihnen statt? Die Untersuchung
der Schwere der uns noch erhaltenen Goldringe hat, wie wir eben
sahen, keinen Aufschluß gegeben, und auch im Uebrigen sahen wir
uns vergeblich um nach irgend welchen positiven geschichtlichen Zeug=
nissen über diese Frage. Wollen wir uns also nicht mit dem aller=
dings höchst bequemen und gegen jede Kritik sichernden Auskunfts=
mittel begnügen, die Frage wegen des ältesten deutschen Gewichtswe=
sens als unlösbar ganz auf sich beruhen zu lassen, so sind wir ge=
zwungen, Hypothesen aufzustellen, welche sich durch ihren innern
Zusammenhang mit sonstigen, als wahrscheinlich nachgewiesenen Ver=
kehrsverhältnissen der ältesten Zeiten und mit späteren analogen Zu=
ständen rechtfertigen müssen. Die in den Ostseeländern und Norwe=
gen aufgefundenen alten Waagen und Gewichtsstücke gehören höchst
wahrscheinlich sämmtlich einer Periode an, die später fällt als etwa
das neunte Jahrhundert, und sind deshalb hier noch nicht weiter in
Betracht zu ziehen.

Boeckh hat in seinem klassischen Werke „Metrologische Unter=
suchungen über Gewichte, Münzfuße und Maaße des Alterthums"
den großartigen Zusammenhang nachgewiesen, welcher zwischen den
Grundverhältnissen der verschiedenen Maaß= und Gewichtssysteme der
Völker des Alterthums unverkennbar stattfindet. Er spricht sich dar=
über unter Anderm wie folgt aus: „Es zeigen sich Spuren eines gro=
ßen weltgeschichtlichen Zusammenhanges der gangbarsten Gewichte
und Maaße; und wenn auch keineswegs in Abrede gestellt werden
kann, daß jeder Staat Gewicht und Maaß unabhängig könne festge=
stellt haben, so erscheint es doch eben so möglich, daß ein Volk oder
Stamm dem andern sie mitgetheilt habe, theils im Handelsverkehr,
theils bei der Gründung von Kolonien; ja diese Annahme ist bei
weitem wahrscheinlicher, indem ein Volk, welches auf einer geringeren

Stufe bürgerlicher Entwickelung stand, durch das andere weiter vor-
geschrittene bestimmt werden mußte. — — Hier eröffnet sich, wenn
nicht Alles trügt, ein weiter Blick in die Völkerverbindungen in sehr
entfernten Zeiten, und auch in diesem Theil bürgerlicher Einrichtungen kommt ein regelmäßiger Entwickelungsgang statt der Willkür und
des blinden Zufalls zum Vorschein". Indem Boeckh es als seine
Aufgabe erwähnt, zu zeigen, daß die Maaß- und Gewichts-Systeme
Babylons, Aegyptens, Phöniciens, Palästinas, Griechenlands, Italiens und Siciliens eine zusammenhängende Kette bilden, fügt er ausdrücklich hinzu „und einiger anderer Länder, die von jenen bestimmt
wurden".

Zu diesen anderen Ländern wird nun mit großer Wahrscheinlichkeit auch das alte Deutschland zu rechnen sein, da kein besonderer
Grund zu der Annahme berechtigt, als hätten gerade die Germanen
ursprünglich für sich allein ein eigenthümliches Gewichtssystem festgestellt. — Allein da erhebt sich die weitere Frage: von welcher Seite
her und in welcher Modalität haben die Germanen ihr Gewichtswesen anfangs erhalten?

Die aus dem Lateinischen übertragenen Ausdrücke „Pfund",
„Unze", „Gran" (pondus, uncia, granum) scheinen darauf hinzu-
führen, daß die Germanen das Gewichtssystem von den Römern entlehnt haben; bei näherer Prüfung indeß erweiset sich diese Annahme
als nicht wohl zulässig. Die in römischen Provinzen sich niederlassenden germanischen Stämme (mit Ausnahme der Angelsachsen) nahmen allerdings die römischen Gewichtsnormen an, und hieraus erklärt sich bei ihnen und darnach auch bei den benachbarten deutschen
Stämmen die Uebertragung der lateinischen Ausdrücke, welche später
die allgemeinen wurden. Schon vor dem Bekanntwerden der Germanen mit den römischen Einrichtungen hatten aber, wie oben erörtert, bereits andere südliche Völker mit den Ostseeküsten Handelsbe-
ziehungen eröffnet, welche die Anwendung von bestimmten Gewichten
erforderlich machten; dann haben die skandinavischen Völker in „Mark"
und „Oere" alte einheimische Ausdrücke für Gewichte aufzuweisen,
während aus dem Mangel an Belegen für selbständige altdeutsche
Gewichtsbezeichnungen doch nicht ohne weiteres geschlossen werden
kann, daß es überhaupt keine solche ursprünglich gegeben habe; endlich war dasjenige Pfund-Gewicht, welches unter Karl dem Großen
im fränkischen Reiche allgemein an die Stelle des römischen Pfundes
trat, bedeutend schwerer als dieses und vermuthlich aus einem ursprünglichen deutschen Herkommen entsprungen, wie wir solches in
einem späteren Abschnitt näher besprechen werden.

Die Grundlage ihres Gewichtswesens haben die Germanen
höchst wahrscheinlich auf demselben Wege erhalten, auf welchem sie
zuerst im Austausch gegen ihre Produkte Edelmetall erhielten, also
im Verkehr mit den griechischen Kolonien an der Nordküste des
Schwarzen Meeres. Wir werden daher zunächst zu untersuchen haben, welche Gewichtssysteme hier in früheren Zeiten, etwa im vierten

ober fünften Jahrhundert vor unserer Zeitrechnung (oder vielleicht schon früher), in den griechischen Kolonien jener Gegenden Geltung hatten, und ob die später zur Geltung gekommenen eigenthümlichen deutschen Gewichtsverhältnisse mit dem einen oder dem anderen der älteren griechischen Gewichtssysteme im Zusammenhange zu stehen scheinen [1].

Nach dem Münzfuß, welcher unter dem Namen des attischen bekannt ist und nicht allein in Athen und manchen anderen Gegenden des eigentlichen Griechenlands, sondern auch sonst noch in vielfacher Weise im Alterthum üblich war, betrug das gesetzliche Gewicht einer Drachme etwa 4.25 (n. Anb. 4.37) Gramm, eine Tetradrachme also 17 (resp. 17.47) Gramm und die Mina (das Pfund) 425 (resp. 437) Gramm. Nach diesem Münzfuße ist nun auch in den griechischen Pflanzstädten am Schwarzen Meer und von den Macedonischen Königen seit Philippus, sowie später von den Bosporanischen Herrschern vorzugsweise geprägt worden.

Da es über die eigenthümliche deutsche Gewichtseinheit in ältester Zeit an allen directen Angaben und sonstigen Materialien zur Ermittelung fehlt, bleibt nichts übrig als vorläufig anzunehmen, daß dieselbe im Wesentlichen übereingestimmt habe mit demjenigen Gewichtssysteme, welches sich später bei germanischen Völkern als ein eigenthümliches, d. h. als wesentlich verschieden vom römischen Gewichtssystem kund giebt. Dies ist nun das angelsächsische Pfund von ca. 350 Gramm zu zwölf Unzen und die skandinavische und kölnische Mark von ca. 234 Gramm zu acht Oeren oder Unzen (oder 16 Loth). Die Schwere dieser Unze, als der gemeinschaftlichen Gewichtseinheit, ist mithin, wenn man in Betracht zieht, daß die technischen Mittel zur Constatirung eines Normalgewichts und zur Justirung der Gewichtsstücke damals überaus unvollkommen waren, als gleichbedeutend anzusehen, und würde hiernach auf ($\frac{350}{12}$ und $\frac{234}{8}$) ungefähr 29¼ Gramm auskommen. Es fragt sich nun, ob das Attische Gewicht hiermit der Hauptsache nach in Einklang zu bringen sein möchte. Nach herkömmlicher Rechnungweise zählt man auf die Unze 8 Drachmen, und schon dieses aus fortgesetzter Halbirung entstandene einfachste Verhältniß der Unze und Drachme läßt einen ursprünglichen Zusammenhang beider Gewichtsbestimmungen abnehmen. Sollte nun die alte deutsche Gewichtseinheit der Oere oder Unze ursprünglich aus dem attischen Gewichtssystem hervorgegangen sein, so müßte sie acht Drachmen à 4.25 Gramm oder zwei Tetradrachmen à 17 Gramm, also ein theoretisches Gewicht von 34 Gramm darstellen (oder von nahezu 35 Gramm, wenn man mit Boeckh das

---

[1] Wir haben uns bei Annahme der griechischen Gewichtssysteme den Ermittelungen des im Jahre 1859 zu Paris in 3 Bänden erschienenen umfassenden Werkes des Don V. Vasquez Queipo angeschlossen. Dasselbe führt den Titel: Essai sur les systèmes métriques et monétaires des anciens peuples depuis les premiers temps historiques jusqu'à la fin du Khalifat d'Orient. (S. Anmerkung III).

Gewicht der attischen Drachme zu 4.365 Gramm annimmt). Dieses Gewicht ist jedoch um mehr als zwölf bis achtzehn Procent schwerer, als wir die Unze oder Oere später bei den germanischen Völkern in ihrem selbständigen Gewichtssystem finden.

Dagegen zeigt ein anderes im Alterthum sehr verbreitet gewesenes Gewichtssystem, welches namentlich einem großen Theile der reichlichen und berühmten Ausmünzungen der Stadt Cyzikus am Bosporus zum Grunde liegt, und wonach die Tetrabrachme ca. 14.84 Gramm, die einfache Drachme also 3.71 Gramm schwer war, eine merkwürdige Uebereinstimmung mit den vorhin erwähnten älteren deutschen Gewichten. Dieser Münzfuß, und mithin auch das entsprechende Gewichtssystem, welchem Hr. Queipo wegen seiner vorwiegenden Anwendung im alten Cyzikos zur Unterscheidung von anderen Systemen, den Namen des „bosporischen" beilegt, ist im Alterthum noch vielerwärts, selbst in manchen Städten Phoeniciens und Siciliens, in Geltung gewesen. Hrn. Queipo's Untersuchungen zufolge ist auf Grund von 393 gewogenen gut erhaltenen Münzstücken, für welche kein anderer Münzfuß als dieser s. g. bosporische angenommen werden zu können scheint, und die zusammen 1070 Einheiten der Drachme darstellen, ein wirkliches Durchschnittsgewicht von 3.701 Gramm für die Drachme ermittelt, und wird das theoretische Gewicht derselben von dem genannten Verfasser auf 3.71 Gramm, also das der Tetrabrachme auf 14.84 Gramm angenommen; zwei Tetrabrachmen dieses Gewichts wogen also 29.68 Gramm.

Erwägt man nun, daß die cyzikenischen Münzen im früheren Alterthum, namentlich während der eigentlichen Blüthezeit des griechischen Handels, und insbesondere in den am Pontus gelegenen Ländern, eine große Bedeutung und weite Verbreitung gehabt haben, daß ferner ein solcher eigenthümlicher Münzfuß, im Alterthum mehr noch als jetzt, nothwendig ein entsprechendes Gewichtssystem voraussetzt, so wird es nicht als unwahrscheinlich anzusehen sein, daß die ältesten germanischen Gewichtsbestimmungen ursprünglich hervorgegangen sind aus einer Uebertragung jenes in dem Münzfuß der cyzikenischen Silbermünzen hervortretenden sogenannten bosporischen Gewichtssystems, in welchem die Drachme zu 3.71 und die Mina also zu 371 Gramm geschätzt wird. Acht Drachmen von dieser Schwere zu 3.71 Gramm ergeben, wie gesagt, ein theoretisches Unzen-Gewicht von 29.68 Gramm, das von dem oben angegebenen Gewicht der angelsächsischen und der skandinavischen Unze zu 29.25 Gramm nur wenig über 1 Procent differirt. Ein noch erhaltenes Gewichtstück, mit *KYZI* und *ΔIC* (cyzikenischer Doppelstater) bezeichnet, wiegt 29.90 Gramm (vergl. Mommsen's Geschichte des römischen Münzwesens, S. 7). Dieses sowie noch ein anderes wiederaufgefundenes cyzikenisches Gewichtstück, während verhältnißmäßig so wenige Gewichtstücke aus dem früheren Alterthume uns erhalten sind, weisen außerdem unverkennbar darauf hin, daß das cyzikenische Gewicht seiner Zeit ein vorwiegendes Ansehn genossen haben wird und um so eher also im Verkehr mit den Barbaren nördlich vom Pontus zur Gel- tung und weiteren Verbreitung kommen konnte. Nimmt man übri- gens an (s. die Anmerkung III), daß das von Hrn. Queipo auf- gestellte s. g. bosporische Gewichtsystem ursprünglich das nämliche sei, welches man in den ältesten syrischen und sidonischen Münzen, im hebräischen Sekel, in den ägyptischen und manchen anderen alten Aus- münzungen findet, und das direct auf das babylonische Talent, dieses Fundament des ganzen Gewichtwesens, zurückführt, so erklärt sich noch leichter, wie ein solches weitverbreitetes uraltes Gewichtssystem schon frühzeitig seinen Weg auch nach den Ostseeküsten, dem Bernsteinlande gefunden haben wird.

Uebrigens wollen wir damit keineswegs die Möglichkeit bestreiten, daß das älteste deutsche Gewicht ursprünglich auch aus dem weitver- breiteten attischen Gewichtssystem mittelst allmählicher Verringerung der Schwere der als Norm dienenden Münzstücke während der län- geren Dauer und auf dem weiten Wege der Uebertragung vom Schwarzen Meere bis zur Ostseeküste hervorgegangen sein könnte. Die in nicht ganz geringer Zahl aufgefundenen Stateren von Olbia und anderen griechischen Städten an der Nordseite des Pontus, welche in dem Werke über das Museum Kotschubey von Koehne be- kannt gemacht sind, weisen, obschon gut erhalten in ihrer Mehrzahl, nur ein Gewicht von ca. 7.80 Gramm auf (statt ca. 8.50 Gramm des vollen attischen Münzfußes), und diese Verminderung könnte im Verkehr mit den Barbaren eine noch etwa weitergehende Progression erfahren haben. Es erscheint uns dies jedenfalls, wofern eine Ueber- tragung des vorgedachten zu Chzikus in vorwiegender Geltung gewe- senen eigenthümlichen Gewichts abgewiesen wird, immerhin wahrschein- licher als die Voraussetzung, daß die Germanen für sich selbst, ganz unabhängig von fremdem Einfluß, ein eigenthümliches Gewichtssystem ausgebildet haben sollten.

―――――――――

Es bleibt uns für diesen Abschnitt nur noch übrig, eine vielbe- sprochene Gattung alter Münzen, welche früher wiederholt als das älteste germanische Geld betrachtet worden sind, einer kurzen Bespre- chung zu unterziehen, nämlich die sogenannten Regenbogenschüsselchen (scutellae iridis, oder patellae oder guttae iridis).

Im westlichen Süddeutschland, vornämlich zwischen dem Boden- see, dem Inn und der Donau, aber auch zwischen Donau und Main, sowie in Böhmen und in Rheinbayern und Rheinhessen, hat man vielerwärts alte Münzen von einer eigenthümlichen schüsselförmigen Gestalt und sehr roher Arbeit, ohne Schrift, aber mit verschiedenen, meistens höchst undeutlichen und unbestimmten Stempeln versehen, aufgefunden, welche Münzen unverkennbar einen und denselben Cha- rakter tragen. Auch in Thüringen (z. B. bei Langenhain nordöstlich vom Inselsberge und bei Meiningen) hat man mitunter einzelne

Münzen solcher Art entdeckt. Diese Münzen sind von Gold, von größerer oder geringerer Feinheit; es kommen freilich mitunter auch silberne Stücke gleicher Form vor, allein diese sind selten, und ist in manchen Fällen selbst deren Echtheit in Zweifel gezogen [1].

Schon im Mittelalter war man auf diese alten Münzen aufmerksam geworden und schrieb ihnen geheimnißvolle Kräfte zu.

Der Name Regenbogenschüsselchen soll daher entstanden sein, daß nach dem Aberglauben des Landvolks sie dort anzutreffen wären, wo der Regenbogen auf die Erde stoße, was wiederum sich vielleicht aus dem thatsächlichen Umstande erklärt, daß solche Goldmünzen nach einem Regen, welcher die sie bedeckende oder umgebende Erde weggespült und den Metallglanz der verborgen gewesenen Münzen zum Vorschein gebracht hatte, öfterer als sonst aufgefunden wurden, und dies selbst an Stellen, wo man derartiges gar nicht vermuthet hatte.

Es sind einige sehr beträchtliche Funde solcher Münzen vorgekommen, so daß dieselben dem Werthe nach mit zu den bedeutendsten Schatzentdeckungen gehören, von denen man zuverlässige Kunde hat. Ein großer Theil der in den verschiedenen Münz- und Alterthums-Sammlungen aufbewahrten Regenbogenschüsselchen scheint aus jenen einzelnen großen Funden herzustammen, und es kann daher das Vorkommen der nämlichen Typen solcher Münzen in verschiedenen Sammlungen an sich noch keinen Beleg dafür abgeben, daß solcher Typus weit verbreitet gewesen. Diese merkwürdigen Auffindungen verdienen aber in mehrfacher Hinsicht Beachtung, und deshalb mögen einige Details über dieselben mitgetheilt werden.

Im Juni 1751 fand man in einem Walde eine halbe Stunde von Gagers im Landgericht Aichach in Oberbayern eine beträchtliche Anzahl Goldstücke. Wie es in solchen Fällen gewöhnlich geschieht, wurde die Größe des Fundes durch das Gerücht noch ins Ungemessene übertrieben. Eine von München dahin gesandte Commission untersuchte die Sache und bemühte sich so viel wie möglich, den ganzen Schatz dem Fiscus zu überweisen. Nach den gleichmäßigen Aussagen der Finder in den Acten waren die Münzen frei auf der Erde, wie

---

[1] Der vorliegende Abschnitt über die ältesten deutschen Geld- und Münzverhältnisse ist schon vor etwa zwei Jahren ausgearbeitet worden. Wir hatten damals die bisherige Literatur über Regenbogenschüsselchen in einer Anmerkung zusammengestellt. Jetzt genügt es dieserhalb auf die Nachweise in J. H. Müller's deutscher Münzgeschichte S. 17 ff. Bezug zu nehmen. (Zu der S. 21, N. 4 angeführten Abhandlung von Döderlein kommt eine zweite desselben Verfassers: Diss. epist. ad W. G. Welckium. Suobaci 1739. 4). — Vor Kurzem ist dann noch der erste Theil einer Special-Untersuchung über diesen Gegenstand erschienen, nämlich: Ueber die sogenannten Regenbogen-Schüsselchen. Erste Abtheilung. Von der Heimath und dem Alter der sogenannten Regenbogen-Schüsselchen. Von F. Streber. [Mit 9 Tafeln, welche die Abbildungen von 116 Stücken dieser Münzsorte enthalten]. Abhandlungen der philosophisch-philologischen Classe der Königl. Bayerischen Akademie der Wissenschaften. IX. Bd., 1. Abthlg. München 1860. 4.

an den Wurzeln des ausgerissenen Rasens hangend, gefunden, was mit den gedruckten älteren Berichten, wonach dieselben in einem kupfernen Kessel entdeckt wurden, nicht übereinstimmt. Die Größe des Schatzes ist nicht vollständig zu ermitteln. Einige Notizen jener Zeit geben denselben auf 1366 Stück Münzen an. Dieser Betrag dürfte aber wohl nur die dem Fiscus schließlich überlieferte Zahl sein, während außerdem ein Theil gleich anfangs durch die von allen Seiten herbeiströmenden Landleute verschleppt sein wird, wodurch Exemplare derselben in verschiedene Sammlungen, sehr viele aber wol sehr bald zur Einschmelzung gelangt sein werden.

Die bei Gagers gefundenen Münzen haben sämmtlich einen Durchmesser von 17 bis 20 Millimeter und stimmen im Gewichte auffallend nahe überein. Sie wiegen durchschnittlich 7.55 Gramm. Die Feinheit des Goldes ist meistens 18½ karätig, mit Silber legirt; nur einige, mit einer Art Stern auf der erhabenen Seite, sind von feinerem (Dukaten=)Gold. Die Darstellung auf diesen Münzen ist mannichfacher Art. Nach des Grafen Hundt Beschreibung findet man auf der erhabenen Seite den Kopf eines Raubvogels, umgeben von einem Kranz, oder eine Schlange oder einen Hirschkopf mit starkem Geweih, oder auch eine Art Stern; bei einigen ist das Gepräge nicht mehr zu erkennen. Auf der hohlen Seite der Münze erscheint fast durchgängig die Form eines halben Ringes nebst kleinen Kügelchen, gewöhnlich sechs an der Zahl, oder auch weniger.

Ein anderer noch beträchtlicherer Schatz von sogenannten Regenbogenschüsselchen wurde im Juni des Jahres 1771 in Böhmen, nahe beim Dorfe Podmokl im Rakowitzer Kreise, da wo derselbe mit dem Berauner und Pilsener Kreise zusammenstößt, aufgefunden. Einige Jahre früher hatte man schon bei Nischburg nicht weit von Beraun mehrere solcher Münzen entdeckt. Der Hauptfund bei Podmokl wurde in einem kupfernen Kessel angetroffen. Man unterschied unter den aufgefundenen Münzen viererlei verschiedene Sorten der Größe und dem Gepräge nach: 1) meistens ohne Merkmale eines Stempels, und 2¼ Dukaten schwer; 2) um eine erhabene Kugel einige spitze Zacken oder Strahlen, ¾ Dukaten schwer; 3) und 4) Gepräge von der Gestalt eines Herzens nebst einigen Strichen, oder ein Dreieck, um dessen Rand einige Linien wie Strahlen; die größeren hiervon wiegen ¼ Dukaten, die kleineren ⅙ Dukaten. Die ganze Anzahl der ursprünglich im Schatze befindlich gewesenen Stücke läßt sich nicht bestimmen, da viele derselben gleich anfangs verschleppt oder später heimlich unterschlagen sind; das Gewicht der davon eingebrachten betrug über 80 niederösterreichische Pfund, und wurde der Werth derselben auf etwa 18000 Dukaten geschätzt. Was die Feinheit des Goldes dieser bei Podmokl gefundenen Münzen betrifft, so ist die Angabe in der Beschreibung von Voigt nicht klar; denn er sagt: „Das Gold ist durchgängig von großer Feinheit, ohne allen Zusatz, und daher kostbarer als das gewöhnliche Dukatengold, und obschon es dem Striche nach einen oder zwei Carate von der heutzutage betannten höchsten Feine abzuweichen scheint, so ist dieses doch wahrscheinlicher der Unvollkommenheit der alten Schmelz- und Scheidekunst als einiger Legirung zuzuschreiben".

Im zweiten Jahrzehnt dieses Jahrhunderts wurde eine Anzahl Regenbogenschüsselchen bei Binswangen, 1½ Stunden von Wertingen, gefunden[1], und 150 Stück dieser Münzsorte in Rheinbayern[2].

Im Jahr 1858 ist wieder eine sehr bedeutende Summe sogenannter Regenbogenschüsselchen beim Ziehen eines Grabens bei Irsing in der Nähe von Ingolstadt gefunden, von welchen später 831 Stück zum öffentlichen Verkauf kamen.

Bei den älteren Deutungen über die Darstellungen auf den meisten dieser Münzen ist übrigens zu bemerken, daß ihre Verfasser offenbar gar nicht im Klaren waren, was eigentlich auf ihnen dargestellt sei, und ihrer Phantasie hierbei einen großen Spielraum ließen, aus welchem Grund schon, wie Rathgeber[3] richtig hervorhebt, in Alles, was früher zur Erklärung derselben vorgebracht ist, das größte Mißtrauen zu setzen ist.

Bedenkt man, daß die vorerwähnten großen Schätze, ohne alle systematische Aufsuchung, rein zufällig an Plätzen entdeckt sind, wo nichts hierauf hindeutete, und daß sonst in den oben erwähnten Gegenden kleinere Partien oder einzelne Münzen dieser Art häufig aufgefunden worden sind, so läßt sich daraus schließen, daß diese Münzen einst in großer Menge vorhanden gewesen sein müssen. Es drängen sich um so mehr die Fragen auf: von welchem Volke und zu welcher Zeit sind diese Münzen geprägt worden, woher ist das Gold zu diesen Ausmünzungen genommen, und welcher Münzfuß liegt denselben zum Grunde?

Die frühere Meinung, daß diese eigenthümlichen Münzen von Gothen, Markomannen oder sonst von Völkern deutschen Stammes herrühren und die ersten Anfänge des deutschen Münzwesens seien, bedarf bei gegenwärtigem Stande der Numismatik und der Geschichtskunde nicht mehr einer besonderen Widerlegung. Alle Kenner der alten Münzverhältnisse sind jetzt darüber einig, daß die sogenannten Regenbogenschüsselchen alten keltischen Ursprungs sind, wie vornämlich aus ihrer Aehnlichkeit mit den alten gallischen und britischen Münzen herausstellt. Ist der Typus jener sogenannten Regenbogenschüsselchen durchweg auch bedeutend roher und unbestimmter als der letzteren, so zeigt sich doch unverkennbar auf beiden derselbe Grundcharakter der Verfertigung. Der keltische Ursprung läßt ferner auch daraus schließen, daß die Gegenden, wo die genannten Münzen hauptsächlich gefunden worden sind, in alten Zeiten von keltischen Völkern bewohnt waren. Dies giebt uns zugleich eine Andeutung über die Periode, wann diese Münzen geprägt sein werden. Daß etwa im zweiten und ersten Jahrhundert vor unserer Zeit-

---

Mayers Guntia, S. 21 ff.
Wilhelmi im 6. Sinsheimer Jahresbericht, 1836.
Bericht der deutschen Gesellschaft zu Leipzig, 1838.

17*

rechnung geschehen sein, als die Bojer noch in dem nach ihnen für alle Zeiten genanntn Lande Böhmen weilten, und die Vindelicier, Noriker und andere keltische Völker in ihrer vollen Macht südlich vom Main an beiden Seiten der Donau wohnten. Was die Herkunft des Goldes betrifft, das, nach den aufgefundenen Schätzen und den vielen einzelnen Stücken zu urtheilen, damals in so großer Menge zu diesen rohen Münzen ausgeprägt worden ist, so könnte vielleicht die Annahme sich aufdrängen, daß dasselbe herstamme aus den großen Beutezügen der Kelten nach Macedonien, Griechenland und Asien, oder von den zahlreichen keltischen Soldtruppen in macedonischen Diensten. Es hat jedoch größere Wahrscheinlichkeit für sich, daß das hierbei gewonnene Gold meistens in der ursprünglichen Münzform aufbewahrt oder zu Ringen und sonstigen Schmucksachen verwendet worden sein wird, nicht aber zur Herstellung viel schlechterer Münzen. So bedeutende Schätze in gleichförmiger Ausprägung, wie sie in Gagers, Podmokl, Irsching und sonst gefunden worden sind, weisen unverkennbar darauf hin, daß das Material dazu im Lande selbst in größeren unverarbeiteten Quantitäten angetroffen worden.

Die Böhmischen Flüsse und Bäche führen bekanntlich Gold, und in früheren Zeiten mag das Goldwaschen daselbst sehr ergiebig gewesen sein, wie denn bekanntlich im Anfang der Entdeckung solche Ausbeuten bei weitem am reichlichsten zu sein pflegen. Außerdem haben wir aber auch ein bestimmtes geschichtliches Zeugniß über die bedeutende Goldgewinnung in Norikum im zweiten Jahrhundert v. Chr., auf welches Rathgeber in seinem angeführten Aufsatze „über die ältesten Münzen Germaniens", worin er die Regenbogenschüsselchen bespricht, mit Recht großes Gewicht gelegt hat. Polybius berichtet nämlich von dem außerordentlichen Goldreichthum der Taurisker bei Aquileja, bei denen das gediegene Gold in Stücken von der Größe einer Bohne und von sieben Achtel Feinheit in einer Tiefe von zwei bis funfzehn Fuß in der Erde gefunden werde. Auf die Kunde dieser Entdeckung seien auch Italioten herbeigeströmt und hätten mit den Barbaren zusammen zwei Monate lang Gold gegraben. Der Ertrag sei so beträchtlich gewesen, daß in ganz Italien damals das Gold um ein Drittheil wohlfeiler geworden, worauf aber die Taurisker die fremden Mitarbeiter verjagt hätten, um den Gewinn für sich allein zu behalten. Der Name „Taurisker" (Gebirgsbewohner, nach den „Tauern" so genannt) ist wahrscheinlich die alte einheimische Bezeichnung der keltischen Bevölkerung von ganz Norikum gewesen, und dies Land umfaßt auch Kärnthen, Krain, Steiermark und das Salzburgische, wo bekanntlich sich mehrwärts alte Goldwäschereien nachweisen lassen. Das Land der keltischen Helvetier wird ebenfalls als sehr goldreich von Strabo geschildert, und Diodor berichtet ganz allgemein von der ergiebigen Goldgewinnung im Lande der Kelten.

Es erscheint uns daher, so lange nicht andere bessere Aufklärungen gegeben werden, in hohem Grade wahrscheinlich, daß die bei Gagers, Irsching und sonst im südlichen Deutschland gefundenen sogenannten Regenbogenschüsselchen rohe einheimische Ausmünzungen des von den Tauriskern in den norischen Alpen, des von anderen keltischen Völkern in Rhätien und des von den Bojern in Böhmen gewonnenes Goldes sein werden, wobei auch, beiläufig bemerkt, die von Polybium angegebene Feinheit des ausgegrabenen Goldes und der auf ca. 18¹/₂ Karat geschätzte Goldgehalt der zu Gagers aufgefundenen Münzen ziemlich zusammenpassen.

Was den Typus dieser Münzen anlangt, so sind vorhin die bei den großen Funden zu Gagers und Podmokl bemerkten hauptsächlichen Darstellungen erwähnt worden, wobei aber zugleich erinnert wurde, daß die Unbestimmtheit und Rohheit der Umrisse bei vorgefaßten Ansichten der Phantasie der Erklärer einen weiten Spielraum zu Deutungen gegeben hat, welcher denn auch sehr benutzt ist. Eine nähere Erörterung dieser Frage gehört nicht hierher. Nur darauf möchte aufmerksam zu machen sein, daß, wie man solches häufig auf alten gallischen Münzen findet, so auch auf den hier in Rede stehenden der östlicher wohnenden keltischen Völker, sich oft in der einen oder anderen Weise, größer oder kleiner, geschlossene oder offene Ringe dargestellt finden, eine Hindeutung auf das früher üblich gewesene Ringgeld, an dessen Stelle das gemünzte Gold getreten war. Eine wesentliche Abweichung dieser ostkeltischen Münzen von denen des alten Galliens tritt übrigens darin hervor, daß die auf diesen gewöhnlich vorkommenden Darstellungen eines Pferdes, eines Ebers, oder menschlicher Figuren, auf jenen entweder gar nicht oder nur ganz ausnahmsweise angetroffen werden.

Ein sehr häufig auf solchen Münzen wiederkehrendes Zeichen ist eine Anzahl kleiner Kügelchen oder Zirkel. Man könnte, wie mitunter geschehen, bei Betrachtung einzelner ähnlicher Stücke mit übereinstimmender Bezeichnung dieser Art geneigt sein, hierin die Angabe eines bestimmten Werths zu erkennen; dieser Annahme widerspricht aber entschieden die Vergleichung einer größeren Zahl solcher Münzen, denn dann findet man bei Stücken von gleicher Größe und Schwere am häufigsten sechs, oft aber auch fünf und mitunter nur drei Kügelchen aufgeprägt. Die Voraussetzung, daß dadurch das Regierungsjahr des Fürsten, welcher die Prägung angeordnet habe, bezeichnet werden sollte, erscheint schon deshalb unzulässig, weil die nämlichen Zahlen der Zeichen so häufig wiederkehren, einige andere Zahlen aber gar nicht vorkommen.

Daß die s. g. Regenbogenschüsselchen die ursprüngliche Bestimmung gehabt haben, als Münze zu dienen, hat schon Doederlein in seiner im Jahr 1739 erschienenen Abhandlung daraus abgeleitet, daß die größeren Stücke derselben ein ziemlich gleichmäßiges Gewicht aufwiesen, und daß die dabei vorkommenden kleineren Sorten meistens die Hälfte oder andere bestimmte Theile der größeren bildeten. Als Doederlein dies schrieb, war weder der Fund von Gagers noch der von Podmokl entdeckt, und seine Wahrnehmung begründete sich also auf die an mehreren ganz verschiedenen Stellen gefundenen Münzen dieser Art. Nach seiner Angabe ist das Gewicht der schwersten Stücke bis 2 Drachmen und 9 Gran (8.05 Gramm); von den kleineren Sorten wogen einige etwa einen Dukaten (3.49 Gramm), und wieder andere ungefähr eine halbe Drachme oder einen halben Dukaten (1.86 oder 1.75 Gramm).

Welcher Münzfuß mag diesen rohen Goldprägungen der alten keltischen Bevölkerung Süddeutschlands zum Grunde gelegen haben? Wir bemerkten vorhin, daß diese vornämlich von den Bojern und Tauriskern herstammenden Münzen einen ähnlichen Charakter hätten mit den uns erhaltenen Denkmälern des alten keltischen Münzwesens in Gallien. Dieses hängt, wie neuere Untersuchungen sehr wahrscheinlich gemacht haben, in seiner frühesten Entwickelung mit dem durch Massilien's Vermittlung bekannt gewordenen griechischen Münzsystem zusammen, und scheint insbesondere macedonische Tetrabrachmen und Stateren zum Vorbild genommen zu haben. Auch in dem östlich vom alten Norikum gelegenen Pannonien wohnten in alter Zeit keltische Völker, und von diesen haben sich ebenfalls Münzen aus der Zeit vor ihrer näheren Berührung mit den Römern erhalten, und zwar goldene wie silberne, wozu aus den metallreichen Gebirgen Ungarns und Siebenbürgens das Material genommen sein wird. Die Numismatiker, welche sich in neuerer Zeit mit den keltischen Münzen beschäftigt haben, sind darin einverstanden, daß die Heimath der häufig vorkommenden concavförmigen, meistens in Silber, doch auch mitunter in Gold vorkommenden Münzen mit den noch unerklärten Aufschriften NONNOS oder BIATEC u. a. das alte keltische Pannonien ist, und daß die Prägung dieser Münzen in Nachbildung macedonischen Geldes stattgefunden habe. Die gut erhaltenen Münzstücke dieser Art, deren es nicht wenige giebt, zeigen übereinstimmend ein Gewicht von 16.6 bis 17.15 Gramm, und weisen also deutlich auf den attischen Münzfuß hin, dessen Tetrabrachmen, wie vorhin schon bemerkt, nach Queipo ein Normalgewicht von 17 Gramm hatten. In einem 1855 in Deutsch=Jahrendorf in Ungarn entdeckten Funde von 101 silbernen und 26 goldenen schüsselförmigen Münzen fanden sich sogenannte Regenbogenschüsselchen und Münzen mit BIATEC bezeichnet zusammen.

Es liegt nun die Vermuthung nahe, daß, wie in Pannonien unverkennbar der attische Münzfuß Geltung erlangt hat, derselbe auch im angrenzenden keltischen Norikum und Vindelicien bei den dortigen Ausmünzungen in Anwendung gebracht sein werde. Die eigenthümliche Münzsorte der sogenannten Regenbogenschüsselchen ist freilich noch unvollkommener als die sowohl in Pannonien wie im alten Gallien geprägten autonomen Münzen, allein der ganze Typus ist wesentlich derselbe.

Wir stellen zunächst, um hierüber eine Meinung fassen zu können, einige Angaben über das ermittelte wirkliche Gewicht der an häufigsten vorkommenden größeren Sorte der s. g. Regenbogenschüsselchen zusammen.

Doederlein bemerkt: das Maximum des Gewichts der größeren Stücke dieser Art sei	8.05 Gramm
die meisten aber seien etwas leichter, sind also etwa ca.	7.75 „
anzunehmen oder ca.	7.50 „
Das Durchschnittsgewicht der im königlichen Münzcabinet in München aufbewahrten Stücke beträgt nach Graf Hundt	7.55 „
Die im Gothaer Münzcabinet aufbewahrten 9 Regenbogenschüsselchen wiegen nach gefälliger Mittheilung des Herrn Dr. Beck resp. 2 Stück 7.00; 3 St. 7.30; 2 St. 7.40 und 2 St. 7.50 Gramm, also durchschnittlich	7.30 „
Die von mir gewogenen gut erhaltenen größeren Regenbogenschüsselchen im Berliner Münzcabinet wogen: 6.17, 6.28, 6.56, 7.00, 7.25 (zweimal), 7.28, 7.37, 7.45, 7.48, 7.57 und 7.70 Gramm, durchschnittlich also 7.10 Gramm, oder, wenn man die drei besonders leichten unberücksichtigt läßt,	7.37 „
Zwei bei Biswangen gefundene Stücke wogen jedes	7.52 „
Einige bei Meiningen aufgefundene (Donop in Grote's Blätter für Münzkunde, IV, S. 43) wogen nach Donops Angabe 112, 135 (2), 146 und 149 englische Troh-Grän, also von	7.2 bis 9.1 „
Eine Münze aus dem Podmokler Funde in der Reichelschen Sammlung wiegt (1 Sol 52 d)	6.57 „
Ein vermuthlich ebendaher stammendes Stück auf der Hamb. Stadtbibliothek von mir gewogen	6.94 „
Eine gleichförmige Münze der Lorichschen Sammlung (Delgado Nr. 1339)	6.66 „

Der durchschnittliche effective Metallwerth der 1858 in großer Anzahl (über 1000 Stück) bei Irsching gefundenen Regenbogenschüsselchen ist amtlich auf 8 Fl. 16⅜ Kr. festgestellt worden, was ungefähr auf 5.20 Gramm feines Gold auskommt, so daß mit der Legirung das Brutto-Gewicht ebenfalls mit den übrigen Münzen dieser Art ziemlich übereinstimmen wird.

Zwei kleinere Münzen dieser Art in der Umgegend des Klosters Polling an der Ammer gefunden wiegen 1.88 und 1.93 Gramm. Es sind offenbar Viertel der größeren Münzstücke, wie sich solche auch im Berliner Münzkabinet zu 1.77, 1.82 (zweimal), 1.85 Gramm vorfinden, während die ebendaselbst aufbewahrten etwas schwereren Stücke von gleichem Typus zu 2.24, 2.39 (zweimal), und 2.58 Gramm unverkennbar als Drittelstücke der vollen normalen Münzstücke von ca. 7.40 oder 7.50 Grm. angesehen werden müssen.

Die hierher gehörigen Münzen, welche weniger als 7 Gramm

wiegen, scheinen fast sämmtlich aus dem Podmokler Schatze herzustammen, wonach anzunehmen sein möchte, daß der Fuß dieser besonderen Sorte keltischer Münzen bei den Bojern in Böhmen etwas leichter gewesen als bei den Bewohnern Norikums und Vindeliciens. Auffallend sind die beiden von Donop (s. o.) angeführten schwereren Regenbogenschüsselchen von ca. 9 Gramm Schwere, welche, wenn die Wägung genau gewesen, ziemlich vereinzelt dastehen.

Man wird keinenfalls einen bedeutenden Fehlgriff thun, wenn man das Durchschnittsgewicht der gewöhnlichen größeren Art der alten keltischen Goldmünzen aus Norikum und Vindelicien auf 7.30 bis 7.50 Gramm annimmt, und darin die Absicht erkennt, griechische Statern nachzubilden. Das Normalgewicht dieser letzteren war aber nach attischem Münzfuß, der auch den beträchtlichen macedonischen Goldausprägungen seit Philipp zum Grunde liegt, 8.50 Gramm, wovon das vorhin erwähnte Durchschnittsgewicht der größeren Regenbogenschüsselchen um ungefähr 15 Procent differirt. Es stellt sich also merkwürdiger Weise ein ähnliches Verhältniß heraus, wie sich oben bei der muthmaßlichen Uebertragung des griechischen Gewichtssystems nach Norddeutschland gezeigt hat, daß entweder eine sehr beträchtliche Verringerung des ursprünglichen attischen Münzfußes oder auch ein Anschluß an das uralte babylonische, zu Chzikus, in Phönizien und anderswo noch längere Zeit üblich gewesene Gewichtssystem anzunehmen ist, denn zwei Drachmen dieses letzteren ergeben ein Gewicht von ca. 7.40 Gramm.

Wir haben oben bereits erwähnt, daß die vorstehend von uns in Kürze behandelten schüsselförmigen Goldmünzen nördlich vom Main nur ganz vereinzelt, und auch dies nur in Thüringen, aufgefunden sind. Diese rohen concaven Münzstücke sind den eigentlichen deutschen Geld- und Münzverhältnissen von Anfang an ganz fremd geblieben. Nur deshalb schien es nicht überflüssig auf eine Erörterung hierüber in diesem Aufsatze einzugehen, weil die Meinung, daß in ihnen die Anfänge des deutschen Münzwesens zu suchen seien, abzuweisen war, wenngleich die Gegenden, wo sie einst hauptsächlich in Geltung waren, später deutsch wurden.

Anmerkung I.

Ueber Funde römischer Münzen in Deutschland.

Fr. Hahn (Der Fund von Lengerich im Königreich Hannover: Gold-
schmuck und römische Münzen. Mit 2 Tafeln in Steindruck. Hannover 1854)
hat versucht, für einen speciellen Fall die Herkunft eines im nördlichen Deutschland gefundenen Schatzes aus römischer Goldzahlung wahrscheinlich zu machen,
und wie uns scheint ist die Begründung dieser Vermuthung gut gelungen. Im
Frühjahr 1847 fand man zu Süderwey im Kirchspiel Lengerich, Amt Freren,
im Königreich Hannover unter großen Felssteinen, welche dort auf einer An-
höhe lagen und anderweitig benutzt werden sollten, einen reichen Schatz an
römischen Gold- und Silber-Münzen und schöne goldene Schmucksachen. Dieß
gab Veranlassung, zwei große Steine, die in der Richtung nach Osten hin lagen, ebenfalls wegzubewegen, welche Nachsuchung durch den Erfolg belohnt
wurde, daß man dort ebenfalls Münzen und Schmuck fand. Eine besondere Merkwürdigkeit dieser Funde zeigt sich aber darin, daß die Niederlegung dieser Schätze offenbar ganz verschiedenen Zeiten angehört, indem die
unter dem ersten Stein gefundenen etwa 1100 Stück Münzen nur Denare
sind und aus dem Zeitalter der Antonine herstammen (die ältesten von Trajan,
96—117 n. Chr., die jüngsten von Septimius Severus, 193—211), während
die unter dem zweiten und dritten Stein gefundenen Münzen sämmtlich in
die Zeit Constantins und seiner Söhne, also um 361 n. Chr., fallen, so daß
zwischen beiden Schatzniederlegungen ein Zwischenraum von länger als 150
Jahren anzunehmen ist.

Ueber den ersteren Fund wird erwähnt, die Münzen seien größtentheils
stark oxydirt gewesen, nach Entfernung des Grünspans aber habe sich gezeigt,
daß manche der Stücke gut conservirt waren, manche aber auch durch längeres
Curfiren gelitten hatten, und nur wenige gänzlich verschliffen waren. „Erwägt man, daß die drei jüngsten Münzen des ganzen Fundes, die Denare des
Pertinax und ein Denar aus dem zweiten Regierungsjahre des Septimius Severus, also die Münzen der Jahre 193 und 194, sich nur in einzelnen Exemplaren vorfanden, während die Münzen der früheren Jahre in dem Funde
zahlreich vorhanden sind, so kann man nicht umhin anzunehmen, daß der
Schatz im Anfang der Regierung des Septimius Severus [etwa um das Jahr
200] verborgen wurde, wo dessen Münzen in dem weiten römischen Reiche
noch nicht allgemein verbreitet waren. Wie diese Münzen nach dem Innern
von Westfalen gelangten, darüber ist durchaus kein Anhaltspunkt ausfindig
zu machen; alle Erklärungsversuche würden lediglich auf leere Hypothesen hin-
auslaufen". — „Der Fund dient als Beweis, wie auch in jener Periode die
Bewohner unserer Gegend in einem so lebhaften Verkehr mit den Römern
standen, daß eine so bedeutende Masse von Silbermünzen in ihren Besitz gelangte. Freilich kann dies aber auch durch einen glücklichen Raubzug geschehen
sein". — „Die zweite Abtheilung des Fundes ist dagegen von so eigenthümlicher Beschaffenheit, daß man dadurch unwillkürlich zu dem Versuche aufgefordert wird, die Zeit und die Weise der Niederlegung genauer zu ergrün-
den". — „Da die Münzen beider Fundstellen aus derselben Zeitperiode herstammen, so ist mit Sicherheit anzunehmen, daß dieselben gleichzeitig verborgen wurden. Der Fund des zweiten Steins enthält einen Reichthum an goldenen Schmucksachen, wie derselbe in unserer Gegend noch niemals vorgekommen ist. Leider ist ein großer reicher Halsschmuck gleich verschleppt und eingeschmolzen worden. Die erhaltenen Goldsachen wiegen zusammen 14⁵/₁₆ Lth.

und 12 As; sie bestehen aus einer Fibula, Knöpfen, Finger= und Armringen. Die mit diesen Goldsachen gefundenen Münzen sind 10 Goldmünzen, des Constantin und seiner Söhne, und die unter dem dritten Steine entdeckten sind siebzig und einige Denare des Usurpators Magnentius, sowie ein Silber= medaillon des Kaisers Constantius. Die Münzen sind so völlig neu, als wenn sie erst so eben unter dem Prägestock herauskämen. Der Avers zeigt den Kopf des Kaisers mit der Legende Im. Cae. Magnentius. Aug.; der Revers eine ste= hende geharnischte Figur mit der Umschrift Virtus Exerciti; in dem Ab= schnitt unter der Figur stehen die Buchstaben TR, wonach die Denare in Trier geschlagen sind. Die Münzen sind so vollkommen intact, daß sie durchaus nicht cursirt haben können, und gleich nach der Prägung an ihrem Fundort verborgen sein müssen. Bei der kurzen Dauer der Herrschaft des Magnentius ist es daher mit ziemlicher Gewißheit chronologisch festzustellen, wann dieser Schatz dem Schooße der Erde übergeben wurde".

Herr Hahn stellt hiernach über die Niederlegung des Schatzes folgende Vermuthung auf. Magnentius ließ sich 350 v. Chr. als Imperator ausru= fen und wurde in den beiden Präfecturen Gallien und Italien als solcher an= erkannt. Um sich gegen den mit großer Heeresmacht heranrückenden Constan= tius zu vertheidigen, setzte sich Magnentius mit den benachbarten deutschen Stämmen in Verbindung, und nahm von diesen zahlreiche Hülfstruppen in Sold, unter denen der Geschichtsschreiber Zosimus Franken und Sachsen namhaft macht, deren letzterer hierbei zuerst Erwähnung geschieht. Magnen= tius rückte mit seinem Heere dem Constantius in Nieder=Pannonien entgegen, und verlor hier die entscheidende Schlacht bei Marsa, dem jetzigen Essek, wor= auf er sich nach weiteren vergeblichen Kämpfen im August 353 in Lyon selbst das Leben nahm. Der Sächsische Häuptling, dem dieser Schatz einst gehört hat, wird eben durch Verabreichung desselben bewogen worden sein, sich dem Heereszuge des Maxentius nach Pannonien anzuschließen. Bevor er den Zug antrat, wird er seine größten Kostbarkeiten an einem sicheren Ort niedergelegt haben, um dieselben nicht den Gefahren einer so bedenklichen Expedition aus= zusetzen. Wahrscheinlich wählte er hierzu eine geheiligte Stätte, die unter dem Schutze einer Gottheit stand und wo schon die Schätze seiner Väter ruhten. Darauf wird er mit Weib und Kind, begleitet von seinem Gefolge, unter Mag= nentius in den Krieg gegangen sein, aus dem Keiner zurückkehrte, der um den Schatz in der fernen Heimath gewußt hätte, der somit ganz in Vergessenheit gerieth, bis ihn jetzt ein günstiger Zufall entdecken ließ.

Außer diesen Münzfunden bei Freren erwähnen wir noch einige andere Funde römischer Münzen in den Ostseeländern und im nördlichen Deutschland. Es wird daraus erhellen, daß vorzugsweise Denare aus dem ersten und zwei= ten Jahrhundert und Goldmünzen vom Ende des vierten Jahrhunderts an= getroffen sind, während sowohl spätere römische Silbermünzen als auch Bil= lon= und Kupfer=Münzen aus der Zeit der römischen Münzwirren im dritten Jahrhundert sehr selten vorzukommen scheinen.

Kruse in den Necrolivonica, Beilage D, erwähnt u. A.: Denare von Au= gustus bis Trajan gefunden in einem alten Begräbnißhügel zu Kapsehten bei Libau in Curland; — römische Silber= und Bronce=Münzen aus dem Zeital= ter der Antonine ebenfalls in der Nähe von Kapsehten gefunden; — römische Silber= und Bronce=Münzen von Augustus bis Hadrian gefunden auf der Insel Oesel; — römische Broncemünzen von Claudius Gothicus bis Valen= tinian I. (269—364 v. Chr.) gefunden zu Bornsmünde in Curland; — zahl= reiche römische Silbermünzen in der Nähe von Mitau. — Auf der Insel Goth= land sind vielerwärts römische Münzen gefunden, keine derselben soll jedoch älter sein als von Hadrian. — Bock berichtet in seiner Naturgeschichte von Preußen im 2ten Bande, S. 610 ff. und S. 718, über folgende Münzfunde: Denare von Hadrian und Antoninus nebst einer Kupfermünze von Augustus um das Jahr 1750 zu Memel gefunden; — ungefähr 90 Münzen von Hadrian, An=

toninus, Marcus Aurelius und Commodus i. J. 1685 ebenfalls bei Memel entdeckt; — ein republikanischer Denar und mehrere Silbermünzen des Antoninus bei Angerburg ausgegraben; — viele Kupfermünzen aus dem Antoninischen Zeitalter bei Natangen gefunden; — 1123 Denare im Jahre 1740 im Amte Osterode gefunden, darunter 82 von Trajan, 103 von Hadrian, 532 von den beiden Antoninen, 206 von der älteren und der jüngeren Faustina, 81 von Commodus u. s. w.; der älteste der Denare ist einer von Nero, die jüngsten (6 Stück) sind von Septimius Severus; — Denare von Domitian, Hadrian und Antoninus fanden sich in einem alten Begräbnißhügel bei Gischkau unweit Danzig. — Auf Bornholm wurden 20 Denare gefunden, deren ältester von Nero, der jüngste von Commodus. — Zu Borresö fand man 16 römische Kaisermünzen aus Silber, von denen die älteste aus Trajans fünftem Consulat und die jüngste von Commodus. — Ein zu Bagsvärd auf Seeland gefundener kleiner Schatz enthält, nebst einer Münze des Macrinus, nur römische Denare des ersten und zweiten Jahrhunderts. — In Schleswig und Holstein sind, wie gelegentlich erwähnt wird, öfterer einzelne römische Denare gefunden worden. In einem Moore bei Süderbrarup in Angeln wurden 1859 nebst vielen anderen altgermanischen Alterthümern auch mehrere römische Silbermünzen aufgefunden, sämmtlich aus dem zweiten Jahrhundert. — Merkwürdig ist der im Jahre 1846 bei Teusfelderau in Holstein entdeckte Fund von einem Goldring und 6 römischen Goldmünzen aus der Zeit des Tiberius, Claudius und Nero. Diese Aurei erinnern an die 100 Sesterze, welche Armin den römischen Ueberläufern als Sold anbieten ließ. — Denare von Antoninus sind bei Lubingworth in der Nähe von Ritzebüttel gefunden. — 45 Denare von Vespasian bis Marc Aurel fanden sich in einer zu Beberkesa um das Jahr 1837 ausgegrabenen Urne (Grote, Blätter für Münzkunde III, 48). — 344 Denare von Nero bis Marc Aurel (die jüngsten darunter v. J. 168) sind bei Neuhaus an der Oste aufgefunden worden (von Grotefend beschrieben im u. B. von Hahn). — Zwei römische Goldmünzen aus dem Augusteischen Zeitalter sind im Benner Moor, Amt Hunteburg, gefunden (Hahn a. B. S. 5 u. 57). — Wächter in seiner „Statistik der im Königreich Hannover vorhandenen heidnischen Alterthümer" erwähnt noch folgende hierher gehörige Münzfunde: im Amte Hunteburg 30 römische Goldmünzen, welche sich indeß sowie das davon gemachte Verzeichniß nicht mehr nachweisen lassen; — im Amte Humling mehrere römische Silbermünzen von Augustus und der Faustina; — bei Imsthausen in der Nähe von Northeim zwei Goldmünzen von Nero und zwei Silbermünzen von Nerva und Marc Aurel. — Im Amte Meppen wurden in einem Moore vor einigen Jahren etwa 300 römische Münzen von den früheren Kaisern bis herab zu Marc Aurel gefunden (Hannoversche Zeitung, 1856. Nr. 210). — Bei Hedemünden an der Werra unter den Wurzeln einer uralten Eiche ward eine Anzahl blanker römischer Silbermünzen entdeckt; dieselben wurden leider alsbald fast sämmtlich eingeschmolzen. Zwei davon erhaltene Stücke sind Denare der gens Mamilia und der gens Minucia, vermuthlich aus den Jahren 660—680 u. R. Gr. (Einfelb). — Kruse in seinem Buche „Budorgis" berichtet über verschiedene Funde römischer Münzen in Schlesien. Vorwiegend sind es Denare von Trajan bis zu Marc Aurel. — Bei Braunsdorf in der Nähe von Merseburg sind römische Münzen von Titus bis Commodus, und bei Günstedt im Regierungsbezirk Erfurt ist eine Anzahl römischer Silbermünzen von Claudius bis zu den Antoninen gefunden (Wagner's „Handbuch der vorzüglichsten in Deutschland entdeckten Alterthümer aus heidnischer Zeit" S. 286).

In Betreff der aufgefundenen Goldmünzen aus der Zeit nach Constantin erwähnen wir folgende Beispiele: eine Goldmünze des Kaisers Theodosius ward im Jahre 1730 bei Elbing gefunden (Bock a. B); 29 und mehr Goldmünzen, mit Ausnahme einer von Gordianus Pius (238—244), sämmtlich zwischen den Jahren 364 und 455 geprägt, nämlich von Valentinian I. bis

Placidius Valentinianus, wurden im Jahre 1822 zu Klein-Tromp bei Braunsberg gefunden; ebendaselbst entdeckte man im Jahre 1838 noch 18 andere römische Goldmünzen aus der nämlichen Zeit (J. Friedländer, Münzen der Ostgothen), über welche beiden Funde die Vermuthung ausgesprochen ist, daß sie zu der Gegengabe des Königs Theodorich auf das große Bernsteingeschenk der Aestier in Beziehung stehen, worüber in den Schriften des Cassiodor sich ein Schreiben jenes Königs erhalten hat. — Im Jahre 1795 entdeckte man im Dorfe Bresin in Westpreußen 150 Goldmünzen der Kaiser Theodosius b. J. bis Zeno. — Bei Malchow im Regierungsbezirk Cöslin fand man Goldmünzen der Kaiser Theodosius, Zeno und Anastasius (Wagner a. B.) — Im Mulsumer Moor im Lande Wursten hat man fünf Goldmünzen der Kaiser Valentinian I. und II., Leo und Anastasius gefunden, und im Osnabrückschen sollen ebenfalls römische Goldmünzen aus der Kaiserzeit nach Constantin nicht selten gefunden sein (Hahn a. B.). — Ein Solidus Valentinians des Jüngern kam im Jahre 1846 bei Neubrandenburg zum Vorschein (Mecklenburgische Jahrb. Bd. XV).

Man erkennt aus diesen beispielsweise bemerkten Münzfunden, daß die nach dem nördlichen Deutschland und den Ostseeländern zahlreich gekommenen römischen Münzen überwiegend aus silbernen Denaren der Kaiser bis gegen Ende des zweiten Jahrhunderts, und aus Gold-Solidi der Zeit nach Valentinian I. bestanden haben werden. In besonderen Fällen mögen, wie aus einigen der Funde abzuleiten, auch schon im ersten Jahrhundert n. Chr. römische Goldmünzen der ersten Kaiser (aurei zu 25 Denaren oder 100 Sesterzen) nach Deutschland gebracht sein.

Ueber die in Skandinavien gefundenen römischen Münzen bemerkt Weinhold (Altnordisches Leben S. 98): „Die ältesten Münzen, die auf skandinavischem Boden gefunden werden, sind römische von der Mitte des ersten bis gegen Ende des zweiten Jahrhunderts. Hierauf zeigt sich bis zum 5. Jahrhundert eine Unterbrechung, von wo an die Goldmünzen byzantinischer Kaiser des fünften und sechsten Jahrhunderts ein neues Aufleben des Verkehrs bezeugen". — Auch Hildebrand (Anglosachsiska Mynt. etc. Stockholm 1846. S. VI f.) bemerkt hiermit übereinstimmend, daß man in Gothland, Oesel und Schonen viele römische Silbermünzen von Vespasian bis Alexander Severus gefunden habe, und ebendaselbst sowie in Smaland manche römische Goldmünzen von Honorius bis Anastasius.

Von den im Grabe Childerichs zu Tournay gefundenen Münzen wird im Verfolg unserer Untersuchungen noch besonders die Rede sein, und benutzen wir diese Gelegenheit nur, um schon vorweg einen Irrthum einiger französischen Gelehrten hierüber zu berichtigen. Dieselben nehmen als ausgemacht an, daß im Grabe der Childerich außer den untersuchten guten Silbermünzen, welche neben einem consularischen Denar und einer Münze von Constans aus Denaren von Nero bis Caracalla bestanden, eine größere Anzahl römischer Billonmünzen mit vorgefunden sei, welche wegen ihrer starken Oxydirung nicht mehr hätten erkannt werden können, woraus dann weitere Schlüsse über den Umlauf dieser geringhaltigen Münzsorten bei den Franken abgeleitet werden. Der Bericht Chiflet's über den Fund berechtigt in keiner Weise zu solcher Annahme, indem darin nur erwähnt wird, die von ihm untersuchten Silbermünzen seien sehr oxydirt gewesen; der größte Theil der Silbermünzen sei leider gleich im Anfang zerstreut worden und verloren gegangen, so daß sein Sohn nur noch 42 derselben habe sammeln können. Die verloren gegangenen (über 150 Stück) werden höchst wahrscheinlich ähnlicher Art gewesen sein, wie der beschriebene Rest derselben; es liegt wenigstens keinerlei Grund vor das Gegentheil anzunehmen.

Anmerkung II.

...is des Gewichts von alten Goldringen und Goldspiralen die in
Norddeutschland, Dänemark und Norwegen aufgefunden sind.

Wo aufbe-wahrt?	Wo beschrieben?		Original-Gewichtsangabe.					Reduction auf metrisches Ge-wicht (Gramm).	
...penhagen	Boye a. B. Nr.	365	5 Mark 13	L.	1	Q.	— As	1367	Gramm
"	"	" 362	5 "	1^1 s "	— "	"	— "	1186	"
"	"	" 366	3 "	7 "	1 "	"	— "	807	"
"	"	" 368	2 "	4 "	2 "	"	— "	533	"
"	"	" 241	2 "	2 "	$2^1|_2$ "	"	— "	506	"
"	"	" 363	2 "	1^3 16 "	— "	"	— "	485	"
"	"	" 242	1 "	11 "	2 "	"	— "	402	"
"	"	" 370	1 "	8 "	2^1 2 "	"	— "	360	"
"	"	" 369	1 "	6^7 s "	— "	"	— "	334	"
"	"	" 367	1 "	5 "	— "	"	— "	307	"
"	"	" 364	1 "	$4^5|_{16}$ "	— "	"	"	297	"
	Note a.		direct ermittelt					263.3	"
...hagen	Boye a. B. Nr. 243		— "	15 "	$3^1|_2$ "	"	— "	232	"
"	" 251		— "	14 "	2 "	"	— "	211	"
"	" 245		— "	14 "	^{1} 2 "	"	— "	206	"
"	" 244		— "	$13^1|_2$ "	— "	"	— "	197	"
"	" 598		— "	12 "	$1^1|_2$ "	"	— "	181	"
"	" 601		— "	12^1 s "	— "	"	— "	177	"
	Note b.		direct ermittelt					176.2	"
...hagen	Boye a. B. Nr. 373		— "	12 "	— "	"	55	175	"
...ania	Holmboe a. B.		— "	11 "	3 "	"	44	175	"
			— "	11 "	2 "	"	44	170	"
...agen	Boye a. B. Nr. 602		— "	11 "	1 "	"	$3^1|_4$ Q.	168	"
	" 597		— "	$11^5|_{32}$ "	— "	"	— As	163	"
	Minutoli, Top. Ueberſ. u. ſ. w. S. 33		— "	$9^1|_2$ "	— "	"	— "	138	"
...agen	Boye a. B. Nr. 599		— "	9 "	1 "	"	— "	135	"
"	" 372		— "	8^7 s "	— "	"	— "	130	"
"	" 371		— "	$8^9|_{12}$ "	— "	"	— "	128	"
	Note c.		direct ermittelt					127.9	"
...g...	Boye a. B. Nr. 600		— "	$8^{17}|_{32}$ "	— "	"	— "	120	"
	Note d.		direct ermittelt					96.5	"
...en	Boye a. O. Nr. 246		— "	6 "	1 "	"	— "	91.4	"
	" 248		— "	$6|^1_{32}$ "	— "	"	— "	88.2	"
	Note e.		direct ermittelt					85	"
	Boye a. B. Nr. 34		— "	$5^1|_2$ "	— "	"	— "	80.4	"
...t	Note e.		— "	direct ermittelt				77	"
	Note f.		— "	"	"			75.2	"
	Note e.		— "	"	:			73.6	"
	Note g.		— "	"	:			73.3	"
	Note h.		— "	"	:			70.6	"
	Note e.		— "	"	:			70	"
	Boye a. B. Nr. 36		— "	$4^5|_{16}$ "	— "	"	— "	63.3	"

Fort=lau=fende Nr.	Wo aufbe=wahrt?	Wo beschrieben?	Original = Gewichtsangabe.				Reduction metrisches Gewicht (Gr.
43	Kiel	Note i.		direct ermittelt			62,3
44	Kopenhagen	Boye a. B. Nr. 247	— Mark 4⁹ ₃₂ L. — Q. —				62,3
45	Hannover	Hahn, Fund v. Lengerich S. 37	— „ 4⁴|₁₆„ — „ — „				62,1
46	Berlin	Note k.		direct ermittelt			61,7
47	Ostpreußen		17¹|₄ Dukaten				60,3
48	Kopenhagen	Boye a. B. Nr. 21	— „ 4 „ — „ — „				58,5
49	Berlin	Note e.		direct ermittelt			58
50	„	Note e.					57
51	Kopenhagen	Boye a. B. Nr. 35	— „ 3¹⁵|₁₆„ — „ — „				55,7
52	Berlin	Note l.		direct ermittelt			52,2
53	Kopenhagen	Boye a. B. Nr. 713	— „ 3 „ 2 „ — „				51,3
54	Berlin	Note l.		direct ermittelt			49
55	Christiania	Holmboe a. B.	— „ 3 „ 1 „ 1 „				47,5
56	Hannover	Hahn a. B. S. 37	— „ 3²|₁₆„ — „ — „				45,7
57	Kopenhagen	Boye a. B. Nr. 26	— „ 3 „ 1|₂ „ — „				45,7
58	„	„ „ 37	— „ 3 „ 1|₂ „ — „				45,7
59	Christiania	Holmboe a. B.	— „ 3 „ — „ 2 „				44,1
60	Kopenhagen	Boye a. B. Nr. 55	— „ 3 „ — „ — „				43,9
61	Schwerin	Note m.		direct ermittelt			43,5
62		Note n.	„ „				41,
63	Berlin	Note o.	„ „				39
64	„	Note l.	„ „				37
65	Kopenhagen	Boye a. B. Nr. 727	— „ 2 „ 2 „ — „				36,
66	„	„ „ 22	— „ 2 „ 1¹|₂ „ — „				34
67	„	„ „ 23	— „ 2 „ 1¹|₂ „ — „				34
68	Berlin	Note l.		direct ermittelt			34
69	Kopenhagen	Boye a. B. Nr. 46	— „ 2³|₁₀„ — „ — „				33,
70	Berlin	Note l.		direct ermittelt			33,6
71	Kopenhagen	Boye a. B. Nr. 31	— „ 2 „ 1 „ — „				32,9
72	„	„ „ 709	— „ 2¹| „ — „ — „				32
73	„	„ „ 717	— „ 2⁸|₃₂„ — „ — „				32
74	„	„ „ 732	— „ 2¹|₄„ — „ — „				32
75	Berlin	Note p.		direct ermittelt			
76	Kopenhagen	Boye a. B. Nr. 43	— „ 2¹|₈„ — „ — „				
77	„	„ „ 729	— „ 2¹|₈„ — „ — „				
78	Berlin	Note p.		direct ermittelt			
79	Kopenhagen	Boye a. B. Nr. 47	— „ 2¹|₁₀„ — „ — „				
80	„	„ „ 29	— „ 2 „ — „ — „				
81	„	„ „ 38	— „ 2 „ — „ — „				
82	„	„ „ 249	— „ 2 „ — „ — „				
83	„	„ „ 714	— „ 2 „ — „ — „				
84	„	„ „ 56	— „ 1¹⁴|₁₆„ — „ — „				
85	Hamburg	Note q.		direct ermittelt			
86	Kopenhagen	Boye a. B. Nr. 25	— „ 1²⁵|₃₂„ — „ — „				
87	„	„ „ 75	— „ 1³|₄ „ — „ — „				
88	Christiania	Holmboe a. B.	— „ 1 „ 2 „ 60,				
89	Berlin	Note p.		direct ermittelt			
90	Kopenhagen	Boye a. B. Nr. 715	— „ 1 „ 2¹|₂ „				
91	Schwerin	Note r.		direct ermittelt			
92	Berlin	Note l.	„ „				

Wo aufbe- wahrt?	Wo beschrieben?	Original = Gewichtsangabe.	Reduction auf metrisches Ge- wicht (Gramm)
Kopenhagen	Boye a. B. Nr. 48	— Mark $17\frac{}{16}$ L. — Q. — As	21.1 Gramm
"	" " 49	— " $17\frac{}{16}$ " — " — "	21.1 "
"	" " 74	— " $17\frac{}{16}$ " — " — "	21.1 "
"	" " 721	— " $17\frac{}{16}$ " — " — "	21.1 "
"	" " 30	— " $1\frac{5}{8}$ " — " — "	20.1 "
"	" " 51	— " $16\frac{}{16}$ " — " — "	20.1 "
"	" " 52	— " $16\frac{}{16}$ " — " — "	20.1 "
"	" " 250	— " $16\frac{}{16}$ " — " — "	20.1 "
Schwerin	Note s.	direct ermittelt	20.1 "
Kiel	Note t.	" "	19.8 "
Kopenhagen	Boye a. B. Nr. 32	— " $15\frac{}{16}$ " — " — "	19.2 "
Berlin	Note u.	direct ermittelt	17.5 "
Kiel	Note v.	" "	17.3 "
Kopenhagen	Boye a. B. Nr. 27	— " $1\frac{}{}$ " $\frac{r}{2}$ " — "	16.4 "
"	" " 125	— " $1\frac{1}{8}$ " — " — "	16.4 "
Hannover	Hahn, Fund v. Leng.	— " $1\frac{2}{16}$ " — 12 "	16.4 "
Christiania	Holmboe a. B.	— " 1 " — 22 "	15.9 "
Kiel	Note w.	direct ermittelt	15.7 "
Kopenhagen	Boye a. B. Nr. 53	— " 1 " $\frac{1}{4}$ " — "	15.5 "
"	" " 72	— " $1\frac{1}{16}$ " — " — "	15.5 "
"	" " 79	— " $1\frac{1}{16}$ " — " — "	15.5 "
Schwerin	Note y.	direct ermittelt	15 "
Christiania	Holmboe a. B.	— " 1 " — 3 "	14.8 "
Kopenhagen	Boye a. B. Nr. 39	— " 1 " — " — "	14.6 "
"	" " 58	— " 1 " — " — "	14.6 "
Kopenhagen	Boye a. B. Nr. 122	— " $\frac{31}{32}$ " — " — "	14.2 "
"	" " 73	— " $\frac{14}{16}$ " — " — "	12.8 "

u. s. w.

Ueber die Art und Form der vorstehend aufgeführten in Kopenhagen auf= bewahrten Ringe verweise ich auf die Beschreibung in Oplysende Fortegnelse over de Gjenstande i det Kongelige Museum for nordiske Oldsager i Kjö- benhavn, der ere forarbeidede af eller prydede med aedle Metaller. Udar- beidet af V. Boye. 1. Afdeling. Kjöbenhavn 1859, welche nach den beibe- merkten Nummern leicht nachzusehen ist. — Ueber die in Christiania aufbe= wahrten Ringe findet sich in der Schrift, welcher die Gewichtsangaben ent= nommen sind (De prisca re monetaria Norvegiae et de numis aliquot et or- namentis in Norvegia repertis. Scripsit C. A. Holmboe. Christianiae 1854), keine Beschreibung, außer der Abbildung von fünf derselben. — In Betreff der übrigen Ringe folgen hier nach den mir darüber vorliegenden schriftlichen Notizen kurze Angaben, wie mir solche durch die Gefälligkeit der Herren Dr. J. Friedländer in Berlin, Dr. Lisch in Schwerin und Dr. Kl. Groth und Dr. Handelmann in Kiel zugegangen sind. Diese Angaben schienen schon deshalb erforderlich, um späteren Verwechselungen mit anderen ähnlichen Ringen vor= zubeugen. — a) Durchmesser 6" 4''' par. Maaß. — b) Armring (3 Win= dungen) gefunden zu Flurstätten in Thüringen. — c) Drei Windungen; Durchmesser ca. 2" 10'''. — d) Kleinster Durchmesser 2" 3''', größter 2" 11'''. — e) Sechs Halsringe zu Velpe in Geldern gefunden; der untere Theil derselben ist flach und mit eingeschlagenen Ringeln und Linien verziert. — f) Eidring gefunden zu Wooslen; vergl. Mecl. Jahrb. XVI, S. 268 ff. — g) Drathring. — h) Armring gefunden zu Cremmin; vgl. Mus. Frider. Franc.

tab. XXII. — i) Kleinster Durchmesser 2″ 4‴, größter 3″. — k) Armring; Fundort unbekannt. — l) Armringe von gleicher einfacher Form; Fundort nicht angegeben. — m) Armring gefunden zu Beckentin; vgl. **Mus. Frider. Franc. tab. XXII.** — n) Armring gefunden zu Peccatel; vgl. **Meckl. Jahrb. IX, S. 376.** — o) Einfacher dicker Goldbrath, dreifach gewunden (vielleicht als Daumenring getragen). — p) Spiralförmig (10 bis 12 mal) gewundene dünne Dräthe, gefunden bei Rudow im Teltower Kreise. — q) Einfacher Armring im Besitz der Hamburger Stadtbibliothek, gefunden im Herzogthum Schleswig. — r) Haarspiralen, gefunden zu Möckniß. — s) Armspirale, gefunden zu Suckow; vgl. **Meckl. Jahrb. XX, S. 256.** — t) Vier Windungen, Dm. ca. 9‴. — u) Runenring der Friebländer'schen Sammlung, abgeb. im 14. Bericht der Schl.-Holst. Alterthumsgesellschaft. 1849. — v) Eine Windung; Dm. ca. 11‴. — w) Zwei Windungen; Dm. ca. 11‴. — y) Fingerring, gefunden in Friederichsruhe; vgl. **Mus. Frid. Franc. tab. XXIII.** —

Das Gewicht einer sehr großen Anzahl von Goldringen, welche eine geringere Schwere als 12 Gramm haben, findet sich noch in den vorerwähnten Schriften von Boye und Holmboe aufgeführt und kann dort nachgesehen werden. Wir bemerken hier nur noch der Vollständigkeit wegen die direct ermittelten Gewichtsverhältnisse einiger leichteren Goldringe aus der Schweriner und der Kieler Sammlung: in Schwerin, Fingerringe von 9.35; 7.75; 7.50; 7.10; 6.55; 5.85; 5.80; 4.10 und 3.70 Gramm, gefunden in Lehsen, Kuchen, Dabel und Friederichsruhe; — in Kiel ein glatter Fingerring von 3 Windungen mit abgeplatteten Enden von 6.20, und ein Drathring (Dm. ca. 10‴) von 5.80 Gramm. —

Nachträglich zu den im Texte selbst schon erwähnten Zeugnissen über das alte germanische Ringgeld füge ich hier noch einige Stellen aus angelsächsischen Gedichten hinzu, von denen insbesondere die zuletzt zu erwähnende für unsern Zweck von Bedeutung erscheint, da in derselben eine ausdrückliche Werthbestimmung vorkommt.

Im Beowulfslied heißt es u. A.:

V. 2999 f. Ueberschwängliche Schätze gab er den beiden Helden
          hunderttausende Landes und lichter Ringe.

V. 3015 ff. Und bringen ihn, der uns Bauge gab, zur Brandfuhr.
          Die Bauge soll der Brand verzehren. — — —
          Da ward' das gewundene Gold auf Wagen geladen,
          alles ungezählt, das der Eble getragen.

Und in des „Sängers Weitfahrt" (Angelsächsisch und deutsch von E. Ettmüller. Zürich 1839), Vers 88 ff.
          Und ich war bei Eormanrik alle Weile.
          Da mich der Gothen König mit Gut erfreute,
          der den Baug mir gab, der Burgmänner Obherr,
          zu dem sechshundert war schmeiden Goldes
          geschnitten der Schatzmünzen nach Schillingswerthe.
(on tham sixhund väs smaetes goldes gescyred sceätta scillingrime.)

Der damalige Schilling (Solidus) hielt gesetzlich $\frac{1}{72}$ röm. Pfund (oder 4.55 Gramm) Gold, ein goldener Baug oder Ring von 600 Schillingswerth würde also ein Gewicht von 2730 Gramm gehabt haben. Der Dichter hat vermuthlich nicht an einen ihm bekannten bestimmten Ring gerade von diesem Gewicht gedacht, sondern wird nur mit poetischer Freiheit jene runde Zahl (600 oder 5 Großhundert) zur Angabe des großen Werths des Geschenks gewählt haben. Der schwerste uns bekannte erhaltene altgermanische Goldring (ein im Svendborg Amt gefundener massiver Halsring, s. **Nord. Tidsskrift for Oldkyndighed B. II**) wiegt 5 Mark 13 Loth 1 Quentchen köln. oder 1367 Gramm, also merkwürdiger Weise gerade die Hälfte der vom angelsächsischen Dichter angeführten Schwere des von Ermanrich verschenkten Goldringes, indem er 300 Schillingswerth darstellt (300 × 4.55 Gramm = 1365 Gramm).

Ich lege diesem Zusammentreffen keine weitere Bedeutung bei, da ein auf den Solidus oder, was dasselbe, auf ¼ römische Unze (4.55 Gramm) als Maaßstab zurückzuführendes Gewichtsverhältniß sich bei den uns erhaltenen Goldringen ebensowenig begründen zu lassen scheint, als ein solches sich aus der unter sich wesentlich übereinstimmenden Basis der alten babylonischen schweren Drachme (7.80 Gramm) oder des cyzikenischen Didrachmon (7.42 Gramm) oder der alt-deutschen ¼ Unze (ca. 7.31 Gramm) ableiten läßt. So viel scheint uns indeß nicht zweifelhaft, daß, wenn bei den alten Goldringen im Ganzen genommen oder doch in manchen Fällen gewisse Gewichtsnormen in Anwendung gebracht worden sein sollten, man auf eine der beiden folgenden Gewichtsreihen vornämlich ein Augenmerk zu richten haben dürfte, nämlich:

entweder ca. 7.3; — 14.6; — 29.2; — 58.4; — 117; — 234 Gramm u. w.
oder auch ca. 4.5; — 9.1; — 18.2; — 36.4; — 72.8; — 145 Gramm u. w.

Eine Abweichung um ein oder einige Procente Unter= oder Uebergewicht könnte, wegen der von uns schon wiederholt hervorgehobenen mangelhaften Technik hinsichtlich der Waagen und Normalgewichte in älteren Zeiten, selbst-verständlich für Untersuchungen dieser Art nicht weiter in Betracht kommen, wenn im Uebrigen ein systematischer Zusammenhang der Gewichtsverhältnisse nachzuweisen wäre.

Anmerkung III.

Da das Werk des Hrn. Vasquez Queipo in Deutschland nicht sehr ver-breitet sein dürfte, so wird es für diejenigen, welche den Zusammenhang der verschiedenen Gewichtssysteme einer näheren Erwägung werth erachten, von Interesse sein, einige bezügliche Auszüge aus dem genannten Buche hier aufge-nommen zu sehen.

Hr. Queipo unterscheidet folgende alte griechische Gewichtssysteme:

1. Griechisch=asiatisches System. Drachme = 3.250 Gramm (8 Drach-men also 26 Gramm). Der wirkliche Durchschnitt von 555 Münzstücken von 1460 Drachmen=Einheiten ergab 3.157 Gramm.

Dies System erscheint in vielen persischen Silberausmünzungen, sowie in den Münzen mancher kleinasiatischer Städte; das spätere s. g. Rhodische System ist nur eine Verdoppelung desselben. Der Name „griechisch=asiatisch" ist von Hrn. Queipo diesem Systeme lediglich zur Unterscheidung von den übrigen beigelegt, wie auch die folgenden Bezeichnungen „Lagibisches", „Bosporisches" u. s. w. System aus dem Alterthum herstammen.

2. Lagiden=System. Drachme = 3.540 Gramm (8 Drachmen also 28.32 Gramm). Der wirkliche Durchschnitt von 462 Münzstücken von 1342 Drach-men=Einheiten ergab 3.533 Gramm.

Dieses von den Ptolemäern bei ihren Ausmünzungen vorwiegend beobach-tete System hat höchst wahrscheinlich seinen Ursprung im ältesten ägyptischen Gewichtswesen, woraus sich die Uebereinstimmung mit dem hebräischen Sek-el=Gewicht erklärt, das nach den Untersuchungen des Hrn. Queipo auf (4 × 3.540) 14.16 Gramm anzunehmen ist. Auch manche andere alte Ausmünzun-gen außerhalb Aegyptens, namentlich die von Tyrus, weisen auf die Verbrei-tung dieses Gewichts und dessen Geltung schon vor der Zeit der Lagiden hin. Es haben sich auch mehrere Gewichtstücke dieses Systems erhalten (Queipo I, S. 188 und 191). Hr. Queipo bemerkt über dies Gewicht beiläufig: Nous trouvons encore aujourd'hui dans le ducat d'Allemagne la preuve évidente de l'usage de cette drachme lagide comme poids. Ce ducat est le 67ᵐᵉ partie du marc de Cologne et la 80ᵐᵉ ⅔ de celui de Vienne, et l'on voit bien, que l'irrégularité de ces fractions démontre évidemment qu'elle ne dérivent pas de la division du marc. Son introduction a dû en être indépendante,

18

et on l'a rapportée ensuite au marc. — — Le poids du ducat d'Allemagne
est exactement celui de la drachme lagide de 3.50 gr.; et comme il ne se rattache nullement au système de poids de l'Allemagne, il est à croire que son
origine est étrangère. Le marc de Cologne lui-même vient directement de
la mine lagide divisée en 12 onces; c'est le bes ou les $\frac{2}{3}$ de la mine.

3. Bosporisches System. Drachme = 3.710 Gramm (8 Drachmen
also 29.68 Gramm). Der wirkliche Durchschnitt von 393 Münzstücken von
1074 Drachmen-Einheiten ergab 3.701 Gramm.

Dieses Gewichtsystem erscheint in den meisten älteren Silberausmünzungen von Cyzikus; außerdem in den Münzen mehrerer kleinasiatischer Städte,
der älteren macedonischen Könige, von Arabus, Carthago und Panormus.
Hr. Queipo hat geglaubt, weil die von ihm diesem System zugetheilten Münzen fast durchweg ein schwereres Gewicht aufweisen als das vorstehend angeführte s. g. Lagiden-System, es nicht mit diesem zusammenwerfen zu dürfen,
wie dies von Anderen gethan ist. Unserer Ansicht nach erscheint es jedoch, in
Betracht der technischen Unvollkommenheiten und Justirung der Gewichte im
Alterthum, unbedenklich beide Systeme in Eines zusammenzubringen, und in
der einen oder anderen Richtung hin eine unabsichtliche Modifikation bei Annahme des Normalgewichts vorauszusetzen.

4. Attisches System. Drachme = 4.250 Gramm (8 Drachmen also
34 Gramm). Der wirkliche Durchschnitt von 1178 Münzstücken von 3842
Drachmen-Einheiten ergab 4.227 Gramm.

5. Olympisches (oder Assyrisch-phönizisches) System. Drachme = 4.880
Gramm (8 Drachmen also 39.04 Gramm). Der wirkliche Durchschnitt von
141 Münzstücken von 253 Drachmen-Einheiten ergab 4.767 Gramm.

6. Persisches System. Drachme = 5.440 Gramm (8 Drachmen also
43.52 Gramm). Der wirkliche Durchschnitt von 332 Münzstücken von 473
Drachmen-Einheiten ergab 5.446 Gramm.

7. Athenisches Handelsgewicht (Aeginetisches System). Drachme = 5.86
Gramm (8 Drachmen also 46.92 Gramm). Der wirkliche Durchschnitt von
231 Münzstücken von 406 Drachmen-Einheiten ergab 5.874 Gramm.

Skizze des Münzwesens im römischen Reiche seit Constantin I. bis auf Justinian. — Münzverhältnisse der Vandalen, der Ostgothen, der Westgothen, der Burgunder und der Longobarden.

I. Ueber das Münzwesen im römischen Reiche von Constantin I. bis auf Justinian[1].

Im ersten Abschnitte erörterten wir die das Geldwesen der Germanen in ihren heimathlichen Wohnsitzen berührenden Verhältnisse. Bevor wir nun zunächst die Entwickelung ins Auge fassen, welche das Geld= und Münzwesen bei denjenigen deutschen Stämmen anfangs erfuhr, die in den römischen Provinzen feste Niederlassungen begründeten, erscheint es erforderlich, über die damaligen römischen Münzzustände eine Skizze vorzulegen. Die deutschen Eroberer brachten aus ihrer Heimath kein selbständiges Münzwesen mit; dagegen waren sie durch ihre früheren Berührungen mit den Römern, sei es im friedlichen Handelsverkehr oder als Soldtruppen, sei es durch ihnen entrichtete Tribute oder durch ihre Beutezüge, mit dem römischen Geldwesen bereits bekannt, und gewisse römische Münzen bei ihnen gang und gäbe geworden. Nach der Bildung der neuen germanischen Staatswesen in den Provinzen trat deßhalb vorläufig keineswegs eine plötzliche oder wesentliche Umgestaltung in den bisherigen gesetzlichen oder faktischen Münzverhältnissen ein.

Seit der Mitte des dritten Jahrhunderts unserer Zeitrechnung war, wie bereits bei früherer Gelegenheit bemerkt wurde, das gesammte Münzwesen des römischen Reichs in die ärgste Verwirrung

---

[1] Geschichte des römischen Münzwesens von Th. Mommsen. Berlin 1860. — Außerdem ist zu vergleichen: Pétigny, Études sur l'histoire monétaire du V. au VII. siècle in der Revue numismatique, nouv. série T. II (1857), p. 115 ff. und Vasquez Queipo, Essai sur les systèmes métriques et monétaires des anciens peuples etc. Paris 1859. T. II, p. 15 — 70 u. T. III, p. 421 ff.

gerathen, worunter die Bevölkerung entsetzlich zu leiden hatte. Der Denar, seit Neros Zeit, wenn auch mehr oder minder knapp und nicht immer in gleicher Feinheit, nach dem Münzfuß von $1/96$ Pfund (also zu 3.41 Gramm) geprägt, war um die angegebene Zeit in rascher Progreſſion zu einer immer werthloſeren Billonmünze und ſchließlich zu einem winzig kleinen Weißkupferſtück hinabgeſunken. Auch die Goldausmünzungen waren ſo unregelmäßig geworden, daß die Aurei ſchwerlich anders als mit faſt jedesmaliger Feſtſtellung des Gewichts der einzelnen Stücke den Geldumlauf vermitteln konnten.

Nachdem bereits die Kaiſer Aurelian und Tacitus und einige ihrer Nachfolger begonnen hatten, durch kräftige Maaßregeln dieſem in Wirklichkeit unerträglich gewordenen Unweſen endlich entgegen zu wirken, blieb es dem Kaiſer Conſtantin I. vorbehalten, wie in ſo manchen anderen wichtigen Verhältniſſen des Reichs, ſo auch im Münzweſen eine umfaſſende Reform zu Stande zu bringen, welche mit ihrem mächtigen Einfluß ſein Zeitalter lange überbauert hat.

Eine feſte Baſis des Geldweſens ward vor Allem dadurch herbeigeführt, daß von da an das Pfund gereinigten Goldes nur nach dem wirklichen Gewichte, und ohne Rückſicht auf das Gepräge, als oberſte Norm der Werthbeſtimmungen galt, insbeſondere auch für die Steuererhebung. Das Pfund Gold ward eingetheilt und ausgemünzt in 72 Solidi, welche alſo $\frac{1}{6}$ Unzen oder 4 Scrupel ($\frac{327.47}{72}$ = 4.55 Gramm) wiegen ſollten[1]. Weshalb man gerade den Münzfuß von $\frac{1}{72}$ Pfund für die Münzreform gewählt hat, darüber liegt beſtimmte Nachweiſe nicht vor. Vermuthlich ſollte das neue Goldſtück von den früheren verſchiedenſten Arten des Aureus (zu $\frac{1}{40}, \frac{1}{45}, \frac{1}{50}, \frac{1}{60}$, Pfund ausgeprägt) ſich merklich unterſcheiden und dabei zugleich in ein möglichſt einfaches Gewichtsverhältniß zum Pfunde und zu deſſen gewöhnlicher Eintheilung in 288 Scrupel gebracht werden.

Es iſt ein oft wiederholtes und früher ganz allgemeines Miß-

[1] In Rückſicht der Schwere des römiſchen Pfundes ſind wir (wie auch Mommſen thut), der Annahme Böckhs gefolgt (zu 327.47 Gramm), weil es rathſam erſcheint, bei ſolchen Reduktionen möglichſt gleichmäßig zu verfahren. Queipo nimmt als Normalgewicht deſſelben 325 Gramm an, und ſcheint uns dieſe Annahme für das Zeitalter Juſtinians zutreffender, namentlich wegen eines noch vorhandenen, augenſcheinlich um das Jahr 533 ſehr ſorgfältig gearbeiteten Exagium dieſes Kaiſers, (ſ. Longpérier, im Bulletin archéologique français, 1855. p. 84). Hr. Queipo bemerkt hierüber, II, p. 65: M. Saigey, qui l'a peſé avec le plus grand soin l'a trouvé de 323.51 gr. On peut admettre facilement que, par suito du frottement à la partie inférieure et de la chute de quelques parcelles d'argent dans les incrustations, il a perdu O. 49 gr. Nous aurions donc une livre de 324 gr. Sehr richtig heißt es aber dazu in einer Note deſſelben Verfaſſers: Il serait presque ridicule de chercher une précision absolue dans la détermination de la livre romaine, puisque les anciens n'ont jamais eu d'étalons tels que nous en possédons aujourd'hui. Ni les balances, ni les connaissances scientifiques ne comportaient alors une rigoureuse exactitude. — Für das Gewicht des einzelnen Solidus und noch mehr der Silbermünzen iſt eine Differenz von 2.47 Gramm auf das Pfund durchaus irrelevant.

verständniß, daß Constantin I. ursprünglich den Münzfuß des Solidus auf $\frac{1}{84}$ Pfund Gold bestimmt habe. Eine solche Norm findet
sich allerdings in einer Verordnung des genannten Kaisers vom Jahre
325, welche der Codex Theodosianus (XII, 7, 1) aufbewahrt hat,
erwähnt, und das bisher benutzte Auskunftsmittel, die darin vorkommenden entscheidenden Worte septem und quattuordecim als eine unrichtige Lesart zu erklären, an deren Stelle sex und duodecim (VI u.
XII statt VII u. XIV) zu substituiren sei, ist nicht zutreffend. An
und für sich schon wird ein solcher Schreibfehler als höchst unwahrscheinlich anzusehen sein, da die beigefügten Worte „von je 4 Scrupeln" darauf hinweisen, daß nach dem Münzfuß eigentlich 6 Solidi auf die Unze Gold gingen, und die gleich folgende Angabe
der Zahl von Solidi auf 2 Unzen gewissermaßen eine Art Kontrolle
gegen einen Schreibfehler abgab. Von Hänel wird in seiner sorgfältigen Ausgabe des Codex nicht bemerkt, daß irgend eine Handschrift die für unzweifelhaft richtig erachtete Lesart VI und XII ent-
halte. Die Angabe, daß 7 Solidi für eine Unze Gold angenommen
werden sollen, bezieht sich, wie sich durch den Zusammenhang der
angezogenen Stelle mit einer anderen des nämlichen Codex Theod.
(XII, 6, 2), welche derselben Verordnung des Kaisers Constantin
vom Jahre 325 entnommen ist, nachweisen läßt, gar nicht auf den
Münzfuß, sondern betrifft eine rein fiskalische Maaßregel[1]. Der
Münzfuß selbst wird übrigens an jener Stelle ganz bestimmt und
richtig angegeben, durch die Worte: „Solidi von je vier Scrupeln". Daß dieser Münzfuß von $\frac{1}{72}$ Pfund für den Solidus von
Constantin I. seit der durch ihn veranstalteten Reform des Münzwesens beständig in Anwendung gebracht ist, bestätigt das Gewicht der
noch erhaltenen Goldmünzen dieses Kaisers; von denen einzelne überdies noch die Zahl-Bezeichnung LXXII aufweisen[2].
        Die Nachfolger Constantins I. hielten diesen Münzfuß des So-
lidus aufrecht, und wurde derselbe insbesondere von Kaiser Valentinian I.,

---

[1] Da die Frage über den Ursprung des Münzfußes der Solidi und das
Verhältniß der Münzreform Constantins I. zu den späteren Münzmaaßregeln Valentinians I. an sich schon von nicht geringem Interesse ist und da unsere Ansicht über die vielbesprochene Stelle Cod. Theod. XII, 7, 1. von denjenigen
bekannter Autoritäten abweicht, schien es erforderlich, die oben im Text nur
kurz angegebene Erklärung ausführlicher zu erörtern und verweisen wir deshalb auf die Anmerkung I am Schluß dieses Abschnittes.

[2] Das durchschnittliche Gewicht einer großen Anzahl gut erhaltener Solidi des Kaisers Constantin I., worüber Hr. Queipo in seinem schon öfters
angeführten Werke genaue Gewichtsermittelungen vorlegt (III, S. 484 ff.),
beträgt: Solidi von Constantin I. 21 Stück des Pariser und des Madrider
Münzkabinets (von 4.25 bis 4.56 Gramm) durchschnittlich 4.37 Gr.; 21
Stück des Londoner Münzkabinets (von 4.11 bis 4.77 Gr.) durchschnittlich
4.45 Gr. Einige wenige der uns erhaltenen Goldmünzen Constantins I., von
5.25 bis 5.37 Gramm schwer, weisen auf einen Münzfuß von $\frac{1}{60}$ Pfund.
Sie sind unzweifelhaft vor der Münzreform geschlagen; unter den Nachfolgern
Constantins I. findet man durchaus keine solche Münzen.

der deshalb nicht selten als der eigentliche Urheber desselben angesehen worden ist, durch die strengsten Verordnungen wiederholt vorgeschrieben. Freilich waren, wie nicht anders zu erwarten ist, die Ausmünzungen mitunter mehr oder minder knapp und noch häufiger erhielt das gemünzte Gold, das gesetzlich ohne alle absichtliche Legirung ausgemünzt werden sollte, eine Beimischung. Gegen zu leichtes Gewicht konnte man sich durch Anwendung der Waage schützen, aber um so bedenklicher war die Unsicherheit des Werths durch Verschlechterung des Feingehalts. Das Ueberhandnehmen dieses Betrugs und schon das durch eine solche Besorgniß hervorgerufene Mißtrauen mußten der Natur der Sache nach die Anwendung der Goldmünzen wesentlich beeinträchtigen und stören. Es kam dahin, daß zur Sicherstellung des Fiskus die zu empfangenden Zahlungen nur nach erfolgter Umschmelzung der Goldstücke und Affinirung des Goldes angenommen werden sollten, oder daß, wo diese unterblieb, bei Erhebung der Steuern ein mehr oder minder beträchtliches Aufgeld (incrementum) auf die Zahlung in gemünzten Solidi den Steuereinnehmern entrichtet werden mußte. Um dieser auf die Dauer immer lästiger werdenden Unzuträglichkeit abzuhelfen, gab es nur das Eine Auskunftsmittel, bei den Ausmünzungen mit der größten Genauigkeit hinsichtlich des Feingehalts zu verfahren, und demgemäß wurden denn auch von Valentinian I. und anderen Kaisern entsprechende strenge Verordnungen erlassen. Das Gold, welches die gesetzliche Feinheit hatt hieß aurum obryziatum oder obryza, und kommt die Bezeichn so oder in ähnlicher Form in den kaiserlichen Verordnungen des V lentinian I. und späterer Kaiser sowie in anderen Schriftstücken je ner Zeit und auch der folgenden Jahrhunderte sehr häufig vor, wä rend dieser Ausdruck vor dem Jahre 367 verhältnißmäßig selten an getroffen wird. Auf den unter Valentinian I. geprägten Solidi beginnt nun auch in Verbindung mit den Anfangsbuchstaben der Münzstätten die Angabe OB, welche in der von Hrn. Friedländer zuerst gegebenen Erläuterung jetzt meistens als die Angabe des Münzfußes in griechischen Zahlzeichen ($o\beta = 72$) betrachtet wird, nach unserer Ansicht aber richtiger als Abkürzung von obryza und als Bezeichnung der vorschriftmäßigen Feinheit des Goldes zu betrachten ist [1].

Außer den ganzen Solidi wurden von Constantin und seinen Nachfolgern auch mitunter halbe, in bedeutender Menge aber Drittel-Solidi (Tremissen oder Trientes) gemünzt und zwar ganz nach dem entsprechenden Münzfuße, also 144 und respective 216 Stück auf das Pfund Gold [2].

[1] Eine nähere Ausführung hierüber findet sich in der Anmerkung II.
[2] Einen ungefähren Maaßstab für das Verhältniß der Ausmünzung dieser Sorten kann man vielleicht aus der Anzahl entnehmen, welche Hr. Queipo von jeder derselben, mit Einschluß freilich auch der spätern Zeit nach Justinian, in den ihm zu Gebote stehenden Sammlungen untersucht hat. Es werden von ihm angeführt:

Ein charakteristischer Zug der Zustände des verfallenden römischen Reichs ist die Verordnung des Gratian, Cod. Theod. IV, 63, worin den Privaten streng verboten wird, Gold aus dem Reiche auszuführen, ihnen vielmehr angelegentlichst empfohlen wird, solches mit Schlauheit (subtili ingenio) den Barbaren abzulocken, während gleichzeitig in der Form von Geschenken oder Tributen das Gold centnerweise von den Kaisern an die Fürsten jener barbarischen Völkerschaften ausbezahlt werden mußte. Wir haben im ersten Abschnitte darauf hingewiesen, wie verhältnißmäßig zahlreich, aus den gefundenen Münzschätzen zu schließen, römische und byzantinische Goldmünzen des fünften und des Anfangs des sechsten Jahrhunderts im nördlichen Deutschland und in den Oftseeländern verbreitet gewesen zu sein scheinen. Die damaligen Goldausmünzungen müssen überhaupt sehr beträchtlich gewesen sein, und wird ausdrücklich erwähnt, wie das den heidnischen Tempel-Schätzen entnommene Gold nicht wenig Material hierzu lieferte und so dazu beitrug die Goldwährung zur allgemeinen Geltung zu bringen[1].

Das römische Goldgeld ward um diese Zeiten als allgemeine Weltmünze betrachtet, die nicht allein überall im weiten Bereiche des eigenen Reichs, sondern auch bei den fremden Völkern, im Norden wie im Osten, Umlauf hatte und in hohem Ansehn stand. Goldmünzen mit anderem als kaiserlichem Stempel wären nur schwer ohne Verlust auszugeben gewesen, und der thatsächliche Umstand, daß lange Jahre hindurch nur die römischen Kaiser Goldmünzen prägen ließen, führte zu der Annahme, daß dies ein unzweifelhaftes, ausschließliches kaiserliches Recht sei, während die Ausmünzung von Silber und Kupfer seitens fremder Regenten kein Bedenken fand[2]. Wenn in den neu gebildeten germanischen Staaten Gold gemünzt wurde, so geschah es bis zur Zeit der Söhne und Enkel Chlodovechs nur mit dem Bildniß des Kaisers.

251 Stück Solidi	durchschnittlich 4.125 Gramm wiegend,
6 „ halbe Solidi	„ 2.237 „ „
119 „ drittel	„ 1.301 „ „

Unter Constantin I. scheint die Ausmünzung von Theilstücken des Solidus noch sehr beschränkt gewesen zu sein. Gegen 42 Solidi desselben erscheinen in den Tabellen Queipo's nur drei Tremissen. Unter den von demselben Forscher angeführten 32 Goldmünzen des Justinian nur 8 Solidi; dagegen 2 Semissen und 22 Tremissen.

[1] De re monetaria monitio ad Theodosium etc. Constantini temporibus profusa largitio aurum pro aere, quod antea magni pretii habebatur, vilibus commerciis assignavit. Cum enim antiquitus aurum argentumque et lapidum pretiosorum magna vis in templis reposita ad publicum pervenisset sqq. — Maternus de erroribus profanae religionis: Deos istos aut monetae ignis aut metallorum coquat flamma.

[2] Bekannt ist die oft citirte Stelle des Procopius de bello Gothico III, 33: Selbst der König der Perser präge kein Gold, während er Silbergeld nach Belieben münzen lasse, und auch bei denjenigen Barbaren, wo man Gold gewinne, werde es von deren Königen nicht gemünzt, denn sogar bei den Barbaren würde eine solche Münze für den Handel nicht von Nutzen sein.

So deutlich und einfach das römische Goldmünzwesen von der Mitte des vierten Jahrhunderts an vorliegt, sowohl nach den erlassenen Verordnungen als auch nach erhalten gebliebenen Münzen, ebenso verwickelt und schwierig erscheinen die Verhältnisse des Silbergeldes und der Kupfermünzen jener Zeit. Es ist jedoch wichtig, sich hierüber eine möglichst genaue Anschauung zu verschaffen, weil das Münzwesen der im römischen Reiche sich bildenden germanischen Staaten, abgesehen von der einstweilen noch beibehaltenen und vorwaltenden Goldwährung, in seiner weiteren Entwickelung an den vorgefundenen wirklichen Silbergeld-Umlauf anknüpfen mußte.

Ohne hier wegen verschiedener streitiger Einzelfragen in weitere Erörterungen einzugehen, beschränken wir uns auf eine kurze Darlegung der hauptsächlichen allgemeinen Verhältnisse, welche während des Zeitraums von Constantin bis Justinian für die Silbergeld- und Kupfermünz-Circulation in den später nach und nach von deutschen Völkerschaften besetzten westlichen Provinzen des Reichs mit Wahrscheinlichkeit vorausgesetzt werden können.

In den anhaltenden und über jede Vorstellung hinausgehenden Münzwirren des dritten Jahrhunderts war das gute Silbergeld und damit zugleich der Begriff des alten silbernen Denars zu $\frac{1}{84}$ und später zu $\frac{1}{96}$ Pfund im römischen Reiche fast verschwunden; die bis dahin allgemein üblich gewesene Rechnung nach Sesterzen hatte natürlich aufhören müssen, nachdem selbst der vierfache Betrag eines Sestertius, der Denar, eine winzig kleine Wertheinheit geworden war; die Geldumsätze geschahen, wo nicht Edelmetall lediglich nach dem Gewicht als Zahlung bedungen war, nur mittelst der sowohl von der Regierung wie auch von Falschmünzern in Unmasse ausgeprägten Weißkupfer- oder Kupfermünzen. Bei größeren Zahlungen war selbstverständlich die stückweise Zahlung solcher Münzen unthunlich, und gingen dieselben bald beutelweise von Hand zu Hand, woraus dann eine neue Werthbestimmung (follis) hervorging. Als Diocletian endlich außer sonstigen Maaßregeln zur Herstellung eines geordneten Münzwesens auch die Ausprägung einer für den gewöhnlichen Verkehr passenden guten Silbermünze wieder aufnahm, wählte er hierzu als gesetzliche Norm den vor dem Eintritt der Münzwirren in vorwiegender Geltung gewesenen Münzfuß, den des Denars von $\frac{1}{96}$ Pfund, wie dies die auf vielen seiner Silbermünzen befindliche Zahlangabe XCVI bezeugt, wenn auch das thatsächliche Gewicht der noch erhaltenen Münzen eine sehr ungenaue Ausmünzung erkennen läßt. Die auf Diocletian folgenden Kaiser haben bis auf Constantin I. und dessen Nachfolger die Ausmünzung solcher Silbermünzen ohne größere Genauigkeit fortgesetzt, wenn auch mit durchgängiger Weglassung der ausdrücklichen Bezeichnung XCVI. Welcher Name für diese restaurirte Silbermünze gesetzlich vorgeschrieben oder im gewöhnlichen Verkehr üblich war, darüber fehlt es an bestimmten Angaben. Sehr beträchtlich sind diese Silbergeldausmünzungen keinenfalls gewesen. Die Circulation bestand auch nach Constantin hauptfächlich in gemünztem wie ungemünztem Gold, in Silber nach dem Gewicht, und in Beuteln Kupfergeld. Die Silbermünzen werden, zumal die Ausprägung der goldenen Tremiffen bis auf Theodofius felten blieb, vornämlich als Theilstücke des Aureus und später des Solidus erforderlich gewesen, aber nur wenig zu größeren Zahlungen benutzt worden sein. Es wird dies auch durch die Bestandtheile der aufgefundenen Münzschätze, welche in jener Periode vergraben sind, bestätigt. Wenn größere Zahlungen in Silber verlangt oder zu leisten waren, so geschah es nach dem Gewicht und der Rechnung von Pfunden Silber. Diese Art der Verwendung des Silbers zur Circulation wird für größere Beträge nie ganz aufgehört haben; denn wenn auch zeitweilig die Prägung guter Silbermünze fast ganz aufhörte, so war doch ein bedeutender Silbervorrath einmal vorhanden, der naturgemäß auf die eine oder andere Weise zur Vermittelung des Geldumlaufs zu benutzen war. Hieraus erklärt sich die geringe Sorgfalt, welche seit der Mitte des dritten Jahrhunderts bei der Ausmünzung auf eine genaue Stückelung des Silbergeldes verwandt wurde.

Eine Untersuchung des Gewichts der uns erhaltenen Silbermünzen Constantins I. und seiner Nachfolger kann indeß darüber nicht in Zweifel lassen, daß, wenn man auch der Ungenauigkeit der Stückelung — sowohl in Rücksicht der Uebermünzung wie der Untermünzung — den weitesten Spielraum zugesteht, doch eine erhebliche Zahl Münzen übrig bleibt, deren Schwere sich nicht füglich aus dem Münzfuß von $\frac{1}{76}$ Pfund (den Normalen von 3.41 und resp. 1.70 Gramm) ableiten läßt. Es liegt auch an sich die Vermuthung nicht ganz ferne, daß Constantin I., als er für die Goldmünze in dem Solidus von $\frac{1}{72}$ Pfund eine neue feste Norm aufstellte, auch für das Silbergeld einen neuen Münzfuß eingeführt habe, und daß dabei eine gleiche oder sonst entsprechende Theilung des Pfundes Silber in Betracht gekommen sein kann. In der That weisen viele der Silbermünzen jener Periode auf einen Münzfuß von $\frac{1}{72}$ Pfund oder 4.55 Gramm hin. Positive schriftliche Zeugnisse über einen solchen Münzfuß giebt es indeß nicht; aus den uns erhaltenen Verordnungen und sonstigen Aufzeichnungen läßt sich nur entnehmen, daß es damals Silbermünzen gab, von denen 60 Stück auf das Pfund gingen, und die namentlich für die Spenden bei öffentlichen Festen in Anwendung kamen, daß dies schwerere Silbergeld später aber förmlich verboten wurde. Wir übergehen, wie vorhin schon gesagt, die Frage, ob den Münzen zu $\frac{1}{72}$ oder zu $\frac{1}{60}$ Pfund der Name „Milliarefion" zukommt, oder ob es eine doppelte Münzforte dieses Namens und welche Unterabtheilungen desselben es gegeben hat, und können dies auch um so mehr thun, als jedenfalls seit dem Ende des vierten Jahrhunderts an die Stelle der früheren Silbermünzforten sowie der älteren Berechnungen und Bezeichnungen des Silbergeldes neue Verhältniffe aufkamen, welche sich bald überall hin verbreiteten und in ausschließlicher oder doch in entschieden vorwiegender Anwendung für längere Zeit erhalten haben.

Wenn in den kaiserlichen Verordnungen seit etwa Valentinian I.
oder in sonstigen gleichzeitigen Aufzeichnungen von größeren Werthen
die Rede ist, so werden dieselben durchweg in Pfunden Gold oder
Pfunden Silber, oder, und zwar meistens, in Solidi angegeben;
sobald aber Beträge unter einem Solidus erwähnt werden, was freilich nur selten vorkommt, so werden außer den auf Kupfermünzen
sich beziehenden Ausdrücken follis, nummus und denarius, als unmittelbare Unterabtheilung des Solidus siliquae angeführt. Dies
geschieht entweder ohne weiteren Zusatz, oder es heißt auch siliqua
auri. Es unterliegt nicht dem mindesten Zweifel, daß beständig 24
siliquae auf den Solidus gerechnet wurden und daß die einfache
siliqua wegen ihrer Kleinheit ($\frac{1}{24} \times \frac{1}{72}$ Pfund oder ca. 15 Centigramm) nicht füglich in Form einer Goldmünze repräsentirt werden
konnte, wie denn auch kleinere römische Goldmünzen als Drittel-
Solidi nicht vorkommen. Sollte aber die siliqua auri durch ein
Silberstück dargestellt werden, welches Normal-Gewicht mußte eine
solche Münze haben? Es ist dies natürlich nur unter Annahme
einer bestimmten Werthrelation der Edelmetalle zu beantworten. Wir
haben über dies Werthverhältniß im Codex Theodosianus zwei verschiedene Angaben [1]. Für die Ablösung einer Silberzahlung durch
Goldmünze wird nämlich in einer Verordnung vom Jahre 422 die
Norm von 4 Solidi (oder $\frac{1}{18}$ Pfund Gold), in einer früheren vom
Jahre 397 die Norm von 5 Solidi ($\frac{5}{72}$ Pfund Gold) für das
Pfund Silber angegeben; ersteres ergiebt eine Werthrelation von 1 : 18,
letzteres von 1 : 14.4 Pfd. Es ist nicht wohl denkbar, daß das wirkliche Werthverhältniß in jener Zeit innerhalb eines nur kurzen Zeitab-
schnitts so beträchtlich sich verändert haben sollte, und erscheint insbesondere die Annahme einer Werthrelation von 1 : 18 für den freien
Verkehr im höchsten Grade unwahrscheinlich, wenn man erwägt, daß,
so weit bestimmte Angaben oder zuverlässige Andeutungen hierüber
vorliegen, sowohl in den Jahrhunderten vorher als auch nachher
die Werthrelation sich beständig zwischen 1 : 10 und 1 : 13 gehalten hat. Eine Steigerung des Werthverhältnisses des Goldes zum
Silber auf 1 : 18 muß daher als etwas ganz Abnormes angesehen
werden; und selbst noch die Angabe der Werthrelation auf 1 : 14.4
muß auffallend erscheinen. Allein, wenn man die bezüglichen Verordnungen näher ansieht, wird man finden, daß der eigentliche Zweck
derselben nicht in einer gesetzlichen allgemeinen Feststellung der Werthrelation der Edelmetalle, sondern nur in einer mittelst der gestatte-

---

[1] Cod. Theod. XIII, 2, 1. Honorius et Arcadius (a. 397). Jubemus,
ut pro argenti summa, quam quis thesauris fuerat illaturus, inferendi auri
accipiat facultatem, ita ut pro singulis libris argenti quinos solidos inferat. — Cod. Theod. VIII, 4, 27. Honorius et Theodosius (a.
422). Pro singulis libris argenti, quas primipilares viris spectabili-
bus ducibus sportulae gratia praestant, quaterni solidi praebeantur, si
non ipsi argentum offerre sua sponte maluerint.

ten Option der Valuta gewährten Zahlungserleichterung bestanden
haben wird, welche Erleichterung allerdings in der Verordnung vom
Jahre 397, in welcher es sich um das Interesse des Fiskus han=
delte, lange nicht so weit ging, als im anderen Falle, wo die Staats=
einnahme gar nicht in Frage kam, und es sich darum handelte, bei
dem überhaupt sinkenden allgemeinen Wohlstande gewisse herkömmliche
Leistungen den dazu Verpflichteten zu erleichtern. Die wirkliche Werth=
relation der Edelmetalle war, wie gesagt, noch etwas günstiger für
das Silber als 14.4 : 1, allein wir wollen, um eine gegebene positive
Basis nicht zu entbehren, zunächst dies namhaft gemachte Verhältniß,
das damals keinenfalls erheblich von demjenigen im freien Verkehr
abgewichen sein wird, für unsere Berechnung des Silberwerths der
siliqua auri in Anwendung bringen. Hiernach nun hätte der Münz=
fuß der Siliqua sein müssen: $(\frac{24 \times 72}{14.4})$ 120 Stück auf das Pfund
Silber oder für jede ganze Siliqua $(\frac{327.47}{120})$ 2.73 Gramm, und für
die halbe Siliqua also 1.36 Gramm Silber. Bei Annahme einer
Werthrelation von 1 : 12 hingegen erhält man $(\frac{24 \times 72}{12})$ 144 Stück
auf das Pfund, oder als Normalgewicht der Siliqua $(\frac{327.47}{144})$ 2.27
und für die halbe Siliqua 1.13 Gramm Silber [1].

Erwägt man nun die oben bereits besprochene, an den diocle=
tianischen XCgern und auch in sonstigen Beispielen in einleuchtend=
ster Weise vor Augen liegende Ungenauigkeit und Unregelmäßigkeit
der Silberausmünzungen jener Zeiten, die überdies um so weniger
Bedenken hervorrufen konnte, als das gemünzte Silber damals in
verhältnißmäßig geringer Menge vorhanden war und hauptsächlich
nur zur Ausgleichung der Mittelbeträge zwischen Solidi und Kupfer=
münzen, nicht aber selbständig zu größeren Zahlungen benutzt wer=
den mochte, so thut man nach unserm Dafürhalten besser, die uns
bekannten Silbermünzen von Valentinian I. bis auf Justinian (und
selbst bis auf Heraclius [2]) auf die gesetzliche Basis eines Münzfußes
der Siliqua zu $\frac{1}{144}$ oder auch $\frac{1}{120}$ Pfund zurückführen, statt meh=
rere verschiedene gesetzliche Münzsysteme aufzustellen. Einzeln vor=
kommende s. g. Medaillons von größerem Gewicht, welche für beson=

---

[1] Hr. Queipo statuirt das gesetzliche Gewicht der Siliqua auf $\frac{1}{120}$ Pfd.
oder $(\frac{327.47}{120})$ 2.71 Gramm, Hr. Mommsen auf $\frac{1}{144}$ Pfund oder $(\frac{327.47}{144})$
2.27 Gramm, allein aus anderen Gründen als den oben von uns erwähnten,
indem er die Ausmünzung der Siliqua als hervorgegangen aus der Halbirung
einer von Constantin I. vermuthlich neu eingeführten, dem Solidus an Ge=
wicht entsprechende Silbermünze von $\frac{1}{72}$ Pfund, ansieht. Da für einen Sil=
bermünzfuß dieser Art keinerlei Zeugnisse vorliegen, so erscheint es uns wahr=
scheinlicher, daß die von Constantin I. und seinen nächsten Nachfolgern aus=
gemünzten Silberstücke von circa 4.55 Gramm schon aus der Siliqua=Ein=
theilung herstammen werden und als Doppelt=Siliqua=Stücke, 12 auf den
Solidus gerechnet, zu gelten haben.

[2] Von Heraclius wird bestimmt angegeben, daß er im Jahre 615 wie=
der angefangen habe schwere Silbermünzen zu prägen, nämlich zu 6 Scru=
peln ($\frac{1}{48}$ Pfund oder 6.81 Gramm), von welcher Münzsorte sich mehrere
Exemplare in den Münzkabinetten finden.

bere Veranlaſſungen, nicht für den gewöhnlichen Verkehr, geprägt
worden ſind, bleiben hier wie auch ſonſt für das eigentliche Geldweſen ſelbſtverſtändlich außer Betracht.

Dieſelben Umſtände und Rückſichten, welche urſprünglich die ſo
höchſt ungenaue Stückelung dieſer Silbermünzſorte unter Conſtantin
und ſeinen nächſten Nachfolgern veranlaßt und unbedenklich hatten
erſcheinen laſſen, mußten der Natur der Sache nach im Fortgang
der Zeit ſich auch dahin wirkſam erweiſen, eine durchſchnittlich immer
knapper werdende faktiſche Ausmünzung der Siliquen, der ganzen wie
der halben, zu Wege zu bringen. Bei beſchränkter Menge dieſer
Geldſorte und dem unverändert fortdauerndem Vorwalten der Goldwährung bei allen Zahlungen und Contrakten wie bei der Steuererhebung, konnte der verringerte thatſächliche Metallgehalt der Siliquen keine merkliche Störung im Münzweſen und für den Verkehr
herbeiführen, noch auch den nominellen Umlaufswerth dieſer Münzſorte herabdrücken.

Die Unregelmäßigkeit, die Ungenauigkeit und allmähliche Verringerung der Ausmünzung der Siliquen ſeit Valentinian I. erſcheint,
wenn man einen Blick wirft auf die von Hrn. Queipo in ſeiner Tabelle
LXI mitgetheilten Wägungen der Silbermünzen der ſpäteren Kaiſerzeit und außerdem auf die ſpeziellen Gewichtsermittelungen einer
größeren Zahl Silbermünzen aus einigen um das Jahr 400 vergrabenen,
kürzlich entdeckten Schätzen (ſ. u.), ſo bedeutend, daß man bei der ſo
ununterbrochenen Reihenfolge der Gewichte und den allmählichen Ueber-
gängen der Gewichtsverhältniſſe in Ungewißheit darüber bleiben muß,
wo die halben Siliquen aufhören und wo die ganzen Stücke anfangen. Bei einem Spielraum der Stückelung um bis etwa 20 Procent zu viel und bis etwa 20 Procent zu wenig, wie wir ſolche bei
den XCVIgern des Diocletian ſehen (zwiſchen 4.2 und 2.70 Gramm
bei einer Norm von 3.41), kann man in der That ſich nicht wundern, wenn ein bis zwei Jahrhundert nach Einführung des Siliqua-
Münzfußes, während welches Zeitraumes die Münztechnik ſich nicht
vervollkommnet, ſondern erſichtlich ſehr verſchlimmert und der allgemeine Wohlſtand wie auch der Edelmetallvorrath abgenommen hatte,
es faſt unmöglich wird, das urſprüngliche geſetzliche Münzſyſtem in
den faktiſchen Ausmünzungen noch zu erkennen, und was die Genauigkeit der Stückelung anlangt, noch feſtzuſtellen, wo die Grenze zwiſchen verhältnißmäßig übermünzten Halbſiliquen und ſehr gering gerathenen ganzen Stücken zu ziehen iſt. Es läßt ſich deshalb
nicht einmal aus Durchſchnittsermittelungen der noch erhaltenen Silbermünzen mit einiger Sicherheit der thatſächliche Silbermünzfuß
der Siliquen unter den einzelnen Regierungen der ſpäteren Zeit angeben.

Aus den von Hrn. Queipo in ſeinem ſchon oft angeführten
vortrefflichen Werke in der Tabelle LXI zuſammengeſtellten Wägungen der Silbermünzen der ſpäteren römiſchen Kaiſer entnehmen wir
zur Veranſchaulichung der eben erörterten wirklichen Münzverhältniſſe

eine Uebersicht der betreffenden Münzen von Valentinian I., Honorius, Justin und Justinian.

Valentinian I.

Gramm.	Gramm.	Gramm.	Gramm.
0.87	1.80	2.07	2.32
1.35	1.80	2.10	2.32
1.37	1.80	2.13	2.33
1.50	1.88	2.15	2.39
1.55	1.92	2.15	2.72
1.72	1.93	2.15	2.72
1.72	1.98	2.17	(3.18)
1.72	2.00	2.20	(3.29)
1.80	2.00	2.22	
1.80	2.04	2.24	

Honorius.

Gramm.	Gramm.	Gramm.	Gramm.
0.70	1.03	1.14	1.38
0.70	1.05	1.20	1.70
0.78	1.07	1.20	1.75
0.85	1.07	1.23	1.87
0.87	1.12	1.35	1.88

Justinus I. und Justinian.

Gramm.	Gramm.	Gramm.	Gramm.
(Justinus)	0.82	0.71	1.28
0.55	1.02	0.75	1.32
0.60	1.38	0.75	1.32
0.68	(4.01)	0.98	1.38
0.70	(Justinian)	1.98	1.38
0.70	0.60	1.00	1.44
0.70	0.68	1.05	1.50
0.70	0.70	1.05	1.60
0.75	0.70	1.16	(2.97)
0.78	0.71	1.20	

Dreierlei wird man aus den vorstehenden Uebersichten auf den ersten Blick erkennen: daß die in thatsächliche Anwendung gebrachte Münznormen für das Silbergeld seit Constantin I. im Fortgang der Zeit eine wesentliche Verringerung des Gewichts erfahren haben; — daß ferner durchweg eine ganz außerordentliche Ungenauigkeit und Unregelmäßigkeit in der Stückelung dieser Münzsorten stattgefunden haben muß; — daß endlich bei der ohne merkliche Unterbrechung stetig fortgehenden Reihefolge der Gewichtsverhältnisse es sich nach der

Schwere der einzelnen Münzen nicht füglich bestimmen läßt, wo die halben Stücke aufhören und die ganzen Stücke beginnen, daß mithin die Ermittelung eines durchschnittlichen faktischen Münzfußes für die verschiedenen Perioden als sehr mißlich gelten muß.

Es ist daher auch nur als der Versuch einer annähernden Schätzung anzusehen, wenn wir, um das ungefähre Verhältniß der allmählichen Verschlechterung der Silberausmünzung anzudeuten, das zu präsumirende durchschnittliche Gewicht der ganzen Siliqua, wie folgt, veranschlagen:

nach dem gesetzlichen Münzfuß: 2.27 Gr. (oder 2.73 Gr.)
unter Valentinian I.   ca. 2.00   „
unter Honorius   „ 1.70   „
unter Justinus und Justinian   „ 1.30   „

Wir wenden uns nunmehr zur Erörterung der Unterabtheilungen der Siliqua, zu den Kupfermünzen, wobei ebenfalls vornämlich nur der Zeitraum von Valentinian I. bis Justinian in Betracht gezogen werden soll.

Da es feststeht, daß fortdauernd 24 Siliquen auf den Solidus gingen, so folgt hieraus, daß die Zahl der Denare, zu denen der Solidus gerechnet wurde, auch für die Denar-Rechnung der Siliquen maaßgebend war. Nun finden sich aber für verschiedene Zeiten abweichende Angaben über die Geltung des Solidus in Denaren. Während die ursprüngliche Norm bei Einführung der Soliduswährung 5760 Denare gewesen zu scheint, nämlich 1 Solidus zu 24 Siliquen und diese wieder zu 240 Denaren (oder 12 Zwanziger), findet man spätere Berechnungen des Solidus zu 6000, 7200 u. 8400 Denaren [1]. Man bemerke indeß, daß alle diese Eintheilungen in 24 aufgehen, die Siliqua also stets eine bestimmte passende Zahl Denare hielt, nämlich resp. 240, 250, 300 und 350 Stück. Die zeitweilige Berechnung der Siliqua zu 250 Denare wird dadurch bestätigt, daß auf mehreren Silbermünzen Justins I. sich die ausdrücklichen Zahlenangaben *CN* und *PKE*, d. h. 250 und 125 finden. Daß man auch bei diesen Münzsorten Stücke von fast gleicher Schwere mit verschiedenen Werthzahlen bezeichnet antrifft und, umgekehrt, Münzen von sehr abweichendem Gewicht mit gleichen Werthzahlen, erklärt sich aus dem oben bereits Bemerkten über die enorme Ungenauigkeit und Unregelmäßigkeit der damaligen Silberausmünzung und bestätigt anderseits das Zutreffende jener Bemerkungen [2]. Daß einige

---

[1] Cassiodor, Var. I, 10: Sex millia denariorum solidum esse voluerunt veteres. — Valentiniani III. Novella de pretio solidi (v. J. 445): Ne umquam infra septem millia nummorum distrahatur emptus a collectario septem millibus ducentis. — Procop., Hist. arc. cap. 25, berichtet: Früher habe der Solidus 210 Obolen oder Folles (à 40 Denare = 8400 Den.), später 180 Folles (à 40 Den. = 7200 Den.) gegolten.

[2] In der Schrift von Pinder und Friedländer: Die Münzen Justinians (Berlin 1843), wird S. 27 bemerkt: Einige Silbermünzen von Ju-

der kleineren Silbermünzen (halbe Siliquen) nicht die Werthzahl *PKE* sondern nur *PK* (d. h. 120) aufweisen, hat seinen Grund offenbar darin, daß zur Zeit der Ausmünzung der Solidus nicht zu (24×250) 6000, sondern zur ursprünglichen Norm von (24×240) 5760 Denaren berechnet wurde, oder doch gerechnet werden sollte.

Die Wertheinheit eines $\frac{1}{5760}$ oder $\frac{1}{6000}$ oder $\frac{1}{7200}$ Solidus war zu winzig, um überall oder doch in irgend größerer Menge gemünzt zu werden, und wurden in Kupfer vornämlich nur Vierziger, Zwanziger und Zehner gemünzt. Seit Zeno begann man diese Werthzahlen anzugeben (XL oder *M*, XX oder *K*, X und V oder *E*). Die Siliqua hielt, wie wir sahen, je nach dem Course des Solidus, 300, 250 oder 240 der kleinsten Kupferwertheinheiten, und scheint diese Eintheilung ohne Zwischenglied in der Rechnung des gewöhnlichen Lebens, wenigstens in Italien um die Mitte des sechsten Jahrhunderts üblich gewesen zu sein, da in Privaturkunden damals neben Siliquen und selbst halben Siliquen auch noch 80 nummi als kleinerer Betrag aufgeführt werden (S. u.).

Die enorme Menge der im vierten und fünften Jahrhundert in den römischen Provinzen im Umlauf befindlich gewesenen Kupfermünzen läßt sich nicht allein aus den vielen verschiedenen Münzen dieser Art schließen, welche die Münzsammlungen noch aufweisen, sondern auch aus manchen beträchtlichen Münzfunden, die davon wiederholt zu Tage gekommen sind, namentlich im Bereich des alten Galliens.

Wenn vorhin erwähnt wurde, daß die Ausmünzung von Silbergeld seit Constantin I. außerordentlich beschränkt war und daher auch die Verwendung desselben im größeren Verkehr wenig vorgekommen sein wird, so scheint doch, nach den bisherigen Münzfunden zu urtheilen, für einzelne Theile des Reichs auch während des in Rede stehenden Zeitraums eine bedeutendere Silbercirculation als anderswo vorausgesetzt werden zu müssen. Hr. Mommsen hat treffend darauf aufmerksam gemacht, daß, während sonst fast gar keine Sil-

---

tians I. hätten bei verschiedenen Zahlen gleiche Schwere, und unter den Münzen Justinians fänden sich solche, die ungeachtet derselben Aufschrift *CN* sich an Gewicht wie 1 : 2 zu einander verhielten. Eine so große Ungenauigkeit des Ausmünzens möchte man beim Silber nicht gern annehmen, und deßhalb scheint die Vermuthung, daß das mit *CN* (250) bezeichnete Stück für das κεράτιον, das 250 Lepta enthält, das mit *PKE* für das halbe κεράτιον zu halten, sich nicht zu bestätigen.

Wenn bei Diocletians XOVIgern (zu 3,11 Gr. Normalgewicht) Gewichtsdifferenzen von ca. 40 Procent vorkommen, so widerstreitet es der Wahrscheinlichkeit gewiß nicht, daß zwei Jahrhunderte später möglicherweise solche Differenzen äußersten Falls zu ca. 100 Procent vorkommen konnten, da es, wie schon bemerkt, bei diesen Silbermünzen, so lange sie nur als Scheidemünzen in Anwendung waren, fast gar nicht auf genaue Stückelung ankam. Die außerordentliche Abnutzung des englischen Silbergeldes vor der letzten umfassenden Umprägung desselben hatte den Werth desselben im gewöhnlichen Verkehr nicht im mindesten gestört, da die Silbermünzen eben nicht nach ihrem eigenen Metallwerth, sondern gewissermaßen nur als Zeichen gewisser Quoten des goldenen Pfund Sterling galten.

bermünzen aus der nachconstantinischen Zeit i
aufgefunden sind, in England und im benachba
Silber = Schätze großentheils aus Siliquar = Mü
deckt worden sind[1]. Man wird hieraus den ©
daß in England noch in den letzten Zeiten der
das Silbergeld auch bei beträchtlicheren Zahlungen e
und Verwendung gehabt habe als in den ande
aber auch hier dessen ungeachtet die umlaufenden
einfache und doppelte Siliquen, höchst unegal g
älteren schwereren Stück beschnitten waren. Bei
wurde vermuthlich nicht nach Stückzahl, sonder
gerechnet und bezahlt, während im kleinen Verkeh
zum Umwechseln von Solidi oder Tremissen
Vollwichtigkeit nicht ankam.

In Gallien, Italien, Hispanien und Norde
der Umlauf und der Vorrath des nach dem M
ausgeprägten Silbergeldes sehr beschränkt geblieb
Vorrath an den größeren Kupfermünzen und de
beträchtlicher und allgemeiner gewesen zu sein
Grund zu der Annahme vorhanden, daß, so w
gewöhnlichen Verkehr gebraucht wurden, seit de
Jahrhunderts bis zum Verschwinden der römisd
irgend andere Silbermünzen als nur Siliquen (ei
halbe) allgemeine Geltung gehabt haben. Ueber
fehlt es nämlich sowohl an schriftlichen Zeugni
haltenen Münzen solcher Art, deren Bezeichnun
Münzfuß andeutete. Die germanischen Erobere
wir durch Tacitus wissen, von altersher für
eine entschiedene Vorliebe hatten und diese auch
neue bewiesen, sobald sie in ihren neu begründ
Münzstätten errichtet hatten, trafen überall als ©
namentlich auch als Eintheilung des Solidus
die Siliquen an. Es mußte dieser Umstand be
wesentlicher Bedeutung für ihr Geldwesen sein, ι
kennbaren Widerwillen gegen das römische Kupferg

---

[1] Mommsen S. 788 u. a. erwähnt vier dahin zu
1) zwischen Bristol und Bath; von 250 dort gefundenen
Stücke untersucht worden; mit Ausnahme von zwei sind
geschlagen, von Valens, Gratian und Magnus Marim
Eversham ein Topf mit Silbermünzen von Julian, Vc
Magnus Marimus und Theodosius; 3) zu Holwel 318 ©
stans und Constantius II. bis Arcadius und Honorius,
Drittheile in Trier geschlagen sind; 33 Stück zwischε
schwer, und 285 Stück zwischen 0.84 und 2.50 Gr. sc
in Irland, außer 200 englischen Unzen Barren und B
sche Silbermünzen von Constantin II. bis Constantin
beschnitten. Sämmtliche vier Schätze sind in den letz
oder zu Anfang des fünften Jahrhunderts vergraben w

Provinzen in Unmasse circulirte, hegten, und also zum Ersatz desselben auf die Vermehrung des kleinen Silbergeldes nothwendig angewiesen waren.

Es wird nicht für überflüssig erachtet werden, wenn wir im Folgenden aus verschiedenen gleichzeitigen Zeugnissen des hier in Rede
stehenden Zeitraums einige Belege zusammenstellen, um die damals
übliche Rechnungsweise nach Siliquen nachzuweisen.

Eine Verordnung von Theodosius I. und Valentinian II. vom
Jahre 428 verlangt: pro singulis jugis et capitibus quaternas
siliquas annuas.

Nach Bestimmung der Nov. Major. de curial. v. J. 458
wird bei der Grundsteuererhebung ein halber Solidus vom Jugum
an die Officianten vertheilt in dem Verhältniß von $1\frac{1}{2}$, 4 und $6\frac{1}{2}$
Siliquen.

Eine Verordung von Zeno (474—491) erwähnt als Abzug bei
gewissen Zahlungen eine Siliqua für jeden Solidus.

In einer Novelle des Justinian v. J. 536 wird verboten, eine
höhere Zinse zu nehmen als eine Siliqua vom Solidus.

In einer sicilianischen Schenkungsurkunde des Königs Odoacer
vom Jahre 489 (Marini Pap. No. LXXXII) wird der Ertrag
eines Theils eines Landguts angegeben auf solidos quindecim ac siliquas decem et octo.

Edikte des Königs Theodorich erwähnen (Cassidor Var. II,
25 u. a.) die Siliqua als Münze und die Rechnung darnach.

Wiederholt findet man die Rechnungsweise nach Siliquen in einer
im Jahre 564 zu Ravenna niedergeschriebenen Urkunde (einer detaillirten Quittung eines Vormundes über die abgelieferten Vermögensgegenstände seines Mündels, Marini Pap. No. LXXX). Hierin
heißt es u. A.: fieri simul in auro solidos quadraginta et
quinque et siliquas viginti tres aureas nummos aureos sexa-
ginta. Die siliquae und nummi werden hier durch die Beifügung
„goldene" ebenso wenig als effective Goldmünzen bezeichnet, wie dies
heutigen Tages mit Groschen und Pfennigen stattfindet, wenn bei
der hier und da noch vorkommenden Rechnung nach Thalern, 5 Stück
auf den Louisd'or, gesagt wird: „...... Thaler, ... Groschen und .....
Pfennige Gold". Und an einer anderen Stelle heißt es ebendaselbst:
butte de cito valente semisse uno, butte minore valente siliquas aureas duas semis nummos quadraginta etc.; woraus hervorgeht, daß mehr als 80 nummi auf die Siliqua gerechnet sein
müssen [1], wie denn auch an einer anderen Stelle derselben Urkunde
80 nummi aufgeführt werden.

---

[1] Die Nummi werden als die niedrigste Wertheinheit, als Denare zu
5760 oder 6000 oder 7200 Stück auf den Solibus (je nach dem Course)
anzusehen sein; die Annahme Mommsens (a. B. S. 808), daß darunter
$\frac{1}{180}$ Solibi zu verstehen, ist nicht zutreffend. — In der erwähnten Urkunde
finden sich außer solidi, semisses, tremisses, siliquae aureae, nummi aurei und
nummi ohne Zusatz noch folgende Werthbezeichnungen: aspriones, siliquae

In den Briefen Gregors des Großen wird keiner anderen Geld=
sorte, welche auf Silbermünzen bezogen werden könnte, gedacht, als
der Siliquen. Ueber die Verpachtung eines Weingartens schreibt er
(IX, 14): praecipimus, ut ad tres siliquas aureas factis libel-
lis ei vineolam ipsam locare debeas. (Vergl. auch I, 42).

Nach den vorstehenden Beispielen, welche die Verbreitung und
Anwendung der Rechnung nach Siliquen während des fünften und
sechsten Jahrhunderts in den damaligen und in früheren römischen
Provinzen nachweisen (wogegen von anderen gleichzeitigen und gleich
üblichen Werthbezeichnungen für Theile des Solidus, die auf noch erhaltene Silbermünzen jener Zeit zu beziehen wären, nichts verlautet),
erscheint es als eine fast unabweisbare Annahme, daß die germanischen Stämme bei ihrer Niederlassung in den römischen Provinzen
als Silbergeld nur die Siliquen (nebst entsprechender Menge von
Halb-Siliquen und wenigen Doppelstücken der Siliqua) vorfanden
und zunächst nur dieses Münzsystem annehmen konnten. Wir werden denn auch im Verfolg dieses Abschnittes noch sehen, daß die uns
erhaltenen vandalischen und ostgothischen Silbermünzen auf der Sili-
qua=Rechnung beruhen, und daß bei den Westgothen und Longobarden
die frühesten Angaben über Theilstücke des Solidus, die geringer sind
als Tremissen, ebenfalls nur Siliquen namhaft machen. Es darf auch
wohl nicht als etwas Zufälliges angesehen werden, daß in den
uns aufbewahrten ältesten lateinisch=deutschen Glossarien sich min-
stens eine Uebertragung des Wortes siliqua vorfindet.

Ein althochdeutsches Glossar in einem Reichenauer Codex
des achten Jahrhunderts besagt: siliha: numisma.

Ein ähnliches Glossar in einer St. Galler Handschrift: silihha
nummi; silihhaon: nummorum; silihha trio: siliquas tres.

Freher (de re monetaria etc. Lugduni 1605) erwähnt aus
einem in der Pariser Bibliothek aufbewahrten sehr alten lateinisch
deutschen Glossar:

Numisma: silihha;

Numi percussa: silihha durubslagen, das ist pfantinc.

Obolum, dimidium scriptuli, quod facit siliquas tres:
stuchi, halb scriptolus, daz tot silihhum tri.

Es kann hiernach keinem Zweifel unterliegen, daß die Germanen, so weit sich nicht theilweise der Umlauf älterer römischer Silberdenare (aus der Zeit vor Kaiser Commodus) noch dauernd bei ihnen
erhalten hatte, im fünften und sechsten Jahrhundert als Silbergeld
die römische Siliqua, nebst den einfachen Stücken auch Hälften und
Doppelstücke derselben, benutzt und namentlich als Werthbestimmung

---

asprionis und siliquae argenteae. Unter aspriones dürften einzelne bestimmte
Arten Solidi, die besonders beliebt waren, zu verstehen sein; siliquae argenteae
heißt es vermuthlich, um anzugeben, daß wirklich Silbermünze gemeint sei,
nicht ein Aequivalent in Kupfergeld, oder es wird dadurch eine kleinere Silbermünzsorte bezeichnet (s. u. S. 291).

angewendet haben werden. Die weitverbreitete alte deutsche Bezeichnung des alten römischen Silberdenars scheint, wie wir im Verlauf
dieses Abschnittes näher begründen werden, skaz oder skat (in einzelnen Fällen latinisirt scotus) oder andere dialectische Formen desselben Wortes gewesen zu sein. Die Bezeichnung siliqua findet sich,
außer bei den Westgothen und den Longobarden, in den sogenannten
Leges barbarorum nicht vor. Dagegen erscheint in den ältesten
Rechtsbüchern der Alemannen und Bayern sowie in dortigen Urkunden des achten und neunten Jahrhunders einige Mal der eigenthümliche Werthausdruck saiga, dessen bisherige Erklärungen (u. a. durch
nummi serrati) keineswegs befriedigen. Sollte dieser Ausdruck
saiga nicht vielleicht nur als eine Corruption des Wortes siliha
angesehen werden können [1], dessen Vorkommen als allgemeine Münzbezeichnung bei den Alemannen die oben erwähnten in Reichenau und
St. Gallen aufbewahrten Glossarien nachweisen [2]?

II. Vandalen [3].

Im Jahr 429 setzten die Vandalen nach Afrika über, zehn
Jahre später eroberten sie Carthago und behaupteten ihre Herrschaft
bis zum Jahre 534.

Vandalische Goldmünzen sind nicht bekannt. Dagegen hat man
Silbermünzen von sämmtlichen fünf vandalischen Königen, die nach
Geiserich zur Regierung kamen (477—534), und Kupfermünzen
von den beiden letzten Königen Hilderich und Gelimer. Münzen
Geiserichs sind bis jetzt noch keine mit Gewißheit nachgewiesen. Auf-
serdem sind im vandalischen Reiche auch Silbermünzen mit dem Namen des Kaisers Justinian und autonome Kupfermünzen der Stadt

---

[1] Als beispielsweisen Beleg der bedeutenden Veränderung, welche Münz-
bezeichnungen bei Uebertragung aus einer Sprache in andere Sprachen erfahren können, möge das deutsche Wort „Schilling" angeführt werden. Es
ist dieser deutsche Ausdruck wiedergegeben worden: im Altfranzösischen durch
escalin; im Spanischen durch chelino; im Italienischen durch scellino; im
Russischen durch Schtschläg, im Polnischen durch szelag. Uebertragungen
dieser Art müssen doch noch auffallender erscheinen als die Veränderung von
siliqua in siliha und saiga!

[2] Eine auf alle dahin gehörigen Verhältnisse näher eingehende Erörterung
in Betreff der saiga wird der Natur der Sache nach erst später im dritten
Abschnitt ihre Stelle finden. Es wird dort dann auch der Nachweis versucht
werden, daß die Eintheilung des Solidus in vierzig Denare, welche in der
Lex Salica und im fränkischen Reiche in Gallien zur Geltung gekommen ist,
aus dem damaligen factischen Münzfuß der siliqua auri herzuleiten ist.

[3] Wir besitzen eine treffliche Monographie über das vandalische Münzwesen, nämlich: Die Münzen der Vandalen. Von J. Friedländer. Berlin 1849. — Außerdem besprechen dasselbe: Lettres du baron Marchant
sur la numismatique et l'histoire. Nouv. éd. Paris 1851. Lettre XVI.
Monnaies et système monétaire des Vandales (pp. 165—188); Annotation
sur la numismatique des Vandales par V. Langlois (pp. 189—203). Einige
rein willkürliche Vermuthungen Marchants hat Friedländer mit einleuchtenden
Gründen widerlegt, weshalb darauf nicht weiter Rücksicht genommen ist.

Carthago geprägt worden. Der Styl der vandalischen Münzen ist nicht roher als der gleichzeitigen byzantinischen und ostgothischen. Die Aufschriften sind lateinisch, und auf einigen derselben findet man das Regierungsjahr des Königs angegeben.

Die Silbermünzen der Vandalen haben auf der Kehrseite meist die Angabe einer Werthzahl, je nach ihrer Größe entweder C oder L oder XXV. Das Normalgewicht dieser drei Arten wird von Hrn. Friedländer zu 2.50, 1.25 und 0.625 Gramm angenommen; das wirkliche Gewicht gut erhaltener Stücke beträgt nach der Ermittlung desselben für die Lger 1.25, 1.25, 1.24, 1.20, 1.12, 1.10, 1.10 und 1.02 Gramm, für die XXVger 0.56, und 0.54[1]. Hr. Queipo (B. III, S. 463) und der Reichelsche Münzkatalog (B. IX, S. 2) theilen folgende Gewichtsermittelungen über vandalische Silbermünzen mit

von Gunthamundus: 1.00 und 1.00 Gramm.

von Trasamundus: 0.90 Gr.

von Hildericus: 0.93, 1.18, 1.20 und 1.25 Gr.

von Geilamir: 0.89, 1.02, 1.04, 1.08 und 1.10 Gr.

Diese Münzen haben also der um diese Zeit im oströmischen Reich thatsächlich in Anwendung gekommenen Silberausmünzung von 1.30 Gramm für die ganze und von 0.65 Gramm für die halbe siliqua auri entsprochen. Ist nun hiernach anzunehmen, daß die mit C bezeichneten Silbermünzen eine doppelte Siliqua (oder $\frac{1}{2}$ des Solidus) darstellen, so knüpft sich daran die fernere Schlußfolgerung, daß dieselben, nach dem Course von 6000 Denaren auf den Solidus einen Werth von 100 mal 5 Denaren ($500 = {}^{6}\frac{000}{12}{}^{0}$) angeben sollen, die einfachen und halben Siliquen also beziehungsweise je 50 und 25 Fünfdenareinheiten darstellten. Freilich finden sich solche V-Stücke nicht unter den uns erhaltenen vandalischen Kupfermünzen, sondern die kleinsten, welche eine Bezeichnung tragen, sind XII= und IV= Stücke; allein dieser Umstand ist nicht entscheidend, da es bekanntlich auch sonst vorkommt, daß gewisse Rechnungseinheiten, die in einer bequemen Eintheilung werthvollerer Münzstücke ihren Grund haben, durch Münzen gleichen Betrages nur wenig repräsentirt werden. Die Annahme, daß die XII= oder auch die IV= Kupferstücke die Rechnungseinheit jener Silbermünzen abgegeben haben, würde den Werth des Solidus entweder auf 4800 oder auf 14,400 Denare stellen, wovon das erstere jedenfalls zu niedrig, das letztere viel zu hoch aus kommt, im Vergleich mit den uns bekannten gleichzeitigen Werthberechnungen des Solidus. Es ist auch wohl vorauszusetzen, daß im vandalischen Reiche viele römische V= Kupferstücke im Umlaufe waren.

Ein großer Theil der vandalischen Kupfermünzen zeigt auf der Kehrseite ebenfalls eine Werthzahl, je nach der Größe der Münze XLII, XXI, XII und IV, und beträgt deren durchschnittliches Gewicht resp. 10; 7; 4 bis 5; 1.33 Gramm. Daß die mit XLII

---

[1] Ueber die mit C bezeichneten vandalischen Silbermünzen liegen uns keine Gewichtsangaben vor, allein nach der Größe zu urtheilen ist das doppelte Gewicht als sehr wahrscheinlich anzusehen.

cke nicht doppelt so viel wiegen wie die, welche
agen, oder zehnundeinhalbmal so viel wie die kleinste
auffallen. Bei Kupfer-Scheidemünzen, die im
beträchtlich höher ausgebracht werden, als ihr
kommt es bekanntlich nicht darauf an, das ge=
rhältniß der verschiedenen Sorten genau zu be=
vegen der Bequemlichkeit im Verkehr müssen die
ältnißmäßig leichter sein als die kleineren Unter=

tung der Zahlen auf den Kupferstücken betrifft,
c nicht wohl in Zweifel sein können, daß diesel=
ltung nach dem Ausdruck der niedrigsten Werth=
sollen, also nach den damaligen Denaren, welche,
en haben, im römischen Reiche zu jener Zeit
$\frac{1}{8400}$ des Solidus galten. Daß statt der
rovinzen üblichen Vierziger und Zwanziger die
Kupfermünzen als XLII= und XXI= Stücke
dürfte sich am einfachsten in der Weise erklären
lbsicht war, dem einheimischen Gepräge dieser
gewöhnlichen Verkehr durch ein Agio einen ge=
en fremden Münzstücken gleichen Nominalwerths
dem eigentlichen Münzfuße des Kupfergeldes an
lenangaben schon deshalb nichts zu thun haben,
e Gewichtsverhältniß derselben ein so durchaus
: sollte vielleicht die Ausmünzung der XLII=
ücke aus einer Zeit herrühren, als der Solidus
als 6000 Denare erreichte, und sollten die grö=
an dieser Courssteigerung etwa theilnehmen[1]?
t den Vandalen selbst gar keine oder doch keine
n geprägt wurden, so ist doch wahrscheinlich, daß
bei ihnen, wie anfänglich und längere Zeit hin=
t germanischen Völkern in den römischen Provin=
: gewesen sein wird. Auch ist zu bemerken, daß,
; des Königs Hunerich gegen die Katholiken er=
alischen Reiche auch nach Pfunden Gold und
echnet wurde, da Strafbestimmungen von auri
enti pondo dena, denae librae auri vorkom=

rlichen Vermuthungen Marchants hierüber hat Hr. Frieb=
stenden Gründen widerlegt. — Nachträglich bemerke ich
umsens (Gesch. b. r. M. S. 841): „Man hat die halbe
g des Solidus von 6000 Denaren mit 125 oder als
ternen Vierzigern mit 120 bezeichnet [s. o. S. 274 ff.].
ng aber war die erstere, wie besonders daraus erhellt,
andalischen Kupfermünzen nicht mit 40 und 20, son=
chnet sind: offenbar war das größte Kupferstück zunächst
qua oder [$\frac{2}{3}$0] 41$\frac{2}{3}$ Denare, das folgende auf $\frac{1}{2}$ der
; Denare, wofür dann rund entweder 40 und 20, oder
; 21 gesetzt wurden".

men [1], ebenſo wie dies in den Verordnungen der gleichzeitigen Kaiſer zu geſchehen pflegt.

III. Gothen.

In der gothiſchen Bibelüberſetzung des Ulphilas, ſoweit uns
dieſelbe noch erhalten iſt, werden zur Bezeichnung der im griechiſchen
Texte erwähnten ſpeciellen Münzſorten oftmals die fremden Wörter
in germaniſirter Form beibehalten (wie dracma, unkja, silks, as-
sarjan), oder es wird auch ein allgemeiner Ausdruck gewählt (wie
silubran, d. i. ein Silbernes). Bemerkenswerth iſt jedoch, daß wiederholt, wo das griechiſche Original δηνάρια hat, die gothiſche
Ueberſetzung gleichmäßig eine ſelbſtändige Benennung giebt, nämlich
skatts (Marcus XVI, 5: þrijahunda skatte; Lucas VII, 41:
skatte fimfhunda). Man muß hierbei unwillkürlich daran denken,
daß die Angelſachſen ihre älteſte Silbermünze skeatta nannten
(im Altnordiſchen skattr). Dies iſt erſichtlich daſſelbe Wort
wie das gothiſche skatts, und erinnert an den frieſiſchen Ausdruck sket für Geld, wovon ſchon im erſten Abſchnitt die Rede
war. Auch überſetzen die älteſten Gloſſarien des Althochdeutſchen
denarius einfach durch scaz (Graff, Diutiska B. I. Codices P.
a. und R. a.) [2]. Dies führt zu der Annahme, daß die älteren römiſchen Denare den Gothen zur Zeit des Ulphilas, ſowie den germaniſchen Völkern überhaupt, eine wohl bekannte und mit einem
gleichmäßigen Namen bezeichnete Münzſorte waren. Der häufigen
Münzfunde von guten römiſchen Silber-Denaren, welche im nördlichen
Deutſchland und in den Oſtſeeländern entdeckt worden ſind, haben
wir im erſten Abſchnitte dieſer Abhandlung gedacht. Hieraus folgt
aber keineswegs weiter, daß die Germanen ſelbſt ſchon derartige
Münze geprägt hätten. — Ein Wort dunkler Herkunft iſt kintus, das
Ulphilas zur Uebertragung von κοδράντης (Matth. V, 26) gebraucht hat. Es iſt bemerkt worden, daß dies Wort auf einheimi-
ſche Münze hinzudeuten ſcheine, wenn es nicht ebenfalls einer fremden uns unbekannten Sprache entlehnt ſei. Letzteres müſſen wir als
ſehr unwahrſcheinlich dahingeſtellt ſein laſſen, und möchten eher annehmen, daß das griechiſche Wort nur durch einen mundgerechteren
Ausdruck wiedergegeben ſei. Denn was die Annahme einer einheimi-
ſchen Münzſorte des Namens kintus anlangt, ſo ſcheint uns dieſelbe
jeder näheren Begründung zu entbehren; es würde dann doch jedenfalls die Bezeichnung skatts nach Analogie der Angelſachſen noch
eher hierauf zu beziehen ſein.

---

[1] Vergl. Friebländer im a. B. S. 10; woſelbſt hierfür Victor de per-
secutione Vandalica lib. VI, c. 2 citirt wird.

[2] Hieraus, daß nämlich im Altdeutſchen skaz, skat der übliche Ausdruck für Münze und insbeſondere für den Silber-Denar war, ſcheint ſich auch
die in einigen Urkunden des neunten oder zehnten Jahrhunderts vorkommende
Münzbezeichnung scotus erklären zu laſſen, indem dies nur die Latiniſirung
von skat geweſen ſein wird. Einer ſonſtigen Erklärung von scotus erinnern
wir uns nicht.

Für den Gold-Solidus hatten die Oftgothen eine selbständige Bezeichnung, und zwar die nämliche, welche wir dafür auch bei den übrigen germanischen Völkern antreffen, nämlich skilliggs (in der Mehrheit skilligans). In der Bibelübersetzung des Ulphilas findet sich noch keine Veranlassung für diesen Ausdruck, dagegen ist derselbe in mehreren alten zu Neapel und Arezzo entdeckten, von Zahn herausgegebenen kurzen gothischen Kaufkontracten zu lesen. In einem derselben heißt es: adnemum skilligans rk varrþ þize saivo (accepimus solidos 120 pretium hujus lacus).

Oftgothen[1].

Im Oftgothischen Reiche, welches von 493 bis 553 beftand, sind Gold-, Silber- und Kupfermünzen geprägt worden.

Die während dieser Zeit zu Rom, Ravenna und Mailand gemünzten Goldstücke stimmen mit dem Münzfuß des damaligen byzantinischen Solidus wesentlich überein. Sie sind mit dem kaiserlichen Bildniß geprägt; mitunter ist auch der Name oder das Monogramm der oftgothischen Könige darauf angebracht, allein meistens fehlt diese Bezeichnung.

Die oftgothischen Silbermünzen tragen ebenfalls auf der Vorderseite das Bruftbild und den Namen des Kaisers, während auf der Rückseite der Name der oftgothischen Könige, im Monogramm oder ausgeschrieben, erscheint[2]. Das Gewicht dieser Münzen ist, nach den davon erhaltenen und von Friedländer beschriebenen guten Exemplaren, wie folgt: 1.40; 1.35; 1.25; 0.85; 0.75; 0.68 bis 0.62 Gramm, mit welchen Angaben die von Queipo (B. III, Tab. LXI, No. 565 ff.) mitgetheilten Gewichtsnotizen über oftgothische Silbermünzen des Pariser und des Madrider Münzkabinets wesentlich übereinstimmen. Dieselben sind:

Theodorich: 0.67; 0.69; 0.70 Gramm.
Athalarich: 0.66; 0.67; 0.69; 0.70; 0.72; 0.98; 1.30; 1.33; 1.35; 1.37; 1.37; 1.38; 1.43 Gr.
Theodahat: 0.67; 1.24 Gr.
Witiges: 1.34; 1.35 Gr.
Ildibald: 0.75; 0.76 Gr.
Erarich: 0.70; 1.39 Gr.
Thejas: 1.20 Gr.

Die Gewichtsangaben oftgothischer Silbermünzen im Reichelschen

---

[1] Auch über das oftgothische Münzwesen besitzen wir eine treffliche Monographie: Die Münzen der Oftgothen. Von J. Friedländer. Berlin 1844. und Nachträge zu den Münzen der Oftgothen, abgedruckt in der vorhin angeführten Schrift desselben Verfassers über die Münzen der Vandalen (1849), S. 41—68. — Was in ersterer Schrift über das Werthverhältniß der Silbermünzen und der Kupfermünzen zum Goldsolidus bemerkt wird, ist jedoch nach den neueren Untersuchungen wesentlich zu modificiren.

[2] Ausgenommen eine Münze des Königs Babuila, auf welcher dieses Königs eigener Name und Bild sich auf der Vorderseite findet.

Münzkatalog sind: 0.69; 0.69; 0.69; 0.73; 0.77; 0.77; 0.95; 1.22; 1.22 und 1.35 Gr. —

A. v. Rauch macht in den Mittheilungen der numismatischen Gesellschaft in Berlin (3. Hft. 1857) folgende Gewichtsangaben über von ihm untersuchte gothische Silbermünzen bekannt:

von Athalarich: 1.38 und 0.69 Gramm ($\frac{988}{1000}$ Feingehalt).

von Witiges: 1.39 Gr. ($\frac{988}{1000}$ Feingehalt).

von Thejas: 0.61 Gr. ($\frac{988}{1000}$ Feingehalt).

Man wird mit Zuversicht annehmen dürfen, daß alle diese Münzstücke ganze oder halbe siliquæ auri ($\frac{1}{24}$ und $\frac{1}{48}$ = Solidi) darstellen, und zwar in Uebereinstimmung mit der successive knapper werdenden factischen Münznorm ausgeprägt, welche sich bei dem gleichzeitig von den Kaisern in Constantinopel (von Anastasius, Justinus und Justinianus) gemünzten Silbergeld zeigt. Das Silber der Münzen scheint, aus der von Hrn. von Rauch angestellten Untersuchung zu schließen, durchweg ohne absichtliche Legirung zu sein. Werthzahlen, wie wir bei den vandalischen Silbermünzen bemerkt haben (s. o.), finden sich auf den ostgothischen nicht.

Die ostgothischen Kupfermünzen dagegen sind, wie die im oströmischen Reiche seit Zeno ausgeprägten, mit Ausnahme der vom kleinsten Modulus, meistens mit Werthzahlen versehen, und zwar mit XL, X und V. Das Gewicht dieser Kupfermünzen ist sehr unregelmäßig; bei den Zehnern meist 2.5 Gramm, zuweilen aber auch viel schwerer; die Vierziger wiegen bis 10 Gramm, also ziemlich gleich mit den vandalischen XLIIgern. Seit dem König Theodahat tragen sie meist das Bild der Könige.

Die Ostgothen haben das Münzsystem, welches sie bei ihrer Ankunft in Italien vorfanden, unverändert beibehalten, und wie sie hiernach gemünzt haben, so ist bei ihnen auch nach Solidi, Siliquen und Denaren gerechnet worden. Der Angabe von „Schillingen" (d. h. von Goldsolidi) in zufällig erhaltenen gothischen Original-Quittungen ist bereits Erwähnung gethan, und erinnern wir ferner noch daran, daß in Ravenna, dieser wichtigen Stadt der ostgothischen Herrschaft, in einer kurz nach dem Aufhören der ostgothischen Herrschaft und nach der Besitzergreifung durch Justinian ausgestellten Privat-Urkunde v. J. 564 siliquæ und nummi wiederholt für die unter dem Betrage eines Drittel-Solidus vorkommenden Werthangaben gebraucht werden. Auch von Cassiodor werden siliquæ und, als kleinste Wertheinheit von $\frac{1}{6000}$ Solidus, denarii öfter erwähnt, (s. o. S. 277), während andere Bezeichnungen für damalige Silber- und Kupfermünzen sich bei ihm nicht finden.

Daß die ostgothischen Regenten auf die Aufrechthaltung des Münzwesens Bedacht nahmen, und zu ihrer Zeit in Italien Gold- und Silberbergwerke bearbeitet wurden, ersieht man aus einigen durch Cassiodor erhaltenen Verfügungen derselben [1].

---

[1] **Cassiod. Var. IX, 3.** z. B. findet sich ein Rescript des Königs Athalarich in Bezug auf die königlichen Gold- und Silberbergwerke in Bruttien.

Westgothen[1].

In den Rechtsbüchern der Westgothen, bei deren Abfassung bekanntlich in vielfacher Beziehung der Codex Theodosianus benutzt worden, finden sich auch die entsprechenden Verordnungen gegen Falschmünzerei, gegen Legirung der Edelmetalle, gegen die Zurückweisung vollwichtiger Göldstücke u. A.[2] Die Werthbestimmungen geschehen in Solidi und Tremisses, bei ersterer Münzsorte wird meistens aureus ausdrücklich beigefügt. Der König Alarich II. (484—507) hatte, wie Avitus (ep. 78) berichtet, vor seinem Kriege mit Chlodowech, um seine Finanzen zu verbessern, schlechte Goldmünzen schlagen lassen, die bald überall in Verruf geriethen. Die uns erhaltenen westgothischen Goldmünzen sind Drittel-Solidi. Die seit dem sechsten Jahrhundert geprägten Stücke dieser Art stimmen mit den gleichzeitigen longobardischen und fränkischen Goldmünzen ziemlich überein.

Die in dem untenerwähnten Aufsatz der Revue numismatique so wie im 8. Bande des Reichelschen Münzkatalogs angegebenen Gewichte von westgothischen Tremissen sind folgende:

von König Agila (549—554) 1.48 u. 1.50 Gramm.

von Reccared (586—601) 1.45 Gr.

von Liuva II. (601—603) 1.11 Gr.

von Wittericus (603—610) 1.47 Gr.

von Sisebutus (612—620) 1.51 Gr.

von Suintila (621—631) 1.51 Gr.

von Sisenandus (631—636) 1.33 u. 1.42 Gr.

von Chintila (636—640) 1.33 u. 1.60 Gr.

von Chindaswind (641—649) 1.44; 1.55; 1.60; 1.69 Gr.

von Recceswind (653—672) 1.42 Gr.

von Wamba (672—680) 1.42 Gr.

von Ervig (680—687) 1.15 u. 1. 51 Gr.

von Egica (687—700) 1.50 Gr.

Als Unterabtheilung des Solidus haben auch bei den Westgothen an-

---

[1] Ueber das westgothische Münzwesen haben uns leider keine solche numismatische Beschreibungen und Erörterungen vorgelegen, wie in Betreff der Vandalen und Ostgothen. Was Aschbach (Geschichte der Westgothen S. 354—362) hierüber mittheilt, giebt keinen weiteren Aufschluß noch specielle Nachweise. Eine spanische Monographie von Luis Joseph Velasquez, Conjecturas sobre las medallas de los reyes Godos y Suevos de España. Malaga 1750. 4°. ist uns nicht zu Gesicht gekommen. Ein Aufsatz von Hrn. Boubarb in der Revue numismatique, année 1855, pp. 341—350, Lettre à M. le baron de Crazannes sur le monnayage Wisigothique de Narbonne, bezieht sich nur auf Goldmünzen.

[2] Vergl. Lex Wisigothorum lib. VII, tit. VI. De falsariis metallorum 1. De torquendis servis in capite dominorum pro corruptione monetae etc. 2. De his qui solidos aut monetam adulteraverint. 3. De his qui acceptum aurum alterius metalli permixtione corruperint. 4. Si quorumcunque metalli fabri de rebus creditis repperiantur aliquid subtraxisse. 5. Ut aureum solidum integri ponderis nemo recuset.

fänglich siliquae gegolten, wie Buch **V**, Tit. 5, 8 des Gesetzbuches bezeugt, wo der jährliche Zinsfuß nach Siliquen für den Solidus bestimmt wird [1]. Die einzige westgothische Silbermünze, über die uns eine Gewichtsangabe vorliegt, ist eine vom Könige Liuva I. (565 — 566), deren Schwere nach dem Reichelschen Katalog (B. VIII, S. 5) 30 Doli = 1.33 Gramm beträgt, wonach sie für eine siliqua auri gelten kann. Andere Münzstücke dieser Art sind uns bis jetzt nicht bekannt geworden. (Einige weitere Notizen über das westgothische Geldwesen finden sich in der Anmerkung III zusammengestellt).

IV. Burgunder[2].

Zu den Städten, welche die Burgunder bei ihren Niederlassungen im südlichen Gallien seit 437 und besonders seit 456 in Besitz nahmen, gehörte auch das wichtige Lugdunum (im J. 458), wo bis dahin eine bedeutende römische Münzanstalt bestanden hatte. Es wurden dort noch Münzen des Kaisers Avitus (455 u. 456) geprägt, von denen sich einige erhalten haben. Nichts ist wahrscheinlicher, als daß diese Münzstätte auch unter den burgundischen Fürsten, welche anfangs und auch später noch zeitweilig eine gewisse römische Amtsstellung (als magistri militum oder patricii) einnahmen, ihre Thätigkeit ohne erhebliche Unterbrechung fortsetzte, und zwar zunächst in gleicher Weise wie bisher durch Prägungen mit dem kaiserlichen Typus ohne weitere Nebenbezeichnung. Manche noch erhaltene Soli

---

[1] Die Stelle lautet wie folgt: Si quicunque pecuniam commodaverit ad usuram, non plus per annum quam tres siliquas de uno solido poscat usuras.

[2] Ueber die burgundischen Münzverhältnisse wird beiläufig gehandelt in folgenden Aufsätzen: Ch. Lenormant, Lettres à M. de Saulcy sur les plus anciens monnaies de la série mérovingienne I—V. Revue numismatique, 1848. p. 115 ff., p. 181 ff. u. pl. VIII; — de Pétigny, Monnoyage de la Gaule depuis le commencement du V siècle jusqu'à la chut de l'empire d'Occident. Revue numism. 1851. p. 113 ff.; Monnoyage de la Gaule après la chute de l'empire d'Occident. ibid. p. 185 ff. — Ch. Lenormant, Lettres etc. VI—IX. Revue numism. 1853. pp. 99 ff. 277 ff. u. pl. VII. Den sehr weit gehenden und gewagten Deutungen, welche Hr. Lenormant den verschiedenen abweichenden Buchstaben in den gewöhnlichen Aufschriften der Goldmünzen jener Zeit (D. N....... P. F. AVG, und VICTORIA AVGVSTORVM) sowie CONOB beigelegt hat, läßt sich bei nicht vorgefaßter Meinung schwerlich beistimmen. Die bemerkten Abweichungen, abgesehen von Monogrammen und vielleicht gewissen Buchstaben am Schluß von AVGVS..., scheinen durch die Flüchtigkeit und Unkenntniß der auf die rohe mechanische Nachahmung früherer Typen angewiesenen Stempelschneider hinlänglich erklärt werden zu können. Wohin verliert sich die Numismatik, wenn z. B. die Bezeichnung LNI, was auf einer Münze der ostgothischen Periode am Fuße des Revers, statt des bekannten CONOB gelesen wird, auf eine mögliche alte Münzstätte zu Innsbruck, unter der Herrschaft des Theodorich zu deuten versucht wird? oder wenn COMOD zu den gezwungensten Deutungen benutzt wird, statt darin die Unbekanntschaft des ungebildeten und flüchtig arbeitenden Stempelschneiders mit dem ursprünglichen Sinne jener Buchstaben zu erkennen?

und Tremiſſen mit dem Bildniß und der Umſchrift der römiſchen und byzantiniſchen Kaiſer (von Leo und Majorian bis Anaſtaſius) ſind vermuthlich unter Gundewich und im Anfang der Regierung Gundebads zu Lyon und wohl auch zu Vienne und Dijon gemünzt worden, ohne daß dieſer Urſprung ſich beſtimmt nachweiſen läßt. Die Könige Gundebad (470—516) und Sigismund (516—523) haben indeß auch in ähnlicher Weiſe, wie dies bei den oſtgothiſchen Ausmünzungen geſchehen iſt, neben dem kaiſerlichen Bildniß und Namen (des Anaſtaſius und Juſtinian) das Monogramm ihrer eigenen Namen auf den Goldmünzen mitangebracht, was durch mehrere noch erhaltene Exemplare unverkennbar bezeugt wird.

Ueber das Gewicht und den Feingehalt dieſer mit einem burgundiſchen Monogramm bezeichneten Goldmünzen ſind uns nähere Angaben nicht bekannt; höchſt wahrſcheinlich werden ſie im Allgemeinen von dem nämlichen Metallgehalt ſein wie die gleichzeitigen oſtgothiſchen Solidi und Tremiſſen.

In dem alten Rechtsbuch der Burgunder, das zuerſt im Jahre 501 unter Gundebad zuſammengeſtellt und im zweiten Regierungsjahr Sigismunds (i. J. 517) umgearbeitet iſt, werden die Bußen und die ſonſtigen Werthbeſtimmungen in Solidi und deren Unterabtheilungen (Semiſſen und Tremiſſen) angegeben. An einer Stelle des Eingangs wird der Solidus ausdrücklich als solidus romanus aufgeführt. Im Gegenſatz hierzu werden im ſogenannten zweiten Additament (Art. 6) gewiſſe Arten der Solidi verrufen, und alle übrigen Goldmünzen, ſofern ſie das volle Gewicht haben, als zuläſſig erkannt. Es heißt daſelbſt: De monetis solidorum praecipimus custodire, ut omne aurum quodcunque pensaverit, accipiatur praeter quatuor tantum monetas, Valentiniani (andere Lesart Valentiani), Genavenses et Gothium, qui a tempore Alarici regis adaerati sunt, et Ardaricanos. Quod si quiscunque, praeter istas quatuor monetas, aurum pensatum non acceperit, quod vendere volebat, non accepto pretio, perdat.

Die Veranlaſſung zu dieſer Anordnung, welche mit der Verfügung in einer Novelle des Majorian vom J. 458 übereinſtimmt [1], mochte zunächſt dadurch gegeben ſein, daß der Umlauf der auf den eigenen Münzſtätten geprägten Goldmünzen Schwierigkeit fand und deren Annahme für verbindlich erklärt werden mußte. Die förmlich außer Cours geſetzten Arten Solidi werden wirklich zu geringhaltig oder zu leicht ausgemünzt geweſen ſein, was freilich bis jetzt durch wieder aufgefundene Münzen dieſer Art noch nicht nachgewieſen iſt. Man iſt nämlich darüber in Zweifel, welche Ausmünzungen eigentlich unter jenen Bezeichnungen verſtanden worden ſind. Unter Valentiniani oder Valentiani, vermuthet man, ſeien die Münzen gemeint, die noch nach dem Jahre 451 an verſchiedenen Stellen Galliens mit

---

[1] Majoriani novella de curialibus (§. 14). Nullus solidum integri ponderis calumniosae improbationis obtentu recuset exactor, excepto co Gallico, cujus aurum minore aestimatione taxatur.

dem beibehaltenen Typus von Valentinian III. als dem letzten noch
allgemein anerkannten Kaiser des Occidents geprägt sein mochten, um
sie desto leichter in Umlauf zu bringen, oder auch Ausmünzungen in
der Stadt Valence; unter Genavenses zu Genf, etwa von Gode=
gisil, dem Bruder Gundebads, gemünzte Solidi; die vom Westgo=
then=König Alarich II. aus schlechterem Golde gemünzten Solidi sind
auch anderweitig bekannt (s. o. S. 285); unter den Ardaricani solidi
sind wahrscheinlich die um diese Zeit mit dem Bildniß und der Auf=
schrift der Kaiser zu Constantinopel in großer Menge in der Bretagne
(Armorica) gemünzten Goldmünzen gemeint, sei es nun, daß es
im Texte nach richtiger Lesart Armoricani heißen muß, oder daß
schon ursprünglich der Name ungenau verzeichnet worden ist.

Von geringeren Münzsorten als Tremissen findet sich in der
Lex Burgundionum keine Erwähnung; weder Denare noch Siliquen
werden genannt. Es läßt sich indeß mit Zuversicht annehmen, daß
die Burgunder, seitdem sie sich auf gallischem Boden niedergelassen
haben, ebenso wie ihre Nachbaren die Ostgothen und die Westgothen
es thaten, und wie es im damaligen römischen Reiche allgemeiner
Gebrauch war, nach Siliquen, 24 Stück auf den Solidus, gerechnet,
und solche auch in Silber ausgemünzt haben werden. Nachdem das
Monogramm der burgundischen Könige auf Goldmünzen entdeckt
ist, hat man auch burgundische Silbermünzen mit dem deutlichen
Monogramm des Königs Gundebad nachgewiesen, (Revue numism.
1853 pl. VIII, Nr. 1 und pl. VIII, Nr. 2). Eine derselben trägt
auf der Hauptseite um einen Kopf den Namen des Anastasius, auf der
Rückseite aber das Monogramm der Buchstaben G,V,N,B,A und dar=
über ein kleines Kreuz; die andere Silbermünze auf der Hauptseite
das nämliche Monogramm mit der Umschrift pax et abundantia,
auf der Rückseite eine rechts hinschreitende Figur mit Palmzweig und
Kranz sowie die Buchstaben L und D (Lugdunum). — Das Ge=
wicht dieser beiden Münzen finden wir leider nicht mitangegeben,
allein nach der Abbildung zu urtheilen wird die letzterwähnte größere,
welche Hr. Lenormant als „Quinar" bezeichnet, vermuthlich eine
Siliqua, die erstere eine halbe Siliqua dargestellt haben, und deren
Gewicht von demjenigen der entsprechenden ostgothischen Münzen
nicht wesentlich abweichen. — Auch eine Broncemünze mit dem glei=
chen Monogramm des Gundobad und Angabe des Prägortes durch
L. D. hat sich erhalten (Revue numism. a. O. pl. VIII, Nr. 3).

Einige Preisangaben in der Lex Burgundionum mögen hier
nicht unerwähnt bleiben. Im VI. Titel wird als einfacher Ersatz
aufgeführt (in simplum recipiat): pro mancipio sol. 25; pro
caballo optimo 10 solidos, pro mediocri 6 solidos; pro equa
solidos 3; pro bove solidos 2, pro vacca sol. 1. — Für
Schweine, Schafe und Ziegen wird ein dreifacher Ersatz vorgeschrie=
ben, und ergiebt sich hiernach aus der angegebenen Schätzung als der
Preis für Schweine und Schafe ein Drittel Solidus und für Ziegen
der dritte Theil eines Tremissis.

Longobarden[1].

Die Geld- und Münz-Angaben in den uns erhaltenen longobardischen Rechtsbüchern und Urkunden lauten auf Solidi und Tremissen, und als kleinere Abtheilungen des Solidus erscheint die Siliqua. Letztere Angabe kommt häufig vor, während uns Angaben in Denaren aus der eigentlichen longobardischen Zeit (vor 774) nicht erinnerlich sind. Die Longobarden werden also bei ihrer Eroberung Italiens die zu Justinians Zeit im römischen Reiche übliche Rechnungsweise, welche auch, wie wir gesehen, bei den Ostgothen Geltung behalten hatte, unverändert angenommen haben. Die Bußen findet man, wie in den übrigen alten germanischen Rechtsaufzeichnungen, auch bei den Longobarden durchweg in Solidi angegeben, und steigen dieselben bis zu Beträgen von 900 Solidi.

Als die Longobarden Ober-Italien eingenommen hatten, wird zunächst die Münzcirculation auf die dort vorhandenen altrömischen, byzantinischen und ostgothischen Münzen angewiesen geblieben sein. Sollten von Alboin und seinen ersten Nachfolgern ganze oder Drittel-Solidi gemünzt worden sein, so kann dies nur in möglichst genauer Nachbildung der gleichzeitigen byzantinischen Typen geschehen sein, und sind daher manche solcher rohgearbeiteten Münzen vielleicht den ersten longobardischen Ausmünzungen zuzuschreiben. Der erste longobardische König, der seinen Namen auf eine Münze setzte, war Rotharis. Das Edictum dieses Königs enthält denn auch die Vorschrift: wenn Jemand ohne Befehl des Königs Gold stempele oder eine Münze verfertige, so solle er seine Hand verlieren[2].

Auf den Münzen des Rotharis findet man, wie bei den gleichzeitigen fränkischen Goldmünzen, den Namen des Münzers angegeben; später werden nur einige Buchstaben dieses Namens bemerkt, bis endlich solche Angabe gänzlich aufhört.

Seit König Cunipert erscheint auf den longobardischen Münzen als der gewöhnliche Typus der Rückseite das Panier der Longobarden, der Erzengel Michael. Von da an zeigt sich auch der Anfang einer etwas besseren Ausführung der Prägung.

---

[1] Lettres du Baron Marchant sur la numismatique et l'histoire. Nouv. éd. lettre XXI. Médailles des rois ostrogoths et des rois lombards (pp. 285—293). Monnaies lombards par V. Langlois (pp. 299—304). — Sulla moneta dei Longobardi in Italia. Lezione detta il di 24. Aprile 1834 nella R. Accademia Pontaniana dal cav. Giulio de Conti di San Quintino. Estratta do Progresso delle science, lettere ed arti; fasc. XVI. Ann. 1834 (20 Seiten). Zwei andere Abhandlungen desselben Verfassers über das ältere longobardische Münzwesen: Sulle monete battute dei Longobardi in Italia nei secoli VI, VII ed VIII. Napoli 1835. 8º. und della zecca e delle monete di Lucca nei secoli di mezzo (568 — 774) Discorsi. Lucca 1844, sind uns leider nicht zugänglich gewesen. - Die von den longobardischen Fürsten in Benevent ꝛc. nach 800 geprägten Münzen werden hier natürlich nicht berücksichtigt.

[2] Edictum Rotharis 242 (ed. Vesme): Si quis sine jussionem regis aurum figuraverit aut moneta confixerit, manus ei incidatur.

Das Gewicht der longobardischen ganzen und Drittel-Solidi ist im Vergleich mit den gleichzeitigen byzantinischen Ausmünzungen mehr oder minder knapp, und wird im achten Jahrhundert noch geringer als in der früheren Zeit. Die Feinheit des Goldes zeigt wenig Gleichmäßigkeit.

Nach den Angaben im Reichelschen Münzkatalog (Bd. IX, 39—47) betrug das Gewicht der in dieser Sammlung befindlichen älteren longobardischen Goldmünzen:

Unbestimmte Tremissen (2 Stck.) 1.33 Gramm.

Aripert I. (653—661) 1.33 Gr.

Cunibert (686—700) 1.33 Gr.

Luitprand (712—744) 1.20 Gr.

Desiderius (744—774) 0.93 Gr.

Ein zu Lucca ohne den Namen eines Königs, aber unter der longobardischen Herrschaft geprägter Tremisse von blassem Golde (Reichel IX, S. 238) wiegt 1.26 Gramm.

Der Prägort dieser Münzen ist übrigens meistens ungewiß; vermuthlich ward an dem Ort gemünzt, wo der königliche Hof war, also vornämlich wohl in Pavia, sonst in Lucca. Le Blanc erwähnt einen von ihm gesehenen Tremissis mit der Aufschrift: Flavia Mediolanum. Einen noch unedirten zu Ravenna geprägten longobardischen Semissis von König Aistulf erwähnt San Quintino.

Es ist bisher nur von den älteren longobardischen Goldmünzen die Rede gewesen; wie verhält es sich aber mit den Silber- und Kupfermünzen der longobardischen Könige? Aus einigen Anführungen in den älteren longobardischen Rechtsbüchern wie aus sonstigen longobardischen Aufzeichnungen vor der fränkischen Herrschaft in Italien ersieht man, daß bis dahin die Rechnung nach Siliquen bei den Longobarden üblich war; wenigstens ist keine Angabe über eine andere Silbermünz-Sorte bekannt. Wir haben uns wegen wirklich ausgeprägter und uns erhalten gebliebener Silbermünzen der Longobarden aus den Zeiten vor König Desiderius vergeblich nach weiteren Nachweisen umgesehen, als diejenigen sind, die sich in dem 1834 in Neapel veröffentlichten Aufsatze von San Quintino finden. Diese Schrift enthält hierüber im Wesentlichen folgende Notizen:

Um das Jahr 1833 entdeckte man in der piemontesischen Provinz Biella einen vergrabenen longobardischen Münzschatz, bestehend aus 28 gut erhaltenen Gold-Tremissen von König Luitprand und außerdem etwa 1600 sehr kleinen und leichten Silbermünzen von geringem Feingehalt. Letztere waren unter sich anscheinend so wenig verschieden, daß man anfangs sie alle aus demselben Stempel hervorgegangen glaubte.

Das Zusammenfinden derselben mit den Tremissen von König Luitprand und der dazu passende ganze Styl ihres Gepräges weiset deutlich auf den longobardischen Ursprung dieser Münzsorte hin, und möchte es überhaupt schwer halten, dieselbe mit Wahrscheinlichkeit irgend einem andern Volke oder einer andern Zeit zuzuschreiben.

Die Münzen sind sehr dünn, haben eine etwas schüsselartige Form und sind nur auf der einen Seite geprägt; sie erinnern daher sehr an die späteren sogenannten Bracteaten, welche seit dem zwölften Jahrhundert eine Zeitlang in Deutschland üblich waren. Eine nähere Untersuchung zeigt im Einzelnen mancherlei Abweichungen der Stempel, namentlich ist die Zahl der auf den Münzen angegebenen Punkte sehr verschieden, von 2 bis 13. Im Uebrigen scheint die Bezeichnung bei dem größeren Theil derselben aus einem Monogramm zu bestehen, worin San Quintino die Buchstaben PER erkennt und es deshalb auf den König Pertaritus (Pertari) bezieht, dessen Namen man indeß auf anderen Münzen bis jetzt nicht gefunden hat. Ein anderes Monogramm deutet derselbe Numismatiker als LPR und bezieht dasselbe auf den König Luitpert oder auch auf den König Liutprand; auf ersteren, den Nachfolger von Cunipert, könnte vielleicht deshalb eher zu schließen sein, weil diese Silbermünzen schon ziemlich abgenutzt erscheinen, während die mitgefundenen Tremissen von Liutprand ganz neu, oder doch außerordentlich gut erhalten sind, und also vermuthlich gleich oder bald nach der Ausmünzung vergraben wurden.

Das Gewicht dieser kleinen Silbermünzen beträgt selten über drei Pariser Gran oder 0.16 Gramm, und bei den meisten ist es sogar noch etwas geringer; der Feingehalt soll $\frac{7}{12}$ bis $\frac{3}{4}$ sein. Der innere Werth dieser Münzsorte ist mithin höchst unbedeutend (ungefähr $\frac{1}{6}$ bis $\frac{1}{5}$ Sgr.), und kann dieselbe also wohl nur bestimmt gewesen sein, statt der sonst üblich gewesenen Kupfermünze als Scheidemünze zu dienen. Geht man von der Voraussetzung aus, daß die Longobarden bis zur Einführung des schwereren fränkischen Denars als Unterabtheilung der Goldmünzen, welche bei allen größeren Zahlungen in Münze den Verkehr vermittelten, die vorgefundenen byzantinischen und ostgothischen Silbermünzen von durchschnittlich ca. 1.30 und 0.65 Gramm Schwere als ganze und halbe Siliqua gebrauchten, so möchte diese kleine Silbermünze vielleicht als der achte oder zehnte Theil des Werths einer solchen Siliqua anzusehen sein, so daß von derselben 240 (zwei Großhundert) auf den Goldsolidus gerechnet sein mögen. Hr. Quintino hält diese kleinen Silbermünzen für siliquae argenti, wie solche, unterschieden von den siliquae auri, in der oben besprochenen Ravennater Urkunde v. J. 564 erwähnt werden.

Ueber longobardische Kupfermünzen haben wir keine Angaben gefunden.

Durch das Capitulare Mantuanum Karls des Großen vom Jahre 781, welches den neuen fränkischen Denar, nach dem Münzfuß von 240 Stück auf das fränkische Pfund, in Italien einführte, ward die bis dahin bei den Longobarden in Geltung gebliebene Goldwährung gesetzlich aufgehoben, und beginnen seitdem in den oberitalienischen Städten zahlreiche Ausmünzungen jener Denare. Daß übrigens die Rechnung nach Gold-Solidi in der Lombardei nicht sofort nach der Verordnung des Jahres 781 gänzlich aufhörte, ersieht man aus dem Capitulare Longobardicum vom Jahre 813, wonach dersenige, der einen Priester schlägt, eine Buße von zehn Pfund Gold, d. h. 720 Solidi zahlen soll (det auri libras 10, id est solidos septingenti viginti), unter welchen Solidi offenbar nicht die neuen fränkischen Silber=Solidi zu 12 Denaren, sondern die alten Gold= Solidi zu $\frac{1}{72}$ Pfund verstanden werden. Dasselbe zeigen zahlreiche Urkunden.

Anmerkung I.

Im Codex Theodosianus (XII, 7, 1) findet man unter der Aufschrift: De ponderatoribus et auri illatione folgende Verordnung Constantins I. v. J. 325:

Imp. Constantinus A. ad Eufrasium rationalem trium provinciarum. Si quis solidos appendere voluerit auri cocti, **septem solidos quaternorum scripulorum** nostris vultibus figuratos appendat **pro singulis unciis, quatuordecim vero pro duabus,** juxta hanc formam summam illaturus. Eadem ratione servanda, et si materiam quis inferat, ut solidos dedisse videatur. Aurum vero, quod infertur, aequa lance et libramentis paribus suscipiatur, scilicet ut duobus digitis summitas lini retineatur, tres reliqui liberi ad susceptorem emineant, nec pondera deprimant, nullo examinis libramento servato, nec aequis ac paribus suspenso statere momentis etc. PP. 14. Kal. Aug. Paulino et Juliano coss.

Ein anderer Theil derselben umfassenderen Verordnung Constantins v. J. 325 (*Imp. Constantinus A. ad Eufrasium rationalem trium provinciarum. Dat. 14. Kal Aug. Paulino et Juliano coss.*), der diese Bestimmung aufgenommen ist, findet sich in Cod. Theod. XII, 6, welcher Titel die Ueberschrift führt: *De susceptoribus, praepositis et arcariis.* Der Eingang des c. 2 dieses Titels lautet: Pro multis, etiam et in diversis locis constitutis, licet simul auri pondus inferre, ita ut pro omnibus fundis securitas emissis cautionibus detur, ne, separatim ab unoquoque auro exacto, multis et assiduis incrementis provincialium utilitas fatigetur. — — — Nam si solvere volens a suscipiente fuerit contemptus, testibus adhibitis contestationem debebit proponere, ut — — qui suscipere neglexerit, ejus ponderis, quod debebatur, duplum fisci rationibus per vigorem officii tui inferre cogatur.

Auf Grund jener ersteren Stelle wurde früher oft angenommen (und hatte diese Ansicht namentlich durch die Autorität von Du Cange Verbreitung und Anerkennung gefunden), daß Constantin I. den von ihm neu eingeführten Münzfuß der Solidi auf $\frac{1}{84}$ Pfund (= 3.90 Gramm) bestimmt habe, denn wenn man 7 Solidi mit einer Unze gleich setzt, so sei die natürliche Folge, daß (7 $\times$ 12) 84 Solidi auf das Pfund gehen. Andererseits führte freilich die unmittelbar dabei stehende Angabe: Solidi von je vier Scrupeln, eben so unabweislich auf das Verhältniß von 72 Solidi auf das Pfund oder auf einen Solidus von $\frac{1}{72}$ Pfund (= 4.55 Gramm), da notorisch 288 Scrupuli auf das Pfund gerechnet wurden, mithin 4 Scrupuli so viel sind als $\frac{1}{72}$ Pf. Dieser unverkennbare Widerspruch zwischen unmittelbar nebeneinander stehenden Angaben führte schon frühere Ausleger und Herausgeber des Cod. Theod. zu dem Vorschlage, im vorliegenden Texte statt septem (VII): sex (VI), und statt quattuordecim (XIV): duodecim (XII) zu emendiren. Die mitunter vorkommende Behauptung, daß es sich dabei nur um Herstellung der richtigen Lesart handele, ist unbegründet, da keine einzige Handschrift VI und XII enthält, sondern diese Emendation lediglich Conjectur ist.

Die Annahme, daß Constantin I. einen Münzfuß der Solidi von $\frac{1}{84}$ Pf. eingeführt oder beobachtet habe, mußte sich sofort als offenbarer Irrthum her-

anzuſtellen, als das wirkliche Gewicht der uns noch zahlreich erhaltenen Gold=
münzen dieſes Kaiſers genauer unterſucht wurde. Dieſe Ermittlung ergab
nämlich, daß, abgeſehen von einigen noch ſchwereren Stücken (von 5.25 bis
5.41 Gramm), alle übrigen noch vorhandenen guterhaltenen Solidi Conſtan=
tins I. erſichtlich nach dem Fuß von 72 Stück auf das Pfund, alſo nach der
Norm von ca. 4.55 Gramm ausgemünzt worden ſind. Man hat nur nöthig
einen Blick auf die von Hrn. Queipo (Essai sur les systèmes métriques etc.
T. III, S. 484 und S. 495 f.) mitgetheilten ſorgſamen Gewichtsermittlungen
über etwa fünfzig Goldmünzen Conſtantins I. zu werfen, um jeden Zweifel
hierüber ſchwinden zu laſſen (ſ. oben S. 266). Hierzu kommt noch der wichtige
Umſtand, daß mehreren Solidi dieſes Kaiſers die Numeralbezeichnung LXXII
deutlich aufgeprägt iſt.

Die Hrn. Pinder und Friedländer bemerken in ihren Beiträgen zur
älteren Münzkunde (Berlin 1851) S. 15 über die in Rede ſtehende Stelle
des Cod. Theod. :

„Es iſt mit Evidenz nachgewieſen, daß VI ſtatt VII, und XII ſtatt XIV
zu leſen iſt, denn ſonſt hätte die Unze 28 Scrupel ſtatt 24, und dies iſt un=
möglich, weil das Verhältniß 1 Pfund = 12 Unzen = 288 Scrupel feſt=
ſtand. Allein dieſe Frage hat nicht einmal Einfluß auf unſere Unterſuchung,
denn wir beziehen uns blos auf die Worte solidos quaternorum scripulorum.
Doch giebt unſere numismatiſche Deutung einen neuen Grund für die bereits
anerkannte Emendation VI und XII“.

Bei näherer Erwägung muß man indeß eingeſtehen, daß man es mit
einer ſolchen Emendation nicht zu leicht nehmen dürfe, und zwar eben weil ſie
ſo ſehr nahe zu liegen ſcheint. Einen bloßen Schreibfehler vorauszuſetzen,
hat im vorliegenden Fall doch ſeine großen Bedenken, da in den Handſchriften
die fragliche Zahlenangabe ſich voll ausgeſchrieben findet, und insbeſondere,
weil gleich auf die erſte Angabe von 7 Solidi für eine Unze die entſprechende
Notiz von 14 Solidi für zwei Unzen folgt. Und dann war der Zuſatz ‘quaternorum scripulorum’ nicht wenig geeignet, den Abſchreiber vor einer Abän=
derung von VI in VII zu warnen, da zur Zeit als die älteſten Abſchriften
genommen wurden, das Verhältniß, daß die Unze 24 Scrupel habe, eben ſo
allgemein bekannt geweſen wird, als daß 6 Solidi auf die Unze gingen.
Fänden ſich deshalb in den Manuſcripten beide Lesarten VI, XII und VII,
XIV, ſo würde man nach bekannter philologiſcher Regel geneigter ſein müſſen,
erſteres als leichterklärliche Correctur der Abſchreiber zu verwerfen und VII und
XIV als den urſprünglichen Text anzuerkennen.

Hrn. Th. Mommſen (Jahrbuch des gemeinen deutſchen Rechts, heraus=
gegeben v. Bekker und Muther, III, S. 454—456) iſt dies Bedenken nicht
entgangen, und erblickt derſelbe in der Aenderung VII und XIV ſtatt VI und
XII nicht einen einfachen Schreibfehler, ſondern eine fränkiſche Interpolation,
daraus hervorgegangen, daß ſeit der Zeit des Kaiſers Mauritius (582—602)
alle von den fränkiſchen Königen geſchlagenen Solidi um ⅛ leichter als die
byzantiniſchen und offenbar auf das Gewicht von $\frac{1}{84}$ Pfund gemünzt ſeien,
weshalb auch dieſer neue fränkiſche Solidus anfänglich mit dem Werthzeichen
XXI, der entſprechende Tremiſſis mit dem Werthzeichen VII verſehen ſeien, da
ſie reſp. ungefähr 21 (genau 20⅘) und ca. 7 (6⅘) siliquae auri enthielten.
Dieſer fränkiſche Solidus wog alſo ⅓ Unze, und von ihm iſt es richtig, was
die Verordnung ſagt: septem solidos appendat pro singulis unciis, quattuordecim vero pro duabus. Die Interpolation iſt demnach handgreiflich; daß
ſie auf halbem Wege ſtehen blieb, hat ſie mit allen verwandten Abſchreiber=
verbeſſerungen gemein. Erhalten iſt die Stelle in der einzigen jetzt vatikani=
ſchen Handſchrift, welche von Hänel in den Anfang des ſechsten Jahrhun=
derts geſetzt wird, nach dem Geſagten aber früheſtens am Ende deſſelben und
nur im fränkiſchen Reiche geſchrieben ſein kann“.

Hänel (Jahrbuch des gemeinen deutſchen Rechts ꝛc. IV, S. 309—316) bestreitet Mommsen's Ansicht, indem er es als sehr wahrscheinlich nachweist daß die in Rede stehende Handschrift des Cod. Theod. nicht im fränkischen Reiche, sondern in Italien geschrieben sei. „Zunächst ist der Ductus der Schrift, der Orthographie nicht zu gedenken, der um die Zeit des 6. Jahrhunderts, bevor die Longobarden einbrachen, in Italien übliche, nämlich jene gefällige Semiuncial, die sich in mehreren Handschriften wiederfindet. Fränkische Handschriften jener Zeit sind, dafern es deren wirklich giebt, davon durchaus verschieden. — — Sodann spricht der ziemlich correct wiedergegebene griechische Text Cod. Th. IX, 45, 4 für Italien. Ich bezweifle, daß man in dem damaligen Frankenreiche so correct griechisch zu schreiben verstanden habe. Ferner glaube ich schon früher nachgewiesen zu haben, daß die alten Randglossen der Handschrift in Italien geschrieben sind; also muß sich die Handschrift, wenigstens bald nach ihrer Entstehung in Italien befunden haben". Außerdem wird von Hänel noch nachgewiesen, in welcher Weise vermuthlich die Handschrift von Italien frühzeitig nach Frankreich gekommen ist, wo sie im sechszehnten Jahrhundert entdeckt und herausgegeben wurde.

Wie sehr wir aber hierin der Ansicht Hänels beistimmen und schon aus diesen äußeren Gründen die Annahme einer fränkischen Interpolation abweisen zu müssen glauben, ebenso unzulässig erscheint uns die Art der Rechtfertigung, welche derselbe für die handschriftlichen Zahlen VII und XIV versucht. Hänel kommt wieder auf die längst und vollständig widerlegte ältere Behauptung zurück, Constantin I. habe Solidi zu $\frac{1}{24}$ Pfund prägen lassen, und erst Valentinian I. habe im J. 367 den Münzfuß von $\frac{1}{72}$ Pfund eingeführt. Constantin kam (sagt Hänel a. B. S. 316) dem Steuerpflichtigen zu Hülfe, indem er den Solidus zu 7 auf die Unze = 84 auf das Pfund schlagen ließ. Unter den etwa 50 Solidi dieses Kaisers, deren genaues Gewicht Oucipo anführt, ist, wie bereits erwähnt, kein einziger, welcher dem Münzfuß von $\frac{1}{84}$ Pfd. entspricht, wogegen alle, bis auf einige wenige noch dem älteren schwereren Münzfuß von $\frac{1}{60}$ Pfund geprägte Stücke, unverkennbar den Münzfuß von $\frac{1}{72}$ Pfund aufweisen. Dieser jetzt wohl von allen Numismatikern anerkannten Thatsache gegenüber kann es augenscheinlich von keiner relevanten Bedeutung sein, daß Budaeus und Gothofredus Exemplare jener Solidi von $\frac{1}{84}$ Pfund gesehen haben wollen. In dieser sachlichen Erklärung ist Hänel mithin gegen Mommsen offenbar im Unrecht.

Wenn aber die eben mitgetheilte Erklärung der Stelle die vermeintliche fränkische Interpolation nicht entkräftigt, so darf dagegen vielleicht zunächst folgendes Bedenken gegen die Wahrscheinlichkeit derselben einige Beachtung verdienen. Angenommen, ein fränkischer Abschreiber, der bei seiner Arbeit daran dachte, daß die ihm bekannten Solidi nicht zu 24, sondern nur zu 21 Siliquen, oder zu etwa $\frac{1}{4}$ Unze ausgemünzt seien, hätte deshalb an der Stelle: sex solidos quaternorum scripulorum pro singulis unciis, Anstand genommen und den Text nach seiner Kenntniß vom richtigen Verhältniß der Münzen verbessern wollen: — würde es nicht viel näher gelegen haben und ersichtlich sachgemäßer gewesen sein, nicht VI und XII in VII und XIV abzuändern, sondern vielmehr die specielle Angabe des Gewichts der einzelnen Solidi — solidos quaternorum scripulorum — zu berichtigen; die ihm bekannten Solidi wogen eben nicht 4 Scrupeln oder 24 Siliquen, sondern nur 21 Siliquen, und der fränkische Abschreiber hätte demgemäß vor Allem interpoliren müssen: solidos XXI siliquarum. Dies jedoch nur beiläufig, da uns schon Hänels Nachweise über die Entstehung der betreffenden Handschrift des Cod. Theod. in Italien genügend erscheinen, um die Annahme einer fränkischen Interpolation abzuweisen.

Wie ist nun aber die Sachlage, wenn man weder ein Versehen des Abschreibers, noch auch eine absichtliche Interpolation, noch endlich einen jemals in wirklicher Geltung gewesenen Münzfuß der Solidi zu $\frac{1}{84}$ Pfund annehmen kann? Es bleibt offenbar nichts übrig, als den Text zu nehmen, wie er

vorliegt, und eine mit dem ganzen Inhalt der Stelle in Einklang zu brin=
gende oder demselben wenigstens nicht widerstreitende möglichst einfache Erklä=
rung aus den Vergleich mit anderen Stellen des Codex und aus den dama=
ligen Steuer= und Finanzverhältnissen zu versuchen.

Eine solche Erklärung scheint uns nun die folgende Stelle an die Hand
zu geben. Im Cod. Theod. X, 19, 4 in einem Abschnitt einer Verordnung
des Kaisers Valentinian I. und Valens vom Jahre 367 (und zwar, wie wir
in der folgenden Anmerkung sehen werden, gerade derselben Verordnung, wo
der schon längst bestehende Münzfuß von 72 Solidi auf das Pfund zuerst er=
wähnt wird) findet man folgende Bestimmung:

Ob metallicum canonem, in quo propria consuetudo retinenda est, quattuordecim uncias ballucae pro singulis libris constat inferri.

So wenig nun 7 Solidi auf eine Unze oder 14 Solidi auf zwei Unzen
geben, eben so wenig werden bekanntlich 14 Unzen auf ein Pfund gerechnet,
sondern nur 12 Unzen. An den angeführten beiden Stellen des Codex Theod.,
sowohl XII, 7, 1 als auch X, 19, 4, sind das Pfund und die Unze nach der
beigefügten Angabe ihrer Unterabtheilungen beide je um ein Sechstheil zu hoch
angenommen, das Pfund zu 14 Unzen statt zu 12 Unzen und die Unze zu 7
Solidi statt zu 6 Solidi. Die letztere Verordnung vom Jahre 367 bemerkt
nun ausdrücklich, daß sich dies Verhältniß auf eine besondere Observanz (propria consuetudo) begründe. Und es läßt sich diese Observanz aus der Natur
der Sache selbst ohne Schwierigkeit erklären. Es handelte sich in dieser Ver=
ordnung um Abgaben an den Fiscus, und für diesen galt namentlich in der
römischen Kaiserzeit die Regel, daß derselbe durch verstattete Convertirung von
Abgaben nie zu kurz kommen dürfe. Die Verordnung X, 19, 4, betraf eine
Steuer, welche der Staatskasse von der Goldwäscherei zu entrichten war und
welche ein effectives Sechstel des Ertrages an reinem Golde betragen sollte
Um den Fiskus keinenfalls durch zu knappes Gewicht oder etwa durch Aus=
suchen von minder feinhaltigem Golde an seiner Einnahme einbüßen zu lassen,
wie es specieller Gebrauch für diese Steuererhebung geworden, den herkömm=
lichen Antheil des Fiskus an der Goldgewinnung, nämlich 1 Pfund für je 6
Pfund gewonnenes Gold, statt dieses ursprünglichen Normalsatzes von 1 Pfd.
oder 12 Unzen, mit 14 Unzen Gold entrichten zu lassen. Vielleicht war auch
zugleich die Absicht mit maßgebend, die Steuerpflichtigen gegen zu unbillige
Ansprüche und gegen Chikanen der Steuereinnehmer besser zu sichern, damit
diese nicht unter dem Vorwand des s. g. incrementum wegen zu leichten Ge=
wichts ꝛc., ohne Vortheil für den Fiskus, zu Erpressungen bequeme Gelegen=
heit fänden. Der Zweck der Verordnung Constantins I. v. J. 325 wird ana=
log gewesen sein. Der Fiskus sollte nach Einführung der neuen Solidi von
je 4 Scrupeln oder von $\frac{1}{72}$ Pfund durch etwaniges Aussuchen der leichteren
Stücke oder der von geringerem Feingehalt nicht in Verlust kommen, noch auch
die Steuerpflichtigen ohne allen Schutz gegen zu hohe Ansprüche der Steuer=
einnehmer gelassen werden. Die Verordnung gab deshalb den betreffenden
Steuerpflichtigen die Option, statt des nach dem Gewicht zu liefern=
den, durch neues Umschmelzen gereinigten Goldes, die Abgaben in den
neuen Goldmünzen zu leisten, aber mit einem gewissen Aufschlage, nämlich
nach dem Verhältnisse, daß nicht 6 neue Solidi für die Unze gerechnet
werden, was freilich an sich die richtige Norm war, wobei aber der Fiskus
leicht einige Procente hätte verlieren können, sondern daß je 7 Solidi
statt der Unze reines Gold bezahlt werden konnten. Es läßt sich denken, daß
in manchen Fällen der Steuerzahlung einzelner mäßiger Summen in den Pro=
vinzen die Steuerpflichtigen es vorziehen mochten, ohne weiteres je einen Zu=
schlag von einem Sechstel (7 Solidi statt 6 Solidi) in der gewöhnlichen
Münzsorte zu bezahlen, statt sich den Weitläuftigkeiten des Umschmelzens der
Münzen und der Uebervortheilung durch zu schweres Gewicht der Steuerein=
nehmer auszusetzen. Um jedem Mißverständniß über diesen Zuschlag bei der

*20

Zahlung in den neuen Solidi möglichst vorzubeugen, wird in der Verordnung (XII, 7, 1) einmal der Münzfuß der neuen Solidi ausdrücklich angeführt, es seien Solidi von je 4 Scrupeln (d. h. $\frac{1}{72}$ Pfund), und dann wird das exceptionelle Rechnungs-Verhältniß von 7 Solidi für eine Unze durch die an sich eigentlich ganz überflüssige Wiederholung von 14 Solidi für 2 Unzen noch besonders geltend gemacht.

Die von uns vorgeschlagene Erklärung der vielbesprochenen Stelle scheint sich vor den bisher versuchten Deutungen dadurch zu empfehlen, daß hiernach weder zwei auffallende Schreibfehler, noch eine fränkische oder sonstige Interpolation in dem uns überlieferten alten Texte, noch auch ein sonst nicht nachzuweisender Münzfuß der Solidi von $\frac{1}{8\frac{1}{2}}$ Pfund angenommen zu werden braucht.

Anmerkung II.

Seit Valentinian I. findet man unzählige Male auf den Solidi die Bezeichnung CONOB, mitunter auch die Bezeichnung TROB, TESOB, ANOB. Die Buchstaben vor OB sollen unverkennbar die Münzstätte angeben: Constantinopel, Trier, Thessalonich, Antiochien. Wenn in späterer Zeit auf Münzen, die nicht in Constantinopel geprägt sind, dennoch außer Angabe des Münzortes MD, TR, RM u. a. noch CONOB gesetzt wurde, so geschah dies entweder um den von Constantinopel ausgegangenen Münzfuß zu bezeichnen oder auch in Unkenntniß der ursprünglichen Bedeutung von CONOB. — Was bedeuten aber die beiden Buchstaben OB?

Die Hrn. Pinder und Friedländer, welchen das unbestrittene Verdienst gebührt, zuerst den richtigen Münzfuß der Solidi von Constantin I. an $\frac{1}{72}$ Pfund bestimmt nachgewiesen zu haben, erklären in ihrer Schrift: Die Münzen Justinians (Berlin 1843), und ausführlicher in ihren Beiträgen zur älteren Münzkunde (Berlin 1851) die Bezeichnung OB als die Angabe der Zahl der aus dem Pfund Gold gemünzten 72 Solidi. OB ist nämlich das griechische Zahlzeichen für LXXII. Sie bemerken hierüber u. A.: „Valentinian I. und Valens gaben unter anderen das Geldwesen ordnenden Vorschriften im Anfange des Jahres 367 ein Gesetz, wonach bei Einzahlung einer bestimmten Anzahl von Solidi, wenn statt ihrer Barren gegeben wurden, ein Pfund gleich 72 Solidi gerechnet werden soll. Daraus geht natürlich hervor, daß 72 Solidi aus dem Pfunde geprägt wurden. Und dies wird auch bestätigt durch das Gewicht der Solidi Valentinians I. und des Valens; sie wiegen 4$\frac{1}{2}$ Gramm, also $\frac{1}{72}$ Pfund...... Gleichzeitig mit diesem Gesetze vom Jahr 367 beginnt das OB (die griechische Zahlbezeichnung für 72) auf den Goldmünzen. Auf den Münzen vom Jahre 366 kommt es noch nicht vor, auf Münzen vom Jahre 368 aber läßt es sich bereits nachweisen. Wie früher auf der Kehrseite einiger Solidi Constantins und seines Sohnes Constans die Zahl LXXII im Felde stand, so erscheint jetzt, zuerst ebenfalls im Felde, die griechische Zahl OB, das LXXII ist..... Statt des lateinischen Zahlzeichens LXII empfahl sich das griechische OB durch die Kürze, welche der enge Raum im Abschnitt der Münzen forderte".

Wie sehr wir auch den Scharfsinn und die Gelehrsamkeit anerkennen womit die vorstehende Ansicht entwickelt und verschiedene willkürliche Deutungen widerlegt werden, so scheint uns doch bei näherer Prüfung die Erklärung, daß unter OB aurum OBryziatum ursprünglich gemeint worden, wie Chifflet und Eckhel diese Buchstaben gedeutet haben, mehr Wahrscheinlichkeit für sich zu haben. Die Gründe hierfür sind im wesentlichen folgende:

Es ist nach der Darlegung der Hrn. Pinder und Friedländer von Niemand bestritten worden, daß die Bezeichnung OB sich vor Valentinian nie findet, daß sie aber auf den Goldmünzen dieses Kaisers und seines Mitregenten Valens schon häufig vorkommt. Die Eintheilung des Pfundes Gold in 72 Solidi war, wie in der eben vorangegangenen Anmerkung I deutlich nachgewiesen wurde, keine Neuerung des genannten Kaisers, sondern schon Constantin I. hatte diesen Münzfuß eingeführt und seine nächsten Nachfolger denselben unverändert beibehalten. Auch war nicht etwa unter dieser Nachfolgern die factische durchschnittliche Ausmünzung inzwischen merklich leichter geworden, so daß Valentinian I. durch Wiederherstellung einer dem $\frac{1}{72}$ Pfd. Münzfuß besser entsprechenden Ausprägung der Solidi gleichsam als der zweite Gründer dieses Münzfußes gelten könnte; im Gegentheil sind die Solidi des Valentinian I. im Allgemeinen eher um eine Kleinigkeit leichter als die seiner nächsten Vorgänger. (Doch dies nur beiläufig erwähnt, denn die Differenz ist völlig irrelevant). Eine Vergleichung der von Hrn. Queipo mitgetheilten Gerichtsangaben über römische Kaisermünzen zeigt deutlich, daß Valentinian I. keinenfalls einen schwereren Münzfuß als seine Vorgänger in Anwendung gebracht hat. Vergleicht man nämlich die unter Constantin I., Constantius, Gallus, Julian, Jovian und Valentinian I. gemünzten Solidi nach den Angaben des ebengenannten Metrologen, so erhält man folgende Uebersicht.

Das genau ermittelte durchschnittliche Gewicht von zweimal je 21 Solidi Constantins I. betrug, wie vorhin in der Abhandlung (S. 265 N. 1) schon erwähnt, 4.37 und 4.45 Gramm, zusammengerechnet also 4.42 Gramm.

5 Solidi von Constantius Gallus: 4.45; 4.48; 4.50; 4.53; 4.68 Gr.
7 Solidi von Julianus: 4.37; 4.40; 4.41; 4.42; 4.42; 4.50; 4.50 Gr.
10 Solidi von Jovianus: 4.38; 4.43; 4.44; 4.45; 4.45; 4.45; 4.45; 4.47; 4.48; 4.48 Gr.
7 Solidi von Valentinian I: 4.37; 4.42; 4.42; 4.42; 4.43; 4.43; 4.48 Gr.

Es lag mithin für Valentinian I. kein besonderer Grund vor, seinen Solidi die Bezeichnung des Münzfußes: 72 auf das Pfund, beizufügen, wie dies Constantin I. bekanntlich bei einigen Ausmünzungen (vermuthlich im Anfang als diese neue Münzsorte der Solidi statt der bisherigen schwereren Arten der aurei zur Geltung kam) gethan hatte, indem er die lateinische Zahlbezeichnung LXXII mitaufprägen ließ.

Dagegen finden sich in den uns erhaltenen Verordnungen des Kaisers Valentinian I. und seines Mitregenten Valens mehrfache Hinweise darauf, daß dieselben bei ihrer Fürsorge für das Münzwesen besonderes Augenmerk auf die Reinheit des Goldes gerichtet hatten und diese möglichst durchzuführen bestrebt waren. Der technische Ausdruck hierfür in damaliger so wie auch noch späterer Zeit war aber aurum obryziatum oder obryza. Wir wollen die bahin gehörigen hauptsächlichen Stellen vollständig anführen:

Impp. Valentinianus et Valens A. A. ad Rufinum Pf. P. (Cod. Theod. XII, 6, 12; vom Jahre 366). Nulla debet esse caussatio, quin solidi, ex quocunque titulo congregati, sicut jam pridem praecepimus, in massam obryzae soliditatemque redintegrentur. Et ita fiat omnis inlatio, ut largitionum et prosecutorum allectorumque fraudibus aditus obstruatur. Facile etenim eos provinciae rector a dispendio vindicabit, qui binis solidis seu ternis necessitatem solutionis implebunt, si postquam viritim nominatimque suscepernt solidos plurimorum, ea quam superius memoravimus qualitate poscenda, omnium debitum compleatur in massam. Sane si idem suscipientum deprehenditur, quod fuerat ante, fastidium cum obryzae materies afferatur, quae non potest displicere, sed congrua animadversione plectendus est, qui id calumniatur et reprobat, quod ad compendium simplicis satisfactionis inventum est. Prius tamen ad comitatum mansuetudinis nostrae massa obryzae, quae fuerit repudiata, mittatur, ut, qua sit mente rejecta, videamus. *Dat. 4. Id. Nov. Graciano N B. P. et Dagalaipho coss.*

Impp. Valentinianus et Valens AA. ad Dracontium. (Cod. Theod. XII, 7, 3; vom Jahre 367). Si quid ex proscriptionibus vel condemnationibus deposcitur — — non in materia conferatur, sed sub conditionalium oculis ac periculis diu multumque flammae edacis examine in ea obryza de-

tinetur, quemadmodum pura videatur. *Dat. prid. Non. Aug. Nemasia post*
cons. Gratiani N B. P. et Dagalaiphi.

Impp. Valentinianus et Valens AA. ad Germanianum Comitem S. L.
(Cod. Theod. XII, 6, 13; vom Jahre 367). Quotiescunque solidi ad largitionum subsidia perferendi sunt, non solidi, pro quibus adulterini saepe subduntur, sed aut iidem in massam redacti, si aliunde, qui solvi, potest habere materiam, auri o b r y z a dirigatur, pro ea scilicet parte, quam unusquisque defendit, ne diutius vel allecti vel prosecutores vel largitionales adulterinos solidos surrogando in compendium suum fiscalia emolumenta convertant. Illud etiam cautionis adjiciamus, ut, quotiescunque certa summa solidorum pro tituli qualitate debetur, et auri massa transmittitur, in septaginta duos solidos libra feratur accepta. *Datum 6. Id. Ian. Rom., Lupicino*
et Iovino coss

Imppp. Gratianus Valentinianus et Theodosius AAA. Pancratio Pf. U.
(Cod. Theod. XII, 13, 4; v. J. 379). Quae diversarum ordines curiarum
— — — in coronis aureis signisque diversis obtulerint in quacunque fuerint oblata materia, in ea suscipiantur, ne id, quod voluntate offertur, occasione o b r y z a e incrementi necessitatis injuria insequatur. *Dat. 4. Id. Aug.*
Vico Augusti, Ausonio et Olybrio coss.

Ueberblickt man die eben angeführten drei Verordnungen aus den Jahren 366 und 367, so erkennt man darin deutlich die vorwaltende Tendenz, der Verschlechterung der Goldmünzen durch verringerten Feingehalt und einer hieraus für den Fiskus hervorgehenden Beeinträchtigung gründlich vorzubeugen, und man wird bemerkt haben, daß die Bezeichnung o b r y z a in den citirten Stellen auffallend oft wiederholt wird. Dieser Ausdruck mußte in den erwähnten Jahren für alle, die mit größeren Zahlungen zu thun hatten, keine geringe Bedeutung erlangen. Es kann uns daher auch durchaus nicht auffallend erscheinen, daß zu einer Zeit, wo das dem Fiskus zu liefernde Gold wegen der häufig vorkommenden älteren Solidi von schlechterem Gehalt vorher affinirt und zur obryza hergestellt werden mußte, während hingegen die aus solchem Golde neu ausgemünzten Solidi nicht dem Verdacht der Legirung des Goldes ausgesetzt waren, sondern wirklich aurum obryziatum enthielten und dadurch den Steuerpflichtigen Gelegenheit gaben, durch Zahlung in solchen neuen Solidi sich der Chikanen der Steuereinnehmer besser erwehren zu können, es kann nicht auffallen, sagen wir, daß dieser wesentliche Umstand gleich nach seinem Inslebentreten in den Jahren 366 und 367 auch auf den neuen Münzen ausdrücklich bezeichnet wurde. Wie hätte dies aber passender geschehen können, als durch Ausprägung der beiden Anfangsbuchstaben der technischen Bezeichnung des gesetzlichen Feingehalts (obryza), durch OB? Wenn auch eine directe Angabe darüber nicht vorliegt, so wird es doch aus den vorerwähnten Verordnungen und dem ganzen Zusammenhang der Steuerverfassung jener Zeit sehr wahrscheinlich, daß Valentinian I. durch die i. J. 367 beginnende Ausprägung der Solidi unter der Bezeichnung ihres reinen Goldgehalts (OB) dem vorbeugen wollte, daß bei Entrichtung der hohen Abgaben die Steuerpflichtigen außerdem noch die Unkosten und Weitläufigkeiten des jedesmaligen Einschmelzens oder die Zahlung eines willkürlichen incrementum zu tragen hätten, was hauptsächlich nicht dem Fiskus, sondern habsüchtigen Beamten zu Gute kam. Wer zur Steuerzahlung solidi obryziati (wie eine später häufig vorkommende Bezeichnung lautet) einlieferte, wird seit 367 von solcher accessorischen Leistung befreit geblieben sein. — Noch ist zu erwähnen, daß die Verordnung (Cod. Theod. XII, 6, 13) vom Jahre 367, in welcher man allerdings unter allen uns erhaltenen Gesetzen und öffentlichen Dokumenten zuerst eine ausdrückliche Angabe des Münzfußes von 72 Solidi auf das Pfund Gold antrifft und die man deshalb als von besonderer Bedeutung für diesen Münzfuß gelten lassen will, diese Angabe einer seit etwa 40 Jahren schon in ununterbrochener Anwendung gewesenen Gewichtsnorm keineswegs zum Hauptzweck gehabt hat, sondern die angeführte Stelle (XII, 6, 13) deß Cod. Theod. ist nur ein aus dem Zusammenhang genommener Theil einer ausführlicheren Verordnung, welche von den Bergwerksabgaben handelte, und von der ein anderer Theil in X, 19, 4 desselben Codex aufgenommen ist. Diese Stelle ist bereits in der vorhergehenden Anmerkung besprochen. Daß beide Stellen zusammen gehören, ergiebt sich unbestreitbar aus derselben Ueberschrift ad Germanianum Comitem L. und dem nämlichen Datum 6. Id. Jan. Rom. (richtiger Rem.) Lupicino et Jovino coss. Die Hauptsache, worauf es bei dieser ganzen Verordnung v. J. 367 offenbar ankam, war nicht der längst bestehende und niemals erschütterte Münzfuß von 72 Solidi auf das Pfund, sondern die Aufrechthaltung des Feingehalts, der Obryza.

Daß in späterer Zeit die Solibi, ungeachtet des aufgeprägten OB als Bezeichnung der Reinheit des Goldes, wieder mehr oder minder legirtes Geld hielten, kann keinen triftigen Grund gegen unsere Erklärung abgeben. Theils verlor sich in den Münzanstalten selbst die Kenntniß von der Bedeutung jener Buchstaben, und, selbst wenn dies nicht der Fall war, so trug, wer einmal eine Münzverfälschung beabsichtigte, gewiß kein Bedenken, dessen ungeachtet die herkömmliche Angabe des Feingehalts beizubehalten, welche die Verschlechterung zu verdecken dienen konnte.

Wenn auch allerdings einzelne Fälle vorkommen mögen, wo auf Münzen der römischen Kaiserzeit griechische Zahlzeichen und im Uebrigen lateinische Aufschrift sich finden, so dürften doch wohl, sobald zwei an und für sich einfache und sachgemäße Erklärungen vorliegen, von denen die eine einzelne Buchstaben auf sonst lateinischen Aufschriften durch griechische Zahlzeichen erklärt, die andere aber dieselben als ebenfalls lateinische Schrift anerkennt und ungesucht zu deuten weiß, die letztere Auslegung auf größere Wahrscheinlichkeit Anspruch machen. Wie sollte man in der Münzstätte Trier dazu gekommen sein, Zahlbezeichnungen mit griechischen Buchstaben OB statt LXXII anzugeben? Der Ausdruck obryza oder solidi obryziati war dagegen seit Valentinian im Abendlande nicht minder geläufig als in Constantinopel, und die Bezeichnung durch die Anfangsbuchstaben OB hat an sich gewiß nichts Auffallendes.

Wenn aber OB nicht LXXII, sondern obryza (reines Gold) bedeutet, so erklärt es sich ferner von selbst, daß die nämliche Bezeichnung mitunter auch auf den Tremissen beigefügt wurde, während hingegen die Erklärung, daß dies auch bei den Theilstücken auf den Münzfuß des Hauptstückes zu bezeichnen sei, gesucht erscheint. Wie z. B. auf den Viergutengroschenstücken nicht die Bezeichnung XIV auf die Mark fein stand, obschon dies der Thalerfuß war, sondern LXXXIV, weil 84 Stücke gleich waren einer Mark, so hätte auch auf den Tremissen nicht OB, sondern die Bezeichnung von 216 stehen müssen. Fände sich aus der Zeit Valentinianus I. oder seiner Nachfolger ein halber oder ein Drittel-Solidus von unzweifelhafter Echtheit mit der griechischen Zahlangabe für 144 oder 216, so würde man sogleich unbedingt der Erklärung OB durch 72 beipflichten können.

Weicht somit unsere Ansicht über das vielbesprochene OB aber auch entschieden ab von der Erklärung der Hrn. Pinder und Friedländer, indem wir mit Tadel die Deutung durch obryza für die allein zutreffende erachten, so erkennen wir dabei doch mit der größten Bereitwilligkeit an, daß unsere Motivirung dieser Ansicht ganz wesentlich auf der früheren gründlichen Erörterung dieser Frage durch die beiden genannten scharfsinnigen Numismatiker beruht. Sie haben zuerst nachgewiesen, daß die Bezeichnung der Solidi mit OB nicht vor dem Jahre 367 vorkomme, und daß die Verordnung der Kaiser Valentinian I. und Valens im Cod. Theod. XII, 13, 6, gerade aus diesem Jahre, mit jener gleichzeitigen Münzbezeichnung in unmittelbarer Beziehung stehe, und dies sind ja eben die Hauptpunkte für die Erklärung durch OBryza.

Anmerkung III.

Fuero Jusgo en latin y castellano cotejado con los mas antiguos y preciosos códices por la real academia española (Madrid 1815. fol.) enthält als Anhang zum Lib. XII, tit. 2 folgenden in zwei Handschriften sich vorfindenben Zusatz, der mit allen Fehlern wörtlich mitgetheilt wird:

II. De pondere et mensura. Auri libra I LXXII solidos auri: uncia una VI solidos: statera auri I III solidos: dragma I XII argenteos: tremisse I quinque argenteos: seliqua I argentium et tertia pars argencii[1]. Baldres faciunt argencontabili[2].

Hiernach stellt sich also folgendes Verhältniß:

$$1 \text{ Pfund Gold} = 72 \text{ Solibi}$$
$$1 \text{ Unze } \quad = 6 \quad \text{„}$$
$$1 \text{ Statera „} = 3 \quad \text{„}$$
$$1 \text{ Dragma „} = 12 \text{ Argentei}$$
$$1 \text{ Tremissis „} = 5 \quad \text{„}$$
$$1 \text{ Siliqua } \quad = 1 \text{ Argentium et tertia pars argencii.}$$

Diese Uebersicht ist, wie sie vorliegt, augenscheinlich durch Irrthum oder Schreibfehler bei ben Zahlen mehrfach entstellt, denn sie enthält in sich selbst unvereinbare Widersprüche. Als feststehend muß gelten, daß der Münzfuß des Gold=Solibus 2 Scrupel war, was auch in ben beiden ersten Ansätzen der vorstehenden Uebersicht anerkannt wird. Unter statera ist wohl der griechische Stater zu verstehen. Eine Drachme hält bekanntlich 3 Scrupel; es ist daher nicht in Uebereinstimmung zu bringen, daß die dragma (ober 3 Scrupel) Gold gleich sein soll 12 argentei, ber Drittel-Solibus ober Tremissis (⅔ Scrupel Gold) aber gleich 5 argentei. Wäre die letztere Angabe richtig, so müßte die Dragma (⅔ : 5 = 3 : ?) gleich 22½ argentei sein; wirb aber erstere als richtig angenommen, so wäre ber Tremissis (3 : 12 = ⅔ : ?) nur gleich 2⅔ argentei. Da nun aber weiter eine Siliqua gleich gesetzt wirb 1½ argentium, so wäre der Tremissis hiernach nicht mehr als 2 Siliquen, während boch bekanntlich allgemein, und namentlich auch in der westgothischen Rechtssammlung (V, 5, 8) 24 Siliquen auf ben Solibus und also 8 Siliquen auf ben Tremissis gerechnet wurben. Geht man hiervon aus und setzt bie Angabe von 1½ argentei auf bie Siliqua als richtig voraus, so erhält man 1 Tremissis = (8 × 1½) 10⅔ argentei und 1 dragma = 48 argentei, statt ber resp. 5 und 12 ber vorstehenden Zusammenstellung. Die Annahme, baß ber 'argenteus' und baß 'argentium' verschiedene Münzsorten gewesen seien, erscheint an sich nicht sehr plausibel, und würde babei boch immer ber Widerspruch in ber Valuation der Drachme und bes Tremissis bleiben. — Die Erklärung, welche Davoub Oghlou (Histoire de la législation des anciens Germains, I, p. 7) versucht, ist schon beßhalb unhaltbar, weil sie baven ausgeht, baß ber Solibus zu 12 Siliquen gerechnet worden sei. Welche Münzsorte unter bem argenteus bei ben Westgothen gemeint war, barüber wagen wir nicht eine bestimmte Ansicht zu äußern; vermuthlich eine Silbermünze zu ungefähr 1.3 Gramm, wie sie gleichzeitig von Justinian und von ben Ostgothen geprägt wurbe, um ben Werth ber siliqua auri barzustellen. — Die Worte 'Baldres faciunt argencontabili', wissen wir ebenfalls nicht zu beuten.

Uebrigens war man in Spanien selbst schon zur Zeit ber Uebersetzung ber westgothischen Gesetze in Ungewißheit über bie frühere Eintheilung bes Gelbes, wie bie ältesten Manuscripte barthun. (Vgl. Fuero jusgo V, 5, 8. Note 9 unb 10).

[1] Die Leon. Hbschr. de argenzo.
[2] Die Leon. Hbschr. argenzotabili.

Der Poeta Saxo und der Friede zu Salz.

Von

Bernhard Ed. Simson.

Der sächsische Dichter, welcher gegen Ende des neunten Jahrhunderts ein annalistisches Epos über die Alleinherrschaft Karls des
Großen (771 — 814)[1] schrieb, hat hiezu, wie Pertz meint, von
älteren Schriften fast ausschließlich die s. g. Annalen Einhards[2] und
Einhards Vita Karoli benutzt[3]. Und zwar soll er in den vier ersten Büchern seines Werkes, welche die Regierungsgeschichte des Kaisers jahrweis erzählen und denen sich als fünftes ein zusammenfassender Epilog anschließt, so genau jenen Annalen gefolgt sein, daß
er dieselben nur an wenigen Stellen aus der Vita Karoli oder aus
seinem Gedächtniß, an einer anderen aus einer Urkunde und einmal
vielleicht auch aus einer anderen Chronik ergänzte[4].

Indeß bleibt mir nach einer bis in das Einzelne geführten Vergleichung kein Zweifel, daß seine Darstellung zum nicht unbedeutenden Theil auf anderen Grundlagen ruht. Es zeigen die letzten,
weit kürzer gefaßten Jahrberichte mit der fast einzigen, und dort auch
beinahe wörtlich aufgenommenen Quelle, der früheren nur noch hier
und da eine besondere Uebereinstimmung[5]. Und wenn wir also erkennen, daß die Quellen hier vorläufig noch ungenügend erforscht

---

[1] Poetae Saxonis annalium de gestis Caroli Magni imperatoris libri
quinque, zuletzt von Pertz in den Monum. Germ. (SS. 1, 225 — 279) herausgegeben.

[2] Es gewinnt immer mehr den Anschein, daß jene elegante Umarbeitung
der ältesten Reichsannalen erst aus einer Zeit stammt, da sich diese Geschichtsschreibung bereits zu einer festeren Gestalt entwickelt hatte, und man mit den
Fortsetzungen auch die ersten Anfänge in moderner und lesbarer Gestalt zu
veröffentlichen wünschte. — Eine Ansicht, auf welche schon, wenn gleich nicht
ausdrücklich, die unvollendete Inauguraldissertation des Verf. De statu questionis, sintne Einhardi necno sint, quos ei ascribunt annales imperii (1860) verweist.

[3] Monum. Germ. SS. I, 227 : Fides auctoris, paucissimis locis exceptis, quibus ipso, probus quidem et sincerus spectator, quae viderat audierave refert, tota ex Einhardi annalibus et vita Karoli pendet. — Ebenso
Wattenbach, Deutschlands Geschichtsquellen S. 139.

[4] Vgl. Pertz's Noten 8), 8 b), 14), 19).

[5] Aehnlich schon Bähr (in der Geschichte der römischen Literatur im
karoling. Zeitalter, § 49): so giebt also das Gedicht eine in Verse gebrachte
Erzählung der Begebenheiten der Jahre 772 — 813, die in den drei ersten
Büchern sich fast Satz für Satz an die bemerkten Quellen hält und diese in eine
rhythmische Form bringt, während in den beiden letzten Büchern der Dichter
den Gegenstand mit mehr Freiheit und Selbständigkeit behandelt hat. Vgl.
auch meine Dissertation S. 13 Anm. 2.

sind, so leuchtet ein, daß sich eine genauere Untersuchung derselben einigermaßen belohnen müsse. Abgesehen von dem allgemeinen historischen Interesse der Quellenkritik, noch aus zwei besonderen Gründen. Einmal, da bei der Unselbständigkeit und engen gegenseitigen Verbindung dieser mittelalterlichen Chroniken die Erkenntniß auch des kleinsten Gliedes in der Kette die Fügung des ganzen veranschaulichen hilft. Dann, weil sich zumeist auf eben diese poetischen Annalen die erst in neuerer Zeit einstimmig verworfene und genetisch noch nicht ausreichend erklärte Nachricht von einem Friedensvertrage gründet, der die Kämpfe Karls des Großen mit den Sachsen beendet hätte.

Pertz's Wahrnehmung scheint sich mir nur insofern zu bestätigen, als sich der Poet bis zum Ende des Jahres 801 in der That genau den Annales Einhardi anschließt. Er hat sich hier im Allgemeinen begnügt, diese in Hexameter zu übertragen. Und während dabei einzelne Eigenthümlichkeiten seines Textes [1] auf die Handschrift zu deuten sein werden, welche ihm vorlag, lassen sich seine Zusätze und Excurse — sie enthalten übrigens mitunter anmuthige Schilderungen oder interessante allgemeine Ausführungen — nur zum geringen Theil auf eine andere schriftliche Quelle, die Vita Karoli [2] zurückführen.

Indeß aber eben diese Zusätze nur als Ausführungen oder Zierrath der Notizenreihe der Annalen sich anfügen, treffen wir zu Ende des Jahrberichts für 801 zuerst eine annalistische Notiz, welche in jenen fehlt:

(B. 73 ff.)

> Perque sui partes regni direxerat omnes
> Legatos, aequo legum moderamine mandans
> Justicias facere et varias componere lites,
> Reddere jus civile bonis, terrere malignos:

[1] Vgl. besonders:

Annales.	Poeta.
771. Celebravit natalem Domini in Attiniaco et pascha Heristallio.	Rex autem Carolus celebravit in Attiniaco Natalem Domini necnon paschalia festa. ---
772. Romae Stephano papa defuncto, Hadrianus in pontificatu successit.	Paulo Romano defuncto praesule sedis, Suscepit post hunc Adrianus pontificatum. —
798. Insulae Baleares, quae nunc ab incolis earum Majorica et Minorica vocitantur. . . .	Insule invase Baleares esse feruntur Hoc anno, quarum Majorica dicitur una, Altera nomen habet sermone Minorica prisco.

[2] Deren Einfluß verräth sich aber außer z. J. 772, wo Pertz ihn mit Recht annimmt, und 799, wo ich ihn nicht mit ihm erkennen kann, auch unter 778. 786. 788. 791. 792 und sonst noch öfters im Ausdruck.

Divinas mundique pias ex ordine leges
Tunc exerceri mandaverat et renovari.

Und hiemit betritt der Dichter auch wirklich eine neue Bahn, welche den Spuren der Reichsannalen nicht mehr in der bisherigen Weise nachführt.

Dies wird schon äußerlich und quantitativ klar. Denn die prosai= schen Jahrbücher nehmen in der Folge beinahe an Fülle zu, indeß die poetischen stark zusammenschmelzen und statt, wie bisher, im Durchschnitt 50 Verse zu zählen, nun selten über 5 bis 20 hinaus= gehen [1]. Auch überzeugen wir uns schnell, daß diese Veränderung keineswegs Folge einer Ungeduld ist, die unsern Autor über der an= strengenden [2] metrischen Uebertragung befallen, — sondern daß er hier etwas anderes giebt als einen nur durch größere Kürze von dem vorigen verschiedenen Auszug. Denn auch außerdem, daß ihm nun mehrere Nachrichten eigenthümlich sind, scheint er jetzt überhaupt nicht sowohl den ihm vorliegenden Reichthum der großen Annalen oberflächlich zu benutzen, als vielmehr seine Armuth an Notizen durch Ausführungen und Floskeln, die er diesen anhängt, zu verdecken. Er ignorirt die positiven Angaben der Reichsjahrbücher und ergänzt die davon theilweise abweichenden dürftigen, welche ihm zu Gebot stehen, in willkürlicher den besten Nachrichten eben oft widerstreitender Weise.

So kommt — ich will diese an sich von Jedem selbst nachzu= holende Bemerkung doch mit Beispielen belegen — den Jahrbüchern zfolge Papst Leo noch vor Weihnachten 804 zu Karl und bleibt nur acht Tage bei ihm; dagegen feiern nach dem Gedicht beide noch gemeinsam das Epiphaniasfest. So begründet ferner der Annalist diese päpstliche Reise ganz bestimmt aus einer Reliquienforderung des Kaisers, während sie der Poet vage aus der Liebe des Papstes zu jenem und der bedrängten Lage der Kirche herleitet [3]. So spielt in

---

[1] Vgl. 802. 804. 805. 808. 810. 811. 812.

[2] Dies war sie für ihn (780, V. 25—28):

Hic igitur statui primae cum fine decadis
Annorum Caroli, postquam rex coeperat esse
Francorum solus, primum finire libellum,
Viribus ut parvis requies solatia praestet.

[3]

Annales.	Poeta.
804... Medio Novembrio allatum est ei, Leonem papam natalem Domini cum eo celebrare velle.... obviam illi Remorum civitatem profectus est, ibique susceptum, primo Cari- siacum villam, ubi natalem Domini celebravit, deinde Aquasgrani per- duxit, et donatum.... muneribus, de- duci fecit usque Ravennam..... Cau- sa adventus ejus haec erat: Perlatum	Praesul apostolicus Roma perrexit ab urbe, Augusti Leo flagranti deductus amore, Aecclesiae quoque pro causis, qui- bus imperiali Esse videbat opus munimine, rursus adire Francorum terras satagens per longa viarum. . . . .

den Reichsannalen wie in der Vita Karoli der Dänenkönig Godfried
eine bedeutende Rolle; und sie erzählen, wie der alte Kaiser gegen
ihn zum letzten Mal (810) persönlich ins Feld gezogen sei. Dagegen boten dem Dichter die dürftigen Annalen, welche ihm vorlagen,
keine Nachrichten über diesen Feind; während er die Person desselben
allerdings in seinem Epilog, der Vita Karoli folgend, erwähnt[1],
schließt er seinen Jahrbericht für 806, worin er übrigens die damals
getroffene Reichstheilung meldet, mit den Worten:

Ipse dehinc princeps in sede manebat Aquensi,
Nec post militiae solitos exercuit usus,
Nam nec opus fuerat, nec eum permiserat actas,
Jam, quibus exsaciatus erat, renovare labores.

Außerdem wird uns die Ankunft eines schutzflehenden Fürsten,
den die Annalen Eardulf von Northumberland, der aus ungenauer
Quelle schöpfende Poet aber den Nordmannen Alfdeni nennt, von
jenen zu 808, von letzterem schon 807 berichtet. Ebenso eine Viehseuche dort unter 810, hier unter 809, und zwar dort hinsichtlich
ihrer Wirkungen auf den Feldzug des Kaisers gegen Godfried, hier
in ihren Schrecknissen für die sonst vom Frieden beglückten
Reichsländer geschildert, welche doch den Annalen zufolge auch damals (809) von Waffen klirrten.

Aus dieser allgemeinen Abweichung, für die sich noch mehr Beispiele beibringen ließen, ersehen wir, daß die Annalen hier aufhören die Quelle des Poeta Saxo zu sein. Daß dies jedoch
von Pertz verkannt worden ist, erklärt eine trotzdem öfters im Ausdruck und bisweilen auch im Inhalt wiederkehrende Aehnlichkeit beider
Schriften, die sich zugleich nicht überall, namentlich nicht in den be-

est ad imperatorem aestate praete-
rita, Christi sanguinem in Mantua
civitate fuisse repertum; propter
hoc misit ad papam, petens ut
hujus famae veritatem inquireret.
Qui, accepta occasione exeundi, primo in Longobardiam, quasi pro in-
quisitione praedicta, profectus est,
indeque arrepto itinere, subito ad
imperatorem usque pervenit. Man-
sitque apud illum dies octo etc.

. . . . et illi
Obvius augustus Remensem venit ad
urbem,
Susceptumque satis digno veneratus
honore
Duxerat ad sedem, cui nomen Cari-
siacus.
Natalis Domini festis ibi rite peractis,
Sedis Aquensis abhinc petierunt moe-
nia pulchrae,
Glorificeque simul celebrato
tempore sancto,
Quo stella monstrante magi
cognoscere veri
In terris nati meruerunt luminis ortum etc.

[1] V. 613 ff., vgl. unten.

reits angeführten [1] und sonst verschiedenen Berichten über die zweite Reise des Pabstes Leo nach Frankreich auf das gemeinsame Muster der Vita Karoli zurückführen läßt. Weshalb wir auch die allerdings stark begründete Vermuthung, daß die s. g. Annales Einhardi dem Dichter überhaupt nur, insoweit sie eine wirkliche Umarbeitung und nicht bloße Rekapitulation der s. g. Annales Laurissenses sind, zu Gesicht gekommen sein mögen, nicht zu voller Gewißheit erheben dürfen. Wir werden aber verpflichtet sein, der weit kürzern Chronik, die ihm von hier an zum Leitfaden gedient haben muß, in Bezug auf ihr Wesen, ihre Herkunft und ihr Verhältniß zu andern Annalen nachzuforschen.

Zu Ende des Jahrberichts für 801 also treffen wir, wie bereits bemerkt, zuerst eine Nachricht, welche in den Einhardischen Annalen fehlt. Sie betrifft die neuen Ordnungen, welche Karl der Große zu Anfang seines Kaiserregiments erlassen, und ist, wenn gleich jene Maßregeln und ihr Datum auch in der Vita Karoli (Cap. 29) erwähnt werden, doch der entsprechenden in den Annales Laureshamenses bei weitem ähnlicher [2].

Die Ankunft Persischer Geschenke im Jahr 802 wird auch in den Reichsannalen, jedoch in einem Detail gemeldet, welches dem Verfasser unseres Gedichts unbekannt gewesen zu sein scheint. Diesem meldete seine dürre Quelle außer der Thatsache selbst, die er dann freilich aus dem Leben Karls (Cap. 16) mit reichen Zusätzen ausstaffiren konnte, wohl nur noch die Abtretung Jerusalems an den Kaiser. So, daß die letzten Verse seines Berichts:

Ascribique locum sanctum Hierosolimorum
Concessit propriae Caroli semper dicioni,

wahrscheinlich allein im Ausdruck der Vita Karoli nachgebildet [3], und nicht die Quelle [4], sondern aus einer Quelle mit der entsprechenden Notiz der Jahrbücher von Queblinburg: Aaron rex Persarum Jerosolymam subjecit Carolo, et misit ei elephantum unum, sein werden.

---

[1] Siehe S. 305 u. 306.

[2] Pertz selbst bemerkt dazu: ex Einhardi vita Karoli cap. 29, sed et u alio fonte e. g. annalibus Laureshamensibus ad 802. fluxerint; und ich möchte auch die von Reineccius und Pertz im Widerspruch mit der Handschrift nach unter 801 gestellten Verse schon zu 802 rechnen, wenn dann nicht die Säße:

    Italie linquens fines augustus Aquensem
    Expetiit sedem, mansitque quietus hoc anno

und

    Hoc de longinquis elephans regionibus anno
    Primitus adductus. . . .

dies Jahr zweimal hintereinander zu gleichförmig einleiten würden.

[3] C. 16. . . . . . etiam sacrum illum et salutarem locum, ut illius potestati adscriberetur, concessit.

[4] Wie Lappenberg (Archiv VI, 640) und Pertz (M. Germ. SS. III, 19) annehmen.

Es mag dies aus der Betrachtung des folgenden, für uns wichtigsten Abschnitts mit erhellen, dessen genaue Kenntnißnahme hier nicht erspart werden kann:

Anno 803. Indict. 10.

Nobilis hic annus longi certamina belli
Tandem Saxones inter Francosque peracti
Firmo perpetuae conclusit foedere pacis.
Augustus pius ad sedem Salz nomine dictam
5. Venerat: huc omni Saxonum nobilitate
Collecta, simul has pacis leges inierunt,
Ut, toto penitus cultu rituque relicto
Gentili, quem daemonica prius arte colebant
Decepti, post haec fidei se subdere vellent
10. Catholicae, Christoque Deo servire per aevum.
At vero censum Francorum regibus ullum
Solvere nec penitus deberent atque tributum,
Cunctorum pariter statuit sententia concors,
Sed tantum decimas divina lege statutas
15. Offerrent ac presulibus parere studerent,
Ipsorumque simul clero, qui dogmata sacra,
Quique fidem Domino placitam vitamque docerd
Tum sub judicibus, quos rex inponeret ipsis,
Legatisque suis permissi legibus uti
20. Saxones patriis et libertatis honore.
Hoc sunt postremo sociati foedere Francis,
Ut gens et populus fieret concorditer unus
Ac semper regi parens aequaliter uni.
Si tamen hoc dubium cuiquam fortasse videtur,
25. De vita scriptum Caroli legat ipse libellum,
Quem Francos inter clarus veraxque relator
Ac summe prudens, Einhardus nomine, scripsit.
Hac igitur pacis sub conditione fideles
Se Carolo natisque suis stirpique nepotum
30. Ipsius juraverunt per saecla futuros.
Quos per ter denos et tres tam duriter annos
Linquere protracti penitus conamina belli
Plus regis pietas et munificentia fecit
Quam terror. Nam se quisquis commiserat ejus
35. Egregiae fidei, ritus spernendo profanos,
Hunc opibus ditans ornabat honoribus amplis.
Copia pauperibus Saxonibus agnita primum
Tunc fuerat rerum, quas Gallia fert opulenta,
Praedia praestiterat cum rex compluribus illic,
40. Ex quibus acciperent preciosae tegmina vestis,
Argenti cumolos dulcisque fluenta Liei.

His ubi primores donis illexerat, omnes
Subjectos sibimet reliquos obtriverat armis,
Et multis experta modis innotuit ejus
Tam dulcis pietas quam formidabilis ira,   45.
Praefatum statuere fide servare perenni
Foedus, et ulterius non id mutasse probantur. ,

: ausführliche Mittheilung hat lange Zeit glauben machen,
ahr 803 zu Salz in der That ein förmlicher und feierli=
nßschluß zwischen Kaiser Karl und dem Sächsischen Abel
gekommen sei. Auch in einem so berühmten älteren Werk,
ß Osnabrückischer Geschichte, steht er als Ende des großen
da [1]. Schlosser zuerst widersprach dem Faktum als einzig
l unansehnlichen Autor beglaubigt [2], und dann suchte Pertz
onumenta Germaniae wenigstens die Zeit und Ortsbe=
des Friedens auf ein Mißverständniß aus der Vita Ka=
en Annalen Einhards zurückzuführen. „Dieser Bericht, sagt
ch dem eigenen Zeugniß des Verfassers (V. 24 ff.) aus
Karoli geflossen. Doch hat derselbe mit deren Mitthei=
t dem endgültigen Frieden zwischen Karl und den Sach=
ie Angabe der Reichsannalen von einem 803 zu Salz mit
en abgeschlossenen Vertrage combinirt und so den Irrthum
5.

rch haben sich dann freilich die Compilatoren und Schein=
n dem Traum vom Salzer Frieden nicht stören lassen [4],
einige gelehrte Darsteller nur sein Datum zu verändern
Bedeutung einzuschränken versucht [5]. Dagegen sind die

he J. Mösers sämmtliche Werke ed. Abeken VI, 177 ff.
Weltgeschichte in zusammenhängender Erzählung II, 418.
Monum. Germ. SS. I, 260 n. 16: Tota rerum anno 803. gestarum
eta teste, fluxit ex Einhardi vita Karoli c. 7, qui tamen de pa-
post translationem Saxonum convenisse auctor est, quae cum
contigerit, Saxoniae pacationem ad hunc demum annum referri,
noster tradit loco perfectam esse, patet. Carolus enim a. 804.
oloniam et Aquasgrani rediens, Salz palatium itinere suo non
c, quod unum hic adferri posset, codicis Mettensis inscriptio ca-
Salz 'In quarto anno ad Salz' contrarium evincere sufficit, quum
malium auctoritatem hoc aevo maximam et inter scriptores
m esse, nemo nescit. Errori ansam praebuerit, quod poeta aliam
i imperatore scilicet Constantinopolitano, anno 803. Salz conclu-
in annalibus Einhardi legit.
B. Welter, Einführung des Christenthums in Sachsen, Münster
. Ozanam, Études Germaniques II, 259.
wenigstens dem Anschein nach, Eichhorn, welcher in diesem Punkt
Staats= und Rechtsgesch. I, §. 134, S. 512 der 5. Ausg.) ge=
olgt, ferner Erhard in den Regesta historiae Westphaliae (S. 84),
Erzählung des Dichters als einer glaubwürdigen auf eine damals
dfriedensconstitution geschlossen wird, die nur Einige aus Mißver=
r einen förmlichen Friedensvertrag gehalten. Und ähnlich (vgl.

beſten Neueren immer mehr, wie durch die geringe Autorität der Quelle, dem Stillſchweigen der wichtigſten Ueberlieferungen gegenüber, ſo durch die Einſicht, daß der Sachſenkrieg Karls als ein Kampf mit einzelnen Stämmen, welche ſich nur einzeln unterwarfen und vertrugen, auch niemals durch einen ſolchen allgemeinen Frieden mit dem ganzen Volk beendigt werden mochte, von jedem Glauben an dieſen zurückgekommen [1]. Nur haben auch ſie, während ſie über Pertz's Reſultat hinausgehen und die Angabe von dem Salzer Frieden ganz verwerfen mußten, die Gründe von Pertz ſämmtlich angenommen. Und doch ſcheint mir dieſe ſeine genetiſche Erklärung der falſchen Nachricht, auf die es uns hier ankommt, nicht zuzutreffen, ſondern zu künſtlich zu ſein und durch eine natürlichere erſetzt werden zu können.

Zunächſt nämlich konnte der Dichter das allbekannte „Leben Karls", wenn er auch wirklich die Reichsjahrbücher damit verglich und ſo die von Pertz angenommene wunderbare Combination zog, doch unmöglich für ſein erſt auf dieſe Weiſe gebildetes Datum verantwortlich machen; es iſt dies Citat vielmehr auf die wirklich aus der Vita geſchöpften Elemente ſeines Berichts zu beſchränken [3]. Sodann wird eben jene Begründung des Irrthums in einem Mißverſtändniß der Vita und der Annales Einhardi [4] zuſammen mit durch unſere oben dargelegten Zweifel an dem Gebrauch der letztern in dieſen Theilen des Gedichts überhaupt erſchüttert. Und endlich findet das einzige bedeutende Moment in der Beendigung des Kriegs, das die Reichsjahrbücher hervorheben, die Verpflanzung der Elbwohner [5], in der ſich breit ergehenden Ausführung unſeres Autors zu 803 keine Stelle.

Andrerſeits aber ſteht derſelbe mit ſeiner Mittheilung nicht allein da. Sie findet ſich im Weſentlichen noch in einigen andern Annalen, unter denen die von Quedlinburg die älteſten ſind. —

Waitz, deutſche Verfaſſungsgeſchichte III, 188) auch Moller (Saxones S. 67) Wirth (deutſche Geſch. I, 461), endlich Seibertz.

[1] Wie namentlich Luden, Geſch. d. Deutſchen V, 494 — 496. Schaumann, Geſchichte des niederſächſiſchen Volks S. 33 ff. Rettberg, Kirchengeſchichte Deutſchlands II, 393. Gieſebrecht, Geſch. d. deutſchen Kaiſerzeit I zuletzt Waitz, deutſche Verfaſſungsgeſch. III, 186—188 und (nach deſſen Citat) auch Unger, Geſchichte des öffentlichen Rechts zwiſchen Niederrhein und Niederelbe I, 51.

[2] Vgl. oben S. 309.

[3] Aber nicht mit Schaumann (a. a. O.) eine Lüge und Frechheit zu heißen.

[4] Nach Waitz ſogar der Annales Laurissenses majores.

[5] S. Ann. Einh. 804: ..... aestate autem in Saxoniam ducto exercitu, (imperator) omnes qui trans Albiam et in Wihmuodi habitabant Saxones cum mulieribus et infantibus transtulit in Franciam. — Nach Luden wäre die Fortlaſſung dieſes Zuges im Gemälde des Dichters allerdings eine abſichtliche. Vgl. auch Waitz: „Gerade die zahlreichen Wegführungen im J. 804 entſprechen am wenigſten den angeblichen Bedingungen".

Diefe, von uns bereits [1] erwähnte, um das Jahr 1000 n. Chr. ent=
standene Chronik, welche im letzten Grunde auf alten Hersfelder
Aufzeichnungen beruht [2], diefelben aber auch in den früheren Abschnitten
aus theils bekannten, theils unbekannten Quellen vielfach ergänzt
hat, sagt zum Jahr 803 [3]: Carolus, conventu habito in palatio
Salz, Saxones antiqua libertate donavit, eosque pro conservanda fide catholica ab omni solvit tributo, excepto quod
illos omnes divites ac pauperes, totius suae culturae ac nutriturae decimas Christo et sacerdotibus eius reddere jussit. —
D. h. fie zeigt auch hier, wie schon zu 802 [4], eine Uebereinstimmung
mit dem Gedichte, welche zwar von Lappenberg, Pertz und andern,
die beipflichteten [5], aus ihrer Benutzung des hundert Jahre älteren
Poeten erklärt ist, nach meiner Meinung aber tiefere Wurzeln haben
muß.

Es käme mir ein solcher Gebrauch des Dichters in der Chro=
nik schon an fich unnatürlich vor. Wenn ein Annalist, der wortge=
treue Auszüge ansehnlicher prosaischer Quellen zusammentrug, fich
zudem noch bei einem Poeten Raths erholte, wollte er gewiß weni=
ger aus der verhältnißmäßig inhaltsleeren Wortfülle desselben einzelne
Zusätze zu seiner Notizreihe herausklauben, als vielmehr seine Fülle,
seine Floskeln und Ausführungen nützen. Und doch, wie die kurze
Angabe der Queblinburger Chronik unter 802 keine von den Ein=
hard entlehnten Wendungen über Harun Alraschid wiedergiebt, so
hebt auch ihr folgender Bericht nur einen scharf begrenzten Theil des
poetischen, nämlich die Bestimmung der Zehnten und das Datum
ihrer Einführung, heraus. Während sie dies fogar viel genauer ausführt
und präcisirt, entbehrt sie dabei der allgemeinen Bemerkungen und
Redeblumen, welche der Dichter zum Theil abermals aus der Vita
Karoli dazu gepflückt hat [6]. Ihre Worte, die aus einer gemeinsa=
men Quelle mit den poetischen stammen werden, machen den Ein=
bruck einer urkundlichen Formel [7] und sind es auch ohne Zweifel.

Sie finden fich ebenso in den uns überkommenen, hinsichtlich

---

[1] S. 307 ff.
[2] S. den Aufsatz in Pertz Archiv VI, 663 ff.
[3] Mon. Germ. SS. III, 40.
[4] Vgl. oben S. 308.
[5] Lappenberg (im Archiv VI, 640) und Waitz, deutsche Verfassungs=
geschichte a. a. O.
[6] Sie entspricht nur Vers 4–15.
[7] Und zwar einer solchen, deren Worte das göttliche Gesetz, auf wel=
ches fie fich beziehen, nachahmen: 3. Mos. XXVII, 30: Alle Zehnten im
Lande, beides von Samen des Landes und von den Früchten der Bäume,
find des Herrn und sollen dem Herrn heilig sein. 32: Und alle Zehnten
von Rindern und Schafen und was unter der Ruthe gehet, das ist ein hei=
liger Zehnte des Herrn. — Deßhalb nennt auch das Capitular von Pader=
born als Grund dieser Zehnten das mandatum Dei, und unser Poet diese
selbst (V. 14) die decimae divina lege statutae (vgl. Böttger, die Einfüh=
rung des Christenthums in Sachsen S. 21).

ihrer Aechtheit allerdings angezweifelten oder
tungs = und Grenzdokumenten der Sächsischer
und Verden wieder:

(Lappenberg, Hamburgisches Urkundenbuch
Großen Stiftungsbrief für das Hochstift Verde
29. — Et qui hucusque jugum Christi m
debant, domino nostro Jesu Chris
bus ejus omnium jumentorum suo
terre, et omnis agriculturae decim
simul in unum divites et paupere
nonicam assertionem et legalem
stricti, de cetero persolvant.

(II, aus Adam von Bremen I, 9). Stift
Hochstift Bremen, (Speier) 788 Jul. 14
Christi fideles, quod Saxones...... pr
donatos et omni nobis debito ce
amore illius, qui nobis victoriam contulit
sublegales devote addiximus: videlicet, ut
salvatori nostro Jesu Christo et s
omnium suorum jumentorum et fi
que culturae decimas ac nutritu
pauperes, legaliter constricti, pe

(IV) König Karl der Große über die S
Verden und Bremen 795 — 800. Et qu
Christi ferre minime contendebant, don
Christo et sacerdotibus ejus omni
suorum et fructuum terrae et om
decimas ac nutriturae, simul in u
pauperes, secundum canonicam
legalem cautionem constricti, de
vant[2].

Eine Uebereinstimmung der Worte, welche
läßt, dieselben möchten auch in die Quedlinburg
ähnlichen — ächten oder unächten — Schr
und ihre und des Dichters gemeinsame Quell

---

[1] Ueber ihre Unächtheit vgl. besonders Rettbergs
lands II, 453—455. 459. Ein neulicher Versuch v
das Bremer Dokument zu retten — wir sind dem
einem Falle gefolgt — ist von der Kritik fast einstim
verdammt worden.

[2] Lappenberg meint, diese Urkunde sei vielleich
Form das Muster jener Bremischen gewesen; und a
sie der Entwurf dazu, wenn gleich erst im 11. J
Uebrigens wiederholt sich die betreffende Formel au
von Böhmer (Reg. Karolorum 136) citirten unächte
für den Grafen Trutmann (v. 28. Septbr. 789) un
Capitulare Paderbrunnense a 785. 17 (M. Germ. L

von 803 und aus Salz datirten Dokument nur wiederholte allge=
meine Bestimmung irrthümlich unmittelbar auf dies Datum bezogen
haben, wie sie etwa ein Bremer Geistlicher nach der ihm vorliegen=
Urkunde ins Jahr 788 und nach Speier hätte verlegen können.

Diese Vermuthung wird durch das, was wir von den Quellen des
betreffenden Chronisten vorauszusetzen haben oder wissen, vollkommen
bestätigt. Er würde nach Pertz [1] auch den Inhalt der alten Hers=
Annalen erst aus einer Halberstädtischen Bearbeitung der=
überkommen haben. Und sichtlich hat er in seinem ganzen
..., wie dies zudem in der Natur der Sache lag, die Schrift=
des benachbarten Stifts fortwährend benutzt, die Geschichte
selben stetig verfolgt.

Hier, in Halberstadt, verwahrte man aber offenbar eine Urkunde
dem betreffenden Datum (Salz 803), welche gleich jenen nord=
ischen die Grenzen des Sprengels und in der Einleitung den be=
Satz von den Zehnten enthielt. — Hiervon wird eine Ein=
in die beiden vornehmsten Quellen Halberstädtischer Geschichte,
denen auch die eine höchst wahrscheinlich, die andere sicher dort
...gen ist — ich meine den Annalista Saxo und das Chro=
Halberstadense — sofort überzeugen.

Jener nämlich, der Annalist, welcher bekanntlich dem 12. Jahr=
...bert angehört [2], nimmt unter 803 zuerst die aus den Reichsan=
stammende Nachricht Reginos von einem damals zu Salz
Kaiser Karl und Griechischen Gesandten vereinbarten Pakt
...fährt dann aber fort [3]:

In eodem palatio imperator Karolus sancto Hilde-
Halberstadensi episcopo suam parrochiam certis undi-
circumscriptis terminis suoque augustali imperio et in-
...icabili privilegio firmavit anno imperii sui 3., ordinatio-
autem Hildegrimi episcopi 23., indictione 12., Idus Mai.
Hi sunt autem termini: fluvius Albia, Sala, Unstrada,
...iuxta Grone, altitudo silvae quae vocatur Hart, Ova-
, Dasanek, Druchterbike, Elera, Isunna palus quae divi-
Bardengaos et Witingaos, Ara, Milda, Precekina, et
...m Albia. Eodem quoque tempore in eodem loco
in eodem palatio imperator [4] omnes Saxones antiqua
...tate donavit, eosque pro conservanda fide catholica ab

[1] M. Germ. SS. III, 19: Alter qui Annales Hersfeldenses exscripsit,
...ista scilicet Halberstadensis, ut opinor, ipse quidem hucusque
...sed in parte antiquiori annalium Hildesheimensium et Quedlinburgen-
...usque ad a. 993 . . . . . recognoscitur. — Von dem gegen diese Ansicht
...auch erhobenen Einspruch, sowie von der Bedeutung derselben für unsere
...suchung im Folgenden.

[2] Vgl. über ihn und seinen Zusammenhang mit Halberstadt besonders
...(M. Germ. SS. VI, 545—546) und Wattenbach, Deutschlands Geschichts=
... S. 343.

[3] M. G. SS. VI, 565.

[4] Ursprünglich stand hier, wie auch in der Quedlinburger Chronik, noch

omni solvit tributo, excepto quod omnes eos, divites scilicet ac pauperes, tocius suae agriculturae ac nutriturae decimas Christo ac sacerdotibus ejus reddere jussit.

Und das zu Anfang des 13. Jahrhunderts verfaßte Chronicon Halberstadense [1] sagt beinahe gleichlautend:

Anno vero dominice incarnationis 803. (cod. 10.)....sui autem regni 35. (cod. 34.), imperii vero 3., ordinationis Hildegrimi episcopi 23., anno 5. postquam, ut dictum est, Leo papa fuerat mutilatus, Karolus imperator in palacio Salz nominato parrochiam hanc certis undique terminis circumscripsit suoque imperio augustali et imprevaricabili privilegio confirmavit. Hii autem sunt termini Halberstadensis dyocesis fluvius Albia, Sala, Unstrada, fossa juxta Grune, altitudo silve que vocatur Hart, Ovacra, S c u n t r a, Dasanek, Druchterbeke Alera, Isunna, palus que dividit Bardungaos et Witingaos Ara, Milda, Pretekina, et iterum Albia. Circumscriptis igitur terminis Halberstadensis dyocesis, Karolus imperator, ha bito conventu in palacio supradicto, omnes Saxones libertate antiqua .donavit eosque pro fide catholica conser vanda ab omni solvit tributo, excepto quod omnes eos, divites scilicet ac pauperes, tocius sue agriculture ac nutriture decimas Christo ac sacerdotibus ejus fideliter dare jussit

Endlich auch die Chronik des Johann Staidel [2], eines Canonicus von Passau in der zweiten Hälfte des 15. Jahrhunderts, welche ebenfalls zu den alten Hersfelder Annalen in einer mittleren, wenn gleich verschieden erklärten Beziehung steht [3]:

...... Karolus omnes Saxones, qui multum cultui idolorum erant dediti, pro conservanda fide catholica ab omni tributo exemit, eosque totius agriculturae suae ac nutriture decimas Deo et ejus sacerdotibus dare jussit.

ein 'conventu habito' zwischen, welches der Annalist jedoch später gestrichen hat. S. Mon. Germ. a. a. D.

[1] Zuletzt herausgegeben von Schatz, Halberstadt 1839.

[2] Oefele, Scriptores rerum Boicarum I, 438.

[3] Es wäre für uns allerdings von der größten Wichtigkeit, das Verhältniß aller dieser Schriften, also der Annalen von Quedlinburg, des Sächsischen Annalisten, der Chroniken von Halberstadt und derjenigen Stainbels zu einander genau zu kennen. Indessen könnte dieß erst ein mögliches Ergebniß einer eigenen, ausführlichen Untersuchung sein; hier mögen also folgende Bemerkungen genügen.

Die Ansicht von Pertz, welche keine unmittelbare Abhängigkeit jener späteren Schriften von dem Chronicon Quedlinburgense annimmt, sondern Verwandtschaft zwischen ihnen auf dem gemeinsamen Gebrauch einer nun verlorenen Halberstädter Bearbeitung der alten Hersfelder Annalen zurückführt, ist unsrer Annahme offenbar am günstigsten. Uebte die Quedlinburger Chronik hier keinen Einfluß, so kann durch sie auch nicht derjenige des Poeten fortgepflanzt sein; und die Nachricht vom Salzer Frieden kam dann eben nicht wie wiederum Pertz meint, von jenem her, sondern aus alten Halberstädter Zusätzen zu den Hersfelder Jahrbüchern auch in die späteren Annalen

Somit scheint sich die Angabe der Quedlinburger Chronik oder vielmehr ihrer und des Dichters gemeinsamer Quelle in der That auf den einleitenden Passus eines in Halberstadt bewahrten Dokuments zu reduziren. Während aber hieraus eben nur die Bestimmung über die Zehnten zu entnehmen war und daher in den Quedlinburger Annalen auch nichts als diese zu finden ist, sehen wir im Gedichte damit noch eine lange Ausführung über den allgemeinen Verlauf und die Ergebnisse des ganzen Sachsenkrieges verschmolzen. Diese — wir müssen sie als ein von dem Halberstädter Satze ursprünglich ganz getrenntes Element der Composition betrachten — bericht großentheils über Dinge, die sich wiederholentlich ereigneten oder allmählich während des Krieges und nach demselben vollzogen. Indem sie diese sonst sehr brauchbaren[1] Notizen zugleich in das entsprechende Muster der Vita Karoli (c. 7) einflicht, ist sie auch in diesem Betracht ein Seitenstück der im ersten Jahrbericht des Poeten (v. 772, V. 6 — 38) enthaltenen, an den Anfang desselben Capitels sich anlehnenden Darstellung Sachsens vor dem Kriege[2]. Und dabei dürfen wir das auffallende ausdrückliche Citat der Vita Karoli ebenfalls nur auf die wirklich aus dieser geschöpften Worte beziehen, in welche wir es gesetzt finden[3]. Nur ist es so unpoetisch und

[1] Diese Meinung — sie fußt darauf, daß die letzteren an manchen Stellen von den Quedlinburgern abweichen und sie anderwärts an Ausführlichkeit übertreffen — wird aber freilich auch wechselsweise durch unsere Herleitung der Salzer Nachricht aus Halberstadt unterstützt.

Sodann ist zu bemerken, daß auch Lappenberg (Archiv VI, 646) einen Gebrauch der Quedlinburger Chronik durch den Annalista Saxo vor dem Jahre 985 bezweifelt, und selbst der entschiedenste Gegner der Pertzischen Ansicht, Waitz, dessen Uebereinstimmung mit dem Chronicon Halberstadense einer gemeinsamen Quelle zuzuschreiben (Mon. Germ. SS. VI, 546) nicht ganz abgeneigt ist. Endlich spricht sich zwar W. Giesebrecht (in der Einleitung zu den Annales Altahenses S. 19) ebenso direkt gegen Pertz's Annahme aus, nach dem er die Beziehungen Stainbels zu den alten Herzfelder Notizen einzig und allein durch die Annalen von Altaich vermittelt. Indeß ist doch eben selbst seiner Ansicht zufolge Stainbel die Nachricht von einem Vertrage zu Salz nicht durch die Chronik von Quedlinburg, also auch nicht mittelbar aus dem Poeta Saro zugekommen.

[1] Schaumann (a. a. D.) nennt sie mit Recht einen Complex von Angaben, die wir einzeln auch anderwärts finden.

[2] M. Germ. SS. I, 228. — Auf diesen beiden Stellen beruht zugleich die freilich geringe Wichtigkeit des Poeta Saro als historische Quelle überhaupt.

[3] Vgl. oben S. 29—30:

(V. 21—27)   Hoc sunt postremo sociati foedore Francis,
Ut gens et populus fieret concorditer unus,
Ac semper regi parens aequaliter uni.
Si tamen hoc dubium cuiquam fortasse videtur,
De vita scriptum Caroli legat ipse libellum,
Quem Francos inter clarus veraxque relator
Ac summe prudens Einhardus nomine scripsit.

Vita Karoli c. 7 : . . . Eaque conditione . . . . . . tractum per tot annos bellum constat esse finitum, ut . . . . Francis adunati, unus cum eis populus efficerentur.

außerdem, wie dies z. B. auch Pertz's Erklärung beweist, so zweideutig, daß wir beinahe wieder versucht sind an eine prosaische Grundlage zu denken. Man müßte annehmen, daß jene einzelnen Einhardischen Wendungen auch dort unter einfacher Beifügung ihres Ursprungs gestanden und die Tragweite dieses Citats schon vom Dichter selbst mißverständlich auf die ganze Darstellung ausgedehnt worden wäre. Eine Vermuthung, der wir jedoch nicht weiter nachgehen können.

Wie dem aber auch sei, die nähere Betrachtung dieses Abschnitts hat uns darauf geführt, daß die Chronik, welche hier zum Leitfaden diente, Halberstädtischen Ursprunges oder doch theilweise auf Halberstädtische Aufzeichnungen gegründet war. —

Sie scheint nun unter 804 die Reise des Papstes Leo nach Frankreich und, wie dieser damals Weihnachten und Heiligen-drei-Königs-tag mit dem Kaiser zusammen feierte, erzählt zu haben. Auch legte ich schon oben [1] die besondere Aehnlichkeit, welche gerade hier den Poeten mit den Reichsjahrbüchern verbindet, sowie die Differenz, welche sie dennoch trennt, dar, und mußte die sich hiebei besonders hervordrängende Frage, ob der Erstere diese Partien der Annales Einhardi überhaupt noch zu Gesicht bekommen, unentschieden lassen. Jetzt möchte ich fast hinzusetzen, daß die Uebereinstimmungen beider Schriften, die schwerlich zufällige sein können [2], am wahrscheinlichsten durch die Verwandtschaft eines Zwischengliedes, etwa auch jener kurzen Chronik, mit den Reichsjahrbüchern vermittelt sein werden.

Diese Chronik wird nun zwar jene gemeinsame Epiphaniasfeier eben so kurz, wie außerdem noch die Jahrbücher von Salzburg [3]:

.... Hoc anno Leo papa in Francia. Natalis Domini in Carisiaco, epiphania in Aquis

gemeldet haben; aber unser Poet wußte auch dies zu ein paar volltönenden Versen

Natalis Domini festis ibi rite peractis,
Glorificeque simul celebrato tempore sancto,
Quo stella monstrante magi cognoscere veri
In terris nati meruerunt luminis ortum etc.

auszudehnen.

Der folgende Abschnitt, für 805, könnte uns insofern interessiren, als sein Schluß über den böhmischen Feldzug des jüngeren Karl:

---

[1] S. 305.
[2] Vgl. außer den obigen Ausführungen (S. 306) und diesen Jahrbericht namentlich auch den zu 812.
[3] Ann. Juvavenses majores 805 (Mon. Germ. SS. I, 87). Doch, wie schon Pertz bemerkt hat, 'haec anno 804. adsignanda sunt'.

> . . . . bellum virtute sagaci
> Commisit, celeri victor quod fine peregit

vielleicht wieder der Vita Karoli[1] nachgeahmt ift.

Sodann lagen dem Verfaffer für das Jahr 806, obwohl er es ebenfalls nur mit dem einzigen Faktum der Reichstheilung unter Karls Söhne bezeichnet, in Bezug auf diefe offenbar gute Nachrichten vor. Nur möchte ich fie nicht, wie Pertz[2], unmittelbar auf die betreffende Urkunde, fondern, da wir zudem auf einen Bericht verwiefen werden:

> . . . . At Carolo reliquos donans Alamannos,
> Saxones ac Fresones subjecit eidem,
> Cui simul ex magna fertur data Gallia parte

wiederum auf denjenigen der kurzen Chronik zurückzuführen. Denn diefelben Nachrichten ftehen beinahe eben fo ausführlich in den kleineren Lorfcher Annalen[3], werden außerdem in fämmtlichen Ableitungen der Hersfelder, alfo u. a. in den Annalen von Quedlinburg, wenigftens angedeutet. Und es trifft auch jener Lorfcher Bericht mit unferm in der Art, den Inhalt der Urkunde[4] zu extrahiren und zufammenzufaffen, mehrfach überein[5].

Ueber den irrthümlichen und auf einer falfchen Auffaffung diefes Theilungsaktes beruhenden Zufatz, daß der Kaifer fich feitdem völlig auf feine Aachener Pfalz zurückgezogen — er ftammt mögli=

---

[1] Cap. 14: Boemanicum quoque et Linonicum (bellum), quae postea morta sunt, diu durare non potuerunt; quorum utrumque ductu Karoli junio- celeri fine completum est.

[2] Vgl. Mon. Germ. SS. I, 261.

[3] S. Annales Laurissenses minores, Codex Remensis (Mon. Germ. SS. I, 120). Der codex Fuldensis fagt kürzer: Imperator Karlus regnum inter filios suos, id est Karlum, Pippinum, Hluduvicum, dividit, und ebendies haben die Hersfelder (Quedlinburgifchen, Hildesheimer und Lamberts) Annalen, f. Mon. Germ. SS. III, 41.

[4] Sie felbft fteht in den Mon. Germ. im erften Bande der Leges, S. 40.

[5] So wird folgende Stelle des Dokuments:

(3) Quicquid autem de regno nostro extra hos terminos fuerit, id est Franciam et Burgundiam, excepto illa parte quam Ludovico dedimus, atque Alamanniam, excepto portione quam Pippino adscripsimus, Austriam, Niu- striam, Turingiam, Saxoniam, Frisiam et partem Bajovariae quae dicitur Northgow, dilecto filio nostro Karolo concessimus

in beiden gleichmäßig alfo zufammengezogen:

Ann. Lauriss. min.	Poeta.
Karlo regi filio suo regnum Austri, Saxones, Fresones, et partem Allmaniae partemque Galiae maximam usque in occidentale oceanum dedit.	. . . . At Carolo reliquos donans Alamannos, Saxones ac Fresones subjecit eidem, Cui simul ex magna fertur data Gallia parte, Oceani donec vastis concluditur undis.

cherweise ebenfalls schon aus der schlecht unterrichteten, dürftigen Quelle — vergleiche das Obige[1].

Zu 807 erhalten wir eine Beschreibung der von Harun Alraschid an Karl aufs neue übersandten Geschenke, welche wiederum derjenigen in den Reichsannalen nicht ähnlich sieht. Denn diese heben besonders eine kunstvolle Uhr hervor, während der Poet nur ein großartiges Zelt und zwar hinsichtlich seines Umfangs so übertrieben schildert, daß die Rede der Menschen, auf die er sich hier beruft[2], wirklich erst damals, im Verlaufe eines Jahrhunderts, das Wunderding so gesteigert haben mochte[3]. Zum Schluß erzählt er dann, wie schon bemerkt ist[4], von der Ankunft eines Nordmannenfürsten Alfden, der doch den Jahrbüchern zufolge Eardulf von Northumberland hieß und erst ein Jahr später (808) im Frankenreich erschien[5]. Indem er zugleich über Grund und Ausgang dieser Reise, worüber uns ebenfalls die Reichsannalen belehren, ganz im Unklaren ist, spiegelt er also gerade auch hier den ungenauen, dürftigen Charakter der Klosterchronik, seiner Quelle, wieder.

Ebenso meldet er unter 808 nichts als den Zug des jüngern Karl gegen die Wenden und ignorirt dabei (wie auch ferner in seinen Annalen jene ganze Person[6]) den Zusammenhang der Bewegung mit den Uebergriffen des Dänen Godfried. Andererseits aber scheint er in Hinsicht auf den Ausgang des Kampfs:

(B. 4—7) . . . . sed Francorum legiones
    Fluminis ejusdem trajecto gurgite, laetis
    Auspiciis usus, memoratos duxit in hostes
    Signaque gaudenti retulit victricia patri

abermals eine Uebereinstimmung mit den Annales Quedlinburgenses aufzuweisen. Denn während auch der Reichsannalist das Unglück nur vertuscht, welches die fränkischen Waffen nach andern Darstellungen damals wirklich betraf[7], verkünden eben nur der Poet

---

[1] S. 306.'

[2] (B. 5—8) Denique tunc inter tentoria qualibet arte
    Facta dedit majus cunctis et pulcrius unum,
    Fama solet veterum quicquam si dicere verum,
    Mirandum.

[3] Möglich indessen auch hier, daß schon die Quelle des Poeten diese Beschreibung dem Gerücht entnommen.

[4] Vgl. oben S. 306.

[5] S. Ann. Einh. 808. 809.

[6] Vgl. oben S. 306.

[7] Ann. Einh. 808: . . . . Karlus Albiam ponte junxit, et exercitus cui praeerat in Linones et Smeldingos, qui et ipsi ad Godofridum regem defecerant, quanta potuit celeritate transposuit, populatisque circumquaque eorum agris, transito iterum flumine, cum incolomi exercitu in Saxoniam se recepit. Chronicon Moissiacense: (Karolus) . . . . vastavit maximam partem regionis ipsius, sed et aliqui ex nostra parte ibidem ceciderunt. Ann. Laurissenses minores (cod. Fuldensis): Et Carlus, filius imperatoris Carli, perrexit cum exercitu Francorum in Winidos ultra flumen Al-

und jene (Carolus junior Linos et Schmeldingos expugnans, victor revertitur ad patrem) deren Sieg.

Wie sich dann die Berichte des Ersteren und der Reichsannalen hinsichtlich der großen Viehseuche von damals unterscheiden, habe ich auch schon angedeutet [1]. Jener bemüht sich augenscheinlich wieder, den kurzen Notizen seiner Chronik folgend — sie mögen hier mit einem einfachen: Hic annus quietus fuit, sed magna mortalitas animalium begonnen haben — ein lebensvolles Bild von den Wirkungen jener furchtbar feindlichen Pest auf den sonst vom Feinde verschonten Fluren, nach virgilischem Muster, zu entwerfen. Auch wird er dort den Anhalt zu dem Zusatz:

Noricus ista sinus fertur specialiter esse
Perpessus cum vicinis regionibus illi

gefunden haben, welcher, übrigens sammt dem Datum 809 durch das Chronicon Moissiacense [2] bestätigt, uns zugleich an die schon einmal bemerkte Beziehung zwischen Norischen, Salzburgischen Jahrbüchern und dem Poeten erinnert [3]. Endlich muß seiner Quelle noch die Angabe, daß damals der Wein vielfach mißrathen, eigenthümlich gewesen sein. Und diese, welche vielleicht in Worten, wie fuitque eo tempore vini sterilitas multis in regionibus bestand, gab ihm dann Stoff zu folgender Tirade (V. 19—30):

Praeterea steriles hoc factae tempore vites,
Impenso sibimet nulla mercede labori
Respondent, spes est avidi frustrata coloni,
Dum vineta carere suo pubentia foetu
Conspicit, et vane silvescit inutilis arbor,
Palmite diffuso, nullas dum pampinus uvas
Contegit, et fructu vacua stat vinea lata.
Partibus in multis regni sic omine tristi
Bachica non solito perierunt pocula damno.
Tempore nimirum tanto licet ante, per orbem,
Augusto, luctum, terris abeunte, futurum,
Jam ostendebat casus tristissimus iste.

Auch zum Jahr 810, welches nach den Reichsannalen voll Geschichte und Bewegung ist, wo diese den Auszug des greisen Karl gegen seinen letzten Gegner zu melden haben, hat er, nach Stoff zur

---

bia, sed tamen eo tempore non prosperatus est transitus ejus, sed da plurimi (et plurimi: ann. Hildesh.) Francorum occisi sunt. — Uebrigens bemerke man auch, wie unser Dichter mit Vers 5 jedenfalls nur ein einfaches 'ultra flumen Albiam' (wie in den Ann. Laur. min.), sein 'Albiam ponte junxit' der Reichsannalen umschrieben hat.

[1] S. 306.

[2] Dasselbe, in den früheren Theilen genau mit den Ann. Laureshamenses übereinstimmend, behält, wie L. Giesebrecht gewiß richtig beobachtet hat, auch nachdem jene abbrechen, ganz denselben Charakter. Es meldet hier (nach dem Codex Moissiacensis): .... In illo anno venit mortalitas magna animalium ab oriente, et pertransiit usque in occidentem.

[3] Vgl. oben S. 316.

Fortſetzung ſeines Werkes ſchmachtend, nichts als die Todesnachricht
Pippins, der er natürlich auch nur ein ganz allgemein gefaßtes, lee-
res Elogium hinzufügen kann. — Ferner unter 811 nichts als das
Ableben Karls des jüngeren und außerdem die Uebertragung Italiens
an Bernhard, welche nach den Reichsannalen erſt ſpäter ſtattfand[1].
— Auch die Notiz 812 von der Griechiſchen Geſandtſchaft im Jahre
812, ob ſie gleich außerdem nur noch in wenige Auszüge aus den
großen Jahrbüchern floß[2], überzeugt uns nicht, daß er hier jene
ſelbſt eingeſehen haben müſſe. — Zum Jahr 813 endlich mag ihm
eine ähnliche, zuletzt auf den Reichsjahrbüchern beruhende Angabe,
wie die der Quedlinburger Chronik (Et imperator filium suum
Ludovicum, imposita sibi corona, totius consortem sibi imperii fecit) vorgelegen haben, die er aus dem 30. Capitel der Vita
Karoli trefflich ergänzen konnte[3]. Uebrigens hat er dieſen Jahrbericht ſehr in die Länge gezogen und ſich kaum an einer anderen Stelle
ſo poetiſch ausgedrückt. Es iſt wirklich anziehend, ſeiner Vorſtellung,
wie damals Stöhnen und Klagen um das nahe Ende des Kaiſers
bereits den Aachener Palaſt durchſchwirrt, und den Gleichniſſen, die
er an dieſe Todesdämmerung knüpft, zu folgen.

Im letzten Jahrberichte, der zu einem Epilog anſchwillt, jedoch den Inhalt ſeiner meiſten Diſtichen wörtlich der Vita Karoli
entnimmt, läßt ſich indeß kaum irgend eine Eigenthümlichkeit, mit der
die kurze Chronik Karls Tod gemeldet zu haben ſchiene, wiedererken-
nen. Denn Pertz vergleicht zwar[4] auch hier die Quedlinburger Annalen:

814. Carolus imperator magnus et Saxonum apostolus
5. Calend. Februarii obiit, aetatis suae anno 71., regni autem 47., imperii vero 14., cui filius suus Ludovicus, qui cognominatur Pius, successit in regnum

mit unſerm Dichter; und eine ſolche Aehnlichkeit würde nach unſern
Begriffen, zumal die Halberſtädtiſche Chronik dieſe Worte noch aus-
geführter enthält, wieder die Beſchaffenheit der gemeinſamen Quelle
ins Licht ſetzen. Jedoch beſteht die Verwandtſchaft in der That nur
in der nahe liegenden Auffaſſung des Kaiſers als eines Apoſtels der
Sachſen: im übrigen entbehrt das Gedicht gerade jener genauen Zeit-
beſtimmung, indem es ſich[5], noch allgemeiner als die Vita Karoli,
mit einem

Post octingentos Christi nascentis ab ortu
Hic annus quartus extitit et decimus;

<hr>

[1] Vgl. dieſelben unter 813. Es ſtimmen hier indeß mit dem Dichter
mehrere öſterreichiſche Chroniken.

[2] Z. B. auch in die überarbeitete Reichersberger Chronik aus
dem 12. Jahrh. (J. P. Ludwig script. rer. Germanicarum II).

[3] Daß er dies gethan hat, iſt in den Monum. Germ. wohl nur zu no-
tiren vergeſſen.

[4] S. Mon. Germ. SS. III, 41.

[5] V. 597—600.

Ipse die quinta decesserat ante Kalendas
Mensis, quo Numa rex Februa constituit

begnügt.

Was jedoch das Verhältniß dieses Abschnitts zu dem „Leben Karls" spezieller angeht, so sind in diesem Betracht zunächst ein paar Abweichungen wahrzunehmen, welche wohl aus der Handschrift, die der Poet gebrauchte, stammen werden[1].

Im Uebrigen benutzt er seine Quelle wiederum verständig, und ergänzt sie aus seinen vier ersten annalistischen Büchern, auf die er sich auch mehrmals beruft, sowie durch eingestreute Betrachtungen und Schilderungen, z. B. (B. 457—462) von den Resten der großen Brücke bei Mainz, die er jedenfalls gesehen haben muß, ganz passend. Jedoch fällt es auf, daß er nun selbst im Widerspruch mit solchen Nachrichten, die von anderwärts in seine Jahrbücher geflossen waren, blind der Vita Karoli allein folgt. Hat er z. B. zu 788 nach den Annales Einhardi erzählt, daß der Kaiser seine Tochter Rhotrud den Griechischen Bewerbern abschlug, so spricht er hier, an das „Leben Karls" anknüpfend, (B. 273 ff.) gerade davon, wie der Tod dieselbe zwei Reichen, dem der Franken und Griechen, zugleich entrissen habe. Und obwohl er dort, zu Ende 808, berichtete, der alte Kaiser wäre seitdem ruhig zu Hause geblieben, weil nämlich die ihm vorliegende Chronik offenbar nichts von Godfried von Dänemark enthielt[2], redet er hier (B. 613 ff.) nach dem 32. Capitel der Vita auch von diesem[3].

Das wären die Bemerkungen, die wir hinsichtlich der Quellen des Poeta Saxo zu machen hätten. Sie unterscheiden sich, wie man sieht, von den bisherigen Annahmen insofern, als der Dichter danach die s. g. Annales Einhardi nicht fortlaufend bis zum Ende seiner Jahrberichte, sondern nur bis 801 (von wo ab jene mit ihrem Original, den älteren Reichsannalen, zusammenfallen) be-

---

[1] Vgl. Vita K. c. 19: Erat enim (Karolus) in amicitia optime temperatus, ut eas et facile admitteret et constantissime retineret (wie Pertz bemerkt hat, nach Sueton. Aug. 66: Amicitias neque facile admisit et constantissime retinuit) mit des Dichters B. 293 ff.

> Nam velut in reliquis rebus, sic optimus ejus
> Laudatur merito mos in amicitiis.
> Admittebat eas caute, sed firmiter immo
> Ex se servavit foedere perpetuo.

Hier zieht vielleicht mancher die letztere Lesart (etwa nec facile, i. e. caute) vor. Und anderwärts (B. 173) kommen hier mit Recht unter den Völkern, welche vor Karl dem Frankenreiche unterthan gewesen, auch die Friesen und Thüringer vor, während die Vita (c. 15) diese ausläßt.

[2] Vgl. S. 306 und S. 317 ff.

[3]
> Ipseque Danorum contra regem Godefridum
> Ultima disponens bella senex agere,
> Ibat per patriam cum milite nostram etc.

nutzt, vielleicht auch nur so weit gekannt hat; und daß seine letzten Jahrberichte vielmehr auf einer kurzen Klosterchronik beruhen würden, die in Halberstadt entstand oder doch Halberstädter Aufzeichnungen in sich aufnahm.

Diese abweichende Ansicht schließt theilweise schon in sich, daß wir auch von dem Einfluß, welchen der Poet wiederum geübt, von seinem Gebrauch als Quelle in anderen Schriften, einen verschiedenen Begriff haben. Er kann also nicht in der Quedlinburger Chronik benutzt sein[1], mit welcher er vielmehr zum Theil auf derselben Grundlage zu beruhen scheint; und seine Worte konnten nicht mittelbar durch diese in die Compilationen der späteren Halberstädtischen Annalisten und zuletzt noch in die Stainbels fließen.

Eben so wenig können wir gleich Pertz, der hienach sogar die Abfassungszeit dieser Schrift bestimmt hat[2], eine Benutzung des Dichters im Eingange der Translatio S. Liborii — derselbe handelt von der Besiegung Sachsens durch Karl im allgemeinen — für wahrscheinlich halten. Denn diese kurzen Darstellungen, wie sie nun fast sämmtliche Historien von dem christianisirten Sachsenland und dort auftretenden Heiligen beginnen oder doch schmücken, sehen sich alle ähnlich, und heben immer die beiden Grundzüge im Verfahren Karls, die Strenge, womit er geschreckt, und die Schenkungen, mit denen er lockte[3], hervor. Also möchte ich weder diese Uebersicht über den Sachsenkrieg noch die Beschreibung von Paderborn im dritten Capitel der Translatio, welche derjenigen des Poeten (a. 777, V. 13—19) zwar ähnlich, aber an Genauigkeit überlegen ist, bestimmt auf den letzteren zurückführen; während es allerdings auffällt, daß das Leben Meinwerks von Paderborn eben im Eingange, wo es diesen Passus aus der Translatio Liborii aufnimmt, auch den Anfangsvers unseres Gedichts

    Salvator mundi postquam de virgine nasci
    Dignatus est

einflicht[4]. —

---

[1] Wie Pertz (vgl. oben S. 307) annimmt. Weniger bestimmt sagt Lappenberg, nachdem er andere in dieser Schrift zugezogene Quellen bezeichnet hat (Archiv VI, 640): „Eine keiner jener Quellen angehörige Nachricht findet sich b. J. 802, wo die Angabe über die Gesandtschaft des Perserkönigs Aaron an Karl den Großen dahin erweitert wird, daß jener diesem Jerusalem unterworfen habe. Ebenso b. J. 803 von der Versammlung zu Salz und dem Kirchenzehnten der Sachsen; beide Nachrichten befinden sich in dem Poeta Saxo ad. a. 802 (aus Einhards Vita Karoli) und a. 803".

[2] Siehe M. Germ. SS. IV, 149—150, und Wattenbach, Deutschlands Geschichtsquellen S. 138.

[3] So in der Vita S. Sturmi (M. G. SS. II), im Leben der h. Liutbirg (M. G. SS. IV, 158), bei Widukind (c. 15, M. G. SS. III).

[4] Vgl. die Vita Meinwerci (aus der Mitte des 12. Jahrhunderts, Mon. Germ. SS. XI, 107) c. 1 und den Poeta Saxo a. 771, V. 1.

Die letzten Fragen endlich [1], welche uns im Zusammenhang mit den bisherigen Erörterungen interessiren, wären die nach der Zeit des Gedichts und der Person seines anonymen Verfassers.

Hievon ließ sich nun die erstere schon längst ohne weiteres beantworten, da der Epilog offenbar unter Arnulf geschrieben ist, zu dessen Ehre wir aus der Ahnenreihe Karls des Großen allein den heiligen Arnulf also gepriesen und angeredet [2] finden:

Unum commemorem tanto de germine parem,
  Quem sanctum Christi praedicas aecclesia,
Scilicet Arnulfum, Francorum qui fuit olim
  Princeps, ac praesul post satis egregius,
Ductus amore Dei qui spreverat omnia mundi,
  Quae mulcent oculos queque trahunt animos,
Malens divinas mundi quam tradere leges,
  Esse Dei famulus quam populi dominus.
Nunc ovat in caelis, praebens miracula terris,
  Sublimis meriti signa decora sui,
Indeque nostrorum totam seriem dominorum,
  Stirpem nempe suam, protegit atque fovet.
Prae cunctis igitur tibi cura nepotibus una,
  Quaesumus, Arnulfus sit tuus omonimus.
Fac ut regnanti Christus sit previus auctor,
  Quo nimis ipsius indiget aecclesia,
Qui modo justificus rex est, defensor et unus
  Inter tot clades, nunc quibus atteritur.

Und ebenso erhebt sich nachher der bewegliche, durchdringende Klageruf über die Leiden des Reichs durch die furchtbaren Einfälle

---

[1] Beiläufig hier ein paar Worte über den Text. — Z. J. 785 wird man für majoribus (B. 19) vielleicht besser primoribus lesen, welches dem Sprachgebrauch mehr entspricht. Auch muß vor dem (nach jetziger Anordnung) 39. Verse unter 792:

Insidiatores partim suspenderat illos

Informis leti laqueus

wie ein Vergleich mit den Annales Einhardi (. . . . auctores vero conjurationis ut rei majestatis partim gladio caesi, partim patibulis suspensi, ob meditatum scelus tali morte multati sunt) zeigt, mindestens ein anderer, welcher eben den Tod eines Theils der Verschworenen durch das Schwerdt erzählte, wie auch ein Prädikat zu dem nunmehr alleinstehenden 'regina atrox' (in B. 36) enthielt, also etwa: (regina sed atrox) Causa fuit illei, partim gladio ceciderunt dieß, ausgefallen sein.

Sodann muß im Epilog im B. 224: statt faciat: faciet, in B. 321 nach der Vita Karoli (c. 22) natatum statt venatum, im 525. Verse statuit an Stelle von statuit stehen. Und zwar letzteres in Hinsicht auf den Sinn und auf die Ausdrucksweise anderer Annalen (Chronicon Moissacense 801: Et inprimis omnium, postquam imperator extitit, studuit, ut ipsam Romanam ecclesiam de ea discordia . . . . ad pacem et concordiam revocaret. Endlich fehlt im 615. Verse ein Fuß, und damit wohl das Wort 'multo' oder ein ähnliches.

[2] B. 123—136.

der Normannen endlich zum Ausdruck von Hoffnung und Vertrauen auf diesen neuen Herrscher[1]:

Ve tibi, vae tali modo defensore[2] carenti
    Francia, quam variis cladibus opprimeris!
Gentibus ecce pates populantibus undique saevis,
    Et quondam felix nunc nimis es misera,
Quippe tuis hilares exultant fletibus hostes,
    Ditanturque tuis assidue spoliis,
Milia cesorum captivaque turba tuorum
    Amplior est numero, quam sit harena maris.
Nam Carolo moriente, tuum decus et honor omnis
    Ex illo sensim fugit et interiit.
Nunc tamen Arnulfo merito sub principe
                 gaudes,
    Qui similis tanto moribus est abavo,
Denique magnanimus, clemens, promptusque labore
    Pervigili lapsum corrigit imperium,
Francorumque movet veteri virtute lacertos,
    Atque vocat resides rursus in arma viros;
Sed moles immensa, diu quae corruit ante,
    Non restaurari se subito patitur.
Illi det vitam, qui virtutem dedit amplam,
    Et magna nobis causa salutis erit.

Aber es waren dies passende Lobeserhebungen für den Anfänger Arnulf; für den Sieger von der Dyle wären es keine gewesen. Die Vollendung des Gedichts muß also zu Beginn dieser Regierung[3], wahrscheinlich in das Jahr 888, nach jener Synode zu Mainz fallen, wo die west= und norddeutschen Bischöfe über die Wuth und Verwüstungen der Normannen und die Empfehlung von Kirche und Recht an den neuen König beriethen[4]. Nur könnte hiemit möglicherweise noch nicht die Abfassungszeit des ganzen Werkes fixirt sein, da dies, wie wir wissen, nicht ununterbrochen, sondern wenigstens als das erste Buch vollendet war[5], erst wieder nach einer Pause vorschritt.

Was endlich die Person des Dichters angeht, so ist zunächst so viel klar, daß derselbe den Namen des Sächsischen schon längst

---

[1] V. 405—424.

[2] Nämlich eines solchen, wie Karl der Große war.

[3] Wonach Pertz's Bestimmungen (M. Germ. SS. I, 227), es sei 'Arnulfo imperante' — und (s. d. Vorwort zu Agius Vita Hathumodae, M. Germ. SS. IV, 166) etwa in den Jahren 888—895 geschrieben, zu präcisiren sein würden.

[4] Vgl. Dümmler, De Arnulfo rege S. 31 — 37 (.... Caeterum multos clericos magnas in Arnulfo collocavisse spes, ex poeta Saxone cognoscimus, qui regno ejus ineunte res a Carolo Magno gestas canens, S. Arnulfum his verbis adit ....).

[5] Vgl. die S. 304 angeführten Schlußverse desselben.

mit vollem Recht erhalten hat. Denn diese Abkunft erwähnt er im Epilog deutlich genug und knüpft daran eben die Pflicht der Dank= barkeit, welche er dem großen kaiserlichen Apostel seines Volks schulde [1]. Ebenso richtig ist, was Pertz bemerkt [2], daß er ein Geistlicher ge= wesen sein muß. Nur ein solcher konnte damals ein derartiges Werk beginnen; und ihn verräth auch der ganze Styl, die Gelehrsamkeit, die feurige Empfänglichkeit für den Segen des christlichen Glaubens — und am allerdeutlichsten die Ermahnung an König Arnulf, der Kirche wieder aufzuhelfen [3]. Ja die ganze Art und Weise, wie der Verfasser hier von sich selbst und zu dem Herrscher, dem er sein Buch gewiß auch vorgelegt hat, redet, scheint geradezu auf einen be= jahrten h o h e n G e i st l i ch e n oder wenigstens auf einen, welcher der Person des Königs nahe stand, zu deuten.

Ob derselbe aber auch in Sachsen, seinem Vaterlande, lebte, ist nicht sicher zu bestimmen. Seine unmittelbare Verbindung mit Arnulf, und daß er im Epilog immer von den clades Franciae, der neuen Berufung der F r a n k e n zu den Waffen spricht [4], würde, falls diese Namen nicht allgemeiner zu fassen sind, nicht dafür zeu= gen. Dagegen dürften Bezeichnungen wie patria nostra, popu= lus noster [5] für Land und Volk der S a ch s e n vielleicht doch dar= auf deuten, daß er sich noch vorzugsweise an diese seine Stammes= genossen wendet, noch unter ihnen lebte.

Dagegen ist aus den zwar lebendigen Schilderungen von Pa= derborn [6], von Salz [7], von der Kirche S. Laurentii ad Graticulam bei Rom [8], von den Trümmern der Mainzer Rheinbrücke [9] — die letz= tere ist besonders anschaulich — kein Zusammenhang des Dichters mit einem dieser Orte, sondern, wenn nicht bloß geographische Kenntnisse, höchstens eine bedeutende Bereistheit desselben zu folgern. Vor allem darf man wegen der Beschreibung Paderborns, die sich, wie wir oben [10] gesehen haben, auch anderwärts ganz ähnlich und sogar aus= führlicher findet, den Poeten noch keineswegs dorthin versetzen [11].

Viel lieber würden wir ihn sowohl in Rücksicht auf die Gegend, von wo die beste vorhandene, obwohl auch keineswegs originale, ja

---

[1] S. V. 23—26. V. 43—52. V. 617 und V. 687 ff. des Epilogs.
[2] Mon. Germ. SS. I, 227: . . . clericum monachumve totum opus ar= guit. Vgl. auch Dümmler a. a. O.
[3] Vgl., von den auf S. 323 angeführten, V. 133 und 134
      Fac ut regnanti Christus sit previus auctor,
          Quo nimis ipsius indiget aecclesia.
[4] V. 406. 419.
[5] V. 617. 690.
[6] a. 777, V. 12—19.
[7] a. 790, V. 19—22.
[8] a. 799, V. 24—28.
[9] Im Epilog, V. 457—462 (vgl. oben S. 321).
[10] Vgl. oben S. 322.
[11] Wie dies (s. darüber die Histoire littéraire de la France Vol. I) in der That geschehen, jedoch schon von Pertz entschieden mißbilligt worden ist.

fogar fehr verstümmelte Handschrift stammt [1], wie nach den Beziehungen zu Halberstadt, die wir bemerkten, Ostfalen oder Nordthüringen, etwa dem Gebiet der Bode, zuschreiben.

Doch, wie gesagt, vielleicht war er gar nicht mehr in Sachsen. Und Perß's Schluß: weil diese sekundäre Handschrift [2] im Kloster Lamspring gefunden worden, werde der Dichter Agius, welcher dort und zwar ebenfalls zu Ende des neunten Jahrhunderts lebte, unser Autor sein [3], ist keineswegs über den Zweifel erhaben. Denn schon in persönlicher Beziehung war Agius zwar, wenn er wirklich als Bruder jener Aebtissin Hathumod von Gandersheim anzusehen ist, von hochadeligem, den Karolingern verwandtem Sachsengeschlecht, übrigens jedoch ein junger, einfacher Mönch. Unser Dichter dagegen war offenbar kein Verwandter der Karolinger [4] und, wie es scheint, ein Mann in bedeutender Stellung.

Was sodann ihre Poesie betrifft, die Perß zwar nicht in Hinsicht der metrischen Glätte, worin der Poeta Saxo unendlich überlegen ist, wohl aber an Innigkeit und Zartheit der Empfindung vergleicht [5]: so ist diese auch dem Gehalte nach so verschieden wie möglich. Friedrich Rückert hat jenes „Kleinod aus den Schatzkammern der Monumenta" einer Uebersetzung gewürdigt [6]. Unser Dichter dagegen erhebt sich nur selten zu einigem Schwunge und bleibt oft genug so prosaisch wie seine Quellen.

Bei dieser Verschiedenheit scheint mir die Anonymität des späteren noch nicht gehoben.

---

[1] Aus Lamspring in Hannover (Hildesheim).

[2] Vgl. über sie M. Germ. SS. I, 225—226. Später hat Perß zu Brüssel noch eine Papierhandschrift des Poeten aus dem 15. oder 16. Jahrhundert entdeckt. Doch giebt sie denselben, beiläufig neben mehreren anderen Werken, ebenso lückenhaft wie der Lamspringer Codex und an ein paar Stellen fehlerhafter. Sie scheint also Perß nur eine Abschrift des letzteren zu sein (Archiv VII, 379—380).

[3] S. die Vorrede zu Agii Vita Hathumodae (M. G. SS. IV, 165). Vgl. auch Wattenbach a. a. O. S. 138.

[4] Dieß ergiebt seine ganze Redeweise im Epilog.

[5] a. a. O.

[6] Dieselbe ist zu Stuttgart 1845 erschienen.

Ueber zwei Ereignisse des Jahres 1180.

Von

Adolf Cohn.

22 *

Die nachfolgenden Erörterungen sind aus Studien hervorgegangen, welche ich vor einem Jahre über die lauterberger Chronik anstellte, veranlaßt durch die Schrift von J. O. Opel: „Das Chronicon Montis Sereni kritisch erläutert. Halle 1859". Was sich mir bei einer Prüfung derselben ergab, ist in einem Artikel der gött. gel. Anz.[1] ausführlich dargelegt. Dort heißt es an einer Stelle[2]: "S. 48 spricht derselbe (H. Opel) „„zwei durchaus falsche Mittheilungen"" der lauterberger Chronik, die den pegauer Annalen zu 1180 entlehnt sind. Bei genauer Prüfung jedoch ergab sich mir, daß die eine derselben, der Tod Herzog Kasimars von Pommern als durchaus richtig, die andre aber, der Bericht über die Belagerung und Uebergabe von Segeberg, nur in einem Nebenumstande als nicht zutreffend zu bezeichnen sei; doch muß ich den Beweis dafür, weil er zu viel Raum einnehmen würde, einstweilen schuldig bleiben." Es sei mir nun gestattet, von der dort eingegangenen Verbindlichkeit mich hier, so weit ich es vermag, zu lösen.

1. Der Tod Herzog Kasimar I. von Pommern.

Unter den Ereignissen, welche im Laufe des verhängnißvollen Jahres 1180 dazu beitrugen, die Besiegung Heinrich des Löwen zu erleichtern, war, wenn auch nicht gerade von entschiedener Bedeutung, doch keineswegs unerheblich der Tod Herzog Kasimars von Pommern. Er war dem geächteten Sachsenherzog der ergebenste Freund gewesen, während sein ihm nachfolgender Bruder Bogislaf I. zu Kaiser Friderich hielt, was in Verbindung mit dem Abfall des Grafen von Holstein und andern Ereignissen den Widerstand Heinrichs erschwerte. Die Quellen, welche von dem Tode Herzog Kasimars berichten, sind zunächst die pegauer Annalen und Arnold von Lübeck. In den erstern heißt es beim Jahre 1180[3]:

Kazamarus princeps Sclavorum et diu praedo christianorum repentina morte obiit.

[1] 1860. S. 841—867.
[2] S. 861.
[3] Mon. Germ. SS. XVI, 264.

Nun sind die pegauer Annalen hier nicht nur völlig gleichzeitig sondern auch streng chronologisch abgefaßt. Wo nämlich [d]ie hier berichteten Ereignisse auch von andern Schriftstellern mit Zeit[an]gaben erzählt werden, da finden wir, daß sie die in den Annal[en] gegebene Reihenfolge durchgehends bestätigen. Man wird des[halb] wol berechtigt sein, in den wenigen Fällen, wo unser Annalist all[ein] steht, die Zeitbestimmung, die sich aus der von ihm beobachte[ten] Anordnung ergiebt, als die richtige festzuhalten. Ich lasse zur [Er]läuterung des Gesagten die Angaben der pegauer Annalen zum Ja[hre] 1180 folgen, indem ich die bestätigenden Zeugnisse andrer Quel[len] hinzufüge.

1) Kaiser Friderich feiert Weihnachten zu Ulm[2].

2) Bischof Udalrich von Halberstadt wird freigelassen.

Ebenfalls an den Anfang des Jahres setzen dies die erfurter Annalen [1], bald nach Weihnachten Arnold von Lübeck [2].

3) 'Post Epiphan.' Hoftag zu Wirzburg, wo Heinrich als schuldig erkannt wird.

'circa Epiph.' Erfurter Ann. [3] — 'in octava Epiph.' Lauterberger Chron. [4].

4) Darauf vertragen sich die Fürsten mit dem Herzoge bis in octavam Paschae (April 27).

5) Der Kaiser hält 14 Nächte vor Ostern (April 13) zu Gelnhausen Hof. — Theilung des Herzogthums Sachsen. — Sifrid wird Erzbischof von Bremen.

Godfr. v. Cöln [5]. — Urkunden [6]. — Albert v. Stade [7].

6) Landgraf Ludwig wird an Stelle des ohne Erben verstorbenen Albrecht von Sommerschenburg Pfalzgraf von Sachsen.

7) Kaiser Friderich feiert Ostern zu Worms (Apr. 20) und sagt den Fürsten einen Feldzug gegen Herzog Heinrich auf Jacobi an.

8) Acht Tage nach Ostern (Apr. 27) wendet sich Heinrich der Löwe gegen Goslar.

Der Kaiser veranstaltet, daß die Fürsten nach Ostern gen Goslar reiten, um das Land vor Heinrich zu schützen. — Repg. Chron. [8].

9) Herzog Heinrich verbrennt darauf Nordhausen.

'Adveniente autem Majo'. Arnold von Lübeck [9].

10) Landgraf Ludwig und Herzog Bernhard schlagen mit Heinrich bei Weißensee.

'Pridie idus Mai' (Mai 14). Erfurt. Ann. [10].

11) Heinrich verfolgt die Fliehenden nach Mühlhausen.

12) Auf Heinrichs Antrieb fallen die Slaven, Liutizen und Pommern in der Lausitz ein [11].

---

[1] Mon. Germ. SS. XVI, 24 zwar noch zu Ende 1179, doch das 'eodem anno vita decessit' zeigt, daß schon 1180 gemeint ist.

[2] II, 15.

[3] Mon. Germ. SS. XVI, 24.

[4] ed. Eckstein p. 42.

[5] Böhmer, Deutschlands Geschichtsquellen III, 449.

[6] Böhmer Regg. 2624 u. 25.

[7] Mon. Germ. SS. XVI, 349.

[8] ed. Schöne S. 72.

[9] II, 16.

[10] Das Datum nur in der größern Ausgabe Menken SS. III, 227.

[11] Also zwischen Mitte Mai und Johannis nach unsern Annalen. Opel (a. a. O. S. 44) setzt diesen Einfall in den Sept. 1180 und bekämpft die Darstellung L. Giesebrechts (Wendische Gesch. III, 246); ich meine aber die letztere aufrecht erhalten zu müssen. Die lauterb. Chron. (a. a. O.) erzählt beim Jahr 1180 die Verurtheilung Heinrich des Löwen und setzt hinzu: Horum vero malorum causa fuit duci superbia ipsius. Fertur enim... und nun be=

13) Friderich hält zu Regensburg Hof und entsetzt Heinrich den Löwen des Herzogthums Baiern. 24. Juni.

„Juni 30". Magnus v. Reichersperg [1].

14) Nach Jacobi belagert er Lichtenberg und nimmt es in wenig Tagen ein.

(Lappenberg zur Uebersetzung Arnolds II, 17 nennt ohne Beleg den 26. Juli).

15) Bischof Ubalrich von Halberstadt stirbt, Diterich folgt.

„Juli 30". Halberstädter Chronik [2].

16) 15. Aug. setzt der Kaiser zu Werla den Anhängern Heinrichs drei Termine (8. Sept., 29. Sept., 11. Novb.): bis dahin müßten sie ihn verlassen.

Am 18. Aug. ist Friderich urkundlich in territorio halberstad [3].

richtet sie, wie Heinrich dem Kaiser Unterstützung gegen die Lombarden verweigert habe. Praeter haec autem, heißt es dann weiter, inductu ejus Sclavi provinciam Tiderici marchionis ingressi usque Lubin omnia vastaverunt. Quidam vero ministerialium ejus ad resistendum collecti a Sclavis fugati, nonnulli capti, plures etiam occisi sunt; inter quos et Tidericus de Beierstorp occisus 13. Kal. Octobris in Sereno monte sepultus est. Hujus itaque vulneris dolore marchio stimulatus, ducem, tanquam qui contra imperatorem conjurasset, ad duellum coram imperatore saepius provocabat, sed ille, male sibi conscius, imperatoris praesentiam declinabat. Die Herausforderung des Markgrafen Diterich mit dem vorgegebenen wahrhaften Motiv bestätigt Arnold von Lübeck (II, 10). Die repegowsche Chron. (a. a. O.) hat nur, daß der Markgraf sich wegen des Slaveneinfalls über den Herzog beklagt habe. Arnold bemerkt nun ausdrücklich, es sei auf dem Reichstage zu Magdeburg geschehn. Der fand aber vom 24. bis 29. Juni 1179 statt (Urkund. bei Riedel Cod. brand. I, 2, 442. Peg. Ann. 1179. Repegow. Chr.). Nothwendig muß also der betreffende Einfall der Slaven früher gewesen sein; wenn daher Diterich v. Beiersdorf nach Angabe der lauterberger Chr. wirklich bei diesem Einfalle getödtet ward, so kann es nur im Sept. 1178 geschehen sein, wie Giesebrecht annimmt. Nur wird man nicht mit demselben von einem Versehn des Chronisten reden können, da dieser ja gar keine Jahreszahl angiebt und uns ebenso wenig jenen Slaveneinfall ins Jahr 1180 setzen heißt als die Weigerung Heinrichs vor der Schlacht bei Legnano. Ord sucht die vermeintliche Angabe vom Sept. 1180 dadurch aufrecht zu erhalten, daß er einen andern Zug der Slaven von 1179 als denjenigen bezeichnet, welcher Markgraf Diterichs Klage hervorgerufen. Das ist aber unstatthaft. Die Chronik erzählt nämlich (p. 41): Sclavi, Lithewizen et Pomerani vocatione ducis Heinrici provinciam Juterbock invaserunt, ipsaque vastata in multis interfectis plures captivos viros et feminas abduxerunt. Abbas etiam monasterii quod Cinna dicitur, qui et primus fuit, tunc interfectus est. Heinricus dux Calve et inde provinciam totam usque Vrose incendio vastavit. Der Brand Jüterbogs und Kalbes fand an ein und demselben Tage (Repeg. Chron.) am 6. Novb. 1179 statt (Peg. Ann. 263); Markgraf Diterich konnte sich darum unmöglich schon im Juni desselben Jahres bei dem Kaiser darüber beschweren. Es liegt also kein Grund vor, die Zeitbestimmung der peg. Ann. für die slavische Expedition von 1180 abzuändern. Die Letztere setzt Giesebrecht übrigens S. 254 ganz willführlicher Weise gleichzeitig mit dem Angriff Heinrich des Löwen gegen Goslar.

[1] Böhmer D. G. III, 545.

[2] ed. Schatz p. 61. — Am 7. Aug. ist der Kaiser noch vor Lichtenberg, wo er den neugewählten Bischof Diterich von Halberstadt belehnt (ebend.).

[3] 15. Kal. Sept. — Böhmer Reg. 2627 hat irrig den 18. Juli.

17) Der Kaiser baut Bischofsheim und die Harzburg auf und entläßt sein Heer.

Vor Mitte Sept. Pöhlder Ann. [1].

18) Der Kaiser belehnt zu Altenburg Otto von Wittelsbach mit dem Herzogthum Baiern.

16. Septb. Hugo von Regensburg [2].

19) Damals wurden Heimburg, Lauenburg, Regenstein und andrer Burgen Heinrichs dem Kaiser übergeben.

20) Belagerung und Uebergabe von Segeberg.

21) Erzbischof Sifrid kommt nach Bremen.

22) Balderam wird Bischof von Brandenburg.

Vor 9. Oktob. [3].

23) Während sich der Kaiser bei Goslar aufhält, werden die Burgen Herzberg, Staufenberg, Schildberg übergeben. Die Grafen von Wöltingerode, Scharzfels, Jlefeld u. A. gehn zu ihm über.

Gegen Mitte Novb. [4].

24) Kasamar, Fürst der Slaven stirbt.

Wir sehn also, daß unser Annalist mit dem Tode Kasimars seinen Jahresbericht abschließt, und werden daher nach Induction zu der Folgerung berechtigt sein, daß das in Rede stehende Ereigniß zwischen Martini und Weihnachten des Jahres 1180 stattgefunden habe.

Ich gehe jetzt auf den Bericht über, welchen Arnold von Lübek im 17. Kap. des 2. Buches erstattet. Derselbe lautet [5]:

Imperator autem audiens, quod defecissent hi (d. h. Adolf v. Holstein und die Seinen) a duce, convertit faciem suam venire in Saxoniam, et timuerunt valde omnes viri bellatores, qui erant in castris ducis a facie ejus. Et eo approximante, sive ex necessitate, sive ex voluntate omnia, castra ejus firmissima et seipsos in potestatem imperatoris tradiderunt. Multi enim ministerialium ducis, qui ab incunabilis ab eo educati fuerant et quorum patres sine omni contradictione ipsi servierant, ut Henricus de Witha, Lupoldus de Hertesberg, Ludolfus de Peina et plures alii recesserunt ab eo et ad imperium se transtulerunt. Invaluit ergo imperator, cum obtinuisset castra fir-

---

[1] Sie fügen am Schlusse ihres Berichts (M. G. SS. XVI, 95) hinzu: iîcque provincia per duos fere menses vastata, de Saxonia egressus est. Da Friderich am 25. Juli nach Sachsen kam, so verließ er es also vor dem 25. Septb. Nach der Lauterb. Chr. brach er am 8. Sept. auf, um nach Baiern zu gehn. Auf dem Wege dahin finden wir ihn am 16. Sept. zu Altenburg; daher die Anordnung des Burgenbaues etwas früher stattgefunden haben muß. Dazu paßt auch die Reihenfolge in der halberst. Chron. a. a. O.

[2] Böhmer D. G. III, 492.

[3] Wie es scheint nach Urkb. — Moover Onomast. chronogr. p. 13.

[4] Am 11. Nov. war der letzte Termin für die Uebergabe.

[5] Ich habe die darin vorkommenden Namen nach der Angabe Lappenbergs, welche Laurents Uebersetzung zu Grunde liegt, verbessert.

missima Hertesberg, Lawenburg, Blankenburg, Hoymburg, Reghenestein, et convertit exercitum ad expugnandam Lichtenberg. Et post paucos dies tradita est in manus illius. Circa dies illos mortuus est Cazamarus, princeps Pomeranorum, duci amicissimus, et defecerunt ab eo Slavi: quia frater ejus Bugczlaus imperatori conjunctus hominium et tributa ei persolvit.

Während in dem angeführten Abschnitte der pegauer Annalen die einzelnen Vorgänge mit sorgfältiger Berücksichtigung der Zeitfolge dargestellt sind, vermißt man in dem vorstehenden Kapitel aus der Chronik Arnolds einen derartigen Vorzug gar sehr. Dieser Geschichtschreiber wirft die beiden Züge, welche der Kaiser im Sommer und Spätherbst des Jahres 1180 nach Sachsen hin unternahm, zusammen und weiß nur von einem; aus diesem Irrthum entspringen dann mancherlei chronologische Unrichtigkeiten. Zum Beweise betracht man Arnolds Angaben im Einzelnen. Er beginnt damit: der Kaiser habe auf die Nachricht, daß Graf Adolf von Holstein vom Herzoge Heinrich abgefallen sei, Anstalt gemacht, nach Sachsen aufzubrechen. Der Abfall Adolfs erfolgte nach dem Kampfe bei Weißensee [1] (Mai 14), also etwa Anfang Juni, jedenfalls nicht nach dem 18. August, da wir ihn an diesem Tage bereits urkundlich im kaiserlichen Lager finden [2]. Man sieht also, daß Arnolds Angabe auf die erste Unternehmung Friderichs paßt. Nun läßt er aber bald alle Schlösser des Herzogs übergeben werden mit Ausnahme Lichtenbergs: dadurch sei der Kaiser im Stande gewesen, auch dieses zu gewinnen. Dagegen wissen wir, daß gerade Lichtenberg zuerst fiel, daß Herzberg erst auf Friderichs zweitem Zuge sich ergab, und dann noch Blankenburg allein übrig blieb, welches erst durch eine Belagerung vom Bischof Diterich von Halberstadt gewonnen werden mußte [3]. Wenn Arnold nun fortfährt: Circa dies illos mortuus est Kazamarus, auf welchen Zeitpunkt werden wir dies zu beziehen haben? Jedenfalls auf den Schluß des Feldzugs, welchen sich Arnold ja durch den Fall Lichtenbergs herbeigeführt denkt; wann derselbe stattfand, war ihm aber durchaus nicht mehr im Gedächtniß; so beginnt er das folgende Kapitel wieder mit der Redensart: 'in diebus illis', während man doch nur, wenn man diesen Begriff weiter faßt, den Aufbau der Harzburg, der im Sept. begann, so datiren darf. Es scheint, Arnold erinnerte sich überhaupt nur noch (er schrieb bekanntlich erst zu Anfang des 13. Jahrhunderts), daß der Tod Kasimars damals erfolgte, als Friderich I. gegen Heinrich den Löwen zu Felde zog und dessen Vasallen von ihm abfielen. So verwirrt also sein Bericht [4] im Einzelnen ist, so bietet er uns doch genau betrachtet eine Bestätigung dessen,

---

[1] Arnold II, 16.
[2] S. oben S. 332 Anm. 5.
[3] Mitsommer 1181. Peg. Ann. — Gerhard v. Stederburg (SS. XVI, 264. 214) — Halberst. Chron. a. a. O.
[4] Wegen der Schlußnotiz über Bogislafs Huldigung siehe weiter unten.

was der pegauer Annalift ausfagte, der ja auch an den Ueber=
gang der Burgen und Abfall der Vafallen Heinrichs die Kunde vom
Ableben Kafimars anknüpfte.

Was veranlaßte alfo L. Giefebrecht[1], Opel und A. die Ausfage
eines fonft zuverläßigen und gleichzeitigen Quellenfchriftftellers anzu=
fechten? Der Beweggrund dazu lag in einer Urkunde deffelben Kafi=
mar vom 6. Juni 1181. Nun ift klar: wenn der Herzog im Som=
mer 1181 noch eine Urkunde ausftellte, kann er nicht im vorangehen=
den Spätherbft geftorben fein. Wenn aber das Zeugniß einer Ur=
kunde den Ausfagen zweier Schriftfteller entgegenfteht, fo verdient
die erftere den Vorzug — natürlich vorausgefetzt, daß fie ächt ift.

Die in Rede ftehende Urkunde lautet[2]:

In nomine sancte et individue Trinitatis. Kazimarus
dei gratia dux Slavorum. Universis hoc scriptum inspectu-
ris salutem in vero salutari. Que ab hominibus geruntur in
tempore, ne in oblivionem cadant cum transitu temporali,
scriptis autenticis et sigillorum munimine sunt confirmanda,
ut ad posterorum noticiam evidentibus indiciis valeant perve-
nire. Unde notum esse volumus tam presentibus quam futu-
ris, quod nos virorum reverendorum Helmwigi abbatis et
confratrum suorum devotis petitionibus inclinati, ob salutem
nostre anime promerendam, contulimus ecclesie Ztolpensi
clausuram piscationis in Lubin, quintam a latere maris, libertate perpetua possidendam, in subsidium congregationis
sub regula beati Benedicti domino militantis. Cupientes etiam
providere, ut hec nostra oblatio a nostris heredibus et ab
aliis quibuslibet rata et inconvulsa jugiter habeatur, eam pre-
senti scripto et sigilli nostri munimine duximus roborandam.
Testes sunt hii. Dominus Conradus prepositus. Gerhardus.
Ermfridus, canonici. Unima castellanus. Wicezlaus. Cetzlaus.
et plures alii Caminenses. Datum in Camin, anno incarnationis dominice millesimo centesimo octogesimo primo, 8⁰.
Idus Junii.

Der Inhalt der Urkunde bietet keinen Anhalt zur Verdächtigung,
und zum Ueberfluß fagt uns noch Giefebrecht: „An der Richtigkeit
diefer Angabe ift nicht zu zweifeln: die Originalurkunde im ftettiner
Provinzialarchiv enthält die angegebene Jahrszahl mit Buchftaben voll=
ftändig ausgefchrieben, wie fie bei Dreger abgedruckt ift". Wie hilft
fich nun Giefebrecht in diefem Dilemma? Freilich auf eine höchft
überrafchende Weife. Er folgert nämlich: „Kafimir ift alfo in der
angegebnen Zeit nicht mit Tode abgegangen, fondern nur feinem
Verbündeten abgeftorben"; und dem entfprechend fagt er im
Text: „Der Pommernherzog Kafimir ftarb plötzlich, vielleicht im Ju=

---

[1] Wendifche Gefchichten III, 263.
[2] Gedruckt 1) bei Dreger Codex Pomeraniae I. Nr. 17; 2) im Cod.
Pomeraniae diplom. herausg. v. Haffelbach, Kofegarten und v. Medem. Greifs=
wald 1842. 4. I, 119.

lius 1180, der Sache Heinrich des Löwen ab u. f. w." Das Will-
führliche und Gezwungne dieser Erklärung springt ohne Weiteres in
die Augen. Auch der Verfasser der Schrift über die lauterberger
Chronik hat es gefühlt. Er meint daher: wenn man Giesebrechts
Hypothese doch aufrecht erhalten wollte, so müßte man annehmen,
daß Arnold von Lübeck und der pegauer Annalist aus einer uns unbekannten Quelle schöpften und einen etwas unbestimmten, unverständ-
lichen Ausdruck, der sich nach dem obigen Sinne deuten ließ, ungenau
und fehlerhaft wiedergaben. Allein eine solche durch Nichts begründete Aushülfe ist wol nicht viel minder unglücklich.

Also bliebe Nichts übrig, als die zeitgenössischen und von einander völlig unabhängigen Zeugnisse Arnolds und des pegauer Annalisten zu verwerfen? Dazu konnte ich mich nicht verstehn. Ich
wandte deßhalb meine Aufmerksamkeit nochmals auf die unbequeme
Urkunde, an deren Echtheit ich trotz der entschiedenen Versicherung
Giesebrechts nicht zu glauben vermochte, und suchte, da der Inhalt
des Diploms unverdächtig schien, nach, ob auch die Zeugenangaben
zutreffend seien. Es gelang mir nur in Bezug auf e i n e n der Zeugen eine Prüfung anzustellen, diese aber fiel nachtheilig aus. Ich
meine den 'Conradus prepositus'; denn aus einem auf Urkunden
beruhenden Verzeichniß der camminer Prälaten [1] ersah ich, daß seit 1175
als Domprobst Sifridus erscheint und es bis 1185 bleibt, wo er Bischof wird, ein Conradus aber erst von 1186 bis 1216 vorkommt.
Von dieser Entdeckung nahm ich Anlaß, mich an den gelehrten Verf.
gedachten Verzeichnisses, den derzeitigen Provinzialarchivar von Pommern, Herrn Dr. Klempin, der durch seine scharfsinnigen Untersuchungen über die Lebensbeschreibungen Ottos von Bamberg sein kri-
tisches Talent in so vorzüglicher Weise bekundet hat, brieflich zu wenden. Derselbe ertheilte mir in einem Schreiben aus Stettin den 23.
Febr. 1860 in der freundlichsten und umfassendsten Weise Auskunft
auf meine Frage nach der Echtheit jener kasimarischen Urkunde.

„Selbst bei den sichersten Original-Urkunden", beginnt Herr Dr.
Klempin, „darf die historische Kritik nicht feiern. Es ist bekannt, daß
viele echte Originale falsche Daten tragen. Ich will aus Pommerschen Urkunden nur eins anführen. Die Urkunde, worin Fürst
Wizlaf das Testament seines verstorbenen Bruders Barnuta († c.
1241) bestätigt (Cod. Pom. Dipl. von Hasselbach und Kose-
garten p. 83. — ich citire diesen Codex [2] lieber als den von
Dreger, weil Sie darin ein Facsimile unsrer Urkunde sowie ein sol-
ches Ihrer Urkunde von 1181 mitgetheilt finden) hat die Jahreszahl
MCCIII, obwohl sie erst nach 1241 abgefaßt sein kann und also der
Schreiber entweder die XL ausließ oder statt XLI nur III setzte.
Einen ähnlichen Schreibfehler finden wir in der Stolper Urkunde (c.

---

[1] in: Klempin, Diplomatische Beiträge zur Geschichte Pommerns aus
der Zeit Bogislafs X. Berlin 1859. S. 412.
[2] Derselbe wurde mir erst geraume Zeit nachher zugänglich.

l. Nr. 192) anzunehmen genöthigt, welche in dem vorhandenen Original das Datum MCCXXXII Quarto Kalendas Februarii liest, aber wenn sie echt ist, und daran läßt die Handschrift kaum zweifeln, von MCCXXXIII Quarto Kalendas Februarii sein muß, wie eine Vergleichung mit den beiden Stolper an diesem Tage zu Cammin ausgestellten Urkunden (c. l. Nr. 200 und 201) ergiebt, da sie deren combinirte Zeugen enthält. Eine materielle Prüfung giebt, daß sie lediglich eine zweite und erweiterte Version der Urkunde Nr. 200 und also erst nach derselben abgefaßt ist. Ein solches Verhältniß kommt häufig vor.

Sie sehen also, daß die Urkunde von 1181 der Angabe des Arnold von Lübeck nicht absolut entgegensteht, auch wenn sie echt wäre. Hierüber hege ich aber einige Zweifel. Die Stolper Urkunden von 1172 (l. c. Nr. 52), 1176 (l. c. Nr. 40), 1181 (l. c. Nr. 83) und 1194 (l. c. Nr. 72) sind gleicher Weise der Fälschung verdächtig. — Die erste ist nicht mehr im Original vorhanden. Dennoch liegen mehrere Zeugnisse vor, daß das angebliche Original wirklich die Jahreszahl 1172 trug. Es wird darin aber der 1182 noch lebende Ratibor, Sohn Bogislaf I., als verstorben genannt. Darum glauben die Herausgeber Kosegarten und Hasselbach Alles gethan zu haben, wenn sie die falsche Jahreszahl 1172 in 1182 abändern. Indeß sind noch andre materielle und formelle Gründe, welche dem entgegenstehen und sich mit dem Jahr 1182 ebensowenig als mit 1172 vereinigen lassen. Ich glaube hier diese Gründe übergehn zu können, da Sie sich hier nur für die Urkunde von 1181 interessiren, obgleich der Nachweis der einen Fälschung den der andern erleichtert.

Die andern 3 Urkunden sind in den angeblichen Originalen vorhanden. Von den beiden ersten derselben finden Sie ein Facsimile der Handschrift bei Hasselbach und Kosegarten. Alt ist sie. Ich halte sie aber ungefähr aus der Zeit von 1230—50. Für 1176 und 1181 ist sie zu zierlich und gut und entspricht den andern Schriftproben Pommerscher Schreiber des 12. Jahrhunderts nicht. Charakteristisch für sie ist das stehende kurze s am Ende der Wörter, auch das geschwänzte m, r und j. Das 12. Jahrhundert liebte das lange ſ am Ende der Wörter ebenso als in der Mitte. Nur in einer Urkunde von 1219, deren Echtheit ich nicht anzweifeln kann, finde ich das kurze Schluß-s schon regelrecht durchgeführt, sonst alternirt bis nach 1233 noch das ſ mit dem s. Erst seit dieser Zeit ist der Gebrauch stehend. Die Unechtheit der Urkunde von 1194 ist aus materiellen und formellen Gründen am leichtesten nachzuweisen. Die Schrift, eine kleinere Minuskel als die der Urkunden von 1176 und 1181, aber eine feste, gewandte und ausgeschriebene Hand, möchte ungefähr aus derselben Zeit wie jene stammen. Die Urkunde von 1176 stößt in Form und Inhalt nirgends an mit Ausnahme des Zeugen Cedzlaus, der auch in den Urkunden von 1181 und 1194 vorkommt.

Ihre Urkunde von 1181 bietet nun dem Inhalt nach keinen Anstoß, dagegen in der Form, daß die Jahreszahl mit Worten ausgeschrieben ist. Etwas ganz ungewöhnliches für diese Zeit. Ferner die Zeugen: Conradus praepositus .....[1]. Der Canonicus Gerardus bietet keinen Anstoß. Er kommt als solcher auch schon 1176 (Nr. 39) vor. Der Canonicus Ermfridus erscheint sonst nirgends, als nur in dieser und der Stolper Urkunde von 1194 (Nr. 72). Unima castellanus Camin. ist sicher. Vor ihm war es (vielleicht sein Vater) Zauist 1168—1176; seitdem Unima bis 1208. Dessen Sohn war Zetizlaus (Cedzlaus, Zecizlaus, Zetzlaus) Unimiz, und erscheint 1220 (Nr. 130) und mit seinem Sohn Stoyslaus zusammen 1227 (Nr. 164. 165). Zetizlaus scheint nicht, wie sein Vater Unima, die Castellanwürde von Cammin bekleidet zu haben. Nichts desto weniger war er daselbst ein Mann von hoher Bedeutung. Er hatte dort auf eigne Kosten die Egidien-Kirche errichtet, welche nach seinem Tode (c. 1228. Die Urkunde Nr. 277 ist undatirt, kann allen Umständen nach aber nur aus dem Jahr 1228 sein) Sohn Stoyslaf (heres Zetislauicus, heres ecclesie s. Egidii in Cammin) zur Gründung eines Dominikanerklosters hergab. Stoyslaf selbst war 1228 tribunus in Cammin und 1233—44 castellanus Caminensis.

Hiernach ist einleuchtend, daß Zetizlaus nicht gut schon 1176 und 1181 oder wie 1194 vor seinem Vater Unima als Zeuge zu gezogen sein kann. Der Zeuge Wicezlaus oder Wizlaus, der in Ihrer wie in den andern verdächtigen Stolper Urkunden ebenfalls erscheint, ist entweder Wizlaus Nemistiz, d. h. Sohn des Nemiz oder Nemiz, welcher 1219 dem Kloster Stolp für das seinem Verwandten Nyda daselbst gestattete Begräbniß den Acker Duelcifo oder Dulcikow (Nr. 127) schenkte (eine Urkunde welche nebenbei in sachlicher Hinsicht die Nr. 72 vom Jahr 1194 aufs Höchste verdächtigt) und der 1226 Kastellan von Wollin war, oder Wicezlaus (Wizlaus) Wotimiz, d. h. Sohn des Wotim, der Stammvater des Geschlechts derer von Usedom, welcher 1233—43 erscheint und zur Kastellanei Usedom gehörte. Beide werden aber in allen ältern unverdächtigen Urkunden nicht genannt. Es ist nun gerade eine Eigenheit der falschen Urkunden, daß sie, so schlau sie auch die ältere Form nachzuahmen suchen und in der Regel auch ältere Urkunden copiren, doch Zeugen zusammenbringen, welche der Zeit nach nicht zu einander passen. Die Urkunde von 1194 (n. 72) giebt hiervon ein noch viel auffallenderes Beispiel. Sie führt als den ersten der Camminer nobiles den Cetzlaus auf, dann den Johannes Nantkouiz, der gar nicht nach Cammin gehört, sondern ein Demminer nobilis war, 1214 (Nr. 100) zuerst erscheint, 1216 dapifer des zu Demmin residirenden Herzogs Kasimar II. war, 1226 dapifer bei dessen Wittwe Ingerdis und dann von 1230—39 dasselbe Amt bei Kasimar II. Sohn, Wartislaf III. bekleidete. Dann nennt sie den Vater des Zetzlaus Unima, endlich den Wizlaus. Unter den Demminer nobiles hat die erste Stelle Rochillus, der 1215—1226 Kastellan von Demmin war. Er erscheint zwar angeblich schon 1208 (Nr. 87) aber diese Urkunde ist

---

[1] Folgt die Angabe die ich schon oben S. 336 über ihn gemacht.

nicht datirt, und die Herausgeber, welche ihr das Jahr 1208 anwie-
en, haben die Umstände nicht genügend beachtet. Sie ist frühstens
us dem Jahre 1215, wahrscheinlich 1218. Dann führt die Urkunde
on 1194 den Johannes Dirstviz auf, d. h. Dirsito's Sohn. Dir-
to war 1168—1175 Kastellan von Demmin. Sein Sohn Johannes
scheint schon 1175 (filius Dirsiconis Nr. 37) war 1179 (Nr. 29,
welche das falsche Datum 1170 hat) ebenfalls castellanus Diminen-
is, und wird als solcher noch 1188 (Nr. 65) und 1189 (Nr. 66)
angeführt. Später erscheint er nicht mehr. Zwischen Johannes
Dirstviz und Rochillus, dem Sohn des Mirograf (Myrgnew), war
Dacimar, der Stammvater des Geschlechts derer von Nazmer, Kastellan von Demmin 1208. Sowie die Urkunde von 1194 den Ro-
illus also zu früh, so hat sie den Johannes Dirstviz zu spät her-
abgezogen, jedenfalls würde ihre Stellung unter den Zeugen, ebenso
ie bei Cetzlaus und Unima, umgekehrt sein müssen. Zlaumarus
mmt c. 1212 (Nr. 94) vor". —

Nach dieser erschöpfenden Auseinandersetzung scheint es mir un-
denklich, ohne weitere Rücksicht auf die vermeintliche Originalurkunde
abzog Kasimars den angefochtnen Berichten der früher genannten
quellenschriftsteller ihr gutes Recht angedeihen zu lassen.

Ich darf aber nicht verschweigen, daß nun doch noch nicht alle
Schwierigkeiten gehoben sind. Ein dem Anschein nach gar gewichti-
er Zeuge tritt uns in dem dänischen Geschichtschreiber Saxo
entgegen. Derselbe berichtet [1] von Kaiser Friderich: Qui dum op-
dum Lubecum (Sommer 1181) obsidere coepisset, B o g i s z-
vique et K a z i m a r i fratrum vires admodum
uspectas haberet, utrique se potentiae et claritatis
crementa daturum, subornata legatione, promittit, provincias,
as hactenus obscure et sine honorum insignibus gesserint,
araparum nomine recepturis. Jucunda caesaris toties ab
enrico laesis promissio extitit, non intelligentibus, sibi sub
ecie beneficii deforme servitutis jugum intendi. Und etwas
iter hin [2]: Quo tempore Sclavorum, ad ipsum regiae clas-
metu navigiis progredi non audentium, legatis receptis, di-
ulo navigium regis, parvo militum numero comitante, ejus-
m cymba advectus, cunctis inopinatus ascendit. Igitur
e exercitus sui primores participandi colloquii gratia con-
hente, solum Rugiae principem Jarimarum, quem pridie
mpluribus venerationis officiis, insuper regio nomine adula-
fuerat, quod cum Danis perquam fidum non ignoraret,
ari passus non est. Habere deinde se dixit, quod ad re-
m secreto referre cupiat, quem ob futurum mutui sanguinis
tractum non amicum modo, verum etiam unanimem habeat.
lavos siquidem enervandi gratia Henrici a se promissioni-

---

[1] ed. Müller et Velschow p. 948 ff.
[2] a. a. O. 951 ff.

bus allectos esse, quas, eodem expugnato, minime exequi velit, memor, quid olim sibi de subigenda Slavia pollicitus fuerit. Orare deinde, patiatur se eam ad praesens sui muneris facere, binis fratribus geminae praefecturae titulo speciosius quam diuturnius tribuendam. Eandem quippe se ei, profligato Henrico, subjicere curaturum. Annuente rege, posteroque die concionem petente, Bogiszlavum et Kazimarum, datis solemniter aquilis, Slaviae duces appelllat, veterem atque haereditariam patriae libertatem vanis atque fucosis dignitatum nominibus venditantes. Qui si scissent, quanto oneri se exigui panni receptione substernerent, mortem beneficio praetulissent, aut privati in omne vitae tempus degere maluissent. Sic sub honoris specie gravissimis dedecoris probris implicati discedunt, servitutem falsis dignitatum insignibus coloratam in patriam referentes.

Also wäre Kasimar noch im Sommer 1181 zu Lübeck vor Kaiser Friderich erschienen und somit das Ergebniß der obenangestellten Untersuchung ein unrichtiges? Ich denke: nicht. Man muß beachten, daß die ganze Darstellung Saxo's vom Zuge des Kaisers gegen Heinrich den Löwen von Irrthümern erfüllt, ja sogar von Tendenzlügen nicht frei ist. Es ist das Verdienst des jetzt verewigten Dahlmann [1], die Berichte Saxo's mit unbefangenem Blick geprüft und auf seine auch grade hier absichtliche Entstellung der Wahrheit aufmerksam gemacht zu haben [2]. Daß, auch davon abgesehen, eine Menge irriger Angaben vorliegen, hat schon der neuste Herausgeber Saxo's kurz erwähnt und hinzugefügt, man müsse seine Erzählung aus Arnold von Lübeck und andern 'scriptores harum rerum peritiores' verbessern. Der Herausgeber gedenkt auch der Saxo'schen Aussage entgegenstehenden Nachricht, daß Kasimar 1180 gestorben sei und daß einige Neuere 'Saxonem hic errasse perhibent'. 'Nec equidem hoc praefracte negaverim', setzt er hinzu, allein, da aus der bewußten Urkunde hervorgehe, daß Kasimar 1181 noch am Leben war [3], so werde man dem Zeugnisse Arnolds nur soviel einräumen können, daß Kasimar durch Krankheit oder einen andern

---

[1] Gesch. v. Dännemark I, 304 und 307. Die Ann. ryenses (Mon. SS. XVI, 404) haben Saxo's Bericht benutzt; vgl. Usinger die dän. Ann. und Chron. d. MA. Hannover 1861. S. 75.

[2] Neuerdings hat sich übrigens gezeigt, daß Saxo auch hinsichtlich der Art, wie er schriftliche Quellen nachweisbar benutzt hat, nicht eben Vertrauen erweckt. „Saxo, sehen wir, verfährt mit großer Freiheit, um nicht zu sagen Willkür, mit seiner Quelle, läßt weg und führt aus, wie es ihm behagt; er verwischt den ursprünglichen Charakter der Ueberlieferung, er hat sie vielleicht mitunter geradezu mißverstanden und dann einen solchen Irrthum selbst nur weiter ausgeschmückt". Eine ungedruckte Lebensbeschreibung des Herzogs Knud Lawarb von Schleswig, herausg. v. G. Waitz. Göttingen 1858. S. 17.

[3] D. h. am 6. Juni. Daraus würde, auch wenn die Urkunde echt wäre. Nichts folgen; denn die Belagerung Lübecks begann erst im Juli. Er könnte also immer inzwischen gestorben sein.

Grund verhindert worden sei, sich im kaiserlichen Lager einzufinden[1]. Doch zu einer so halben Schlußfolgerung scheint uns kein Anlaß zu sein[2]. Nur das ist an Arnold auszusetzen, daß er seinen Stoff mitunter schlecht ordnet. So hat er hier schon beim Jahre 1180, wo er den Tod Kasimars erzählt, hinzugefügt, daß dessen Bruder Bogislaf dem Kaiser 'hominium et tributa persolvit', während er dies erst bei dem Bericht über die Belagerung Lübecks hätte einfügen sollen.

Wenn somit, wie ich hoffe, genügend dargethan ist, daß das Ableben Herzog Kasimars in den Spätherbst des Jahres 1180 zu setzen ist, so wäre nur noch die Frage zu erledigen, auf welche Weise der oftgenannte Pommernfürst sein Ende gefunden hat. Da muß ich denn einer merkwürdigen Stelle der repgowschen Chronik gedenken. Am Schlusse ihres Abschnittes über Friderich I. fügt sie ein dürres Namensverzeichniß der Päbste von Alexander III. bis auf Cölestin III. bei und bringt dann noch die folgende Notiz nachgeschleppt[3].

Bi des selven keiser Vrederiches ziden streit de marcgreve Otte van Brandenbörg weder her Bogezlawen van Demin, da worden de Wenede segelois, da wart erslagen her Kazemer inde her Borc in der Wenede vele.

Auf diese Stelle hin, welche sie übrigens nur in der lateinischen Uebersetzung kannten, sagen die Herausgeber des pommerschen Urkundenbuches[4]: „Die Markgrafen von Brandenburg suchten das grobische Land zu erobern, und gegen sie kämpfend fiel Casimir I. Es scheint anno 82". Was nun die Zeit von Kasimars Ableben betrifft, so glaube ich sie im Vorhergehenden festgestellt zu haben: wenn also die Erzählung der repgowschen Chronik richtig ist, so muß das, was sie meldet, im Spätherbst 1180 vorgefallen sein. Ich bestreite aber die ganze Nachricht und zwar aus folgenden Gründen:

1) weil Herzog Bogislaf, wo er in Urkunden vom Tode seines

[1] In ähnlicher Weise äußert sich Barthold (Gesch. von Pommern und Rügen II, 259): „Kasimar lebte damals noch, war aber, einen andern Weg als sein Bruder verfolgend nicht gegenwärtig bei Lübeck, ungeachtet auch auf ihn die Reichsfreiheit übertragen wurde".

[2] Eine andre von Barthold (a. a. O.) als Beweismittel benutzte Stelle, die der Saxo (S. 967) beim Jahre 1183 von Bogislaf sagt, daß ihn 'nuper Kazimari fratris decedentis orbitas heredem effecerat' ist ganz unerheblich; denn entweder ist das nuper wörtlich zu nehmen als „vor kurzem", dann müßte man Kasimars Tod ins J. 1183 setzen, was nicht angeht, da er urkundlich schon 1182 als verstorben bezeichnet wird (s. die folg. S. Anm. 1) oder es ist in weiterer Bedeutung zu fassen, und dann ist es ebenso gut aufs Jahr 1180 zu beziehen.

[3] Ausg. v. Maßmann S. 439, v. Schöne S. 74.

[4] Den ' her Borc ' halten sie für den Ahnherrn des pommerschen Adelsgeschlechts derer v. Bork, vielleicht mit Recht, S. 76 u. 123. Vgl. Barthold a. a. O. 260.

Bruders spricht, sich so ausdrückt [1]: processu vero temporis, cum jam carissimus frater meus viam universe carnis egressus fuisset, und: frater meus, ante quam ..... rebus est humanis exemptus, und er schwerlich so gesagt haben würde, wenn Kasimar in der Schlacht gefallen wäre.

2) weil keine einzige Quelle sonst etwas davon weiß, daß Markgraf Otto von Brandenburg im Jahre 1180 einen siegreichen Zug gegen die Pommern unternommen habe.

3) weil die Zeugnisse Arnolds von Lübeck und des pegauer Annalisten entgegenstehn. Jener sagt einfach: 'mortuus est', dieser 'repentina morte obiit', beide stimmen also darin überein, daß Kasimar eines natürlichen Todes gestorben ist. Namentlich aber der Annalist von Pegau würde es wol erwähnt haben, wenn der Pommernherzog im Kampfe mit dem Brandenburger gefallen wäre, zu grabe in der Zeit des Abtes Radeboto (1168 bis 1181 Febr. 5) das Kloster zu Markgraf Otto I. in nähern Beziehungen stand [2] und Abt Ekkelin mit diesem im Novbr. 1181 an des Kaisers Hoflager zusammentraf [3], also gewiß im Stande war, sich gut zu unterrichten.

Wie soll man sich dann aber die angeführte Stelle der repgowschen Chronik erklären? Läßt sich denken, daß ein wahrheitsliebender und aus guten Quellen schöpfender, sonst so glaubwürdiger Schriftsteller, wie der Verfasser der erwähnten Chronik, jene Nachricht aus der Luft gegriffen habe? Schwerlich. Wo werden wir aber die Grundlage seines Berichtes zu suchen haben? Ich vermag nur folgendes darauf zu antworten.

Der Chronist hat, wie mich dünkt, verschiedne Ereignisse mit einander vermengt. Er scheint zunächst den Kriegszug im Auge gehabt zu haben, welchen Heinrich der Löwe mit Markgraf Otto I. von Brandenburg im Jahre 1177 gegen Demmin unternahm, der aber damit endete, daß beide Fürsten nach längerer Zeit die Belagerung wieder aufhoben und mit Geißeln, die sie erhalten, abzogen [4].

---

[1] Cod. dipl. N. 50 u. 58 S. 122 u. 136; sonst nur 'beate memorie'.

[2] Anon. de fundator. et benefactorib. eccles. pegav. bei Mencke Script. II, 104.

[3] Die Urkunde Friderichs für Pegau gegeben in Altenburg am 13. Novbr. 1181 bei Böhmer Reg. 2637. — Markgraf Otto erscheint von Oct. bis Decb. 1181 als Zeuge in kaiserl. Urkunden: am 9. Oct. zu Altenburg (Böhmer 2628 u. 29 bei 1180, sie gehören aber den Zeugen nach zu 1181), zu Erfurt am 16. Novb. (16 Kal. Decb.; Böhmer 2641 hat irrig den 17. Decb. — Böhmer bemerkt: „Nach den Zeugen gehört diese Urkunde hierher, obgleich die Daten mehr für 1180 sprechen". Aber auch das ist nicht einmal der Fall. Das Jahr der Judiction (XIV) und des imperium (XXVII) gehören zu 1181 und nur die XXIX des regnum würde zu 1180 passen. Ohne Grund greift daher Potthast in seiner Ausgabe der Chronik Heinrichs von Herford. Göttingen 1860. S. 160 n. 14 Böhmers Datierung an). Sonst erscheint Otto noch am 22. Novb. (10 Kal. Decb. Böhmer 2642 irrig 23 Decbr.) u. am 1. Decbr. (Böhmer 2640).

[4] Arnold II, 4. — Pöhlder Ann. 1177 (Mon. SS. XVI, 94). — Peg. Ann. 1177 (ebend. 261). — Saxo S. 921.

Das war also ein ganz anderes Resultat, als in der Chronik dem Zuge Ottos nachgerühmt wird. Wenn man nun bedenkt, daß zu Anfang des 13. Jahrhunderts in Pommern wieder ein Kasimar (II.) und Bogislaf (II.) und in Brandenburg wieder ein Otto (II.) herrschten, daß dieser Otto und sein Bruder Albrecht in beständigem Kampfe mit den Pommern lagen [1], und daß über den Tod Kasimar II. († c. 1219) jede authentische Nachricht mangelt [2], so kommt man auf die Vermuthung, daß vielleicht Kasimar II. in einem jener märkisch-pommerschen Kämpfe fiel und der Verfasser der Chronik, welcher um 1230 schrieb, die Unternehmung von 1177 mit jener spätern zusammenwarf [3].

2. Die Belagerung und Uebergabe von Segeberg.

Durch Mißtrauen und Undank entfremdete sich Heinrich der Löwe den Grafen Adolf von Holstein zu einer Zeit, wo er ergebner Freunde so sehr bedurft hätte. Als Adolf abgefallen war, zog der Herzog über die Elbe und nahm Holstein in Besitz. Nur die Festung Segeberg leistete den ganzen Sommer (1180) über Widerstand und ergab sich erst um Michaelis [4]. Es sollen nun die Berichte darüber mit einander verglichen werden, was um so schneller von Statten gehn wird, da wir deren nur zwei haben. Wieder verdanken wir sie dem Abte Arnold von Lübeck und dem Annalisten des Klosters Pegau.

Arnold [5] erzählt: Dux autem ut agnovit, quia defecisset ab eo, occupavit omnem terram ejus trans Albiam et expugnavit castrum Plune, et ejectis hominibus suis, collocavit ibi Marcradum praefectum Holsatorum. Castrum autem Sigeberg, quia inexpugnabile erat, diutina illud obsidione expugnabat per Bernhardum comitem de Raceburg, quod mater comitis domina Machthildis constanter tenebat. Exsiccata autem cisterna sitierunt hi qui in castello erant et arebant fauces eorum propter siccitatem sitis, et necessitate compulsi

---

[1] Bartholb a. a. O. II, 317. 333. 337.
[2] Ebend. 352. — Cod. Pomer. I, 294—95; vgl. 287.
[3] Daß die im Vorstehenden erörterte Notiz nicht einer fremden Quelle angehört sondern ein von dem Chronisten selbst herrührender Zusatz ist, möchte man daraus schließen, daß sie nicht im Zusammenhang mit den übrigen Ereignissen aus Friderich I. Zeit, sondern abgesondert ganz zuletzt gebracht wird. Dabei ist es vielleicht nicht ganz bedeutungslos, daß in manchen Handschriften, wie z. B. in der bisher für die älteste geltenden berliner, das Wort selven der keiser fehlt (Maßmann a. a. O.). Es würde übrigens Nichts daran ändern, wenn — was bis zum Erscheinen der Chronik in den Monum. Germ. dahin gestellt bleiben muß — Schöne's Classification richtig sein sollte; denn unter den Handschriften, welche selven nicht haben, sind alle von Schöne unterschiedenen Classen vertreten.
[4] Vgl. oben S. 333.
[5] II, 16.

sub conditione pacis castrum dederunt. Et praefecit ei dux Lupoldum quendam natione Bavarum, virum prudentem et strenuum. Domina vero Machthildis cum suis abiit Scowenburg.

Nach Arnold also besetzte Heinrich der Löwe all sein (des Grafen) Land jenseits der Elbe, erstürmte das Schloß Plön, warf die Besatzung hinaus und setzte Markrad hin. Darauf — so verstehe ich das Folgende — zog Heinrich vor Segeberg, um es ebenfalls mit Sturm zu nehmen; weil dies aber nicht gelang, so hielt er sich nicht weiter damit auf, sondern befahl dem Grafen Bernhard von Ratzeburg die Belagerung zu leiten, welche nun auch in der That sehr langwierig war. Ich glaube, daß sich diese Erklärung ganz ungezwungen aus Arnolds Worten ergiebt. Segeberg war schon durch seine natürliche Lage sehr gut geschützt, deßhalb hatte einst Vicelin den Kaiser Lothar auf diesen 'mons aptus' aufmerksam gemacht[1]. Die Erfahrung, welche Heinrich der Löwe 1180 machte, veranlaßte ihn im Jahre 1189 wahrscheinlich, Segeberg ebenfalls durch lange Belagerung und den dadurch erzeugten Mangel an Lebensmitteln zur Uebergabe zu bringen[2]. Damals freilich gelang es nicht, weil andere Ereignisse eintraten. —

In den pegauer Annalen[3] heißt es: Item dux congregato exercitu obsedit Sigeberg urbem Adolfi comitis; et cum proficeret, pace falsa pollicita dolo eam optinuit, et quibus pacem jurari fecerat, eos captivos detinuit. —

Zergliedern wir nun diesen Bericht, so erhalten wir die einzelnen Aussagen, wie folgt:

1) Heinrich der Löwe schließt Segeberg ein.
2) Er richtet nichts aus, d. h. er erobert es nicht.
3) Er bringt es in seine Gewalt durch andre Mittel, und zwar verfährt er dabei unredlich.

Mit den ersten beiden Angaben stimmt Arnolds Erzählung also überein: wie ist es aber mit der dritten?

Der pegauer Annalist erwähnt den Grafen von Ratzeburg nicht und so wird man ihm leicht im ersten Augenblick die Meinung unterschieben, daß Herzog Heinrich persönlich Segeberg zur Uebergabe nöthigte. Allein in Wahrheit hat er das nicht gesagt. Am allerwenigsten dann, wenn Opels Ansicht richtig wäre: nach dieser nämlich kann die List keine andre gewesen sein, als daß der Belagerte vorgegeben habe, er sei auch von Heinrich dem Löwen abgefallen. Dann aber muß man sich als den Sieger einen andern als den Herzog denken, oder der Annalist hat Unsinn geschrieben, wie Opel annimmt. Indessen erscheint jener Annalist durchaus nicht als ein Mann, der offenbaren Unsinn schriebe. Doch ist überhaupt die Art,

---

[1] Helmold I, 53.
[2] Hist. Godescalci bei Leibnitz SS. rer. brunsv. I, 870.
[3] Mon. Germ. SS. XVI, 264.

in der Opel das 'dolus' erläutert, anzufechten. Wie mir scheint, ist nicht zweifelhaft, was der Annalist unter 'dolus' verstand: das Versprechen freien Abzugs und zwar das falsche Versprechen, da es nicht gehalten worden sei. Das 'pacem jurari fecerat' deutet eher darauf hin', daß der Herzog nicht selbst mehr vor Segeberg lag als auf das Gegentheil, aber auch wenn da stände, daß Heinrich selbst das Versprechen gegeben, würde daraus noch nicht folgen, daß er sich damals noch vor der Festung aufhielt. Bei der Uebergabe aber muß man Ursache und Bedingung unterscheiden. Die Ursache war — wie Arnold meldet — der Mangel an Trinkwasser. Das war dem Annalisten unbekannt. Dagegen bezeichnet er uns als Bedingung der Uebergabe die Erlaubniß freien Abzugs für die Besatzung und gewiß mit Recht; denn Arnold meldet unmittelbar darauf, daß Graf Adolfs Mutter mit den Ihren abgezogen sei. Der Annalist freilich glaubte, Heinrich der Löwe habe die Belagerten dem beschwornen Vertrage zuwider zurückgehalten. Und dies ist der einzige Punkt, hinsichtlich dessen unser sonst gut unterrichteter Gewährsmann sich im Irrthume befand. Man wird dies nicht so hoch anschlagen, wenn man die Entfernung des Kriegsschauplatzes von seinem Kloster sowie den Umstand berücksichtigt, daß die betreffende Stelle wahrscheinlich nicht gar lange nach den Ereignissen geschrieben ist. Soviel wenigstens wird aus der hier angestellten Untersuchung hervorgegangen sein, daß man den pegauer Bericht über die Belagerung und Uebergabe von Segeberg nicht als eine „durchaus falsche Mittheilung" bezeichnen darf[1]. — Arnold von Lübeck, welcher etwa zwanzig Jahre später schrieb, konnte über diese Vorfälle um so besser unterrichtet sein, als er sehr bequem in seiner nächsten Umgebung von einem Manne Auskunft zu erhalten vermochte, der wahrscheinlich während jener Belagerung in Segeberg selbst verweilte. Es war dies Diterich, seit 1186 Bischof von Lübeck[2], der früher Probst zu Segeberg und Zeven war.

---

[1] Giesebrecht Wendische Gesch. III, 264 f. sucht Arnolds und des Annalisten Nachrichten willkürlich zu verbinden und bringt dadurch etwas Verwirrtes heraus. Er läßt die Gräfin Mathilde frei abziehn, aber die Besatzung gefangen bleiben, wovon doch Arnold Nichts sagt. Die „List" erklärt Giesebrecht ebenso wie Opel.

[2] III, 14.

Aufenthaltsorte K. Maximilians I. seit seiner Alleinherrschaft 1493 bis zu seinem Tode 1519.

Von

Christoph Fried. Stälin.

Die Sorgfalt, welche den Kaiserfahrten des Mittelalters durch Böhmer, Chmel, Aschbach, und denen K. Ferdinands I. durch Gevay zugewendet wurde, dürfte dem K. Maximilian I., welcher in einer so denkwürdigen Uebergangszeit herrschte und für dessen Geschichte die Ausmittlung seiner Reisebahnen ein unentbehrliches Hilfsmittel ist, auch einmal zu Gute kommen. Die genaue Feststellung des jeweiligen Aufenthalts dieses Kaisers kann freilich nicht plötzlich in vollständiger Ausrüstung — gleich der Minerva aus Jupiters Haupt — ins Leben treten.

Eigenthümliche Schwierigkeit bereitet hiebei der Umstand, daß die Reichstage, das Regiment in Insbruck, überhaupt verschiedene Behörden an betreffenden Orten unter K. Maximilians Namen urkundeten, dieser Kaiser mochte sich aufhalten, wo er wollte.

In so ferne sich überhaupt zur folgenden Zusammenstellung leicht Nachträge ergeben werden und vielleicht das hier Gebotene einige Kraft der Anziehung von weiteren Beiträgen, um welche hiemit gebeten wird, besitzt, so wird die Bequemlichkeit der Zeitschrift benützt werden, um Ergänzungen bekannt zu machen und somit dieses Itinerar je mehr und mehr zu vervollständigen.

Nicht umhin kann ich jetzt schon die große Bereitwilligkeit zu rühmen, womit der verst. Archiv=Director von Rudhart in München mit Hilfe der dortigen Archivbeamten durch Auszüge aus ungedruckten Schreiben, der Custos Bergmann in Wien durch Aufzeichnungen aus dem handschriftlichen Gedenkbuch K. Maximilians, der Professor Pauli in Tübingen durch Notizen aus dem Archiv (Public Record Office) und dem britischen Museum in London und der Professor Eichel in Wien durch Mittheilungen aus dem Mailänder Archiv di San Fedele mich unterstützten. Sehr verpflichtet bin ich dem Custos der kaiserl. Hofbibliothek in Wien, Birk, welcher — selbst mit K. Maximilian für die Monumenta Habsburgica beschäftigt — mich aufopfernd durch äußerst reiche Beiträge, wie solche mit seinem Namen bezeichnet sind, erfreute.

Bei den im Folgenden beigesetzten Belegstellen gilt die erste für den ersten angeführten Aufenthaltstag, die zweite für den letzten. (Hie und da wurden in Klammern auch Belege für die Zwischenzeit eingefugt).

Um Raum zu sparen wurden folgende Zeichen und Abkürzungen gebraucht.

Der Stern * vor dem Monatstag bedeutet Ankunft K. Maximilians, das Kreuz † nach dem Monatstag dessen Abreise.

Anshelm = Anshelm's genannt Rüb Berner=Chronik. Bd. 1—6. Bern 1825—33.

Archivio = Archivio storico Italiano. T. 7, parte 2. Firenze 1844.

Besold = Besold Documenta rediviva monasteriorum Wirtenb. Tubingae 1636.

Brandis = v. Brandis die Geschichte der Landeshauptleute von Tyrol. Innsbruck 1850.

Chmel = Urkunden, Briefe und Actenstücke zur Gesch. Maximilians I. und seiner Zeit. H. v. Chmel. Stuttg. 1845, in der Bibliothek des lit. Vereins. Bd. 10.

Cuspinianus = Tagebuch Cuspinians, in Fontes rerum Austriacarum Abth. 1, Bd. 1.

Datt = Datt de pace imperii publica. Ulmae 1698.

Fels = Fels erster Beytrag zu der deutschen Reichstags=Geschichte. Regensburg 1794.

Förstemann = Mittheilungen aus dem Gebiet hist. antiq. Forschungen, h. v. Förstemann Bd. 4, Hft. 4.

Fugger = Fugger Spiegel der Ehren des Erzhauses Oesterreich durch Birken. Nürnb. 1688.

Gassarus = Gassarus Annales . . Augstburgenses, in Menckenii Script. 1. 1316—1954.

Gedenkbuch = Gedenkbuch K. Maximilians im k. k. Finanzministerialarchiv (früher k. k. Hofkammerarchiv) in Wien. (Es sind zwei für das Itinerar brauchbare Bände unter den neunzehn der noch erhaltenen Kanzleibücher des K. Maximilian I.)

Gemeiner = Gemeiner der Regensburgischen Chronik 4. Bd. Regensburg 1824.

Häberlin = Häberlin die allgemeine Welthistorie. Neue Historie. Bd. 7. 9. 10. Halle 1770—1772.

Harpprecht = Harpprecht Staats=Archiv des Kays. . . . Kammergerichts. Thl. 2. 3. Ulm 1758. 1759.

Henne = Henne Histoire du règne de Charles V. en Belgique. 1—10. Bruxelles et Leipz. 1858—60.

Herberger = Herberger Conrad Peutinger in s. Verhältnisse zum K. Maximilian, im Jahresbericht des hist. Kreis=Vereins für Schwaben u. Neuburg f. 1849 u. 1850 S. 29—72.

Herberstein = v. Herberstein Selbstbiographie, in Fontes rerum Austriacarum Abth. 1, Bd. 1.

Heyd = Heyd Ulrich Herzog zu Württemberg. Bd. 1. Tübingen 1841.

Kink = Kink Gesch. der kaiserlichen Universität zu Wien. Bd. 1. 2. Wien 1854.

Klüpfel = Urkunden zur Geschichte des Schwäbischen Bundes (1488—1533). H. v. K. Klüpfel 1. 2. Stuttg. 1846, in der Bibliothek des lit. Vereins 14. 15.

Koch = Koch Beiträge zur neueren Geschichte aus unbenutzten Handschriften Aus dem 1. Bd. der Denkschriften der philof. hist. Classe der kaif. Akad. der Wiff. besonders abgedruckt. Wien 1849.

Köllner = Köllner der Landshuter Erbfolgekrieg nach dem Tode Georgs des Reichen. Landshut 1847.

Lacomblet = Lacomblet Urkundenbuch für die Geschichte des Niederrheins. Bd. 4. Düsseldorf 1857.

Le Glay Corr. = Correspondance de l'empereur Maximilien 1er et de Marguerite d'Autriche, publiée par le Glay. 1. 2. Paris 1839.

Le Glay Négoc. = Négociations diplomatiques entre la France et l'Autriche publiées par le Glay. 1. 2. Paris 1845 (in der Collection de documents).

Lünig R. A. = Lünig das deutsche Reichsarchiv. 24 Bde. Leipzig 1713—22.

Moritz = Moritz Abhandlung v. Ursprung derer Reichsstädte, insonderheit von Worms. Frankf. u. Lpz. 1756.

Nijhoff = Nijhoff Gedenkwaardigheden uit de geschiedenis van Gelderland. D. 6. Arnhem 1859.

Notizenblatt = Notizenblatt Beilage zum Archiv für Kunde östr. Geschichtsquellen. Wien, seit 1851.

Oefele = Oefele Rerum Boicarum scriptores. 1. 2. Aug. Vindel. 1763.

Porto = Porto Lettere storiche dall' anno 1509 al 1528. Firenze 1857.

Quirini = Quirini Depeschen im Auszug, in: Berichte über die Verhandl. der k. fächf. Gesellsch. der Wiff. zu Leipzig. Philol. hist. Classe 9, 57—85.

Sattler = Sattler Gesch. des Herzogth. Würtemberg unter der Regierung der Herzogen. Thl. 1. Ulm 1769.

Schreiber = Schreiber Urkundenbuch der St. Freiburg im Breisgau. 1. 2. Freiburg 1828—9.

Sinnacher = Sinnacher Beiträge zur Gesch. der bischöfl. Kirche Säben u. Briren. Bd. 7. Brixen 1830.

Steinhofer = Steinhofer Neue wirtenbergische Chronik. Thl. 4. Stuttgart 1755.

Stetten = Stetten Geschichte der St. Augsburg. 1. Frankf. u. Leipz. 1743.

Strobel = Strobel vaterländische Geschichte des Elsasses. Thl. 3. Straßburg 1843.

Stuttg. A. = Stuttgarter Haus- u. Staatsarchiv.

Tichtel = Tichtel Tagebuch, in Fontes rerum Austriacarum. Abth. 1, Bd. 1.

Vanotti = v. Vanotti Geschichte der Grafen von Montfort u. von Werdenberg. Belle-Vue' bei Constanz 1845.

Vettori = Franc. Vettori Viaggio in Alemagna. Parigi 1837.

Waitz = Waitz Streitigkeiten u. Verhandlungen Lübecks mit K. Johann v. Dänemark, in Zeitschrift des Vereins für Lübeckische Geschichte 1, 129—172.

Zorn = Zorn Wormser Chronik h. v. Arnold (in der Bibliothek des lit. Vereins. Bd. 43). Stuttgart 1857.

1493. Aug. 19– Sept. 26. }	Innsbruck.	Alba, als sein Vater am 19. Aug. zu Linz starb (Aug. 20. Lehmann Chron. v. Speier 93? Ausg. v. 1711). Sept. 2. 11. 26. Chmel 4. 5. 6.
— 27.	Hall. Schwatz. }	Chmel 7.
— 29.	Kufstein.	Chmel 9.
Oct. *9–12.	Wien.	Tichtel 61. (Oct. 11. Chmel 9). Klüpfel 1, 159.
— 12.	Wiener Neustadt.	Klüpfel a. a. O.
— 27–29.	Radkersburg.	Chmel 10–14.
Nov. 4–14.	Grätz.	Chmel 14. (Nov. 9. Chmel 15). K. Max schreibt Kunigunden Erzherzogin von Oesterreich. Münchner Reichsarchiv.
— *26– 1494. Febr. 13. }	Wien.	Tichtel 61. (Jan. 28. Chmel 18. Febr. ?. Sinnacher 7, 32). Birk.
— 19–21.	St. Pölten.	Birk.
— 25– Merz 2. }	Wels.	Birk. (Febr. 27. Lünig R. A. 11, 619). Birk
— 6.	Salzburg.	Chmel 24.
— 14–22.	Innsbruck.	Birk. (Merz 16. Häberlin 7, 642. Merz 21? Neues Archiv für Gesch. Wien 1829 S. 128). Birk.
— 25.	Nassereit.	Birk.
— 29– Apr. 17. }	Füssen.	Chmel 24–30.
— 17– Mai 25. }	Kempten.	Chmel 30. (Mai 23. K. Max für Isni. Stuttg. A.). Birk.
— 26. 27.	Memmingen.	Birk. Mon. Boic. 34b, 282.
— 28–30.	Ulm.	Birk. (Mai 29. Mon. Boic. 34b, 287). Birk.
Jun. 2.	Eßlingen.	Stuttg. A. unter Eßlingen.
— 4.	Pforzheim.	Birk.
— 7–11.	Speier.	Birk. (Jun. 9. [Jac. Wimpheling] Oratiuncula que dicenda fuit in presentia regis.. in templo Spirensi a. 1494. die Junii 9. 4°). Lünig R. A. 14b, 598.
— *13–17.	Worms.	Zorn. (Jun. 15. Klüpfel 1, 166). Birk.

Jun. 18—20.	Mainz.	Birk. Scriba Regg. der Urk. des Großherzogth. Hessen. Abth. Starkenburg Nr. 2023.
— 22— Jul. 2.	Cöln.	Birk. (Juni 27. Reuß Teutsche Staatskanzley 2, 85). Georgisch Reg. chron. dipl. 3, 6.
— 4— 6.	Achen.	Birk.
— 15.	Sittard.	Lacomblet 4, 574.
— 26—29.	Maſtricht.	Lünig R. A. 13, 1430. Birk.
Aug. o. T.	Grave.	Pontanus Hist. Gelricae liber 11, S. 601. 602.
— o. T.	vor Nimwegen.	Nijhoff 6, XX.
— 25. 26.	Mecheln.	Moriz 2, 208. Birk.
Sept. 5.	Antwerpen.	Lünig Cod. Ital. dipl. 1, 494.
— 8—10.	Löwen.	Chmel 50. Besold 197.
— 14— Oct. 4.	Mecheln.	Birk. (Sept. 15. Lacomblet 4, 575. Sept. 24. Chmel. 20. 555. Sept. 30. Schannat Hist. Worm. Urk. 254). Birk.
— 9— Nov. 8.	Antwerpen.	Chmel 51 ff. Birk.
— 10—17.	Dendermonde.	K. Mar an Ludw. Moro, beglaubigt Bontemps u. Patornay, m. propria, lat. Orig. im Mailänder Archiv. Mittheilung von Sickel. van Duyse Inventaire des chartes appart. aux archives de Gand 290.
— 24.	Mecheln.	van Duyse a. a. O. 291.
— 24— Dec. 22.	Antwerpen.	Birk. (Dec. 7. Chmel 55. Dec. 11. Chmel 56). Schannat a. a. O. 255.
Jan. 8—14.	Bergen op Zoom.	Chmel 58. 59.
— 17.	Antwerpen.	Lünig R. A. 13, 907.
— 27.	Mecheln.	Gayler Denkw. v. Reutlingen bis 1577. S. 129.
Febr. 6.	Breda.	K. Mar an Ludwig Moro, empfiehlt ihm Pisa bei der wiedererlangten Freiheit zu schützen. Mailänder Archiv, Orig. lat., m. propria. Mittheilung von Sickel.
— 11.	Herzogenbuſch.	Birk.
— 20.	Grave.	Birk.
— 22.	Herzogenbuſch.	Birk.
— 28.	Maſtricht.	Birk.
Merz 2— 7.	Aachen.	Schoepflin Als. dipl. 2, 434. Birk.
— 8—10.	Cöln.	Birk. (Merz 9. Chmel 61). Birk.
— 11.	Bonn.	Birk.
— *18— Oct. o. T.	Worms.	Die Ankunft hat Zorn 201. 202. Mar scheint bis zum Schluß des Wormser Reichstags (im Sept.) und noch in den

1495.

October hinein meist in Worms geblieben zu sein (Häberlin 9, 21. 54), hätte
jedoch nach Müller Reichstagstheater unter Maximilian 1, 675 im Sept. eine
Ausflug nach Eßlingen gemacht, da le-
tere Stadt unter dem 25. d. M. an Hal
schreibt: Königl. May. und deren Gemahl
nahe sich ihr. Am 21. Sept. beglaubigte
K. Max noch in Worms Steffen Celta
an Ludw. Moro, m. propria, Orig.
franz. im Mailänder Archiv. Mittheilung
von Sickel.

Oct. 22— Nov. 2.	}	Frankfurt.	Birk. (Oct. 31. Harpprecht 2, 213). Birk
— 13.		Worms.	Lünig R. A. 16, 95.
— 22—24.		Speier.	Datt 324. Birk.
— o. T.		Wimpfen.	Hanselmann Dipl. Beweiß 1, 611, re „Mittwoch nach St. Kathereinentag" [= Dec. 2.] unrichtig abgedruckt sein mag
— 26.		Heilbronn.	Jäger Heilbr. 1, 277.
— 27.		Oehringen.	Hanselmann a. a. O.
— 27.		Neuenstein.	Hanselmann a. a. O.
— 29. 30.		Hall.	Hanselmann a. a. O. 613. 614.
Dec. 23— 1496. Jan. 1.	}	Nördlingen.	Birk. Chmel 87.
— 19— Febr. 20.	}	Augsburg.	Harpprecht 2, 94. 235.
— 21— Merz 18.	}	Donauwörth.	Birk. (Febr. 27. Chmel 93—97). Klüp- fel 1, 188, wo Merz 18 statt Merz 28 zu lesen.
— 22.		Augsburg.	K. Max an Ludw. Moro, verspricht ih bie Angelegenheit der Herzogin von Sa- voien u. ihres Schatzmeisters zu ordnen, m. propria., latein., im Mailänder Ar- chiv. Mittheilung von Sickel
— 26— Apr. 6.	}	Füssen.	Hormayr Hohenschwangau 169. Chmel 103.
— 10.		Liebenthann.	Chmel 104.
— 16— Jun. 13.	}	Augsburg.	K. Max an Ludw. Moro, Glückwunsch bei Anlaß der zwischen Constanze (Wittwe von Filippo Sforza) u. Herrn von La- rembon geschlossenen Ehe, m. propria, Orig. latein., im Mailänder Archiv. Mit-

theilung von Sickel. (Apr. 20. Chmel 106). Bürgermeister Teutsches Corp. juris 2, 667.

un. 15.	Landsberg.	Archivio 7ᵇ, 525. 945.
— 27— ⎱ ul. 5.†⎰	Insbruck.	Ib. 945.
— 11.	Imbst.	Müller Reichstagstheat. unter Mar I. 2,175.
— 12.	Pfunds.	Archivio 7ᵇ, 751.
— 14.	Naubers.	Ib. 752.
— 17. 18.	Glurns. Mals.	Mals hat unter dem 17. Jul. Archivio 945—6. In Glurns stellte Mar am 18. Jul. ein Crebitiv aus für ben nach Mailand zurückkehrenben Galeaz Sforza bi Sanseverin, lat. Orig. im Mailänber Archiv. Mittheilung von Sickel.
— *22. 23.	Bormio.	Archivio 946. 781, vgl. Ghilini bei Freher Script. 3, 98.
— 26.	Mals.	Archivio 946.
— 29.	Pfunds.	Birk.
lug. 4.	Lanbeck.	Archivio 793.
— 5.	Prutz.	Ib. 793. 796.
— 6— 9.	Pfunds.	Ib. 796. Brandis 344.
— 13—15.	Mals. Glurns.	Harpprecht 2, 250. Archivio 804.
— 15.	Münster.	Archivio 805.
— 16.	Glurns.	K. Mar labet den Lanbcomthur ber Deutschorbensballei Oesterreich zum Reichstag in Lindau ein. Königsberger Archiv. Mittheilung von Prof. Weizsäcker.
— 17.	Bormio.	Archivio 806.
— 18.	Tirano.	Ib. 806.
— 20.	Sonbrio.	Ib. 812.
— 22—24.	Morbegno.	Ib. 812. 813. 817.
— 25.	Comer See.	Datt 530.
— 29.	Carimate.	Ghilini a. a. O. 99, vgl. mit Archivio a. a. O. 818, wo Calimano steht. (Bei Datt 553 = Müller Reichstagstheat. unter Mar I. 2, 31, Fels 1, 14, ist als bamaliger Aufenthaltsort Calmia gebruckt, bei Klüpfel 1, 213 Coluna).
— 30.	Meba.	Ghilini a. a. O. 99. Archivio 946.
— 31.	Monza.	[Rawdon Brown] Ragguagli sulla vita di Marin Sanuto 1, 35.
Sept. *2-23.†	Vigevano.	Archivio 946. 886.
— 23-24.†	Tortona.	Ib. 886.
— 25.	bei Genua.	Ib. 892.

1496.	Sept. 27—	Genua.	Ib. 896. 914. Tag der Abfahrt zur See
	Oct. 8.†}		auch bei Jovius Hist. sui temporis lib.
			4. Bl. 82ᵇ. ed. 1553.
—	11—18.	Hafen v. Rapallo.	Archivio 915. 919. 921. Fels 1, 100.
—	19.	Sestri.	Archivio 922.
—	20.	Spezia.	Ib.
—	21— }	Pisa.	Ib.
Nov.	Anfang.}		
—	o. T.	vor Livorno.	Guicciardini Istoria d'Italia lib. 3. 1, 278.
			ed. Friburgo 1774.
—	16.	Vico Pisano.	Archivio 944.
—	o. T.	Parma.	Ib.
—	25.	Sannazaro bi Bur-gondi.	Fels 1, 102.
Dec.	8.	Gropello.	Dumont Corps dipl. 5ᵃ, 299.
—	o. T.	Pavia.	Ghilini a. a. O.
—	11.	Abbiate Grasso.	Fels 1, 122.
—	o. T.	Cusago (westlich von Mailand).	Guicciardini a. a. O. Ghilini 104.
—	—	Como.	Guicciardini 279.
—	—	Bellaggio.	Ib.
—	27.	Mals.	Ghilini 104.
1497.	Jan. 2.	Imbst.	Fels 1, 127.
—	16. 17.	Hall.	Fels 1, 137. Harpprecht 2, 274.
—	26— }	Insbruck.	K. Max erklärt sich an den Herzog von
	Febr. 2. }		Savoien bereit, auf die durch Cafar
			von Lobenberg überbrachten Anträge des
			Herzogs, den Frieden zwischen Max und
			Karl VIII. zu vermitteln, einzugehen, u.
			schlägt zunächst einen Waffenstillstand vor.
			Orig. franz. mit dem J. 1496 (Burgun-
			dischen Stils), Mailänder Archiv. Mit-
			theilung von Sickel. (Jan. 29. Sinna-
			cher 7, 46.) Birk.
—	14.	Ueberlingen.	Chmel 176.
Merz	1.	Insbruck.	Birk.
—	14—21.	Hall.	Birk.
Apr.	10.	Insbruck.	Birk.
—	16.	Kempten.	Haggenmüller Kempten 1, 455.
Mai	1—20.	Füssen.	Förstemann 4d, 69. (Mai 12. Oberbayer.
			Archiv 13, 306). Chmel 188.
—	23—25.	Kaufbeuren.	Baier. Landtagshandl. 9, 382. Förstemann
			4d, 72.
Jun.	5.	Füssen.	Ungedr. Urk. K. Max für die St. Erh.
			Montag nach St. Erasmus.

Jun. 8.	Ottobeuren.	Feyerabend Ottobeuren's Jahrbücher 3, 750.
– 24– } Jul. 17. }	Füssen.	Haggenmüller Kempten 1, 454. Van den Bergh Gedenkstukken 1, 273.
– 24.	Stambs.	Brandis 345.
Aug. 20– } Oct. 5. }	Insbruck.	Müller Reichstagstheat. unter Mar I. 1, 532. (Sept. 18. Stuttg. A. Sept. 26. Schoepfl. Hist. Zar. Bad. 6, 491). Oct. 5. Stuttg. A.
– 12.	Steinach.	Birk.
– 27– } Nov. 4. }	Insbruck.	Birk. Haggenmüller a. a. O.
Nov. 7–10.	Schwatz.	Höfler Polit. Reformbewegungen in Deutschl. im 14. Jh. 56. Harpprecht 2, 311.
– 25– | Dec. 11.	Insbruck.	Birk. (Dec. 12. Harpprecht 2, 317). Harpprecht 2, 350.
Mai 9–14.	Ulm.	Chmel 198 ff.
– 22.	Ehingen.	K. Max bestätigt dem Herzog Georg von Baiern den Kauf des Schlosses u. der Grafschaft Kirchberg. Erichtag in der Kreuzwochen. Ungedr. Urk.
– o. T.	Urach.	Heyb 1, 28.
– 26–29.	Reutlingen.	Eb.
– 29.	Einsiedel.	Eb.
– 30.	Bebenhausen.	Eb.
Jun. 3– 9.	Rotenburg a. N.	Steinhofer 3, 748. Heyb 1, 30.
– 10.	Horb.	Sattler 1 Beil. Nr. 15.
– *18 — Aug. geg. Ende.	Freiburg, zwischen-hinein Breisach.	Schreiber 2, 631. Zu Breisach vrgl. Roßmann u. Ens Gesch. der St. Breisach 288. Jul. 3. Breisach K. Max an Ludwig Moro, m. propria, Orig. im Mailänder Archiv. Mittheilung von Sickel.
– 27.	Breisach.	Schreiber 2, 634.
Sept. 7–9†.	Ensisheim.	Anshelm 2, 263. (Sept. 8. Schreiber 2, 635). K. Max m. propria franz., à l'heure de notre partement, un Ludw. Moro: bittet ihn, in Anbetracht der bevorstehenden wichtigen Entscheidung, ihm ohne Verzug so viel baaren Gelds, als er auftreiben kann, zur Besoldung des Heeres zu schicken. Orig. im Mailänder Archiv. Mittheilung von Sickel.
– 12.	Mömpelgard.	Klüpfel 1, 264.
– 24.	Toul.	Huguenin les chroniques de Metz 625.

1498. Sept. 27— Oct. 14.	Metz.	Eb.	
— 14.	Thionville.	Eb. 627.	
— o. T.	Aachen.	Cronica van der hilliger Stat van Cöln z. J. 1498.	
— o. T.	Echt.	Eb.	
Nov. 24.	Neuß.	Harpprecht 2, 400.	
Dec. 2.	Wachtenbonk.	Schannat Hist. Worm. 2, 285.	
— 18—28.	Cöln.	Cronica a. a. O. K. Max, lat., an Ludw. Moro, ohne des Königs Unterschrift, nur per regem, Crebitiv für Guill. de Vergy. Mit 1499 (also das Jahr vom Christtag an gerechnet). Orig. im Mailänder Archiv. Mittheilung von Sickel.	
1499. Jan. 16.	Emmerich.	Nijhoff 6, 187.	
— 26.	Grave.	Compte rendu des séances de la commission royale d'hist. Bruxelles. 2 sér. 3, 291.	
— 31.	Eynbhoven.	Nijhoff 6, 189.	
Febr. 3.	Maftricht.	Am Sonntag nach unf. l. Frawen tg. Purificationis. Verweis K. Maximilian an die Stabt Zürich, baß die Eibgenoffen wider ihn, ben König, ben Graubündnern zu Hilfe gezogen feien. Originalschreiben in Zürich. Mittheilung von Meyer v. Knonau.	
— 18— Merz 9.	Antwerpen.	K. Max an Ludw. Moro, Crebitiv für ben Mailänder Orator Augustin Somenzio. Orig. im Mailänder Archiv. Mittheilung von Sickel. (Febr. 23. Ansßhelm 2, 311). Schreiber 2, 644.	
— 9.	Turnhout.	Schreiber a. a. O.	
— 20—25.	Goch.	Schreiber 649. K. Max schreibt bem Pfalzgrafen Albrecht. Münchner Reichsarchiv.	
— 27.	Neuß.	Müller a. a. O. 2, 643.	
— *28— Apr. 1.	Cöln.	Klüpfel 1, 306. 307. Branbis 362.	
— 9.	Mainz.	v. Stillfrieb Nachr. vom Geschlecht Stillfrieb von Rattoniß 1. 1860. S. 30.	
— 16—20.	Straßburg.	Birk. (Apr. 19. Compte rendu a. a. O. 294). Schreiber 654.	
— 21. 22.	Freiburg.	Ansßhelm 2, 415. Ochs Gesch. v. Basel 4, 569.	
— *25.	Villingen.	Klüpfel 1, 326.	

pr. 28 —⎱ Ueberlingen.   K. Max lat. an Ludw. Moro, als Unter=
lai Anfang⎰   schrift nur per regem, Creditiv für Pe=
    trus Bonomo. Orig. im Mailänder Ar=
    chiv. Zum Weitern s. Klüpfel 1, 328.
    331. Rosmini Istoria di Trivulzio 2,
    259.

- 6—10. Tettnang.   Klüpfel 1, 332. 333. Schreiben des Kö=
    nigs an den Abt Hartmann von Wein=
    garten. Stuttg. A.

- 12—13. Lindau.   Schweizer. Geschichtsforscher 5, 200.
- 13—15. Bregenz.   Eb.
- 15—19. Lindau.   Eb. Anzeiger für Kunde der deutschen Vor=
    zeit 1853. Jul. Nr. 1. Vrgl. Klüpfel
    1, 334.

- 22.   Feldkirch.   Brandis 365.
- 23.   Nenzingen.   Eb.
- 24—26. Landeck.   Eb. 368. 369.
- 28.   Naudersberg.   Eb. 371.
- 29.   Glurns.   Sinnacher 7, 77.
  30. 31. Marienberg (bei   Sinnacher 7, 77. Brandis 371.
       Burgeis).

- 31.   Schlanders.   K. Max lat. an Ludw. Moro, als Unter=
    schrift nur per regem: theilt mit, daß
    er von den Mailänder Behörden im
    Valtellin Lebensmittel requirirt hat. Orig.
    im Mailänder Archiv. Mittheilung von
    Sickel.

l. 4.   Rotund (westlich   K. Maximilian schreibt an Ludwig Moro,
    von Glurns).   lat. Orig. im Mailänder Archiv. Mitthei=
    lung von Sickel.

- 12. 13. Meran.   Rosmini a. a. O. 2, 262. Brandis 372.
- 17.   Nauders.   Neue Zeitschr. des Ferdinandeums 4, 134.
- o. T. Pfunds.   Pirkheimer im Thesaurus 21.
- 24.   Landeck.   Klüpfel 1, 357.
- 29.   Gutenberg (bei   Campell zwei Bücher rätischer Gesch. deutsch
    St. Luziensteig).   bearb. v. Mohr Buch 2, 194.
- 30†. Feldkirch.   Lindauer Chronik bei Steinhofer 3, 796.
l. 2—6. Lindau.   Heyd 1, 66. Notizenblatt 1853. S. 280.
- 7—10. Ueberlingen.   Klüpfel 1, 364, vrgl. 365. Heyd 1, 67.
- 11.   Meinau.   Klüpfel 1, 365.
- 12—18. Petershausen   Klüpfel a. a. O. Reyscher Sammlung
    und Constanz.   17*, 20.
- 24—27. Lindau.   Klüpfel 1, 366, zu vrgl. mit folgender
    Stelle u. mit Pirkheimer a. a. O. 24.

24 *

1499. Jul.	28.	Conſtanz.	Klüpfel 1, 367 (wo L. 3 aus bem Or einzufügen iſt „Sonntag zu Nacht"). 3
Aug.	*3.	Radolphszell.	Klüpfel 1, 369.
—	9.	Villingen.	Pirkheimer a. a. O. 25, vrgl. Klüpfel 1, 3
—	9.	Donauquellen.	Pirkheimer a. a. O.
—	*11. 12.	Hüfingen.	Klüpfel 1, 372.
—	14.	Freiburg.	Schreiber 2, 672.
—	18.	Neuenburg.	Eb.
—	24—27.	Freiburg.	Zum 24. Aug. Stuttg. A. Sonſt P heimer a. a. O. Lünig R. A. 13, 15
Sept.	3.	Tübingen.	Klüpfel 1, 382.
—	4—7.	Reutlingen.	Klüpfel 1, 382. Gayler a. a. O. 142
—	9. 10.	Ulm.	Klüpfel 1, 386. Compte rendu a. a. O. 2
—	*16.	Augsburg.	Mielich Augsb. Chronik, Hbſchr. der Stu f. öff. Bibliothek. Bl. 240b.
—	24.	Sigmundsburg.	Klüpfel 1, 389.
Oct.	8—10.	Insbruck.	Klüpfel 1, 397. 399.
—	21—27.	Sterzing.	K. Max an Andreas be Burgo. Nur regem. Orig. im Mailänder Ar Mittheilung von Sickel. (Oct. 23. fehl des Königs an die Eidgenoſſe ber Landſchaft des nieberen W angelegte Brandſchatzung aufzu Orig. im Züricher Archiv. Mitth von † Meyer v. Knonau.) Sch an Hans Langenmantel Bürgermeiſte Augsburg. Stuttg. A.
—	29—⎫	Insbruck.	Stuttg. A. (Nov. 19. Häberlin 9, 108. 17 Droyſen, Geſch. b. pr. Pol. 2b, 18.
1500. Febr.	24. ⎬		
Merz	*2—⎫	Augsburg.	Stetten 1, 252. Urk. für ben Deutſch ſter Hartmann in ber Hanbſchr. ber St
Sept.	12. ⎬		k. öff. Bibliothek Cod. jur. fol. Nr. 92
Oct.	*24—⎫	Nürnberg.	Zum 24. Oct. Hist. Norimb. dipl. 784. Tag ber Ankunft u. Abreiſe gen markt nach: Beſchreibung bes Eintre ber Kaiſer u. Könige in Nürnberg 1440 bis 1558. Hbſchr. im k. Ar in Nürnberg, nach ber Mittheilung Prof. Hegel in Erlangen.
Nov.	7†.⎬		
—	o. T.	Neumarkt.	S. vorher.
—	*9—12†.	Regensburg.	Gemeiner 4, 43. 44.
—	12.	Straubing.	Eb. 4, 43.
—	30—⎫	Wels.	Müller Reichstagsſtaat 1500—1508 S. 5 Hund Metrop. Salisb. 1, 428. ed. 162
1501. Jan.	22. ⎬		

Jan. 23— Merz 12. }	Linz.	Birk.
— 21.	Augsburg.	Gassar. 1728, vrgl. Klüpfel 1, 433.
Apr. 9—12.	Donauwörth.	Harpprecht 2, 421. 422.
— 13—21.	Nürnberg.	Eb. 421. 429.
— 26— Mai 1. }	Augsburg.	Stetten 254. Herberger 33.
— 10.	Buchloe.	Müller a. a. O. 102.
Jun. 4. 23.	Insbruck.	Birk.
Jul. 6. 20.	Insbruck.	Birk.
— 27.	Görz.	Birk.
Aug. 25.	Insbruck.	Spalatin hist. Nachlaß h. v. Neudecker u. Preller 1, 144.
Sept. 23.	Telfs (oberhalb Insbruck).	Lappenberg-Pauli Gesch. v. England 5, 616.
— 21—25.	Insbruck.	Birk. Sinnacher 7, 85.
Oct. 12. 13.	Trient.	Raynaldus Annal. eccl. 1501 §. 7. 8.
— 29—31.	Botzen.	Chmel 215 (hier muß mit Bössen „Botzen" nicht „Füssen" gemeint sein). Kink 2, 207.
Nov. 14.	Klausen.	Birk.
Dec. 13.	Insbruck.	Birk.
Jan. 3.	Hall.	Le Glay Négoc. 1, 60.
— 16— Febr. 11. }	Insbruck.	Koch 34.
Mrz. 15.	Füssen.	Hagen Germania 1, 266.
— 24—28.	Kaufbeuren.	Rymer Födera 13, 4. 18. 27. ed. 1727. Lünig R. A. 9, 501.
Mai 1—14.	Augsburg.	Dumont Corps dipl. 4a, 30. Le Glay Négoc. 2, 83 Anm.
Jun. 9.	Mindelheim.	Gemeiner 4, 60.
— 11.	Pfaffenhausen.	Klüpfel 1, 468.
— *30— Jul. 15. }	Ulm.	Klüpfel 1, 474. Koch 34.
— 20— Sept. Ende }	Augsburg.	Gassar. 1730. Ludolf de jure camerali commentatio systematica ed. 3. 1730. appendix 8. 20.
Nov. 2—6.	Donauwörth.	Ranke Deutsche Gesch. 1, 114 Ausg. 3. Koch 34.
Dec. 4.	Nördlingen.	Herberger 37.
— 8.	Ellwangen.	K. Max bescheinigt 400 fl. Targelder, welche der Probst Bernhard zu Ellwangen für seine Belehnung erlegt Stuttg. A. unter Neuwirt. Lehen.

1502. Dec.	12.	Hall.	K. Max befiehlt der Stadt Rotweil, das Kl. St. Georgen in dem Schutz des Herzogs Ulrich von Wirtemberg zu laffen.
—	16.	Moßbach.	Sinnacher 7, 95.
1503. Jan.	9—11.	Wefel.	Klüpfel 1, 494. Birk.
—	24.	Herzogenbufch.	Bergmann Mebaillen 1, 169.
Febr. 3— Apr. 7. }		Antwerpen.	Compte rendu des séances de la commission royale d'histoire T. 5. Bruxelles 1842. S. 80. (Belege für bie Zwifchenzeit bei Henne 1, 44 ff.). Ranke a. a. O. 113.
—	27.	Bacherach.	Lünig R. A. 16, 942.
Mai	1.	Saarbrücken.	Koch 35.
—	2—9.	Saarwerben und Saarbockenheim.	Koch 35. Gudenus Cod. dipl. 4, 550.
—	9. 10.	Straßburg.	Strobel 3, 474. Koch 35.
—	11.	Offenburg.	Strobel 3, 475.
—	12.	Pfaffenhofen.	Koch 35.
—	15.	Neuweiler.	Eb.
—	16.	Elfaßzabern.	Eb.
—	18.	Molsheim.	Eb.
—	19.	Ober = Ehenheim.	Eb.
—	22.	Colmar.	Eb.
— 24— Jun. 9. }		Enfisheim.	Eb.
—	12.	Freiburg.	Sattler 1. Beil. Nr. 29.
—	26.	Conftanz.	Koch 35.
—	30.	Lindau.	Eb.
Jul.	30.	Ehrenberg.	Eb.
Aug.	12—26.	Imbft.	Brandis 383. Koch 35.
Sept.	6.	Fragenftein.	Birk.
— Mitte— Oct. Anfang }		Insbruck.	Vinchant Annales du Hainaut. 5. Mos 1852. S. 190.
—	14—16.	Imbft.	Harpprecht 3, 71. (Oct. 15. Häberlin 9, 241). Birk.
—	24.	Kaufbeuren.	Baier. Landtagshandl. 13, 371. 14, 222.
Nov. 12— Dec. 5†. }		Augsburg.	Müller Reichstagsftaat 1500—1508 S. 350. Klüpfel 1, 490.
—	*7—13.	Ulm.	Klüpfel 1, 490 (wo Lin. 9 zu lefen 7. Dec. ftatt 8. Dec.). Baier. Landtagshandl. 14, 56.
—	22. 23.	Ehingen.	Oefele 2, 378. Gemeiner 4, 71.
—	28.	Biberach.	Lünig R. A. 13, 914 u. Klüpfel 1, 492.
1405. Jan.	6.	Memmingen.	Baierifche Landtagshandl. 14, 155.

Jan. 8.	Kempten.	Birk.
— 11.	Reutte.	Müller a. a. O. 359.
— 18.	Fragenstein.	Sattler 1. Beil. Nr. 31.
— *30— Febr. 28†.	Augsburg.	Oefele 2, 393 (vrgl. Klüpfel 2, 497. 499). Baier. Landtagshandl. 14, 450.
März 1—9.	Aichach.	Baier. Landtagshandl. 14, 508. Klüpfel 1, 499. 500.
— 10— Mai 3.	Augsburg und Umgebung.	Klüpfel 1, 500. 507; vrgl. Baier. Land= tagshandl. 14, 669. Kink 2, 308.
— 4.	Friedberg.	Oefele 2, 410.
— 7.	Donauwörth.	K. Max entbietet den Hochmeister des deut= schen Ordens zum Reichstag nach Frank= furt. Geh. Archiv in Königsberg. Mit= theilung von Prof. Weizsäcker.
— 7—19.	Dillingen.	Köllner 47, vrgl. 51. Gemeiner 4, 85.
— 27. 28.	Augsburg.	Koch 36. Herberger 33.
— 31.	Landsberg.	Jäger Heilbronn 1, 284.
Jun. 1.	Benedictbeuren.	Koch 36.
— 3.	Fragenstein.	Eb.
— 25.	Insbruck.	Häberlin 9, 270.
Jul. 7—11.	Augsburg.	Herberger 33.
— 21. 22.	Ehingen.	Baier. Landtagshandl. 14, 722. 723.
— 24—29.	Reutlingen.	Eb. 14, 724.
— 30— Aug. 1.	Rotenburg a. N.	Eb. 14, 724. Besold 850—6.
— 2—4.	Horb.	Koch 36. Birk.
— 7.	Zell am Hammers= bach.	Baier. Landtagshandl. 14, 726.
— 8.	Gengenbach.	Eb.
— 12.	Ortenberg.	Koch 36.
— 16.	Offenburg.	Hugo Mediatis. der Reichsstädte 337.
— 17—19.	Straßburg.	Krieg v. Hochfelben Grafen von Eberstein 425. Act. Theod. Pal. T. 4 pars hist. 219.
— c. 21.	Haslach.	Baier. Landtagshandl. 14, 715. Scriba Regg. der Urk. des Großherz. Hessen, Abth. Starkenburg Nr. 2068, an selben Stellen unter dem 23. Aug., was aber nachdatirt sein muß.
— 22.	Schiltach.	Koch 36.
— 23—25.	Balingen.	Besold 292. Baier. Landtagshandl. 14, 735.
— 25.	Rotenburg a. N.	Koch 36.
— 27.	Urach.	Baier. Landtagshandl. 14, 735.
— 29.	Münsingen.	Besold 675.
— o. T.	Ulm.	Baier. Landtagshandl. 14, 735.

1504. Sept. *4†.	Donauwörth.	Häberlin 9, 271. Köllner 107 (mit falscher Paginatur 108).
— 4.	Monheim.	Köllner 108.
— 5.	Weissenburg.	Eb.
— 6. 7.	Hilpoltstein.	Eb.
— 8. 9.	Berching.	Eb.
— 10.	Hemau.	Eb. 109.
— 11.	Stadt am Hof.	Gemeiner 4, 82.
— 12.	Schönberg.	Köllner 110. Gemeiner 4, 82. 84.
— 12—15.	Regensburg.	Eb.
— 16. 17.	Abach.	Gemeiner 4, 84.
— 17.	Abensberg.	Köllner 115.
— 18.	Geisenfeld.	Eb.
— —	Indersdorf.	Eb.
— 21. 22.	München.	Eb. 116.
— 28.	Schwaz.	Sattler 1. Beil. Nr. 37.
Oct. 1—16.	vor Kufstein.	Oberbaier. Archiv 8, 232.
— 17—22.	in Kufstein.	Baier. Landtagshandl. 14, 740. Köllner 126.
— 23—25.	Rosenheim.	Brandis 383. Köllner 127.
— 26—28.	Kufstein.	Köllner 127.
— 30.	Aschau.	Eb.
— 30— Nov. 1.	Traunstein.	Eb. Oberbaier. Archiv 8, 233. 234.
— 1. 2.	Baumburg.	Oberbaier. Archiv 8, 234.
— 2. 3.	Obing.	Eb.
— 4—7.	Rosenheim.	Eb.
— o. T.	Kufstein.	Eb.
— 12—26.	Insbruck.	Köllner 131. Oberbaier. Archiv 8, 235.
— 26.	Hall.	Oberbaier. Archiv 8, 235.
— 27.	Jenbach.	Eb.
— 28— Dec. 11.	Rattenberg.	Eb. (Dec. 4. Baier. Landtagshandl. 14, 741. Dec. 10. Bergmann die Edlen von Embs 1860 S. 30). Birk.
— o. T.	Kufstein.	Oberbaier. Archiv 8, 235.
— o. T.	Salzburg.	Eb.
1505. Febr. 9—18†.	Insbruck.	Birk. Baier. Landtagshandl. 15, 30.
— 19.	Nassereit.	Baier. Landtagsh. 15, 30.
Merz 13.	Donaueschingen.	Gemeiner 4, 94.
— 16.	Villingen.	K. Max schreibt an Herzog Ulrich von Würtemberg. Stuttg. A.
— 19—22.	Gengenbach.	Hormayr Taschenbuch 1827. S. 125. Baier. Landtagshandl. 15, 98.
— 26.	Straßburg.	Schreiber Gesch. der Stadt Freiburg 3, 188. 189.
Apr. 4—13.	Hagenau.	Koch 36. Baier. Landtagshandl. 15, 103.

Apr. 14—16. Weiſſenburg. Olenſchlager Erläut. der goldnen Bulle Nr. 51. Würt. Jahrb. 1855·, 174.

— 18—⎱ Straßburg. Strobel 3, 475. (Mai 4. Lünig R. A.
Mai 7. ⎰ 13, 428). Birk.

— 18. Trier. Banotti 519.

Jun.·11—26†. Cöln. Oefele 2, 497.

— 29. Emmerich. Herberger 37.

Jul. 6. Arnheim. Nijhoff 6, LXXIX.

— ·15—30. Cöln. Oefele a. a. O. (Jul. 29. Cosmann von dem großen Namenszeichen Maximilians I. 63). Birk.

Aug. 6—8. Weſel. Cosmann 18. (Aug. 7. Herberger 37). Birk.

— 20. 21. Tervueren. Baier. Landtagshandl. 15,133. Lünig R. A. 11, 544.

Sept. 2—16. Brüſſel. Van Asch van Wijck Archief voor . . geschiedenis van Nederland 1, 171. Baier. Landtagshandl. 15, 141.

— 18. Mecheln. Lünig R. A. 13, 372.

— 26. Straßburg. Heuter Res Belgicae 273.

Oct. 20. Augsburg. Harpprecht 2, 544.

Nov. 1. Ochſenfurt. Lacomblet 4, 611.

— 10. Regensburg. Baier. Landtagshandl. 15, 190.

— o. T. Nieder Altaich. Eb. 191.

— 14—21. Paſſau. Waitz 144. Baier. Landtagshandl. 15, 191. 199.

Dec. 3—⎱ Linz. Bergmann Medaillen 1, 154. Münch Für-
Jan. 16. ⎰ ſtenberg 2, 4.

— 18. Ens. Baier. Landtagshandl. 15, 231.

— 20. Grain. Eb. 232.

— 26. Melk. Eb. 236.

Febr. 1—24. Wien. Cuspinianus 400. (Febr. 8 Baier. Landtagshandl. 15, 274). Birk.

Merz 9—20. Wiener Neuſtadt. Birk. Katona Hist. reg. Hung. stirpis mixtae 11, 439.

— 21. Neunkirchen. Gemeiner 4, 112.

— 24—⎱ Wiener Neuſtadt. Birk. Gassar. 1743.
Apr. 1. ⎰

— 5. Krieglach. Landhandfeſt des Erzherzogth. Khärndten 1610. S. 48.

— 10—⎱ Grätz. Lünig R. A. 13, 118. 11, 599.
Mai 1. ⎰

Jun. 8. Wiener Neuſtadt. Achterklärung wider die Commun Altdorf. Stuttg. A. unter Landvogtei.

Jul. 10—20. Wien. Wiener Jahrb. 99 Anzeigebl. S. 12.

1506.

Comptes rendu des séances de la commission royale d'hist. Brux. 2. série 3, 307.

Jul. 29— Aug. 9. }	Wiener Neuſtabt.	Birk. (Jul. 31. Lünig R. A. 13, 511). Birk.
o. M. u. T.	Leoben.	Beſprechung mit Abgeſandten des Königs von Frankreich. Jean d'Auton Chroniques publ. par Jacob 3, 162.
Sept. 11.	Cilli.	Birk.
— 29— Oct. 8. }	Grätz.	Birk. (Oct. 2. Waitz 145). Birk.
— 13.	Knittelfelben.	Klüpfel 1, 554.
— 14.	Zeiring.	Eb.
— 22. 23.	Rothenmann.	Birk. Häberlin 9, 342.
Nov. 13.	Gmunben.	Cuspinianus 401.
— 14.	auf dem Traunſtein.	Eb.
— 17.	St. Wolfgang.	Eb.
Dec. 1—9.	Salzburg.	Birk. (Dec. 8. Harpprecht 2 Vorbericht S. 5). Baier. Landtagshanbl. 16, 60
— 22— 1507. Jan. 28. }	Insbruck.	Cuspinianus 401. (1507. Jan. 22. N 37). Birk.
Febr. 1. 2.	Lanbeck.	Birk.
— 16.	Juſtingen.	Le Glay Corr. 1, 38, wo ſtatt arce Inlingen wohl zu leſen iſt: arce Iuſtingen. K. Max hatte nach dem Briefe an dieſem Tage eine Jagb in der Nähe von Urach vor. Die Königin Blanka weilte um dieſe Zeit, wenigſtens am 18. Febr. in Münſingen. Memorie di Torino. Serie 2. T. 4. 1842. S. 182.
— o. T.	Kinzigthal.	Strobel 3, 476.
Merz 4—10.	Hagenau.	Harpprecht 2, 184. K. Max beſtätigt einen Vertrag wegen der Herrſchaften Blek u. Chatelot. Scheffer Geſch. v. Mömpelgarb, Hbſchr. der k. öff. Bibl. in Stuttgart.
— 13— Apr. 1. }	Straßburg.	Glutzblotzheim Geſch. der Eibgenoſſen 205. Mone Zeitſchr. 12, 64.
— 6.	Brumat.	Koch 37.
— 23.	Billingen.	Gerbert Hist. nigr. silv. 2, 322.
— *27— Aug. Anfang }	Conſtanz.	Quirini 61. Vettori 92.
— 10—18.	Linbau.	Birk. (Aug. 15. Lünig R. A. 13, 317). Le Glay Corr. 1, 7.

Aug. 20.	Sonthofen.	Birk.
— 29.	Landeck.	Le Glay Corr. 1, 9.
Sept. 7—30.	Insbruck.	Klüpfel 2, 10. Le Glay Corr. 1, 13.
Oct. 6 ff.	Augsburg u. Umgebung.	Herberger 33.
— 26.	Insbruck.	K. Max schreibt dem Bisch. Georg zu Bamberg, p. regem . . ad mandatum. Münchner Reichsarchiv.
Nr. 5.	Füssen.	Le Glay Négoc. 1, 207. 209.
— 6.	Oberdorf.	Folgt aus Le Glay a. a. O. 209.
— 7—10.	Kaufbeuren.	Le Glay a. a. O. 209. Corr. 1, 16.
— 15.	Schwabmünchen.	Herberger 43.
— o. T.	Minbelheim.	Vettori 156.
Dec. 4.	Kaufbeuren.	Le Glay Corr. 1, 19. 21. 24.
— 17—28.	Memmingen.	Georgisch Reg. chron. dipl. 3, 67. Wiener Jahrbücher 99 Anzeigeblatt S. 12. Vrgl. Vettori 159.
— 31.	Fragenstein.	Le Glay Corr. 1, 32. 33.
Jan. 1. 2.	Insbruck.	Gebenkbuch.
— 6—12.	Botzen.	Vettori bei Machiavelli Opere 7, 36 ed. Milano 1805. Birk.
— 25—29.	Kaltern.	K. Max schreibt dem Bischof Georg zu Bamberg. Münchner Reichsarchiv. Desgleichen dem Bischof Lorenz in Würzburg. Eb. (Jan. 27. Häberlin 10, XXXIX). Herberger 36. (Gleichwohl wird zwischenhinein noch von dem Hauptort Botzen aus batirt, z. B. Jan. 28. Le Glay Corr. 1, 111).
Febr. *3—5†.	Trient.	Vettori a. a. O. 37. (Febr. 4, an welchem Maximilian sich selbst zum römischen Kaiser erklärt. Forschungen zur deutschen Geschichte 1, 71. 72).
— 5.	Levico.	Forschungen a. a. O.
— 7. 8.	St. Michel.	Vettori a. a. O. 39. Gebenkbuch.
— 8—14.	Botzen.	Datt 570. Vettori a. a. O. 46.
— 16—21.	Bei Brixen im Neustift.	Gebenkbuch. Vettori a. a. O. 54.
— 21—25.	Bruneden.	Gebenkbuch. Le Glay Corr. 1, 39.
Merz 1.	Sterzing.	Ranke Deutsche Gesch. 1, 137 Anm. 1. Ausg. 3.
— 1—3.	Insbruck.	Gebenkbuch.
— 3—5.	Hall.	Chmel 290. Göbler Chronica der Kriegshändel Maximiliani 4a.

1508. Merz	6. 7.	Innsbruck.	Göbler a. a. O. 5a. 4a.
—	8. 9.	Fragenstein.	Göbler a. a. O. 8a. 8b.
—	9. 10.	Mittenwalb.	Gedenkbuch. Göbler a. a. O. 8a.
—	10. 11.	Partenkirchen.	Göbler a. a. O. 9b. 8b.
—	12.	Schongau.	Gedenkbuch.
—	12—18.	Kaufbeuren.	Herberger 43. (Merz 17. Göbler a. a. O. 21a). Gedenkbuch.
—	19.	Memmingen.	Göbler a. a. O. 18b.
—	20.	Pfaffenhausen.	Baier. Landtagshandl. 16, 425.
—	21—28.	Augsburg.	Gedenkbuch. (Merz 24. 26. Herberger 33. 44). Gedenkbuch.
Apr.	1—3.	Ehingen.	Gedenkbuch.
—	3—12.	Ulm.	Gedenkbuch. (Apr. 8. Herberger 36). Datt 574.
—	14. 15.	Göppingen.	Gedenkbuch. Göbler a. a. O. 49a.
—	15—17.	Eßlingen.	Pfaff Eßlingen 360. (Apr. 16. Harpprecht 3, 203). Gedenkbuch.
—	17.	Canstatt.	Gedenkbuch.
—	18.	Vaihingen.	Eb.
—	20—24.	Speier.	Eb.
—	25.	Landau.	Eb.
—	26.	Anweiler.	Eb.
—	27.	Landstuhl.	Eb., auch Le Glay Corr. 1, 52, wo Lw stat auf diese Weise zu bessern ist.
— 30—) Mai 1.)		St. Wendel.	Ranke a. a. O. 1, 138. Gedenkbuch.
—	5.	Andernach.	Lünig R. A. 13, 1520.
—	7.	Linz.	Ranke a. a. O. 1, 139.
—	10.	Siegburg.	Eb.
—	13—18.	Cöln.	Birk. Le Glay Corr. 1, 54.
—	24.	Zons.	Birk.
—	31.	Cöln.	Le Glay Corr. 1, 55. 56.
Jun.	1—6.	Siegburg.	Gedenkbuch.
—	9.	Engers.	Beckmann Hist. des Fürstenth. Anhalt 5, 128.
—	10.	Coblenz.	Le Glay Corr. 1, 60. 62.
—	11.	Boppart.	Trithem. Annal. Hirsaug. 2, 638.
—	12.	Castellaun.	Le Glay Corr. 1, 63.
—	—	Simmern.	Trithem. a. a. O. 2, 639.
—	13. 14.	Kreuznach.	Le Glay Corr. 1, 64. Gedenkbuch. Maximilianus volens ascendere ad Spiram.... Interea missi ex Brabantia venientes orabant, ut quantocies descanderet ad eos. Trithem. a. a. O.
—	15—22.	Oberwesel.	Gedenkbuch. (Jul. 16. Sattler 1 Beil. Nr. 46). Van den Bergh Gedenkstukken 2, 112.

Jul. 2—11.	Boppart.	Hontheim Hist. Trev. 2, 584. (Jul. 5. Moritz 2, 221). Birk.
— 13. 14.	Cöln.	Le Glay Corr. 1, 70. Datt 576.
— 16.	Düsseldorf.	Le Glay Corr. 1, 71. 73.
— 17—19.	Duisburg.	Eb. 74. (Mai 18. Compte rendu des séances de la commission royale d'hist. Brux. 2. série 3. 1852. S. 312). Gedenkbuch.
- 21. 22.	Xanten.	Gedenkbuch. Rink 2, 312.
- 22. 23.	Calcar.	Gedenkbuch. Le Glay Corr. 1, 76.
- *26.	Herzogenbusch.	Kronykjen van S' Hertogenbosch, bei Willems Belgisch Museum 3, 90.
Aug. 6.	Dordrecht.	Compte rendu a. a. O. 318.
— 11—13.	Leiden.	Le Glay Corr. 1, 79. 80.
- 25.	Haag.	Eb. 81.
- 28.	Dordrecht.	Van Asch van Wijck Archief 1, 264.
Sept. 14—26.	Turnhout.	Dumont Corps dipl. 4. partie 1, 110. Le Glay Corr. 1, 83—86 (freilich eb. 1, 83 unter dem 19. Sept. auch zugleich Vursèle).
- 27.	Beke.	Le Glay Corr. 1, 86.
Oct. 1.	Gertruidenberg.	Eb. 89.
— 6—12.	Schoonhoven.	Eb. 89—94.
- 23—27.	Dordrecht.	Eb. 94. Gudenus Cod. dipl. 4, 572.
- 27.	Breda.	Le Glay Corr. 1, 98—103.
Nov. 8—19.	Antwerpen.	Baier. Landtagshandl. 17, 211. 207.
- 19.	Lierre.	Le Glay Corr. 1, 105.
- 22.	Mecheln.	Reiffenberg Hist. de l'ordre de la toison d'or 275.
- 27—30.	Lierre.	Rymer Foedera 13, 235. Le Glay Corr. 1, 107.
Dec. 1—7.	Antwerpen.	Baier. Landtagshandl. 17, 207. Gedenkbuch.
- 8—12.	Bergen op Zoom.	Gedenkbuch. (Dec. 10. Bergmann die Eblen von Embs 1860. S. 33). Birk.
— 13—17.	Antwerpen.	Gedenkbuch.
- 18.	Lierre.	Eb.
- 19—29.	Mecheln.	Eb.
- 31— Jan. 10.	Antwerpen.	Le Glay Corr. 1, 119. Herberger 59.
— 16. 17.	Mecheln.	Gedenkbuch.
- 18— Febr. 23.	Brüssel u. Umgegend.	Eb.

1509. Febr.	23—27.	Gent.	Messager des sciences hist. . . . de la Belgique 1850. S. 8. Gedenkbuch.
—	27.	Aloft.	Le Glay Corr. 1, 112.
Merz	1—7.	Gent.	Gedenkbuch.
—	9. 10.	Mecheln.	Herberger 59. Hormayr Wien 4a, 145.
—	11—16.	Lierre.	Gedenkbuch. Le Glay Corr. 1, 112.
—	18.	Antwerpen.	Henne 1, 218.
—	22.	Bergen op Zoom.	Le Glay Corr. 1, 113.
—	25.	Dubebosc.	Eb. 114. 115.
—	—	Breda.	Eb. 116. 117.
—	27. 28.	Herzogenbusch.	Eb. 117. 118.
—	30. 31.	Grave.	Gedenkbuch.
Apr.	2.	Xanten.	Eb.
—	3.	Düsseldorf.	Eb.
—	9—12.	Cöln.	Eb.
—	14—17.	Coblenz.	Eb. Le Glay Corr. 1, 125.
—	18.	St. Goar.	Le Glay Corr. 1, 126.
—	—	Rübisheim.	Gedenkbuch.
—	21—24†.	Worms.	Ranke a. a. O. 1, 140. 143.
—	26. 27.	Speier.	Gedenkbuch. Le Glay Corr. 1, 130.
—	28.	Bruchsal.	Gedenkbuch.
—	—	Vaihingen.	Eb.
—	29— Mai 1.	Stuttgart.	Eb. Le Glay Corr. 1, 134. 135.
—	3. 4.	Ulm.	Lünig R. A. 13, 1283. Lacomblet 4, 617.
—	5.	Weissenhorn.	Gedenkbuch.
—	7. 8.	Mindelheim.	Lünig R. A. 4, 316. Le Glay Corr. 1, 135.
—	10—17.	Kaufbeuren.	Gedenkbuch. Le Glay Corr. 1, 139.
—	18.	Angelberg.	Le Glay Corr. 1, 140.
—	19—21.	Mindelheim.	Eb. 142. Gedenkbuch.
—	23. 24.	Kempten.	Gedenkbuch.
—	25.	Reutte.	Le Glay Corr. 1, 145. 149.
—	26.	Ehrenberg.	Gedenkbuch.
—	—	Lermos.	Eb.
—	28.	Nassereit.	Eb.
—	29.	Stams.	Eb.
—	30.	Fragenstein.	Eb.
—	30— Jun. 4.	Insbruck.	Schreiber Gesch. der St. Freiburg 3, 23?. Gedenkbuch.
—	5—10.	Sterzing.	Gedenkbuch. (Jun. 7. Le Glay Corr. 1, 59). Le Glay Corr. 1, 157.
—	10.	Botzen.	Gedenkbuch.
—	11.	Neumarkt.	Eb.
—	*13—15.	Trient.	Guicciardini Istoria d'Italia libr. 8 ed. Friburgo T. 2, 219. (Jun. 14. Baier.

Landtagshandl. 17, 222). Bergmann Medaillen 2, 246.

Jun. o. T.	Riva.	Guicciardini a. a. O. Nur zweistündiger Aufenthalt.
– 24—29.	Trient.	Le Glay Corr. 1, 158. (Jun. 26. Häberlin 9, 439). Gedenkbuch.
– 30.	Persen (Pergine).	Herberger 59 Anm.
Jul. 1—4.	Jvano.	Gedenkbuch.
– 4—6.	Feltre.	Eb. Le Glay Corr. 1, 159.
– 10—13.	Bassano.	Porto 100 Anm.
– 17—20†.	Marostica.	Le Glay Corr. 1, 160. Porto 103 Anm.
– 24.	Della Scala (Schloß bei Primolano).	Gudenus Cod. dipl. 4, 575.
– 29—⎫ Aug. 3. ⎬	Jvano.	Le Glay Corr. 1, 163. 171. 172. 175 (wo b'Dran statt b'Dnau zu lesen).
– 5—9.	Bassano.	Gedenkbuch. (Aug. 7. Le Glay Corr. 1, 177. 178). Gedenkbuch.
– o. T.	Limena.	Porto 107.
– 15—⎫ Xt. 2. ⎬	vor Padua.	Porto 106 Anm.
– 3—7.	Limena.	Le Glay Corr. 1, 192. 193.
– 8—18.	Costozza u. Longare.	Gedenkbuch. Le Glay Corr. 1, 195—201.
– *21.	Vicenza.	Porto 138.
– 22.	Altavilla.	Eb. 140 Anm.
– —	Montebello.	Eb.
– —	S. Bonifacio.	Eb. 141.
– —	Soave.	Eb.
– 24—26.	Verona.	Le Glay Corr. 1, 202. Gedenkbuch.
– 31—⎫ Nr. 19. ⎬	Roveredo.	Gedenkbuch. (Nov. 1—8. Le Glay Corr. 1, 205—213. Nov. 12. Machiavelli Opere 7 Milano 1805. S. 165). Gedenkbuch.
– 20—26.	Stein (bei Calliano).	Gedenkbuch. Le Glay Corr. 1, 217.
Nc. 1.	Trient.	Le Glay Corr. 1, 220.
– 4.	Kaltern.	Gedenkbuch.
– 9—⎫ m. 12. ⎬	Botzen.	Le Glay Négoc. 1, 303. Le Glay Corr. 1, 226.
– 15.	Sterzing.	Le Glay Corr. 1, 227.
– 17.	Matrei.	Eb. 228.
– 18—20.	Hall.	Gedenkbuch.
– 21—⎫ cbr. 1. ⎬	Insbruck.	Birk. (Jan. 22. Gedenkbuch. Jan. 24. 31. Le Glay Corr. 1, 229. 232). Gedenkbuch.
– 1.	Telfs.	Gedenkbuch.
– 9—11.	Kaufbeuren.	Eb. Le Glay Corr. 1, 233.

1510.	Febr. 12—17.	Mindelheim.	Birk. Febr. 13 ff. Le Glay Corr. 1, 234. 236. 238.
—	18.	Angelberg.	Gedenkbuch.
—	19. 20.	Buchloe.	Eb.
—	21— Jun. 8.	Augsburg u. Um= gebung.	Gassar. 1749. Vanotti 520.
—	13. 14.	Mindelheim.	Le Glay Corr. 1, 286. 287.
—	20— Jul. 14.	Augsburg.	Eb. 1, 287—300.
—	19—24.	Weilheim.	Eb. 1, 302. 303.
—	26.	Füssen.	Stuttg. A. unter Ordensleute.
—	28.	Reutte.	Le Glay Corr. 1, 303.
—	30.	Naffereit.	Eb. 1, 305.
—	31— Aug. 9.	Insbruck.	Eb. 1, 308. 310.
—	11.	Arams.	Birk.
—	13.	Rematen.	Le Glay Corr. 1, 311.
—	16.	Insbruck.	Häberlin 9, 497.
—	18.	Naffereit.	Le Glay Corr. 1, 315.
—	21.	Pruh.	Bergmann Die Edlen von Embs 1… S. 40.
—	23—30.	Berneck.	Chmel 331. Le Glay Corr. 1, 317.
—	31.	Landeck.	Le Glay Corr. 1, 321.
Sept.	2.	Wiesberg.	Eb. 1, 327.
—	3—9.	Feldkirch.	Lünig R. A. 8, 63. Neue Zeitschrift d… Ferdinandeums für Tirol 10, 48.
—	13.	Buchhorn.	Le Glay Corr. 1, 331.
—	14—17.	Lindau.	Eb. 1, 331. 333.
—	18. 19.	Ueberlingen.	Georgii Gravam. adv. sedem rom. 3… Anshelm 4, 143.
—	25— Oct. 16.	Constanz.	Le Glay Corr. 1, 334—340. Lünig R.… 13, 1521.
—	20.	Radolphszell.	Birk.
—	22.	Villingen.	Le Glay Corr. 1, 341.
—	24.	Entenburg (Jagd= schloß zu Pfoh= ren hart an der Donau).	Eb. 1, 342.
—	26. 27.	Villingen.	Eb. 1, 344. 345.
—	30.	Neustadt.	Eb. 1, 346.
Nov.	3—14.	Breisach.	Koch 37. Le Glay Corr. 1, 346. 348.
—	14— 1511. Merz 1.	Freiburg u. Um= gebung.	Gemeiner 4, 162. Le Glay Corr. 1, 353. 357. 361. 362. 369. 375. 468. 470. Herberger 45. Lotter Hist. Peutinger…

		66. (Zwischenhinein Nov. 22. Enßisheim. Le Glay Corr. 1, 350. 352. Nov. 28. Breisach. Birk. 1511. Febr. 27. Breisach. Klüpfel 2, 46).
— 16. 17.	Colmar.	**Van den Bergh** 2, 260. **Le Glay Négoc.** 1, 385.
— 21.	Zum heil. Kreuz.	Birk.
— 23.	Ruffach.	**Maternus Berler Chronik im Code hist. de la ville de Strasbourg** Vol 1, partie 2b, 100.
	Offenburg.	Eb.
— 31 — n. 4. }	Straßburg.	Birk.
— 12. 13.	Offenburg.	**Le Glay Corr.** 1, 389. Birk.
— 19—21.	Gengenbach.	Lünig R. A. 13, 1283. 1284.
— 26.	Weil.	Herberger 43. 44.
— 27. 28.	Tübingen.	Eb. 43. 44.
— 29.	Reutlingen.	Eb. 44.
— o. T.	Münfingen.	Eb. 44.
— —	Ehingen.	Eb. 44.
*2.	Ulm.	Eb. 44.
- 10.	Kaufbeuren.	Rink 1b, 116.
- 20.	Weilheim.	Stetten 1, 270.
- 23.	Ebersberg.	K. Max schreibt dem Pfalzgrafen Wilhelm Münchner Reichsarchiv.
- 28.	Burghausen.	Harpprecht 3, 266.
- 29.	Braunau.	Wiener Jahrb. 99 Anzeigebl. S. 14.
- 31 — n. 1. }	Mühldorf.	Birk.
- 4.	Detting.	Trithem. Annal. Hirsaug. 2, 670.
- 5.	Mühldorf.	Goldast Constit. imper. 1, 428. 429.
- 10.	Rattenberg.	**Le Glay Corr.** 1, 409.
- 12.	Hall.	Eb. 1, 410.
- 16.	Insbruck.	Koch 37.
- 18.	Steinach.	K. Max schreibt dem Pfalzgrafen Wilhelm Münchner Reichsarchiv.
- 26.	Sterzing.	Stully. A. unter Heidck.
- 31.	Brixen.	Birk.
10—20.	Persen.	**Le Glay Corr.** 1, 413. Birk.
12—16.	Brixen.	Eb. 1, 418. Lettres du roi Louis XII. 3, 327.
- 28 — t. 6. }	Lienz.	Birk. Sept. 30 ff. **Le Glay Corr.** 1, 418. 434.
- 8—21.	Toblach u. sonst im Pusterthale.	Toblach Wiener Jahrbücher 99 Anz. Bl. 15. Sattler 1 Beil. Nr. 54 (hier Oct. 10). Oct. 21. Brandis 425. Zwischenhinein

1511.		Pusterthalorte kreuz u. quer, wofern die Ausstellungsdaten immer richtig: Oct. 14. Gilian Le Glay Corr. 1, 435. Oct. 16. Heimfels Eb. 1, 436. Oct. 17—21. Innichen Rudgaber Rottweil 2b, 486. Le Glay Corr. 1, 437. Um diese Zeit auch Einnahme von Peitelstein. Cominus bei Freher 2, 546.
Nov. 6—18.	Insbruck.	Le Glay Corr. 1, 445. 447.
— 20.	Sterzing.	Eb. 1, 449.
— 24.	Toblach.	Eb. 1, 451.
— 29. 30.	Gmünd.	Eb. 1, 453. 454. (Eb. 466 wird wol Nov. 29 statt Dec. 29 sein).
Dec. 13. 14.	Aussee.	Eb. 1, 457. 458.
— 15. 16.	Gmunden.	Eb. 1, 459. 461.
— 22.	Wels.	Eb. 1, 462.
— 23—	Linz.	Cuspinianus 404. Dec. 25 ff. Le Glay
1512. Jan. 19.		Corr. 1, 464 ff.
— 22.	Wels.	Le Glay Corr. 1, 479.
— 25.	Braunau.	Birk.
— 28.	Landau.	Birk.
— 29.	Geiselhöring.	Le Glay Corr. 1, 480.
Febr. 1.	Regensburg.	Datt. 797.
— *3—15.†	Nürnberg.	„An Sant Blasiustag den 3. Febr. rit Maximilian hie zu Nürnberg ein. nach am Sontag den 15. Febr. zug Keyser hinweg". Prof. Hegel in Er gen nach einem der Collecten-Bände Scheurl'schen Archiv zu Nürnberg. (6, Le Glay Corr. 1, 483 ff. Febr. Rudgaber Rotweil 2b, 487).
— 19.	Neustadt.	Müller Staatscabinet 4, 25.
— *22—24.	Wirzburg.	Trithem. Annal. Hirsaug. 2, 674. Le Corr. 1, 489. 491.
— 26.	Gelnhausen.	Lünig R. A. 23, 1617.
Merz 1.	Frankfurt.	Le Glay Corr. 1, 493.
— 3.	Wiesbaden.	Eb. 1, 495.
— 5.	Coblenz.	Lünig R. A. 18, 602.
— 8.	Cochem.	Le Glay Corr. 1, 495.
— 12—19.	Trier.	Häberlin 9, 528. Le Glay Corr. 1, 496 502.
— 25.	Luxemburg.	Le Glay Corr. 1, 503. 505.
— 26—	Trier.	Birk. (Merz 28. Häberlin 9, 528. 2. Le Glay Corr. 2, 7). Birk.
Mai 5.		

ai 17.	Wasserbillig.	K. Max schreibt dem Pfalzgrafen Wilhelm. Münchner Reichsarchiv.
- 21.	Bastogne.	Le Glay Corr. 2, 6.
- o. T. Namur.		Henne 1, 295.
n. 9.	Mecheln.	Würdtwein Mon. Pal. 2, 255.
- 18. 19.	Rupelmonde.	Le Glay Corr. 2, 13. 14.
- 22. 23.	Tervueren.	Eb. 2, 13. 14.
- 27—29.	Turnhout.	Eb. 2, 15—17.
L 12—} v. 3. }	Cöln.	Koch 37. Le Glay Corr. 2, 382. (Da= zwischen Oct. 22. Neuß. Birk).
7.	Coblenz.	K. Max schreibt dem Pfalzgrafen Ludwig. Münchner Reichsarchiv.
- 18—21.	Landau.	Lünig R. A. 13, 1315. Birk.
- 28—} 10. }	Weissenburg.	Le Glay Corr. 2, 62. 67.
20—23.	Landau.	Eb. 2, 237, gehört doch wohl zu diesem Jahr. (Dec. 22. eb. 2, 70. 71). Koch 37.
- 27—} 8. }	Weissenburg.	Le Glay Corr. 2, 72—81.
11—13.	Landau.	Lünig Cod. dipl. Ital. 2, 2471. Le Glay Corr. 2, 82. 83.
l. 2—8.	Weissenburg.	Böcklin von Böcklinsau Denkschrift 1856. S. 370. 371. Le Glay Corr. 2, 87—90.
- 10.	Speier.	Koch 38.
12—} n 5. }	Landau.	Thomas Leodius Annal. de vita Frid. II. elect. Pal. 1624. S. 49. Le Glay Corr. 2, 99.
7.	Speier.	Le Glay Corr. 2, 100.
11.	Eßlingen.	Pfaff Eßlingen 360.
14—16.	Ulm.	Le Glay Corr. 2, 100. 101.
*18—} 21. }	Augsburg.	Gassar 1752. Le Glay Corr. 2, 132.
26—29.	Mindelheim.	Le Glay Corr. 2, 134. 137.
i 5—10.	Kaufbeuren.	Birk. Mai 6 ff. Le Glay Corr. 2, 139. 141.
11.	Landsberg.	Klüpfel 2, 68.
12.	Schmiechen.	Le Glay Corr. 2, 142.
15—25.	Augsburg.	Birk. Mai 16 ff. Le Glay Corr. 2, 143. 155.
- 28. 29.	Mindelheim.	Klüpfel 2, 69. Brandis 428.
u. 5—9.	Ulm.	Birk, dazwischen Jun. 8. Le Glay Corr. 2, 162.
- 13.	Eßlingen.	Gemeiner 4, 225.
- 14.	Stuttgart.	Le Glay Corr. 2, 163.
20—24.	Worms.	Anshelm 4, 402. Le Glay Corr. 2, 164—170.

1513. Jun. 30— Jul. 5.	}	Frankfurt.	Le Glay Corr. 2, 170. 175.
— 9—11.		Coblenz.	Birk. (Jul. 10. Schreiben Sir Rob. Wing- fields an K. Heinrich VIII. von England. P. Rec. Off. in London nach Pauli. Le Glay Corr. 2, 177.
— 16.		Cochem.	Le Glay Corr. 2, 178.
— o. T.		Bittburg.	Eb. 186.
— 20—23.		Namur.	Eb. 179—183.
— 30.		Geersbergen (Grammont).	Eb. 184.
— 30— Aug. 6†.	}	Audenarbe.	Lerberghe Audenaerdsche mengelingen 1. 2.
— 9—20.		Aire.	Häberlin 9, 594. Weingartner Miss- bände im Stuttgarter Staats=Archiv St.
— 20.		Rebecq.	Le Glay Corr. 2, 196.
— 20. 21.		Abtei St. Jean bei Therouanne.	Le Glay Négoc. 1, 537. 538.
— *24. 25.		Therouanne.	Eb. 1, 541. Le Glay Corr. 2, 197 bis z. 24. — Am 25. schreibt K. Max Pfalzgrafen Wilhelm im Höre von ruan. Münchner-Reichsarchiv.
— 25.		St. Omer.	Le Glay Corr. 2, 197.
— 27— Sept. 6.	}	Aire.	Eb. 2, 198—202.
— 17—30.		vor Tournai.	Eb. 2, 203. 204. Birk.
Oct. 6.		Namur.	Le Glay Corr. 2, 207.
— 14.		Carben (an der Mosel).	Eb. 2, 209.
— 27.		Oberwesel.	Archiv für Kunde östr. Gesch.=Quellen 289.
— 28.		Frankfurt.	Eb.
Nov. 7.		Wildenburg (bei Amorbach).	Le Glay Corr. 2, 214. 216.
— 13— Dec. 24.	}	Augsburg.	Herberger 33. Birk.
— 31.		Benedictbeuren.	Baier. Landtagshandl. v. J. 1514 S. 29. 34.
1514. Jan. 5.		Rotenburg am Inn.	Birk.
— 8— Febr. 7.	{	Insbruck.	Lünig R. A. 4, 1321. (Jan. 29. Eb. 464). Rob. Wingfields Gesandtschafts- bericht an K. Heinrich VIII. von England P. Rec. Off. in London nach Pauli.
— 14.		Rattenberg.	Lehmann Pfälz. Burgen 2, 145.
— 22.		Gmunden.	K. Max schreibt dem Pfalzgrafen Ludwig Münchner Reichsarchiv.

br. 25.	Wels.	Birk.
erz 7.	Steier.	Banotti 521. 642.
- 29.	Braunau.	Birk.
r. 5—12.	Linz.	Birk. (Apr. 8. K. Mar schreibt an s. Tochter Margareth, franz. unter dem J. 1513. P. Rec. Off.). Fabri Staatscanzlei 33, 599.
· 17—19.	Wels.	Birk. Lünig R. A. 14a, 670.
· 25—30.	Linz.	Birk. Le Glay Corr. 2, 383.
d 5—18.	Wien.	Cuspinianus 406. Lünig R. A. 23, 1565.
· 22—27.	Grätz.	Birk. Meusel Gesch. Forscher 4, 188.
· 28.	Wildon.	Koch 38.
u. um 7.	Cilli.	Herberstein 79, wo J. 1514 statt 1513 zu setzen.
· 10—19.	Krainburg.	Moritz 2, 227. (Jun. 13. Sinnacher 7, 144). Birk.
· 20.	Laibach.	Birk.
· 26. 27.	Salbenhofen.	Birk.
· 29.	Leibnicz.	Birk.
l. 1.	Grätz.	Birk.
· 5.	Im innern Eisenerz.	Birk.
· 12.	Rotenmann.	Koch 38.
· 17—¹ 16.	Gmunden.	K. Mar urkundet für Jakob Fugger, Mscpt. (Aug. 13. Herberstein 81). Birk.
· 27.	Wels.	Koch 38.
K. 1—⁷ 7.	Insbruck.	Stuttg. A. unter Armer Konrab. (Sept. 8. Gemeiner 4, 259). Schelhorn Amoen. lit. 6, 412. „Bey aim halben Jahr zu Innsprugkh". Herberstein 82. Ausflüge zwischenhinein: 1514. Dec. 22. Hall. Lünig R. A. 14, 606.
· 31—¹ 26.	Augsburg.	Birk zu Merz 31. Ueberhaupt Herbe ger 33. Dazwischen Ausflug Mai 4. Kaufbeuren. Häberlin 9, 660. (Mai 9. 11. 20. Le Glay Corr. 2, 286—289).
n. 1.	Weilheim.	Sattler 1 Beil. Nr. 60.
· 10.	Insbruck.	Brandis 451.
· 12.	Rattenberg.	K. Mar schreibt dem Pfalzgrafen Wilhelm. Münchner Reichsarchiv.
· 23.	Lambach.	Steinhofer 4, 218.
l. Anfang	Linz.	Bartholin bei Freher-Struve 2, 646, wo wohl III. non. Juli (Jul. 5.) statt III. idus Julii stehen sollte.
- —	Ens.	Eb.
- —	Ips.	Eb.

1515. Jul. *11—15.	Wien.	Der 11. Jul. bei Barthol. a. a. O. 654, dagegen hat Cuspinianus in Fontes rec. Austr. I Bd. 1, 407 und bei Freher-Struve 2, 600 den 10. Jul. als Tag der Ankunft in Wien.
— 15.	Trautmannsdorf.	Bartholin 650.
— 16.	Hart (ein freies Feld) Laxenburg.	Cuspinian in Fontes a. a. O. 408. Bartholin 652.
— 17—29.	Wien.	Cuspinian a. a. O.
— 29—31.	Wiener Neustadt.	Cuspinian bei Freher-Struve 2, 610. 611
Aug. 1.	Ebenfurt.	Eb. 611.
— 2.	Wiener Neustadt.	Eb. 611.
— 9.	Krems.	Birk.
— o. T.	Linz.	Cuspinian 611.
— 21.	Wels.	Heyd 1, 407.
— 23.	Straßwalchen.	K. Max schreibt dem Pfalzgrafen Wilhelm Münchner Reichsarchiv.
— 24.	Lauffen.	Birk.
— 26—31.	Trostberg.	Birk. (Aug. 27. K. Max schreibt dem Pfalzgrafen Wilhelm. Münchner Reichsarchiv). Birk. (Aug. 31. stimmt nämlich nicht zu Le Glay Corr. 2, 292) wo Insbruck steht.
Sept. 3—} Oct. 17. }	Insbruck.	K. Max schreibt dem Pfalzgrafen Wilhelm Münchner Reichsarchiv. Sept. 4. u. Le Glay Corr. 2, 292—299
— 31.	Hörtenberg.	Birk.
Nov. 16.	Insbruck.	Le Glay Corr. 2, 302.
— 21.	Ulm.	Herberstein 84. K. Max hatte die ausgeführte Absicht nach Göppingen zu gehen (Heyd 1, 413), daher die Abbeugung.
— 24.	Babenhausen.	Brandis 433.
— 24—28.	Memmingen.	K. Max schreibt dem Pfalzgrafen Wilhelm Münchner Reichsarchiv. Heyd 1, 412. 41
— 28.	Ottobeuren.	K. Max schreibt dem Pfalzgrafen Wilhelm Münchner Reichsarchiv.
Dec. 1—3.	Kaufbeuren.	Le Glay Corr. 2, 304. 306.
— 8. 9.	Füssen.	Eb. 2, 309. 310.
1516. — 14.	Imbst.	Eb. 2, 312.
— 31.	Ulm.	Eb. 2, 315.
Jan. 1.	Weissenhorn.	Eb. 2, 339.
— 2—25.	Augsburg.	Gemeiner 4, 282. Le Glay Corr. 2, 34
— 28—} Febr. 2. }	Kaufbeuren.	Jan. 28. ist in der von Heyd 1, 431 Anm. 22 angeführten Urk. enthalten. Feb

2. K. Max urkundet für den Bürger=
meister und Rath zu Ulm, bezüglich der
Enten= und Reigerjagd auf der Blau.
Urk. in der Beesenmeyerschen Sammlung
auf der Ulmer Bibliothek.

r. 8.	Füssen.	Birk.
- 17.	Petnau.	Heyd 1, 431.
- 25.	Landeck.	Birk.
- 28.	Latsch.	Herberger 55.
η 7. 8.	Persen.	Le Glay Corr. 2, 318.
- o. T.	Trient.	Guicciardini Della istoria d'Italia lib. 12
		(T. 3, 186 ed. Friburgo).
—	Verona.	Eb.
- —	vor Asola.	Eb. Fugger 1343.
—	Arcinuovi.	Guicciardini a. a. O.
—	Soncino.	Jovius Historiae sui temporis lib. 16 Bl.
		191a ed. 1553. Fugger 1343.
- 23.	Rivolta. Uebergang	Fugger 1343.
	über die Abba.	
- 24.	Liscate. Pioltello.	Birk. Sitzungsberichte der hist. Classe der
		kais. Akad. der Wiss. 5, 375, vrgl. mit
		Jovius a. a. O. 191b.
- 25.	vor Mailand.	Anshelm 5, 216.
gegen Ende.	Bergamo.	Eb. 217.
- —	Verona.	Eb. 217.
z. 3.	Torre d'Oglio (am	Steinhofer 4, 259. 260. Die Rückkehr
	Einfluß des Og=	nach Deutschland gieng per Cremonen-
	lio in den Po).	sium fines nach Jovius 194a.
- 16—18.	Tersilla (nordöst=	K. Max schreibt an Cardinal Wolsey (lat.).
	lich von Trient).	P. Rec. Off. in London nach Pauli.
		Birk. Das erste Mal Terzilas, das
		zweite Mal Torczulas geschrieben.
- 19.	Calbes (im Val bi	Le Glay Corr. 2, 322.
	Non).	
- 26.	Metz an der Etsch	Le Glay Corr. 2, 322. Lünig R. A. 16,
	(Deutsch=, Wälsch=	646, bei letzterem mit dem auch sonst
	Metz).	um diese Zeit (Lacomblet 4, 627) un-
		richtig stehenden Jahr 1515.
- 27.	S. Michel.	K. Max schreibt dem Pfalzgrafen Wilhelm.
		Münchner Reichsarchiv.
ü 5.	Riva.	Lünig R. A. 16a, 653.
- 12—22.	Trient.	Rich. Pace schreibt an Wolsey. Cotton mscr.
		im Britischen Museum in London nach
		Pauli. (Mai 13. Zeitschr. für Baiern
		1816. Bd. 2, 329). Lünig R. A. 23,
		1516.

1516. Mai 25.	Botzen.	K. Max schreibt an die Pfalzgrafen Wilhelm und Ludwig. Münchner Reichsarchiv.
— 26.	Meran.	Sattler 1 Beil. Nr. 32.
Jun. 12.	Ehrenberg.	State papers. 1849. 6, 50.
— —	Tannheim.	Herberstein 100.
— 13.	Immenstadt.	Eb.
— 14.	Rothenfels.	Eb.
— —	Staufen.	Eb.
— 15. 16.	Wangen.	Eb. Memorie . . di Torino. Serie 2 T. scienze morali storiche 187.
— 16.	Tettnang.	Herberstein 100.
— —	Buchhorn.	Eb.
— 17—22.	Constanz.	Eb. 101. Klüpfel 2, 128.
— 28. 29.	Ueberlingen.	Herberstein 101. K. Max schreibt an Herzog v. Suffolk (Flämisch). P. Off. in London nach Pauli.
Jul. 1.	Buchhorn.	Herberstein 101.
— o. T.	Langenargen.	Eb.
— 3.	Lindau.	Eb.
— 3— 8.	Bregenz.	Archiv für Kunde öster. Gesch. Quelle 14. (Jul. 4. Sinnacher Beitr. 7, Birk.
— 9.	Reutte.	Chmel öster. Gesch. Forscher 1, 346.
— 10—24.	Füssen.	Gemeiner 4, 297. Stuttg. A. unter Kaiser.
— 27.	Lermos.	Sattler 1 Beil. Nr. 61.
— 31—) Aug. 1. }	Hörtenberg.	Birk. Le Glay Corr. 2, 328 (wo Sa berhe zu verbessern ist).
— 9—20.	Insbruck.	Struve hist. und pol. Archiv 2, 120. 1, 508.
— 24.	Reutte.	K. Max schreibt dem Pfalzgrafen Wilh Münchner Reichsarchiv.
— 25—) Sept. 1.	Ehrenberg.	Heyd 1, 439. [Zoller] Progr. des Gymn. in Feldkirch 1860. S. 204.
— 3—13.	Füssen.	Klüpfel 2, 130. Kink 1b, 117.
— 17.	Kaufbeuren.	Brandis 435.
— 19—) Oct. 23. }	Augsburg.	Stetten 1, 278. Gemeiner 4, 298.
— 24. 25.	Kaufbeuren.	Gemeiner 4, 302.
— 26.	Füssen.	Lünig R. A. 13, 911.
— o. T.	Reutte.	Herberstein 104.
—	Tannheim.	Eb.
Nov. 1.	Fluchenstein.	Eb.

Nov. 2.	Immenſtadt.	Eb.
— 3.	Staufen.	Eb.
— 3— 7.	Bregenz.	Stuttg. A. unter Hohentwiel. (Nov. 6. Le Glay Corr. 2, 329). Birk.
— o. T.	Lindau.	Herberſtein 105.
— —	Salmansweil.	Eb.
— 9.	Ueberlingen.	Memorie di Torino a. a. O. 172.
— 11.	Conſtanz.	Birk.
— —	Radolphszell.	Herberſtein 105.
— —	Engen.	Eb.
— o. T.	Fürſtenberg.	Eb.
— o. T.	Neuſtadt.	Eb.
— 12.	Freiburg.	Gemeiner 4, 304.
— 18.	Breiſach.	Lünig R. A. 12a, 469.
— 20—22.	Werkheim.	Heyd 1, 477. Birk.
— 26.	St. Pölten.	Birk.
— o. T.	Straßburg.	Le Glay Corr. 2, 333. (Der hier ſtehende 21. Nov. paßt nicht).
— o. T.	Neuweiler.	Herberſtein 105.
— —	Ingweiler.	Eb.
Dec. 3—26.	Hagenau.	Koch 38. Schoepfl. Als. dipl. 2, 451.
Jan. 1.	Zweibrücken.	Birk.
— 7.	Trier.	Le Glay Corr. 2, 354.
— 17. 18.	Düren.	Geſandtſchaftsbericht Rob. Wingfields an K. Heinrich VIII. von England. Cotton mscr. im Britiſchen Muſeum nach Pauli. Le Glay Corr. 2, 354.
— 21†.	Maſtricht.	Rob. Wingfields Geſandtſchaftsbericht an K. Heinrich VIII. von England. Cotton mscr. wie vorher.
Febr. 2— Merz 4.	Mecheln.	Geſandtſchaftsbericht Rob. Wingfields an K. Heinrich VIII. von England. Cotton mscr. wie vorher. (Febr. 24. Harpprecht 3, 430). Birk.
— 10—26.	Antwerpen.	Le Glay Corr. 2, 346. 347.
— 29.	Lierre.	Worceſters, Tunſtals und Wingfields Geſandtſchaftsbericht an K. Heinrich VIII. von England. Cotton mscr. wie oben.
Apr. 13.	Breda.	Romanin Storia di Venezia 5, 512.
— 23.	Antwerpen.	Bericht Worceſters an K. Heinrich VIII. von England über die Feier des St. Georgentags in Antwerpen. Cotton mscr. wie oben.
— 27— Mai 7.	Bergen op Zoom.	Birk. (Apr. 28. Le Glay Corr. 2, 348). Birk.

1517.	Mai	15.	Mecheln.	Sattler 1, 225.
	Jun.	1.	Maſtricht.	Le Glay Corr. 2, 350.
	—	14—18.	Frankfurt.	Birk.
	—	26—27.	Rotenburg a. b. L.	Stetten 1, 277. Lünig R. A. 4, 316.
	Jul.	2.	Donauwörth.	Birk.
	—	8—	Augsburg.	Le Glay Corr. 2, 350. Herberger 33.
	Aug.	16.		
	—	22.	Ingolſtadt.	Le Glay Corr. 2, 351.
	—	28—30.	Linz.	Lünig R. A. 13, 1267. Mon. Boic. 14 310.
	Sept.	*9.	Wien.	Cuspinianus 409.
	—	18.	Neuſtadt.	Birk.
	—	22. 23.	Laxenburg.	K. Max ſchreibt dem Pfalzgrafen Ludwig Münchner Reichsarchiv. Birk.
	—	26—	Baden.	Birk. (Oct. 1. Besold 216. Oct. 9. Kin 2, 330). Birk.
	Oct.	10.		
	—	25—	Wien.	Hofemann abeliche Stammchronica der Sahl hauſen 1662. S. 44. Birk.
	Nov.	3.		
	—	9.	Baden.	Birk.
	—	14—17.	Wiener Neuſtadt.	Wiener Jahrbücher 99 Anzeigebl. S. 2 Birk.
	Dec.	12.	Wels.	Birk.
	—	22.	Linz.	Birk.
1518.	Jan.	10.	Vöklabruck.	Birk.
	—	16.	Braunau.	Stetten 1, 280.
	—	24.	Freiſing.	Birk.
	—	26—	Augsburg.	K. Max ſchreibt ben Pfalzgrafen Wilhelm und Ludwig. Münchner Reichsarchiv (Febr. 9. Gemeiner 4, 330). Birk.
	Febr.	24.		
	Merz	18—	Insbruck.	Birk. (Merz 29. von Eye, Leben und Wirk Albrecht Dürers 509). Urk. des K. Max betreffend die Verſetzung der Landvogt in Schwaben an den kaiſerlichen Rat Nic. Ziegler, Stuttg. A. unter Hohentwiel
	Apr.	6.		
	—	14—20.	Hall.	Birk.
	—	19—	Insbruck.	Birk.
	Mai	28.		
	—	30.	Ehrenberg.	Birk.
	Jun.	3.	Füſſen.	Birk. L. R. Münzarchiv 7, 70.
	—	4—25.	Kaufbeuren.	Harpprecht 3, 431. Gemeiner 4, 350.
	—	29	Augsburg.	Birk. Le Glay Corr. 2, 361. Birk.
	Sept. geg. Ende			
	—	28.	Mindelheim.	Stetten 1, 282.
	—	30—	Kaufbeuren.	Le Glay Négoc. 2, 156. (Oct. 4. 6. 7. Birk). Lünig R. A. 13, 199. Sonach
	Oct.	8.		

sagt Fugger 1362 irrig, Mar sei am 6.
Oct. von Augsburg abgereist.

ct. 8—11.	Ehrenberg.	Le Glay Corr. 2, 368. (Oct. 10. Monumenta Habsburgica IIa, 560). Birk.
- 13—23.	Imbst.	Chmel 356. Birk.
ov. 2.	Insbruck.	Vanotti 521.
- 5.	Schwaz.	Klüpfel 2, 155.
- 7—9.	Kufstein.	Birk. Herberstein 140.
- 12.	Trostberg.	Birk.
- 16.	Vöklabruck.	Herberstein 137.
- 16—18.	Gmunden.	Birk. (Nov. 17. Le Glay Corr. 2, 371). Birk.
- 25— } n. 12. }	Wels.	Birk. Todestag.

Anhang.

Aufenthaltsorte K. Ferdinands I. 1521—1564.

Auszug aus: Anton von Gevay Itinerar K. Ferdinands I. Wien 1843. 4. [1]).

1521. Apr.	12—29.	Worms.
Mai	26—⎫	Linz.
Jun.	24. ⎭	
Jul.	1.	Leoben.
—	2—21.	Graß.
Aug.	24—⎫	Wels.
Sept.	7. ⎭	
—	17—⎫	Graß.
Oct.	22. ⎭	
—	23.	Leoben.
—	23. 24.	Judenburg.
—	25.	Scheifling.
—	28. 29.	Villach.
Nov.	2.	Lienz.
—	3.	Innichen.
—	4. 5.	Bruneck.
—	8. 9.	Insbruck.
—	13.	Füssen.
—	17.	Ulm.
—	20.	Göppingen.
—	27.	Mainz.
Dec.	10.	Brüssel.
—	20.	Gent.
1522. Jan.	20—⎫	Brüssel.
Apr.	14. ⎭	
—	25.	Mastricht.

1522. Apr.	30.	Bonn.
Mai	12.	Neustadt.
—	13—20†.	Nürnberg.
—	22.	Elwangen.
—	26—⎫	Stuttgart.
Jun.	3. ⎭	
—	4.	Ulm.
—	5. 6.	Dillingen.
—	8.	Ingolstadt.
—	17—⎫	Wiener Neustadt.
Aug.	18. ⎭	
—	20.	Wien.
—	28—⎫	Linz.
Sept.	11. ⎭	
—	11.	Peurbach.
—	13.	Passau.
—	14.	Vilshofen.
—	17.	Regensburg.
—	19.	Neumarkt.
—	22—⎫	Nürnberg.
1523. Febr.	15. ⎭	
—	18.	Ansbach.
—	*23—⎫	Stuttgart.
Merz	10. ⎭	
—	13.	Geislingen.

1) Da diese Schrift, in welcher zu jedem Tag der Aufenthaltsort, soweit er bekannt ist, angemerkt steht, nicht in den Buchhandel kam, so dürfte das folgende Itinerar, welches ihren vollständigen Inhalt zusammenbrängt nicht unwillkommen sein.

Merz 13.	Ulm.
— 16.	Augsburg.
— 23— Aug. 20. }	Insbruck.
— 27— Sept. 6. }	Linz.
— 11.	Bei Oedenburg.
— 12. 13.	Oedenburg.
— 15— Nov. 5. }	Wiener Neustadt.
— 5. 6. 7.	Wien.
— 10.	St. Pölten.
— —	Melk.
— 14—17.	Linz.
— 17.	Efferding.
— 19. 20.	Passau.
— 21.	Vilshofen.
— 22.	Plattling.
— 24—27.	Regensburg.
— 30— Apr. 26. }	Nürnberg.
Mai 4— 8.	Stuttgart.
— 10. 11.	Horb.
— 12—15.	Freiburg.
— 17. 18.	Breisach.
— 19.	Ensisheim.
— 21.	Freiburg.
— 23. 24.	Breisach.
— 27. 28.	Freiburg.
— 28.	Offenburg.
Jun. 2—16.	Stuttgart.
— 17.	Eßlingen.
— 19. 20.	Heidenheim.
— 22. 23.	Ingolstadt.
— 23— Jul. 7. }	Regensburg.
— 11. 12.	Linz.
— 19— Nov. 7. }	Wien.
— 9.	Tulln.
— 11. 12.	Persenbeug.
— 12.	Ips.
— —	Amstetten.
— 14—16.	Linz.

1524. Nov. 18.	Böcklabruck.
— 20. 21.	Salzburg.
— 24— 1525. Jul. 22. }	Insbruck.
— 26—29.	Weilhelm.
Aug. 1—12.	Augsburg.
— 13.	Blaubeuren.
— —	Ulm.
— 15. 16.	Urach.
— 16— Sept. 1. }	Tübingen.
— 3—5.	Eßlingen.
— 7— Nov. 19. }	Tübingen.
— 20.	Urach.
— 22. 23.	Ulm.
— 27— 1526. Merz 14. }	Augsburg.
— 14.	Jettingen.
— 17.	Ehingen.
— 17— Apr. 8. }	Tübingen.
— 10—13.	Eßlingen.
— 14. 15.	Stuttgart.
— 18— Mai 3. }	Tübingen.
— 4.	Blaubeuren.
— 5. 6.	Ulm.
— 7.	Geislingen.
— 8—16.	Stuttgart.
— 16—18.	Bruchsal.
— 18— Aug. 27. }	Speier.
Sept. 1— 3.	Memmingen.
— 3.	Kempten.
— 4.	Reutte.
— 5.	Nassereit.
— 7—10.	Insbruck.
— 10. 11.	Kufstein.
— 12.	Rosenheim.
— *15— Oct. 5. }	Linz.
— 10—12.	Wien.
— 15—19.	Hainburg.

1526. Oct.	20—	} Wien.
Nov.	6.	
—	7.	Trautmannsdorf.
—	8—10.	Hainburg.
—	15—	} Wien.
1527. Jan.	21†.	
—	21.	Korneuburg.
—	22.	Stockerau.
—	23.	Hollabrunn.
—	24.	Guntersdorf.
—	25—27.	Znaim.
—	27.	Budweis.
—	28.	Pirnitz.
—	29.	Iglau.
—	30.	Deutsch-Brod.
—	31.	Czaslau.
Febr.	1—3.	Kuttenberg.
—	4.	Böhmisch-Brod.
—	5—	} Prag.
März	28.	
—	29. 30.	Kollin.
—	31.	Leitomischel.
Apr.	1.	Letowitz.
—	3—16.	Brünn.
—	17—25.	Olmütz.
—	27.	Jägerndorf.
—	—	Neustadt.
—	28. 29.	Neisse.
Mai	1—19.	Breslau.
—	21.	Schweidnitz.
—	27—	} Prag.
Jun.	4.	
—	9. 10.	Neuhaus.
—	14—	} Wien.
Jul.	30.	
—	31.	Fischament.
—	31—	} Prellenkirchen.
Aug.	1.	
—	1.	Kitsee.
—	1—3.	Ungrisch Altenburg.
—	4.	Lager an der Rabnitz.
—	5. 6.	Lager unter Raab.
—	7.*	Lager zwischen Raab und Komorn.
—	8.	Lager vor Komorn.

1527. Aug.	9.	Komorn.
—	10.	Lager zwischen Komorn und Totis.
—	12.	Lager zwischen Totis und Gran.
—	13.	Lager vor Gran.
—	16.	Lager zwischen Gran und Wischegrad.
—	17.	Lager unter Wischegrad.
—	18.	Lager eine Meile von Ofen.
—	19. 20.	Lager vor Ofen.
—	21—29.	Lager unter Ofen.
Sept.	1—	} Ofen.
Oct.	29.	
—	31—	} Stuhlweissenburg.
Nov.	15.	
—	18.	Totis.
—	19—	} Gran.
1528. Jan.	17.	
—	20—	} Ofen.
Febr.	6.	
—	7—28.	Gran.
Merz	2.	Raab.
—	3—7.	Ungrisch Altenburg.
—	9—27.	Wien.
—	29—	} Znaim.
Apr.	1.	
—	4. 5.	Deutsch-Brod.
—	6.	Czaslau.
—	7—	} Prag.
Sept.	23.	
—	27—28.	Polna.
Oct.	1—	} Wien.
Nov.	15.	
—	18—23.	Presburg.
—	28—	} Wien.
Dec.	8.	
—	8.	Wiener Neustadt.
—	11.	Bruck.
—	13—21.	Gratz.
—	24—29.	St. Veit.
—	29.	Klagenfurt.
—	30. 31.	Villach.

Jan. 1. Millstadt.
— 2. 3. Greifenburg.
— 3. Lienz.
— 5. 6. Bruneck.
— 8. 9. Sterzing.
— 10—} Insbruck.
Febr. 19.}
- 19. Fragenstein.
- 22. Reutte.
- 22. 23. Kempten.
- 23. 24. Memmingen.
- 28—} Stuttgart.
Merz 1.}
— 3. Vaihingen.
— 4—} Speier.
Apr. 25.}
- 28. 29. Stuttgart.
- 29. 30. Göppingen.
Mai 1. Heidenheim.
- 1. 2. Donauwörth.
- 2. 3. Ingolstadt.
— 6—} Linz.
Jun. 19.}
- 20. Passau.
- 21. Osterhofen.
- 23—} Regensburg.
Jul. 1.}
- *3— 8. Linz.
— 9—21. Budweis.
— 23—} Linz.
Sept. 30.}
Oct. 2. Tabor.
- 4—12. Prag.
- 14. 15. Tabor.
- 15. 16. Budweis.
- 16. 17. Krumau.
- 17—25. Linz.
- 27—} Krems.
Nov. 1.}
- 3. 4. Znaim.
- 7—11. Krems.
- 11. Emmersdorf.
- 12. Grein.
- 14—} Linz.
Jan. 5.}

1530. — 6. Freistadt.
— 9—28. Budweis.
— 31. Beneschau.
Febr. 1—13. Prag.
— 13—16. Leitmeritz.
— 17—} Prag.
Apr. 18.}
— 19. Tabor.
— 21. Hohenfurt.
— 22—30. Linz.
Mai 4—} Insbruck.
Jun. 6.}
— 6. 7. Schwatz.
— 8. Kufstein.
— 8. 9. Rosenheim.
— 9. 10. Ebersberg.
— 10—14. München.
— 15—} Augsburg.
Sept. 5.}
— 5. Wellenburg.
— 5—} Augsburg.
Nov. 23.}
— 23. Jettingen.
— 24. Weissenhorn.
— 25. 26. Ehingen.
— 26. Urach.
— 27. 28. Bebenhausen.
— 28. Böblingen.
— 29. Hohen-Asperg.
— 30. Maulbronn.
Dec. 1. Bretten.
— — Bruchsal.
— 2—6. Speier.
— 6. Schwetzingen.
— 7—10. Neuschloß.
— 10. Oppenheim.
— 11—13. Mainz.
— 13. 14. Bacharach.
— 14. 15. Boppard.
— 15. 16. Bonn.
— 17—} Cöln.
1531. Jan. 7.}
— 7. Bergheim.
— 8. 9. Jülich.
— 9. Haaren.

1531. Jan. 10—15. Aachen.
— 15. Jülich.
— 16—18. Cöln.
— 18. Andernach.
— 20. Lahnstein.
— 22. 23. Bingen.
— 24. 25. Speier.
— 25. Bruchsal.
— 27—29. Maulbronn.
— 29. Gröningen.
— — Schorndorf.
— 31. Aalen.
— — Nördlingen.
Febr. 1. Nördlingen.
— — Donauwörth.
— 2. 3. Neuburg.
— 3. Ingolstadt.
— — Abach.
— 4. 5. Regensburg.
— 6— } Linz.
Merz 6. }
— *8—22. Budweis.
— 23. Neuhaus.
— 25— } Brünn.
Apr. 3. }
— 6—14. Budweis.
— 17— } Prag.
Jun. 30. }
Jul. 1. Beneschau.
— 3. Miltschin.
— 4—31. Budweis.
Aug. 1— 3. Iglau.
— 8—23. Linz.
— 24. 25. Peurbach.
— 27. Schärbing.
— — Pfarrkirchen.
— 29. Ganghofen.
— 31. Wollnzach.
— — Neuburg.
Sept. 1. Donauwörth.
— 2. Dillingen.
— 3. Heidenheim.
— 5. Göppingen.
— 6—28. Stuttgart.

1531. Sept. 30— } Speier.
Oct. 17. }
— 18. Bruchsal.
— — Vaihingen.
— 19. 20. Stuttgart.
— 21. Kirchheim.
— 23. 24. Illertissen.
— 25. 26. Kaufbeuren.
— 27. Füssen.
— — Lermos.
— 28. } Insbruck.
1532. Febr. 22. }
— 24. Wasserburg.
— *27— } Regensburg.
Mai 1. }
— 4. Tauß.
— 6. Pilsen.
— 7— } Prag.
Jun. 8. }
— 8. Bettlern.
— 9. 10. Pilsen.
— 10. Tauß.
— 13— } Regensburg.
Sept. 2†. }
— 6— 9. Linz.
— 10. Passau.
— 15—20. Linz.
— 23— } Wien.
Oct. 4. }
— 10. 11. Leoben.
— 15. Friesach.
— 17. St. Veit.
— 19—22. Villach.
— 23. Greifenburg.
— 28— } Insbruck.
1533. Jan. 29. }
— 30. St. Johann.
Febr. 1— 3. Salzburg.
— 5. Böcklabruck.
— 7— } Linz.
Merz 13. }
— 16— } Wien.
Apr. 9. }
— 11. Neuburg.

pr. 12 — m. 19. }	Wien.	

- 21—26. Wiener Neustadt.

- 28 —
w. 21. } Wien.

- 21. Stockerau.
- 22. Wullerdorf.
- 23. Rötz.
- 24. Budwitz.
- 25. Pirnitz.
- 26. Deutsch=Brod.
- 27. Czaslau.
- 28. Böhmisch=Brod.

- 29 —
n. 16. } Prag.

- 17—29. Raben.
- 29. Joachimsthal.
- 30. Raben.
f. 1. Saaz.
- — Laun.
2. Schlan.
2—19. Prag.
- 21. Miltschin.
- 22. Sobieslau.
- 26. 27. Korneuburg.

- 27 —
h. 13. } Wien.

- 15 —
tz 7. } Znaim.

- 14 —
l 9. } Wien.

- 9—13. Wiener Neustadt.

- 14 —
pt. 11. } Wien.

- 13—15. Wiener Neustadt.

- 18 —
l. 10. } Wien.

- 13. St. Pölten.
- 14. Melk.
- — Amstetten.
- 15—17. Enns.
- 19. 20. Böcklabruck.
- 21. 22. Salzburg.
- 23. Waging.

1536. Jan. 24. 25. Trostberg.
— 25. Rosenheim.
— 28. Schwaz.

— 29 —
Aug. 28. } Insbruck.

— 28. Matrey.
— 29. Sterzing.
— 30. Brixen.

— 31 —
Sept. 11. } Bozen.

— 11. St. Michael.
— 12—18. Trient.
— 19. Tramin.
— 20—22. Bozen.
— 22. Brixen.
— 24—27. Lienz.
— 27. Greifenburg.

— 29 —
Oct. 1. } Villach.

— 3— 9. St. Veit.
— 10. Friesach.
— 16—30. Graz.
— 30. Frohnleiten.

— 31 —
Nov. 2. } Bruck.

— 4. 5. Wiener Neustadt.

— 8 —
1537. Febr. 6. } Wien.

— 7. 8. St. Pölten.
— 10. 11. Enns.
— 11. Linz.
— 13. Efferding.
— 16—21. Passau.
— 22. Krumau.
— 25. 26. Sobieslau.

Merz 1 —
Sept. 5. } Prag.

— 7. Miltschin.
— 8. Drosendorf.

— 11 —
Nov. 4. } Wien.

— 9. Bruck.

— 11 —
Dec. 4. } Graz.

26

1537. Dec.	5.	Frohnleiten.		1539. Sept.	24.	Wiener Neustadt.
—	—	Aflenz.		—	26— }	Wien.
—	9—20.	Krems.		1540. Jan.	13. }	
—	20.	Zwetl.		—	15.	Drosendorf.
—	23.	Tabor.		—	*19— }	Prag.
—	26— }	Prag.		Febr.	2. }	
1538. Febr.	12. }			—	3. 4.	Pilsen.
—	14. 15.	Brandeis.		—	4.	Tachau.
—	15— }	Prag.		—	*7— 9.	Nürnberg.
Mai	16. }			—	10.	Rothenburg.
—	16.	Leitmeritz.		—	13—15.	Heidelberg.
—	18. 19.	Dresden.		—	16.	Kron-Weissenburg
—	21—24.	Bautzen.		—	21. 22.	Luxemburg.
—	25. 26.	Görlitz.		—	23.	Arlon.
—	27.	Bunzlau.		—	25.	Bastogne.
—	30— }	Breslau.		Merz	2— }	Gent.
Jun.	17. }			Mai	8. }	
—	18.	Grottkau.		—	16. 17.	Lüttich.
—	19. 20.	Neisse.		—	19. 20.	Trier.
—	22.	Hof.		—	22.	Wallerfangen
—	23—30.	Olmütz.		—	*25— }	Hagenau.
Jul.	1.	Wischau.		Jul.	28. }	
—	3.	Znaim.		—	29.	Bretten.
—	4.	Krems.		—	30. 31.	Wimpfen.
—	7— }	Linz.		Aug.	3.	Neuburg.
Aug.	16. }			—	10—27.	Wien.
—	18—20.	Enns.		—	29— }	Wiener Neus[tadt]
—	21—26.	Steier.		Sept.	15. }	
—	30— }	Gmunden.		—	15.	Aspern.
Sept.	1. }			—	16—21.	Brünn.
—	4— }	Linz.		—	24— }	Wiener Neu[stadt]
Oct.	14. }			Oct.	19. }	
—	19— }	Wien.		—	20.	Ebersdorf.
1539. Apr.	12. }			—	22— }	Wiener Neustad[t]
—	14—18.	Brünn.		1541. Febr.	22. }	
—	*24— }	Prag.		—	25— }	Wien.
Mai	26. }			Mai	21. }	
—	30.	Trebitsch.		—	21.	Woltersdorf.
Jun.	4— }	Wien.		—	25.	Brünn.
Jul.	2. }			—	30— }	Wien.
—	3—14.	Wiener Neustadt.		Jun.	15. }	
—	15— }	Wien.		—	23— }	Regensburg.
Sept.	21. }			Jul.	29. }	

1. 2.	Wien.	1543. Sept. 19— Oct. 14. }	Presburg.
5—30.	Wiener Neustabt.	— 17— Nov. 2. }	Wien.
5— 26. }	Linz.	— 16— 1544. Febr. 27. }	Prag.
26.	Hohenfurt.	Merz 5.	Schwabach.
1— 17. }	Prag.	— *11— Jun. 11. }	Speier.
19.	Saaß.	— *21— Jul. 28. }	Prag.
20.	Schlarkenwerd.	Aug. 6— Sept. 16. }	Wien.
22. 23.	Eger.	— 17.	Wiener Neustabt.
23.	Tirschenreut.	— 20— — 30. }	Wien.
24.	Weiden.	Oct. 4.	Tabor.
26.	Ansbach.	— 5.	Beneschau.
*2— 13†. }	Speier.	— 7—22.	Prag.
*18—25.	Insbruck.	— 23.	Tabor.
26.	Wasserburg.	— 31— Dec. 29. }	Wien.
28—30.	Linz.	1545. Jan. 7— Merz 2. }	Prag.
*4—15†.	Prag.	— 8.	Nürnberg.
*17—25.	Linz.	— 9.	Windsheim.
26— 11†. }	Wien.	— *14— Jul. 30. }	Worms.
16.	Straubing.	— 30.	Neuschloß.
19.	Regensburg.	Aug. 3. 4.	Nürnberg.
20— 26. }	Nürnberg.	— 14— Oct. 5. }	Prag.
27. 28.	Regensburg.	— 6.	Böhmisch-Brod.
t. 1— .13. }	Wien.	— 15— 1546. Febr. 4. }	Wien.
13—24.	Presburg.	— 6— Merz 3. }	Presburg.
28. 29.	Brünn.	— 10—21.	Wien.
5— 2†. }	Wien.	— 29— Apr. 7†. }	Olmütz.
8.	Peurbach.	— *13— Mai 21. }	Breslau.
10.	Pfarrkirchen.		
*17— 24†. }	Nürnberg.		
1— 25†. }	Prag.		
26. 27.	Czaslau.		
*29— pt. 9. }	Znaim.		
13—19.	Wien.		

1546. Mai	30— }	Regensburg.	1549. Jan.	20— }	Prag.
Jul.	21. }		Aug.	5. }	
—	30— }	Prag.	—	10.	Zschoppau.
1547. Febr.	4†. }		—	14— }	Prag.
—	4.	Budin.	—	27. }	
—	5—17.	Leitmeritz.	—	29.	Brandeis.
—	17—25.	Aussig.	Sept.	2— }	Prag.
—	25—28.	Pirna.	Dec.	11. }	
Merz	1—23.	Dresden.	—	23— }	Wien.
—	23.	Lauenstein.	1550. Jan.	13. }	
—	24—26.	Teplitz.	—	16— }	Presburg.
—	26.	Brür.	Febr.	22. }	
—	27.	Komotau.	—	28— }	Wien.
—	29.	Kaaden.	Apr.	17. }	
—	—	Maschau.	—	20—28.	Brünn.
—	*31— }	Tepl.	Mai	*7— }	Wien.
Apr.	1. }		Jun.	14. }	
—	1—4.	Hayd.	—	16—18.	Ens.
—	5.	Tirschenreut.	—	20. 21.	Linz.
—	6—12.	Eger.	—	24.	Peurbach.
—	20.	Lager bei Laussigk.	—	25.	Schärding.
—	23.	Lager bei Hof.	—	26.	Eggenfelden.
—	24. 25.	Lager bei Mühlberg.	—	28.	Landshut.
—	27.	Lager bei Torgau.	Jul.	1. 2.	München.
Mai	7—24.	Lager bei Wittenberg.	—	*4— }	Augsburg.
—	26.	Lager bei Torgau.	1551. Merz	10. }	
—	31.	Dresden.	—	11—13.	München.
Jun.	2.	Aussig.	—	*18— }	Wien.
—	4— }	Leitmeritz.	Jun.	10. }	
Jul.	1. }		—	12.	Wiener Neustadt.
—	2— }	Prag.	—	15— }	Wien.
Oct.	10. }		Nov.	10. }	
—	11.	Bettlern.	—	11.	Wiener Neustadt.
—	*20— }	Augsburg.	—	12.	Schottwien.
1548. Jul.	2†. }		—	14. 15.	Frohnleiten.
—	11— }	Wien.	—	16—25.	Gratz.
Sept.	14. }		—	*29— }	Wien.
—	16—19.	Wiener Neustadt.	Dec.	15. }	
—	22— }	Wien.	—	15.	Göllersdorf.
Oct.	20. }		—	17.	Budwitz.
—	26— }	Presburg.	—	18.	Pirnitz.
Dec.	12. }		—	26— }	Prag.
—	18— }	Wien.	1552. Jan.	23. }	
1549. Jan.	10. }		—	30.	Göllersdorf.
			Febr.	1—26.	Wien.

Febr. 28 — } Presburg.	1554. Aug. 17. Znaim.
Merz 30.	— 18. Budwitz.
— 30 — } Wien.	— 25 — } Prag.
Apr. 14.	Sept. 9.
— 15. Persenbeug.	— 10—17. Podiebrad.
— 16 — } Linz.	— 19—27. Pardubitz.
Mai 3.	— 29. Leitomischel.
— *7—19. Insbruck.	Oct. 1— 5. Brünn.
— 20. Sterzing.	— 7. Unter-Wisternitz.
— 21. Bruneck.	— 9 — } Wien.
— 24†. Lienz.	Dec. 9.
— 27. Mauterndorf.	— 11. 12. St. Pölten.
— 28. Salzburg.	— *15—17. Linz.
— 29 — } Passau.	— 17. Efferding.
Jul. 6†.	— 18. Peurbach.
— *7—11†. Villach.	— 21. Pfarrkirchen.
— *13 — } Passau.	— — Vilsbiburg.
Aug. 11.	— 22. Landshut.
— 12. Persenbeug.	— 23. Freising.
— 13 — } Wien.	— 24—28. München.
Oct. 18.	— 29 — } Augsburg.
— 21. Schwadorf.	1555. Aug. 19.
— 22 — } Ebersdorf.	— 19. 20. Mickhausen.
Nov. 16.	— 22 — } Augsburg.
— 20. 21. Spiegelfeld.	Sept. 26.
— 22—30. Leoben.	— 29. Nassereit.
Dec. *2 — } Gratz.	Oct. 1—16. Insbruck.
Jan. 10.	— 16. Hall.
— 10. Frohnleiten.	— 17. Kufstein.
— 11. 12. Spiegelfeld.	— 18. Wasserburg.
— 13—21. Wiener Neustadt.	— 20. Passau.
— 22 — } Oedenburg.	— 25 — } Wien.
Mai 19.	1556. Jan. 10.
— 22 — } Wien.	— 12—25. Presburg.
Nov. 12.	Febr. 1 — } Wien.
— 15—20. Brünn.	Apr. 9.
— *22 — } Wien.	— 12. Deutsch-Brod.
... 12.	Mai 14—16. Prag.
— 12 — } Presburg.	— *20 — } Wien.
... 18.	Nov. 23.
— 21 — } Wien.	— 23. Tulln.
... 2.	— 25. Melk.
— 4— 6. Wiener Neustadt.	— 30. Linz.
— 7 — } Wien.	Dec. 1. 2. Efferding.
Aug. 15.	

1556. Dec.	2. 3.	Peurbach.
—	3.	Schärbing.
—	7—	} Regensburg.
1557. Merz	14.	
—	21.	Bettlern.
—	22—	} Prag.
Apr.	27.	
Mai	6—	} Wien.
Jun.	4.	
—	9—	} Presburg.
Jul.	10.	
—	17—	} Wien.
Aug.	27.	
—	27.	Wiener Neustadt.
—	29—	} Wien.
Dec.	14.	
—	15.	Göllersdorf.
—	17.	Bubwitz.
—	18.	Czaslau.
—	20.	Kolitt.
—	20. 21.	Pobiebrad.
—	22.	Brandeis.
—	23—	} Prag.
1558. Febr.	4.	
—	5. 6.	Pilsen.
—	7.	Hayd.
—	10.	Hirschau.
—	11.	Hersbruck.
—	12. 13.	Nürnberg.
—	16.	Bischofsheim.
—	23—	} Frankfurt.
Merz	20.	
—	24. 25.	Mergentheim.
—	27.	Rothenburg.
—	29.	Nördlingen.
—	30.	Donauwörth.
Apr.	1.	Ingolstadt.
—	3.	Regensburg.
—	7—12.	Linz.
—	15—	} Wien.
Nov.	2.	
—	*8—	} Prag.
Dec.	18.	

1558. Dec.	24—28.	Regensburg.
1559. Jan.	1—	} Augsburg.
Aug.	21.	
—	24—28.	München.
—	30.	Wasserburg.
Sept.	2— 5.	Linz.
—	11—	} Wien.
1561. Mai	6.	
—	7.	Ebersdorf.
—	8—20.	Wien.
—	21.	Ebersdorf.
—	22—	} Wien.
Sept.	15.	
—	17.	Znaim.
—	—	Bubwitz.
—	28—	} Prag.
Nov.	4.	
—	7—12.	Pardubitz.
—	15.	Chlumetz.
—	16.	Pobiebrad.
—	19—	} Prag.
1562. Apr.	13.	
—	19—28.	Brandeis.
—	30—	} Prag.
Jun.	7.	
—	11.	Pobiebrad.
—	15—	} Prag.
Jul.	16.	
—	22.	Chlumetz.
—	26.	Pobiebrad.
—	29.	Chlumetz.
Aug.	1— 3.	Pobiebrad.
—	8—	} Prag.
—	18.	
—	19.	Straschnitz.
—	21—	} Prag.
Oct.	5.	
—	6. 7.	Saatz.
—	7. 8.	Kaden.
—	9.	Schlackenwerd.
—	10. 11.	Eger.
—	14. 15.	Lichtenfels.
—	15—17.	Bamberg.
—	17. 18.	Haßfurt.

Oct.	19.	Kitzingen.
—	20.	Würzburg.
—	22.	Miltenberg.
—	25—}	Frankfurt.
Dec.	6.	
—	10—13.	Speier.
—	14.	Landau.
—	15.	Weissenburg.
—	16. 17.	Hagenau.
—	18. 19.	Straßburg.
—	20.	Schlettstadt.
—	21.	Colmar.
—	22.	Breisach.
—	23—}	Freiburg.
. Jan.	7.	

1563. Jan.	11.	Waldshut.
—	14—21.	Constanz.
—	23.	Ueberlingen.
—	24.	Ravensburg.
—	25.	Isny.
Febr.	1—}	Insbruck.
Jun.	25.	
—	27.	Wasserburg.
Jul.	6—}	Wien.
Sept.	1.	
—	1—}	Presburg.
Nov.	21.	
—	28—}	Wien.
1564. Jul.	25.	

———————

Ueber das Auftreten Tillys in Niedersachsen.

Von

W. Havemann.

In dem erſten Hefte dieſer Zeitſchrift findet ſich unter der Ueberſchrift „Das Reſtitutionsedict im nordweſtlichen Deutſchland" eine
Abhandlung des Dr. O. Klopp, welche, neben manchen höchſt werthvollen, im Weſentlichen auf der Benutzung des ehemaligen domcapi-
tularischen Archivs zu Osnabrück beruhenden Mittheilungen, Auffaſ-
ſungen enthält, welche der Berichtigung nicht füglich entbehren können.
Es betreffen dieſelben theils die Zeichnung der Perſönlichkeit Tillys
und ſeines Verfahrens im niederſächſiſchen Kreiſe, theils gehören ſie
der an einer Erzählung des Theatrum Europaeum geübten Kritik an,
die als maßgebend für die Beurtheilung verwandter Darſtellungen
hingeſtellt wird.

Wie ſchon bei einer früheren Gelegenheit, ſo verfolgt der Vf.
der obengenannten Abhandlung auch hier die Aufgabe, Tilly von den
„traditionell" auf ihm ruhenden Anklagen zu reinigen, ihn als den
Mann der Gerechtigkeit und Pflichttreue, ſelbſt der Milde zu ſchil-
dern, der Zucht und Gehorſam im Heere gehalten, der nie nach fremdem Gut getrachtet und nie gedrohet, wo ihm kein Recht zum Drohen gegeben.

Mit dieſer in neuerer Zeit mehrfach beliebten Anſchauung laſſen
ſich indeſſen Thatſachen und der Inhalt von amtlichen Berichten und
unverdächtigen Aufzeichnungen aus jener Zeit ſchwer in Einklang bringen, wie ſchon die nachfolgenden Mittheilungen, welche den originalen
Documenten auf dem Königl. Archive, dem Herzogl. Archive zu Wolfenbüttel und dem der Stadt Göttingen entnommen ſind, ergeben
werden.

Wenn Tilly aus ſeinem Hauptquartier zu Reiffenberg (23. Junius 1623) die Erklärung abgegeben hatte, daß er gegen Freiheit und
Religion des niederſächſiſchen Kreiſes nichts unternehmen, auf gute
Diſciplin achten, keine Gewalt geſtatten, Kriegsbedarf nur gegen
baare Bezahlung begehren, Handel und Verkehr eifrigſt ſchützen und
ſtets in Gemeinſchaft mit den ihm zugeordneten Commiſſarien des
Kreiſes handeln wolle, ſo war allerdings ſeine Stellung zu den
Kreisſtänden eine andere geworden, ſeitdem viele derſelben dem däni-
ſchen Bündniſſe beigetreten waren. Zu dieſen gehörte der ſchwach-
herzige, von einer wenig redlichen Umgebung gegängelte Friedrich Ulrich von Wolfenbüttel. Wie er ſich widerſtandslos den Anmuthungen

27 *

des willenskräftigen Christian von Dänemark gefügt hatte, so wie=
derholte er, als die Heere Waldsteins und der Liga sein Land über=
flutheten und die augenblickliche Entfernung des königlichen Oheims
ihn von dem bisher erlittenen Drucke befreite, die schon früher in
Wien abgegebene Versicherung, daß er zu keiner Zeit in der Treu
gegen den Kaiser gewankt habe und daß die Rüstung des niedersäch=
sischen Kreises lediglich auf Defension gerichtet sei. Daß man unter
den obwaltenden Verhältnissen auf solche Erklärung am Kaiserhof
kein Gewicht legte, ist eben so verständlich, als daß Tilly sich vom
Vorgehen nicht abhalten ließ. Aber die Art dieses durch keinen Wi=
derstand erschwerten Vordringens entspricht nur allzusehr dem Bilde,
welches „die Tradition" von ihm entworfen hat und läßt den letzten
Zug von Schonung und strenger Disciplin vermissen.

In dem zu Salzdalum abgefaßten Landtagsabschiede vom 2.
August 1625 heißt es: „Weilen Graff Johan von Tilly unter
schiedliche Clöster, Embter, Städte, Flecken und Dörffer mit erbär=
und jammerlicher Ermordung und Hinrichtung vieler unser unschul=
gen Unterthanen, auch barbarischer Sodomitischer Beschänd: und Ent=
führung Frawen und Jungfrawen ganz und gar ausgeblundert, die
übrige aber, so sie nicht mit vortbringen konnen, in stuck zerschla=
gen, dabey auch der Kirchen nicht verschonet", so hätten die Stände
in Vorschlag gebracht, nicht allein die zum Roßdienst Pflich=
sondern die Unterthanen Mann bei Mann aufzubieten, um den tro=
fenden Rotten der Ligisten zu wehren. Doch habe man für rath=
erachtet, zuvor eine aus fürstlichen und ständischen Abgeordneten be=
stehende Botschaft an Tilly zu senden und an diesen, der sich bereit
dahin erklärt, daß er an „solchem Ausstreuffen, Plundern, Toben und
Wuten" selbst kein Gefallen habe, die Bitte zu richten, daß er
nicht für Offension erachten wolle, wenn man solchen „rottirten Ge=
sellen und Räubern" durch gehörige Mittel zu widerstehen versuchen
werde.

Es liegt nicht unmittelbar vor, welche Antwort dieser Botschaft
durch den General der Liga zu Theil wurde; aber sie ergiebt sich aus
einer Mittheilung des Landesherrn an den ständischen Ausschuß.[1]
Man müsse, schreibt Friedrich Ulrich, mit höchster Befremdung ver=
nehmen, daß Tilly den Ursprung des im Lande geschehenen Elends
ganz umkehre und auf die armen Unterthanen wälze, da doch dem
allmächtigen Gott, dessen höchstem Gerichte man es anheim gebe,
bekannt sei, daß die Ligavölker gleich im Anfange des unvermutheten
Ueberzugs, und seitdem fortwährend, den Unterthanen mit Mord und
Brand aufs Aeußerste zugesetzt, Alles geraubt, und was sie nicht
fortschleppen können vernichtet, weder Weib noch Kind, weder Kir=
noch Kirchendiener verschont und Altäre und Taufsteine mit händi=
schem Unflath besudelt hätten. Doch wolle Tilly aus Affection zu

---

[1] Friedrich Ulrich an die zum Ausschuß und Schutzsachen des Fürsten=
thums Braunschweig Calenbergischen Theils verordneten Deputirten. d. d.
Wolfenbüttel, 5. September 1625.

ner Soldatesca solches Alles nicht einräumen. „Wo mag, fährt
s Schreiben fort, in der weiten Welt ein vernünftiger rechtlie-
ber Mensch sagen, daß die armen Bauern sich sollen das Ih-
: nehmen, Weib und Kind schinden, Haus und Hof abbrennen
m, ohne dazu sauer sehen zu dürfen? Wer kann sie schelten,
n sie, obwohl ohne Befehl, mitunter versucht haben, sich in dem
rigen zu schützen. Wenn Tilly sich damit entschuldigt, daß er die
resse seiner Soldaten nicht angeordnet habe, noch auch an ihnen
allen trage, aber das Kriegsvolk nicht eben so genau im Zaume
ten könne, wie sollen denn wir unsere durch Hunger und Kummer
itterten Bürger und Bauern im Zaume halten?“

An dem nämlichen Tage, an welchem diese Mittheilungen an
ständischen Ausschuß abgefaßt wurden, legt eine an den Kaiser
ichtete Beschwerdeschrift des unglücklichen Fürsten[1] den ganzen na-
mlosen Jammer bloß, welchen die zügellosen Regimenter dem Lande
reiteten. Es sei, klagt er, Tilly am 28. Julius a. St. auf zwei
Schiffbrücken bei Holzminden über die Weser gesetzt, habe die Unter-
nen plötzlich feindlich überfallen, die wehrlosen Leute in ihren Häu-
l, auf Wegen, im Holz und im Felde überrascht und mit Weib
Kind erbärmlich niedergehauen; es sei weder den Kindbetterinnen
h den Säuglingen Schonung geworden; ergriffene Prediger habe
n erschlagen oder ihnen Marter angethan, die Bewohner von Spi-
m gemordet, Frauen die Zunge ausgerissen oder gespalten, des-
hen härene Stricke um die Köpfe gewunden und solche stark zu-
gen, um durch die Marter das Geständniß versteckten Geldes zu
ssen. Aemter und Klöster, Städte, Schlösser, Flecken und Dör-
feien ausgeplündert, Kirchen geschändet. Lebensmittel, die nicht
n Mitschleppen geeignet, habe man in den Koth getreten, Fässern
Boden ausgeschlagen, Kelche und Monstranzen gestohlen, Tauf-
ne mit Unflath beschmutzt, in die heilige Bibel auf dem Altar ho-
, Orgeln zerschlagen, Gräber erbrochen, Kupfer und Blei von
Kirchthürmen abgenommen, Frauen und Jungfrauen auf offener
sse genothzüchtigt, selbst mit Leichen Schande getrieben, ganze
den und Dörfer ausgebrannt und Menschen im Felde gleich wil-
Thieren gehetzt. Ein Theil des Fürstenthums, mehr als 12
eilen lang und 7 Meilen breit, sei gänzlich verheert. Und obgleich
Früchte verbraucht seien, der Acker ungepflügt liege und das Volk
n Hungersnoth entgegensehe, habe Tilly hinterdrein noch 3000 Fu-
Korn und 300,000 Thaler verlangt. Man könne nicht glauben,
der Kaiser, als ein gütiger und frommer Herr an diesem We-
l Gefallen finde. Es sei übler im Lande verfahren, als in der
alz und in Böhmen.

Zu der Voraussetzung, daß diese dem Kaiser vorgetragene Klage
: Begründung entbehre, oder daß doch in ihr eine gewisse Ueber-
ibung vorwalte, ist man schwerlich berechtigt. Nicht nur daß spä-

---

[1] d. d. Wolfenbüttel, 5. September 1625.

tere Zeugnisse — Aufführung der Wüstungen, Nachweisungen de
ganzlich vernichteten Haushalts auf den fürstlichen Kammergütern,
Amtsregister mit den Verzeichnissen der Brandstätten rc. — einen Th
der obigen Angaben bestätigen, es ist auch in der That nicht de
bar, daß der ängstliche und wehrlose Friedrich Ulrich zu einer
in welcher Tilly an der Spitze des Heeres in seiner unmittel
Nähe stand, mit Beschwerden, gegen deren Richtigkeit eine Einw
bung hätte erhoben werden können, vor den Kaiser hätte treten k

Uebrigens waren es nicht die wolfenbüttelschen Fürstenth
allein, die solchergestalt durch die Raub= und Mordlust einer So
tesca litten, gegen deren Verhöhnung alles menschlichen und g
chen Rechts der Oberbefehlshaber Nachsicht üben zu müssen gl
aus verschiedenen Aemtern des grubenhagenschen Landes, welche
vom dänischen Bündnisse nicht umstricten und deshalb von Kais
Liga wegen seiner Treue vielfach belobten lüneburgischen Fürst
zustand, wurden Klagen derselben Art erhoben.

In Bezug auf die Handhabung und Durchführung des R
tutionsedictes hebt der Vf. der obengenannten Abhandlung h
daß die Liga den Religionsfrieden von Augsburg nach dem B
ben habe schützen wollen. Dem gegenüber mögen folgende
kungen hier Raum finden.

Auf die aus verschiedenen Landestheilen bei ihm eingel
Beschwerden, daß die geistliche Commmission sich mit Anwend
ihr zugeordneten militairischen Mittel in den Besitz der aufgeh
Klöster zu drängen versuche, ging von Friedrich Ulrich [1] die w
gründete Erklärung aus, daß sich in seinen Fürstenthümern kein
ster befänden, auf welche das kaiserliche Edict Anwendung
könne, daß vielmehr Erstere ohne Ausnahme, in Folge de R
gionsfriedens, der fürstlichen Obrigkeit unterworfen seien. R
ließ sich indessen die Commission von ihrem Vorhaben nicht absch
Nicht als ob bei ihr Unkunde hinsichtlich des Zeitraums vorg
hätte, innerhalb dessen die Reformation in den betreffenden G
häusern Eingang gefunden; eine Entschuldigung der Art gestattet
der Umstand nicht, daß hochgestellte Geistliche des Bisthums H
heim, die mit den kirchlichen Umgestaltungen des Landes voll
vertraut sein mußten, zu dieser Commission zählten; aber man
auch wenig Hehl daraus, daß die Absichten weit über die R
mungen jenes unglücklichen Edictes hinausgingen und daß m
stützt auf die beigegebenen Tillyschen Söldner, sich durch die ka
liche Verordnung keineswegs ängstlich gebunden fühlte.

In diesem Sinne hatten schon früher die Aebte Friedrich
Harsefeld, Hermann zu Marienmünster und Daniel zu St. G
hard in Hildesheim den Herzog Friedrich Ulrich in Kenntniß gese
daß sie mit Vollmacht vom Kaiser in den braunschweigischen Für

---

[1] d. d. Wolfenbüttel, 14. September 1629.
[2] d. d. Hildesheim ²¹/₁₁ Julius 1629.

jämmern angelangt seien, um alle Stifter und Gotteshäuser Bene=
ictinerordens, die von ihrer alten Disciplin abgeführt, oder auch
ach dem Passauer Vertrage eingezogen worden, zu visitiren, refor=
iren und in den Stand der alten Fundation zu restituiren, die un=
eigneten Personen aus denselben zu schaffen und an ihre Stelle
Ordensreligiosen einzusetzen. Mit Befremden, erwiederte damals der
ürst[1], habe er die an ihn gelangte Zuschrift gelesen und zugleich
ernommen, daß das Kloster Clus mit nicht geringem Ungestüm und
nter Bedrohung der die Commission begleitenden militairischen Ge=
alt bereits eingenommen sei. Er sei mit dem Inhalt des kaiserli=
en Edictes wohl bekannt, da er selbst solches vermöge seines aus=
chreibenden Amtes den Ständen des Kreises mitgetheilt habe; aber
asselbe könne auf keins seiner Klöster Anwendung finden, da es sich
uchstäblich nur auf die nach dem Passauer Vertrage reformirten
Gotteshäuser beziehe.

Wie gering indessen die Wirkung einer solchen Rechtsberufung
ar, zeigt sich, um ein Beispiel statt vieler reden zu lassen, beim
St. Blasienkloster in Nordheim. „Am vorgestrigen Tage, so lautet
er Bericht des dortigen Stiftsverwesers[2], kamen die Aebte von St.
Michael und St. Godehard nebst drei mir unbekannten Geistlichen und
em Syndicus zum heil. Kreuz in Hildesheim in zwei Kutschen stracks
or die Stiftspforte gefahren, pochten heftig an die verschlossene Thür,
ls ich hinaustrat und sie bedeutete, daß ich ihnen nicht eher Einlaß
ewähren könne, als bis ich die Absicht ihres Kommens kenne. Dar=
er schien der aus der einen Kutsche sich vorbeugende Praelat sehr
rt, sprach: „Man kennt euch Kerle schon!" und fertigte mit dem
emerken, daß man dem Kaiser mehr gehorchen müsse als dem Lan=
esherrn, den Syndicus nach der Stadt ab, um nothdürftige Sol=
aten zur gewaltsamen Occupation zu begehren. Dessen weigerte sich
er der Oberstwachtmeister Ferdinand Oppen, Tillyschen Leibregi=
ents, worauf die geistlichen Herrn die Kutschen wenden ließen".
cht Wochen später erschien eine zweite, aus den Aebten von Helm=
edt und St. Godehard und dem Licentiaten Willerding bestehende
ommission in Nordheim[3], bemächtigte sich mit Hülfe des dieses Mal
illigen ligistischen Commandanten, der ihr seine Soldaten beigab,
es Blasienstifts, ließ das Vieh durch 20 Musketire von der Weide
eintreiben, visitirte alle Gemächer und Kornböden, begehrte die Her=
ausgabe von Inventar, Register und brieflichen Urkunden, verlangte
rstattung von Zehrungskosten der früheren Commission nebst einer
amhaften Geldstrafe wegen des derselben bewiesenen Despects, ließ
öden und Scheunen verschließen und belegte das Stiftshaus mit
Soldaten.

Einem Friedrich Ulrich gegenüber mochte ein solches Dreinfahren

[1] d. d. Wolfenbüttel 25/15 Julius 1629.
[2] Schreiben des Stiftsverwesers Johann Wilhelm Tebener an Herzog
Friedrich Ulrich, d. d. Nordheim 1629.
[3] Bericht desselben an denselben, d. d. Nordheim 22/12 September 1629.

statthaft sein. Aller Mittel zum Widerstande beraubt und, selb
wenn er ihrer mächtig gewesen wäre, ohne das erforderliche Selbst
vertrauen, um mit derbem Wort und scharfem Schlag einem Feind
entgegen zutreten, der auch den Hohn noch der Gewalt zugesellt
blieb ihm keine andere Gegenwehr als die der fruchtlosen Protest
Anders im Fürstenthum Lüneburg. Hier, wo Herzog Christian Recht
und Ehre des fürstlichen Hauses vertrat, ein kluger und keiner Ein
schüchterung zugänglicher Herr, welcher der Liebe seiner Unterthanen
so gewiß war, wie sie des männlichen Schutzes ihres Landesherrn
scheiterten die offenen und schleichenden Versuche, das Restitutions
edict weit über dessen Inhalt und Bestimmung hinaus zur Geltung
zu bringen. Auch hier möge ein herausgegriffenes Beispiel die Art
des Angriffs und der Abwehr erläutern.

Aus der Herberge „zum goldnen Arm" in Lüneburg benach
richtigt der Barfüßer Michael Stang am 27. Mai 1629 den dor
tigen Burgemeister Elvers, daß er im Auftrage seiner Oberen ge
kommen sei, um das Barfüßerkloster einzufordern, weshalb er den
Rath auf morgen zusammen zu rufen bitte und zugleich, weil sein
Gelübde ihm den Besitz von Geld untersage, für sich und den ihn
begleitenden Studenten das Nachtlager zu bezahlen ersuche. Folg
den Tages fand sich der Barfüßer beim Burgemeister ein, erwie
auf die Frage, ob er eine Beglaubigung bei sich führe, daß
durch sein Ordenshabit vertreten werde, erklärte, von seinem Pro
cial beauftragt zu sein, um die Restituirnng der Klöster seines
bens anzuhalten, und deutete zugleich die bevorstehende Ankunft ei
zu ähnlichen Zwecken ausgesandten Commission an. Die Forder
erwiederte Elvers, sei eben so auffällig wie unvermuthet; den Rath
deshalb zu berufen, finde er nicht geeignet; übrigens seien die geist
lichen Güter in der Stadt längst vor dem Passauer Vertrage refor
mirt, und rathe er, sich nicht lange in seinem Habit auf der Gasse
blicken zu lassen. Der Frage des Mönchs, ob man sich dem
kaiserlichen Specialbefehl, wenn solcher eintreffe, bequemen werd
wich der Burgemeister durch die Erwiederung aus, daß er sich
einer Erklärung um so weniger verpflichtet fühle, als die Stadt ein
Landesherrn habe, ohne dessen Mitwissen jedes Vorgehen bedenkli
erscheine. Hierauf erbot sich Elvers, den Mönch aus der Herber
auszuquitiren, gab dem Studenten einen halben Thaler Zehrgel
schlug aber die erbetene Besichtigung des Klosters ab.

Nun trafen am 17/7. Julius 1629 der Erzabt Friedrich
Harsefeld, die Aebte Hermann von Marienmünster und David von
St. Godehard in Begleitung des Tillyschen Oberstwachtmeisters Da
niel von Stegeler, eines Notars und des Licentiaten Willerding in
Lüneburg ein, und fragten schriftlich beim worthaltenden Burgeme
ster an, ob sie als kaiserliche Commission auf den Beistand des Rath
behufs Visitation und Reformation des Klosters St. Michaelis rech
nen dürften. Die Antwort lautete dahin, daß man in allen verant
wortlichen Dingen zum schuldigen Gehorsam gegen den Kaiser berei

sei; weil jedoch die Stadt kein unmittelbarer Stand des Reichs, auch gedachtes Kloster unter Hoheit und Schutz des Landesherrn stehe, so könne man ohne dessen Vorwissen keinen Beschluß fassen, und er bitte deshalb eine achttägige Frist, um den Fürsten in Kenntniß zu setzen [1]. Auf die Mittheilung des Geschehenen erwiederte Herzog Christian [2]: der Rath habe seine Schuldigkeit gethan; er werde dem Kaiser schreiben und bitte, die eingetroffene Commission fortan an die landesfürstliche Obrigkeit zu verweisen. Eine in letzterer Beziehung gleichlautende Schrift ließ der Herzog Tages darauf an die geistlichen Herren abgehen. Unlange darauf wurde dem Rath von Lüneburg ein Schreiben Tillys [3] überreicht. Er habe, so äußerte sich der General, die Anweisung, der kaiserlichen Commission Hülfe und Assistenz angedeihen zu lassen, und finde deshalb nicht undienlich, Bürgemeister und Rath an schuldigen Gehorsam zu erinnern, könne auch aus erheischender Nothdurft nicht verschweigen, daß, falls man sich wider Verhoffen feindselig erzeige, er zu andern Mitteln zu greifen sich gezwungen sehe. In gleicher Art sprach er sich am nämlichen Tage gegen Herzog Christian aus. Sobald die besprochene Frist verlaufen war, forderte die Commission vom Rath „eine rotunde Erklärung", ob man, der Requisition gemäß, gesonnen sei, die unqualificirten Personen aus dem Gotteshause St. Michaelis herausschaffen, oder sich der angedrohten Strafe zu unterwerfen, mit dem Zusatze, daß man sich fernerweit in keine Disputation einzulassen denke. In Folge dessen wandte sich der Herzog [4] abermals an den Kaiser, bat, einen ernsten Befehl zu erlassen, daß Tilly ihn und seine Unterthanen mit ferneren Drohungen verschone, und klagte gleichzeitig den Kurfürsten von Baiern und Sachsen, auf welche Weise er, den vom Kaiser und Tilly wiederholt erhaltenen Zusicherungen entgegen, wider gegen den Religionsfrieden bedrängt zu werden, angegangen sei. Das wirkte. Der Kaiser gab den drei Aebten auf [5], die Visitation von St. Michaelis bis auf die Ankunft der kaiserlichen Commissarien zu verschieben, die dann untersuchen möchten, ob das Kloster schon vor dem Vertrage von Passau lutherisch gewesen.

Damit mußte die Hauptfrage ihre Erledigung gefunden haben, weil die rechtzeitige Reformation der Abtei notorisch war. Der Versuch des Bischofs Franz Wilhelm, das Kloster als ein dem Bisthum Verden untergebenes Stift zu beanspruchen, blieb eben so erfolglos, wie seine an alle im Lüneburgischen ansässigen Inhaber geistlicher Güter erlassene Citation [6], sich am 15. November persönlich oder durch Bevollmächtigte in Nienburg zu stellen.

Uebrigens konnte nicht ausbleiben, daß die verschiedenen geistlichen Commissionen, deren jede zunächst das Interesse ihres Ordens

---

[1] Schreiben des Raths von Lüneburg an Herzog Christian, d. d. 18/8. Julius 1629.

[2] d. d. Zelle, 9. Julius 1629.   [3] d. d. Stade, 23/13. Julius 1629.

[4] d. d. Zelle, 28/18. Julius 1629.   [5] d. d. Wien, 20. August 1629.

[6] d. d. Verden, 23/13. Octbr. 1629.

verfolgte, mit dem vornehmlich auf Begründung und reichliche Doti
rung von Jesuitenhäusern und auf Stiftung einer den Jüngen
Loyola's zu überweisenden Universität in Niedersachsen bedachten Fran
Wilhelm von Osnabrück bald in Hader geriethen. Weil aber di
Bestrebungen des gedachten Bischofs auch von dem geistlichen Ge
bieter Hildesheims getheilt wurden und in Wien und München ihr
Rückhalt fanden, konnte der Ausgang nicht zweifelhaft sein. Di
Mißstimmung, welche von jeher abseiten der Kloster- und Weltgeist
lichkeit gegen die Väter Jesu obgewaltet hatte, gewann durch sol
Vorgänge neue Nahrung und gab sich gelegentlich in scharfen For
men kund. Meist nicht ohne Grund. In das bei Goslar gelege
Kloster Wöltingerode waren kurz zuvor die Cistercienserinnen wied
eingezogen, als ein Spruch des Kaisers [1] die Uebergabe desselben a
die Jesuiten gebot. Dagegen protestirte der Convent und erklär
auch nachdem man ihm seinen Probst genommen, nur der Gew
weichen zu wollen. Als alle Versuche scheiterten, denselben zur Na
giebigkeit zu bewegen, drang, der ihm ertheilten Anweisung gem
der Amtmann von Wiedelah mit Gefolge ins Kloster, ließ die b
senden Nonnen aus ihren Cellen führen, auf Sättel heben und
nach Goslar geleiten.

Man sieht, es war die Einheit im katholischen Lager k
weges eine so compacte, wie sie wohl mit Vorliebe geschildert
Es liegt ein Schreiben vor, welches die geistlichen Commissari
die kurcölnischen und bischöflich hildesheimischen Kanzler und
erließen [2], in welchem es heißt: Man habe während des Aufent
in dieser Gegend mit schmerzlichem Gemüth vernommen, daß
Bischof von Osnabrück, als der vom Kaiser verordnete Commiss
dem Dechanten des Moritzstiftes aufgegeben habe, die Klöster
res Ordens (Augustiner) zu Dorfstadt und Heiningen den in H
heim befindlichen patribus societatis Jhesu einzuräumen und die
deren Einkünfte zu immittiren. Daraus könne nur folgen, daß
nach dem kaiserlichen Edicte neuerdings eingeführten Klosterjungfr
wieder weichen müßten, wie denn auch Aehnliches bereits in den
stern desselben Ordens zu Wülfinghausen und Fredelsloh gesche
Nun heiße es freilich, daß diese Procedur auf einem vom Papst
Kaiser ertheilten Indult beruhe. Andrerseits aber handle es
um gute Rechte des Ordens, und in diesem Sinne bitte man,
der Sache anzunehmen, wogegen man nicht abgeneigt sei, den
suiten die Intraden von Fredelsloh für ihr Seminar in Hildesh
zu belassen.

Es geschieht in der obengenannten Abhandlung der Uneig
nützigkeit Tilly's mit besonderem Nachdruck Erwähnung; er
heißt es, nie nach fremdem Gute getrachtet. Sollte dem Vf. wi
lich unbekannt geblieben sein — er gedenkt dessen mit keinem Wo

[1] d. d. Regensburg, 15. October 1630.
[2] d. d. Hildesheim, 13. August 1631.

—, wie wenig der General sich gedrungen fühlte, den Versuchungen, auf Kosten des tief gebeugten Friedrich Ulrich ein fürstliches Besitzum zu gewinnen, Widerstand zu leisten? Wir geben zu, der eigentliche Dränger war Pappenheim; aber hinter diesem stand Tilly und unterstützte und förderte dessen Umtriebe. Ein umständliches Eingehen auf diesen Gegenstand würde zu weit führen. Hier genüge die Bemerkung, daß es sich um nichts Geringeres handelte, als die Erwerbung des Fürstenthums Calenberg für Tilly zu erwirken. Denn jene Partei in Wien, welche den Herzog von Wolfenbüttel mit der Acht belegt wissen wollte, den Sieg davon trug — warum sollte der Kaiser mit der Verleihung eines erledigten Reichslehns an den siegreichen Feldherrn der Liga weniger freigebig sein, als er sich dem Waldstein gegenüber gezeigt hatte? Darf man doch kaum bezweifeln, daß der erste Gedanke an eine derartige „stattliche Verehrung" von der Hofburg ausgegangen sei. Damit Friedrich Ulrichs Felonie erhärtet werde, begehrte Tilly in einem eindringlich abgefaßten Schreiben die Auslieferung von drei fürstlichen Räthen, die hierauf in einem arglistigen Interrogatorium zu Aussagen gegen ihren Herrn genöthigt, dann nach Wien abgeführt wurden, um vor den Vertrauten von Kaiser Ferdinand ihre Enthüllungen zu wiederholen. Hier schien man in der That das letzte Bedenken hinsichtlich des Ausspruches der Acht überwunden zu haben. Warum auch sollte ein Verfahren der Art gegen den hülflosen Bruder Christians von Halberstadt schwerer ins Gewicht fallen, als das gegen die Herzöge in Meklenburg?

Was diese heillosen Umtriebe durchkreuzte, war der gerade Sinn Maximilians von Baiern, sein Rechtsgefühl, sein Festhalten an den Reichsconstitutionen. Das Verfahren gegen den Herzog von Wolfenbüttel, schrieb er dem Kaiser [1], erwecke Unwillen und gerechte Befürchtungen bei jedem Stande des Reichs; es seien arglistige Practiken, daß man vereidete Räthe über ihren Herrn, dem sie mit Pflichten verwandt, verhöre; „solche nachdenkliche, unbeständige und gefährliche Inquisitionsproceß, über uralte aus teutschem fürstlichem Geblüt entsproßene Stende des Reichs angestellt, werden E. K. M. nicht weiter verfolgen". Dabei blieb indessen der Kurfürst nicht stehen, und in einer derben Zuschrift an den in seiner Bestallung stehenden Pappenheim verwies er diesem das unziemliche Verfahren gegen einen fürstlichen Stand des Reichs und befahl ihm, „solchen Wesens fortan müssig zu stehen".

Damit brach die Intrigue in sich zusammen. Maximilians unumwundene Erklärung wog in Wien zu schwer, als daß man sie hätte überhören können.

Wenden wir uns schließlich zu dem „Anhange", welcher der Abhandlung des Vfs. beigegeben ist, und in dem er den Nachweis zu liefern sucht, daß der böse Name, welchen Tilly im dreißigjährigen

[1] d. d. München, 12. April 1629.

Kriege trage, auf entstellten, von Parteileidenschaft gefärbten und
gleichwohl zu einer vielverbreiteten Geltung gelangten Berichten beruhe. Zur näheren Begründung dieser Annahme wird die Erzählung
von der Eroberung Mündens im Theatrum Europaeum mit einem
demselben Gegenstande angehörigen Flugblatt aus dem Jahre 162?
zusammengestellt und die in der Ersteren obwaltende Parteilichkeit,
die Entstellung des Thatbestandes, der überall durchbrechende Groll
gegen Tilly aufgedeckt. Fassen wir beide Berichte mit den hier
durch gesperrte Schrift bezeichneten Abweichungen und vor allen Dingen mit den hinzugefügten Anmerkungen näher ins Auge.

Der Flugblätter und fliegenden Posten aus der Zeit des dreißigjährigen Krieges sind unzählige, und wenn deren über ein und
dasselbe Ereigniß gleichzeitig mehrere hervortreten, die häufig auf einem einigen, verschiedenen Redactionen unterzogenen Text beruhen,
so wird die Bemerkung, daß ihre Darstellung nach dem politischen
oder confessionellen Standpunkte des Abfassers wesentlich variirt, einer
weiteren Erörterung schwerlich bedürfen. Solche Flugblätter, und
zwar vielfach in antikaiserlicher Färbung, sind in Menge in das
Theatrum Europaeum übergegangen und geben die Grundlage seiner
Schilderung ab. Wir glauben damit zur Genüge bezeichnet zu haben, daß das genannte schwerleibige Werk nicht immer als eine lau-
tere, vollgültige Quelle für die Geschichte jener Zeit betrachtet werden darf. Aber darin liegt am wenigsten eine Folgerung, daß der
gegenüberstehenden, der kaiserlich-ligistischen Partei angehörigen Berichten die ungeschmälerte Glaubwürdigkeit gebühre. In beiden behauptet, menschlicher Natur gemäß, die Subjectivität ihr Recht, und
nur durch ein sorgfältiges Erwägen des Standpunctes, von welchem
beide ausgingen, und durch eine unverdrossene Zusammenstellung mit
anderweitigen unverdächtigen Documenten wird man der Wahrheit
näher zu treten im Stande sein. Im vorliegenden Falle aber durfte
das Theatrum Europaeum so wenig im Nachtheil gegen das ihm
zur Seite gerückte und vom Vf. als primitive und ungetrübte Quelle
betonte Flugblatt stehen, daß man vielmehr Ersterem den Vorzug
einzuräumen kein Bedenken tragen kann.

Verfolgen wir schrittweise die Angaben beider.

Gleich im Anfange stoßen wir auf eine Angabe des Flugblattes,
deren Wichtigkeit durch gesperrte Schrift bezeichnet wird, und die unleugbar, wenn sie sich begründet finden ließe, die Ereignisse, welche
Münden betrafen, in eine völlig neue Beleuchtung stellen und Tilly
zum guten Theil von dem Vorwurfe der Schonungslosigkeit reinigen
würde. Es heißt hier, der ligistische Feldherr habe der Stadt Accord und Pardon offeriret; „weil aber dessen Abgeordneter übel
tractiret und ermordet rc.". Dieser Zusatz fehlt im Theatrum Europaeum; aber er wird auch in keinem andern gleichzeitigen Bericht
vertreten und scheint aus der naheliegenden Absicht hervorgegangen
zu sein, die bei der Erstürmung verübten Gräuel zu beschönigen.
Münden stand seit Jahrhunderten in den engsten Beziehungen zu

einer Schwesterstadt Göttingen; derselben Herrschaft untergeben und früher durch besondere Verbündnisse einander näher geführt, theilten beide Städte auch jetzt noch die Interessen des Handels und bürgerlichen Lebens, Patricier und Zunftgenossen beider Weichbilde waren vielfach mit einander verschwägert, und seit der Stunde, in welcher Münden vom Feinde bedroht wurde, trafen, so lange die Verbindung nicht gänzlich abgeschnitten war, in Göttingen täglich Boten und Briefe von dort ein, welche über jedes kleine Ereigniß, über die vorherrschenden Erwartungen und Befürchtungen sich mit Umständlichkeit auslassen. Aber in keinem der noch erhaltenen Sendschreiben und Berichte findet sich auch nur eine Andeutung von der Ermordung eines Abgeordneten. Wohl aber liegt die gleichzeitige Abschrift eines Briefes vor, in welchem der Oberst Levin von Mortaigne, Generalzugmeister Tillys, sich gegen den Rath von Münden beklagt, daß man seine Aufforderung, entweder Abgeordnete zu schicken, oder einem vornehmen Officier freies Geleit zu gewähren, damit er im Auftrage Tillys seine Werbung vorbringen könne, abschläglich beschieden habe.

Die Worte des Theatrum Europaeum: „sie (die Bürger von Münden) fasseten sämmtlich eine Resolution sich tapfer zu wehren und zu halten, bis sie von dem Könige oder Herzog Christian entsetzt würden", bezeichnet die Anmerkung als einen erfundenen Zusatz, der mit den Berichten aus der Stadt in Widerspruch stehe. Letzteres ist so wenig der Fall, daß vielmehr aus allen vorliegenden Briefen Mündenscher Bürger dieselbe muthige Entschlossenheit zur Gegenwehr sich kund giebt. Man habe, schreibt unter andern Johann Adolph Nagel seinem Vater, dem Organisten und Notar in Göttingen, man habe 'bonne courasche' und Lust mit dem Feinde zu fechten; und „Interim sein wir resolvirt, gegen den Feindt uns ehrlich, wie uffrichtigen deutschen Leuten und getrewen Underthan gebuert, dergestaldt zu bezeigen, das das gantze Landt davon zu sagen wissen wird". — In Bezug auf die bei dieser Gelegenheit geworfene Bemerkung, daß sämmtliche Stände der Landschaft Kalenberg eine günstige Gesinnung für Tilly gehegt hätten, wird die Hinweisung auf die oben mitgetheilte Klageschrift Friedrich Ulrichs an den Kaiser und die hartnäckige Vertheidigung der Städte Göttingen und Nordheim zur Widerlegung ausreichend erscheinen. Auf ähnliche Weise spricht sich der Vf. über die Angabe aus, daß man in Münden fortwährend auf Entsatz gerechnet habe; er erkennt auch in dieser Aeußerung nur eine Fiction Abelins und sucht in wenigen Worten den Beweis zu führen, daß nach der Stellung der Heere ein Entsatz nicht möglich gewesen sei. Wir fühlen uns nicht berufen, dieser Behauptung durch tactische Erörterungen entgegen zu treten, können dagegen folgende Bemerkung nicht zurückhalten. Mehrere Wochen nach der Erstürmung Mündens betrieb Tilly mit einem seitdem noch beträchtlich vergrößerten Heere die Belagerung Göttingens, dessen Bürger, wie eine starke Correspondenz

des Stadtraths mit König Christian IV. ergiebt, bis zum letz
Augenblicke auf den immer von Neuem „vertrösteten Entsatz" war
ten. Noch am 13. Junius 1626 fand der Hauptmann auf t
Plesse Gelegenheit, der Stadt die Meldung zukommen zu lassen, d
König Christian fordersamst Entsatz bringen werde.

Hier fehlt in der That der letzte Schein einer Fiction t
Theatrum Europaeum.

Englands Verhältniß zu der Kaiserwahl des Jahres 1519.

Von

Reinhold Pauli.

Die Kaiserwahl des Jahres 1519, in welcher Karl von Spanien und Franz I. als vornehmste Candidaten auftreten, ist in Deutschland und Frankreich wiederholt von verschiedenen Gesichtspunkten erörtert und beleuchtet worden. Man hat bei der Entscheidung, auf die in jenen Tagen so Ungeheures ankam, vorzüglich auf die Bewerbung mächtiger Fürsten des Auslandes und auf das Benehmen der Kurfürsten aufmerksam gemacht, auf die nationalen und die unnationalen Interessen, die dabei mit einander gerungen, auf die tadelnswerthen Mittel, die mehr oder minder von allen Seiten angewandt worden sind. Neuerdigs hat Mignet in seinem Aufsatz Une Election à l'Empire en 1519 [1] mit reichem urkundlichen Material die wiederholten Versuche des französischen Königs erläutert, durch die großartigste Bestechung die meisten einflußreichen Fürsten des Reichs zu umgarnen und an sich zu ziehen. Wir sehen gern von einigen Ungenauigkeiten ab, die dem Franzosen so leicht aus der Feder schlüpfen, wenn er mit fremder Geographie und Genealogie zu thun hat; auch daß er die Reden, welche Mainz und Trier bei Sleidan unmittelbar vor der Wahl halten, nachdem sie Ranke längst als apokryph erwiesen [2], als ächt benutzt, soll ihm nicht angerechnet werden. Man wird aber in Deutschland nicht einer jeden seiner Folgerungen beipflichten. Einem Herrscher wie Franz I. war es schwerlich allein darum zu thun seinen mächtigen Rivalen von Oesterreich, Burgund und Spanien von der Kaiserkrone auszuschließen, er wollte sie sich selber [aufs Haupt setzen und wandte zu dem Zwecke alle Mittel der List, Lüge und Gewalt an, die in alten und neuen Tagen immer wieder von Frankreich zur Bewältigung Deutschlands ins Spiel gesetzt worden sind; er verdient nicht nur einen politischen Tadel wegen des Mißlingens seiner auch für Frankreich unnationalen Anschläge, sondern dasselbe moralische Brandmal, das nationale Gesinnung heutzutage dem Beginnen Ludwigs XIV. und der napoleonischen Politik aufdrückt. Auch damit, daß Mignet die ganze Wucht der Schuld von dem Verführer auf die grenzenlose Habgier und Bestechlichkeit der deutschen Fürsten, vor allen des Markgrafen Joachim I. von Brandenburg zu wälzen sucht, können wir uns nicht

---

[1] Revue des Deux Mondes 1854.
[2] Zur Kritik neuerer Geschichtsschreiber, 1824. S. 62 ff. (Vgl. gegen den Versuch einer Vertheidigung von Droysen die Nachrichten von d. G. A. Univ. 1855. Nr. 14).

zufrieden geben. Zwar scheint es wahrhaft grauenerregend, und über Alles, was Reunionspolitik und Rheinbundtreiben jemals geleistet, weit hinauszugehen, wenn man gewahrt, wie tief französischer Einfluß und Pariser Geld damals an allen deutschen Höfen eingedrungen, wie die höchsten geistlichen und weltlichen Würdenträger des Reichs dasselbe an einen auswärtigen Fürsten zu verrathen sich verpflichten, wie ein mecklenburgischer Edelmann offen den Agenten zu so nichtswürdigen Zwecken spielt. Aber man übersehe nicht, wie eben die Betheiligten doch wieder demjenigen nach Verdiensten lohnen, der sie um jeden Preis gewinnen möchte, wie zum Theil noch durch die geschickte Politik des alten Kaisers Maximilian auf dem Reichstage zu Augsburg im Jahre 1518 ihre Treulosigkeit gegen Franz gerade zu einer Tugend am Reich wird, und wie sie im folgenden Jahre trotz erneuter Bestechung, trotz Eidschwur, Brief und Siegel bei der Wahl doch sämmtlich im nationalen Sinne correct verfahren. Mit Gewißheit hatte es ja der Ritter Franz von Sickingen dem Könige von Frankreich vorausgesagt, die Kurfürsten würden ihn dennoch betrügen. „Die persönlichsten Beziehungen und die Rücksichten auf das allgemeine Wohl" [1] gaben schließlich doch den Ausschlag gegen eine Politik, die einer Unterwerfung Deutschlands durch den eroberungslustigen Nachbarn gleichgekommen wäre. Auch das Benehmen des Kurfürsten von Brandenburg, so tadelnswerth es im Einzelnen erscheinen mag, hat neuerdings eine gewisse Rechtfertigung erfahren [2], wobei der Umstand, daß Joachim ja selber Aussicht auf die begehrte Krone hatte, sicherlich nicht der geringste ist. Von seinen deutsch-slavischen Besitzungen aus tritt der Hohenzoller fast als ebenbürtiger Bewerber neben Burgund und Valois hin.

Allein noch ein anderer Candidat, vorsichtig und klug, war in dem Tudor Heinrich VIII. von England genannt worden, dessen die Quellen bei dem ganzen Hergange häufig gedenken und auf den auch die neuen Bearbeitungen wieder Rücksicht nehmen. In seinen wechselnden Beziehungen zu Franz und Karl, bei dem nationalen Schwunge, der den Grundzug seines kraftvollen Regiments bestimmt, blieb ihm der Gedanke nicht fern, so gut wie jene das Oberhaupt des heiligen Römischen Reichs werden zu können. Rühmten sich doch seine Altvordern, die Plantagenets, jenes Richards von Cornwall, der römischer König gewesen, des großen Eduard III., der als Vicar des Reichs links vom Rhein eingesetzt, dem nach Ludwigs des Baiern Ableben ebenfalls die Insignien der höchsten Würde des Abendlandes angetragen worden. Mit Begeisterung und Erfolg warf er sich ja überhaupt, nachdem seine Insel längere Zeit nicht ohne inneren Schaden in sich gekehrt gewesen, wieder auf eine auswärtige Politik. Sie lag naturgemäß zwischen Burgund und Frankreich und offenbarte an mehr als einer Stelle ihrer Entwicklung eine Richtung nach deutscher

---

[1] Ranke, D. Gesch. im Zeitalter der Reformation I, 300, 3te Auflage.
[2] Droysen, Geschichte der Pr. Politik II, Abtheilung 2.

Seite hin, in Erinnerung gleichsam an die alte teutonische Verwandtschaft des Bluts zwischen dem englischen und deutschen Volke.

Der Gang der staatsmännischen Thätigkeit Heinrichs in Bezug
auf den vorliegenden Gegenstand ist unsers Wissens noch nirgends im
Zusammenhange verfolgt worden; so mag uns gestattet sein, diese
für die Reichsgeschichte nicht unwichtige Lücke aus dem urkundlichen
Nachlasse der Regierung jenes Fürsten einigermaßen auszufüllen.
Wird doch voraussichtlich noch längere Zeit darüber hingehen, bis
die in London vorbereiteten umfangreichen Regesten Heinrichs VIII.
zum Abschluß gedeihen. Auch dürfte manchem heimatlichen Forscher
und Geschichtsfreunde der wörtliche Auszug verschiedener Aktenstücke,
wie wir sie im englischen Staatsarchive und im Britischen Museum
gesammelt, erwünscht sein, da nicht nur Englands Stellung zu der
Kaiserfrage, seine Thätigkeit an den Höfen zu Paris, Barcelona,
Rom, und seine Stellung zu den Kurfürsten daraus klar wird, sondern
die ganze vielfach verwickelte Angelegenheit und namentlich die deutsche
Auffassung gegenüber der französischen willkommene Bestätigung erhält.

Man kennt das Anerbieten, das Maximilian einst an Heinrich
VIII. gestellt, sein Nachfolger im Reich zu werden, und die triftigen
Gründe, mit welchen Cuthbert Tunstall, späterhin Bischof von London, als ihm Matthias Schiener der Cardinal von Sitten, der alte
schweizer Parteigänger einer deutsch-englischen Allianz, zu Mecheln die
ersten Eröffnungen darüber gemacht, seinem Herrn von solchen aben-
teuerlichen Gedanken abgerathen[1]. Dieselben Anträge waren doch
schon etwas früher und auf anderem Wege nach England gelangt
und beschäftigten, wie wir annehmen dürfen, den thatenlustigen Fürsten nicht minder als seinen ehrgeizigen Minister, Cardinal Wolsey,
der bereits von Erlangung der Tiara zu träumen begonnen. Richard Pace, Heinrichs Secretär, der ebenfalls Geistlicher, aber vorwiegend als Diplomat in Italien, in der Schweiz und Deutschland
verwandt, befand sich seit dem Ende des Jahres 1515 auf einer
Mission bei der Eidgenossenschaft, um mit englischem Gelde und schweizer Lanzen die wankende Politik des Kaisers in Norditalien zu stützen.
Seine zahl- und inhaltreichen Berichte an Wolsey verdienten längst
bekannt zu werden. In einem derselben, vom 21. Mai 1516 aus
Trient datirt[2], meldet er dem Cardinal Wolsey, daß Sir Robert
Wingfield, der dem Kaiser Maximilian während seiner letzten Lebensjahre beigegebene englische Botschafter, ihm einen Brief gezeigt, den

---

[1] Tunstall an H. 8. Febr. 12. 1517, bei Ellis, Original Letters I,
134.
[2] Public Record Office 8 Henric. VIII. — Hume, Hist. of England Cap.
XXIII, hat also ganz Recht, daß Pace und nicht Tunstall zunächst den König
abgemahnt; cf. Ellis l. c.

er auf des Kaisers Befehl behufs Niederlegung der Kaiserkrone zu Heinrichs Gunsten an diesen geschrieben habe; mit 4000 Bogenschützen und 2000 Reitern solle der König von England sich aufmachen, um sich in Rom krönen zu lassen. Pace wundert sich noch über das Ungeheuerliche dieses echt maximilianischen Hirngespinnstes und stellt ihm seine Bedenken gegenüber: der Zustand Deutschlands allein, wo es genug Vagabunden gebe (thyfes and vyllayns off whome in Almayne is grete plentie), mache einen solchen Zug unmöglich. Und dann die Kurfürsten, die nur aus der deutschen Nation wählen könnten und mit Maximilian in jeder Beziehung zerfallen wären[1]. Auch möge der König bedenken, wie ihn die unerläßliche Abwesenheit aus England vielleicht seine viel bessere Krone[2] kosten könne. Die ganze Sache scheine ihm ein Luftschloß (but a castil made in the ayre), ein Anschlag um noch mehr englisches Geld zu gewinnen.

In einem Schreiben vom 23. des Monats heißt es: erst müsse man die Franzosen aus Italien jagen und Sforza nach Mailand bringen, dann sei es Zeit, auf Maximilians Vorschläge näher einzugehen[3]. Erst dann könne Maximilian die Kurfürsten einberufen, ihnen seinen Wunsch abzudanken mittheilen und den König nominiren. Wegen der Krönung aber müsse dieser sich mit dem Papste einigen, denn in jener Weise nach Rom ziehen zu wollen sei Unsinn. Uebrigens hat Maximilian dem Schreiber sein Mißfallen über seinen jungen Enkel König Karl ausgedrückt wegen dessen Annäherung an Frankreich[4].

Als Maximilian mit dem Jahre 1517 in die Niederlande kam, gestalteten sich freilich seine Beziehungen zu Karl, Franz und Heinrich wieder wesentlich anders; auf das Eifrigste wurde zwischen ihnen allen wegen Italien und Flandern, über politische und matrimonielle Bündnisse verhandelt. Zwar der Gedanke des alten Kaisers selber nach England zu gehen mißfiel dem Könige Heinrich höchlich[5]; darum übertrug er aber schleunig dem Grafen Karl von Worcester, seinem Lord Kämmerer, eine stattliche Mission, der Cuthbert Tunstall als Secretär beigegeben war. Sir Robert Wingfield, der im Geleite Maximilians die Reise aus Oesterreich mitgemacht hatte, berichtet ausführlich über den Empfang, der dem Grafen zu Lichtmeß in

---

[1] heynge dissentient frome hym in every thynge.

[2] whyche this daye is more estemidde than themperor hys crowne and alle hys empire, et non immerito.

[3] If themperor will nedes resigne the crown imperiall to the kinges grace, itt shall be tyme to treat etc. Pace an Wolsey, Trient. Public Record Office 8 Henr. VIII.

[4] bycause that he doith not openlie shew hymself enymy to the Frensh king and folow his majestie and the kingis oone communes hostes.

[5] I assure you I like nott the emperours offer to comme into Inglande, except he broght the kyng of Aragon with hym, for by the emperours rule commyng no surte shuld be for us in Flanndern. Zeilen von Heinrichs Hand, wahrscheinlich an Wolsey. Ms. Cotton. Vitellius B. XX. fol. 8.

Mecheln zu Theil geworden [1]. Einstweilen ist von deutschen Fürsten nur der Herzog von Braunschweig anwesend. Erst unter dem 26. April aus Antwerpen findet sich ein interessanter Bericht Worcesters an den König, dem er vom St. Georgstage (April 23) erzählt, wie der Kaiser denselben zu Heinrichs Ehren feierlichst begangen. Nach der Messe in der Kathedrale, bei welcher der Kaiser und der engli= sche Gesandte auf der einen Seite des Chors, ihnen gegenüber aber die Cardinäle (Sitten und Gurk), päpstliche, ungarische, böhmische Gesandte, Herzog Wilhelm von Baiern, Markgraf Joachim von Brandenburg, der Herzog von Braunschweig und sein Bruder Platz genommen, und nach der feierlichen Mahlzeit, die der Kaiser an einer Tafel allein mit dem Gesandten abgehalten, hatte dieser eine Audienz im Cabinet. Nachdem das Gespräch zuerst die proponirte englisch= französische Heirath und die Lage Italiens berührt hatte, gedachte Maximilian der Intrigen, die von französischer Seite wegen der Krone des deutschen Reichs ins Werk gesetzt würden. Er habe in dieser Angelegenheit die Kurfürsten zur Dreifaltigkeitsoctave nach Mainz rufen. Ursprünglich wolle er zu Karls Gunsten abdanken, doch er weigere sich aus Rücksicht gegen Franz, der selber nach der Würde strebe [2]. Ihm sei nun darum zu thun, daß Heinrich an seine Stelle trete; die Kurfürsten würden sich schon darein finden, wenn sein Enkel Ferdinand König von Oesterreich und daneben vielleicht Mar= schal des Reichs werde [3]. Als Worcester abwehrte mit dem Bemer= ken, daß seine Majestät ja selber nicht gekrönter Kaiser sei, erwidert der alte Herr, daß er längst die Absicht gehabt sich Kaiser von Con= stantinopel zu nennen, ein Name, wozu er erbberechtigt sei und den er seinen Kindern zu hinterlassen gedenke. Man weiß, wie sehr ihn gerade in jenen Tagen der Gedanke an eine allgemeine Heerfahrt wider die Türken beschäftigte. Auch von Spanien war die Rede: wenn Karl sich nicht endlich aufmache, wolle er selber dorthin gehen — not to see the succession of so many realmes lost from his blode. Auch um Geld wird wieder dringend gebeten; doch, meint Worcester, werde sich der Kaiser ohne Frage damit sofort nach Deutschland aufmachen, hat er doch selber von dem Reichstage ge= sprochen, zu dem ja auch Joachim von Brandenburg bereits mit großem Gefolge sich eingefunden habe [4].

---

[1] Sir Robert Wingfield an den König, Mecheln, Febr. 3. 1517. Ms. Cotton. Galba B. V. fol. 52: sayinge that they two were companyons for that daye, becawse theey boothe war the order of the garter.

[2] for fere of the displesure of the Frenche king, whiche he said clay= meth the title therto. Ms. Cotton. Galba B. V. fol. 209.

[3] and that he wold your grace shulde be emprour or king of Romayns, or he carid no more for hit; too that he had put your grace in possession hereof, and that the electours were content to make his son (!) Ferdinando king of Austrice, and bicause he shuld be in as great a degree as the elec= tours, he wold make hym mareschall of thempier.

[4] and the marques of Brandenburg oon of the electours is comen he= er alredy with a great cumpanye therfore. cf. Droysen II, 2, p. 100.

Mit den Verhandlungen zu Mainz und späterhin zu Augsburg hat König Heinrich unmittelbar wenig zu schaffen gehabt; die Schriftstücke nehmen so gut wie gar keine Notiz von den Dingen, beweisen aber eben dadurch, daß Heinrich über Jahr und Tag in seiner kühlen zuwartenden Stellung verharrte. Maximilian aber hat es darüber nicht an weiteren Verlockungen fehlen lassen. Dr. William Knight, einer der englischen Agenten am Hofe der Erzherzogin Margareta, meldet am 25. April 1518 aus Mecheln an Cardinal Wolsey, daß Lois Maroton, ein spanischer Cleriker, den der Kaiser von seinem Sohne König Philipp als Secretär übernommen hatte — der seit acht Tagen anwesend, ihn gestern besucht und dabei, ohne Frage in höherem Auftrage, eine Reihe von Mittheilungen über den gegenwärtigen Stand der kaiserlichen Politik gemacht habe. Im Allgemeinen stünden die Dinge günstiger als seit längerer Zeit. Nur der König von Frankreich sei äußerst rührig und verwende große Summen unter den deutschen Fürsten. Das Haus Brandenburg, das über zwei Kurstimmen zu verfügen habe, werde außerdem noch durch ein Heirathsbündniß angelockt. Des Pfalzgrafen, des Herzogs von Wirtemberg, des Herzogs Wilhelm von Bayern meine man ganz sicher zu sein. Der Herzog von Sachsen, der weder mit Brandenburg noch mit Oesterreich auf gutem Fuße stehe, hat einem gewissen Alamir, einem Niederländer in geheimen englischen Diensten, ein Schreiben an König Heinrich zustellen lassen [1] — ein Document, dem wir leider vergeblich nachgespürt haben, das, wenn es überhaupt existirt hat, in mehrfacher Beziehung von Interesse gewesen sein muß. Späterhin kommt Knight in seinem Berichte etwas vor der Zeit schon auf den

---

[1] Ms. Cotton. Galba B. VI. fol. 30. Moreover he sayth that the French king distributeth money largeli among the princes of Almaigne and useth all exquysyte meanys wherbi he may bynde the saide princes unto hym. He gyveth the French quenys sustre unto oon of the howse of Brandenburgh, of which howse there beth at this tyme two of thelectours, thoon is marguyse and thother his brother archbushop Maguntinensis. Allso he hath oon his favour the counte palatyne oon of the electours and moreovyr the duke of Vertenberg, and those two have maryed two systers of duke William de Bavyere, by reason wherof it is thought that duke William wil be of that band. Item the said duke of Vertenberge ys burgoise of Bern among the Sweyss and thiese with dyvers other confedereth and bandeth with the Frenshman. The duke of Saxon, which hath bene in difference long with the howse of Brandenburgh and hath not doone his dewtye allwaiys to themperor seyng that his ennymye shall wax strong bi reason of Fraunce and those factions, hath lateli sent his chaunceler to themperor and humiliat himself, but it ys thowght rather to doone because he seyth hys ennymye encrease in strength then for eny good zele or mynde that he hath to be reconciled to themperor. The said duke delyvered a lettre for the kinges grace unto oon of thiese contreeys called Alamyre and desyreth to be in confederacion with the king. But that letter was delyvered before christmas and syth that tyme Alamyre hath bene in espyall in Fraunce sent by Richemont. Alamire, ein flandrischer Musiker, aus seinen eigenen Briefen, die er mit musikalischer Notenchiffre (A—la mi—re) unterzeichnet, als Spion bekannt gegen die Umtriebe der Schotten und des verjagten Hauses Suffolk-York.

Reichstag zu Augsburg zu sprechen. Er hat noch nicht herausbringen können, was dort verhandelt werden soll, doch glaubt er, da Franz und Karl beide unter päpstlicher Indulgenz den Türkenkrieg zum Vorwande nehmen um sich zu Gelde zu verhelfen, daß der Kaiser da nicht zurückstehen und versuchen wolle seinerseits die Christenheit in ähnlicher Weise zu überreden [1].

Am 18. Juni schreibt Knight aus Gent, die Erzherzogin Margareta habe ihn so eben kommen lassen, um ihm einen Brief des Kaisers vom 12. aus Augsburg zu zeigen, in welchem dieser sofort benachrichtigt zu werden wünscht, so bald ein englischer Gesandter nach der Schweiz abgefertigt werde, unstreitig in Betreff der Pensionen, die der Kaiserwahl nicht fern lagen [2].

Derselbe Botschafter bringt dann späterhin, nachdem der Augsburger Reichstag längst vorüber und die französischen Intrigen, obwohl sie eine Schlappe erlitten, von Neuem wieder aufgenommen waren, am 8. October von Brüssel aus abermals in Cardinal Wolsey, damit ihr Herr der König die günstige Gelegenheit benutze und dem alten Landesfeinde mit einem Schachzuge auf immer zuvorkomme [3]. Denn was anderes als Feindschaft habe man von Franz zu gewärtigen, der unmittelbar nach dem neulichen Friedensschlusse vermittelst des Herzogs von Albany in Schottland eine Umwälzung anzettele, der troß seines Eidschwurs Herrn Richard de la Pole, einen Sprößling der Weißen Rose, bei sich berge, der den Anhang Englands in den Niederlanden täglich zu mindern beflissen sei. Ein Bund mit den Eidgenossen aber sei der nächste Schritt zum Ziele zu gelangen. Doch die hat man jüngst fahren lassen und schimpft sie in England wohl Spitzbuben (villayns), während der Papst, der Kaiser, alle übrigen Fürsten, „nur wir nicht", um ihren Beistand buhlen (the chirch thempire and all other princes desireth their confedaracion saving oonly wee).

Es ist klar, daß im Gegensatze wider Tunstall und Wingfield andere englische Diplomaten die dynastischen Begierden ihres Herrn anzufachen und seine Continentalpolitik nach Deutschland überzulenken sich bestrebten. Das Meiste jedoch kam auf den vornehmsten, damals schon überaus mächtigen Rathgeber, auf Wolsey an; der aber ging, wenn nicht alle Anzeigen trügen, bereits in jenen Tagen seine eigenen

---

[1] Themperor kepith now a grete dyet at Awsburgh with all the princes of thempire. But yt is not yet discovered what hath bene treated. I thynk hemperor percyveth, that the pope, the Frensh king and the king of Arragon loyth levye money by meanys of indulgence pretending grete daungier of the turcke, and therefor he wyll do likewise, for it is grete persuasion to the subgiectes of any oon reame when thei se the more part of cristyndome moved by like persuasion.

[2] Ms. Cotton. Galba B. VI. fol. 65.

[3] Ms. Cotton. Galba B. VI. fol. 92: yf the king will suffre his ancient ennymie to be the moost fortunate prince lyving ..... yt is in his grace to suffre hit. And if his highness will take the sayde felicite unto hymself, he tyme doyth offre hytt.

geheimen Pfade, indem er noch mehr für sich selber als für seinen
König sorgte. Durch die Erhebung Karls von Aragon zum römischen König hoffte er schon im Sommer 1518 sich dem höchsten Ziele
seines Ehrgeizes, dem Stuhle St. Peters, näher gerückt zu sehen.
Es hat sich der Entwurf eines geheimen Schreibens Wolseys an
Karl gefunden, in welchem, offenbar hinter Heinrichs Rücken, zunächst
die Zusicherung der festesten Allianz zwischen Burgund und England
ertheilt wird. Alsdann aber erklärt der Schreiber in tiefer Unterwürfigkeit es für seine Pflicht, den fremden Fürsten darauf aufmerksam zu machen, daß ihm die Umtriebe bekannt seien, vermittelst deren man seinen Bruder Ferdinand in Deutschland zum Könige zu
machen vorhabe. Auch stelle er sich äußerst besorgt um die persönliche Sicherheit seiner erlauchten Majestät und nimmt sich die Freiheit strenge Vorsicht bei Speise und Trank gegen Vergiftung anzu-
rathen [1]. Wie sehr auch bald hernach dem Könige Heinrich das fun-
kelnde Diadem Karls des Großen in die Augen gestochen haben mag,
sein Minister ließ doch das Ruder nicht aus der Hand und lenkte
das Schiff, obwohl bisweilen anscheinend auf anderen Furthen, doch
wohin er es haben wollte.

Immerhin aber mußte der Tod Kaiser Maximilians, der am
12. Januar 1519 zu Wels eintrat, wie er den Hoffnungen und
Anstrengungen des Königs Franz ein neuer Sporn war, die englische Politik zu der nun unmittelbar nahe gerückten Entscheidung bedeutend anspannen. Noch findet sich der eigenhändige Brief der Er-
herzogin Margareta an Heinrich VIII., in dem diese den Plänen
des Vaters so treu dienende Tochter in innigster Trauer das Ab-
ben desselben meldet. Doch der große Schmerz des Augenblicks, wie
sehr sie ihn auch walten läßt, macht sie nicht blind und starr;
ersucht vielmehr den Bundesgenossen, ihr und ihren jungen fürstlichen
Neffen in allen ihren großen Angelegenheiten gerade jetzt mit Rath
und That schirmend zur Seite zu stehen [2].

---

[1] Preterea ad officium meum haud mediocriter pertinere existimavi, ut
significarem serenissimæ Majestati vestræ, pro mea erga eam observantia,
vel (ut expressius loquar) fidelissima servitute: quosdam esse mihi non ig-
notos (quorum nomina silentio non pretermittenda sunt), qui paulo plus quam
oportet illustrissimo domino Ferdinando Majestatis vestræ fratri favean: et
illum altius quam decet et Majestati vestræ expediat (nempe ut Romanorum
rex creetur) provehere conentur. Qui rei ut resistatur, non dubito quin se-
renissima Majestas vestra solita et innata sua prudentia usura sit etc. Ex
edibus meis Hamptoniæ Curiæ Augusti. Ohne Jahr, doch wegen der Ausgabe in Betreff Ferdinands ohne Zweifel 1518. Public Record Office 10.
Henr. VIII.

[2] Vous en ay bien voulu fere participant pour me aydier a condoleir
ledit trespas. Et que au moien dicelluy usant de la vertu et magnanimite
dung tel prince comme vous estes vous plaise estre doustant plus enclin
aydier et assister les deux josnes princes yssuz de luy en tous leurs grans
afferes et moy ensemble, car en telles adversites se congnoissent et experi-
mentent les bonnes et vrayes amytees esquelles vous ose bien asseurer que

Kaum minder aufmerksam als die deutschen Fürsten richteten ich nun die Augen Heinrichs auf den französischen Hof. Die Bezichte seines dortigen Gesandten, des Ritters Sir Thomas Boleyn, es Vaters der nachmaligen unglücklichen Königin, treten auf eine Weile in den Vordergrund. Es sind ihrer noch beträchtlich mehr vorhanden, als bisher benutzt werden konnten; die Details, die sie ieten, beweisen, mit welchem immer mehr gespannten Interesse man in London der Entwickelung der deutsch-französischen Frage cfolgt ist.

Am 2. Februar 1519 berichtet Boleyn an Wolsey von einem langen Gespräche, das er mit dem Grand Maître [1] gehabt, worin ieser umständlich von den erneuerten Anträgen der deutschen Fürsten i seinen Herrn gehandelt. Eiligst hätten sie das Ableben des Kaisers gemeldet und ihre Ergebenheit zu erkennen gegeben, indem sie Mittel und Wege bezeichnet, König Franz zum Nachfolger im Reiche i machen Der Minister versichert, er habe durch seinen Gesandten London dort bereits Alles eröffnen und versichern lassen, daß sein err ohne Einverständniß mit dem englischen Hofe in keiner Weise andeln werde [2]. Es war also bei Heinrich VIII. auf Beseitigung nes Rivalen, auf das Gewinnen eines Bundesgenossen abgesehen.

Acht Tage später hat Boleyn eine äußerst schmeichelhafte Audienz bei Franz selber gehabt. Nach allgemeinen Versicherungen, daß nur einmüthig mit seinem treuen Freunde, dem Könige von England, wegen Wiederbesetzung der höchsten Würde der Christenheit vorhen könne, fordert er den Gesandten auf sich mit ihm zum Fenster maus zu legen, dann wolle er ihm erzählen, was von seiner Seite reits dafür geschehen [3]. Schon vor Maximilians Tode seien einige er Kurfürsten, zum Theil seine Verwandten (some being his kynnesmen), mit ihm in Verbindung getreten, und er sei nach den Anrägen derselben nicht lässig gewesen. Von vier derselben habe er rief und Siegel zu seinen Gunsten in Händen, an zweien arbeite noch mit allen möglichen Mitteln [4]. Auch hofft er viel von Karl

---

e leur part et myenne ne trouveres faulte. Malines ce XXIIIe de Janvier ... XVIII. Ms. Cotton. Galba B. V. fol. 33.

[1] Damals noch Arthus Gouffier seigneur de Boissy, der am 10. Mai 519 gestorben. St.

[2] he sayeth, he advertysed the kynges highnesse and you ... by poost all dylygens by his ambassadour in England ... sayeth, that in all his nastyrs buysenesse and of ... woll never enterprise thing without makyng he [king] and your grace pryve to yt. Ms. Cotton. Caligula D. VII. fol. 85, tart verbrannt.

[3] as the preferment and eleccion of a newe emperour, in whom shall emayn (as in name) the monarchie of all christendome, moch toucheth all rinces of the same ...... ho bad me lene out of the wyndowe with hym und he wolde tell me what he had doon in it. Ms. Cotton. Caligula D. VII. ol. 88. B. an Wolsey, Paris, Febr. 9.

[4] IIII of them by their promyse their handes and their seales which ae telleth me he hath to shewe. And the other II that is Coleyn and Trevis (Versehen des in Deutschland wenig kundigen Boleyn) he saieth he practiseth

von Geldern und einem andern deutschen Herzoge — gewiß Wür
temberg, dessen Namen der Gesandte vergessen hat (whose name
remember not) — der so eben nach Deutschland abgefertigt
Der König Franz schätze sich unendlich glücklich wegen der Freund
schaft seines Bruders von England.

Das von Ellis [1] ausgezogene Schreiben vom 28. Februar
hält eine wichtige Enthüllung über diese Beziehungen. Labastie,
französische Gesandte in London, hat eine Aeußerung Heinrichs
fahren und hinterbracht, die dieser während der letzten Anwesen
des Cardinals von Sitten gethan: man mache ihm nur so loct
Anträge, um das englische Geld nach Deutschland zu ziehen und
Macht im Reich zu vergeuden. Hierauf begründete nun König
seine Ueberzeugung, daß Heinrich gar nicht nach der deutschen K
strebe (that the kinges highnesse pretendyth not to thempi
und hat noch einmal in vertraulichster Weise dem Ritter
seine Gedanken über die deutschen Zustände ausgesprochen und n
bei immer mehr seine Begierde verrathen, als einer der m
tigsten Fürsten der Christenheit, unbekümmert um die nation
Schranken, die im Wege zu stehen scheinen, die höchste Würde
Abendlande davon zu tragen [2]. Dann folgt die schon bekannte
ßerung, daß er drei Jahre nach seiner Wahl in Constantinop
sein hoffe; daß er dazu aber Kaiser sein müsse, und wenn es
drei Millionen koste. Er denke, selbst mit drei Stimmen sei
die Wahl sicher [3].

Und in der That im Monat März neigt sich die englische
litik noch einmal Frankreich zu. Wolsey, der im Geheimen Nie
anders als Karl von Spanien auf dem Kaiserthron zu haben wün
hat in diplomatischer Schlauheit die Genehmigung seines Herrn
Candidatur Franz I. zu erwirken gewußt. Am 11. März besch
Boleyn den Empfang der Vollmacht, berichtet aber, wie man
in Paris aus römischen Depeschen erzähle, daß der Cardinal

what he can both by his [own] folkes sending to them and by other
wyn them by any meanes.
[1] Original Letters I, 147. Boleyn an Wolsey.
[2] telling me, that he hath dayly worde oute of Almayn how
dyvers of the prynces of Almayn sayeth, that the grettest honnour that
have in their contree is that commouly themperour alwayes hath been
Almayn and moost oon of the III howses owther of Awstrych of Bavyer
of Saxon, sayeng, that the Almayns be rude and hedy; but he trwstyth
wynne them with money and made to me this reason for hymself twys
thryes, that as themperour is hedd and chief of all kinges and pri
crystened, so ought oon of the best and grettest kinges of cristendome
be chosen emperour, rekenyng the kinges highnesse and hymself to be
II grettest kinges of crystendome, accompting theym of Almayn to be
small princes in regarde of them and that they were of ryght lytell ab
nor power to enterprise any feate for the weele of all cristendome.
Cotton. Caligula D. VII. fol. 93.
[3] if he may have II voyces he woll be emperour or he woll be bete
for yt.

itten die Schweizer für Heinrich VIII. in Sold nehme, um in Deutsch-
und Karls Wahl zu unterstützen [1].

Zwei Tage später hat Boleyn das Gespräch mit dem Könige
on Frankreich gehabt, das er am 14. an Heinrich berichtet und wel-
es Nichts als Freude über die Uebereinkunft athmet [2]. Außerdem
hreibt er unter demselben Datum an Wolsey, wie Franz bei der
Audienz ihn dazu aufgefordert: Nichts stehe im Wege, daß der Car-
inal von England bei Erledigung des apostolischen Stuhles Papst
erde, über vierzehn Cardinalstimmen meine man verfüge, selbst
ne Aussöhnung zwischen Colonna und Orsini anbahnen zu können.
ranz im Bunde mit Heinrich VIII. erkläre, daß Niemand Kaiser
er Papst werden dürfe, als der ihnen genehm sei [3].

Aus einer Unterredung mit Louise von Savoyen, Franzens
Mutter, hat Boleyn erfahren, daß der Admiral Bonnivet über seine
Mission an die beiden Brandenburger Brüder sehr zuversichtlich ge-
rieben; zum 26. März sei eine Zusammenkunft von vier Kurfür-
en auf dem linken Rheinufer (zu Wesel) angesetzt, auf welcher al-
f Wahrscheinlichkeit nach die Wahl schon entschieden werden dürfte.
ch sprach die Herzogin von einem Feste, das neulich in Greenwich
ttgefunden, auf welchem Heinrich dem französischen Gesandten ver-
chert haben soll, wenn zwei Stimmen für ihn wären, so sollten
seinem Bruder von Frankreich gehören [4]. Es scheint demnach,
ob man am Hofe zu Paris den Versicherungen Wolseys nicht
bedingt getraut hätte. Hat doch Louise etwas später im Auftrage
es Sohns dem Gesandten einen Brief gezeigt, wonach Heinrich
eswegs eine Zusage zu Gunsten Frankreichs gemacht habe, viel-
hr die Candidatur des katholischen Königs unterstütze [5].

Aber die enormen Anstrengungen, die Franz vorzüglich in Mainz
Berlin machte, wurden nun bereits nachdrücklich von burgundi-
en gekreuzt. Karls Kämmerer, Herr Paul von Armerstorf, ver-
nd es zuerst unter den Deutschen im Gegensatze wider Frankreich
nationalen Ton anzuschlagen und außer mit patriotischen Grün-
durch bedeutende Zusicherungen den Brandenburger Erzbischof
Mainz zu gewinnen, so daß sich derselbe bereits am 1. März
deutscher Haltung an seinen Bruder den Markgrafen gewendet hatte [6].

In Folge dieser Erwerbung begannen die Dinge überall in
utschland wie in Italien, in der Schweiz wie in England eine

[1] certain credence of assured amytie and favour for the kinges avaun-
ment here to thempire. Ms. Cotton. Caligula. D. VII. fol. 96.
[2] Ellis l. c.
[3] and finally assuredly rekenyth, that now the kinges highnesse and
bee all oon there shall nother emperour nor pope be made but such as
seth them. Ms. Cotton. Caligula D. VII. fol. 98.
[4] if his grace had II voyces, the king his brother here shuld have
. Boleyn an Wolsey, Ms. Cotton. Caligula D. VII. fol. 106. März,
Zahl verbrannt. Wegen Joachims und Alberts vgl. Mignet p. 236. 251.
hlen p. 116.
[5] Ellis p. 150. Poissy, März 26.
[6] Auszug bei Mignet p. 243.

andere Wendung zu nehmen; die französische Herrschsucht stieß unsanft mit der nationalen Abneigung der Deutschen zusammen. Zwar versichert Boleyn aus Poissy am 9. April: König Franz sei seiner Sache noch ganz sicher, denn, wenn bis zum 6. Juni nicht sechs Kurfürsten sich geeinigt, so habe der Papst die Entscheidung; sollt indeß Karl wider Erwarten gewählt werden, so dürften die Franzosen sofort in Neapel einrücken [1]. Am 16. April heißt es dann doch daß die Ehe des Markgrafen Casimir von Brandenburg mit Germaine de Foix, der Wittwe Ferdinands des Katholischen, dem Könige Franz sehr unangenehm sei; man wolle ihm bei der Wahl in den Weg treten, doch zweifle er nicht an der Treue des Markgrafen Joachim [2]. Mittlerweile wuchsen freilich die Anstrengungen der Gegner; mit diplomatischen und noch handgreiflicheren Mitteln verstanden sie die Fürsten, welche bereits Frankreich zugeschworen, wankend zu machen; den französischen Rüstungen gegenüber war das Heer des schwäbischen Bundes, nachdem es den Herzog Ulrich verjagt, unter den Waffen geblieben. Die Tagsatzung der Schweiz hatte in Folge der rastlosen Bemühungen des Cardinals von Sitten und des Herrn von Zevenberghen beschlossen, der französischen Wahl entgegen zu wirken, und laut ihre Sympathien für Erzherzog Karl und das Reich kundgegeben. Am 13. April aus Zürich meldet Cardinal Matthias den Hergang umständlich an Wolsey und spricht dabei nicht einmal sein Bedauern aus, daß König Heinrich ehedem seine Werbung von der Hand gewiesen, denn jetzt wäre der Fall eingetreten den seine Freunde vorausgesehen [3]. Man möchte wissen, ob Wolsey für gut fand seinem Herrn dieses Schreiben vorzulegen.

Da ist es nicht zu verwundern, wenn Franz I. bald auch im Kreise seiner Räthe Widerstand findet, denn am 5. Mai meldet Boleyn nach Hause, daß mehrere von ihnen ihm gestanden: sie würden um nur Karls Wahl zu verhindern, es vorziehen einen kleinen deutschen

---

[1] Ms. Cotton. Caligula D. VII. fol. 108. Auch in einem Schreiben aus Brüssel vom 1. Juni ist von einem Versuche die Rede die Wahl gegen den ursprünglich angesetzten Termin zu beschleunigen: Les electeurs veullent anticiper la journee, car le jour estoit prins le XVII. jour de ce mois et lont remit au XII.e. De ce quil en sera, Dieu le scet et nul autre encores Hesdin an Wolsey. Public Record Office, 11 Henr. VIII.

[2] it shuld be doon for his hinderaunce to thempire by the said maryage notwithstandyng he rekenyth hymself suer of the marques, which is oon of thullesteurs. Boleyn an Wolsey. Ms Cotton. Caligula D. VII. fol. 119.

[3] Nec volunt nec pati intendunt Gallum ad Imperium provehi ....; et Catholici nomen undique resonat..... Ac utinam provincie huic et Regi nostra Majestas animum appulisset. Affuisset usque adeo et vota obsecrasset Sedunensis, nihil fidei industrie diligentie et vigilantie pretermittens ut jam mihi animus presagire videatur cuncta pro voto fuisse: cessasse omnes turbines livores, et emulationes omnes in hunc unum confluxisse extincte: sed fiat Dei voluntas. Public Record Office 10 Henr. VIII. Daß Karl Heinrichs Fürsprache beim Cardinal von Sitten bedurfte, erhellt aus einer Instruction vom 3. April, ausgezogen bei Gachard, Rapport sur les Archives de Lille, Bruxelles 1841. p. 179. Vgl. auch Ranke, Teutsche Geschichte 1, 288.

ihres Herrn zum Kaiser zu machen. Der aber
feiner ehrgeizigen Mutter angeftachelt und werde
Frankreich in Elend und Krieg mit der Schweiz,
)eren Staaten verwickeln [1].

diefe, die von anderen Seiten beftätigt wurden,
ι englifchen Hofe einen Befchluß herbei, zu dem
geiz und Eiferfucht wohl fchon längft fich hin=
dinal, wir wiffen wie wenig aufrichtig, nunmehr
e. Anfang Mai beginnt der König von Eng=
ℨ er früher von fich gewiefen, nach der Kaifer=
℔ hält fich nicht minder berechtigt als Karl und
ℓ beffer als der Kurfürft von Brandenburg. Es
)or auch in Rom angehorcht hat, denn noch fin=
n Staatsarchive ein anonymes und undatirtes
, das ohne Zweifel in diefe Tage gehört und ei=
er die Politik bietet, die man Leo X. und Franz
lten fucht. Der Verfaffer, wahrfcheinlich Dr.
hin Bifchof von Bath und Wells, berichtet von
haltung mit dem Papfte, der ihn gefragt habe,
zwifchen England und Frankreich beftehe, König
ng Franzens auf den kaiferlichen Thron mitwir=
itwort, in der Ueberzeugung, es ließe fich ver=
Papfte reden, lautete: eine folche Ausficht wolle
)t gefallen [2]. Auch Leo habe fich beifällig ge=
minder ftark feine Abneigung gegen die Wahl
; er wünfche, wenn es ohne Krieg abgehen
einen aus der Zahl der Kurfürften. Allein,
fort, der päpftliche Legat in Paris habe in dem=
)as von dort den Tod Maximilians gemeldet,
lich von den Anftrengungen des Königs berichtet,
ze bei diefer Gelegenheit den funkelnden Preis,
ℨ Nachfolger Karls des Großen gebühre, davon
erzählt der Legat von einer Partei am franzöfi=
n die Herzogin Louife und der Grand=Maître,
)r großen Verwickelungen gegen den Plan arbeite,
wendet habe, aber König Franz habe noch am

are speke, they putt my lady here in a great defaulte,
ow her that the king here pretendyth so soore to be
.y begynne now to considre they shuld come to ex-
lso cause the Sowyses the Almayns and almost all
ir ennemyes. Ms. Cotton. Caligula D. VII. fol. 112.
ciebam me posse cum Sanctitate sua confidenter loqui,
corum regem caderet, hoc non a re regi nostro non
placere debere existimabam. Public Record Office 11

rerso audire volebat, referens se prius quecunque in
lle perdere, quam hanc occasionem imperii, quod Gal-
contingere, recuperandi amittere.

4ten des Monats (April?) nicht auf solche Vorstellungen hören wollten. Am 9ten jedoch habe er den Botschafter rufen lassen und ihm erklärt, er stehe ab von seinem Beginnen und habe Befehl gegeben, daß seine Agenten, die bereits mit hohen Summen nach Deutschland und Ungarn abgegangen, zurückgerufen würden. Das dürfte wohl Erfindung sein, meint der Engländer [1]. Merkwürdig, wie er nun im Zusammenhang damit auf die mögliche Entscheidung Leos speculirt. Wird Franz gewählt, so wird dieser nichts dagegen haben; auch dem Erfolge Karls könne er allein nicht widerstreben. Vereinigten sich aber England und Frankreich über die Person eines des Kurfürsten, dann werde er sich nicht scheuen, dem Könige von Spanien seine Gründe wider ihn auszusprechen [2]. Etwas Anderes endlich sei es, wenn Heinrich und Wolsey auf diesem Fürsten als dem geringeren Uebel beharrten; der Papst werde sich dann vermuthlich doch fügen. Es ist klar, daß der Cardinal, bei Empfang solcher Mittheilungen, in seinem Sinne getrost in die Ferne schaute und seinen Herrn ruhig gewähren ließ, als dieser bei so mannigfach sich kreuzenden Begierden und Antipathien dem eigenen Ehrgeize nachgab.

Dem Könige und seinem Minister erschien nun Richard Pace, der erst unlängst von seiner Schweizer Mission zurückgekehrt und in der continentalen Politik einigermaßen bewandert war, als die geeignete Persönlichkeit, um so weite Pläne vorsichtig und geschickt ins Werk zu setzen. Allerdings drohte eine Krankheit des Mannes, der mehrere Jahre später im Wahnsinn gestorben, hindernd dazwischen zu treten; man dachte schon daran einen Herold statt seiner abzuordnen; aber der König wartete und überlegte sich die Angelegenheit noch weiter [3]. Während dessen trat Genesung ein; vom 20. Mai ist der für Pace ausgefertigte Credenzbrief datirt. Er läßt eben so wenig wie das Schreiben Heinrichs an die Kurfürsten vom 11ten ein Wort über die eigenen Absichten fallen und beglaubigt den Gesandten nur bei der Kaiserwahl, um im Auftrage seines Herrn zum Heil und Frieden in der Christenheit nach Kräften zu wirken [5].

---

[1] seque magnam partem pecuniarum, que ad Alemanniam in itinere erant, revocare jam jussisse, revocaturum etiam omnes homines, quos ad electores et in Hungariam destinarat, si hoc fictum non est, quod animadvertendum est.

[2] si duo isti potentissimi reges sue Sanctitati et remis et velis adsistere voluerint, ipsa non curabit ut Rex Catholicus sciat se ex multis justis et rationalibus capitibus non contentari electionem in eum devenire.

[3] Hierhin gehört der Brief an Wolsey aus Windsor. Statepapers I, p. 2.

[4] Buchholtz, Gesch. Ferdinands des Ersten III, p. 673.

[5] Nos, qui pacis et tranquillitatis fautores mediatores et procuratores semper fuimus atque ea semper studuimus que ad unionem et concordiam principum cedere potuissent, magnopere soliciti ne quid nove discordie inter christianos principes in electione futuri imperatoris suboriatur, per quod christianorum principum confederacio jam pridem conclusa et concordia pululans et ut sperabatur brevi firmas radices actura subverti et prosterni possit, nostri officii et instituti esse putavimus, ut ad suadendam illustrissimis sacri Romani imperii electoribus concordiam legatum aliquem mittere-

Pace hat sich sofort auf den Weg gemacht. Am 22. Mai, heißt es in einem Briefe der Erzherzogin Margareta, daß ein eng= lischer Botschafter nach Deutschland unterwegs sei; man weiß, daß er eine geheime Mission hat [1]. Am 30. schreibt Pace aus Köln, wo er über Düsseldorf eingetroffen. Die Stadt hat ihn in dank= barer Erinnerung an die alten freundschaftlichen Beziehungen zu England und Burgund feierlich einholen wollen; die Leute sind überzeugt, er komme um die Wahl des Königs von Spanien fördern zu helfen. Der Kurfürst von Trier dagegen halte ganz zu Franz. Von seinen geheimen Instructionen habe er Niemandem mitgetheilt, nicht einmal Herrn Hermann Ring, der, wahrscheinlich Kölner Bür= ger und Agent des Stahlhofes in London, in vielen Angelegenhei= ten der Politik Heinrichs VIII. sehr nahe gestanden haben muß [2]. Nach einigen Tagen hat der Gesandte eine Audienz beim Kurfürsten Hermann von Köln gehabt, den er für Karl geneigt hält. Wenig= stens schließt er das aus einem Worte, das der Kirchenfürst einem einer Bedienten gesagt [3].

Unter dem 9. Juni hören wir von einer Unterredung mit dem Kurfürsten von Mainz, nur erhellt nicht, wo sie Statt gefunden, ob in Aschaffenburg, Frankfurt oder Höchst; denn der Gesandte schreibt auf dem Schiffe, das ihn von Frankfurt nach Mainz bringt. Der Kurfürst Albert habe ihn spät Abends, mit großer Heimlichkeit, aber ehrenvoll empfangen, und habe ihn versichert, daß die Wahl des Königs von Frankreich nicht durchgesetzt werden könne, so sehr auch sein Bruder, der Markgraf von Brandenburg, sich darum bemühe. Er seines Theils sei mit Köln einig gegen den Franzosen; hat aber zu Pace mit keinem Worte von Karl gesprochen [4].

ns, ut simul et studium nostrum circa pacem universalem omnibus pate-
remus, et si qua in re communi reipublice christiane et illustrissimis
principibus sacri Romani Imperii electoribus possemus prodesse, pro virili
in deessemus. Ms. Cotton. Vitellius B. XX. fol. 111. Vermuthlich auf
es Document gestützt, läßt Lord Herbert von Cherbury in seiner Geschichte
Heinrichs VIII., bei Kennet, History of England II, 33, Pace am 20. Mai
London verlassen.

[1] Parce que le roi d'Angleterre désirait, que l'objet de la mission de
son ambassadeur demeurât secret. Auszug bei Gachard, Rapport sur les
archives de Lille p. 188. Am 1. Juni erwähnt Jean de Hesdin, Maître
d'Hôtel am Hofe der Regentin, in einem Briefe an Wolsey: Monsieur l'ambassadeur est passe en sceurcte a Francfort, car jay eu des nouvelles de
luy de la ville de Cleves, et la fait conduire monsieur d'Isselstein par le
commandement de Madame, ce que sans commandement est bien fait, car
est serviteur de la Majeste du Roy. Public Record Office 11 Henr. VIII.

[2] I declarydde no parte off my commission to M. Herman Rynge, but
that I was sent to be indifferent in thys grete cause, ut interessem future
electioni Cesaris causa honoris regii et ut hortarer electores ad illum principem eligendum, quem judicarent pacis et tranquillitatis orbis christiani
studiosissimum. An Wolsey Ms. Cotton. Vitellius B. XX. fol. 114.

[3] Ye do well to favour the duke of Austryche, and so do I for our olde
masters sake themperour Maximilian. Pace an Wolsey, Köln, Juni 3. Ibid. fol. 118.

[4] He sent for me hastyly at nyne off the clokke at nyght, wyllynge

Am 10. schreibt der Gesandte, wiederum während der Fahrt auf dem Rheine zwei Meilen von Mainz: der Kurfürst von Trier habe ihn nicht minder höflich empfangen als der von Mainz und sogar erklärt, daß der König von England eben so gut auf die Wahl gesetzt werden könne als irgend ein anderer, zumal da der verstorbene Kaiser damit umgegangen ihm die Nachfolge zu verschaffen. Pace hat die gute Gelegenheit ergriffen, seinen Herrn den erhaltenen Weisungen gemäß in das beste Licht zu stellen [1]. Den Pfalzgrafen hat er ganz französisch gefunden. Der Herzog von Sachsen war noch immer nicht angekommen, obwohl man sich bereits zur Wahl rüstete und altem Brauche gemäß alle fremden Gesandten und Ausländer überhaupt die Stadt Frankfurt hätten verlassen müssen. Kurfürst Albert hat ihm sagen lassen, daß er wohl geneigt sei seine Stimme dem Könige von England zu geben; sei das der Fall, so dürfte Köln das Gleiche thun. Wenn man da nur früher die Hand an gelegt hätte [2]! Der Gesandte findet die Stimmung der Deutschen äußerst erbittert gegen den Papst und seine Legaten. Da diese im französischen Interesse wirkten, wären sie oft ihres Lebens nicht sicher.

Aus Mainz, wo er wegen der starken Ansammlung vornehmer Herren mit Roß und Reitern die Preise von Wohnung und Unterhalt überaus theuer findet [4], schreibt Pace am 12., daß Franz Aussichten immer schlechter stünden; täglich erschienen Spottlieder gegen die Franzosen in lateinischer und deutscher Sprache [5], während die ernstlichsten Maßregeln zu Gunsten Karls von Spanien getroffen würden. Denn die ganze Umgegend sei voll von Bewaffneten zu Pferde und zu Fuß, und der Graf von Nassau dringe in vier Kurfürsten (doch vermuthlich die Rheinischen), nunmehr ihrer Zusage, die sie einst Maximilian gemacht, eingedenk zu sein.

me to cum unto hym secretly, as I dydde. He recevidde me in a secrete stuphe, lovyngly and lyke a noble man ...... shewde unto me, the Frenche kynge in nowyse would be electidde emperour, thogbe brodyr dyd labor for hym as muche as he could. He wolde make mention off the kynge of Castill ..... The archebushop of Colen and be off oon assent contra Gallum .... Hęc scripsi navigans in Rhe (Moeno?) ex Francfordia Maguntiam, quum chartam venalem non haber quod una scheda major altera aperte demonstrat. Ibid. fol. 123.

[1] I dydd not lett hym slyppe, but declarydde unto hym the kyngis q lities as theye be substantiallz expressidde in myne instructions. Ibid. fol.

[2] yff we hadde begunne thys practise as sone as othre princes dyd the kynge shulde have obteignydde affore ony of them boith.

[3] The popis sayde legate schewede unto me, that IIII lordis or kny tis off thys cuntreye of suche as favorith the sayde kynge of Castill tridde lately into his house and wyth minatoriose wurdis tolde hym, theye wolde dryve hym owte off thys countreye, yff he dydde nott des frome suche practises as he usydde agaynst the kynge catholyke, and theye wolde arrayse agaynste hym VII regions off thys nation.

[4] Juni 11. fol. 132: ther is nevyr an orator here but doith paye XII florens every weke for hys stuphe etc.

[5] Famosa carmina quotidie hic scribuntur et latine et germanice in Gallos. Ibid. fol. 134.

Es war daher wenig ermuthigend in Bezug auf den geheimen Auftrag des Engländers, wenn er nach den Versicherungen des Grafen von Nassau von vier Stimmen zu Gunsten Karls melden mußte[1]. Aber er traute den doch immer noch sich widersprechenden Aussagen keineswegs unbedingt; es läßt sich daher noch nicht sagen, wie wohl geschehn, „daß er damals alle Hoffnungen aufgegeben hatte"[2]. Ein chiffrirter Brief vom 14. an Wolsey versichert auf das Bestimmteste, Heinrich werde in Vorschlag gebracht werden. Man habe ihm eine Vollmacht abverlangt darüber, ob der König auch die Wahl annehmen werde. Er habe nichts Schriftliches vorweisen können, aber erklärt, daß sein Herr Alles ratificiren werde, was er hier eingehe[3]. Wenn nur die Commission erst da wäre. Die Anhänger Spaniens verließen sich nicht nur auf hohe Summen, sondern würden es, wenn nicht für sie entschieden würde, auf das Schwert ankommen lassen. Das Heer stehe fast unter den Mauern von Frankfurt. Tags darauf heißt es ebenfalls in Geheimschrift, der Legat und der Nuntius versicherten Briefe aus Rom erhalten zu haben, in denen sie angewiesen würden den König zu unterstützen. Nur Schade, daß die Briefe zu spät gekommen. Und dennoch erwartet er stündlich aus Frankfurt die Nachricht, daß man Heinrich zum Kaiser machen wolle[4]. Solche Erwartung muß sich wesentlich auf die Zusagen des Kurfürsten von Mainz gestützt haben, der sich nach allen Spuren am Meisten mit dem englischen Gesandten eingelassen. Es hat sich das von Albert unterzeichnete Original eines Schreibens an den Cardinal Wolsey gefunden, worin er den Empfang der Mission sehr zuvorkommend bescheinigt, auch des Gesandten sehr schmeichelhaft gedenkt, aber wegen des zu krönenden Kaisers nur so viel äußert, daß man sich allein über einen solchen Fürsten einigen werde, der nicht die Welt zu unterwerfen brauchte, sondern die Seinigen und den Glauben zu schützen im Stande sei[5].

[1] Ms. Cotton. Vitellius B. XX fol. 134; cf. Ellis I, 156.

[2] Ranke, I, 297, nach dem Briefe bei Ellis vom 12. Juni.

[3] What so ever I shall do concerninge the sayde eleccion the king my master woll ratife and confirm the same, whatt shall ensue herupponn itt is impossible for ony man to knowe as yitt. Ms. Cotton. Vitellius B. XX fol. 138.

[4] Oon fault ther is that the sayde lettres be arrivedde to late . . . . I loke hourly for sum tydyngis frome Frankforde of the kingis owne promocion to thempire. Ibid. fol. 139.

[5] Quod vero petit Dominatio vestra reverendissima operam dare nos, ut in hac Romani Regis electione rationem habeamus dignitatis pariter et honoris nostri, eumque eligamus, qui idoneus imprimis sit, et ad obeundum hoc munus non ineptus, libertatemque non nisi cum vita simul relinquendam, ut accepimus, ita retineamus, nec ad hoc fastigium provehamus eum, qui orbi imperare cupiat, sed qui suos tueri ac christianam apud gentes religionem tueri velit, studebimus, ne quid ibi desyderari a nobis possit. Jam regis autem potentissimi ac christianissimi ultro oblata nobis eam ad rem opis et presidii pollicitatio multum nos et alacriter afficit, cui vel eo nomine gratias habemus quantum possimus maximas, eique etiam commendari a Dom. vestra Richardum Paceum regium oratorem, virum sua primum vir-

Nichtsdestoweniger hat er mit dem Gesandten ununterbrochen geheimen Verkehr gepflogen. Dieser berichtet davon am 20. Juni, als er endlich eine andere Vollmacht aus England erhalten, von der er nur wünscht, daß sie vierzehn Tage früher eingetroffen sein möchte. Auch halte es schwer, noch die nöthigen Summen aufzutreiben, die mindestens die Höhe von Karls Angebot, nämlich 420,000 Kronthaler, erreichen müßten. Einen kurfürstlichen Rath hat er bereits in der Stille nach diesem Maßstabe zu bestechen begonnen [1]; und Herman Ring, der Kölner, sagt gut für die Auslagen. Wären nur zeitig Wechsel dagewesen, so dürfte jetzt vielleicht Heinrich VIII. schon als Kaiser ausgerufen sein [2]. Mittlerweile sei in Frankfurt die übliche Heilige-Geist-Messe bereits gelesen, doch dürften immerhin noch zehn bis zwölf Tage bis zur Entscheidung verstreichen, indem Böhmen und Polen wegen Abgabe der böhmischen Stimme mit einander zanken und Franz das Doppelte von dem in Aussicht stellt was Karl bietet. Trotzdem schwinden die Hoffnungen der Franzosen immer mehr und steigen die des Markgrafen Joachim; man denke in Paris sich damit zu begnügen einen Kaiser eingesetzt zu haben, da man es nicht selbst habe werden können [3].

Wenigstens der Entwurf der Vollmacht, die bis zum 20 Juni eingetroffen, ist nicht verloren gegangen. Darin wird Pace angewiesen, mit den Botschaftern des Papstes, von deren günstigen Aeußerungen er berichtet, gemeinschaftliche Sache zu machen, nämlich die Wahl des Franzosen so gut wie des Spaniers zu hintertreiben, und die Kurfürsten zu bestimmen, daß sie entweder Heinrich, der sich deutscher Zunge zu sein rühmte nicht minder als jene beiden, oder einen aus ihrer Zahl wählen. So würde das Kaiserthum Deutschland nicht abhanden kommen, dem es seit sieben Jahrhunderten gehört [4].

Wir haben gesehen, wie mehrere der hier berührten Eventualitäten kaum mehr in Frage kamen. Dennoch scheint Pace sich jetzt noch eifrig an den Markgrafen von Brandenburg gemacht zu haben, dem

tute nobis cognitum, deinde optimi regis ac Dom. item vestrę commendatione nobis ostensum, libenter et animo cumprimis grato accepimus. Ms. Cotton. Vitellius B. XX.

[1] I schewede unto the sayde counsaylor, that in case hys Majestie schulde brynge thys matier to passe, that he alone schulde be rewardydde aftre that rate, desiryng hym to kepe that secrete. Vitellius B. XX fol. 141.

[2] ye schulde this tyme or sone aftre have songyn Te deum laudamus for the election of kynge Henry the VIIIth in imperatorem omnium christianorum.

[3] The marquis of Brandeburge doith continually labore for to obteigne the imperiall dignitie, and the Frenche king wull promote hym therunto as muche as schal lye in hys power to thintent, that he maye saye that he hath made an emperor, thoghe he couith nott obteigne hym selfe.

[4] Vitellius B. XX fol. 157: to cause the popis oratour to joyne with hym in thadvauncement of the maters folowyng, that is to say to disapoynt thelection of the Frenche kyng and the king of Castyle and by provident and circumspect dryfte eyihyr to fynde the meanys that thelectours may be dryven to elect the kynges hyghnesse which is of the Germany tonge or elys to chose one of theyr own and not to translate thempire, which hath been in Germany for VIIc yere, to a straunge nacion.

er bisher schwerlich hat beikommen können. Leider bieten seine eige=
nen Papiere, so weit sie vorhanden, Nichts über die Verhandlungen.
An einen deutschen Hof aber wird berichtet, daß er dem Markgrafen
die eventuelle Unterstützung seines Herrn zugesagt habe [1]; und aus
Paris hat Boleyn Allerlei nach Hause zu schreiben, woraus hervor=
geht, wie genau die französischen Spione dem englischen Gesandten
bei seinem Treiben auf die Finger sehen. Schon am 16. Juni zu
Poissy hatte sich die Herzogin Louise bitter über Mainz beschwert
und dabei durchblicken lassen, daß man auch am französischen Hofe
an Brandenburg denke [2]. Unter dem 1. Juli berichtet Boleyn von
einer andern Unterredung, wo die Mutter statt des Sohns, der auf
die Jagd gegangen, im Fall des Mißlingens den deutschen Fürsten
mit argen Enthüllungen droht, auch ihr Erstaunen ausspricht, daß
während alle übrigen Gesandten sich auf 10 bis 12 Meilen von
Frankfurt hätten entfernen müssen, der Secretär Pace in einer Ent=
fernung von 5 bis 6 Meilen zu Mainz geduldet würde [3]. Späterhin
als man nach der Entscheidung am französischen Hofe auch über
Englands Benehmen empfindlich gereizt war, hat der Admiral Bonnivet
sich heftig beschwert, daß England seinen früheren Verheißungen nicht
nachgekommen, und dabei an Boleyn höhnisch erzählt, wie er selbst einst
zu Mainz in der Herberge des Markgrafen von Brandenburg unbe=
merkt hinter der Tapete gestanden, als Pace dem Fürsten seine An=
rede gehalten; dieselbe habe die Wahl eines geborenen Deutschen an=
gerathen, im anderen Falle sich auch für die Förderung König Karls
erklärt. Dasselbe werde er wohl allen Kurfürsten gesagt haben [4].

---

[1] Droysen p. 121 aus dem Dresdener Archiv.

[2] Ms. Cotton. Caligula D. VII. fol. 123. Am 9. Juni berichtet Sir
John Peche aus Calais, wo er ein Commando hatte, an Wolsey, daß ein
dänischer Pilger, der aus Deutschland komme, das Gerücht von der Wahl des
Markgrafen mitbringe. That the margrave of Bramburghe was chosyn kyng
of Romains, but he hard sayo, that the saide margrave had refusyd it, as
unworthy to take upon hym so hyghe a thynge. Public Record Office 11
Henr. VIII.

[3] Also she tellyth me, that all ambassadours are commanded to avoyde
X or XII leges from thellectours at Francford saving master Pace ambassa-
lour to the kinges highnesse, who is at Mayence V or VI leges thens. Sir
Thomas Boleyn an Wolsey, Public Record Office 11 Henr. VIII.

[4] And further said, how, whan master Pace the king my masters secre-
taire cam in ambassade to the princes of Almayn, he was with the marquis of Brandingborow in the towne of Mayance in the said marques lodging
yenst the great chirch of our lady, where he was behind a tapett, and there
he said he hard master Pace in his oracion, that he made the said marques
desire, that noone myght be accepted to the dignitie Imperiall that was
not?] of the nacion or tong Germanique, but rather to be preferred oon of
heir owne princes of Almayn, and finally he hard hym speke for the advaun-
ement of the king Catholique, which he thought straunge. And further said
hat forasmuch as he made [the] request, which he hard, to the marques of
Brandyngborow, he .... that he made semblable to all other of the elec-
tors. Boleyn an Wolsey, Paris, Dec. 5. 1519. Caligula D. VII fol. 162.
itwas angebrannt.

Ja, die üble Laune geht so weit, daß, wie Boleyn erfahren, ein eigner Bote nach England geht, um über den Wortlaut jener Ansprache Beschwerde zu erheben und die Mittheilung zu machen, daß Pace vor der Wahl in täglichem Verkehr mit dem im Hauptquartier zu Höchst weilenden spanischen Bevollmächtigten gestanden habe [1]. Wie dem nun auch gewesen sein mag, so werfen doch die Angaben ein eigenes Licht auf den Verkehr des englischen Gesandten mit dem Brandenburger, in dem er zugleich einen Rivalen seines Herrn und einen Candidaten für die Krone erblicken mußte, der in gewissem Falle auch Heinrich genehm wäre. Es bleibt zu bedauern, daß die Details und das Datum dieser Verhandlungen sich nicht haben finden wollen.

Friedrich den Weisen, der erst in der zweiten Woche des Juni eingetroffen, hat Pace nicht persönlich gesprochen. In einem Schreiben dieses Fürsten an König Heinrich VIII., vom 16. Juni aus Frankfurt, bedauert derselbe, daß der Gesandte vor seiner Ankunft dort gewesen und wieder abgereist sei. Er dankt höflich für Zuspruch und Beistand Englands und versichert ehrenwerth wie durchweg, in dieser großen Angelegenheit seine Schuldigkeit thun zu wollen, wie einem treuen Wahlfürsten zukomme [2].

Inzwischen nahte der Tag der Entscheidung. Am 17. Juni traten die Kurfürsten an der gewohnten Stätte zusammen; obwohl die Verhandlungen sich hinzogen, ehe sie die maßgebende Wendung nahmen, so wußte man doch auch in England bei Zeiten, daß nächstens die Würfel fallen würden [3]. Am 24., also am Tage, wo der Papst nach langem Widerstreben seine Einwilligung zur Wahl Karls von Spanien ankündigen ließ, schreibt Pace aus Mainz: das Heer im österreichischen Interesse habe eine drohende Stellung nur eine Meile von Frankfurt inne. Auf das Heftigste erklärten die Grafen und Herren, daß sie keinen andern als Karl zum Kaiser haben wollten. Schon vergebe der Graf von Nassau Aemter und Würden unter Karls Siegel, das ihm kürzlich zugestellt worden. Also werde

---

[1] Boleyn an Wolsey, Dec. 11. Ibid. fol. 165: The sayeng of master Pace the kyng my masters ambassadour in his oracion made to the marques of Brandyngborow, whan he was in Almayn, and in the begynnyng therof resytyth, how the dignitie of the Empire hath been gotten and wonne by the Almayns to their great glorye and honour, incytyng them at the tyme of election in mainteynyng of the said honour to choose some oone of their tong and nacion, but yf noon borne of that contre cowld be founde worthy to reigne to the said dignitie Imperiall, than to elect some prince of lignage come out of the same nacion, and where as question was to prefere owther the French kyng or the king Catholique, and finally how master Pace ambassadour of the kinges highnesse was conversant and kept daily company wt Ust with the kyng Catholiques ambassadour.

[2] Ut fidelem sacri Rom. Imperii principem electorem decet. Francf. die quinta sanct. Pentec. Vitellius B. XX fol. 144.

[3] After this the king toold me, that he is ascerteyned by his last lettres sent out of Almaya, that the electours cam to Francford the Xth day of this moneth and the XVIIth day they entred into the consistory, where they shall remayn, till they have chosen a new emperour. Boleyn an Wolsey, Poissy, Juni 21. Public Record Office 11 Henr. VIII.

ein gewaltiger Druck auf die Kurfürsten geübt, die sich der öffentli=
chen Meinung würden fügen müssen [1]. Von den Aussichten seines
Königs hört er nun Nichts weiter; auch verschweigt er nicht die Ue=
belstände für den Fall, daß Heinrich gewählt worden; er hätte ja in
Deutschland residiren müssen.

So wurde denn am 28. Juni Morgens 7 Uhr Karl von Spa=
nien zum Römischen Könige erkoren. Pace, dem eine Anzahl der in
Höchst lagernden Fürsten unverzüglich Anzeige gemacht [2], meldete noch
am selben Tage das Ergebniß nach Hause und begab sich Tags dar=
auf nach Frankfurt, um den Bevollmächtigten Karls zu gratuliren,
wie er es denn ja auch nach seinen ursprünglichen Instructionen, die
zunächst von Frankreich nichts wissen wollten, mit gutem Gewissen
thun konnte. Schon fragt er an, ob er gehen oder noch bleiben solle [3].

Ein und das Andere in seinen späteren Briefen hat doch noch
nachträglich Beziehung zu der Angelegenheit. Von den Kurfürsten
haben ihm Mainz, Köln und Sachsen viel Schmeichelhaftes sagen
lassen über die thätige Beihülfe, die er im Namen Heinrichs ihrem
neuen Könige geleistet [4]. Pace nimmt diese Zusicherungen entgegen,
als kämen sie ihm zu, berichtet aber zu gleicher Zeit nicht ohne

[1] The sayde ☐ (Electours) be in a great perplexite and fere of the
peple all inclinate to the sayde Ø (Charles). Vitellius B. XX fol. 145.

[2] Das Original ist, freilich angebrannt, in Vitellius B. XX fol. 146
vorhanden und lautet: Amice charissime salutem. Dominationi vestrę si-
gnificamus, quod divina inspirante gracia principes electores in Franckfordia
inpri .... dem omnipotentis dei et ad gloriam ac tranquillitatem . ... anę
atque ad exaltationem sanguinis Austriaci unanimi consensu Catholicum Hi-
spaniarum regem Carolum dominum nostrum ... ventissimum in Romanorum
regem elegerunt et pronunciarunt. Quod felix faustumque sit non solum Majestati suae et universae reipublicae christianae ac sacro Romano Imperio,
ut illius gubernacula et habenas diu ac foeliciter possit moderari. De quibus Dom. V. Rev. inpresenciarum duximus celerius reddendum cerciorem. Re-
liqua a dom. Ludovico Maraton regio secretario intelligat. Datum in Hoest
die XXVIII. Junii Anno Dom. MDXIX.
Velit D. V. de supradictis novis etiam serenissimum dominum regem
Angliae facere certiorem, cum nihil dubitemus, quin pro fraterno amore, quo
Catholicum regem prosequitur, ea omnia sint predicto serenissimo Angliae
regi futura gratissima ac jucundissima.
Matheus Card. Salisburgen. Frideric. Palatinus. Casimir Mch. Br. Erar-
dus episcopus Leodiensis. B. episcopus Trident. H. de Nassau. Z ....
de Bergh. (gemeint ist Maximilian de Berghes seigneur de Zevenberghe).

[3] Thys mornynge at 7 off the clokke the kynge off Aragon was electidde and proclaymydde emperour .... To morowe 1 wull go to Frankforde ad gratulandum oratoribus Regis Catholici et ad danda bona verba as
the case requirith. fol. 147.

[4] Pace an Wolsey, Frankfurt, Juli 3. Vitellius B. XX fol. 149: Synce
the sayde election I have founde the means, that the cardinal off Magunce,
the duke off Saxons and the archebushope off Colen haith opynly declarydde
unto the orators of the emperor electidde, howe largely the kyngis graces
lettres, my proposition, wyth othre secrete practisis dydde advance the kynge
there masters cause here, and I have hadde off them grete thankes wyth
large promisis.

Schadenfreude, daß Karl nach neuester Rechnung für seinen Gewinn einen Einsatz von 1,500000 Gulden habe spenden müssen. Einen Tag später von Mainz aus kommt er noch einmal auf die gescheiterten Aussichten Heinrichs zurück. Er legt das zunächst dem Legaten und Nuntius zur Last, die ihr gegebenes Wort nicht gehalten, da sie in einem Schreiben von 25. Juni der Wahl Karls die päpstliche Genehmigung ertheilt hätten. Ferner beklagt er, daß ein Brief, den Heinrich am 28. an Meister Hermann Ring gerichtet hätte, erst jetzt eingetroffen sei. Noch vier oder fünf Tage vor der Wahl habe ihn ein Kurfürst, dessen Namen leider nicht erhalten, aufgefordert, doch wie der Spanier mit Heeresmacht einzugreifen. Allein zwei mächtige Gründe haben ihn von einem so gewagten Versuche zurückgehalten: das Geld, das nicht so rasch herbeigeschafft werden kann, und die Ueberzeugung, dadurch den König von Spanien zum unversöhnlichen Gegner Englands zu machen [1]. Am selben Tage schreibt Hermann Ring aus Mainz an den König und bedauert gleichfalls daß dessen Schreiben nicht eher eingetroffen [2].

Selbst auf der Heimreise hat der Gesandte allerlei in Erfahrung gebracht. Da hat ihm der Graf von Nassau zu Diest einen sehr ehrenvollen Empfang bereitet und unter vier Augen einer innmeren Verbindung zwischen Karl und Heinrich das Wort geredet, wie die letzten Nachrichten aus Spanien besagten, der Papst sich von Frankreich abwende. Der Graf hat dann auch erzählt, daß Bonnivet und die übrigen französischen Agenten unter der Hut des Bischofs von Trier sicher über die Grenze gekommen, dort jedoch Depeschen welche ihre deutschen Freunde an sie gerichtet hätten, zu guter Letzt noch aufgefangen wären, aus denen sich die weitreichenden Pläne entnehmen ließen, welche König Franz für das Reich und Italien an die Erlangung der römischen Krone geknüpft hatte [3]. — Daß Par

---

[1] fol. 151. Juli 4: Theye hadde suerly bene daschydde in case, th the lkyngis lettres datidde the XXVIII. off June directidde to M. Harme Rynge hadde bene arrividde, whyche I recevidde thys same day .... you grace schall undrestonde oon .... whyche I have nott wretyn in my .... lettres. The Vth or the IVth day affore the election certayne counsaylours off the el. .... dydde move me, to gedre an army agaynst the army arrasydde here bi the kynge Catholike, wherunto I wolde in nowyse consent and especially for thiese II causis. Oon that money goaith nott be preparidde in tyme convenient for the same. The othre that suche a deade schulde have ingenderydde perpetuall ennymitie betwixte the kyngis grace and the sayde kynge Catholike, wherby more prejudice schulde have ensuydde to the kyngis grace, than profecte schulde have ben goten bi thempire. Starf angebrannt.

[2] fol. 154: Sed utinam literę Majestatis vestre venissent citius!.

[3] I understonde, the archebushoppe of Trevers haith conductidde the admirall and othre orators of Fraunce owte off Allmayne in savetie. The last curior sent to the sayde orators was interceptidde bi an erle off Almayne and emongist othre lettres, oon was founde, conteignynge the Frenche kyngis intentes and purposis in case that he hadde bene electidde emperour, whyche were thiese. Furst, to gedre bi violence as muche money in Almayne as couth

auch am burgundischen Hofe zu Mecheln eine ähnliche Aufnahme ge=
funden, daß man ihn beglückwünschte, als ob er ein directes Verdienst
um den Ausgang der großen Angelegenheit gehabt; daß er sich selbst
damit beruhigt, wenigstens niemals gegen Karls Erwählung
gesprochen zu haben, und wohl weiß, wie dies Ziel ohne das deutsche
Heer schwerlich hätte erreicht werden können, ist schon früher be=
kannt gewesen [2]. Er hatte doch im Ganzen zugleich nach dem
Sinne seines Königs und dem des Cardinals gehandelt und wurde
für die geleisteten Dienste mit großer Gunst bei Hofe und in der
Folge mit einer wichtigen Mission nach Italien während des ersten
großen spanisch=französischen Kriegs belohnt.

Hören wir nun noch, was man sich am spanischen Hofe über
den Hergang bei der Wahl in Frankfurt erzählte. Ein nicht unter=
zeichnetes Schreiben vom 14. Juli unter Wolseys Papieren rührt
vermuthlich, obwohl nicht in seiner Hand, von Thomas Spinelli her,
einem geborenen Italiener, der schon seit Jahren in englischen Dien=
sten am Hofe von Burgund thätig war und Karl während seines
ersten Aufenthalts in Spanien als englischer Gesandter begleitete.
An dem Tage ist der ersten Nachricht, die schon früher eingetroffen,
die officielle Anzeige von Seiten der Kurfürsten gefolgt; am nächsten
Sonntage wird eine große Feier statt finden und der Cardinal von
Tortosa in der Kathedrale das Hochamt celebriren. Der französische
Gesandte macht ein sehr langes Gesicht und versichert einstweilen,
daß er von seiner Regierung noch keine Anzeige erhalten habe, wäh=
rend der spanische Botschafter aus Paris meldet, daß die Herzogin
Luise in Abwesenheit ihres Sohnes sich besser zu fassen gewußt und
mit französischer Artigkeit erklärt habe, nächst ihrem Sohne verdiene
kein anderer Fürst der Erde ein so großes Glück als König Karl [3].
Mit den letzten Depeschen hat man denn auch in Barcelona erfah=
ren, wie der Papst durch seinen Uebertritt den eigentlichen Ausschlag
gegeben. Man fühlt sich aber dem Könige von England, seinem
Minister und ihrem Gesandten zu ganz besonderm Danke verpflichtet,
denn da Rom und London König Karls Erhebung befördert, hätten
ihr diesen, der zuerst nur fünf Stimmen gehabt, schließlich auch
Brandenburg und Trier, die Anhänger Frankreichs, sich erklären
müssen. Am Zuverlässigsten hätten sich die Mainzer und der Pfalz=
graf benommen. Wie viel Geld dagegen Joachim I. empfangen, wie

have bene goten bi the ayde and succor off the marqwys off Brandeburge
ad the duke of Wertenberghe, whome he wolde have restoridde to hys lau-
is, contrary to the lawes off the nation. Secundly, he wolde have subdu-
de all Italy and doon wyth the residewe off christiandome, that it shulde
ave stonde wyth hys pleasure, as the sayde lettres dydde specifie. Sed
eus aliter providit. Pace an Wolsey, Antwerpen, Juli 22. Public Record
Office 11 Henr. VIII. Jener Courier war doch wohl der Herr von Malzahn
mit den Briefen Joachims I; vgl. Droysen p. 123.

[2] Der Brief bei Ellis I, 156, Mecheln, Juli 27.

[3] Damit stimmt Boleyns Bericht aus Paris vom 4. Juli bei Ellis I, 154.

viel Franz überhaupt darangeſetzt, wollen dieſelben Depeſchen ganz
genau wiſſen [1].

Als Pace nach ſeiner Rückkehr ſeinem Könige zu Penshurſt über
Alles Vortrag gehalten und namentlich, wie er mit Wolſey zuvor ver=
abredet [2], die hohen Summen kräftig betont hatte, da erklärte der Fürſt
von Herzen froh zu ſein, daß er um dieſen Preis nicht Kaiſer geworden.

So hatte denn König Heinrich durch einen eben ſo vorſichtigen
als geheimen Verſuch wenigſtens ſeinen Ehrgeiz befriedigt, aber, ob=
wohl ſein Bevollmächtigter einige der Kurfürſten und ſogar die Nun=
tien nicht abgeneigt gefunden zu haben meinte, ſich nicht entſchlie=
ßen können zu den Mitteln zu greifen, welche Karl den Sieg errin=
gen halfen [3]. Auch konnte ihm das nationale Moment, das die
Wahl ſtützte, unmöglich entgangen ſein; rann doch in den Adern
des Spaniers deutſches Blut in ganz anderer Weiſe als in den ſei=
nen, und konnte jener doch außerdem die bei den Wahlen im Reiche
immer wieder auftauchende Idee der Erbberechtigung zu ſeinen Gun=
ſten hervorheben. Aber die engliſche Politik hatte immerhin klug ge=
handelt, ganz abgeſehen von den egoiſtiſchen Ränken eines Wolſey,
als ſie ſich den Rücken ſo ſicher deckte, daß man unverdächtigt dem
jungen Kaiſer gratuliren und damit eine Allianz anbahnen konnte, de=
ren man beim Losbruch gewaltiger Welthändel unbedingt bedurfte.
Welche Entwicklung freilich die Dinge genommen, welche ganz andere
Richtung namentlich die Reformation der deutſchen Kirche eingeſchla=
gen haben würde, wenn ein kraftvoller Fürſt wie Heinrich VIII. an
die Spitze des heiligen Römiſchen Reichs und wie in ſeiner Heimath
auch bei uns zugleich an die Stelle des Papſtes getreten wäre, das
läßt ſich nicht berechnen, höchſtens nur unbeſtimmt ahnen [4].

[1] And though I have here many particulers of the successes of the
eleccion and howe at the first the said Catholic had fyve voyces and that
the marques Joachym and Treverensis wer mynded to the Frenche king
and being no remedy folowed the comon opynion with other circumstances
reputing the relacion of master secretary (Pace) more parfaict . . . .
The cardinal Maguntinensis and Palatinus, as it is spoken here, have more
stikked for the Catholic and served hym more sincerely and constantly
then al the remanent . . . . Further more by the said pacquet
apperith, that the marques Joachym had receyved 50000 crounes of
golde and his servantes many rewardes, and that some of the gentilmen
of the bishop of Trevers withoute his knowlege toke money. Item that
the Frenchemen had with them 400000 crounes. Public Record Office 11
Henr. VIII.

[2] Pace an Wolſey, Aug. 11. Statepapers I, 8: precisely according
to suche communication as was hadde betwixte Your Grace' and me.

[3] Finding, that betwixt money given and forces raised by Charles,
he would prevail. Lord Herbert l. c., der ſein völlig correctes Urtheil aus
Paces Berichten entnommen.

[4] Vgl. Ranke, Engliſche Geſchichte I, 149, und Sybels Hiſtoriſche
Zeitſchrift II, 109.

Heinrich der Sechste, Rom und Unteritalien.

Von

Adolf Cohn.

das Verhältniß zwischen Kaiserthum und Pabstthum, welches durch
n Frieden zu Venedig (1177) einigermaßen hergestellt war, trübte
h doch schon nach wenigen Jahren wieder. Zwar lagen in diesem
erhältnisse selbst die Keime der Zwietracht, aber es ist klar, daß
ns besonders die Heirath König Heinrichs mit der Erbin des Nor=
mannenreiches die Spaltung zwischen den beiden, um die Herrschaft
: abendländischen Welt ringenden Mächten nähren und vergrößern
ßte[1]. Dadurch ward König Heinrich — auch ganz abgesehen
1 den sonstigen Streitpunkten — von Anfang an in eine geg=
ische Stellung zu den Päbsten gebracht. Es ist zwar neuerdings
auptet worden[2], daß dies Ehebündniß nicht als eine Ursache, son=
n gewissermaßen als Folge des wieder ausgebrochnen Zwiespalts
zusehen sei. Kaiser Friderich habe bei seiner Zusammenkunft mit
bst Lucius III. zu Verona im Herbst des Jahres 1184 von die=
: verlangt, er solle König Heinrich zum Kaiser krönen[3]. Der
bst habe sich geweigert, und nun sei der Kaiser höchst aufgebracht
dem Entschlusse gekommen, seinen Sohn mit der sizilischen Kö=
stochter zu vermählen. Wenn sich dies so verhielte, könnte die
rlobung frühstens im Winter 118⁴/₅ stattgefunden haben (denn erst
Januar 1185 verließ Friderich Verona), und das wird in der
at angenommen. Die Entscheidung ist nicht ganz leicht. In den
nen augsburger Annalen heißt es bei 1185[4]: Filio imperatoris
inrico regi Constantia filia siculi regis Augustae in pala-
episcopi 4 kal. Nov. juramento firmatur, in den marbacher

---

[1] Es ist nicht meine Absicht, hier die Beziehungen Heinrich VI. zu den
bsten und dem von ihm beherrschten unteritalischen Königreiche eingehend
behandeln; es sollten nur einige Punkte hervorgehoben werden, in denen ich
rer Ansicht bin als Dr. Th. Toeche in seiner bei E. S. Mittler und Sohn
Berlin (1860) erschienenen Abhandlung: De Henrico VI. Romanorum im-
tore Normannorum regnum sibi vindicante — einer Schrift, von der es
h freut sagen zu können, daß sie auf umfassender Benutzung und verstän=
r Sichtung der Quellen beruht.

[2] von Toeche a. a. O. S. 5 ff.

[3] Zu den ebend. Anmerk. 10ᵃ gesammelten Stellen füge die reinhardsbr.
l. (ed. Wegele S. 59) hinzu. Da heißt es, Heinrich hätte erst nach des
trs Tode Kaiser werden können, quippe cum Roma altitonans duos impe-
res in eodem tempore et circum idem imperium habere non sueverit.

[4] Mon. Germ. SS. VIII, 9.

Annalen dagegen bei 1184 [1]: Interea rex Heinricus curiam apud Augustam civitatem Recie habuit, ubi desponsavit Constantiam filiam regis Apulie Rogerii. Da nun König Heinrich gegen Ende Oktober 1185 urkundlich in Aachen war, überdies feststeht, daß Constanze schon im Sommer 1185 den Weg nach Oberitalien zur Vermählungsfeier antrat, so hat schon Abel [2] die beiden annalistischen Aussagen derart verbunden, daß er den 29. Octob. 1184 als das richtige Datum bezeichnete. Toeche begründet seinen Widerspruch gegen Abel damit, daß die Zeitangabe der marbacher Annalen unbestimmt sei. Das ist aber nicht der Fall; denn die Verlobung wird dort ausdrücklich in dasselbe Jahr (ipso anno) gesetzt wie die Fürstenversammlung zu Erfurt, die am 25. Juli 1184 [3] stattfand und bekanntlich einen sehr tragischen Ausgang hatte. Auch verdient die genaue Angabe des Tages, den man in Augsburg selbst wol am besten wissen konnte, Berücksichtigung. Endlich ist noch eine bisher übersehene Nachricht anzuführen, welche ebenfalls das Jahr 1184 überliefert. Imperator, heißt es in einer österreichischen Quelle[4], invitatus in Italiam a Lucio romano pontifice et Lombardis honeste suscipitur et filio suo regi in Theutonia remanente cognata regis siculi datis in arram quadraginta milibus marcarum desponsatur. Den andern Grund, den Toeche beibringt, kann ich auch nicht gelten lassen. Erst als der Kaiser Verona verlassen habe, ohne daß ein Friede abgeschlossen ward, könne er für das Pabstthum so gefährlichen Heirathsplan betrieben haben. Aber es ist eine mißliche Sache um derartige Behauptungen,

---

[1] Mon Germ. SS. XVII, 162.

[2] König Philipp S. 298.

[3] Der Zeitpunkt derselben, wie ich ihn im Texte angegeben, steht. In den „Ueberlieferungen zur vaterländischen Geschichte alter und neuerer ten herausgeg. von Dr. H. A. Erhard. Erstes Heft. Magdeburg 1825." zwar auf S. 141 behauptet, es könne „gar kein Zweifel obwalten", daß Versammlung 1185 stattgefunden habe; allein 1) nennt keine einzige Quelle dies Jahr; 2) geben die h i e r sehr glaubwürdigen thüringischen (erfurter, hardsbrunner, pegauer) Annalen das Jahr 1184 an, während von anderen gleichzeitigen nur die kölner, die über dies Ereigniß sehr ungenau berichten 1183 haben; Albert von Stade und die lauterberger Chronik können nicht in Betracht kommen; 3) war König Heinrich 1183 Anfang Juli noch in Konstanz (Monum zoller. I. XXXIV), im Juli 1185 dagegen in Basel (Böhmer 27), im Septb. in Lüttich (Ledebur, Archiv X, 230); 4) zeugt die von Erhard angeführte Urkunde des Bischofs Martin von Meißen (sie steht bei den Beiträge zur Historie der chur- und fürstl. sächsischen Lande 1754, S. 12; die Textverbesserungen dazu in: Beyer das kgl. Cistercienser = Stift und Alt = Zelle in dem Bisthum Meißen. Dresden 1855 S. 519) grabe für die Annahme. Sie ist 1185 datirt, kann aber — von Andern abgesehen — ihrem Schlusse nach nur ins Jahr 1184 gehören. Es heißt da nämlich Quo etiam tempore dom. Fridericus imperator duos filios suos Mog (1184, Mai 20) militaribus balteis gloriose praecinxit. Ipso quoque anno rege expeditionem in Poloniam, pacem inter moguntinum Conradum et Ludewicum lantgravium disponente, apud Erpesfort trabibus domus pre vetustate confractis Fridericus comes avenbergensis, Henricus etc. . . . . . interieru[n]t.

[4] In der Contin. zwetl. II. (Mon. Germ. SS. IX, 542).

statt auf Zeugnissen nur auf Hypothesen und Combination beruhen. Im besten Falle ist doch Nichts bewiesen, im ungünstigen aber kann man ihnen andre Hypothesen entgegenstellen, die wenigstens nicht schlechter begründet sind. Wie z. B. wenn der Kaiser, damit sein Plan nicht wie der frühere zu Alexander III. Zeiten [1] durch päbstlichen Einfluß scheitere, die Verhandlungen mit dem sizilischen Hofe recht geheim geführt und wenn er dem Pabste erst in Verona, nachdem die Gesandten König Wilhelms längst wieder Augsburg verlassen hatten, die vollendete Thatsache mitgetheilt hätte, wenn nun der leicht begreifliche Unwille des heiligen Vaters einen völligen Bruch herbeigeführt hätte, der so erst recht erklärlich würde, da die Ursachen, welche man bisher dafür kannte, nicht so triftig waren? Verzichtet man jedoch, sich solch zweischneidiger Waffe zu bedienen — und gewissenhafte Forschung muß so enthaltsam sein —, so bleiben nur die Quellenzeugnisse übrig, und diese stimmen, wie ich bereits erwähnte, zu Toeche's Annahme nicht gut. Ueberzeugend dagegen ist der Nachweis des Letztern [2], daß Heinrich VI. erst zu Anfang 1186 nach Italien gegangen sei. Bald darauf am 27 Januar fand seine Vermählung zu Mailand statt. Der neue Pabst Urban III., ein Mailänder, der auch noch Privatfeindschaft gegen Friderich I. hegte, that alle Geistlichen, welche bei der Feier in Mailand behülflich gewesen, in den Bann, und weihte dem Kaiser zum Trotz und indem er den ihm geschworenen Eid brach [3], den Dechanten Folmar zum Erzbischof von Trier. Damit war offener Krieg erklärt. König Heinrich verwüstete im Auftrage des Kaisers die Campagna und belagerte Orvieto [4]. Urban bereitete die Absetzung Friderichs vor. Diese Thatsache, auf welche schon Abel [5] hingewiesen hat, wird noch durch eine andre zeitgenössische Nachricht bestätigt, welche ihm entgangen ist. In der Chronik des Nikolaus von Amiens findet sich beim Jahre 1186 die Notiz [6]: Ex magnis causis oritur simultas inter Urbanum et Fredericum, ita quod papa imperatoris de-

---

[1] Romuald von Salerno (Muratori SS. VII, 214).
[2] S. 10.
[3] Gesta Trevir. c. 95.
[4] Bei diesem ersten Aufenthalt in Italien stellte Heinrich u. A. eine Urkunde aus, die in Toeche's Itiner. S. 69 fehlt und auf welche mich H. Dr. Th. Wüstenfeld aufmerksam machte. Wir kennen sie nur in dem Auszuge, der in einer Chronik von Saluzzo aufbewahrt ist (Muletti, Memorie storico-diplomatiche appartenenti alla città ed ai marchesi di Saluzzo 1829 II, 103 zu 1183 in den Monum. hist. patr. III, 879 richtig zu 1187). Nach dieser sehr bemerkenswerthen Urkunde kaufte Heinrich im März 1187 zu Asti vom Markgrafen Manfred von Saluzzo das Sturathal für 750 Mark Silber und 20 Mark Gold unter gewissen Bedingungen. Unter andern verspricht Heinrich, 'che non acceptaria nisiuno de mility e soldati del marchexe, che siano del suo paese'. Uebrigens geht aus der Urkunde des Markgrafen Bonifacius von Montferrat b. 6. Decb. 1197 hervor, daß dieser damals im Besitz des Sturathals war (Muletti 123. Mon. hist. patr. 883).
[5] König Philipp S. 11 und 299.
[6] Bouquet XVIII, 901.

positionem cogitat et ad hoc studiose laborat.
Der Tod Urban III., der versöhnliche Character seines nächsten
Nachfolgers, dann der Fall Jerusalems und der dadurch veranlaßte
dritte Kreuzzug waren Ursache, daß die feindlichen Gegensätze eine
kurze Zeit hindurch ruhten. Heinrich VI. war, während sein Vater
gen Syrien zog, in Deutschland als Reichsverweser zurückgeblieben.
Er nahm jetzt — im Sommer 1189 — den Plan, sich vom Pabste
krönen zu lassen, der an Lucius III. Widerstand gescheitert war,
wieder auf und kündigte auf das nächste Jahr einen Römerzug an.
Nur um einen solchen und nicht etwa um das sizilische Reich handelt
es sich damals [1]. Das steht fest. Heinrich wollte sich also in Rom
die Krone holen. Natürlich wird man annehmen, daß hier von
Erwerbung der Kaiserkrone die Rede ist. Toeche aber [2] ist
der Ansicht, daß Heinrich VI. sich nochmals zum Könige krönen
lassen wollte. Friderich habe, bevor er den Kreuzzug antrat, die Zustimmung Clemens III. erlangt, und Heinrich habe im August 1189
auf dem Hoftage zu Wirzburg den Heereszug auf das nächste Jahr
angesagt. Als er dann im Novbr. 1190 wirklich nach Italien hin
aufgebrochen sei, habe er die Kunde von dem inzwischen erfolgten
Tode seines Vaters erhalten und nun natürlich statt der Königs-
die Kaiserkrönung verlangt. Zum Beweise für seine Behauptung bringt Toeche die Zeugnisse von Schriftstellern und Urkunden.
Die ersteren entlehnt er den großen kölner und den pegauer Annalen.
Beide geben den Grund für den angekündigten Heereszug Heinrichs an.
Die kölner sagen [3]: quatenus in augustum ipse consecrari
debuisset Rome. Das sei zweideutig, bemerkt Toeche dazu, ja es
bezeichne sogar vieleher die Königskrönung. Muß schon diese Auslegung gezwungen erscheinen, so ist es noch vielmehr die Art, wie das
andre Zeugniß beseitigt wird. Dort heißt es nämlich [4] aufs Bestimmteste: pro imperiali benedictione a domno apostolico perci-
pienda. Was läßt sich da einwenden? Sed quis nescit, wird
entgegnet, auctores verba accurate distinguere non solere, sed
res verbis augere potius quam vera dicere inclinare? Es ist
aber doch — ganz abgesehen von dieser auch im Allgemeinen nicht
grade zutreffenden Behauptung — wahrlich kein genügender Grund
zu der Annahme, daß Abt Sigfrid von Pegau, der auf jenem Hoftage zu Wirzburg anwesend und ein Mann von sehr regem Geiste
war, nicht gewußt habe, um was es sich handle. Prüfen wir nun
die urkundlichen Beweise. 1) Am 23. Juli 1190 [5] bestimmen die
Gesandten Heinrich VI. die Leistungen des Bischofs von Padua bei
coronatione ipsius domini regis Rome peragen-
da. In derselben Urkunde ist von romana expeditione

---

[1] Wie ich in den gött. gel. Anz. 1858. S. 2021 dargethan habe.
[2] a. a. O. S. 23 ff.
[3] Mon. Germ. SS. XVII, 796.
[4] Mon. Germ. SS. XVI, 277.
[5] Muratori Antiqu. ital. II, 69.

usbrücke beweisen — was keiner Begründung be-
oeche's Ansicht: ebensowenig, wenn dort steht: post
.alem curiam, quam dominus rex in Ron-
Lombardia tenebit; denn so lange sich Heinrich
fhielt, war er noch König, auch wenn er sich auf
erkrönung befand. 2. In einer trientiner Ur-
.li 1190 kommt wider die expeditio romana
hof Konrad von Treviso theilt[2] am 1. Decb.
.n mit, er habe von dem römischen Könige Hein-
.lten, daß er cum exercitu honorifice apud
rdiae ad praesentiam praenominati regis se
cum ad coronationem suam et coro-
.dam paratus Romam foret iturus. In
.n Stellen fehlt allerdings das Wort Kaiser-
.mer nur „Krönung in Rom". Aber schwerlich
veis für Toeche's Behauptung dienen können;
.s es sich gegen dieselbe benutzen läßt. Wenn
.nach Rom zog, um die Krone zu holen, so
.Kaiserkrone, und man konnte deßhalb, ohne
.befürchten, blos von der „Krönung zu Rom"
.iigskrönung zu Rom war dagegen etwas so un-
.venn man eine solche gemeint hätte, dies viel
.:ichnet worden wäre. Doch ich vermuthe, daß
.: seiner Beweisführung selbst gefühlt hat und
.gleich zu erwähnende, Zeugniß zu seiner Annah-
.st, für die er dann — wie das zu geschehen
.rer Bestätigung suchte. Grade dies letzte Zeug-
.allerdings besondre Schwierigkeiten. Als Pabst
.m Jahre 1245 zum Conzil nach Lyon begab,
II. zu entthronen, brachte er eine Anzahl zum
.Kaisern herrührender Urkunden und Briefe mit,
.schen Friedrich und seinen Vorgängern rücksichts-
.ies zur römischen Kirche darzulegen. Am 13.
.iese Aktenstücke abschreiben und von 40 Präla-
.en, untersiegeln[3]. Eine Anzahl von Auszügen
.ehnte Mabillon einer Handschrift des Cardinal

---

angianus. Urkundenbuch des Hochstiftes Trient in
V, 102. Ich bemerke übrigens, daß dort 'profectus'
.u ändern sein dürfte; denn das 'semper augustus' zeigt,
.ich Heinrichs Krönung aufgeschrieben ward.
.acra V, 531.
.Aktenstücke auf 17 Pergamentrollen. Innocenz legte
.y nieder, wo sie bis zur französischen Revolution vor-
.)ann aus ihnen geworden, weiß man nicht. Bekannt
.Pergamentrollen, die sich in der kaiserlichen Bibliothek
.. Huillard-Bréholles Hist. dipl. Frid. Parisiis 1860.
.Anzahl Urkunden Friedrich II. aus jener Sammlung
.t.

Ottobonus, nachmaligen Pabstes Alexander VIII. Darunter findet sich auch der Inhalt eines Schreibens, welches Friderich I. an Clemens III. gerichtet habe [1] circa propositum, quod habebat (Clemens) de coronatione Henrici filii sui et Constantiae uxoris suae in regem et reginam Romanorum. Danach hätte also Friderich I. im Jahre 1189 vor Antritt seines Kreuzzuges Pabst Clemens III ersucht, Heinrich VI. zum römischen Könige zu krönen. Es ist um so schwieriger über den angeführten Brief abzuurtheilen, als vorläufig weder die Frage nach seiner Echtheit noch nach seinem Wortlaute beantwortet ist. Setzt man aber auch voraus, daß Alles zustimme, so würde doch höchstens folgen, daß Friderich den vorerwähnten Plan gehabt, keineswegs aber, daß auch Heinrich dabei stehen geblieben sei; denn aus den oben besprochenen Quellenangaben geht deutlich hervor, daß es sich schon auf der Versammlung zu Wirzburg im August 1189 um die Kaiserkrönung handelte. Aber — ich verhehle es nicht — es wird mir sehr schwer zu glauben, daß Kaiser Friderich seinen Sohn in Rom nochmals zum Könige krönen lassen wollte. „Heinrich war schon 1169 gekrönt, hat stets großes Ansehn gehabt, ja fast alle Hoheitsrechte geübt; die zweite Krönung erscheint also sehr überflüssig", sagt Toeche selbst. Aber — wendet er sich ein — Friderich habe, ehe er den Kreuzzug antrat, alle Angelegenheiten geordnet, gleichsam sein Testament gemacht. Damit hänge auch diese Krönungsangelegenheit zusammen. Signifi- cavit hacc a papa sollemniter repetita coronatio, Henricum etiam ab ecclesia successorem patris legitimum, esse constitu- tum, non modo designatum a principibus et electum, verum etiam ab ecclesia confirmatum. Fridericus id egisse videtur, ut Henricus, legitimus successor ab omnibus sollemniter agnitus, periculis, quae ipso absente imperio imminere videbantur, imprimis a Philippo coloniensi et ab Henrico Leone eo majore potestate et auctoritate posset resistere. Doch scheint mir das nicht sehr stichhaltig. Zuerst bedenke man, wie unerhört es war, daß der Pabst einen schon vor zwanzig Jahren gekrönten deutschen König nochmals zum Könige kröne. Wann wäre überhaupt außer Pippin, bei dem ganz andre Verhältnisse obwalteten, je ein deutscher König von einem der Päbste zum Könige gekrönt worden? Was konnte aber diese nochmalige Krönung Heinrich VI. gegen einen etwaigen Aufstand der Welfen nutzen? oder gegen Philipp von Köln, der ja einst selbst die kirchliche Weihe an dem neugewählten Herrscher voll- zogen? nahm z. B. Philipps Nachfolger nicht an dem großen Für- stenbunde von 1193 Theil, trotzdem der heilige Vater Heinrich VI. zum Kaiser gekrönt hatte? Viel einleuchtender erscheint dagegen, daß Friderich bei dem guten Einvernehmen mit Clemens III. gesucht ha- ben wird, das jetzt zu erreichen, was ihm einige Jahre vorher Lu- cius III. abgeschlagen hatte.

---

[1] Martène Collectio amplissima II, 1230.

Heinrich VI. trat zu Ende 1190 seinen Römerzug an und stieg über den Brenner in die lombardische Ebne hinab. Er trat sofort mit Clemens III. in Unterhandlung [1], in Folge deren bestimmt ward, daß Heinrich zum Osterfeste nach Rom kommen sollte [2]. Doch vorher starb Clemens am 25. März 1191. Die Verhandlungen mußten mit dem an seiner Statt gewählten Cölestin III. aufs Neue beginnen. Dem Könige lag natürlich daran, daß seine Krönung möglichst bald vollzogen würde und er zur Eroberung des sicilischen Reichs aufbrechen könne. Der Pabst dagegen suchte die augenblicklich günstige Lage zum Besten der römischen Kirche auszubeuten. Er forderte einmal [3] Herstellung des Patrimonium Petri in vollem Umfange [4], d. h. Rückgabe der mathilbinischen Güter, über deren Besitz dem Frieden zu Venedig gemäß im J. 1192 durch ein Schiedsgericht hätte verfügt werden sollen — sodann: Preisgabe der Stadt Tusculum [5]. Diese kaiserlich gesinnte Stadt hatte sich zum Schutz gegen die Römer von König Heinrich eine Besatzung ausgebeten und auch erhalten. Die Römer, den Tusculanern besonders seit dem Jahre 1167 [6] todtfeind, verbündeten sich mit dem Pabste zum Verderben der ihnen verhaßten Gegner, wie sie es schon früher mit Clemens III. gethan hatten. Jene wollten nur ihrem Groll freien Lauf lassen, dieser sollte das Gebiet der zu zerstörenden Stadt erhalten und mußte es außerdem als Gewinn ansehn, wenn die sehr kaiserliche Stadt für immer beseitigt war. Deßhalb also verlangte er von dem heranziehenden deutschen Könige die Uebergabe von Tusculum: nur wenn diese erfolgt sei, werde er ihn krönen. Heinrich, niemals bedenklich in der Wahl der Mittel und nur die baldige Erreichung seines Zieles anstrebend, willigte ein. Aber er durfte, um wenigstens den Schein zu wahren, die Stadt, der er eine Besatzung gesandt und die von Alters her um das Kaiserthum verdient war, nicht unmittelbar ihren erbittertsten Feinden überantworten. So ergriff man den Ausweg, daß der König Tusculum an den Pabst, dieser es an die Römer auslieferte. — Gewiß war das Verfahren des Pabstes dabei inhoneste et dolose, auch Heinrich VI. Handlungsweise wird man vom Standpunkt der Sittlichkeit aus verwerflich finden; wenn Toeche dagegen sie gleichzeitig als „unklug" bezeichnet, so scheint mir das, was er zur Begründung anführt, nicht richtig. Er meint, der Besitz Tusculums sei von solcher Wichtigkeit gewesen, daß Heinrich es um keinen Preis opfern

---

[1] Benedict von Peterborough (Bouquet XVII, 511).
[2] Roger von Hoveden (Savil SS. rer. angl. Francof. 1601 p. 689).
[3] Dies hat Sugenheim, Gesch. der Entstehung u. Ausbildung des Kirchenstaates. Leipzig 1854 S. 101, übersehn.
[4] Reinhardsbr. Ann. ed. Wegele 47. — Roger von Hoveden a. a. O. — Contin. Sigeb. aquicinct. (Mon. Germ. SS. VI, 427).
[5] Vgl. Sugenheim a. a. O. S. 115 ff. und Papencordt, Gesch. der Stadt Rom im Mittelalter. Herausgeg. von Höfler. Paderborn 1857. S. 275 ff.
[6] Toeche hat das Verdienst, durch verständige Abwägung und richtige Verbindung der verschiedenen Quellenangaben über die Preisgabe Tusculums zu sicherm Resultat gelangt zu sein.

durfte. Er hätte nur ungekrönt gegen die Normannen ziehn sollen; wenn er dann siegreich zurückgekommen wäre, würde er die Kaiserkrone ohne Mühe erhalten haben. Wie aber, wenn ihm — und das war bekanntlich auch der Fall — die Unternehmung gegen Neapel mißglückte? dann durfte er doch von dem ihm feindlich gesinnten Pabste noch weniger Nachsicht erwarten. Auf der andern Seite war ihm der Besitz der Kaiserwürde förderlich bei seinem weitern Vorbringen in Italien den Anschauungen der Zeit gemäß. Was aber Tusculum angeht, so darf man die Bedeutung dieses Platzes nicht überschätzen, da es ja auch sonst in Italien eine ganze Anzahl gut kaiserlicher Städte gab. Weit eher könnte man sich wundern, daß Heinrich, der erfüllt von seiner Stellung und entschlossen war, nicht blos sie ungeschmälert zu bewahren, sondern sie zu erweitern, doch die mathildinischen Güter aufgeben wollte. Indeß das kam ihm auch kaum in den Sinn: er versprach es eben nur, und wir wissen, daß er es mit der Erfüllung unbequemer Vrrsprechungen nicht so genau nahm. In der That hat er auch diese nicht gehalten. Er ist vielmehr der Erste, der seit den Zeiten Gregor VII. die weltliche Macht des Pabstes so gut als völlig vernichtete [1].

Die erste Unternehmung Heinrich VI. gegen Unteritalien, die so glücklich begonnen, nahm vor Neapel ein klägliches Ende. Krank und kaum dem Tode entronnen kehrte der schwer geprüfte Kaiser nach Deutschland zurück, ohne daß er seine Gemahlin, die in feindliche Gefangenschaft gerathen war, hätte befreien können. Nach seinem Abzuge setzten die Feldherrn, welche er in festen Plätzen des Landes zurückgelassen, der Markgraf Dipold von Vohburg [2], Konrad von

[1] Gesta Innoc. III, c. 8; vgl. Sugenheim a. a. O. 102. Treffend sagt derselbe S. 91: „des römischen Stuhles Streben, die mathildinische Schenkung nicht allein geltend zu machen, sondern ihr auch statt der beregten wirklichen die von ihm gewünschte Ausdehnung zu vindiziren, d. h. auch die Reichslehen der Gräfin und namentlich die großen: Toskana, Spoleto und Camerino, in den Kreis derselben zu ziehen, hat dem Kampfe zwischen den Nachfolgern des heil. Petrus und den deutschen Kaisern durch anderthalb Jahrhunderte ein sehr bedeutsames weltliches Moment beigemischt. Wir werden nicht bezweifeln dürfen, daß die Dauer dieses hartnäckigen Streites wesentlich abgekürzt worden, daß sein Ausgang für Deutschland wol ein minder beklagenswerther gewesen sein würde, wenn er nur aus den geistlichen Interessen und Motiven, die ihn entzündet und nicht auch aus der Begierde der Statthalter Christi, mit der ganzen Hinterlassenschaft Mathildens das weltliche Fürstenthum des heil. Stuhles zu vermehren, fortwährend seine Nahrung gesogen hätte. Wenigstens tritt uns die Wahrnehmung wiederholt entgegen, daß die Päbste von dem, was sie als der Kirche unveräußerliche Rechte oft proclamirt, gern einen Theil opferten, sowie die deutschen Reichshäupter zu Concessionen bezüglich des mathildinischen Nachlasses sich herbeiließen, wie auch, daß zwischen den Trägern der Tiara, sobald sie das angedeutete Ziel erreicht, und den deutschen Kaisern längere Zeit ein ganz erträgliches Verhältniß waltete und ohne den übermächtigen Einfluß des französischen Hofes auf jene wohl noch viel länger gewaltet haben würde. Das war die welthistorische Bedeutung der mathildinischen Schenkung."

[2] Toeche S. 43 nennt ihn sonderbarerweise „Diopuldum quendam".

Marlei und Konrad Lützelinhard den Kampf mit abwechselndem
Erfolge fort (1191—1194). Die Hoffnung von Seite des Gegen=
königs Tankred, durch Freilassung der Kaiserin Constanze[1] vielleicht
ein friedliches Abkommen mit Heinrich VI. zu schließen, schlug fehl.
Er suchte daher jetzt sich durch ein Ehebündniß König Rogers[2] mit
Irene, der Tochter des byzantinischen Kaisers, zu verstärken und aber=
mals das Glück der Waffen zu erproben. Es war ihm günstig, al=
lein in kurzer Zeit raffte der Tod erst den jungen Roger und dann
Tankred selbst hin. Wer wollte nun dem deutschen Kaiser das Kö=
nigreich streitig machen?

Ende Mai 1194 zog Heinrich VI. über den Splügen nach Ita=
lien. Die beiden Nebenbuhlerinnen Genua und Pisa wußte er durch
kluge Versprechungen auf kurze Zeit wenigstens in seinem Dienste
zu vereinen[3]. Ihre Flotten langten nach der Einnahme von Gaeta
vor Neapel an, das sich ohne Schwerdtstreich ergab — grade drei
Jahre, nachdem einst der Kaiser unverrichteter Sache von da hatte
abziehn müssen. Vor Messina brach der alte Groll zwischen Pisa=
nern und Genuesen zu hellen Flammen aus. Toeche sucht in seiner
Darstellung beiden Theilen gerecht zu werden und macht widerholt
auf die einseitige und parteiische Färbung des genuesischen Berichts
aufmerksam. Dagegen läßt sich wol Nichts einwenden; nicht jedoch
möchte ich ein Gleiches sagen von der hyperkritischen Behandlung,
welche dem schwarzwälder Chronisten Otto von Sankt Blasien hier
zu Theil geworden ist[4]. Wollte man auch die an einigen andern
Stellen[5] erhobnen Zweifel, die freilich hätten begründet werden müs=
sen, gelten lassen, so ist doch nicht abzusehn, mit welchem Rechte über
die Erzählung von Heinrich VI. Einzuge in Palermo geurtheilt wird[6]:
vix vero dubium est, quin plurima ad libitum ad-

---

[1] Die Gefangenschaft und Freilassung der Kaiserin erörtert Toeche S 46
ff. So lange Tankred sie in seiner Gewalt gehabt — heißt es da — quod
.. legitime videretur possidere regnum eoque populi animos in suas partes
duceret. Allein die Kaiserin war nicht wie ein Kronabzeichen, an deren Be=
fitz man zuweilen die Herrschaft geknüpft sieht. Toeche widerlegt sich auch auf
der folgenden Seite selbst, indem er ganz richtig bemerkt, daß Heinrich auch
ohne Constanze noch sein Anrecht auf das Normannenreich als 'heres legitime
constitutus' behielt. Es war daher — wie S. 48 hervorgehoben wird — nur
verständig, nicht bloße Anwandlung von Edelmuth, wenn Tankred dem Drang
der Verhältnisse nachgab und die Kaiserin entließ.

[2] Die Zeit von Rogers Krönung und Verlobung hat Toeche S. 49, wie
mir scheint, richtig festgestellt; er irrt aber darin, daß er annimmt, die Ehe
sei wirklich vollzogen worden (S. Stälin Wirtemberg. Gesch. II, 134. Abel
König Philipp 320).

[3] Mit Recht setzt Toeche (Anm. 139) die dort erwähnte Urkunde für
Pisa in das Jahr 1192. Vgl. über Pisa auch, was ich weiter unten S. 449
Anm. 2 angeführt habe.

[4] S. dagegen Stälin Wirtembergische Geschichte II, 9: „Otto gibt —
viele schätzbare, genaue Nachrichten, zum Theil nach den Aussagen von Au=
genzeugen".

[5] S. 48 Anm. 125. S. 50 Anm. 131.

[6] S. 56 Anm. 153.

diderit. Warum soll die anschauliche, hübsche und ins Einzelne gehende Schilderung Otto's nur eine Ausgeburt seiner Phantasie sein? Ich sehe keinen Grund, diesen offenbar von einem Augenzeugen herrührenden Bericht anzuzweifeln.

So lag denn also auch Palermo zu Heinrichs Füßen, und als kurze Zeit darauf mit der Familie Tankreds ein friedliches Abkommen getroffen war, konnte die Eroberung des Normannenreiches als vollendet angesehn werden. Die feierliche Krönung des deutschen Königs und römischen Kaisers zum Könige von Sicilien drückte der fertigen Thatsache das letzte Siegel auf.

Wann diese Krönung stattgefunden habe, ist nicht ganz leicht festzustellen. Toeche sagt [1] darüber Folgendes. Eingezogen in Palermo sei der Kaiser am 30. November [2], und es stehe fest, daß erst nach seinem Einzuge die Wittwe Tankreds durch gütliche Verhandlungen zur Herausgabe der Krone bewogen worden sei. Ferner besäßen wir zwei Urkunden der Kaiserin Constanze vom Jahre 1195, die eine [3] im 'Novb. regn. Sicil. a. primo', die andre [4] im 'Decb. regn. Sicil. a. II.' ausgestellt. Daher müsse die Krönung Mitte December stattgefunden haben. Freilich stehe dann noch eine Urkunde [5] im Wege, welche a. 1194 exeunte m. Novbr. — regn. Henr. — a. I. regni Sicilie' gegeben und daher mit der eben erwähnten Annahme nicht zu vereinigen sei. — Was den Tag der Krönung anlange, so wären zwar zwei Nachrichten überliefert, aber die eine des Radulf de Diceto [6] gebe den 23. Oktober (X. kal. Novbr.), während sich doch Heinrich urkundlich noch am 28. Oktober in Messina befunden habe: die andre in den aachner Annalen [7] nenne das Weihnachtsfest, allein sie stehe ganz vereinzelt da; somit lasse sich der Tag nicht feststellen.

1. Ich ziehe die Nachricht der hier aus gleichzeitiger Quelle geschöpften und zuverlässigen marbacher Annalen [8], welche Heinrichs Einzug auf den 20. November ansetzt, der des Anhangs zum Gaufred Malaterra vor (in welchem übrigens vielleicht auch anstatt ultimo' ein 'vigesimo' zu lesen ist).

2. Ich halte es für sehr wahrscheinlich, daß sich Heinrich VI im Besitze von Neapel und Palermo König von Sicilien genannt haben wird, auch schon vor der feierlichen Krönung. Unter dieser Voraussetzung stimmen die Zeitangaben aller hier angeführten Urkunden überein.

---

[1] ebend. Anm. 155.

[2] Appendix ad Gaufred. Malaterr. (Muratori SS. V, 603).

[3] Huillard-Bréholles Hist. dipl. Frid. II. II, 345.

[4] Pirri Sicilia sacra ed. Mongitore II, 1294.

[5] Mongitoris Sacr. dom. mansionis ss. trinit. mil. ord. theuton. urbis Panormi mon. hist. p. 10 in Graevii Thesaur. ant. et hist. Sicil. vol. XIII.

[6] Bouquet XVII, 650.

[7] Mon. Germ. SS. XVI, 687.

[8] ebend. XVII, 166.

3. Als Tag der Krönung nehme ich den 25. December an; denn wenn sie auch allein stände, so wäre das doch kein genügender Grund, diese gleichzeitige Nachricht des aachner Annalisten zu verwerfen. Dies ist aber nicht einmal der Fall, da Roger von Hoveden[1] dieselbe Angabe hat. An und für sich betrachtet hat sie sogar viel Wahrscheinliches. Die Krönung wurde viel feierlicher, wenn sie an einem hohen kirchlichen Feste stattfand. So wurde Heinrich an Mariae Himmelfahrt zum deutschen Könige, am zweiten Ostertage[2] zum römischen Kaiser gekrönt. Wenn er erst Mitte December im Besitz der Krone war, was war da natürlicher, als daß er nun noch die kurze Zeit bis Weihnachten wartete?

4. Die Angabe Rabulfs läßt sich vielleicht theilweise halten. Liest man anstatt 'receptus, X. kal. Novb.' 'receptus XII. kal. Decb.', so erhält man denselben Zeitpunkt für Heinrichs Einzug in Palermo, den die marbacher Annalen geben und der Chronist hätte nur darin geirrt, daß er dem Einzuge gleich die Krönung folgen läßt. —

Dem prächtigen und friedlichen Schauspiele der Krönung, mit welchem das Jahr 1194 für Palermo abschloß, folgte zum Beginn des neuen Jahres 1195, wie ein schneidender Gegensatz, Aufruhr und dessen gewaltsame Unterdrückung. Die Familie Tankreds verschwor sich mit den vornehmsten Sicilianern gegen den neuen Herrscher, der nun seinerseits strenge Strafen über die Schuldigen verhängte. Bei den widerstreitenden Angaben, welche über diese Ereignisse auf die Nachwelt gekommen sind, ist es äußerst schwierig, eine bestimmte Entscheidung bei Feststellung von Einzelheiten zu treffen. Toeche hat eine Prüfung der Quellenberichte versucht. Was die

---

[1] Bouquet SS. XVII, 574.

[2] Warum Toeche S. 34 und in dem 'Itinerarium italicum' S. 70 die Kaiserkrönung Heinrichs auf den 14. April verlegt, während doch fast alle Quellen den 15. haben, ist nicht abzusehen. Das ebenerwähnte Itinerarium Henrici VI. umfaßt die Jahre 1186 — 1195 und enthält über vierzig Urkunden mehr als der betreffende Abschnitt in Boehmers Regesten. Ich füge noch Einiges bei. 1191 März 1. Pisa (Allg. Zeitschr. f. Geschichtswissenschaft V, 42). S. 71 ist zwischen Neapel und Pisa Rieti einzuschieben (nach Giselbert von Mons-hennegauischer Chronik bei Bouquet SS. XVIII, 407). 1194 im Sept. schreibt Heinrich 'consulibus et universo exercitui galearum Pisanorum', er werde der Bequemlichkeit halber von Salerno aus durch das Thal Conäre (? vermuthlich Controne im Valle di Diano unweit von Salern) gehen. Sie sollten 'pacem firmam' unter sich (d. h. wol mit den Genuesen) halten, seine und des Reiches Interessen fördern und seinen Getreuen Markgraf D(ipold von Vohburg) A(rnold) von Horenb(erg) und Truchseß Marquard (von Anweiler) folgen. Er zeigt ihnen sodann die Einnahme von Amalfi, Potenza u. a. Städten an und schließt mit den Worten: et dum haec scribuntur, eramus in expectatione nunciorum super redditione Brandusii et totius marittimae (E. V. Montazio — richtiger Tronci — Annali di Pisa, Lucca 1842. I, 387 irrig zu 1191; die richtige Zeitbestimmung ergiebt der Inhalt des Schreibens). — 1195 April 27 Ortona, Juli 1 Pisa (Notizenbl. z. Arch. f. österr. Gesch. 1851. S. 180, 1852. S. 371).

Verschwörung selbst angeht, so meint derselbe [1], es sei ihre Anstiftung um der Herrschaft willen und bei dem Haß gegen die Deutschen wol glaublich: andrerseits könne man Heinrich VI. unbedenklich zutrauen, daß er zur Erreichung seiner Zwecke die ganze Sache nur erdichtet habe. Er wagt deßhalb nicht eine Ansicht aufzustellen. An einer andern Stelle [2] dagegen thut er es doch: si conspiraverant denique, quod cum sola libidine commotum tanta supplicia sumpsisse Henricum vix possimus credere, factis videtur probari cet.' In Bezug auf die Härte und Grausamkeit, mit der Heinrich VI. in Sicilien verfahren sein soll, ist Toeche geneigt, möglichst wenig davon für wahr zu halten. Hierbei wird man ihm soviel zugeben müssen, daß einzelne von den Zeitgenossen überlieferte Züge das Gepräge der Uebertreibung und Unwahrscheinlichkeit an sich tragen, daß ferner die Aussagen späterer Schriftsteller hier keine Beachtung verdienen, endlich daß man, um billig zu sein, bei der Beurtheilung den Grad der allgemeinen Civilisation in jenem Zeitalter berücksichtigen muß. Man wird sich also z. B. sagen, daß die Handlungsweise Heinrich VI. und die Gräuelthaten, welche leider noch in unsern Tagen unter der Bourbonenherrschaft in Süditalien verübt worden sind, nicht mit gleichem Maße gemessen werden dürfen. Aber auch schon am Ausgange des 12. Jahrhunderts fand man das Loos der sicilischen Aufrührer erbarmenswerth und aus dem Schauer, den man darüber empfand, erklären sich vielleicht zum Theil die übertreibenden Berichte, die wir — merkwürdig genug — auch bei deutschen Schriftstellern und zugleich bei den entschiedensten Anhängern des staufischen Geschlechts finden. Es genügt, Burkhard von Ursperg [3] und Otto von St. Blasien [4] zu nennen.

Godfrid von Viterbo [5] ermahnte einst den zwanzigjährigen Heinrich:

Si scelus ulcisci ratio citissime poscit,
Rex age, quid subito tua debeat ultio nosci.
Ultio tarda fovet crimina, damna movet.

. . . .

Crimina non fieri regia poena facit.

Eine derartige Mahnung fiel auf einen um so fruchtbarern Boden, als sich schon früh in Heinrich eine Hinneigung zur Härte und

---

[1] S. 58.

[2] S. 62.

[3] Chron. ursperg. ed. Argentor. 1609. p. 232.

[4] Die Angaben Otto's scheinen mir übrigens durchaus nicht so völlige Nichtachtung zu verdienen, wie Toeche meint. Das Loos derjenigen, welche nach Deutschland gebracht wurden, scheint er ganz gut gekannt zu haben, was ich besonders aus den eingehenden Ortsangaben schließe. Er weiß, daß Tankreds Sohn in Chur des Augenlichts beraubt ward und in Hohenems gefangen saß, daß Sybilla in das Kloster Hohenburg gebracht ward. Diese letztere Angabe wird in den marbacher Annalen zu 1195 (Mon. Germ. SS. XVII, 89) bestätigt.

[5] Muratori SS. VII, 468.

Grausamkeit gezeigt hatte. Toeche hat selbst[1] einige dahin gehörige Notizen zusammengestellt. Im Allgemeinen erinnere ich nur noch an die ungeheure Verschiedenheit zwischen Heinrichs Gemüthsart und der seines Bruders Philipp: diesem wagte selbst von der feindlichen Partei Keiner in der Leidenschaft des Bürgerkrieges etwas Uebles nachzusagen. Heinrichs Härte im sicilischen Reiche dagegen haben bei aller sonstigen Anerkennung dieses so bedeutenden Kaisers doch Schriftsteller aller Nationen überliefert. Wie Heinrich verfuhr, sehn wir u. A. aus dem Zeugniß Innocenz III.[2]. Toeche verwirft es freilich, weil dieser Pabst zu den heftigsten Feinden Heinrich VI. gehört habe. Aber wie ist es denkbar, daß Innocenz in einem Briefe an alle deutsche Fürsten so gesprochen hätte, wenn die darin vorgebrachten Thatsachen falsch wären? Dagegen ist es bezeichnend, daß er von einer den Sicilianern hinterlistig aufgebürdeten Ver- schwörung keine Silbe sagt, sondern über die eigentlichen Ur- sachen ihres Schicksals wegschlüpft und nur die Verweichlichung und sittliche Verkommenheit des ganzen Volkes als den Grund des einge- brochnen Unheils wie einer göttlichen Strafe verkündet. Und gewiß wird man bei genauer Abwägung der Quellenberichte an der That- sache, daß Verschwörungen und Aufruhrversuche gegen die deutsche Herrschaft angestiftet worden sind, nicht zweifeln dürfen. Man darf aber nicht übersehn, daß zwei derartige Bewegungen stattge- funden haben, die erste zu Anfang 1195, die zweite in Heinrich VI. letztem Lebensjahre zwischen dem Sommer 1196 und dem von 1197. Nur einige Autoren haben diese zwei Aufstände unterschieden, so z. B. der von Toeche nicht angeführte Robert von Auxerre[3], der aber als Zeitgenosse und, weil weder Deutscher noch Italiener, von besondrem Gewichte ist. Die meisten Schriftsteller werfen beide Ereignisse zu- sammen und beziehn daher auch die vom Kaiser verhängten Strafen nur entweder auf den zweiten oder auf den dritten Aufenthalt Hein- richs im Normannenreiche. An dem zweiten Aufstand wird man um- soweniger zweifeln können, als auch ein italienischer Chronist, Richard von San Germano[4], eine, wenn auch spärliche, Kunde davon giebt. Einzelheiten lassen sich auch hier schwer feststellen, nur soviel scheint sich aus den Zeugnissen des vorhergenannten Robert und des mar- bacher Annalisten[5] sicher zu ergeben, daß Heinrich VI. sehr in Noth

---

[1] S. 3 Anm. 6.

[2] Epp. ed. Baluz. I, 26: „„usque adeo in eos furor exarsit, ut qui- dam eorum turpi morte damnati, in tribulatione cordis et corporis animas exhalarent; quidam membrorum mutilatione deformes, fierent abjectio plebis et ludibrium populorum, majores vero ipsorum compedibus et nobiles ma- nicis ferreis alligati captivi — in Teutonia macerarentur etc.

[3] Bouquet SS. XVIII, 261.

[4] Muratori SS. VII, 977.

[5] a. a. O. 90 u. 91; vgl. auch Roger von Hoveden a. a. O. S. 585.

dabei gerieth und sich nur durch die Flucht rettete.   Auch scheinen die Aufrührer einen Gegenkönig ernannt zu haben [1].

Während der Statthalterschaft der Kaiserin Constanze, die wahrscheinlich milder geherrscht haben wird, verlautet von innern Unruhen Nichts.   Sie war als Heinrich VI. im Frühjahr 1195 sein sicilisches Erbreich verließ, mit der Verwaltung desselben betraut worden. Man hat früher vermuthet, daß Konrad, der erwählte Bischof von Hildesheim, für sie die Regierung geführt oder doch den meisten Einfluß geübt habe [2].   Mit Unrecht: vielmehr hat die Kaiserin allein das unteritalische Königreich fast ganz selbstständig geleitet [3].

---

[1] Marbacher Ann. (a. a. D. 167). — Otto von Sankt Blasien (a. a. D. 622 u. 623), der aber auch beide Aufstände vermengt; vgl. Albert von Stade (Mon. Germ. SS. XVI, 352—3).

[2] Lüntzel Gesch. der Diöcese u. Stadt Hildesheim I, 483.

[3] Wie Toeche S. 63 bemerkt u. S. 74—76 durch Urkunden Constanzes darthut.

Ich füge noch einige Ergänzungen bei, deren Nachweis ich Herrn Dr. Theodor Wüstenfeld in Göttingen verdanke.

1. Die von Toeche S. 12 Anm. 25 mit Recht angefochtene Darstellung des Sigonius gründet sich, wie es scheint, auf eine alte Chronik von Orvieto. Wenigstens heißt es in der Cronaca latine estratta da altra cronaca scritta da Tommaso di Silvestro, canonico, sulla fine del secolo XV (in Cronica inedita degli avvenimenti d'Orvieto e d'altre parti d'Italia dall' anno 1333 all' anno 1400 di Fr. Montemarte conte di Corbara ... dal F. A. Gualterio. Torino 1846. II, 212) beim J. 1185: Pax facta fuit inter regem Henricum et Urbevetanos, qui obsedit civitatem urbevetanam tribus annis, cujus militia mansit in Repeseno.

2. Urkunden Heinrich VI.

1186 Juni 24 „in obsidione Urbis veteris" Urkb. für die fratres de eremo Fontis-avellane.   Zeugen u. a.: Magister Godefridus viterbiensis noster capellanus.   Petrus urbis praefectus (scil. Romae).   Bertoldus legatus Italiae (Mittarelli Ann. camald. IX, 35).

1186 'Novbr. Jesi a favore de monaci di Porto Novo d'Ancona' (angf. in Memorie istorico-critiche della chiesa e de vescovi di Osimo raccolte ... da Msgn. Pompeo Compagnoni.   Opera postuma continuata da .... Filippo Vecchetti.   In Roma 1732. 4. II, 42).

1187 Juli 30 für ein Kloster in Ascoli (angf. ebend. 46).

1191 Nov. 30 auch bei Conti Notizie storiche di Casale I, 365.

„   Dec. 8   „   „   „   „   „   „   „   „   „ 367.

1194 mense Januar.   Urkb. für Johann Cicala, Bischof von Cefalu (im Auszug. bei Pirro Sicilia sacra II, 804).

1194 Mai 26 apud Clavennam, bestätigt der Commune Asti, was sie besitzt und in Zukunft besitzen wird (Mon. hist. patr. Chartar. t. II, 1161).

1196 März. 'Eodem anno (1196) imperii quinto regni Siciliae 2. mense Martii 14. indict. noster episcopus (von Cefalu) receptis literis imperatoris Syracusas se contulit, praedia ecclesiae s. Luciae ad suum jus spectantia lustraturus'.

3. Urkunden der Kaiserin Constanze.

1195 Nov. 2 ist nochmals gedruckt in Garruba Serie critica di sacri pastori baresi.   Bari 1844. p. 243.

1196. 'Per id tempus imperatrix cephal. ecclesiae molendinum Scillati — — restituendum praecepit' (Pirro Sic. s. II, 804).

apst Hadrian I und die weltliche Herrschaft des römischen Stuhls.

Von

S. Abel.

lß den Gründer der weltlichen Macht des römischen Stuhls pflegt
ın mit Recht Gregor den Großen zu betrachten. Nicht ganz so
ht ist es, zu sagen, wer der Gründer des Kirchenstaates war.
an schreibt dieses Verdienst gewöhnlich den fränkischen Königen
ppin und Karl dem Großen zu; aber viel mehr als ihnen gebührt
den Päpsten selber. Geraume Zeit vor Pippin begründete Gre=
: II. seine weltliche Herrschaft im Ducat von Rom; die erste
acht aber, welche den Papst als selbständigen Herrscher in diesem
biet anerkannte, waren nicht die Franken, sondern die Langobarden,
en König Liutprand mit Papst Zacharias Frieden ausdrücklich für
ı römischen Ducat schloß [1]. Nachdem auf diese Weise der Grund
einer selbständigen Herrschaft des Papstes gelegt, und dieselbe
ı der Hauptmacht Italiens, den Langobarden, bereits anerkannt
r, gelang es den Päpsten auch die Franken in ihr Interesse zu
jen. Derselbe Gregor II., welcher der kaiserlichen Herrschaft im
nischen Ducat ein Ende machte, hatte auch Bonifacius mit Voll=
chten versehen, um die fränkische Kirche in den Organismus der
jemeinen römischen einzufügen; aber noch in der letzten Zeit seines
ıns wies Karl Martell die Anerbietungen, durch welche Gregor III.
ıe Hülfe zu gewinnen suchte, zurück [2]. Erst Pippin ging auf die
rbindung mit Rom ein; er erkannte die hohe Bedeutung, welche
kirchliche Thätigkeit des Bonifacius für die Zukunft seines Reiches
te, und begünstigte sie; dennoch ist es ungewiß, ob er dem Ruf
: Papstes Folge geleistet hätte, wenn nicht der Wunsch, die könig=
e Würde in seiner Familie durch die Weihe der Kirche befestigt
sehen, noch bei ihm hinzugekommen wäre. Als Stefan II. mit=
: im Winter über die Alpen zu ihm ins fränkische Reich kam,
ırde er von Pippin, wie früher Zacharias von Liutprand, als
ltlicher Herrscher im römischen Ducat anerkannt [3]; Pippin machte

---

[1] Vita Zachar., Muratori SS. rer. ital. III*a*, 162 B. Auch die vier
ı römischen Ducat gehörigen Städte Ameria, Horta, Polimartium und
:ra gab Liutprand dem Papst zurück, der eben nur deßhalb, weil sie zum
ıcat gehörten, Anspruch auf sie erheben konnte. Auch darin lag die Aner=
nung des Papstes als Herrn des Ducats.

[2] Cenni I, 19; über die Chronologie vgl. Jaffé, Reg. pont. p. 183.

[3] Ausdrücklich ausgesprochen ist dieß nicht; aber diese Anerkennung war
nothwendige Voraussetzung, worauf das ganze Einschreiten Pippins zu
ınsten des Papstes beruhte. Wenn daher auch nicht einmal Pippin selbst
ausdrücklich aussprach, so ist es doch wichtig hier diesen Punkt besonders
:vorzuheben.

ihm die bekannte Schenkung von Kiersy, worin er nicht bloß die Rechte der Kirche zu schützen, sondern auch die Ansprüche, welche der Papst als weltlicher Herrscher im Ducat von Rom auf andere früher kaiserliche Gebiete erhob, zu befriedigen versprach[1].

Die Grundlage zum Kirchenstaat haben also nicht die fränkischen Könige, sondern die Päpste gelegt. Was Pippin für den Papst that, war nicht die Gründung einer neuen, sondern nur die Befestigung und Erweiterung der schon vorhandenen Herrschaft. Nicht mehr aber, ja fast noch weniger hat Karl der Große für den Papst gethan. Dieß zeigt sich nirgends deutlicher als in den Beziehungen Karls zu Hadrian I. Man war lange gewöhnt, von dem Verhältniß Karls grade zu diesem Papst als von einem Verhältniß nächster Freundschaft zu reden. In gewissem Betrachte mag dieß richtig sein; aber in seiner Eigenschaft als weltlicher Herrscher hat der Papst diese Freundschaft nicht erfahren.

Wir haben im Folgenden von der Thätigkeit zu reden, die Hadrian zum Zweck der Sicherung und Vergrößerung seiner weltlichen Herrschaft entwickelte. Dabei steht neben Hadrian fortwährend Karl der Große im Vordergrund, so daß wir auch auf die Beziehungen Hadrians zu Karl, wenigstens in einer Richtung, werden eingehen müssen.

Während der fränkische König rastlos thätig ist, um in seinem Staate die Lehren und Einrichtungen der christlichen Kirche zur Geltung zu bringen, sehen wir den römischen Bischof unablässig bemüht, die Besitzungen seiner Kirche weiter auszudehnen. Während Karl darauf bedacht war, sich zu jenem Zwecke die moralische Unterstützung des Papstes zu sichern, hatte er gleichzeitig die wachsenden Ansprüche desselben abzuwehren. So sind die Beziehungen zwischen dem Papst und Karl doppelter Art: sie betreffen theils das Bestreben Karls, die fränkische Kirche nach dem Muster der römischen und unter Mitwirkung des Papstes umzugestalten; theils das Streben des Papstes nach Erweiterung seiner Herrschaft. Dort erscheint Karl schaffend und handelnd, hier giebt der Papst den Anstoß und Karl tritt zurückhaltend und ablehnend auf. Mit diesem letzten Verhältniß haben wir uns zu beschäftigen.

Dabei kann es sich nicht darum handeln, auf die rechtliche Seite in dem Verhältniß Karls zu Rom und des Papstes zum fränkischen König ein besonderes Gewicht zu legen; wir betrachten die Frage nach dem Verhältniß des Papstes zu Karl als eine Frage der Macht, und untersuchen, welche Mittel der Papst anwandte, um seinen Einfluß in Italien hauptsächlich durch Vermehrung seines Landbesitzes zu erhöhen. Hier kommt zunächst die Schenkung Karls von 774 in Betracht, dann aber die Versuche Hadrians ihre Vollziehung zu bewirken, und die Beziehungen überhaupt, in welchen wir seit 774 Hadrian zu Karl finden.

---

[1] Vgl. das Genauere unten.

Karl machte die bekannte Schenkung bei seinem ersten Besuch
n Rom zu Ostern 774. Es ist nicht unwichtig, sich der Verhält-
isse zu erinnern unter welchen Karl nach Rom kam. Er hatte be-
eits einen großen Theil des langobardischen Reiches erobert, und
 Monate vor Pavia gelegen, wo der König Desiderius selbst sich
ngeschlossen hatte; ehe aber die Stadt eingenommen war, begab er
ch nach Rom. Zur Fortführung der Belagerung ließ er sein Heer
or Pavia zurück. Er konnte schon damals mit Sicherheit auf die
Bewältigung der Stadt rechnen [1]. Nirgends wurde ein Versuch
emacht, dem Desiderius Entsatz und Hülfe zu bringen; seine Un-
rthanen fielen massenweise von ihm ab; das ganze Herzogthum
Spoleto entzog sich seiner Herrschaft und schloß sich dem Papst an [2].
Dagegen hatte Karl dringende Veranlassung zu einer Zusammenkunft
it dem Papst. Ein Einfall der Sachsen ins fränkische Reich rief ihn
ber die Alpen zurück [3], und doch durfte er, wenn er nicht auf halbem
Wege stehen bleiben wollte, Italien nicht verlassen, ohne die neue Ordnung
ihren Grundzügen festgestellt zu haben, und dazu war eine Vereinigung
it dem Papst nothwendig. Aber noch nähere, dringendere Gründe la-
en vor, die Zusammenkunft mit dem Papst zu beschleunigen. Ohne
uf Karls Genehmigung zu warten, hatte Hadrian das ganze Her-
ogthum Spoleto in Abhängigkeit von dem apostolischen Stuhl gebracht; mit Zustimmung des Papstes hatten die Spoletaner den
Hildeprand zu ihrem Herzog erwählt und dem heiligen Petrus und
em Papst als seinem Stellvertreter Treue geschworen [4]. Es schien,
ls schickte Hadrian sich an, möglichst nach eigenem Belieben und zu
inem Vortheil die Verhältnisse zu ordnen, ehe Karl Zeit fände, sich
uch seinerseits damit zu beschäftigen [5]. Unter solchen Umständen
egab sich Karl, ohne die Einnahme Pavias zu erwarten, nach Rom,
o er in Begleitung vieler seiner Großen, Bischöfe und Aebte, Her-
öge und Grafen, am 2. April, dem Sonnabend vor Ostern, ankam.

Der Papst war von der Ankunft Karls in hohem Grade über-
ascht, so daß es scheint, als hätte ihn der König von seinem Be-
uche gar nicht, oder jedenfalls erst sehr spät in Kenntnis gesetzt [6].

---

[1] Der Ansicht von Pertz, Legg. II[b], 8 n. 32, daß der Ausgang des
riegs Ostern 774 noch ungewiß gewesen sei, kann ich nicht beistimmen; auch
e Ausführung von Meÿ, in der Abhandlung: de donatione a Carolo ma-
io sedi apostolicae anno 774 oblata, Monasterii, welche mit der Ansicht von
itz zusammentrifft, kann ich daher nicht theilen; vgl. darüber unten.

[2] Vgl. unten n. 4.

[3] Ann. laur. maj., SS. I, 152.

[4] Vita Hadr. bei Muratori, SS. rer. ital. III[a], 185 A B C. Es geschah
ies ungefähr im November oder December 773, vgl. Fatteschi, storia de'
uchi di Spoleto p. 46.

[5] Mit Recht sagt darüber Leibnitz, Ann. imp. I, 42: Carolus eo magis
aturandum sibi putavit, ne in rebus Langobardorum ordinandis praeveniretur.

[6] Vita Hadr. l. c.: Abstollens secum diversos episcopos, abbates etiam
 judices, duces nempe et graphiones, cum plurimis exercitibus Romam per
asciae partes properavit, ita festinanter adveniens, ut in ipso sabbato sancto
 liminibus praesentaret apostolicis. Cujus adventum audiens antedictus

Hadrian that in der Eile alles, um ihm den einem Patricius zukommenden glänzenden Empfang zu bereiten, und erwartete ihn dann selbst auf den Stufen zu der Vorhalle der Peterskirche. Er empfing ihn also nicht in Rom selbst, sondern außerhalb der Stadt. Ihre erste gemeinsame Handlung bestand darin, daß sie sich gegenseitig am Grabe des heiligen Petrus mit einem Eidschwur Treue gelobten, und Verpflichtungen übernahmen, welche nicht bloß für die Dauer von Karls Anwesenheit in Rom, sondern für die Zukunft überhaupt in Kraft bleiben sollten [1]. Nun erst geleitete Hadrian den König in die Stadt. Die drei nächsten Tage waren der Osterfeier gewidmet, am vierten aber wurde zwischen Karl und Hadrian in großer Versammlung der geistlichen und weltlichen Großen über die Rechte und Besitzungen des heiligen Petrus verhandelt. Der Bericht der vita Hadr. lautet so:

„Am vierten Tage zog der Papst mit den geistlichen und weltlichen Großen in die Peterskirche hinaus, um sich mit dem König zu unterreden, und drang beharrlich und inständig in ihn, und ermahnte ihn voll väterlicher Liebe, das Versprechen vollständig zu erfüllen, das sein Vater Pippin und Karl selbst mit seinem Bruder Karl

beatissimus Hadrianus papa, quod sic repente ipse Francorum advenisse rex, in magno stupore et extasi deductus, direxit in ejus occursum univer judices etc. Von der großen Freude, mit der nach Muratori, Annali d' VII, 108 (ed. Milano 1818 ff.), die Nachricht von Karls Ankunft den P erfüllt haben soll, ist hier kein Wort zu lesen; auch wird man nicht glau dürfen, Karl sei lediglich, um Ostern in Rom zu feiern, grade damals da gezogen. Ebenso wenig ist es richtig, wenn Luden (Geschichte des teutsch Volkes) VI, 293 meint, die Reise Karls nach Rom habe im Interesse H brians gelegen, und sei nur auf dessen bringenden Wunsch erfolgt.

[1] Vgl. Waitz, Deutsche Verfassungsgeschichte III, 164, welcher mit Re den vertragsmäßigen Character dieses Freundschaftsgelübdes betont. Dageg kann ich seine Ansicht nicht theilen, daß in unmittelbarem Zusammenhang da mit die Schenkung erfolgte. Die vita Hadr. hält, wie Waitz p. 165 n. 1 selbst bemerkt, die beiden Vorgänge weit auseinander, und ich glaube nich daß ein Grund vorhanden ist von ihrer Darstellung so entschieden abzugeh Der Eid bezog sich auf die Stellung Karls als Patricius von Rom, un bezweckte zunächst, wie auch Waitz annimmt, die gegenseitige Sicherung beide Theile. Der Papst, welcher den Patricius von Rom einsetze, wollte eben einem so mächtigen Träger des Patriciats gegenüber seine Rechte zum Vor wahren, vgl. Hegel, Italiens Städteverf. I, 209 f.; deshalb ließ er ihn, al Karl seinen Wunsch aussprach in die Stadt zu gehen, zuerst Freundschaf schwören, ehe er ihn dahin führte. Aber auch der Papst schwur Freundschaf und die bei Waitz p. 164 n. 3 angeführten Stellen ergeben, daß man dies eidlich begründete Verhältnis für ein dauerndes und für die ganze Zukunf verbindliches ansah. Hadrian mochte immerhin die Pippinsche Schenkung da bei im Auge haben, die Erneuerung derselben geschah jedenfalls in einem sondern Act vier Tage später; und wenn der Papst nachher, um den Köni zur Vollziehung der Schenkung zu bewegen, ihn nun wieder an ihre in S Peter beschworene Freundschaft erinnerte, so beweist diese Combination na nur, daß Hadrian diese im Interesse jener zu verwerthen suchte. Dagegen ha Karl, wie sein ganzes Verfahren in der Folgezeit beweist, einen solchen Zu sammenhang der Schenkung mit dem Freundschaftsvertrag, wonach dieser ih zur Vollziehung der Schenkung verpflichtet hätte, nicht anerkannt.

mann und allen fränkischen Großen dem heiligen Petrus und seinem Stellvertreter dem Papst Stefan, als dieser ins fränkische Reich
kam, gegeben hätten, nämlich verschiedene Städte und Territorien der
Provinz Italien dem heiligen Petrus und allen seinen Nachfolgern
zu ewigem Besitz zu übergeben; und nachdem Karl sich das Versprechen, das in Kiersy gegeben worden war, hatte vorlesen lassen,
erklärten er und seine Großen sich mit allen seinen Bestimmungen
inverstanden: und freiwillig und aus eignem Antrieb ließ Karl
eine andere Schenkungsurkunde, nach dem Muster der früheren,
durch seinen Kaplan und Notar Itherius aufsetzen, worin er dem
heiligen Petrus und dem Papst alle diese Städte und Gebiete zu
übergeben versprach, unter Bezeichnung der Grenzen wie sie in die-
er Schenkungsurkunde angegeben sind, nämlich von Luna angefangen mit Einschluß der Insel Corsica die Besitzungen in den Gebie-
en von Surium, Mons Bardonis, Vercetum, Parma, Regium,
Mantua und Mons Silicis, außerdem das ganze Exarchat von Ravenna in seinem althergebrachten Umfang, sowie die Provinzen Be-
etien und Istrien, und das ganze Herzogthum Spoleto und Be-
event".

Dieser Bericht bietet verschiedene Schwierigkeiten dar, und ist
eshalb auch vielfach angefochten. Theils wurde die Glaubwürdig-
eit des Biographen Hadrians bestritten [1], theils die ganze Stelle als
nterpoliert verworfen [2]; aber zu keiner von beiden Ansichten ist ein
inreichender Grund vorhanden. Es unterliegt keinem Zweifel, daß
iese Stelle ebenso glaubwürdig ist wie die ganze übrige vita
Hadr. [3]. Es fragt sich also, wie diese Nachricht zu verstehen sei.
Dabei kommt zuerst in Betracht das Verhältnis der Schenkung Karls
u der Schenkung, welche Pippin 754 in Kiersy dem Papst Ste-
an II. machte.

Der Biograph Hadrians bringt die Schenkung Karls und die
Schenkung von Kiersy in den engsten Zusammenhang mit einander,
und der nächste Eindruck, welchen seine Erzählung macht, ist, der,
aß Karl die Schenkung von Kiersy einfach bestätigt habe. Indes-
en scheint eine genauere Betrachtung der Stelle nicht nothwendig zu
iesem Ergebnisse zu führen [4]. Die Angabe über die Ausstellung

---

[1] So von Ellendorf, Die Karolinger p. 163; Gregorovius, Geschichte der
Stadt Rom im Mittelalter II, 398; und von Leo, Geschichte der italienischen
Staaten I, 202, und Sugenheim, Geschichte der Entstehung und Ausbildung
es Kirchenstaats p. 39, welche beide den vermeintlichen Verfasser Anastasius
iner absichtlichen Fälschung und einer „handgreiflichen Lüge" zeihen.

[2] Dieses thut schon Muratori, Ant. ital. diss. 2; und noch Hegel I,
415 n. 1 zweifelt an der Echtheit.

[3] Vgl. Pertz Legg. II[b], 7; Waitz III, 165 n. 1; besonders aber Mock
p. 8 ff., wo sowohl die Echtheit der Stelle als die Glaubwürdigkeit des Be-
ichterstatters überzeugend nachgewiesen ist.

[4] Vita Hadr. 186 B: Propria voluntate, bono ac libenti animo etiam
onationis promissionem, ad instar anterioris, ipse antedictus praecellentissi-
us et re vera christianissimus Carolus Francorum rex ascribi jussit per

---

einer neuen Schenkungsurkunde läßt allerdings für die Vermuthung Raum, daß die neue Urkunde mit der ersten nicht völlig gleichlautend gewesen sei, und daß die erste die in der neuen Urkunde gegebene genaue Aufzählung der einzelnen Gebiete noch nicht enthalten habe[1]. Doch steht diese Auslegung mit der vorangehenden Angabe über die Vorgänge unmittelbar vor Erlaß der Schenkung nicht ganz im Einklang. Dort heißt es ausdrücklich nur, Hadrian habe den König um die vollständige Erfüllung des in Kiersy gegebenen Versprechens gebeten; und indem Karl die neue Schenkungsurkunde ausstellt, gewährt er diese Bitte. Wenn daher auch die Angaben über diese Handlung Karls nicht zu der Annahme zwingen, daß die neue Schenkung und die Schenkung von Kiersy gleichlautend waren, so ist doch deutlich, daß der Berichterstatter selbst den Schritt Karls nur als die Gewährung der Bitte Hadrians, also nur als eine Erneuerung der Schenkung von Kiersy betrachtete. Es ist daher kaum möglich, den Bericht der vita Hadr. anders zu verstehen als so, daß die Schenkung Karls nur eine Erneuerung und keine Erweiterung der Schenkung von Kiersy war.

Bei dieser Annahme ergeben sich nun aber viele Schwierigkeiten. Die Schenkung von Kiersy müßte sich schon auf alle die Gebiete bezogen haben, welche in der Biographie Hadrians genannt sind, und doch lassen alle übrigen Angaben über die Schenkung von Kiersy eine solche Ausdehnung derselben nicht errathen. Indeß darf die eigenthümliche Beschaffenheit dieser letzten Nachrichten nicht übersehen werden. Einen ausdrücklichen Bericht über diese Schenkung, der als eine vollständige Inhaltsangabe derselben dienen könnte, giebt es nicht; es sind nur Andeutungen, welche selber noch der Erklärung bedürfen, oder Nachrichten über spätere Schenkungen, aus welchen ein Rückschluß auf die Schenkung von Kiersy zu machen ist. Daraus folgt, daß diese Angaben keinen so sicheren Maßstab gewähren, wie die Nachricht in der Lebensbeschreibung Hadrians, welche allein genauere Angaben enthält. Ueber die Schenkung von Kiersy erzählt der Biograph Papst Stefans II. nur soviel, daß Pippin dem Papst versprach, für die Rückgabe des Exarchats und die Rechte und Besitzungen des Reichs Sorge zu tragen[2], ein Versprechen, welches dann in Kiersy in Gegenwart der fränkischen Großen

---

Etherium (Iterium) religiosum ac prudentissimum capellanum et notarium suum; ubi concessit easdem civitates et territoria b. Petro, easque pontifici contradi spopondit per designationem confinium, sicut in eadem donatione contineri monstratur: id est a Lunis . . .

[1] Diese Ansicht führt Mock p. 35 ff. aus, und gegen das, was er zur Erklärung der Stelle sagt, läßt sich nichts einwenden. Allein die von ihm erklärte Stelle ist nur zu verstehen im Zusammenhang mit den vorangehenden Worten der vita Hadr.; und auf diese nimmt Mock mit Unrecht keine Rücksicht.

[2] Vita Stef., Mur. 168 C: Qui (Pippinus) de praesenti jurejurando eidem beatissimo papae satisfecit, omnibus mandatis ejus et admonitionibus sese totis viribus obedire, et ut illi placitum fuerit, Exarchatum Ravennae et reipublicae jura seu loca reddere modis omnibus.

ßen in einer besonderen Urkunde niedergelegt wurde[1]. Unter diesen
Rechten und Besitzungen des Reichs kann aber eben nur das Exar=
chat und die Pentapolis verstanden gewesen sein[2]. Bei den in den
nächsten Jahren von Pippin gegen Aistulf unternommenen zwei Feld=
zügen ist ebenfalls nur von dem Exarchat und der Pentapolis und
außerdem von der zum römischen Ducat gehörigen Stadt Narnia die
Rede; ja der Papst erhielt nicht einmal das Exarchat und die Pen=
tapolis vollständig.

Die Streitigkeiten zwischen Stefan II. und Desiderius bezogen
sich dann auch wieder auf Theile des Exarchats, und zwar eben auf
die, welche dem Papst bei den letzten Friedensschlüssen mit Aistulf
noch vorenthalten worden waren[3]. Das alles deutet nicht entfernt
auf eine Schenkung von dem Umfange hin, welchen der Biograph
Hadrians angiebt. Eine so große Schenkung, scheint es, hatte nur
dann einen Sinn, wenn Pippin entschlossen war, das langobardische
Reich zu vernichten; und doch liegt nirgends ein Grund vor, anzu=
nehmen, daß Pippin daran dachte, sich mit den Langobarden in ei=
nen Kampf auf Leben und Tod einzulassen[4].

---

[1] Vita Stef. 169 B; Cenni, Monumenta dominationis pontificiae seu co-
lex carolinus, I, 74 ff.; 81 f.

[2] Dieß ergibt sich schon aus der Natur der Sache. Denn mehr als das
Exarchat und die Pentapolis war dem Reich, d. h. dem griechischen Kaiser, oder,
nach der Vorstellung des Papstes, dem Papst als Stellvertreter des Kaisers
im Abendland, von Aistulf gar nicht entrissen worden. Der Ausführung von
Mock p. 40 f., daß nach dem Bericht der vita Stef., welchem die Angaben beim
Fortsetzer Fredegars nicht widersprechen, die Schenkung von Kiersy sich auf das
Exarchat und die Pentapolis bezogen habe, stimme ich also bei; womit aber
nicht gesagt ist, daß dieser Bericht vollständig sei. Außer dem Exarchat und
der Pentapolis soll nach der Ansicht von Mock p. 48 n. 1. p. 49 n. 1 in der Schenkung
von Kiersy auch noch die zum römischen Ducat gehörige Stadt Narnia ent=
halten gewesen sein. Allein dieß geht aus den von Mock angeführten Stel=
len nicht hervor. Die Briefe, worin Stefan sich über die Wegnahme Narnias
durch Aistulf beklagt, Cenni p. 87. 93, sind erst nach dem ersten Feldzug ge=
schrieben, vgl. Jaffé, Reg. p. 192; Stefans Angabe, daß Pippin ihm Narnia
überlassen habe, kann sich also auch auf den ersten Frieden mit Aistulf bezie=
hen, und dieß wird dadurch bestätigt, daß die Schenkung von Kiersy ja ein
bloßes Versprechen war, Mock p. 9 ff., Narnia aber, welches Aistulf dem Papst
entriß, diesem vorher wirklich überliefert war. Dieß kann nur beim ersten
Frieden geschehen sein, auf den daher die Berufung Stefans auch allein bezo=
gen werden kann. Auch die Stelle in der vita Stef., Mur. p. 171 C., und im
chronic. moissiac., SS. I, 293, hat mit der Schenkung von Kiersy nichts zu
schaffen.

[3] Genaueres darüber unten.

[4] Dieses vermuthet Mock p. 53, aber ganz ohne zureichenden Grund.
Denn er kann sich nur darauf berufen, daß Aistulf vor Ausbruch des Kriegs
alle Vorschläge Pippins zurückgewiesen und diesen dadurch gegen sich erbit=
tert habe. Dieß ist aber doch noch lange kein Beweis dafür. Noch weiter
als Mock geht aber Sybel, Die deutsche Nation und das Kaiserreich p. 12, wo
er heißt, „daß man mit großer Wahrscheinlichkeit schon bei Pippin den Ge=
danken an den völligen Sturz des langobardischen Reichs und an die impera=
torische Würde vermuthen dürfe". Im Hinblick auf alles, was uns die Quel=
len sicher überliefern, wage ich nicht mich dieser Ansicht anzuschließen.

31 *

Demnach führt das, was wir sonst über die Schenkung von Kiersy wissen, zu einem ganz andern Ergebniß, als was der Biograph Hadrians angibt. Aber widerlegt wird dieser dadurch nicht; seine Angaben sind mit den andern wohl vereinbar; sie zeichnen sich nur durch größere Vollständigkeit aus. Aus der Haltung des Papstes selber geht hervor, daß er die von Pippin in Italien getroffenen Maßregeln für keine vollständige Erfüllung der Schenkung von Kiersy hielt. Die Bedingungen, welche Pippin nach seinem ersten Feldzuge dem Aistulf auferlegte, entsprachen dem in Kiersy Zugesagten nicht. Pippin forderte von Aistulf die Abtretung nur eines Theils des Exarchats und der Pentapolis, und zwar der Städte Ravenna, Ariminum, Pisaurum, Fanum, Cesena, Senogallia, Esium, Forum Pompilii, Forum Livii mit dem Castrum Suffubium, Mons Feretri, Acerragium, Mons Lucari, Serra, das Kastell S. Mariani, Bobium, Urbinum, Cales, Luceoli, Eugubium; außerdem erhielt der Papst Narnia. Während die Nachricht der Lebensbeschreibung Stefans über die Schenkung von Kiersy zu der Annahme führt, daß dieselbe auf das ganze Exarchat mit der Pentapolis sich bezogen habe, nennt der Biograph unter den Bedingungen des ersten Friedens nur die Abtretung Ravennas und verschiedener anderer Städte [1], deren Namen er dann bei Gelegenheit des zweiten Friedensschlusses einzeln aufführt [2]. Einige seiner Eroberungen im Exarchat sollte Aistulf behalten dürfen [3]. Da er jedoch seiner Verpflichtung zur Abtretung der genannten Städte an den Papst nicht nachkam, wurde er in einem zweiten Feldzug von Pippin nicht nur zur wirklichen Uebergabe dieser Städte gezwungen, sondern verlor auch noch Comiaclum [4]. Zum vollständigen Besitz des Exarchats und der Pentapolis fehlten dem Papst aber noch immer einige Städte [5]. Um auch in ihren Besitz

[1] Vita Stef., Mur. p. 170 B: Spopondit ipse Aistulfus ... se illico redditurum civitatem Ravennatum cum aliis diversis civitatibus.

[2] Vita Stef., Mur. p. 171 C. Es heißt, 171 C. A, ausdrücklich, daß Aistulf hier dieselben Städte abtreten mußte, die ihm schon das Jahr zuvor abgesprochen waren; nur Comiaclum kam neu hinzu.

[3] Es sind dieß die unten n. 5 genannten Städte und Comiaclum. Wed p. 52 ff. sucht zu beweisen, daß unter der civitas Ravennatum cum aliis diversis civitatibus das ganze Exarchat mit der Pentapolis und Narnia zu verstehen sei, eine Behauptung, welche schon dadurch widerlegt wird, daß das Comiaclum ausdrücklich bezeugt ist, daß es erst beim zweiten Friedensschluß dem Papst zugesprochen wurde. Im Uebrigen vgl. n. 4. 5.

[4] Vita Stef. l. c.: Et denuo confirmato anteriore pacto, quod per elapsam octavam indictionem inter partes provenerat, restituit ipsas civitates praelatas, addens et castrum quod cognominatur Comiaclum.

[5] Es sind die Städte Faventia, Ferrara, Imola, Humana, Aurimum, Ancona und Bologna, um welche Desiderius vom Papst die Zustimmung und Unterstützung bei seiner Thronbesteigung erkaufte. Der Papst schreibt an Pippin, cod. car. n. 8, Cenni I, 109: Desiderius ... pollicitus est, restituendum B. Petro civitates reliquas, Faventiam, Imolam et Ferrariam cum eorum finibus ... Nec non et Ausimum, Anconam et Humanam civitates cum earum territoriis. Es sind dieselben Städte, von denen es in der vita Stef., Mur. p. 172 A, heißt: (Desiderius) reipublicae se redditurum professus est cir-

zu gelangen, benutzte er dann die Gelegenheit der nach Aistulfs Tod
bei den Langobarden ausgebrochenen Streitigkeiten um die Krone,
ein Versuch, der ihm jedenfalls theilweise, wenn nicht vollständig ge=
lang [1]. Und noch weiter ging dann Papst Paul I., welcher sich in
dem 767 mit Desiderius abgeschlossenen Vergleich über die Wieder=
herstellung der Gerechtsame des römischen Stuhls in Spoleto, Bene=
vent und Tuscien mit ihm verständigte [2].

So viel ist von den Forderungen des Papstes bis 774 be=
kannt. Sie steigerten sich von Anfang, von der ersten Ankunft Pip=
pins in Italien an allmälig immer mehr, und kamen der Schen=
kung von Kiersy, so wie Hadrians Biograph sie angibt, immer nä=
her. Nach dem ersten Feldzug erhielt der Papst einen großen Theil
des Exarchats und der Pentapolis; nach dem zweiten kam Comia=
clum hinzu; darauf gelangte er auch in den Besitz der übrigen noch
fehlenden Städte; und endlich forderte er, mit dem Exarchat und
der Pentapolis noch nicht zufrieden, auch noch die Besitzungen der
römischen Kirche in Spoleto, Benevent und Tuscien. Bei allen die=
sen Forderungen berief er sich nicht auf die Schenkung Pippins von
756, sondern immer auf die Schenkung von Kiersy [3]. Er forderte

---

ates, quae remanserant. Mock p. 68 ff. behauptet, in Uebereinstimmung mit
Kiersy Legg. II[b], 7, auch diese Städte hätten mit zu der nach dem zweiten
Feldzug, 756, von Pippin gemachten Schenkung gehört; sie seien nur von
Aistulf nicht abgetreten und deshalb vom Biographen Stefans bei der Auf=
zählung der andern Städte (p. 462 n. 2) übergangen worden. Diese Ansicht
ist jedoch nicht richtig, wie ich in der Besprechung der Mock'schen Schrift in
den Götting. gel. Anz. 1861 Stück 51 bereits gezeigt habe. Ebenso unrichtig
ist daher auch seine Behauptung, auch schon beim ersten Frieden habe Aistulf
auf alle diese Städte, auf das ganze Exarchat und die Pentapolis verzichten
müssen (oben p. 462 n. 4). Daß Comiacchum ihm verblieb, ist gewiß (p. 462
n. 4); und schon daraus ergiebt sich, daß Pippin auf die vollständige Ueber=
gabe des Exarchats es nicht abgesehen hatte; ist aber erst dieses festgestellt, so
kann es nicht befremden, daß Pippin dem Papst auch noch andere Städte des
Exarchats und der Pentapolis vorenthielt. Die Ann. laur. maj., SS. I, 140,
sprechen 756 allerdings von der Abtretung des ganzen Exarchats; man muß
aber Bedenken tragen, gegenüber den genauen und ausführlichen Angaben der
italischen Quellen auf diese kurze Bemerkung zu viel Gewicht zu legen.

[1] Vita Stef. 172; Cenni I, 150. 163; vgl. Untergang des Langobar=
denreichs p. 64 ff.

[2] Cod. car. n. 26, Cenni I, 231. Dabei wirkten die fränkischen Gesand=
ten in Pippins Auftrag mit.

[3] Dieß hat Mock p. 73 ff. ausgeführt, und ich stimme ihm vollständig
bei. Es spricht aber nicht für, sondern gegen seine Ansicht über die Schen=
kungen von Kiersy und von 756. Wenn, wie Mock behauptet, die Schenkung
von 756 nicht kleiner als die von Kiersy gewesen wäre, so müßte es auffal=
len, daß der Papst beharrlich immer nur auf diese, und nie auf die Schen=
kung von 756 sich berief. Die letzte war neuer, sie war nicht wie die sog.
Schenkung von Kiersy ein bloßes Versprechen, sondern wirklich eine Schen=
kung; wäre sie also, wie Mock behauptet, eine vollständige Erfüllung des in
Kiersy gegebenen Versprechens gewesen, so hätte sie offenbar für den Papst
einen größeren Werth gehabt, als jenes einfache Versprechen, und er hätte sich
daher dann auch gewiß nicht auf dieses, sondern auf die Schenkung von 756

also augenscheinlich mehr als das Exarchat und die Pentapolis, so daß auch die Schenkung von Kiersy größer gewesen sein muß. Auf diese Schenkung stützte er sich, indem er bald kleinere, bald größere Ansprüche erhob; vollständig hat er in keinem seiner Briefe den Inhalt der Schenkung angegeben; nur stufenweise trat er mit seinen Forderungen hervor, und so konnte es auf ganz natürliche Weise geschehen, daß er vor 774 nur erst einen Theil derselben geltend machte. Aber auf das Exarchat, die Pentapolis und Narnia hat er sich auch vor 774 nicht beschränkt [1]. Die Angabe des Biographen Stefans II. wornach die Schenkung von Kiersy nur das Exarchat und die Pentapolis enthielt [2], ist folglich unvollständig und bedarf der Ergänzung. Diese Ergänzung liefert der vom Biographen Hadrians aufbewahrte Bericht über die Schenkung Karls.

Von den in der Lebensbeschreibung Hadrians aufgezählten Gebieten ist allerdings nur ein Theil schon vor 774 genannt; jedoch folgt daraus nicht, daß sie in der Schenkung von Kiersy nicht alle miteinbegriffen sein konnten. Die sogenannte Schenkung von Kiersy war eigentlich nur das Versprechen einer Schenkung [3], und gegeben in einem Augenblick, als Pippin gar nicht im Stande war es zu erfüllen; denn auch das Exarchat und die Pentapolis mußte er den Langobarden erst noch entreißen. Dennoch ist es unbestritten, daß er wenigstens diese Gebiete dem Papst versprach; darin, daß die übrigen Gebiete auch noch nicht in seiner Gewalt waren, liegt daher kein Hinderniß zu glauben, daß sie in der Schenkung von Kiersy mit enthalten waren. Es ist wahr, daß bei einer so großen Schenkung Pippins manches dunkel bleibt; aber unmöglich ist es nicht, daß Pippin ein solches Versprechen gegeben hat, und so wie unsere Kenntnis dieser Verhältnisse beschaffen ist, bleibt uns keine Wahl als die Nachricht des Biographen Hadrians über die Schenkung von Kiersy für richtig zu halten. Denn hätte Pippin die große Schenkung nicht gemacht, so müßte jedenfalls Karl sie gemacht haben [4]; es wird sich aber zeigen, daß daran noch weniger zu denken ist; daß Karl sie auch nur bestätigte, ist schwierig genug zu erklären. Im lle-

berufen. Indem er dieß nicht that, zeigte er, daß die letztere nicht ganz nach seinem Wunsche war.

[1] Ich habe dieß besonders hervor im Gegensatz zu Mock, welcher seine Ansicht, daß die Schenkung von Kiersy auf das Exarchat und die Pentapolis beschränkt gewesen sei, durch den Nachweis zu begründen sucht, daß Pippin bei den beiden Friedensschlüssen mit Aistulf eben diese Gebiete, nicht weniger und nicht mehr, dem Papst zugesprochen, und dadurch sein in Kiersy gegebenes Versprechen erfüllt habe. Ich habe aber schon gezeigt, daß dieser Nachweis Mock mißlungen ist.

[2] Vgl. oben p. 461 n. 2.

[3] Promissio, donationis promissio sagt die vita Hadr. 186 B; vgl. oben p. 459 n. 4.

[4] Eine dritte Möglichkeit wäre, daß weder Pippin noch Karl sie machte; davon rede ich aber nicht weiter; denn sobald die Echtheit und Glaubwürdigkeit der Stelle in der vita Hadr. feststeht, fällt diese Möglichkeit fort.

brigen sind wir über das Verhältniß Karls zu Hadrian ausreichend unterrichtet, um zu sehen, daß eine so große Schenkung im Wider= spruch zu seinem ganzen Verhalten gegen den Papst stehen würde. Wir werden demnächst sehen, daß Karl seinen Sieg über Desiderius wesentlich zur Verstärkung seiner eigenen Macht benutzte und zusah, wie Hadrian sogar um den größten Theil des von Pippin Geschenk= ten kam; Pippin hat wenigstens zwei Feldzüge nach Italien unter= nommen, nicht um für sich etwas zu erobern, sondern um den Papst in den Besitz des Exarchats und der Pentapolis zu setzen, und wenn er seine Vorsätze nicht vollständig ausführte, so ist dies nicht schwer zu erklären. Jedenfalls kann bei Pippin viel mehr als bei Karl die Geneigtheit zu einer so großen Schenkung vorausgesetzt werden. Als Karl 774 in Rom war, befand er sich gewiß viel mehr in der Lage als Pippin 754 in Pontico und Kiersy, eine solche Schenkung zu machen und auszuführen; war er auch nicht in ganz Italien Meister geworden, so war doch der Papst ganz von ihm abhängig [1]; es lag ganz in seiner Hand, diesem die größten Zugeständnisse zu machen. Statt dessen gab Karl durch sein Verfahren dem Papst noch in demselben Jahre zu lebhaften Klagen Anlaß [2]; und wenn wir sehen, daß er der Erfüllung der päpstlichen Forderungen, auch wo sie ganz von seinem Belieben abhing, fortwährend widerstrebte, so folgt daraus doch unzweifelhaft, daß eine Schenkung, wie die in der Lebensbeschreibung Hadrians angeführte, nicht nach seinem Sinne war, und er aus freiem Antrieb sie nicht gemacht haben würde. Daß er sie aber, nachdem einmal Pippin das Versprechen gegeben hatte, aufs neue bestätigte, läßt sich eben nur dadurch erklären, daß er bei der Schenkung von Kiersy selbst mitbetheiligt war. Er mochte, um den Papst zufriedenzustellen, das Versprechen erneuern; es selbst aus freien Stücken zu geben, wenn es nicht schon früher gegeben war, lag Ostern 774 für ihn kein Grund vor. Er war grade damals mit der Haltung des Papstes unzufrieden; der Papst wurde durch seine schnelle Ankunft überrascht [3]; wie sollte unter sol= chen Umständen der Gedanke einer so großen Schenkung zum ersten Mal hervorgetreten, und wie sollte Karl darauf eingegangen sein [4].

---

[1] Dieß und nichts anderes habe ich mit den Worten: „Karl befand sich in Rom als Sieger und war Herr der Lage", Untergang des Langobarden= reiches p. 39 sagen wollen, woran Mock p. 98 f. so großen Anstoß nimmt. In dem Gegenbeweis, den er führt, übergeht er aber grade das Verhältniß Karls zum Papste, auf welches doch hier das meiste ankommt, mit vollstän= digem Stillschweigen. Was Mock über die Erfolge Karls, die keineswegs nur den fränkischen Waffen zuzuschreiben seien, sagt, ist an dieser Stelle zwecklos. Trotzdem aber und trotz des in seiner Bedeutung von Mock jedenfalls über= schätzten Fortbestandes der griechischen Herrschaft in Italien, konnte doch schon Ostern 774 der Ausgang des Kampfes nicht mehr zweifelhaft sein, vgl. oben p. 457.

[2] In dem Streit Hadrians mit dem Erzbischof Leo von Ravenna; vgl. unten.

[3] Vgl. oben p. 457.

[4] Mock p. 99 spricht von dem ausgezeichneten Wohlwollen Karls gegen den apostolischen Stuhl, das ihn zu dem Zug nach Italien bewogen, und nach

Viel eher läßt sich denken, daß Pippin ein solches Versprechen gab. Stefan II. befand sich, als er 754 ins fränkische Reich kam, allerdings in der peinlichsten Lage; andrerseits bedurfte doch auch Pippin in wichtigen Fragen seiner Mitwirkung[1]. Dazu kommt, daß Pippin noch nie in Italien gewesen und überhaupt mit den italischen Angelegenheiten erst seit Kurzem in Berührung gekommen war, so daß er von ihnen nur unvollständige Kenntnis haben konnte[2]. Die Liste der in der Schenkung genannten Gebiete hat gewiß nicht Pippin, sondern der Papst aufgestellt, und zwar 754 im fränkischen Reich; nur da konnte es ihm gelingen, dem König so weitgehende Forderungen noch als ausführbar darzustellen und ihn dafür zu gewinnen. Sobald dann Pippin selbst nach Italien kam, ist nur noch vom Exarchat und der Pentapolis die Rede. Er gewann dort durch eigene Einsicht eine andere Anschauung von den Verhältnissen, und der Papst wagte, so viel man sieht, vorläufig nicht mehr als das

seiner Ankunft gewiß nicht gleich wieder verlassen habe. Das sind aber bloße Vermuthungen, die völlig in der Luft schweben; die Umstände, unter welchen Karl nach Rom kam, und welche mit dieser Vermuthung nicht im Einklang stehen, übergeht Mock mit Schweigen. Ebenso grundlos ist, was Mock p. 85 f. als Beweis für seine Ansicht beibringt. Karl, meint er, habe Ostern 774 ein ganz besonderes Zeichen seines außerordentlichen Wohlwollens gegen die römische Kirche geben wollen; nun wäre aber das bloße Abschreiben einer Urkunde von der anderen nichts besonderes gewesen; folglich müsse die von Karl ausgestellte Urkunde eine Vermehrung der Schenkung enthalten haben. Ich kann dagegen nur wiederholen, daß Mock kein Recht hat, ohne jeden Beweis von der Voraussetzung eines so ganz besonderen Wohlwollens des Königs gegen den römischen Stuhl auszugehen.

[1] Mock p. 100 f. wirft mir vor, daß ich die Verdienste Stefans II. um Pippin übertreibe, Unterg. des Langob. p. 36. Diese Uebertreibung besteht aber bloß in der einfachen Erzählung der Salbung Pippins und seiner Söhne durch Stefan, und in der Angabe des Eides, den Stefan die fränkischen Großen zu Gunsten der neuen Dynastie schwören ließ. Dieß waren doch wichtige Dienste, welche Stefan dem Pippin erwies. Mock meint, sie wären nicht so groß, daß man nicht schon die Rückgabe des Exarchats und der Pentapolis an den Papst für eine genügende Belohnung halten dürfte. Das mag an sich ganz richtig sein, nur müßte dann, da nach Mocks Ansicht Karl eine viel größere Schenkung gemacht haben soll, der Papst um Karl sich noch viel größere Verdienste erworben haben; die Angabe dieser Verdienste bleibt aber Mock schuldig; er füllt die Lücke durch Karls 'egregia in sedem apostolicam voluntas' aus.

[2] Gegen diese Ansicht erhebt Mock p. 100 f. Einsprache. Es kommt aber auch hier nur auf die Vergleichung mit Karl an, und da kann es doch keinem Zweifel unterliegen, daß Pippin über die italienischen Verhältnisse weniger genau unterrichtet war als Karl. Mock kann sich auch nur auf den Versuch Gregors III. berufen, Karl Martells Hülfe gegen die Langobarden zu gewinnen, ein Versuch, der an Karl Martells Weigerung scheiterte, Cenni I, 19; vgl. Jaffé p. 183. Erst seit 751 trat ein häufigerer Verkehr Pippins mit dem Papst ein, der sich aber immer noch nicht auf die Streitigkeiten des Papstes mit den Langobarden, sondern auf die Mitwirkung des Papstes bei Pippins Thronbesteigung bezog. In jene Streitigkeiten wurde Pippin erst kurz vor Stefans II. Ankunft im römischen Reich hineingezogen, konnte also kaum schon eine genaue Kenntnis der Verhältnisse haben.

Exarchat und die Pentapolis zu verlangen. Daraus aber, daß er nicht sogleich auf die Uebergabe aller in der Schenkung enthaltenen Gebiete drang, folgt nicht, daß von denselben darin nicht die Rede gewesen sein könne. War es nicht genug, daß der Papst die Urkunde hatte und jeden Augenblick davon Gebrauch machen konnte? Es war nur ein Gebot der Klugheit, so lange keine Aussicht vorhanden war mit den Forderungen durchzudringen, sie auch nicht zu stellen. Wäre der Papst zu einer Zeit, da er schwach und fremder Hülfe bedürftig war, Männern wie Pippin und Karl damit entgegengetreten, so wären seine Bemühungen ohne Zweifel gescheitert, und er hätte sich der Gefahr ausgesetzt ihrer Unterstützung ganz verlustig zu gehen. Denn der Vertrag von Kiersy, der nach der Schenkung von 756 in den Augen der Franken alle Bedeutung verloren haben mochte [1], so lange der Papst es vermied, auf seine einzelnen Bestimmungen zurückzukommen, hätte leicht ihr Mißtrauen erwecken können, sobald er ihn als Vorwand zu noch größeren Forderungen benutzte. So kam es, daß der Papst zwar nicht müde wurde, den Königen die Verpflichtungen ins Gedächtniß zu rufen, welche sie gegen den heiligen Petrus übernommen hätten, es aber dabei sorgfältig vermied, seinen Forderungen eine wirklich bestimmte Fassung zu geben; er wählte gewöhnlich solche Ausdrücke, bei welchen es möglich war, den Inhalt jener Verpflichtungen nach Belieben weiter oder enger zu verstehen [2], und trat nur allmälig, und meist nur mit einzelnen neuen Forderungen hervor. Wie wohl überdacht diese Haltung gegenüber den fränkischen Königen war, wird deutlich, wenn man sieht, wie eine viel stolzere und zuversichtlichere Sprache der Papst nach anderen Seiten hin führte. So pries er in einem Schreiben, das er am 26. October 785 an den griechischen Kaiser Constantin Porphyrogenitus und seine Mutter Irene richtete, seinen Sohn, den König Karl, welcher seinen Ermahnungen gehorcht und in allem seinen Willen erfüllt und alle barbarische Nationen des Westens sich unterworfen habe. Denn aus großer Liebe habe er dem heiligen Petrus „Provinzen und Städte, feste Plätze und andere Gebiete der Kirche zu ewigem Besitz übergeben, auch die von den Langobarden

---

[1] Es ist sehr wohl denkbar, daß Pippin den in Kiersy übernommenen Verpflichtungen durch die Schenkung von 756, soweit die Verhältnisse es erlaubten, genügt zu haben glaubte, und den Vertrag von Kiersy dadurch praktisch für erledigt hielt. Wenn also Karl 771 das Versprechen erneuerte, setzte er nicht, wie Mock p. 86 behauptet, bloß an die Stelle der alten Urkunde eine neue, sondern frischte dadurch das in Kiersy gegebene Versprechen wieder auf.

[2] Vgl. z. B. Cenni I, 276, wo Stefan III. Karl und Karlmann an die romissio amoris, quae a vestro pio genitore sanctae recordationis domno Pippino, eidem principi apostolorum et ejus vicariis facta est, erinnert; ferner die Stelle, Cenni I, 286: Dominus Stefanus papa... per sua scripta sub terribili adjuratione vos adhortari studuit, firma stabilitate vos esse permansuros erga dilectionem s. dei ecclesiae, et illibatam charitatem apostolicae sedis pontificum, et omnia vos adimplere juxta vestram eidem dei apostolo adhibitam sponsionem.

in Besitz genommenen Patrimonien dem Apostel Petrus zurückerstattet, dem sie von Rechtswegen zugehörten" [1]. Hadrian drückt sich nicht ganz deutlich aus; er redet nicht bloß von der Schenkung Karls von 774, sondern, wie es scheint, auch von den späteren Schenkungen, welche Karl auf Grund und zum Behuf der Ausführung jener ersten Schenkung machte [2]. Von Pippin redet er nicht, was aber nicht befremden kann, noch auch mit der Ansicht in Widerspruch steht, daß die Schenkung in ihrem vollen Umfang schon von Pippin herrührte. Hadrian, welcher damals auf die Herstellung des Bilderdienstes im Morgenland und auf die Rückgabe der von frühern Kaisern eingezogenen Patrimonien der römischen Kirche hinarbeitete [3], wollte eben auf Irene und Constantin Eindruck machen, und berief sich deswegen auf ihren mächtigen Zeitgenossen Karl, dessen Wohlthätigkeit, Treue und Gehorsam gegen die Kirche er ihnen als Mu-

---

[1] Mansi, Concil. coll. ampl. XII, 1075 ff. Mock p. 96 f. führt aus, daß die Worte: „dem sie von Rechtswegen zugehörten", sich nur auf die Patrimonien beziehen, und nicht, wie Leibnitz Ann. I, 45, und im Anschluß daran auch ich, Unterg. des Langob. p. 38 f., annahm, auf alle geschenkten Gebiete; und in diesem Punkte hat Mock sicher Recht. Uebrigens lautet die Stelle, Mansi l. c.: Super omnes barbaras nationes, b. Petro principe apostolorum vobiscum comitante, eritis in triumphis imperantes victores, ut filius et spiritualis compater noster Carolus ... nostris obtemperans monitis atque adimplens in omnibus voluntates, omnis Hesperiae occiduaeque partis barbaras nationes sub suis prosternens conculcavit pedibus, omnipotentiam illarum domans et suo subjiciens regno adunavit. Unde per sua laboriosa certamina eidem dei apostoli ecclesiae ob nimium amorem plura dona perpetuo obtulit possidenda, tam provincias quam civitates, seu castra et cetera territoria, imo et patrimonia, quae a perfida Langobardorum gente detinebantur, brachio forti eidem dei apostolo restituit, cujus et jure (jura) esse dignoscebantur.

[2] Mock p. 95. 97 n. 1 behauptet, ich hätte, Unterg. des Langob. p. 38, der Zeitbestimmung der in dem Briefe Hadrians genannten Schenkung den Zusatz „nach Besiegung der Langobarden" erdichtet, und zwar zu dem Zweck, um daraus die Folgerung abzuleiten, daß die Ansprüche des Papstes nur auf der Schenkung Pippins beruhen konnten, und folglich diese den in der vita Hadr. angegebenen Umfang hatte (Mock p. 95 n. 3). Dieser Vorwurf ist aber völlig unbegründet, wie sich am besten daraus ergibt, daß ich die Folgerung aufgebe, an der Zeitbestimmung aber dennoch festhalte. Als die ihm zustehenden Rechte forderte Hadrian nur die Patrimonien, vgl. vorher n. 1; und diese Rechte waren unabhängig von der Schenkung von Kiersy. Was aber die Zeit der fraglichen Schenkung angeht, so ist es überhaupt nicht richtig, wenn Mock p. 95 die Worte: Carolus ... omnis Hesperiae occiduaeque partis barbaras nationes ... suo subjiciens regno adunavit, als maßgebend für die Zeitbestimmung der Schenkungen ansieht. Hadrian sagt, Karl habe die barbarischen Völker besiegt, weil er den Ermahnungen des Papstes gehorcht und seinen Willen erfüllt habe. Um letzteres zu beweisen führt er fort: „Denn (unde) Karl hat dem römischen Stuhle verschiedene Geschenke gemacht" u. s. f. Durch diese Geschenke hat Karl eben seinen Gehorsam gezeigt, sie gehen also der Unterwerfung der nationes barbarae, welche als die Belohnung für seinen Gehorsam dargestellt wird, voran. Dabei gebe ich zu, daß Hadrian auch noch die späteren Schenkungen, die aber eben bloß in Vollziehung der großen erfolgten, neben dieser im Auge hatte; darauf deutet der Wortlaut des Briefs.

[3] Hefele, Conciliengeschichte III, 410 ff.; vgl. auch unten.

ter vorhalten wollte. Dabei hielt er sich von Uebertreibungen nicht
rei; er brauchte ja den Griechen weniger als den Franken gegen=
über seine Worte abzuwägen.

Es wird nun kaum mehr zweifelhaft sein können, daß die Schen=
ung Karls von 774 in der That nur eine Wiederholung und Be=
tätigung der Schenkung von Kiersy war [1], und daß diese letztere auf
lle die Gebiete sich erstreckte, welche in der Lebensbeschreibung Ha=
rians genannt sind [2]. Es ist unrichtig, zu sagen, daß Karl die
Schenkung seines Vaters nicht bloß bestätigt, sondern durch neue
Verleihungen noch erweitert habe [3]. Nur im Verhältnis zu der

---

[1] Vgl. auch noch p. 472 n. 2. Namentlich wird diese Ansicht auch aus=
geführt von Halb, Donatio Karoli Magni ex codice carolino illustrata p. 36 ff.,
er aber freilich p. 33 leugnet, daß der Umfang der Schenkung Karls in der
vita Hadr. richtig angegeben sei. Ebenso sind der Ansicht, daß Karl die Schen=
ung von Kiersy einfach bestätigt habe, Muratori, Ann. VII, 109 f.; Hegewisch,
Versuch einer Geschichte Kaiser Karls b. Gr. p. 57; Pertz, Legg. II⁰ 7; Le=
nerou, Histoire des institutions carolingiennes p. 342; Waitz III, 165. Auch
Döllinger in seinem neuesten Buche: Kirche und Kirchen, Papstthum und
Kirchenstaat, scheint sich für diese Ansicht zu entscheiden, drückt sich aber nicht
klar aus. Er sagt p. 495: „Karl bestätigte die Schenkung seines Vaters,
fügte auch in den folgenden Jahren neue Patrimonien und Einkünfte hinzu".
Er hält also die erste Schenkung Karls für eine bloße Bestätigung der Pip=
pinischen, und zwar, wie man nach der Erzählung der vita Hadr. denken sollte,
der Schenkung von Kiersy. Die Patrimonien aber, die später hinzukamen,
kamen nicht zu der Schenkung Karls, die ja bloß das Versprechen einer Schen=
kung war, sondern zu den wirklich im Besitz des Papstes befindlichen Gebie=
ten hinzu, und grade auf Grund der ersten Schenkung Karls.

[2] Pertz l. c. p. 8 unterscheidet mit Recht die Schenkung Pippins von
756 von dem Vertrag von Kiersy. Dagegen ist es nicht möglich, mit Pertz
p. 7. 8 neben der Bestätigung und Erneuerung dieses Vertrags durch Karl
im Jahr 774 noch eine weitere, der Schenkung Pippins von 756 analoge
Schenkung Karls anzunehmen, kraft deren der Papst das Erarchat die Pen=
tapolis und einen Theil der Aemilia besaß. Im Uebrigen stimme ich voll=
kommen der Ansicht von Pertz bei, daß mit Ausnahme des Erarchats (die
Pentapolis mit eingerechnet) alle in der vita Hadr. aufgeführten Gebiete eben
nur solche waren, auf welche der Papst Anspruch erhob, ohne sie doch wirk=
lich zu erhalten; vgl. unten. — Hier erinnere ich auch der Vollständig=
keit halber an das sog. fragmentum fantuzzianum, bei Troya, Cod. dipl.
langob. V, p. 503 ff., welches den Umfang der Schenkung von Kiersy noch
viel weiter ausdehnt als die vita Hadr. Troya V, 528 hält die Aufzählung
in der vita für einen Auszug (compendio) aus dem Bericht des fragmentum
fantuzzianum. Es ist aber anerkannt, daß dieses fragmentum unecht ist; es
entstand zu einer Zeit da die vita Hadr. längst geschrieben war.

[3] Der neueste Vertreter dieser Ansicht ist Mock, welcher in der oben
schon vielfach genannten Abhandlung auszuführen sucht, daß Pippin in Kiersy
dem Papst das Erarchat, die Pentapolis und Narnia geschenkt, und erst Karl
774 die große in der vita Hadr. genannte Schenkung gemacht habe. Ich
habe bereits bei der Besprechung der einzelnen hier in Betracht kommenden
Punkte gezeigt, daß Mocks Beweise unzureichend sind; nur über Einen Punkt
habe ich noch ein Wort zu sagen. Mock hält mir p. 100 n. 1 mit großer
Zuversicht eine Stelle aus einem Brief Hadrians an Karl entgegen, worin
der Papst von Pippin rühmt: quia, sicut coepit, fine tenus immutilate per=
fecit. Daraus soll hervorgehen, daß Pippin alle seine Versprechungen erfüllt
habe. Da er aber dem Papst nur das Erarchat und die Pentapolis gab,

Schenkung von 756 war dieses der Fall; aber nicht sie, sondern die Schenkung von Kiersy war ja für Karl maßgebend bei der Erneuerung. Die Forderungen des Papstes änderten sich allerdings; sie waren später größer als zu Anfang. Es kam eben immer darauf an, ob sich der Papst in der Lage befand oder nicht, Forderungen an den König zu stellen; je sicherer er sich fühlte, desto höher wagte er seine Forderungen zu spannen [1]. Dieß war bei den späteren Päpsten, aber auch schon bei Hadrian der Fall.

Nach diesen Erörterungen über das Verhältnis der Schenkung Karls zu der Schenkung von Kiersy ist es am Platze, den Inhalt der Schenkung genauer ins Auge zu fassen. Auch hier begegnen Schwierigkeiten. Der Wortlaut in der Erzählung des Biographen Hadrians ist nicht recht deutlich [2]. Es könnte scheinen, als wäre in

schließt ohne Zweifel Mock, so hat er in Kiersy ihm auch nicht mehr versprochen. Aber ein so allgemein gehaltenes Lob, wie das von Hadrian dem Pippin gespendete, beweist nichts gegen die einzelnen feststehenden Thatsachen, welche einer solchen Auslegung dieses Lobes widersprechen. Der Zusammenhang, in welchem Hadrian dem Pippin jenes Lob ertheilt, beweist, daß es auf die Schenkung gar nicht speciell bezogen werden kann. Im ganzen Brief, cod. car. n. 89, Cenni I, 503 ff. ist von Schenkungen nirgend die Rede; Hadrian spricht von dem Gerücht, das sich damals verbreitete, daß Karl auf Zureden des Königs Offa von Mercia ihn, den Papst, abzusetzen beabsichtige; er glaubt nicht, daß dieses Karls Absicht sei, und in diesem Zusammenhang erinnert er ihn an die Treue, welche sein Vater gegen den heil. Petrus gezeigt habe; unmöglich kann doch dieses Lob als Beweis dafür in Anspruch genommen werden, daß Pippin dem Papst in Kiersy nicht mehr als das Exarchat und die Pentapolis versprach. — Die Ansicht, daß die Schenkung von 774 größer war als die von Kiersy, theilen übrigens Gaillard, Histoire de Charlemagne I, 111; Luden IV, 295; Ellendorf p. 163; Guizot, Histoire de la civilisation en France II, 317; Hegel I, 214; Gieseler, Kirchengeschichte II, 1, 39; Giesebrecht, Geschichte der deutschen Kaiserzeit I, 105; Sugenheim p. 39, der übrigens nicht nur der Schenkung von Kiersy, sondern auch der nach seiner Ansicht vermehrten Schenkung von 774 den ihr in der vita Hadr. zugeschriebenen Umfang abspricht; Papencordt, Geschichte der Stadt Rom im Mittelalter herausgeg. von Höfler p. 99 n. 1. Pagi a. 774 n. 1 und Eckhart, Franc. orient. I, 627, denken an eine Vermehrung der ersten Schenkung durch Toleto; Sigonius, De regno Ital. p. 142 f., behauptet, die Schenkung von Kiersy habe sich nur auf das Exarchat und die Pentapolis bezogen, wozu Karl eine neue Schenkung, bestehend in Corsica, Sardinien, Sicilien, dem sabinischen Territorium, Spoleto und dem langobardischen Tuscien hinzugefügt habe, und ähnlich nimmt Borgia, Breve istoria del dominio temporale della Sede Apostolica nelle due Sicilie p. 283, eine Vermehrung der ersten Schenkung durch Corsica, Spoleto, Benevent und verschiedene Einkünfte von Tuscien an. Venetien und Istrien werden ganz übergangen.

[1] Besonders ist dieses hervorgehoben von Leibnitz I, 46.

[2] Die Stelle lautet, vita Hadr. 186 C, vgl. oben p. 459 n. 4: Concessit (Carolus) easdem civitates et territoria b. Petro, easque praefato pontifici contradi spopondit per designationem confinium, sicut in eadem donatione contineri monstratur: id est a Lunis cum insula Corsica, deinde in Suriano, deinde in Monte Bardone, inde in Verceto, deinde in Parma, deinde in Regio, et exinde in Mantua, atque Monte Silicis, simulque et universum Exarchatum Ravennatium, sicut antiquitus erat, atque provincias Venetiarum et Histriam, necnon et cunctum ducatum Spoletanum et Beneventanum. Ex-

der Art und Weise, wie über die Schenkung berichtet wird, selbst wieder ein Unterschied gemacht. Ausdrücklich sind das ganze Exarchat, die Provinzen Venetien und Istrien, die Herzogthümer Spoleto und Benevent als in der Schenkung begriffen angegeben. Dagegen sieht man bei den übrigen Gebieten nicht deutlich, ob sie vollständig, oder ob nur Theile derselben weggeschenkt sein sollen. Doch ist es wohl nicht angemessen, auf diesen Unterschied in der Fassung der Worte beim Biographen so großes Gewicht zu legen; wahrscheinlicher ist es, daß er auch die übrigen von ihm genannten Gebiete vollständig in die Schenkung mit einrechnete. Ganz unmöglich aber ist es, die Angabe des Biographen so zu verstehen, daß die Schenkung nur das Exarchat mit der Pentapolis, Corsica, Spoleto, Benevent, und Einkünfte in Tuscien betroffen habe, während hingegen die übrigen vom Biographen erwähnten Gebiete nicht selbst geschenkt seien, sondern nur die Grenzen der anderen wirklich geschenkten Gebiete haben bezeichnen sollen [1].

Wie ist nun aber die Nachricht des Biographen über die Schenkung zu verstehen? Die Schenkungsurkunde selbst ist nicht vorhanden, ihr genauer Wortlaut deshalb unbekannt; der Biograph selber macht gar keinen Anspruch darauf, diesen pünktlich wiederzugeben. An der von ihm gegebenen Aufzählung der Städte und Provinzen muß man festhalten; daran aber darf man mit gutem Grund zweifeln, ob diese Gebiete dem Papst in so bündiger Form und so bedingungslos geschenkt wurden, wie die Worte des Biographen beim ersten Anblick zu ergeben scheinen. Und nun erinnere ich kurz an die Rechtstitel, worauf der Papst seine Ansprüche stützte. Er bezeichnet seine Forderungen wiederholt als die Rechte des Reichs und der römischen Kirche, des heiligen Petrus [2]; häufig aber hält er auch schon die Berufung auf eines von beiden, bald auf das römische Reich [3], bald auf die römische Kirche [4], für genügend, um dadurch seine Forderungen zu begründen; er sprach so, als wäre die römische Kirche gleichbedeutend mit dem römischen Reich. Es bestand aber doch noch ein wesentlicher Unterschied. Seit dem Erlaß des Bilderedicts durch

---

zu genommen bildet die Bezeichnung in Suriano, in Monte Bardone doch im Gegensatz zu den Worten: universum Exarchatum etc. Nur, glaube ich, kann bei dem Biographen eine so scharfe Unterscheidung nicht gemacht sein.

[1] Dieß behauptet Borgia p. 283 ff., aber willkürlich. Die Worte der Hadr. geben nirgend Anlaß zu einer solchen Erklärung. Borgia sucht offenbar den Umfang der Schenkung nur deßhalb zu vermindern, um wenigstens einen Theil derselben desto sicherer und vollständig für den heiligen Petrus zu retten.

[2] Vgl. z. B. Cenni I, 75: Beato Petro sanctaeque dei ecclesiae et publicae civitates et loca restituenda confirmastis; vita Stef. 169 D: pro pacis foedera et proprietatis s. dei ecclesiae ac reipublicae restituenda; ib. 168 C: Papa (Pippinum)... deprecatus est, ut per pacis foedera ipsam b. Petri et reipublicae Romanorum disponeret.

[3] Vgl. z. B. vita Stef. 168 C, oben p. 460 n. 2.

[4] Vgl. z. B. vita Hadr. 180 B; Cenni I, 169. 277 u. a.

Leo den Isaurier führte der Papst thatsächlich die weltliche Herrschaft im römischen Ducat; er hielt den Begriff des römischen Reichs fest, verweigerte aber dem Kaiser den Gehorsam, und trat, gestützt auf seine Herrschaft im Ducat, wo ja dem Namen nach der Kaiser noch Oberherr war, als Vertreter des Kaisers und Reichs im Abendlande auf. In dieser Eigenschaft erhob er Anspruch auf das von den Langobarden dem Kaiser und Reich entrissene Exarchat mit der Pentapolis [1]. Unmöglich aber konnte er unter dem Vorwand, daß sie dem Kaiser zurückgegeben werden müßten, diejenigen Gebiete für sich verlangen, welche vom Reich gar nicht losgerissen waren und deshalb noch immer dem Kaiser gehörten, wie Corsica, Venetien und Istrien; ebensowenig die Gebiete, welche seit alter Zeit unbestritten langobardisch waren, wie Spoleto und Benevent. Diese Forderungen konnte er nicht zu Gunsten des Reichs, er konnte sie also nur zu Gunsten der römischen Kirche erheben [2]. Die Kirche aber hatte nicht auf diese Provinzen selbst, sondern nur auf einzelne, innerhalb derselben gelegene Landbesitzungen, das heißt auf Patrimonien, Anspruch, die ihr im Lauf der Zeit theils von den Langobarden, theils von den Griechen fortgenommen waren. Demnach kann der Papst zur auf das ganze Exarchat mit der Pentapolis, in den übrigen Biographen genannten Gebieten aber nur auf die Patrimonien der römischen Kirche Anspruch erhoben haben. Die Schenkung Karls wie früher die von Kiersy, enthielt das Versprechen, diese Forderungen zu befriedigen [3].

[1] Womit aber keineswegs gesagt ist, daß er wirklich ein Recht auf die Gebiete hatte. Es ist eine ganz willkürliche Behauptung, daß der Papst so geraume Zeit vor dem Feldzug Pippins allgemein als Herr des Exarchats und der Pentapolis anerkannt gewesen sei, wie es in einer mehr gelehrten wissenschaftlichen Abhandlung über die Schenkung Pippins in der Civiltà cattolica, vol. XI serie IV, Roma 1861, p. 52 heißt.

[2] Und umgekehrt: die Ansprüche auf das Exarchat und die Pentapolis konnte er nicht unmittelbar zu Gunsten des heiligen Petrus, sondern nur zu Gunsten des Reichs erheben, wie er es wirklich auch immer that; denn Ausdrücke restituere und reddere, welche sich, von den Patrimonien gebraucht, darauf beziehen, daß sie von Griechen und Langobarden der Kirche entrissen waren, also auch ihr zurückgegeben werden sollten, hatten beim Exarchat und der Pentapolis nur den Sinn, daß sie vom Reich losgerissen waren, auch dem Reich, und dem Papst nur als Vertreter des Reichs, zurückgegeben werden müßten. War dieser Unterschied der Rechtstitel nicht damals schon verwischt — und er war es augenscheinlich nicht —, so liegt hierin der schlagendste Beweis dafür, daß die Schenkung von Kiersy denselben Inhalt wie die Schenkung Karls hatte. Das Exarchat und die Pentapolis, auch Narni, forderte Stefan als Rechte des Reichs; er forderte aber ebenso die Rechte der Kirche, und diese waren nur die Patrimonien. Indem Pippin in Kiersy die Rechte nicht bloß des Reichs, sondern auch der Kirche zurückzuerstatten versprach, versprach er mehr als das Exarchat und die Pentapolis; er versprach auch die Rückgabe der Patrimonien, die in den in der vita Hadr. genannten Gebieten zerstreut lagen.

[3] Ich gebe also die früher, Unterg. des Langob. p. 38 n. 4, geäußerte Ansicht insoweit auf, daß ich glaube, nur das Exarchat und die Pentapolis seien dem Papst vollständig geschenkt, sonst aber bloß die Patrimonien. Das

Dieses Ergebnis wird durch die Ereignisse der folgenden Jahre bestätigt. Hier verdient wenigstens ein Brief genannt zu werden, welcher diesen Character der Schenkung besonders deutlich bezeichnet. Im Jahr 777, als Hadrian durch die Verhältnisse gezwungen war, sich über seine Forderungen einmal genau und bestimmt auszusprechen, schrieb er an Karl: „Alles, was die verschiedenen Kaiser und Patricier und andere gottesfürchtige Menschen in den Gebieten von Tuscien, Spoleto, Benevent und Corsica, zugleich im sabinensischen Patrimonium dem heiligen Apostel Petrus und der heiligen und apostolischen Kirche geschenkt haben, und was durch das nichtswürdige Volk der Langobarden im Lauf der Jahre fortgenommen ist, soll in Euren Zeiten wieder zurückgegeben werden. Wir haben auch mehrere Schenkungsurkunden in unserem heiligen Lateranarchiv aufbewahrt, und dieselben, um Euch genug zu thun, an Euch geschickt, um sie Euch zu zeigen, und bitten Euch nun die vollständige Zurückgabe dieser Patrimonien an den heiligen Petrus und uns zu bewirken"[1]. Ganz deutlich erhebt hier Hadrian Anspruch auf die in Italien zerstreuten Patrimonien der römischen Kirche, keineswegs aber auf Tuscien, Spoleto, Benevent, Corsica und die Sabina selber; nicht die Gebiete selbst, sondern nur die darin gelegenen Patrimonien sind der Kirche geschenkt[2]. Die durch die Langobarden dem heiligen Petrus entrissenen Besitzungen und Rechte sollen ihm zurückgegeben werden[3], und dieses sind eben nur die Patrimonien, von welchen wiederholt die Rede ist. Sehen wir also ab von dem Exarchat und der Pentapolis, deren Schenkung auf einem andern Rechtstitel beruhte, so war überall sonst die Schenkung eine bedingte, und die Bedingung, woran ihre Vollziehung geknüpft war, diese, daß Hadrian bei jeder Forderung, die er erhob, die Berechtigung derselben nachwies[4]. So ge-

---

Noch gegen die Ansicht Halbs, daß die Schenkung überhaupt nur die Patrimonien betreffe, vorbringt, ist sehr mangelhaft; vgl. auch die folgende Note.

[1] Cod. car. n. 49, Cenni I, 353; vgl. auch unten. Moch p. 31 beruft sich auf diesen Brief, um grade umgekehrt zu beweisen, daß die Schenkung Karls sich nicht auf die Patrimonien, sondern auf die ganzen Provinzen bezogen habe. Aber daraus, daß Hadrian in diesem Brief nicht von der Schenkung Karls, sondern von mehreren andern Schenkungsurkunden spricht, kann jetzt doch unmöglich geschlossen werden; viel eher könnte daraus folgen, daß ihm die Schenkung Karls allein nicht einmal Rechte auf Patrimonien gab, sondern nur solche bestätigte, welche er anderweitig nachweisen konnte.

[2] Diese Ansicht äußert schon Giannone, Storia del regno di Napoli I, 48, mit Bezug auf Spoleto, Benevent und die Besitzungen in den cottischen Alpen; vgl. außerdem Schröckh, Christliche Kirchengesch. XIX, 588 ff.; Schmidt, Kirchengeschichte IV, 217 f.; Hegel I, 214 n. 4; La Farina, Storia d'Italia I, 72 ff; besonders auch Halb p. 33 ff.

[3] Hieher gehört, außer den zahlreichen Stellen in den Briefen Hadrians, auch die Angabe Einhards, vita Kar. c. 6, SS. 11, 446: Karolus non prius restitit, quam . . . omnia Romanis erepta restitueret. Auch Döllinger p. 495 sagt, die fränkischen Könige haben der römischen Kirche nur die Einkünfte der Ländereien bewilligt; man muß aber hinzufügen, daß sie ihnen auch die Verwaltung überließen.

[4] So auch Pertz, Legg. II b, 8: Constat igitur Karolum ea quae Desi-

ſchaß es, daß er ſich ausdrücklich auf urkundliche Zeugniſſe für die Rechtmäßigkeit ſeiner Anſprüche berief; wogegen der König ſeiner= ſeits in den meiſten Fällen Bevollmächtigte nach Italien ſchickte, um an Ort und Stelle die Anſprüche Hadrians ſelbſt zu prüfen. Solche Prüfungen zogen ſich, wie wir ſehen werden, immer mehr oder we= niger lange hin, weshalb auch diejenigen Gebiete, welche der Papſt wirklich erhielt, doch nur allmälig in ſeinen Beſitz übergingen [1]. Ob jedoch dieſe Uebergabe auch noch von anderen Bedingungen als dem Nachweis der Rechtmäßigkeit der Forderungen abhängig gemacht war, iſt nicht erzählt; es ſcheint übrigens nicht der Fall geweſen zu ſein [1]. Denn die Dienſte, welche Hadrian dem König in Italien leiſtete, entſprachen ſo ſehr ſeinem eigenen Intereſſe, daß nichts zu der Ver= muthung berechtigt, Hadrian habe ſie nur, weil Karl ihm dieſe Be= dingungen auferlegt, geleiſtet [3]. Wahr iſt es dagegen, daß die über= wiegende Macht in den Händen Karls lag, und es daher in ſeiner Gewalt ſtand, dem Papſte, ſoviel ihm eben gut dünkte, zu verwil= ligen.

derio Ticinum adhuc tenente et eventu belli ambiguo in pacto carisiacensi a novato pontifici promiserat, integra servare nec voluisse nec potuisse, fortasse ratione ductum, quod pontifices jura sua in territoria singula ad ridiem lineae descriptae posita, prout tenebantur et polliciti esse vide probare nequivissent.

[1] Ich verweiſe auf die Geſchichte der folgenden Jahre; übrigens Halb p. 52 ff.

[2] Anderer Anſicht iſt Halb p. 83 ff. Er behauptet, Hadrian habe dem Vertrag mit Karl dieſem dreierlei verſprochen: 1) täglich für Karl Vergebung ſeiner Sünden und um Sieg über ſeine Feinde zu beten; 2) Rolle eines Kundſchafters in Italien für Karl zu übernehmen; 3) Karl Rechte als Patricius von Rom ſorgfältig zu wahren. Allerdings war Hadrian in vielen Fällen in dieſem Geiſte thätig; daß er aber vertragsmäßig dazu verpflichtet geweſen ſei, iſt eine Vermuthung, die ganz in der Luft ſchwebt. Vollends unhaltbar iſt die Behauptung Halbs, p. 86, Hadrian habe die Bedingungen des Vertrags zuerſt vorgeſchlagen; was er aus dem Danke des Papſtes ſchließt, Cenni I, 342: ... dignam a misericordissimo Deo nostro, intercedente b. Petro apostolorum principe, pro cujus amore et re verentia aurem nostris petitionibus accommodare inspiratus fueras, suscipi mercedem. Darin ſteht aber nichts davon.

[3] Daher iſt auch die weitere Vermuthung Halbs, p. 98 ff., jene Ver= ſprechungen des Papſtes ſeien für Karl der Hauptgrund geweſen, die Schen= kung zu erneuern, verfehlt. Halb, p. 103, ſieht in der Schenkung eine bloße Kriegsliſt Karls, welcher beabſichtigt habe, unter dem Vorwand die heili= gen Petrus geſchenkten Patrimonien demſelben zurückzugeben, die Provinzen ſelbſt, worin dieſe lagen, zu bekriegen und für ſich zu erobern. Weil aber Hadrian jenen Bedingungen nicht vollſtändig nachgekommen ſei, habe auch Karl die Schenkung nicht zur vollen Ausführung gebracht. Ich glaube nicht, daß dieſe Anſicht über Karls Politik das richtige trifft. Auch iſt ſie mit einer andern von Halb ſelber ſchon vorher, p. 40, ausgeſprochenen Behauptung nicht vereinbar, der Behauptung, Karl habe die Schenkung gemacht aus Dank= barkeit für die ihm von Hadrian geleiſtete Unterſtützung bei der Unterwerfung von Deſiderius; ferner um lange zu leben, um ein geſegnetes Andenken nach ſeinem Tode zu hinterlaſſen u. dgl. Freilich iſt auch dieſe Vermuthung nur in beſchränktem Maße richtig.

Aber nicht bloß in dem beschränkten Umfange der dem Papst wirklich überlieferten Besitzungen zeigte sich seine Abhängigkeit; auch die Rechte, welche ihm innerhalb dieser Besitzungen selbst zustanden, waren keineswegs unbeschränkt. Wir werden oft Gelegenheit haben zu sehen, wie weit seine Befugnisse reichten; es wird sich zeigen, daß die Oberhoheit überall dem fränkischen König zustand [1]. Auch das Exarchat und die Pentapolis waren hiervon nicht ausgenommen; die Ansicht, wie Karl in Rom, so habe Hadrian in Ravenna die Rechte eines Patricius gehabt, beruht auf einem Irrthum [2]. Ha-

---

[1] Genauer darauf einzugehen ist hier nicht der Ort. Uebrigens nehmen heutzutage die Meisten übereinstimmend an, daß die Souveränität in den der Kirche geschenkten Besitzungen nicht dem Papste, sondern Karl zugestanden habe. Daß die Kirche selbst die volle Souveränität besessen habe, ist, außer neuerdings von Phillips, Deutsche Geschichte II, 250 f., und Papencordt, p. 99 n. 1, namentlich früher von Baronius, Pagi, Orsi, Borgia, Cenni u. a. behauptet. Cenni macht übrigens, p. 297 f., zwischen den verschiedenen Gebieten einen Unterschied; er giebt zu, daß in den Herzogthümern Tuscien und Spoleto der Papst nur auf den Census Anspruch gehabt habe, die Hoheitsrechte dagegen auf Karl übergegangen seien; die übrigen Besitzungen aber, sagt er, seien allerdings dem Papst mit allen Rechten der Oberhoheit übergeben worden (p. 295: dominii quicquam sibi aut arrogasse (Karolum) aut reservasse, praeterquam in Spoleti et Tusciae ducatibus, nusquam legitur). Borgia p. 276 meint, Karl habe auch Spoleto dem Papst vollständig geschenkt, aber nachher, doch vor 780, sich mit ihm darüber vereinigt, daß er selbst, Karl, die Oberhoheit behielte. Die Wahrheit ist, daß Karl sie ihm nie zugestanden hatte. Dieß bemerkt schon Muratori, Ann. VII, 110, der nur das Exarchat ausnimmt; Cancone I, 348; neuerdings mit großer Entschiedenheit Sugenheim p. 45 ff.; Abel a. a. O.; La Farina a. a. O.; Gregorovius II, 398 ff.; Guizot II, 8 ff. nimmt an, daß, entsprechend dem noch nicht bestimmt ausgeprägten Begriff der Souveränität in jener Zeit, auch die Souveränität im Kirchenstaat weder ganz dem Papste noch ganz dem Könige zugestanden, sondern daß eine dieses, der andere jenes Hoheitsrecht ausgeübt habe, eine Ansicht, die manches für sich hat. Und ähnlich glaubt Waitz III, 165, daß über das Recht des Papstes und seine Beziehungen zu Karl eine genaue Bestimmung nicht getroffen war. Döllinger p. 495 spricht es gradezu aus, daß die fränkischen Könige sich die Oberhoheitsrechte vorbehalten haben, wogegen zuletzt noch Sybel p. 11 in Uebereinstimmung mit Baronius, Phillips u. a., aber in Widerspruch mit den Thatsachen, sagt, Karl habe den Papst anfangs, d. h. wohl bis zur Kaiserkrönung, unabhängig gelassen.

[2] Vgl. Hald p. 35; Sugenheim a. a. O.; Gregorovius II, 405 ff. Daß der Papst in Ravenna das Patriciat besessen habe, behauptet Cenni I, 294; Farina II, 30; Gieseler II, 1, 38. Sie berufen sich auf den Brief Hadrians an Karl, Cenni I, 520 f., worin jener zwar Karl als Patricius anerkennt, dagegen von ihm verlangt, daß er nun auch das Patriciat des heiligen Petrus, das ihm von Pippin verliehen sei, anerkenne. Aber der Umstand, daß Hadrian diese Forderung aufstellte, beweist nicht, daß sie gerechtfertigt war, sondern bloß, daß er „mit kluger diplomatischer Taktik" verfuhr, wie Gregorovius II, 407 bemerkt. Was wir aus der Zeit von der Schenkung Pippins bis 790, da Hadrian seinen Brief schrieb, wissen, widerspricht eben der 790 zum ersten Mal auftretenden Behauptung, daß Pippin dem heil. Petrus das Patriciat übertragen habe. Ueberdem bleibt es, wie Waitz III, 82 n. 2 mit Recht bemerkt, ungewiß, ob Hadrian Karl grade als Patricius von Rom, den Schutzherrn des h. Petrus, also den Papst, als Patricius im Exarchat bezeichnen wollte, noch ungewisser, ob der Papst diese Würde im Exarchat wirklich erhalten

brian felbst hat mehr als einmal die Oberhohelt Karls über Ravenna anerkennen müſſen [1].

Was aber das Verhältnis Karls zu Rom ſelber betrifft, ſo erhielt ſein Patriciat eine Bedeutung, welche es bis dahin nicht gehabt hatte. Durch die Eroberung des langobardiſchen Reiches war
er der unmittelbare Nachbar des Papſtes geworden, was zu viel
häufigeren Berührungen mit demſelben, als ſeither, führen mußte:
ſchon dadurch wurde für ihn der Werth der Rechte erhöht, welche
ihm das Patriciat in Rom verlieh. Zugleich aber wurde ihm durch
jene Eroberung ein ſo bedeutender Machtzuwachs zu Theil, daß er
ſein Patriciat mit weit größerem Nachdruck geltend machen und
neue, dem Papſt ſehr unerwünſchte Forderungen daraus ableiten
konnte. Er beſchränkte ſich fortan nicht mehr darauf, der Kirche,
wenn ihn der Papſt aufforderte, den Schutz und Beiſtand zu leiſten,
wozu ihn das Patriciat verpflichtete [2], ſondern er war nunmehr in
der Lage, von der Stellung, welche ihm das Patriciat als Inhaber
der kaiſerlichen Rechte im Ducat von Rom überhaupt verlieh, einen
freieren Gebrauch zu machen [3]. Entſprechend dieſer Veränderung
fieng Karl eben jetzt, da zu ſeinem Titel als König der Franken
eines Königs der Langobarden hinzukam, auch an, von ſeiner Titel
als Patricius von Rom für ſeinen Titel Gebrauch zu machen [4].

hatte. Es iſt daher unrichtig, wenn Savigny, Geſch. des Röm. Rechts
M. A. I, 362 annimmt, in Rom habe der Papſt, im Erarchat Karl
Recht gehabt.

[1] Ausdrücklich hebt dieß auch Döllinger p. 495 als Regel hervor.

[2] Orsi, Della origine del domnio e della sovranità de Romani Ponte-
sopra gli stati etc., p. 126 ff., behauptet, das Patriciat habe eben nur
der Verpflichtung beſtanden, die Kirche gegen ihre Feinde zu ſchützen, für für
ben zu ſorgen und die Ruhe aufrecht zu halten. Er nimmt an, daß die
häufig wiederkehrende Bezeichnung Karls als defensor ecclesiae gleichbe-
tend ſei mit patricius, und folgert daraus, daß Karl als Patricius die Verpflichtung zur Vertheidigung des Papſtes obgelegen habe, daß er von dem
„Willen und Belieben" des Papſtes abhängig geweſen ſei, alſo keineswegs
Oberhoheit, weder in Rom, noch in den Provinzen beſeſſen habe, p. 1..
Aber das Patriciat erſtreckte ſich über den Schutz der Kirche hinaus auf
Befugniſſe, welche urſprünglich einem Statthalter des Kaiſers zuſtanden; Regel I, 209 f.; La Farina II, 30; St. Marc, Abrégé chronol. I, 379 ff.; und
was den Schutz der Kirche betrifft, ſo liegt es auf der Hand, daß es auf den
guten Willen Karls ankam, ihn zu gewähren oder nicht. Nicht Karl war vom
Papſt, ſondern der Papſt war von Karl in hohem Grad abhängig.

[3] In ſo weit ſtimme ich der Ausführung von La Farina II, 31 bei,
daß nicht rechtlich aber thatſächlich die Gewalt Karls als Patricius einen Zu-
wachs erhielt. Dagegen verfällt auch er in den Irrthum, den Papſt als den
Patricius des Erarchats zu betrachten, vgl. oben p. 475 n. 2, und behauptet,
indem er die Gewalt des Königs und des Papſtes vergleicht, zwar nicht rechtlich, aber doch thatſächlich ſei die Gewalt beider dieſelbe geweſen. Karl ſei
dem Namen nach Patricius, in der That aber König geweſen, Hadrian dem
Namen und der That nach Patricius. Aber um 790 begegnet Hadrian dem
Namen nach nirgends als Patricius, und thatſächlich erſcheint er ebenſowenig
als ſolcher.

[4] In den meiſten Urkunden vom Juni 774 ab nennt ſich Karl rex Francorum et Langobardorum ac patricius Romanorum, wogegen in den früheren

Ueberhaupt konnte die Eroberung des langobardischen Reiches auf die Stellung des apostolischen Stuhls zu den Franken nicht ohne tief greifenden Einfluß bleiben. Die Festsetzung der Franken im langobardischen Reich mußte im Papst nothwendig die lebhaftesten Besorgnisse erwecken; nur die persönliche Gesinnung des fränkischen Herrschers gewährte ihm eine Bürgschaft gegen die Gefahr, welche in der Vereinigung der fränkischen und langobardischen Herrschaft in Einer Hand für ihn lag. Bei jedem Versuche aber, von vorn herein auch gegen die Wechselfälle der Zukunft sich sicher zu stellen, lief er mehr oder weniger Gefahr, der Freundschaft Karls verlustig zu gehen. Und in der That hat es an Stoff zu Zerwürfnissen von Anfang an nicht gefehlt; es traten Zeiten ein, da zwischen Karl und Hadrian ein äußerst gespanntes Verhältniß bestand. Dennoch kam es nie zu einem Bruche zwischen beiden, so daß wir ebenso die Gewandtheit und Ausdauer Hadrians wie die Besonnenheit und Sicherheit Karls zu bewundern haben, womit er unausgesetzt sein Ziel verfolgte, ohne daran durch die Haltung des Papstes irre zu werden.

Hadrian kann über die Gesinnungen und Absichten des neuen Langobardenkönigs nicht lange in Ungewißheit gewesen sein. Es lag ihm ob, die Forderungen, die er früher an Desiderius gestellt hatte, nunmehr bei Karl geltend zu machen. Karl hatte ohne Zweifel die Absicht, die Rechte des Stuhles Petri zu achten und zu wahren, eine Absicht, die Desiderius ferngelegen hatte; aber er hatte zugleich den festen Willen, allen weitergehenden Ansprüchen des Papstes entgegenzutreten, und die Kraft, sie zum Schweigen zu bringen, welche Desiderius gleichfalls nicht gehabt hatte; eine dritte Macht, welche der Papst ebenso gegen die Franken, wie früher die Franken gegen die Langobarden, hätte anrufen können, gab es nicht mehr. So ist es wohl zu erklären, daß Hadrian von vorn herein es sorgfältig vermied, aus der Bestätigung der Schenkungsurkunde allzu hohe Ansprüche abzuleiten, sondern seine Forderungen vorläufig auf ein bescheidneres Maß beschränkte. Allein selbst damit drang er nicht durch [1]. Kaum hatte Karl Italien verlassen, als dem Papst sogar diejenigen Gebiete zum großen Theil entrissen wurden, welche ihm durch die Pippinsche Schenkung von 756 zugesichert waren. Erzbischof Leo von Ravenna trat gegen den Papst auf. Er machte An-

---

nur der Titel rex Francorum begegnet. Vgl. Mabillon, De re dipl. p. 73; Baltz III, 164 n. 2, und über die Bedeutung dieser Veränderung auch Mabillon, Ann. II, 227.

[1] Dem könnte eine Stelle der Ann. petav., SS. I, 16, zu widersprechen scheinen: Domnus rex Carolus, missis comitibus per omnem Italiam, laetus sancto Petro reddidit civitates quas debuit. Waitz III, 153 n. 1 hebt aber mit Recht hervor, daß damit wohl nicht gesagt sein solle, die Grafen seien mit einem besondern Auftrag ausgesandt worden, für die Rückgabe der civitates zu sorgen. Trennt man nun letztere von der Aussendung der Grafen, so liegt es nahe, die Nachricht über die Rückgabe der Städte auf die von Karl in Rom bewilligte Erneuerung der Schenkung von Kiersy überhaupt, und nicht auf Maßregeln behufs ihrer Ausführung zu beziehen.

ſpruch auf Unabhängigkeit vom römiſchen Biſchof, und auf einen
großen Theil des Exarchats, namentlich auf die Pentapolis, indem
er ſich darauf berief, daß Karl ihm dieſe Gebiete überlaſſen habe [1].
Den Theophylactus ſchickte er in die Pentapolis, um ſie vom Papſte
abzuziehen und unter ſeine eigene Botmäßigkeit zu bringen. Obſchon
nun aber hier der Verſuch Leos ſcheiterte, ſo blieb doch der Papſt
im übrigen entſchieden im Nachtheil. Ein großer Theil des Exarchats, die Städte und Gebiete von Faventia, Forum Populi, Forum
Livii, Ceſena, Bobium, Comiaclum, Imola und Bologna blieben in
der Gewalt des Erzbiſchofs, deſſen ganzes Streben darauf gerichtet
war, die gebietende Stellung wieder zu erringen, welche ſein Vorgänger Sergius eingenommen hatte [2].

Hadrian mußte noch in demſelben Jahre, in welchem ſein Todfeind Deſiderius geſtürzt war, die Unterſtützung Karls anrufen. Er
ordnete ſeinen Kammerherrn Anaſtaſius und, wie es ſcheint, den Biſchof Andreas zu ihm ab, um ihm wegen der Uebergriffe Leos Vor-
ſtellungen zu machen [3]. Indeſſen war Karl ſchon vorher durch Geſandte Leos ſelber über deſſen Abſichten unterrichtet worden. Hadrian beklagt ſich in dem Schreiben, das er ſeinen Bevollmächtigten
mitgab, darüber, daß Leo Geſandte an den König geſchickt habe,
ihm falſche Rathſchläge zu ertheilen und dadurch dem Papſte zu
ſchaden. Ja nach der Angabe Hadrians behauptete Leo, daß ihm
von Karl alle die genannten Städte und die ganze Pentapolis überlaſſen worden ſeien. So weit iſt jedoch Karl gewiß nicht gegangen.
Leo gab ſeinen Verſuch, die Pentapolis zu gewinnen, ſo ſchnell wie

---

[1] Cod. car. n. 54, Cenni I, 320 f.: Pervenit ad nos, eo quod pro-
tervus ac nimis arrogans Leo archiepiscopus Ravennatium civitatis suos et
vestram excellentissimam benignitatem, ad contrarietatem nostram, falsa sug-
gerendo direxit missos. Etenim . . . postquam vestra Excellentia a civitate
Papia in partes Franciae remeavit, ex tunc tyrannico atquo procacissimo in-
tuitu rebellis b. Petro et nobis extitit, et in sua potestate diversas civitates
Aemiliae detinere videtur, scilicet Faventiam, Forum-Populi, Forum-Livii,
Caesenas, Bobium, Comiaclum, ducatum Ferrariae, seu Imolas atque Bononias; asserens, quod a vestra Excellentia ipsae civitates, una cum universa
Pentapoli, illi fuissent concessae. Et continuo direxit Theophylactum mis-
sum suum per universam Pentapolim, hoc ipsum denuncians, cupiens eosdem
Pentapolenses a nostro servitio separare.

[2] Agnellus, Vita Serg., Mur. SS. II ᵃ, 174: Judicavit iste (Sergius) a finibus Perticae totam Pentapolim et usque ad Tusciam et usque ad mensas
Walani, veluti exarchus sic omnia disponebat, ut soliti sunt modo Romani
facere. Cenni l. c.: Antefatus nefandissimus archiepiscopus asserit, propo-
nens occasionem, in ea potestate sibi Exarchatum Ravennatium, quam Sergius archiepiscopus habuit, tribui. Gaillard II, 126 f. behauptet, ein Hauptgrund der Feindſchaft Hadrians und Leos ſei die früher gegen des erſteren
Befehl von Leo angeordnete Hinrichtung Afiartas geweſen, eine Vermuthung,
die nicht das geringſte für ſich hat.

[3] Cenni p. 323, wo allerdings nur von Anaſtaſius die Rede iſt. Da
jedoch ſpäter (Cenni p. 324) neben ſeiner auch der Rückkunft des Andreas gedacht wird, darf man annehmen, daß dieſer, wenn nicht zugleich doch ziemlich
um dieſelbe Zeit mit Anaſtaſius zu Karl abgeſchickt wurde.

der auf, ohne nachher auf ihn zurückzukommen, daß man vermuthen darf, er habe eben nur die unfertigen Zustände Italiens nach Karls Rückkehr benutzen wollen, um sich dieses Gebiet anzueignen; hätte ihm Karl die Pentapolis bestimmt zugesichert, so würde er ohne Zweifel bei der nächsten Anwesenheit Karls auf die Ausführung die= ses Versprechens gedrungen haben.   Dagegen scheint Karl in Be= treff jener Städte des Exarchats dem Erzbischof allerdings Zuge= ständnisse gemacht zu haben [1].   Sie hatten sich, so viel man sieht, schon seit einiger Zeit im Besitz Leos befunden [2], und blieben auch vorderhand noch in seiner Gewalt; erst später gingen sie in den fe= sten Besitz des Papstes über.

Hadrian war mit der Stellung, welche Karl in seinen Strei= tigkeiten mit Leo beobachtete, keineswegs zufrieden.   Die Nachrich= ten, welche ihm seine Gesandten aus dem fränkischen Reiche zurück= brachten, müssen ihn ernstlich beunruhigt haben.   In den Briefen, welche er in der nächsten Zeit an Karl richtete, herrscht ein Ton vor, worin das Peinliche seiner Lage sich deutlich widerspiegelt. Sie lauten um nichts weniger unterwürfig als die früheren, vor dem Fall von Desiderius geschriebenen; sie lassen erkennen, welchen Sinn der Karl seine Verbindung mit Rom hatte.   „Unsere Gegner", schrieb Hadrian, „erheben Vorwürfe gegen uns und sagen: was nützt es Euch, daß das Volk der Langobarden unterdrückt und der fränkischen Herrschaft unterworfen ist?   Nichts von dem, was ver= sprochen wurde, ist erfüllt; nein selbst das, was längst von Pippin dem heiligen Petrus überlassen war, ist jetzt fortgenommen" [3].   Konnte der Papst diesen Vorwürfen widersprechen?   Die Art, wie er Karl

[1] Halb p. 71—80 sucht auszuführen, daß Leo zuerst auf das Exarchat und die Pentapolis Anspruch erhoben, dann aber auf die Pentapolis verzich= tet habe.   Hingegen sei ihm gelungen, das Exarchat als alten Besitz der Kirche von Ravenna, und nicht von Rom, zu erweisen, worauf Karl es ihm förmlich zum Geschenk gemacht habe.   Daß ihm nun jener Nachweis gelang, wäre im= merhin denkbar; dagegen ist der von Halb versuchte Beweis, daß Karl das Exarchat in aller Form Leo geschenkt habe, nicht überzeugend.

[2] Darauf scheint die von Hadrian zweimal in diesem Brief gebrauchte Bezeichnung *detinere* hinzudeuten.   Der Papst hätte sich in seiner Gereiztheit die Gelegenheit gewiß nicht entgehen lassen, wenn Leo erst damals die Städte in Besitz genommen hätte, dieß mit einem viel stärkern Ausdruck zu bezeich= nen.   So aber unterscheidet er ausdrücklich zwischen jenen Städten und der Pentapolis; von dieser sagt er, daß Leo wünsche, sie *a nostro servitio se= parare*, von jenen, daß er sie *in sua potestate detinere videtur*.   Es scheint daher, daß Leo diese Städte schon während Karl in Italien, vielleicht noch ehe Desiderius gefangen war, im Besitz hatte; der Papst konnte ihn auch recht wohl als *rebellis S. Petro* bezeichnen, wenn er die Städte nicht her= ausgab, auf welche Hadrian Anspruch zu haben glaubte.

[3] Cenni I, 322.   Mock p. 83 will aus dieser Stelle schließen, daß Karl dem Papst mehr geschenkt habe als Pippin.   Hadrian redet hier aber nicht von der sog. Schenkung von Kiersy, die bloß das Versprechen einer Schen= kung war, sondern von den wirklich an den Papst abgetretenen Gebieten, also von der Schenkung von 756.   Auch die andern Schlüsse, die Mock aus die= sem Briefe zieht, sind unrichtig, vgl. Götting. gel. Anz. Jahrg. 1861 p. 2013.

Mittheilung davon machte, zeigt, daß er sie für wohlbegründet hielt, und begierig die Gelegenheit ergriff, sie mittelbar gegen den König selber zu erheben. Allein er erreichte damit nichts; seine Stellung wurde immer mißlicher. „Lieber vortrefflicher Sohn", schrieb er an Karl, „mein Herr, großer von Gott gesetzter König, ich bitte und flehe dich an, als stünde ich dir selber gegenüber, und voll Vertrauen, du mögest schnell für die Erfüllung alles dessen sorgen, was du dem heiligen Petrus zum großen Heil deiner Seele und zum Segen für dein von Gott beschütztes Reich in deiner Schenkung versprochen hast" [1]. „In reiner väterlicher Liebe und unter heißen Küssen bitten wir dich, du mögest uns möglichst bald über dein, deiner Gemahlin und deiner Kinder Wohlergehen genauer unterrichten; denn bis heute warten wir umsonst auf deine Boten, und so zwingt uns unsere heiße Liebe, die reinen Gefühle unsres Herzens vor deiner königlichen Hoheit ausführlich darzulegen, denn dein Wohl ist unsere Freude und dein Glück unser Triumph... Nächst Gott und dem heiligen Petrus ist unsere Hoffnung und unser Vertrauen nirgend als bei dir" [2]. „Wir bitten dich dringend, uns schleunigst über dein Wohlergehen Nachricht zu geben, denn dein Wohl ist unsere Sicherheit und deine Freude unsere Freude" [3].

Gewis liegt diesen Versicherungen, worin der Papst seine Ergebenheit gegen Karl betheuert, mehr als bloße Höflichkeit zum Grunde; es spricht aus ihnen das Bewußtsein Hadrians, daß er ohne des Königs Zustimmung und Unterstützung überall nichts vermochte. Die führten sie wörtlich an, weil sie für die Lage des Papstes bezeichnend sind. Nicht einmal der Ansprüche des Erzbischofs von Ravenna konnte er sich aus eigenen Kräften erwehren; wie durfte da anders als durch demüthige Bitten von Karl ein Zugeständniß zu erlangen hoffen? Und dazu kam nun noch die Besorgnis, daß zwischen Karl und Leo ein Einverständnis bestehe. Karl machte der That noch immer keine Anstalt, um für den heiligen Petrus einzutreten, und der Bericht des Anastasius und Andreas lautete keineswegs tröstlich. Allerdings hebt Hadrian in seinem nächsten Brief an Karl geflissentlich die aufs neue von ihm gegebene Versicherung hervor, daß er treu festhalte an seinem dem heiligen Petrus gegebenen Versprechen; er redet von einer Mittheilung Karls, die ihm besondere Freude gemacht habe [4], deren Inhalt er jedoch mit keiner

---

[1] Cenni I, 325, cod. car. n. 53.
[2] Cod. car. n. 52, Cenni I, 327. 328. 329.
[3] Cod. car. n. 51, Cenni I, 334.
[4] Cenni I, 326: Itaque praesens vester missus aliam nobis obtulit praecellentiae vestrae epistolam, cujus confertam paginam discentes, valde noster laetatus est animus in vestrae mentis benigno proposito. Statt vester missus wird wohl zu lesen sein noster missus, denn wir hören ja, daß die Gesandten Karls auch im November noch nicht angekommen waren; daß aber vor der Rückkunft des Andreas ein Gesandter Karls in Rom eintraf, ist sehr unwahrscheinlich; und davon, daß der Brief später, erst nach dem November, angesetzt werden dürfte, kann vollends nicht die Rede sein. Der

Silbe andeutet [1]. Allein in Wahrheit war er von schweren Sorgen erfüllt. Karl ließ ihn durch Anastasius und Andreas wissen, daß Leo persönlich eine Unterredung mit ihm gehabt habe, und darüber konnte er seine Verwunderung nicht verbergen. Der Erzbischof, meint er, hätte ihm seine Absicht, zu Karl zu reisen, vorher mittheilen sollen, damit er neben ihm einen eigenen Bevollmächtigten zum König hätte schicken können [2]. Sein Mistrauen wuchs, als er bald darauf von neuen Gewaltmaßregeln Leos hörte. Nachdem dieser von seinem Besuch bei Karl zurückgekehrt war, trat er mit denselben Anmaßungen wie früher auf. Er weigerte sich nicht bloß, den päpstlichen Anordnungen Folge zu leisten, sondern wehrte auch den Beamten in Ravenna und der Aemilia vom Papst Befehle anzunehmen. Die von Hadrian eingesetzten Beamten jagte er entweder weg, oder er warf sie ins Gefängnis. Imola und Bologna aber, verkündigte er, habe Karl nicht dem heiligen Petrus, sondern der Kirche von Ravenna geschenkt. Er ließ Niemand aus diesen Städten nach Rom gehen, sondern setzte selbst Beamte in denselben ein, ohne um den Papst sich zu bekümmern.

Das ungefähr sind die Klagen, mit welchen Hadrian sich abermals an den König wandte, in einem Schreiben vom 27. October 775 [3]. Man sieht aber nicht, daß Karl irgend einen Schritt that

---

Brief muß jedenfalls vor dem September 775 fallen; denn später hören wir, daß Andreas dem Papst u. a. mittheilte, Karl würde im Herbst Gesandte an ihn schicken, und daß der Papst deßhalb den ganzen September, October und November auf sie gewartet habe, Cenni I, 332. Halb p. 73 meint, der Brief sei vor dem Juni geschrieben, was leicht möglich ist; nur ist der von ihm angeführte Grund unrichtig. Denn Karls Sieg über die Sachsen, vor welchem nach Halbs Ansicht der Brief geschrieben ist, fällt nicht schon in den Juni; erst im August wurde der Feldzug begonnen, vgl. Böhmer, Regesta Karolorum p. 10. Pagi a. 776 n. 3 setzt die Zusammenkunft Leos mit Karl, wovon im Brief die Rede ist, und den Brief selbst in die Zeit, da Karl in Friaul war, also in die erste Hälfte 776; und so denken auch St. Marc I, 390 und La Farina II, 13 an eine Zusammenkunft in Treviso, eine Ansicht, der ich mich nicht anschließen kann; vgl. auch unten p. 483 n. 1.

[1] Cenni, der freilich mit Rücksicht auf den noster missus (vgl. p. 480 n. 4) die Nachricht durch einen fränkischen Boten überbracht werden läßt, glaubt auf Leo habe sie sich nicht bezogen, p. 326 n. 7. Halb p. 78 vermuthet dagegen, sie habe das Versprechen Karls enthalten, die Forderungen Leos sorgfältiger zu prüfen, und, falls sie unbegründet seien, die Schenkung an den Papst zu vollziehen. Ich glaube, man hat hier an die Mittheilung zu denken, von der Hadrian nachher selbst redet, wenn er Karl erinnert, daß er ihm durch Andreas habe sagen lassen, er wolle im Herbst Gesandte nach Rom schicken, „um der Schenkung gemäß dem heiligen Stuhle alles zu überliefern", Cenni I, 332. Das trifft im Ganzen mit der Vermuthung Halbs zusammen.

[2] Cenni I, 326: De eo vero, quod innotuistis, ad vos properasse Leonem archiepiscopum, nos quippe, ut testatur veritas, libentissime acceptamus eos, qui ad vestra regalia accelerant vestigia; ... et si praefatus archiepiscopus nobis direxisset ad vestri se praesentiam velle proficisci, gratuito animo nostrum missum cum eo direxissemus.

[3] Cenni I, 329 f. Das Datum giebt der Papst selber an, p. 328. Ueber das Verfahren Leos und die Stellung von Ravenna vgl. Gregorovius II, 403 ff.

um ihn zu beruhigen. „Du wirst dich erinnern", schreibt Hadrian einen Monat später an Karl, „daß du uns durch Andreas hast melden lassen, du werdest diesen Herbst deine Gesandten zu uns schicken, um deinem Versprechen gemäß uns alles zu übergeben; und so warteten wir den ganzen September, October und den laufenden November bis heute, deine Gesandten zu empfangen und durch sie von deinem Wohlergehn zu hören. Da sie aber nicht kamen, schrieben wir nach Pavia an die dort von dir eingesetzten Behörden, sie möchten uns Nachricht über die Ankunft deiner Gesandten geben. Allein sie antworteten, es werden jetzt gar keine Gesandte von dir zu uns kommen" [1]. So auffallend die Zurückhaltung Karls ist, so wenig vermögen wir doch die Gründe, die ihn dabei leiteten, zu erkennen [2]. Daß ein förmliches Abkommen zwischen Karl und Leo getroffen war, ist nicht mit Sicherheit zu erweisen; und daß die Sachsenkriege seine Aufmerksamkeit von Italien vollständig abzogen, ist ebenso wenig glaublich; wenn Karl wirklich daran gelegen war, den Forderungen Hadrians nachzukommen, so hätte er gewis die Mittel und Wege gefunden, um wenigstens vorläufig seinen Beschwerden gegen Leo abzuhelfen. Es bleibt nur übrig anzunehmen, daß Karl den Erzbischof absichtlich gewähren ließ, und daß Leo allerdings von diesem Entschlusse Karls unterrichtet war.

Inzwischen hatten aber auch die Gegner der Herrschaft Karls selber in Italien sich zu regen angefangen. Es verlautete, daß der Herzog Ruodgausus von Friaul den Eid der Treue gegen Karl gebrochen und die Fahne des Aufruhrs erhoben habe [3], ja daß er darnach trachte, selber König zu werden [4]. Ruodgausus stand überdies mit seinem Unterfangen nicht vereinzelt da, sondern handelte im Einverständnis mit den mächtigsten Herzögen Italiens, Arichis von Benevent und Hildeprand von Spoleto, denen sich auch der Herzog Reginbald von Clusium angeschlossen hatte [5]. Auch Adelchis trat diesem Bündnis bei, das ebenso gegen den Papst wie gegen Karl gerichtet war [6].

[1] Cod. car. n. 51, Cenni I, 332, vgl. p. 481 n. 1. Wenn Hadrian hier von den judices spricht, die Karl in Pavia eingesetzt habe, so gebraucht er eben die alte langobardische Bezeichnung für die neuen fränkischen Beamten.

[2] Vgl. übrigens unten p. 484 n. 2.

[3] Ann. laur. maj., SS. I, 154: Hrodgaudus Langobardus fraudavit fidem suam, et omnia sacramenta rumpens, et voluit Italiam rebellare.

[4] Ann. Einh., SS. I, 155: ... Hruodgaudoque qui regnum adfectabat interfecto ... Jedenfalls müßte aber dieses Königthum sehr beschränkt gewesen sein, denn Arichis war gewis nicht geneigt seine Selbständigkeit aufzugeben, und ebenso wenig würde wohl der Herzog von Spoleto den von Friaul als König über sich anerkannt haben. Darnach ist auch die Angabe des poëta Saxo über Ruodgausus zu berichtigen, SS. I, 232: Italiae latum voluit sibi subdere regnum.

[5] Cod. car. n. 59, Cenni I, 344 f.

[6] Cenni I, 345. Daß Adelchis bei dieser Gelegenheit König werden sollte, wie Leo I, 205 f. ausführt, ist aus denselben Gründen nicht wohl wahrscheinlich, welche gegen einen solchen Plan hinsichtlich des Ruodgausus spre-

So schien die gemeinsame Gefahr wieder zu einer innigeren Annäherung Karls an Hadrian führen zu müssen. Es ist zwar nicht überliefert, aber doch wahrscheinlich, daß Karl die erste Nachricht von den Plänen der verbündeten Herzöge durch Hadrian erhielt. Dabei verdient jedoch der Umstand Beachtung, daß Hadrian die Spitze dieser neuen Waffe gegen Leo kehrte, indem er ihn beschuldigte an dem Bündnis Theil zu haben. In dem Briefe, den er am 27. October 775 an Karl schrieb, sagt er wörtlich: „Wir haben einen an uns gerichteten Brief des Patriarchen Johannes von Gradus erhalten, und sofort, in derselben Stunde und in demselben Augenblick, ohne Speise oder Trank zu uns zu nehmen, fertigten wir, ich und der Schreiber dieses apostolischen Briefs, den Brief des Patriarchen nebst unserem apostolischen Begleitschreiben an dich ab. Sehr leid that es uns aber, daß wir das Siegel des Briefs eröffnet fanden, denn der Erzbischof Leo hatte ihn zuerst gelesen und dann an uns geschickt; daran magst du die Treulosigkeit des Erzbischofs erkennen, denn zu keinem andern Zweck hat er diesen Brief zuerst eröffnet und gelesen, als um seinen ganzen Inhalt, wie gewis Jedermann deutlich ist, dem Herzog Arichis von Benevent und den übrigen Feinden von dir und uns mitzutheilen; und es ist kein Zweifel, daß der Erzbischof seinen Großen bereits alles mitgetheilt hat" [1].

Hatte sich Leo in der That dem Bündnis angeschlossen? Hadrian spricht von Arichis und den übrigen Feinden des Königs und des heiligen Petrus nur gelegentlich; es kommt ihm alles darauf an, Leo als ihren Mitschuldigen darzustellen. Freilich sind seine Aussagen gegen diesen, den er tödtlich haßte, mit der äußersten Vorsicht aufzunehmen; dennoch ist es nicht möglich, sie für erdichtet zu halten: Hadrian hätte dadurch lediglich sich selber bloßgestellt; er muß für seine Anklage bestimmte Anhaltspunkte gehabt haben. Wir dürfen als sicher annehmen, daß Leo den Brief erbrochen hat; wogegen die weitere Angabe Hadrians in hohem Grade verdächtig ist. Daß Leo den Brief erbrach, genügte allein schon, um Verdacht gegen ihn zu erwecken, und diese Gelegenheit benutzte Hadrian zu der Beschuldigung, daß Leo gemeinschaftliche Sache mit den Feinden Karls mache. Aber in Wahrheit ergeben die Worte des Papstes selber, daß er über die Mittheilung des Briefs an Arichis nichts Bestimm-

---

chen, aber doch eher denkbar, als daß die Herzöge Einem aus ihrer eignen Mitte sich untergeordnet hätten. Bei der Angabe Hadrians, p. 345, es sei die Absicht gewesen Langobardorum regem integrare, sieht man nicht deutlich, ob dabei grade an Adelchis gedacht ist.

[1] Pagi a. 776 n. 6 setzt diesen Brief, Cenni I. 327 ff., wie den nächsten, Cenni I, 331 ff., ins Jahr 776. Allein das Verfahren Leos läßt sich viel eher erklären, wenn man es nicht nach sondern vor dem Erscheinen Karls in Friaul ansetzt; vgl. auch oben p. 480 n. 4. Uebrigens weist auch Leibnitz I, 63 diese Briefe dem Jahr 776 zu; Muratori, Ann. VII, 331 ff., setzt sie sogar erst ins Jahr 777, was aber jedenfalls unrichtig ist, da Leo zu Anfang des Jahrs 777 starb, vgl. unten p. 491.

tes wußte [1], und dadurch verliert seine Behauptung alles Gewicht. Wir sind nicht zu der Annahme berechtigt, daß Leo an dem Bündnis gegen Hadrian und Karl betheiligt war [2].

Die Nachrichten, welche Karl von Hadrian und auch wohl noch von anderer Seite zugingen, scheinen ihn übrigens allmälich beunruhigt zu haben. Noch im November hatte der Papst vergeblich auf die Gesandten gewartet, welche Karl ihm zum Herbst nach Rom zu schicken versprochen hatte [3]; wenig später jedoch müssen sie angekommen sein. Die Mittheilungen des Andreas und Pardus, welche im November als Bevollmächtigte Hadrians zu Karl abreisten [4], bestimmten ihn vielleicht den Entschluß zum Einschreiten zu fassen. Während er selbst nach Schlettstadt ging, um von dort aus die Rüstungen zu betreiben [5], schickte er auch endlich die so lange in Aussicht gestellte Gesandtschaft nach Italien ab, um genauere Erkundigungen über den Stand der Dinge einzuziehen. Um Neujahr 776, vielleicht noch zu Ende des Jahres 775, kamen der Bischof Possessor und der Abt Rabigaudus als Bevollmächtigte des Königs in Italien an [6]. Der Papst bereitete sich vor, sie würdig zu empfangen, und schickte ihnen

[1] Hadrian findet es angemessen, der Beschuldigung, daß Leo den Brief an Arichis mitgetheilt habe, die Worte beizufügen: ut certe omnibus festum est, worin scheinbar eine Bekräftigung, in der That aber eine Abschwächung seiner Behauptung liegt; und gleich darauf fährt er fort: dubium non est, cuncta jam praefatis aemulis ab eodem archiopiscopo esse adnuntiata.

[2] Papencordt p. 100 rechnet Leo unbedenklich mit zu den Verbündeten. Eigenthümlich ist die Ansicht von Halb. Er meint, Karl habe die Schenkung an den Papst nur unter bestimmten Bedingungen gemacht, deren eine dahin gelautet habe, daß der Papst in Italien die Rolle eines Kundschafters (speculatoris) übernehme (vgl. oben p. 474). Dieselbe Aufgabe, sagt er, habe Karl auf Leo übertragen, und nur unter dieser Bedingung ihn so reich mit Besitzungen ausgestattet, p. 115 n. (nach Halbs Meinung hatte Karl das Exarchat Leo geschenkt, vgl. oben p. 479 n. 1). Die Anklage Hadrians gegen den Erzbischof, daß er jenen Brief verrathen habe, nennt Halb eine Verläumdung; hätte Leo dieß gethan, sagt er, so würde er von Karl bestraft und nicht so reich beschenkt worden sein. Daß dagegen Leo den Brief erbrach, findet er ganz begreiflich, da es ja Leos Aufgabe gewesen sei, den Papst zu überwachen. Richtiger ist wohl die Ansicht von Vesi, Storia di Romagna I, 395: Carlo, che per politica non voleva ingrandir troppo di temporali dominj il pontefice, e che forse nella rottura fra Roma e Ravenna credeva di poter trovare un colore per non effettuare le sue promesse, non assentì pienamente alle dimande dell' arcivescovo, ma non si oppose, e lasciò con piacere che il pontefice trovasse un contraddittore.

[3] Vgl. oben p. 482; Cenni I, 332.

[4] Cenni I, 332: Cupientes de vestra prosperitate certos laetosque effici, magnopere studuimus praesentes nostros missos, scilicet antefatum Andream, sanctissimum fratrem nostrum episcopum, et Pardum Deo amabilem dilectum filium nostrum egumenum, ad vestra regalia transmittere vestigia ... eosque diligenter informavimus, quae de singulis causis vestrae a Deo protectae Excellentiae nostra vice enarrare debeant.

[5] Ann. laur. maj., SS. I, 154. Hier in Schlettstadt feierte Karl Weihnachten.

[6] Cenni I, 340, cod. car. n. 58. Nach der Ansicht Cenni's kamen die Gesandten erst im Februar 776 nach Italien, und zwar nach dem 7. Februar. Cenni setzt nämlich, I, 343 n. 2, die Briefe, cod. car. n. 58. 59, Cenni I,

Leute mit Pferden entgegen, um sie einzuholen. Allein in Perusium verließen die Gesandten die Straße nach Rom und eilten gerades Weges nach Spoleto; Hadrian thaten sie durch seine Abgeordnete zu wissen, daß sie erst mit Herzog Hildeprand von Spoleto unter= handeln und dann zu ihm nach Rom kommen würden; so laute ihr Auftrag. Diese Nachricht versetzte den Papst in große Aufregung. Nun war es freilich ganz natürlich, daß die Gesandten, welche den Landweg über Perusium eingeschlagen hatten, und ohnehin nicht bloß nach Rom, sondern auch nach Spoleto und Benevent reisen wollten, sich zuerst nach Spoleto, von da nach Rom, und dann weiter nach Benevent begaben, und daß sie sich nur unter dringenden Umständen entschlossen, um nach Spoleto zu gelangen, den großen Umweg über Rom zu machen, und sich dann wieder südlich nach Benevent zu wenden. Grade dießmal aber kam alles darauf an, daß sie mög= lichst schnell nach Spoleto eilten. Hadrian jedoch nahm darauf keine Rücksicht. Er betrachtete sich selbst als den Herrn von Spoleto, da ja die Spoletaner und Herzog Hildeprand selber dem heiligen Pe= trus den Eid der Treue geleistet hatten [1], und erblickte deshalb in den Verhandlungen, welche die fränkischen Gesandten ohne seine Mit= wirkung unmittelbar mit Hildeprand anknüpften, eine Verletzung sei= ner eignen Rechte. Er wünschte, daß die Franken ihm zur Vermeh= rung der Besitzungen des heiligen Petrus behülflich sein sollten, und erwartete im Hinblick auf das Versprechen Karls, daß sie sofort

<hr>

339 ff. 343 ff., worin Hadrian von der Ankunft der Gesandten spricht, in den Februar 776, weil darin gesagt ist, der Aufstand der widerspenstigen Her= zöge solle proximo Martio mense adveniente ausbrechen (vgl. unten p. 488) Ich glaube nun aber, daß Hadrian nicht bloß im Februar, sondern in jedem andern Monat vom „nächsten März" sprechen konnte, und finde daher in die= sen Worten keinen Grund, die Briefe in den Februar zu setzen. Eher könnte dahin führen, daß in dem Brief cod. car. n. 60, Cenni I, 336 ff., der etwa am 7. Februar 776 geschrieben (Cenni p. 310) und worin von den Gesand= ten nicht die Rede ist, der Herzog Reginald von Clusium ausdrücklich als der frühere Gastald von Castellum Felicitatis bezeichnet wird (Cenni p. 337), während der Papst in dem Briefe cod. car. n. 59 (Cenni p. 344) zur Be= zeichnung seiner Person es genügend findet, ihn als Herzog von Clusium auf= zuführen. Es ist nun allerdings natürlicher, anzunehmen, daß der Brief, welcher die genaue Bezeichnung enthält, dem der sich ihrer überhebt, voran= ging; aber sicher ist dieser Schluß nicht, zumal da Hadrian diese Briefe alle in großer Aufregung schrieb. Schwerer wiegt, daß die fränkischen Gesandten sich geraume Zeit in Spoleto aufhielten (Cenni p. 340). In die Zeit vom 8. bis Ende Februar müßte also ihre Ankunft in Perusium, ihre Reise nach Spoleto und längerer Aufenthalt daselbst, die Reise nach Benevent mit eini= gem Aufenthalt, dann ihre Ankunft in Rom fallen, was kaum denkbar ist. Wir ziehen es daher vor, obschon mit Sicherheit sich nichts ermitteln läßt, den Brief cod. car. n. 60, Cenni p. 336 ff., hinter die beiden Briefe n. 58. 59 zu setzen. Derselben Ansicht ist übrigens Pagi a. 775 n. 8, der beide ins Jahr 775 setzt. Dagegen setzt Leibnitz I, 61 die Reise des Possessor und Ra= bigaudus zu früh an, wenn er meint, sie habe gleich nach Karls Rückkehr aus Italien, also doch schon 774, stattgefunden. Jaffé p. 206 schließt sich Cenni an.

[1] Vgl. oben p. 457.

nach Rom kämen, „um ihm dem Versprechen gemäß, alles zu übergeben" [1]. Ohne daher auf ihre Abreise aus Spoleto zu warten, schrieb er ihnen und beschwor sie „bei dem allmächtigen Gott und dem Leben unseres vortrefflichen Sohnes des Königs Karl des Großen", nach Rom zu kommen, „um einmüthig darüber zu berathen, was zur Vermehrung der heiligen Kirche Gottes dient" [2]. Dann wollte er sie nach Benevent „abordnen" [3]. Allein die Gesandten kehrten sich daran nicht, sondern begaben sich von Spoleto sofort weiter nach Benevent.

Dieses Auftreten der Bevollmächtigten Karls war für den Papst ein harter Schlag. „Sie haben uns großen Schimpf zugefügt und die Anmaßung der Spoletaner erhöht" [4], klagt er in dem Schreiben, das er in Folge dieser Vorgänge an Karl richtete. Aufs neue rief er ihm seine in Rom gegebene Versicherung ins Gedächtnis zurück, daß er nicht um Gold und Edelsteine oder Silber, noch um Länder [5] und Menschen zu erwerben, sondern um dem heiligen Petrus zu seinem Rechte zu verhelfen, den Feldzug unternommen habe, und bat ihn angelegentlich, die durch seine Gesandten gekränkten päpstlichen Rechte wiederherzustellen. Er forderte, daß Karl das Verfahren seiner Gesandten mißbilligen sollte; aber glaubte er wirklich, daß der König dieß thun würde? Wenn er die Ueberzeugung hatte, so brauchte er nicht die großen Besorgnisse zu hegen, von welchen sein Brief erfüllt ist [6]. Aber er machte seine Rechte auf Spoleto mit

---

[1] Cenni I, 332; vgl. oben p. 482. Die Behauptung des Papstes, Cenni I, 340: „die fränkischen Gesandten haben von Karl den Befehl gehabt, direct nach Rom zu gehen, dieß stehe in Karls Brief selbst geschrieben", kann sich wohl nur auf jene von dem Bischof Andreas überbrachte Nachricht beziehen, Karl wolle im Herbst Gesandte nach Rom schicken, qui nobis (dem Papst) omnia secundum vestram promissionem contradere deberent. Allerdings schließt Cenni p. 348 n. 3 aus den Worten: ut vestros honorandos apices relegentes invenimus (p. 340), während die Gesandten von Perusium nach Spoleto reisten, habe Hadrian von Karl die Nachricht erhalten, sie sollten ihn sofort in Rom aufsuchen. Dieß ist aber sehr unwahrscheinlich, ja die Gesandten scheinen sich grade selber für die von ihnen eingeschlagene Reiseroute auf ihre Instructionen zu berufen: tantummodo cum Hildebrando loquimur, et deinde, ut directi sumus, una vobiscum apud domnum apostolicum conjungemus. Obgleich Hadrian die Worte „wie uns befohlen ist" nur auf die Reise der Gesandten nach Rom bezieht, unterliegt es doch keinem Zweifel, daß sie auch auf das vorangehende sich beziehen.

[2] Cenni I, 341, cod. car. n. 58.

[3] Cenni l. c.: Tunc per dispositum... apud Beneventum vos proficisci disponemus.

[4] Cenni l. c.: Nos in magna derelinquentes ignominia... Spoletinos ampliaverunt in protervia.

[5] Cenni l. c. Statt literas et homines ist offenbar terras et homines zu lesen, wie auch Bouquet V, 548 thut.

[6] Cenni l. c.: Valde hanc nostram (Spoletum) perturbaverunt provinciam, et pro hac re in magna tristitia noster jacet animus... Obsecrantes petimus, ut de tanta et tali tribulatione, in qua nos ipsi vestri dereliquerunt missi, velociter per fidelissimos et benignissimos vestros missos nos consolari et laetificari jubeatis, quia et ipsum Spoletinum ducatum vos praesentiali

solchem Eifer geltend, daß sich die Vermuthung aufdrängt, er habe sie fast schon verloren gegeben. Die Bevollmächtigten Karls handelten in einer so wichtigen Angelegenheit gewis nicht seinen Befehlen zuwider; sie beriefen sich vielmehr grade zu ihrer Rechtfertigung auf dieselben. Es bleibt daher kein Zweifel übrig, daß Karl selber den Gesandten das Verfahren, über welches der Papst sich so bitter beklagt, vorgeschrieben hatte [1].

Selbst die beiden von denselben Gegnern drohende Gefahr vermochte nicht, Karl zu einem Zugeständnis an die selbstsüchtigen Bestrebungen des Papstes zu bewegen. Er vermied es sorgfältig, mit dem Papste Gemeinschaft zur Bewältigung der Verbündeten zu machen, und versuchte lieber auf eigene Hand mit ihnen fertig zu werden. Hadrian wurde von den Unterhandlungen, die Karl mit den Herzögen von Spoleto und Benevent anknüpfte, fern gehalten; es blieb ihm keine andere Wahl, als dem von den fränkischen Bevollmächtigten ohne seine Mitwirkung, ja ungeachtet seiner ausdrücklichen Verwahrung entworfenen Plane beizutreten. Ueber das Ergebnis ihrer Verhandlungen mit Arichis ist freilich nichts bekannt; dagegen scheint mit Hildeprand von Spoleto ein Uebereinkommen erzielt worden zu sein. Die Gesandten bemühten sich, den Papst mit der Haltung Hildeprands auszusöhnen, und forderten Hadrian auf, dem Herzog Geißeln für seine Sicherheit zu stellen; dann würde derselbe vor ihm erscheinen und Erklärungen über seine Haltung abgeben [2]. Hatten sie denn gar kein Auge für die Verschwörung, in welche nach der Aussage Hadrians auch Hildeprand verwickelt war [3]? Hadrian mußte sich entschließen, ihrer Aufforderung gemäß seinen Schatzmeister Stefan nach Spoleto abzuordnen, und traf Anstalt auch Geißeln dahin zu schicken; „aber", schreibt er, „als unser Botschafter nach Spoleto kam, traf er Hildeprand voll Uebermuths, denn er fand bei ihm die Gesandten des Arichis, Herzogs von Be-

---

obtulistis protectori vestro b. Petro, principi apostolorum, per nostram mediocritatem pro animae vestrae mercede, et ita obnixe quaesumus ..., ut vostram deprecationem de praedicta afflictione et praenominato Spoletino ducatu celerius effectui mancipetis.

[1] Vgl. Halb p. 61 ff., der gleichfalls annimmt, daß das Verfahren der Gesandten ihren Vollmachten entsprach.

[2] Cenni I, 343: Vestri missi ... a Benevento repedantes per praedictam Hildibrandum ad nos properant, nimis nos obsecrantes, propter nomini⟨s⟩ Hildibrandi noxam, ut ei veniam tribueremus, adserentes, ut apud eum ⟨n⟩ostrum iudiculam et obsides pro sua dubitatione (mitteremus? Cenni), et ⟨H⟩ildibrandus nostris se praesentaret obtutibus. Ganz wörtlich darf man wohl diese Auslassung Hadrians nicht nehmen; der Maßstab, nach welchem er das Auftreten Hildeprands beurtheilte, war ein anderer als der der fränkischen Gesandten, über deren Beziehungen zu den Spoletanern Hadrian sich ⟨ihn⟩en erst beklagt hatte.

[3] Cenni l. c.: Reminisci consideramus a Deo protectam Excellentiam ⟨v⟩estram, quod saepius vobis innotuimus de Hiltiprando Spoletino duce seu ⟨A⟩rigiso Beneventano duce atque Rodgauso Forojuliano de saevissimo consi⟨lio⟩, quod erga nos atque vos gerere non differunt.

nevent, und der Herzöge Ruodgausus von Friaul und Reginbald von
Clusium; sie alle verschworen sich gegen uns, im nächsten März,
vereinigt mit einer Anzahl Griechen und mit Adelchis, dem Sohn
von Desiderius, uns zu Wasser und zu Land anzugreifen, um Rom
zu überfallen, alle Kirchen Gottes zu plündern, uns selbst gefangen
fortzuführen, einen neuen König der Langobarden einzusetzen und Eure
königliche Gewalt abzuschütteln"[1].

Diese Anklagen erhob der Papst gegen Hildeprand in demselben Augenblick, da die Gesandten Karls an einem Vergleich des Herzogs mit dem Papst arbeiteten. Offenbar konnte aber von einem
solchen nicht mehr die Rede sein, wenn die Behauptungen Hadrians
richtig waren. Daß zwischen den genannten Herzögen und Adelchis
eine Verbindung gegen Hadrian und Karl geschlossen war, ist unzweifelhaft; aber woher kannte denn Hadrian die in der Versammlung von
Abgeordneten der Verbündeten in Spoleto gepflogenen Berathungen und
ihre Beschlüsse so genau? Sein Gesandter wohnte der Versammlung
gewis nicht bei, und ihre Beschlüsse wurden ohne Zweifel geheim gehalten. Sicher ist bloß, daß die von den fränkischen Bevollmächtigten geforderten Unterhandlungen Hadrians mit Hildeprand erfolglos
blieben. Hadrian lag aber alles daran, die Schuld an diesem Ausgang in den Augen Karls von sich ab und auf Hildeprand zu wälzen, und Karl von der Unmöglichkeit einer Aussöhnung mit Hildeprand zu überzeugen; diesem Zwecke sollten die Vorwürfe dienen,
die er gegen den Herzog erhob. Ohne Zweifel waren dieselben jedoch nicht mehr am Platze. Unläugbar giebt Hadrian die Pläne
der Verbündeten richtig an; auch die Zusammenkunft ihrer Bevollmächtigten in Spoleto muß stattgefunden haben; die Herzöge unter-
zogen ihre Pläne einer neuen Berathung. Soviel ergiebt sich mit
Sicherheit aus den Angaben des Papstes. Alle weiteren Folgerungen dagegen entbehren der Begründung. Die Versammlung in Spoleto kann nicht so unbedingt an den früheren Entwürfen festgehalten
haben, wie Hadrian es darzustellen scheint. Wir dürfen vermuthen,
daß sie durch die vorangehenden Unterhandlungen der fränkischen Gesandten mit Arichis und Hildeprand hervorgerufen war. Während
aber Arichis auch später als Feind Hadrians und Karls auftritt,
reiste Hildeprand sogar drei Jahre später ins fränkische Reich, um Karl
seine Huldigung darzubringen[2], und kämpfte 788 an der Seite der
Franken gegen Adelchis[3]. Das Bündnis der Herzöge war also von
kurzem Bestand; es scheint, daß Karl schon 776 es zu sprengen
versuchte. Offenbar war es seinen Gesandten, die sich dem Papst
gegenüber so eifrig Hildeprands annahmen, gelungen, diesen auf
Karls Seite zu ziehen, und die Klagen Hadrians beweisen, daß dies
auf seine Kosten geschah. Hildeprand war der Unterwerfung unter

---

[1] Cenni I, 344 f.
[2] Ann. laur. maj., SS. I, 160.
[3] Ann. laur. maj., SS. I, 174.

en apostolischen Stuhl milde [1]; den Anschluß an Karl aber konnte
r, angesichts der dem König von den Verbündeten drohenden Ge=
ıhr, nie unter günstigeren Bedingungen zu bewerkstelligen hoffen.
lles deutet darauf hin, daß Hildeprand bereits im Jahre 776 sich
 karl in die Arme warf; dem König war es gelungen, Zwiespalt in
ie Reihen seiner Feinde zu bringen, und die Wirkungen davon müf=
:n grade bei der Zusammenkunft in Spoleto sich geltend gemacht
aben.

Nachdem Karl auf diese Weise im voraus die Kraft der Ver=
ündeten gelähmt hatte, konnte es ihm nicht schwer fallen, sein vol=
:8 Ansehen wieder herzustellen. Noch im Winter zog er über die
llpen und warf sich auf Ruodgaufus, der bereits mehrere Städte
um Abfall von Karl verleitet hatte [2]. Nach kurzem Kampfe un=
erlag der Herzog; zweifelhaft bleibt nur, ob er im Kampfe fiel [3],
der, wie ein späterer Bericht erzählt, gefangen genommen und nach=
er enthauptet wurde [4]. Karl führte die abtrünnigen Städte zum
Gehorsam zurück [5]; auch Trevifo, wo des Ruodgaufus Schwieger=
ater, Stabilinus, den Widerstand leitete, fiel, nachdem er es einige
Zeit belagert hatte, durch Verrath in seine Hände [6].

Karl feierte als Sieger Ostern, 14. April, in Trevifo [7], und
erweilte nachher über zwei Monate, bis in den Juli, in diesen
Gegenden [8]. Er benutzte die Zeit, um verschiedene Maßregeln zur
Sicherung seiner Herrschaft zu treffen, ohne doch schon damals durch=
reifende Veränderungen in der Verfassung und Verwaltung des
'andes vorzunehmen [9]. Wie es scheint, beschleunigte er seine Rück=
ehr wegen der drohenden Bewegungen der Sachsen; „mit derselben
Schnelligkeit, womit er gekommen war, kehrte er heim", berichten
Einhards Annalen.

Durch Karls siegreiches Einschreiten war für den Augenblick
uch der Papst aus der ihn bedrohenden Gefahr befreit; aber dem
Hauptziel seiner Wünsche war er um keinen Schritt näher gekom=

---

[1] Vgl. namentlich die Stelle Cenni I, 341, oben p. 486 n. 6. Gaillard
I, 125 ff. legt gleichfalls auf das Streben Hildeprands, sich der päpstlichen
Hoheit zu entziehen, das Hauptgewicht; nur geht daraus nicht hervor, daß
iefes den Anstoß zu dem Bündnis gegen Karl und den Papst gab.

[2] Ann. laur. maj. l. c.

[3] Darauf deutet die Urkunde, Bouquet V, 738, worin Karl dem magi-
ter artis grammaticae Paulinus die Besitzungen des Waldanbius schenkt, die
onpscirt waren, weil ihr Besitzer in campo cum Fortlenuso (Ruodgauso) ini-
uico nostro a nostris fidelibus fuerit interfectus; vgl. Leibniß I, 62.

[4] Ann. mett., Bouquet V, 342: Improvisum Ruodgaudum cepit et de-
ollari praecepit.

[5] Ann. laur. maj l. c.

[6] Ann. petav., SS. I, 16; Hugo Flav. chron. vird., SS. VIII, 351.

[7] Ann. laur. maj. l. c.

[8] Vgl. die Urkunde Karls für Anselm von Nonantula, Tiraboschi No-
antula II, 24, Böhmer n. 85, die trotz der falschen Indiction und des un-
:enauen Namens des Kanzlers doch echt zu sein scheint.

[9] Vgl. namentlich Waitz III, 152 f.

men. Die römischen Angelegenheiten blieben vö
schenkte, so viel sich erkennen läßt, den Ford
nicht die geringste Beachtung. Die Hoffnung,
die Ankunft fränkischer Gesandter gesetzt hatte, 1
den; Karl selber hatte es, obgleich er nach Nie
standes noch geraume Zeit in Italien sich aufl
Rom zu kommen, ohne Zweifel um dem Dräng
zuweichen [1]. Es war Hadrian wenig damit gel
nig auf der andern Seite nichts versäumte, um
ihm aufrecht zu erhalten und zu pflegen, und
sandten fortwährend seines ernstlichen Willens,
zu seinem Rechte zu verhelfen, versichern ließ.
Stande zu erkennen, in wie weit Karl sich 1
aber schwerlich dürfen wir ein besonderes Gew
gehenden Versicherungen legen.

Kaum war der Feldzug nach Sachsen, de
ner Rückkehr aus Italien angetreten hatte, been
den Possessor und Rabigaudus abermals nach J
von dem glücklichen Ausgang des Zuges zu
ihm seine Absicht anzukündigen, bald selbst nach

[1] So auch Meo, Annali di Napoli III, 103,
schärfer ausdrückt, und wohl zu weit geht, wenn er
schnelle Rückkehr mit dem Sachsenkrieg in gar keiner 2
[2] Die immensa prosperitas (Cenni I, 348) kann
sächsischen Feldzug von 776 beziehen.
[3] Cenni I, 348, cod. car. n. 63: Continebat
stris regalibus apicibus, quod, domino protegente, re
mox et de praesenti, Italiam vel ad limina protectori
principis Petri, ad implenda quae si polliciti estis,
Ueber die Zeit, da dieser Brief geschrieben ward, her
V, 546; Pagi a. 775 n. 7 setzen ihn ins Jahr 775,
Hadrian sich über die Reise der Gesandten von Peri
Spoleto beklagt, und den auf den 1. März 776 verat
bündeten Herzöge auf Rom ankündigt, vgl. oben p.
nämlich an, Possessor und Rabigaudus haben von 1
von Hadrian ihnen entgegengeschickten Boten auf diesel
schickt, worin Karl seine Absicht ankündigte, nach Itali
wort Hadrians darauf sei der Brief n. 63. Allein b
sig, weil wir bestimmt wissen, daß Karl den Feldzug 1
um die Erhebung in Friaul zu dämpfen (eadem qua
sus est, Ann. Einh. l. c.). Mit Recht setzt deßhalt
776, nach den beiden oben genannten Briefen an; abe
zu früh. Cenni behauptet p. 348 n. 4, übereinstimme
sessor und Rabigaudus einen Brief Karls an Hadric
nun aber, erst auf ihrer Rückreise, als sie selbst nach
ihn Hadrian übergeben. Demnach setzt er den Brief
Ansicht ebenfalls die Antwort auf jenes Schreiben Ka
jahr 776. Allein gegen diese Vermuthung läßt sich be
gen die Pagi's erheben. Cenni führt nun p. 344. 34
seine Ansicht zu begründen, an, die Gesandten seien 1
Spoleto und Benevent gegangen, um die Herzöge bu
täuschen und so Karl in den Stand zu setzen, den Ru

Es schienen sich einmal günstigere Aussichten für Hadrian zu eröff=
nen. Wenig später, am 14. Februar 777 starb Erzbischof Leo von
Ravenna, einer seiner gefährlichsten Gegner [1]; und um dieselbe Zeit
kamen der Bischof Philippus und der Archidiaconus Megistus, die
mit Aufträgen von ihm an Karl geschickt waren, nach Rom zurück,
und meldeten ihm aufs neue die Absicht Karls, demnächst nach Rom
zu kommen; der König wollte mit seiner Gemahlin Ostern beim
Grab des heiligen Petrus feiern und zugleich seinen neugebornen
Sohn von Hadrian selber taufen lassen [2]. Es war dies Karlmann,
Karls und der Hildegarde zweiter Sohn, der zu Anfang 777 gebo=
ren sein muß [3].

Unterdessen rückte Ostern, 30. März, immer näher, aber Ha=

werfen; damit deßhalb in Italien von seinem Marsche nach Friaul nichts
bekannt würde, hätten sie auch dem Papst jenes Schreiben, worin Karl seine
Ankunft anzeigte, nicht früher übergeben dürfen. Für diese Ansicht ist aber
irgends ein fester Anhaltspunkt zu finden; warum schrieb denn Karl an Ha=
drian über seine bevorstehende Ankunft, wenn er diese seine Absicht auch vor
ihm bis nach erfolgter Ankunft verheimlichen wollte? Und warum reiste Ha=
drian nicht, wie er in seinem Antwortschreiben sagt, dem König entgegen,
wenn dieser selber nicht nach Rom kam? Ohne Zweifel ruhen die Vermu=
thungen Pagi's wie Cenni's auf dem Umstande, daß Possessor und Rabigau=
dis als die Ueberbringer von Karls Brief genannt sind. Aber es hindert doch
gar nichts, anzunehmen, daß sie zweimal nach Italien geschickt wurden. „Im
Begriff, aus Sachsen zurückzukehren" (remeantes a Saxonia) kündigt Karl dem
Papste seine Absicht an, bald nach Rom zu kommen. Philippus und Megi=
stus, die vor Ostern 777 nach Rom kamen, erneuen dieses Versprechen Karls
(epromittere, vgl. unten n. 2.; p. 492 n. 1.) Es ist daher anzunehmen,
daß Possessor und Rabigaudus das zweite Mal Ende 776 nach Rom kamen,
und daß in diese Zeit auch unser Brief, cod. car. n. 63, fällt.

[1] Amadesi, In antistitum Ravennatium chronotaxin disquisitiones per-
tinuae II, 20 j.

[2] Cenni I, 351, cod. car. n. 49: Filium qui nunc vobis procreatus
est, sagt Hadrian, wodurch die Annahme von Leibnitz I, 62, es könnte sich
vielleicht um die Taufe des schon 772 gebornen Karl handeln, und auch die
Bedenken von Muratori, Ann. VII, 128 f., beseitigt werden.

[3] Die Geburt Karlmanns wird von den Meisten ins Jahr 776 gesetzt,
so von Pagi a. 783 n. 4. Bouquet V, 550 n. a., der sogar genau das Oster=
fest, 14. April 776 als Geburtstag Karlmanns angibt; wie es scheint auch
von Leibnitz l. c. und von La Farina II, 13. Allein diese Berechnung ruht
auf der Voraussetzung, daß der Brief Hadrians, worin er die von Philippus
und Megistus überbrachten Nachrichten bespricht, Cenni l. c., ins Jahr 776
gehöre, was oben auch nicht zu erweisen ist. Vielmehr kommt es darauf an,
nach den gegebenen Anhaltspunkten die Zeit von Karlmanns Geburt zu be=
stimmen, woraus sich dann auch die Entstehungszeit des Briefs ergibt. Karl=
mann, seit 781 Pippin genannt, starb am 8. Juli 810, Ann. Einh., SS. I,
198, 33jährig, Thegan. Vita Lud. c. 5., SS. II, 591, wurde also geboren
777, und zwar, wie wir nun allerdings mit Rücksicht auf jenen Brief beifü=
gen dürfen, zu Anfang 777; ein Resultat, zu dem auch Leibnitz I, 64 kommt.
Deßhalb ist es nicht möglich, den Brief schon ins Frühjahr 776 zu setzen;
daß Karl grade damals in Italien war, ist doch noch kein Beweis dafür. Der
Brief ist aber im Mai 777 geschrieben, denn die Boten, welche ihn überbrach=
ten, Cenni I, 353, traten im Mai die Reise zu Karl an, Cenni I, 356. Waitz
II, 224 verwechselt Karlmann (Pippin) mit Ludwig.

brian wartete umsonst auf die Nachricht von der bevorstehenden An=
kunft des Königs [1]; Karl kam nicht, aus Gründen über die wir
nichts erfahren. Endlich im Mai, soviel man sieht [2], schickte Ha=
drian Gesandte an Karl ab, die Bischöfe Philippus und Andreas
und den Herzog Theodorus. In dem Schreiben, welches diese dem
König überbrachten, bat ihn Hadrian, daß er ihm doch noch erlauben
möchte seinen Sohn zu taufen; vor allem aber drang er auf die
Ausführung der Schenkung. Er erinnerte Karl an die Freigebig=
keit Constantins und vieler anderer Kaiser und Patricier, und for=
derte ihn auf, der heiligen römischen Kirche alles zurückzugeben, was
jene ihr in Tuscien, Spoleto, Benevent und Corsica sowie in der
Sabina geschenkt haben, und was durch die Langobarden im Lauf
der Jahre fortgenommen sei. Hadrian erklärte, mehrere Schen=
kungsurkunden aufbewahrt zu haben, und, dem Verlangen Karls ge=
mäß, ihm schicken zu wollen, damit er dann die vollständige Zurück=
gabe dieser Patrimonien an den heiligen Petrus bewirke [3]. So ge=
nau hatte Hadrian seine Ansprüche noch nie bezeichnet; er for=
derte nichts neues, sondern bloß die alten von den Langobarden der
Kirche entrissenen Besitzungen, nicht die Abtretung ganzer Gebiete
mit staatlichen Rechten, sondern die Rückgabe der Patrimonien der
römischen Kirche. Gewis war es kein Zufall, daß Hadrian, wel=
cher bis dahin immer nur in allgemeinen Ausdrücken die Ansprüche
der Kirche geltend gemacht hatte, sie dießmal so bestimmt angab. In
Folge des beständigen Drängens von Hadrian scheint Karl die Ur=
kunden von ihm zur Einsicht verlangt zu haben, auf welche er fort=
während sich berief, und dieser Forderung mußte Hadrian sich fü=
gen [4]. Dann mußte er sich aber auch entschließen, seinen Ansprü=
chen eine bestimmte und bündige Fassung zu geben. Es ist nicht
zu verkennen, daß in den Beziehungen Hadrians zu Karl Stoff zu
ernstlichen Zerwürfnissen vorlag; der Papst hörte nicht auf zu for=
dern, der König prüfte jede Forderung sorgfältig, ehe er darauf
eingieng.

In der That wurde die Lösung abermals vertagt. Die Ge=
sandten Hadrians hatten sich kaum auf den Weg gemacht, als von
Karl die Nachricht eintraf, daß er durch Verwicklungen mit den Sa=

---

[1] Cenni I, 351: Et dum appropinquasset ipse dies sanctus paschae,
et nullum mandatum de adventu vestro suscepissemus, aut de missis vestris,
secundum placitum quod inter nos extiterat, valde tristes effecti sumus.
Worauf sich die Verabredung bezieht, von der Hadrian spricht, ist nicht recht
deutlich. Nach dem folgenden, p. 352: obnixe te petimus, ut secundum quod
inter nos constitit pro ipso sancto baptismate nostrum adimplere jubeas
desiderium de eodem eximio vestro filio, könnte es scheinen, als wäre über
die Taufe von Karls Sohn durch Hadrian vorher förmlich verhandelt wor=
den, etwa grade durch Philippus und Megistus, und als würde die Verab=
redung, placitum, sich darauf beziehen.
[2] Vgl. oben p. 491 n. 3.
[3] Cenni I, 353; vgl. oben p. 473; Cenni I, 304 f.; Halb p. 47 f.
[4] Cenni l. c.: Per satisfactionem christianissimi regni vestri ... ad
demonstrandum eas (donationes) vobis direximus.

racenen in Anspruch genommen sei[1]. Aber keineufalls war dieß der einzige, oder auch nur der hauptsächliche Grund, weshalb Karl der Gewährung der päpstlichen Wünsche sich abermals entzog. Es scheinen grade um diese Zeit, im Jahre 777, Dinge vorgefallen zu sein, in Folge deren die Spannung zwischen dem Papst und König einen immer höheren Grad erreichte. Wir hören von einem Vorfall, welcher einiges Licht auf ihr damaliges Verhältnis wirft. Der Kammerherr Anastasius, welcher schon früher als Gesandter Hadrians an Karl begegnete, zog sich, als er mit neuen Aufträgen an dem fränkischen Hof verweilte[2], das Misfallen Karls in solchem Maße zu, daß dieser ihm die Rückkehr nach Rom nicht gestattete, sondern ihn bei sich zurückhielt. Er habe, theilt Karl dem Papste mit, „einige unerträgliche und ungehörige Worte zu ihm gesprochen, die ihn sehr betrübten"[3]. Mehr sagt Karl über das Auftreten von Anastasius nicht; dagegen erfahren wir näheres über die Aufführung seines Begleiters, des Langobarden Gaidifrid[4]. Dieser suchte nemlich den königlichen Notar dahin zu bringen, hinter dem Rücken Karls falsche Schriftstücke auszufertigen[5]. Wir wissen allerdings nicht, welchen Gebrauch Gaidifrid davon machen wollte; aber wir sehen, wie Hadrian den gegen seine Bevollmächtigten erhobenen Anklagen begegnet. Mit keinem Worte suchte er dieselben zu entkräften, oder wenigstens die Verantwortlichkeit für ihr Verfahren von sich abzulehnen. Im Gegentheil nimmt er sie rückhaltslos in Schutz, und beklagt sich bitter über das Verfahren Karls. „Nie seit dem An-

---

[1] Cenni 1, 355, cod. car. n. 73: Destinavit nobis per vestros apices a deo constituta regalis potentia, quia, deo sibi contrario, Agarenorum gens cupiunt ad debellandum vestros introire fines. Pagi a. 788 n. 1 ff. Bouquet V, 575 u. a. setzen diesen Brief erst ins Jahr 788; aber sein Zusammenhang mit dem vorangehenden Brief, Cenni I, 350, ist so deutlich, Cenni I, 356 n. 4. 357 n. 6, daß er gleichfalls ins Jahr 777, und zwar in die nächste Zeit nach jenem ersten gehören muß.

[2] Vgl. oben p. 478. Cenni I, 363 n. 6 schließt aus den Worten Hadrians: adhuc eum apud vos detinetis, Anastasius müßte jedenfalls seit 776 sich im fränkischen Reich aufgehalten haben. Allein dieses kann doch in dem Worte adhuc nicht liegen; Cenni p. 362 n. 4 setzt ja diesen Brief selbst erst in den August oder September 777.

[3] Cenni I, 362: Illud vero, quod de Anastasio, misso nostro, nobis indicastis, quod aliqua importabilia verba, quae non expediebat, vobis locutus fuisset, unde valde tristes effecti fuistis, et pro hoc adhuc apud vos eum detinetis: nimis noster frangitur animus.

[4] Cenni I, 363 n. 7 hält Gaidifrid für identisch mit Gausfrid, der schon 774 Nachrichten von Karl an Hadrian überbringt, Cenni I, 317, cod. car. n. 55. Dieß ist möglich, aber unsicher, und trägt für die Sache nichts aus.

[5] Cenni I, 363: Nam de Langobardo illo, qui cum eodem Anastasio, misso nostro, ad vos properavit, nomine Gaidifridus, unde nobis significastis, ut, dum in vestro fuisset palatio, fraudem agebat adversus vestram regalitatem, insuper et vestro suasisset notario, falsas conficere literas, per quas nos cupiebat in scandalum vobiscum mittere, quod avertat divinitas, neque invenietur homo, qui nos possit per quemvis modum adversus vos in iracundiam provocare: sed testis nobis est deus, qui occulta hominum cognoscit, per nullum argumentum eum infidelem vobis cognovimus.

beginn der Welt hat man davon gehört, daß an einen Gesandten
deines Beschützers, des heiligen Petrus, sei er groß oder klein, von
irgend einem Volk Hand angelegt wurde", ruft er dem König zu[1].
Statt auf die Sache einzugehen, fordert er die Freilassung seines
Gesandten, und behält sich ausschließlich die Untersuchung über sein
Vergehen und seine etwaige Bestrafung vor. Aber unmittelbar nach=
her betheuert er die Unschuld des Gaidifrid, und erhebt dagegen sei=
nerseits die schwersten Vorwürfe gegen Karl. „Gott, der ins Ver=
borgene sieht", schreibt er, „ist unser Zeuge, daß wir Gaidifrid nie
in irgend etwas untreu gegen Euch erfunden haben; aber, um es
kurz zu sagen, wenn der, welcher vom heiligen Petrus zu Euch ge=
schickt ist, solches zu leiden verdiente, was soll man denken von je=
nen Bösewichtern und Ränkeschmieden Paschalis und Saratinus,
welche, wie auch Ihr selber in Euren Briefen sagt, in dieser Stadt
Rom sich Dinge erlaubt haben, wie sie nie seit Anbeginn der Welt
erhört sind; und die dann, nachdem sie solche Thaten verübt hat=
ten, zu Euch kamen, und ohne Zweifel ihrer Schuld sich wohl be=
wußt, Euch baten, daß Ihr Gnade für sie bei uns erwirken möch=
tet. Dafür aber haben sie in Eurer und in der Gegenwart unserer
Gesandten uns geschmäht, so daß ich sehr erstaunt bin zu vernehmen,
daß diese Männer, welche in Eurer Anwesenheit so unerhörte Reden
führten, bei Euch in großer Gunst stehen. Oder wißt Ihr nicht,
daß wir, wenn irgend Jemand feindselige oder falsche Aeußerungen
über Euch gethan hätte, ihn, wie er es verdiente, gebunden zu Euch
geschickt haben würden? wie wir auch mit Paulinus verfuhren". Es
ist von Paulinus nirgends sonst die Rede; auch über Paschalis
und Saratinus wissen wir nichts, außer dem was Hadrian ihnen
vorwirft[2]. Dagegen sehen wir, wie gereizt die Stimmung Hadrians
gegen Karl war. Karl stand mit erbitterten Gegnern des Papstes
in nahen Beziehungen, wogegen die päpstlichen Bevollmächtigten durch
List und Betrug denselben an Karls Hofe selbst entgegenarbeiteten;
und es unterliegt keinem Zweifel, daß dieses mit Vorwissen und im
Einverständnis mit dem Papst geschah[3].

---

[1] Cenni l. c. Hadrian redet hier allerdings nur von Anastasius, den
er allein als seinen Bevollmächtigten bezeichnet. Allein offenbar bestanden Be=
ziehungen zwischen Anastasius und Gaidifridus; der Papst selber kennt Gai=
difridus, denn er selber betheuert seine Unschuld; sonst geht er flüchtig über
die gegen ihn erhobenen Beschuldigungen hinweg, auf die er vielmehr nun auch
seinerseits mit Vorwürfen gegen Karl antwortet. Man muß daher annehmen,
daß Hadrian auch von dem Treiben des Gaidifridus wußte, und, da er nicht ein=
mal den Versuch macht es zu entschuldigen, dieß nicht vermochte, folglich mehr
oder weniger selbst daran betheiligt war. Deßhalb wird man das Recht ha=
ben, auch in Gaidifrid einen Agenten des Papstes zu erblicken.

[2] Oder sollte etwa Paschalis derselbe sein, der 22 Jahre später als päpst=
licher Nomenclator begegnet, an der Spitze der Bewegung gegen Papst Leo
stand, und deßhalb 801 von Kaiser Karl verbannt ward? Ann. Einh., 88.
I, 189. Eine solche Vermuthung würde doch gar zu sehr in der Luft schweben.

[3] Zu einem andern Resultat kommt Cenni I, 363 n. 7. Er meint,
weil Hadrian über die Anklage gegen Gaidifrid nur wenige Worte verliert,

Nach solchen Vorgängen hatte Hadrian allen Grund, den König zu beschwören, „er möchte das auf keine Weise antasten, was
sie sich gegenseitig am Grabe des heiligen Petrus, des Apostelfür-
sten, zugesichert und bekräftigt haben". „Wenn aber Jemand bei
Euch schlechte Reden gegen uns führt, so schenkt ihm durchaus keinen Glauben" [1]. Es scheint, als hätte Hadrian befürchtet, Karl
möchte völlig mit ihm brechen, und wohl mag hie und da der Gedanke aufgetaucht sein; aber schwerlich wurde er doch nur ernstlich
in Betracht gezogen. Dem König und dem Papste lag gleich viel
daran den Bruch zu vermeiden, grade da der Zwiespalt einen bedenklichen Charakter angenommen hatte, gab man sich auf beiden
Seiten um so eifrigere Mühe ihn wieder auszugleichen.

Schon ehe das Benehmen des Anastasius und Gaidifrid einen
unmittelbaren Bruch herbeizuführen drohte, waren der Erzbischof Wil-
charius und der Abt Dodo im Auftrage Karls nach Rom gereist [2].
In seiner Unzufriedenheit mit Gaidifrid und Anastasius schickte dann
Karl den Dodo in Begleitung des Bischofs Possessor abermals nach
Rom, um Hadrian wissen zu lassen, welches Verfahren er in dieser
Angelegenheit zu beobachten vorhatte. Karl forderte den Papst auf, wenn
Possessor und Dodo zurückreisten, den Bischof Andreas und den Abt
Pardus mit ihnen an seinen Hof zu entsenden [3]. Karl kannte diese
beiden Männer von früher her [4], und wünschte wohl unter ihrer
Mitwirkung eine Untersuchung jener Vorgänge einzuleiten. Nach-
her, im October, wollte er dann selber nach Italien kommen. Von
dieser Untersuchung, scheint es, machte er seine von Hadrian so dringend gewünschte Reise nach Italien abhängig.

Hadrian war bereit, eigene Gesandte zu Karl zu schicken, Andreas und, da Pardus durch Krankheit verhindert war, den Bischof
Valentin [5]. Aber er forderte zugleich entschieden die Freilassung des

sein Hauptzweck sei eben der gewesen, sich des durch Karls Verfahren gegen
Anastasius verletzten Völkerrechts anzunehmen. Ich kann mich aber dieser
Auslegung nicht anschließen, vgl. p. 494 n. 1. Halb p. 113 f. sucht zu zeigen, daß Gaidifrid in Folge einer Verabredung mit Karl dem Papst gegenüber sich für einen Feind Karls ausgegeben habe, um Hadrians Gesinnung
auf die Probe zu stellen. Sei es nun, daß Hadrian auf seine Vorschläge eingieng, sei es, daß er nur Karl sie nicht mittheilte, jedenfalls habe er die Karl
schuldige Treue vernachlässigt, und ihn dadurch der Verpflichtung enthoben,
seine Versprechungen zu erfüllen. Es liegt aber auf der Hand, daß diese Erklärung dem Thatbestand, so weit er uns vorliegt, völlig zuwiderläuft.

[1] Cenni I, 361.

[2] Cenni I, 360 f.

[3] Cenni I, 362: De missis nempe nostris, Andrea scilicet coepiscopo,
seu Pardo egumeno, unde nobis intimandum direxistis, ut cum missis vestris Possessorem, fratrem nostrum episcopum, atque Dodonem religiosum
abbatem, a vestris regalibus vestigiis repedantes, dirigeremus, ita adimplere velocius destinavimus. Statt a vestris ist zu lesen ad vestris (gleich
ad vestra), Cenni I, 362 n. 5; vgl. auch Pagi 777 n. 5.

[4] Beide waren schon 775 mit einer Sendung von Hadrian an seinem
Hof gewesen, vgl. oben p. 484.

[5] Cenni I, 362.

Anastasius und die Auslieferung des Paschalis und Saratinus, woraus folgt, daß jene Untersuchung, so ernstlich Karl auf sie gedrungen haben mag, die päpstliche Genehmigung nicht erhielt. Karls Reise nach Italien unterblieb. Der Bruch war glücklich vermieden, aber die alte Spannung dauerte fort. Der Briefwechsel erlahmte: es scheint, daß Karl das Schweigen nur unterbrach, wenn er es nöthig fand, ernste Mahnungen nach Rom ergehen zu lassen. Da er auf seinem spanischen Feldzug die Wahrnehmung machte, daß viele Italiener sich in der Sklaverei der Ungläubigen befanden, machte er dem Papste dringende Vorstellungen darüber [1]; und gleichzeitig, wohl im Jahre 779, forderte er Hadrian mit Entschiedenheit auf, dem unreinen Lebenswandel zu steuern, durch welchen ein Theil der Geistlichkeit in Rom unter seinen Augen sich beflecke [2].

Das gespannte Verhältnis zu den Franken wurde aber für Hadrian dadurch noch mislicher, daß seine Stellung gleichzeitig in Italien von verschiedenen Seiten angefochten wurde. Das Bündnis der misvergnügten Herzöge war zwar durch den Fall von Ruodgausus und das Ausscheiden Hildebrands gesprengt; allein die Feinde Hadrians ließen sich dadurch in ihren feindseligen Plänen nicht irre machen. Gleich im Jahre 777 machten sie ihrer Erbitterung in einem kleinen Rachezug gegen den Papst Luft, an dem auch die Griechen sich betheiligten. Im Bunde mit dem Patricius von Sicilien, der in Gaeta seinen Sitz hatte, dem höchsten griechischen Beamten im Westen [3], versuchten die Beneventaner, mehrere Städte von Campanien gegen Hadrian aufzuwiegeln und ihm zu entreißen; gelänge ihnen das, so schwuren sie, dieselben dem Patricius von Sicilien zu überlassen. Besonders die Bewohner von Gaeta und der Grenzstadt Terracina machten dem Papst zu schaffen [4]. Auf friedlichem Wege vermochte er sich ihrer nicht zu erwehren. Die Campaner selbst scheinen nicht abgeneigt gewesen zu sein, sich der päpstlichen Herrschaft

[1] Cenni I, 369 f., cod. car. n. 65. Cenni, Pagi a. 778 n. 17. Bouquet V, 557. Jaffé p. 208 setzen diesen Brief ins Jahr 778. Aber die Hungersnoth unter den Langobarden, von welcher der Papst im Brief spricht, führt auf das Jahr 779, während dessen, nach der Angabe der Annalen, wenigstens im fränkischen Reich eine Hungersnoth herrschte; Ann. lauresh., SS. I, 31: Fames vero magna et mortalitas in Francia. Ueber den Sclavenhandel vgl. Leo I, 223 ff.

[2] Cenni l. c.: De sacerdotibus autem nostris, quod vobis falso et contra deum et animam eorum suggerere ausi sunt, mentita est iniquitas sibi, et nulla est, domino annuente, in nostris sacerdotibus pollutio, nec talia credere debet vestra sublimitas.

[3] Hegel I, 224 f. Auch Neapel war ihm untergeordnet.

[4] Cenni I, 357, cod. car. n. 73: et hoc agnoscat a deo protecta praecellentia vestra, quia aliquantas civitates nostras Campaniae, operantes aemuli vestri atque nostri nefandissimi Beneventani, ipsi nostro populo persuadentes subtrahere a nostra ditione decertant, una cum habitatoribus castri Cajetani seu Terracinensium, obligantes se validis sacramentis cum ipso patricio Siciliae, qui in praedicto castro Cajetano residet, et decertant a potestate et ditione b. Petri et nostra eosdem Campanos usurpare et patricio Siciliae subjugare.

zu entziehen [1]. Hadrian mußte seine ganze bewaffnete Macht auf=
bieten, um sie im Zaume zu halten, fühlte sich aber von Anfang an
so schwach, daß er auch die Vermittlung Karls in Anspruch nahm.
Er bat ihn, die Beneventaner aufzufordern, von ihrem Beginnen ab=
zulassen und die Ruhe in Campanien nicht weiter zu stören; ehe
dieses geschehen, drohte er, ihre Gesandten nicht mehr empfangen
noch ihre Bischöfe weihen zu wollen [2]. Wir hören aber nichts von
einem Eingreifen Karls, auch nichts von den Erfolgen Hadrians;
sie können auf keinen Fall groß gewesen sein [3]. Seine Gegner im
Süden Italiens hatten freies Feld. Als, ungefähr zu Anfang 780,
die Griechen und Neapolitaner, von Arichis vorgeschoben, aufs neue
zu Feindseligkeiten gegen ihn übergiengen [4], versuchte er gar nicht ih=
nen Widerstand zu leisten, sondern knüpfte sogleich Unterhandlungen
mit ihnen an, und zwar, soviel sich erkennen läßt, ohne die Dazwi=
schenkunft Karls anzurufen. Ostern 780, am 26. März, hatte er
eine Besprechung mit Petrus, dem Bevollmächtigten des Herzogs
von Neapel [5]. Er forderte die Ueberlassung der im Gebiet von
Neapel gelegenen Patrimonien der römischen Kirche, und kam mit
Petrus vorläufig dahin überein, daß ihm die Neapolitaner fünfzehn
junge Männer aus den angesehensten Familien als Geißeln stellen
und auch Terracina als Unterpfand ausliefern sollten. Beide, die

---

[1] Die Angaben Hadrians sind undeutlich. Er sagt, anschließend an die
Worte p. 496 n. 4: Nos vero ... viribus atque vicibus admonere et praedicare per
nostros episcopos et fideles B. Petri eis direximus, cupientes eosdem Campanos nos salvos habere, ut aliqua malitia eis minime eveniret, ut ad nostri praesentiam conjungerent, aut per unamquamque civitatem primarios
quinque ad vestram a deo fundatam Praecellentiam destinarent. Sed neque
ad vestri praesentiam eos dirigere valuimus, nec ad nostros obtutus conjun-
gere voluerunt. Man könnte die Worte so verstehen, Hadrian habe seine Er=
mahnungen an die Beneventaner und Griechen gerichtet; aber von ihnen kann
er doch nicht verlangt haben, daß sie vor ihm sich stellen, oder an Karl die
fünf angesehensten Männer aus jeder Stadt, doch wohl als Geißeln, schicken
sollten. Man wird daher an die Campaner zu denken haben.

[2] Cenni I, 358.

[3] Papencordt p. 100 meint, wenigstens Terracinas habe sich Hadrian
bemächtigt, und beruft sich dafür auf einen Brief Hadrians, der 780 schreibt,
Cenni I, 375: ... Terracinensem civitatem, quam servitio b. Petri apostolorum principis et vestro atque nostro antea subjugavimus, nunc autem invalido consilio iterum ipsi jam fati] nefandissimi Neapolitani cum perversis
Graecis invasi sunt (invaserunt?). Terracina kam aber erst 780, zwischen dem
26. März und 1. August in Hadrians Gewalt, vgl. unten p. 498.

[4] Cenni I, 374, cod. car. n. 64: Neapolitani et deo odibiles Graeci,
praebente malignum consilium Arighis, duce Beneventano, subito venientes,
Terracinensem civitatem ... invasi sunt (invaserunt). Es könnte auffallen,
daß Hadrian die Griechen und Neapolitaner besonders nennt, obgleich Neapel
zu den griechischen Besitzungen gehörte, jene doppelte Bezeichnung also wie ein
Pleonasmus erscheint. Wahrscheinlich kommt dieses aber daher, daß der Her=
zog von Neapel schon damals ziemlich selbständig war. Meo III, 135. 137
setzt diesen Brief ins Jahr 786; Muratori, Ann. VII, 170, und wie es scheint
auch La Farina II, 23 ins Jahr 787. Da aber Karl darin noch nicht als
compater angeredet wird, gehört er vor 781.

[5] Cenni I, 376.

Geißeln und Terracina, sollte ihnen der Papst zurückgeben, sobald er die Patrimonien des heiligen Petrus erhalten hätte. Zu diesem Abkommen sollten die Neapolitaner die Einwilligung des griechischen Patricius auf Sicilien erwirken. Augenscheinlich waren diese Bedingungen dem Papst sehr günstig; es wäre fast zu verwundern, wenn die Neapolitaner ihrerseits keine Gegenbedingungen stellten [1]. Aber der Papst, der allein über diese Vorgänge berichtet, sagt davon nichts, sondern klagt nur bitter über den mangelhaften Vollzug der Vereinbarung. Hauptsächlich gegen Arichis erhob er den Vorwurf dieß verschuldet zu haben. Arichis stand im lebhaftesten Verkehr mit dem Patricius und den Neapolitanern, und verhinderte, daß diese dem Papst die Geißeln stellten. Dagegen muß Terracina ihm übergeben sein; aber die Neapolitaner und Griechen entrissen es ihm wieder [2]. Es scheint also, daß der griechische Patricius auf Sicilien dem zwischen Hadrian und Petrus vereinbarten Vertrag die Genehmigung versagte; und da der Papst sich weigerte, Terracina wieder herauszugeben, so wurde es ihm mit Gewalt genommen [3].

Der Versuch Hadrians, einmal ohne Mitwirkung Karls mit seinen Gegnern sich auseinanderzusetzen, war gänzlich fehlgeschlagen; er sah sich genöthigt, aufs neue bei den Franken Hülfe zu suchen. Die Wegnahme Terracinas gab ihm Gelegenheit, sich mit seinen Beschwerden an Karl zu wenden; besonders wies er auf die von Seiten des Arichis drohende Gefahr hin, der täglich seinen Schwager Adelchis erwarte, um mit ihm vereinigt loszuschlagen [4]. Er bat dringend um die Unterstützung Karls; der König möchte den Wulfinus beauftragen, in Tuscien, Spoleto und Benevent [5] ein allgemeines Aufgebot zu erlassen, und bis zum 1. August (780) gerüstet in Rom zu stehen. Dieses Heer sollte nicht bloß Terracina, sondern auch Gaeta und Neapel erobern, die päpstlichen Patrimonien in Nea-

---

[1] Auch Leibnitz I, 95 findet dieß auffallend. Er meint, nur durch List oder Einschüchterung (arte quadam an terrore) habe Hadrian die Neapolitaner zu solchen Zugeständnissen bewegen können.

[2] Vgl. oben p. 497 n. 4. Hadrian erzählt zuerst die Wegnahme von Terracina, und erst nachher seine Unterhandlungen mit Petrus. Aber offenbar giengen letztere der Wegnahme voraus, und Hadrian nannte diese nur deßhalb zuerst, weil er damit sein Hülfegesuch bei Karl begründete. Im übrigen ist seine Erzählung sehr unklar, und man sieht nur halb, was den Ueberfall der Stadt herbeiführte.

[3] Cenni I, 376: Sed nos sine vestro (Caroli) consilio neque obsides neque ipsam civitatem reddere habuimus (debuimus?), eo quod pro vestro servitio ipsos obsides apprehendere cupiebamus. Borgia, Breve istoria p. 257, vermuthet mit Grund, der Papst habe Terracina, daß den Griechen gehörte, nur als Ersatz für das ihm von den Griechen vorenthaltene Patrimonium in Neapel weggenommen.

[4] Cenni I, 374 ff.

[5] Wenn Hadrian hier von Benevent spricht, so kann dieß bloß den Sinn haben, daß Karl als Nachfolger von Desiderius in seinen Augen auch Anspruch auf Gehorsam von Seiten des Herzogs von Benevent hatte. Allein thatsächlich standen die Dinge anders, Karl konnte nicht daran denken, Truppen in Benevent auszuheben.

pel der Kirche zurückgeben, und so die Neapolitaner dem König und dem Papst unterwerfen [1].

Die Bitten Hadrians fanden dießmal eine günstigere Aufnahme bei Karl als früher. Kurze Zeit, nachdem Hadrian sie dem König in einem Schreiben vorgetragen hatte, kam in Karls Auftrag der Diaconus Abo, der schon früher einmal zusammen mit Abt Fulrad von St. Denis als fränkischer Gesandter bei Hadrian gewesen war [2], in Rom an [3]. Die Antwort Karls auf den Brief des Papstes brachte er noch nicht; Hadrian benutzte vielmehr die Gelegenheit, um den König durch Abo mündlich noch einmal aufs genaueste von den Plänen der Griechen, Neapolitaner und Beneventaner zu benachrichtigen und dadurch seine Unterstützung zu gewinnen [4]. Aber schon die Sendung Abos weist auf eine Annäherung Karls an den Papst hin. Der Diaconus vermittelt den Austausch gegenseitiger Höflichkeiten, ja Gefälligkeiten; Karl verspricht durch ihn dem Papste, zur Restauration der Peterskirche eine Gattung besonders feinen Holzes, das auf römischem Gebiet nicht wuchs, aus Spoleto herbeischaffen zu lassen [5]; Erzbischof Wilcharius sollte kommen, um die Neubauten zu leiten. Dagegen macht Hadrian dem König das Anerbieten, wenn

---

[1] Cenni I, 375: ut eos in omnibus subjugantes, sub vestra atque nostra sint ditione. Von einer ditio des Papstes kann hier doch nur insofern die Rede sein, als er Anspruch auf verschiedene Patrimonien hatte, was er ja auch selbst durch die ausdrückliche Hervorhebung derselben andeutet; die eigentlichen Regierungsrechte, so daß Karl nur die Oberhoheit geblieben wäre, konnte er nicht beanspruchen. Auch in Tuscien und Spoleto, sieht man, stand die Militairhoheit dem fränkischen König zu. Eigenthümlich ist die Ansicht von Halb. Er sagt, p. 104, Hadrian habe Karl aufgefordert, unter dem Schein, als wenn er das in Neapel liegende Patrimonium des heiligen Petrus diesem wieder zuwenden wollte, Neapel selbst für sich, den König, zu erobern, und zieht daraus noch weitere eigenthümliche Folgerungen, vgl. oben p. 474 n. 2.

[2] Cenni I, 380.

[3] Der erste Brief, Cenni I, 374 ff., cod. car. n. 64, ist zwischen dem 26. März, da Hadrian seine Besprechung mit Petrus hatte, und dem 1. August 780, ohne Zweifel näher dem 26. März geschrieben; der zweite, Cenni I, 378 ff., cod. car. n. 61, worin von Abo die Rede ist, gleichfalls vor dem 1. August (Cenni p. 379), wahrscheinlich kurz nach dem ersten Brief; denn, soviel man sieht, war dieser, als Abo vom fränkischen Hof abreiste, dort noch nicht angekommen.

[4] Cenni I, 381 f.: de partibus autem Neapolitanis, sicut cum nefandissimis Graecis seu Beneventanis conciliant, qualiter vobis insinuantes per nostras apostolicas syllabas direximus, omnia minutius in ore posuimus fidelissimi vestri missi, scilicet Adoni diacono, quod vobis enucleatius simulque per ordinem enarrare debeat.

[5] Cenni I, 379. Der Papst setzt hier selbst Spoleto ausdrücklich seinem eigenen Gebiet entgegen, indem er sagt: dirigatur ipse magister in partibus Spoleti, et demandationem ibidem de ipso faciat lignamine ... quia in nostris finibus tale lignamen minime reperitur. Auch Borgia, Breve istoria p. 276, muß dieß anerkennen, sucht sich aber dadurch zu helfen, daß er behauptet, nur in Folge einer Uebereinkunft mit Hadrian habe Karl die Oberhoheit über Spoleto behalten, vgl. oben p. 475 n. 1.

er es wünsche, ihm die Reliquien des heiligen Candidus, welche bei dem Erzbischof Wilcharius aufbewahrt seien, zu überlassen [1]. Mehr wissen wir über die Sendung Abos nicht; es ist jedoch wahrscheinlich, daß er noch andere wichtigere Aufträge hatte, die sich auch wohl schon auf den Plan des Königs, nach Italien zu reisen, bezogen. Es scheint, daß Hadrian und Karl sich in dem Wunsch, Karl möchte nach Italien kommen, begegneten. In den Angelegenheiten, welche Karl nachher während seines Aufenthaltes in Italien beschäftigten, dürfen wir auch die Veranlassung zu seinem Zuge dahin erblicken; die Vorstellungen Hadrians mochten ihn dann noch in seinem Vorsatze bestärken. Zwar hören wir nicht, daß er dem Wunsche Hadrians gemäß zu dessen Schutze ein Heer unter dem Befehl des Wulfrinus aufstellte; statt dessen begab er sich aber selber nach Italien. Zu Ende des Jahrs 780 brach er mit Frau und Kindern auf, feierte Weihnachten in Pavia, und brachte dort auch den Rest des Winters zu [2].

Endlich hatte der Papst erreicht, worauf er seit Jahren hingearbeitet hatte. Karl kam wieder nach Rom, und Hadrian durfte den jungen Karlmann taufen, bei welcher Gelegenheit ihm statt seines bisherigen der Name Pippin beigelegt wurde [3]. Und am gleichen Tage, dem heiligen Osterfeste, 15. April 781, salbte Hadrian den Pippin und Karls jüngsten Sohn zu Königen [4]. Es war für ihn gewiß von hohem Werthe, dem mächtigen König und Patricius auf diese Art einen Dienst zu erweisen. Allerdings bedurfte es einer solchen Salbung von Karls Söhnen nicht mehr, nachdem schon von Stefan II. durch die Salbung Pippins, seiner Gemahlin und seiner Söhne dem ganzen pippinschen Geschlecht die königliche Weihe ertheilt war [5]. Dennoch war es für Karl in diesem Augenblick von Bedeutung, daß Hadrian an seinen eignen Söhnen die Salbung wiederholte. Karl war hauptsächlich deshalb nach Italien gekommen, um die Verhältnisse seines italischen Reiches weiter zu ordnen; zu den Maßregeln aber, die er in diesem Jahre traf, gehörte die Ernennung des jungen Pippin zum König der Langobarden [6]. Durch die Salbung, welche Hadrian demselben ertheilte, trug er das Seinige dazu bei, um seiner königlichen Würde den nöthigen Glanz zu verleihen,

---

[1] Cenni I, 380 f.

[2] Ann. Einh., SS. I, 161.

[3] Ann. Laresh., SS. I, 31.

[4] Ann. Lauriss. maj. l. c.

[5] Stefan ließ in St. Denis alle fränkischen Großen schwören, künftig nie aus einem andern als dem Geschlecht Pippins ihre Könige zu nehmen, clausula de Pippini in Francorum regem consecratione, Bouquet V, 10; Waitz III, 65 f.

[6] Luden IV, 328 meint, die Einsetzung Pippins als König in Italien und Ludwigs in Aquitanien sei ein Werk Hadrians gewesen, welcher Karl durch die Absonderung zweier so bedeutender Theile vom Reich habe schwächen, und den langobardischen Thron wieder habe aufrichten wollen. Letztere Annahme ist aber widersinnig, und in Italien und Aquitanien behielt Karl nach wie vor die oberste Leitung in der Hand, vgl. Waitz III, 303 ff.

uf den bei dem kindlichen Alter des neuen Königs besonders viel
nkam; er unterstützte mit den Mitteln der Kirche Karl bei der
Durchführung seiner Maßregeln hier und in Aquitanien, wo Ludwig
ls König eingesetzt ward. Aber nicht zu Königen von Italien und
Aquitanien, sondern nur überhaupt zu Königen hat der Papst Pippin
nd Ludwig gesalbt.

Noch in einer andern Sache kam der Papst den Wünschen Karls
ntgegen. Er billigte Karls Absicht, der unabhängigen Stellung
Thassilos von Baiern ein Ende zu machen, und schloß sich den Be=
mühungen des Königs an, den Herzog zur Anerkennung der fränki=
schen Oberhoheit zu nöthigen. Die Interessen des Papstes und des
Königs trafen hier zusammen; nicht weniger als Karl mußte dem
Papst die Selbständigkeit und Macht Thassilos, der ein Schwager
von Arichis und Adelchis und wohl auch ihr Verbündeter war [1],
in Dorn im Auge sein. Eine Gesandtschaft, bestehend aus den Bi=
schöfen Formosus und Damasus, als Abgeordneten Hadrians, und
dem Diaconus Riculf und Oberschenk Eberhard, als Bevollmächtig=
en Karls, begab sich zu Thassilo, und forderte ihn auf, dem König
en Eid der Treue aufs neue zu leisten. Und Thassilo gab nach,
rschien nach Karls Rückkehr aus Italien vor ihm in Worms, er=
euerte den Eid und stellte dem Könige zwölf Geißeln [2].

Ueberhaupt scheinen zwischen Hadrian und Karl die verschiede=
ten Gegenstände besprochen worden zu sein. Auch das Verhältnis
um griechischen Reich kam zur Sprache. Obgleich Hadrian in den
öffentlichen Urkunden noch die Jahre des griechischen Kaisers zählte,
var doch thatsächlich die Trennung Roms von Constantinopel voll=
zogen. Vom kirchlichen Gebiete ausgegangen, hatte dieser Gegensatz
uch das politische Leben ergriffen; während die Kaiser auf Syno=
den von ihren Bischöfen den Bilderdienst verdammen ließen und
die Anhänger desselben blutig verfolgten [3], kämpften griechische Trup=
pen an der Seite der Gegner des Papstes [4]. Derselbe Gegensatz
aber, welcher Kaiser und Papst trennte, war auch maßgebend für
das Verhältnis des Kaisers zum fränkischen König, mit dessen Hülfe
allein der Papst der griechischen Oberhoheit sich hatte entziehen kön=
nen, und der bereits beschuldigt wurde, auch sich selbst unmittelbar
auf Kosten der Griechen vergrößern zu wollen [5]. Da trat in der

---

[1] Aus den Quellen läßt sich dieß allerdings nicht erweisen; doch kann
mit ziemlicher Sicherheit angenommen werden, daß er, wenn auch in der
Stille, im Einverständnis mit ihnen stand, vgl. Gaillard II, 135; Lehuerou
p. 355, der freilich mit seinen Anschuldigungen gegen Thassilo zu weit geht.
[2] Ann. Laur. maj., SS. I, 160. 162.
[3] Vgl. Hefele III, 335 ff.; Gibbon, History of the decline and fall of
the Roman Empire VIII c. 48. IX c. 49.
[4] Vgl. oben p. 496 ff.; Gregorovius II, 413 f.
[5] Der Bischof Mauricius von Istrien, welcher im Auftrag Karls die
Einkünfte aus den Patrimonien der römischen Kirche in Istrien für den Papst
erhob, wurde von den Griechen und Istriern geblendet, weil er Istrien dem
fränkischen König in die Hände liefern wolle. Anders können die Worte,

griechischen Politik eine unerwartete Wendung ein. Die Kaiserin Irene, welche nach dem Tode ihres Gemahls, des Kaisers Leo IV. des Chazaren, 8. September 780, als Vormünderin ihres Sohnes Constantins VI. Porphyrogenitus, die Regierung übernommen hatte [1], trat plötzlich als Vorkämpferin des Bilderdienstes auf, und zeigte sich entschlossen ihn wiederherzustellen [2]. Die natürliche Folge davon war die Annäherung an den Papst. Dazu kamen die Schwierigkeiten, mit welchen Irene in Constantinopel zu kämpfen hatte, theils als bloße Vormünderin Constantins, theils wegen des Eifers, womit sie die Herstellung des Bilderdienstes betrieb. Beides nöthigte sie, gegen den Widerstand, auf welchen sie in ihrem eigenen Reiche stieß, anderwärts einen Rückhalt zu suchen; der Papst allein konnte aber einen solchen nicht gewähren, die Verbindung mit dem mächtigen Frankenkönig stellte größere Vortheile in Aussicht. Unter solchen Umständen kamen der kaiserliche Schatzmeister Constantinus und der Oberkammerherr Mamalus 781 nach Rom, wo Karl sich eben aufhielt, und warben im Auftrag der Kaiserin-Mutter Irene für Constantin VI. um die Hand von Karls ältester Tochter Rotrudis [3]. Die Gesandten wußten also, daß Karl in Rom zu treffen war, und zogen es vor ihn dort aufzusuchen, nicht im fränkischen Reich. Es scheint, daß sie auf die Unterstützung ihres Gesuchs durch Hadrian rechneten, der gewis allen Grund hatte mit der von Irene angenommenen Haltung zufrieden zu sein; vielleicht waren durch die Vermittlung Hadrians schon vorher Unterhandlungen eingeleitet worden. Karl gab seine Einwilligung; die Verlobung fand statt; es wurde ein Vertrag darüber abgeschlossen und durch gegenseitige Eidschwüre bekräftigt [4].

Aus allen diesen Vorgängen geht unzweideutig hervor, daß das gute Einvernehmen zwischen Hadrian und Karl, welches so manche Störung erfahren hatte, wieder zurückkehrte. Es fragt sich nur noch wie Karl zu der Angelegenheit sich stellte, welche dem Papst zumeist am Herzen lag. Jahre lang hatte er den König bestürmt, er möchte nach Italien kommen und der römischen Kirche zu ihren Rechten und Besitzungen verhelfen; nun endlich war Karl in Rom angekommen;

Cenni I, 373: proponentes ei, ut quasi ipsum territorium Histriense vestrae sublimi excellentiae tradere debuisset, mit Rücksicht auf den Zusammenhang nicht wohl verstanden werden. Der Papst verstößt so oft gegen die Regeln der Grammatik, daß wir dadurch nicht gebunden sind.

[1] Theophanes, Chronograph. (ed. Venet.) p. 304.
[2] Vgl. Hefele III, 410 ff.; Gibbon a. a. O.
[3] Theophanes, Chronograph. p. 305.
[4] Ann. Lauresh., SS. I, 32; Theoph. p. 305. Zu den annal. Fuld. Enh., SS. I, 350, wird die Verlobung erst zum Jahr 787 erwähnt, und man könnte daraus schließen, 781 seien bloß die vorbereitenden Unterhandlungen gepflogen, die förmliche Verlobung habe erst 787 stattgefunden. Allein diese Unterscheidung ist nicht gerechtfertigt, und man muß an der Angabe der ann. Lauresh. festhalten; über den Werth der Nachricht in den ann. Fuld. Enh. vgl. unten.

: er die Forderungen Hadrians erfüllt? Die Nachrichten über
l Besuch Karls in Rom enthalten darüber nichts; aber aus ei=
n Schreiben, das Hadrian nach der Abreise Karls aus Rom,
h im Jahre 781, an Karl richtete, erfahren wir, daß ihm Karl
h in diesem Punkte ein Zugeständnis machte. Er sicherte der
che die Rückerstattung ihrer Rechte und Besitzungen in der Sa=
a zu [1].

Karls Aufenthalt in Rom trug unverkennbar dazu bei, daß Ha=
ans Beziehungen zu ihm sich freundlicher gestalteten. Karl er=
hte dieß, ohne dem Papste irgend ein wesentliches Opfer zu brin=
l; Hadrian mußte sich mit einem verhältnismäßig unbedeutenden
igeständnis begnügen. Aber grade dieses Zugeständnis gab die
ranlassung zu neuen Beschwerden des Papstes, welche durch zwei
ihre sich hinzogen. Hadrian behauptete, Karl habe ihm das Sa=
ergebiet vollständig überlassen [2], und machte zwischen dem Patri=
nium der Kirche innerhalb des Gebiets und der Sabina selber
nen Unterschied [3]. Aber in der That ist weder die ganze Sabina
Patrimonium der römischen Kirche gewesen, noch hat Karl die
uze Sabina dem heiligen Petrus geschenkt. Die langen Verhand=
igen mit Karl wegen der Uebergabe beweisen am deutlichsten, daß
: Papst nur auf einen Theil des Gebiets begründeten Anspruch
tte.

Kurz nachdem Karl Italien verlassen hatte, noch 781, schickte
brian den Diaconus Agatho und den Consul und Herzog Theodo=

---

[1] Cenni I, 383 ff., cod. car. n. 69. Pagi a. 781 u. 1, und an ihn sich
chließend Eckhart I, 679 f. meinen, Karl habe dem Papst die Sabina als
ab für Spoleto geschenkt, das unter fränkischer Oberhoheit verblieb. Dar=
r läßt sich jedoch nichts bestimmtes sagen. Mock p. 84 n. 2 will diesen
lef als Beweis benutzen für die Ansicht, daß die Schenkung von Kiersy
it mehr als das Exarchat und die Pentapolis umfaßt haben könne, weil
rian hier seine Ansprüche auf das Sabinergebiet nicht auf die Schenkung
Kiersy, sondern nur auf die Schenkung Karls zurückführe. Es geht aber
dem Briefe selbst hervor, daß Hadrian gar nicht an die Schenkung Karls
774 denkt, sondern an eine ganz neue, die Karl eben im 781 bei seinem
uch in Rom gemacht haben kann. Und auf diese Schenkung, d. h. auf
Erneurung des Versprechens, daß die Ansprüche der Kirche auf ihre Be=
ngen in der Sabina befriedigt werden sollen, beziehen sich auch die vier
enden, von Mock zur Bestätigung seiner Ansicht angeführten Stellen; vgl.
) unten.

[2] Cenni I, 384: Petimus, ut, sicut a vestra praerectissima excellen=
b. Petro nutritori vestro, pro luminariorum concinnationibus atque alimo=
pauperum Savinense territorium sub integritate concessum est, ita id tra=
: integram eidem dei apostolo . . . dignemini.

[3] Demgemäß behauptet Cenni I, 314 f., territorium Sabinense sei gleich=
utend mit patrimonium Sabinense, so daß also die ganze Sabina ein Pa=
onium des römischen Stuhls gewesen wäre. Pagi l. c. und Eckhart l. c.,
Papencordt p. 100 f. nehmen eine Schenkung des ganzen sabinischen Ge=
s an; dagegen sagt Gregorovius II, 402, Karl habe nur das alte Pa=
onium in der Sabina, aber allerdings beträchtlich vermehrt, jedenfalls nicht
nze Provinz Sabina, dem heiligen Petrus zugesprochen; vgl. auch Halb
6—71.

rus, seinen eigenen Neffen, zu Karl, um auf die Beschleunigung der Uebergabe der versprochenen Besitzungen zu dringen und mit dem König die genaueren Festsetzungen darüber zu treffen [1]. Hierauf kamen der Abt Itherius und der Kaplan Maginarius nach Italien um in Karls Auftrag die Uebergabe zu bewerkstelligen [2]. Allein sie stießen dabei auf solche Schwierigkeiten, daß sie davon abstanden und ins fränkische Reich zurückreisten. Waren diese Schwierigkeiten wirklich der Art, daß der ausgesprochene Wille des Papstes und des Königs sie nicht zu überwinden vermochte? Hadrian sagt, böswillige und ungerechte Menschen haben die Gesandten an der Vollziehung ihres Auftrags gehindert [3]; aber augenscheinlich wurden sie in ihrem Verhalten noch durch andere Gründe bestimmt. Hadrian dringt überall nicht bloß auf die Uebergabe des sabinensischen Gebiets überhaupt, sondern betont ausdrücklich immer, daß die Kirche Ansprüche auf das ganze Gebiet habe; so daß es nahe liegt zu vermuthen diese Ansprüche seien von anderer Seite bestritten worden, und es habe sich zunächst nur darum gehandelt ihre Rechtmäßigkeit festzustellen. Wie es scheint, faßten auch die fränkischen Bevollmächtigten ihre Aufgabe so auf. Das Verfahren Hadrians selber zeigt, ihm diese Bedeutung der Sendung nicht fremd war. Er berief nemlich darauf, daß einige Greise, die gegen hundert Jahre alt waren, am Altar in der Kirche der heiligen Maria zu Foronovo (Forobono) in Gegenwart von Maginarius und Itherius bezeugt hätten, die römische Kirche habe von Alters her das sabinische Patrimonium besessen; dieses Patrimonium sei ihm aber noch nicht in dem von jenen Zeugen angegebenen Umfang zurückerstattet [4]. War dieß etwa das einzige Zeugnis, wodurch Hadrian seine Ansprüche

[1] Cenni I, 385, cod. car. n. 69; vgl. oben p. 503 n. 1.
[2] Cenni I, 387, cod. car. n. 68.
[3] Cenni l. c.: Voluerunt nobis contradere (missi) in integro jam Savinense territorium; et minime potuerunt, mittentes varias occasiones perversi et iniqui homines. Der Sinn dieser Worte geht aus dem Zusammenhang deutlich hervor; wie aber der Satz: mittentes varias occasiones perversi homines wörtlich zu übersetzen sei, ist schwer zu sagen; vgl. Hahn p. n. 18, dessen Erklärung aber nicht ausreicht.
[4] Cenni I, 405 f., cod. car. n. 56: (Fidelissimi atque seniores testes affirmantes dixerunt: quod et ipsi vestri missi vobis suppliciter, sicut testes illi jurati patefecerunt, referre possunt, quomodo antiquitus ipse b. Petrus, sanctaque nostra romana ecclesia idem detinuit patrimonium, et minime ipsam suscepimus in integro patrimonium, vel nostris missis contradidue est sicut isti testes adfirmantes coram sanctis Christi evangeliis testificati dixerunt. Die Worte 'idem detinuit patrimonium' sind schwer wiederzugeben, da der Papst, ohne Zweifel absichtlich, unentschieden läßt, ob mit patrimonium die ganze oder nur ein Theil der Sabina, und welcher gemeint sei. Die Stelle selbst steht allerdings erst in einem etwas späteren Brief, ist aber unverkennbar nur eine weitere Ausführung und Ergänzung des früheren, wenn Hadrian behauptet, die Gesandten haben die Rechtmäßigkeit seiner Ansprüche eingesehen, Cenni I, 388: Ut, sicut exantiquitus fuit, et in veritate jam nunc vestri fideles missi satisfacti sunt, in integro nobis contradere praecipiatis, et signa inter partes constituentes.

begründen suchte? Ein anderes ist wenigstens nicht angeführt, und wenn er trotzdem behauptet, Karls Gesandte von der Rechtmäßigkeit seiner Forderungen überzeugt zu haben, so geht er wohl zu weit. Denn die von den „böswilligen und ungerechten Menschen", von welchen Hadrian redet, erhobene Einsprache war für die Gesandten Grund genug, um zu Karl zurückzureisen und ihm über den Sach=verhalt mündlich Bericht zu erstatten. Daraus geht doch unzwei=deutig hervor, daß Karl dem Papste keineswegs das ganze Sabiner=gebiet ohne weiteres überlassen haben kann; aber Hadrian bot frei=lich alles auf, um dieß zu erreichen. Deshalb genügte es ihm nicht, daß Itherius und Maginarius es übernahmen, an seiner Statt den König genauer über die Verhältnisse zu unterrichten; sondern er schickte seinerseits seinen früheren Schatzmeister Stefan noch besonders zu Karl, um ihn aufs angelegentlichste zu ersuchen, für die Ueber=gabe des Sabinergebiets in seinem vollen Umfange zu sorgen; Karl möchte, um dieselbe zu bewirken, Einen seiner beiden Bevollmächtig=ten, den Itherius oder Maginarius, mit Stefan wieder zurück nach Italien schicken [1].

Inzwischen nahm die Sache nicht den raschen Fortgang, wel=chen Hadrian wünschte; Karl war in diesen Jahren vollauf mit dem Sachsenkrieg beschäftigt, und der Papst mußte nach einiger Zeit seine Bitte wiederholen. Er benützte die nächste Gelegenheit, welche sich ihm darbot, um den König wissen zu lassen, daß er ihre Er=füllung noch immer aufs sehnlichste erwarte; Karl möchte doch seine Bevollmächtigten, welche die Sache zum Theil schon geprüft haben, be=auftragen, ihm nun das ganze Patrimonium zu übergeben [2]. Da jedoch auch dieser Schritt erfolglos blieb, so richtete Hadrian bald darauf noch ein Schreiben an Karl, lediglich zu dem Zweck, ihn an sein Verspre=chen zu erinnern. Er forderte Karl aufs dringendste auf, sich doch nur von seinen Gesandten sagen zu lassen, was sie in Betreff des Patrimoniums des heiligen Petrus in der Sabina gesehen und ge=hört hätten; er selber rufe Gott zum Zeugen auf, daß er kein fremdes Gebiet unrechtmäßig begehre; er wolle nur das genannte Patrimonium, wie es von Alters her gewesen, und Karl es dem heiligen Petrus zugestanden habe, in Besitz nehmen. Deswegen er=suchte er den König abermals, jene beiden Gesandten, oder doch Ei=nen von ihnen, nebst einer andern Persönlichkeit, die ihm dazu geeig=

---

[1] Cenni I, 387 f.

[2] Cenni I, 409 f., cod. car. n. 76. Abweichend von Cenni und Jaffé . 209, und übereinstimmend mit Pagi a. 782 n. 4 glaube ich diesen Brief vor den Brief cod. car. n. 56, Cenni I, 405 ff., abweichend von Pagi aber nicht auch vor den Brief cod. car. n. 68, Cenni I, 386, setzen zu müssen. Die Angabe Hadrians, die fränkischen Gesandten haben die Sache zum Theil schon geprüft, worauf Cenni p. 409 n. 4 seine Ansicht stützt, kann doch ganz nicht auf die von Hadrian bereits im ersten Brief, Cenni I, 386 ff., gemachte Mittheilung bezogen werden. Zunächst brachte Hadrian dieselbe dem König gelegentlich in Erinnerung; erst da dieß nichts half, wandte er sich in einem sondern ausführlicheren Schreiben an ihn, Cenni I, 405 ff., cod. car. n. 56.

net scheine, nach Italien zu schicken, um die schon in Angriff genommene Uebergabe des Patrimoniums nun auch vollständig ins Werk zu setzen [1]. Aber ungeachtet aller dieser Bemühungen vergieng das Jahr 782, ohne daß die Angelegenheit erledigt ward.

Hadrian erreichte unterdessen durch sein fortgesetztes Drängen wenigstens soviel, daß Karl im folgenden Jahr den Maginarius wieder nach Italien schickte, um endlich die Sache ins reine zu bringen [2]. Maginarius hatte, wie Hadrian bemerkt, den Auftrag, dem römischen Stuhl zum Besitz des ganzen Sabinergebiets zu verhelfen, wie Karl selber es ihm überlassen habe; aber auch dießmal wieder sollen böswillige Menschen den Vollzug dieses Befehls gehindert haben [3]. Wer waren denn die Leute, welche so kühn dem Willen von Papst und König Trotz zu bieten wagten? Hadrian verschweigt es [4]; aber wir sehen, daß ihr Widerstand fruchtlos sein mußte, wenn Karls Entschluß, die ganze Sabina dem Papst zu übergeben, so fest und entschieden war, wie der Papst versichert. Bereits zum zweiten Mal gaben nun aber die Bevollmächtigten Karls dem gegen die päpstlichen Forderungen erhobenen Widerspruche nach, so daß es in der That nicht möglich ist zu glauben, ihre Vollmachten haben wirklich so gelautet, wie sich aus den Worten Hadrians zu ergeben scheint [5]. Hadrians eigenes Verfahren widerlegt seine Behauptung. Früher hatte er sich auf das Zeugnis einiger Greise berufen; jetzt suchte er den Maginarius durch den Hinweis auf die früheren kaiserlichen Schenkungen, ja auf das Verfahren der Langobardenkönige, sogar des "treulosen" Desiderius von der Rechtmäßigkeit seiner Forderungen zu überzeugen [6]. Und dabei blieb er nicht stehen. Er schrieb an Karl, zu gelegener Zeit werde er Gesandte an ihn schicken, um ihm seine Mahnungen auszurichten, daß er, vom Geiste Gottes erfüllt, die Gerechtsame des heiligen Petrus sorgfältig prüfe und die Uebergabe in Vollzug setzen lasse [7].

[1] Cenni I, 405 ff. Der Schatzmeister Stefan, den Hadrian zu Karl geschickt hatte, scheint demnach, wie Cenni p. 407 n. 7 richtig bemerkt, schon früher, und zwar unverrichteter Sache, nach Rom zurückgekehrt zu sein.
[2] Cenni I, 413 ff., cod. car. n. 73.
[3] Cenni I, 414: Qualiter vero ei (Maginario) praecepit vestra a deo promota triumphatissima excellentia pro Savinensi territorio, ut nobis sub integritate coutraderet, sicut b. Petro clavigero regni coelorum tribuistis; minime propter malignos ac perversos homines potuit.
[4] Gregorovius II, 402, und auch schon Cenni p. 316. 388 n. 7. 406 n. 5. 414 n. 3. 415 n. 6 denken an Grenzstreitigkeiten mit den Reatinern, und berufen sich auf das Diplom Ludwigs des Frommen, Pertz Legg. Ib, 9, worin es heißt, daß Itherius und Maginarius zwischen dem Gebiet von Reate und der Sabina die Grenze bestimmt haben. Allein das Diplom ist unecht und daher jene Annahme ohne rechten Beweis.
[5] Vgl. oben p. 504 n. 3. An bewaffneten Widerstand zu denken erlauben die Worte Hadrians nicht; die fränkischen Gesandten wurden also nicht durch Gewalt gehindert die Sabina dem Papst auszuliefern, bloß auf Grund friedlicher Vorstellungen unterließen sie die Auslieferung.
[6] Cenni I, 414.
[7] Cenni I, 415: Pro hoc enim fidelissimos missos nostros, una cum

Hadrian forderte zuletzt den König selber auf, seine Ansprüche prüfen zu lassen, und gestand dadurch zu, daß Karl ihm keineswegs das ganze Sabinergebiet bedingungslos geschenkt habe. Oder wozu bedurfte es denn für Hadrian der Zeugen und Beweise, die er aufbrachte, um bei Karl die Befriedigung seiner Ansprüche zu erwirken? Sie waren offenbar ganz überflüssig, wenn bereits vorher die ganze Sabina dem apostolischen Stuhl von Karl geschenkt war [1]. Daraus, daß Hadrian es dennoch nöthig fand, sich angelegentlich darauf zu berufen, folgt, daß die Schenkung Karls nicht ausreichte, um darauf allein die von ihm gestellten Forderungen zu begründen. Es ist demnach unzweifelhaft, daß die Schenkung Karls nur eine bedingte war, daß sie nicht das ganze Sabinergebiet, sondern nur das dort befindliche Patrimonium des heiligen Petrus umfaßte, und daß es dem Papste oblag, seine Ansprüche im Einzelnen zu begründen. Von andrer Seite wurden dieselben theilweise bestritten, und es scheint daß Karl diesen Einwendungen Beachtung schenkte. Wir hören nach 783 nichts mehr von dieser Angelegenheit, sie wird also damals zum Abschluß gebracht sein; aber schwerlich ist es dem Papste geglückt, mit seinen Forderungen vollständig durchzudringen [2].

Während so Hadrians Bemühungen, die Besitzungen des heiligen Petrus zu erweitern, nach wie vor den größten Schwierigkeiten begegneten, war auch sein Ansehn da, wo ihm anerkanntermaßen bestimmte Rechte zustanden, äußerst gering; es verschwand neben der über allem andern stehenden Macht des Königs, welcher, so oft er wollte, unmittelbar selbst eingriff. Hadrian erzählt aus diesen Jahren selber einige Fälle, welche dieß deutlich ergeben. Im Jahr 783 beschwerte er sich bei Karl über die Frevel, welche in Ravenna von

monitionibus nostris, apto tempore vestrae regali potentiae dirigimus, ut liquida perscrutatione, divinitus inspiratus, eas indagans, justitiae b. Petro apostolo eveniant ad effectum.

[1] Darauf macht mit Recht auch Halb p. 56 f. aufmerksam.

[2] Dieß giebt sogar Cenni I, 415 n. 6 zu, während er freilich behauptet, daß die Schenkung Karls das ganze Sabinergebiet umfaßt habe. Er sagt selbst (p. 315, vgl. oben p. 503 n. 3), Hadrian gebrauche die Bezeichnung territorium sabinense gleichbedeutend mit patrimonium sabinense, rechtfertigt aber diese, vom Papst allerdings absichtlich, jedoch mit Unrecht angewandte Vermengung der Begriffe auf eine ganz ungenügende Weise. Er behauptet, p. 316, fast die ganze Sabina habe schon vorher aus päpstlichen Patrimonien bestanden; Karl habe alle Schenkungen Anderer bestätigt, und dann aus eigner Freigebigkeit noch andres, d. h. also den Rest, hinzugefügt und demnach das ganze territorium sabinense dem heiligen Petrus geschenkt. In der That ist aber von solchen Schenkungen, die Karl den früheren Besitzungen der Kirche in der Sabina beigefügt haben soll, nirgends etwas zu sehen; die von Cenni angeführte Stelle kann dieses nicht beweisen. Auch Borgia, Breve istoria p. 288 ff., der noch entschiedener als Cenni ausführt, daß die Kirche schon früher ein großes Patrimonium in der Sabina besessen, und dann 781 die ganze Sabina mit allen Regierungsrechten von Karl erhalten habe, kann dieß nicht beweisen, denn in den Briefen Hadrians, auf welche er sich allein beruft, steht davon nichts. Dennoch nimmt auch Gregorovius II, 402 eine Vermehrung der Schenkung durch Karl an, vgl. p. 503 n. 3.

Eleutherius und Gregorius, zwei Großen der Stadt, verübt, und wodurch ganz Ravenna in Verwirrung gebracht sei [1]. „Eleutherius und Gregorius unterdrückten die Armen und Schwachen in Ravenna aufs elendeste, indem sie dieselben als Sklaven an die Heiden verkauften und ihre Habe auf unbarmherzige Weise gierig aufzehrten, so daß der größte Theil derselben entweder an Seuchen dahin starb, oder ins Elend getrieben wurde; ja sie sammelten den gemeinen Haufen und verübten täglich mit einer Schaar blutdürstiger Menschen schändliche Mordthaten. Eines Tages, als in einer Kirche die Messe gefeiert wurde, und ein Diaconus dem Volke das heilige Evangelium Christi predigte, drangen ihre gottlosen Leute in das Heiligthum ein und vergossen unschuldiges Blut". Unzweifelhaft hatte der Papst in Ravenna die Gerichtsbarkeit, denn seit dem Tode des Erzbischofs Leo verstummten seine Klagen über Beeinträchtigung seiner Rechte im Exarchat. Aber die päpstlichen Gerichte waren außer Stande, jene Uebelthäter zur Rechenschaft zu ziehen [2]; dieselben flüchteten sich zu Karl, und Hadrian konnte sich der Besorgnis nicht ganz erwehren, daß sie Schutz beim König finden möchten [3]. „Ohne unser Wissen", schreibt ihm Hadrian, „eilten sie zu Euch, indem sie meinten, durch ihre treulose und böse Falschheit Euch von dem reinen Glauben und der Liebe zum heiligen Petrus und zu uns abziehen zu können" [4]. Doch drückt der Papst seine Zuversicht aus, so einmüthig mit Karl verbunden zu sein, „daß er nimmermehr glaube, es könne irgend Jemand gelingen, diese Eintracht zwischen dem apostolischen Stuhl und dem fränkischen König zu lösen" [5]. Er bat den König, den beiden Frevlern kein Gehör zu schenken, sondern sie als seine eigenen wie des heiligen Stuhls Feinde zu behandeln und durch fränkische Gesandte nach Rom bringen zu lassen. Dort wolle er alle jene Beschuldigungen in Gegenwart der königlichen Bevollmächtigten erhärten, damit dann von diesen die Frevler zur Strafe gezogen würden, und die Schenkung Pippins „unerschüttert und unangetastet in Ewigkeit bestehe" [6]. Wir bekommen eine geringe Vorstellung von

---

[1] Cenni I, 421, cod. car. n. 75.

[2] Cenni l. c.: Non sinebant (Eleutherius et Gregorius) in eorum judicari partibus.

[3] Halb p. 118 nimmt sogar an, Hadrian habe gefürchtet, daß es Eleutherius und Gregorius gelingen möchte, einen Bruch zwischen ihm und Karl herbeizuführen. Jedenfalls ist es aber unrichtig, wenn er dem Papste vorwirft, er habe dadurch, daß er sich zum Richter der beiden aufwerfen wollte, sich einer Verletzung der königlichen Autorität schuldig gemacht.

[4] Cenni I, 422.   [5] Cenni I, 420 f.

[6] Cenni I, 422 f. Die Berufung auf die Schenkung ist beachtenswerth. Gregorovius II, 406 denkt wohl an diese Stelle, wenn er sagt, es blicke aus Hadrians Brief die Furcht hervor, an derjenigen Gerichtsbarkeit, welche ihm vertragsmäßig in den Ländern der Kirche zustand, durch Karl Einbuße zu erleiden; und ich glaube, Gregorovius hat Recht. Nur muß andrerseits hervorgehoben werden, daß Hadrian sich dießmal selber dieses Rechts begab, um bei Karl nicht anzustoßen; und daß Karl die Oberhoheit über das Exarchat hatte, wird durch diesen Vorgang nicht widerlegt, sondern bestätigt.

der Macht des Papstes, wenn wir sehen, wie er hier als Ankläger auftritt und die Bevollmächtigten Karls als Richter zwischen sich und zwei gemeinen Verbrechern anerkennt, die er selbst des Raubs und Mords beschuldigt. Den Ausgang kennen wir nicht; im besten Fall gieng Karl auf die Bitten Hadrians ein, und ersparte ihm also die Demüthigung nicht, welche für den Papst in dem von ihm selbst gewünschten Verfahren lag.

Und dieser Fall steht nicht vereinzelt da. Nicht lange nachher, ungefähr im Jahr 784, trat ein andrer Vorfall ein, der für das Verhältnis Karls zum Papste noch bezeichnender ist. Ein Mönch und Presbyter Johannes, ohne Zweifel Italiener, kam zu Karl [1] und theilte ihm mit, daß in Italien Menschen widerrechtlich ihrer Freiheit beraubt, und auch sonst verschiedene Ungerechtigkeiten und Frevel von schlechten Menschen verübt würden [2]. Der Hauptzweck seiner Reise war aber gewis nicht der, Karl über die Zustände Italiens im allgemeinen zu unterrichten; vielmehr scheinen ihn vornemlich seine eignen Angelegenheiten bewogen zu haben, den König aufzusuchen. Wenn nicht alles trügt, so hatte ihn der Papst eines schweren Vergehens gegen die Ordnungen der Kirche schuldig befunden und beschlossen, die schwersten und entehrendsten Strafen, Excommunication und Auspeitschung, über ihn zu verhängen [3]. Man sieht nicht recht, worin das Vergehen des Johannes bestanden haben soll [4]; bei der Entschiedenheit jedoch, womit Hadrian sich ausspricht [5], ist es nicht möglich die Beschuldigung für ungegründet zu halten. Die Hauptsache ist, daß Karl ihn dessenungeachtet in Schutz nahm. Er forderte vom Papste, daß er den Johannes nicht verdamme, nicht mit dem Banne belege noch auspeitschen lasse, daß er ihm überhaupt nichts zu Leide thue [6]; und Hadrian fügte sich in allem der Forderung des Königs. „Wenn er nicht Eure Unterstützung gefunden hätte", schreibt er an Karl, „so wären wir nach der ganzen Strenge der kirchlichen Disciplin mit ihm verfahren. Aus Liebe zu Euch aber haben wir ihn

---

[1] Cenni I, 432 ff., cod. car. n. 77. Daß Johannes ein Italiener war, ist nicht ausdrücklich gesagt, geht aber aus dem Zusammenhang hervor.

[2] Cenni I, 433: De captivatione hominum, et de aliis illicitis causis, quae a pravis perpetrantur hominibus.

[3] Cenni I, 435: Nam si vestrum illi non profuisset regale adminiculum, ecclesiasticam illi disciplinam canonice inferentes ... monachicam regulam illi demonstrare irreprehensibiliter habuissemus (debuissemus?).

[4] Hadrian spricht, Cenni p. 434, von einer Vision, die Johannes gehabt zu haben vorgab, stimmt aber mit Karl darin überein, daß dieses eine leere Einbildung (fantasma) des Mönchs sei. Das ihm vorgeworfene kann, wenn überhaupt, jedenfalls nicht allein in dem Vorgeben dieser Vision bestanden haben. Vielleicht sollte diese zur Beschönigung eines Betrugs dienen; darüber hinaus sind aber nicht einmal mehr Vermuthungen möglich.

[5] Vgl. die Stelle oben n. 3.

[6] Cenni I, 435: A nobis pro eo vestra poposcit regalis potentia, ut nequaquam a nobis condemnaretur, anathematizaretur vel flagellaretur, neque aliquam adversitatem ei faceremus.

mit großer Geduld und Wolwollen aufgenommen und ermahnt, und dann in Frieden entlassen".

Es könnte scheinen, als hätte es sich in diesem Fall nur um eine Frage der innern kirchlichen Disciplin gehandelt; aber offenbar betrachtete denselben Karl noch unter einem andern Gesichtspunkt. Wie er kirchliche und staatliche Angelegenheiten überhaupt im engsten Zusammenhang mit einander behandelte, so faßte er auch den Fall des Mönchs Johannes wesentlich von der politischen Seite auf. Es müssen auch in der That politische Fragen dabei in Betracht gekommen sein. Karl schickte, um dem durch Johannes zu seiner Kenntnis gebrachten Unfug zu steuern, den Herzog Garamannus als Bevollmächtigten nach Rom, mit der Weisung an den Papst, den Misbräuchen ein Ende zu machen. Hadrian versuchte mit keinem Wort die Angaben des Mönchs zu entkräften, sondern beeilte sich dem König mitzutheilen, daß er, wie derselbe es von ihm gefordert, den Herzog freundlich empfangen habe, und, wie dieses seine Gewohnheit, allen seinen Wünschen nachgekommen sei [1]. Man sieht, daß in den Besitzungen der Kirche nicht Hadrian, sondern Karl die Ordnung aufrecht hielt [2]; und überall, so weit wir sehen, beeilte sich der Papst die Weisungen Karls zu erfüllen. Karl hatte schon früher Hadrian aufgefordert, für die Abschaffung des Sklavenhandels in Italien Sorge zu tragen [3], den namentlich die Venetianer betrieben; er scheint aber dennoch nicht aufgehört zu haben [4]. Nun schickte Karl an Hadrian den Befehl, die venetianischen Kaufleute aus dem Exarchat und der Pentapolis auszuweisen, und Hadrian traf ungesäumt die nöthigen Anstalten, um den Befehl auszuführen, beauftragte auch den Erzbischof von Ravenna die im Gebiet seiner Kirche ansäßigen Venetianer zu verjagen [5].

---

[1] Cenni I, 433: Illud autem, quod nobis vestra innotuit regalis potentia, per suum fidelissimum missum, scilicet Garamannum gloriosum ducem ... de illicitis causis ... ut Deo propitio per vestrum praecelsum regalem dispositum corrigerentur vel emendarentur, quemadmodum a nobis poposcit regalis potentia, libenti eum suscepimus animo, solite in omnibus vestris accommodantes votis.

[2] Cenni I, 433, n. 4 behauptet, um seinen Standpunkt zu wahren, die Klagen des Johannes hätten sich nicht auf Vorfälle in den Besitzungen der Kirche, sondern in den Karl unmittelbar unterworfenen Gebieten bezogen. Dieses ist aber offenbar unrichtig; grade das Verfahren Karls in dieser Angelegenheit beweist nicht weniger als die Fügsamkeit des Papstes, daß Karl auch in den Besitzungen der Kirche oberhoheitliche Rechte ausübte.

[3] Vgl. oben p. 496; auch Gregorovius II, 409 f.

[4] Hadrian theilte dem König nach seiner ersten Mahnung mit, er habe den Herzog Allo von Lucca aufgefordert, die griechischen Sklavenschiffe in Brand zu stecken; Allo habe sich jedoch dessen geweigert, und er selber habe nicht die Mittel dem Unwesen zu steuern, Cenni I, 370.

[5] Cenni I, 459, cod. car. n. 84: Ad aures clementissimae regalis excellentiae vestrae intimante innotescimus, quia, dum vestra regalis in triumphis victoria praecipiendum emisit, ut a partibus Ravennae seu Pentapoleos expellerentur Venetici ad negotiandum, nos illico in partibus illis emisimus vestram adimplentes regalem voluntatem Ravenna steht hier offenbar für

Aus dem allem erhellt zur Genüge die Unmacht des Papstes, und als nothwendige Folge davon seine Abhängigkeit von Karl. Er konnte nicht daran denken, anders als auf gütlichem Wege, durch freundschaftliche Vorstellungen und eine ängstliche, fast übertriebene Zuvorkommenheit bei dem König etwas zu erreichen. Auf diesem Wege kam aber auch Karl seinerseits ihm bereitwillig entgegen. Es liegt außerhalb unserer Aufgabe, von dem Einfluß zu reden, welchen Hadrian in kirchlichen Fragen auf Karl übte, zu erzählen, wie Karl häufig und in den wichtigsten Fällen nicht bloß den Rath des Papstes hörte, sondern selbst aus freien Stücken einholte [1]. Wir haben es mit der Stellung Karls zu den Angelegenheiten des römischen Stuhls zu thun, und auch dafür ist es von großer Bedeutung, daß Hadrian und Karl, trotz der unausgesetzten Anstrengungen des ersteren, die Besitzungen der Kirche auszudehnen, und trotz der beharrlichen Weigerungen des letzteren, die päpstlichen Forderungen zu erfüllen, dennoch fortwährend einen freundschaftlichen Verkehr mit einander unterhielten [2]. So ließ Karl im Jahre 784, als es ihm bei dem Bau des Doms zu Achen an Marmor fehlte, den Papst bitten, ihm aus seinem Palast in Ravenna Marmor, Mosaiken und andere Kunstwerke zu überlassen [3], und Hadrian gieng bereitwillig darauf ein. Karl schickte dafür dem Papst zwei Pferde, und da das eine unterwegs starb, so bat ihn Hadrian ihm noch einige andere schöne Pferde zu schicken. Karl seinerseits versprach dem Papst Balken zur Restauration verschiedener Kirchen in Rom und 2000 Pfund Zinn zur Bedachung des Vorhofs der Peterskirche liefern zu lassen, worauf Hadrian freilich länger, als er wünschte, warten mußte [4].

Gewis war für beide, Karl und den Papst, die Fortdauer der Verbindung wünschenswerth; aber sie war doch für Hadrian ein ungleich dringenderes Bedürfnis als für Karl. Wohin wir blicken, stoßen wir auf Beweise der Schwäche des Papstes. Am beredtesten hat Hadrian selbst seine Mittellosigkeit und Hülfsbedürftigkeit geschildert. In dem Briefe, worin er Karl an sein Versprechen wegen der Balken erinnert, schreibt er: „Schon oft haben wir Euch gebeten, zum Heil Eurer Seele uns größere Balken zur Restauration der Kirchen Gottes schicken zu lassen; aber noch haben wir von

das ganze Erarchat, Venetici ad negotiandum sind die venetischen Handelsleute. Die Stelle beweist aufs neue, daß Karl auch im Erarchat und der Pentapolis die Oberhoheit hatte; die Einwendung von Cenni I, 460 n. 3 ist nichtig.

[1] Vgl. z. B. den Brief Cenni I, 465 ff., cod. car. n. 80.
[2] Vgl. z. B. Cenni I, 410.
[3] Cenni I, 439 ff., cod. car. n. 67, vgl. mit Einh. Vita Kar. c. 26, SS. II, 457. Cenni p. 440 n. 3 erblickt hierin einen Beweis für seine Ansicht, daß das Erarchat unter der päpstlichen Oberhoheit gestanden habe. Aber mit Unrecht. Daraus, daß der Papst in Ravenna einen Palast besaß, folgt doch nicht, daß Karl im Erarchat die Oberhoheit nicht besessen haben könne; vgl. Gregorovius II, 408 f.
[4] Cenni I, 471, cod. car. n. 66. Der Brief gehört ins Jahr 786; Meo III, 132, der ihn 785 ansetzt, stützt sich auf das untergeschobene Chron. neapol. von Ubald, vgl. unten p. 513 n. 1.

ben damit Beauftragten nichts erhalten, so daß die Kirchen, für welche wir größerer Balken bedürfen, zum Theil schon eingestürzt, zum Theil im Begriff sind einzustürzen, und wir, so lange wir auf die Balken warten müssen, uns nicht zu helfen wissen". „Die Kirche Eures Gönners, des heiligen Petrus, ist im Frühjahr vom Regen arg beschädigt worden, und wir sind gänzlich entblößt von den Mitteln, das Dach des Vorhofs herzustellen" [1].

Wir sehen, daß der Papst unwiderruflich auf die fränkische Unterstützung angewiesen war; aber je weniger er sie entbehren konnte, desto theurer mußte er sie bezahlen. Karl selber allerdings erscheint frei von dem Vorwurf, die Hülflosigkeit des Papstes zu seinem eignen Vortheil ausgebeutet zu haben; nicht so seine Beamten in Italien. Hadrian beklagte sich mehrmals bitter über die gewaltthätigen Uebergriffe einzelner Herzöge, ja sogar besonders abgeordneter Bevollmächtigter des Königs. Der Herzog Reginald von Clusium nahm dem Papst mit Waffengewalt Castellum Felicitatis weg und schloß sich dem Bündnis der Herzöge an [2]. Der Herzog Gundiprand von Florenz überfiel die Besitzungen des St. Hilariusklosters in Galliata im Apennin, und beraubte dasselbe mehrerer Ländereien [3]. Die Beamten, welche dem Papst die für die Peterskirche bestimmten Balken ausliefern sollten, machten Schwierigkeiten, und mußten durch einen eignen Bevollmächtigten Karls an ihre Pflicht erinnert werden [4]. Der Herzog Garamannus, welchen Karl 784 nach Italien geschickt hatte, um auf die Abstellung der in den Besitzungen der römischen Kirche herrschenden Misbräuche zu bringen [5], wurde von Hadrian beschuldigt, daß er die Besitzungen der Kirche von Ravenna überfallen nnd ihre Einkünfte weggenommen habe [6].

Der Papst war auf allen Seiten von Schwierigkeiten umgeben, deren er allein nicht Herr werden konnte. Doch auch Karls Interesse forderte, daß in die unfertigen Zustände Italiens endlich Ordnung gebracht wurde, und er beschloß dieß nicht länger zu verschieben. Die Taufe Wibukinds und die Unterwerfung der Sachsen verschaffte ihm freie Hand für neue Unternehmungen. Ende 786 traf er Anstalten zu einem neuen Zuge nach Italien.

Die Nachrichten, welche vom Papst einliefen, konnten ihn bei diesem Entschlusse nur bestärken. In Benevent herrschte der Herzog

---

[1] Cenni I, 470 ff., cod. car. n. 66.

[2] Cenni I, 337, cod. car. n. 60, vgl. oben p. 484 n. 6. p. 487.

[3] Cenni I, 436 ff., cod. car. n. 74.

[4] Vgl. oben p. 511; Cenni I, 471: Poscimus, ut vestrum proprium idoneum missum dirigere jubeatis, qui ipsos actores, qui pro jam dictis trabibus neglectum ponere ausi sunt, distringere debeat, ut ipse nobis eas tradere per vestrum dispositum studeat.

[5] Vgl. oben p. 510.

[6] Cenni I, 460: Quid autem contigit de Garamanno duce, qui subito irruit super praedia et possessiones sanctae Ravennatis ecclesiae in nostris territoriis sitas, et non solum eas occupavit, sed et omnes fruges a praedicta abstulit ecclesia et de aliis piis locis?

Arichis schon lange wie ein unabhängiger Fürst, und machte als Ge=
mahl von Desiderius Tochter Adalberga sogar Anspruch darauf, der
Nachfolger von Desiderius in der Herrschaft des Langobardenreiches
zu sein. Nun traf von Hadrian die Nachricht bei Karl ein, er habe,
um sich für die Verletzung der Rechte Einiger seiner Unterthanen
Genugthuung zu verschaffen, das zum Herzogthum Neapel gehörige
Amalfi belagert und alle außerhalb der Mauern liegende Besitzungen
der Stadt mit Feuer und Schwert verwüstet. In Folge davon
rückte ein neapolitanisches Heer gegen ihn zu Felde, brachte ihm eine
Niederlage bei, entsetzte Amalfi und führte viele Beneventaner gefan=
gen fort [1]. Hadrian hebt in dem Berichte über diese Vorfälle aus=
drücklich den großen Verlust hervor, welchen Arichis erlitten habe [2];
noch wichtiger war aber, daß dieser mit den Neapolitanern, mit wel=
chen er früher gemeinsame Sache gegen den Papst gemacht hatte,
nun entzweit war. Die Gelegenheit schien günstig, um den stolzen
Herzog zu demüthigen. Die Nachricht Hadrians trug ohne Zweifel
dazu bei, daß Karl noch zu Ende des Jahres 786 den Zug nach
Italien antrat. Am 5. November weilte er noch in Worms [3],
aber wenig später muß er aufgebrochen sein; Weihnachten feierte er
bereits in Florenz und von da begab er sich nach Rom.

Für den Papst war der Besuch Karls in Rom gewis sehr er=
wünscht, er konnte den König von der Richtigkeit seiner Beschwerden
persönlich leichter zu überzeugen und seine Unterstützung zu gewinnen
hoffen. Aber war er denn bei seiner Machtlosigkeit überhaupt im
Stande auf Karl einzuwirken? Wir müssen uns des Umschwungs
erinnern, der seit der Uebernahme der Regierung durch Irene in Con=
stantinopel eingetreten war. Die Vorliebe der Kaiserin für den Bil=
derdienst hatte sogleich zu einer Annäherung an Rom geführt, welche
im Lauf der Jahre Fortschritte machte. Als Irene den Entschluß
faßte, eine allgemeine Kirchenversammlung behufs Wiedereinführung
des Bilderdienstes zu veranstalten, lud sie Hadrian ein derselben bei=

---

[1] Cenni I, 471. Genauer ist der Kampf des Arichis mit Amalfi und
seine Niederlage durch die Neapolitaner und des Bischofs Stefan Sohn Cä=
sarius erzählt in den dem Ubald zugeschriebenen fragmenta chronici neapolitani bei Peregrin. et Pratill. Historia princ. Langob. III, 33. Allein diese
Chronik ist ein untergeschobenes Machwerk ohne historischen Werth, vgl. Köpke
in Pertz Archiv IX, 212 ff.

[2] Cenni l. s. Dürfte man auf hiesen Kampf auch die Worte in der
Grabschrift des Cäsarius beziehen, Ughelli, Italia sacra VI, 63:
Nutritus obses Arichis moderamine sancto
Salvasti patriam permemorande tuam,
so würde freilich daraus hervorgehn, daß auch die Neapolitaner von Arichis
hart bedrängt waren, und darauf deutet auch die Angabe bei Erchemb. c. 2,
SS. III, 242 (vgl. unten p. 514 n. 4). Inzwischen sind diese Angaben selbst
sehr unbestimmt, und der Papst seinerseits konnte bei seinem Haß gegen Ari=
chis dessen Verluste leicht übertreiben.

[3] Urkunde Karls für das Kloster St. Germain des Prés bei Paris,
dat. Non. Novembris, actum Warmatia palatio, Bouquet V, 749, Böhmer
n. 125.

zuwohnen, oder doch seine Bevollmächtigten dahin zu schicken[1]. Zu letzterem erklärte sich Hadrian bereit; er hatte die Genugthuung, in seinem langen Antwortschreiben seine Freude über die Rückkehr der Kaiserin zum wahren Glauben und seine Zuversicht aussprechen zu können, daß sie und ihr Sohn Constantin unter dem Schutz des heiligen Petrus ebenso über alle barbarischen Völker siegen würden wie König Karl. Denn Karl habe dem heiligen Petrus große Provinzen, Städte und Länder geschenkt; so sollte auch die Kaiserin dem heiligen Petrus die alten Patrimonien und das Recht der Weihe der Erzbischöfe und Bischöfe der römischen Kirche dem Papste zurückgeben, und den Primat der römischen Kirche über alle anderen anerkennen[2]. So beantwortete derselbe Papst, der in Italien den Angriffen des kleinen griechischen Herzogthums Neapel nicht gewachsen war, die Einladung der Kaiserin mit der Rückforderung aller Rechte und Patrimonien des heiligen Petrus; unter seinem Schutz sollen, wie bisher die Franken, so fortan auch die Griechen Siege über die Barbaren davontragen.

Wir dürfen auf das Selbstvertrauen und die zuversichtliche Sprache des Papstes nicht zu viel Gewicht legen; aber die ausgesprochene Hinneigung der Kaiserin zu Rom kam ihm doch unter allen Umständen zu Statten. Auch Karl gegenüber hat er Nutzen daraus gezogen. Allerdings hatte Karl, schon als er den Zug nach Italien antrat, unzweifelhaft die Absicht gehabt den Uebergriffen des Arichis ein Ziel zu setzen[3], und gab auch in Rom diesen Plan nicht auf. Aber es eröffnete sich ihm die Aussicht, auf friedlichem Wege seinen Zweck zu erreichen, und deshalb wünschte er den Kampf zu vermeiden. Arichis that sein Möglichstes, um dem Zusammenstoß mit den Franken vorzubeugen. Mit Neapel schloß er Frieden und suchte es durch beträchtliche Zugeständnisse auf seine Seite zu ziehen[4]. Dann knüpfte er auch mit Karl Unterhandlungen an. Er schickte seinen ältesten Sohn Romuald mit reichen Geschenken nach Rom, und bat Karl von seinem Zuge gegen Benevent abzustehen; ja er erbot sich

---

[1] Theoph. p. 309; **Mansi XII**, 984 ff.; vgl. Hefele III, 414 ff.

[2] **Mansi XII**, 1056 ff.; vgl. Hefele III, 416 ff.

[3] Ann. Einh. SS. I, 169; dagegen vgl. Ranke, Zur Kritik fränkisch-deutscher Reichsannalisten, in den Abhandlungen der berliner Akademie, Jahr. 1854. p. 428 ff.

[4] Erchemb. l. c., SS. III, 242: Qui (Arichis) audiens eos (Francos) super se adventare, Neapolitis, qui a Langobardis diutina oppressione fatigati erant, pacem cessit, eisque diaria in Liburia et Cimiterio per incolas sancita dispensatione misericordiae vice distribuit, titubans, ut conici valet, ne ab eorum versutiis Franci aditum introeundi Boneventum repperirent. Eingehender über die Stelle handelt Meo III, 138 ff. Ob sie zuverlässig ist, bleibt ungewiß; sie ist es aber jedenfalls nicht, wenn sie, wie Pratillus l. c. III. 191 ff. meint, zurückzuführen ist auf das 'pactum quod constituit domnus Arechisi gloriosus princeps cum judex Neapolitanorum de servis et ancillis, et de terris et de leguriis, et de Tertiatoribus, que communes est inter partes'. Pratillus et Per. III, 194 ff. Dieses pactum ist entschieden unecht, wie schon Meo l. c. bemerkt hat.

alle seine Forderungen zu erfüllen [1]. Es scheint, daß die Anerbie=
tungen, welche Romuald von seinem Vater überbrachte, den König
befriedigten [2]; aber der Papst forderte mehr. „Der Papst und die
fränkischen Grafen", heißt es, „glaubten den Versicherungen Romu=
alds nicht, und kamen mit dem König Karl dahin überein, daß er
nach Benevent zöge, um sich Garantien für die Erfüllung seiner For=
derungen zu verschaffen" [3]. So vorsichtig sich der Annalist auch
ausdrückt, so sieht man doch daß zwischen Hadrian und Karl keine
volle Uebereinstimmung bestand. Karl, welcher auch später dem Ari=
chis verhältnismäßig glimpfliche Friedensbedingungen stellte, war zu=
frieden die gewünschten Zugeständnisse auf friedlichem Wege zu er=
langen; es bedurfte des dringenden Zuspruchs von Seiten Hadrians,
um ihn zum kriegerischen Auftreten zu bewegen [4]. Wir kennen die
Gründe nicht, weshalb die fränkischen Großen gegen Arichis mis=
trauischer waren als ihr König selbst; ohne Zweifel befürwortete nur
ein Theil derselben, eben die päpstlich gesinnten, das Verlangen Ha=
drians. Dieser dagegen hatte den natürlichen Wunsch, den mächtigen
Fürsten von Benevent, der ihn beständig gefährdete, möglichst ge=
schwächt zu sehen, und es gelang ihm, seiner Stimme solches Ge=
wicht zu verschaffen, daß Karl die von Arichis gemachten Vorschläge
zurückwies [5].

Karl setzte sich mit seinen Truppen in Bewegung nach Süden,
und hielt den Romuald an seiner Seite zurück [6]. Unterwegs be=
suchte er Monte Casino [7]; von da rückte er nach Capua, das er

---

[1] Ann. laur. maj., SS. I, 168: Et omnes voluntates praedicti domni
regis adimplere cupiebant.

[2] Dieß ergibt sich aus dem Zusammenhang, und liegt eigentlich auch
schon in der Stelle n. 1.

[3] Ann. laur. maj. l. c.

[4] Die Ann. laur. min., SS. I, 118, sagen ausdrücklich: Karlus Romam
adveniens, Harigisus dux Beneventanus mittens filium suum Rumaldum regi
et munera, ut in terram suam ne intraret, et quicquid imperaret faceret;
quod apostolicus audiens, non credidit neque Franci, sed persuasit regem
proficisci in terram Beneventi. Und daraus Regino Chron., SS. I, 560: His
suasionibus minime apostolicus credidit, sed magis hortatus est regem, ut
Beneventi fines intraret, quod et fecit.

[5] Der Ansicht von La Farina II, 20, Karl würde sich für den Frieden
erklärt haben, wenn nicht Hadrian es widerrathen hätte, stimme ich vollkom=
men bei; ich verstehe nur nicht, woran er denkt, wenn er fortfährt: i trattati
furon rotti, la guerra fu bandita.

[6] Ann. Einh. l. c., wo aber die Haltung Karls gewiß nicht im rechten
Lichte dargestellt wird. Es heißt nämlich: Sed ille (Karolus) longe aliter de
rebus inchoatis faciendum sibi judicans, retento secum Rumoldo, cum omni
exercitu suo Capuam... accessit. Vgl. dagegen die Stellen oben n. 3. 4.

[7] Ann. lauresh., SS. I, 33: Inde proficiscens perrexit ad Romam, et
inde ad monasterium S. Benedicti, et inde perrexit ad Capuam. Sigonius p.
152 und die meisten andern setzen den Besuch Karls im Kloster zwischen sei=
nen Aufenthalt in Capua und die Rückreise nach Rom; sie können sich dabei
aber nur auf den continuator romanus des Paulus Diac. stützen, dessen An=
gabe, Bouquet V, 190: Carolus rex Romam veniens, in terram Beneventi

geraume Zeit vor dem 22. Merz erreichte [1], ohne auf Widerstand zu stoßen. Hier machte er Halt, um die Feindseligkeiten zu eröffnen [2] Allein noch ehe es zum Kampfe kam wurde ein Vergleich geschlossen [3] Arichis knüpfte aufs neue Unterhandlungen mit Karl an, und diesmal gieng dieser darauf ein [4]. Arichis behielt sein Land, aber unter der Oberhoheit Karls, dem er mit dem ganzen Volk von Benevent den Eid der Treue schwor [5]. Er mußte sich verpflichten, dem fränkischen König einen jährlichen Tribut von 7000 Solidi zu entrichten [6] und so viel man sieht auch eine Entschädigung für die Kriegskosten bezahlen [7]; außerdem scheint er versprochen zu haben, einige Patri monien der römischen Kirche an den Papst herauszugeben [8]. Um sich der Treue des Herzogs zu versichern, nahm Karl dreizehn Beneventa ner als Geißeln mit [9], darunter des Arichis jüngeren Sohn Gri moald, wogegen er Romuald wieder freiließ.

Um dieselbe Zeit, noch während seines Aufenthalts in Capua hatte Karl eine Besprechung mit Gesandten des griechischen Hofes die sich ohne Zweifel auf die eheliche Verbindung von Karls Tochter Rotrudis mit dem Kaiser Constantin bezog [10]. Es scheint, daß Karl schon bei dieser Gelegenheit seine Einwilligung dazu versagte [11], was Irene bewog, nun ihrerseits den Franken mit offener Feindseligkeit entgegenzutreten [12].

Woher rührte aber diese Sinnesänderung des Königs? Ob ihm die Annäherung zwischen Rom und Constantinopel misfiel, oder ob er gegen die griechische Freundschaft mistrauisch wurde, sehen wir nicht mit Bestimmtheit, jedenfalls war Grund zu solchem Mistrauen vor

---

profectus est, monasterium S. Benedicti adiit, ziemlich unbestimmt ist und durch ber ann. lauresh. nicht entkräftet.

[1] Urkunde Karls für Bischof David von Benevent, Ughelli VIII, 44 Böhmer n. 126.

[2] Ann. Einh. l. c.: Capuam... accessit, ibique castris positis consedit, inde bellum gesturus, ni memoratum dux intentionem regis salubri consilio praevenisset.

[3] Erchemb. l. c. erzählt von einem tapfern Widerstande des Arichis der erst nach hartem Kampfe nachgegeben habe. Aber seine Erzählung beruht auf einer höchst mangelhaften Kenntnis dieser Vorgänge, und kommt neben der Nachricht der ann. Einh., n. 2, wonach es eben nicht zum Kampfe kam, nicht in Betracht. Mit Unrecht gibt La Farina II, 21 Erchembert den Vorzug; Dippolds Erzählung, Geschichte Karls des Großen p. 90, ist ganz verwirrt

[4] Ann. laur. maj. l. c.

[5] Ann. laur. maj., SS. I, 170.

[6] Ann. Einh., SS. I, 201.

[7] Dies ist wol die Bedeutung der munera, die Karl von Arichis erhält

[8] Vgl. unten p. 517 n. 2.

[9] Ann. laur. maj., wogegen die ann. Einh. nur von zwölf sprechen.

[10] Ann. laur. maj. a. 786, vgl. mit Ann. Einh. l. c.

[11] Später ist von Unterhandlungen über diesen Gegenstand nicht mehr die Rede, und auch das Schweigen, womit in den n. 10 genannten Stellen über das Ergebnis der Besprechung hinweggegangen wird, berechtigt zu dieser Vermuthung.

[12] Theophanes chronogr. p. 811.

ben [1]. Ohne Zweifel war der Papst von diesem Ausgang beson-
s betroffen, der Bruch Karls mit Irene entsprach seinen Wün-
n ebensowenig als Karls freundliches Abkommen mit Arichis.
h in dem Punkt, auf welchen er das größte Gewicht legte, wur-
seine Erwartungen sehr unvollständig erfüllt. Er mochte hoffen,
n Benevent durch Karl erobert würde, auch seine Ansprüche auf
chiedene Besitzungen in Benevent durchsetzen zu können; aber diese
fnung schlug fehl. Allerdings scheint Karl, nachdem er von Capua
) Rom zurückgekehrt war, dem Papst die Rückgabe einiger Patri-
nien in Benevent, darunter Capua, versprochen zu haben [2], wir
ben jedoch sehen, daß Hadrian nicht zu ihrem Besitz gelangte. Auch
Uebergabe einiger Besitzungen in Tuscien stellte Karl damals in
ssicht; Hadrian erhob in den nächsten Jahren zu wiederholten
len Ansprüche auf Populonia und Rosellä [3], sowie Suana, Tus-
a, Balneum Regis und Viterbo [4], auf die er von Alters her ein
ht zu haben versicherte. Da er derselben vorher nirgends erwähnt,
ß man vermuthen daß Karl erst 787 auf diese Forderung ein=
ng. Allein auch hier sehen wir nicht, daß die Städte wirklich in
Besitz Hadrians übergiengen [5].

Zu Anfang des Sommers trat Karl, begleitet von römischen
rern der Grammatik und Mathematik sowie des gregorianischen
chengesangs [6], den Rückweg ins fränkische Reich an, und befand
im Juli wieder am Rhein [7]. Aber kaum hatte er Italien den
ken gekehrt, so traten dort Verhältnisse ein, welche die eben erst

---

[1] Vgl. unten p. 518 ff.

[2] Hadrian forderte seit 787 den König mehrmals auf, „die Städte im
iet von Benevent, wie er sie dem heiligen Apostel Petrus und dem Papst
benkt habe, ihm vollständig zu übergeben", Cenni I, 474 f. 480. 483 ff. 496.
h diese Stelle bezieht Mock p. 84 (n. 2) auf die Schenkung Karls von
i, und schließt daraus, daß Benevent, wie die Sabina (vgl. oben p. 503
1) in der Schenkung von Kiersy nicht enthalten gewesen sei. Aber auch
handelt es sich um eine besondere Verleihung, die Karl 787 machte, um sein
sprechen, den Papst in den Besitz seiner Patrimonien in Benevent zu setzen,
u er damals Gelegenheit hatte, zu erfüllen. Außer Capua sind aber die Städte,
die es sich handelt, nicht mit Sicherheit bekannt. **Muratori, Ann. VII, 175,**
genheim p. 42, Papencordt p. 101, Gregorovius II, 416 f. u. a. denken
die Städte Capua, Sora, Arces, Arpinum, Aquinum und Theanum, wo-
sich jedoch nur die Angabe der unächten Urkunde Ludwigs des Frommen
Paschalis, Pertz, Legg. l. c., beibringen läßt. Irrthümlich halten nicht
ß Cenni I, 475 u. 7, und Borgia, **Memorie istoriche della pontificia città**
Benevento p. 43 f., sondern auch noch Gregorovius und Sugenheim diese
unde für ächt.

[3] Cenni I, 474. 480. 496; Mock a. a. O. bezieht diese Stellen wieder
die Schenkung von 774, aber mit Unrecht.

[4] Cenni I, 480.

[5] Vgl. unten.

[6] **Monachus Engolism. de vita Kar. magni, SS. I, 170**; vgl. Lorentz,
en Alcuins p. 66; Rettberg, Kirchengeschichte Deutschlands II, 777 f.; Gre-
rovius II, 444 ff.

[7] Am 13. Juli ließ er in Worms Willehab zum Bischof weihen, **Vita
II. SS. II, 383.**

errungenen Erfolge wieder gefährdeten. Während Karl nur aus we
ter Ferne auf die Ereignisse einwirken konnte, entwickelte der Pa
eine ungemeine Thätigkeit, die für seine Politik bezeichnend ist. C
eröffnete sich ihm die Aussicht, die beneventanischen Angelegenheiten (
einem seinen eigenen Wünschen mehr entsprechenden Sinne georde
zu sehen, und er ließ kein Mittel unbenützt, um dieses Ziel zu erreic

Das Ereignis, welches die durch Karl herbeigeführte Ordn
der Dinge in Süditalien wieder in Frage stellte, war der Tod k
Arichis. Er überlebte nur kurz den Verlust seiner Unabhängigk
Nachdem ihm sein ältester Sohn Romuald in einem Alter von 2
Jahren im Tod vorangegangen war, im Juli 787 [1], starb er se
einen Monat später, am 26. August, in Salerno, wo er auch b
stattet wurde. Hadrian war von einem verhaßten Feinde, Karl w
einem noch immer nicht zu verachtenden Gegner befreit; was n
der König, um den Tod des Arichis und seines nächsten Erben z
Befestigung seiner eignen Herrschaft in Benevent zu benutzen? Aric
dritter Sohn, Gisif [2], scheint gleichfalls vor dem Vater gestorben
sein, denn während der langen Verhandlungen über die Nachfolge
Herzogthum ist er nirgends erwähnt. Die Blicke der Beneven
richteten sich auf Arichis zweiten Sohn Grimoald [3], der sich als
ßel in der Gewalt Karls befand. Allein dieser für den Kön
günstige Umstand verlor dadurch an Werth, daß die Beneven
ihm gegenüber bei den Griechen einen Rückhalt fanden. Irene m
Karl die maßgebende Stellung in Süditalien streitig, und trat
mit ausgesprochener Feindseligkeit entgegen. Sie wollte den K
der Franken dafür bestrafen, daß er ihrem Sohne Constantin
Hand seiner ältesten Tochter verweigert hatte [4], und benützte die G
legenheit, welche die Verhältnisse in Benevent ihr boten. Die B
ventaner selbst hatten, wie es scheint, zuerst ihre Einmischung angen

Es wird berichtet, sobald König Karl im Frühjahr 787
Capua abgezogen sei, habe Arichis Gesandte nach Constantinopel
schickt, mit dem Ersuchen ihm das Patriciat und die herzogliche Wü
in Neapel zu ertheilen, und seinen Schwager Adelchis mit sei
Heeresmacht ihm zu Hilfe zu schicken. Dagegen versprach er,
Oberhoheit des Kaisers anzuerkennen, und auch griechische Tr
annehmen zu wollen. Auf dieses Anerbieten, heißt es, gieng man
Constantinopel ein. Zwei Spathare reisten nach Sicilien, um Ari
das Patriciat zu übertragen; sie brachten goldene Kleider, Sche
Kamm und Scheere mit sich, womit er, wie er versprochen hatte, si
bekleiden und scheeren sollte. Seinen Sohn Romuald soll
als Geißel fordern, und mit Bezug auf Adelchis ankündigen, d
ihn der Kaiser vorläufig nicht nach Benevent, sondern nach Tarer

---

[1] Chronicon salern., SS. III, 483, wornach er am 21. Juli begraben wur
Die Grabschrift Romualds ist gedichtet von Bischof David von Benevent.
[2] Er ist genannt im chron. salern. p. 483.
[3] Cenni I, 489; Erchemb. p. 243; chron. sal. p. 484.
[4] Theoph. chron. l. c.

) Ravenna mit einem Heere schicken werde. Obgleich nun aber,
sie ankamen, Romuald und Arichis bereits gestorben waren, ver=
?ten sie doch, Karl aus der Herrschaft über Benevent zu ver=
ngen [1].

Diese Mittheilungen machte Hadrian an Karl ungefähr ein Jahr
h dem Tode von Arichis, zu einer Zeit da der König von den
dseligen Schritten der Griechen längst unterrichtet war [2]. Ein
:sbyter aus Capua, Gregor, hatte den Papst eben erst vertraulich
en in Kenntnis gesetzt; es scheint, als wären bis dahin diese Ver=
dlungen des Arichis mit den Griechen Hadrian unbekannt gewe=
[3]. So auffallend dieß sein mag, haben wir doch keinen Grund,
Angabe Hadrians in Zweifel zu ziehen: auch Karl, scheint es,
:te von der Treulosigkeit des Arichis vorher nichts. Die Bedeu=
g der Aussagen des Presbyters wird dadurch unleugbar erhöht;
r wir sind auch um so mehr verpflichtet, ihre Zuverlässigkeit streng
prüfen.

Gregor war mit neun andern Capuanern nach Rom gekommen,
Hadrian sagt, um ihm und dem heiligen Petrus Treue zu schwö=
*. Der Papst trug jedoch Bedenken, ihrer Bitte zu willfahren;
später nahm er ihre Huldigung entgegen, wobei sie ausdrücklich
) dem fränkischen König Treue geloben mußten [5]. Dagegen setz=
sie gleich nach ihrer Ankunft den Papst in Kenntnis von dem
treffen der griechischen Spathare und des Patricius von Sicilien
eapel und von deren Umtrieben [6]; und endlich, nachdem sie durch
n Eid sich Anspruch auf den Schutz des Papstes erworben hatten,
der Presbyter Gregor Hadrian um eine geheime Unterredung,
in er ihm die treulose Handlungsweise des Arichis entdeckte.
: deutlich ist es nicht, welches eigentlich die Ursache der Reise
r Capuaner war, und welche Bewandtnis es mit ihrem dem Papst
isteten Eide hatte. Hadrian erinnert daran, daß Karl Capua dem
gen Petrus geschenkt habe [7], wagte aber doch nicht, diese Capu=

---

[1] Cenni I, 486 ff., cod. car. n. 88.

[2] Der Brief ist geschrieben nach der Unterwerfung der Baiern, also um
Mitte des Jahres 788. Daß die Glückwünsche des Papstes sich nicht auf
Unterwerfung Thassilos von 787, sondern auf seine vollständige Beseiti=
j im Jahre 788 beziehen, ergibt sich aus Hadrians Worten, p. 487: Ma-
omnipotenti deo retulimus grates, qui vobis ... indesinenter victorias
ae tribuit, et omnia circa vos salubriter disponit, tam marcas quamque
nia, magis quippo de subjectione Bajuariorum. 788, nicht aber 787,
te Hadrian von mehreren Siegen Karls reden.

[3] Hadrian schreibt l. c.: Gregorius presbyter petiit nobis secreta lo-
asserens: quia nullo modo jam quippiam celare possum, tale vobis
bens sacramentum.

[4] Cenni I, 483 f., cod. car. n. 92. Brief Hadrians an den Abt Magi=
us von St. Germain und einen andern Großen, Mabillon, De re dipl.
ol. p. 96: petentes nobis, beatissimi Petri et nostri essent subjecti.

[5] Cenni p. 487; Mabillon l. c.

[6] Cenni p. 484, vgl. unten.

[7] Cenni p. 483: Venientes quippe ad nos de Capua, quam b. Petro

die Beneventaner Karl durch eine eigene Gesand
moald freizugeben, damit er an Stelle seines 2
über Benevent antreten könnte [1], außerdem ersu(
Rückgabe der nach der Unterwerfung des Arichis
überlassenen Städte [2]. Während jedoch die Angele(
kamen zwei griechische Spathare [3], welche dem
nung zum Patricius und die Insignien dieser
wollten, nach Sicilien. Der griechische Hof h(
Arichis von Anfang an nicht zurückgewiesen, ab(
Gebrauch davon gemacht; es scheint, daß man i(
nach dem Scheitern der Verhandlungen griechis(
Karl in Capua sich entschloß, offen gegen Karl
sann auf Rache; sie wollte nicht bloß verhindern
fränkische Oberhoheit anerkenne, sondern versuch(
die griechischen Besitzungen in Italien wieder z(
sollte Adelchis mit einem griechischen Heere R(
wegnehmen. Als aber die Spathare in Sicilien
chis nicht mehr am Leben, und sie beschlossen (
mung aufzugeben; um so angelegentlicher waren
stände Benevents zu ihrem Vortheil auszubeuten.
in Begleitung des Patricius von Sicilien nach (
20. Januar 788 ankamen [4], und drei Tage mit
Großen des Landes über eine Verbindung mit
handelten. Allein sie erzielten keinen bestimmten
neventaner wollten, ehe sie den Griechen feste Z(
erst die Antwort Karls auf ihre Forderungen ken(
die Spathare das Ansinnen, in Neapel auf die
zu warten [5]. Außerdem sollen sie den Griechen

---

[1] Cenni I, 488: Quia nos ad regem Carolum m(
petentes ab eo Grimualdum ducem nostrum recipere. (
chron. salern. c. 23, SS. III, 484.

[2] Bericht der fränkischen Gesandten bei Mabillon

[3] Ubald. chron. neap., bei Peregr. et Prat. III,
und Jscanus, aber wir sahen, daß auf diese Chroni(
ist, vgl. oben p. 513 n. 1. Theoph. l. c. nennt auße(
cellarius und Befehlshaber der Miliz, Johannes, und
cilien, Theodorus.

[4] Man sieht daraus wenigstens, daß die Beneven(
den Spatharen unterhandelt hatten. Der Presbyter G
Cenni p. 489: so lange Atto noch in Salerno war, (
die Griechen nicht dahin kommen lassen wollen. Die
folgte so unmittelbar auf die Abreise Attos, daß hier (
abrebung gedacht werden muß.

[5] Cenni I, 489: Suadentes ipsi Beneventani pr(
rum dicentes: Quia nos ad regem Carolum emisimus
tes ab eo Grimualdum ducem nostrum recipere. I(
diaconum, ipso nobis pollicente, rogam emisimus, (
consequenter susciperemus; sed propter hoc morari
dum usque ipsum Grimualdum recipere possimus duce(

geben haben, daß Grimoald alle von Arichis übernommenen Verpflichtungen gegen den Kaiser erfüllen werde [1]. Aber eben die letzte Entscheidung behielten sie ja selber Grimoald vor, und waren also weit
entfernt sich den Griechen unbedingt in die Arme zu werfen. Durch
einen solchen Schritt hätten sie sich jeder Aussicht, Grimoalds Rückkehr zu erwirken, auf welche doch grade ihr Hauptstreben gerichtet war,
beraubt. Die Spathare mußten sich bequemen, in Neapel auf Grimoalds Ankunft zu warten. Sie benutzten diesen Aufenthalt, um sich
mit den Feinden Karls und Hadrians, unter denen ein gewisser Constantin und der Bischof Stefan von Neapel besonders genannt sind,
in nähere Verbindung zu setzen, und schickten nach Constantinopel einen Bericht über die durch Arichis Tod veränderte Lage der Dinge, in
Folge deren sie um neue Vollmachten baten [2].

Karl war augenscheinlich in Gefahr, seine oberhoheitlichen Rechte
in Benevent einzubüßen, und noch unmittelbarer war der Papst bedroht. Karl hatte allerdings schon zu Ende des Jahrs 788 Bevollmächtigte nach Italien geschickt, um Rücksprache mit dem Papst zu
nehmen und dann nach Benevent zu gehen [3]; diese Sendung war jedoch völlig gescheitert [4]. Die Freigebung Grimoalds und seine Einsetzung als Herzog, woran Karl immerhin gewisse Bedingungen
knüpfen mochte, schien das sicherste Mittel der Gefahr zuvorzukom-
men. Aber grade dagegen erhob Hadrian den lebhaftesten Widerspruch, obgleich inzwischen auch Adelchis den Schauplatz betreten
hatte. Er hielt sich, wie Hadrian durch den Bischof Campulus von
Gaeta erfuhr, mit griechischen Bevollmächtigten in Kalabrien, nahe
der Grenze von Benevent auf, und seine Umtriebe gegen Karl und
Hadrian erstreckten sich bis auf die Pentapolis [5]. Hadrian machte
dem König durch den Grafen Arvinus Mittheilung davon; doch muß
Karl schon vorher auf die Gefahr eines von Adelchis drohenden Angriffs aufmerksam geworden sein. Denn kaum hatte Arvinus Rom
verlassen, als der Kaplan Roro und Betto dort ankamen, um sich im
Auftrag Karls zu erkundigen, ob das Gerücht von der Ankunft des
Adelchis in Italien begründet sei [6]. Es entgieng weder dem Papst

---

[1] Cenni p. 489 f.

[2] Cenni I, 484. 490. Ueber Bischof Stefan vgl. unten p. 526 n. 5.

[3] Cenni I, 481 ff. Aus der Angabe Hadrians, daß am 20. Januar
88 die griechischen Gesandten nach Salerno kamen, geht hervor, daß die fränkischen noch 787 nach Rom kamen. Denn was in der Zwischenzeit vorgieng
(vgl. den Reisebericht der Gesandten bei Mabillon l. c.) füllt mehr als 20
Tage aus, wie auch Cenni I, 482 n. 3 bemerkt.

[4] Vgl. den Bericht bei Mabillon l. c. und Cenni I, 483. 491.

[5] Cenni I, 477: Sic enim de jam dicto nequissimo Athalgiso nobis nun-
tiatum est, quia in veritate, Deo sibi contrario, cum missis imperatoris in
partibus scilicet Calabriae residet, juxta confinium ducatus Beneventani, ut de
eis invalido adventu Campulus episcopus civitatis Cajetanae per suas nobis
significavit syllabas, similiter et de Pentapoli pro ejusdem Athalgisi arro-
gantia nobis in scriptis intimaverunt ...

[6] Cenni I, 476 ff., cod. car. n. 90. Die Chronologie der hierher gehörigen Briefe, cod. car. n. 90. 92 (Cenni p. 481 ff.) 88 (Cenni p. 486 ff.) ist

noch den fränkischen Gesandten, daß Adelchis die Verwirrung in Benevent für sich zu benutzen suchte, weshalb sie Karl vorschlugen, falls sich Benevent nicht bis zum ersten Mai seinem Willen gefügt haben würde, ein starkes Heer dort einrücken zu lassen. Aber Hadrian forderte mehr. Sein Hauptbestreben war, die Rückkehr Grimoalds nach Benevent zu hintertreiben; selbst wenn die Beneventaner auf die Forderungen Karls eingiengen, wollte er davon nichts wissen[1]. „Wir bitten Euch dringend", schrieb er dem König, „daß Ihr in keiner Weise in der Sache Grimoalds Andern mehr als uns Gehör schenkt; denn seid gewiß, wenn Ihr Grimoald nach Benevent schickt, so werdet Ihr Italien nicht ruhig behaupten können"[2]. Es scheint, daß Karl geneigt war, Grimoald unter gewissen Bedingungen freizugeben, und daß die Beneventaner sich bereit zeigten, diesen Forderungen nachzukommen. Allein Hadrian hielt es nicht für angemessen, daß ein solcher Vergleich zu Stande käme, und es ist nicht schwer aus seinen eignen Worten seine Beweggründe kennen zu lernen. Er gab an, von Bischof Leo gehört zu haben, daß Adalberga im Sinne habe, sobald Grimoald nach Benevent gekommen sei, unter dem Vorwande ihre Andacht verrichten zu wollen, mit ihren beiden Töchtern nach St. Angelo auf dem Berge Gargano und von dort nach Tarent zu gehen, wo ihre Schätze verborgen lägen. „Dabei sollt Ihr aber", fährt Hadrian fort, „ja nicht glauben, daß wir aus Habsucht, um die Städte zu erhalten, die Ihr dem heiligen Apostel Petrus und uns geschenkt habt, Euch diese Mittheilung gemacht haben, sondern zur Sicherheit der heiligen katholischen und apostolischen römischen Kirche, und um Eures Sieges willen, haben wir nicht versäumt das was wir hörten und in Erfahrung bringen konnten zu Eurer Kenntnis zu bringen"[3]. Hadrian spricht sich nicht deutlich darüber aus, inwiefern der Plan der Adalberga, von Salerno nach Tarent zu gehen, die Sicherheit der Kirche gefährdete, was er aber weiterhin über seine Uneigennützigkeit sagt, ist ganz bedeutungslos

etwas verwickelt; ich trete aber Cenni und Jaffé p. 212 f. bei. n. 88 worin die Aussagen Gregors mitgetheilt sind, schließt sich jedenfalls an n. 92 an, worin seine und der übrigen Capuaner Ankunft in Rom gemeldet wird, und es ist ein großer Irrthum, wenn Muratori, Ann. VII, 176, den Brief n. 88 schon ins Jahr 787, n. 92 ein Jahr später setzt. Eher könnte man, wie auch Muratori, VII, 178, auch Meo III, 159 thut, n. 90 nach n. 92 und 88 ansetzen. Aber auch hier gebe ich Cenni's Ansicht den Vorzug. n. 88 kann erst im Sommer 788 geschrieben sein, vgl. oben p. 519 n. 2, wogegen n. 90, wie der Inhalt zeigt, jedenfalls vor dem Mai geschrieben sein muß, also früher als n. 88, und, da der Brief zwischen n. 92 und 88 nicht hineinpaßt, auch früher als n. 92. Ob freilich der Brief n. 90, wie Cenni annimmt, p. 482 n. 3, schon im Januar 788 geschrieben wurde, ist zweifelhaft; jedenfalls erst nach dem 23. Januar; denn der Papst wußte bereits, p. 478, von der Anwesenheit der griechischen Gesandten in Neapel.

[1] Cenni I, 477: Nobis sic aptum esse videtur, ut sive voluntatem vestram fecerint ipsi Beneventani, non ullo modo expedit, Grimualdum, filium di Arichisi, Beneventumirigere.

[2] Cenni I, 479.

[3] Cenni I, 470.

und hat in Wahrheit nur den Zweck, den Uebergang zu dem Gegenstand zu machen, welcher hier wie sonst maßgebend für ihn war. Er giebt sich gar nicht die Mühe diesen Schein zu meiden. Gleich darauf bittet er Karl dringend, aus Liebe zum heiligen Petrus seine Bevollmächtigten klar und ausdrücklich wissen zu lassen, daß sie nicht wagen sollten ins Frankenreich zurückzukehren, ehe sie die von Karl dem heiligen Petrus geschenkten Städte in Benevent ihm übergeben, und seine Ansprüche auf Populonia und Roſellä befriedigt hätten [1]. Er beklagt sich darüber, daß einige der fränkischen Gesandten die Schenkung mit Füßen treten; „wie Ihr Suana, Tuscana, Biternum (Viterbo), Balneum Regis und andere Städte in Tuscien mit ihren Grenzen und Gebieten dem heiligen Petrus geschenkt und überlassen habt, so sorget nun auch für die schleunige Uebergabe der Beneventischen Städte, damit Eure Bevollmächtigten, sobald sie Euren bestimmten königlichen Befehl erhalten haben, ohne jeden Verzug sie uns vollständig überliefern können".

Eine so entschiedene Sprache hat Hadrian selten gegen Karl geführt; wir wissen nun, wodurch seine Haltung in der Beneventanischen Angelegenheit bestimmt ward. Sein letztes Ziel war, die Städte, auf welche das Jahr zuvor Arichis zu Gunsten des heiligen Petrus hatte verzichten müssen, nun auch wirklich in seine Gewalt zu bringen; da jedoch die Beneventaner nur unter der Bedingung der Freilassung Grimoalds und der Rückgabe der dem Arichis abgenommenen Städte mit Karl einen Vergleich schließen wollten, so that er alles, um diesen zu verhindern [2]. Dennoch konnte er sich nicht verhehlen, daß Karl geneigt war diese Bedingungen zu verwilligen. Die Vorwürfe, welche er gegen die fränkischen Gesandten erhob, galten zum Theil Karl selber; er soll seinen Gesandten den Befehl erst noch ertheilen, damit sie im Stande seien die Uebergabe zu bewirken [3]. Ja im folgenden Brief erlaubt sich Hadrian, den König zu warnen, „den thörichten Mährchen Anderer Gehör zu schenken,

---

[1] Cenni I, 479 f.: Magnopere poscentes vestram clementissimam regaem benevolentiam quaesumus, ut . . . clariter atque specialiter per vestros regales honorabiles apices missis vestris dirigere dignemini, ut nullo modo ad ros remeare audeant, nisi prius sub integritate civitates in partibus Benevenanis, sicut eas per vestram sacram oblationem b. Petro apostolo et nobis contulistis, in omnibus contradere valeant, et justitias de Populonio et Roellia nobis facere sub integritate studeant.

[2] Borgia, Memorie p. 47, behauptet, daß Karl dem Grimoald vor seiner Rückkehr nach Benevent unter andern auch die Bedingung gestellt habe, die 787 dem päpstlichen Stuhl geschenkten Gebiete demselben nun auch wirklich zu übergeben. Diese Behauptung steht aber mit allem sonst überlieferten im Widerspruch.

[3] Ich sehe nicht, wie Borgia, Breve istoria p. 30, sagen kann, Karl habe gewollt, daß der Papst um jeden Preis die Herrschaft über die von ihm beanspruchten Städte in Benevent erlange; nur die Intriguen der Langobarden hätten dieß verhindert. Und p. 37: Durch die Umtriebe der Langobarden sei Karl zuletzt nichts anderes übriggeblieben, als auf die Uebertragung jener Städte an Hadrian zu verzichten.

35 *

und sich durch Geschenke überreden zu lassen"[1]. Dann suchte er durch ausführliche Enthüllungen über das gefährliche Treiben der Beneventaner auf Karl zu wirken, damit er Grimoald nicht freiließe[2]; es scheint, daß er die Rückgabe der Städte an Benevent für unvermeidlich hielt, wenn Grimoald als Herzog eingesetzt würde. Aber alle seine Bemühungen, Karl für seine Ansicht zu gewinnen, scheiterten.

Ohne Zweifel wurde Karl durch die drohende Einmischung der Griechen bestimmt, den Forderungen der Beneventaner nachzugeben; er sah keinen andern Ausweg, um zu verhindern, daß sie sich den Griechen nicht vollends in die Arme würfen[3]. Grimoald versprach die fränkische Oberhoheit anzuerkennen, und wurde dann von Karl freigelassen[4]. Im Spätsommer 788 kehrte er nach Benevent zurück[5], und bewies gleich darauf seine Ergebenheit gegen Karl. Als Adelchis und der Patricius Theodorus von Sicilien einen Angriff auf Benevent unternahmen[6], führte Grimoald seine Streitkräfte dem von Karl mit einer kleinen Anzahl Truppen nach Italien geschickten Ermeghisus zu[7], und nahm Theil an dem Kampf, der im Herbst 788[8] mit einer Niederlage der Griechen endete[9].

Durch diesen Ausgang war Karl mehr befriedigt als der Papst

---

[1] Cenni I, 485: Sed vestra a deo promota praeroctissima regalis excellentia, a deo inspirata, taliter pertractare debet, ut suam et nostram in omnibus securitatem procuret, et nullius hominis inanes fabulas attendat, neque muneribus suadere quispiam eam valeat.

[2] Cenni I, 481 ff; 486 ff.

[3] So erklären die Meisten das Verfahren Karls, z. B. Muratori VII, 181; Meo III, 162; Leibniz I, 143; Sugenheim p. 44. Giannone VI, c. 4 und Gregorovius II, 420 nehmen an, Karl habe den Beneventanern nur deshalb nachgegeben, weil er die von Arichis mit Byzanz gepflogenen Unterhandlungen noch nicht gekannt habe; allein Arichis hat nach seinem Friedensschluß mit Karl gar keine solche Unterhandlungen geführt, vgl. oben p. 518 ff.

[4] Erchemb. c. 4: SS. III, 243; chron. salern. c. 24, SS. III, 484, worunter freilich manches sagenhafte ist.

[5] Bethmann, in Pertz Archiv X, 269 n. 1, setzt die Rückkehr Grimoalds ins Frühjahr, ebenso Meo III, 163. Allein aus dem Brief Cenni I, 466 ff, worin Hadrian dem König zur Unterwerfung Baierns Glück wünscht, geht hervor, daß Grimoalds Schicksal noch nicht entschieden war, als Baiern sich unterwarf, also noch nicht im Frühjahr. Die Zeit von Grimoalds Regierungsantritt genau zu bestimmen, ist selbst mit Hilfe der Urkunden nicht möglich.

[6] Cenni I, 494, cod. car. n. 86. Hadrian schickt da dem König die Briefe, worin Bischof Stefan von Neapel und Campulus von Gaëta genaueres über Adelchis und die Griechen berichten. Stefan hatte kurz vorher noch in nahen Beziehungen zu den Griechen gestanden, vgl. p. 523, aber wie er scheint doch nur um ihre Pläne an Hadrian und Karl zu verrathen. Dies nimmt auch Halb p. 101 an, und Cenni p. 495 n. 3 legt das offene Geständniß ab: Nec omnia quae a foederatis cogitabantur, singillatim operiri potuissent, nisi et ipse Stephanus eorum consiliis adfuisset.

[7] Ann. laur. maj., SS. I, 174.

[8] So auch Leibniz I, 143, nach welchem der Kampf nicht vor dem Ablauf des Septembers stattfand. Bestimmte Zeitangaben fehlen.

[9] Ann. Einh., SS. I, 175.

welcher seinen Unmuth darüber kaum verbergen konnte [1]. Die Rück=
kehr Grimoalds geschah gegen seinen ausgesprochenen Willen; so leb=
haft war sein Widerspruch dagegen gewesen, daß er es nöthig fand
sich nachträglich noch besonders bei Karl zu rechtfertigen. „Nur we=
gen der Ränke und Nachstellungen Eurer und unserer Feinde haben
wir nicht gewollt, daß Grimoald nach Benevent zurückkehre; aber
auch“, fügt er hinzu, „um der Erhöhung und Vertheidigung der hei=
ligen Kirche willen, wie ihr es uns versprochen habt [2]“. Allein diese
Vorstellungen vermochten nicht den König mit der Haltung auszu=
söhnen, welche Hadrian in den beneventanischen Verwickelungen ein=
genommen hatte. Wenn nicht alles trügt, so griff eine tiefe Ver=
stimmung zwischen Hadrian und Karl Platz. Die Gesinnung Karls
kam gleich nachher bei der Regelung der Besitzverhältnisse des aposto=
lischen Stuhls in Tuscien und Benevent zu Tage. Der Graf Ar=
vinus erhielt, wie Hadrian sagt, von Karl den Auftrag, „alles zu
erfüllen, wie es Gott und dem heiligen Apostel Petrus wohlgefällig
sei“ [3]. Aber er erregte durch die Art wie er sich dieses Auftrags
entledigte das Mißfallen des Papstes in hohem Grade. Es ist nun
freilich kaum denkbar, daß die Vollmacht des Arvinus so unbestimmt
lautete, wie Hadrian sie angiebt; da sich aber Hadrian in dieser Faß=
ung auf sie beruft, müssen auch wir dabei stehen bleiben. Augen=
scheinlich lassen diese Worte verschiedene Auslegungen zu, es kann da=
her nicht auffallen, daß die Auslegung des Arvinus eine andere war
als die des Papstes. Arvinus begab sich mit den übrigen fränkischen
Gesandten und den Herzögen Crescens und Hadrian als päpstlichen
Bevollmächtigten nach Benevent; hier lieferte er den letztern die Bi=
schofssitze, Klöster und öffentlichen Besitzungen sowie die Schlüssel der
Städte aus; aber die Herrschaft über die Bevölkerung der Städte
brach er dem Papst ab. Darüber beschwerte sich Hadrian bei Karl
und behauptete seinerseits, Arvinus habe die Befehle Karls nicht er=
füllt; er nahm auch die ganze Verwaltung der Städte für sich in
Anspruch [4]. Welche Auslegung entsprach nun den Absichten Karls?
Er konnte, sobald er wollte, den Wünschen Hadrians willfahren, that
es aber nicht. Hadrian bat ihn, neue Gesandte zu schicken, um die
Städte in Tuscien und Benevent der Kirche zu überliefern [5], aber es

---

[1] Vgl. den Brief Hadrians, cod. car. n. 86, Cenni p. 96 f.

[2] Cenni I, 494.

[3] Cenni I, 496: Reperimus etiam in ipsis vestris apicibus embolum do
vitatibus in partibus Beneventanis . . . Arvino duci jussistis, qualiter cum
ceteris fidelibus vestris missis ita omnia complere debeat, sicut Deo placea
b. Petro apostolo. Da p. 494 gesagt ist, daß Arvinus ins fränkische Reich
zurückgekehrt war, von einer neuen Sendung desselben nach Italien aber nicht
gesprochen wird, so muß angenommen werden, daß jener Auftrag Karls auf
die nun beendigte Reise des Arvinus sich bezog.

[4] Ob in den Worten: gubernare eos cupimus omnem eorum habentes
rem, Cenni, l. c., mehr liegt, ist zweifelhaft.

[5] Cenni I, 473 ff., cod. car. n. 81. Der Brief ist schwer unterzubrin=
gen. Cenni setzt ihn, p. 474 n. 4, Ende 787 an, ohne jedoch seiner Sache

ist nicht dahin gekommen; nirgends findet sich eine Spur davon, daß Karl über die von Arvinus getroffenen Anordnungen hinausgieng. Es ist deshalb wahrscheinlich, daß Karl das Verfahren seines Be- vollmächtigten guthieß, und wir darin den Ausdruck seiner eignen Absichten zu erkennen haben[1]. Hadrian hat den Besitz jener Stadt niemals erlangt[2].

Seitdem verstummen die Ansprüche Hadrians auf Vergrößerung der Besitzungen des heiligen Petrus, und wir stehen am Schluß un- serer Untersuchung über die Thätigkeit welche er in dieser Richtung entwickelte. Wir haben, um ein vollständiges Bild von seiner La... zu entwerfen, nur noch wenige Worte über sein Verhältnis zu Ka... während der letzten Jahre seines Lebens beizufügen.

Hadrian gab zwar den Gedanken auf, mit Hülfe Karls das Gebiet der Kirche zu erweitern, aber nur um so ängstlicher wach... er über die Befugnisse, welche nach seiner Ansicht dem heiligen Pe- trus in seinen Besitzungen zustanden. Jedoch auch hier stieß er m... fach auf den Widerspruch Karls. Wir können uns der Wahrneh- mung nicht erwehren, daß die Entfremdung, welche 788 zwisch... dem König und Papst eintrat, nicht bloß eine vorübergehende w... sondern auch während der folgenden Jahre, wir wissen nicht ob... zum Tode Hadrians, fortdauerte. Freilich ließ man auch später... beiden Seiten es nicht an Freundschaftsbezeugungen fehlen. ... schickte dem Papst ein Crucifix und bat ihn in einem in Versen

sicher zu sein, ebenso Jaffé. Mir scheint er in jene Zeit nicht zu passen, ich gebe der Ansicht von Meo III, 165 den Vorzug, der ihn etwa ins J... später setzt. Auch Muratori VII, 176 setzt ihn ins Jahr 788, aber wie es sch... vor die Briefe n. 90 und 92, stimmt also im wesentlichen mit Cenni zusam- men. Die Worte: uti denuo eos missos suos dirigere jubeat, qui nobis ... tradere debeant fines Popolonienses seu Rosellenses etc. beweisen jedoch,... schon früher über diesen Gegenstand verhandelt war, und laßen daher die J... bestimmung bei Meo annehmbarer erscheinen. Das Schreiben Karls, das ... der Angabe Hadrians in Versen abgefaßt war, kennen wir nicht, denn der Be... Karls bei Bouquet V, 402 war bei einer andern Veranlassung, der Ueber... bung eines lateinischen Psalteriums geschrieben.

[1] Dieselbe Ansicht führt Halb p. 60 aus Veranlassung des Briefs Cenni I, 476 ff. (vgl. oben p. 524 n. 1. 2. 3; p. 525 n. 1) aus. Auch S... genheim p. 43 f. spricht sich in diesem Sinne aus. Was er aber, überein... mend mit St. Marc I, 422, über Karls Staatsklugheit sagt, vermöge deren... sich der „unersättlichen Gier des heiligen Vaters nach Vergrößerung seines we... lichen Besitzes gegenüber des Auskunftsmittels bediente, durch die gebo... Böswilligkeit seiner Beamten die ihm abgedrungenen ungern bewilligten Sc... gabungen zu illusorischen zu machen", geht aus dem erzählten Vorfall so... keineswegs hervor, so wenig wie derselbe das Recht gibt, von „Karls verste... tem, von Hinterlist nicht freiem Charakter" zu reden. Meo l. c. sagt üb... Hadrians Brief vielleicht mit mehr Recht: l'avidità non facea connoscer... questo Papa, che Carlo si ridea di suo impegno.

[2] So auch Meo l. c.; La Farina II, 26, und im ganzen auch Eugenhe... p. 43 f. Borgia, Memorie p. 44 und Breve istoria p. 30 sagt, daß wenigste... Capua in den Besitz des Papstes gekommen sei; allein das Auftreten der jen... Capuaner, worauf er sich allein beruft, beweist dieß doch gewis nicht. Denne... behauptet es auch Papencordt p. 102.

gefaßten Brief, seiner, seiner seligen Eltern und seiner verstorbenen Gattin Hildegard im Gebet zu gedenken [1]. Im Jahr 791 schenkte Hadrian dem König ein Exemplar der längst von ihm gewünschten, von Gregor dem Großen veranstalteten Sammlung von Meßge= beten [2]; und ein ander Mal schenkte Karl dem Papst ein lateinisches Psalterium mit einer Widmung in Versen [3]. Allein der Gegensatz, in welchem sie bei viel wichtigeren Dingen zu einander standen, wurde dadurch nicht gemildert. Als Erzbischof Gratiosus von Ra= venna gestorben war, ertheilte Hadrian dem zu seinem Nachfolger er= wählten Johannes die Weihe, obgleich die Wahl von Karl noch nicht bestätigt war [4]. Gegen dieses Verfahren Hadrians erhob Karl in einer besonderen Denkschrift, welche er durch den Presbyter Hermen= bert dem Papste überreichen ließ, Einsprache; ja er stellte den Satz auf, daß die Wahl des Erzbischofs von Ravenna nur in Gegenwart fränkischer Bevollmächtigter vorgenommen werden dürfe [5]. Bis da= hin war dieses nicht für nöthig gehalten worden; es scheint aber, daß Karl nur auf diesem Wege der Beeinträchtigung seines Bestäti= gungsrechts durch Hadrian vorbeugen zu können glaubte. Aber zahl= reichere Beschwerden richtete Hadrian an Karl. Unaufhörlich liefen bei dem König Klagen über Hadrian ein, und diesen quälte fortwäh= rend die Besorgnis, daß Karl ihnen Gehör leihen möchte. Für rö= mische Große, welche der Untreue gegen Karl beschuldigt werden, tritt Hadrian in die Schranken [6]. Er warnt den König vor den bösen Zungen, welche die heilige katholische und apostolische Kirche verläumden [7]; und da ihn Karl ersucht, an seiner Ergebenheit gegen den heiligen Petrus nicht zu zweifeln, wiederholt er dringender seine Aufforderung, daß Karl den erlogenen Beschuldigungen nicht glauben

---

[1] Cenni 1, 473 ff.; über die Zeit dieses Briefes vgl. oben p. 527 n. 5
[2] Cenni 1, 523 ff., cod. car. n. 82.
[3] Die Widmung steht bei Bouquet V, 402; die Zeit dieses Geschenks ist jedoch nicht sicher zu ermitteln.
[4] Cenni I, 498 ff., cod. car. n. 71. Von der Bestätigung der Wahl durch Karl redet Hadrian nicht, sondern nur von seiner Forderung, daß fräu= lische Bevollmächtigte bei der Wahl zugegen sein sollten. Aber für Karl war offenbar das erste der Kern der Sache. Er hatte bisher nie die Anwesenheit fränkischer Bevollmächtigter verlangt, wie Hadrian ihm selbst vorhält; daß er sie nun fordert, kann nur den Grund gehabt haben, weil Hadrian die Weihe vorgenommen hatte, ohne seine Bestätigung abzuwarten. Die Nichtach= tung seines Bestätigungsrechts also veranlaßte ihn zu seiner Forderung.
[5] Vgl. darüber auch Halb p. 125 f.; Gregorovius II, 406 f. Vesi, Storia di Romagna I, 406, stellt die Sache irrthümlich so dar, als hätte Hadrian dem Erzbischof die Weihe erst nach der Beschwerde Karls ertheilt, und schließt da= raus, daß letzterer durch Hadrians Vorstellungen beruhigt worden sei; davon ist aber nichts bekannt.
[6] Es sind die Herzöge Constantin und Paulus, Cenni I, 501 ff., cod. acr. n. 83.
[7] Cenni I, 500: Quaesumus, ut linguas, quae adversus sanctam Ro-manam catholicam et apostolicam ecclesiam garrire simulant, procul dubio longe a vobis respuantur.

möge, die gegen ihn erhoben würden [1]; vielmehr solle Karl die Verläumder nach Rom schicken, damit sie dort in Gegenwart eines fränkischen Bevollmächtigten nach Verdienst bestraft würden. Umsonst gibt Karl ihm die Versicherung, daß die Leute, welche aus der Pentapolis und Ravenna zu ihm ins fränkische Reich gekommen waren, nur gutes über ihn berichtet haben; er forderte, daß Karl sie gar nicht hören, sondern an die päpstlichen Gerichte überweisen sollte [2]. Er beklagte sich darüber, daß die Ravennaten unter den Augen fränkischer Bevollmächtigter wagen dürften, seiner Rechte zu spotten [3], und verlangte, daß Karl jeden zurückweise, der ohne ausdrückliche päpstliche Erlaubnis Recht bei ihm suche. Pippin habe dem heiligen Petrus selber das Patriciat verliehen, so deutete der Papst die Pippinsche Schenkung, 790 zum ersten Mal seit sie bestand, und stützte darauf den Anspruch, daß der König vor den aus dieser Würde für den heiligen Petrus sich ergebenden Rechten dieselbe Achtung habe, mit welcher der apostolische Stuhl Karls Rechte als Patricius anerkenne [4].

So tritt bei jeder Gelegenheit das tiefste Mistrauen Hadrians gegen Karl hervor; es verschwindet seit 788 nicht mehr aus seinem Briefwechsel mit dem König, und die Kunde davon scheint sogar in die Oeffentlichkeit gedrungen zu sein. Es konnte geschehen, daß man den Papst durch das Gerücht zu schrecken suchte, auf Zureden des Königs Offa von Mercia gehe Karl mit dem Gedanken um, Hadrian abzusetzen und an seiner Statt einen Franken zum römischen Bischof zu ernennen [5]. Karl wies in einem besonderen Schreiben an den Papst diese Beschuldigung zurück, und Hadrian sprach seine feste Ueberzeugung aus, daß weder Karl noch Offa im Stande

---

[1] Cenni I, 515 ff., cod. car. n. 85: Reperimus quippe in ipsis regalibus apicibus vestris . . . quia nec terrenarum facultatum ambitio vel quælibet seductio hominum vos aliquando ab iis, quae b. Petro apostolo pollicit estis, separare poterit; . . . potius autem nos quaesumus vestram regalem excellentiam, ut nullatenus subdolo et homini mendaci, sicut fertis, praebeatis assensum.

[2] Cenni I, 520.

[3] Cenni I, 520: Ipsi vero Ravenniani et Pentapolenses caeteriquæ homines, qui sine nostra absolutione ad vos veniunt, fastu superbiae elati nostra ad justitias faciendas contemnunt mandata, et nullam ditionem, sicut a vobis b. Petro apostolo et nobis concessa est, tribuere dignantur; tamen fidelissimi vestri praefati missi viderunt ipsos Ravennianos, quos vobis praesentaverunt, qualiter nobis in superbia extiterunt.

[4] Cenni I, 521: Quia, ut sati estis, honor patriciatus vestri a nobis inrefragabiliter conservatur, etiam ad plus amplius honorifice honoratur, simili modo ipse patriciatus beati Petri, fautoris vestri, tam a sanctae recordationis domno Pippino, magno rege, genitore vestro, in scriptis in integro concessus, et a vobis amplius confirmatus, irrefragabili jure permaneat. Vgl. darüber oben p. 475 n. 2; Sugenheim p. 49 f.; Gregorovius II, 407 f.

[5] Cenni I, 505 f., cod. car. n. 89: Porro in ipsis regalibus apicibus vestris referebatur, quod Offa, gentis Anglorum rex, vestrae direxisset regali excellentiae significandum indiculum, ut aliqui aemuli vestri ac sui ad nostra apostolica vestigia indicarent, quod idem Offa rex vobis suggereret, ut per

ren, einen solchen Plan zu fassen [1]. Aber ist es nicht genug, daß derselbe überhaupt zur Sprache kam? [2].

Sogar auf geistlichem Gebiet stellte sich in der letzten Zeit ein Gegensatz zwischen Hadrian und Karl heraus. Die frankfurter Synode von 794 faßte in Betreff des Bilderdienstes Beschlüsse, welche den Wünschen Hadrians grade zuwiderliefen [3]. Durch die Beschlüsse des Concils von Nicäa schien der lange Streit zwischen Abend- und Morgenland zu Gunsten Roms entschieden; nun weigerte sich eine große fränkische Synode die nicänischen Satzungen anzuerkennen, und stellte denselben ihre eigenen Grundsätze gegenüber; Karls Name selber stand an der Spitze der Schrift, in welcher diese Grundsätze ausgeführt waren [4]. Im Auftrag Karls setzte Abt Angilbert den Papst in Kenntnis von den Beschlüssen der Synode, und überbrachte ihm das Schriftstück, worin sie niedergelegt waren [5]. Die Rückäußerung Hadrians bezeichnet deutlich seine Lage [6]. Er suchte die Beschlüsse des Concils von Nicäa weitläufig zu vertheidigen, und warnte den König, den Einflüsterungen böser und ungläubiger Menschen kein Gehör zu schenken [7]. Zugleich aber machte er Karl die wichtigsten Zugeständnisse, die uns errathen lassen, welche Erwägungen den frankfurter Beschlüssen zum Grunde lagen. Er erklärte, daß die Griechen von den drei Forderungen, die er an sie gestellt habe: die Bilderverehrung wiederherzustellen, den apostolischen Stuhl in seine Rechte über die ganze römische Diöcese wiedereinzusetzen und die Patrimonien der römischen Kirche zurückzuerstatten, nur die erste erfüllt haben [8]. Es sei seine Absicht, den Kaiser an die Erfüllung der letzten Punkte zu mahnen und, falls Constantin sich weigern würde seiner Aufforderung Folge zu leisten, ihn für einen Ketzer zu erklären [9].

quam videlicet adhortationem atque suasionem nos a sede sancta dignitatis nostrae, quod absit, ejicere deberetis, et alium ibidem de gente vestra institueretis rectorem.

[1] Cenni l. c.

[2] Rettberg II, 595 nimmt an, beim Papst habe ein solcher Gedanke Karls gar nicht außerhalb der Möglichkeit zu liegen geschienen, und hat vielleicht nicht Unrecht; doch finden wir sonst nirgends eine Spur davon.

[3] Ann. Einh. SS. I, 181. Ueber die Verhandlungen vgl. Hefele III, 635 ff.

[4] Ann. Einh. l. c., wo das Concil von Nicäa irrthümlich nach Constantinopel verlegt ist.

[5] Vgl. den Eingang zu dem Antwortschreiben Hadrians an Karl, Mansi XIII, 759 ff.

[6] Mansi l. c.

[7] Mansi l. c. p. 809.

[8] Mansi XIII, 808: Dudum quippe de dioecesi tam archiepiscoporum quam et episcoporum S. catholicae et apostolicae Romanae ecclesiae commonentes, quaesivimus restituere eidem sanctae catholicae et apostolicae Romanae ecclesiae, quae cum patrimoniis nostris abstulerunt, ... et nec responsum quodlibet exinde dederunt, et in hoc ostenditur, quia ex uno capitulo ab errore reversis, ex aliis duobus in eodem permaneant errore.

[9] Mansi l. c.: De dioecesi s. nostrae Romanae ecclesiae tam archiepiscoporum quam episcoporum seu de patrimoniis iterum increpantes commonemus, ut, si noluerit ea sanctae nostrae romanae ecclesiae restituere, haereticum eum pro hujusmodi erroris perseverantia esse decernemus.

Wir dürfen die Tragweite dieser Erklärung nicht unterschätzen. Auch Karl hatte die Ansprüche Hadrians auf die alten Patrimonien keineswegs befriedigt, und die Frage der Bilderverehrung so eben gegen den Papst entschieden; grade die Griechen hatten in der letztern Angelegenheit sich ihm angeschlossen; dennoch nahm er diese kirchlichen Verhältnisse zum Vorwand, um zu Gunsten der Verbindung mit Karl mit Constantinopel zu brechen. Die Beschlüsse von Nicäa, mit der Aussicht auf die Rückkehr der Griechen in den Schooß der römischen Kirche, waren einer der größten Erfolge, deren er sich rühmen durfte; nun gab er diesen Erfolg widerstandslos preis; die Lehre der römischen Kirche über die Bilderverehrung hielt er aufrecht, aber er entsagte den Früchten seines Sieges. Die Beschlüsse der frankfurter Synode über den Bilderdienst genügen nicht, um dieses Verfahren zu erklären; es ist unzweifelhaft, daß Karl dem Verkehr Hadrians mit Constantinopel ein Ende zu machen wünschte. Und Hadrian willfahrte; er konnte, auch wenn er es wollte, dem Einfluß Karls sich nicht mehr entziehen; die Verbindung mit dem fränkischen Reich war unvermeidlich geworden; noch am Schluß seines Pontificats mußte sich Hadrian entschließen, die Beziehungen zu dem Kaiser, die er nie ganz aufgegeben und seit einer Reihe von Jahren mit steigendem Erfolge gepflegt hatte, für immer abzubrechen.

Am Weihnachtsfeste 795 starb Hadrian, und Karl trauerte herzlich und aufrichtig über seinen Tod [1]. Die Bemühungen Hadrians aber, eine unabhängige weltliche Macht des Papstes zu gründen, waren an Karls Widerstand gescheitert. Hadrians Nachfolger Leo III. war seinem Vorgänger nicht ebenbürtig; er gelobte gleich nach seiner Wahl dem König Gehorsam und Treue [2], und bot ihm fünf Jahre später die Hand zur Aufrichtung des Kaiserthums, in welchem nach der Auffassung Karls für einen selbständigen Kirchenstaat nicht Raum war. Zahlreiche Demüthigungen des Papstes giengen diesem Ereignis voran, das fortgesetzte Fehlschlagen der Vergrößerungspläne Hadrians, seine Niederlage im Bilderstreite durch Karl, die Flucht Leos aus Rom, seine Rückkehr unter fränkischem Schutz, sein in Gegenwart und auf Anordnung Karls geschworener Reinigungseid. Würde wol Karl mit der Kaiserkrone geschmückt worden sein, wenn er den Ansprüchen Hadrians weniger kräftig widerstanden hätte? Seine Erhebung zum Kaiser erscheint als die Folge seines Uebergewichts über den Papst.

---

[1] Einh. vita Kar. c. 9, SS. II, 454. Karl ordnete für ihn Gebete im ganzen Reich an, und ließ eine Grabschrift mit goldenen Buchstaben in Marmor graben und über seinem Grab in Rom aufstellen, ann. lauresh., SS. I, 36; Bouquet V, 412.

[2] Karl schreibt in seinem ersten Brief an Leo, Bouquet V, 625: Perlectis excellentiae vestrae litteris . . . gavisi sumus . . . in humilitatis nostrae obedientia et in promissionis ad nos fidelitate.

Ueber die Merkelschen Formeln.

Von

G. Waitz.

Das erste Heft der neuen Zeitschrift für Rechtsgeschichte hat eine Mittheilung gebracht, die geeignet ist großes Interesse zu erregen. Der der Wissenschaft und seinen Freunden zu früh entrissene Merkel hat seinen Verdiensten um die Kunde der Quellen des älteren deutschen Rechts ein neues hinzugefügt durch die Bekanntmachung einer Formelsammlung, der man nicht anstehen kann unter den in neuerer Zeit aufgefundenen und veröffentlichten den ersten Platz einzuräumen: als das letzte was Merkel bei seinen Lebzeiten zum Druck beförderte mögen sie für alle Zukunft seinen Namen tragen. Die Absicht die er am Schluß ankündigte, den Inhalt rechtshistorisch an einem andern Orte zu verwerthen, wird er nicht mehr ausgeführt haben. Um so eher mögen hier einige Bemerkungen gestattet sein, die sich zunächst auf das beziehen, was die Verfassungsgeschichte angeht.

Ich habe da allerdings zu bedauern, von dieser schon im J. 1846 abgeschriebenen Sammlung bisher keine Kunde, sie nicht zur Benutzung bei den letzten Bänden der D. V. G. zur Hand gehabt zu haben. Sie gewähren manches Detail, bestätigen und ergänzen was wir aus andern Quellen wissen, und wären so für die Darstellung der Karolingischen Verfassung ein erwünschtes Material gewesen. Zu einer Aenderung aber der Auffassung in irgend einem wesentlichen Punkte geben sie keinen Anlaß, und auch das mag in mancher Beziehung als erfreulich angesehen werden.

Vor aller Benutzung zu verfassungsgeschichtlichen Zwecken wird freilich Zeit und Heimath der Sammlung feststehen müssen. Merkel setzt sie nach dem übrigen Inhalt der Handschrift, Cod. Vatic. Christ. 612, nach dem westlichen Frankenreich, Tours oder Paris; die Schrift sei die des 9. Jahrhunderts. Nur eine Stelle scheint damit nicht recht in Uebereinstimmung: die Unterschrift der Formel 5: Actum civitate illa ubi firmata est anno 7. imperatoris ... domni ac praestantissimi Odoni augusto, equidem et promotionis nostrae, indictione 14; die zunächst auf einen der deutschen Ottonen hinzuweisen scheint. Doch hat dann Merkel schon bemerkt, daß das 7. Jahr des Kaiserthums bei keinem derselben mit der Indiction 14 zusammenfalle, während dies bei dem französischen König Odo der Fall sei, und er meint, trotz des für diesen sehr auffallenden und ungewöhnlichen Titels imperator und augustus an diesen denken zu müssen: er setzt so die Sammlung ganz ans Ende des 9. Jahrhunderts. Aber seine Annahme hat jedenfalls erhebliche Bedenken gegen sich. Daß Odo als Kaiser bezeichnet worden sei, ist in der That kaum denkbar; sein 7. Regierungsjahr [1] stimmt mit der Indiction 14 nur dann, wenn wir von der zweiten Krönung an rechnen, von welcher Böhmer (Reg. Karol. S. 175) wohl bemerkt, daß Odo seitdem erst allgemein anerkannt sei, die aber als Epoche für die Zählung seiner Regierungsjahre doch sonst nicht nachweisbar ist. Daß die Formel jedenfalls älter ist und nur später mit diesem Datum versehen, hat Merkel selbst bemerkt; die sogenannte Form. Gold. 7 enthält fast ganz dasselbe Formular, erscheint aber wie eine wirkliche Urkunde aus der Zeit Ludwig des Deutschen. Möglich, daß der Schreiber der Handschrift ein Exemplar vor sich hatte, das die Titel und Zahlen enthielt wie er sie wiedergab, und statt des Odo entweder gar keinen oder einen andern Namen. Man wird da zuerst an Karl den Großen denken müssen, dessen 7. Regierungsjahr mit der 15. Indiction zusammenfällt, statt deren aber auch in der Urkunde Mon. B. XXVIII, l, p. 7 (Böhmer N. 184) Indictio XIV steht. Der Name des Odo wäre dann freilich immer nur daraus zu erklären, daß der Codex während der Regierung dieses Königs geschrieben worden. — Aber die Entstehung der Handschrift entscheidet natürlich nichts über die Zeit da die Sammlung selbst in der vorliegenden Weise gebildet worden ist. Hier weisen verschiedene Umstände entschieden auf ein früheres Alter hin. Zwei der Formeln haben einen Eingang der die Person des gedachten Ausstellers genau genug bezeichnet. 41. Ille gratia Dei rex Francorum et Langobardorum vir inlustris; 42. Ille gratia Dei rex Francorum et Langobardorum ac patrici[u]s Romanorum vis inlustris. Es ist das der Titel, noch vollständiger im zweiten Beispiel, dessen sich Karl der Große eine kurze Zeit bediente (Juni 774 und 775 [2]), während derselbe so von keinem andern Herrscher gebraucht ist oder in dieser Weise gebraucht werden konnte. Daß dies aber für die Entstehungszeit der Sammlung selbst einen Anhaltspunkt gewährt, wird man kaum bezweifeln können, wenn man sieht, daß die beiden Formeln selbst älter sind und erst hier diesen Eingang erhalten haben. Die erste steht Marc. I, 22 ohne solchen, beide Marc. Append. 24. 31 mit dem der frühern Zeit entsprechenden: Ille rex Francorum vir inluster. Daß die Sammlung als solche aber auch nicht älter ist, dafür darf noch

---

[1] Es fällt jedenfalls nicht wie S. 196 steht auf $\frac{895}{896}$, sondern $\frac{894}{895}$; doch muß Merkel dies gemeint haben, da er sonst nicht die Urkunde vor dem 13. November (den Tag der zweiten Krönung) 895 setzen könnte.

[2] Die B. G. III, p. 207 n. gemachte Angabe, daß vir inlaster zuletzt 776 vorkomme, ist ungenau. Die angeführte Urkunde, Bouquet V, p. 738 (so ist zu lesen), aus dem Chron. Lauresh. ist chronologisch unsicher. Die Bezeichnung wird von Karl fast nur bis 775 und dann wieder von Karl dem Einfältigen und Rudolf gebraucht; wie Stumpf, Reichskanzler p. 74 n. bemerkt hat.

33 (= Bign. 6) angeführt werden, wo escabini als Besitzer eines Gerichts erscheinen.

Der Zeit Karls entspricht auch der übrige Inhalt durchaus. So namentlich der Brief N. 63, in dem ein Bischof dem andern Nachricht giebt von den durch den König angeordneten Fasten und Fürbitten; was sehr gut zu den B. G. III, p. 227 n. 1 zusammengestellten Nachrichten aus den ersten Jahren Karls paßt. Auch N. 55 ein Brief an den König selbst hat hierauf Bezug. Man vergleiche die Worte: cantavimus .... pro salute vestra missas tantas et psalteria tanta mit Capit. 779, p. 39: ut unusquisque episcopus tres missas et psalteria tria cantet etc. Bemerkenswerth ist dort der Zusatz: tamquam de ista proxima hoste venimus, während es in 63 heißt: pro istum gladium quae super nos est.

Nach den westlichen Gegenden des Frankenreichs weist auch im Inhalt einzelnes hin. Ich rechne dahin die fast überall wiederkehrende Angabe der Ortsbestimmungen: in pago illo in centena illa, N. 1. 2. 3. 6. 7. 8. 12. 17. 18. 19. 22. 23. 24. 26. 27. 28. 30. 34. 35. 36. Sie kommt in den Formeln überhaupt nur Bign. 18 so vor; dagegen in westfränkischen Urkunden häufig genug, wie die B. G. I, p. 33. II, p. 276. III, p. 332 angeführten Stellen zeigen, denen noch einige aus Deloche, Cartulaire de l'abbaye de Beaulieu, beigefügt werden können. — Außerdem dürfen wohl auch die nicht seltenen Stellen in Anschlag gebracht werden, wo racineburgi als Beisitzer im Gericht genannt werden, N. 18. 28. 29. 31. 43. Die Formeln Marc. App. 1. 4. 6, Bign. 26, Andec. 49 bieten dazu andere Belege, während wir in Urkunden solche nur bei Vaissette und im Chart. de St. Victor von Marseille finden, und hier immer schon scabini daneben; vgl. B. G. IV, p. 339 n. 1. Aus anderen Theilen des Frankenreichs ist aber der Gebrauch aus dieser Zeit überhaupt nicht nachzuweisen. Die Rachineburgen werden übrigens regelmäßig zugleich als boni omines bezeichnet; einmal, 31, steht nur diese Benennung.

Daß wir uns auf dem Gebiet des Salischen Rechts befinden, tritt fast überall in der Sammlung hervor.

In 29 wird die volle Freiheit bezeichnet: bene ingenuus sive Salicus, und ein Eid mit Eideshelfern geleistet: apud 12 homines Salicos (in 28 steht dafür: apud 12 homines consimiles). Wiederholt heißt es secundum legem Salicam, 17. 25. 41. Davon entspricht 41, wie schon vorher bemerkt, andern älteren Formeln. N. 25 hat ein Seitenstück in Marc. App. 49; doch ist wenigstens die Fassung eine andere: Dum cognitum est, qualiter secundum legem Salicam in portione paterna cum fratribus tuis filiis meis minime potes accedere. N. 17 ist verwandt mit Bign. 5 und Lind. 75 (Salz. 7); doch heißt es schon etwas abweichend: per solidum et denarium secundum legem Salicam et antiquam consuetudinem sponsare debere; und nachher steht ganz eigenthümlich: Propterea do ipsa puella .... per hanc tandonäe rem meam; nachher corrumpiert: per hanc tandem ipsi puelle dono, und noch einmal: per hanc tandonem habeat teneat; dem entsprechend ist die Ueberschrift Tandono. N. 19 mit der Ueberschrift Libellum dotis hat: Dono igitur illac puellae nare suo illo sponso filio suo illo ante diem nuptiarum donatumque animo transfert atque transcribit, hoc est in tandono aut li bellum dotis, rem meam etc.; 21: unde et quod tibi in tan dono, si te desponsatam habuisset, vel in dotis titulum ac firmare deberem; 24: per epistolam tandonis aut per libellum dotis visus sum adfirmasse. Der Ausdruck tandono ist mein Erinnerns so bisher nicht nachgewiesen, auch nicht in den Malberg schen Glossen, und erscheint als eine Bereicherung der Salischen Rechts sprache. Er findet sich aber offenbar schon bei Marculf II, 15. 16 die den angeführten 19 und 21 der Merkelschen Sammlung entspre chen, nur entstellt in dem Druck unserer Ausgaben. Hier heißt es 15 hoc est in tanto dono; 16: quod tibi in tanto dono vel i dotis titulum, was wohl blos als eine unbestimmte Bezeichnung de Größe verstanden ist; vgl. Schröder de dote secundum leg gentium Germanicarum antiquissimas p. 43. In Marc. II, 9, Merkel 24 entspricht, steht, vielleicht auch durch Aenderung der h ausgeber: per epistolam cessionis aut libellum dotis.

Ein anderer aus der Lex Salica selbst und anderen Quell bekannter Ausdruck, affatimum (adfathamire; s. Müllenhoff meiner Ausgabe p. 277) findet hier eine weitere Anwendung. D Erbeinsetzung von Enkeln heißt 26: Affatimum, und im Text: da vobis per hanc affatimum, nachher: Vos quoque nepotes m per hanc affatimum post obitus mei dividere et exequa faciatis. Illud etiam in hanc affatimum conscribere roga mus, und: qui contra hanc affatimum venire aut refrag presumpserit .... praesens affatimus diuturnum tempo firmus et inviolatus valeat permanere. Die im Inhalt entspr chenden Formeln Marc. II, 10, Sirm. 22, Lind. 55 (Salzb. 1 enthalten nichts der Art. Dieselbe Ueberschrift hat 27: Ueberti gung eines mansus an einen Enkel in der Weise daß sich der Sch fer zugleich in servitium desselben ergiebt: ita ut ab hac die vestro servicio non discedam, sed quicquid reliqui servient vestri faciunt per vestros aut agentum vestrorum in pre facere spondeo: eine Urkunde die ihres Gleichen meines Wiss überhaupt nicht hat.

Zu dem bekannten per fistucam achramire (aframir Grimm R. A. p. 123, geben neuen Beleg 28: quidquid judicatu fuit vel per suum fisticum habuit aframitum; 29: quicqu judicatum fuit de hac causa vel suum fisticum abuit aframitum.

Der bisher aus Form. Bign. 20 (= Lind. 29), 21 (Lind. 30) und Lind. 150 bekannte Ausdruck sacire (ad proprium, pro prietatem sacire; vgl. Ducange ed. Henschel VI, p. 11) wird hier in etwas anderer Weise gebraucht bei Rechtsstreitigkeiten. So wird 28 ein unrechtmäßigen Besitzes Angeklagter gefragt: per quem sibi de jam dicta re sacibat, in antea sacire vellebat; nachher ergeht das Urtheil: ut .... conjuraret vel praedictam rem sacire deberet, und es heißt weiter: hoc conjuravit vel legibus sacibat (vgl. 29: conjuravit vel legibus custodivit). Aehnlich ist 31 von einem Knechte: per quem sibi de ipso servo saciret aut in antea sacire vellebat .... conjurare deberet et pro ipso servo legibus sacire deberet. In 30 wird von einem ähn= lich Angeschuldigten gesagt: Sed ipse ille in praesente nullatenus responsum dare, per quem sibi de ipso campo legibus saciret aut in antea sacire deberet. Das sacire, legibus sacire, be= zeichnet offenbar den auf einen bestimmten Rechtstitel gestützten Besitz einer Sache.

Hier schließt sich in diesen Formeln dasjenige an was sich weiter auf Verhandlungen in den Gerichten bezieht.

Nicht weniger als 9 Nummern kommen da überhaupt in Betracht, mehr als wir in irgend einer andern Sammlung haben; 5 davon, auf die auch schon im Vorhergehenden Rücksicht genommen, waren früher unbekannt (18. 28—31). Eine (28) betrifft das Gericht ei= nes Missus, 5 das des Grafen (18. 20. 29. 39. 40) und 4 das des Vicarius (30. 31. 33. 43).

Von den letzten entsprechen 33 und 43 zwei Formeln der Big= onschen Sammlung (6 und 12); die beiden anderen geben weiteren erwünschten Beleg von der gerichtlichen Thätigkeit des Vicarius, 30 in einer Streitigkeit über Land, 31 über den Besitz eines Sklaven, das eine Mal also in einer Sache die nach den Gesetzen Karls dem Grafen vorbehalten sein sollte. Wie aber auch sonst diese Bestim= mungen nicht strenge eingehalten sind, B. G. IV, p. 318, so finden wir hier noch einen interessanten Beleg dafür, daß der Graf seine Gerichtsbarkeit ganz durch einen Vicarius wahrnehmen ließ. Es ist no 51. Indiculum de comite ad vicarium. Der Graf schreibt er: cognoscas, quod d. rex ille nobis commendavit, ut ju= itias vel drictum in nostro ministerio facere debeamus. propterea has litteras ad te dirigimus, ut in nostro comitatu el in tuo ministerio pleniter ipsa justitias, que ante te ve= unt, ut sic inquiras et facias quasi ego ipse. Die letzten orte deuten bestimmt darauf hin, daß es die gräfliche Gerichts= rkeit selbst ist, welche der Vicarius ausübt, und dem entspricht ch das: in nostro comitatu. Dagegen ist es mir nicht ganz ir, ob man die Stellvertretung auf die ganze Grafschaft (wie in n Fall B. G. III, p. 338 n. 2) oder nur, wie gewöhnlich (ebend. 335), auf einen Theil zu beziehen hat. Wenn hinzugefügt wird: el in tuo ministerio, so kann das entweder in der Formel ein usdruck sein der unter Umständen statt des vorhergehenden einzu= ten hat, und dann wäre es wohl auf einen solchen speciellen, klei=

neren Amtsbezirk des Vicarius als Unterbeamten des Grafen zu beziehen. Es kann aber auch ein Zusatz, und dann entweder nur eine Art Erläuterung des Vorhergehenden sein: in deinem Amt, in deiner Amtsthätigkeit; vielleicht wird es jedoch auch in diesem Falle innerhalb der Grafschaft den besonderen Amtsbezirk des Vicarius bezeichnen. Vorher heißt es: Mandamus tibi de tuo ministerio, quod tibi commandavimus; Worte welche zugleich auf das entschiedenste bestätigen was sich früher schon ergab, daß der Graf den Vicarius bestellte; V. G. III, p. 335. Deshalb kann er auch zum Schluß sagen: Taliter exinde certamen age, qualiter gratia nostra vellis habere. — Das 'drictum' in der Bedeutung von Recht, droit, ist den Stellen hinzuzufügen, die das Register zu V. G. IV nachweist; und diese hier vielleicht älter als alle übrigen.

Von den Formeln die sich auf ein Gericht des Grafen beziehen enthält 39 unvollständig dasselbe als Bign. 8; 40 entspricht ebend. 7. Dagegen ist 18 eine Schenkung unter Ehegatten ante illum comitem vel reliquos racineburgis, in dieser Form früher nicht bekannt, 20 ein libellum repudii, ebenfalls abweichend von andern der Art (Marc. II, 30. Sirm. 19), mit Bezug auf eine Erklärung vor Gericht: venientes pariter in mallo ante illum comitem vel reliquis bonis ominibus, placuit utriusque voluntatis, ut se a consortio separare deberent; 29 ein Gericht über einen als Knecht in Anspruch genommenen, der sich durch einen Eid mit Eideshelfern reinigt, auch im Ausdruck mannigfach verschieden von andern des Inhalt nach verwandten Formeln (Marc. App. 1 ff.). Ich hebe nur die Antwort des Angeklagten hervor: quod nec servitio nec litimonium nec nullum cavaticum nec nullum obsequium ei reddebat, sed ipse erat bene ingenuus sive Salicus. Ueber cavaticum s. Guérard Irminon I, p. 690 ff. Dabei bemerke ich, daß in der dem Inhalt nach ähnlichen N. 33 statt colona in dem Druck der entsprechenden Bignonschen Formel hier capalis steht, ein mir so ganz unbekanntes Wort, das aber ohne Zweifel so viel ist wie capitalis und den zum Kopfgeld Verpflichteten bezeichnet; Ducange ed. Henschel III, p. 141. Die Handschrift aber der Bignonschen Formeln Cod. S. Germ. 1596 hat cavalis, das ganz jenem cavaticum entspricht; während anderswo cavaticarius vorkommt (Guérard a. a. O. p. 692).

Der Eid wird geleistet: ante ipsum comitem vel reliquos racineburgis, und ebenso 28, wo in dem Gericht des Missus auf einen solchen erkannt wird: coram ipsis missis vel racineburgis.

Auf ein wesentlich anderes Gebiet versetzt uns 61: Indiculum supplicatorium ad regem, wo ein Abt klagt, daß sein Kloster zu Beneficium gegeben und damit aus dem Schutz des Königs getreten sei. Domne, supplicamus misericordiam vestram, quasi omnes nos ad gloriosissimas pedes vestros prostrati jacerimus, ut nos clementia vestra adjuvare dignetur. Quia ex qua die nos ille beneficiasti et nos de vestro mundeburdo discessimus ex illa die non habuimus nec vestimenta nec calciamenta nec uncte nec sapono nec cibo, sicut antea fuit consuetudo. Man sieht, in welchem nahen Zusammenhang Beneficium und Schutz (mundeburdis) stehen.

Sonst erhalten die Beneficial= und Vassallitätsverhältnisse aus dieser Sammlung keine weitere Aufklärung. Die ziemlich zahlreichen Urkunden über Precarien entsprechen in allem Wesentlichen nur de= nen die wir andersher kennen. Der Ausdruck commendatitia für eine solche Verleihung, der bisher nur Form. Bign. 21 überliefert war, findet sich hier 7. 36. 38, von denen die letzte mit jener näher verwandt ist. In 24 wird die Uebertragung mütterlichen Gutes von den Söhnen an den Vater noch entschiedener als Marc. II, 9 wie eine Praecaria oder im Text wie ein Empfangen per beneficium bezeichnet.

Das Angeführte wird genügen, um die große Bedeutung dieser Sammlung darzuthun. Einzelne Stücke aus dem späteren Theil, der Briefmuster enthält, betreffen auch noch ganz andere Verhältnisse. Mit Vergnügen wird man z. B. 40: Indiculum ad sponsam lesen.

Der Text der Handschrift, den Merkel mit gewohnter Sorg= falt wiedergegeben, läßt manches zu wünschen übrig. Einzelne Ver= sehen (wie das mehrfach vorkommende operibus statt ominibus) hat der Herausgeber gebessert, auf fehlende Worte u. dgl. hingewiesen. Anderes bleibt in der Beziehung zu thun, wie z. B. 42 nach omnibus offenbar missis eingeschaltet werden muß, 63 nach donum Dei fehlt episcopus; u. dgl.

Die Latinität ist, wie schon die angeführten Beispiele zeigen, der Art, daß sie auch jedenfalls auf die frühere Zeit Karl des Großen hinweist, auch abgesehen davon, daß bei einigen Stücken of= fenbar die erste Abfassung noch bedeutend höher hinaufreicht.

Beiträge zur Geschichte des Geld- und Münzwesens in Deutschland.

Dritter Abschnitt.

Von

Ad. Soetbeer.

Geld= und Münzweſen im fränkiſchen Reiche unter den Merovingern.

§. 1. Die Verhältniſſe bei den Franken vor der Eroberung Galliens durch Chlodovech.

Es war Herkommen bei den alten Germanen, ihren verſtorbenen Fürſten und Heerführern nicht allein Waffen und Schmuckſachen mit ins Grab zu geben, ſondern auch einen Theil der von ihnen im Le= ben angeſammelten oder erbeuteten Schätze. Die bereits in unſerm erſten Abſchnitt beſprochenen Auffindungen größerer und kleinerer Goldringe in hervorragenden Grabhügeln ſowie mehrfache Erwähnun= gen dieſes Herkommens in alten Heldenliedern und in ſonſtigen Auf= zeichnungen, welche die Ueberlieferung älterer Zeiten gerade in ſol= chen Zügen erhalten haben, ſind hierfür unzweifelhafte Zeugniſſe [1]. Daß nicht mehr von dieſen für den Alterthumsforſcher ſo wichtigen und lehrreichen Münzfunden in alten Grabſtätten bekannt geworden und erhalten iſt, als das Wenige dieſer Art, worüber die veröffent= lichten Berichte und einige Alterthümerſammlungen Auskunft geben, erklärt ſich daraus, daß ſchon frühzeitig die gewiſſenloſe Habgier der Menſchen keine Scheu davor trug, die Ruheſtätten der Todten eben wegen der ihnen mitgegebenen Schätze zu durchwühlen. Und je ange= ſehener und reicher der Verſtorbene geweſen war, um ſo mehr mußte natürlich ſein Grab ſolcher Beraubung ausgeſetzt ſein. In wie ſtar= kem Grabe dieſer Unfug ſchon im merovingiſchen Zeitalter bei den

---

[1] In Skandinavien erhielt ſich dieſe Sitte noch lange Zeit. Vgl. den Schol. zu Adam Bremensis hist. eccl. IV, 31: Pecuniam hominis tumu= lant cum eo armaque et cetera quae habuit cariora. — Uebrigens wurden in 4. 5. und 6. Jahrhundert mitunter auch anderen Verſtorbenen als den Fürſten und Vornehmen Geldſtücke mit ins Grab gelegt, wie dies Hr. Cochet in zahlreichen Beiſpielen von Münzen, die in älteren fränkiſchen Gräbern ge= funden ſind, näher nachweiſet. Vgl. Le tombeau de Childéric I., roi des Francs, restitué à l'aide de l'archéologie etc. par M. l'abbé Cochet. Pa= ris 1859. S. 409 ff.

Franken betrieben sein muß, davon zeugen einige specielle Erwähnungen im Geschichtswerke des Gregor von Tours und die äußerst scharfen Strafandrohungen in den alten Rechtsbüchern gegen Beraubung der Todten [1]. Auch mögen im späteren Verlauf der Jahrhunderte zufällig wol noch manche alte Grabstätten entdeckt sein, deren vorgefundene Ausstattung an Münzen und sonstigen Schätzen heimlich eingeschmolzen wurde, oder auch ohne Angabe des Fundortes (worauf man früher, zum unwiederbringlichen Schaden der Geschichtskunde, fast gar keinen Werth legte) in verschiedene Sammlungen sich vertheilte. Um so beachtenswerther muß es daher erscheinen, wenn ein umfassender Fund der hier besprochenen Art, bei dem namentlich die Person des Todten und die Zeit der Bestattung nicht zweifelhaft sind, entdeckt und sofort nach der Entdeckung in zuverlässiger und sachkundiger Weise untersucht und beschrieben wird. Ein solcher Fund wird vor Allem über die Geld- und Münzverhältnisse der Zeit und des Volks, denen der Todte angehört hatte, mancherlei Aufschluß und Anhaltspunkte zu weiteren Schlußfolgerungen geben können. Es ist nämlich anzunehmen, soweit nicht das Gegentheil durch sonstige Umstände oder nahe liegende, aus der Natur der Sache abgeleitete Betrachtungen bewiesen oder doch wahrscheinlich gemacht wird, daß dem Todten bei seiner Bestattung gerade solche Werthgegenstände werden mitgegeben sein, wie der Lebende sie gewöhnlich bei sich getragen oder in seiner Behausung in Verwahrsam gehabt hatte, ebenso wie dies bei der Mitgabe von Waffen und Geräthschaften der Fall war.

Zur Aufklärung des Geldwesens bei den Franken vor Chlodovechs Zeit liegt nun der außerordentlich günstige Umstand vor, daß aus dieser frühen Periode der fränkischen Zustände ein solcher Schatz nicht allein aufgefunden, sondern, was ebenso wichtig, sofort und allem Anscheine nach noch in seiner wesentlichen Gesammtheit von einem sachkundigen und als zuverlässig bekannten Forscher beschrieben ist. Die damals aufgefundenen Münzen selbst, auf die es uns besonders ankommt, deren Zahl jedenfalls dreihundert überstieg, sind leider bis auf nur zwei Stücke längst zerstreut worden, ohne daß die Notiz ihres Fundortes sich dabei erhalten hätte.

Wir reden hier von dem im Jahre 1653 zu Tournay entdeckten Grabe Königs Childerich I., des Vaters von Chlodovech [2]. Der

---

[1] Lex Salica LV. De corporibus expoliatis. 2. Si quis corpus jam sepultum expoliaverit, et ei fuerit adprobatum, wargus sit etc. .... Auctor sceleris qui hoc admisisse probatur, 8000 dinarios, qui faciunt solidos 200, culpabilis judicetur.

[2] Eine beiläufige kurze Erwähnung des Schicksals dieses wichtigen Fundes dürfte nicht ohne Interesse sein, obschon zugleich nicht ohne Beschämung über die deutschen Zustände des siebzehnten Jahrhunderts. Der Erzherzog Leopold Wilhelm brachte denselben im J. 1656 mit nach Wien, wo die Gegenstände nach seinem Tode ins kaiserliche Münz-Cabinet übergingen. „Das Werkzeug, dessen sich die Vorsehung bediente, um Frankreich dieses Depot wieder zuzuwenden", (so berichtet Hr. Cochet) war der Kurfürst von Mainz, Johann

Thatbestand dieser Auffindung, soweit es sich um die dabei zum Vorschein gekommenen Münzen handelt, ist nothwendig etwas näher zu
erörtern, weil die ungenaue Auffassung einzelner Umstände hierbei zu
Schlußfolgerungen verleitet hat, welche als sehr wichtig und beachtenswerth geltend gemacht sind, die sich indeß als ganz und gar nicht
zutreffend von selbst erledigen müssen, sobald die thatsächliche Unrichtigkeit der ihnen zum Grunde gelegten Voraussetzung sich nachweisen
läßt. Daß das entdeckte Grab übrigens wirklich dasjenige des im
Jahre 481 verstorbenen fränkischen Königs Childerich I. gewesen ist,
wie gleich bei der Auffindung aus dem mitaufgefundenen goldenen
Siegelring desselben erkannt wurde, bedarf keiner weiteren Begründung, da hierüber niemals ein Zweifel erhoben ist [1].

Ohne die übrigen Gegenstände dieses merkwürdigen Fundes weiter zu berühren, beschäftigen wir uns hier nur mit den im Grabe
aufgefundenen Münzen und den hiermit unmittelbar zusammenhängenden Umständen.

Der Bericht des gelehrten Numismatikers J. J. Chiflet, welcher als Leibarzt des damaligen Statthalters von Belgien, des Erz-
herzogs Leopold, von der großes Aufsehen machenden Auffindung zu
Tournay sogleich Kunde erhielt und über dieselbe ohne Verzug eine
ausführliche Abhandlung verfaßte, die dann auch schon im zweiten
Jahre nach der Entdeckung veröffentlicht wurde, lautet hierüber wie
folgt [2]:

Philipp von Schönborn. Um dem König Louis XIV., der ihm einige französische Regimenter geliehen hatte, durch welche er wieder in den Besitz der
Stadt Erfurt gelangt war, seinen Dank zu bezeugen, verschaffte sich der Kurfürst bei geeigneter Gelegenheit vom Kaiser die Ueberlassung des Tournayer
Fundes, mit dem er dann dem französischen König am 2. Juli 1665 ein Geschenk machte. Zunächst kamen nun die Gegenstände in die Sammlung des
Louvre, dann (1684) nach dem Schloße in Versailles, und von da (1720)
nach der königl. Bibliothek in Paris, wo bei dem großen Diebstahl in der
Nacht von 6—7. Nov. 1831 auch von diesem Schatze das Meiste verloren
ging. Die wenigen Ueberreste befinden sich jetzt in dem von Kaiser Napo-
leon I. gestifteten Musée des Souverains, darunter aber nur noch zwei
Münzen, nämlich Solidi vom Kaiser Leo.
[1] Das Grab Königs Childerich II., welcher im J. 673 starb, ward in
den Jahren 1646 und 1656 im Chor der Abtei von Saint Germain des Près
entdeckt und untersucht; vgl. Montfaucon, Les monuments de la Monarchie
Française I, 174 ff. u. Bouquet, Scriptt. rer. Gall. etc. II, 722 ff. Wahrscheinlich waren auch in diesem Grabe Münzen gewesen, die jedoch gleich Anfangs bei Seite geschafft sein werden, da diese Werthsachen hierzu am geeig-
netsten und verlockendsten sind. Ruinart bemerkt hierüber in seiner Disserta-
tio de regali abbatia S. Germani a Pratis (bei Bouquet a. O.) p. 725: De-
tecti fuerunt anno MDCXLVI. duo grandes sarcophagi seu arcae lapideae,
in quibus Regis et Reginae corpora jacebant sepulta, integra omnino, vesti-
mentis regiis nondum plane corruptis induta; sed absentibus monachis multa
ab operariis subducta creduntur, qui tamen furtum negantes numquam adduci
potuerunt ut ea restituerent etc.
[2] Anastasis Childerici I. Francorum regis, sive Thesaurus sepulchralis
Tornaci Nerviorum effossus et commentario illustratus. Auctore Johanne
Jacobo Chifletio etc. Antverpiae MDCLV. 4°. — Die neuere Untersu-

S. 37. **Anno igitur MDCLIII.** mensis Maii die XXVII.
hora tertia pomeridiana, dum foditur ad altitudinem septem
aut eo plus pedum, in rupem, invenitur primum fibula aurea;
et mox nidus rotundior velut ex aluta putri, in quo nummi
aurei plus centum, rutro aperitur ab Hadriano Quinquino
latomo Tornacensi, qui (ut erat mutus et surdus ab ipso
natali) voces inconditas mittere coepit, et quo potuit modo
viciniam advocare. Accurrunt illico decanus Pattus, et ae-
ditui duo, satagentes (ac merito quidem), ut quidquid thesauri
esset, ecclesiae suae et tenuiorum habitationi vindicarent.
Eodem in loco reperti romani ex argento nummi ducenti
plus minus, sed ita extriti et rubigine obducti, ut facinus
esset legere; unde magna ex parte periere.

Chiflet berichtet ferner (S. 42 f.) in Betreff der Münzen, daß
er seinen Sohn, den Canonicus Chiflet in Tournay, sofort nach erhaltener Kunde von dem Funde ersucht habe, die davon in die Hände
von Privatpersonen gelangten Stücke zu erwerben. Der Sohn gab
sich dieserhalb auch die größte Mühe, und sandte seinem Vater bald
darauf von dem Funde 6 Goldmünzen und 22 (42?) Silber-Denare.
Als dann am 10. November desselben Jahres der Erzherzog Leopold
in Begleitung von Chiflet Tournay besuchte, wurden demselben die
dort noch aufbewahrten Goldmünzen des Grabfundes zugestellt, deren Anzahl nach der von Chiflet gegebenen Liste 84 Stück betrug.

In seiner speciellen Beschreibung der von ihm untersuchten
Goldmünzen des Fundes (S. 251—256) bemerkt Chiflet, daß unter den mehr als 100 Stücken nur 12 verschiedene Typen angetroffen wären, nämlich:

zwei von Theodosius II [408—450 im Orient]	2 Stück
zwei von Valentinianus III [425—455 im Occident]	2 „
ein von Marcianus [450—457 im Orient]	8 „
zwei von Leo I [457—474 im Orient]	58 „
ein von Zeno und Leo II [474 im Orient]	1 „
ein von Julius Nepos [474—476 im Occident]	1 „
ein von Basiliscus [475 im Orient]	1 „
ein von Basiliscus und Marcus [477 im Orient]	2 „
ein von Zeno [476—491 im Orient]	15 „

Da die Aufzählung der von Chiflet angeführten Münzstücke
nur 90 beträgt[1], während er von mehr als 100 Goldmünzen des

chung über diesen Fund vom Abbé Cochet ist bereits in einer früheren Anmerkung (S. 545) citirt.

[1] Die Aufzählung in Chiflets Bericht ist folgende, S. 43: Primum
ad me misit (filius) aurea numismata sex Impp. Valentiniani, Marciani, Leonis, Zenonis, Basilici et Marci; und dann S. 46: Decanus aedituique (Tornaci) proferunt numismata aurea Leonis Imp. quinquaginta sex, Zenonis quatuordecim, Marciani septem, Basilici unum, Basilisci et Marci unum. Ab
decano seorsim oblata Serenissimo (Duci) Theodosii imp. duo majoris ponderis Valentiniani unum, itemque Leonis imp. alterum. Die Aufzählung dieser Münzen ergiebt (6 u. 84) 90 Stück, was mit der von uns oben im

findes spricht, die er untersucht habe, so muß es unentschieden bleiben, welchen Kaisern die übrigen Stücke zuzutheilen sind.

Ueber die im Grabe vorgefundenen Silbermünzen lautet der Bericht Chiflet's (S. 270) wörtlich wie folgt:

In conditorio Childerici Regis reperti sunt Nummi argentei ducenti, eoque amplius. Ex tanto numero in manus meas venere, filii mei industria, quadraginta duo duntaxat, qui Serenissimo a me oblati sunt, hoc digesti temporis ordine:

Nummus consularis unus,
Neronis [54—68] unus,
Trajani [98—117] duo,
Hadriani [117—138] quinque,
Antonini Pii [138—161] novem,
Faustinae Pii [117—138] tres,
Antonini Philosophi [161—180] septem,
Faustinae Philosophi tres,
Aurelii Veri [180—189] sex,
Commodi [189—192] duo,
Juliae Severi [211] unus,
Caracallae [211—217] unus,
Constantii junioris [350] unus.

Atque ex illis omnibus quatuor tantum sunt perforati, annis abhinc prope mille ducentis, Hadriani nempe, Antonini Pii, Aurelii Veri et Constantii junioris, quos in tabella aerea, primo loco retuli.

Chiflet äußert dabei die Vermuthung, daß der König Childerich diese letzterwähnten vier durchlöcherten Münzen an einem Bande aufgereiht am Halse getragen habe, aus Verehrung für die Tugenden gerade jener vier Kaiser. Diese Vermuthung gründet sich indeß lediglich darauf, daß sie allein unter den im Grabe aufgefundenen Münzen durchlöchert waren, was jedoch schon lange Zeit vor Childerich hatte geschehen können und keineswegs ausschließt, daß sie schon längst nach der ursprünglichen Durchlöcherung wieder in gewöhnlicher Circulation gewesen sein mögen, wie dies noch heutigen Tages nicht selten mit durchlöcherten Münzstücken geschieht. Dagegen ist es, sowohl nach den Angaben Chiflets wie auch nach den Be-

Texte gegebenen Uebersicht nach den Typen übereinstimmt, wogegen Hr. Cochet die Zahl derselben auf nur 87 angiebt. Dieser Gelehrte erwähnt dabei (S. 4): Chiflet reconnut cinquante-deux types différents, während im Original = Bericht Chiflets ausdrücklich nur 12 Typen angegeben werden (a. B. S. 251): Numismata aurea in Childerici regis conditorio sunt reperta numero centum eoque amplius, sed formis duntaxat duodenis.

[1] Es ist ein offenbarer thatsächlicher Irrthum von Petigny, Revue numism. T. XVII, p. 302 f., wenn er sagt: 4 monnaies d'or percées de Trajan [rectius Adrian], Antonin, Marc-Aurèle et Constance étaient des pièces hors de circulation et qui ne servaient que comme ornement. Es waren keine Goldmünzen, sondern Silber = Denare.

merkungen des Hrn. Cochet, aus den Umständen bei der Auffindung höchst wahrscheinlich, daß die Goldmünzen ursprünglich in einem lebernen Beutel am Gürtel des Königs, die Silbermünzen aber in einem besonderen, mit Metallstreifen beschlagenen hölzernen Kästchen zu den Füßen der Leiche, als Repräsentanten des königlichen Schatzes, verwahrt waren [1].

Bevor wir aus den thatsächlichen Umständen dieses Münzfundes selbstständig diejenigen Schlußfolgerungen vorlegen, welche, wenn man bekannte sonstige Verhältnisse und den einfachen Zusammenhang der Dinge mit in Betracht zieht, sich unserer Ansicht nach gleichsam von selbst ergeben, erscheint es indeß erforderlich, zuvor die vorhin erwähnte unrichtige und irreleitende Deutung, die davon zur Erläuterung des Münzwesens jener Periode gemacht worden, zu widerlegen. Nur zu diesem Zwecke ist auch der Wortlaut der betreffenden Stellen im Original-Berichte von Chiflet (eine andere authentische Quelle über den Vorgang der Auffindung giebt es nicht) mitgetheilt worden.

In einer Abhandlung von Petigny über das Münzwesen der merovingischen Zeiten [2] findet man nämlich folgende Bemerkung. Die Zusammensetzung des 1653 im Grabe Childerichs zu Tournai entdeckten Schatzes könne uns helfen, um die verschiedenen Münzsorten zu bestimmen, welche in Gallien zu Ende des fünften Jahrhunderts, zur Zeit als die Monarchie der Franken gegründet sei, circulirt hätten. Man habe im genannten Grabe ungefähr 100 Goldstücke und mehr als 200 Silbermünzen gefunden. Unter den letzteren hätten aber nur 42 Stück beschrieben werden können, da die übrigen vollständig oxydirt gewesen wären [3]. Es sei wahrscheinlich, daß die 160 oxydirten und daher unentzifferbaren Münzen von derjenigen Art von Billon des dritten und vierten Jahrhunderts gewesen wären, welche man so häufig bei den Ausgrabungen in Frankreich antreffe. Man habe übrigens, um für das Grab eines Königs ein Münz-Depot zu bilden, vorzugsweise Stücke von besserem Metall wählen müssen, also die schönen Silbermünzen des weströmischen Reiches. Die Anwesenheit der durchlöcherten Denare zeige hinlänglich, welche Sorge man darauf verwendet habe, alle zu sammeln, welche man sich nur habe verschaffen können. Aus dieser Analyse könne man schließen, daß im Jahre 481 in Gallien noch eine große Menge kaiserlicher Silbermünzen der vorangegangenen

---

[1] Hr. Cochet a. B. S. 430 bemerkt hierüber: Le coffret contenant l'argent figurerait le trésor royal, dont le prince eût ainsi emporté avec lui le symbole. La bourse remplie d'or pourrait avoir été mise là par tradition païenne pour satisfaire aux besoins du voyage et aux jouissances de l'autre vie; car dans le royaume des ombres le Celte, le Germain et le Scandinave se croyaient environnés des choses de la vie materielle.

[2] Etudes sur le monnayage des temps mérovingiens par J. de Pétigny, in der Revue numismatique, Année 1854. S. 371 ff.

[3] A. B. S. 386: Sur plus de 200 monnaies d'argent, 42 seulement purent êtres décrites; les autres étaient complètement oxydées.

Jahrhunderte und selbst noch republikanische Consular=Denare im Umlauf gewesen seien, vermischt vielleicht mit einigen Resten kleiner celtischer Silbermünzen, die einst in den Gegenden, welche zur Kaiserzeit das erste Belgien gebildet hätten, so häufig vorhanden waren.

Man hat nur nöthig, dieser Darstellung Petignys den Bericht Chiflets gegenüber zu stellen und beide mit einiger Aufmerksamkeit zu vergleichen, um sich von der offenbaren Unrichtigkeit jener Darstellung zu überzeugen. Chiflet — und, wir wiederholen es, dieser ist als alleiniger Gewährsmann über den fraglichen Münzfund zu betrachten — giebt auch nicht die allerleiseste Andeutung, daß die außer den von ihm untersuchten 42 Stücken gleichzeitig mit aufgefundenen etwa 160 sonstigen Silbermünzen irgend anderer Art gewesen seien als die von ihm beschriebenen. Er bemerkt ausdrücklich von sämmtlichen aufgefundenen mehr als 200 Silber=Denaren, einschließlich der von ihm näher bestimmten Stücke, daß sie in sehr oxydirtem Zustande und schwer zu entziffern gewesen seien. Daß Chiflet nur einen Theil davon untersucht hat, findet seine einfache, aber genügende Erklärung darin, daß der Canonicus Chiflet, als derselbe einige Tage nach dem Funde auf den Wunsch seines gelehrten Vaters die Silbermünzen von den einzelnen Privaten, die solche zu sich genommen hatten, wieder zu erwerben suchte, eben nicht mehr als 42 derselben herbeizuschaffen vermochte. Chiflet hat die übrigen etwa 160 Silber=Denare nur deshalb nicht specificirt, weil sie ihm gar nicht zu Gesicht gekommen sind, nicht aber aus dem Grunde weil sie anderer Art und stärker oxydirt gewesen wären als die ihm zu Händen gekommenen 42 Stücke [1]. Es liegt also auch nicht der mindeste Grund zu der Annahme vor, daß jene übrigen Silbermünzen anderer Art gewesen seien als Silber=Denare, vornämlich wol, wie die Mehrzahl unter den beschriebenen 42 Stücken, aus dem Zeitalter der Antonine, und daß sie zu den geringhaltigen römischen Billonmünzen des dritten Jahrhunderts gehört hätten. Mit der unrichtigen Prämisse fallen aber natürlich ohne weiteres auch alle

[1] Wollte man übrigens sich dieserhalb weiter in Vermuthungen ergehen, so möchte etwa noch darauf hinzuweisen sein, daß der ursprünglich in Chilerichs Grabe vorgefundene Münzvorrath vielleicht viel bedeutender gewesen, als die angegebenen Zahlen von über 100 Goldstücken und über 200 Silbermünzen, da diese Angaben von Zeugen herrühren, die erst etwas später hinzugekommen waren. Nach der gewöhnlichen Erfahrung in solchen Dingen wird gleich beim ersten Auffinden in der Verwirrung Manches von den herbeigeeilten Leuten entwendet, das später natürlich um so ängstlicher verheimlicht wird, um nicht das Gefundene unentgeltlich herausgeben zu müssen oder gar noch wegen des Verdachts einer Entwendung nicht angegebener Fundstücke in Untersuchung gezogen zu werden. Man könnte ferner es für wahrscheinlich halten, daß die nicht wieder herbeizuschaffenden etwa 160 Silbermünzen zum Theil die besser erhaltenen von reinerem Silber gewesen sein mögen, zu deren Hergabe die Besitzer weniger bereit waren als bei den sehr oxydirten Stücken. Die starke Oxydirung der Silbermünzen, auch wenn sie vom gewöhnlichen Feingehalt der älteren kaiserlichen Denare waren, wird übrigens durch die geschilderte feuchte Lage des Grabes hinlänglich erklärt.

daraus abgeleiteten weiteren Schlußfolgerungen über den Umlauf der römischen Billonmünzen bei den Franken, man ist vielmehr zu geradezu entgegengesetzten Schlüssen berechtigt. Nicht minder unbegründet ist aber auch, um dies hier schon vorweg zu berühren, die anderweitige Schlußfolgerung Petigny's, daß, weil im Grabe eines fränkischen Königs, vor der Eroberung Galliens durch die Franken, sich noch eine Anzahl guter Silber-Denare vorgefunden habe, die Circulation dieser Münzsorte bei der romanischen Bevölkerung dieses Landes zu Ende des fünften Jahrhunderts noch fortgedauert habe. Aus dem Grabfunde Childerichs I. (v. 481) kann man zunächst nur auf die damaligen fränkischen Zustände schließen, nicht auf diejenigen in den römischen Provinzen.

Eine unbefangene Erwägung der Bestandtheile des im Königsgrabe zu Tournay vorgefundenen Münzschatzes begründet unserer Ansicht nach folgende Annahmen über die bei den Franken um das Jahr 481, unmittelbar vor Chlodovechs Herrschaft, in Geltung gewesenen Münzverhältnisse.

1) Die hauptsächliche Münzsorte bei den Franken war damals der Gold=Solidus, ausgeprägt nach dem von Constantin I. eingeführten Münzfuß von 72 Stück auf das Pfund Gold, und zwar nämlich in den Ausprägungen der zweiten Hälfte des fünften Jahrhunderts im oströmischen Reiche. Daß die große Mehrzahl der gefundenen Goldmünzen den Stempel der Kaiser Leo I. [457—474] und Zeno [476—491] trug, zeigt, daß eine lebhafte Verbindung zwischen Constantinopel und den Gegenden am Unterrhein stattfinden mußte. Ob Childerich jene Goldstücke direct als Gehalt oder Subvention von den oströmischen Kaisern erhalten hatte, oder ob diese Münzen im Wege des Handels, etwa über Massilia oder Arles, nach Gallien gebracht und von dort auf irgend eine Weise in den Besitz Childerichs gelangt waren, darüber läßt sich ein näherer Nachweis nicht führen; wahrscheinlich ist es allerdings, daß ersteres der Fall gewesen, weil die Prägung der meisten der gefundenen Goldstücke nur kurze Zeit vor dem Tode Childerichs stattgefunden haben muß, und viele der Münzen den gleichen Typus zeigten, was auf eine gleichzeitige directe Zahlung des kaiserlichen Fiscus schließen läßt. Man wird ferner nach der Beschaffenheit des Fundes annehmen dürfen, daß um 481 die Hauptgoldmünze in ganzen Solidi, nicht in den später so ungleich häufiger vorkommenden Tremissen oder Trienten bestand. Es liegt nämlich nicht die mindeste Andeutung vor, daß die von Chiflet untersuchten 90 Goldmünzen aus Childerichs Grabe etwas anderes als ganze Solidi gewesen sind. Dies hat auch eine Untersuchung der von Chiflet in Abbildung mitgetheilten 12 verschiedenen Typen bestätigt, welche alle sich nur auf ganzen, nicht aber auf Drittel=Solidi vorfinden[1]. Nur von zwei

---

[1] Es ist wirklich unbegreiflich, wie Petigny, ein sonst so ausgezeichneter Gelehrter, in der angeführten Abhandlung (S. 387) unmittelbar nach der

Goldstücken des Theodosius II. erwähnt er, daß sie schwerer gewesen als die übrigen, ohne indeß Näheres darüber anzugeben[1]. Auch das scheint beachtenswerth, daß unter sämmtlichen Goldstücken des Tournayer Fundes sich keine befunden zu haben scheinen, welche zu den gallici solidi etc. zu rechnen wären, die durch Verordnung Majorians v. J. 458 und später im Rechtsbuch der Burgunder verrufen wurden.

2) Außer den Gold=Solibi haben um das Jahr 481 bei den Franken noch gute römische Silber=Denare der früheren Kaiserzeit, untermischt mit einzelnen Consular=Denaren und einzelnen späteren guten Silbermünzen des alten Denarfußes aus der Constantinischen Zeit[2], das Metall=Geld gebildet. Vornämlich waren es Denare aus dem Zeitalter der Antonine, wie solche vorzugsweise bei den Münzfunden in Deutschland angetroffen werden. Es war bei den Franken noch gegen Ende des fünften Jahrhunderts nicht anders als früher allgemein bei den germanischen Stämmen, welche seit Augustus

unrichtigen Mittheilung, daß 160 der gefundenen Silbermünzen Billon gewesen, in Bezug auf die gefundenen Goldstücke eine gleich unrichtige und irreleitende Angabe des Thatbestandes mittheilen konnte, indem er sagt: Quant à la circulation de l'or, elle se composait presqu' uniquement de triens, comme au temps des Mérovingiens, et ces monnaies étaient frappées au nom des empereurs d'Orient. Sur cent pièces d'or recueillies dans le tombeau de Childéric il y avait 80 triens, dont pas un seul n'appartenait aux souverains de Rome. Rien n'assure même que les deux sous qui portaient le nom de Valentinien fussent de Valentinien III. plutôt que de ses deux homonymes des siècles précédents. Man fragt sich unwillkürlich, welcher Grund liegt vor, die Angabe des münzkundigen Chiflet, der die Münzen vor Augen hatte, in Zweifel zu ziehen und die Vermuthung aufzustellen, daß es Münzen von Valentinian I. oder II. gewesen seien, welche einer früheren Periode angehörten als die übrigen mitaufgefundenen Goldmünzen, während die von Valentinian III. genau in dieselbe Zeit fallen würden? Und war nicht auch Julius Nepos, von dem ebenfalls ein Solidus sich dabei fand, Kaiser im Occident? Was aber die Hauptsache ist, aus unserer Darstellung oben im Texte ergiebt sich, daß nicht nur keine 80, sondern nicht ein einziger Triens aus dem Tournayer Fund sich nachweisen läßt. Wer den Bericht von Chiflet nicht selbst zur Hand genommen, sondern sich auf die Angaben Pétigny's verlassen hat, mußte natürlich zu ganz unbegründeten und verkehrten Hypothesen gelangen.

Die Bestätigung der Angabe, daß die fraglichen Goldmünzen im Grabe Childerichs ganze Solibi gewesen, durch Vergleichung der Typen, verdanke ich der freundlichen Mittheilung des Herrn Dr. Jul. Friedländer in Berlin. Die Größe der Abbildungen bei Chiflet würde an sich nichts beweisen, da man im siebzehnten Jahrhundert Münzen verschiedener Größen meistens in gleich großer Abbildung neben einander darstellte.

[1] Die von Queipo (a. B. III., S. 488) mitgetheilten Gewichtsangaben über Goldmünzen von Theodosius II., sowie die im Berliner Münzkabinet befindlichen Stücke dieser Art zeigen weder im Allgemeinen, noch auch bei einzelnen Münzen eine größere Schwere als die gut erhaltenen Solibi der Regierungen unmittelbar vor oder nach Theodosius II.

[2] Wie bei dem Tournayer Funde neben den älteren Kaiser=Denaren sich eine Silbermünze von Constantius II. mit vorfand, so wurden in dem Funde bei Lengerich außer (circa 1100) guten älteren Kaiser=Denaren etwa 75 Silbermünzen von Magnentius und eine von Constantius II. angetroffen. S. F. Hahn, Der Fund von Lengerich. Hannover 1854.

Zeit als Metallgeld faft ausschließlich ältere römische Silber-Denare benutzten, wozu dann seit der letzten Hälfte des vierten Jahrhunderts nach und nach Gold-Solidi kamen. Die in Childerichs Grabe vorgefundenen Münzen bestätigen nur dasjenige, was hierüber aus manchen anderen Münzfunden diesseits des Rheins zu entnehmen ist und was sich aus dem natürlichen wirthschaftlichen Zusammenhange der Dinge erklärt. Ein bemerkenswerther Einfluß der damaligen Münzzustände Galliens auf die germanischen Münzverhältnisse hatte bis zum Jahre 481 offenbar auch noch nicht bei den Salischen Franken stattgefunden.

3) Es ift in der eben erwähnten Rücksicht besonders zu beachten, daß, soweit der ursprüngliche Bericht über den Fund Auskunft giebt, nicht eine einzige Kupfer= oder Billon-Münze im Grabe angetroffen worden ist, während nach den von Hrn. Cochet mitgetheilten Untersuchungen fränkische Grabstätten in romanisch gebliebenen Theilen Galliens und aus etwas späterer Zeit mehrfach römische Kupfermünzen verschiedener Art unmittelbar neben fränkischen Goldmünzen aufgewiesen haben. Es bestätigt dieser Umstand wiederum, was auch die meisten sonstigen hierher gehörigen Münzfunde in Deutschland darthun, daß die germanischen Völker, trotz der enormen Ueberschwemmung der benachbarten Provinzen des Reichs mit solchen entwertheten Gelde, sich die römischen Billon= und Kupfermünzen möglichst fern hielten[1]. In ihren damaligen Kulturzuständen, ohne lebhaften städtischen oder entsprechenden sonstigen Detailverkehr, werden auch die Salischen Franken bis 481 wenig Bedürfniß nach kleineren Münzsorten als der Silber=Denar empfunden und das Metallgeld mit steter Berücksichtigung seines effectiven Werths geschätzt haben. In dieser Hinsicht ift es bemerkenswerth, daß unter den vorgefundenen Silbermünzen seit Caracalla nur eine einzige von Constantius II. angetroffen wurde, namentlich keine Stücke der seit Julian nach dem Siliquafuß ausgeprägten Silbermünze, obschon hiervon gerade in Trier eine starke Ausmünzung stattgefunden hatte, wie die Typen der davon in England und Irland entdeckten Schätze ausweisen[2]. Unter den Silberausmünzungen von Constantius II., welche

---

[1] Die einzigen Funde einer größeren Summe von Kupfermünzen, welche in den von der römischen Herrschaft unabhängig gebliebenen Theilen Germaniens überhaupt vorgekommen, scheinen die bei Schreitlacken in der Nähe von Königsberg zu sein, woselbst nach einander 759 und 350 Kupfermünzen erster und zweiter Größe gefunden sind; die ältesten erkennbaren Stücke darunter waren respective von Vespasian und Trajan, die jüngsten von Commodus aus den Jahren 178 und 182 n. Chr. S. Mommsen, Geschichte des römischen Münzwesens, S. 815 f. Diese schweren Münzen waren wahrscheinlich nicht als Circulationsmittel oder baarer Schatz, sondern nur wegen ihres Metallgehalts zur weiteren Verarbeitung zu Broncesachen im Wege des Handels dorthin gekommen.

[2] Vergl. Mommsen a. a. O. Unter den zu Holwel in England gefundenen 338 Silbermünzen, welcher Schatz unter Honorius vergraben worden, waren etwa zwei Drittel in Trier geprägt. (Hierauf ist später noch zurückzukommen).

ehr mannigfach- und bedeutend gewesen zu sein scheinen, finden sich ach Queipos Gewichtsangaben (a. B. III, S. 453) sehr viele, welche mit dem Münzfuß der alten guten Kaiser-Denare übereinstim= men. Die im Tournaher Grabe vorgefundene Münze des Constan= us II., die Chiflet hat abbilden lassen, hat die Bezeichnung: *votis XX multis XXXX* und ist nach 383 geprägt; einige Exemplare eser Münze, die sonst noch erhalten sind, haben ein Gewicht von .18 und 3.15 Gramm, und die Ausprägung derselben nach einem Münzfuß von $\frac{1}{96}$ Pfund (3.41 Gr.) darf hiernach mit ziemlicher Sicherheit angenommen werden. Eine solche Münze konnte mit Recht ın älteren Denaren an Werth gleich geachtet werden [1].

Wenn man nun auf Grund des Tournaher Fundes anzunehmen rechtigt ist, daß unmittelbar vor Chlodovechs Herrschaft die gan= n Gold=Solidi nach dem Münzfuß von $\frac{1}{72}$ Pfund und die Silber= nare nach dem Münzfuß von $\frac{1}{96}$ Pfund, und zwar beide Münz= rten mit anscheinend gleichmäßiger Geltung bei den Franken das urante Metallgeld bildeten, so knüpft sich daran unabweisbar die rage nach dem damaligen gegenseitigen Rechnungsverhältnisse der ge= nnten Münzen, indem es offenbar der Natur der Sache widerstreitet, enn man die Nothwendigkeit eines solchen zu einer gegebenen Zeit ı Verkehr geltenden Verhältnisses in Abrede stellen wollte. Ge= cht gegen Gewicht gerechnet [2], ergiebt sich bei Annahme einer Werth= ation der Edelmetalle von 1:10 der Werth der Denare zum So= us wie $13\frac{1}{3}$ zu 1; bei einer Werthrelation der Edelmetalle von 12 würden 16 Denare auf den Solidus gegangen sein. Wenn) hieraus auch unmittelbar noch keine anderweitige positive Schluß= gerung ziehen läßt, so geht das doch in einleuchtender Weise daraus vor, daß um das Jahr 481 die Franken den Solidus noch nicht 40 Denaren (nämlich Denare solcher Art wie sie allein im Grabe 3 Childerich angetroffen wurden) gerechnet haben können, denn eine che Rechnung würde ein Werthverhältniß der Edelmetalle von 1:30 ı : $40 \times \frac{1}{96} = 1:30$) ergeben, welches Verhältniß für geradezu möglich zu erachten ist [3]. Oder man müßte ganz willkürlich die ıpothese aufstellen wollen, daß die Franken, obschon sie damals, oeit wir es nach dem Ausweis des Grabes ihres Königs Childe-

[1] Der Münzfuß der Denare seit Nero bis zu Ende der Antoninischen riode war bekanntlich 96 auf das römische Pfund, oder 3.41 Gramm. ler ben von Queipo gewogenen 45 Silbermünzen von Constantius II. fin= sich 18 Stücke im Gewichte zwischen 2.90 und 3.40 Gramm, welche alle ıst wahrscheinlich noch nach jenem Denarfuße ausgemünzt sind. Die große enauigkeit bei diesen späteren Silberausmünzungen ist jedoch augenscheinlich, gut erhaltene Stücke mit demselben Typus an Gewicht auffallend differiren.

[2] Der Feingehalt der in Rede stehenden Münzen bleibt hier außer Be= cht, da eine absichtliche Legirung bei denselben nicht stattfand, oder doch t stattfinden sollte, und da ferner, wenn solches beim Golde wie beim Sil= ın annähernd gleichem Grade vorkommt, das gegenseitige Werthverhältniß urch, wenigstens nicht im gewöhnlichen Verkehr, wesentlich geändert wurde.

[3] Ueber die Werthrelation der beiden Edelmetalle zur späteren römischen

rich vom Jahre 481 zu beurtheilt im Stande, sind, außer dem
Goldsolidus nur die guten römischen Silber‑Denare als ge‑
münztes Metallgeld in Gebrauch hatten, diesen effectiven Denar
doch nicht mehr als eine selbständige Silberwertheinheit, sondern
als ein Mehrfaches von ideellen Rechnungs‑Denaren angesehen
benannt hätten! Gründe oder auch nur Anzeichen für eine solche
nahme scheinen uns in keiner Weise vorzuliegen. Andererseits
aber auch ohne besondere Nachweise der Natur der Sache nach
ziemlicher Zuversicht zu behaupten (weil nämlich das Gegentheil
allerhöchsten Grade für unwahrscheinlich und verkehrt gelten muß
daß für das fragliche im gewöhnlichen Verkehr übliche gewesene W
verhältniß zwischen ganzen Gold‑Solidi und Silber‑Denaren
Bruchrechnung, sondern ein möglichst einfaches Zahlenverhältniß
auszusetzen ist, wenn auch andererseits die daraus abzulei
Werthrelation des Goldes zum Silber nicht so einfach sich darbi
sollte. Und da bietet sich für das ursprüngliche Werthverhältni
Solidus zum Denar kein anderes System, als wie es später
hunderte lang in Deutschland, Frankreich und Großbritannien
ten hat und zum Theil noch in voller Anwendung fortbesteht, n
die Zwölftheilung, so daß hiernach der Solidus bei den Franken u
lich zu 12 Denaren gerechnet worden wäre. Die Bedeutung, we
Zwölf‑Zahl bei den Germanen in vielfacher Hinsicht gehabt hat
kannt [2]. Bei der Münzeintheilung spricht dafür ohnehin die
praktische Zweckmäßigkeit wegen der directen Theilbarkeit der
durch 2, 3, 4 und 6 [3]. Man fühlt es gleichsam von selbst
daß um eine Rechnung von 13, oder 14, oder 15, oder
Denaren auf den Solidus anzunehmen, positive Zeugnisse ode
leuchtende specielle Momente geltend gemacht werden müßten
rend die Rechnung von 12 Denaren auf den Solidus gewiß
von vornherein die Präsumtion für sich hat. Das einzige
Bedenken gegen die Gleichsetzung von 12 Denaren der
stehenden Art mit einem Gold‑Solidus, das nähere Beach
erheischen scheint, ist die hiernach bei gleichzeitiger Münz

Kaiserzeit vergleiche man die Bemerkungen im zweiten Abschnitt dies
S. 270 ff.

[1] In Deutschland und England der Schilling zu 12 Pfenn
Frankreich der Sou zu 12 Deniers.

[2] Vgl. G. Waitz, Deutsche Verfassungsgeschichte B. I. Aufla

[3] Auch bei den Römern war die Zwölftheilung ursprünglich
indem das As in zwölf Unzen getheilt wurde. Die griechische Rechnung
sen begründet sich unverkennbar ebenfalls auf einer Zwölftheilung.
Hultsch, Griechische und Römische Metrologie S. 105: „Der Obolo
dem üblichen Rechnungssystem als Sechstel der Drachme, da diese
Hälfte zu betrachten ist, so erkennt man in jenem leicht das Zwölftel
ter, also die reine Duodecimaltheilung. So sind im äginäischen Mü
die hauptsächlichsten Theilmünzen Drachme, Triobolon und Obolos,
Hälfte, das Viertel und das Zwölftel; und auch sämmtliche übrigen
münzen, besonders der attischen Prägung, ordnen sich dem duodecimale
steme unter".

ke die beiden Geldforten ſich ergebende Werthrelation des Goldes
um Silber. Galt bei den Franken in der Zeit vor Chlodovech der
ſolidus von $\frac{1}{72}$ Pfund Gold 12 alte römiſche Denare von $\frac{1}{96}$ Pfund
Silber, ſo ergiebt dies, unter Vorausſetzung vollhaltig ausgeprägter
und guterhaltener Münzſtücke beider Arten, eine Werthrelation der
Edelmetalle wie 1 : 9 ($\frac{1}{72}$ Pfund Gold : 12 × $\frac{1}{96}$ Pfund Silber
= 1:9). Das Verhältniß erſcheint noch günſtiger für das Silber,
wenn darauf hingewieſen wird, daß die damals vorkommenden Goldmünzen, im Ganzen genommen, kurz vorher geprägt und gar nicht
oder doch nur wenig abgenutzt waren, daß hingegen die Silber-
denare durchſchnittlich ſchon einige Jahrhunderte im Umlaufe geweſen waren und ſo an ihrem urſprünglichen Metallwerth mehr oder
weniger verloren hätten [1], wonach ſich bei der Rechnung von 12 Denaren auf den Solidus die Werthrelation des effectiven Metallgehalts beider Münzſorten vielleicht wie 1 : 8.5. oder ſelbſt wie 1 : 8
ſtellen würde. Wie auffallend aber auch dieſe hohe Schätzung des
Silbers, im Vergleich mit dem damals im oſtrömiſchen Reiche und
auch in den ſonſtigen römiſchen Provinzen im Allgemeinen geltenden
Werthverhältniß der Edelmetalle, auf den erſten Blick erſcheinen mag,
ſo geben doch die mit in Erwägung zu ziehenden beſonderen Umſtände und analoge Zuſtände anderer Zeiten und Völker hierfür eine
genügende Erklärung; wogegen das umgekehrte Verhältniß, nämlich
eine Rechnungsweiſe der Denare, welche eine ungewöhnlich hohe
Schätzung des Goldes bedingen würde, als unerklärlich ſich darſtel-
len müßte. Das den Werth der Dinge beſtimmende Verhältniß
zwiſchen Nachfrage und Angebot, und dann weiter die Factoren,
welche die Intenſität und den Umfang von Nachfrage und Angebot
beſtimmen, können und müſſen auch auf den Werth der Münzſorten
ſo Einwirkung in der Art äußern, daß der ſonſt faſt allein ent-
ſcheidende innere Metallwerth der Münzen, berechnet nach der zur
Zeit im freien Weltverkehr üblichen Werthrelation der ungemünzten
Edelmetalle, in ſeiner praktiſchen Bedeutung weſentlich modificirt
wird. Zur Erläuterung dieſes Umſtandes erinnern wir beiſpielsweiſe
an gewiſſe noch heutigen Tages vorkommende bekannte Erſcheinungen.
Die Maria = Thereſienthaler vom Jahre 1780 haben gegenwärtig
in Abeſſinien nach feſtgewurzeltem Herkommen, als dortiges haupt-
ſächliches Zahlmittel, einen beſonders hohen Werth, ſo daß, wenn
ihr Silberwerth an ſich in Betracht käme, das Verhältniß derſelben zum Golde, das dafür eingetauſcht werden kann, bedeutend
günſtiger für das Silber auskommt, als wenn dieſes in der Form
von Barren oder in anderen dort nicht ſo bekannten Münzen als
Tauſchmittel gebraucht wird. In noch ausgedehnterem Maße findet ſich ſolche partikulare Werthſteigerung einer gewiſſen Silbermünze
wie hinſichtlich der Säulenpiaſter von Carl IV. in Shanghae und
anderen nördlichen chineſiſchen Häfen, wo ſonſtige, ebenſo viel Fein-

---

[1] Daß übrigens eine erhebliche Abnutzung der Denare nicht wahrſcheinlich, wird ſpäter erörtert werden.

Silber enthaltende Dollars oft nur mit Verluft anzubringen fu
während gleichzeitig die Säulenpiafter mitunter bis 8 Procent P
mien bedingen. Und zwar hat dies stattgefunden, obschon der w
liche Metallwerth der verschiedenen betreffenden Münzforten an je
Plätzen wiederholt öffentlich angezeigt wurde, auch allgemein befa
ift. Der Grund ift, daß in manchen Theilen von China nun
mal das Herkommen befteht, für gewiffe Ankäufe nur jene ält
spanischen Säulen=Piafter zu verwenden, die Herbeischaffung e
Stücke diefer Münzforte aber beschränkt ift. Der Empfänger w
daß, obschon er diefe Piafter eigentlich über ihren effectiven Sil
werth annimmt, er diefelben jederzeit in herkömmlicher Weife
gleichem Werthe wieder ausgeben kann, und zwar mit größ
Leichtigkeit als andere Münzforten, die ihm nur nach dem effect
Metallwerthe angerechnet find, die er aber auch niemals höher,
unter felbst nur mit einem Abschlag wieder ausgeben kann.
noch ein Beispiel aus neueren europäischen Zuftänden anzuführen,
innern wir daran, wie in den Niederlanden vor der dortigen du
greifenden Münzreform im Jahre 1847 gewiffe fehr abgenutzt
beschnittene ältere Silbermünzen des 16ten und 17ten Jahrhund
zu einem herkömmlichen Werthe im Umlauf waren, der beim l
gleich ihres effectiven Silberwerths mit dem Werth der gleich
üblichen Goldmünzen eine bedeutend niedrigere Werthrelation für
Gold ergab, als nach den Gold= und Silber=Preifen an der B
wirklich beftand.

Aehnlich muß man sich das Werthverhältniß der älteren r
schen Denare bei den Franken im fünften Jahrhundert vorfte
Als die Germanen feit dem erften Jahrhundert unserer Zeitrech
durch ihre Berührung mit den Römern mehr und mehr das
münzte Metall=Geld schätzen und benutzen lernten, geschah dies,
schon früher bemerkt ift, in dem damaligen Courantgeld des r
schen Reichs, den Silber=Denaren zum Münzfuß von 84, und
Nero von 96 Stück auf das römische Pfund Silber ohne abficht
Legirung[1]. Römische Goldmünzen (aurei zu 100 Sefterzen
25 Denaren gerechnet) haben schon damals ihren Weg nach
manien gefunden[2], doch gewiß nur in kleiner Zahl, verglichen
den Denaren. Unter diefen letzteren aber gaben, wie Tacitus
drücklich berichtet, die Germanen gewiffen Sorten den 'serratis'
'bigatis' den Vorzug, woburch, als die ficherften Kennzeichen,
Allgemeinen die zu $\frac{1}{84}$ Pfund (3.90 Gramm) ausgemünzten Da
aus der Zeit der Republik bezeichnet zu fein scheinen, im Gege
zu den fpäteren feit Nero zum Münzfuß von $\frac{1}{96}$ Pfund (3
Gramm). Mit dem Einreißen der progreffiven Münzverschlechter
im römischen Reiche feit der Mitte des dritten Jahrhunderts, u
rend die baaren Zahlungen an die Germanen eher zunahmen, als

---

[1] Vgl. den erften Abschnitt S. 220 f. und 243—256.
[2] Ebendafelbft S. 255.

ringerten, und diese die neuen geringhaltigen Münzen nicht nehmen
wollten, mußten natürlich das Bedürfniß und die Tendenz entstehen,
die der Einschmelzung entgangenen älteren Denare vorzugsweise zur
Ausfuhr zu verwenden und sie namentlich den Germanen im Austausch
gegen andere Gegenstände oder als willkommenste Art der
Subsidienzenzahlung zuzuführen. Der Natur der Sache nach konn=
ten dies, als die Ausmünzung guter Denare seit Alexander Severus
aufgehört hatte, vornämlich nur Denare aus den nächstvorhergegan=
genen Regierungen sein, also aus dem Zeitalter der Antonine, da
es dahin keine Veranlassung vorhanden gewesen war, die älteren
Denare besonders aufzubewahren. Diese werden sich im Laufe der
Zeit, wie es mit solchen Courantmünzsorten zu geschehen pflegt, im
Inlande selbst allmählich verloren haben, oder auch zum Theil schon
zu etwas verringertem Münzfuße umgemünzt worden sein. Aus
diesem Umstande, daß manches Jahrzehent hindurch die Geldzahlun=
gen, welche aus dem römischen Reiche an Deutsche zu leisten waren,
in älteren guten Denaren bewerkstelligt wurden, nachdem die Aus=
münzung derselben aufgehört hatte, erklärt es sich, weshalb bei den in
Deutschland und Skandinavien gemachten Münzfunden, wo römische
Münzen in größerer Zahl vorkommen, Denare aus dem Zeitalter
der Antonine eine ganz überwiegende Rolle spielen, wie wir dies
nun auch ebenso in dem zu Tournay entdeckten Schatze im Grabe
Childerichs wahrnehmen. Im Fortgange der Zeit mußte die An=
schaffung von älteren Denaren im römischen Reiche allmählich immer
schwieriger werden und gleichzeitig auch bei den Germanen selbst der
Vorrath davon, durch das Vergraben größerer Summen oder son=
stiges zufälliges Verlorengehen, sich für den Umlauf nach und nach
beträchtlich vermindern, ohne daß deshalb der Begehr nach gemünz=
tem Gelde irgend abgenommen hätte. Man wird darüber nicht
zweifelhaft sein, daß, wenn die Silberausprägungen nach dem alten
Denar=Fuß, welche unter Constantin I. und seinen nächsten Nach=
folgern in beschränktem Maßstabe stattfanden, in größerem Umfange
und nachhaltig wären fortgesetzt worden, diese durch langes Herkommen
einmal üblich und beliebt gewordene Silbermünzsorte bei den Ger=
manen in vorwiegender Geltung geblieben und namentlich der An=
nahme des Gold=Solidus hindernd entgegengetreten sein würde. Wie
aber die Münzverhältnisse im römischen Reiche seit Julian sich ge=
stalteten, als die Silberprägung nach einem neuen, von den älteren
Denaren sich wesentlich unterscheidenden Münzfuß, überdies mit pro=
gressiver Verringerung des wirklichen Metallgehalts, und doch nur
in beschränktem Umfange, geschah, während zugleich in den Gold=
Solidi eine in reeller und sorgfältiger Ausmünzung aufrechtgehaltene
neue Weltmünze aufkam, konnten auch die germanischen Völkerschaf=
ten sich dem Einflusse dieser Umgestaltung um so weniger entziehen,
als ihre Beziehungen zu den römischen Zuständen immer lebhafter
und vielseitiger wurden. In zweierlei Weise mußte sich solches gel=
tend machen, einmal dadurch, daß die Rechnung nach Goldsolidi des

constantinifchen Münzfußes und ihre Verwendung bei größern Zahlungen auch bei den Germanen allgemein in Aufnahme kam, sodann aber weil wegen des allmählich geringer werdenden Vorraths an Silber=Denaren, ohne daß sich dafür bei den außerhalb der römischen Provinzen verbleibenden germanischen Stämmen ein zusagender Ersatz gefunden hätte, diese gewohnte und beliebte Münzsorte, im Verhältniß zum Solidus, einen höheren Werth erlangen und behaupten konnte und mußte, als ihr nach dem effectiven Metallgehalt und der damals sonst geltenden Werthrelation der Edelmetalle eigentlich zukam. Wird diese wie 1 : 12 angenommen, so wären nach dem ursprünglichen Münzfuß, wie oben schon erwähnt, 13⅓ Denare, oder wenn man die stärkere Abnutzung mit in Anschlag bringt, etwa 14 Denare, auf den Solidus zu rechnen gewesen; allein unter den eben angedeuteten besonderen Umständen müßte es sehr auffallen, wenn die älteren römischen Silber=Denare seit dem Ende des vierten Jahrhunderts bei den germanischen Stämmen nicht höher gegolten hätten. Die Berechnung der Denare, wie man solche in Childerichs Grabe gefunden hat und hiernach als damals im Umlauf befindlich gewesen zu betrachten berechtigt ist, zu 12 Stück auf den Solidus darf mithin bei den Franken im fünften Jahrhundert als in jeder Hinsicht höchst wahrscheinlich angenommen werden. —

An die vorstehend nach allgemeiner volkswirthschaftlicher Auffassung und auf Grund eines im Jahre 481 niedergelegten größern Münzvorraths erörterten Gesichtspunkte schließen sich noch einige specielle Zeugnisse für die Theilung des Goldsolidus in zwölf Denare, mit deren Betrachtung wir uns jetzt beschäftigen wollen.

Das Rechtsbuch der Ripuarischen Franken (Lex Ribuaria) ist freilich später aufgezeichnet worden als die s. g. Lex Salica, allein daraus folgt keineswegs, daß einige dort angegebene rechtliche oder thatsächliche Verhältnisse, soweit sie von denen der letzteren abweichen, nicht deshalb doch älteren und ursprünglicheren germanischen Zuständen entsprechen. Bei der späteren speciellen Erörterung der Münzangaben der Lex Ribuaria wird auf diesen Punkt zurückzukommen sein, aber es möge schon hier bemerkt werden, daß schon in der ältesten Fassung derselben die Bußen und Geldansätze nur in Solidi aufgeführt werden, ohne beigefügte Angabe des entsprechenden Werths in Denaren. Die gewöhnlichen Ausgaben dieses Rechtsbuches enthalten indeß zwei Stellen, worin eine Berechnung des Solidus nach Denaren angegeben wird, allein nicht nach 40 Denaren, wie das Verhältniß durchweg in der Lex Salica erscheint, sondern ausdrücklich nach 12 Denaren. Es heißt nämlich in den betreffenden Stellen: Tit. XXIII: tremissem, id est quatuor denarios, componat; und Tit. XXXVI, 12: Quod si cum argento solvere contigerit, pro solido duodecim denarios, sicut antiquitus est constitutum.

In Rücksicht der Authenticität dieser beiden Stellen für die

ursprüngliche Aufzeichnung der Lex Ribuaria und mit ihrer nachträg=
lichen Einschaltung scheint es folgende Bewandniß zuhaben [1].

Die zuerst erwähnten betreffenden Worte in Tit. XXIII: id
est quatuor denarios, fehlen nämlich in einigen der ältesten Hand=
schriften gänzlich; in einer anderen Abschrift sind dieselben von an=
derer Hand hinzugefügt. Man hat deshalb mit Recht bemerkt:
„Hiernach läßt sich sicher nicht zweifeln, daß wir hier einen späteren
Zusatz vor uns haben". — Die zweite Stelle (in Tit. XXXVI, 12)
findet sich dagegen auch in denjenigen Handschriften schon, in welchen
jene erstere Stelle fehlt, aber in der bekannten Ausgabe von Linden=
bruch erscheint sie nicht, und in einer von Hrn. Pertz untersuchten
einer Handschrift findet sie sich an einem anderen Platze, nämlich
als eigener Artikel zwischen LXIV und LXV eingeschaltet. „Schon
das zeigt wohl, daß es kein so recht sicherer Bestand des Textes
ist. Die vorhandenen Codices reichen alle nicht über die karo=
lingische Periode hinauf, und wenn auch mehrere im allgemeinen
das Gepräge der früheren Zeit bewahrt haben, so scheint doch in
der ein ganz ursprünglicher Text erhalten zu sein. Daß aber Zu=
sätze gerade dieser Art leicht später eingefügt wurden, zeigt das Bei=
spiel der Lex Alamannorum".

Bei dieser Beschaffenheit des uns vorliegenden Textes der Lex
Ribuaria wird man darauf verzichten müssen, diese Zeugnisse an
sich für sich so zur Geltung zu bringen, wie in dem Falle geschehen
müßte, wenn jene Stellen, oder doch eine derselben, unzweifelhaft
schon in der ältesten Aufzeichnung sich befunden hätten. Allein wenn
man diesem Umstand auch alle Rechnung trägt, so dürfen wir den=
noch in ihnen, namentlich in der zweiten Stelle (XXXVI, 12), ein
wichtiges Zeugniß für die ursprüngliche Eintheilung des Solidus
in zwölf Denare erkennen. Daß dieser nachträgliche Zusatz, wofern
ein solcher ist, doch schon in ziemlich frühe Zeit und wohl vor
die karolingische Zeit hinaufreicht, läßt sich daraus abnehmen, daß
er, wie gesagt, dieser Satz auch in denjenigen Handschriften findet,
in die erstere Stelle (in Tit. XXIII) fehlt, und daß jedenfalls die
Notiz 'sicut antiquitus est constitutum' es bestimmt ausschließt,
dabei an den unter Pippin eingeführten ideellen Silber=Solidus zu
karolingischen Denaren zu denken. Auch die Annahme, daß diese
Stelle erst später zur Erläuterung von einem Abschreiber beigefügt
sei, läßt sich mit unserer Ansicht, wonach die Rechnung nach effectiven
alten römischen Silber=Denaren, 12 Stück auf den Goldsolidus, bei
den Franken vor der Eroberung Galliens durch Chlodovech herkömm=
lich und in fortgesetzter praktischer Anwendung war, sehr gut ver=
einigen. Und weitere Erwägung dürfte selbst dahin führen, eben aus
dieser ausdrücklichen Angabe der Münzverhältnisse die fraglichen Stel=
len als spätere Zusätze anzuerkennen.

[1] Vrgl. hierüber Waitz, Ueber die Münzverhältnisse in den älteren Rechts=
büchern des fränkischen Reichs, S. 13—15, dem die obigen Angaben über
den Text der Lex Ribuaria entnommen sind.

Wenn nämlich die Rechnung von 12 römischen Silber-Denaren auf den Goldsolidus, nachdem diese neue festnormirte Weltmünze seit der Mitte des vierten Jahrhunderts auch bei den Germanen mehr und mehr Eingang gefunden, bei den Franken überhaupt bis gegen Ende des fünften Jahrhunderts Herkommen geblieben war und sich insbesondere noch bei den Ripuarischen Franken behauptete, nachdem die Salischen Franken seit der Eroberung Galliens ein abweichendes Geld-System angenommen hatten, so lag bei der ältesten Aufzeichnung der Lex Ribuaria unter Theoderich I. (um 511—534) keine Veranlassung vor, weder neben den Werthangaben in Solidi eine Beifügung der entsprechenden Zahl-Denare noch auch eine Erläuterung des Werthverhältnisses beider zu geben. Es wäre dies so überflüssig und zwecklos gewesen wie nur irgend etwas. Nachdem aber unter der gemeinschaftlichen Herrschaft der Merovinger die Verhältnisse der Salischen und Ripuarischen Franken mehr in Wechselwirkung zu einander getreten waren, und in manchen gemeinsamen Verordnungen sowie in anderen öffentlichen Actenstücken die Rechnung des Goldsolidus zu 40 Denaren zur allgemeineren Geltung im ganzen fränkischen Reich kam, ohne daß deshalb die frühere Rechnungsweise in den partikularen Beziehungen der austrasischen Theile des Reichs, namentlich bei den am Ufer und diesseits des Rheins belegenen Völkerschaften, ganz verdrängt wäre, so konnte in der spätern merovingischen Zeit ein Abschreiber leicht darauf verfallen, an passender Stelle Zusätze zu machen, um in Erinnerung zu bringen, daß in der Lex Ribuaria nicht nach solchen neuen salischen Denaren, 40 auf den Solidus, sondern noch nach alten römischen Denaren, 12 auf den Solidus, gerechnet werde. Eine besonders geeignete Veranlassung zu einer derartigen Einschaltung, um dadurch wesentlichen Mißverständnissen vorzubeugen, lag nun offenbar bei derjenigen Bestimmung (Tit. XXXVI) vor, wo von der Zahlung der Bußen nach der bestehenden Taxe in Solidi, aber mittelst anderer Werthgegenstände als Goldmünzen, die Rede war. Damit in solchem Falle nicht die Forderung aufgestellt werde, die Zahlung in neuen Denaren oder deren Aequivalent in anderen Münzsorten nach salischer Rechnung, 40 Denare auf den Solidus, zu leisten, ward die Einschaltung gemacht: Quod si cum argento solvere contigerit, pro solido duodecim denarios, sicut antiquitus est constitutum. Es steht dies unverkennbar im Gegensatz zu den Bestimmungen der Lex Salica, wo 40 Denare für den Solidus gerechnet werden, welche Neuerung bei den Ripuariern keine Nachahmung gefunden hatte. Deshalb ward in der späteren Einschaltung gewiß recht absichtlich hervorgehoben, daß diese Zwölf-Theilung des Solidus und die fortdauernde Benutzung der römischen Silber-Denare altes Herkommen sei. Diese letztere Bemerkung schließt jede Bezugnahme auf die seit Pippin aufgekommene Rechnung eines ideellen Solidus von 12 salischen Denaren aufs entschiedenste aus — und würde, wenn es darauf ankäme, als ein Beleg dafür gelten können, daß der Zusatz nicht erst zu Pippins oder Carl des Großen Zeit beigefügt worden; denn von der erst vor kurzem eingeführten Rechnung von 12 neuen Denaren auf die ideelle Wertheinheit des Silber=Solidus hätte der Abschreiber unmöglich bemerken können: *sicut est antiquitus constitutum* [1].

§. 2. Münzzustände in Gallien zur Zeit der Eroberung durch Chlodovech.

Wenn die im vorigen §. versuchte Darlegung die Verhältnisse im Ganzen richtig geschildert hat, muß man annehmen, daß, so lange die dauernden fränkischen Eroberungen in Gallien die Somme nicht überschritten, das Geld= und Münzwesen bei den Franken im Allgemeinen frei blieb von jeder sonstigen Einwirkung seitens der verschiedenen Münzwirren und Münzreformen, welche im römischen Reiche seit der Mitte des dritten Jahrhunderts durch Entwerthung des Silbergeldes und hinsichtlich der Kupfermünzsorten stattgefunden hatten, und daß bis dahin außer den alten Silber=Denaren nur die zur anerkannten Weltmünze gewordenen Goldsolidi nach dem von Constantin I. hierfür eingeführten Münzfuße bei ihnen in der Regel zugelassen waren. Die in den fränkischen Gebieten am linken Rheinufer und in Belgien nach den vorangegangenen furchtbaren Verwüstungen etwa noch vorhandenen Ueberreste römischer oder gallischer Bevölkerung mußten sich auch in Hinsicht des Geldwesens den germanischen Zuständen anschließen, und wird seit der Begründung der fränkischen Herrschaft mit dem Abzuge der römischen Besatzungen die früher auch hier üblich gewesene Kupfermünz=Circulation sich nach Gallien zurückgezogen haben. Anders gestalteten sich die Verhältnisse seit 481, als die Franken unter Chlodovech das nördliche und mittlere Gallien besetzten — Landstriche, in denen es eine ansehnliche Anzahl größerer und kleinerer Städte mit lebhaftem täglichem Verkehr gab, wo also natürlich die Geldwirthschaft vorherrschte und eine Menge kleiner Münze erfordert wurde, und wo die neuen germanischen Ansiedler in der Masse der Bevölkerung einen nur geringen Bestandtheil ausmachten. Die Beibehaltung eines besonderen Geld= und Rechnungswesens für die Salischen Franken war unter diesen

---

[1] In dem Capitulare Kaiser Ludwigs I. v. J. 816 heißt es genau mit den nämlichen Worten: De omnibus debitis solvendis, *sicut antiquitus fuit constitutum*, per duodecim denarios solidus solvatur per totam Salicam legem, exceptis leudis, si Saxo aut Friso Salicum occiderit, per 40 dinarios solidus solvatur. Die Gleichstellung von 12 Denaren mit dem Solidus, im Gegensatz zur Rechnung des Solidus zu 40 Denaren, hätte auch hier unmöglich als altes Herkommen bezeichnet werden können, wenn damit die unter Pippin eingeführte Silberwährung (der ideelle Silber=Solidus) gemeint wäre. Allein jene Bezeichnung (*sicut antiquitus fuit constitutum*) erscheint ganz passend, wenn darunter die Rückkehr zu dem alten Herkommen der ursprünglichen germanischen Rechnung von 12 Silber=Denaren auf den Gold=Solidus zu verstehen ist, ebenso wie in der Glosse zu der **Lex Ribuaria**.

Umständen nicht lange möglich. Entweder das germanische Rechnungs-
wesen nach den alten, in Gallien längst in Vergessenheit gekommenen
Silber-Denaren mußte gesetzlich und thatsächlich wieder eingeführt
werden, oder die Franken hatten sich in die damaligen römischen
Münzverhältnisse zu finden, oder endlich, es konnte sich durch praktische Ausgleichung der beiderseitigen Rechnungsweisen, unter Beibehaltung der solche Ausgleichung wesentlich erleichternden, gemeinschaftlichen Grundlage des Goldsolidus und mit nothwendiger Berücksichtigung des in Gallien vorgefundenen überwiegenden Kupfermünzumlaufs
ein neues System ausbilden und bei den Franken wie bei der romanischen Bevölkerung statt der bisherigen gemeinsame Geltung gewinnen.
  Um es zu erklären, wie dies letztgenannte Auskunftsmittel gleichsam von selbst sich Bahn gebrochen hat, ist es erforderlich, die gegen
Ende des fünften Jahrhunderts in Gallien bestehenden Münzzustände
ins Auge zu fassen [1].
  Keine Provinz des römischen Reichs hat unter dessen unbeschreib-
lich schlimmen Münzwirren und progressiven Münzverschlechterungen
seit der Mitte des dritten Jahrhunderts mehr gelitten als eben Gallien, wo wiederholt und für längere Zeiträume Usurpatoren des
Kaisertitels auftraten, die dort unter Anderm namentlich durch Ausmünzungen unter kaiserlichem Stempel ihre Autorität zu bekunden
wie finanzielle Vortheile zu erzielen suchten [2]. Gerade in Gallien
scheint das massenhafte Ausprägen geringhaltiger Billon- und Kupfer-Münzen im großartigsten Maßstabe systematisch betrieben zu sein.
Einen merkwürdigen Beleg hierfür hat die im Jahre 1830 stattgehabte Auffindung einer solchen Münzfabrik in der Champagne gegeben, nachdem schon früher ähnliche Spuren einer derartigen ausgedehnten Münzthätigkeit in der Nähe von Lyon und auch an anderen
Plätzen in Frankreich in einer Menge thönerner Münzformen zum
Vorschein gekommen waren [3]. Man entdeckte nämlich zu Damery,
an einer Stelle, wo einst eine Legion-Station gewesen, einige Fuß
tief unter einem Haufen von Asche, Kohlen und zerbrochenen Ziegeln
die Ueberreste einer durch Feuersbrunst zerstörten großen Baulichkeit,
die zu einer Münzanstalt benutzt worden war und noch die mannig-
fachsten Zeugnisse ihrer ehemaligen, plötzlich unterbrochenen Thätigkeit

[1] Monnóyage de la Gaule depuis le commencement du V. siècle jus-
qu'à la chûte de l'empire d'Occident, par J. de Pétigny. Revue numismatique,
Année 1851. p. 113–141; 185–217; 301–332. — Etudes sur l'histoire
monétaire du IV. au VII. siècle, par J. de Pétigny. Revue numismatique
Année 1857. p. 115—164. — Geschichte des Römischen Münzwesens von
Th. Mommsen. Berl. 1860.

[2] Gründliche Aufklärung über diese Verhältnisse darf man von einem umfassenden Werke Les Empéreurs romains qui ont regné dans les Gaules erwarten, welches der bekannte Numismatiker Hr. be Witte bereits der Vollendung
nahe gebracht hat. Vgl. Revue de la numismatique belge. 3. sér. T. V, p. 443.

[3] Mémoire sur les moules de médailles romaines, trouvés à Lyon, par
F. Poey d'Avant. — Notice sur un atélier monétaire decouvert à Damery
(Marne) en 1830, par Hiver. Revue numism. Année 1837. p. 165—180.

vor Augen legte. Es fanden sich dort mehrere Gefäße mit etwa
2000 Münzen. Etwa 500 bestanden aus einer Serie von Kupfermünzen bis auf Philippus zurück, und etwa 1500 Stück waren Bil-
lon-Münzen, fast alle mit dem Typus des Postumus. Die Fabrikation derselben war schlecht und der Silbergehalt sehr gering. Ein
anderes Gefäß enthielt hauptsächlich 100 Bronzemünzen von dritter
Größe mit den Typen von Constantius und Constans mit den Zeichen der Münzstätten Trier, Lyon, Arles, Aquileja, Siscia und Rom,
und außerdem etwa 3900 ganz neue, schön gearbeitete Broncemünzen vom vierten Modulus mit den Typen der eben genannten Kaiser. Die große Mehrzahl der letzteren Münzen hatte die Bezeichnung der Prägestätte Trier. Ungeachtet der angegebenen verschiedenen
Münzstätten scheint es nach der ganzen Beschaffenheit dieser 3900
Münzstücke keinem Zweifel zu unterliegen, daß sie sämmtlich dort an
Ort und Stelle, erst kurze Zeit vor der Zerstörung fabricirt waren
und eben in Circulation gesetzt werden sollten. In daneben liegenden Räumlichkeiten fand man noch 32 unversehrte Gußformen für
Münzen mit Typen von Caracalla, Philippus I. und Postumus, und
außerdem noch gegen 300 zerbrochene Formen.

Aus dem Inhalt und den äußern Umständen dieses Fundes
läßt sich Manches zur Aufklärung der damaligen Münzzustände in
Gallien abnehmen. Es war nicht eine heimliche Falschmünzerbande,
von deren Thätigkeit diese Ueberreste zeugen, sondern wir sehen, wie
die Fabrikation nachgemachter Münzen früherer Kaiser und mit falscher Angabe des Münzortes mitten in einem kaiserlichen Kriegslager
geschah, welchen enormen Umfang eine solche Fabrikation erlangt
haben mag, und wie man sich nicht wundern darf, daß unter den
Typen von Kaisern, die nur kurze Zeit und nur in einem beschränkten Theile des Reichs geherrscht haben, noch in späterer Zeit eine
Unmasse von schlechten Münzen im Umlauf war. Es begreift sich
ferner leicht, daß bei solchen öffentlichen Münzzuständen die Privat-
Falschmünzerei einen um so freieren Spielraum finden und das Land
mit schlechter Münze förmlich überschwemmt werden mußte, was
natürlich in demselben Verhältniß das bessere Silbergeld verdrängte.
Da man aus der Beschaffenheit der Münzfunde am zuverlässigsten
sich über die gewöhnliche Münzcirculation eine Vorstellung bilden
kann, so wollen wir, hauptsächlich nach Anleitung der dahin gehörigen Berichte in den französischen und belgischen numismatischen Zeit-
schriften, einige dieser aufgefundenen Münzschätze, welche in Gallien
seit Ende des dritten bis zu Anfang des fünften Jahrhunderts vergraben worden, näher betrachten [1].

Im Frühling 1835 entdeckte man zu Chimay in der Nähe
von Macon einen Topf mit etwa 26000 sehr oxydirten Münzen,
theils von reinem Kupfer (18327 Stück), theils von Bronce (7243

---

[1] In Mommsens großem Werke sind diese Münzfunde, nebst vielen anderen aus sonstigen Gegenden, fast sämmtlich schon erwähnt und erörtert.

Stück), theils von schlechtem Billon oder von s. g. Weißkupfer (366 Stück), sämmtlich von dritter Größe[1]. Der äußerst geringe Werth der einzelnen Münzen läßt sich schon daraus abnehmen, daß das Gesammtgewicht derselben nur 64.530 Kilogramm betrug, daß also die Stücke durchschnittlich nur 2.5 Gramm schwer sind, wobei noch in Betracht kommt, daß durch die starke Oxydation das jetzige Gewicht sich etwas höher stellt als zur Zeit der Vergrabung. Es waren in 18 Varietäten Münzen der Kaiser Valerian, Gallienus, Postumus, Laelianus, Victorinus, Marius, der beiden Tetricus, Claudius II., Quintillus und Aurelianus, und sie umfassen also einen Zeitraum von etwa 20 Jahren (253 bis 273). Die Kupfermünzen des Tetricus (18500 Stück) bildeten bei weitem den größten Bestandtheil des Fundes.

Die belgische numismatische Zeitschrift giebt im dritten Hefte des Jahrgangs 1861 eine vorläufige Notiz über die Auffindung von 7000 bis 8000 Kupfermünzen dritter Größe von Gallienus bis Maximianus Herculeus (253—305) in Han=sur=Lesse bei Namur[2].

In Chavannes in der Nähe von Valence fand man i. J. 1837 ein Kupfergefäß mit ungefähr 2000 Weißkupfer= und kleinen Kupfermünzen der Kaiser Aurelian, Probus, Carus, Numerianus, Carinus, Diocletianus und Maximianus Herculeus, also aus den Jahren 270—310[3].

In Voulay d'Achères nahe bei Chartres wurden um d. J. 1838 etwa 8000 kleine Kupfermünzen (einige darunter von Weißkupfer) entdeckt, mit Typen von Gordianus Pius, Volusianus, Gallienus u. s. w. bis Maximinianus Herculeus, also aus dem Zeitraum von 238 bis 310[4].

In Olivet nahe bei Orleans entdeckte man gegen 300 kleine Kupfermünzen aus den Regierungen der Kaiser Gordianus bis Constans (238 bis ca. 350); außerdem fanden sich dabei einige Kupfermünzen von größerem Modulus aus früheren Regierungen[5].

Zu Sampuy im Departement Eure et Loire, wo man schon früher (1858 und 1859) Kupfermünzen erster Größe von Trajanus bis Philippus und Postumus zu Hunderten von Kilogrammen gefunden hatte, ist dann noch eine Masse späterer Kupfermünzen von dritter Größe zum Vorschein gekommen. Eine zusammengehörende Partie von ungefähr 8000 Stück, zum bei weitem größten Theil aus dieser letzteren Münzsorte bestehend, umfaßte Münzen aus den Regierungen von Antoninus bis Postumus. Am zahlreichsten waren darunter die Münzen von Valerianus (ca. 600 Stück), von Gallienus (ca. 1500 Stück), von Postumus (ungefähr 2700 Stück). Der Platz, wo diese Masse Münzen sich vorgefunden hat, scheint in den Bürgerkriegen

---

[1] Revue numism. 1837. p. 141 f.
[2] Revue de la numism. Belge, 3. ser. T. V, p. 311.
[5] Revue num. 1838. p. 136.
[4] Revue num. 1839. p. 295.
[5] Revue num. 1846. p. 162.

zu Ende des dritten Jahrhunderts durch Brand plötzlich und gänzlich zerstört zu sein.

Ein vermuthlich um 306—308 vergrabener Schatz, 1824 zu Famars (Departement Nord nahe bei Valenciennes) entdeckt, enthielt im Ganzen 27715 Münzen. In fünf kupfernen Gefäßen fand man außer einzelnen (7 oder 8) republikanischen Denaren Silbermünzen von Augustus bis Constantinus I., und in vier irdenen Töpfen Billon- und Kupfer-Münzen zweiter Größe von Gordianus bis Carinus[1].

Am 26. Mai 1853 fand ein Arbeiter beim Graben zu Sainte-Mère-Eglise, Manche, einen Topf mit etwa 4500 Kupfermünzen von dritter Größe, zum Gesammtgewicht von 32 Pfund (durchschnittlich also die Münze ca. 3.5 Gramm). Die große Mehrzahl der Münzen, von denen 1200 Stück untersucht sind, gehört in die Regierungen Constantins I., des Licinius und der Söhne Constantins, doch fanden sich dabei auch Münzen aus früheren Regierungen bis zurück auf Alexander Severus. Die Vergrabung dieses Schatzes hat wahrscheinlich zwischen den Jahren 317 und 323 stattgefunden. Die hier vorgefundenen Münzen scheinen fast sämmtlich in gallischen Münzstätten, meistens in Trier geprägt zu sein[2].

Der Fund zu Dahlheim bei Luxemburg zum Belauf von etwa 30000 Stück Kupfermünzen, um das Jahr 317 vergraben, enthielt hauptsächlich Münzen von Diocletian, Maximinianus Herculeus, Constantinus Chlorus, Licinius dem Aeltern und Constantin I. (von letzterem waren unter 22427 untersuchten Stücken 1105 Münzen von zweiter und 6116 Münzen von dritter Größe), außerdem aber einzelne ältere bis zum Kaiser Tacitus zurück und einige Billonmünzen[3].

Ein zu Kirn an der Nahe gemachter, vermuthlich um das Jahr 333 vergrabener Fund bestand aus etwa 1200 Kupfermünzen fast ausschließlich von Constantin I., Constantin II. und Constantius II., sämmtlich von dritter Größe[4].

Eine auf einer alten römischen Begräbnißstätte zu Daspich, Departement Moselle, von Hrn. de Cussy entdeckte zusammengehörige Partie von etwa 1105 Kupfermünzen bestand, soweit die sehr oxydirte Beschaffenheit derselben eine Ermittelung verstattete, aus Münzen von Claudius Gothicus bis Honorius, also aus dem Zeitraum von 268 bis 423[5].

Von besonderem Interesse, obschon er im Vergleich mit den meisten vorher erwähnten Funden der Anzahl der entdeckten Stücke nach geringfügig erscheint, ist ein Münzfund, den man 1844 zu Heerlen zwischen Maestricht und Aachen gemacht hat. Derselbe bestand nämlich aus 28 gut erhaltenen Kupfermünzen vom kleinsten Modulus; und zwar

---

[1] Mommsen a. v. O. S. 819 Anm. 307.
[2] Revue numism. 1854. p. 82.
[3] Köhne, Zeitschrift für Münzkunde, II, 254 u. Mommsen a. v. O. S. 821.
[4] Mommsen a. v. O. S. 821.
[5] Cochet a. v. O. S. 421. De Cussy, Bulletin monumental. T. IX, p. 274.

" von Balentinianus II. [375—392] 5 Stück
  " Theodofius I. [379—395] 15 "
  " Flavius Victor [383—388] 2 "
  " Arcadius [395—408] 4 "
  " Honorius [395—433] 1 "
  " Conftantinus III. [407—411] 1 " [1].

Das Intereffe diefes Fundes für unfere Unterfuchung liegt in feinem Beftande aus Münzen der letzten Periode des weftrömifchen Reichs, fowie in der Zeit und dem Ort, wann und wo diefe kleine Summe einft verfteckt worden, indem dies kurz vor der Befitzergreifung diefer Landftriche durch die Franken gefchehen fein muß.

Die vorerwähnten Münzfunde, die auf Münzverhältniffe fich beziehenden Stellen in den Verordnungen der Kaifer feit der Mitte des vierten Jahrhunderts bis zum Untergange des weftrömifchen Reichs und fonftige gelegentliche Notizen bei Schriftftellern diefes Zeitraumes fcheinen im Wefentlichen folgende Auffaffung des Münzwefens, wie es im Gallien vor der Eroberung durch die Franken beftand, zu begründen.

Um das Jahr 398 gab es in Gallien nur drei Reichsmünzftätten: zu Arles, Lyon und Trier [2]. Von diefen wird diejenige zu Trier, nachdem die Stadt fchon früher wiederholte Verheerungen erfahren hatte, i. J. 418, als die dortige prätorianifche Präfectur aufgehoben und nach Arles verlegt war, aufgehört haben. Spätere kaiferliche Münzen mit dem trierifchen Münzzeichen, find nicht bekannt, es ift aber immerhin möglich, daß von den Münzgenoffen diejenigen welche die Verwüftungen überlebten das Münzgewerbe für eigene Rechnung unter Nachbildung der gleichzeitigen kaiferlichen Typen dort noch fortgeführt haben, und daß die in der Novella des Majorianus de curialibus vom Jahre 458 erwähnten gallifchen Solidi von fchlechterem Golde (gallicus solidus, cujus aurum minore aestimatione taxatur) aus einer derartigen Münzthätigkeit in Trier und anderen Orten Galliens herftammten.

Lyon ward in J. 458 von den Burgundern befetzt, welche dort die Ausmünzungen, wenn auch in befchränkterer Weife, fortfetzten [3]. Im füdlichen Gallien fcheint fpäter außer in Arles, wo die officielle Münzthätigkeit ununterbrochen in Wirkfamkeit geblieben fein wird, noch in Narbo eine Münzftätte eingerichtet worden fein [4].

Die Münzfunde zu Chimay, Han-fur-Leffe, Dahlheim, Chavannes, St. Mère-Eglife u. a. zeigen, daß fchon zu Ende des dritten Jahrhunderts die Circulation guter Silber-Denare, fowie felbft

---

[1] Revue de la numism. Belge II, p. 194.
[2] Notitia dignitatum (bie bald nach dem Jahre 395 verfaßt worden) §. 42: Procuratores monetae Siscianae, Aquilejensis, urbis Romae, Lugdunensis, Arelatensis, Triberorum.
[3] Vergl. ben zweiten Abfchnitt S. 286 f.
[4] Sidonius Apollinaris carm 23: Narbo potens delubris, capitoliis, moneta.

von alten schwereren Kupfersesterzen in Gallien sehr beschränkt gewesen sein muß; denn sonst hätte man der Natur der Sache nach bei Vergrabung von Schätzen vorzugsweise solche in ihrem effectiven Metallgehalte werthvollere Münzen hierzu genommen, statt der Unmasse schlechter Billon- oder Pseudo-Silbermünzen und leichter Kupferstücke. Andererseits läßt sich aber aus der Zusammensetzung des zu Famars entdeckten Schatzes abnehmen, daß, wenn auch der Umlauf dieses schlechten Geldes sehr überwiegend war, doch daneben die Circulation älterer guter Silbermünzen zu Constantins I. Zeit sich theilweise noch erhalten hatte. Namentlich wird dies in den Grenzdistricten nach Germanien hin der Fall gewesen sein, da im Verkehr mit diesem Lande die alten Silber-Denare am vortheilhaftesten zu benutzen waren. Es muß übrigens dahingestellt bleiben, ob nicht die noch vorhandene und aufbewahrte ältere Silbermünze in Gallien damals nur nach dem Gewicht als Silber gegolten hat. Wenn auch mehrere Jahrhunderte hindurch im römischen Reiche die Münzcirculation im Großen fast ausschließlich aus Gold und Kupfer bestand, so ist doch nothwendig anzunehmen, daß das Silber, welches nun einmal vorhanden war und als Umsatzmittel nicht ganz unbenutzt bleiben konnte, nach dem Gewichte, Pfund- und Unzenweise neben der Goldmünze zu größeren Zahlungen häufig mit gedient haben wird. Wir werden später Beispiele anführen, daß im merovingischen Zeitalter bei größeren Zahlungen, außer nach Solidi oder Pfunden Gold, mitunter auch nach Pfunden Silber (libras argenti) gerechnet wurde, und man darf mit Grund annehmen, daß dieser Gebrauch schon vor der fränkischen Herrschaft in Gallien üblich gewesen ist. Den im ersten §. dieses Abschnitts gegebenen Erläuterungen zufolge können jedoch die im Grabe Childerichs I. vorgefundenen Silber-Denare nicht als ein Beleg dafür betrachtet werden, daß um das Jahr 481 im romanischen Gallien diese Münzsorte noch im Umlauf geblieben war, wie Peignny dies thut. Der Tournayer Fund legt eben nur Zeugniß ab für germanische Zustände; in den bis 481 noch unter römischer Herrschaft gebliebenen Provinzen wird kein Münzfund, der seit der Mitte des vierten Jahrhunderts vergraben worden, alte Silberdenare mehr aufweisen.

Obschon nach der Mitte des vierten Jahrhunderts gerade in Trier noch beträchtliche Silberausmünzungen stattgefunden haben, und zwar nach dem neuen Silber-Münzsystem, das bald nach Constantin I. in Anwendung getreten war, und um die erwähnte Zeit auf den Britischen Inseln Silbermünzen das gewöhnliche Couràntgeld ausgemacht haben müssen, wie dies mehrere in England und Irland aufgefundene Schätze dieser Gattung darthun [1], so scheint doch in Gallien selbst

---

[1] Vergl. Mommsen a. W. S. 788, und die daraus in unserm zweiten Abschnitt S. 276 Anmerkung 1 gegebene Zusammenstellung. Mit vollem Recht legt M. großen Werth auf den in Ackermanns Numismatic Chronicle Vol. VII. Proceed. p. 9—14 beschriebenen Münzfund von Howell, um eine Vorstellung des um 400 gangbaren Silbercourants zu gewinnen. Dieser

die neue Silbermünze fast nur als größere Scheidemünze zum Umwechseln des Goldsolidus, nicht als gewöhnliche Courantmünze gebraucht zu sein, denn sonst würden auch wohl hier Münzfunde Zeugniß dafür abgelegt haben. Dessenungeachtet müssen wir die rechtlichen wie thatsächlichen Verhältnisse der römischen Silberausmünzungen von Constantin an, insbesondere des seit Honorius im weströmischen Reich geprägten Silbergeldes, einer näheren Erörterung unterziehen, da dieselben nach unserer Ansicht für die Entstehung des salischen Denars von wesentlicher, ja entscheidender Bedeutung geworden sind.

Wann die Eintheilung des Goldsolidus in 24 Siliquen (siliquae auri), welches Rechnungsgeld durch eine Silbermünze repräsentirt wurde, zur allgemeinen Geltung gekommen, darüber liegen uns keine speciellen Angaben vor; allein man darf nach dem natürlichen Zusammenhang der Dinge mit ziemlicher Zuversicht annehmen, daß sowohl diese Theilungsweise als auch die Anordnung eines Münzfußes von 144, ebenso viele Siliquae auri repräsentirenden Silbermünzen auf das Pfund Silber mit der vollständigen und systematischen Durchführung der Goldwährung in engster Beziehung stand, also sich der Einführung des Goldsolidus 72 Stück auf das Pfund Gold unter Constantinus I. bald angeschlossen haben wird. Was lag näher, als gleichzeitig mit der Ausprägung von Goldstücken zu 4 Scrupel auch Silberstücke von gleichem Gewichte und, da diese für den gewöhnlichen Verkehrsbedarf zu groß waren, außerdem Stücke zur Hälfte dieses Gewichts, also von 2 Scrupeln, auszumünzen zu lassen, zumal die damalige Werthrelation der Edelmetalle hierbei die Berechnung nach dem bequemen Duodecimaltheilung einfach an die Hand gab?

Die aus den vorerwähnten britischen Münzfunden abzuleitenden Ergebnisse und im Allgemeinen die gut erhaltenen Silbermünzen von Julian an bis auf Theodosius I. weisen auch bei ungleicher Ausmünzung doch in ihren durchschnittlichen Gewichtsverhältnissen auf einen Münzfuß von 144 Siliquen auf das Pfund, oder auf ein ursprüngliches Normalgewicht der Siliqua von 2,27 Gramm, und dient, umgekehrt, diese Wahrnehmung wieder dazu, die auch aus sonstigen Gründen wahrscheinliche Annahme zu bestätigen, daß die regelmäßige Werthrelation des Goldes zum Silber im vierten und fünften Jahrhundert im Verhältniß wie 1 : 12 geblieben sei, daß also gelegentliche Angaben, welche dieselbe wie 1 : 14,4 oder gar wie 1 : 18 hinstellen, in besonderen ausnahmsweisen Umständen oder Motiven

---

Fund enthielt 32 Silbermünzen der größeren Sorte von 60—75 Troy-Grän (3,89 bis 4,86 Gramm); als deren Münzfuß sich $\frac{1}{72}$ Pfund (4,55 Gramm) nicht verkennen läßt, und (mit Ausschluß von 10 zum Theil sehr leicht ausgemünzten Stücken des Eugenius) 275 kleinere Silbermünzen von 23 bis 39 Troy-Grän (1,49 bis 2,53 Gramm), als deren Münzfuß ebenso deutlich sich $\frac{1}{144}$ Pfund (2,27 Gramm) kund giebt. — Ueber den Prägort dieser Münzen wird bemerkt: The mints here named in the exergues are very various; but two thirds of the whole are of Treves — TRPS. TP. TRP.

ihre Erklärung finden müssen [1]. Es ist weder eine Verordnung, noch sonst eine nähere Andeutung bekannt, daß seit Julian in Betreff der Silberausmünzung irgend eine gesetzliche Veränderung eingetreten sei. Um so unzweifelhafter ist es aber, daß seit Theodosius I. bis zum Untergange des weströmischen Reichs die thatsächliche Prägung der Siliquamünzen progressiv ungleichmäßiger und geringhaltiger geworden ist.

Einige der in England und Irland gefundenen größeren Schätze dieser Münzsorte bezeugen diese Münzverschlechterungen noch besonders durch die an vielen der vorgefundenen Münzen ersichtlich vorgenommene Beschneidung, um die älteren schwereren Stücke den neueren leichteren anzupassen und das Uebergewicht zu lucriren [2].

Die nachstehende Zusammenstellung einiger Gewichtsangaben über Silbermünzen der Kaiser im weströmischen Reiche seit Honorius (welche Angaben theils dem bekannten Werke von Queipo entnommen, theils im Königl. Münzkabinet in Berlin ermittelt sind) wird über diese Münzverschlechterung der Siliquen nähere Auskunft geben.

Das Gewicht einer Anzahl Silbermünzen von Honorius ist von uns im zweiten Abschnitt S. 273 bereits angegeben, mit der Bemerkung daß man das durchschnittliche factische Gewicht der ganzen Siliqua unter Valentinian I. auf etwa 2.00 Gramm und unter Honorius auf etwa 1.70 Gramm wird schätzen dürfen. Die sich der Zeitfolge nach hieran schließenden Gewichtsermittelungen über die Silbermünzen sind folgende:

Constantinus III. (407—411): nach Queipo 1.15; 1.20; 1.30; 1.32; 1.35; 1.35; 1.43; 1.43; 1.47; 1.48; 1.50; 1.55; 1.55; 1.60; 1.68; 1.75 Gr.; — im Berl. Kabin. 1.35; 1.50; 1.50; 1.55; 1.88 Gr.; im Wiener Kabin. 1.34; 1.41; 1.44; 1.49; 1.70.

Priscus Attalus (409—410): nach Queipo 1.15; 1.94; 1.97; 2.30 Gramm; — im Berl. Kabin. 1.77 Gramm.

Jovinus (411—413): n. Q. 0.95; 1.25; 1.25; 1.29; 1.30; 1.35; 1.40; 1.42; 1.42; 1.47; 1.55; 1.58; 1.64; 165; 1.65; 1.70; 1.78 Gr.; — im Berl. Kabin. 1.30; 1.40; 1.40; 1.55 Gr.; im Wien. Kab. 0.98; 1.08; 1.25; 1.52; 1.60; 1.61; 1.62; 1.65 Gr.

Johannes (423—425): nach Queipo 0.80; 0.88 Gramm.

Valentinianus III. (424—455) nach Queipo: 1.05; 1.45 Gramm; im Wiener Kab. 0.57; 0.73; 1.07; 1.41; 1.92 Gramm.

[1] Bei Annahme einer Werthrelation von 1:10 würde das ursprüngliche gesetzliche Gewicht der gemünzten Siliqua auf 1.90 Gramm Silber auskommen; bei einer Werthrelation von 1:14.4 auf 2.73 Gramm, von welchen Gewichten das erstere offenbar zu niedrig, das letztere zu hoch scheint, wenn man damit das durchschnittliche Gewicht der gewöhnlichen Silbermünzen von Julian, Jovian, Valentinian I. und Valens vergleicht und dabei berücksichtigt, daß der Natur der Sache nach bei dieser Münzsorte, als hauptsächlich nur zur größeren Scheidemünze bestimmt, von Anfang an eine sehr knappe und oft eine absichtlich leichte Ausmünzung stattgefunden haben wird.
[2] Die früher allgemein auf die Silbermünze bezogenen Ausdrücke pecunia majoriana und nummi centenionales im Codex Theodosianus (Verordnungen a. d. J. 356 u. 395) betreffen nur die Kupfermünzen. Vgl. u. S. 576.

L.   38

Majorianus (457—461): nach Queipo 0.60; 0.82; 0.85; 0.90; 1.18 Gramm; im Wiener Kab. 2.55 Gramm.

Libius Severus (461—464): nach Queipo 1.05 Gramm; im Berl. Kabin. 0.97; 0.99; (Libius Severus und Ricimer) 0.90; 1.75 Gramm; im Wiener Kab. 0.90 Gramm.

Julius Nepos (474—475): nach Queipo 0.97; 2.10 Gramm, nach v. Rauch 0.98 Gramm.

Ueberblickt man die vorstehend angeführten Silbermünzen, so muß es freilich auf den ersten Blick zweifelhaft erscheinen, ob nicht mehrere der erwähnten Stücke, z. B. von Majorianus, als halbe Siliquen zu betrachten seien; und andererseits sind wieder einige dieser Münzen, z. B. von Priscus Attalus, im Verhältniß zu den übrigen auffallend schwer. Nichtsdestoweniger dürfte, nach den Typen zu urtheilen, mit großer Wahrscheinlichkeit anzunehmen sein, daß ungeachtet solcher Gewichtsdifferenzen nur ein und dasselbe Nominal, die Siliqua auri, durch alle, oder doch fast alle diese Münzen hat dargestellt werden sollen, da die Ungleichheit der Ausprägung der hauptsächlich nur zur mittleren Scheidemünze bestimmten Silbergelder sehr beträchtlich gewesen ist und bei der Stückelung vermuthlich nur das Durchschnittsgewicht größerer Partien in Betracht gezogen wurde[1] Eine erhebliche Verringerung des thatsächlichen Münzfußes und eine Einschränkung der Silberausmünzung nach dem ersten Jahrzehnt des fünften Jahrhunderts ist aber dabei unverkennbar.

---

[1] Vergl. Mommsen a. a. O. S. 787: „Mit dem Aufhören der Denar= prägung i. J. 360 tritt als die gewöhnliche Silbermünze ein anderes und kleineres Nominal ein, das zwar bei seiner Kleinheit und der nicht bloß stetig sinkenden, sondern auch bei gleichzeitigen Münzen höchst ungleichen Prägung empirisch ebenso wenig mit völliger Schärfe zu bestimmen ist, aber ungefähr wenigstens auf $\frac{1}{144}$ Pfund = 2.27 Gr. auskommt (z. B. zwei völlig gleiche, aus derselben Officin hervorgegangene Silbermünzen Valentinians I. wiegen 2.14 und 1.49 Gramm)“. Ebendaselbst S. 841 wird erwähnt, daß von den Silbermünzen Justins I. einige mit der Werthzahl CN (250) 0.55, 0.65, 0.66 Gr. wiegen und andere mit der Werthzahl PK (120) das nämliche Gewicht von 0.65 aufweisen. — H. Grote (Münzstudien S. 793, in einer später noch speciell zu erwähnenden Abhandlung) ist der Ansicht, daß seit 360 hauptsächlich nur Halb=Siliquen geprägt seien, 288 Stück auf die libra, jede also = 1 Gewichts=Scrupulum, 1.138 Gramm, an Silber ent= haltend. „Daß diese Halb=Siliqua eine beliebtere, daher häufiger geprägte Sorte war“, meint Grote, „als die ganze Siliqua, wird daher kommen, daß jene in einem bequemeren Verhältniß zu den noch in großer Menge umlau= fenden Drachmal=Denaren (96 Stück auf die libra) als deren Drittel stand, wogegen diese $\frac{3}{8}$ des letztern betrug“. Daß die alten Silber=Denare noch nach 360 in großer Menge umliefen, muß in Abrede gestellt werden, und zeigen die oben im Texte aufgeführten Gewichte der Silbermünzen von Constantinus III. Jovinus und Priscus Attalus im Anschluß an die bereits unter Theodosius und Honorius stattgefundenen sehr knappen Ausmünzungen deutlich, daß eine fernere factische Verringerung des Münzfußes der ganzen Siliquen eingetreten war, welche Verringerung bei der sparsamen Silberprägung und der Bestim= mung dieser Münzen als Scheidemünze keine besondere Unzuträglichkeit mit sich führte. Für übermünzte Halb=Siliquen können die erwähnten Stücke un= möglich gelten. Es ist, wie auch von uns anerkannt wird, möglich, daß unter

Es wird hiernach als wahrscheinlich gelten dürfen, daß im fünf
ten Jahrhundert die als Theilstücke des Solidus, als Siliquae auri
in Gallien gesetzlich und thatsächlich im Gebrauch gewesenen Silber=
münzen höchst unegal ausgeprägt, vielfach beschnitten und durchschnitt=
lich etwa 1.38 Gramm schwer waren. Indem auf solche Weise
der Nennwerth dieser Silbermünzen beträchtlich höher war als ihr
effectiver Metallwerth, die Ausmünzung derselben aber gleichzeitig
ein beschränktes Maß nicht überschritt, so konnten sie ihren Zweck,
als größere Scheidemünze zu dienen und zwischen den Goldsolidi
und dem massenhaften Kupfergeld eine Mittelstellung einzunehmen,
recht gut erfüllen. Aus ähnlichen Gründen, wie wir gleich bei dem
Kupfergelde des fünften Jahrhunderts erwähnen werden, erklärt es
sich übrigens, daß sich von dieser späteren Silbermünzsorte verhält=
nißmäßig nur sparsame Ueberreste erhalten haben. Daß gerade in
Gallien die Ausmünzung des Silbers in der letzten Periode des
weströmischen Reichs ununterbrochen und lebhafter als anderswo
fortgedauert hat, bezeugen die Silbermünzen des Constantinus III.,
Jovinus und anderer Gegenkaiser, deren Herrschaft hauptsächlich auf
Gallien angewiesen blieb. Die öfter geltend gemachte Ansicht, daß
um die Zeit vor der fränkischen Eroberung in Gallien nur Goldsolidi
und Kupfermünze in Umlauf gewesen, wird hiernach zu modifici=
ren sein.

Was nun das Kupfergeld anlangt, das, wie man gewöhnlich
annimmt, während des fünften Jahrhunderts für alle Verhältnisse
des Privatverkehrs (in den Zahlungen größerer Beträge an den Fis=
kus wurde bekanntlich nur Gold angenommen) in Gallien eine vor=
wiegende Bedeutung hatte, so fehlen uns leider genaue directe Anga=
ben über die specielle Modalität und namentlich die Berechnungs=
weise desselben. Wir dürfen indeß die Aufgabe nicht abweisen, hier=
über durch Combination verschiedener Notizen möglichste Aufklärung
zu gewinnen, da die Frage der Geltung der römischen Kupfermünze
in Gallien in der erwähnten Zeitperiode ein wesentlicher Punkt ist,
um eine zusammenhängende Vorstellung vom Ursprung und der Ent=
wickelung des selbständigen fränkischen Münzwesens zu erlangen.

Die zunächst zu beantwortenden Fragen hierbei scheinen etwa
folgende sein zu müssen:

Welches war bei der romanischen Bevölkerung in Gallien im
fünften Jahrhundert die übliche Wertheinheit, wonach im gewöhnlichen
täglichen Verkehr gerechnet wurde, und in welchem Verhältnisse stand
dieselbe zum Goldsolidus und zu dessen Theilstück, der Siliqua?

Von welcher Beschaffenheit war die gesetzliche gewöhnliche Ku=
fermünze? War dieselbe identisch mit der einfachen kleinsten Rech=

en sehr leichten Stücken sich solche finden mögen, die ursprünglich als Halb=
siliquen ausgeprägt sind; allein nach der obigen Darlegung erscheint es uns
viel wahrscheinlicher, auch in diesen leichteren Stücken sehr untermünzte Sili=
quen anzuerkennen.

nungseinheit, oder ein Wievielfaches solcher Einheiten wurde durch die gewöhnlichen effectiven Kupfermünzen vertreten?

Waren außer den damaligen gesetzlichen Kupfermünzsorten gleichzeitig noch ältere Sorten dieses Geldes in Gallien im Umlauf, und zu welchem Werthe wurden diese gerechnet?

In Rücksicht des ersten Punktes ist auf die frühere allgemeine Erörterung desselben (2. Abschn. S. 274 ff.) Bezug zu nehmen. Es ist dort nachgewiesen, wie seit der Mitte des dritten Jahrhunderts die Rechnung nach Sesterzen im römischen Reiche völlig aufhörte, die Silberdenare sowie die ursprünglich ebenfalls als Silbermünze ausgeprägten s. g. Antoniani in progressiver Verschlechterung der Ausmünzung allmählich zu einem werthlosen Weißkupferstück herabsanken, und wie so der Denar schließlich sich zu einer Wertheinheit vom kleinsten Betrage umgestaltete, von der seit dem Ende des vierten Jahrhunderts zu verschiedenen Zeiten mit schwankendem Cours je 5760, 6000, 7000, 7200, 7500, 8400 Stück auf den Gold-Solidus gerechnet wurden. Es ist freilich kein ausdrückliches Zeugniß bekannt, daß die Rechnung nach solchen Denaren oder Nummi, oder auch nach s. g. folles als Inbegriff gewisser Summen von solchen Kupfer-Wertheinheiten, in Gallien üblich gewesen ist; allein ebensowenig liegen irgend welche Nachweise oder auch nur Andeutungen vor, daß speciell in Gallien seit der Mitte des vierten bis gegen Ende des fünften Jahrhunderts eine von den entsprechenden Verhältnissen der übrigen Theile des Reichs abweichende Geldrechnung gesetzlich gegolten habe oder in herkömmlichem Gebrauch geblieben sei, daß der Name denarius hier eine andere Bedeutung gehabt oder einen anderen Werth bezeichnet habe als gleichzeitig in Italien und in anderen Provinzen. Es findet sich hiervon ebensowenig eine Spur, als daß die Veränderung in der Ausprägung und Benennung der Silbermünzen seit Julian in Gallien keinen Eingang gefunden hätte, sondern nur in anderen Theilen des Reichs üblich geworden sei. So lange nicht überzeugende Gründe für eine entgegenstehende Ansicht beigebracht werden, wird man unbedenklich zu der Annahme berechtigt sein, daß hinsichtlich der allgemeinen Münzverhältnisse und der Berechnungsweise diejenigen Angaben und Benennungen, welche hierüber in den kaiserlichen Verordnungen und in sonstigen Aufzeichnungen jener Zeit vorkommen, auch auf Gallien vor der fränkischen Eroberung vollständige Anwendung finden müssen. Auch hier wird damals der Denar oder Nummus nichts anderes gewesen sein als eine winzig kleine Rechnungseinheit, von der, wie eben bemerkt, je nach dem Course 5760 bis 8400 Stück auf den Goldsolidus gerechnet wurden. Auf die Siliqua müssen demnach auch in Gallien je nach dem Course 240 oder 250 oder 300 bis 350 Denare gerechnet sein.

Um über die Beschaffenheit der damals üblichen Kupfermünzen urtheilen zu können, wird man gut thun, nach Anleitung der gründlichen Untersuchungen von Th. Mommsen, vorerst einen kurzen Rückblick auf die vorangegangene Gestaltung dieser Geldsorte zu werfen.

Das ursprüngliche Normalverhältniß in der Reichsmünze der Kaiſerzeit war, daß das Goldſtück (der Aureus zu $\frac{1}{40}$ Pfund) gleich war 25 Silberdenaren (zu $\frac{1}{84}$ Pfund), oder 100 Seſterzen (zu $\frac{1}{12}$ Pfund Meſſing), oder 400 As (zu $\frac{1}{24}$ Pfund unvermiſchten Kupfers). Die Ausbringung der Metalle fand alſo dem Nominal-Münz-werthe nach, in dieſer Proportion ſtatt [1]:

	Gold	Silber	(Meſſing)	Kupfer
	1.	11.91.	(333.33).	666.66.

Für die Zeit von Nero bis Severus wird, unter Berückſichtigung der Legirung des Denars, dieſe Proportion von Mommſen angegeben:

Von Nero bis Trajanus:

	1.	10.31.	(366.66).	733.33.

Von Trajanus bis Severus.

	1.	9.375.	(375).	750.

Nach der Regierung des Severus wird das Gewicht der Bronce-Kupfer-Münzen progreſſiv geringer; der Seſterz hat von Trajanus an nur noch ein Gewicht von $\frac{1}{4}$ Unze. Und ſelbſt zu dem Münzfuß konnte, wenn man nicht den größten Verluſt bei Kupferprägung erleiden wollte, bald darauf nicht weiter gemünzt werden, da die Denare und Antoniani immer geringhaltiger wurden und endlich ſelbſt einen viel geringeren Metallwerth hielten als $\frac{1}{4}$ Kupfer. Als endlich unter und nach Diocletian die maſſenhafte Prägung von Pſeudo-Silbermünzen aufhörte und eine beſſere Ordnung des ganzen Münzweſens wieder eintrat, ward auch für die Kupfermünzen eine neue Regulirung nothwendig. Es wurden von nun an zwei Arten geprägt, von ſ. g. zweiter und vierter Größe, erſtere zum Gewicht von ungefähr 10 Gramm, letztere von 2.5 bis 2 Gramm. Seit dem Jahr 311 oder 312 bemerkt man wieder eine Verſchlechterung und ſtärkere Ungleichmäßigkeit auch dieſer Ausmünzung, indem namentlich die erſte Sorte oftmals aus der zweiten in die dritte Größe übergeht, mitunter aber auch von dieſer wieder zu jener zurückkehrt. Einige von uns ohne alles abſichtliche Ausſuchen vorgenommne Wägungen gut erhaltener Kupfermünzen aus jener

---

[1] Die Details der mannigfachen Legirung des Kupfers für die verſchiedenen Zeiten laſſen wir hier außer Betracht. — Wenn Meſſing hierbei auf den doppelten Werth des Kupfers geſetzt iſt, ſo muß dies ſelbſtverſtändlich als blos conventionelle Specialität des römiſchen Münzweſens angeſehen werden, ohne weiteren Zuſammenhang mit dem damaligen wirklichen Werthe der Metalle im Verkehre.

Die Münzthätigkeit in Rückſicht der verſchiedenen Metalle hat im letzten Jahrhundert des weſtrömiſchen Reichs ſehr variirt. Auffallend iſt, wie zuletzt die Goldausmünzung vorherrſchend geweſen, wenn man die uns erhaltenen Münzen als Maßſtab hierfür anſehen darf. Nach Arneths Synopsis etc. beſaß u. a. das Wiener Münzkabinet i. J. 1842

	Goldm.	Silbm.	Kupferm.
von Theodoſius I. (379—395)	31	15	177
von Honorius (395—423)	33	24	69
von ſpäteren Kaiſern zuſ. (407—476)	103	31	9

der zweiten Hälfte des vierten Jahrhunderts, im Berliner Münzkabinet, haben folgendes Ergebniß geliefert.

Julianus: 8.9; 8.9; 8.4; 8.4; 8.4; 8.0 Gramm.
                  3.4; 3.2; 3.0; 2.5; 2.5; 2.4; 2.2; 2.1; 1.8; 1.6;
                  1.3 Gr.

Jovianus: 9.4; 8.1; 7.5; Gr.
                  3.9; 3.55; 3.45; 3.3; 3.3 Gr.

Valentinianus I.: 9.5; 8.0; 8.0 Gr.
                  2.85; 2.8; 2.45; 2.1; 1.1; 1.0; 0.95 Gr.

Theodosius I.: 5.9; 5.0; 4.85; 4.5 Gr.

Honorius: 5.15; 3.95; 3.9; 2.6; 2.45; 1.95; 1.8; 1.8 Gr.

Man erkennt deutlich aus diesen beispielsweise angeführten Gewichtsermittlungen [1], wie nach Valentinian I. in den Kupferausmünzungen eine auffallende Verringerung des Gewichts eingetreten ist,
sowohl was die größere, als auch die kleine Münzsorte betrifft. Hiermit hängt es offenbar zusammen, daß Theodosius I. im Jahre 393
eine Verordnung erließ [2], wodurch Privaten selbst das bloße Nach-
suchen um die Erlaubniß zur Kupferprägung aufs strengste verboten
wurde. Bei der Verminderung des Metallgehalts mußte der Gewinn bei der Kupferausmünzung natürlich beträchtlich steigen.

Eine wesentliche Veränderung in der Kupferausmünzung trat
im Jahre 395 ein, als die Kaiser Honorius und Arcadius eine Verordnung erließen [3], welche die fernere Prägung der größeren Sorte
des Kupfergeldes (pecunia majoriana) aufhob, dieselbe bei Strafe
der Confiscation außer Cours setzte und nur die kleinere Kupfermünze, die als 'centenionalis nummus' bezeichnet wird, beibehielt [4]. Mit diesem Verbot der schwereren Kupfermünzen steht wahrscheinlich eine kaiserliche Verordnung des folgenden Jahres (396)
in Verbindung, welche für die Ablösung des Kupfers eine bestimmte
Norm vorschreibt, nämlich 25 ℔ Kupfer für den Solidus. In
Folge jener Maßregel vom Jahre 395 mußte nothwendig eine Unmasse Kupfermünze eingeschmolzen werden, hierdurch bedeutende Quan-

---

[1] Es liegt uns durchaus fern, aus diesen wenigen Wägungen irgend
wie den normalen Münzfuß oder das durchschnittliche thatsächliche Gewicht
der Kupfermünze in den verschiedenen Perioden näher feststellen zu wollen;
es kam nur darauf an, im Allgemeinen den sich verändernden Charakter des
Kupfergeldes darzuthun.

[2] Cod. Theod. IX, 21, 10.

[3] Cod. Theod. IX. 23, 2: Centenionalem tantum nummum in conversatione publica tractari praecipimus, majoris pecuniae figuratione summota.
Nullus igitur decargyrum nummum alio audeat commutare, sciens fisco eam-
dem pecuniam vindicandam, quae in publica potuerit conversatione depre-
hendi. — Früher hielt man allgemein den centenionalis nummus für eine
Silbermünze (100 Stück auf das Pfund Silber). Mommsen, der selbst früher diese Ansicht hatte, bemerkt aber in seinem großen Werk S. 806 mit Recht,
daß dies mit einer richtigen Interpretation der Texte nicht zu vereinigen sei.

[4] Cod. Theod. XI, 21, 2: Aeris pretia, quae a provincialibus postu-
lantur, ita exigi volumus, ut pro viginti quinque libris aeris solidus a pos-
sessore reddatur.

ächten Kupfermetall in den Verkehr kommen und der Preis desselben gedrückt werden. Diesen Umstand wird die Regierung ins Auge gefaßt haben, als sie kurz nach dem Verbot des schweren Kupfergeldes zeitweilig die Ablösungsnorm auf 1800 Pfund Kupfer für 1 Pfund Gold festsetzte, während sonst 20 Pfund Kupfer für den Solidus (1440 ℔ Kupfer = 1 ℔ Gold) angenommen worden zu sein scheinen. Vielleicht war dabei auch die Absicht leitend, für die neue Ausmünzung der kleineren Kupfermünzen, der nummi cententionales, das benöthigte Metall für den Fiscus möglichst wohlfeil zu erhalten.

Die in dem Zeitraum von 395 bis auf Kaiser Zeno für die Circulation geprägten Kupfermünzen sind übereinstimmend mit der erwähnten Verordnung von kleinster Größe und mögen in den Zeiten nach Honorius der Mehrzahl nach eher unter als über 1 Gramm im Gewicht halten [1].

Die Kupfermünzen dieser Periode sind in unseren Münzkabinetten außerordentlich selten, und wenn auch der Umstand ihrer Kleinheit wesentlich mit Ursache sein mag, daß sich nur wenige erhalten haben, so läßt doch die Seltenheit der davon überhaupt bekannten Typen keinenfalls auf eine besondere Ausdehnung der Kupferausmünzungen im fünften Jahrhundert schließen, namentlich nicht in Gallien. Von den in Gallien zur Herrschaft gelangten Kaisern Constantinus III. und Jovinus haben wir im Wiener und im Berliner Münzkabinet keine Kupfermünzen angetroffen, und Banduri erwähnt von letzterem keine, von ersterem nur eine einzige Kupfermünze.

Welchen Werth aber hatten diese gewöhnlichen kleinen Kupfermünzen im Verhältniß einerseits zur kleinsten Rechnungseinheit, dem Denar, und darnach andererseits zum Goldsolidus? War etwa jene Rechnungseinheit durch die gewöhnliche Kupfermünze repräsentirt? Letzteres ist als gradezu unmöglich zu erachten, weil dann bei einem durchschnittlichen Gewicht der Kupfer-Denare zu etwa 1.8 Gramm unter Honorius und einem Course des Solidus zu 6000 Denaren das Werthverhältniß der Metalle bei der Ausmünzung sich gestellt hätte, wie (ca. 21 metr.) 33 römische Pfund gemünztes Kupfer auf den Solidus, während bei Convertirungen nur 25 oder 20 Pfund ungemünztes Kupfer auf den Solidus gerechnet wurden [2].

---

[1] Kupfermünzen des Johannes wiegen 0.95, 1.10, 1.12 u. 1.25 Gramm, des Libius Severus 0.65, 1.0 und 1.7 Gramm, des Majorianus 1.7 Gramm, des Priscus Attalus 1.37 Gramm.

[2] Es wird nicht ohne Interesse sein, das heutige Werthverhältniß des Kupfers zum Golde mit demjenigen im vierten und fünften Jahrhundert zu vergleichen. Der Durchschnittswerth des Kupfers gegen Gold und Silber betrug in Hamburg in den Jahren

1821—40: 1 ℔ Gold = 1490 ℔ Kupfer			}	1 : 1455
1841—60: 1 ℔ Gold = 1420 ℔	„			
1821—40: 1 ℔ Silber = 94.4 ℔ Kupfer			}	1 : 93.6
1841—60: 1 ℔ Silber = 92.8 ℔	„			

Erwägt man, welche unverhältnißmäßige Kosten, vornämlich in älterer Zeit, als die Ausmünzung der einzelnen Stücke ohne rasch arbeitende Prägmaschinen ꝛc. zu geschehen hatte, die Ausprägung von (6000 × 72) 432000 Stück Münzen, die den Werth eines Pfund des Gold repräsentiren sollten, verursachen mußte, und daß die Regierung bei diesen Kupferausmünzungen nicht nur keinen Verlust erleiden, sondern gewiß noch beträchtlichen Gewinn erzielen wollte, so muß es als gradezu unmöglich betrachtet werden, daß jene seit 395 emittirten Kupfermünzen, selbst bei einem wesentlich verringerten Gewicht, nicht jedenfalls das Doppelte übersteigende Multipla der kleinsten Rechnungseinheit im gewöhnlichen Verkehr gegolten haben werden. Als Repräsentant der kleinsten Wertheinheit von $\frac{1}{6000}$ Solidus kann höchstens eine Münze zum Gewicht von vielleicht 0.2 bis 0,4 Gramm gedient haben, und es wird sicher die Ausprägung solcher kleinen Münzen selbst äußerst beschränkt gewesen sein. Daß von denselben sich keine erhalten haben, kann nicht auffallen. Je geringer der Vorrath, desto rascher die Circulation und also auch die Abnutzung; — und wer hätte in früherer Zeit ein Interesse daran gehabt, solche abgenutzte winzige und an sich werthlose Stücke aufzubewahren?

Aber wie viele Denare wurden dann auf die gewöhnlichen Kupfermünzen, die nummi centenionales, gerechnet? Sollte nicht der Name 'centenionalis' zu einer Auskunft hierüber Anleitung geben? Deutet man den Namen dahin, daß 100 Stück dieser Münzsorte auf ein Pfund Kupfer gerechnet seien, so würden, bei Annahme von 25 Pfund Kupfer auf den Solidus, 2500 Stück, und bei entsprechender Annahme von 20 Pfund, 2000 Stück dieser Münze dem Solidus gleich gerechnet sein, was also bei einem Course von 6000 Denaren den Werth derselben in letzterem Falle auf 3 Denare stellen würde. Wird jedoch der Name 'centenionalis nummus' in der Weise erklärt, daß 100 Stück einer Siliqua ($\frac{1}{24}$ Solidus) gleich gerechnet wären, so würde sich bei einem Course von 7200 Denaren ebenfalls der Werth von 3 Denaren für die gewöhnliche Kupfermünze ergeben.

Ungeachtet der eben erwähnten Momente für eine Werthung des nummus centenionalis auf 3 Denare erscheint uns dennoch diese viel zu gering und die Annahme eines Werths von 5 Denaren für denselben ungleich wahrscheinlicher. Als man unter Anastasius i. J. 498 in Constantinopel anfing[1] die verschiedenen Sorten der

---

Nach der Norm von 25 ℔ Kupfer auf den Solidus war das Verhältniß, wie oben schon erwähnt, 1 : 1800, nach der Norm von 20 ℔ Kupfer auf den Solidus 1 : 1440, so daß sich hierin eine merkwürdige Gleichmäßigkeit der Werthe erhalten hat.

[1] Schon Odovacer hatte eine Ausmünzung von 40 Denarstücken mit Werthzahl und dem Bildniß des Kaiser Zeno veranstaltet (vgl. Beiträge zur älteren Münzkunde von M. Pinder und J. Friedländer B. I, S. 131 ff.), allein eine systematische Werthbezeichnung der Kupfermünzen beginnt erst mit Kaiser Anastasius.

Kupfermünze, welche man wieder in schwereren Stücken münzte, mit Werthzeichen zu bezeichnen, wurden die Stücke, die der Größe und dem Gewichte nach den seit Honorius im weströmischen Reiche geprägten gewöhnlichen kleinen Kupfermünzen entsprechen, mit der Zahl V bezeichnet, offenbar als Stücke von 5 Denaren. Man darf wohl mit Grund voraussetzen, daß im oströmischen Reiche, wie auch bei den Ostgothen, die diesem Beispiele folgten, hierdurch nicht ohne besondere Veranlassung eine neue Münzsorte hat geschaffen werden sollen, sondern daß es nur darauf abgesehen war, den herkömmlichen Werth auch auf der bisher üblich gewesenen Münzsorte anzugeben in Uebereinstimmung mit den durch Werthziffern bezeichneten neu emittirten größern Kupferstücken von 10, 20 und 40 Denaren. Auch steht eine solche Werthung der allgemeinen Kupfermünzsorte zu 5 Denaren, statt zu 3 Denaren, viel besser im Einklang mit dem gewiß nicht aus den Augen gesetzten Vortheil des Münzregals, welches bei Ausprägung eines Pfundes Kupfers, das als Metall einen effectiven Werth von ca. 240 bis 300 Denaren hatte, zu 180 oder selbst 200 Drei-Denarstücken, also zum Nominalwerthe von 540 bis 600 Denaren, in Betracht der bedeutenden Münzkosten kaum Rechnung finden, gewiß aber keinen irgend erheblichen Vortheil erzielen konnte, während die Ausmünzung des Kupfers auf etwa das Dreifache bis Vierfache seines effectiven Werths bei so kleinen Münzen, ferner auch in entsprechendem Verhältnisse mit denjenigen Normen steht, welche man in den ersten Jahrhunderten der Kaiserzeit vor der Periode der großen Münzwirren lange in Anwendung gebracht hatte, als das Pfund Messing und Kupfer zu resp. 12 Sesterzen oder 24 Dupondien oder 24 Assen ausgemünzt worden war [1] (S. o. S. 575). Auch der Name 'centenionalis' läßt sich damit vereinigen. Diese Bezeichnung der gewöhnlichen kleinern Kupfermünze kommt schon vor in einer Verordnung des Jahrs 356 und muß selbstverständlich aus den damaligen oder frühern Münzverhältnissen erklärt werden; er hatte also ursprünglich auf eine Münzsorte Bezug, die gewiß schwerer war als die unter Honorius mit diesem Namen bezeichneten Stücke von ca. 1.8 Gramm. Die Voraussetzung, daß die fragliche Münzsorte daher ihren Namen erhalten, weil nach der ursprünglichen Norm 100 Stück derselben aus dem Pfund Kupfer geprägt werden sollten, was auf einen gesetzlichen Münzfuß von $\frac{1}{100}$ Pfund oder 3.27 Gramm führt, hat daher nichts Willkürliches und

---

[1] Beiläufig möge erwähnt werden, daß noch gegenwärtig ein ähnliches Verhältniß bei den Ausmünzungen beobachtet wird. Nach dem preußischen Münzgesetz wird der Centner Kupfer ausgeprägt zu Scheidemünze zum Nominalwerthe von 92.6 Thaler; der Durchschnittspreis des Kupfers aber in den Jahren 1858—60 betrug 33.5 Thaler der Centner. Im deutsch-österreichischen Münzvertrag von 1857 wird selbst noch ein größerer Spielraum für die Kupferausmünzung gewährt, indem darin das Maximum derselben auf 112 Thaler Centner Kupfer stipulirt worden ist. — Die Münzkosten der kupfernen Scheidemünze werden von Hoffmann (Lehre vom Golde S. 85) auf ca. 20 Thaler und darüber für den Centner geschätzt.

Unwahrscheinliches. Daß schon von Anfang an die thatsächliche Ausprägung dieser kupfernen Scheidemünze sehr ungenau und knapp gewesen, wird hierdurch ebensowenig ausgeschlossen als die spätere progressive Verringerung des Münzfußes.

Die seit dem Regierungsantritt des Honorius bis auf Zeno (395—477) im römischen Reiche veranstaltete Kupferausmünzung scheint, wie bereits vorhin bemerkt, ungeachtet der vorangegangenen Einziehung des schwereren Kupfergeldes bei weitem keine so große Ausdehnung erlangt zu haben wie diejenige der vorangegangenen Periode. Zum großen Theil kann man diese Abnahme der Kupferausmünzungen daraus erklären, daß wirklich das Bedürfniß nach solcher Münze sich einschränkte, weil die früher vorgekommenen sackweisen Umsätze in Kupfergeld nach dem Gewichte aufhörten und durch vermehrte Goldcirculation ersetzt wurden, und daß außerdem bei den furchtbaren Verwüstungen, welche die Völkerwanderung herbeiführte, die Bevölkerung wie der Verkehr und damit auch der Bedarf an kleiner Münze sich außerordentlich verminderten. Allein so gering, wie man nach dem Verhältniß der erhaltenen Stücke in den Münzkabinetten und der hierher gehörigen Münzfunde schließen möchte, wird die Kupferausmünzung in den letzten Zeiten des weströmischen Reichs nicht gewesen sein. Wir sind vielmehr der Ansicht, daß dieselbe, an und für sich genommen, wenn man nur nicht den Maßstab der unmittelbar vorangegangenen Periode mit ihrer enormen Unmasse von schlechten Münzsorten anlegt, nicht unbedeutend gewesen sein muß und die verhältnißmäßige Seltenheit der hiervon (so wie auch von den gleichzeitigen Silbermünzen) erhaltenen Exemplare sich der Natur der Sache nach genügend erklären läßt.

Wenn man nach den hauptsächlichen Quellen und Bestandtheilen der Sammlungen alter Münzen forscht, wird man finden, daß, soweit sich genauere Kunde darüber erhalten hat, das Meiste von den römischen Münzen aus dem Auffinden absichtlich vergrabener Schätze herrührt. Bei Billon- und Kupfer-Münzen kann ein solches Vergraben nur ganz ausnahmsweise vorkommen unter der Einwirkung ganz abnormer Münzzustände, wie solche in den bekannten eigenthümlichen Münzwirren und Münzmaßregeln während eines Theils der Kaiserzeit von der Mitte des dritten Jahrhunderts an eingetreten sind. Ohne diese Umstände würde schwerlich auch nur entfernt eine solche Menge jener Münzen, insbesondere seit Septimius Severus bis Gallienus und aus der Constantinischen Periode, erhalten sein. Die oben mitgetheilte Zusammenstellung von Münzfunden in Gallien von der Mitte des vierten bis gegen Ende des fünften Jahrhunderts zeigt, daß bis jetzt nur Ein Fund, welcher eine Anzahl späterer Kupfermünzen (nach Theodosius I.) aufweist, bekannt geworden, nämlich der oben erwähnte von Heerlen bei Maestricht, der indeß nur eine sehr geringfügige Summe enthielt. Was hätte auch dazu bestimmen können, Kupfermünze auch dann noch in Masse zu vergraben, als Goldsolidi in Menge vorhanden waren, und die Ku-

pfandmünze. zu einem ihren innern Werth bedeutend übersteigenden Cours gepulirte? Wenn aber seit der Constantinischen Periode das Ver=
graben größerer Summen Kupfergeld aufhörte und dieses nur als
Scheidemünze und zu kleineren Zahlungen im gewöhnlichen täglichen
Verkehr Verwendung fand, so ist nicht zu verwundern, daß ungeach=
tet einer ursprünglich sehr beträchtlichen Circulation derselben, nur
verhältnißmäßig wenig Ueberreste davon sich erhalten haben. Man muß
nämlich dabei in Betracht ziehen, in welcher außerordentlichen Weise
erfahrungsmäßig Scheidemünze sich bei längerem Umlauf sowohl ab=
nutzt als auch rein verloren geht. Als z. B. um das Jahr 1850
in Frankreich die zu Anfang des Jahrhunderts zum Belauf von
3,296,932 Francs in Umlauf gesetzten und durch Falschmünzerei
noch sehr vermehrten 10=Centimen=Stücke gegen ihren Nennwerth
wieder eingezogen wurden, ward davon nur eine Summe von etwa
2 Millionen Francs eingeliefert, was also in weniger als 50 Jah=
ren einen Ausfall von mehr als zwölf Millionen Münzstücken er=
giebt! Wie gering ist selbst in Sammlungen neuerer Münzen die
vor einigen Jahrhunderten in Unmasse und in unzähligen Sorten
vorhanden gewesene Scheidemünze meistens vertreten? Sollten nicht
manche Arten derselben, trotz ihrer vielleicht einst beklagten Ueberfülle,
spurlos verschwunden sein? Wäre das von Honorius bis Romulus
Augustulus im weströmischen Reich gemünzte und in Umlauf gesetzte
Kupfergeld ursprünglich fast eben so reichlich vorhanden gewesen wie
die früheren Kupfermünzsorten, von denen die Münzfunde uns un=
zählige Ueberreste erhalten haben, so würde der durch keine gesetzliche
Einziehung unterbrochene Umlauf während mehrerer Jahrhunderte,
da lange Zeit hindurch wenig neue Kupfermünze hinzukam, eine ge=
nügende Erklärung dafür abgeben, daß sich grade von dieser Münz=
sorte nur wenige Exemplare bis auf unsere Zeit haben erhalten
können.

Von einigen französischen Forschern, die sich mit der Geschichte
des Münzwesens in Frankreich beschäftigt und in Bezug hierauf die
fortdauernde Circulation des römischen Geldes mit besonderem Nach=
druck hervorgehoben haben [1], scheint hierbei vornämlich an die enor=

[1] Cochet a. B. S. 430: Suivant les numismatistes, notamment MM.
Fillon et de Pétigny, la monnaie romaine circula seule et exclusivement en
Europe jusqu'au milieu du VIe siècle. Nous ajouterons que selon nos
faibles lumières, elle ne fut point depreciée par l'apparition du numeraire
barbare, mais qu'elle continua de circuler en France communement avec la
monnaie nationale, si non legalement au moins légitimement jusqu'au XIe
siècle. — Wir vermissen weitere Belege für diese Behauptung, denn der Um=
stand, daß noch bis in die neueste Zeit vielerwärts öfterer alte römische Billon=
und Kupfermünzen vom Landvolk in die Kirchenbecken gelegt werden, ist kein
genügender Nachweis für die lange fortgesetzte Circulation jener Münzsorten,
sondern eher ein Zeugniß für die Häufigkeit von Münzfunden der betreffenden
Art. Diese zahlreichen Funde von Münzschätzen, die im dritten und vierten
Jahrhundert in Gallien vergraben worden, erhalten eine genügende Erklärung
durch den Hinweis auf die anhaltenden Bürgerkriege und die häufig wieder=
kehrenden Einfälle und Verwüstungen seitens der Germanen, wodurch die

men Billon-, Pseudosilber-, und Kupfer-Ausmünzungen in Gallien seit der Mitte des dritten bis zur Mitte des vierten Jahrhunderts und deren Nachwirkungen gedacht zu sein. Bis zu einem gewissen Grade wird man dieser Ansicht eine Berechtigung nicht absprechen können, da auch sonstige Erfahrung es darthut, wie in sehr großer Menge und in weitem Kreise verbreitet gewesene geringhaltige Münze, auch wenn sie verrufen worden, doch in einzelnen Verkehrsregionen noch lange Zeit hindurch eine conventionelle Geltung behaupten kann. Hierauf weiset auch die Thatsache, daß bei der Untersuchung von alten romanisch-fränkischen Kirchhöfen aus der merovingischen Zeit sich nicht selten neben fränkischen Münzen auch Kupfermünzen der römischen Kaiser des dritten Jahrhunderts und selbst früherer Zeit vorgefunden haben [1]. Es wird diese fortgesetzte Circulation der älteren römischen Münzen sich indeß vornämlich nur beim Landvolke erhalten haben, da in den Städten unter der unmittelbaren Aufsicht der Behörden die neuen Münzedicte von 393 und 395 nicht unausgeführt geblieben sein werden. Zu welchem Werthe aber dort, wo deren Umlauf fortdauerte, diese älteren Kupfermünzen im Verhältniß zum Solidus gerechnet worden sind, darüber sich eine bestimmte Meinung zu bilden, fehlt es bis jetzt an jedem positiven Anhaltspunkt. Doch möchte es nicht eben für unwahrscheinlich zu erachten sein, daß die, früherer Einschmelzung oder Vergrabung sowie der Einziehung im Jahre 395 entgangenen älteren und schwereren Kupfermünzen je nach ihrem Gewichte, ohne besonders scharfe und consequente Unterscheidungen hierbei, usanzmäßig als das Doppelte, Vierfache oder Achtfache der seit dem genannten Jahre vorherrschend gewordenen gewöhnlichen kupfernen Fünfdenarstücken gerechnet worden sind, also zu 10, 20 und 40 Denaren, wie sich solche Rechnungsweise auch in Italien und in anderen Gegenden des römischen Reichs ausgebildet haben wird. Denn man darf nach der in solchen Dingen beinahe überall und immer beobachteten Regel voraussetzen, daß die unter den Kaisern Zeno und Anastasius in Italien wie im römischen Reiche wieder aufgenommene Prägung schwererer Kupfermünzen zu den eben bemerkten Werthen von 10, 20, (30) und 40

[1] Auf der Begräbnißstätte zu Daßpich fanden sich in einem und demselben Sarge neben Kupfermünzen des Honorius auch solche von Claudius Gothicus, Tetricus u. a. — Die Untersuchung des alten fränkischen Kirchhofs zu Evermeu förderte außer 5 kleinen merovingischen und einer karolingischen Silbermünze etwa 22 römische Billon- und Bronce-Münzen zu Tage. Auf dem im Jahre 1851 untersuchten fränkischen Kirchhofe von Luch fand man auch fünf fränkischen Gold-Trienten des VII. oder VIII. Jahrhunderts zwei römische Broncemünzen erster Größe. Vgl. Cochet a. B. S. 421 ff. und desselben Verfassers La Normandie souterraine ou Notices sur des cimitières romains et des cimitières francs explorés en Normandie. 2. ed. Par. 1855. S. 259 —263. 299—304. 315. 353—363. 399 u. 440.

Einheiten kleinster Art sich an bestehendes Herkommen möglichst angeschlossen haben werden.

§ 3. Gestaltung des Geld- und Münzwesens bei den Salischen Franken nach der Eroberung Galliens.

In den beiden vorhergehenden Paragraphen sind die auf das Geld- und Münzwesen sich beziehenden Verhältnisse der Franken vor Chlodovech und sodann in den bis dahin romanisch gebliebenen Theilen Galliens besprochen worden. Das Ergebniß unserer Untersuchungen und der darauf begründeten Vermuthungen war im wesentlichen folgendes. Bei den Franken bildeten damals gute Goldsolidi nach dem Constantinischen Münzfuß und ältere römische Silber-Denare das Metallgeld, unter principieller Fernhaltung von Billon- und Kupfermünzen; von den später so häufigen Drittel-Solidi finden sich noch keine Spuren; zwölf jener älteren Denare wurden auf den Goldsolidus gerechnet. Im römischen Gallien hingegen bestand, abgesehen von der mitunter bei größeren Beträgen üblichen Rechnungs- und Zahlungsweise nach effectiven Gewichts-Pfunden Gold und Silber, die damalige Geldcirculation in Goldsolidi, welche theilweise von geringerem Feingehalt waren und deshalb niedriger im Werthe standen; in Silbermünzen, welche die Gold-Siliqua darstellen sollten, indeß bedeutend weniger Metallgehalt hatten, als ihre ursprüngliche gesetzliche Form verlangte, und die nur in beschränktem Betrage als größere Scheidemünze, nicht als Courant-Münze, im Verkehr vorkommen mochten; endlich in leichten Kupfermünzen kleiner Größe, wie solche i. J. 395 beibehalten waren und seitdem sparsam geprägt wurden, neben denen noch hier und da die Benutzung älterer Kupfermünzsorten als Aushülfe fortdauerte. Den Solidus rechnete man zu 24 Siliquen und zu 6000 oder einer dieser Summe nahe kommenden Zahl Denaren, von welchen außerordentlich kleinen Rechnungseinheiten (die selbst nur äußerst wenig durch besondere Münzstücke einzeln repräsentirt wurden) wieder 5 Stück auf die erwähnte gewöhnliche Kupfermünze gingen, so daß von diesen je 50 (eventuell 48 oder 60 2c.) Stück einer Siliqua, und je 1200 (eventuell 1152 oder 1440 2c.) Stück einem Solidus an Werth gleich kamen.

Den Goldsolidus hatten also beide, die romanischen Bewohner Galliens wie die Franken, als Hauptgrundlage ihres Geldwesens gemein. Dagegen war in der Bedeutung des Denars und hinsichtlich der Silbermünze bei ihnen eine um so bedeutendere Divergenz; denn erstere verstanden, wie gesagt, unter dem Denar den fünften Theil einer kleinen Kupfermünze oder $\frac{1}{6000}$ oder selbst $\frac{1}{7200}$ Goldsolidus, während die Franken die nämliche Münzbezeichnung, der Sache wie dem Namen nach, für den älteren römischen Silber-Denar, und zwar um Werthe von $\frac{1}{12}$ Goldsolidus, beibehalten hatten; welcher Silber-Denar von der in den römischen Provinzen damals gebräuchlichen Silbermünze, der unegal und mit sehr reducirtem Gehalt ausgemünzten Siliqua scharf getrennt war. Beträge, die den Werth eines Solidus nicht erreichten und in Münze zu zahlen waren, werden außer in den damals nur sparsam vorhandenen Trienten, bei den Franken nur in den alten römischen Silber=Denaren, im römischen Gallien hauptsächlich mittelst großer Summen kleiner Kupfermünze und nur theilweise durch die Silbermünzsorte der Siliquen, 24 auf den Solidus, ausgeglichen worden sein.

Bei den Ostgothen, den Westgothen und den Burgundern war, soweit darüber Kunde vorhanden ist, vor ihrer Niederlassung in den römischen Provinzen das Geldwesen von demjenigen bei den Franken vor Chlodovech nicht verschieden; allein mit der dauernden Besitzergreifung ihrer neuen Reiche, nahmen sie, wie im zweiten Abschnitt von uns nachgewiesen worden, die dort vorgefundenen Münzverhältnisse ohne weitere Veränderung vollständig an. Sie rechneten von da an nach Solidi, Tremissen und Siliquen, und wenn sie selbst zu münzen begannen, thaten sie dies nicht nur in Rücksicht der Goldmünzen, sondern auch des Silber= und Kupfergeldes nach dem Münzsystem, das unmittelbar vor ihrer Ankunft in den eroberten Gegenden gegolten hatte und gleichzeitig noch im oströmischen Reiche beobachtet wurde.

Bei den Franken gestaltete sich die Sache anders. Sie konnten unmöglich in den von Chlodovech eroberten Landstrichen Galliens ihr bisheriges System der alten Silber=Denare durchführen, da es an genügendem Vorrathe dieser Münzsorte für solchen Zweck fehlte und derselbe auch nicht in Kürze herzustellen war, und da ferner die Masse Kupfergeld im täglichen Verkehr einmal vorhanden und in den damaligen Zeiten nicht leicht zu beseitigen war. Andererseits mußte es den Salischen Franken schon wegen ihrer fortdauernden vielfachen und engen Beziehungen zu den diesseits des Rheins oder auch sonst an dessen Ufer verbliebenen germanischen Sämmen, welche zunächst keine gleiche Veranlassung hatten von dem althergebrachten Herkommen hierin abzugehen, nahe liegen, auch nach der Eroberung Galliens die Rechnung nach Silber=Denaren wenigstens in gewisser Weise aufrecht zu erhalten. Aus diesen gegebenen thatsächlichen Verhältnissen und Tendenzen entwickelte sich nun das eigenthümliche fränkische Geldwesen, welches man in der Lex Salica und darnach im fränkischen Reiche, mit Ausnahme der partikularen Zustände in den rein germanisch gebliebenen Ländern desselben, bis zur Herrschaft Pippins antrifft.

Der Goldsolidus blieb die Hauptmünzsorte und die allgemeine oberste Rechnungseinheit; indeß kamen bald Drittel=Solidi (Trienten oder Tremissen) immer häufiger vor. Es trat aber an die Stelle sowohl der herkömmlichen germanischen Zwölftheilung dieses Solidus in römische Silber=Denare als auch der damals in den römischen Provinzen üblichen Berechnung des Solidus zu 24 Siliquen oder zu 6000 (oder mehr) Rechnungs=Denaren ein neues Geldsystem, wonach der Solidus in 40 (fränkische) Denare getheilt wurde. Der

und dieser Theilungs- und Berechnungsweise kann nur darin ge=
ben werden, daß die Salischen Franken dem Silbergelde, als
ptsächlichen Theilstücken des Solidus und zugleich als einer sub=
iren Courant=Münze, nicht entsagen wollten, und deshalb in ihren
en Eroberungen nothwendig die dort im Umlauf befindlichen Sil=
münzen ins Auge fassen mußten, wenn auch der Vorrath davon
der bis dahin überwiegend gewesenen Kupfergeld=Circulation ver=
nißmäßig nicht sehr bedeutend sein mochte.   Wir sagen „ver=
nißmäßig“, d. h. im Vergleich zur Goldmünze und zum Kupfer=
e; denn wie wenig Exemplare der im fünften Jahrhundert ge=
gten Siliquen auch in unseren Sammlungen jetzt enthalten sind,
mögen doch damals in Gallien viele hunderttausend Stücke die=
Münzsorte im Umlauf gewesen sein.   Wie früher bereits er=
nt, läßt sich die vergleichsweise Seltenheit dieser Siliquar=Mün=
genügend dadurch erklären, daß sie, außer auf den Britischen
eln, nirgends als ein nach dem effectiven Metallwerth geschätztes
rantgeld in größeren Summen vergraben worden zu sein scheint,
sie, als Scheidemünze circulirend, im Laufe eines oder einiger
rhunderte völlig abgenutzt und unkenntlich wurden und so allmäh=
außer Verkehr kamen, daß also nur einzelne wenige, zeitig ver=
n gegangene und wiedergefundene, erkennbar gebliebene Stücke einer
kleinen Münzsorte auf die Nachwelt gekommen sind.   Wie aus
r früher vorgelegten Uebersicht zu entnehmen, war das durch=
ittliche Gewicht der unter den 407 bis 413 in Gallien zur
rschaft gelangten Kaisern Constantinus III. und Jovinus gepräg=
Silbermünzen 1.40 Gramm, und es wird mit großer Wahr=
intlichkeit vorausgesetzt werden dürfen, daß diese Kaiser, welche zu=
ist nur Gallien in Betracht zu ziehen hatten, bei ihren Ausmün=
zen eine solche Norm in Anwendung gebracht haben werden, wie
dort zur damaligen Zeit im gewöhnlichen Verkehr üblich war.
s ferner läßt sich in gleicher Weise annehmen, daß es gerade diese
die entsprechenden älteren Münzen waren, welche in der zweiten
fte des fünften Jahrhunderts in Gallien das gebräuchliche Sil=
eld bildeten, da spätere Silberprägungen dort sehr spar=
gewesen sein mögen, und es schwer zu beantworten sein dürfte,
he sonstige Silbermünze denn möglicher Weise in der erwähnten
iode in Gallien circulirt haben könne.   Die etwa aus Italien
anderen Provinzen herüberkommende neue Silbermünze war
als ähnlicher Art, nämlich ganze Siliquen zum durchschnitt=
n Gewicht von ca. 1.30 Gramm (und halbe Siliquen von ca.
5 Gramm) Silber, auf welches durchschnittliche Gewicht auch die
rünglich etwas schwerer ausgemünzten Siliquen des Theodosius,
orius, Constantinus III., Jovinus u. a. durch die Abnutzung in
Circulation mehrerer Jahrzehende inzwischen reducirt sein moch=
Wollten die in Gallien sich niederlassenden Franken Theilstücke
Goldsolidus in effectiver Silbermünze für ihr Geldwesen beibe=
en, so blieb ihnen eben nichts anderes übrig, als die Siliquen

in der durchschnittlichen Beschaffenheit, wie sie dieselben dort vorfanden, als Silbermünzen von etwa 1.20 bis 1.30 Gramm Gewicht in ihr System aufzunehmen, da, wie oben schon bemerkt, ältere römische Silber=Denare in irgend genügender Menge herbeizuschaffen unmöglich war; mußte doch selbst in den deutschen Ländern die Abnahme des Vorraths an dieser durch neue Prägung seit lange nicht weiter gehaltenen Münzsorte immer fühlbarer werden. Eine selbständige ausgedehnte Ausmünzung solcher Denare aber vorzunehmen, konnte der Natur der Sache nach zu Chlodovechs Zeit nicht füglich in Frage kommen, und hätte auch schwerlich ein solcher Versuch den beabsichtigten Zweck in Gallien erreicht. Man hat dabei nicht außer Acht zu lassen, daß die Ausprägung von Siliquen zu dem angegebenen Gehalt von ungefähr 1.20 bis 1.30 Gramm Silber zu seiner Zeit in Constantinopel und Italien, vielleicht auch in Arles unter westgothischer Herrschaft, fortdauerte, wenn auch nur sparsam. Wurde aber bei den Franken diese Münzsorte nicht bloß als Scheidemünze, sondern auch als wirkliche courante Werthmünze neben dem Solidus angenommen, in Folge ihrer bisherigen Gewöhnung an Silbergeld, so konnte natürlich eine Berücksichtigung des wirklichen Metallgehalts jener Siliquen, im Vergleich mit dem der bisher bei ihnen allein als Silbermünze in Geltung gewesenen älteren römischen Silber=Denare nicht unterbleiben. Selbstverständlich hat man hierbei nicht an genaue technische Ermittlungen zu denken, wie sie heutigen Tags in solchen Fällen nach dem durchschnittlichen Gewicht und zugleich dem Feingehalt würden vorgenommen werden, allein bis auf einen gewissen Punkt mußte man auch bei den Franken den relativen Effectiv=Werth verschiedener Münzsorten richtig zu schätzen. Nimmt man nun an, daß die älteren römischen Denare von der Art, wie dieselben im Grabe Childerichs angetroffen worden sind, durch den Umlauf nicht viel an Gehalt verloren hatten, weil sie im Allgemeinen bei den Germanen nach deren früheren wirthschaftlichen Zuständen mehr als Schatz aufbewahrt wurden, als zu Zwecken einer regelmäßigen täglichen Münzcirculation dienten, und daß neben den seit Nero geprägten Denaren ältere schwerere Stücke dieser Münzsorte noch mit vorkommen, die den Durchschnittswerth etwas hoben, während dagegen die um das Jahr 490 in Gallien umlaufenden Siliquen im Durchschnitt schwerlich über 1.2 Gramm an Gewicht gehalten haben werden (wobei eine ungefähr gleichmäßige Feinheit des Silbers für beide Münzsorten vorausgesetzt werden kann, da eine absichtliche stärkere Legirung weder bei der einen noch bei der andern Sorte nachgewiesen ist), so wäre eine Gleichstellung eines Denars mit ungefähr 3 Siliquen (ca. 3.40 Gramm: ca. 3 × 1.20 Gramm), Silbergehalt gegen Silbergehalt gerechnet, durch die thatsächlichen Verhältnisse gerechtfertigt gewesen. Wenn nun dessenungeachtet die Franken nicht 36 der alten Siliquen und neuen fränkischen Denare auf den Solidus rechneten, sondern deren Werth noch etwas niedriger setzten und 40 dieser Denare dem Solidus gleichstellten, so wird der Grund hauptsächlich wohl berlei zu suchen sein, daß dies letztere Verhältniß der gewöhnlichen Werthrelation der Edelmetalle besser entsprach, und daß diese Rücksicht diejenige auf den vergleichsweisen Silbergehalt der alten römischen Silberdenare (für welche so zu sagen noch ein Affectionswerth hinzutrat) modificirte. Das gesetzliche volle Gewicht des Goldsolidus angenommen, also 4,55 Gramm, würde nach der Werthrelation von 1:12 demselben an Silbermünze ein Gewicht von 54.66 Gramm gleich zu rechnen sein. 36 Siliquen von durchschnittlich 1:20 Gramm Silber ergeben aber erst 43,2 Gramm. Wegen der größeren Münzkosten der Silberprägung und in Betracht, daß auch die Solidi nicht alle das volle Gewicht hielten, mochte zu Gunsten des Silbergeldes ein gewisser Nachlaß zulässig erscheinen, aber das eben erwähnte Verhältniß von 36 Denaren auf den Solidus darin zu weit gehen, weshalb man der Theilung des Solidus in 40 Denare den Vorzug gab. In den germanischen Ländern konnte der alte römische Denar, wie früher von uns erörtert wurde, durch die Rechnung von 12 Stück derselben auf den Solidus, mit gutem Grunde als Münze eine außerordentlich hohe Werthung erhalten, wegen des gegebenen beschränkten Vorraths und Zuflusses davon und in Ermangelung einer Aushülfe durch eigene Ausmünzung sowie in althergebrachter Vorliebe für das Silbergeld; allein anders stand die Sache in Gallien. Hier konnte in den Städten und durch die überlieferte Münztechnik erforderlichen Falls die Ausprägung von Siliquen jeder Zeit wieder aufgenommen werden, und die Seltenheit gab also kein hinlängliches Motiv für eine auffallend hohe Werthung der Silbermünze, während der bisherige Grund hierfür, nämlich die fast ausschließliche Benutzung derselben als größere Scheidemünze nach dem fränkischen System aufhören sollte. Ganz besonders wird aber für die Vierzigtheilung des Solidus der Umstand mit von entscheidender Bedeutung gewesen sein, daß dieselbe für alle größeren Reductionen bei weitem bequemer ist als eine Sechsunddreißigtheilung. Wie einfach und natürlich auch das Duodecimalsystem sich bei Berechnungen in kleinen Zahlen erweiset, so muß doch bei allen größeren Beträgen das Centesimalsystem von selbst den Vorrang einnehmen. Die geläufige Rechnung nach Hunderten von Denaren, wozu bei der Geldwirthschaft in Gallien viel mehr Gelegenheit sein mußte als bei den früheren germanischen Zuständen, ergab sich bei der Vierzigtheilung des Solidus in allen Fällen, wo irgendwie das Fünffache des Solidus vorkam, und hierbei nicht außer Betracht zu lassen, daß wenigstens in den ersten Zeiten der fränkischen Herrschaft die wirkliche Zahlung aller nicht ganz großen Summen meistens noch in kleinen Kupfermünzen zum Werthe von vermuthlich $\frac{1}{200}$ Solidus, also 30 Stück auf den neuen fränkischen Denar, bewerkstelligt sein wird. Sodann schloß sich die Vierzigtheilung unmittelbar an die bei den deutschen Stämmen vielfach vorkommende Rechnung nach Großhunderten (120) an. Die Ausgleichung des fränkischen und provinzialen Geld- und Rechnungswesens wird sich auf diese Weise zunächst rein praktisch entwickelt

I.   39

haben, ohne daß im voraus ein beabsichtigter Plan und bestimmte Verordnungen die erste Ursache dazu gewesen wären. Die Veränderung war so zu sagen eine der Werthrelation der Edelmetalle und dem Verhältniß zum älteren römischen Denar entsprechende thatsächliche Devalvation der Siliqua von $\frac{1}{24}$ auf $\frac{1}{40}$ Solidus.

Die Fortdauer einer vorwiegenden Kupfermünz=Circulation im gewöhnlichen Verkehr in Gallien wird durch diese Veränderung der Berechnungsweise der Silbermünzen zum Goldsolidus zunächst wenig berührt worden sein, und hierbei der Unterschied gegen früher nur darin bestanden haben, daß, wenn bisher 250 Rechnungseinheiten oder 50 gewöhnliche kleine Kupfermünzen auf die s. g. siliqua auri gingen, jetzt 150 Rechnungseinheiten oder 30 gewöhnliche Kupfermünzen dem fränkischen Denar gleich gerechnet wurden.

Wenn man den Namen „Denar" in Gallien wie sonst im römischen Reich seit mehreren Generationen für die Rechnungseinheit kleinsten Betrages, von welcher 5 durch eine leichte Kupfermünze vertreten wurden, gebraucht, dagegen für die bisherige Silbermünze die Benennung „Siliqua" gehabt hatte, wodurch eigentlich der 24ste Theil des Solidus bezeichnet wurde, so konnte natürlich die Uebertragung der Bezeichnung „Denar" auf diese nämliche, gleichzeitig um 40 Procent im Werthe devalvirte Silber=Münzsorte gewiß nicht leicht und bald allgemeine Geltung erlangen. Und so bemerken wir denn auch, daß wo Gregor von Tours courante Silbermünzen erwähnt, er dafür nicht den Ausdruck „Denar" gebraucht, der in den fränkischen Rechtsbüchern und Verordnungen dieselben regelmäßig bezeichnet, sondern die Benennung „Argenteus" [1].

Auf der andern Seite wird man ebenso wenig voraussetzen dürfen, daß auch in den älteren Wohnsitzen der Salischen Franken auf einmal das ältere germanische Herkommen in Benutzung der älteren römischen Silber=Denare, 12 Stück auf den Goldsolidus gerechnet, nun plötzlich und vollständig beseitigt worden und dafür das neue System der 40 Denare auf den Solidus zur ausschließlichen Geltung gekommen sei. Eben weil diese Veränderung im Geldwesen nicht durch einen einmaligen Akt der Gesetzgebung plötzlich herbeigeführt, sondern aus der Praxis erwachsen sein wird, kann sie nur im Wege eines allmählichen Uebergangs die früheren Rechnungsweisen verdrängt haben. Auf längere Fortdauer der Benutzung römischer Silber=Denare im alten salischen Lande an der Schelde deutet der

---

[1] Gregorius Tur. de mirac. S. Martini c. 31. Bei der Unterschlagung eines Triens läßt er den Betrüger sagen: non amplius venit quam unus argenteus. De gloria confess. c. 112 berichtet derselbe Gregor folgenden Vorgang: Igitur de hoc triante vinum comparat, admixtisque aquis iterum per argenteos venumdans, duplat pecuniam. Hoc iterum atque iterum agit, et tam diu turpis lucri sectator est factus, usque quo centum solidos de hoc triante lucraretur. — Es mag hierbei daran erinnert werden, daß bei den Westgothen, deren Herrschaft längere Zeit sich auch über das südliche Gallien erstreckte, für Silbermünzen die Ausdrücke Siliqua und Argenteus erwähnt werden, nicht aber Denarius. Vgl. d. zweiten Abschnitt S. 300.

Umstand, daß man zu Lède, nahe bei Aalst in Ostflandern, in einer alten fränkischen Grabstätte unmittelbar neben einander einen golde= nen Triens von Childebert I. (511—558) und einen republikanischen Denar gefunden hat [1]. Auf Belege solcher Art, wie vereinzelt sie auch erscheinen mögen, hat man unserer Ansicht nach bei der Beur= theilung des speciellen Geld= und Münzwesens einer bestimmten Be= völkerung in einem gegebenen Zeitabschnitt großes Gewicht zu legen, da sie einen ebenso zuverlässigen positiven Anhalt zu Schlußfolgerun= gen geben wie nur irgend ein gleichzeitiges schriftliches Document.

Wir wenden uns nunmehr zur Erörterung des Geldwesens, welches den Werthangaben in der Lex Salica zum Grunde liegt, und werden hierbei zunächst nur die bezüglichen Angaben derselben für sich, möglichst abgesehen von anderweitig vorweg begründeten Vermuthungen, ins Auge fassen.

Eine wesentliche Veranlassung zur Aufzeichnung dieses ältesten fränkischen Rechtsbuchs wird gerade durch die Geld= und Münzver= hältnisse gegeben sein, indem nach weiterer Ausdehnung der fränki= schen Herrschaft in Gallien das Bedürfniß sich fühlbar machen mußte, die herkömmlichen Bußansätze, welche zum großen Theil den Inhalt der positiven Rechtsbestimmungen und der gerichtlichen Thä= tigkeit bei den Franken ausmachten, den veränderten Umständen ge= mäß in den aufgekommenen neuen Münzwerthen festzustellen und schriftlich zu verzeichnen. Blieben auch im Uebrigen die eigenthüm= lichen germanischen Rechtsverhältnisse selbst für die mitten unter ro= manischer Bevölkerung angesiedelten Franken vorläufig noch in un= veränderter Geltung, so mußten natürlich doch im Geldwesen, wel= ches hierbei von größter praktischer Bedeutung war, vor Allem Gleichmäßigkeit und feste Normen hergestellt werden; denn in gewissen Fällen fanden die Bestimmungen des germanischen Rechts auch auf die nicht=fränkischen Einwohner Anwendung, und für die wirkliche Zahlung der Bußen mußte auf die vorhandenen Zahlmittel Bedacht genommen werden.

Das Geldsystem, welches die Lex Salica schon in ihrer älte= sten und erhaltenen Fassung aufweiset, die in die Zeit vor der An= nahme des Christenthums durch Chlodovech (496) hinaufreicht, ist an sich sehr einfach [2]. Die Bußen und sonst noch vorkommende Werthangaben werden in Solidi und in Denaren aufgeführt, und 40 dieser Denare Einem Solidus gleich gerechnet. Die späteren Re= dactionen haben in dieser Beziehung keine weitere Abänderung her= beigeführt.

---

[1] Cochet a. B. S. 424. Joly, Antiquités celto-german. et gallo-rom. p. 183. — Es ist offenbar derselbe Fund, der in der Revue numismatique belge 2. s. VI, 70—72 von Hrn Piot beschrieben wird. Es waren darunter drei merovingische Goldmünzen; den Triens des Childebert fand man zwischen den Zähnen des Skeletts; der Denar war einer der Familie Clobia. Sonstige römische Münzen wurden nicht angetroffen.

[2] Wir richten uns durchweg nach der Ausgabe der Lex Salica von Merkel (Berlin 1850).

Daß sowohl die Solidi wie die Denare, welche die Lex Salica aufführt, wirkliche Münzen, nicht bloße Werthbegriffe, waren, erhellt aus Titel XLIV: De reipus, wo es heißt: Et tunc ille, qui viduam accipere debet, tres solidos aequos pensantes et dinario habere debet, et tres erunt qui ipsos solidos pensare vel probare debent. Unter den Solidi können, wie gegenwärtig von Niemandem mehr ernstlich in Zweifel gezogen werden dürfte, nur solche Goldmünzen gemeint sein, wie sie unter diesem Namen im römischen Reich seit Constantin I., nach dem Münzfuß von 72 Stück auf das Pfund, ununterbrochen in großer Menge ausgeprägt, und wovon, wie wir im ersten §. dieses Abschnitts sahen, mehr als 100 Stück im Jahre 481 dem fränkischen Könige Childerich I. zu Tournay mit ins Grab gelegt wurden. Es werden auch bei den Franken s. g. exagia zur Ermittlung des richtigen Gewichts der Solidi in Gebrauch gewesen und nicht minder die wegen absichtlicher Legirung in Mißkredit stehenden Arten der Solidi zurückgewiesen sein [1]. Und unter dem gleichzeitig mit den drei Goldsolidi bei der symbolischen Handlung vorzuzeigenden Denar wird man, da Nichts vorliegt, um eine abweichende Annahme zu begründen, dem einfachen Wortlaute des Textes nach ebenfalls eine bestimmte Münze zu verstehen haben, und zwar eine derselben Art und desselben Werths wie die sonst in der Lex Salica erwähnten Denare, also ein Münzstück, das den vierzigsten Theil eines Solidus darstellte. Der in den salischen Rechtsaufzeichnungen vorkommende Denar ist also kein bloß ideeller Werth einer gewissen Zahl Kupfermünze oder eines Bruchtheils des Goldsolidus, sondern auch eine einzelne bestimmte Münzsorte [2].

Außer Solidi und Denaren wird in der Lex Salica einige Mal der Drittel = Solidus, der s. g. Triens, erwähnt. Die Buße für ein gestohlenes Lamm wird schon in dem ältesten Theile der Lex auf einen halben „Trians" bestimmt, dem in runder Summe 7 Denare (statt 6⅔) gleich gesetzt werden [3]; und in den späteren Zusätzen derselben (zu XXXVIII, 7. 8) wird ebenfalls der Triens

---

[1] Man hat öfter seine Verwunderung darüber ausgesprochen, daß von den durch Majorian i. J. 453 und in der Lex Burgundionum berufenen Sorten Solidi (Gallici, quorum aurum minore aestimatione taxatur, — Valentiniani, Genavenses, Gothii et Ardariciani) gar keine Exemplare erhalten zu sein scheinen. Wenn man aber bedenkt, daß sie nicht allein von den römischen Beamten, sondern auch von den Burgundern und den Franken zurückgewiesen wurden, so erklärt es sich leichter, daß diese Münzsorten bald zur Einschmelzung getrieben werden mußten.

[2] In einem späteren Zusatze, LXXV der Merkelschen Ausgabe, wird ebenfalls eines einzelnen Denars bei Entrichtung von Bußen gedacht: Si quis ancillae pecus mortuum excusserit, si pulicella fuerit, 62½ solidos culpabilis judicetur similiter et dinarium unum. Si vero ancilla cellaria domini sui aut genicium tenuerit, 100 solidos et dinarium pro ipsa componat.

[3] IV. De furtis ovium. Si quis agnum lactantem furaverit, et ei fuerit adprobatum, malb. lammi, hoc est 7 denarios, qui faciunt medio triaute, culpabilis judicetur.

erwähnt, einmal allein, das andere Mal mit beigefügter Reduction auf 13⅓ Denare [1].

In denjenigen Theilen der Lex Salica, welche als die älteste Aufzeichnung anerkannt werden, finden sich die Bußen fast durchweg sowohl in Denaren als auch in Solidi aufgeführt, und zwar regelmäßig in der Weise, daß es, wo eine Malbergische Glosse vorangeht, heißt . . . . . . hoc est [z. B. 600] denarios, qui faciunt solidos [15]. Diese Reductionen gehen von den kleinsten bis zu den größten Bußen, von 7 Denaren bis zu 72000 Denaren, oder von ⅙ Solidus bis zu 1800 Solidi. Der Stelle, wo die 7 Denare und der Sechstel-Solidus vorkommen, ist eben Erwähnung geschehen. Als fernere Beispiele mögen dienen: Tit. XI, 2: Si quis porcellum furaverit qui sine matre vivere possit, et ei fuerit adprobatum, malb. chrone calcium, hoc est 40 denarios, qui faciunt solido uno, culpabilis judicetur; und Tit. XLII: Si quis collecto contubernio hominem ingenuum in domo sua adsalierit et ibi eum occiderit, si in truste dominica fuit ille qui occisus est, malb. ambistaile, hoc est 72000 dinarios, qui faciunt solidos 1800, culpabilis judicetur.

An einzelnen Stellen auch der ältesten Aufzeichnung (z. B. XXVIII, 2 am Schluß, u. LXIII, 2) finden sich freilich die Bußen nur in Solidi angegeben, ohne Beifügung der entsprechenden Zahl Denare, allein dieser Fälle sind so äußerst wenige, daß die unterlassene Beifügung wohl nur als zufälliges Versehen gleich in den ersten Abschriften gelten darf. Bei den späteren Zusätzen der Lex Salica dagegen kommt die Weglassung der Angabe in Denaren häufig vor. Fälle aber, wo bei Bußansätzen die Angabe des Betrages in Solidi weggelassen und nur diejenige nach Denaren aufgenommen wäre, scheinen nicht vorzuliegen. Wenn einige wenige Mal Beträge lediglich in Denaren erwähnt werden, so geschieht dies nur an Stellen, wo von der Werthbestimmung einer gestohlenen Sache die Rede ist [2].

Es erhebt sich nun vor Allem die Frage: welche der beiden parallel laufenden Werthangaben bei den Bußansätzen als die ursprünglichen und hauptsächlichen und welche als die abgeleiteten und nachträglich beigefügten anzusehen seien, — die Ansätze in Solidi oder die in Denaren.

In einer vor Kurzem erschienenen besonderen Abhandlung [3] des

---

[1] Merkel a. a. B. S. 67: pro quisque jumento triante uno conponat; und S. 86: Et per unum quodque jumentum, quae ille continere consueverat, triente uno conponat, quod est tertia pars solidi, id est 13 dinarii et tertia pars unius dinarii.

[2] Lex Salica XI, 1: Si quis ingenuus foris casa quod valit duo dinarios furaverit; XI, 2: Si vero foris casa quod valit 40 dinarios furaverit. — Entsprechende Angaben in XII, 1 und 2.

[3] Ueber die Münzverhältnisse in den älteren Rechtsbüchern des fränkischen Reichs, von G. Waitz. Göttingen 1861. S. 5 ff. — In Rücksicht vieler einzelner Punkte ist dasjenige, worin unsere Darlegung mit derjenigen des

hochverdienten Autors der deutschen Verfassungsgeschichte wird aus der Art und Weise der regelmäßigen Bezeichnung der Werthe in der Lex Salica (.... denarii, qui faciunt solidos ....) geschlossen, daß die Rechnung nach Denaren die ursprüngliche gewesen, und dann nur eine Reduction auf Solidi eingetreten sei, wofür auch die ziemlich häufig vorkommende Buße von 2500 Denaren = 62½ Solidi spreche, welche leicht erklärlich erscheine, wenn man von Denaren ausgehe, während es etwas Auffallendes habe, wenn ein solcher Bruchsatz von vornherein gewählt sein sollte, zumal der Ansatz auch nicht in einem bestimmten Verhältniß zu anderen Bußen stehe. Auch finde die Ursprünglichkeit der Bußansätze in Denaren eine Bestätigung in dem merkwürdigen Stück einiger Handschriften der Lex, welches 'chunnas' überschrieben ist und in dessen Angaben Jacob Grimm die deutschen Worte für die Zahlenangaben der in Denaren angesetzten Bußen gefunden hat [1].

Die vorstehende Auffassung erscheint uns bei näherer Prüfung weder zutreffend noch überhaupt irgend zulässig. Wir halten es vielmehr für unzweifelhaft, daß die ursprünglichen Bußansätze der Lex Salica nicht in Denaren, sondern durchweg nur in Solidi, oder beziehentlich in möglichst einfachen Bruchtheilen des Solidus bestimmt waren, daß mithin bei der ältesten schriftlichen Aufzeichnung der Lex Salica die gleichzeitige Angabe der Bußen in Denaren erst neu hinzugekommen ist, daß dieselbe aus den principalen Ansätzen in Solidi abgeleitet und nur aus Rücksichten der praktischen Zweckmäßigkeit erfolgt ist.

Die parallel laufende Angaben der Bußen in Solidi und in

---

geehrten Verfassers der ebenerwähnten Abhandlung übereinstimmt, nicht besonders bemerkt, ebenso wenig aber auch die mehrfache Abweichung der beiderseitigen Auffassungen. — Auch mit den in der Abhandlung „Die Solidi und Denarii der Merovinger" von Grote, in dessen Münz-Studien, S. 789—858, entwickelten Ansichten trifft unsere Darlegung in einigen Stücken zusammen, während sie zugleich in manchen anderen wesentlichen Punkten ebenso entschieden den Vermuthungen des genannten kundigen Numismatikers entgegentritt. — Es würde indeß für den Raum und Zweck dieser Beiträge offenbar zu weit geführt haben, abgesehen von einzelnen Hauptfragen, auf eine specielle Erwähnung und Erörterung sowohl der Uebereinstimmung als auch der Abweichung der Ansichten dieser Forscher von den unsrigen einzugehen. Wer die verschiedenen Aufsätze aufmerksam liest, wird die fraglichen Punkte leicht erkennen.

[1] Mit dieser Auffassung stimmt auch Grote in dem eben erwähnten Aufsatze überein, indem er bemerkt: „Den Solidus lernten die Franken erst in Gallien kennen, daher setzt die Lex Salica die Sühngelder nach hunderten Denaren an, und fügt, als diese nicht mehr in Sägen, sondern in Goldstücken gezählt wurden jedem Satze die Umrechnung auf letztere hinzu. Wenn unter zwei Geldbeträgen der eine der ursprüngliche Ansatz, der andere aber dessen Umrechnung in eine andere Münzsorte sein muß, der eine 700 und der andere 17½, oder der eine 2500, der andere 62½ beträgt (Lex Sal. Herold 11 capp. 13. 17), so ist es wohl außer Zweifel, daß die 700 und die 2500 Denare der eigentliche Satz, und die 17½ und 62½ Solidi nur die erläuternde Umrechnung sind".

Denaren findet man nur in der **Lex Salica**, nicht in den übrigen
im merovingischen Zeitalter aufgezeichneten Rechtsbüchern (den **Leges
Ribuariorum, Alamannorum, Bajuwariorum**); in diesen geschieht
die Bestimmung der Bußen regelmäßig nur in Solidi, ohne beige=
fügte Zahl der Denare. Wenn nun auch keineswegs in Abrede ge=
stellt wird, daß bei Aufzeichnung dieser anderen Rechtsbücher die
Lex Salica theilweise mit benutzt worden und von Einfluß gewesen
ist, so erscheint es andererseits doch unbestreitbar, daß für die ältesten
Rechtsbücher auch jener Volksstämme selbständige Grundlagen in
dem bis dahin mündlich überlieferten Gewohnheitsrecht gegeben waren,
und dieses in der Hauptsache zur Geltung kam[1]. Wären nun für
die Salischen Franken die Bußbestimmungen in Denaren die ursprüng=
lichen gewesen und die in Solidi erst später durch. Reduction aus
jenen hinzugekommen, so müßte man annehmen, daß bei den Ripu=
arischen Franken die Ansätze in Solidi ebenfalls erst später aufge=
kommen und an die Stelle anderer, wenn auch bis dahin nur in
mündlicher Ueberlieferung aufbewahrter Bußbestimmungen nach klei=
nen Wertheinheiten getreten seien; denn eine ursprüngliche gemein=
schaftliche Grundlage wird gerade in diesen Dingen vor Allem vor=
auszusetzen sein. Es ist bereits oben nachgewiesen, daß bei den Ri=
puarischen Franken die Rechnung nach Denaren, 40 Stück auf den
Solidus, nicht im Gebrauch gewesen, sondern daß bei ihnen (wie
auch bei den Salischen Franken bis zu Childerichs I. Tode) der Ge=
brauch alter römischer Denare üblich war, von denen nirgends und
niemals 40 Stück auf den bekannten Gold=Solidus gerechnet sein
können. Wäre die Angabe der Bußen in den neuen fränkischen De=
naren, 40 auf den Solidus, die principale Bestimmung gewesen, wo=
nach dann die Ansätze in Solidi berechnet wurden, so müßte noth=
wendig angenommen werden, daß ursprünglich noch eine andere Art
der herkömmlichen Bußbestimmungen gegolten habe, die einst den
verschiedenen Stämmen gemeinsam gewesen und deren Andenken bei
den Ripuariern verloren gegangen war. Hiernach hätten die Sali=
schen Franken die Ansätze zunächst in den kleinen neuen Wertheinhei=
ten berechnet, welche sie nach der Eroberung Galliens annahmen und

---

[1] Im Prologus zur Lex Ribuaria etc. heißt es ausdrücklich: [Theodo-
ricus rex Francorum] jussit conscribere legem Francorum et Alamannorum
et Bajuwariorum **unicuique genti — secundum consuetudinem
suam.** — O. Stobbe, Geschichte der deutschen Rechtsquellen I, S. 59: „Der
erste Theil der Lex Ribuaria (tit. 1 bis tit. 31) ist unabhängig von der Lex
Salica entstanden. — — — Wenngleich auch in diesem Theile des Gesetzes
sich in materieller Beziehung die Uebereinstimmung des salischen und des ripu=
arischen Volksrechts nicht verkennen läßt, so ist doch ein unmittelbarer Einfluß
des salischen Volksrechts nirgends zu erkennen und die Gleichheit der Grund=
sätze aus der Stammverwandtschaft zu erklären. Die meisten Sätze werden
altes Gewohnheitsrecht sein". In demselben Buche S. 5: „Ohne daß ein un=
mittelbarer Einfluß einer Rechtsquelle auf die andere angenommen werden
kann, oder auch nur möglich ist, bestehen bis in die kleinsten Einzelheiten hin=
ein die merkwürdigsten Uebereinstimmungen, welche die Einheit des deutschen
Rechts trotz der Mannigfaltigkeit der Particularrechte darlegen".

diese so aufgestellten Ansätze dann wieder reducirt auf eine Münzsorte (auf Goldsolidi), welche schon längst bei ihnen gang und gäbe war; die anderen Stämme aber hätten die ursprünglichen gemeinschaftlichen Werthbestimmungen direct in Solidi übertragen. Man sieht auf den ersten Blick, daß die Annahme einer so weitläufigen und verwickelten Procedur an sich eben nicht als wahrscheinlich angesehen werden kann. Es dürfte vielmehr die historische Präsumtion sehr laut dafür sprechen, daß, wenn in den ältesten Rechtsaufzeichnungen der verschiedenen deutschen Stämme die Art und Weise der Berechnung der Bußen wesentlich von einander abweicht, diejenigen, die auf altem germanischen Boden seßhaft geblieben und weniger mit den romanischen Bevölkerungen und Zuständen in Berührung gekommen waren, das Aeltere und Ursprüngliche erhalten haben werden. Was sollte zu der Annahme führen, daß gerade bei den Saliern, als sie nach Ausdehnung ihrer Herrschaft über eine zahlreiche romanische Bevölkerung und unter dem unabweisbaren Einfluß der hierdurch herbeigeführten besonderen Zustände zur schriftlichen Aufzeichnung ihrer Rechtsgewohnheiten und namentlich einer langen Reihe von Bußansätzen sich entschlossen, diese letzteren bereits in großen Summen von Denaren bei ihnen üblich gewesen seien, und zwar nicht in alten römischen Silber=Denaren, wie solche bei den Germanen seit einigen Jahrhunderten schon bekannt und beliebt gewesen waren, sondern in einer neuen Sorte von Denaren, von denen früher als in der Lex Salica nirgends eine Erwähnung geschieht und von denen dem effectiven Silbergehalt nach etwa drei Stücke dem Werthe eines alten Silber=Denars gleichkommen?

Die eigenthümliche Bezeichnung der Bußansätze in der Lex Salica in Denaren und Solidi neben einander, während in den übrigen alten germanischen Rechtsbüchern nur Solidi angegeben werden, läßt sich im Zusammenhange mit denjenigen Momenten, welche wir in Bezug auf das älteste deutsche Geldwesen bereits erörtert haben, und von dem Gesichtspunkte aus, daß bei solchen volkswirthschaftlichen Verhältnissen zu allen Zeiten die einfachsten und natürlichsten Erklärungen auch die wahrscheinlichsten sind, unserer Ansicht nach genügend motiviren.

Wie Tacitus von den Germanen im Allgemeinen berichtet, haben unzweifelhaft auch die Vorfahren der Salischen Franken in ältester Zeit in ihren Rechtsgewohnheiten die bei Verletzungen der Person und des Eigenthums oder sonstigen dahin gehörigen Verbrechen oder Vergehen von dem Schuldigen zu entrichtenden Bußen in einer genau bestimmten Zahl Vieh angesetzt gehabt (luitur homicidium certo armentorum ac pecorum numero), und zwar muß der Natur der Sache nach die Wertheinheit bei solchen Bußansätzen ein Stück Vieh von bestimmter Art gewesen sein, welcher Werthbegriff als Maßstab aller sonstigen Schätzungen in der ältesten Zeit bei denen, die das eigentliche Volk bildeten, gewiß fast ebenso feststand und geläufig war wie heutigen Tags der Begriff bestimmter Geld=

eträge. Wir lassen es hier dahingestellt, ob diese Werth= oder Buß=
einheit eine gehörnte milchgebende gesunde Kuh gewesen ist, wie im
ältesten norwegischen und isländischen Recht, oder ein gewöhnlicher
zweijähriger Ochse, wie in anderen Gegenden des skandinavischen
Nordens, oder ein Ochse sonstiger Qualität; wir wollen auch nicht
weiter auf den Ursprung und die Ableitung des Wortes „Schilling",
wodurch in allen germanischen Mundarten, so weit wir wissen, die
Wertheinheit bei Bußen bezeichnet oder doch jedenfalls das lateinische
Wort „Solidus" übersetzt wurde, hier wieder eingehen. Auch soll
die Annahme nicht ausgeschlossen werden, daß, wie man es in der
Lex Saxonum [1] deutlich ausgesprochen findet, im Fortgang der
Zeit für gewisse Klassen von Bußen ein etwas verschiedener Werth=
maßstab zur Anwendung kam, woraus dann allmählich bei den ein=
zelnen Stämmen Abweichungen bei ursprünglich gleichmäßigen Buß=
ansätzen hervorgehen konnten und mußten.

Welche außerordentliche und plötzliche Veränderungen auch sonst
in den Schicksalen und den Einrichtungen der germanischen Völker
vom ersten bis zum fünften Jahrhundert vorangegangen sein mögen,
eine innige Continuität des ihnen eigenthümlichen gemeinsamen Rechts
während dieses Zeitraums wird schwerlich bezweifelt werden können.
Die zu 200 Solidi angesetzte Buße z. B. für den Todschlag eines
freien Stammgenossen in den ältesten Rechtsbüchern der Salischen wie
der Ripuarischen Franken steht sicher in ununterbrochenem Zusammen=
hange mit dem Bußsatze in Viehgeld, wie derselbe zu Tacitus Zeit
und wahrscheinlich in noch viel älterer Vorzeit bei den Germanen
in solchen Fällen üblich gewesen war. Denn wie ist es denkbar, daß
zu irgend einer Zeit jenes alte Herkommen plötzlich abgeschafft und
dafür willkürlich ganz neue Werthbestimmungen für diese Bußen an=
geordnet wären? Es verhält sich hierin mit dem Recht durchaus
ähnlich wie mit der Sprache, in der auch keine plötzlichen Verände=
rungen eintreten, sondern nur eine allmähliche, in den verschiedenen
Dialekten sich ziemlich entsprechende Entwicklung stattfindet. Das
Strafrecht, wie es die ältesten germanischen Rechtsaufzeichnungen uns

---

[1] Lex Saxonum Tit. XIX: Solidus est duplex; unus habet duos tremisses, qui est bos anniculus 12 mensium, vel ovis cum agno; alter solidus
est tres tremisses, i. e. bos 16 mensium. Majori solido aliae compositio-
nes, minore homicidia componuntur. Daß gerade bei Todschlägen der geringere Solidus („Schilling") in Anwendung kam, kann man daraus erklären,
daß in diesen Fällen die Ansätze schon nach der Zahl der Schillinge sehr hoch
waren und gewiß häufig nur mit großer Schwierigkeit von den minder Reichen angeschafft werden konnten; man mochte in solchem Falle durch eine nicht
so strenge Schätzung des als Zahlung herzugebenden Viehs eine Erleichterung eintreten lassen wollen und daß anfänglich ausnahmsweise Bewilligte
mag allmählich allgemeines Herkommen geworden sein. Auch mochte im
Verlauf der Zeit bei zunehmendem Verkehre die ursprüngliche Festigkeit und
Sicherheit des Werthbegriffs beim Viehgelde nach und nach sich verringern. —
Man vgl. auch Capit. saxon. v. J. 797 c. 11: Illud notandum est, quales
debent solidi esse Saxonum, id est bovem annoticum utriusque sexus autum-
nali tempore, sicut in stabulum mittitur, pro uno solido etc.

vorführen, ist in seinen wesentlichen Grundlagen nicht gemacht, sondern geworden. Nicht minder muß aber auch beim Geldwesen eines Volkes eine gewisse Continuität angenommen werden; ein plötzliches Aufgeben der früheren Werthbegriffe und Annahme eines ganz neuen Systems hierin ohne vermittelnden Uebergang ist nirgends nachweisbar und widerstreitet dem natürlichen Verlauf der Dinge.

So unzweifelhaft es durch das Zeugniß des Tacitus und viele Münzfunde erwiesen ist, und selbst ohne alle solche Belege aus dem ganzen wirthschaftlichen Zusammenhange geschlossen werden könnte, daß die Germanen seit dem ersten Jahrhundert mit dem römischen Geldwesen näher bekannt geworden und daß große Summen von republikanischen und guten kaiserlichen Denaren nach Deutschland gegangen sind, ebenso ungewiß erscheint es, in welchem Umfange dort, abgesehen vom Grenzverkehr mit den römischen Provinzen, damals und in den nächsten Jahrhunderten die Geldwirthschaft in Anwendung trat, und ob namentlich schon eine ziemlich verbreitete Rechnung nach der Wertheinheit der Silberdenare aufkam. Die verhältnißmäßig gute Conservirung der aufgefundenen Denare und die Vorstellung, die man sich im Allgemeinen von den wirthschaftlichen Zuständen im alten Germanien macht, scheinen, wie schon vorhin angedeutet wurde, dafür zu sprechen, daß hier während der ersten Jahrhunderte unserer Zeitrechnung eine eigentliche Circulation der Denare als gewöhnliches Zahlmittel wohl nicht stattgefunden habe, daß die davon erworbenen Vorräthe vielmehr meistens als Schätze ruhig aufbewahrt sein mögen. War dies der Fall, so läßt sich um so weniger voraussetzen, daß die herkömmlichen Bußansätze in Vieh damals in entsprechende Metallgeldwerthe, in römische Silber-Denare, convertirt und nach solcher neuen Berechnung auch meistens in baarer Münze geleistet worden seien. Allein selbst angenommen, daß in der erwähnten Periode bei den germanischen Völkerschaften am Rhein der Münzumlauf allmählich zur vorwiegenden Geltung gelangt sei, so ist doch keineswegs wahrscheinlich, daß nun auch sofort eine Convertirung der Bußansätze nach Münzwerthen eingetreten sei. Vornämlich in solchen Dingen ist das Herkommen außerordentlich zäh.

Eine bemerkenswerthe Analogie für die längere Beibehaltung herkömmlicher Bußen in Viehgeld, nachdem sonst Metallgeld im Allgemeinen schon seit längerer Zeit Eingang gefunden hat, bietet die römische Rechtsgeschichte. Daß bei den Römern die Vermögensbußen ursprünglich in Rindern und Schafen bestanden, ist bekannt. Noch im Jahr 300 der Stadt bestimmte die Lex Aternia Tarpeja die maxima multa für kleinere Delicte auf 2 Schafe, für größere Delicte auf 30 Rinder[1]. Als Ergänzung dieser Lex ward dann 24 Jahre später die Lex Julia Papiria de multarum aestimatione

---

[1] Cic. de rep. II, 9. 16; Dion. Hal. IX, 27; Plin. h. n. XXXIII, 3; Festus p. 202: ... postea quam aere signato uti civitas coepit, pecora multaticia incuria corrumpebantur ..... facta aestimatio pecoralis multae et boves centenis assibus, oves denis aestimatae.

beliebt, weil bei der verschiedenen Qualität des Viehs die Multen ungleich wurden und es der Willkür der Consuln nicht überlassen bleiben sollte, statt des Viehs eine von ihnen selbst normirte Summe Geldes zu fordern; durch dies Gesetz ward das Rind zu 100 und das Schaf zu 10 As aeris gravis taxirt [1]. Erscheint nicht hiermit völlig analog die Annahme, daß die Germanen ihre altherkömmlichen Bußansätze in Viehgeld (in Rindern und Schafen, certo numero armentorum ac pecorum) auch dann noch längere Zeit beibehielten, nachdem sie das römische Silbergeld kennen gelernt hatten, und daß sie erst später zur Umwandlung derselben in Metallgeld sich entschlossen, als im Fortgang der Zeit und lebhafterem Verkehr, sowie auch wegen der immer zunehmenden Kriegszüge im Auslande, das Bedürfniß nach Geldwirthschaft stärker werden mußte und zugleich in der Weltmünze des Goldsolidus eine bequeme und sichere Umrechnung geboten ward! Bei solchen tief in althergebrachte Gewohnheiten eines Volks eingreifenden Veränderungen des Geldwesens ist immer die Hauptsache, einen möglichst einfachen und naheliegenden Maßstab in Anwendung zu bringen. Und wie bei den Römern die Umwandlung eines Rind-Werthes in 100 As und eines Schaf-Werthes in 10 As diesen Zweck bestens erfüllte, so bei den Germanen die Substituirung des Goldsolidus an die Stelle ihrer bisherigen in Viehwerth ausgedrückten Bußeinheit (Schilling?). In beiden Fällen wird man nicht plötzlich und willkürlich auf diese Veränderung verfallen sein, noch auch wird man daran gedacht haben, zuvor für eine Reihe von Jahren den genauen Durchschnittswerth der früheren Rechnungseinheit im Verhältniß zum neuen Geldwerthe sorgsam zu ermitteln, sondern nach allgemeiner zutreffender Schätzung wird die Taxe sich gleichsam von selbst in runder Summe festgestellt und dann gesetzliche Anerkennung gefunden haben. Wir müssen hier des Zusammenhangs wegen daran erinnern, was im ersten Abschnitte ausführlicher erörtert worden, daß in mehreren altgermanischen Rechtsaufzeichnungen der Werth einer Kuh von näher bestimmter Art gerade einem Solidus gleichgerechnet wird [2], und daß in den skandinavischen Rechtsgewohnheiten gewisse Bußen noch lange Zeit hindurch in Kuhwerthen (kugildi) angegeben wurden, sowie auch auf die oben angeführte Stelle der Lex Saxonum Bezug genommen werden darf. Die ungefähre Werthgleichheit der früher in Viehwerthen ausgedrückten Bußeinheiten mit dem Goldsolidus, die allgemeine freiwillige Anerkennung dieser neuen, in großen Summen ausgeprägten römischen Münzsorte im Weltverkehr, der reichliche Abfluß derselben zu den germanischen Völkerschaften an allen Grenzen des

---

[1] Cic. de rep. II, 35; Livius IV, 30; Festus 202. 207 u. a. Vgl. L. Lange, Römische Alterthümer I, 456 f.

[2] Lex Ribuaria tit. XXXVI: vaccam cornutam videntem et sanam pro uno solido tribuat. Lex Burg. tit. IV, 1: pro vacca sol 1. Lex Alam. Hloth. tit. LXXVII, 3: vacca sequenteriana solidum unum. — Kugildi nach altem isländischem Recht der Werth einer Kuh, die drei bis zehn Jahre alt, tragfähig, milchend, gehörnt und fehlerfrei ist.

Reichs — alle diese zusammentreffenden Umstände mußten die allgemeine Annahme der Münzrechnung auch für die Ansätze des Strafrechts bei den Germanen außerordentlich erleichtern. Man kann daher sich darüber nicht eben wundern, daß sämmtliche mit den römischen Provinzen in nähere Berührung gekommene deutsche Stämme wie nach stillschweigender Uebereinkunft gleichmäßig und meistens wohl ziemlich um dieselbe Zeit zu der Rechnung nach Goldsolidi übergingen und dann bei schriftlicher Aufzeichnung ihrer Rechtsgewohnheiten hierin die Werthangabe machten, — Salische und Ripuarische Franken, Alamannen, Bayern, Burgunder, Ostgothen, Westgothen und Langobarden. Es bedurfte bei einem solchen Uebergange gar keiner Umrechnung, sondern die bisherige Zahl der Werth-Einheiten für die verschiedenen Bußen wurde ohne Weiteres beibehalten. Nur so läßt sich ohne besondere Schwierigkeit erklären, wie die Bußansätze für manche Fälle in verschiedenen der ältesten Rechtsaufzeichnungen auffallend übereinstimmen. Diese Uebereinstimmung kann ebensowenig als zufällig angesehen werden als hervorgegangen aus einer reinen Uebertragung aus dem Rechtsbuche des einen Volksstammes in diejenigen der anderen. Wollte man annehmen, daß die Germanen schon vor dem Aufkommen der Goldsolidi seit etwa der Mitte des vierten Jahrhunderts ihre herkömmlichen in Viehgeld ausgedrückten Bußbestimmungen in Ansätze nach Metallgeld, also in Silber-Denare convertirt hätten, welche mündlich überlieferten neuen Ansätze dann zu Ende des fünften oder im Laufe des sechsten Jahrhunderts wiederum nach dem Münzfuße des Goldsolidus umgerechnet und abgeändert wären, so müßten sich doch wohl gewisse Anzeichen und noch erkennbare Spuren eines solchen Vorganges erhalten haben, was durchaus nicht der Fall zu sein scheint.

Aber auch die Möglichkeit einer solchen Entwicklung zugegeben, so müßten in dem Falle, daß die Bußbestimmungen der Lex Salica während des Zeitraums vom zweiten bis zum vierten Jahrhundert in Denaren festgestellt und später nur nebenbei zur Erläuterung zugleich in den entsprechenden Werthen in Solidi verzeichnet worden wären, solche Denare offenbar die alten römischen Silberdenare gewesen sein, zwölf auf den Solidus, nicht aber die erst von den Salischen Franken gegen Ende des fünften Jahrhunderts eingeführten fränkischen Denare, von welchen vierzig einem Solidus gleich waren! Die Salischen Franken haben höchst wahrscheinlich bereits längere Zeit vor Childerichs I. Tod (481), da, wie auch der Münzfund im Tournayer Königsgrabe darthut, Goldsolidi bei ihnen reichlich vorkamen, die älteren Bußbestimmungen in Wertheinheiten des Goldsolidus übertragen und die Zahlungen darnach berechnet und großentheils geleistet, ehe noch die Lex Salica aufgezeichnet wurde. Als nun Gallien von ihnen besetzt wurde und aus den oben entwickelten Gründen unter der Einwirkung der dort bestehenden Münzverhältnisse das Geldsystem der Vierzigtheilung des Solidus sich ausbildete, wobei in den romanischen Gegenden Galliens die Zahlungen

äufig, vielleicht vorwiegend in einer den Deutschen bis dahin unge=
wohnten Weise mittelst größerer Summen Kupfermünze statt in
Goldstücken oder alten Silberdenaren geschahen, da mußte natürlich
sich um so mehr das praktische Bedürfniß geltend machen, die Bußsätze
schriftlich genau aufzuzeichnen. Nur die Zahl der Solidi anzugeben,
welche in den verschiedenen Fällen als Buße zu zahlen waren, er=
schien bei dieser Sachlage nicht genügend, sondern es mußte sich als
sehr wünschenswerth herausstellen, vornämlich um Mißverständnissen
wegen der alten und der neuen Silber=Denare thunlichst vorzubeu=
gen, jenen principalen Angaben in Solidi jedes Mal die entsprechende
Zahl der neuen Denare beizufügen. Man wird bei der Redaction
der Lex Salica von der Voraussetzung ausgegangen sein, daß in
den künftig vorkommenden Fällen von Bußzahlungen nach salischem
Rechte in Gallien die Zahlung meistens in Kupfergeld, nach den
neuen Denaren berechnet, werden geleistet werden, und daraus ent=
stand dann die solchem Verhältnisse entsprechende Fassung: Der Schul=
dige habe so und so viel Denare zu entrichten, d. h. so und so viele
Solidi. Die Ansätze in der neuen Zahlungsweise, wie sie im ro=
manischen Gallien die Regel sein mochte, wurden vorangestellt, aber
durch die hinzugefügte Zahl der herkömmlichen normalen Ansätze in
Solidi bestätigt. Die Denar=Rechnung war damals eine noch neue
Einrichtung, und eben deshalb mußte es zweckmäßig erscheinen, die
Reduction fortlaufend zu geben, was bei einer schon länger bekann=
ten und gewohnten Rechnungsweise offenbar überflüssig gewesen wäre.
Bei den Ripuarischen Franken und den Alamannen, wo die Rechnungs=
weise nach den neuen Silber=Denaren, 40 auf den Solidus, nicht
gebräuchlich, sondern das alte Herkommen der Rechnung nach älteren
römischen Denaren, 12 auf den Solidus, aufrecht erhalten wurde,
findet man keine solche beigefügte Reduction des Solidus auf Denare,
eben weil bei ihnen in den bisherigen Werthverhältnissen keine Ver=
änderung stattgefunden hatte und jene Beifügung also ohne allen
praktischen Zweck gewesen wäre.

Hiernach erscheint uns die Ansicht, daß in der Lex Salica die
Bußansätze in Denaren das Ursprüngliche und Principale, die ent=
sprechende Zahl der Solidi aber das Spätere und aus der Denar=
angabe Abgeleitete sei, in keiner Weise zulässig. Die zu Gunsten
dieser Ansicht vorgebrachten Gründe sind, außer den durch vorstehende
Erörterung widerlegten Bedenken wegen der Ausdrucksweise in den
nebeneinandergestellten zwiefachen Angaben, der öfter wiederkehrende
Ansatz von 62½ Solidi, welcher nicht so ursprünglich erscheine als
die entsprechende Summe von 2500 Denaren, und dann die in eini=
gen Handschriften beigefügten s. g. 'chunnas', in denen eine Reihe
von Bußansätzen in deutschen Zahlangaben nach Hunderten von De=
naren zusammengestellt ist. Allein diese Gründe können unmöglich
von entscheidender Bedeutung sein, oder auch nur schwer ins Gewicht
fallen, im Vergleich mit den eben entwickelten entgegenstehenden sach=
lichen Momenten. In der großen Mehrzahl der wichtigeren und so

zu sagen fundamentalen Bußansätze findet sich eine runde Zahl von Solidi angegeben, wie z. B. die der Hauptansätze zu 15, 60, 100, 200 und 600 Solidi, wo diese sich auf den ersten Blick als alt= hergebrachte einfache Bestimmungen kund geben, wie denn auch ge= rade diese Ansätze in der Lex Ribuaria vorwalten, während in dieser von Ansätzen zu 62½ Solidi nichts vorkommt. Neben jenen mögen dann manche andere Ansätze späteren Ursprungs sein, begrün= det durch den Ausspruch der Rechtsverständigen, welche die Aufzeich= nung leiteten, und hierbei kann dann allerdings mit Rücksicht auf die in Gallien übliche Zahlungsweise mehr auf die runden Summen in Hunderten von Denaren als auf runde Summen in Solidi ge= sehen sein; allein deshalb kann man doch gewiß nicht die Bestim= mung nach Denaren nun überhaupt als das Ursprüngliche und Prin= cipale hinstellen, wenn sich dafür kein Zusammenhang mit den frü= heren Zuständen nachweisen oder nur wahrscheinlich machen läßt. Auch erscheinen, wenn man auf diesen Umstand besonderes Gewicht legen will, 62½ Solidi keineswegs als eine so ganz anomale Zahl im übrigen System der Bußansätze der Lex Salica, denn es sind fünf Achtel vom Hundert oder 50 mit Zuschlag eines Viertels. Weit nachdrücklicher spricht der oben schon erwähnte Bußsatz von einem halben Triens und 7 Denaren und in den späteren Nachträgen der Ansatz eines ganzen Triens, dem 13½ Denaren gleichgestellt werden, für die principale Geltung des Solidus und die subsidiäre Einschal= tung der neuen Denar=Rechnung speciell im Salischen Rechtsbuche. Und was die 'chunnas' betrifft, so ist dem entgegenzustellen, daß meh= rere andere Anhänge zur Lex Salica, welche die verschiedenen Buß= ansätze ebenfalls in Zahlengruppen zusammenstellen, ausschließlich nur die Solidus=Rechnung berücksichtigt haben. Beiderlei Uebersichten sind erst nachträglich angefertigt worden, und können deshalb weder die Priorität der Denare noch die der Solidi beweisen.

§. 4. Ueber die unter den Merovingern geprägten Münzen.

Die merovingischen Münzen hatten bis vor etwa 25 oder 30 Jahren sowohl in den Münzkabinetten wie auch in der numisma= tischen Literatur außerordentlich geringe Beachtung gefunden, was natürlich dazu beitrug, auch in den früheren staats= und rechtsge= schichtlichen Schriften über die fränkische Periode, so oft darin das Geldwesen mit in Betracht kam, die wunderlichsten Voraussetzungen und Irrthümer zu erhalten. Was Bouteroue, Leblanc und Eccard über das ältere fränkische Münzwesen zusammengestellt hatten, war höchst unvollständig und theilweise ganz unzuverlässig, und die treff= lichen „Kritischen Beiträge zur Münzkunde des Mittelalters" von Mader (1803 ff.) berührten dasselbe nur beiläufig. Erst mit J. Le= lewel und E. Cartier, in den Jahren 1835 und 1836, beginnt in Frankreich und Belgien eine ebenso umfassende wie gründliche Unter= suchung der merovingischen Münzen und der sich hieran knüpfenden

fragen, welche dort seitdem mit dem größten Eifer und der viel-
seitigsten Betheiligung ohne Unterbrechung fortgedauert und eine
zahlreiche Literatur zu Tage gefördert hat [1].

Es würde ebenso wenig dem Zwecke dieser Beiträge wie unseren Kräften entsprechen, hier eine selbständige und ausführliche
numismatische Erörterung zu versuchen. Unsere Aufgabe beschränkt
sich darauf, die in volkswirthschaftlicher Hinsicht beachtenswerth er-
scheinenden hauptsächlichen Ergebnisse der bisherigen Ermittlungen zu
prüfen und hieraus für die allgemeine Entwickelung des deutschen
Geld- und Münzwesens Schlußfolgerungen zu ziehen. Es muß dies
mit besonderer Rücksicht darauf geschehen, daß die merovingischen
Münzverhältnisse den Charakter einer Uebergangsperiode haben, indem
sie allmählich von dem römischen Geld- und Münzwesen zu dem karolingischen Geld- und Münzwesen, dieser Grundlage der ganzen
späteren Entwickelung auf diesem Gebiete, hinüberleiten. Wie die
ältesten uns bekannten fränkischen Münzen mit nationaler Bezeichnung, — die Goldsolidi des Königs Theodebert I. — noch in jeder
Beziehung mit den Münzen derselben Art, welche gleichzeitig die oströmischen Kaiser prägen ließen, übereinstimmen, so zeigen sich gegen
den Schluß der merovingischen Periode die damals gemünzten Silber-Denare als nicht minder entsprechende Vorläufer des von Pipin
gesetzlich eingeführten neuen Münzsystems auf Grund der Silberwährung.

Goldmünzen.

Man kennt gegenwärtig wohl etwa 1300 bis 1400 verschiedene
Typen merovingischer Goldmünzen. Der bei weitem größte Theil
dieser Münzen besteht in Drittel-Solidi oder s. g. Trienten. Ganze
Solidi sind verhältnißmäßig wenige vorhanden; fränkische halbe Solidi
giebt es gar nicht. Im Allgemeinen kann man die merovingischen
Goldmünzen, wenn man zunächst nur die äußere Bezeichnung dersel-
ben durch die darauf geprägte Schrift in Betracht zieht, in folgende
Klassen eintheilen [2]:

1. Münzen, auf denen noch die Namen der oströmischen Kaiser sich finden, die aber sonst durch ausdrückliche Bezeichnung ihren
fränkischen Ursprung darthun.

[1] Die im Anhange mitgetheilte Anmerkung II. giebt eine Uebersicht dieser
Literatur, bei der wir möglichste Vollständigkeit in Betreff aller irgend beachtenswerthen Erörterungen über das merovingische Münzwesen erstrebt haben.
Ein solcher Nachweis scheint uns um so mehr von Interesse, als die Zeit-
schriften und Monographien, welche hier vorzugsweise in Betracht kommen, in
Deutschland meist weniger verbreitet oder bekannt sind, weil ferner die chronologische Reihefolge der Schriften und Aufsätze den Gang, den die Untersuchung bisher genommen hat, veranschaulicht, und endlich manche der kleinen
numismatischen Abhandlungen auch über sonstige wichtige geschichtliche Verhältnisse Aufklärung verschaffen.

[2] Fast sämmtliche merovingische Goldmünzen zeigen auf der Hauptseite
ein Brustbild oder einen Kopf, deren Darstellung in einigen Fällen durch das
lange Haar offenbar an die fränkischen Könige erinnern soll.

2. Münzen, welche den Namen eines fränkischen Königs tragen, und außerdem entweder den gewöhnlichen Revers der damaligen oströmischen Goldmünzen Victoria Augustorum, oder den Namen eines Münzers, oder eines Ortes, und verschiedene Embleme.

3. Münzen, die eine specielle sachliche Bestimmung in der Aufschrift kundgeben, wie moneta palati, racio fisci, racio ecclesiae, racio basilici Sci Martini u. dgl., und daneben den Namen des Münzers und Orts.

4. Münzen, die nur den Namen eines Münzers tragen mit Angabe des Orts der Prägung.

Die merovingischen Münzen tragen keine Jahreszahl, und auch bei denen, welche den Namen eines Königs aufweisen, läßt sich aus dieser Bezeichnung an sich noch nicht ersehen, welchem unter mehreren gleichnamigen Königen sie angehören. Dagegen machen bei den meisten der letzteren Münzen mehrfache andere Anzeichen dies höchst wahrscheinlich und selbst so gut wie gewiß, und auf solche Weise hat man einen Anhalt zur Zeitbestimmung dieser Münzen mit Königsnamen und durch die so begründete oder beförderte Kenntniß des successiven Styls der Typen eine weitere Anleitung für die ungefähre Zeitbestimmung anderer merovingischer Goldmünzen gewonnen.

Es ist in hohem Grade wahrscheinlich, daß unter König Chlodovech I. und seinen nächsten Nachfolgern in den Münzstätten des fränkischen Reichs zahlreiche Goldmünzen mit den Typen der damaligen oströmischen Kaiser, von Anastasius bis auf Mauritius, geprägt worden sind. Eine ziemliche Anzahl solcher Münzen ist uns erhalten worden. Bei den meisten derselben ist der s. g. barbarische Ursprung nur durch die schlechtere Prägung und durch die mehr oder minder corrumpirten Namen und sonstigen Umschriften, nicht aber durch besondere Bezeichnungen zu erkennen. Es bleibt daher bei solchen Münzen ungewiß, wo und wann sie geprägt sind, zumal die Annahme nicht ausgeschlossen ist, daß bei derartigen Ausmünzungen mitunter die Typen früherer Kaiser noch längere Zeit nach deren Tode beibehalten wurden. Solche Nachbildungen haben im ostgothischen, im burgundischen und fränkischen Reiche stattgefunden. Ebenso ist es ungewiß, ob die Ausmünzung solcher nachgeahmter oströmischer Kaisermünzen durch Münzen oder Münzgenossenschaften für eigene Rechnung ohne weitere Sanction geschah, oder auf Anlaß oder doch mit Genehmigung der germanischen Landesherren. Die zuerst von Lenormant [1] geäußerte und von Anderen angenommene Vermuthung, daß die von ihm zu Anfang und am Schlusse der Umschriften mehrerer barbarischer Nachbildungen von Münzen des Anastasius bemerkten Buchstaben CO absichtlich beigefügt seien und Chlodoveus Consul bedeuteten, und ähnliche Deutungen einzelner Buchstaben können schwerlich als hinlänglich begründet gelten, wenn man die auf

[1] Lettres à M. de Saulcy sur les plus anciens monuments numismatiques de la série mérovingienne, Rev. numism. fr. 1848. p. 106—131. 181—213; 1849. p. 17—39; 1854. p. 257—274.

den meisten dieser Münzen sich kundgebende Flüchtigkeit und Unwis=
senheit der copirenden Stempelschneider in Betracht zieht. Beach=
tung verdient es übrigens, daß unter den zu Domburg auf der
Insel Walchern gefundenen Münzen nebst zahlreichen merovingischen
Trientes mehrere dieser barbarischen Münzen mit roh imitirten
römischen Kaiser=Namen und Typen angetroffen sind, was für den
fränkischen Ursprung derselben spricht [1].

Einige erhaltene Exemplare dieser Münzsorte bekunden übrigens
durch ausdrückliche Bezeichnungen ihre fränkische Herkunft und neh=
men als Mittelglieder zwischen dem römischen und dem späteren, sich
selbständiger entwickelnden fränkischen Münzwesen sowie wegen an=
derer sich an sie knüpfenden Fragen ein besonderes Interesse in An=
spruch. Wir heben aus diesen Münzen folgende hervor.

Beschreibung der Münzen [2].	Ge-wicht	Beschrieben.
	Gr.	
1 INIV IIVINI (CO?) Brb. v. Rv. V. MET FIT. Victoria; Abs. CONOC Zu Domburg gefunden. M. liest auf der Hptf. D. n. Justini, neben welchem Namen er noch CO zu erkennen meint, wofür er Le-normant Vermuthung annimmt. Die Aufschrift des Reverses wird als Angabe der Münzstätte Metz gedeutet.	1.46	Macaré a.B. II, S. 13.
2 TREVERIS CIVITATE. Brb. v. Rv. VICTURI AAGSTR. Engel v. v.; Abs. VV Zu Trier geprägt.	1.14	Macaré a. B. S. 16.
3 D N S IUSTINIANUS. Brb. r.; dabei LVG Rv. VICTURIA AUGTORV. Engel v. v.; Abs. CON In Lyon geprägt.	1.49	Fillon a. B. S. 48.
4 D N S IUSTINIANUS. Brb. r.; dabei L Rv. DE OFICINA MARET. Monog.; darüber ein Kreuz. L wird die Münzstätte Lyon bedeuten.	1.49	Fillon Rev. num. f. 1844. S. 199. [3]

[1] C. A. Rethaan Macaré. Verhandeling over de bij Domburg
gevondene romeinsche, frankische, brittannische, noordsche en andere
Munten etc. Middelburg 1838. Derselbe. Tweede Verhandeling over de
bij Domburg gevonden romeinsche, frankische, brittannische en andere
Munten. Middelburg 1856.

[2] Abkürzungen: K. r. = Kopf rechts hin gewendet; — K. l. = Kopf
links hin; Brb. v. = Brustbild von vorne; — Brb. r. = Brustbild rechts
hin; — Brb. l. = Brustbild links hin; — (Eng. = Engel (meist stehend und
ein langes Kreuz haltend); — Vict. = Victoria; — Kr. = Kreuz; — Ank.=
Kr. = Kreuz mit Anker; — und. = undeutliche Schrift; — Rv. = Revers;
— Abs. = im Abschnitt.

[3] Das Monogramm auf den beiden interessanten Münzen 4 und 5 ist von
Senkler (Rev. numism. fr. 1848. S. 78 als Dominus Noster ELDE bertus gedeutet und diese Deutung von Anderen gebilligt worden. Der erste Herausgeber
derselben Fillon hatte darin nur die Buchstaben LNES erkannt. Lenormant
Rev. num. fr. 1854. p. 333) liest das Monogramm (j'y lis en toutes
lettres) VIENNENSIS ECCLESIA (!). Dasselbe Monogramm scheint sich im
Kleinen auch auf einem andern von Fillon (I, Nr. 14) herausgegebenen imitir-

I.

Beschreibung der Münzen.	Ge-wicht	Beschrieben.
	Gr.	
5 DNNS IU .... VIAI I (?). Brb. r. Rv. DE OFICINA MARET. Monogramm wie bei Nr. 4.	1.38	Fillon, Lettres etc. S. 50.
6 D N JUSTINUS PF AUG. Brb. r. Rev. VICTORIA AUITORUMA. Kreuz auf einer Kugel; dab. MA u. VII; Abf. CONOB	1.38	Fillon a. B. S. 44.
7 .. JUSTINUS P. Brb. r. Rv. VICTOR ..... RUM. Kreuz auf einer Kugel; dab. CG u. VII; Abf. MON	1.35	Fillon a. B. S. 58.
8 D N MAURICIUS P P AU. Brb. r. Rv. VIENNA DE OFICINA LAURENTI. Chrisma; dabei A u. Ω	1.35	Rev. num. fr. 1854. S. 316 ff. u. Berl. Münzf.

Von mehreren anderen fränkischen Münzen mit dem Namen des Kaisers Mauritius wird unten noch besonders die Rede sein, weshalb wir sie hier nicht weiter behandeln.

Den vorstehend angeführten Nachbildungen byzantinischer Kaisermünzen, deren fränkischer Ursprung durch die eine oder andere Bezeichnung sich direct kund giebt, lassen wir kurz einige Gewichtsangaben über mehrere ähnliche Münzen folgen, bei denen, wenn auch eine directe Bezeichnung fehlt, der nämliche fränkische Ursprung dem ganzen Typus nach mehr als wahrscheinlich ist [1].

Nachbildung eines Triens des Anastasius, Fillon. a. B. S. 69.   1.33 Gr.
   desgl.   desgl.   Rev. num. belg. 3. s. VI, S. 16. 1.40 ,
     (Hr. Namur bemerkt dabei, daß der Feingehalt $\frac{900}{1000}$ sei).
Nachbildung einer Münze des Justinianus, Fillon. a. B. S. 48.   1.46 ,
   desgl.   desgl.   Macaré a. B. S. 16.   1.46 ,
   desgl.   desgl.   Macaré a. B. S. 17.   1.35 ,
   desgl.   desgl.   Rev. num. belg. 3. s. VI, S. 21. 1.50 ,
     (Hr. Namur bemerkt dabei, daß der Feingehalt dieser Münze $\frac{750}{1000}$ sei).
Nachbildung eines Triens des Justinianus, Rev. num. belg. 3. s. VI, S. 19. 1.12 ,
     (Der Feingehalt von Hrn Namur auf $\frac{583}{1000}$ angegeben).
Nachbildung einer Münze des Justinus, Fillon. a. B. S. 58   1.33 ,

Die hauptsächlichen Ergebnisse aus den vorstehenden Zusammenstellungen dürften folgende sein.

ten Triens des Justinian an der Hand der Victoria zu finden. Es wäre von großem Interesse eine einleuchtende Erklärung dieses Monogramm zu erhalten, denn weder die von Lenormant noch auch die von Senkler befriedigen; letztere deshalb nicht, weil das unzweifelhafte Monogramm von König Childebert (ELDEBERT) von dem in Rede stehenden ganz verschieden ist. —

Bemerkenswerth ist ferner, daß ein Triens im Berliner Münzkabinet, welcher auf dem Reverse ebenfalls die Bezeichnung hat DE OFCINA MARET und das nämliche Monogramm wie die oben unter Nr. 4 und 5 aufgeführten Münzen, auf der Hauptseite nicht den Namen des Justinianus führt, wie jene beiden, sondern D N MAVRITIVS. Dieser Triens hat ein Gewicht von nur 1.25 Gramm.

[1] Lenormant hat in seinen vorhin angeführten Aufsätzen noch eine große Zahl solcher barbarischer Imitationen von Trienten des Anastasius und Justinian beschrieben; es fehlen dabei aber die Gewichtsangaben.

1. Die Nachbildung der oströmischen Goldmünzen mit Namen und Typen der Kaiser von Anastasius an bis Mauritus hat in den fränkischen Münzstätten längere Zeit gedauert, namentlich noch nach der Zeit, als Theodebert I. schon begonnen hatte, unter eigenem Namen Gold zu münzen.

2. Die Nachbildung geschah meistens in sehr roher Weise und mit auffallender Corrumpirung der copirten Schrift und Typen.

3. Die erhaltenen zahlreichen Exemplare solcher Münzen und ihre große Verschiedenheit läßt abnehmen, daß diese Ausmünzungen in großer Ausdehnung und vielerwärts betrieben wurden.

4. Die Ausmünzung war außerordentlich ungleich, sowohl hinsichtlich des Gewichts wie des Feingehalts. Bei einzelnen Stücken mag das sehr leichte Gewicht Folge der Abnutzung oder Beschädigung sein; allein selbst wenn dies zugegeben wird, so werden immer noch Fälle bleiben, wo eine absichtlich unreelle Ausmünzung nicht zu bezweifeln, über die man freilich bei solchen bloß nachgeahmten Münzen sich nicht eben wundern kann.

5. Einige der Privat-Münzanstalten blieben ziemlich lange in Wirksamkeit, wie die vermuthlich in Lyon thätige Officina Maret Münzen mit Namen des Justinian wie des Mauritius geprägt hat.

6. Im Ganzen genommen zeigen die Nachbildungen der Anastasius- und Justinianus-Trientes im Gewicht eine Beobachtung des zu Constantinopel fortwährend in Geltung gebliebenen constantinischen Münzfußes von $\frac{1}{72}$ Pfund für den Solidus, während die nachgebildeten Trientes des Justinus II. und des Mauritius nach einem erheblich leichteren Münzfuß, von dem später die Rede sein wird, geprägt sind.

Selbständige fränkische Ausmünzungen, wobei der Name des römischen Kaisers von der Münze verschwand, lassen sich vor Theodobert I. (538—548) nicht nachweisen, und liegt auch kein Grund vor, eine solche Ausmünzung dieses Königs vor dem Zeitpunkt zu setzen, wo Kaiser Justinian die Besitznahme der früher den Ostgothen unterworfen gewesenen Theile des südlichen Frankreichs bestätigt hatte (um das Jahr 542), bei welcher Gelegenheit der Geschichtschreiber Procopius ausdrücklich der Anfänge eigener fränkischen Goldprägungen gedenkt. Dieser Autor bemerkt hierüber, nachdem er unmittelbar vorher berichtet hat, daß der Kaiser jene Bestätigung erklärt habe, um nicht mit den Franken in einen Krieg verwickelt zu werden, und daß andererseits die Franken jenen Besitz nicht für sicher angesehen hätten, so lange nicht der Kaiser denselben unter seinem Siegel bekräftigt habe, folgendes:

Καὶ ἀπ' αὐτοῦ οἱ Γερμανῶν ἄρχοντες Μασσαλίαν τε τῶν Φωκαέων ἀποικίαν καὶ ξύμπαντα τὰ ἐπιθαλάσσια χωρία ἔσχον, θαλάσσης τε τῆς ἐκείνη ἐκράτησαν. Καὶ νῦν ἐν τῇ Ἀρελάτῳ τὸν ἱππικὸν ἀγῶνα θεώμενοι, νόμισμα τὸ χρυσοῦν ἐκ τῶν ἐν Γάλλοις μετάλλων πεποίηνται, οὐ τοῦ Ῥωμαίων αὐτοκράτορος (ᾗ περ εἴθισται) χαρακτῆρα ἐνθέμενοι τῷ στατῆρι τούτῳ, ἀλλὰ τὴν σφετέραν αὐτῶν εἰκόνα. Καί τοι νόμισμα μὲν ἀργυροῦν ὁ Περσῶν βασιλεὺς, ᾗ βούλοιτο, ποιεῖν εἴωθε· χαρακτῆρα δὲ ἴδιον ἐμβαλέσθαι στατῆρι χρυσῷ, οὔτε τὸν αὐτῶν ἄρχοντα Θέμις, οὔτε δὲ ἄλλον ὁντιναοῦν βασιλέα τῶν πάντων βαρβάρων, καὶ ταῦτα μᾶλλον ὄντα χρυσοῦ κύριον. ἐπεὶ οὐδὲ τοῖς ξυμβάλλουσι προΐεσθαι τὸ νόμισμα τοῦτο οἷοίτε εἰσιν, εἰ καὶ βαρβάρους τοὺς ξυμβάλλοντας εἶναι ξυμβαίη. ταῦτα μὲν οὖν τῇδε Φράγγοις ἐχώρησεν.

In dieser Stelle finden sich einige Behauptungen, welche lediglich auf Vermuthungen des Schriftstellers beruhen und auf welche, da sie mit sonst bekannten thatsächlichen Umständen nicht im Einklange stehen, kein weiteres Gewicht zu legen ist. Dahin gehört die Aeußerung, daß es nicht einmal dem Könige der Perser gestattet sei, Goldmünzen zu prägen, während das wirkliche Verhältniß nur das entschiedene Vorherrschen der Silberwährung bei den Sassaniden war[1], und ferner die Bemerkung, die fränkischen Könige hätten das Gold zu ihren Ausmünzungen aus den gallischen Minen gewonnen, während von solcher Goldproduction, die zu diesem Behufe sehr bedeutend hätte sein müssen, sich sonst keine Spur findet, es vielmehr klar vor Augen liegt, daß vor Allem die bedeutenden Summen Gold, welche sowohl Ostgothen als auch die oströmischen Kaiser um jene Zeit den Franken zahlten, das Material zu den damaligen fränkischen Goldmünzen geliefert haben. Im Vergleich hiermit wird dasjenige, was etwa durch die Goldwäscherei am Rhein, gewonnen wurde, keinenfalls von irgend erheblicher Bedeutung gewesen sein. Was sich mit gutem Grunde aus der Stelle des Procopius entnehmen läßt, ist die positive Bestätigung dafür, daß bis zu dem Zeitpunkte, wo derselbe den Anfang der selbständigen fränkischen Goldprägung setzt, d. h. um das Jahr 542, überall in den von den Barbaren besetzten Ländern keine Goldmünzen anders als mit Aufschrift der kaiserlichen Namen gemünzt waren, und daß damals die fränkischen Könige den Anfang gemacht haben, von dieser Regel abzuweichen. Und ferner liegt in jener Stelle nicht minder ein ausdrückliches Zeugniß für die damalige universelle Geltung der fortdauernd nach dem constantinischen Münzfuß unter den bekannten kaiserlichen Typen geprägten Solidi, welcher Umstand es erklärt, daß sowohl die ersten selbständigen fränkischen Ausmünzungen, wenn auch statt des Namens Justinianus derjenige des Theodebert oder des Childebert darauf erschien, im Uebrigen den Typus und den Münzfuß der kaiserlichen Solidi und Trientes um so sorgsamer beibehielten, als auch daß selbst nach dem Beginn einer solchen mehr unabhängigen Ausmünzung mitunter auf fränkischen Münzstätten doch auch noch Goldmünzen mit den Namen der gleichzeitigen Kaiser geprägt wurden, für welchen Gebrauch die zuletzt angeführten Münzen mit den Namen Justinus und Mauritius Beispiele sind.

---

[1] Einzelne Goldmünzen der Sassaniden sind noch erhalten und widerlegen die Behauptung des byzantinischen Geschichtsschreibers.

Wir geben hiernach zunächſt in chronologiſcher Reihefolge eine
überſichtliche Zuſammenſtellung der noch erhaltenen merovingiſchen
Goldmünzen, welche die ausdrückliche Bezeichnung durch den Namen
eines Königs aufweiſen, ſoweit uns darüber zuverläſſige Beſchreibun=
gen und namentlich ſpecificirte Gewichtsangaben vorliegen. Es ſoll
nicht in Abrede geſtellt werden, daß in einigen Fällen Zweifel ent=
ſtehen kann, ob eine ſolche Münze dem einen oder dem anderen un=
ter gleichnamigen Königen beizulegen ſei, allein unter Berückſichtigung
des ganzen Styls der Typen und zuweilen auch des Münzortes iſt
die Zuweiſung faſt aller dieſer Münzen an die verſchiedenen Regie=
rungsabſchnitte von den franzöſiſchen Numismatikern im Fortgang
ihrer Unterſuchungen, im Ganzen genommen, mit bemerkenswerther
Uebereinſtimmung und Zuverſicht geſchehen, ſo daß die Reſultate als
weſentlich ſicher betrachtet werden dürfen.

Ueberſicht merovingiſcher Königsmünzen.

Namen der Könige und kurze Beſchreibung der Münzen.	Gat= tung.	Ge= wicht.	Wo be= ſchrie= ben [1]?
Theodebert I. 534—547.		Gram.	
1 D N THEODEBERTUS VICTOR. Brb. v. Rv. VICTORA AUGGG I. Eng. u. T; Abſ. CONOB Tullum?	Solid.	4.42	Longp. Nr. 91.
2 D N THEODEBERTUS VICTOR. Brb. v. Rv. VICTORIA AUGGG. Eng.; dabei BO; Abſ. ICOB	Solid.	4.40	Rev. num. 1841. S. 117.
3 D N THUODIBERTUS. Brb. v. Rv. OVICTO VICTORI ACCC und Eng.; Abſ. RI? Von kleinerem Modulus.	Solid.	4.40	Rev. num. 1841. S. 120.
4 D N THEODEBERTUS VICTOR. Brb. v. Rv. VICTORIA AUGGG I. Eng.; dab. RE; Abſ. CONOB Remis?	Solid.	4.37	Rev. num. 1841. S. 116.
5 D N THEOBERTUS VICT. Brb. v. Rv. VICTORIA AUGG Eng.; dab. LV.; Abſ. CONOB Lugdunum?	Solid.	4.37	Rev. num. 1841. S. 117.
6 D N THEODEBERTUS VICT Brb. v. Rv. VICTORIA AUGGG. Eng.; dab. CLAV (ob. N); Abſ. CONOB	Solid.	4.35	Rev. num. 1841. S. 118.

[1] *Comb.* = Catalogue raisonné des monnaies nationales de France.
ssai de G. *Combrouse.* Par. 1839. 4º. — *Longp.* = Notices des monnaies fran-
ises, composant la collection de M. J. Rousseau etc. Par *A. de Longperier.*
ar. 1847. — *Rob.* = Etudes numismatiques sur une partie du Nord - Est
: la France par *C. Robert.* Metz 1852. 4º. — *Rev. num.* = Revue de la
imismatique française etc. Blois u. ſpäter Paris. 1. Serie 1836—1855; 2.
er. 1856 ff. — *Rev. num. belg.* = Revue de la numismatique belg. Tirle-
ont u. ſpäter Bruxelles. 1. Ser. 1845—50; 2. Ser. 1851—56; 3. Ser. 1857 ff. —
ad. = Kritiſche Beiträge zur Münzkunde des Mittelalters v. J. Mader (6 Bde.) Prag
303. — Die anderen Abkürzungen ſind ſchon vorhin angegeben.

	Namen der Könige und kurze Beschreibung der Münzen.	Gattung.	Gewicht. Gram.	Wo beschrieben?
7	D N THEODEBERTUS VI. Brb. v. Rv. VICTORIA AUGGG I. Nach rechts schreitende Figur mit Palmzweig und Victoria. Dab. COLV Cöln?	Solib.	4.29	Rev. num. 1841. S. 119.
8	D N THEUDEBERTI P P AUG. Brb. v. Rv. VICTORIA AUGGG A. Etwas abgenutzt.	Solib.	(4.13)	Rev. num. 1841. S. 120.
9	D N THEODEBERTUS. Brb. Rv. VICTORIA AUGG. Vict.; dab. Mongr. TR? Trier?	Triens.	1.49	Rev. num. 1841. S. 122. Rob. S. 93.
	Eine Münze der vorigen fast gleich; o. Monogr.	Triens.	1.49	Rev. num. a. L.
10	D N THEDEBERTUS O. Brb. r. Rv. VICTORIA AUGGG. Vict.; dab. (und. Mongr.); Abs. CONOB	Triens.	1.46	Rev. num. 1841. S. 122. Rob. S. 93.
11	D N THEODEBERTUS C. Brb. r. Rv. VICTORIA AGGG AN. Vict.; dab. RE; Abs. CONOB Remis?	Triens.	1.45	Longp. Nr. 91.
12	THEODOBERTO. Brb. r. Rv. .....TOBO MONET. Im Felde AR m. großen Buchst. Arverna civ. (Clermont)?	Triens.	1.36	Mad I. Nr. 1.
13	D N THEODEBERTUS V. Brb. r. Rv. VICTORIA AUGG u. A. und. Vict. Beschnitten.	Triens.	(1.30)	Rev. num. 1841. S. 122.
14	D N TH....BERTUS VIC. R. r. Rv. VICTORIA ....(und.) Abgenutzt.	Triens.	(1.15)	Rev. num. 1841. S. 120.

Childebert I. 511—558.

15	HILDEBERTUS. Brb. r. Rv. (A)CHRAMNUS. Vict.; Abs. CONOB	Triens.	1.45	Longp. Nr. 89.
16	CHILDEBERTUS. Brb. v. Rv. MARETOMOS FECET. Monogr. RF?	Triens.	1.30	Longp. Nr. 90.

Sigebert I. 561—575.

17	SIGIBERTUS REX. Brb. r. Rv. MANOBIO. Eng. r.; Abs. TNO (TMO?) Treveris moneta?	Triens.	1.49	Rev. num 1844. S. 196.

Childebert II. 575—576.

18	CHILDBERTI (rückw.). R. r. Rv. TO ....TIMIM und.	Triens.	1.38	Comb. Nr. 296.
19	CHELDEBERTI. Brb. l. AR; darunt. CI. Kr. Arverna civ. (Clermont)?	Triens.	1.25	Longp. Nr. 96.

[1] Außerdem Rev. num. 1842. S. 341. und Rob. S. 30. Dieser giebt das Gewicht an zu 1.48 Gr.

Namen der Könige und kurze Beschreibung der Münzen.	Gattung.	Gewicht. Gram.	Wo beschrieben?
CHILD . . . . US. Kr. Rv. Monogramm v. A u. R; darunter ME	Triens	1.06	Rob. S. 102.
CHILDEBERTUS R. Brb. r. Rv. METTIS FIT. Kr.	Triens	0.97	Rob. S. 101.
Chlotar II. 584—628.			
J. CHLOTARIUS REX. Bbr. r. Rv. CHLOTARIUS REX. Kr.; bab. AR In einen Ring gefaßt, daher das Gewicht nicht zu ermitteln.	Solid.		Longp. Nr. 93.
CHLOTARIUS RE. Brb. r. Rv. CHLOTARI VICTORIA. Kr.; bab. MA Feines Gold.	Solid.	3.72	Comb. Nr. 324.
CHLOTARIUS RE. K. r. Rv. Ω CHLOTARIUS REX. Kr.; bab. MA u. 7 Punkte. Ganz neu.	Triens	1.33	Comb Nr. 325.
CHLOTHARIUS REX. Brb. r. Rv. HINCLITUS ET PIUS. Kr.; bab. VC Reines Gold. — Uzes?	Triens	1.32	Rev. num. 1854. S 419.
CHLOTARIUS REX. K. r. Rv. CHLOTARII VICTORIA. Kr.; bab. MA Zwei Exemplare — Massilia.	Triens	1.27 u.1.24	Comb. Nr. 326.
CLOTH(A)RIUS REX. Brb. r. Rv. VICTORIA IR? Kreuz; bab. AR; dar. VII Arverna civ.?	Triens	1.27 1.22	Comb. Nr.327.u. Rev.num. 1841. S. 14.
AREDI (rückw.) Brb. r. Rv. . . HL. TARIO. Kr.	Triens	1.20	Longp. Nr. 95.
VIREDIU CV. K. l. Rv. CHLOTA . . US REX. Kr.; bab. MA Verbun.	Triens	1.17	Comb. Nr. 334. Rob. S. 107.
CHLOTA . . US RE. Kr.; bab. MA Rv. CAVILONNO. K. r.	Triens	1.12	Comb. Nr. 332.
CHLOTARIUS RX. Brb. r. Rv. CHOTARI VICTORIA. Kr.; bab. MA unt. VII Massilia.	Triens	0.90	Longp. Nr. 94.
Dagobert I. 628—631.			
DAGOBERTUS REX. Anf. Kr.; bab. ELIGH Rv. K. r.	Solid.	3.87	Comb. Nr. 367.
DAGOBERT . . K. r. Rv. . . . MRI BORXA (?) FIT. Kr.; bab. AΩ	Triens	1.38	Comb. Nr. 375.
DAGOBERTUS. K. r. Rv. (SIM . . DHONI) (unb.) Kr.	Triens	1.33	Comb. Nr. 382.
GEMELLUS. K. r. Rv. DAGOBERTUS RE. Kr.	Triens	1.27	Comb. Nr. 374.

Namen der Könige und kurze Beschreibung der Münzen.	Gattung.	Gewicht. Gram.	Wo beschrieben?
36 DAGOBERTUS RX. K. r. Rv. ACAVNNSIS ROMANOS MV. Kr.; dab. VII Agaunum (St. Moritz).	Triens	1.25	Lobg. Nr. 97.
37 DAGOBERTUS R. Brb. r. Rv. MONETA ELEGIV. Kr.; dab. MA Durchmesser sehr groß.	Triens	1.22	Comb. Nr. 373. Rev. neu. 1840. 6 37.
38 DAGOBERTUS. K. r.; dab. A Rv. MASILIA CIVIT. Kr.	Triens	1.22	Comb. Nr. 375.
Charibert II. 630—631.			
39 CHARIBERTUS REX. K. r. Rv. BANNIACIACO FIIT. Kelch. Zwei Exemplare.	Triens	1.27 1.27	Comb. Nr. 297. u. 268
40 CHARIBERTUS REX. K. r. Rv. BANNIACIACO FIIT. Kelch.	Triens	1.25	Longp. Nr. 5.
41 MAXIMINUS M. K. r. Rv. CHARIBERTUS REX. Kelch.	Triens	1.27	Comb. Nr. 23.
Chlodovech II. 638—655.			
42 CHLOTII VCHVS. K. r. Rv. PALATI MONETA. Kr.; dab. ELIGI	Triens	1.27	Comb. Nr.
43 .... ODOVEVS RIX FR. K. r. Rv. LIM ...... CIVI. Anf. Kr.; dab. ELIGI Limovicus?	Triens	1.25	L Nr.
44 MONETA. K. r. Rv. PALATI. Anf. Kr.; dab. ELIGI Aufgenommen wegen der Bez. Palatium u. Elig.	Triens	1.25	Longp. Nr.
45 CHLODOVIUS REX. K. r. Rv. .... . IVS IN CIVIT. Anf. Kr.; dab. ELIGI	Triens	1.22	Comb. Nr. 319.
46 CHLOTHOVE REX. K. r. Rv. MONETA PALATI. Kr.; dab. ELIGI	Triens	1.22	Comb. Nr. 315b.
47 PARIVS IN CIVET. Brb. r. Rv. CHLODOVEVS REX. Anf. Kr.; dab. ELIGI	Triens	1.15	Longp. Nr. 99.
48 ... LODOVEI. K. r. Rv. ..... INNA (unb.) Kr.	Triens	1.15	Longp. Nr. 102.
49 CHLODO .. CVS. K. r. Rv. ELIGIVS MO. Kr.; dab. AR u. VII	Triens	1.06	Comb. Nr. 314.
Sigebert II. 638—656.			
50 MASILIA. Brb. r. Rv. SIGIBERTVS RIX. Kr.; dab. MA. Ganz neu.	Solid.	3.83	Comb. Nr. 719.
51 SIGEBERTVS. K. r. Rv. Kr.; dab. MA Massilia.	Solid.	3.72 3.61	Comb. Nr. 721 u. 722

Namen der Könige und kurze Beschreibung der Münzen.	Gattung.	Gewicht. Gram.	Wo beschrieben?
MASILIA. K. r.	Triens	1.22 bis 1.01	Comb. Nr. 724.
Rv. SIGEBERTV RIX Kr.; bab. MA Fünf Varietäten.			
MASILIA. Brb.	Triens	1.15	Longp. Nr. 103.
Rv. SIGIBERTVS RIX. Kr.; bab. MA			
K. r.	Triens	0.96	Comb. Nr. 726b.
Rv. SIGEBERTVS REX. Kr.			
Childerich II. 660—673.			
HILDERICVS REX. Brb. r.	Solib.	3.98	Comb. Nr. 305.
Rv. MASSILIA. Kr.; bab. MA			
Varietät der vorigen Münze. Blasses Gold.	Solib.	3.45	Comb. Nr. 304.
CHILDERICVS REX. Brb. r.	Solib.	3.40	Longp. Nr. 105.
Rv. CIVITATIS MASILIE. Kr.; bab. MA			
CHILDERICVS RE. Brb. r.	Triens	1.12	Comb. Nr. 307.
Rv. MASILIE CIVITATIS. Kr. Electrum.			
Dagobert II. 673—680			
DAGOBERTHVS REX. K. r.	Triens	1.27	Fillon, Lettres S. 88.
Rv. ORDAGPARIO MN. Kr.			
DAGOBERTVS. K. r.	Triens	1.06	Rob. S. 107 (setzt ihn unter Dag. I.)
Rv. VIRIDVNVM CIV. Kr. vgl. Fillon a. B. S. 88.			
Chlodovech III. 691—695.			
EBORINO MON. Brb. r.	Triens	1.30	Longp. Nr. 106.
Rv. CHLODOVIO REX. Kr. Spätere Fabrikation			
Childebert III. 695—711.			
MASILIA. Brb. r.; bab. B.	Solib.	3.55	Longp. Nr. 107.
Rv. ... — DEBERTVS RE. Kr.; bab. MA Massilia; vielleicht nur copirt.			
Dagobert III. 711—715.			
VVALDEBERTO MN. K. I.	Triens	1.25	Longp. Nr. 108.
Rv. DAGOBERTVS REX. Kr. Spätere Fabrikation.			

Die mit den Namen eines Königs versehenen Stücke bilden bekanntlich nur einen sehr kleinen Theil der merovingischen Typen. Der bei weitem größte Theil führt ausschließlich den Namen eines Münzers mit oder ohne Angabe des Prägorts. Die neueren Untersuchungen französischer Numismatiker haben dazu geführt, auch diese Münzen nach größeren Zeitabschnitten und theilweise auch nach den verschiedenen Landestheilen, wo sie geprägt sind, zu klassificiren, wobei der Charakter der Typen die Anleitung gegeben hat. Um nun über den thatsächlichen Münzfuß der merovingischen Goldmünzen zu einer begründeten Ansicht zu gelangen, möchte es als das angemessenste Mittel erscheinen, außer den im Vorstehenden aufgeführten Königs= münzen, eine beträchtliche Anzahl sonstiger dahin gehöriger Münzen nach den ihnen beigelegten ungefähren Zeitbestimmungen, ohne alle vorgefaßte Meinung, wie sie in einigen Monographien sich vorfinden, zusammenzustellen und daraus Resultate zu ziehen.

Hr. B. Fillon giebt bei den in seinen 1853 herausgegebe= nen Briefen[1] beschriebenen und abgebildeten merovingischen Gold= münzen, wenn wir die mit den Namen der Könige bezeichneten bei Seite lassen und hauptsächlich nur die mit den Namen von Mün= zern und Ortschaften versehenen Stücke in Betracht ziehen, folgende Gewichtsangaben für die nach dem Styl der Typen chronologisch klassificirten Trienten.

Ende des sechsten Jahrhunderts: 1.38 Gr. (IV, 9); 1.38 Gr. (III, 19); 1.38 Gr. (I, 32); 1.35 Gr. (II, 8). —

Erstes Drittel des siebenten Jahrhunderts: 1.33 Gr. (II, 5); 1.27 Gr. (II, 1); 1.25 Gr. (II, 2); 1.16 Gr. (I, 16). —

Erste Hälfte des siebenten Jahrhunderts: 1.33 Gr. (I, 20); 1.30 Gr. (I, 21); 1.27 Gr. (I, 19); 1.22 Gr. (II, 3); 1.22 Gr. (X, 4); 1.12 (II, 19); 1.12 Gr. (II, 20). —

Ende der ersten Hälfte oder Mitte des siebenten Jahrhunderts: 1.33 Gr. (II, 14); 1.33 Gr. (II, 18); 1.33 Gr. (IV, 8); 1.27 Gr. (III, 20); 1.27 Gr. (III, 2); 1.22 Gr. (II, 22). —

Anfang der zweiten Hälfte des siebenten Jahrhunderts: 1.35 Gr. (X, 15); 1.33 Gr. (II, 10); 1.30 Gr. (III, 4); 1.22 Gr. (III, 3). —

Zweite Hälfte des siebenten Jahrhunderts: 1.32 Gr. (X, 8); 1.30 Gr. (III, 18); 1.27 Gr. (X, 6); 1.22 Gr. (III, 1). —

Ende der zweiten Hälfte des siebenten Jahrhunderts: 1.19 Gr. (II, 12); 1.06 Gr. (II, 17). —

Anfang des achten Jahrhunderts: 1.27 Gr. (X, 7); 1.27 Gr. (II, 25); 1.22 Gr. (III, 22). —

Wenn in den eben aufgeführten Gewichtsangaben merovingischer Trientes nach Hrn. Fillon Münzen aus den verschiedensten Gegen= den des fränkischen Reichs zusammengestellt sind, so giebt die nach= stehende Uebersicht nur Notizen über die Ausmünzungen einer und derselben Provinz (Limousin) nach der hierüber im Laufe der letzten Jahre veröffentlichten Monographie des Hrn Deloche.

Ende des sechsten (vielleicht Anfang des siebenten) Jahrhunderts: So= lidus 4.35 Gr. (Nr. 1); 1.36 Gr. (Nr. 22).

Erstes Viertel des siebenten Jahrhunderts: 1.35 Gr. (Nr. 2); 1.36 Gr. (Nr. 62).

---

[1] B. Fillon. Lettres à M. Ch. Dugast-Matifeux sur quelques mon= naies françaises inédites. Paris 1853. Wir citiren die Münzen nach der Be= zeichnung ihrer Abbildungen.

Zweites Viertel des siebenten Jahrhunderts: 1.40 Gr. (Nr. 48); 1.35
Gr. (Nr. 119); 1.35 Gr. (Nr. 11); 1.30 Gr. (Nr. 47);
1.29 Gr. (Nr. 21); 1.20 Gr. (Nr. 69); 1.20 Gr. Nr. 16);
1.20 Gr. (Nr. 34); 1.20 Gr. (Nr. 62).

Drittes Viertel des siebenten Jahrhunderts: 1.47 Gr. (Nr. 33); 1.45
Gr. (Nr. 49); 1.40 Gr. (Nr. 8); 1.37 Gr. (Nr. 5); 1.35 Gr.
(Nr. 53); 1.30 Gr. (Nr. 40); 1.29 Gr. (Nr. 16); 1.25 Gr.
(Nr. 108); 1.25 Gr. (Nr. 27); 1.24 Gr. (Nr. 114); 1.20
Gr. (Nr. 45); 1.20 Gr. (Nr. 104); 1.20 Gr. (Nr. 7); 1.20
Gr. (Nr. 30); 1.20 Gr. (Nr. 57); 1.18 Gr. (Nr. 37);
1.16 Gr. (Nr. 28); 1.15 Gr. (Nr. 46); 1.14 Gr. (Nr. 42);
1.10 Gr. (Nr. 90); 1.10 Gr. (Nr. 54); 1.10 Gr. (Nr. 35);
1.10 Gr. (Nr. 41); 1.05 Gr. (Nr. 25); 1.00 Gr. (Nr. 20);
1.00 Gr. (Nr. 12).

letztes Viertel des siebenten Jahrhunderts: 1.23 Gr. (Nr. 3); 1.20
Gr. (Nr. 102); 1.20 Gr. (Nr. 107); 1.15 Gr. (Nr. 43);
1.15 Gr. (Nr. 31); 1.10 Gr. (Nr. 60); 1.00 Gr. (Nr. 100);
1.00 Gr. (Nr. 59).

erstes Viertel des achten Jahrhunderts: 1.30 Gr. (Nr. 50); 1.25
Gr. (Nr. 44); 1.25 Gr. (Nr. 105); 1.20 Gr. (Nr. 51);
1.20 Gr. (Nr. 96); 0.90 Gr. (Nr. 109).

Wenn auch in der von Fillon und Deloche auf diese Weise
ersuchten chronologischen Klassification der merovingischen Goldmün-
en, hauptsächlich nach dem Styl ihrer Typen, in mehreren Fällen
in etwas kühner Griff mit vorgekommen sein mag, und mitunter
auch, bei zweifelhaftem Charakter der Typen, Münzen einer bestimmten Periode beigelegt sind, so werden doch im Ganzen und Großen
gegen die von ihnen getroffene Anordnung wesentliche Bedenken sich
nicht erheben und einzelne Unsicherheiten die hierauf fußenden durchschnittlichen Ermittlungen nicht beinträchtigen.

Was die Feinheit des Goldes in den Münzen anlangt, so
scheinen hierüber bis jetzt specielle technische Untersuchungen nicht
stattgefunden zu haben. Nur nach dem äußern Augenschein wird
nicht selten bei den Beschreibungen merovingischer Goldmünzen erwähnt, entweder die vorliegende Münze sei von reinem oder feinem
Golde, oder auch dieselbe sei aus blassem Gold oder Electrum, d. h.
stark mit Silber legirt. Es trifft sich nun allerdings, daß vorzugsweise bei den älteren Münzen die Feinheit des Goldes und das
Gegentheil davon vorwiegend bei Münzen seit der letzten Hälfte des
siebenten Jahrhunderts bemerkt worden ist; allein dies ist, wie gesagt,
meist ohne nähere technische Untersuchung des Gehalts nach dem
bloßen Augenschein geschehen, und kommen daneben auch mehrere
Fälle vor, in denen schon bei Münzen früherer Perioden das blasse
Gold und umgekehrt bei Münzen gegen den Schluß der merovingischen
Periode die anscheinende Reinheit des Goldes hervorgehoben wird[1].

---

[1] Z. B. wird bei den von Deloche unter Nr. 5, 7, 20, 27, 37, 114

Es läßt sich daher keineswegs die allgemeine Behauptung aufstellen, daß eine erhebliche Verminderung des Feingehalts der Goldmünzen in der späteren merovingischen Periode stattgefunden habe, und darnach ein bestimmter Abschlag für den effectiven Werth der Münzen machen. Bei der annähernden Schätzung dieses Werths wird man sich mithin hauptsächlich nur nach den Gewichtsverhältnissen zu richten haben, dabei aber sich vergegenwärtigen müssen, daß die hierauf begründeten Schätzungen immer nur als ungefähre und annähernde Angaben gelten können, und daß dies natürlich noch um so mehr gelten muß, wenn man die Verschiedenheit und Unregelmäßigkeit im Feingehalt der Ausmünzungen mit in Anschlag bringt. Nichtsdestoweniger sind derartige Schätzungen wichtig, ja unentbehrlich für die Beurtheilung mancher Zustände und Ereignisse, und sie haben gerade um so größere Bedeutung, wenn sie sich für nicht mehr und für sicherer ausgeben, als sie eben sind.

Hält man diesen Standpunkt fest, so werden die in den vorangegangenen drei Zusammenstellungen enthaltenen etwa 160 bis 170 speciellen Gewichtsangaben merovingischer Goldmünzen völlig genügen, um über den ungefähren durchschnittlichen effectiven Werth derselben eine begründete Ansicht zu gewinnen.

Man wird in Rücksicht der Werthnormirung vor Allem drei Hauptabtheilungen bei diesen Münzen zu unterscheiden haben:

1. Die unmittelbare Nachbildung oströmischer Münzen mit Beibehaltung der Kaisernamen, von Anastasius an bis einschließlich Mauritius;

2. Die von König Theodebert I. unter eigenem Namen, aber mit Beobachtung des herkömmlichen constantinischen Münzfußes und genauer Nachbildung der gleichzeitigen byzantinischen Typen geprägten Solidi und Trienten und die denselben entsprechenden sonstigen älteren fränkischen Münzen aus dem sechsten Jahrhundert.

3. Die übrigen merovingischen Goldmünzen, die nach einem merklich leichteren Münzfuße und mit mehr oder minder selbständigen Typen geprägt sind und welche die bei weitem große Mehrzahl der merovingischen Goldmünzen bilden.

Indem wir die unter Nr. 1 begriffenen Münzen vorläufig außer Betracht lassen (wir werden bald wegen gewisser auf ihnen zuerst nachweisbarer Zahlzeichen auf diese noch besonders zurückkommen müssen, so gering ihre Anzahl auch ist), bemerken wir in Bezug auf die zahlreichen Münzen Theodeberts I., daß auf diese gerade die oben angeführte vielbesprochene Stelle des Procop paßt und daß dieselben hiernach zwischen den Jahren 542 und 547 ausgemünzt sein werden. Auch für die auffallende Erscheinung, daß gerade von Theodebert I. sich vergleichsweise viele Münzen erhalten haben, was auf eine verhältnißmäßig starke Ausmünzung unter diesem Könige

u. a. aufgeführten Trienten aus dem dritten Viertel des siebenten Jahrhunderts die Feinheit des Goldes ausdrücklich erwähnt.

die Geſchichte eine einfache Erklärung an die
em Tode Theodorichs die Oſtgothen i. J. 536
Gallien den Franken überließen, zahlten ſie zu-
derſelben 20 Centner Gold (das Material zu
m ſich ihres Beiſtandes gegen die Oſtrömer zu
ſt wohl nicht zu bezweifeln, daß es der Antheil
owie die ſonſt aus Italien auf ſeinen Kriegs=
Beute an Gold geweſen iſt, was durch Theodebert
zung gebracht wurde und die große Menge der
zeprägten Münzen erklärt [1]).

s Durchſchnittsgewicht der in unſerer vorſtehenden
en ganzen und Drittel = Solidi des Theodebert
als abgenutzt angegebenen Stücke), ſo erhält man
s 4.37 Gramm (7 Stück zuſammen 30.60 Gr.)
s 1.44 „ (5 „ „ 7.21 „)
wichte ſtimmt merkwürdig ein Gewichtsſtück über-
ben einer Münzwage in einem fränkiſchen Grabe
nden hat; daſſelbe hat nämlich eine Schwere
nd war unverkennbar zum Nachwägen der Solidi
en von Gold nach Solidus = Gewicht beſtimmt [2].
ünzfuße gehören offenbar an die den Königen
-558) und Sigibert I. (561—575) zugeſchriebenen
1.45 und 1.49 Gramm Gewicht, ſowie ein von
in das Ende des ſechsten Jahrhunderts geſetzter
r. und mehrere Trientes von 1.36 bis 1.42 Gr.,
auch die analogen Typen dieſer Münzen ſprechen.
tantin I. eingeführte Münzfuß des Solidus war
upel Gold auf den Solidus, ſo daß dieſer, bei
Schwere des römiſchen Pfundes zu 327.43 Gr.,
von 4.55 Gr. aufweiſen ſollte und der Triens

lung von 20 Centner oder 2000 Pfund Gold, welche
Theodahat den Franken verſprach und Vitiges wirklich
pius de bello Goth. I, c. 13. In demſelben Kapitel
rher die von Theodebert den Weſtgothen abgenommenen
ei indeß eine Verwechslung mit König Childebert ſtatt=
von Tours (III, 32) berichtet ferner: Theodebertus ex
st, multa secum spolia ipse vel sui deferentes (im
ius . . . . capta omni Italia usque in mare terminum
ero magnos ad Theudebertum de Italia direxit.
allen dieſen Berichten, daß wohl keiner unter den frän=
e Quantitäten Goldes zuſammengebracht hat als Theo-
on dieſem Könige uns am meiſten Goldmünzen erhalten
t als bloßer Zufall der Auffindung anzuſehen, ſondern
en Ausmünzungen. Ebenſowenig zufällig iſt es, daß
Königen bis auf Carl den Großen er allein ſeinem
ſuſtus beifügte. Sein ſtolzer Sinn widerſtrebte jeder
m byzantiniſchen Kaiſer, und ſeine Münzen legen hierfür
Zeugniß ab als die dahin gehörigen Berichte der Ge=

ures gaul., franq. et norm. p. 253 ff.

also von 1.51 Gr. Zu Justinians Zeit wird aber das Normal-Gewicht des Pfundes um eine Kleinigkeit geringer gewesen und nur zu 324 Gr. anzunehmen sein, wonach das gesetzliche volle Gewicht des Solidus 4.50 Gr. und des Triens 1.50 Gr. betragen würde[1].

Die von Queipo (a. B. III, S. 492) mitgetheilten Gewichte gaben für Goldmünzen des Justinian ergeben, wenn man einzelne auf-fallend leichte Exemplare außer Betracht läßt, ein Durchschnittsgewicht von 4.42 Gr. für den Solidus und 1.41 Gr. für den Triens. Es liegt mithin klar vor Augen, daß die Franken im sechsten Jahr-hundert denselben Gold-Münzfuß beobachtet haben, der gleichzeitig in Constantinopel galt, und daß, wenn um diese Zeit bei ihnen von Solidi die Rede ist, darunter der gesetzlichen Münznorm nach ein Werth zu verstehen ist, der nach heutigem Geld auf 15 Francs 30 Centimes oder (nach gegenwärtiger Werthrelation berechnet) auf 4 Thlr. 2 Sgr. des 30 Thlr. Fußes auskommt[2]. Der Werth der damaligen Solidi in ihrem durchschnittlichen effectiven Metallwerth aber dürfte nach den uns vorliegenden Exemplaren und, die nicht voll-ständige Reinheit des Goldes in Anschlag gebracht, auf 14 Francs 30 Centimes oder 3 Thlr. 26 Sgr. angenommen werden.

[1] Ein noch erhaltenes sehr sorgfältig gearbeitetes Exagium des Kaisers Justinian vom Jahre 533, dessen bereits im zweiten Abschnitte S. 264 Er-wähnung geschah, ergiebt das oben angeführte Gewicht von 324 Gramm und dies wird gleichzeitig auch wohl bei den Franken als Normalgewicht gegolten haben. Der Unterschied, den dies für den Solidus und Triens ausmacht, ist allerdings sehr unbeträchtlich, allein der Genauigkeit wegen scheint dieser Um-stand doch Berücksichtigung zu verdienen.

[2] Wir haben absichtlich die Rechnung nach Francs bei der Vergleichung vorangestellt, weil diese Münzsorte unter den gegenwärtigen Münzverhältnissen bekanntlich wesentlich einen Goldwerth repräsentirt, und man bei der schwan-kenden Werthrelation der Edelmetalle für eine genauere Ermittlung natürlich nur Gewichte desselben Metalls gegen einander vergleichen kann. Soll der effective Werth einer Goldmünze in einem früheren Zeitalter mit einer jetzigen Silberwährung verglichen werden, so muß natürlich die Frage sich aufdrängen, ob dies nach der jetzigen Werthrelation oder nach derjenigen, welche für jene ältere Periode anzunehmen ist, geschehen soll, — oder auf den vorliegenden Fall angewendet, ob das Zwölffache oder das Fünfzehnundeinhalbfache des Goldgewichts der Reduction zum Grunde zu legen ist. Es scheint uns ein-facher und, im Ganzen genommen, richtiger, sich bei den fraglichen Vergleich-ungen für die Anwendung der gegenwärtigen Werthrelation zu entscheiden; allein man darf dabei nicht vergessen, daß dieser Umstand, die wesentliche Verschiedenheit der Werthrelation jetzt und damals, die sichere Vergleichung des absoluten Geldwerths in entfernten Zeitabschnitten noch besonders erschwe-ren und unsicher machen muß. — Daß bei der Berechnung des Werths der fränkischen Goldmünzen in heutigen Münzsorten in Rücksicht der Legirung des Goldes für diejenigen der früheren Periode ein Abschlag von 5 Procent und für die späteren von 10 Procent gemacht ist, muß selbstverständlich als eine annähernde durchschnittliche Schätzung angesehen werden, die nur den Zweck hat, diesen Factor der Werthbestimmung nicht unberücksichtigt zu lassen. Es kann sich hierbei, wie gesagt, ja überhaupt nur um Durchschnittsannahme und annähernde Schätzung handeln; bei einzelnen Münzstücken wird natürlich eine genaue Prüfung häufig sehr erhebliche Abweichungen herausstellen.

Betrachten wir nun weiter das Gewichtsverhältniß der späteren merovingischen Goldmünzen, so finden wir für 8 ganze Solidi mit den Namen von Königen ein Durchschnittsgewicht von 3.68 Gramm und für 36 Trientes gleicher Art von 1.21 Gramm.

Und ferner zeigt sich, wenn man die von uns oben erwähnten speciellen Gewichtsangaben Fillons und Deloches über die von ihnen beschriebenen und untersuchten Trientes in der Weise eintheilt, daß man einentheils die von diesen Numismatikern in die erste Hälfte des siebenten Jahrhunderts gesetzten Münzen zusammenfaßt und andererseits ebenso die von ihnen der zweiten Hälfte des siebenten und dem Anfang des achten Jahrhunderts zugewiesenen Münzen zusammenrechnet, folgendes Ergebniß:

nach Fillon

erste Hälfte des VII. Jhrh. (17 St. 21.34 Gr.) durchschn. 1.26 Gr.
zweite „ „ „
und Anf. d. VIII. Jhrh. $\Big\}$ (13 St. 16.31 Gr.) „ 1.25 „

nach Deloche

erste Hälfte des VII. Jhrh. (11 St. 14.10 Gr.) durchschn. 1.29 Gr.
zweite „ „ „
und Anf. d. VIII. Jhrh. $\Big\}$ (40 St. 47.58 Gr.) „ 1.19 „

Hält man die zuletzt vorgeführten Ergebnisse zusammen und wirft außerdem einen Blick auf die Reihe der mit Königsnamen versehenen Münzen, so muß man zu der Ansicht gelangen, daß seit dem Ende des sechsten bis zum Anfange des achten Jahrhunderts die merovingischen Goldausmünzungen, im Ganzen genommen, unter sich keine wesentliche Verschiedenheit nach verschiedenen Zeitabschnitten aufweisen. Schon zu Anfang dieser Periode, in dem ersten Viertel oder Drittel des siebenten Jahrhunderts, kommen nicht selten Trientes von verhältnißmäßig sehr leichtem Gewichte vor, und andererseits findet man auch bei solchen Münzen, die nach ihren Typen mit großer Wahrscheinlichkeit in den Beginn des achten Jahrhunderts gesetzt werden, ein dem allgemeinen Durchschnitte sehr nahekommendes Gewicht. Die Ausmünzung der einzelnen Stücke ist offenbar nicht mit Genauigkeit vorgenommen, sondern vermuthlich, sofern nicht in gewissen Fällen absichtlich eine zu leichte Ausmünzung stattfand (was nicht eben häufig geschehen sein wird, da der Münzer durch Verringerung des Feingehalts ein viel leichteres Mittel zum Betruge hatte), nur darauf gesehen worden, daß eine bestimmte Anzahl zusammen das normale Gewicht pro Pfund oder Unze enthielt. Beträchtlich übermünzte Stücke werden freilich bald aus dem Verkehr gezogen und wieder eingeschmolzen sein, wodurch dann das durchschnittliche Gewicht der umlaufenden Münzstücke sich etwas niedriger stellen mußte.

Guérard[1] hat als durchschnittliches Gewicht des merovingischen Goldsolidus 70½ pariser Grän oder 3.74 Gramm, und als dasjenige des Triens 23½ Grän oder 1.25 Gramm angenommen, indem die von ihm untersuchten oder ihm durch Andere dieserhalb nachge-

---

[1] Polyptique de l'abbé Irminon. T. I. Prolégomènes p. 115 ff.

wiesenen 11 Solidi zusammen ein Gewicht von 822½ par. Grän und 218 Trientes zusammen ein Gewicht von 5078 Grän ergaben.

Von Herrn de Longpérier[1] ist in der Einleitung zur Beschreibung der Rousseau'schen Münzsammlung über das Gewicht der merovingischen Goldmünzen folgende Aufstellung gemacht:

	Zahl der unter- suchten Stücke	deren Gesammt- Gewicht	Durchschnitts- Gewicht	Maximum- Gewicht
Solidi	4	15.72 Gr.	3.93 Gr.	4.42 Gr.
Trientes	100	124.42 Gr.	1.244 Gr.	1.52 Gr.

Diese Annahmen von Guérard und Longpérier stimmen wesentlich überein mit den oben von uns ermittelten Durchschnittsbestimmungen aus den späteren Perioden; allein es darf nicht unerwähnt bleiben, daß trotzdem das von jenen früheren Forschern beobachtete Verfahren an sich nicht als richtig anerkannt werden kann, indem sie Münzen von wesentlich verschiedenem Münzfuß, nämlich diejenigen von Theodebert I. und die diesem gleichzeitigen mit denen der späteren merovingischen Zeit zusammengerechnet haben, während diese beiden Abschnitte wegen principieller Verschiedenheit des Münzfußes doch jedenfalls getrennt behandelt werden müssen. Wenn das schließliche Resultat dennoch ziemlich auf dasselbe hinauskommt wie unsere Ermittlung für die spätere Periode, so ist dies nur als zufälliger Umstand anzusehen, der seine Erklärung findet in der verhältnißmäßig kleinen Zahl der in den anderen Aufstellungen mit hineingerechneten älteren Münzen, welche aus diesem äußern Grunde keinen merklichen Einfluß auf den allgemeinen Durchschnitt der in Betracht gezogenen Münzgewichte haben konnten.

Alles erwogen, dürfte man von dem wirklichen Verhältniß keinenfalls sich bedeutend entfernen, wenn man für die erwähnte Periode, vom Ende des sechsten bis zum Anfang des achten Jahrhunderts, im fränkischen Reiche einen gesetzlichen Münzfuß von etwa 3.95 Gramm für den Solidus und von 1.32 Gramm für den Triens annimmt, dieselben also um ungefähr ein Achtel leichter ansetzt als zur Zeit Theodeberts I. Das durchschnittliche effective Gewicht der Trientes (die einzeln vorkommenden Solidi können nicht in Betracht kommen) wird auf 1.25 Gramm und ihr Werth nach heutigem Gelde auf 3 Fr. 87 Cent. oder 1 Thlr. 1½ Sgr. angenommen werden können.

Ueber die im fränkischen Reiche in frühester Zeit, etwa bis zum Jahr 542, geprägten Goldmünzen, welche ohne alle weitere Bezeichnung nur rohe Kopien der byzantinischen Typen sind, haben wir, wie bereits oben erwähnt, keine bestimmten Nachweise. Dagegen ergiebt es sich aus einigen im Vorhergehenden (S. 604) erwähnten Münzen, welche, neben den Aufschriften der oströmischen Kaiser, außer durch den Styl, noch speciell durch die Angabe ex officina Laurenti oder ex officina Maret und durch den Münzort bezeichnende Buchstaben ihren fränkischen Ursprung darthun, daß

---

[1] Notice de monnaies françaises etc. Par. 1847. Introd. p. XV.

auch nachdem Theodebert und deffen Oheim Childebert eine mehr
felbständige fränkifche Goldausmünzung begonnen hatten, man den=
noch in einigen fränkifchen Münzftätten die Prägung mit dem kai=
ferlichen Namen nicht fofort aufgab oder vielleicht dazu wieder zu=
rückkehrte. Welche Rückfichten oder Veranlaffungen hierzu beftimmt
haben, ift nicht bekannt; allein es fcheint diefe Art des Münzens fich
auf die Münzftätten in Burgund und im füdlichen Frankreich (Vienne,
Lyon, Arles und Marfeille) befchränkt, auch überhaupt keinen großen
Umfang erlangt und keinenfalls über die Zeit des Kaifers Mauritius
hinaus gedauert zu haben. Bemerkenswerth ift aber, daß gerade bei
diefen Münzen der Uebergang von dem fchweren Münzfuß der Solidi
und Trientes des Theodebert zu dem fpäteren leichteren fich vorzugs=
weife vollzogen zu haben fcheint, und zwar unter ausdrücklicher An=
erkennung folcher Veränderung.

E. Cartier hat i. J. 1839 zuerft die Aufmerkfamkeit auf die
Ziffern VII und XXI, welche fich auf manchen merovingifchen
Trientes und Solidi finden, hingelenkt und darin eine Werth= oder
Gewichtsangabe erkannt [1]. Er bemerkt, daß ihm etwa 30 Trientes
mit der Bezeichnung VII bekannt feien, alle mit dem erhöheten
Kreuz, einem der älteften Typen auf den merovingifchen Münzen,
verfehen und in Auftrafien und Burgund, von Metz ab bis Marfeille,
geprägt. Auf zwei anderswo geprägten Trientes habe er freilich die
Bezeichnung VIII und auf zwei anderen die von VI gefunden, was
indeß ohne Zweifel nur einem Verfehen der jene richtige Bezeichnung
copirenden Münzer beizumeffen fein werde. Die Bezeichnung XXI
finde fich deutlich auf einem zu Marfeille gemünzten Solidus von
König Sigebert und einem ebenfalls zu Marfeille mit dem Namen
Mauritius geprägten Solidus. Hierauf hat Hr. Duchalais [2] diefen
Gegenftand fpeciell in Beziehung auf die Goldmünzen des Mauritius
unterfucht und ift zu folgenden Refultaten gelangt. 16 von ihm ge=
wogene gut erhaltene Solidi des Mauritius ohne die Bezeichnung
XXI hatten folgendes Gewicht: 11 Stück von 4.46 Gramm, 1 von
4.37 Gr., 2 von 4.35 Gr., 1 von 4.32 Gr. und 1 von 4.29 Gr.
Dagegen wogen 3 mit der Ziffer XXI bezeichnete Solidi mit dem
Namen deffelben Kaifers nur 3.96, 3.90 und 3.83 Gramm. Bei
den Trientes mit dem Namen des Mauritius zeigte fich ein ähnliches
Verhältniß. Die Gewichtsverhältniffe waren nämlich:
ohne VII: 1.54; 1.49; 1.46; 1.43; 1.38 und 1.35 Gramm;
mit VII: 1.38; 1.30; 1.30; 1.27; 1.27; 1.25; 1.17 u. 1.01 Gr.

---

[1] Rev. numism. fr. 1839. p. 424.

[2] Rev. numism. fr. 1840. p. 261 ff. Die von uns im Berliner
Münzkabinet vorgenommenen Wägungen haben ein mit den Ermittelungen des
Herrn Duchalais wefentlich übereinftimmendes Refultat ergeben. Die im oft=
römifchen Reiche geprägten Goldmünzen des Mauritius wiegen,
    die Solidi: 4.52; 4.45; 4.45; 4.43; 4.42; 4.40; 4.39; 4.25 Gramm;
    die Trientes: 1.52; 1.52; 1.47; 1.45; 1.45; 1.43; 1.42 Gramm.
Dagegen haben 2 Trientes mit dem Namen des Mauritius aus fränkifchen
Münzftätten ein Gewicht von nur 1.35 und 1.25 Gramm.

Alle mit den erwähnten Ziffern XXI und VII versehenen Goldmünzen des Mauritius zeigen in ihren Typen unverkennbar den nicht-byzantinischen Ursprung, während hingegen alle schwereren ohne solche Ziffern als im oströmischen Reich geprägt sich ausweisen.

Herr Duchalais knüpft an seine Gewichtsermittelungen die Erklärung, daß die Ziffern XXI und VII die Zahl der Siliquen haben angeben sollen, welche den Münzfuß der leichter ausgemünzten Solidi und Trientes ausgemacht hätten, während die schwereren den alten normalen Münzfuß beibehalten hatten, nämlich von 24 und 8 Siliquen.

Eine andere Erklärung dieses leichteren fränkischen Münzfußes ist von Lenormant [1] vorgeschlagen. Dieser meint, die Ziffer VII auf den Trientes bedeute, daß es von nun an sieben Goldsolidi bedürfe statt sechs, um ein Zwölftheil des Pfundes oder eine Unze auszumachen, und daß die Ziffer XXI auf den Solidi bezeichne, man habe von nun an einundzwanzig von diesen Stücken statt deren achtzehn zu rechnen, um ein Viertelpfund oder drei Unzen auszumachen. — Das Gezwungene und Unzutreffende dieser Deutung, im Vergleich mit derjenigen von Duchalais, liegt klar vor Augen. Das eine Mal soll die Ziffer auf dem Drittel-Solidus das Verhältniß ausdrücken, wie viel Stücke des dreifachen Werthes dieser Münze $\frac{1}{12}$ Pfund ausmachen, und dann soll wieder auf den ganzen Solidi die Zahl XXI angeben, wie viel davon $\frac{1}{4}$ Pfund ausmachen! Bei solchen, allen Zusammenhang aus den Augen verlierenden willkürlichen Deutungen läßt sich für jede Zahlangabe eine Erklärung finden, die aber dann auch nicht viel bedeuten kann!

Die von Duchalais aufgestellte Erklärung empfiehlt sich offenbar ebenso sehr durch ihren inneren systematischen Zusammenhang wie durch ihre Einfachheit, während sich durchaus keine sachlichen noch formellen Bedenken gegen sie geltend machen. Das Normalgewicht des Pfundes im merovingischen Zeitalter zu 324 Gramm angenommen, ergiebt sich für die Siliqua ein Gewicht von 0.1875 Gramm. Der Solidus zu 24 Siliquen würde hiernach ein legales Gewicht von 4.50 Gramm und der Triens von 8 Siliquen ein Gewicht von 1.50 Gramm gehabt haben, womit, wie wir gesehen haben, die Münzen Theodeberts ziemlich übereinstimmen.

Der Solidus zu 21 Siliquen und der Triens zu 7 Siliquen würden hiernach ein Normalgewicht von resp. 3.94 und 1.31 Gr. haben — eine Annahme, welche, wenn man knappe Ausprägung und die vorgekommene Abnutzung mit in Anschlag bringt, für die Durchschnittsgewichte der uns noch erhaltenen 'XXI'-Solidi und 'VII'-Trientes, und überhaupt die fränkischen Goldmünzen aus dem siebenten Jahrhundert merkwürdig paßt. Da also das wirkliche Siliquengewicht zu der Bezeichnung stimmt, da die Münzen, welche nur den dritten Theil des Solidus gelten, gerade auch ein Drittel der auf

---

[1] Rev. numism. fr. 1854. p. 322 ff. Müller, Teutsche Münzgeschichte, S. 286 ff.

jenem angegebenen Zahl aufweisen, da endlich, wie eine Stelle im
Leben des heiligen Eligius beweist [1], der Begriff eines Siliqua-Gewichts den Münzern und Goldarbeitern geläufig sein mußte, so dürfte
man wirklich im Zweifel zu weit gehen, wollte man die erwähnte
Erklärung, daß die auf einer großen Anzahl der merovingischen Solidi und Trientes vorkommende Bezeichnung XXI und VII das
ihrer Ausmünzung zum Grunde liegende Normalgewicht von 21 und
7 Siliquen bedeute, zurückweisen und andere Hypothesen dafür aufstellen.

So sicher nun aber die Erklärung der Werthzahlen XXI und
VII auf den damit bezeichneten Goldmünzen erscheint, ebenso ungewiß ist bis jetzt die Erklärung darüber, was die eigentliche Veranlassung zur Annahme des eben besprochenen neuen merovingischen
Münzfußes gewesen ist; denn daß die leichtere Ausmünzung der fränkischen Goldmünzen (solidi Franci in den Formulae Lindenbrog.
LXXXI, im Gegensatz wozu die mitunter erwähnten solidi Romani stehen mögen) seit dem Ende des sechsten Jahrhunderts nicht eine allmähliche thatsächliche Münzverschlechterung, sondern das Ergebniß eines
bestimmten Entschlusses gewesen ist, wenn man auch keine ausdrückliche Verordnung dieserhalb citiren kann, geht deutlich genug hervor
aus der ausdrücklichen Zahlenbezeichnung des Siliqua-Gewichts auf
den Münzen selbst, und dann noch daraus, daß sich an den erhaltenen merovingischen Münzen eine längere Uebergangsperiode nicht nachweisen läßt.

Versucht man nun, in Ermangelung positiver und specieller
Zeugnisse, durch sonstige Combination eine Erklärung zu finden, so
muß dieselbe, wenn sie für die Geschichte Beachtung beanspruchen
will, in diesem Falle, wie in allen übrigen, vor Allem zwei Bedingungen erfüllen: sie muß in dem natürlichen Zusammenhange der
Verhältnisse und der Analogie ähnlicher Vorgänge eine einfache Begründung finden, und dann darf sie nicht in Widerspruch mit bekannten sonstigen Thatsachen stehen. Die auf Grund eines schon i. J.
1753 erschienenen Aufsatzes von Bonamy [2] von Lenormant und darauf auch in Müllers Deutscher Münzgeschichte [3] entwickelte Vermuthung, welche den Ursprung der Veränderung im merovingischen
Münzwesen mit dem Prätendenten Gundovald in nächste Verbindung
bringt, dürfte jene Bedingungen nicht erfüllen. Es soll sich nämlich
damit in folgender Weise verhalten haben.

Gundovald, angeblich ein unehelicher Sohn des Königs Chlotar,

---

[1] Vita S. Eligii I, c. 5: absque unius etiam siliquae imminutione
commissum sibi patravit opus (nämlich die Anfertigung zweier goldener
Sessel).

[2] Bonamy, Histoire de Gondevald pretendu fils de Clotaire I. pour
servir d'explication à des medailles frappées à Arles et à Marseille au
coin de l'empereur Maurice. Mem. de l'acad. des inscr. et d. b. l. Paris
1753. 4.

[3] Revue numism. fr. 1854. p. 305 ff. — Müller, a. B. S. 284.

der sich nach Constantinopel begeben hatte, suchte i. J. 583 seine Ansprüche auf die väterliche Erbschaft geltend zu machen. Es gelang ihm im folgenden Jahre sich in den Landschaften an der Rhone Anerkennung zu verschaffen, wenngleich nur für kurze Zeit, da er schon i. J. 585 seinen Gegnern erlag. Um die gedachte Zeit, und zwar in Marseille, von wo aus Gundovald seine Unternehmung angetreten, sei nach langer Unterbrechung das Münzwesen der byzantinischen Kaiser in Gallien auf einmal wieder unter dem Namen des Kaisers Mauritius erschienen. Dieser Umstand deute an, daß Gundovald demselben als Preis für seine Hülfe die Oberhoheit über Gallien versprochen hatte; es scheine ferner, daß er dieses Versprechen so bald als möglich dadurch zu erfüllen gesucht habe, daß er seine Münzen mit dem Bildniß dieses Kaisers schlagen ließ, denn hierdurch hätte er ein sichtbares Zeichen der Anerkennung der byzantinischen Oberhoheit gegeben; es sei sogar zu vermuthen, daß jene Münzen gleich zu Constantinopel geschlagen worden seien. Die neue Eintheilung des Pfundes (in 84 statt in 72 Solidi) sei, wie das Gewicht der Münzen des westgothischen Königs Leovigilds (572—586) darthue, im Südwesten Galliens schon vor der Ankunft Gundovalds bekannt gewesen. Die Staaten Leovigilds hätten aber mit Marseille in lebhaftem Verkehr gestanden, und selbst vom Nachfolger Leovigilds, Reccared, habe man noch eine Münze, die nach dem Fuße des Mauritius = Triens im Gewicht von 24 Gran (1.27 Gramm) geschlagen sei. „Alle diese Beziehungen lassen einen, freilich noch nicht vollständig gesicherten, aber doch wahrscheinlichen Schluß ziehen, daß das neue System vielleicht germanischen Ursprungs war. Die Basis desselben, eine Siliqua von 4 Gran, war muthmaßlich germanisch, mußte also den Gothen vermöge ihrer germanischen Abstammung bekannt sein, und die übrigen germanischen Stämme begrüßten also freudig bei der Ankunft Gundovalds eine Münze, die ihren nationalen Gewohnheiten vollständig entsprechend war. Eben diese Hoffnung, dadurch die Sympathien Galliens leichter zu gewinnen, mochte andererseits den Kaiser Mauritius . . . . . geneigt machen, dies System bei den Ausmünzungen seiner Marseiller Münzen zu Grunde zu legen und diese, als wirksames Mittel zur Beförderung seiner Popularität, dem Kronprätendenten mitzugeben".

Die feststehenden Thatsachen sind aber nur: einmal, daß eine verhältnißmäßig große Anzahl von Goldmünzen mit dem Namen des Mauritius und den Ziffern XXI und VII bezeichnet und als in einer Münzstätte des südlichen Frankreichs geprägt sich kundgebend erhalten sind, welche auf eine ursprüngliche starke Ausmünzung solcher Münzen hinweisen; sodann, daß Gundovald bei seiner Ankunft in Gallien i. J. 583 beträchtliche Geldmittel mitbrachte (Gregor VI, 24 u. 26), von denen es allerdings sehr wahrscheinlich ist, daß Kaiser Mauritius ihn damit versehen hatte, und daß endlich dem Gundovald nachgesagt wurde, er wolle das fränkische Reich der kaiserlichen Herrschaft unterwerfen (Gregor a. O.); alles Uebrige, was

Lenormant erwähnt, ist nur Vermuthung. Es mag dahingestellt bleiben, ob Gundovald selbst Gelegenheit fand, große Ausmünzungen während seines kurzen und unruhigen Aufenthalts in Gallien vornehmen zu lassen, und ob nicht die zahlreichen fränkischen Münzen mit dem Namen des Mauritius auf Veranlassung des Königs Childebert II. geprägt sind, der bekanntlich in seiner noch erhaltenen Korrespondenz mit dem Kaiser Mauritius eine auffallende Unterordnung kund giebt [1], daß man schon hiernach voraussetzen möchte, auch er habe unter dem Namen des Kaisers münzen lassen. Jedenfalls ist unbegründet, daß die in Rede stehenden Münzen in Constantinopel geprägt worden; denn ihr ganzer Typus ist durchaus abweichend von den sonstigen Goldmünzen des Mauritius und zeigt eine unverkennbare Analogie mit den übrigen fränkischen Münzen. Eine der Natur der Sache nach an sich höchst unwahrscheinliche, durch Nichts gerechtfertigte Annahme ist ferner, daß die Verringerung des Münzfußes ein wirksames Mittel habe abgeben können und sollen, um die Sympathien des Volks zu erwerben, selbst wenn hierdurch ein passendes Verhältniß herbeigeführt wäre zu einem ursprünglichen nationalen Gewichtssystem, wonach die Siliqua 4 Grän schwer gewesen und das mit Einem Male wieder bei den Westgothen in Spanien zum Vorschein gekommen wäre! Und weiter, sogar vorausgesetzt, es habe eine solche altgermanische Siliqua gegeben, so stimmt hiermit ganz und gar nicht die Werthzahl dieser leichten Solidi und Trientes des Mauritius, denn das anscheinende Normalgewicht dieser ist 72—76 und resp. 24 bis 26 Grän, und 21 mal und 7 mal vier Grän würden ja gerade eben denjenigen Münzfuß von ca. 84 und 28 Grän ergeben, an dessen Stelle die leichteren Münzen des Mauritius traten!

Es liegt aber überdieß ein positiver Umstand vor, mit welchem die Annahme Lenormants und Anderer, daß Kaiser Mauritius und der Kronprätendent Gundovald den leichteren fränkischen Münzfuß und dessen Bezeichnung durch XXI und VII eingeführt hätten, in offenem Widerspruch steht. Wir haben oben zweier von Fillon bekannt gemachten, merovingischen Trientes erwähnt, welche die Aufschrift des Kaisers Justin (II.) [2] tragen, ebenfalls die Werthzahl VII aufweisen, einen gleichen Typus wie die fränkischen Trientes des Mauritius haben, der eine derselben auch die Angabe MA (Massalia), und die außerdem diesen im Gewichte ziemlich entsprechen. Da diese beiden Münzen es klar vor Augen stellen, daß die Anwendung des leichteren fränkischen Goldmünzfußes schon vor Kaiser Mauritius stattgefunden haben muß und somit die vorhin besprochene gewöhnliche Annahme vollständig widerlegen, wollen wir die nähere Beschreibung derselben mit Fillons eigenen Worten (a. B. S. 44 und 58) hier

---

[1] Petigny, in der Rev. numism. fr. 1837. p. 380.

[2] Daß Justinus I., der Vorgänger des Justinian (v. 518—527), nicht gemeint sein kann, erhellt aus den Typen wie aus dem Gewicht der Münzen. Justinus II. regierte von 565—578.

mittheilen. Diese Beschreibung darf um so mehr für unbefangen gelten, da Fillon selbst noch keine weitere Schlußfolgerung daraus gezogen hat.

D N IVSTINVS PF AVG. Buste diadémé tourné à droite. — Rv. VICTORIA AVITORUM. A. Croix sur un globe et accostée des lettres MA, initiales de Marseille, et du nombre VII; à l'exergue CONOB. Les deux dernières lettres de la légende sont probablement une répétition des initiales de Marseille, dont le nom n'était peut-être indiqué que de cette manière antérieurement à Justin II.

Poids: 26 grains. (Pl. I. Nr. 5).

Ce précieux triens faisait autrefois partie de la collection de Crassier, de Grand (no. 126 du Catalogue). Je dois à M. Henri Morin, son possesseur actuel, le plaisir de le publier. —

. . IVSTINUS P. Buste diadémé tourné à droite. — Rv. R VICTOR .... RUM, restes de Victoria Augustorum. A l'exergue MON; dans le champ, croix au dessus d'un globe accostée des lettres C G et du nombre VII. (Monét. des rois merov., pl. XVIII. no. 9).

Poids: 25 grains $^1|_2$ (Pl. X, Nr. 2).

Ce tiers de sou prend naturellement place à côté de celui d'Usez, dont il est contemporain. Comme lui, il appartient à la première Narbonnaise, mais je ne saurais lui donner une attribution plus précise. Il a servi de prototype à plusieurs monnaies portant les lettres C G dont M. Duchalais et moi nous nous sommes occupés sans avoir, je le crois, déterminé leur provenance d'une manière convenable. En tout cas je proteste plus que jamais contre l'interprétation de Crux gloriosa donnée aux lettres C G, et je persiste à y voir les initiales d'une désignation géographique.

Man darf hiernach mit ziemlicher Zuversicht annehmen, daß die Einführung des leichteren fränkischen Goldmünzfußes bald nach Theodebert I., während der Regierung des Kaisers Justin II. (565—578) stattgefunden hat, und daß nach demselben Anfangs eher zu reichlich als zu knapp ausgemünzt worden. Das Normalgewicht, welches die Zahl VII auf beiden erwähnten Trientes ausdrücklich kund gab, sollte sein 1.29 Gramm, und ihr wirkliches Gewicht ist 1.38 und 1.35 Gramm.

Ueber den Grund und den Ursprung dieses neuen fränkischen Münzfußes von 84 Solidi auf das Pfund Gold fehlt es, wie schon bemerkt, an jedem näheren Nachweis; nur die einfache Thatsache einer solchen Veränderung liegt klar vor Augen, und über den Zeitpunkt, wann dieselbe eingetreten zu sein scheint, haben wir die eben erörterten Anzeichen. Wir wollen nun suchen, an die Stelle der oben zurückgewiesenen Vermuthung eine andere aufzustellen, welche, wenn sie auch keineswegs einen weiteren Anspruch auf geschichtliche Autorität beansprucht, doch wenigstens die vorerwähnten Bedingungen solcher Hypothesen nicht verletzen dürfte.

Je wichtiger zu allen Zeiten jede durchgreifende Veränderung des Münzfußes für die allgemeinen socialen Zustände eines Volks gewesen ist, wovon auch die merovingische Periode keine Ausnahme machen kann, um so bestimmter ist vorauszusetzen, daß es stets mächtige Motive gewesen sind, welche zu solcher nicht bloß factischen, sondern auch legalen Veränderung geführt haben. Die mit der wesentlichen Gewichtverringerung der fränkischen Goldmünzen gleichzeitig eingetretene Bezeichnung des neuen Münzfußes auf den Münzen selbst beweist die Planmäßigkeit einer solchen Veränderung.

In Münzangelegenheiten ist das Mißtrauen des Publikums recht eigentlich zu Hause, und die Münzsorten, gegen welche es einmal Platz gegriffen, haben schweren Stand, selbst bei reeller Ausmünzung ein einmal gefaßtes Vorurtheil wieder zu beseitigen. Die in unsern Aufsätzen schon einige Male erwähnte frühere Verrufung gewisser gallischer Goldsolidi wird in Italien, Burgund und anderen Gegenden ihre nachtheilige Einwirkung deshalb auch auf die fränkischen Nachbildungen der gleichzeitigen Kaisermünzen und die von Theodebert I. geprägten Goldmünzen erstreckt haben, wie vollhaltig dieselben auch ausgemünzt sein mochten. In dem ganzen Zeitraum zwischen dem Edict Majorians v. J. 458 (wo es heißt: gallicus solidus, cujus aurum minore taxatione aestimatur) bis auf den Brief des Pabstes Gregor des Großen v. J. 596 V, 10, worin der solidi Galliarum, qui in terra nostra expendi non possunt, Erwähnung geschieht, werden die authentischen kaiserlichen Goldmünzen gegen die in Gallien gemünzten Solidi und Trientes in der Regel ein Aufgeld bedungen haben, welches der Bequemlichkeit der Rechnung wegen bei dem Triens vermuthlich sich auf eine Siliqua feststellte, so daß demgemäß nach der in Italien auch noch unter den Longobarden fortdauernden Rechnungsweise zu Siliquen (24 auf den Solidus) ein fränkischer Triens im gewöhnlichen Verkehr nur den Werth von 7 Siliquen, und ein fränkischer Solidus den Werth von 21 Siliquen darstellte, wenn sie auch ebenso vollwichtig waren als die gleichen römischen Münzen. Ein solches Mißverhältniß mußte natürlich auf die Dauer den fränkischen Herrschern und Münzern unerträglich erscheinen, und da weder die gewissenhafte Ausmünzung unter eigenem Namen noch auch die möglichst getreue Copirung der gleichzeitigen oströmischen Münzen das Vorurtheil überwinden konnte, so wäre es fast zu verwundern, wenn man nicht zu dem Auskunftsmittel geschritten wäre, die Ausmünzung mit der usanzmäßigen Geltung in Einklang zu bringen und die Solidi künftig wirklich nur im Gewichte von 21 Siliquen Gold, statt zu 4 Scrupeln, und die Trientes im Gewichte von 7 Siliquen, statt zu 8 Siliquen, auszubringen. Bei dieser Auffassung des Grundes und Ursprunges des neuen fränkischen Münzfußes erklärt es sich ferner sehr gut, weshalb die vorerwähnten Trientes mit dem Namen des Justinus, auf denen wir zuerst die Bezeichnung VII antreffen, ein so auffallend reichliches Gewicht aufweisen; man wollte dadurch offenbar verhindern, daß die neuen Münzstücke nicht wieder ihren festbestimmten wirklichen Werth im Verkehr verlören und eine fernere Devalvirung im Vergleich mit den römischen Goldmünzen erführen. Daß man in der ersten Zeit, wo diese Neuerung in der fränkischen Ausmünzung sich consolidirte, vorzugsweise den kaiserlichen Namen und Typus noch beibehielt und daher die fränkischen MauritiusSolidi und Trientes so zahlreich, hingegen die selbständigen fränkischen Goldmünzen aus dem Ende des sechsten Jahrhunderts so selten sind, erklärt sich ebenfalls aus dieser unserer Auffassung des Uebergangs zum neuen Münzfuße. Endlich findet hierbei auch die Erscheinung eine einfache Erklärung, daß der neue fränkische Münzfuß, von 84 Solidi auf das Pfund, um die nämliche Zeit oder bald darauf bei den Westgothen und Longobarden zur Geltung kam; denn deren Goldmünzen werden nicht minder wie die fränkischen einen geringeren Courswerth als die echten kaiserlichen Münzen erfahren, und auch sie werden diesen Unterschied, zumal nachdem die Franken darin vorangegangen waren, durch entsprechende leichtere Ausmünzung auszugleichen versucht haben.

Silbermünzen.

Wenn man die gewöhnliche Werthrelation des Goldes zum Silber im freien Vrkehr für das merovingische Zeitalter wie 1:12 annimmt, wie solches zuletzt im römischen Reiche üblich gewesen sein wird und später in der karolingischen Periode officiell anerkannt wurde — und es liegt kein Grund vor, ein hiervon wesentlich abweichendes Verhältniß vorauszusetzen —, so war für den neuen fränkischen Denar, als den vierzigsten Theil des Goldsolidus, ein Normalgewicht von $(12 \times \frac{1}{2880}) \frac{1}{240}$ Pfund oder 1.35 Gramm gegeben, so lange nämlich der römische Solidus von 24 Siliquen galt, und von $(12 \times \frac{1}{3360}) \frac{1}{280}$ Pfund oder 1.16 Gramm, als der fränkische Goldmünzfuß der Solidi von 21 Siliquen und insbesondere der Trientes von 7 Siliquen in Aufnahme kam. Erwägt man indeß, daß im Beginn der merovingischen Herrschaft in Gallien Silbermünze selten war und deshalb neben den Goldmünzen hauptsächlich nur als größere Scheidemünze dienen mochte, die verhältnißmäßigen Mehrkosten der Ausprägung des Silbers mithin um so mehr eine Verringerung des effectiven Metallgehalts der Silberdenare gegen ihren Nennwerth unbedenklich erscheinen lassen mußten, so darf man mit ziemlicher Wahrscheinlichkeit annehmen, daß, wenn in den ersten Zeiten der merovingischen Herrschaft Denare geprägt worden sind, ihr wirkliches Gewicht leichter gewesen sein wird als die eben angegebenen Normalmünzfuße — etwa 1.20 bis 1.10 Gramm — und sich so dem Gewichte der noch umlaufenden Siliquen der letzten weströmischen Kaiser und der gleichzeitigen byzantinischen und ostgothischen Siliquen angeschlossen haben wird. Selbstverständlich bezieht sich dies nur auf das Durchschnittsgewicht der Denare, nicht auf das Gewicht einzelner Stücke; denn wenn schon, wie wir bereits mehrfach bemerkt haben, bei den römischen Silbermünzen der späteren Zeit eine höchst ungleichmäßige Stückelung stattfand, so läßt sich solche bei den fränkischen Silbermünzen noch viel mehr erwarten. Die Controle über die Ausmünzung der Denare wird sich natürlich darauf beschränkt haben, daß eine bestimmte Zahl derselben zusammen gewogen ein Pfund ausmachte, und im Einzelnen konnten dann manche eine merklich geringere und andere wieder eine größere Schwere haben als das Durchschnittsgewicht. Da aber auch bei einer der= artigen factischen Verringerung des normalen Münzfußes gewiß nicht reine Willkür des Münzers oder bloßer Zufall maßgebend gewesen sein kann, so wird als Regel eine bestimmte runde Zahl Denare an= genommen worden sein. Es würde etwa die Ausmünzung des Pfun= des Silber zu 300 Denaren ein passendes Verhältniß abgegeben haben, wonach dann das Durchschnittsgewicht des neuen fränkischen Silber=Denars auf ca. 1.10 Gramm auszukommen wäre, in ziem= licher Uebereinstimmung mit dem factischen Durchschnittsgewicht der in Gallien vorgefundenen in Silber ausgemünzten Gold=Siliquen. Hierzu paßt nun merkwürdigerweise die gelegentliche Bemerkung in einer schriftlichen Aufzeichnung aus der Mitte des neunten Jahrhun= derts, auf deren Benutzung zur Aufklärung des merovingischen Sil= bermünzwesens Guérard zuerst aufmerksam gemacht hat [1].

Ein anonymer aquitanischer Geistlicher nämlich, der i. J. 845 über die Zubereitung des Brots für das heilige Abendmahl eine Anweisung giebt, schreibt folgendes:

Tres nummi moderni tantum pondus habent quantum habent CLIII maxima grana cerulei Aquitaniae tritici nostri .... Trecenti tamen nummi antiquam viginti et quinque solidorum efficiunt libram; et duodecim tales librae, qui fiunt per tria millia sexcentos nummos, sextarium tritici effici= unt unum.

Diese Stelle ist im Allgemeinen undeutlich und die als Grund= lage der ganzen Aufstellung angeführte Thatsache ist offenbar unrich= tig. Es sollen 153 möglichst große Körner einer gewissen Art Wei= zen gleich sein 3 nummi (Denare) und 300 von diesen ein altes Pfund ausmachen. Die auf unseren Wunsch in Bordeaux vorgenom= menen Wägungen von 153 schweren dortigen Weizenkörnern hat ein Gewicht von 8.10 Gramm ergeben [2], wonach sich das Gewicht des alten Pfundes auf 810 Gramm stellen würde, also noch beträchtlich schwerer als das Doppelte des römischen Pfundes. Die Unrichtig= keit der Annahme, selbst wenn man einen beträchtlichen Abschlag auf die Schwere der Weizenkörner machen wollte, liegt somit klar vor Augen.

Die bisherigen Ausleger der fraglichen Stelle haben, wie mir scheint, der anscheinend so sorgfältigen Gewichtsangabe von 153 Weizenkörnern eine Bedeutung beigelegt, die derselben durchaus nicht zukommt. Jene Zahl „153" ist von dem geistlichen Verfasser unverkennbar aus dem Evangelium Johannis XXI, 11 genom= men, wo berichtet wird, daß Petrus mit Einem Zuge gerade diese Zahl, nämlich 153 Fische in seinem Netze gefangen habe. Diese auf solche Weise geheiligte Zahl wollte der Verfasser in seiner Anweisung für das heilige Abendmahlsbrot anbringen und setzte diese Zahl in

---

[1] Guérard, Polyptyque de l'abbé Irminon, Prolég. p. 945.

[2] Die von uns in Hamburg angestellten Wägungen von 153 Körnern verschiedener Weizensorten haben ein ähnliches Ergebniß geliefert.

Zusammenhang mit den Münzstücken, die er als Gewichtsnorm benutzte, wo dann wieder die heilige Zahl Drei sich ihm vor Allem darbot. Auf genaue Ponderalverhältnisse war es hierbei gar nicht abgesehen, und darf man die auf jene Zahlen bezüglichen Angaben für die Auslegung der übrigen Stelle ganz bei Seite lassen. Thut man dies, so bleibt hauptsächlich nur die Notiz übrig, daß dreihundert Denare auf ein altes Pfund gingen, wobei dieses alte Pfund, dessen fortdauernde Anwendung bei der Bereitung des Abendmahls-Brotes nicht auffallen kann, näher bestimmt wird, im Gegensatz gegen das neue Pfund seit Pippin und Karl b. G., das sowohl beträchtlich schwerer war, als auch nicht mehr in 300, sondern in 240 Denare getheilt wurde. So gedeutet, erblicken wir in der angeführten Stelle eine ausdrückliche Bestätigung des schon anderweitig gefundenen Verhältnisses, daß zu Anfang der merovingischen Zeit das Pfund Silber thatsächlich zu 300 Denaren ausgemünzt wurde, von denen damals 40 Stück auf den Goldsolidus gingen, die der Verfasser aber nach der inzwischen üblich gewordenen Rechnung von 12 Denaren auf den Solidus mit 25 Solidi gleichstellt.

Bouteroue und Leblanc haben in ihren Werken über die französische Münzgeschichte nur beiläufig einige wenige merovingische Denare erwähnt, und war diese Münzsorte so zu sagen fast ganz in Vergessenheit gerathen, als Lelewel i. J. 1835 zuerst wieder die Aufmerksamkeit auf dieselbe hinlenkte. E. Cartier betrachtete in seinen ersten Aufsätzen über das merovingische Münzwesen die Denare als eine ausnahmsweise Erscheinung. Als dann i. J. 1837 Guérard[1] zuerst das wirkliche Gewicht der merovingischen Denare näher untersuchte, konnte er für diesen Zweck nur 22 Stücke berücksichtigen, während damals bereits gegen 900 verschiedene Typen merovingischer Goldmünzen bekannt waren. Seit jener Zeit aber wandte sich die Aufmerksamkeit der numismatischen Sammler und Schriftsteller den fränkischen Denaren mit ganz besonderem Eifer zu, und hat sich inzwischen die Zahl der in den verschiedenen Münzsammlungen aufbewahrten und bekannt gemachten Exemplare dieser interessanten Münzsorte außerordentlich vermehrt, wozu insbesondere einzelne reichhaltige Funde beigetragen haben. Eine größere Anzahl einzelner Stücke ward in den Sammlungen von De Saulcy in Metz und von Rousseau in Paris vereinigt. An größeren Funden sind zu erwähnen: 1) der von Saint-Remy (Departement der Rhone-Mündung), aus dem 27 Denare von dem Marquis de Lagoy beschrieben sind[2]; — 2) die nebst vielen anderen Münzen zu Domburg auf der Insel Walcheren gefundenen älteren fränkischen Silbermünzen von Rethaan-Macaré 1838 und 1856 beschrieben[3]; — 3) 170 im Jahre 1850 in einem Topfe zu Plassac (Departement der Gironde) gefundene

---

[1] Rev. numism. fr. 1837. p. 409.

[2] De Lagoy. Description de quelques monnaies mérovingiennes découvertes en Provence. 1839.

[3] Die Titel dieser Schriften sind bereits S. 603 N. 1 angeführt.

fränkische Silbermünzen [1]; — 4) ein im südlichen Frankreich gemachten Fund von etwa 100 merovingischen Silbermünzen, wovon etwa die Hälfte in den Besitz des Hrn. H. Morin gelangte [2].

Nachstehend geben wir eine Zusammenstellung der merovingischen Denare, über die uns specielle Gewichtsangaben vorliegen. Das Gewicht wird hierbei die Reihefolge bestimmen, und zwar von den leichteren zu den schwereren Stücken fortschreitend, da es aus den später zu entwickelnden Gründen wahrscheinlich ist, daß, im Ganzen genommen, die leichteren mehr der früheren Periode angehören. Zum Versuche einer, wenn auch nur ungefähren chronologischen Anordnung fehlt es bis jetzt an genügenden Anhaltspunkten.

Merovingische Denare [3].

Gewicht Gram.	Gewicht in par. Grän.	Angabe wo dieselben beschrieben, und Bemerkungen.	Zahl der Stücke.
0.80	15	Conb. Nr. 451; — Longp. Nr. 179. *Massilia.*	
0.85	16	Conb. Nr. 1001; — Longp. Nr. 214.	
0.88	16$\frac{1}{7}$	Longp. Nr. 176. *Lambertus episc.*	9
0.90	17	Conb. Nr. 493. *Ludedis.* — Longp Nr. 212, sehr alt. — Fillon X, 13. *Ar*(vernum); — X, 20.	(7.78 Gr.)
0.96	18	Conb. Nr. 339. *Ar*(vernum). — Rob. p. 181, *D* mit einem Strich darüber.	
0.98	18$\frac{1}{4}$	Longp. Nr. 213.	5
1.00	18$\frac{7}{8}$	Longp. Nr. 130 *And*(evis)? — Rob. p. 181. *D* m. Str.	(4.90 Gr.)
1.01	19	Conb. Nr. 365 *D* m. Str.; — Nr. 456. — Fillon X, 19.	
1.02	19$\frac{1}{4}$	Longp. Nr. 148 *Pari*?; — Nr. 216. — Fillon X, 21 *Ar*(vernum).	
1.04	19$\frac{2}{3}$	Fillon X, 16 *Ar*(vernum); — X, 19 *Ar*(vernum); — X, 19 *Ar*(vernum).	20
1.06	20	Conb. Nr. 388; — Nr. 517. *Massilia*; — Nr. 592. *Pal*...*ico*; — Nr. 751; — Nr. 912; — Nr. 950. — Fillon V, 21; — VI, 11.	(20.98 Gr.)
1.09	20$\frac{1}{4}$	Fillon VI, 3.	
1.10	20$\frac{2}{3}$	Longp. Nr. 125. *Cin*(noma)*nis* — Rev. num. fr. 1860. p. 45. *Victor. Rv. Racio acclisi.*	

[1] Monnaies mérovingiennes d'argent par Marquis de la Grange. Rev. numism. fr. 1851. p. 19 ff. Die damals in Aussicht gestellte specielle Beschreibung dieser Münzen ist leider noch nicht erschienen.

[2] Fillon a. W. p. 101. Der Ort, wo der Fund stattgefunden, wird nicht näher angegeben.

[3] Die Abkürzungen der citirten Schriften sind die nämlichen wie früher. Die von Guérard speciell erwähnten Denare sind in dem vollständigeren Verzeichniß von Combrouse mit enthalten und deßhalb in dieser Zusammenstellung nicht besonders aufgeführt.

Gewicht in Gram.	Gewicht in par. Grän.	Angabe, wo dieselben beschrieben, und Bemerkungen.	Zahl der Stücke.
1.11	21	Conb. Nr. 234. *Cadurca;* — Nr. 438. *Gemodico;* — Nr. 459. *in Palacio;* — Nr. 461. *Isarnobero;* — Nr. 517. *Massilia;* — Nr. 655; — Nr. 729; — Nr. 914. — Fillon V, 20; — VI, 1; — VI, 2; — VI, 5; — VI, 7; — VI, 12; — VI, 19; — VI, 14 — VI, 21. *Ar*(vernum); — VI, 23. *Ar*(vernum); — VI, 24. *Ar*(vernum).	
1.12	21¼	Fillon X, 10. *Ar*(vernum).	
1.15	21½	Fillon X, 15. *Ar*(vernum). — Rob. p. 181. — Rev. numism. belg. 2. s. I, 330. *Noviento vico.*	45
1.16	21¾	Fillon X, 14. *Ar*(vernum).	51.51 Gr.
1.17	22	Conb. Nr. 93. *Aum...vo;* — Nr. 175. *Briennone;* — Nr. 227. *Cabillonno;* — Nr. 276. *Cinomannis;* — Nr. 459. *in Palacio;* — Nr. 800. (T)*recas civ.;* — Nr. 828; — Nr. 912; — Nr. 913; — Nr. 919; — Nr. 922. — Fillon VI, 4; — VI. 6; — VI, 10; — VI, 15. *Cablonno;* — VI, 20. *Vi*(enna); — VI, 22. *Ar*(vernum).	
1.20	22¼	Longp. Nr. 118. *Ca*(blon)*no;* — Nr. 121. *Turonus civi;* — Nr. 142. *in p*(alacio); — Nr. 215. Monogr. AB?	
1.22	23	Conb. Nr. 95. *Aurelian* (Fillon); — Nr. 483; — Nr. 633. *racio fisc.;* — Nr. 912; — Nr. 912 b.; — Nr. 915. *Av.;* — Nr. 917; — Nr. 919; — Nr. 964. — Fillon VI, 16. *Ka*(blonno).	
1.23	23¼	Fillon X, 11. *Ar*(vernum).	
1.25		Longp. Nr. 109. *Rodomarus* Brb. r.; Rb. *Rbroino;* — Nr. 129. Monogr. (Audevis?). — Fillon VI, 18.	
1.27	24	Conb. Nr. 46. *Ande*(vis)?; — Nr. 157; — Nr. 221. *Cablonno* (Fill.) — Nr. 347. *Condetai;* — Nr. 559; — Nr. 611. *Paris;* — Nr. 800. *Trecas civ;* — Nr. 828; — Nr. 914; — Nr. 915; — Nr. 916; — Nr. 920; — Nr. 922. — Fillon V, 16. Paris?; — V, 17. Paris?; — V, 19. Rhodez?; — VI, 16; — VI, 17. *Lu*(gdunum); — VI, 18. *Vi*(enna); — X, 12. *Ar*(vernum).	38 46.51 Gr.
1.30	24¼	Longp. Nr. 134. *Avinio;* — Nr. 144; — Nr. 217. — Fillon X, 9. *Ar*(vernum).	
1.33	25	Conb. Nr. 436. *Gem.;* — Nr. 559; — Nr. 994. *Leodeg.* — Fillon VI, 9.	
1.35	25¼	Conb. Nr. 116. *Autisiodeo* (Fillon).	9
1.38	26	Conb. Nr. 235. *Cadurca;* — Nr. 922. — Fillon VI, 19. *Vi*(enna).	12.71 Gr.
1.40	26¼	Longp. Nr. 132. *Carnotas.*	
1.43	27	Fillon X, 17. *Etole vici.*	1
1.54	29	Conb. Nr. 534.	1

Demnach zwischen 0.80—0.90 Gramm 9 Stück (durchschn. 0.86)
zusammen 7.86 Gramm.

„   „   0.91—1.00   „   5 Stück (durchschn. 4.98)
zusammen 4.90 Gramm.

„   „   1.01—1.10   „   20 Stück (durchschn. 1.05)
zusammen 20.98 Gramm.

„   „   1.11—1.20   „   45 Stück (durchschn. 1.14)
zusammen 51.51 Gramm.

„   „   1.21—1.30   „   38 Stück (durchschn. 1.26)
zusammen 47.78 Gramm.

„   „   1.31 u. darüber „   11 Stück (durchschn. 1.38)
zusammen 15.18 Gramm.

Die von H. Lagoy beschriebenen, zu St. Rémy gefundenen 27
Denare hatten zusammen ein Gewicht von 28.60 Gramm, also
durchschnittlich 1.06 Gramm (20 par. Grän).

Das Gesammt= und das Durchschnitts=Gewicht der zu Plassac
gefundenen 170 Denare ist in der kurzen Beschreibung von de la
Grange nicht angegeben; es wird nur bemerkt, daß einige der Stücke
1.06 bis 1.11 Gramm (20 à 21 Grän), die schwersten 1.38 Gramm
(26 Grän) wogen. Von besonderem Interesse bei diesem Funde ist,
daß sich bei den Münzen vier noch ungeprägte Silberstücke fanden,
zwei genau von 1.38 Gramm (26 Grän), eines von 0.69 Gramm
(13 Grän) und eines von 0.37 Gramm (7 Grän), auf welchen
Umstand wir später zurückkommen werden.

Guérard[1] fand das Durchschnittsgewicht der(i. J. 1843) 75 von
ihm speciell in Betracht gezogenen merovingischen Denare zu 1.17
Gramm (22 Grän), wobei er aber auf den großen Unterschied der
einzelnen Stücke aufmerksam macht (resp. 16 und 27 Grän).

Longpérier[2] giebt über das Gewicht der Denare folgende all=
gemeine Zusammenstellung:

Zahl der gewogenen Stücke 21

Gesammtgewicht derselben   23.12 Gramm.

Durchschnittsgewicht   1.109   „

Maximumgewicht   1.40   „

Derselbe bemerkt indeß später noch besonders[3]: die 16 gut er=
haltenen merovingischen Denare der Rousseauschen Sammlung wögen
18.04 Gramm, durchschnittlich mithin 1.19 Gramm; ohne Ueber=
treibung werde man eine Abnutzung von 1 Centigramm annehmen
dürfen und erhalte so als Normalgewicht des Denars 1.20 Gramm.

E. Thomas in einer später noch zu berücksichtigenden Schrift
hat aus dem Verzeichniß von Conbrouse und den zwölf ersten Bänden
der Revue numismatique, unter Ausscheidung aller Stücke unter
19 und über 25 Gran (resp. 1.01 u. 1.33 Gramm), folgendes

---

[1] Polypt. p. 941 ff.
[2] Notice de monn. fr. comp. la collection de M. J. Rousseau, Introd.
p. XV.
[3] a. B. p. 96.

Resultat für das Gewicht des merovingischem Denars gezogen: 59 derselben wogen 1315 Grän oder 69.83 Gramm, was für den einzelnen Denar einen Durchschnitt von 22.28 Grän oder 1.18 Gramm ergiebt.

Fillon[1] giebt das Durchschnittsgewicht aller in der Sammlung des Hrn. Morin befindlichen merovingischen Denare an auf 21½ bis 22 Grän, also 1.16 Gramm.

Wenn wir ohne weitere Rücksicht auf diese früheren Aufstellungen Anderer selbständig auf Grund der vorhin gegebenen Uebersicht einer Reihe von merovingischen Denaren, deren Gewicht speciell untersucht worden, eine Durchschnittsermittlung vorlegen sollen, so gelangen wir zu folgendem Ergebniß. Bei weitem die größte Anzahl derselben — 83 Stück von 128 — weist ein Gewicht auf von 1.11 bis 1.30 Gramm; das Gewicht sämmtlicher aufgeführter 128 Denare beträgt 148.21 Gramm, was für den einzelnen Denar ein Durchschnittsgewicht von 1.16 Gramm herausstellt, also ein Resultat, welches mit den früheren Ermittlungen wesentlich übereinstimmt.

Es erscheint uns indeß nicht zulässig nach diesem allgemeinen Durchschnittsgewicht den Werth der merovingischen Denare für die ganze Periode bestimmen zu wollen. Man wird nämlich in Betracht zu ziehen haben, daß dieselben Anfangs nur als größere Scheidemünze neben den Gold-Solidi und Trientes in geringer Menge benutzt und vorhanden gewesen sein mögen, und daß damals der factische Münzfuß derselben, wie früher schon erörtert, sich dem der gleichzeitig noch umlaufenden Siliquen angeschlossen haben dürfte. Dies wird dadurch bestätigt, daß mehrere Denare, welche dem Styl ihrer Typen nach in die früheren Zeiten der merovingischen Herrschaft gesetzt werden, ein besonders geringes Gewicht aufweisen. Daß gerade von diesen nur äußerst wenige uns erhalten worden sind, hat in dem schon öfter erwähnten Umstande seinen Grund, daß Münzsorten, welche nie als Courantgeld gegolten haben, also auch nicht absichtlich angesammelt und vergraben sind, sich natürlich am leichtesten fast ganz verlieren. Ferner ist zu beachten, daß die Beschaffenheit der uns noch erhaltenen Denare zweierlei deutlich vor Augen stellt, nämlich einmal die sehr ungleichmäßige Stückelung der Münzen und dann die bei vielen stattgehabte bedeutende Abnutzung oder Gewichtsverringerung durch Beschädigung. Der Fund von Plassac wie derjenige, welcher der Morinschen Sammlung eine bedeutende Zahl merovingischer Denare verschaffte, beweist, daß gleichzeitig Stücke von ca. 1 Gramm bis 1.40 Gramm im Umlaufe waren, sowie daß dieselben im Laufe der Zeit aufgehört hatten nur als Scheidemünze benutzt zu werden und als Courantmünze Geltung gewannen; denn sonst würden schwerlich größere Partien davon vergraben worden sein. Der Fund von Plassac, welcher einige noch ungeprägte Silberstücke enthielt von 1.38 Gramm, nebst einem gleichen Stücke von 0.69 und einem von 0.37

---

[1] Lettres etc. p. 111.

Gramm, hat hierdurch einen beachtenswerthen Hinweis auf den da=
maligen Münzfuß gegeben, mit dem manche guterhaltene merovingische
Denare übereinstimmen, und dem viele andere Denare, die jetzt durch
Abnutzung oder Beschneiden erheblich verloren haben, ursprünglich im
Durchschnitt ebenfalls entsprochen haben werden. Wir finden hiernach
die merkwürdige Erscheinung, daß, während bei den merovingischen
Goldmünzen in der späteren Periode eine erhebliche legale wie that=
sächliche Verringerung des Münzfußes vorliegt, wie dies im Vor=
hergehenden näher nachgewiesen wurde, bei der Silbermünze allem
Anschein nach das Entgegengesetzte stattgefunden hat, nämlich eine
merkliche Erhöhung des Münzfußes. War im Anfange der mero=
vingischen Herrschaft der Münzfuß der Denare 300 Stück auf das
Pfund gewesen, so wurden bei späterem durchschnittlichem Gewicht
des Denars von 1.38 Gramm 240 bis 250 Denare aus dem Pfund
Silber gemünzt. Gegen Ende der merovingischen Periode muß frei=
lich die Ausmünzung der Denare wieder nach einem etwas leichteren
Münzfuße geschehen sein, was einentheils durch manche derjenigen
Denare, welche dem Styl nach mit großer Wahrscheinlichkeit in die
Zeit unmittelbar vor König Pippin gesetzt werden können, bezeugt
wird, sodann aber auch aus der bekannten Verordnung des ebenge=
nannten Königs sich abnehmen läßt, welche den Ausgangspunkt für
den folgenden Abschnitt bilden wird: de moneta constituimus
similiter, ut amplius non habeat in libra pensante nisi viginti
duo solidos. Hiernach sollten nicht mehr als (12 × 12) 264
Denare aus dem Pfunde Silber gemünzt werden, es war also vor
Erlaß jener Verordnung eine größere Zahl Denare aufs Pfund ge=
gangen.

Wie erklären sich diese Verhältnisse? Auch hierbei ist man auf
Combinationen der oben (S. 621) erwähnten Art angewiesen. Es
ist hier indeß noch nicht der Ort, diese Erklärung zu versuchen, son=
dern wird erst später im Fortgang unserer Untersuchung dazu die geeig=
nete Gelegenheit sein. Für jetzt ist nur zu bemerken, daß es in
Rücksicht des allgemeinen Münzwesens im fränkischen Reiche unter
den Merovingern bis etwa auf die letzten Zeiten von Karl Martell,
und insbesondere für Neustrien, gar nicht auf den Münzfuß der
Denare ankommt, um danach den Werth des Geldes zu schätzen;
denn hierfür kommt nur der Goldsolidus in Betracht, und der Werth
des Denars ist nicht mehr und nicht weniger als der vierzigste Theil
dieses Solidus. Wenn bei Verschlechterung des Gewichts und des
Gehalts der Goldmünzen gleichzeitig Silber=Denare ausgeprägt wur=
den, welche, statt in entsprechender Proportion an effectivem Metall=
werth zu verlieren, wesentlich gewinnen, so ist es einleuchtend, daß
unmöglich eine nach dem früheren Rechnungsverhältnisse umlaufende
Scheidemünze darin erkannt werden kann; es würde dies geradezu
gegen die Natur der wirthschaftlichen Dinge sein. Mit anderen Wor=
ten, es ist nicht anzunehmen, daß ein Denar, der nach dem
durchschnittlichen Gewicht der Trientes zu Ende des siebenten Jahr=

hunderts einen Rechnungswerth von wenig mehr als $\frac{1}{1000}$ Pfund Münz-Gold hatte, in einer Silbermünze dargestellt wurde, welche nach dem Münzfuß von ungefähr $\frac{1}{210}$ Pfund (1.35 Gramm) Silber ausge-prägt war. Es müssen nothwendig andere Momente wirksam ge-wesen sein, um solche Münzzustände herbeizuführen, und diese werden später zur Erörterung kommen.

Im Anschluß an unsere Nachweise und Bemerkungen über die merovingischen Denare haben wir noch einige Notizen über die ausgemünzten Theilstücke des Denars beizufügen. Vor Allem muß hierbei an eine frühere allgemeine Bemerkung erinnert werden, daß bei Münzen dieser Art, welche lediglich den Zweck der Scheidemünze zu erfüllen hatten, niemals als Courantgeld in größeren Summen aufbewahrt sein werden, die Seltenheit der davon erhaltenen Exem-plare keinen Schluß auf die Geringfügigkeit der ursprünglichen Aus-münzung derselben gestattet, es vielmehr immer als ein sehr günstiger Zufall zu betrachten ist, wenn überhaupt einzelne Stücke der Art auf unsere Zeit gekommen sind. In den ersten Zeiten der merovingischen Periode wird allerdings das Bedürfniß nach neu zu münzenden Theil-stücken des Denars sehr schwach gewesen sein, da die noch massenhaft im Umlauf verbliebenen römischen Kupfermünzen zur Auseinander-setzung im gewöhnlichen kleinen Verkehr völlig genügt haben werden, und selbstverständlich, wenn die Ausmünzung ganzer Denare damals nur beschränkt war, die Theilstücke noch seltener geprägt sein werden. Als jedoch im Verlauf von zwei Jahrhunderten und mehr seit Be-gründung der fränkischen Herrschaft in Gallien nothwendig die römi-sche Scheidemünze nach und nach so zu sagen ziemlich aufgebraucht sein mußte, da konnte es nicht ausbleiben, daß des täglichen Verkehrs-bedürfnisses wegen auch solche kleinere Münzen geprägt wurden, wenn auch nicht in großer Menge, da dem einerseits die Höhe der Münzkosten entgegenstand und andererseits nach den allgemeinen so-cialen und wirthschaftlichen Verhältnissen im achten Jahrhundert in Gallien vermuthlich viel weniger Münze für den gewöhnlichen Ver-kehr ausreichte als etwa zwei Jahrhunderte früher, als der Münz-vorrath wie der Münzumlauf viel beträchtlicher gewesen war.

Welche Theilmünzen des Denars unter den Merovingern geprägt worden sind, darüber ist man fast ausschließlich auf Vermuthungen an-gewiesen. Nur das scheint man aus dem oben erwähnten Vorkommen ungeprägter Hälften und Viertel des Denars neben ungemünzten ganzen Denar-Silberstücken und vielen fertigen und längst in Circu-lation gewesenen Denaren beim Funde zu Plaffac mit Sicherheit ab-nehmen zu können, daß halbe und viertel Denare in Gebrauch waren, welche Theilung ja auch die natürlichste ist. Welcher Art die klein-sten Silber-Theilstücke der Denars gewesen, ob dieselben bis auf ein Sechstel oder selbst ein Zehntel der Denars hinuntergingen, lassen wir dahingestellt. Ohne hierüber eine eigene Ansicht zu äußern, be-schränken wir uns auf eine kurze Erwähnung der über kleinere merovingifche Silbermünzen von einigen französischen Numismatikern gemachten Mittheilungen. Die Seltenheit der überhaupt vorkommenden Exemplare dieser Münzsorten und die Schwierigkeit ihrer Deutung müssen offenbar für den eifrigen Numismatiker einen ganz besonderen Reiz haben; es läßt sich indeß nicht verkennen, daß gerade die seltenen Ueberreste dieser Art, welche Verhältnisse betreffen, über die weder Geschichtschreiber noch schriftliche Urkunden irgend etwas kund geben, auch ein gewisses historisches Interesse in Anspruch nehmen müssen.

Lagoy [1] hat zuerst (1843) auf fränkische Theilstücke des Denars aufmerksam gemacht und in einigen in der Provence aufgefundenen sehr leichten Silbermünzen mit Monogrammen ostgothische oder fränkische $\frac{3}{8}$=, $\frac{1}{8}$=, $\frac{1}{4}$= und $\frac{1}{6}$=Denare zu erkennen geglaubt.

Longpérier [2] hat eine sehr kleine merovingische Silbermünze aus der Rousseau'schen Sammlung, welche auf dem Rv. die Bezeichnung Caius mone. hat, beschrieben. Das Gewicht derselben beträgt nur 0.12 Gramm, und Longperier hält sie entweder für ein Zehntel oder ein Neuntel des Denars.

Von E. Thomas [3] sind vier auf dem alten fränkischen Kirchhof zu Evermeu im Jahre 1852 ausgegrabene kleine Silbermünzen beschrieben worden. Das Gewicht derselben beträgt resp. 0.23; 0.19; 0.16; 0.16 Gramm; die erste ist von ganz feinem Silber, der Gehalt der übrigen ist $\frac{800}{1000}$ fein. Die Münze von 19 Centigramm hält Thomas für $\frac{1}{8}$ des salischen Denars (zu $\frac{1}{40}$ Solidus), die von 23 Centigramm für $\frac{1}{12}$, und die beiden übrigen für $\frac{1}{24}$ der s. g. Saiga oder desjenigen Denars, von dem 12 Stück auf den Solidus gerechnet wurden.

Wie sehr wir auch in einigen anderen Punkten mit den in der kleinen, aber sehr beachtenswerthen Schrift des Hrn. Thomas entwickelten Ansichten übereinstimmen, so wenig können wir diese Erklärung der kleinen Silbermünzen als befriedigend anerkennen. Nach unserer Meinung sind dieselben sämmtlich als Viertelstücke des gewöhnlichen merovingischen Denars anzusehen. Es ist im höchsten Grade unwahrscheinlich, daß man bei der Ausmünzung dieser kleinen Scheidemünze eine irgend genaue Justirung der einzelnen Stücke sollte vorgenommen haben, da, wie vorhin bemerkt, bei Ausprägung der Denare selbst eine so bedeutende Ungleichmäßigkeit stattfand. —

---

[1] Explication de quelques médailles à monogrammes des rois Gothes. Aix 1843.

[2] Notice etc. p. 96. — Ob die daselbst unter Nr. 218 aufgeführte Silbermünze sehr barbarischer Prägung zum Gewicht von 0.65 Gramm ein halber Denar, oder ein äußerst unreell oder ungenau ausgeprägter ganzer Denar ist, erscheint zweifelhaft.

[3] Description de cinq monnaies franques inédites, trouvées dans le cimitière mérovingien d'Evermeu, précédé de considérations historiques sur les systèmes monétaires en usage chez les Franks, aux V. et VI. siècles par E. Thomas. Dieppe, 1854.

Schließlich haben wir noch die merovingischen Kupfermünzen zu berühren. Diese sind von der allergrößten Seltenheit. Es scheint daß die Franken auch in Gallien die bei den germanischen Völkerschaften von Anfang an vorherrschende Abneigung gegen Kupfergeld bewahrten und durch fast vollständige Ausschließung neuer Ausmünzungen dieser Art die Kupfermünz-Circulation allmählich sehr beschränkten. Einzelne wenige Exemplare merovingischer Kupfermünzen, die uns erhalten sind, scheinen der früheren Periode anzugehören.

Lagoy [1] hat eine solche bekannt gemacht, welche den gleichzeitigen ostgothischen Münzen ähnlich ist und ein Monogramm führt, welches als das des Theodebertus gedeutet ist; das Gewicht ist nicht angegeben. Daß jene Deutung richtig ist, wird durch eine im Jahre 1860 von A. Carpentin [2] aus einer Marseiller Sammlung edirte Kupfermünze mit sehr ähnlichem Monogramm bestätigt, welche auf der Hauptseite deutlich die Aufschrift trägt: THEODEBERTI REX und 1 Gramm wiegt. Von Longpérier [3] ist aus der Rousseauschen Sammlung eine Kupfermünze zum Gewicht von 1 Gramm veröffentlicht, deren Hauptseite ein Kreuz mit der Umschrift HELDEBERT. REX, der Revers ein die Buchstaben ELDBRT enthaltendes Monogramm zeigt. Dem Gewichte nach würden diese beiden Münzen den von uns früher erwähnten nummi centenionales entsprechen und hiernach etwa den dreißigsten Theil des fränkischen Denars dargestellt haben. Auch diese Münzen zeigen, wie eng sich das fränkische Münzwesen den Münzverhältnissen der letzten Zeiten des weströmischen Reichs angeschlossen hat. Eine andere von Conbrouse [4] beschriebene Kupfermünze, welche in drei Reihen die Aufschrift hat ELDEBERTI R und auf dem Revers das byzantinische Chrisma, hat nur ein Gewicht von 10 Grän oder 0.53 Gramm, wird aber dessenungeachtet der nämlichen Münzgattung angehören.

[1] Melanges de numismatique. Aix 1845. In einer früheren Publikation desselben Verfassers v. J. 1839, Description de quelques monn. mérov. etc., sind mehrere in der Provence gefundene Kupfermünzen beschrieben, bei denen es zweifelhaft gelassen wird, ob sie ostgothischen oder fränkischen Ursprungs sind.
[2] Rev. numism. fr. 1860. p. 44.
[3] Notice etc. Nr. 88.
[4] Catalogue etc. Nr. 302.

(Der Schluß von diesem Abschnitt und die Anmerkungen folgen in Band II).

Kleine Mittheilungen.

42*

Ueber 'defloratis prosperitatibus' beim Cassiodor.

Von

W. Bessell.

Cassiodor erzählt in der Vorrede zu seinen Varien, er sei von Freunden gebeten, die verschiedenen Schriftstücke, welche er im Dienste der gothischen Könige verfaßt habe, zu ediren. Er selbst habe zwar anfangs geantwortet, daß dieselben zu einer Veröffentlichung nicht paßten, weil er bei ihrer Abfassung seiner außerordentlich vielen Geschäfte wegen nicht gehörig auf Stil und Ausdruck hätte sehen können. Die Freunde wußten ihn aber dennoch zum Nachgeben zu bewegen. Der Schluß ihrer Rede, in welcher sie mit vielen einzelnen Gründen seinen Einwand widerlegten, lautet: Dixisti etiam ad commendationem universitatis frequenter reginis ac regibus laudes. Duodecim libris Gothorum historiam defloratis prosperitatibus condidisti. Cum tibi in illis fuerit secundus eventus, quid ambigis et haec publico dare, qui jam cognosceris dicendi tirocinia posuisse? Die Worte 'defloratis prosperitatibus' haben einander auffallend widersprechende Auffassungen erlitten. Jac. Grimm läßt den Cassiodor damit sagen, daß er in seinem Geschichtswerke die glücklichen Ereignisse aus dem Volksleben der Gothen gewissermaßen wie Blumen gebrochen und zu einem florilegium gesammelt habe (Grimm, über Jornandes S. 15, in den Abh. der Akad. d. W. zu Berlin 1846. Wattenbach, Deutschlands Gesch. Quellen im Mittelalter S. 45, macht „eine Blüthenlese ihrer Heldenthaten" daraus). Während dagegen R. Köpke (Deutsche Forschungen S. 73) eher der Meinung ist, jene Worte deuteten auf die Zeit, da „das Glück der Gothen dahingewelkt sei". Er will darin offenbar eine Bestätigung seiner (nicht beweisbaren) Ansicht finden, daß das Werk Cassiodors erst nach dem Tode Athalarichs vollendet sei. (Vgl. auch Schirren, De ratione, quae inter Jordanem et Cassiodorum intercedat, commentatio. Dorpat. 1858. p. 72 f.). Keine der beiden Erklärungen ist haltbar. Köpke giebt schon selbst zu, daß der sonstige Sprachgebrauch des Cassiodor bezüglich des

deflorare seiner eigenen Auffassung widerspricht, die Jac. Grimm
bestätiget, er verwirft dennoch die Ansicht des letztern, da — was
denn auch nicht geläugnet werden kann — der Geschichtschreiber
keineswegs sich auf die Darstellung der prosperitates des Volks
hätte beschränken können. Cassiodor würde allerdings mit jenen Worten uns eine sehr schiefe Charakteristik seines eigenen Werkes gegeben
haben, das wir zum Theil doch, wenn auch nur aus sonst wenig genügenden Excerpten, kennen. Nichtsdestoweniger kann sich die Interpretation aber doch nur an die Bedeutung der Worte halten, wie diese
aus dem Sprachgebrauche hervorgeht, und letzterer ist allerdings für
unsern Fall eigenthümlich. — In seiner Schrift de ortographia
giebt Cassiodor Auszüge aus ältern Grammatikern. Cap. 2 das.
ist überschrieben: Ex Velio Longo ista deflorata sunt. Cap.
11: Ex Lucio Caecilio ista deflorata sunt. (Vgl. noch Inst.
div. litt. c. 28 und concl.). In der Inst. div. litt. c. 15 heißt
es sogar: Ortographos deflorandos esse judicavi. Dagegen cap.
3 der Ortogr.: Ex Curtio Valeriano collecta sunt. (Vgl. noch
c. 10 und 12). Doch gebraucht Cassiodor colligere und deflorare
nicht als ganz identisch; denn in der praef. zu derselben Schrift sagt
er: ex quibus, si in unum valuero deflorata colligere;
ebenso in seiner Inst. div. litt. c. 23: ex operibus Augustini —
diversas res deflorans in uno corpore collegit. (Vgl.
noch ibid. c. 30). Genau gefaßt ist deflorare eine erste Thätigkeit
des Abpflückens, Excerpirens, colligere erst die zweite des Zusam-
menstellens. Die Abfassung eines Geschichtswerks durch deflorare zu
characterisiren und noch dazu im alleinigen Bezug auf prosperitates,
ist darnach doch wenig gefällig. Deflorare ist außerdem immer ein
bildlicher Ausdruck, der zunächst zwar in Bezug auf den Gegenstand,
von welchem die Blüthe abgepflückt wird, für den Begriff der „Entstellung", „der Beraubung des Schmuckes" gebraucht werden kann, wie
denn heutzutage ,deflorare' bei uns so im alleinigen Gebrauch ist.
Der Gegenstand selbst aber, welcher abgepflückt wird, wird durch deflorare mit der Blüthe verglichen und also für das Schönste und
Beste erklärt. Soll nun deflorare in den citirten Stellen, wo es
dem colligere entspricht, nicht im bloßen Redeschmuck für das einfache Excerpiren gesetzt sein, so will Cassiodor das Beste aus den von
ihm genannten Schriftstellern herausgenommen, es „auserlesen" haben.
Das Lob, welches damit zugleich dem Gegenstande der Auswahl beigelegt wird, tritt aber mit noch weit größerem Gewicht hervor in der
Anwendung von deflorare an ein paar Stellen im Cassiodor, welche
Grimm nicht mit angeführt hat. So heißt es Var. IV, 50: Laborat enim hoc uno malo terris deflorata provincia, quae
ne perfecta beatitudine frueretur, hujus timoris frequenter
acerbitate concutitur. Der Vesuv hatte damals in Campanien
Verwüstungen angerichtet, und die beschädigten Bewohner jener Provinz baten den König um Erleichterung in den Abgaben. Cassiodor
läßt es sich bei dieser Gelegenheit nicht entgehen, die Schrecken der

Ausbrüche des Vesuvs zu schildern, die er in dem angeführten Satze als das einzige Uebel darstellt, welches die sonst vollkommene Glück= seligkeit Campaniens stört. So steht denn, wie in dem erklärenden Relativsatze das 'timoris acerbitate concutitur' dem 'perfecta be- atitudine fruitur', so in dem Hauptsatze das 'laborat hoc uno malo' jenem 'terris deflorata' im gleichen Gegensatze gegenüber, so daß man ja nicht uno malo mit deflorata zusammenbringen darf. Campanien ist also eine von den Ländern wie eine Blume auserlesene Provinz. Jenes Land kurzhin die Blüthe der Länder zu nennen, würde auch in unserem Stile passend sein. — In Var. VI, 6 der formula magisteriae dignitatis wird die Thätigkeit des betreffenden magi- ster als eine sehr verschiedenartige dargestellt, wie denn Cassiodor am Schluß die Würde desselben tot titulis claram tot insignibus opu- lentam nennt. Vorher aber, mitten in der Aufzählung der einzelnen Geschäfte, heißt es: molestias quidem non habet exigendae pe- cuniae, sed aperte bono fruitur potestatis adeptae; credo ut ex diversis titulis defloraretur dignitas ad levamen prin- cipis instituta. Jene zur Erleichterung des Fürsten geschaffene Würde ist so hergestellt, als wenn man sie aus verschiedenen Ge- schäftskreisen wie die Blüthe abgepflückt hätte, nur Angenehmes um- faßte sie, keine Molestie. Var. V, 9 beginnt: Antiquae consuetu- dinis ratio persuadet, chartis nostris imbuere, qui longe positi transmissas accipiunt dignitates, ut quos non poteramus prae- sentes instruere, lectio probabilis commoneret. Sed te, quem ad patrimonii nostri curas regalis defloravit electio, non tam destinatis praeceptionibus instruimus, quam usu serenissi- mae collocutionis erudimus. Hier ist der Kreis dessen, von dem etwas abgepflückt ist, nicht unmittelbar bezeichnet. Man könnte sich vielleicht begnügen als einfach im Complimenten= und Schön=Stil ge- sagt zu sehen: „Die Wahl hat dich wie eine Blume abgepflückt". Doch ist zu bemerken, daß der Begriff des Ernennens, Erwählens in den Varien ein so häufiger ist, daß es sehr überraschen müßte, dies deflorare nur ein einzig Mal dafür gebraucht zu finden, wenn es wirklich ohne weiteres dafür verwandt werden könnte. Stimmte dann doch der Gebrauch des Wortes so recht zum cassiodorschen Prin= cipe: sensum de medio sumptum venustate sermonum ornare (Var. IX praef.). Als wahrscheinlicher muß man daher aus dem ganzen Zusammenhange der Stelle den Gedanken entnehmen: „Du gleichst deshalb jetzt der Blüthe, weil du zu einer Stellung gelangst, in der der König dir unmittelbar durch seine Person die Instructio- nen geben wird, die anderen nur schriftlich zukömmt", also im Ge= gensatz zu diesen andern Würdenträgern. Alsdann ist denn auch der Gebrauch des Wortes an dieser Stelle dem im obigen ex div. titu deflor. genügend ähnlich [1].

[1] Ich finde nachträglich, daß Dungalus diaconus das deflorare genau so gebraucht, wie wir es bei Cassiodor verstehen. Er sagt (lib. respons. advers. Claudium Taurinensem episc. in Maxima Bibl. Patr. B. XIV. 1677. p. 215b):

So viel ist nun wohl nach all den angeführten Stellen klar, daß
Cassiodor in unserm 'defloratis prosperitatibus' nicht von einem
„dahinwelkenden Glücke" gesprochen haben kann [1]; da andererseits
aber auch im defloratis hier kein besonderer Nachdruck auf dem Begriffe des „Excerpirens" liegen kann, wie in den von Jac. Grimm
dafür angezogenen Stellen, so muß deflorare hier seine eigentlich
schmückende, den abgepflückten Gegenstand besonders herausstreichende
Bedeutung haben wie an all den Stellen, an denen es in den Varien
gebraucht ist; so daß denn in obigen Worten mindestens von „auserlesenem Glücke" die Rede ist.   Alsdann läßt sich aber prosperitates gar nicht mehr auf das Glück der Gothen beziehen; denn das
„Auserlesen sein" hängt hier mit der Thätigkeit des Cassiodor als
Geschichtsschreibers zusammen, worauf ein etwaiges „auserlesenes
Glück des Gothen" nur dann Bezug hätte, wenn Cassiodor von den
vielerlei Glücksfällen des Volkes gar nur die glücklichsten ausgesucht
hätte.   Es bleibt demnach nichts übrig, als daß die Freunde sagten:
C. habe die Geschichte der Gothen mit auserlesenem Glück geschrieben, oder, um das Bild möglichst beizubehalten, indem er die Blüthe des Glücks sich abgepflückt hatte.   Während denn auch eine Anspielung auf die Zeit, in welcher das Werk entstand, oder schließlich
nur vollendet ward, ebenso wie eine etwaige Charakteristik desselben
nichts mit dem Gedankengange der praefatio zu den Varien zu
schaffen hat [2], so ist jetzt der Gedanke ein solcher, der daselbst von
besonderer Wirksamkeit wird.   Die Freunde fordern zum neuen Werke
auf, da die alten gelungen sind: Lobreden hast du gehalten auf Könige und Königinnen, und damit dich Allen empfohlen (ad
commendationem universitatis) [3], die Geschichte der Gothen hast
du mit auserlesenem Glück geschrieben; da du in diesen
[beiden] günstigen Erfolg gehabt hast, warum zauderst Du?

Etwas Störendes für unsere Ansicht könnte immer noch der gebrauchte Pluralis 'prosperitatibus' haben, den Jac. Grimm denn auch
durch die „glücklichen Ereignisse" übersetzt.   Derselbe Pluralis findet
sich, so viel ich sehe, nur noch zweimal im Cassiodor, in den Erklärun-

---

Paulinus (Nolanus) non facile a quoquam excerpi aud d e f l o r a r i potest, quia
c u n c t a flores, aromata rosae, lilia suaveolentia ac mellifiua sunt.   Dungalus lebte freilich erst unter Ludwig dem Frommen und dessen Nachfolger Lothar, doch wird sein Zeugniß dafür, daß im mittelalterlichen Latein deflorare
im angegebenen Sinne gebraucht ist, für unsere obige Frage immer von Bedeutung sein.

[1] Zerstörung der prosperitas bezeichnet Cassiodor (Ps. 43, introd.) mit
subtracta est; (Ps. 40, 3) se subtraxit; (Ps. 36, 38) dissolvitur.

[2] Die Volumina XII werden mit Bedeutung erwähnt; denn wer so umfassende tirocinia geschrieben hatte, brauchte sich vor neuem Auftreten nicht zu
scheuen.

[3] Die Stellung dieser Worte vor: frequenter reginis ac regibus laudes,
läßt nicht zu, daß es sich hier um Lobreden handelt, in denen C. die Könige
Allen empfohlen hätte.   Die Construction würde diese Auffassung freilich auch
erlauben, wenn man die Stellung unberücksichtigt läßt, aber der Gedanke wäre
doch nicht bloß überflüssig, sondern auch unwürdig ausgedrückt.

gen zu Ps. 73 v. 4: prosperitates impiorum; v. 6: prosperitates peccatorum. Der Singular ist nicht selten neben res prosperae und prospera (n. pl.). Ueberall bedeutet es Glück und glückliches Gedeihen. Var. VI, 36 sagt Theoderich: emimus nostro stipendio prosperitatem Gothorum. Var. V, 10 wird Veranus beauftragt dafür zu sorgen, daß das durchziehende Heer der Provinzen keinen Schaden thue: primus enim prosperitatis gradus est suis non esse damnosum. In den angeführten Stellen des Psalteriums soll wohl die Fülle des Glücks bezeichnet werden, die nach dem betreffenden Psalmisten den Gottlosen auf Erden zu Theil würde. Will man an unserer Stelle besondern Werth auf den Pluralis legen, so giebt sich der Gedanke wohl am besten, wenn man übersetzt: Indem du die Blüthen des Glücks dir abgepflückt hast; und ließe sich doch auch im Deutschen mit etwas anderer Wendung sagen: Du hast die Geschichte der Gothen in zwölf Büchern mit auserlesenen Erfolgen geschrieben. Auch wäre sogar denkbar, daß er wirklich eingetretene verschiedene Erfolge, die wir eben nicht mehr kennen, dabei im Auge gehabt hat; beispielsweise: Dank von den Gothen und Anerkennung bei den Römern.

Ueber die Anordnung der Bonifacischen Briefe Giles Nr. 37, 38, 52, 53, 61, und 62.

Von

Heinrich Hahn.

Die in der Ueberschrift bezeichneten Briefe sind, wie auch andere, durch Giles (opera Bonifacii Tom 1. Lond. 1844) Kritiklosigkeit auseinandergerissen und in falscher Ordnung abgedruckt. Der Nachweis ist leicht zu führen, daß sie eine Gruppe bilden und zusammengehören. Drei von ihnen nämlich (Nr. 52, 61 und 62) sind geschrieben, um den König Ethelbold von Mercia von ungesetzlicher Ehe, Entehrung gottgeweihter Jungfrauen und von der Beraubung der Klöster durch seine Beamten abzumahnen. Der eine (Nr. 62) ist an König Ethelbold selbst gerichtet. Die andern beiden an Geistliche, die Bonifacius Ermahnungen unterstützen sollen, und zwar Nr. 61 an einen Presbyter Herefrid, Nr. 52 an den Erzbischof Egbert von York abgesandt. Daß 61 und 62 zusammengehören, das scheint der Herausgeber Giles zu fühlen; er hat sie nach einander gesetzt. Die Gründe der Zusammengehörigkeit habe ich bei anderer Gelegenheit und an anderer Stelle angegeben [1]. Aber auch Nr. 52 gehört in den genannten Cyklus; denn nachdem Bonifacius die nachfolgende Eröffnung mit seinem heiligen Amte motivirt hat, fährt er fort [2]: admonitoriam vel precatoriam epistolam Ethelboldo regi Mercionum, cum consilio et consensu episcoporum, qui una nobiscum sunt, transmisi, quam praesentare Fraternitatis tuae obtutibus jussi. Auch hier ist also von den begleitenden Bischöfen die Rede, von denen es in Nr. 61 [3] heißt: nos octo episcopi, qui ad unam synodum convenimus, quorum nomina subter annotavimus, und von denen wirklich in Nr. 62 sieben Bischöfe genannt sind; auch wird auf 'legitima matrimonia' gedrungen und auf die Beseitigung der 'nefanda stupra consecratarum et velatarum foeminarum' [4].

---

[1] S. auch meine Dissertation: Qui hierarchiae status fuerit Pippini tempore. Wratisl. 1853. p. 30.

[2] Gil. Nr. 52. I, 114.

[3] Gil. I, 131.

[4] Vgl. Gil. Nr. 62. p. 133.

Die beiden anderen Briefe (Giles Nr. 38 und 53) berühren die besprochne Angelegenheit zwar nicht direkt; aber sie sind an die schon genannten Personen gerichtet, an den Erzbischof Egbert (Nr. 38) und an König Ethelbold (Nr. 53), und stehen in einem gewissen Zusammenhange mit den obigen Briefen. Der Schluß von Nr. 53 deutet nämlich schon auf eine bald erscheinende Mahnung hin; er lautet: petimus quoque, ut, si per alterum nuntium verba nostra ad praesentiam tuam scripta pervenerint, auditum tuum accommodare digneris et solicite audire cures; ebenso ist schon der Bibelvers: Deum time et mandata ejus observa eine leise Andeutung der kommenden Vorwürfe. Ferner, wie er den Tadel in Nr. 62 durch Lobeserhebungen des Königs vorsichtig einleitet, so sucht er auch in diesem Briefe den König günstig für sich zu stimmen und die Spitze des nachfolgenden Vorwurfs zu mildern. Er schreibt: pro signo veri amoris et devotae amicitiae direximus tibi accipitrem unum et duos falcones, duo scuta et duas lanceas.

Der Brief Nr. 38 folgt aber allen diesen zu gleicher Zeit geschriebnen; denn in Nr. 52 bittet Bonifaz den Egbert: ut mihi de opusculis Bedan lectoris aliquos tractatus conscribere et dirigere digneris; quem nuper, ut audivimus, divina gratia spirituali intellectu ditavit et in vestra provincia fulgere concessit et ut candela, quam vobis Dominus largitus est, nos quoque fruamur; hier aber: ut nobis — eo modo, quo et antea jam fecistis, aliquam particulam vel scintillam de candela ecclesiae, quam illuxit Spiritus sanctus in regionibus provinciae vestrae, nobis destinare curetis, i. e. ut de tractatibus, quos spiritualis presbyter et investigator sanctarum scripturarum Beda reserando composuit, partem qualemcunque transmittere dignemini u. s. w.

Die Ordnung der Briefe muß demgemäß folgende sein: Nr. 53. 61. 52. 62. 38.

Endlich der wörtlichen Gleichheit der Bitte nach scheint auch Giles Nr. 37 gleichzeitig mit Nr. 38 oder mit 52 abgesandt worden zu sein; denn auch der Abt Cuthbert wird gebeten: ut aliqua de opusculis sagacissimi investigatoris scripturarum Bedae monachi, quem nuper in domo Dei apud vos vice candelae ecclesiasticae scientia scripturarum fulsisse audivimus, conscripta nobis transmittere dignemini.

Ueber die Niederlage K. Christian IV. bei Lutter am Barenberge.

Von

G. Waitz.

Ueber die Umstände die zur Niederlage Christian IV. in der Schlacht bei Lutter geführt haben sind bisher manche unzuverlässige Nachrichten verbreitet. Einige sprechen von einem Ueberfall des Herzogs Georg von Lüneburg. Dänische Autoren aber haben erzählt, daß mitten im Kampf die Deutsche Reiterei, weil ein Monat lang der Sold rückständig, sich geweigert zu fechten und dies die Schlacht zum Nachtheil des Königs entschieden. Schon Hegewisch, Schl. Holst. Gesch. III, S. 198, hat sich dagegen erklärt; Jahn dagegen, Kriegsgeschichte K. Christian IV., II, S. 223, die Angabe, wenn auch mit einem gewissen Vorbehalt („wenn man den Berichten der Dänen trauen darf") aufgenommen; auch Klopp, Tilly II, S. 325, erzählt die Sache, aber von der Dänischen Reiterei. Die völlige Unrichtigkeit und zugleich eine Ergänzung unserer sonstigen Nachrichten (vgl. Lichtenstein, die Schlacht bei Lutter am Barenberge, Braunschweig 1850. 8., wo S. 132 ff. alles auf die Schlacht Bezügliche fleißig gesammelt ist) ergiebt ein eigenhändiger Brief K. Christian IV. an den Herzog Adolf Friedrich von Mecklenburg im Schweriner Archiv, datiert: an der skandtze kegen Snackenburg uber, den 29. Augusti Anno 1626; wo es heißt:

Das ungelück so wiir im ledtzsten treffend gehabet hatt der general Futh verursacher, welcher lebendich todt war wii er bestellen solthe waß wir befholen. Daß fusfolck wolthe gantz nit steen, die reuthererri thadt daß beste.

Der General Futh (Fuz?) kann, wie ich Schleswig-Holsteins Geschichte II, S. 512, wo ich diese Stelle benutzte, vermuthete, kein anderer sein als der bekannte, in der Schlacht gefallene General Fuchs. Zu vergleichen ist die Erzählung über das Verhalten von Fuchs vor der Schlacht, bei Lichtenstein S. 133.

Nachträge zu den Aufenthaltsorten K. Maximilians I. und K. Ferdinands I. oben S. 347—395.

Von

Christoph Fried. Stälin.

K. Maximilian I.

1494. Dec. 26.	Gent.	Diericx Mém. sur la ville de Gand 1, 653.	
1501. Sept. 9.	Insbruck.	Letters and papers illustrative of the reigns of Richard III. and Henry VII. ed. by Gairdner. Vol. 1, 143 (in Rer. Brit. med. aevi script.).	
— 22.	Telfs.	Eb. 144.	
Nov. 6.	Botzen.	Eb. 145.	
1502. Jul. 20.	Zettingen (1½ St. von Burgau).	Eb. 146.	
Dec. 21.	Dorsten an der Lippe.	Eb. 148.	
1503. Jan. *31.	Antwerpen.	Eb. 190 (wo auch bis zum 23. Febr. über den Antwerpener Aufenthalt berichtet wird).	
Jul. 3.	Füssen.	Eb. 230.	
1504. Nov. 11.	Hall.	K. Maximilian ernennt Reinhard von Lichtenberg zu seinem Diener. Orig. im Darmstadter Archiv.	
1506. Sept. 14.	Cilli.	Obige Letters and papers 304.	
— 19.	Pettau.	Eb. 305.	
— 24.	Grätz.	Eb. 306.	
1508. Jul. 14.	Siegburg.	Fried. Wolfg. Götz Graf von Berlichingen Gesch. des Ritters Götz von Berlichingen 119.	
Oct. 31.	Antwerpen.	Obige Letters and papers 444.	
1512. Jun. 10.	Antwerpen.	Lettres and papers of the reign of Henry VIII. by Brewer. 1862. Vol. 1, 363	
— 24.	Brüssel.	Brewer a. a. O. 369.	

1512. Jul.	5.	Turnhout.	Graf von Berlichingen a. a. O. 131.
1513. Mai	*14.	Augsburg.	Brewer a. a. O. 573.
Jun.	*17.	Speier.	Brewer a. a. O. 617.
Jul.	25.	Teroueren.	Brewer a. a. O. 647.
Dec.	26.	Augsburg.	Brewer a. a. O. 711.
1514. Apr.	13.	Wels.	Graf von Berlichingen a. a. O. 149.
1515. Dec.	zwischen 15	Ravensburg.	Gemeiner Regensb. Chronik 4, 282.
	u. 30.	Biberach.	Eb.
1516. Febr.	5.	Kaufbeuren.	Gabelkhofer Misc., Hbschr. der k. öff. Bibliothek in Stuttg., hist. oct. Nr. 16a, 320. Hier steht auch: Jan. 24. Angelberg. Jan. 30. Mindelheim. Freilich alles ohne Beleg.
—	20.	Landeck.	Gemeiner a. a. O. 4, 283.
1517. Aug.	31.	Linz.	Zeitschr. für hist. Theol. 7o, 131.
Dec.	26.	Linz.	Archiv für Kunde öster. Gesch. Quellen 13, 217.
1518. Jan.	15.	Braunau.	Gemeiner a. a. O. 4, 336.

K. Ferdinand I.

1523. Nov.	18.	Peurbach.	Gemeiner a. a. O. 4, 488.
—	*23—27†.	Regensburg.	Eb.
1542. Jan.	30.	Hall.	Herolt Chronica von der Stadt Hall h. v. Schönhuth 131.

Druckberichtigungen.

S. 362 L. 1 v. u. lies 1504 statt 1405. — S. 378 setze 1516 herunter vor: Jan. 1. — S. 380. 1516 Aug. 25 lies Joller statt Zoller. — S. 391. 1542 Jan. 20 lies Schlackenwerd statt Schlarkenwerd. — S. 392. 1547 lies Oct. 10. Bettlern statt Oct. 11. Bettlern. — S. 393. 1552 Jul. lies 8—11 statt 7—11. — S. 394. 1557 Dec. 20 lies Kolin statt Kolitt.

Berichtigungen
zu dem Aufsatz von Dr. Soetbeer.

S. 616 Z. 1 statt 1.51 lies 1.52 — Z. 13 statt 15 Fr. 30 lies 15 Fr. 50. — Z. 15 statt 2 SgL lies 6 SgL — Z. 19 statt 30 Cent.....26 Sgl. lies 40 Cent..... 27 SgL

Göttingen,
Druck der Dieterich'schen Universitäts-Buchdruckerei.
(W. Fr. Kästner.)

Apr.	12—	
Jun.	19.	} Wien.
—	21—26.	Wiener Neustadt.
—	28—	
Nov.	21.	} Wien.
—.	21.	Stockerau.
—	22.	Wullersdorf.
—	23.	Röt.
—	24.	Budwitz.
—	25.	Pirnitz.
—	26.	Deutsch-Brod.
—	27.	Czaslau. —
—	28.	Böhmisch-Brod.
—	29—	
Jun.	16.	} Prag.
—	17—29.	Raben.
—	29.	Joachimsthal.
—	30.	Raben.
Jul.	1.	Saatz.
—	—	Laun.
—	2.	Schlan.
—	2—	
Aug.	19.	} Prag.
—	21.	Miltschin.
—	22.	Sobieslau.
—	26. 27.	Kornenburg.
—	27—	
Febr.	13.	} Wien.
—	15—	
Merz	7.	} Znaim.
—	14.	
Jun.	9.	} Wien.
—	9—13.	Wiener Neustadt.
—	14—	
Sept.	11.	} Wien.
—	13—15.	Wiener Neustadt.
—	18—	
Jan.	10.	} Wien.
—	13.	St. Pölten.
—	14.	Melk.
—	—	Amstetten.
—	15—17.	Ens.
—	19. 20.	Vöcklabruck.
—	21. 22.	Salzburg.
—	23.	Waging.

1536. Jan.	24. 25.		Trostberg.
—	25.		Rosenheim.
—	28.		Schwatz.
—	29—		
Aug.	28.	}	Insbruck.
—	28.		Matrey.
—	29.		Sterzing.
—	30.		Brixen.
—	31—		
Sept.	11.	}	Botzen.
—	11.		St. Michael.
—	12—18.		Trient.
—	19.		Tramin.
—	20—22.		Botzen.
—	22.		Brixen.
—	24—27.		Lienz.
—	27.		Greifenburg.
—	29—		
Oct.	1.	}	Villach.
—	3—9.		St. Veit.
—	10.		Friesach.
—	16—30.		Gratz.
—	30.		Frohnleiten.
—	31—		
Nov.	2.	}	Bruck.
—	4. 5.		Wiener Neustadt.
—	8—		
1537. Febr.	6.	}	Wien.
—	7. 8.		St. Pölten.
—	10. 11.		Ens.
—	11.		Linz.
—	13.		Efferding.
—	16—21.		Passau.
—	22.		Krumau.
—	25. 26.		Sobieslau.
Merz	1—		
Sept.	5.	}	Prag.
—	7.		Miltschin.
—	8.		Drosendorf.
—	11—		
Nov.	4.	}	Wien.
—	9.		Bruck.
—	11—		
Dec.	4.	}	Gratz.

26*

1537. Dec.	5.	Frohnleiten.
—	—	Aflenz.
—	9—20.	Krems.
—	20.	Zwetl.
—	23.	Tabor.
—	26—⎫	
1538. Febr. 12. ⎭	Prag.
—	14. 15.	Brandeis.
—	15—⎫	
Mai 16. ⎭	Prag.
—	16.	Leitmeritz.
—	18. 19.	Dresden.
—	21—24.	Bautzen.
—	15. 26.	Görlitz.
—	27.	Bunzlau.
—	30—⎫	
Jun. 17. ⎭	Breslau.
—	18.	Grottkau.
—	19. 20.	Neisse.
—	22.	Hof.
—	23—30.	Olmütz.
Jul.	1.	Wischau.
—	3.	Znaim.
—	4.	Krems.
—	7—⎫	
Aug. 16. ⎭	Linz.
—	18—20.	Ens.
—	21—26.	Steier.
—	30—⎫	
Sept. 1. ⎭	Gmunden.
—	4—⎫	
Oct. 14. ⎭	Linz.
—	19—⎫	
1539. Apr. 12. ⎭	Wien.
—	14—18.	Brünn.
—	*24—⎫	
Mai 26. ⎭	Prag.
—	30.	Trebitsch.
Jun.	4—⎫	
Jul.	2. ⎭	Wien.
—	3—14.	Wiener Neustadt.
—	15—⎫	
Sept. 21. ⎭	Wien.

1539. Sept.	24.	Wiener Neustadt.
—	26—⎫	
1540. Jan. 13. ⎭	Wien.
—	15.	Drosendorf.
—	*19—⎫	
Febr. 2. ⎭	Prag.
—	3. 4.	Pilsen.
—	4.	Tachau.
—	*7— 9.	Nürnberg.
—	10.	Rothenburg.
—	13—15.	Heidelberg.
—	16.	Kron-Weissenburg.
—	21. 22.	Luxemburg.
—	23.	Arlon.
—	25.	Bastogne.
Merz	2—⎫	
Mai	8. ⎭	Gent.
—	16. 17.	Lüttich.
—	19. 20.	Trier.
—	22.	Wallerfangen.
—	*25—⎫	
Jul. 28. ⎭	Hagenau.
—	29.	Bretten.
—	30. 31.	Wimpfen.
Aug.	3.	Neuburg.
—	10—27.	Wien.
—	29—⎫	
Sept. 15. ⎭	Wiener Neustadt
—	15.	Aspern.
—	16—21.	Brünn.
—	24—⎫	
Oct. 19. ⎭	Wiener Neustadt.
—	20.	Ebersdorf.
—	22—⎫	
1541. Febr. 22. ⎭	Wiener Neustadt.
—	25—⎫	
Mai 21. ⎭	Wien.
—	21.	Wolkersdorf.
—	25.	Brünn.
—	30—⎫	
Jun. 15. ⎭	Wien.
—	23—⎫	
Jul. 29. ⎭	Regensburg.